国家哲学社会科学成果文库
NATIONAL ACHIEVEMENTS LIBRARY OF PHILOSOPHY AND SOCIAL SCIENCES

建设公正高效权威的
社会主义司法制度研究（第一卷）
中国当代司法制度的价值诉求

主编　　　陈卫东

本卷主编　张志铭

中国人民大学出版社

撰稿人（以撰写章节先后为序）

杨知文　臧　雷　郭国坚　邵　晖　王若磊

陈卫东 中国人民大学法学院二级教授，博士生导师，"长江学者"讲座教授，国务院政府特殊津贴专家。中国人民大学诉讼制度与司法改革研究中心主任，兼任中国刑事诉讼法学研究会常务副会长、中国审判理论研究会副会长等；受聘最高人民检察院专家咨询委员会委员、公安部特邀监督员等。出版专著十余部，在《中国社会科学》、《中国法学》等学术刊物上发表论文四百余篇，主持二十余项国家级与国际合作项目。参加了律师法、国家赔偿法、居民身份证法等法律的立法、起草与修正工作，全程参与了1996年刑事诉讼法、2012年刑事诉讼法的修改以及相关司法解释的制定工作。代表性著作为《程序正义之路》（第一、二卷）、《模范刑事诉讼法典》等。

张志铭 1962年生，籍贯浙江，中国人民大学法学院教授、博士生导师。曾任《中国社会科学》编辑、副编审，《法学研究》副主编，中国社会科学院法学研究所研究员、法学理论教研室主任，研究生院教授、博士生导师；2004年起任国家检察官学院教授、副院长、党委委员，《国家检察官学院学报》主编；2005年调入中国人民大学法学院工作。

《国家哲学社会科学成果文库》
出版说明

为充分发挥哲学社会科学研究优秀成果和优秀人才的示范带动作用，促进我国哲学社会科学繁荣发展，全国哲学社会科学规划领导小组决定自2010年始，设立《国家哲学社会科学成果文库》，每年评审一次。入选成果经过了同行专家严格评审，代表当前相关领域学术研究的前沿水平，体现我国哲学社会科学界的学术创造力，按照"统一标识、统一封面、统一版式、统一标准"的总体要求组织出版。

全国哲学社会科学规划办公室
2011年3月

目　录

Contents

导 论

一、引言

司法制度作为国家制度的组成部分之一，尽管在不同的社会文化背景下的表现形态各异，但一直是各个国家制度建设中的重要议题，特别是自近代以来，司法制度建设在近现代国家的制度建设中占据越来越重要的地位。可以说，在当今世界，无论一国的宪政结构如何，司法在其政治架构中都占有重要的位置。[①] 就中国的情况而言，自清末以来，中国在推进国家和社会现代化的道路上也不断探索和寻求着能够适合自己民族特色和国家发展的国家制度建设，其中有关司法制度建设的内容也是比较突出和有代表性的方面。从 1906 年正式推行的清末改制对新式国家制度的寻求，到 1912 年开始的民国时期对现代国家政制架构的不断完善，再到 1949 年以后推出的社会主义国家制度的建构，都可以看到司法制度建设在国家制度建设中留下的一道道亮丽的色彩。

从 20 世纪 80 年代开始，在社会转型和体制变革的背景下，当代中国在司法领域又开始了一场意义深远的革命，这就是中国的司法制度改革。从最初的只是在审判实践领域的某些局部调整与变革，到 20 世纪末发展成为中国的一项重大政治决策[②]，司法制度改革成为继经济体制改革之后中国国家

[①] 参见苏力为《中国最高人民法院研究——以司法的影响力切入》一书所作序，见侯猛《中国最高人民法院研究——以司法的影响力切入》，法律出版社 2007 年版，序第 1 页。

[②] 1997 年 9 月，时任中共中央总书记的江泽民在中共十五大报告中提出："推进司法改革，从制度上保证司法机关依法独立公正地行使审判权和检察权。"这是司法改革第一次在中国执政党的文件中被正式提出，也正是这个原因，中共十五大通常被看作是中国当代司法制度改革的里程碑之一。参见胡夏冰：《司法权：性质与构成的分析》，人民法院出版社 2003 年版，第 15 页。

制度建设中的又一个社会热点问题。我们常说，我们所进行的司法制度改革是社会主义司法制度的自我完善与发展。因此，司法改革本身是司法制度与国家制度建设的重要内容，是中国司法制度和国家制度建设的继续和延伸。进入新世纪以后，特别是自近年来提出建设公正、高效、权威的社会主义司法制度以来①，中国的司法制度建设在改革的推动下继续呈现出一种如火如荼的局面。从目前的情况来看，关于统一规划人民法院改革的前两个五年改革纲要已经实施完毕，人民法院"第三个五年改革纲要"正在逐步地落实过程之中。

　　从理论上看，一般来说，司法制度改革与建设的良好发展需要有良好的原理认知、价值基础与正当性指导理念。在现代法治语境下，司法制度改革与建构的目的就是要确立一种合理的司法体制以实现通过司法所追求的调控社会的功能，中国司法制度改革的目的也正是为了使司法体制更加趋于合理。可以说，从司法机关的整体布局到具体的法院审判方式、程序设计、法官选任等一系列的制度建设，无一不是一种需要遵循一定的原理基础与价值诉求的制度化安排。所以，司法的基本原理是司法制度需要通过改革以实现自我完善和发展的深层次原因，而司法的价值诉求则是这种基本原理的重要内容，任何司法制度获得良好改革与发展的基础之一都需要有一定的合理的价值诉求。据此，我们认为，由于司法制度改革与建设的实践蕴涵着深刻的价值意蕴和情感诉求，中国的司法理论也应该在一定范围和程度上着力于对司法的基本原理与价值诉求的研究。应该说，随着中国司法制度改革的继续推行，以司法原理为定位，以阐释司法的价值性问题为研究目标，仍是今后中国司法理论与实践所值得期待的一种重要趋势。

　　从现实来说，司法制度的重塑与改革似乎成为自世纪之交以来各国共同面对的课题，而每个国家的司法制度改革与建设过程都始终蕴涵着其自身的指导理念与价值诉求。例如，20世纪90年代中期，随着关于英格兰及威尔士民事司法制度两份调查报告的公布，英国正式启动了具有里程碑意义的民事司法改革。根据沃尔夫勋爵《接近正义的最终报告》的设想，民事司法改革应实现以下目标：结果的公正，当事人的平等，以合理的成本提供相适应

---

　　①　2007年10月中共十七大明确提出深化司法体制改革，建设公正、高效、权威的社会主义司法制度。由此，建设公正、高效、权威的司法制度成为新阶段中国司法体制改革与司法制度建设总体目标的集中表述。

的程序，以合理的速度来处理案件，诉讼过程能够得到运用者的理解，适应该项制度运用者的需要，按照特定案件的特殊性尽可能地实现确定性，以及该制度应是有效的、资源丰富的、组织合理配置的，以提高上述原则的实现①；1999 年，以这两份报告内容为基础的《民事诉讼规则》出台并实施。2001 年 3 月，英国大法官办公厅又公布了《初现端倪：民事司法改革的初步评估》，对 1999 年以来的改革作了评估与展望，认为两年来的民事司法改革在减少诉讼数量、简化诉讼程序、缩短诉讼周期、重构诉讼文化等方面均取得了明显成就，受到普遍欢迎。② 在美国，民事案件以前经常是成本昂贵和耗时的，1990 年美国国会通过了《民事司法改革法》用来矫正这些问题，参议院提出改革是为了促进实现全民在民事诉讼中的公平、迅捷和成本低廉，改革法案确立了六个基本原则和六项具体措施，来促使美国地区法院推行具体的成本和诉讼时限缩减计划，并初步确立了试点的法院。③ 此外，广大拉美国家也在原有的政治体制下进行了一系列迈向民主法治的变革，就司法制度而言，也围绕着如何保障人权、提高诉讼效率和维护司法权威等环节进行了一系列的改革。④

就中国的情况而言，截至 2009 年，最高人民法院已经颁布了三个人民法院改革纲要，逐步确定了法院改革的目标和措施。尽管最初司法改革的原因可能源于法院的案件压力和负担，但是更为重要的是经济的发展在给人类带来极大的物质丰富的同时，也给社会的政治、文化生活带来了极大的冲击，在法治层面则表现为法律的不断完善以及社会冲突的加剧。因此，如何通过司法的法律适用过程，及时有效地化解纠纷，促进价值日益多元的社会的整合，正成为中国司法所面临主要问题。回顾近十多年来的司法改革，我们需要反思许多问题，诸如专业化带来的与群众脱节现象；改革没有整体的

---

① See David Rauma and Donna, *the Civil Justice Reform Act Expense and Delay Reduction Plans：A Sourcebook*, Federal Judicial Center, 1995.

② 参见刘敏：《接近正义与英国的民事司法改革》，见公丕祥主编《法制现代化研究》（第九卷），南京师范大学出版社 2004 年版。

③ See Dward F. Sherman, "A Process Model and Agenda for Civil Justice Reforms in the States", *Stanford Law Review*, Vol. 46, No. 6 (Jul., 1994), pp. 1553 – 1587.

④ See Meredith Fensom, *Judical Reform in the America：The Case of Chile*, University of Florida, 2004; Gianmaria Ajani, "By Chance and Prestige：Legal Transplants in Russia and Eastern Europe", *The American Journal of Comparative Law*, Vol. 43, No. 1 (winter, 1995), pp. 93 – 117.

考虑，在实践中全国各地改革步调不一致，改革水平不平衡；部门割据、地方割据现象严重，缺乏统一协调，其结果在具体的改革行为与宏观的改革话语之间产生了一种内在的紧张关系，进而动摇了司法制度本身的价值基础。面对这些问题，我们认为，从本源上看，司法改革的不同呼声其背后隐含的是不同主体对于司法制度的价值诉求，进一步的改革和建设需要我们珍视这些不同的价值诉求。质言之，随着中国司法改革在新时期的纵深发展，有关司法制度的价值诉求及其相关的一些问题，显然需要我们重新或进一步地加以辨析和厘清。

二、价值与法的价值

学界专门以"司法制度的价值诉求"为关键词和核心主题的研究并不多见。从法理上看，司法制度的价值作为法的价值的一种构成要素和重要展现，自然也遵循着法的价值的一般原理。下面，我们就从法理学的角度首先对法的价值问题进行梳理。①

价值一词常见于人们的日常生活表达，人类作为一种自在自觉的智性存在，恒久不断地就自身的存在、自身的活动以及自身所在的外部世界进行价值分析和价值评价，从而使之成为人类最基本的认识和实践活动。同时，价值也是一个富含学理的概念，承载着人类历史长河中先辈圣哲广泛而深刻的思考，各种观点学说层出不穷。

从学理上分析，对价值概念的把握涉及三个方面，即价值主体的价值需求、价值客体的价值属性和作为价值形态的价值目标。价值目标是价值概念含义的直接所在，在这个意义上，价值意指各种值得希求的或美好的事物，如幸福、真知、善良、美感、圣洁、公正等。价值主体的价值需求和价值客体的价值属性则是在相对间接的意义上，价值概念的含义之所在。就此而言，价值可以指价值主体对各种形态价值目标的需求，也可以指价值客体（各种物质的、精神的或制度的对象）能够满足价值主体需要的一种性能。我们通常所论及的事物的价值或事物有无价值的问题，涉及的就是对事物的价值属性的认识和判断。综合对价值概念三个方面的考察可以得出一个概括

---

① 关于"法的价值"的原理主要来源于张志铭教授的论述，具体参见朱景文主编：《法理学》，中国人民大学出版社2008年版。

性的结论，即价值是价值主体所希求、并借助于价值客体的价值属性而得以满足的各种价值目标的集合。

由上面的分析可以看到，事物的价值实际上存在于一种主体和客体的关系结构之中。这种关系可以称为价值关系，在这种价值关系中，主体的价值需求直接指向各种形态的价值目标，并赋予或引发事物作为价值客体的属性，从而成为价值生成的原点和价值评价的标准。价值这种现象的一个显著特点是，价值的性质和程度如何，主要取决于价值关系主体的情况，而不是由价值关系的客体所决定的。[①] 价值实际上就是对主客体相互关系的一种主体性描述，它代表着客体主体化过程的性质和程度。[②] 同时也要看到，在价值关系中，事物所具有的客观属性是主体进行价值评价的必要参照。某种事物是否有价值，具有何种价值，具有多大的价值，这些问题并不是单纯由主体来决定。价值既反映着主体的主观情感和意向，也反映着事物呈现给主体的客观属性。因此，在对事物价值的性质的认识上，在强调主体的价值需求的核心意义的同时，也要看到价值现象在形成和变化过程中主体和客体交互作用、主观和客观相互融合的过程，不能单纯地把事物的价值归结为主体或主观现象，或者客体或客观现象。

至于何为价值主体，何为价值客体，则是一个不断遭遇新的智识挑战、值得深入探讨的问题。尽管前卫的观点认为外在事物如动物、植物等在一定情况下也可以成为价值主体，但主流的观点依然认为，在价值关系中，只有人才是价值主体，而人之外的世界万物只能是价值客体，是人的价值认知和价值实践的对象。人之所以要去认识客观世界以及事物，是为了对客观世界进行改造；而人之所以要对客观世界及其事物进行改造，又以满足人的自身需要为最终目的。人的一切认识和实践活动无不是为了把客观的对象改造成为满足人类自身需要的事物。

法的价值是事物价值的具体形态，除了体现事物价值的一般原理之外，也具有法律认知和法律实践领域的特点。在法学理论中，对于法的价值的含义通常有以下三种不同的理解。

一是指法律在发挥其作用的过程中所能够保护和增进的价值，如自由、

---

① 参见李德顺：《价值论》，中国人民大学出版社 1987 年版，"前言"第 3 页。
② 参见李德顺：《价值论》，第 107—108 页。

平等、公平、秩序、安全、效率等。人类社会之所以需要法律，需要法律发挥调整社会生活关系的作用，目的就是为了保护和增进这些事关人类福祉的价值。这些价值构成了法律所追求的理想和目标，可以称为法的"目的价值"。

二是指法律所包含的价值评价标准。美国法学家庞德曾指出：在法律调整和安排的背后"总有对各种互相冲突和重叠的利益进行评价的某种准则"，"在法律史的各个经典时期，无论在古代或近代世界里，对价值准则的论证、批判或合乎逻辑的适用，都曾是法学家的主要活动"①。在许多法学著作中，法的价值的问题也就是法律评价的标准问题。

三是指法律自身所应当具有的良好品质和属性。此种意义上的法的价值被称为法的"形式价值"，它与法的"目的价值"不同，并不是指法律所追求的社会目标和社会理想，而仅仅是指法律在形式上应当具备哪些值得肯定的或良好的品质或属性。比如，法律应该逻辑严谨而不应当自相矛盾，应当简洁明了而不应当烦琐隐晦，应当公之于众而不应当神秘莫测，等等。

从价值的一般原理看，在上述关于法的价值的三种理解中，法的目的价值最为根本，应该说是法的价值这一概念含义的直接所在，而法的形式价值则是在延伸意义上对法的价值含义的认识，实际上它指称的是法的价值功能和属性，服务于法的目的价值的实现。严格说来，法本身并无价值可言，法的价值主体是人，离开了以人的需要为指向的法的目的价值，法的形式价值也就无从谈起。至于对法的价值含义的第二种理解，即价值评价标准意义上的法价值，则可以作出以下两点分析：其一，任何形态的法价值目标，皆有评价的功能，从而构成法律现象的价值评价标准。在此意义上，对法的价值的第二种理解与第一种理解没有不同，应当归并其中。其二，人们通常提及的各种法的价值评价标准，如生产力标准、人道主义标准、现实主义标准、历史主义标准等，皆属解决不同形态法价值之间冲突（如自由与平等、公平与效率等）的准则。虽然这些准则为解决不同的法价值冲突提供了方向性指引，从而属于法的价值研究的题中应有之义，但是它们本身并不属于法的价值形态。基于这样的分析，我们可以在一般意义上对法的价值的概念作如下定义，即法的价值是作为法律价值主体的人所希求、并借助于作为法律价值

① ［美］庞德：《通过法律的社会控制：法律的任务》，沈宗灵、董世忠译，商务印书馆1984年版，第55页。

客体的法律的价值属性而得以满足的各种价值目标的集合。

三、司法与司法制度的价值

有关司法的概念在中国理论界一直存在不同的看法，目前学界对司法的界定可谓观点意见纷呈，莫衷一是。有研究认为，司法"是指国家司法机关根据法定职权和法定程序，具体应用法律处理案件的专门活动"①。显然，这种观点需要进一步解释"司法机关"的概念。也有研究认为，司法是与裁判有着内在联系的活动，司法权往往被直接称为司法裁判权，据此，司法是指法院的审判活动，司法权就是法院的审判权，享有司法权的主体只有法院和法官。② 也有研究认为，司法"是对法律的适用，是运用法律处理诉讼案件或非诉讼案件，据此使社会关系的不稳定性得以消除"。该研究还讨论了另一种观点，即"司法是多样化的，不为法官和法院所独享，也不单是国家的职能。实际上一些非法院的国家机关，甚至某些非国家的社会组织也具有一定的司法性质和作用"③。也有研究认为，司法既是一个以审判为核心、结构明晰、内容确定、层次分明的开放性体系，又是一个处于不断发展中的概念。详细言之，司法的开放性可以划分为核心与外围两个基本的层次。其中，司法的核心部分是比较确定的，它是指以法院、法官为主体的对各种案件的审判活动，而司法的外围则不那么确定，甚至是不确定的，这部分内容可以划分为两个基本类型：其一是基本功能、运行机制和构成要素与法院相类似的"准司法"活动，主要包括行政裁判、仲裁和调解；其二是围绕着审判和准司法而展开的，或者以此为最终目的而出现的参与、执行管理、服务、教育和宣传等"涉诉"性活动；此外，国际司法和国内违宪审查在司法的概念体系中占有重要的地位。所有这些综合起来就构成了以法院审判为核心向外呈现放射状的具有复合性、开放性的"多元一体化"司法概念体系。④

我们认为，对司法概念的认识应该从实质上去分析和界定司法的内涵，这种分析和界定应该能够对司法的本质特征和结构要素作出清晰的展示，应

---

① 沈宗灵：《法学基础理论》，北京大学出版社 1988 年版，第 373 页。
② 参见陈瑞华：《司法权的性质——以刑事司法为范例的分析》，《法学研究》2000 年第 5 期。
③ 于慈珂：《司法机关与司法机关组织法论纲》，《现代法学》1993 年第 2 期。
④ 参见杨一平：《司法正义论》，法律出版社 1999 年版，第 25—26 页。

该能够揭示出司法在人类社会历史发展中的普遍性质，也应该能够区分司法的核心要义和其他与司法相关的活动的性质。从司法在人类社会历史发展中的实证状况来看，每一时期的社会都有不可避免的纠纷存在，司法表现为它以社会纠纷为对象，司法就是解决社会纠纷的，没有纠纷，司法的存在则失去了前提。由纠纷的争议双方寻求由纠纷之外的第三者居间解决是人类社会发展的重要进步，而由作为公共权力代表的国家等机构充当纠纷解决的第三者，则是司法区别于其他形式的居间纠纷解决的重要标志。公共权力机构通过职能权力解决纠纷，其主要形式是依据一定的规则对纠纷进行审理并作出具有法律约束力的裁判结论。从司法权的组织构造上来看，虽然代表公共权力机构行使司法权的主体在不同的制度和文化背景下有所不同，但是司法的基本特征之一就在于它是一种公共权力行为。司法解决纠纷的公共职能性质决定了其结论具有公共的权威性，由于这种权威性建立于公共权力的基础上，这种裁判必然对纠纷争议的双方当事人具有拘束力，而且这种拘束力具有以公共权力为后盾的强制性。

因此，如果从司法的本质特征和结构要素来分析司法，可以看出，首先，司法是以解决社会纠纷为己任，司法的任务就是解决社会纠纷；其次，司法是公共权力机构（国家产生以后，社会的公共权力机构即国家）的一种职能属性，是公共机构的权力职能对纠纷解决的一种作用；再次，司法解决纠纷的方式是审理和判决，所以审判以外的事情不属于司法的范畴；复次，司法是公共权力机构作为第三者对纠纷进行居间裁判；最后，司法是具有法律权威的裁判，即司法作出的裁判结论具有公共法律上的拘束力。如此而言，司法的实质是掌握公共权力机构（国家）职权的一定主体对社会纠纷所进行的审判活动，作为这种审判活动的结果，就是形成具有公共法律拘束力的裁判结论。

对于司法所具有的这种核心要义，有些研究的观点与此类似。例如，有研究认为，司法是"与制定抽象法规的立法相对而言，通过审判表现出来的国家作用"，司法是"发判决而适用法"，即"就一切具体的事实，宣告适用何法的活动"，所以，司法就是法院的审判活动。[①] 也有研究认为，"司法"

───────────

① 参见董番舆：《日本司法制度》，中国检察出版社 1992 年版，第 9 页。

之"司"乃"掌管"、"操纵"之意，那么掌管或操纵法律者，当然是对事实和法律进行判断者，即司法者或曰法官；简而言之，司法就是裁判。[①] 对于司法的此种理解，我们还可以从比较权威的辞典中得到说明。根据美国《布莱克法律词典》对"司法权"（Judicial Authority）的解释，司法权是"和法官职务有关的权力，是审判权或说管辖权，即听审和解决争议问题的官方权力"[②]。英国《牛津法律大辞典》对"司法"（Judicial）所作的界定是："关于法官的术语，在很多情况下区别于'立法的'或'行政的'，在另外一些情况下区别于'司法之外的'，后者是指不经过法院的处理以及没有法官干预的处理。"[③]

以上是对"司法"概念及其核心要义的一般分析，下面就本书所研究和使用的"司法"再进一步地作以下界定和交代。我们认为，概括来说，在中国语境中，司法一词往往在四个层次上使用：一是政法意义上的司法，该种用法把所有与政法工作有关的部门活动都统称为司法活动，其包含的范围最为广泛；二是诉讼意义上的司法，该种用法认为司法不单是法院的活动，特别是在刑事诉讼中，它涉及公安机关、检察院、法院以及作为司法行政部门的政府机构、监狱等国家各专门机关，其职能也包括了从侦查到起诉、审判、执行、监督、管理等各环节的内容；三是检审并列意义上的司法，该种用法认为司法就是国家司法机关所进行的活动，而国家司法机关通常又被认为包括法院和检察院[④]，所以，司法包括法院的审判活动和检察院的检察活动；四是审判意义上的司法，即司法就是法院的审判活动。

可以看出，在中国从不同意义上使用的"司法"与其所具有的语境和场域是密切相关的，从这一点上看，可以说，中国语境中的"司法"一词是

---

① 参见赵明：《从历史的深处走来——漫议转型时期的当代中国政治与司法改革》，《政法论丛》2008 年第 3 期。

② Henry Campbell Black，M. A.，*Black's Law Dictionary*，（Fifth Edition），St. Paul Minn.：West Publishing Co.，1979，p. 760.

③ ［英］戴维・M・沃克编：《牛津法律大辞典》，北京社会与科技发展研究所译，光明日报出版社1988 年版，第 484 页。

④ 例如，作为国家高等教育规划教材的《法理学》在阐释司法概念时就认为，在中国作为司法主体的司法机关包括人民法院和人民检察院。（参见张文显主编：《法理学》，2 版，北京大学出版社、高等教育出版社 2003 年版，第 276—277 页。）还有研究指出，根据中国国情来认识，司法机关应该有法院与检察院两种。（参见陈光中、崔洁：《司法、司法机关的中国式解读》，《中国法学》2008 年第 2 期。）

"场域依存"的。① 尽管如此，我们认为，从司法的本质属性来看，司法主要应该是指作为国家审判机关的法院依照法定的职权和程序具体适用法律对社会纠纷进行裁判的活动。另外，从司法概念在当今世界各国的发展和应用来看，"尽管各国关于司法内涵的理解并不完全相同，但有一点是共同的，这就是各国的司法都是以审判为核心"②。随着司法制度改革的实践以及人们对司法权问题的认识不断深入，我国法学界在 20 世纪末也开始了司法权理论研究的变革，总的观点是主张司法权就是法院的审判权③，由此司法也主要被用来指称法院的审判活动。

当然，把司法界定为法院的专门审判活动，并不意味着排斥其他与审判相关的主体活动对于司法的意义。从整个动态的司法活动来看，法院作为国家专门的审判机关是司法权的承担者和司法的主导者，而作为履行侦查、起诉、行政管理等职能的公安机关、检察院、司法行政机关等则是司法过程的参与者，它们一道服务于国家司法职能的实现。本书遵循这种思路和做法，倾向于把司法理解为法院的审判，与此同时，也不排斥基于逻辑的或现实制度的关照在一种广泛的意义上理解和使用司法概念，亦即整体上尊重并遵循中国语境中的司法制度的构成。

如上所述，法的价值原理为司法制度价值问题提供了一个分析性框架。根据法的价值的原理，司法制度的价值至少包含以下层面的内容：其一是静态层面，也就是辨识出司法制度的价值目标及作为价值客体的司法制度本身所具有的价值属性；其二是动态的层面，这涉及特定时代不同主体间对司法制度都有着不同的期许，以及基于对司法的价值属性的认识而产生的冲突和差异。就司法制度的价值特性而言，司法制度的价值作为法的价值的具体形态之一，也具有法的价值的共同属性。司法制度的价值也存在于作为司法制度的价值主体的人和作为司法制度的价值客体的司法制度的关系结构之中。这种关系可以称为司法制度的价值关系。在这种价值关系中，人类在司法领

---

① "场域依存"这个术语取自英国学者图尔敏的论述，具体可参见［荷］伊芙琳·T·菲特丽丝：《法律论证原理——司法裁决之证立理论概览》，张其山、焦宝乾、夏贞鹏译，商务印书馆 2005 年版，第 38 页及以下。

② 胡夏冰：《司法权：性质与构成的分析》，第 197 页。

③ 参见胡夏冰：《司法权：性质与构成的分析》，第 179—181 页。

域的价值需求直接指向人类司法活动的各种价值目标，并赋予或引发司法作为客体的价值属性，从而成为司法制度的价值生成的原点和价值评价的标准。司法制度的价值的性质和程度如何，同样主要取决于司法制度价值关系主体在司法领域的认识和实践情况，而不是由司法制度价值关系的客体所决定。因而也可以说，司法制度的价值实际上就是对司法制度的价值主体和司法制度的价值客体之间关系的一种主体性描述，体现了司法制度在回应人的司法需求这一主体化过程的性质和程度。

四、中国当代司法改革中的价值诉求变迁

自 20 世纪 90 年代以来，司法改革的讨论和研究不断地涌现，当我们回顾和梳理这些成果时，不可避免地要涉及官方和民间两个层次。1997 年党的十五大将司法改革纳入政治体制改革的范畴，并且把独立行使审判权与司法的公正，作为改革的目标。[①] 从价值目标上看，司法制度的运行必须保障在全社会实现公平和正义，司法改革的推进需要在两个层面上进行，从外部结构上，应当依照公正司法和严格执法的要求，完善司法机关的机构设置、职权划分和管理制度，进一步健全权责明确、相互配合、相互制约、高效运行的司法体制。从制度上保证审判机关和检察机关依法独立公正地行使审判权和检察权。在司法内部结构上，应完善诉讼程序，保障公民和法人的合法权益。切实解决执行难问题，改革司法机关的工作机制和人财物管理体制，逐步实现司法审判和检察同司法行政事务相分离，建设一支政治坚定、业务精通、作风优良、执法公正的司法队伍。[②] 2003 年 5 月，中央政法委组织专家进行讨论，并宣布成立由罗干担任组长的中央司法体制改革领导小组，指导全国司法体制的改革。这标志着主导中国司法改革进程的核心机构的诞生，也意味着一种全新的、自上而下的司法改革模式的确立。[③] 2004 年中国共产党第十六届中央委员会第四次全体会议召开，会议强调加强和改进党对政法工作的领导，支持审判机关和检察机关依法独立公正地行使审判权和检察权，提高司法队伍素质，加强对司法活动的监督和保障，以保证司法公正

---

① 参见中共十五大报告。
② 参见中共十六大报告。
③ 参见吴小亮：《新一轮司法改革全面启动》，《财经》2004 年第 10 期。

为目标，逐步推进司法体制改革，形成权责明确、相互配合、相互制约、高效运行的司法体制，为在全社会实现公平和正义提供法制保障。① 此次会议更为注重党对司法活动的监督和领导，通过监督和领导来保障司法的公正和实现社会的正义。这与中央政法委成立的司法体制改革领导小组及司法改革初步意见的出台有着密切的联系。2006 年，党的十六届六中全会和党的十七大更是要求，全面落实依法治国基本方略，加快建设社会主义法治国家，深化司法体制改革，优化司法职权配置，规范司法行为，建设公正、高效、权威的社会主义司法制度，保证审判机关、检察机关依法独立公正地行使审判权、检察权，加强政法队伍建设，做到严格、公正、文明执法。② 应该说，执政党确定的改革指导思想直接决定了改革的基本目标、路径和效果，为改革提供了政治上的正当性与合法性，中央权威部门的关注点直接决定着司法改革的目标与走向。③

最高人民法院在推进司法改革的过程中扮演着重要的角色，从近十年的工作报告中，我们可以看到最高人民法院对司法改革的价值诉求有着清晰的表述，并围绕司法改革的价值诉求采取了一系列改革的措施。从 1999 年开始，最高人民法院开始了十年的司法改革之路。1999 年最高人民法院院长肖扬以司法公正为主线，指出要加大法院改革力度，大力加强审判工作，维护司法公正，依法履行职责，强化执法力度，维护法律权威，推进审判方式改革，落实公开审判，维护裁判公正，服务大局，深化改革，努力开拓审判工作和队伍建设新局面。④ 1999 年最高人民法院第一个五年改革纲要出台，纲要首先指出中国司法存在的问题，一是司法活动中的地方保护主义产生、蔓延，严重危害我国社会主义法制的统一和权威；二是现行的法官管理体制导致法官整体素质难以适应审判工作专业化要求；三是审判工作的行政管理模式，不适应审判工作的特点和规律，严重影响人民法院职能作用的充分发挥；四是人民法院特别是基层人民法院经费困难，装备落后，物质保障不力，严重制约审判工作的发展。面对挑战，人民法院不改革没有出路，只有

①　参见第十六届中央委员会第四次全体会议公报。
②　参见中国共产党第十六届六中全会公报，中共十七大报告。
③　参见左为民：《十字路口的中国司法改革：反思与前瞻》，《现代法学》2008 年第 6 期。
④　参见 1999 年最高人民法院工作报告。

通过改革，逐步建立依法独立公正审判的机制，才能适应社会主义市场经济的发展和民主法制建设的需要。从 1999 年起至 2003 年，人民法院改革的基本任务和必须实现的具体目标是：以落实公开审判原则为主要内容，进一步深化审判方式改革；以强化合议庭和法官职责为重点，建立符合审判工作特点和规律的审判管理机制；以加强审判工作为中心，改革法院内设机构，使审判人员和司法行政人员的力量得到合理配备；坚持党管干部的原则，进一步深化法院人事管理制度的改革，建立一支政治强、业务精、作风好的法官队伍；加强法院办公现代化建设，提高审判工作效率和管理水平；健全各项监督机制，保障司法人员的公正、廉洁；对法院的组织体系、法院干部管理体制、法院经费管理体制等改革进行积极探索，为实现人民法院改革总体目标奠定基础。

2004 年，在公正和效率为主题的改革目标的指引下，最高人民法院又提出司法为民的主张，开展"公正与效率"司法大检查，促进司法公正，落实司法为民的举措，方便当事人诉讼，切实解决"告状难"、"申诉难"问题，完善司法救助制度，保障经济确有困难的群众平等参与诉讼；注重审判质量，努力实现司法公正；提高司法效率，使当事人尽快获得公平裁判的结果；积极稳妥推进法院改革，进行简化诉讼程序改革，提高审判效率。同年第二个五年改革纲要出台，该纲要指出 2004 年至 2008 年人民法院司法改革的基本任务和目标是：改革和完善诉讼程序制度，实现司法公正，提高司法效率，维护司法权威；改革和完善执行体制和工作机制，健全执行机构，完善执行程序，优化执行环境，进一步解决"执行难"；改革和完善审判组织和审判机构，实现审与判的有机统一；改革和完善司法审判管理和司法政务管理制度，为人民法院履行审判职责提供充分支持和服务；改革和完善司法人事管理制度，加强法官职业保障，推进法官职业化建设进程；改革和加强人民法院内部监督和接受外部监督的各项制度，完善对审判权、执行权、管理权运行的监督机制，保持司法廉洁；不断推进人民法院体制和工作机制改革，建立符合社会主义法治国家要求的现代司法制度。

2005 年，最高人民法院从解决群众关心的司法公正和效率问题入手，以司法人权保障为中心，重点深化刑事审判方式改革，进一步完善刑事审判二审、死刑复核程序，健全证人、鉴定人出庭制度，充实审判力量，使每一件刑事案件都做到程序合法、实体公正，经得起历史的检验；改革审判委员会制度，进一步促进审理与判决的有机统一，提高工作效率；完善人民陪审员制度，会同司法行政机关选拔、培训人民陪审员，保障人民群众依法参与审判活动，弘扬司法民主。①

2007 年 1 月 1 日，最高人民法院统一收回死刑案件核准权，结束了部分死刑案件核准权下放 26 年的历史。② 2008 年，最高人民法院提出"公正司法、一心为民"的指导方针，落实严格执行宽严相济的刑事政策，做到"该宽则宽，当严则严，宽严相济，罚当其罪"；坚持"能调则调、当判则判、调判结合、案结事了"的审判原则，把诉讼调解贯穿于案件审理全过程，加强对人民调解委员会的指导，支持、维护、促进人民调解和行政调解，建立和完善纠纷解决机制。③

2009 年 3 月，为贯彻党的十七大精神，落实中央关于深化司法体制和工作机制改革的总体要求，维护社会公平正义，满足人民群众对司法工作的新要求、新期待，实现人民法院科学发展，最高人民法院制定了《人民法院第三个五年改革纲要（2009—2013）》，即现行改革纲要。该纲要提出深化人民法院司法体制和工作机制改革的指导思想，其中的重要内容是："从满足人民群众司法需求出发，以维护人民利益为根本，以促进社会和谐为主线，以加强权力制约和监督为重点，从人民群众不满意的实际问题入手，紧紧抓住影响和制约司法公正、司法效率、司法能力、司法权威的关键环节，进一步解决人民群众最关心、最期待改进的司法问题和制约人民法院科学发展的体制性、机制性、保障性障碍，充分发挥中国特色社会主义司法制度的优越性"，其间一系列有关司法制度价值问题的诉求可谓体现明显，而这些指导思想引导下的改革目标则继续表述为"推进中国特色社会主义审判制度的自我完善和发展，建设公正高效权威的社会主义司法制度"④。

值得一提的是，2012 年 10 月 9 日，国务院新闻办公室发表了《中国的司法改革》白皮书，这是中国政府首次就司法改革问题发布白皮书，白皮书

---

① 参见 2005 年最高人民法院工作报告。
② 参见 2007 年最高人民法院工作报告。
③ 参见 2008 年最高人民法院工作报告。
④ 《人民法院第三个五年改革纲要（2009—2013）》。

介绍了中国司法改革的基本情况和主要成就，并在对中国司法改革目标的阐述中使用了有关价值词汇的表达，即"中国司法改革的根本目标是保障人民法院、人民检察院依法独立公正地行使审判权和检察权，建设公正高效权威的社会主义司法制度，为维护人民群众合法权益、维护社会公平正义、维护国家长治久安提供坚强可靠的司法保障"[1]。不仅如此，白皮书专门介绍了中国在完善司法机构设置和职权配置、规范司法行为、完善诉讼程序、强化司法民主和监督等方面进行的改革，并把这些改革举措统一放在"维护社会公平正义"的内容中，并指出，"维护社会公平正义，是司法改革的价值取向"，中国司法改革的举措是"努力提高司法机关维护社会公平正义的能力"[2]。由此可见，有关司法的价值问题原本就是中国司法制度建构和司法体制改革必须重视的应有内容。

五、本书内容架构与章节安排

除导论之外，本书共分为五章，主要是以中国当代司法制度改革与建设实践目标的最新理论表述"建设公正高效权威的社会主义司法制度"所体现的核心价值为线索，前三章在内容上分别以"司法公正与司法制度的建设"、"司法效率与司法制度的建设"和"司法权威与司法制度的建设"为主题展开专题论述。第四章以五个国家或地区为样板对域外司法制度改革及其价值诉求问题进行了考察，第五章以司法变革中的价值目标为核心考察梳理了中国司法现代转型发展中的重要历程。

具体来说，各章内容的要点如下：

第一章，司法公正与司法制度的建设。本章首先梳理论述了公正和司法公正的含义与基本理念，然后描述了当代中国司法制度改革过程中对公正的价值诉求；其次在一般意义上分析司法公正的构成要素，讨论了司法公正的基本内容；然后结合中国司法体制改革中的一些现实，探讨司法公正的制度建构以及其中的主要问题；最后通过重新阐释司法公正与司法效率和司法权

---

[1] 中华人民共和国国务院新闻办公室：《中国的司法改革》（2012 年 10 月），见中央政府门户网站 http：//www. gov. cn/jrzg/2012－10/09/content＿2239771. htm，2012－10－09。

[2] 中华人民共和国国务院新闻办公室：《中国的司法改革》（2012 年 10 月），见中央政府门户网站 http：//www. gov. cn/jrzg/2012－10/09/content＿2239771. htm，2012－10－09。

威的关系，以说明司法公正对于建设社会主义司法制度的重要意义。

第二章，司法效率与司法制度的建设。本章从司法效率的内涵及价值定位出发，论述了不同学科视野中的司法效率含义，讨论了司法效率在司法中的价值定位及其与司法权威、司法公正的关系问题；然后具体分析了司法效率的影响因素，包括与审级相关因素对司法效率的影响，法院管理体制对司法效率的影响，现行法律对司法效率的影响，宏观因素对司法效率的影响，以及司法参与者对效率的影响；接下来研究了中国司法效率的场景与制度构建问题，并具体提出了未来中国在司法效率方面可能的制度构建的建议。

第三章，司法权威与司法制度的建设。本章从讨论有关权威的各种理论开始，着重论述了法律的权威理论和司法的权威理论；然后讨论了中国司法权威的场景与问题，并对传统社会的近代转型与司法的权威和新中国成立之后对司法权威的追求等问题进行了梳理与分析；在此基础上，本章最后以司法权的合理定位与司法的权威、转型社会背景下司法权威的重塑为内容，对有关司法权威的建构问题作了专门研究。

第四章，域外司法制度改革及其价值诉求。本章认为，自20世纪90年代伊始，在全世界范围内不同的国家或地区，都发动了立志于重塑或修正本国相应司法制度的改革活动。立足于自身的不同状况，每个国家和地区启动司法改革的诱因并不完全相同，但是，当相异的国家或地区面对纷繁复杂的社会争议与问题时，都将缓解社会问题与压力的期许倾注于司法制度的合理运作上，为此采取了诸多方式去改革、重塑、修正或调整自身的司法制度。面对这些国家和地区的司法改革活动，从价值的维度对其进行分析，探求域外司法改革的不同价值诉求，将使我们更加全面地认识和定位不同背景下的司法改革活动。据此，本章主要考察了日本、英国、塞尔维亚共和国以及中国香港、台湾地区的司法制度改革所展现的价值诉求问题。

第五章，中国司法的现代转型及其价值诉求。本章通过梳理清末变法以来中国司法制度和重要司法变革背后价值目标的变迁，尽可能地还原制度转型及其背后思想变化的历史轨迹，并尝试进行评论性反思，认为在当代中国司法制度改革之前，中国近代司法转型经历了四次宏观价值诉求和改革目标上的重大变迁，可以称为中国司法现代转型的四波。以此，本章对下列内容进行了研究：中国传统司法的特征及其价值取向、清末变法与民国初年司法的价值取向、国民政府时期司法改革及其价值诉求、新民主主义革命时期的司法价值目标，对反右运动与"文化大革命"时期的司法命运的反思。本章最后回到当代中国，再次回顾了中国当代的司法改革及其价值诉求。

第一章

司法公正与司法制度的建设

    自近代以来，法律保障着人类社会的平等、自由、安全和秩序，是维护和实现正义的手段，而法律能够有效实施，得益于完备而合理的司法制度。司法，是国家权力通过法律适用形式在社会纠纷解决领域进行的活动，在法治社会中，司法在一定意义上被视为解决社会纠纷的最终和最彻底的方式，社会成员之间的冲突在其他方式难以解决的情况下可以通过诉诸司法来最终解决。所以，司法必须以公正为根本的价值追求。有关司法公正，是近些年我国法学界、法律实务界乃至社会各界关注的热点问题之一。在一定意义上说，对于司法公正的内涵、外延、构成要素及其制度建构、实现途径等问题的认识，关系到我国现阶段司法体制改革及法治建设的价值追求和目标方向。

    本部分内容首先从梳理公正和司法公正的含义与基本理念出发，描述当代中国司法对公正的价值诉求；其次在一般意义上分析司法公正的构成要素，讨论司法公正的基本内容；然后结合中国司法体制改革中的一些现实，探讨司法公正的制度建构及其中的主要问题；最后通过重新阐释司法公正与司法效率、司法权威的关系，以说明司法公正对于建设社会主义司法制度的重要意义。

第一节　司法公正的含义

一、公正释义

公正作为人类社会所追求的一种基本价值理念源远流长，可以说，人类自有社会以来，便开始了对公正的追求。探究公正或正义的词义，在我国可以上推古时的"灋"字。根据《说文解字》，"灋，刑也，平之如水，从水；所以独不直者去之，从去。"这个解释说明了古代的"法"字具有象形文字的特殊构造，它向人们展示了"法"本身所具有的独特含义，即当存在纠纷时，执法的标准就是善恶公平标准，"平如水"与"去不直"的裁判首要价值就是要实现公平正义。在我国古代文献中，有关公正或正义的直接表达词语也早已有之。《慎子·威德》中说，"故蓍龟所以立共识也，权衡所以立公正也，书契所以立公信也，度量所以立公审也，法制礼籍所以立公义也"。《管子·任法》则提出，"以法制行之，如天地之无私也……以上公正论，依法制断，故任天下而不重也"。在这里公正一般被理解为公共的、公众的正义、正确问题或者说客观公平地断定是非。韩非曾用公正一词来解释"直"的问题，他指出，"所谓直者，义必公正，公必不偏党也。"[1] 汉代的班固也指出，"公之为言，公正无私也"。宋代朱熹则认为，"只是好恶当理，便是公正"[2]。总之，中国古代文献中的公正一词往往被解释为或被用作解释公平、正义、客观、正直、平等、划一等含义，同时它与偏私、不公、曲徇人情等观念相对立。另外，我们还可以发现，在中国古代的文献中往往是把"公"和"正"等字分开使用的。例如，《荀子·不苟》中有"公生明，偏生暗"；《新书·道术》中有"方直不曲谓之正，反正为邪"；《广雅·释诂一》中有"端，正也"；《荀子·成相》中有"决狱讼，必端平"；宋代程颢也曾言"义与利，只是个公与私也"[3]。在这些文献中，单个的字"公"、"直"、"正"、"端"、"平"、"义"等大都是用来讨论公正或正义问题。其实这也都

---

[1] 《韩非子·解老》。
[2] 《朱子语类》卷二十六。
[3] 《二程集·河南程氏遗书卷》。

告诉我们，现代使用的"公正"一词往往是由古汉语中的公、正、端、直、平、义等发展而来，而古人所说的不公、不正、不端、不直、不平、不义等相当于现在我们所说的不公正或非正义。

以"公"、"正"、"直"、"平"等作为公正或正义的最初语义，在西方语言中也存在类似的情况。像在汉语中一样，西方语言中的公正或正义也有许多不同的词汇。例如，英语中的"Right"一词不仅用来指权利，其也具有正当和适宜的意思，同时可以被用来作为公正或正义的意义来使用。再有，"Justice"一词是英语中对公正或正义的最一般表达，对应于拉丁语中的"Justitia"，后者有三层意思，即公平、正义、管辖权和法官职位。实际上，"Justice"一词本身的含义就更为广泛，根据有关词典的释义，它至少含有以下六种意思：（1）正义、公正、公正原则，公平；公道、公理；（2）法官；（3）司法审判；（4）治安法官；（5）正当理由，合法，正确、确实；（6）公平处理，公平对待，应得的奖赏或惩罚。在这六种意思中，第（1）、（5）、（6）三种意思是很难区分的，而在第（1）种意思中，要在正义、公正、公平、公道和公理之间再作进一步区分就更难了。① 除了"Justice"以外，在英语中含有公正或正义意思的相关词语还有 Equity、Fairness、Impartiality、Reasonable 等等，同时它们也都具有其他的含义。此外，拉丁语中的"jus"、法语中的"Droit"、德语中的"Recht"等都是表达公正含义的词语，他们都也兼有正义、正当和法律的含义。

从现代汉语看，公正通常被当作是正义的同义语，它的内涵也十分丰富，公平、平等、正直、公道等之义也往往都被看作是公正或正义的蕴涵内容。现代汉语词典对这些词的一般解释是："公正：公平正直，没有偏私。""正义：公正的、有利于人民的（道理）。""公平：处理事情合情合理，不偏袒哪一方面，如公平合理。"英语中有"Justice"一词可与汉语中的"公正"相对应，同时它也可以被翻译为正当、司法或法官。从《牛津法律大辞典》的解释来看，公正就是用以表达法官在适用法律过程中不偏不倚、不偏私的"品质"。

尽管我们可以通过分析语义的方式来把握公正或正义的大体内涵，但是

---

① 参见杨一平：《司法正义论》，第 11 页。

在确定意义上回答公正和正义是什么，无论在东方还是西方这都是一个争论了数千年却依然充满了歧见和困惑的问题。恩格斯在谈到正义问题时指出，"关于永恒公平的观念不仅因时因地而变，甚至也因人而异，这种东西正如米尔柏格正确说过的那样，'一个人有一个人的理解'"①。美国法学家博登海默也说，"正义具有一张普洛透斯似的脸，变幻无常，随时可以呈现出不同的形状，并具有极不相同的面貌。"②

通过上述有关公正和正义的词源，以及根据有关学者的研究，总起来认识，中国古代关于公正的基本要求是不偏私，对人对事均以法律、道德或情理为准绳，一视同仁，在同一情况下，用同一尺度、同一标准对待。③ 同时，中国古代思想家一般倾向于认为，之所以能够做到公正或正义，主要原因是能"公"，即能以整体的利益为出发点和归宿点来考虑和处理问题，而不是以个人或少数人的狭隘私利决定一切。因此，"中国古代社会强调诸如社会所分配的义务和给予的权利是适应的，人们付出的劳动和得到的报酬是相适应的，人的行为功过和社会对他的奖惩是相适应的，人与人之间的关系是合理合义的，这些人们都认为是公正的。"④ 此外，中国古人讨论公正或正义问题，往往是针对执政者、统治者而发，许多议论乃是对当政者的希望与要求，认为公正或正义乃是君主所应该具备的美德。⑤

虽然中国古代有关公正的思想源远流长，但是，从总体上说，发达的权利观念和制度可以被认为是西方文化的特色，在这种文化传统和制度背景下公正或正义成为西方思想家们所经常讨论的一个颇具特色的问题，这也必然会孕育出各种独具特色的有关公正或正义的思想。一般认为，公正或说正义作为一种古老的观念在西方最早产生于古希腊时期，有学者指出，它是以一种调整自然力对宇宙组成部分的作用、保证平衡与协调的先验宇宙原则第一次出现的，后来的进一步发展使它主要成为一个伦理、宗教、政治和法律的

---

① 《马克思恩格斯选集》，2 版，第 2 卷，人民出版社 1995 年版，第 212 页。
② ［美］E. 博登海默：《法理学：法律哲学与法律方法》，邓正来译，中国政法大学出版社 2004 年版，第 261 页。
③ 参见高其才、肖建国、胡玉鸿：《司法公正观念源流》，人民法院出版社 2003 年版，第 33 页。
④ 高其才、肖建国、胡玉鸿：《司法公正观念源流》，第 33 页。
⑤ 参见高其才、肖建国、胡玉鸿：《司法公正观念源流》，第 34 页。

概念。① 在希腊较早的思想家中，苏格拉底和柏拉图曾经把理性作为公正的最高准则进行阐释。苏格拉底认为理性是一种永恒的东西，由一个永恒不变的理性可以判别公正与不公正。柏拉图则认为人的心灵是由理性、意志和情感三个部分构成，它们分别对应着真、善、美三种精神状态，当理性支配意志和情感时，人们就获得了真善美的德性，也就获得了正义。后来亚里士多德继承和发展了柏拉图的正义思想，他从社会伦理的角度出发指出，正义或公正是一种涉及人与人之间关系的社会美德，在人的各种德性中，唯有公正才是关心他人的善。同时，亚里士多德认为，"公正就是为了自足存在而共同生活，只有自由人和比例上或算术均等的人之间才有公正"②。由此可见，亚里士多德把正义和公正寓于某种平等之中，把平等作为公正的尺度。

到了中世纪，随着宗教势力统治地位的确立，一种以神学为基础的正义观在西方发展起来。奥古斯丁作为中世纪神学正义论的主要代表，宣扬人在的国家之上存在神的国家，人间的正义就来源于神国的指示，神的指示就是人们的正义标准，这种正义由神在人间的代表教会来传达。托马斯·阿奎那也认为神法是人类正义与否的标准，他论证了存在四种类型的法律规则即永恒法、自然法、人法和神法，只有神法是最完美无缺的，它使人法得到补充，使人的行为和动机都符合道德的要求。

一直到了近现代，正义和公正都是西方思想家不断探索的重要命题。霍布斯曾经将正义分为交换的正义和分配的正义两种类型，认为交换的正义是立约者的正义，分配的正义是公断人的正义。洛克则提出正义即"自由"的观点，认为自由是正义的本身内涵。卢梭也把自由的含义赋予正义，同时他认为正义可分为自然的正义和约定的正义，前者源于事物的理性或上帝的意志，后者则与约定的公共利益相一致。与此不同，凯尔森则认为应该把正义理解为"合法性"，这就是说，如果某一个规则，实际上适用于根据该规则内容应该适用的一切场合，那么这就是正义的，反之，如果它只适用于这一场合而不适用于另一类似的场合则就不是正义的。在这里，凯尔森所说的就是要忠实地适用实在法以保持其存在，这是一种法律下的正义。庞德则是从

---

① 参见杨一平：《司法正义论》，第 1 页。
② ［古希腊］亚里士多德：《尼各马科伦理学》，苗力田译，中国社会科学出版社 1974 年版，第 90 页。

满足社会需要的角度把握正义问题，他认为："正义并非指个人的德行，也不是调整人们之间的理性关系，它意味着一种体制，对关系的调整和对行为的安排，它能使生活资料和某种事情的要求手段能在最小的阻碍和浪费的条件下满足。"① 博登海默认为："如果用最为广泛和最为一般的术语来论述正义，人们就可能会说，正义所关注的是如何使一个群体的秩序或社会的制度适合于实现其基本目的的任务……满足个人的合理需要和要求，并与此同时促进生产进步和社会内举行的秩序——这是维持文明社会生活方式所必需的——这是正义的目标。"② 此外，美国思想家罗尔斯的社会正义论被推崇为 20 世纪社会哲学中最伟大的正义理论。罗尔斯认为，正义是至高无上的，任何理论、法律、制度都应该是正义的，否则就应该被抛弃和消灭，每个人都具有基于正义的不可侵犯性，正义的社会作用，就是规定社会利益及负担等的适当分配。他在著作中指出："正义的主要问题是社会的基本结构，或者准确地说，是社会主要制度分配基本权利和义务，决定由社会合作产生的利益之划分的方式。"③

　　总之，从古往今来的思想学说或理论来看，在对什么是正义或公正这一问题的探索和回答中，有些理论强调社会生活中平等是最为重要的，正义和公正寓于某种平等之中；有些理论则认为自由的价值最珍贵，没有社会成员的自由就没有公正和正义可言；还有些理论认为人类社会生活中安全或秩序的重要性，认为正义和公正存在于和谐的社会关系之中；更有一些理论把正义和公正与社会制度结构以及公共的福祉相提并论，认为公正和正义问题最终要还原为如何在社会中实现合理的分配和公共福祉问题。由此可见，公正和正义可以涉及广泛而复杂的考量因素，它也包含了在社会个体和整体之间不同的立场选择和偏重，不同的时代和不同的社会及人群，甚至不同的社会个体，往往会有不同的公正和正义观。所以，我们只能说，公正或正义是一个历史的、相对的概念。

　　对于公正和正义含义的这种争议和由此引起的有关正义和公正内容的不

---

① 　［美］庞德：《通过法律的社会控制——法律的任务》，沈宗灵、董世忠译，商务印书馆 1984 年版，第 35 页。

② 　［美］E. 博登海默：《法理学：法律哲学与法律方法》，邓正来译，第 261 页。

③ 　［美］罗尔斯：《社会正义论》，何怀宏等译，中国社会科学出版社 1988 年版，第 5 页。

确定性，有学者指出，之所以如此，主要是三个方面的原因所致。具体言之，首先，关于公正和正义与否的判断是典型的价值判断，而不是事实判断，所以，对于古往今来不同时空中的社会而言，由于经济、政治、宗教、历史传统和地理环境等多重因素的社会生活条件不同，就会导致不同时代的人们或同一时代不同社会的人们对公正和正义问题有着相当不同的理解，公正和正义的概念就常常带有鲜明地时代性、地域性和民族性；其次，对于每个现实的个人而言，由于在生活经历、人格特征、社会地位、家世背景、族群归属等方面的差异，使得在不同的个人之间对于"什么是公正和正义"的问题难以达成一致的理解；最后，公正或正义概念本身也构成了一个障碍，它是一个具有高度抽象性的概念，而且这一概念背后并不存在一个与之相对应的固定不变的实体和纯客观的指称对象，它的指称对象来源于人类的想象力，而且在词的使用过程中，它的具体指称高度依赖于陈述者个人精神世界的特殊结构和特殊性质。[①]

尽管如此，在人类的政治和法律理论中，我们也能看到在一般意义上对公正或正义概念作出界定的努力。古罗马法学家乌尔比安就曾指出："正义乃是使每个人获得其应得的东西的永恒不变的意志。"同样的说法也可见于其他许多思想家的言论，如西塞罗把正义刻画为"使每个人获得其应得的东西的人类精神意向"；欧洲中世纪神学家托马斯·阿奎那也把正义描述为"一种习惯，依据这种习惯，一个人以一种永恒不变的意愿使每个人获得其应得的东西"[②]。我们认为，"给予每个人其所应得"（Give each his or her due），这的确是一个充满理论想象力和整合力的表述。另外，按照中国古代思想家的说法，法律的目的在于"定纷止争"、"赏善罚奸"，因此人类法律生活中的正义或公正问题，归根到底也是一个公平地分配利益和赏罚的问题。给予每个人所应当得到的，不给予他或她所不应当得到的，这就是正义或公正作为人类所一直追求的一种价值的基本内涵。不仅如此，在得与予的意义上把握正义或公正概念的一般含义，虽然在形态上与平等的概念更加相似，但其内涵更为深刻，外延也更为丰富。

---

① 参见郑成良：《法律之内的正义》，法律出版社 2002 年版，第 4—5 页。

② 转引自［美］E. 博登海默：《法理学——法哲学及其方法》，邓正来、姬敬武译，华夏出版社1987 年版，第 253—254 页。

二、法律与公正

从以上对公正或正义的释义我们可以看出，无论它们所包含的内容和语义本身有何不确定性，但我们可以肯定的是，公正或正义都一直是古今中外人们所孜孜以求的一种美好价值。不仅如此，千百年来人们一直寻求着实现公正和正义的各种路径，并在人们生活的各个领域展开不断探索。把法律和公正问题相联系，积极通过有关法律的思想和制度来实现公正是诸多思想家和社会实践者们所倾心关注的重要课题。公正或正义作为法律最重要的一种价值，法律作为实现公正和正义的重要领域和重要途径，可以说，这种法律与公正的关联性一直都贯穿于自西方文明源头古希腊的法律思想到近代以来的各种法学学派的理论学说之中。

在古希腊，苏格拉底可被看作是重视法律与正义问题的先驱。他不仅强调法是正义的表现，而且认为法与城邦关系密切，是城邦自身的基石。他认为城邦的道德组织不可能没有法律而存在，而正义则是立法的标准，也是所有法律的共同本质，这样可以确信"凡合乎法律的就是正义的"[①]。虽然柏拉图一开始比较重视国家和社会的人治，认为最好的统治是"哲学王的统治"，但是在经过大半生的苦心经营而失败之后，他发现只有法治才是可行的制度，便开始转向通过法律实现正义的探索。他在《法律篇》中批评了人治的弊端，强调法律的最高权威，他重新设计了正义与法律的关系，把法律逐渐引向实现正义的目的。有学者对此指出，正是柏拉图在西方法律思想史上奠定了"重视法与正义的关联"的文化基因。[②] 后来，亚里士多德作为西方法治思想的最初集大成者，在法律与正义的问题上构建了第一个较为成熟的体系。亚里士多德把法律看成是正义的体现，是公正的具体化，他指出，"要使事物合乎正义（公平），须有好无偏私的权衡；法律恰恰正是这样一个中道的权衡"[③]。他还认为有正义和不正义的法律之分，而法治不仅意味着法律应该得到社会民众普遍的服从，而且意味着民众所服从的法律应该是本

---

① ［苏］涅尔谢相茨：《古希腊政治学说》，蔡拓译，商务印书馆1991年版，第88页。

② 参见吴予：《法律正义及其运行导论》，中国人民大学1998年博士学位论文，转引自肖建国：《司法公正的理念与制度研究》，中国人民公安大学出版社2006年版，第37页。

③ ［古希腊］亚里士多德：《政治学》，吴寿彭译，商务印书馆1984年版，第169页。

身制定得良好的法律，即正义的法律。此外，亚里士多德还把正义划分为分配的正义和矫正的正义，认为法律在实现正义的过程中发挥着主要的作用。

在古罗马时期，法学家乌尔比安对法与正义的关系有过著名的论述，他认为，"当一个人将其注意力集中于法的时候，他应该知道 jus 这个术语的来龙去脉。所谓 jus 来自正义（justitia）；事实上，法是善良和公正的艺术"①。后来，同是罗马国家的西塞罗也指出，"一个人要求助于正义，就去诉诸法律"②。正是在这些思想影响下，"正义只有通过良好的法律才能实现"，"法是善良和公正的艺术"，这些揭示法律和正义是不可分的古老格言得以形成。同时，古罗马人通过将自然法的正义观落实到法律层面，创造了比较精致而系统的私法制度。另外，古罗马的法学家还通过法律把正义具体化，比如包含于罗马法中的平等因素、对约定的诚实的规定、法律程序日益摆脱单纯的形式而合乎公正的要求等，都说明正义已不单是观念和精神，它也在古罗马人的生活中通过法律得到前所未有的操作和实现。③

近代最早在法律与正义的关系问题上作出重要论述的是荷兰思想家格老秀斯，在思想史上他不仅开创了近代理性自然法的先河，而且明确地把法律的概念建立在正义论的基础之上。在格老秀斯看来，法律所指示的不过就是所谓的正义而已，同时这个正义是消极的意义多于积极的意义，即法律规范的禁止性多于许可性。他还把法律分为自然法和人定法等种类，指出自然法和正义是人定法的基础，自然法也通过人的理性和社会性这一中介与正义相连通。④ 以此为先导，正义与法律之间的关系始终是古典自然法思想家探索正义理论或法律理论的重要主题之一。

18 世纪的康德创造了自己的法律哲学体系，在包括道德和法哲学的实践理性领域中，他从人的自由意志和绝对命令这两个原则来阐述法律和公正的关联。他认为，人的自由意志是一个基本原则，但是人的行为要符合绝对命令这个最高原则，那才是公正的。他将自然法建立在一个先天的基础上，

---

① 转引自张乃根：《论西方法的精神》，《比较法研究》1996 年第 1 期。

② 张乃根：《西方法哲学史纲》，4 版，中国政法大学出版社 2008 年版，第 50 页。

③ 参见吴予：《法律正义及其运行导论》，中国人民大学 1998 年博士学位论文，转引自肖建国：《司法公正的理念与制度研究》，中国人民公安大学出版社 2006 年版，第 38 页。

④ 参见谷春德主编：《西方法律思想史》，中国人民大学出版社 2000 年版，第 100—102 页。

由此他认为，在正义的名义下，自由应该是最大限度的，而法律限制应是最小限度的。康德的这种个人主义与自由主义的思想对后世思想家阐述法律问题产生了重要影响。随着功利主义思想的兴起，人们对法律与正义的关联问题又有了新的认识。以边沁为代表的功利主义理论家抨击了以往的自然法思想，主张衡量法律与正义关联的首要标准是看法律总的来说是否增进了最大多数人的最大幸福，因此功利原则是评价法律好坏与公正与否的准则。

第二次世界大战以后，随着自然法思想的复兴，德国法学家拉德布鲁赫提出了相对主义的法律与正义理论。按照他的观点，尽管正义必须得考虑个别的情况，但是法律作为一种实际存在的事物，它的意义在于要为正义服务，而其核心就是平等。如果一种法律规则对正义的侵犯已不可容忍时，这种法律就已是非法的法律，人们必须服从正义。① 在这里，拉德布鲁赫其实已把正义提到了排斥恶法的意义。

当然，除了以上思想家以外，第二次世界大战以来对于正义与法律的关联进行论述并创新的思想家很多。例如新自然法学派的重要代表人物富勒从主张法律与道德不可能严格分离出发，坚持法律存在道德性，而且法律的道德性可以分为外在道德和内在道德两个方面。这给人们理解法律与公正的关联提供了一种新的综合概念，即作为完善的法律制度必须内在与外在缺一不可，而法律的这种内在道德和外在道德与正义是一致的。② 新分析法学派的代表人物哈特坚持实证主义的立场，认为正义就是一种合法性，当一个人的行为受到司法适用的一般规则的制约时，也就必然实现了最低限度的正义。与他们不同，以"社会实证"方法研究法的社会目的与效果的社会法学家们则不关注静态的、包含在法律中的正义，而是把目光集中于动态的，包含在法律的实现、法律的运行中的正义上。庞德作为这种社会法学理论的代表人物就提出，正义只不过是对行为秩序和交往的一种调整，法律的任务在于以最少的浪费来调整各种利益的冲突，保障和实现社会利益。③

通过以上论述可以看出，把公正或正义作为一种美好的价值与法律相关联是许多思想家所认真探讨的重要主题，从这些关于法律与正义关联的论述

---

① 参见沈宗灵：《现代西方法理学》，北京大学出版社 1992 年版，第 49 页。
② 参见谷春德主编：《西方法律思想史》，第 232 页。
③ 参见谷春德主编：《西方法律思想史》，第 266 页。

中，我们也可以发现，把公正和正义作为一种价值追求，法律则往往被看作是实现公正和正义的重要手段，法律的价值之一就在于实现公正和正义。从一般意义上看，公正或正义可被视为是法律的目的价值，它们不仅是法律所要致力的目标，而且也是法律其他价值的基础和支撑；而法律则是维护和实现公正和正义的最重要方式，甚至有些思想家把法律称作维护和实现正义的一种美好技艺。

当然，必须指出的是，从理论上讲，实现公正和正义的方式是很多的，法律对公正的维护和实现也并不是必不可少的，而且依靠法律途径来维护公正实现正义也是人们经过长期历史实践才作出的选择。我们知道，在原始社会里，正义的实现一开始依靠的是"血亲复仇"，后来进一步地发展也是依靠"以牙还牙"等一类的"同态复仇"形式。进入国家和公共权力出现的社会之后，一定共同体的人们才开始借助某种第三方力量来寻求公正和正义问题的解决。即使这样，通过寻求拥有公共权力的第三方来实现公正一开始仍然是不需要法律的，人类长期以来是经历的是一种"人治"的社会，在有些国家的人们也曾期待能够通过依靠道德等力量来实现公正和社会的正义。直到后来，随着生活的反复实践，人们逐渐认识到按照预先公布的、大家普遍知道的、具有预期性的一般规则作为调整国家和生活中人们行为的依据，并据此来解决彼此之间的纠纷和冲突，确实能在最大程度上维护公正，促进社会中普遍正义的实现。

总体而言，法律对维护和实现公正或正义的作用主要可以概括为以下方面：

首先，法律分配权利义务以确定公正。这通常被人们称作是法律在实现分配正义方面的作用，具体体现为把指导分配的公正的原则法律化、制度化，并细化为明确具体的权利、义务等，以实现对资源、社会利益和负担等进行权威的、公正的分配。

其次，法律解决冲突以维护公正。在社会生活中，人与人之间发生利益冲突是不可避免的，权利和义务的分配关系不可能受到所有主体的一致尊重，由此引起纠纷和冲突也就在所难免。在一个稳定的社会中，这些纠纷和冲突不仅应该通过和平的方式解决，而且应当得到公正的解决。这除了依靠私人的、非正式的解决方式之外，法律则因为可以为和平而且公正地解决冲突提供规则和程序而成为人们的一种选择。不仅如此，在现代社会中，通过法律解决纠纷和冲突往往具有正式性、权威性和终局性。

再次，法律补偿损失以恢复公正。法律在解决纠纷和冲突以维护公正之外，还在侵权等许多方面表现为通过补偿受害主体的损失以恢复应有的公正。人们之间的纠纷和冲突不仅表现为利益上的矛盾，而且经常会导致一定主体在某些方面的利益损失。在这种情况下，法律就不仅要为纠纷和冲突的解决提供公正的标准，而且要确立一定的原则对受害主体进行补偿以恢复被破坏的公正，维护法律原本确立的一定秩序。

从获得法律正义所包含的实施方式来看，通过法律实现公正主要有三种基本形式，即立法、行政和司法。在这三种基本形式当中，司法无疑又应该被看作是最重要的一种方式。

三、司法公正

通过立法的方式实现公正和正义在各国的历史实践中都曾存在。经常被人们列举的例子如古希腊民众式的审判、古罗马面对人民式的审判等，在英格兰联合王国也曾通过议会行使司法权，美国在革命前也出现过通过殖民地立法机关行使司法权，在革命后也通过国家立法机关行使司法权，如立法机关的上诉管辖权，衡平法上的救济，离婚或破产的裁判权以及检举等。但是，有研究已经表明，实际上立法正义已经表现出了代价昂贵、不平等和不确定的特点，而且它受到了偏见、政治需要乃至腐化的影响。[1] 通过行政官员或行政机关的执法来实现公正也是法律正义实现的一种基本形式。以行政的方式来实现公正固然有其值得肯定的优点，例如，行政可以做到迅速有效、执行力较强，行政官员的管理也往往能较好地考虑政策等，但是许多情形都已经表明行政正义有时不能遵守自然正义的要求，有将正常与公正问题混淆的倾向，行政机关和官员为了方便行事也往往趋向于专断行事。[2]

正是由于立法和行政的上述一些缺点造成了它们可能都不是最好的法律公正实现方式，人们就倾向于将法律公正的最好实现方式寄托于司法活动。简单地说，通过司法实现公正即通过经挑选的、有智识、有经验、公正无私

---

① 参见［英］戴维·M·沃克：《牛津法律大辞典》，光明日报出版社1988年版，第498页。

② 参见杨一平：《司法正义论》，第52页。

并专门从事裁判争议问题的人来实现正义的一种方式。这种方式的优点是法官根据经验、所受的训练和习惯，尽力公正地发现和适用一般规则，它们的裁判是公开的而且可以对此裁判进行上诉、进行公开评论和专门监督与批评。总的来看，司法正义将合理的确定性和法则的可预见性与适度的自由裁量相结合，这种形式优于实施正义的其他任何形式。[①] 尽管司法实现公正的方式也可能会存在缺点，但是，"通过司法实现正义乃是整个社会正义理论体系的一个基本命题。自古以来，为了探索出一条客观、公正且不失效率的司法正义之路，人们作出了不懈的努力。从血亲复仇、同态复仇到神明裁判，从共誓涤罪制度到大小陪审制，从有罪推定到无罪推定，从重视口供到强调证据，从司法行政合一到司法独立，从特权保护到平等保护，从多元主义到一元主义再到多元主义一体化，等等，都反映了人类促使司法活动由野蛮走向文明，由不公走向正义，由较少正义走向充分正义，由简单地要求形式正义走向实质正义的奋斗历程。可以说，整个司法的发展史就是人类社会不断追求公平、实现正义的历史。"[②] 学者杨一平从一个纵向角度形象地描绘了通过司法实现正义的历史历程，也表明了正义是司法活动最根本的价值目标。另外，从其他研究的结论来看，至少在发达的法治国家里，司法正义制度是严肃的、诚实的，而且对于提供一种确保公平对待个人的制度，基本上是一个合理的成功的尝试。[③] 对于司法方式实现公正的优点，有些学者还指出，司法方式是最能令人信服的一种公正实现方式，还因为它同时包含着对正义实现的结果和过程的要求，因而是比较可靠的、有保障的公正。[④] 不仅如此，我们认为，如果说法律公正在整体上是一个总括性的范畴，那么公正的最为生动和现实的体现则更倾向于具体的、特定的案件处理之中，就这一点而言，公正的具体实现则通常要与纠纷的司法解决过程联系在一起。

对于司法公正的理念，自古以来的许多思想家作过大量深刻而有意义的论述，这使得司法公正在从古到今的法律研究以及制度实践中都不是一个陌生的话题。亚里士多德是较早论述司法正义方面问题的众多思想家之一，而

---

① 参见［英］戴维·M·沃克：《牛津法律大辞典》，第 499 页。
② 杨一平：《司法正义论》，导言第 1 页。
③ 参见［英］戴维·M·沃克：《牛津法律大辞典》，第 499 页。
④ 参见肖建国：《司法公正的理念与制度研究》，第 47 页。

且他的论述具有代表性，为后世人们认识和理解司法公正厘定了一个基本的视角。亚里士多德曾把正义区分为两类，即分配正义和矫正正义，在他看来，分配的正义就是求得比例的相称，即根据每个人的功绩、价值来分配财富、官职、荣誉等，矫正正义则计算利益和损失的平等，适用于双方权利、义务的自愿的平等交换关系。① 这样，正义问题就被区分为两个领域，一个是分配领域，另一个是矫正领域；在分配领域，正义旨在在社会成员中恰当地分配或承认有关的利益或负担（权利或义务），在矫正领域，正义旨在根据在分配领域中确定好的标准恰当地矫正或弥补受到损害的社会关系。分配正义在立法过程中表现为立法正义，矫正正义在司法领域中则表现为司法正义。以矫正正义的观点来理解司法公正，我们可以发现，同立法正义为实现恰当地分配和承认利益或负担而需要在社会中划分人群不同，司法正义不存在一个在社会成员中划分人群的问题。也就是说，司法就是严格地按照立法已经确定的份额给予分配正义指明的那部分主体，把法律规定公正地、一视同仁地适用于所有在相关方面具有相似性的主体。所以，公正性应该是矫正领域从根本上要致力的目标，在司法领域追求公正应该就是司法活动的重要内容和基本目的。这正如我国学者顾培东教授所指出的，"任何社会冲突，都包含着对某一社会公正原则的扭曲，因此，矫正这种现象必须有公正的意识、公正的评价和公正的力量"②。

　　把公正作为司法的根本价值和目的追求，我们还可以通过分析司法本身与公正的关联性来说明。公正作为司法的目的价值本身也是司法活动的根本特征所决定的。司法以公正裁决纠纷为目的，作为一种裁判活动，司法不同于其他解决争议和纠纷的方式的特点在于，一方面，司法是由法院代表国家对纠纷进行裁判，另一方面，司法应该是由法院依据公正程序所进行的裁判。对此，德国思想家黑格尔也曾指出，"在特殊场合，这样的认识和实现法，而且不带有对特殊利益的主观感情，系属一种公共权力即法院的事"③。所以，从根本特征上来看，司法必须做到公正，司法应当以不偏不倚的公正立场来裁判争议纠纷的是非曲直，解决人们之间的争讼。另外，司法是一种

---

① 参见谷春德主编：《西方法律思想史》，第 35 页。
② 顾培东：《社会冲突与诉讼机制》，四川人民出版社 1991 年版，第 64 页。
③ ［德］黑格尔：《法哲学原理》，范扬、张企泰译，商务印书馆 1982 年版，第 229 页。

终局性的纠纷解决方式，它向来被人们视为是社会正义的最后一道防线，由此所产生的裁判结论对争议双方也具有严格的约束力。这正如大卫·里德所言，"如果在法庭上都得不到公正的话，那么世界上就再也没有别的地方可以得到公正了"。因此，总的来说，公正应该是司法权行使和追求的最终目标，公正是司法的"生命线"，也是司法职能得以存在的原因。

有关公正对于司法而言的重要意义，英国著名思想家弗兰西斯·培根曾在其论说文集中作过专门的论述，这也一直是被学者们在讨论司法公正时所广泛引用的观点。在1625年出版的《培根论说文集》中，第56篇"论司法"一文从论述司法官的职权开始，认为"为法官者应当学问多于机智，尊严多于一般的欢心，谨慎超于自信"[①]，要严格解释法律，做到公正裁判。培根认为，公正对于司法而言是最重要的，他引用犹太律"移界石者将受诅咒"，指出不公的法官会成为挪动界石的有罪者；在此基础上，培根又把不公的司法与不平的举动相比较，作出了多次不平的举动只是弄脏了水流而不公的判断则是败坏了水源的比喻，以此告诉人们以下这句刻画司法公正重要性的千古名言："一次不公正的判断（司法）比多次不平的举动为祸尤烈。因为这些不平的举动不过弄脏了水流，而不公正的判断则把水源败坏了"[②]。培根的话形象地说明了公正在司法活动及司法制度中的重要价值。由此我们才可以说，公正是司法的灵魂和最高价值，是司法工作的永恒主题，公正反映了司法活动所固有的维护公平、主持正义的根本价值准则。美国道格拉斯的格言也说道，"没有任何行为比起法官的徇私枉法对一个社会更为有害了。司法的腐败，即使是局部腐败，也是对正义的源头活水的玷污"。

通过以上论述可以看出，无论是从公正价值的实现路径还是司法活动本身的特性来看，司法的根本目的无疑都是实现公正或正义。可以这样说，司法作为人类活动的一种特殊的行为或制度设计，它本身就是为公正而存在的。公正与司法之间的关联原本在本体论意义上就是存在的，古今中外的人们在期盼公正的价值诉求时会求助于司法，当人们无法达成相互之间的利益和谐时也会求助于司法，当人们之间的某种公正秩序受到破坏时也会通过诉诸司法的方式来恢复。虽然各种路径的方式都可以为人们的公正诉求提供资

---

① ［英］弗朗西斯·培根：《培根论说文集》，水天同译，商务印书馆1983年版，第193页。

② ［英］弗朗西斯·培根：《培根论说文集》，水天同译，第193页。

源，但从根本上说司法则是最彻底、最有效的公正实现途径。同时，司法的存在本身也就主要是以实现公正为根本的价值追求，没有公正就没有司法，失去公正的司法也不是司法。因此，在这个意义上也可以说，公正是司法独一无二的目标。

公正或正义作为司法活动的根本目的追求和终极价值准则有其特有的含义。一般来说，司法公正就是公正或正义准则在司法领域中的贯彻和实现。我们指出，正义或公正的内涵在一定意义上说就是"给予每个人其所应得"，正义或公正的这种意义体现在司法领域就是通过司法制度的运作和司法审判实践实现人们对公正和正义的追求，即通过司法方式对人们的权利、利益等进行分配，实现权利和利益在人们之间的各得其所。具体来说，司法公正就是指司法机关在适用法律的过程和结果中严格按照有关法律规则和程序办事，不枉不纵，不偏不倚，从而使各种纠纷活动圆满妥善地解决，而这种解决应坚持和体现公平与正义的原则和要求，依法公平地对待诉讼当事人，保障其应有的诉讼地位和权利，公正而不偏袒地作出符合正义（"给予每个人以其应得的东西"）要求的裁判。所以，司法公正要求司法机关在司法活动中对法律所设定的内容和价值应该准确地加以贯彻和实施，司法者对诉讼的评判和决断必须体现公正，维护正义。从分配正义的角度来看，司法公正的实现也就是要通过司法方式对处在纠纷中的当事人之间受到损害和破坏的权利和利益重新进行实体性和程序性的合理分配的活动过程和结果状态。

四、中国当代司法对公正价值的诉求

尽管公正与司法之间的根本关联性现在已经得到人们的普遍认识，但是现代司法公正的理念与追求在当代中国的发展经历了一个曲折的过程。由于阶级斗争和意识形态的影响，司法在中国曾长期被认为是一种工具化的事物。自20世纪50年代以来，我国的法院被作为党委、政府的一个工作部门的地位确定下来，法院同公安、检察部门等一道被当做无产阶级专政的"刀把子"。至于"公正"，半个多世纪以来，它同"正义"、"公平"等一道曾被看做资产阶级的抽象概念，成为人们回避或批判的对象。在这样的环境下，司法与公正问题当然无法建立起本体论意义上的关联，即使提到司法公正，它也是指统治工具意义上的司法公正，即有利于维护统治阶级利益和秩序的司法就是公正的，不利于统治阶级利益和秩序的司法就是不公正的。在这种思想影响下，公正不可能成为司法的目标，司法也不会作为人们寻求公正或正义的终局性选择。

令人欣慰的是，随着改革开放特别是市场经济和民主政治的发展，司法公正的理念在中国的司法理论和实践中获得发展并日益受到重视。特别是自20世纪90年代以来，司法公正已成为法学理论界和法律实务界所普遍关注的热门话题和重要研究课题。不仅如此，随着中国转型社会的到来，司法公正成为人们普遍关注的一个重要社会问题，实现公正也成为人们对中国目前的司法制度和司法活动最直接和最强烈的期盼，司法公正则是中国政府推行司法体制改革的根本目标和法治建设的重要内容。2003年11月，时任中国最高人民法院院长肖扬在一次演讲中指出，"不论世界各国和地区司法制度如何差异，但是都有一个共同的目标——司法制度必须保障在全社会实现公平和正义，这是司法的客观规律所决定的，也是各国司法的共同追求⋯⋯'司法'就是'正义'的相关语，甚至是同义语，司法必须在'正义之路程上'勇往直前，义无反顾。"① 中国法院系统的高层领导的这种论述在这里无疑是有突破意义的，它不仅强调了司法与公正之间的本体论关联，也为中国司法的价值追求确立了根本方向。②

回顾近十几年来中国司法改革在公正价值上的追求与实践进程，可以以中共十五大的召开为起点进行梳理。1997年中共十五大将司法体制改革正式纳入到政治体制改革的范畴，并且把独立行使审判权与司法的公正作为改革的目标。从价值目标上看，社会主义司法制度必须保障在全社会实现公平和正义。司法改革的推进需要在两个层面上进行：从外部结构上，应当依照公正司法和严格执法的要求，完善司法机关的机构设置、职权划分和管理制度，进一步健全权责明确、相互配合、相互制约、高效运行的司法体制，从制度上保证审判机关和检察机关依法独立公正地行使审判权和检察权；从司

---

① 《人民法院报》2003年11月4日。

② 对于司法公正对中国社会的现实意义，在2004年2月的又一次重要讲话中，肖扬作出了进一步强调，他说："司法公正关系重大，关系人民群众的利益，关系社会的稳定，关系经济社会全面发展。审判的核心问题就是公正。司法公正是社会的要求，是人民的愿望，是维护最广大人民根本利益的重要体现。"参见《人民法院报》2004年3月3日。

法内部结构上，应完善诉讼程序，保障公民和法人的合法权益，切实解决执行难问题，改革司法机关的工作机制和人财物管理体制，逐步实现司法审判和检察同司法行政事务相分离，建设一支政治坚定、业务精通、作风优良、执法公正的司法队伍。① 2004 年，中共十六届四中全会提出加强和改进执政党对政法工作的领导，支持审判机关和检察机关依法独立公正地行使审判权和检察权，提高司法队伍素质，加强对司法活动的监督和保障；以保证司法公正为目标，逐步推进司法体制改革，形成权责明确、相互配合、相互制约、高效运行的司法体制，为在全社会实现公平和正义提供法制保障。② 此次会议更为注重执政党对司法活动的监督和领导，通过监督和领导来保障司法的公正和实现社会的正义。2006 年和 2007 年，中共十六届六中全会和十七大要求全面落实依法治国基本方略，加快建设社会主义法治国家，深化司法体制改革，优化司法职权配置，规范司法行为，建设公正、高效、权威的社会主义司法制度，保证审判机关、检察机关依法独立公正地行使审判权、检察权。③ 应该说，执政党确定的改革指导思想，直接决定了改革的基本目标、路径和效果，为改革提供了政治上的正当性与合法性，同时中央权威部门的关注点直接决定着司法改革的目标与走向。④

应当明确的是，在中国的司法体制改革的进程中，最高人民法院在推进司法的价值诉求和实践方面扮演着重要的角色。从近十年的工作报告中，我们可以看到，最高人民法院对司法改革的价值诉求有着清晰的表述，并围绕司法改革的价值诉求采取了一系列改革措施。从 1999 年开始，最高人民法院就以司法公正为主线规划和展开了中国法院改革的蓝图。在第九届全国人民代表大会第二次会议上，最高人民法院的工作报告提出了"大力加强审判工作，维护司法公正，依法履行职责，强化执法力度，维护法律权威，推进审判方式改革，落实公开审判，维护裁判公正，服务大局，深化改革，努力

---

① 参见江泽民：《全面建设小康社会，开创中国特色社会主义事业新局面》，见江泽民《江泽民文选》（第三卷），人民出版社 2006 年版，第 556—557 页。

② 参见中共十六届四次会议公报。

③ 参见中共十六届六次会议公报；胡锦涛：《高举中国特色社会主义伟大旗帜，为夺取全面建设小康社会新胜利而奋斗》，人民出版社 2007 年版。

④ 参见左为民：《十字路口的中国司法改革：反思与前瞻》，《现代法学》2008 年第 6 期。

开拓审判工作和队伍建设新局面"①。也是在 1999 年，最高人民法院出台了人民法院第一个五年改革纲要，纲要指出中国司法存在的问题，其一，司法活动中的地方保护主义蔓延，严重危害我国社会主义法制的统一和权威；其二，现行的法官管理体制导致法官整体素质难以适应审判工作专业化要求；其三，审判工作的行政管理模式不适应审判工作的特点和规律，严重影响人民法院职能作用的充分发挥；其四，人民法院特别是基层人民法院经费困难，装备落后，物质保障不力，严重制约审判工作的发展。针对这些问题，纲要提出人民法院只有通过改革，逐步建立依法独立公正审判的机制，才能适应社会主义市场经济的发展和民主法制建设的需要。② 2004 年，在公正和效率为主题的改革目标的指引下，最高人民法院又提出"司法为民"的举措，开展了"公正与效率"司法大检查，促进司法公正。为落实"司法为民"的举措，方便当事人诉讼，最高人民法院通过许多文件提出了要切实解决"告状难"、"申诉难"问题，完善司法救助制度，保障经济确有困难的群众平等参与诉讼；注重审判质量，努力实现司法公正；提高司法效率，使当事人尽快获得公平裁判的结果；积极稳妥推进法院改革，进行简化诉讼程序改革，提高审判效率。同年人民法院第二个五年改革纲要出台，该纲要提出了 2004 年至 2008 年人民法院司法改革的以下基本任务和目标：改革和完善诉讼程序制度，实现司法公正，提高司法效率，维护司法权威；改革和完善执行体制和工作机制，健全执行机构，完善执行程序，优化执行环境，进一步解决"执行难"；改革和完善审判组织和审判机构，实现审与判的有机统一；改革和完善司法审判管理和司法政务管理制度，为人民法院履行审判职责提供充分支持和服务；改革和完善司法人事管理制度，加强法官职业保障，推进法官职业化建设进程；改革和加强人民法院内部监督和接受外部监督的各项制度，完善对审判权、执行权、管理权运行的监督机制，保持司法廉洁；不断推进人民法院体制和工作机制改革，建立符合社会主义法治国家要求的现代司法制度。③ 2005 年，最高人民法院又提出从解决群众关心的司法公正和效率问题入手，以司法人权保障为中心，重点深化刑事审判方式改

---

① 肖扬：《最高人民法院工作报告》（1999 年 3 月 10 日在第九届全国人民代表大会第二次会议上）。

② 参见《人民法院五年改革纲要（1999—2003）》。

③ 参见《人民法院第二个五年改革纲要（2004—2008）》。

革，进一步完善刑事审判二审、死刑复核程序，健全证人、鉴定人出庭制度，充实审判力量，使每一件刑事案件都做到程序合法、实体公正，经得起历史的检验；同时提出改革审判委员会制度，进一步促进审理与判决的有机统一，提高工作效率，完善人民陪审员制度，会同司法行政机关选拔、培训人民陪审员，保障人民群众依法参与审判活动，弘扬司法民主。①

2009 年 3 月，最高人民法院制定了《人民法院第三个五年改革纲要（2009—2013）》，该纲要指出要以促进社会和谐为主线，紧抓影响和制约司法公正、司法效率、司法能力、司法权威的关键环节，而作为这种指导思想引导下的改革目标表述为"建设公正高效权威的社会主义司法制度"②。2012 年 10 月，国务院新闻办公室首次发表了《中国的司法改革》白皮书，白皮书指出"中国司法改革的根本目标是保障人民法院、人民检察院依法独立公正地行使审判权和检察权，建设公正高效权威的社会主义司法制度，为维护人民群众合法权益、维护社会公平正义、维护国家长治久安提供坚强可靠的司法保障"，并明确表述了"维护社会公平正义，是司法改革的价值取向"③。

通过以上梳理我们也可以看出，中国司法改革的过程也正是中国司法的价值目标逐步形成和完善的过程。虽然关于价值目标的不同表述包含了在不同层面所强调的独特意义，但是我们知道，公正或者从更一般意义上被称为正义是目的性价值，效率、权威则是工具性价值。所以，我们认为，从总体来说，司法公正已是中国司法体制改革的目标与价值诉求，中国司法体制改革的路径选择和具体措施也主要围绕这个目标进行。

第二节　司法公正的基本内容

一、司法公正的构成要素

司法公正作为司法的本质要求和终极价值目标，不仅仅体现于理念和观

---

① 参见肖扬：《最高人民法院工作报告》（2005 年 3 月 9 日在第十届全国人民代表大会第三次会议上）。

② 《人民法院第三个五年改革纲要（2009—2013）》。

③ 中华人民共和国国务院新闻办公室：《中国的司法改革》（2012 年 10 月），见中央政府门户网站 http：//www. gov. cn/jrzg/2012 - 10/09/content _ 2239771. htm，2012 - 10 - 09。

念层面之上，相反，它必须借助具体的法律制度形式，将司法公正的内涵体现于法律及其运作之中。司法公正作为司法的首要价值如何在司法活动中得到体现，也可以以一定的标准和尺度来衡量。这就关涉司法公正的基本内容和标准问题。

　　当然，关于司法公正应该包含哪些基本内容，衡量司法公正与否的标准应该有哪些，尽管学界一直在对其进行不断地探索，但是迄今为止仍没有形成一个统一的说法。具体来说，一种观点认为，司法公正是指裁判条件公正、裁判标准公正、裁判程序公正和裁判结果公正。另一种观点则认为，司法公正包括适用法律的平等、诉讼程序上的规范、判决结果上的公平。① 也有学者认为，要衡量司法是否公正至少应该有四个标准：（1）判决是否由法官和法院独立作出，有无受到其他方面的干涉；（2）判决是否依实体法作出；（3）判决是否依合法程序作出；（4）司法官员有无贪赃枉法、徇私舞弊行为。② 还有研究认为，司法公正的基本内容和标准应根据在世界范围内所采纳的共同标准来确定，例如，联合国《公民权利和政治权利国际公约》第14 条就规定："所有的人在法庭和裁判面前一律平等，在判定对任何人提出的任何刑事指控或确定他在一件诉讼案件中的权利和义务时，人人有资格由一个依法设立的合格的、独立的和无偏倚的法庭进行公正的和公开的审讯。"这已被认为是对司法公正的最低标准的规定。由此有些学者就指出，司法活动的合法性、独立性、有效性，裁判人员的中立性，当事人地位的平等性以及裁判结果的公正性，都是司法公正的必然要求和体现。③

　　以上各种关于司法公正基本内容和衡量标准的观点都是不无道理的，从中我们也可以看出，关于司法公正的认识，人们也早已不再局限于单一的或片面的某一方面的强调，而是从比较全面和综合的视角来思考司法公正的构成要素，以期能够为准确把握司法公正的内容、建构完善的司法公正判断标准作出有益的尝试。这些做法显然与曾经存在过的片面理解司法公正的两种观点是不同的。从世界范围内看，关于司法公正问题曾经有过两种迥然不同但都是片面的观点学说。一种观点认为司法公正就是对司法裁判结果公正的

---

① 参见胡夏冰、冯仁强编：《司法公正与司法改革综述》，清华大学出版社 2001 年版，第 6 页。

② 参见谭世贵、李荣珍：《依法治国视野下的司法改革研究》，法律出版社 2007 年版，第 78 页。

③ 参见张文显主编：《法理学》，3 版，高等教育出版社、北京大学出版社 2007 年版，第 256 页。

追求，这种观点可以被概括为"结果公正观"；另一种观点则主张司法的公正主要就是指司法过程的公正，这种观点可以被概括为"过程公正观"或"程序公正观"。其实这两种关于司法公正内容或标准的观点都是片面的。笔者认为，首先，司法的公正必须最大限度地实现裁判结果的公正，裁判结果的公正是司法裁判活动应有的基本要求，也是诉讼当事人的期望所在；其次，司法公正的内容却又绝不能只限于裁判结果的公正，它还必须包括程序的公正；公正的程序是司法活动经验和规律的总结，合理和公平的程序本身是保障司法公正的重要措施，其本身也是司法公正的重要内容。作为司法活动本质要求和追求的司法公正必然也包括程序公正的目标，司法裁判只有依循法律规定的程序才能向公众昭示其行为不是专断恣意的产物，而是具有一定的合法性和权威性。法治国家的经验表明，确保诉讼当事人享有法定的程序的权利，并受到公正程序的保护，是法治最基本的要求。基于这种认识，笔者认为，司法公正应当至少具有以下方面的基本内容：

第一，严格正确地适用法律。司法裁判必须严格正确地适用既存的有效法律规范，严格正确地适用法律是司法公正的当然内容。一方面，司法裁判人员应该正确运用实体法作出公正的裁判。有法不依，不顾法律而裁判是恣意的、不合法的裁判，裁判结果完全违背实体法则为枉法的裁判。另一方面，法官在裁判活动中必须要严格遵循法律面前人人平等的原则，如果法律的平等原则不能遵循，则法律将会形同虚设，其应有的公平和正义价值也不可能得到实现。此外，严格正确地适用法律还要求司法裁判人员应当在法定职权范围内行使裁量权，并应依法接受对其裁量活动的有效监督。

第二，严格遵循程序。司法过程具有非常严密的程序和严格地规范性，程序最大限度地限制了人们在解决纠纷时可能出现的主观随意性，为公正合理地解决纠纷，司法机关严格按照诉讼程序审理案件，本身就是实现法的公正价值的要求，同时严格遵循程序才能保障裁判的公正。只有按照公正的程序作出裁判，才能实现裁判的公正和程序的正义。

第三，正确地发现案件事实。发现案件真实情况是正确作出裁判的前提，案件中争执事实的真实再现应该说是实现司法公正的首要标准。由于事实认定是法律适用的基础，因此，如果脱离开对争执事实状况的客观揭示，司法公正也就失去了事实前提。当然，在诉讼中由于案件事实主要是靠证据来支持的，所以，司法公正要求司法裁判人员必须准确地认定案件的证据。因此，司法审判人员在裁判过程中要正确地认定事实，必须要严格依据程序法对证据作出客观、准确的分析和判断，努力发现案件的真实情况。

第四，裁判结果的公正。裁判结果的公正，是指司法机关在裁判中应该能够做到准确地认定案件事实，正确地适用法律，依法作出客观公正的、不偏不倚的裁判。裁判结果的公正是实质正义和分配正义的直接体现。司法之所以对人们来说是公正的，就在于通过司法活动的过程能够推导出一个体现当事人得到其应所得的结果。裁判结果公正的本质就在于把实体规范所确立的一般公正转化为对个人、对个别案件的公正。

以上四个方面从不同的侧面说明了司法公正应具有的基本内容，如果对其进行概括，笔者认为，司法公正的基本内容和衡量标准主要可以被归结为实体公正和程序公正这样两个基本的构成要素。就实体公正而言，也可称作实体正义，包括裁判在认定事实和适用法律方面都是正确的，是指司法过程形成了公正的裁判结果。程序公正则也可称作程序正义，是指在形成公正的裁判结果过程中采用和遵循了公正的程序，司法过程体现了公正性，在形式上符合公正和正义的要求。实体公正和程序公正分别从两个视角说明了司法公正所具有的一般意义，同时它们又是一个整体，缺一不可，共同构成了现代意义上完整的司法公正。其中，实体公正是人们通过司法活动所追求的直接目的，也是司法的根本价值趋向，是司法公正的本体所在；程序公正则是人们对司法活动规律的一种总结，既是实体公正的保障，同时其本身又具有内在的独立价值，是现代法治的一种标识。

二、实体公正

从一般意义上看，对实体公正可以从两种意义上理解，一是指通过立法对人们的实体权利和义务进行公正的分配，以实现人们在实体上公平正义的价值目标，二是指通过执法或司法过程根据实体法上一般公正的要求对人们之间的权利义务进行公正的裁量。相对于前一种意义的实体公正，后一种实体公正则是实体的个别公正，它主要体现为司法者或执法者在对个案进行裁判的过程中对实体裁判结果的公正追求和趋近，这种意义的实体公正也可以称作"公正的判决"或"法律的公正实施"①。对司法而言，实体公正则是由法官经过诉讼程序作出裁判而达成个案中的公正，主要表现形式就是裁判结果的公正。

对于司法中实体公正的具体内涵，许多学者对此已经作过专门的论述。例如，有研究认为，实体公正即是诉讼的胜负结果符合实体法，实体公正是指诉讼结果的公正②；另一种研究认为，实体公正指的是审判结果的正确性，其本质内涵就是把实体法律规范所确立的一般公正，通过审判转化为对个别人、个别案件处理的公正③；还有研究认为，"所谓实体公正，就是说司法活动就诉讼当事人的实体权利和义务关系所作出的裁决或处理是公正的"④。笔者认为，这些界定虽然指出了实体公正所具有基本内涵，但是它们都未能从更为深刻的意义上展示出实体公正所蕴涵的内在法理和蕴意。实际上，对实体公正的认识也要能够体现公正和正义的一般法理内核，这样才能使人们对实体公正的理解与人们所普遍追求的一般公正和正义理念有一种一以贯之的传承。在我们看来，司法过程中的实体公正或实体正义是指法院所作出的裁判结果与人们所应得的权义相一致，裁判对双方当事人权利义务的矫正使其所应得的权益配置和义务安排得到完全保障和实现。

从司法过程的本身特点来看，对实体公正的基本要求我们又可以从不同的方面来认识。一般认为，实体公正作为法院或法官通过诉讼过程达到的裁判结果上的公正，这种理想的结果在"给予每个人所应得"的实现上主要体现在事实认定真实和法律适用正确两个方面，二者共同构成了裁判结果公正的标准。任何一项裁判必须同时符合这两项具体的公正标准才可以称得上是实体公正，否则就违背了结果公正的要求，也根本谈不上实体公正的实现。日本学者团藤重光在论述刑事司法中的实体公正时就曾从这两个方面指出，"在实体方面，把明确案件事实真相、准确地……适用刑罚法令作为目的。刑罚权的实现，首先在内容上必须正当和公平，这是以正确认定事实和正

---

① ［英］彼得·斯坦、约翰·香德：《西方社会的法律价值》，王献平译，中国法制出版社 2004 年版，第 120 页及以下。

② 参见孙国华、唐仲清：《公正理念论》，见《依法治国与司法改革》，中国法制出版社 1999 年版，第 272 页。

③ 参见陈兴良、刘敏：《形式司法公正论》，《中国人民大学学报》1997 年第 1 期。

④ 何家弘：《司法公正论》，《中国法学》1999 年第 2 期。

确、公平地适用法令及量定刑罚为条件的"[①]。

（一）案件事实的正确认定

司法裁判首先应当以事实为依据，这就要求把对案件事实的正确认定作为实现实体公正的首要条件。毋庸置疑，事实是司法过程中司法机关审理案件的根本依据，离开案件事实，即使法律适用再正确，司法判决也不可能是公正的。因此，案件事实的真实查明和正确认定是实体公正的首要标准。可以说，正确查明和认定案件事实是实现实体公正的基础，如果脱离开对案件争执事实状况的正确揭示，实体公正也就失去了事实前提。

在现代法治社会中，对于任何诉讼活动而言，对案件事实的真实再现和正确认定一般必须通过当事人和法官的证据活动来完成。案件事实对于正在进行的诉讼而言是已经发生的过去的事实，虽然回溯证明在过去时空下发生的案件事实是一个困难过程，但是在司法权力和当事人的作用下，通过收集和审查事实过程在特定环境下所遗留的痕迹、物品和其他证据，以此回复案件事实并通过相关的证据规则对案件事实作出正确认定，是可以实现的。一般来说，通过现代司法条件正确查明和认定案件事实有赖于在以下方面得到实现。第一，证明案件事实过程的证据确实可靠，并且已经达到了一定的量，具有实在的证明力；第二，双方当事人在审判过程中所进行的陈述、辩解以及相互辩论是在法律允许的范围和环境中展开的，不受威胁、引诱、欺骗甚至刑讯逼供的影响；第三，司法者在事实和法律基础上对证据的审查和取舍以及对双方当事人所主张的内容的认可或否定具有准确性。[②]

通过证据活动可以做到正确查明和认定案件事实，这是终极意义上的一种认识。但是，从现实来看，诉讼活动对案件事实的认定是否能够达到对已经发生的案件事实的完全客观再现是一个充满争议的问题。应该说，从理想状态而言，司法裁判所依据的案件事实，应当是客观真实的事实，即案件事实的客观真相。然而，由于司法活动本身具有一定的滞后性，司法机关及相关当事人通过证据来发现和认定的案件事实就有可能与原本的案件事实真实情况出现一定的分野。由此，在司法活动对案件事实的认定上应当追求和实

---

① ［日］团藤重光：《新刑事诉讼法纲要》，转引自肖建国：《司法公正的理念与制度研究》，第60页。

② 参见董茂云、潘伟杰等：《宪政视野下的司法公正》，吉林人民出版社2003年版，第252页。

现的是何种意义上的事实真实成为人们所关注的一个重要问题。在司法活动中，进入裁判程序的案件事实表现为两种形态：一是案件发生时的本来面目或本来事实，一般被称为"客观真实"；二是司法机关根据法律要求所证明和认定的事实，这被称为"法律真实"。在这两种关于案件事实不同真实的认识影响下，在案件事实的认定问题上产生了两种不同的司法理念，由此也形成了在司法公正的实体正义问题上的两种理论。

一种理论是"客观真实"论。该种理论以理性主义哲学为基础，在认识论上坚持科学主义，认为人的理性完全可以发现真理。以此为推论，在司法活动中司法者完全可以通过调查研究等手段认识所发生的案件的客观事实，因为已经发生的客观事实必然会在客观外界留下各种物品、痕迹等，这些都为查明案件客观真实情况提供了事实依据。"客观真实"论要求司法活动应当围绕查明案件的客观真实情况展开，法官的主观认识必须符合客观实际。"客观真实"论的理念对大陆法系国家的司法产生了深刻的影响，并促使大陆法系国家的司法制度安排体现了一种强烈的职权主义色彩。具体来说，大陆法系国家的传统司法理论和实践一般认为，为了保证对案件客观真实情况的查明，法律上不仅要赋予法官查明案件真实情况的职责和权力，在审判上也要以查明案件客观情况为宗旨，采取职权干预主义的方式，实行纠问式审判方式。我国长期以来的司法理论和实践也是主张这种"客观真实"论，特别是一直强调"以事实为根据，以法律为准绳"，并将其列为司法的基本原则，把这种"以事实为根据"解释为司法机关的裁判应当以客观事实为根据，认为查明案件的客观真实在唯物主义的指导下是"完全可能的"。

另一种理论是"法律真实"论。与"客观真实"论的理性主义哲学基础相反，"法律真实"论以哲学上的经验主义为基础，对人类的理性和认识能力持谨慎的怀疑态度，在认识论上坚持不可知论的立场。以此为依据，人们通过司法活动对对案件事实的认定，只是一种根据证据规则所作的法律意义上的"拟制"，它不可能就是案件的客观真实。英美法系国家大多奉行"法律真实"论，并建立起对抗制的审判方式。在这种审判方式下，法官和陪审团的职责不是主动去发现案件的客观真实情况，而是基于当事人向法院提交的证据，通过辩论和自由心证对案件事实作出推断。所以，在这种诉讼模式下，法官所扮演的只是一个消极和被动的"仲裁者"的角色，不能主动调查证据和讯问被告人和证人，以确保控辩双方的公平竞争。值得一提的是，最近一些年以来，我国司法理论和实务界已经开始转向对"法律真实"论的主张，认为应该把"法律真实"作为裁判案件的事实根据，司法机关是依据双方当事人所能举出的有关诉讼证据对案件事实作出判断的，法官只知道哪些是得到了证明的事实或没有得到证明的事实，至于作为"客观真实"的"冲突事实的真实全貌"法官是不完全知道的。另外，我国这些年来的立法和司法实践也开始认可这种"法律真实"论的观点，有学者指出，我国最高人民法院于 2001 年 12 月通过的《关于民事诉讼证据的若干规定》就是以"法律真实"为理念，对民事诉讼证据进行了全新的重构。①

笔者认为，司法过程中的"案件事实"是"事实"的一种表现形态，对案件事实的司法认知作为认识活动的一种既具有普遍性又有特殊性。在对案件事实进行认定的标准问题上，我们既要坚守"客观真实"论的宗旨，又要正视"法律真实"论的价值。首先，由于"认定的案件事实"包含了符合"客观真实"的前提要求，所以，符合"客观真实"是认定的案件事实的基本属性，"以事实为依据"所要求的事实，应该以"客观真实"为追求目标。其次，"法律真实"是一种规范形态的真实标准。在"真实"前面加上"法律"的限定，意味着撷取"真实"的法律意义。② 在理解"以事实为根据"的原则时，采用"法律真实"的概念无疑是体现了法律活动的独特规律。事实的客观实在性和可知性并不意味着司法者可以将任何案件所涉及的事实情况完全准确地认知，司法裁判针对的是过去发生的"事实"，任何已经成为过去的案件事实都不可能完整地再现，相关事实信息的流逝不可避免。在这个意义上，司法人员对案件事实的认知只能是对客观真实的"无限趋近"，却不能"完全达到"。所以，在司法裁判中，司法者只能根据有关案件事实的信息进行推定以展现案件事实的原本面貌。而对这种案件事实的推定必须符合一定的判断标准，这就需要在法律上对此事先作出规范。法律真实的判定标准是一种可操作、可重复的真实标准。就"客观真实"和"法律真实"二者的关系而言，我们应当看到，"法律真实"必须以"客观真实"为依归，绝非可以以"法律真实"为借口从法律角度曲解"真实"或为该类曲解提供

---

① 参见李修源：《司法公正理念的现代化》，人民法院出版社 2002 年版，第 63 页。

② 参见张志铭：《法理思考的印迹》，中国政法大学出版社 2003 年版，第 431 页。

理论说明，如果"法律意义上的"这一限定与"客观实在的"真实相悖，那么"法律真实"这一概念就会蜕变为"合法而虚假的真实"的危险①；同时，在司法裁判中，认定案件事实是为了适用法律裁判案件，作为一种合目的性的认知活动，这就要求认定过程的有序性，进而在评价案件事实和认定真实性的标准上必须坚持"法律真实"的规范性，"法律真实"标准的规范性，是区别于其他实践形态的真实标准的关键所在。总结来说，"客观真实"可以被看作是评判事实真实性的一种概括性标准，在现代法治社会中"法律真实"只有以"客观真实"为依归才具有正当性；而"法律真实"是在具体的实践场合下评判事实真实性的操作性标准，在司法活动中"客观真实"只有转化为"法律真实"才能实现并具有意义。当然，值得一提的是，从整体的司法公正的视角来看，司法主体所认定的案件事实和"法律真实"都应该与"客观真实"在符合统计学规律的意义上相吻合，只有这样才可以说是司法正义得到了实现。

（二）法律规范的正确适用

在司法裁判中，法官必须寻找适合于具体案件的法律规范。一般来说，在现代民主法治国家，有关实体权利和义务都是由法律明文规定的，当事人之间因实体法律关系发生争议而诉诸法院表明他们之间的权利义务分配出现了不符合法律规定的情形，司法的目的就是要通过适用法律"把事情矫正"，此即实现"矫正正义"。因此，从这个意义上讲，实体公正就是立法所确立的一般公正由司法而在法院裁判的具体案件上的一种传承和落实，所以，要实现司法的实体公正，就必须正确适用法律。显然，法律规范的正确适用是实现实体公正的当然内容，对此日本学者棚濑孝雄指出，"依据法律规范来裁定具体的个别纠纷，从而维护作为权利义务体系的法秩序，正是依法审判为根本原则的近代司法的一个本质属性"②。

当然，法官在司法过程中对法律规范的适用也并非就是一种简单的过程。近代以来，在法官如何正确和适当地适用法律规范问题上也存在两种不同的态度，并由此形成在法律规范适用上的两种理念。一种理念认为法官在

---

① 参见张志铭：《法理思考的印迹》，第431页。
② ［日］棚濑孝雄：《纠纷的解决与审判制度》，王亚新译，中国政法大学出版社2004年版，第30页。

司法过程中应该严格按照法律的规定解释和适用法律规范，坚持严格的规则主义；另一种理念认为法官应该具有宽泛的自由裁量权，在司法中法官应该更具有目的性和能动性地适用法律规范。我们可以把在前一种态度和理念之下形成法律规范适用理论称作严格规则主义的法律规范适用论，把后一种则称作自由裁量主义的法律规范适用论。这两种关于法律规范适用的观点在近代司法发展的过程中都曾得到不同的实践，并都产生了重要的影响。

自19世纪开始，欧洲大陆法系国家的司法实践奉行的就是绝对的严格规则主义，这种司法方式要求法官在司法过程中严格应用法律规则审判案件，完全排除法官的自由裁量权。在1804年的《法国民法典》中就有这样的规定："审判员对于其审理的案件，不得用确立一般规则的方式进行判决。"美国法学家梅利曼在评说19世纪大陆法系的这种审判活动时指出："大陆法系审判过程所表现出来的画面是一种典型的机械式活动操作图。法官酷似一种专门的工匠，除了很特殊的案件外，他出席法庭仅仅是为了解决各种争论事实，从现存的法律规定中寻觅显而易见的法律后果，他的作用也仅仅在于找到这个正确结论的法律条款，把条款与事实联系起来，并以法律条款与事实的结合中会自动产生的解决办法，法官赋予其法律意义。"① 在这种适用法律规范的司法实践图景中，"法官的形象就是立法者设计和创造的机器的操作者，法官本身的作用也与机器无异"②。孟德斯鸠更是提出所谓"自动售货机"式的法官形象，法官就像一架生产判决的机器，从一个口里塞进纠纷事实和法律条文，从另一个口里吐出处理结果，而整个过程就是一个三段论的机械推论，不要求任何创造和主动性。

与严格规则主义的法律规范适用观不同，自由裁量主义的法律规范适用论认为法官在司法裁判中应该积极行使自由裁量权，将衡平等原则运用到具体的诉讼过程中，主张法官在案件裁判中享有一定的能动性和创造性。在这里，法官的自由裁量权的行使被看作是实现司法实体公正的关键问题。美国学者伦斯特洛姆认为，"允许自由裁量权的程序在理论上说是用来产生出公

---

① ［美］约翰·亨利·梅利曼：《大陆法系》，顾培东、禄正平译，法律出版社2004年版，第40页。

② ［美］约翰·亨利·梅利曼：《大陆法系》，顾培东、禄正平译，第40页。

正结果的"[①]。从语源学角度看，司法自由裁量的概念是从美国法学家德沃金 1963 年发表《司法自由裁量》一文后开始流行起来的。依据德沃金的认识，自由裁量包括两层含义：一是指法官在适用法律时运用判断力对具体案件作出终局裁判；二是指法官不受法律规则、原则或政策等的限制，而是根据自己的偏好或自认为合适的标准对具体案件作出裁判。[②] 梅利曼则认为，司法自由裁量是指法官"能够根据案件事实决定其法律后果，为了实现真正的公平正义可以不拘泥于法律，还能够不断解释法律使之更合于社会的变化"[③]。总之，综合有关学者的见解，我们可以认为，"司法的自由裁量权是指法官不拘泥于既有的法律规范，而是根据公正、合理原则就案件事实的认定和法律的适用视具体情况酌情自由决定"[④]。在英美法系国家司法自由裁量权被视为法官传统上固有的权力，在大陆法系国家法官的自由裁量权则一直受到立法的严格限制。有学者分析了法官拥有自由裁量权的原因，研究认为，由于实定法具有普遍性、一般性的特点，难以确切无疑地预见现实生活中的各种具体情况，因而有必要让法官决定在针对具体事实情形作出判断时适用怎样的法律；法律体系过于庞杂也会导致有时法律条文之间的相互冲突或竞合，法官对此必须行使自由裁量以确定如何使用规范；另外，法官拥有自由裁量权的根本原因也是出于追求实质正义和个别公正的需要。[⑤]

　　实际上，在司法过程中如何处理严格规则主义与司法自由裁量权的关系，以最大限度地实现司法公正，是一个重大的理论和实践问题。司法过程中实体公正的实现，是凭借严格的适用法律规范还是依靠裁判案件的司法者的自由判断活动来实现？围绕这一问题，历史上曾出现过种种不同的解决方案。笔者认为，从现代法治的要求和司法活动的特点来看，在法律规范适用上绝对的严格规则主义会使法律的缺陷得不到克服，而且也会使法律陷入僵化而不能适应社会生活的需要，这可能就会牺牲个别正义；相反，绝对的自由裁量主义又会使得法律失去安全与稳定性，导致法制的不统一和法治的破

---

① ［美］彼得·G·伦斯特洛姆主编：《美国法律辞典》，中国政法大学出版社 1998 年版，第 158 页。

② 参见张文显：《二十世纪西方法哲学思潮研究》，法律出版社 2006 年版，第 625—626 页。

③ ［美］约翰·亨利·梅利曼：《大陆法系》，顾培东、禄正平译，第 57 页。

④ 肖建国：《司法公正的理念与制度研究》，第 79 页。

⑤ 参见［美］彼得·G·伦斯特洛姆主编：《美国法律辞典》，第 157—158 页。

坏，这同样不利于司法公正的实现；因此，人们应该摆脱这两种都具有极端性的法律规范适用态度和实践倾向，而是要寻求严格规则与自由裁量相结合的立场与方法论。具体而言，在面对一个待判的案件时，法官首先都应该考虑从既存的法律规定出发来评判案件事实，以期能够为当下案件的处理寻找到国家制定法上的认识。这既是现代国家之制度化的司法机构法院的基本任务和责任，也是法官所拥有的公认职能的要求。据此而言，法律适用的过程应当首先是适用国家既存有效法律规范的过程。英国学者麦考密克曾指出，"法院的基本责任，是适用那些在技术上有些成立的规则例如那些名正言顺颁布实施的规则，同样，对法院提出的这一要求也是一项规范"[①]。很多学者也以此角度来研究法官受法律拘束之意义，他们要求，"法院应尊重立法者塑造法规范的优先地位，并且在寻求正当的裁判时，应该借法律论证及其说理的手段，使宪法预定的法律功能得以确实发挥"[②]。同时，我们也要秉持下面一种理念，即在任何国家的法律中并不是所有的法律规范对于每一个具体问题都能给出精确的结论，在特定情境中，一项法律规范的含义可能会变得模棱两可，或者原本就没有既存法律规范可供利用，此时只有对既存的法律规范进行解释或新的规范被创制之后司法裁判才有可能。我们应该看到，司法裁判中出现这些疑难往往揭示了法律的确定性与正义要求之间的冲突，在这些疑难案件的场合，为得到一个具有正义性的裁判结果，适度发挥司法者的自由裁量权就变得不可避免。对此的关键问题在于，法官通过行使自由裁量权实现司法的正义在多大程度上才是一个适当的选择，这就需要法官在进行自由裁量时也要考虑到严格的规则主义的限制问题。德沃金曾将司法自由裁量权分为弱式的自由裁量权和强势的自由裁量权两种类型，他认为，法官在司法中只能行使前一种意义的自由裁量权即弱式的自由裁量权，他反对司法中存在强式自由裁量权。[③] 可以说，德沃金的这种观点之用意就在于要寻求法律适用上的严格规则与自由裁量相结合的道路，坚持法官在法律之内的司法裁量。英国法官霍尔斯伯里勋爵也指出，"自由裁量权应当指

---

① ［英］尼尔·麦考密克：《法律推理与法律理论》，姜峰译，法律出版社2005年版，第55页。

② ［德］卡尔·拉伦茨：《法学方法论》，陈爱娥译，商务印书馆2005年版，第42页。

③ 参见［美］罗纳德·德沃金：《认真对待权利》，信春鹰、吴玉章译，中国大百科全书出版社1998年版，第99—103页。

按照合理和公正的规则行事，而不是法官的个人恣意，法官按法律行事，而不是随心所欲"①。可以说，"一个法律制度之所以成功，是由于它成功地达到并且维持了极端任意的权力和极端受限制的权力之间的平衡"②。

从当今世界各国的司法实践来看，严格规则和自由裁量相结合的法律规范适用原理及其方法论已经获得了较大范围内的认同，只是在不同法系国家的司法中该种原理及方法论所表现出的结构有所不同。例如，大陆法系国家因循传统的法律规范适用模式采取以制定法为主的严格规则与自由裁量相结合的结构，英美法系国家实行以判例法为主的严格规则和自由裁量相结合的结构。严格规则主义和自由裁量主义相结合的法律规范适用原理也很好地说明了在司法公正的领域中如何解决形式正义和实质正义的紧张关系问题。根据形式正义的要求，司法机关的活动必须服从既定的法律规则或遵循先例，依法司法；但从实质正义的角度看，所有的纠纷又都必须得到公平和合理的解决，要满足实质正义的要求，即必须充分发挥司法机关的能动作用，司法机关的能动作用通常就要表现为法官的自由裁量权的行使。实际上，也正是在法律规范适用上的这种严格规则主义和自由裁量主义相结合的原理和方法论基础上，有关司法能动主义的司法理论和实践形态才具有现代法治意义上追求司法公正的正当性和合理性。

三、程序公正

（一）程序公正观念的起源与演进

程序一词有着广泛的指称，一般意义上的"程序"是指"事情进行的先后次序"或者依照一定顺序安排的"工作步骤"等，它反映的是人类行为的有序性。从法律学的角度来看，程序"主要体现为按照一定的顺序、方式和手续来作出决定的相互关系。其普遍形态是：按照某种标准和条件整理争论点，公平地听取各方意见，在使当事人可以理解或认可的情况下作出决定"③。在通常所说的法律程序中，最重要的和最具有典型意义的就是国家司法机关为解决纠纷而作出司法裁判的审判程序。与立法程序、行政程序等

---

① 肖建国：《司法公正的理念与制度研究》，第81页。
② ［美］E. 博登海默：《法理学：法哲学与法律方法》，邓正来译，第142—143页。
③ 季卫东：《法治秩序的建构》，中国政法大学出版社2000年版，第12页。

其他类型的法律程序相比，审判程序是按照公正而有效地对具体纠纷进行事后的和个别的处理这一轴心来设计的，它具有最为特别的三方构造形态，于此之中，控辩双方以面对面地论辩、质证、交涉、协商等多种具有对抗式的行为展开，作为第三方的法官以裁判者的身份代表国家参加和主持裁判的制作过程，并在听取和采纳双方证据和意见的基础上根据法律作出独立的裁判，以对不同主体之间的纠纷作出权威和最终的解决。

一定的程序显然对司法裁判结果的实现具有重要意义。从一般意义的程序及其最终要实现的结果之间的关系来看，经过不同的程序所得到的结果可能会完全不同。对于司法程序而言，这个道理同样适用。由此就产生了司法程序与司法裁判结论之间的关系问题：公正的司法裁判结论是否需要一种司法程序来保证，这种程序又应该具有怎样的标准和功能形态？于是，也就有了可能考虑司法程序自身的存在理由和价值以及区分合理的、公平的司法程序与不合理、不公平的司法程序的问题。从司法公正的角度来看，这种在司法程序的层次上来考察的公正就被称为"程序公正"。按照一般的理解，司法裁判中的程序公正是对法律程序自身或者司法裁判活动过程本身的内在优秀品质的一种统称，与实体公正所追求的裁判结果公正相对而言，程序公正是对裁判过程应当具有正义性的追求。当然，从历史上来看，程序公正并非一直就是被作为司法公正的固有内容所要求的，程序公正的产生和发展是随着人类文明的进步和法治的发展而逐渐演进和实现的。

程序公正作为一种观念，在西方最早起源于古老的"自然公正"原则，这一原则起源于自然法观念。在古希腊，柏拉图就认为，"正义存在于社会有机体各个部分间的和谐关系之中。每个公民必须在其所属的地位上尽自己的义务，做与其本性最相适合的事情"①。在古罗马法中，当时曾流行着一条重要的公正的程序规则，即"人不能裁判有关自己的诉讼"，这其中便蕴涵了裁判程序所必须坚持的公正内容。在英国，很早就存在"自然公正"的原则。"自然公正"的内容大致包括两项最基本的程序规则：（1）任何人不能自己审理自己或与自己有利害关系的案件；（2）任何一方的诉词都要被听取。自然公正原则通常表示处理纷争的一般原则和最低限度的公正

---

① ［美］E.博登海默：《法理学：法哲学与法律方法》，邓正来译，第262页。

标准。

不过，尽管在古代思想家的学说和法律制度实践中包含了有关程序公正的理念和大量的程序法规范，但是那时并没有形成一套有关程序公正的理论和现实程序标准，神明审判一直十分流行。到了中世纪，封建的程序法比较强调特权和人身依附性，公正程序所要求的最基本的程序规则等也不复存在。后来在大陆法系国家逐渐建立起来的以纠问制审判方式为特点的司法制度中，法官既行使审判权，同时又执行追诉的职能，程序公正所要求的法官中立等原则也无从体现，尤其是极端野蛮的刑讯逼供方式的存在，这些社会的司法审判都充满了反程序性和非人道性的色彩。一般认为，真正的程序公正的理念根基于英国的普通法，并且和正当程序概念的产生和发展紧密联系在一起。在英国11世纪诺曼底人建立了中央政权之后，在王权得到加强的情况下，国王经常派员到全国各地巡回审理案件，并逐渐建立了一些王座法院。因为王座法院审理案件的程序较之于封建领主法庭和宗教法庭中的程序更为合理，吸引了越来越多的诉讼当事人到王座法院提起诉讼。王座法院的裁判以令状制度为基础，十分重视诉讼程序，在审判制度上也逐渐形成了当事人主义的诉讼模式。王座法院的程序制度不仅使普通法得以形成和发展，而且注重程序的做法对后来英国宪政的形成也产生了深远的影响。1215年英格兰国王颁行了《大宪章》，在其第39条中规定，"国王允诺'任何自由人不得被逮捕、监禁、侵占财产、流放或以其他任何方式杀害，除非他受到贵族法官或国家法律的审判。'"[①] 这通常被看作是刑事程序获得正当地位的开端，该条款所蕴涵的正当程序条款思想也被看作是程序公正观念最初的基本来源。到了1354年，在英国正式出现了现代意义上的"正当程序"条款，在英国议会当时迫使国王爱德华三世签署的约束国王言行的法律文件中明确规定，"任何人非经正当法律程序之审判，不问该人阶层与社会地位如何，皆不得将其驱逐出国，或强迫其离开所居住之采邑，亦不得予以逮捕、拘禁，或取消其继承权，或剥夺其生命"[②]。可以说，这是正当程序概念首次在国家正式法律文件中出现，是程序正当化和程序公正进程中的重要里程

---

① 杨一平：《司法正义论》，第137页。

② 樊崇义、史立梅、张中、朱拥政：《正当法律程序研究——以刑事诉讼程序为视角》，中国人民公安大学出版社2005年版，第10页。

碑。后来经过历代国王的反复确认，到 14 世纪末期正当程序原则已经成为英国立宪体制的基本标志。作为一项诉讼原则在司法程序问题上的应用，正当程序原则最早出现在 1723 年"国王诉剑桥大学"一案中。在这个案件中，英国王座法庭的裁决恢复了著名的本特利博士的神学博士学位，这个学位曾在剑桥大学副校长主持的一次会议上被取消，对此，本特利本人没有获得任何申辩的机会。担任本案首席法官的普拉特在起草该案件的判决书时指出，"学校的会议在对本特利进行与之不利的指控、降低其资格的时候拒绝听取他的申辩，与自然公正是不相容的"[①]。

　　自然公正和正当程序的观念在自英国以后的世界各国法律和司法制度中也产生了较为广泛影响。1789 年法国《人权宣言》第 7 条规定："除依法判决和按法律规定的方式外，任何人都不应受到控告、逮捕或监禁"。后来这条规定又被解释为要求有陪审团的审判，向当事人提供律师，律师不在场时不受审问，不采用非法获得的证据等。在美国，正当程序条款最早已在《权利法案》中明确提出，并被美国联邦宪法确立为一项基本原则。作为一种具有技术上精确含义的词汇，"正当程序"在美国具有以下三个特征：（1）有权向不偏听偏信的裁判所和正式法院陈述案情；（2）有权知道被指控的事实和理由；（3）有权对控告进行辩解。[②] 在美国内战期间，正当程序的概念扩大到对政府权力的限制，实质性正当程序代替了自然法的基本规范，宪法的核心也从自然法的理论迅速转向对正当程序条款进行扩大解释，由此在美国形成了一种新的观念，即不论是从实体法还是从程序法的观点看，个人的权利都是由正当程序保护的。美国宪法第 5 条修正案规定："非经正当法律程序，不得剥夺任何人的生命、自由或财产"，后来该法的第 14 条修正案对各州也提出了相同的要求。正当程序条款的初始含义就是要求解决争端的程序必须公正合理，有研究指出，程序性正当程序体现了正义对法律程序的基本要求，换言之，满足正当程序要件的程序才是合乎程序公正要求的，因此，"程序性正当程序实际所表达的价值就是程序公正"[③]。

　　与英美法系国家程序公正的理念发展和制度实践相比，传统的大陆法系

---

　　①　［英］彼得·斯坦、约翰·香德：《西方社会的法律价值》，王献平译，第 113 页。

　　②　参见龚祥瑞：《西方国家司法制度》，北京大学出版社 1993 年版，第 128 页。

　　③　陈瑞华：《刑事审判原理论》，北京大学出版社 1997 年版，第 57 页。

国家在此方面表现出了弱势。从宪法及诉讼法等相关法律规定来看，大陆法系国家一般都无正当程序的法律用语。不过，随着法治和人权保障理念在世界各国的影响和发展，大陆法系许多国家的诉讼程序也不断得到完善，犯罪嫌疑人、被告人以及被告人的诉讼权利日益获得有效保障，也都体现了正当程序和追求程序公正的精神。因此，从本质上讲，大陆法系国家也都在进行诉讼程序正当化的进程。不仅如此，从第二次世界大战以后，与正当程序或程序公正理念在各国的发展相应，有关程序公正及其保障的国际化也不断得到了发展，越来越多的国际文件承认并规定了程序公正的要求及其最低保障标准。例如，《公民权利和政治权利国际公约》第9条用五项条款作了如下规定："一、……任何人不得加以任意逮捕或拘禁。除非依照法律所确定的根据和程序，任何人不得被剥夺自由。二、任何被逮捕的人，在被逮捕时应被告知逮捕他的理由，并应被迅速告知对他提出的任何指控。三、任何因刑事指控被逮捕或拘禁的人，应被迅速带见审判官或其他经法律授权行使司法权力的官员，并有权在合理的时间内受审判或被释放。……四、任何因逮捕或拘禁被剥夺自由的人，有资格向法庭提起诉讼，以便法庭能不拖延地决定拘禁他是否合法以及如果拘禁不合法时命令予以释放。五、任何遭受非法逮捕或拘禁的受害者，有得到赔偿的权利。"另外，《世界人权宣言》第9条至第11条、《欧洲人权宣言》第6条第3项以及《美洲人权宣言》第8条也都分别规定了"最低程度保障"或"最低限度程序权利"，它们体现了程序公正的观念和标准。

（二）程序公正的内容

程序公正强调的是正义或公正理念在法律程序中的贯彻和要求，司法裁判中的程序公正体现的是诉讼程序自身或者司法裁判活动过程要符合正义或公正的要求。与实体公正相比，程序公正的存在不取决于其他的外在结果，而取决于法律程序本身，因此，可以说，程序公正是法律程序应当具有的一种内在优秀品质。程序公正的内容就是指能够构成这种拥有内在优秀品质的法律程序所应具备的、符合正义的一些具体要素或指标。

关于程序公正应该包含哪些具体内容，国内外的研究者已从不同的角度进行过许多有益的探索，不同论者提出的内容标准也往往各具特色。美国学者富勒提出的"程序自然法"可以说是从整个法律体系出发在原则层次上对程序公正的标准作了纲要性概括。富勒认为，法律的制定和运行程序要遵循八个原则：（1）法律的一般性原则；（2）法律的公开性原则；（3）法律的非溯及既往的原则；（4）法律的明确性原则；（5）法律的一致性原则；（6）法律的可行性原则；（7）法律的稳定性原则；（8）官方行为与法律的一致性原则。① 在程序法的较具体层次上，美国学者泰勒认为，评价某一法律程序是否公正的价值标准有六个方面：（1）程序和决定的参与性；（2）结果和过程的一致性；（3）执法者的中立性；（4）决定和努力的质量；（5）纠错性；（6）伦理性。② 贝勒斯则认为，判断和实现程序公正应该确立以下七项原则：（1）和平原则，即程序应当是和平的；（2）自愿原则，即人们应能自愿地将他们的争执交由法院解决；（3）参与原则，即当事人应能负有影响地参与法院解决争议的活动；（4）公平原则，即程序应当公平平等地对待各方当事人；（5）可理解原则，即程序应能为当事人所理解；（6）及时原则，即程序应提供及时的判决；（7）止争原则，即法院应作出解决争执的最终决定。③ 日本学者谷口安平认为，程序正义最基本的内容或要求是确保与程序的结果有利害关系或者可能因该结果而蒙受不利影响的人都有权参加该程序，并得到提出有利于自己的主张和证据以及反驳对方提出之主张和证据的机会；同时，审判制度本身具有公正性；另外，审判的结果如果是通过判决表现出来，就必须以判决理由的形式对当事人的主张和举证作出回答。④

在我国，伴随着司法体制改革的实践，自 20 世纪 90 年代初期以来，许多法学学者对司法程序公正的构成要素问题也进行了大量深刻而富有意义的研究。例如，孙笑侠教授指出，程序公正的要义在于六个方面，即程序的民主性、程序的控权性、程序的平等性、程序的公开性、程序的科学性和程序

---

① 参见吕世伦主编：《现代西方法学流派》（上卷），中国大百科全书出版社 2000 年版，第 66—68 页。

② See Tom R. Tyler, "What is Procedural Justice", 22 *Law and Society Review* (1988). 转引自肖建国：《司法公正的理念与制度研究》，中国人民公安大学出版社 2006 年版，第 102 页。

③ 参见［美］迈克尔·D·贝勒斯：《法律的原则》，张文显、宋金娜等译，中国大百科全书出版社 1996 年版，第 34—37 页。

④ 参见［日］谷口安平：《程序的正义与诉讼》，王亚新、刘荣军译，中国政法大学出版社 1996 年版，第 12—18 页。

的文明性。① 陈桂明教授认为，司法程序公正的要素有五个，即程序规则的科学性、法官的中立性、当事人双方的平等性、诉讼程序的透明性、制约与监督性。② 顾培东教授认为，程序公正取决于三个要素，即冲突事实的真实回复、执法者中立的立场和对冲突主体合法愿望的尊重。③ 除此之外，其他学者也有从其他不同角度对程序公正的内容作了大量的论述，可谓是众说纷纭，在我们看来，这些研究的共同特点都在于通过列举原则或要点的方式来阐释程序公正的内容，虽然学界不能形成一个共识但这也基本上为我们勾画了有关程序公正内容的美好图景。然而，笔者认为，阐释程序公正的内容要素不能仅仅在于积极建构，而更要在于能够阐明程序公正所具有的特殊本质，只有在此基础上对程序公正内容的描绘和"设计"才具有更深刻的意义。

笔者认为，程序公正具有其自己独立的价值，这一点是探讨程序公正内容的一个基本出发点。相对于实体公正，程序公正的理念特别是在现实司法制度中的实践为人们理解司法公正提供了一种独有的视角，这也是我们通常在谈论程序公正时所应该理解的一个问题，即裁判活动即使达不到一种让所有人都认为善的结果，而过程本身的公平公正却能让每个人认为结果的获得是正当的和可接受的从而可被称作是正义的。实际上，这就是通常我们所说的程序公正自身所具有的独立价值。程序公正的独立价值就是程序本身所体现出来的、不取决于实体公正的价值，其中最主要表现在它可以从外观上消除当事人乃至公众对审判结果公正性的合理怀疑，使司法活动获得正当性的支持。这就是程序公正所具有的特殊本质。另外，对程序公正内容要素的把握还应该紧紧围绕我们前已确立的正义或公正含义来进行，即程序公正作为正义的一种形态，它也应该符合正义"给予每个人其所应得"的内涵。如此而言，程序公正则可以被理解为在程序方面实现"给予每个人其所应得"的一种公正。正是基于以上两种认识，笔者认为，确立司法裁判中程序公正的基本内容应该从两个方面入手，一是从程序参与主体的地位及相互关系方面

---

① 参见孙笑侠：《两种程序法类型的纵向比较——兼论程序正义的要义》，《法学》1992 年第 8 期。

② 参见陈桂明：《诉讼公正与程序保障》，中国法制出版社 1996 年版，第 12—15 页。

③ 参见顾培东：《社会冲突和诉讼机制》，法律出版社 2000 年版，第 90 页。

寻求保证公正的原则，二是在程序运行的动态过程方面建构保障公正的原则。据此，笔者认为，从前一个方面来看，司法裁判中的程序公正至少包括法官中立原则和当事人平等原则，从后一个方面看则主要有程序参与原则、程序公开原则。

1. 法官中立原则

在司法审判中，中立是程序公正对法官的最基本要求，法官中立对程序公正的意义在于中立性原则是现代程序的基本原则，是"程序正义的基础"①。在司法审判中，法官的中立是相对于当事人和案件而言的，它表明在诉讼程序结构中，法官与双方当事人保持同等的司法距离，对案件保持超然和客观的态度。美国法学家马丁·夏皮罗指出，法院的模型就是要努力构造一个三方对等的结构，它要使双方当事人都认为审判是一个三方的而不是二对一的模式，任何一方当事人都渴望司法体制本身要保证法官不是他的对手的同盟。② 显然，法官做不到中立就是偏私，便是法官与当事人的角色混同，其结果的不公正就是不可避免的。

在古老的自然公正的两条原则中，其所蕴涵的最突出意义就是关于法官中立性的要求。在现代司法制度下，法官中立原则所包含的两项具体要求也正是古老的自然正义原则的直接体现。程序公正意义上的法官中立原则应当具有的内容有：（1）审判案件的法官与案件事实及其所涉的利益没有关联。因此，法官既不能裁判有关自己的诉讼，也不能和案件结果或争议各方有任何利益方面的关系。英国法谚曾说，"一个人不能在自己的案件中当法官，因为他不能既是法官又是当事人"。对于这一点，人们经常把法官形象地比作运动场上的裁判员，他只是根据规则维持比赛和宣布比赛结果，他本身不能是运动员。为了保障司法裁判中的法官中立原则，现代法治国家的诉讼司法制度中一般都设置了针对各种情形的回避制度，其目的就在于要从保障法官中立的意义上维护程序公正。（2）法官不得对任何一方当事人有偏爱或歧视。除了要求法官与案件事实及其所涉的利益没有关联之外，中立原则还要求法官在个人的情感、价值取向等因素上不对当事人产生偏异倾向。法官不

---

① 季卫东：《法治秩序的建构》，第 37 页。

② 参见［美］马丁·夏皮罗：《法院：比较法上和政治学上的分析》，张生、李彤译，中国政法大学出版社 2005 年版，第 11—12 页。

能把自己对案件事实形成的同情、义愤等情感上的倾向对某一方当事人产生偏爱或歧视。一个情绪化严重的法官会妨碍他公平地对待各方当事人，这样裁判的最终结果也不会被人们认为是公正的。法官中立原则要求法官应该超然于案件事实和当事人之外，以客观、理性的态度审判案件。

2. 当事人平等原则

司法裁判中的当事人平等原则，一般来说可以包括两层含义：一是指当事人在审判中享有平等的诉讼权利和诉讼义务；二是指法院应当平等地保护各方当事人的诉讼地位和诉讼权利的行使。就前者而言，当事人平等原则说明的是，在程序方面任何人不论其性别、年龄、出身和职业，也不论其贵贱贫富，进入诉讼之后都被抽象为平等的当事人；程序公正要求在诉讼中所要解决的是单纯的事实判断和法律判断，而这些都应该与当事人的身份地位和财富状况等外界因素不发生关联。就后一层面的平等而言，当事人平等原则要求的是诉讼各方应当得到裁判者的平等对待，具体又包括法院或法官在诉讼过程中要给予各方当事人以平等参与的机会，对各方当事人的主张、意见及其证据等应给予同等的尊重和对待。

对程序公正来说，当事人平等原则的意义首先就在于保证各方当事人处于一种对等的地位，以便形成立场上的对立性和竞争性。当事人在现实的社会生活中往往会表现为各种差异，程序的重要作用之一就是它具有过滤功能，可以有效地排除各种偏见、不必要的社会影响和不着边际的连环关系的重荷，来营造一个平等对话、自主判断的场所。① 通过程序保证当事人在诉讼中的平等地位，这就为他们展开平等的对抗和获得公正的结果提供了前提条件。在英美法系国家中人们经常把当事人之间的诉讼比喻为战争，例如，民事诉讼乃是一种民事战争，在这种"战争"中，当事人双方要实现公平的对抗，就应当保证其拥有对等的"诉讼武器"，基于"武器平等"的理念，必须赋予当事人双方平等的诉讼权利进行"攻击"和"防御"。因此，在这个意义上，当事人平等是实现公正审判的先决条件。另外，当事人平等不仅是诉讼权利和诉讼义务的对等，它还仰仗于法官对当事人诉讼权利的平等对待和平等保护。所谓平等保护，依据我国有关学者的研究认为，它包括两项

---

① 参见季卫东：《法治秩序的建构》，第 16 页。

基本要求：一是法官在诉讼程序进行中应给予双方当事人平等的机会、便利和手段；二是法官对各方的意见和证据予以平等的关注，并在制作裁判时将各方的观点均考虑在内。① 自然公正原则关于"任何一方的诉词都要被听取"的要求也体现了法官对当事人平等保护和平等对待的含义。为此，法官应当做到"兼听则明"，要在保证双方当事人公平辩论的基础上来作出判决。在英美等国的法律历史上，当事人应当获得平等对待的原理已经发展出一系列具体的程序规则，例如："让每一方当事人都有充分陈述案情的机会"、"让每一方当事人都有机会纠正或反驳审理中不公正的情况"、"一方的证人允许另一方盘问，要有足够的时间进行交叉盘问"等等，在法官的职业道德规范中也形成了"法官要以同等的注意力听取双方当事人陈述"的要求。在我国，《刑事诉讼法》第 6 条也规定，"对于一切公民，在适用法律上一律平等，在法律面前，不允许有任何特权"。《民事诉讼法》第 8 条规定，"民事诉讼当事人有平等的诉讼权利。人民法院审理民事案件，应当保障和便利当事人行使诉讼权利，对当事人在适用法律上一律平等"。这显然都体现和贯彻了当事人平等原则的要求。

3. 程序参与原则

诉讼中的程序参与原则是指那些与裁判结果有利害关系或权益可能会受到裁判影响的主体应该有充分的机会并有效地参与到审判程序中，使他们有充分发表自己的意见、观点，提出自己的主张和证据以及反对对方观点和证据的机会，能够拥有为进行自己的诉讼活动所必需的便利和保障措施，从而以自己的行为对裁判结果的形成发挥积极而富有意义的影响和作用。程序参与原则的目的是使诉讼当事人双方都能够真正成为诉讼主体，自主决定自己的事务。在英美法中，程序参与原则经常被称作"获得法庭审判机会"的原则，其含义就是那些利益或权利可能会受到民事裁判过程或诉讼结局直接影响的人应当有充分的机会富有意义地参与诉讼的过程，并对裁判结果的形成发挥其有效的影响和作用。② 司法裁判场合的程序参与原则能够从制度上充分地保障当事人享有和行使程序参与的权利，这样诉讼过程的展开本身就可以为审判的结果带来正当性的支持。不仅如此，有研究认为，程序参与原则

---

① 参见陈瑞华：《刑事审判原理论》，第 66 页。
② 参见陈瑞华：《刑事审判原理论》，第 61 页。

不仅具有上述的这种工具性价值，其本身还具有独立的内在价值，即诉讼中的"各方一旦能够有效地参与到程序过程中来，就更易于接受裁判结果；尽管他们有可能不赞成判决的内容，但他们却更有可能服从这种判决"①。实际上，笔者认为，程序参与原则的这个特点也正是程序公正本身所具有内在独立价值的源泉所在。

根据有关学者的研究，程序参与原则有两项基本的要求：（1）当事人对诉讼程序的参与必须是自主、自愿的，而非受强制的、被迫的行为；（2）当事人必须具有影响诉讼过程和裁判结果的充分的参与机会。② 笔者认为，这两点认识恰当地反映了程序参与原则所应该具有的主要内涵。一方面，自愿参与原则要求法官应该尊重诉讼当事人的意志和人格，不能把当事人当做实现某种目的的工具，如果当事人仅仅是被动地出席或陈述自己的观点和意见等，这在许多情况下并不能成为真正意义上的程序参与。所以，程序公正要求诉讼当事人参与审判过程的自愿性和自主性。另一方面，程序参与原则要求当事人参与审判过程的有效性和实质性。所谓"有效性"和"实质性"，指的是当事人参与程序的充分性以及当事人的参与活动具有实质的影响力。当事人参与程序过程的有效性和实质性通常被认为是程序参与原则的核心内容，它体现了通过程序参与保障诉讼者能够通过自己的参与行为，实质地影响甚至决定有关自己的裁决的形成。对于这一点的重要性，有学者指出，如果程序参与只是让当事人能够参与诉讼，能够有足够的时间和空间提出自己的主张和证据，但不能实质性地影响诉讼进程和诉讼结果，这种参与性就变得毫无意义。③ 对于如何在诉讼中坚持和贯彻程序参与原则，有研究认为，在法院作出有关影响诉讼当事人权益的裁判前，当事人应有充分的机会表达自己的主张和意见，并对他方当事人的证据和主张进行质证、反驳和抗辩，以便将裁判建立在这些主张、证据、论辩等所进行的理性推论的基础上。④ 除此之外，笔者认为，为保证当事人程序参与的有效性和实质性，法院还应该必须把裁决限定在当事人提出的主张和证据范围之内，同时应该对当事人

---

① Michael D. Bayles, *Principles of Law*, Reidel Publishing Company，1987，p. 32.
② 参见肖建国：《司法公正的理念与制度研究》，第 114 页。
③ 参见李修源：《司法公正理念及其现代化》，第 81 页。
④ 参见肖建国：《司法公正的理念与制度研究》，第 115 页。

在诉讼中就有关事实认定和适用法律所发表的意见给予必要的说明和回答。

　　4. 程序公开原则

　　作为司法民主化的一项要求，诉讼中的程序公开又叫审判公开，它是指诉讼程序的每一阶段和步骤都应当以当事人和社会公众所看得见的方式进行。程序公开长期以来就被视为程序公正的基本标准和要求，源自英国的一句法律格言一直被人们看作是对审判公开的生动描述，即"正义不仅要实现，而且应该以人们所看得见的方式实现"。当然，从诉讼理论看，近代司法中的审判公开作为一项重要的诉讼原则是由 18 世纪意大利刑法学家贝卡里亚首先提出来的，他在抨击以往封建社会严刑拷问与秘密审判制度的基础上，极力倡导对刑事制度进行理性主义和人道主义的改革，提出"审判应当公开，犯罪的证据应当公开"①。从实践上看，自近代以来随着法治国原则的确立，审判公开作为一项诉讼原则也先后被各国法律和多数国际性的法律文件所确认。可以说，随着现代民主法治的推进，程序公开原则业已成为衡量程序公正乃至整个司法公正与否的一个重要指标。

　　在司法领域，程序公开原则的主旨就是要让社会公众看到审判的过程，这不仅能够使人们清晰诉讼过程中的各种事实问题和法律适用情况，它也提供了公众对诉讼过程进行社会监督的可能性，社会监督的意义就在于它能够促使审判按照公正合理的方式进行，进而促进审判结果的公正。在现代司法制度中，程序公开的内容一般都包括三个方面：第一，法院在审判前应当公开当事人的基本情况、案由以及开庭的地点和时间，以便公众旁听。第二，除了法律规定不宜公开审理的案件之外，应当允许公众旁听和新闻媒体的采访报道，而公众的旁听和媒体的报道可以涵盖审判的全过程，包括法庭调查和辩论等。第三，不论案件是否公开审理，判决结果都必须公开。以上三点在各国的诉讼法律中往往都作了比较明确的规定，这都也已经成为人们讨论程序公开和司法公正问题的通常判断标准。值得一提的是，有关程序公开原则的最新发展表现在裁判理由展示的要求上。至此，作为程序公开之组成部分的判决公开不仅包括结果的公开宣布，也还包括其裁判理由的公开展示。当然，司法裁判理由的公开及展示自近代以来也是经历了一个缓慢的发展过

---

　　① ［意］贝卡里亚：《论犯罪与刑罚》，黄风译，中国大百科全书出版社 1993 年版，第 2 页。

程。在英美法系，法官大多倾向撰写篇幅宏大、论点详尽的司法判决以展示裁判的理由，以美国为例，在司法判决的理由展示上，法律职业界普遍主张强有力的证明和司法坦诚。[①] 而在大陆法系国家，传统观念一直把法院作为一个权威机构，法院判决也表现出高比例的法条主义的专门语言，它排斥各方诉讼当事人以及法官之间寻找对话性的"充分理由"的立场，司法判决在整体风格上表现出一种威权主义的色彩。[②] 不过，随着法治和民主程度的提高，对大陆法系国家而言，承认法律适用不再是不容置疑的权威而是一种对话和论证过程也成为一种趋向。从制度实践来看，有关法官裁判理由展示的要求已经被一些国家专门规定于法律条文或有关规章之中[③]，法官在裁判案件时必须进行理由展示开始变为一项制度性的要求。

　　总之，法官中立、当事人平等、程序参与和程序公开构成了程序公正的基本内容。程序公正的这四个原则相辅相成，它们不仅构成了程序的内在价值，也展现了程序意义上的"给予每个人其所应得"的基本要求。据此，笔者认为，这四个原则不仅是我们理解和构建程序公正的基本要素，也是我们以程序维度为视角讨论和评价司法公正的最低标准。

四、实体公正与程序公正的关系

　　在讨论了实体公正和程序公正的各自内容之后，有必要分析二者之间的关系问题。应该说，实体公正和程序公正之间存在十分复杂的相互关系。理论界曾围绕实体公正和程序公正何者为司法公正的本体问题展开过长久的争论，由此也形成了两种不同的有关司法公正理念，即结果公正观和过程公正观，并以此对应地主张在司法过程中的"实体优先论"或"程序优先论"。笔者认为，分析实体公正与程序公正的关系，首先应该在本体论上明确二者各自在司法公正中的地位和作用，以此认识实体公正和程序公正的意义和价

---

　　① 参见张志铭：《法律思考的印迹》，第 402 页。

　　② 参见张志铭：《法律思考的印迹》，第 398 页。

　　③ 例如，《荷兰宪法》（1989 年）第 121 条明文规定，"……判决必须公开作出，判决必须明示其依据的理由"；《德国民事诉讼法典》第 313 条规定，"判决必须包括该判决所依据的有效法律条款、案件事实及判决理由"；瑞典的诉讼法也规定，一个法院判决必须包括控辩双方的陈述、提交给法院的争议、法院对其判决或命令给出的理由以及判决和命令本身。可参见［荷兰］伊芙琳·T·菲特丽丝：《法律论证原理——司法裁决之证立理论概览》，张其山、焦宝乾、夏贞鹏译，商务印书馆 2005 年版，第 1 页。

值，然后再以此评价或断定在司法裁判场合应该坚持"实体优先"还是"程序优先"的问题。基于这种观点，笔者认为，实体公正和程序公正的关系应该从以下四个方面来把握。

首先，司法的本质意义在于实现裁判结果的公正。

从本质上看，司法是一定的社会主体在其合法权益受到侵害或与他人利益发生冲突时，由国家设定的审判机关通过行使审判权来解决纠纷的方式。所以，诉讼的发生，根本上是基于一定主体对其合法权益予以保护的实际需要，从这个意义上说，法律权利的存在，本身就意味着国家保护机制的不可或缺。在司法实践中，我们可以很明显地发现，人们之所以要将纠纷诉诸法院，是因为他们的实体权利和利益产生了争议，并且其对实体公正有了一个偏向于自己的预期，通过审判活动的参与，当事人最终关注的也是其实体权利的实现。这正如有学者所指出的，"人们对判决的指导和形成，有一种根深蒂固的需要、义务和责任，即争取一个合乎正义的结果"[①]。因此，笔者认为，作为以定分止争为目的的司法活动，其本质意义就在于实现裁判结果的公正，实体公正应该是司法公正的本体所在。如果从这个层面上看程序公正的意义，程序公正是围绕着实体公正而展开的一种公正形态，程序公正应该以实体公正的实现为最终归宿。据此，现实的司法裁判必须以追求实体公正为宗旨和最终指向。

其次，程序公正具有独立的内在价值，这种内在价值具有特殊意义。

在前文讨论程序公正的内容时已经指出，程序公正所具有的独立的内在价值是指程序公正本身所体现出来的、具有特殊意义的价值，这种价值也即公正的法律程序独立于作为实现正确的实体结果的工具之外本身又蕴涵的内在优秀品质。其一，程序公正的内在价值表现在可以从外观上消除诉讼当事人以及社会公众对审判结果公正的合理怀疑。其二，程序公正可以使裁判基于不同主体之间的理性对话而展开，可以消除当事人因程序主体地位得不到尊重而对审判产生的合理不满，由此形成的裁判本身具有为当事人自愿接受的性质。"因为在公正的程序之中，当事人的主张和异议都可以得到充分的表达，互相竞争的各种层次上的价值或利益都可以得到综合考虑和权衡，其

---

① 公丕祥、刘敏：《论司法公正的价值蕴涵和制度保障》，《法学研究》1995 年第 5 期。

结果，不满过程被吸收了，相比较而言一种最完善的解释和判断最终被采纳。"① 不仅如此，由于程序公正的这种内在价值，"经过正当化过程的决定显然更容易获得权威性"。此外，在现代民主理念的要求下，程序公正还具有保障护人权的独立价值。许多程序上的不公正的做法往往侵犯了公民的基本权利，尤其是在刑事诉讼领域，许多程序性违法是导致人权受到威胁的直接原因。② 所以，正当的法律程序乃是保障人权的重要基石。

程序公正所具有的独立的内在价值已经成为人们认识和评价司法公正的新维度，在这个意义上程序公正经常被称作"公正的底线"。从这个角度说，笔者认为，实体公正应当以程序公正为前提和基础，程序公正不仅是实现实体公正的手段，其本身也是目的。当然，这同以上所强调的实体公正是司法活动的宗旨和最终指向并不是矛盾的，因为程序运行最终指向实现实体公正，并不意味着实体公正的实现不应该以程序公正为保证和前提，恰恰相反，实体公正的实现必须以程序公正之独立内在价值的满足为基础。

再次，实体公正和程序公正具有一致性。

把实体公正和程序公正同时作为司法活动所追求的目标，也体现了二者对司法公正而言在某种层次上的一致性。美国学者贝勒斯指出，"法律程序的内在目的是查明真相与解决争执"③，这说明了程序设计的目的也是为了有利于最终实体公正结果的实现。笔者认为，实体公正和程序公正共同致力于司法正义的追求，它们在对裁判的规范作用方面具有一致性，只是二者所考量正义的维度不同，一个指向总体上的公正，一个则是指向过程中的公正。实体公正和程序公正之间所具有的是各自不同的特性。在这里，实体公正和程序公正的耦合，才构成了完全意义上的司法公正所应有的功能，这种功能形态的司法公正不仅强调"正义要实现"，而且"正义应该以人们所看得见的方式实现"。

不仅如此，通常而言，程序公正是实现裁判公正的前提。于此来看实体公正与程序公正的一致性我们可以认为，正是程序公正的存在使得实体公正的实现获得了更大的确定性和可靠性。"在一般情况下，公正的程序比不公

---

① 季卫东：《法治秩序的建构》，第 52 页。
② 参见谭世贵、李荣珍：《依法治国视野下的司法改革研究》，法律出版社 2007 年版，第 80 页。
③ ［美］迈克尔·D·贝勒斯：《法律的原则》，张文显、宋金娜等译，第 37 页。

正的程序能够产生更加公正的结果。"① 制度法学的创始人麦考密克和魏因
贝格尔也指出,"一个公平的法律程序可以最大限度地增加作出公正的法律
的可能性。"② 此外,从保证司法权威的意义上看,实体公正和程序公正的
一致性还表现在程序公正所具有的独立价值能够确保实体结果实现的权威
性。从上文关于程序公正的独立内在价值的分析来看,由于程序公正保证了
诉讼过程的透明性与当事人的参与性,这就使得通过正当程序所得到的实体
裁判结果具有更大的权威力量。据此而言,程序公正保证了司法裁判实体结
论的权威性,在现代社会中,裁判结论的权威性也只有把实体判断转换为公
正、合理的程序安排才能够得以保障。对于这一点,有研究指出,裁判权威
性的一个要素就是正当性,在历史上,裁判正当性的根据随着时代的发展而
变化,在古代是神意,在中世纪是王权,在今天则是公正的程序。③ 所以,
程序公正在一定意义上趋向于维护实体公正的正当性和权威性。

最后,在实体公正和程序公正相冲突时,程序公正对于实体公正及其价
值具有优先地位。

实体公正和程序公正在一定层面的一致性,并不意味着程序公正一定能
够导出实体正义,也不是说二者不存在冲突。与此相反,在司法实践中往往
存在实体公正与程序公正的冲突,裁判活动中出现这两种价值不能兼顾也难
以协调的情形是完全可能的。一方面,正如日本学者谷口安平所指出的,实
体的正义一般不像"分蛋糕的实例"中表现的那样单纯,而是很难实现的、
能显示"应当如此"的一种指标,并且由于人类认识能力和实践能力有限,
真正包罗万象、完美无缺的实体法是根本不存在的,从而,什么是实体的正
义并不总是很清楚④;另一方面,尽管人们可以不断地改善程序,但是,在
诉讼中真实是诉讼之外的客观标准,无论程序设计得如何精巧,错判总是在
所难免的。可以说,实体公正和程序公正构成了现代法治语境下人们讨论司
法公正中价值问题的一对基本矛盾,二者在冲突时的如何选择也一直是人们

---

① G. M. Pops, T. J. Pavlak, *The Case for Justice*, Jossery Publishers, 1991, p. 85.

② [英] 尼尔·麦考密克、[奥] 魏因贝格尔:《制度法论》,周叶谦译,中国政法大学出版社 1994
年版,第 262 页。

③ 参见肖建国:《司法公正的理念与制度研究》,第 121 页。

④ 参见 [日] 谷口安平:《程序的正义与诉讼》,王亚新、刘荣军译,第 6—7 页。

所倾心关注的重要议题。

　　传统的大陆法系司法理论往往认为，司法程序不是作为自治的和独立的实体存在的，它没有可以从其自身的品质上找到合理性和正当性的因素，它本身不是目的，而是用以实现某种外在目的的手段或工具。据此，司法程序只有在具备产生符合实体公正等标准的实现结果时才富有意义。[①] 这种思想的逻辑结果必然是在实体公正和程序公正发生冲突时坚持"实体优先论"。在英美法系传统上一直盛行着"程序优先于实体"、"救济先于权利"的观念，由这些观念所形成和发展的一种理论认为"程序本身就是目的"，它主张由于程序本身有其内在的价值，只要能够实现这些价值，程序就是正义的，且经过程序得出的结果也被认为是公正合理的。在这里，程序不被看作是为某种外在目的服务的手段，程序公正也不是为实体公正而存在的，诉讼程序就是为了要实现过程的公正而设计的。我们认为，无论是过于强调程序的工具性价值还是过于强调程序的目的性价值，都是一种片面的绝对论的思维模式，他们都没能恰当地认识实体公正和程序公正的应有关系。从本书的以上论述可以看出，在司法裁判中，诉讼程序既是实现实体公正目标的手段或工具，同时它又具有自身独立的内在价值，这种独立的内在价值也是现代法治所蕴涵的目标。所以，从现代法治的精神和基本理念来看，实体公正和程序公正之间是一种在追求多种价值相统一的层面上高度综合的辩证关系。当然，必须指出的，指出实体公正和程序公正的辩证关系并不是说在二者出现冲突时人们无法作出取舍。从现代法治所要求的基本价值方面看，选择程序公正对于实体公正及其价值的优先地位应该是一种必然。自近现代法治在各国的接受和实践以来，程序公正一直被看做是法治运行的机制，是法治和恣意人治之间的分水岭，"正是程序决定了法治和恣意的人治之间的基本区别"[②]。

　　确立了程序公正对于实体公正的优先地位这种理念，接下来我们所面临的一个问题就是，程序公正的优先地位应该表现在哪些方面呢？对于这个问

---

　　① 参见陈瑞华：《程序价值理论的四个模式》，《中外法学》1996 年第 2 期。

　　② 这是美国联邦最高法院法官威廉·道格拉斯的名言："权利法案的绝大部分条款都与程序有关，这绝非毫无意义。正是程序决定了法治和随心所欲或者反复无常的人治之间的基本差异。"参见任东来等：《美国宪政历程：影响美国的 25 个司法大案》，中国法制出版社 2004 年版，第 427 页。

题不同学者往往也有不同的认识。综合国内外学者的研究以及考虑到近些年我国司法改革实践中提出的基本理念，我们认为，在诉讼中坚持程序公正的优先地位应当做到以下三点要求：第一，坚持程序先行。程序先行就是要健全并坚持合理的程序运行，让程序意识成为法律活动的基本意识。根据有关学者的论述，"程序先行体现在立法上就是要在设置实体性规范的同时或之前先设置程序；体现在司法上，就是要严格依照程序司法"①。第二，坚持程序优越。坚持程序优越就是要树立程序必须的思想，即程序正义是不能舍弃的，程序公正应该是实现实体公正的最佳方案，是实现实体公正的必由之路。当尊重程序要求的做法与获得实体结论的追求相违背时，自然应当取程序的要求而舍后者。第三，坚持以程序公正否定实体公正。这就是说要把严重的程序性违法作为导致实体结论无效的决定性理由。如果在诉讼中出现了严重违反程序的行为，即使实体结论的获得是正确的也应该被否定。例如，我国刑事诉讼法中有关非法言词证据排除的规定正是贯彻这个要求的一个具体体现。

第三节　司法公正的制度构建

司法公正的基本内容向人们展示了正义作为司法活动的终极价值所特有的内涵，也说明了如何通过司法实现正义所需要坚持的一整套理念。司法公正的内涵和基本内容既体现了正义价值本身的精神，也提出了在司法领域实现公正的特殊要求，它们都蕴涵着正义最本质的追求，即"正义是给予每个人他所应得的部分的这种坚定而恒久的愿望"②。然而，司法公正也不应该只是体现在人们观念层面的一种梦想，司法的公正价值更应该是凝结在制度层面上的东西，司法活动必须借助具有相对稳定性的制度来实现持久的正义。实际上，也只有在制度设计充分合理的条件下，司法公正才会有保障。美国法学家博登海默指出，与秩序相比，"正义所关注的却是法律规范和制度性安排的内容、它们对人类的影响以及它们在增进人类幸福与文明建设方

①　李修源：《司法公正理念及其现代化》，第 92 页。
②　［美］昂格尔：《现代社会中的法律》，吴玉章、周汉华译，中国政法大学出版社 1994 年版，第 78 页。

面的价值。从最为广泛的和最为一般的意义上讲，正义的关注点可以被认为是一个群体的秩序或一个社会的制度是否适合于实现其基本的目标。"① 所以，着眼于制度上的整体建构，按照正义原则的要求对现实的司法制度进行合理有效的改革，就成为实现司法公正的必由之路。

促进和实现公正的司法制度的建构应该是全方位的。从一般意义上分析，我们认为，从制度上合理确定司法公正的建设路径，这不仅需要从整体上厘定司法权的配置问题，也需要进一步认识司法独立和诉讼模式的问题；此外，法律监督对于司法权运作的规范化建设具有重要的意义，也是应该必须予以重视的内容。

一、司法权的配置与司法公正

通过司法实现正义，最根本的前提条件就是司法权应该得到合理的配置。司法权配置是否合理，关系到司法权运行机制本身的科学性和妥当性以及司法公正的要求是否能够实现的问题。所以，建立司法权的合理配置不仅是司法权本身能够有效运作的基本要求，也是司法公正能够成为现实的载体。一般来说，司法权的配置问题主要包含两个方面的内容，一是要协调处理好司法权与立法权、行政权的外部关系，二是要协调处理好司法权的内部关系，即解决司法机关内部各种权力之间的合理配置问题。

（一）司法权在国家权力结构中的地位

司法权与政治国家相伴而生，并随着政治文明的演进而发展。在一定意义上讲，我们今天关于司法权及其配置的话题，一般是以现代法治特别是宪政的观念和制度条件为背景的。本书的考察和分析也是基于这一语境展开。

在西方，随着近代启蒙思想的影响以及法治主义在资产阶级政权国家的实践，国家权力在功能上被划分为立法权、司法权和行政权。由此，司法权在国家权力结构中的地位及其与另外两种权力的关系问题，一直成为人们对司法权的性质、社会功能和运作程序等进行法理分析的基点。

西方启蒙思想家主要是从如何遏制权力腐败和怎样保障自由为出发点来讨论权力分立理论的。他们洞悉历史上由绝对权力引起绝对腐败的现象，认

---

① ［美］E. 博登海默：《法理学：法律哲学和法律方法》，邓正来译，第 261 页。

为"要防止权力滥用，就必须以权力制约权力"。就是基于这样的认识，孟德斯鸠从观念形态对国家权力进行了划分，他认为，每一个国家都有三种权力，即立法权、行政权和司法权，只有这三种权力分立存在，公民自由才有切实可靠的保证。另外，为了保障三权分立的实现，立法权、司法权和行政权又必须由不同的机关分别行使，同时要互相制衡。① 继孟德斯鸠以后，美国的立宪主义者汉米尔顿等人进一步完善和发展了权力分立和制衡理论，并把这种理论落实为人类的政治实践。1787 年美国宪法不仅确立了政府权力在立法、行政和司法三个部门之间的分权和制衡，而且还包括联邦政府和各州政府之间的分权和制衡。随着近代法治和宪政主义在世界各国的影响，国家权力的分立与制衡理论已经被诸多国家接受，并逐步成为这些国家构建国家权力配置的重要依据。虽然各国具体实施的模式有所不同，但其基本精神是一致的，即三权分立与制衡意味着司法机构与其他机构的分立，司法权应该独立于立法权和行政权，司法权的运作不受外界干扰，更不能成为政府行政权等权力的附庸。应该说，国家的分权制衡是人类政治文明和法治文明的一项经验总结和智慧成果，是法治发展中的一条重要规律。

笔者认为，以国家权力分立和制衡的理论为基点分析司法权的地位，我们可以看出司法权的两个重要属性，即司法权具有专属性和独立性。正是司法权的这两种属性反映了司法权作为一种重要的权力在国家权力结构中的特有地位。

第一，司法权具有专属性。

司法权的专属性体现了司法权相对于其他国家权力的基本区别，这种区别主要表现在两个方面。一是司法权是对案件予以审理的专门权力，司法权因纠纷的裁判而存在。关于司法权的这些特征，法国思想家托克维尔曾作过专门的论述。在他看来，司法权只对案件进行裁决，司法权的行使用来审理私人案件，而不能对全国的一般原则进行宣判；此外，司法权只有在被请求的时候，或者用法律术语来说，只有在它采取审理案件的时候，它才采取行动。② 司法权的这种专属特点表明了只有纠纷的存在并且纠纷业已成为案

---

① 参见［法］孟德斯鸠：《论法的精神》（上册），张雁深译，商务印书馆 1982 年版，第 156 页。

② 参见［法］托克维尔：《论美国的民主》（上册），董果良译，商务印书馆 1988 年版，第 109—110 页。

件，司法权的行使才成为可能，司法权在有案件当事人的请求下开始运作，它的目的就是针对具体的案件争点作出审理和裁判，而不是对代表国家一般原则的政策、法律以及政治行动采取措施。司法权专属性的第二个表现就是司法权应当由作为国家专门审判机构的司法机关即法院来行使。这说明司法权的行使主体只能是代表国家审判权力的司法机关及其司法人员，其他任何国家机关、社会组织和个人都不能享有此项权力。在现代法治国家，一般是由法院和法官作为司法权力的行使者，由他们在案件双方当事人的参与下代表国家来主持纠纷的处理。马克思曾经指出，"公众惩罚是用国家理性去消除罪行，因此，它是国家的权利，但是，它既然是国家的权利，国家就不能把它转让给私人，正如一个人不能把自己的良心让给别人一样。"[1] 马克思的这段话正是从一个侧面说明了司法权的这种专属性。

司法权的专属性也表明了司法权运作所应该具有的常态形式，它体现了司法工作的基本原理和规律要求。由此，被动性、中立性、程序法定性、终局性和权威性就成为是司法活动的独有特点。具体来说，法治是一种规则之治，司法权与国家其他权力有本质的分工，司法权从其性质、目标、行使方式来看都是一种有限的国家权力；法官在司法中要表达对法律的忠诚，严格遵守规则，克己守法，廉洁自律，并对其他公权力保持一定的谦抑。立法机关可以针对普遍的社会事务积极制定和颁行法律，行政机关也可以通过积极能动地行使公共权力促使社会变革，实现广泛的社会福利，而对于法院来说，没有被诉诸法院的案件或争议司法权就不可能启动。所以，司法手段仅仅是解决社会矛盾纠纷的一种事后补救方式，只有纠纷已进入诉讼管道后，司法权才有施展的空间，这也意味着在社会中许多事务不属于法院的管辖范围。假如法院不以被动和克制的方式来行使司法权，而是主动地寻找案件进行裁判，试图积极地发现和解决社会中出现的或潜在的纠纷，势必会将自己卷入当事人之间的利益冲突之中，难以保持司法公正的面目。不仅如此，法官在司法过程中也应当具有保守性，法院也只能在当事人诉求的范围内作出裁决，亦即"法院不得对于未向其诉求的事项有所作为"[2]。此外，司法权的行使依靠国家的强制力为后盾，是司法机关和司法者以国家的名义适用法

---

① 《马克思恩格斯全集》，2 版，第 1 卷，人民出版社 1995 年版，第 277 页。

② 贺卫方：《司法的理念与制度》，中国政法大学出版社 1998 年版，第 46 页。

律于案件的专门活动，由它所作出的裁决也必然具有终局性和较高的权威性。

第二，司法权具有独立性。

独立性是司法权不同于其他国家权力的又一显著的属性。司法权的独立性也是司法职能特殊性的反映和要求，它体现了司法权不同于立法权和行政权的特殊地位。从现代法治的理念来看，司法权的独立性能够保证司法机关的审判活动最大限度的接近法律的意志和精神，是实现司法公正的重要保证。司法权独立性的基本含义是指司法机关和司法人员在司法活动中应当独立自主地认定案件事实和适用法律规范，不受来自司法机关外部和内部其他因素的影响和干预。法院作为裁判各种法律纠纷并且其裁判结论具有终局性的专门机构，也是法律实施过程中的最后一道防线，如果司法权不具有独立性，法院就有可能因各种因素的影响而作出错误的裁决，导致司法不公的出现。所以，独立性也是司法权的一种内在属性，这种内在属性是实现司法公正的前提和必然要求。

司法权的独立性调整着法治国家中司法机关与立法机关、行政机关等其他权力部门之间的相互关系。首先，司法权的独立性表明了司法职能的独立，通过强调国家的司法职能应当与国家的其他职能实行分工、彼此互不隶属等原则，这就为各国家权力机关行使各自权力确定了观念上界限，这对于国家政治结构平衡以及法治国家的维持起到了积极作用。其次，司法权的独立性强调立法权和司法权不得干涉司法活动可以对司法权本身的运行确立制度性的尊重和维护。同立法权和司法权相比，司法权在所拥有的权力资源方面处于明显的弱势地位，对此，美国建国初期的政治家汉密尔顿曾经指出，"司法部门既无军权，又无财权，不能支配社会的力量与财富，不能采取任何主动的行动。故可正确断言，司法部门既无强制、又无意志，而只有判断"①。所以，司法权的独立性对于立法权和行政权不得干预司法权的主张，也旨在提出了以下一种要求，即必须从国家权力的相互关系方面保证司法活动能够得到制度性的尊重和维护，并以此弥补司法权在权力资源方面的弱势地位，从而为司法公正和法治的实现创造良好的有关权力运行的体制性环

_____

① ［美］汉密尔顿、杰伊、麦迪逊：《联邦党人文集》，程逢如、在汉、舒逊译，商务印书馆 1980 年版，第 391 页。

境。关于司法独立的具体内容以及司法公正对此所要求的制度建构问题，本书将在后面的章节予以专门讨论。

（二）司法权的合理配置

以上论述以国家权力分立和制衡的理论为基点分析了司法权最基本的两个属性，并以此说明了司法权在国家权力结构中的地位。当然，必须指出的是，我们国家不实行"三权分立与制衡"的政治体制和司法制度，在此我们强调的是理论分析的启示和借鉴意义。我们认为，科学合理地进行司法权的配置，规范司法权与其他国家权力之间的相互关系以及完善司法权的内部构造是实现司法公正的前提条件。

1. 以分权制衡机制为原理，对司法权及其他国家权力资源进行科学合理的配置。

有学者指出，权力就是"这样一种可能性，即处于某种社会关系内的一个行动者能够不顾抵制而实现其个人意志的可能性，而不论这种可能性所依赖的基础是什么。"① 权力的这种可以使拥有者按照自己意志行事的特性，是权力容易产生被滥用的危险的根本原因。因此，权力扩张和腐败成为常见的现象，任何权力都有趋向于通过扩张而膨胀成为不受制约的专断权力。对于国家权力而言同样如此，过分强大的国家权力对于公民的权利来说始终是一种威胁。分权制衡机制的原理告诉我们，分权及相互制衡是减少和防止权力滥用的可靠路径，通过划分不同权力的界限，保持不同权力之间的相互平衡与制约，是一个国家避免走向专制的重要方法。此外，由于司法权在国家权力体系中处于一种弱势地位，因而司法权在行使过程中极易遭受其他国家权力特别是行政权的侵犯，特别是当其他权力与纠纷的利益牵涉时，其他权力就有可能利用其强势地位影响和干预司法决定过程。这就使得权力分立和制衡理论在考虑司法权的特有属性时又特别强调通过权力的分立和制衡来实现司法权的独立性，以改变司法权运作的处境。

因此，为了防止国家权力的高度集中，现代国家普遍实现分权制衡的权力结构原则，立法权、行政权和司法权被分配由不同的国家机构行使，并且相互监督和制约；在司法权方面，把国家司法权交由法院专门行使，而且强

---

① ［美］E. 博登海默：《法理学：法律哲学与法律方法》，邓正来译，第357页。

调司法权的行使不受其他机关、团体和个人的干涉、影响和控制。就目前我国的政治体制而言，我国宪法对国家权力资源的配置也体现了不同权力由不同的国家机关行使而且在各个部门之间实行有效监督的原则，由此形成了极具中国特色的权力配置体制和司法体制。不过，从目前的情况来看，我国现行的国家体制对权力资源的配置在某些方面仍然不尽科学合理，有必要予以改进。综合有关学者的研究，笔者认为，从权力的合理配置与实现司法公正的关系来看，通过以下几个方面的路径改善司法权及其与其他权力之间的相互关系就显得非常必要。

第一，进一步规范人民代表大会的监督权。国家权力机关对司法机关的监督是我国宪法所确认的最高的法律监督，应该说这种规定是必要的和符合我国国情的。但是，由于法律对人民代表大会行使监督职权的方式、程序等问题尚无规定，这就导致在实践中人民代表大会直接指令司法机关个案如何裁判、人民代表大会组成人员向法院批转案件的现象时有发生。这都严重侵害了司法权的正常运行，也造成了国家权力之间行使的混乱。因此，有必要通过立法等方式对权力机关监督的问题作出具体的规定，以厘清各种权力之间的界限和行使原则，规范各种权力的运行。

第二，进一步强化司法权对行政权的制约。行政权向来是一种强势的权力，行政权的过于强大常常使司法权的运行受到极大的影响，甚至行政权直接干预司法权的现象也经常存在。从分权与制衡机制的原理来看，司法权不仅要脱离行政权而独立存在，而且司法权应该对行政权形成一种制约力量。没有司法权的控制，行政权将成为一种典型的具有压制性和专横性的权力。同西方发达国家相比，我国司法机关对政府行政权的制约显得明显不足，而且司法权受制于行政权的一些体制仍然存在。这一状况应当进一步得到改善。

第三，进一步保障司法权的独立性。司法权的独立是司法公正的重要制度保障，只有司法权真正从立法权和行政权的干预中解脱并确立独立地位时，司法权的自主性和中立性才能得到实现。就这一点讨论司法权的独立性，我国的宪法虽明确规定了司法权的行使不受行政机关、社会团体和个人的干涉，但是这一规定缺乏具体的制度支撑和保障。更有甚者，我国的法院在财政、人事管理等方面还要受制于在政权结构体系中与之平行的行政部门，这都严重影响了我国法院独立司法权的存在。因此，在考虑通过权力配置来实现司法资源合理安排的改革中，应当在总体上适度扩大司法机关的权力，特别是要在有效监督和约束的机制下从组织、财政、用人制度方面改革现有的司法制度。

第四，进一步加强司法权行使的国家性，改变司法权力地方化。司法权的专属性和独立性也要求司法机关应当统一而完整地行使权力。我国现行的司法财政和人事体制以分级管理为主，地方各级司法机关的财政和人事权都隶属于地方，这种权力结构和权力依附关系导致了我国司法权力严重的地方化问题，这不仅破坏了司法权行使的统一性，也由此形成了司法的地方保护主义，消解了法治的普遍性。所以，司法权的配置也必须考虑恰当地解决司法权的国家统一性与地方化割据的矛盾问题，从纵向上确立司法权及其与其他权力的合理配置。

2. 立足司法权的自身建构，重视司法权内部配置中的协调和冲突的合理解决。

一般来说，狭义的司法权就是指法院的审判权，但从广义上看，司法权通常还包括检察机关的检察权、侦查机关的侦查权等。以大司法权的概念来分析司法权的构成，在司法权的内部配置方面主要则是关涉审判权、检察权以及侦查权的相互关系问题。立足司法权自身来建构符合司法公正要求的司法权制度，司法权结构的合理性就是指审判权、检察权和侦查权之间应当做到科学妥当的配置，从制度上保障司法机关、检察机关和侦查机关依法公正地行使各自的权力，切实维护司法的公正。

在司法权内部，现代法治制度下的权力配置也体现了一定的分权的原则，由国家专门设立检察院承担控诉职能，而让法院专门行使审判职权就是这种分权的体现。作为两种不同职能的权力，控诉职能与审判职能应当由不同的国家机构分别承担，基本要求就是实现机构设置上和人员组织上的检、审分离。侦查权作为一种相对独立的权力，其交由侦查机关行使并依据一定的规范运作也是体现了在刑事诉讼中根据功能不同而在司法权内部所作的一种分工负责。我国法律在实现审判权与检察权、侦查权之间合理配置方面作了大量的有效规定，这为司法权内部的这种权力在司法活动中各自发挥不同作用提供了规范。我国现行宪法和刑事诉讼法都规定，人民法院、人民检察院和公安机关进行刑事诉讼，应当分工负责，互相配合，互相制约，以确保准确有效地执行法律。除此原则性规定，在一些具体的做法上我国法律也较为详细地规定了不同机关行使权力的各自要求。例如，在审判程序的启动上，奉行不告不理的原则，刑事控诉只能由检察院提起，法院不得主动开启审判程序；与此同时，审判职能的活动范围也受制于控诉职能，遵循诉审同一原则，法院的审判对象必须同检察院的起诉指控对象具有同一性，法院不得超出检察院起诉指控的被告人和罪行作出裁判，等等。

司法权内部在组织和程序等各个环节上设置的趋于合理，各种权力的运作将会形成有机的制约与有效配合，从而有利于司法公正的实现。反之，司法权配置不合理一方面会导致各种权力运行的矛盾和冲突问题，影响到司法公正，另一方面也会导致各种权力难以发挥应有的作用，同样影响司法公正。反思我国司法权内部的权力配置关系，虽然总体上是比较有效的一种配置范式，但也应当看到其中的不足之处。有研究认为，考察当前我国公安机关、检察院和法院之间的关系，在配合制约原则的指导下，三部门出现了错位、扭曲、缺位等不良现象[①]，显然这都会严重影响我国司法体制的有效运作和司法公正的实现。我们认为，以司法权内部合理配置为视角来寻求这些问题的解决出路，是建设公正高效权威的社会主义司法制度的题中之意。

二、司法独立与司法公正

(一) 司法独立的意义

司法独立作为现代法治的一项原则，最初的根源就是西方的三权分立与制衡理论，它强调司法权从立法权和行政权中分离出来，在国家权力结构中居于不依赖也不受其他国家权力干预的独立地位。作为现代司法的一项制度的司法独立则主要是指司法机关及司法人员根据法律的规定独立行使审判权，在不受外界任何国家机关、组织和个人的影响下独立自主地进行司法活动，公正地执行法律。由于司法独立具有特殊的重要意义，现代国际社会已

---

① 参见谢佑平主编：《司法公正的建构》，中国检察出版社 2005 年版，第 76—80 页。

普遍将其作为共同遵循的基本原则。① 国际社会普遍认为，法院负有对公民的生命、自由、权利、义务和财产作出最后判决的责任，法官能否抵制其他机关、社会团体和个人对司法活动的干涉，是公民自由权利能否获得切实保障的关键环节。美国学者西蒙斯特里特教授认为，正是司法独立原则构成现代"法治的基石"和法院制度的基础，它保证审判权的公正行使，防止司法过程和裁判结果受到外在力量的干扰和影响。②

为什么需要把司法独立确立为司法活动的一项原则和制度，笔者认为，根本的原因就在于要保障司法机关和司法人员严格地适用法律，最大程度的实现司法公正和法律正义。司法公正是诉讼当事人根据法律和事实所应当获得的东西，是司法活动从法律和事实中产生的正义结果。从保障司法公正的角度看，司法独立具有以下方面的意义。

第一，司法独立保障着司法机关和司法人员能够只服从法律，从而有利于实体公正的实现。司法独立廓清了司法与其他行为的界限，维护了司法权的完整性和同一性。司法独立意味着司法权由司法机关和司法人员独享，标明了其他机构和法律之外的因素不得染指司法。司法者除了法律之外没有别的上司，除了服从法律和事实不得考虑其他力量，因而能够很好地实现司法公正。相反，在司法不独立的情况下，法律之外的诸多因素能够对司法权的运行产生影响和干预，诉讼程序就会沦为表面形式，这就造成司法机关和司

---

①　例如，1948 年联合国《世界人权宣言》第 10 条规定："人人完全平等地有权由一个独立而无偏倚的法庭进行公正的和公开的审讯，以确定他的权利和义务并判定对他提出的任何刑事指控。"1966 年联合国《公民权利和政治权利国际公约》第 14 条规定："……在判定对任何人提出的任何刑事指控或确定他在一件诉讼案中的权利和义务时，人人有资格由一个依法设立的合格的、独立的和无偏倚的法庭进行公正的和公开的审讯。"此外，1982 年第十九次国际律师协会全体大会通过的《司法独立最低标准》，1983 年在加拿大蒙特利尔召开的司法独立第一次世界会议全体大会通过的《司法独立世界宣言》，1985 年第七届联合国预防犯罪和罪犯待遇大会通过的《关于司法机关独立的基本原则》以及 1995 年在北京召开的第六届亚太地区首席大法官会议通过的《司法机关独立基本原则的声明》等，都专门强调了司法独立、司法机构独立和法官独立问题，并且为司法独立拟定了一系列详细具体的国际标准。例如，《关于司法机关独立的基本原则》在对"司法机关的独立"要求中写到："各国应保证司法机关的独立，并将此项原则正式载入到本国的宪法和法律之中。遵守并尊重司法机关的独立，是各国政府机构和其他机构的职责。司法机关应不偏不倚、以事实为根据并依法律规定来裁决其所受理的案件，而不应有任何约束，也不应为任何直接或间接不当影响、怂恿、压力、威胁、干涉所左右，不论其来自何方或出于何种理由。"

②　See Shimon Shetreet, Judicial Independence: New Conceptual Dimensions and Contemporary Challenges, in *Judicial Independence*, Martinus Nijhoff Publishers, 1985. 转引自肖建国：《司法公正的理念与制度研究》，第 150 页。

法人员不能够自主地只根据法律和事实作出合乎公正的判断。在现实中，大多数影响和干预司法活动的组织或个人往往都凭借权力和实力来参与较量，在这些力量之下往往就没有司法公正可言了。

第二，司法独立保障着司法的中立性，从而有利于程序公正的实现。司法中立要求司法机关以及司法人员要站在双方当事人的中间立场上，不偏不倚地处理案件，公平对待双方当事人，这是程序公正的重要内容。司法只有做到中立才可能做到公平，只有公平才可能实现公正。司法能够实现中立的前提条件之一就是司法必须具有独立性。由司法独立所保障的司法中立使得司法程序的运作成为具有公开性和公平性的一种作业。在这样的过程中，司法者通过保持中立的立场给予当事人平等的进攻和防御手段，让当事人的举证、质证和辩论得到充分进行，通过当事人的积极参与来影响裁判结果的形成。如果司法不能独立，接受了外在力量的干预，这种干预就会影响司法人员的判断并使这种判断发生偏向。在这种条件下，司法的中立性和公正性也就荡然无存。

当然，司法独立的意义也不只局限于以上两个方面，实际上司法独立在现代法治中具有普遍的意义。在现代国家的法治语境下，无论是作为法制现代化的一个基本标志，还是作为人们从事制度性证明的一种根据，司法独立的价值都不容置疑。正是司法独立的特有意义，自近代以来，司法独立成为各国在进行制度设置和建设公正司法时较为普遍的选择。就中国的情况而言，自清末法制改革引入近现代司法制度以来，司法独立问题已渗透到国人的生活之中，在制度实践上，司法独立也开始艰难而曲折地转化为各种规范设置和实际操作。新中国成立后，自1978年以来，经过三十年的改革开放，中国社会发生了巨大的变化与转型，从计划经济到市场配置，从国家一统到国家与社会二元，从观念统制到自由开放的讨论，尤其是在法制方面，随着中国加入全球化的进程，随着建立民主与法治国家目标的确立，以及法制改革特别是司法改革的展开，人们对司法独立的讨论开始站在了一个新的起点上。有研究指出，司法独立应该成为描述中国司法制度特性的一个综合性表述，成为塑造和规范中国今后司法制度的一个基本标准。[①]

---

① 参见张志铭：《法律思考的印迹》，第270页。

我们认为，就当前中国的情况来说，认识司法独立问题以及对实现司法公正的意义，应该厘清以下三个方面的问题。

1. 应当基于开放的思维来认识政治体制与司法独立的关系。

我们知道，在西方法治发达社会谈论司法独立，都是基于个人自由和三权分立的前提预设，现代司法制度中的司法独立与分权体制的联系在近代启蒙时期终结后也即成为政治学或法学上的常识。由此就造成了当前我国讨论司法独立时容易形成一个问题，即在当代中国谈论司法独立是否意味着对分权预设的肯定？对此，从方法论上我们的看法是，应该基于一种开放的思路来认识司法独立问题。如果把司法独立只是与某种社会和政治制度捆绑在一起，与某种固定的法律文化传统相联系，这是一种封闭性的思维，如果进一步以此作为讨论司法独立和中国司法改革的前提预设，则是武断。所以，在这个属于认识性的问题上，"司法审判活动的独立应当被看成是一种技术性的、经验型的制度安排，它是对审判活动这一人类社会实践规律的尊重，而不应把它看作一种政治理念"[①]。由此出发，考虑到权威国际文件中对司法独立原则与不同宪政架构兼容的可能性的肯定，考虑到当今世界具有不同宪政架构和法律文化传统的国家奉行司法独立原则的实践，我们应该认真探讨司法独立与中国司法制度架构的关系，以及与中国宪政框架如何契合的问题。[②]

2. 应当恰当定位司法独立与司法公正的关系。

在目前社会各界有关司法改革的讨论中，可以明显感到两种立场观点的分歧：一种认为，司法公正是司法制度和司法活动的核心，司法改革应当以克服司法低效率、确立司法公正为指向，司法没有公正，缺乏社会公信，就根本谈不上什么独立；另一种认为，要克服司法腐败低效、确立司法公正，关键是要在观念和制度上确立司法独立，没有司法独立，司法公正毫无保障。这种分歧，关涉我们应当如何恰当定位司法独立与司法公正的关系问题。我们认为，首先，从较为终极意义上说，司法公正是司法制度和司法活动的核心，而司法独立则是达到司法公正的基本保障。所以，从司法独立与

---

① 顾培东：《中国司法改革的再认识》，见张明杰主编《改革司法——中国司法改革的回顾与前瞻》，社会科学文献出版社 2005 年版，第 50 页。

② 参见张志铭：《法律思考的印迹》，第 271 页。

司法公正的关系上看，司法独立就并非是一种终极价值，而是为实现司法公正而为人们所倾向的一种价值追求和制度选择。意大利学者卡佩莱蒂教授对此也曾经指出，"司法独立（尤其是独立于行政机关）本身不具有终极价值；它本身不是一种目的，而只具有一种工具性价值，它的最终目的是确保另一项价值的实现——法官公正而无偏私地解决争端。"① 其次，在中国司法改革的背景下，对于司法独立和司法公正的关系问题，应该立足于动态分析，而非静态纠缠。以此为视角，从阶段性的情况看，司法公正与司法独立之间有着一种互为因果、互为条件的关系。因此，中国当代的司法改革和司法制度建设，必须在司法公正和司法独立之间创造一种良性循环的姿态，司法的公正和独立只有有机地结合，才能在一个"司法权的巨大作用已经获得世界范围的承认"的情况下，构成"司法职能在每一个国家的合理性和合法性的标志"②。

3. 应当立足于中国社会发展的现实需要采取合理的态度。

有一种观点认为，司法独立是社会生活日趋复杂、社会分工越来越细以及法律高度专门化的结果，而不是像近代启蒙思想家所说的那样，是基于人的理性和自由的必然结果。由此引发的问题是，对于我国的司法改革，应该报以自然主义的态度，还是建构主义的态度呢？我们认为，在一个改革和转型的社会，应该立足于积极建构的态度回应现实需要，而不能以自然发生为由消极等待。从司法独立在近现代社会的确立过程看，司法独立既是社会生活日趋复杂社会分工越来越细以及法律高度专门化的结果，也是基于对人类理性的确认，是对自由和权力的互动关系的认识的必然结果。因而，无论是专门化还是理性和自由的预设，都只是对社会需要的反应而已。观念的萌发以社会发展的现实需要为前提，在当代中国谈论并主张司法独立，同样应当立足于中国社会发展的现实需要。③

（二）司法独立的基本构成

对司法独立的具体构成，无论是西方学者，还是我国学者，都没有形成一种统一的说法。综观我国学者的不同论述，有观点认为，"司法独立的内

---

① 肖建国：《司法公正的理念与制度研究》，第164页。
② 张志铭：《法律思考的印迹》，第272页。
③ 参见张志铭：《法律思考的印迹》，第272—273页。

涵包括司法机关的独立、司法人事的独立、司法财政的独立和司法活动的独立"①；还有观点认为，"司法独立的内容包括司法机关地位独立、司法活动独立和司法官员职位独立"②；也有观点认为，司法独立的具体内涵"应当包括司法权独立、司法机关独立及其法官独立和司法活动独立等方面"③。我们认为，司法权的独立属于国家政治权力配置和司法体制建构的根本性问题，它是司法权的基本属性和司法公正的根本基础，而具体的制度建构层面上的司法独立则主要包括司法机关独立、司法人员独立和司法活动独立三个方面。

1. 司法机关独立

司法独立首先要求司法机关能够独立按照法律行使司法权，而不受其他外部组织和机构的干涉，它关注的是司法机关作为一个整体在司法权限、司法事务等问题上组织的独立。传统意义上的司法机关独立通常就是指作为审判机关的法院独立，现代以来的广义上的司法机关独立也包括检察机关的独立。司法机关独立是司法权独立的必然结果和必然要求。司法权独立的观念要求司法权行使的专属性，亦即需要法定的机关和人员来专门行使司法权，这里的所谓法定的专门机关就是法院、检察院等司法机关。可以说，司法机关的独立是司法独立的外在标志，也是司法人员独立的前提条件。芬兰学者Taipale 指出，司法独立的核心要求就是：司法机关只能根据法律实现正义，只有法律才是影响其判决内容的唯一要素；任何其他政府机构，无论其地位有多高，都不能对司法机关所作的判决予以干涉……司法独立是保证公民法律安全的一道屏障。④ Taipale 的论述不仅指出了司法机关独立的最本质内容，也向我们展示了司法机关独立的应有价值。当然，这段论述主要是从法院独立的意义上来说明司法机关独立的要求和重要意义的，除此之外，检察机关的独立性也是司法机关独立的重要内容。独立性是维护公平和正义的根本要求，检察机关作为行使国家法律监督权的机关，要对违反法律的行为进行追诉，"而一种行为是否违反法律，或者监督对象是否具有违反法律的情

①　谢佑平主编：《司法公正的建构》，第 45 页。
②　谢佑平主编：《司法公正的建构》，第 46 页。
③　谢佑平主编：《司法公正的建构》，第 47 页。
④　参见肖建国：《司法公正的理念与制度研究》，第 137 页。

况，只有根据对证据的分析和对事实情况的判断才能认定，据此作出的决定才可能具有客观性和公正性。"① 据此来说，独立性是检察机关进行有效监督的先决条件，也是法律监督依法进行的基本保障。②

对司法机关独立的认识以及对司法机关独立的制度建构在自近代以来的法治国家中得到不断发展，1985 年召开的第七届联合国预防犯罪和罪犯待遇大会通过的《关于司法机关独立的基本原则》也从国际视角呼吁各国政府在国家立法和实践中确保并促进司法机关的独立。该文件在对"司法机关的独立"要求中写到：各国应保证司法机关的独立，并将此项原则正式载入到本国的宪法和法律之中。遵守并尊重司法机关的独立，是各国政府机构和其他机构的职责。司法机关应不偏不倚、以事实为根据并依法律规定来裁决其所受理的案件，而不应有任何约束，也不应为任何直接或间接不当影响、怂恿、压力、威胁、干涉所左右，不论其来自何方或出于何种理由。从这个具有代表性的国际性文件来看，这里实际上是为司法机关的独立问题拟定了一种标识性的国际标准。

2. 司法人员独立

司法独立不仅要求司法机关的独立，同时还进一步要求司法人员独立。从司法权运作的微观方面看，司法权的具体行使是由司法人员来进行的，因此，真正的司法独立必须要求在司法机关独立的基础上继续强调司法人员的独立。我国学者杨一平认为，"真正完整意义上的司法独立既指法院独立，更强调法官独立，甚至也包括检察官独立、律师独立；既要独立于政治，又要独立于当事人。只有这样，司法才能做到客观、公正、中立，才能致力于实现正义，而这正是谋求司法独立的旨趣所在"③。我们认为，现代意义上的司法人员独立包括法官独立和检察官独立，而司法审判中的法官独立则应该是司法人员独立的核心内容。笔者在此也主要以对法官独立的论述来说明司法人员独立原则对司法公正的制度建构的重要作用。

有研究认为，法官独立是审判独立和法院独立的终极指向，是现代司法

---

① 张智辉：《检察权研究》，中国检察出版社 2007 年版，第 238 页。
② 参见张智辉：《检察权研究》，第 237 页。
③ 杨一平：《司法正义论》，第 134 页。

制度的纲领性原则，法官独立原则是保障司法公正不可缺少的手段。[①] 也有学者认为，司法独立需要从观念上对法律的权威和法官的角色形象进行塑造，司法的至上权威则有待于法官获得真正的独立之后。[②] 正是法官独立的这种重要意义，国外也有学者把司法独立直接归结为法官独立，例如，美国学者伦斯特洛姆在解释司法独立时就把司法独立直接定义为"法官免受政治压力和控制的范围"；英国学者阿蒂亚在论及司法独立时也指出，"上级法院法官享有许多法定保护，其目的是保证他们的独立性和免受政府压力的影响"[③]。这表明法官独立在司法独立中居于核心地位。

法官独立具有丰富的内容，对此不同研究者也有不同的认识。美国学者西蒙·斯特里特认为，完整意义上的法官独立包括三个层次的含义：一是实质独立，二是身份独立，三是内部独立。[④] 具体而言，实质独立也称为职能独立，是指法官在履行审判职能和制作司法判决的过程中，只服从法律的要求和其良心的命令，保持中立和公正的态度，免受任何无关的外在压力；身份独立是指法官执行职务的任期和条件应当得到充分的保障，以确保法官个人不受行政机关的控制；内部独立则是指法官在执行审判职务过程中应独立于同事和上级法院的法官。与这种从比较宏观的角度说明法官独立内容的做法不同，德国学者包尔则是从比较具体的层面列举了法官独立的内容，他认为法官的独立性包括八个方面：（1）法官必须独立于国家和社会间的各种势力；（2）法官必须独立于上级机关；（3）法官必须独立于政府；（4）法官必须独立于议会；（5）法官必须独立于政党；（6）法官必须独立于新闻；（7）法官必须独立于国民的声望；（8）法官必须独立于自我、偏见和激情。[⑤] 从这些有关法官独立内容的讨论中我们可以总结出法官独立所应具有的一些核心原则，我们认为，所谓法官独立就是指法官在代表司法机关就具体案件行使审判权时"既不属于自我，也不属于政府"，"法官除了法律就没有别的上司"[⑥]。

---

① 参见李修源：《司法公正理念及其现代化》，第264页。
② 参见杨一平：《司法正义论》，第131页。
③ 肖建国：《司法公正的理念与制度研究》，第148—149页。
④ 参见肖建国：《司法公正的理念与制度研究》，第150页。
⑤ 参见肖建国：《司法公正的理念与制度研究》，第149—150页。
⑥ 谢佑平主编：《司法公正的建构》，第48页。

　　从理论上解释法官独立的含义及其所包含的内容并非难事，但是在现实的制度建构中要保证法官独立的实现却不是一件容易的事。一般认为，从实现司法公正的制度追求上保证法官独立的实现，这就需要建构一整套关涉法官的权能保障和职业保障的合理制度。正是这些有关法官权能保障和职业保障的制度形成了法官具有独立能力的基础。从国际社会制定的标准和各国宪法和法律对法官独立提供的法律保障来看，这些制度通常包括法官任职原则上实行终身制、法官的职位的取得和提升都应有专门的制度保障、法官的薪俸应得到适当保障、法官应该享有司法豁免权、非以法定事由不得终止法官权力，等等。在我国，为了保障人民法院依法独立行使审判权和法官依法履行职责，我国专门制定了《法官法》，对法官的任职条件、职责、权利义务、选拔任免、培训、考核奖惩、管理等都作了明确规定。从目前情况来看，这些制度既有自己的特点，也参照吸收了西方发达国家的一些做法，同时在有些方面也面临着一些问题，有待于进一步的改革。

　　3. 司法活动独立

　　司法机关的独立和司法人员独立必然要求司法活动的独立，司法活动的独立是司法机关和司法人员独立行使司法权的逻辑结果。司法活动的独立，是指司法机关及其司法人员所进行的司法活动以及整个司法行为的动态过程，也应该在法律规定的范围内、依照法定的程序独立自主的进行，并以此排斥其他外在力量的干预和影响。有学者指出，司法机关及其法官的独立都是司法独立的静态要素，而司法活动的独立则是司法独立的动态要素，就司法独立而言，只有静态要素，没有动态要素，司法独立也不可能真正实现。[1] 我们认为，司法独立作为现代司法的一项基本原则，其目的就在于保障司法公正的实现，而司法公正则要体现在具体的司法活动和最终结果之中，所以，从现实性上来看，司法独立的实现及最终意义必须通过动态的司法活动来体现。正是通过保证司法活动的每一个步骤严格依照法律规定的要求和程序独立运作，司法公正才能最终实现。

　　具体来说，司法活动的独立可以通过但不限于以下两个方面来保障司法公正的实现。第一，司法活动独立能够保障审判程序的自治性。程序自治性

---

[1]　参见谢佑平主编：《司法公正的建构》，第 48 页。

是司法审判过程的基本要求，有关实体公正和程序公正的一些内容都仰仗于程序自治性的保障，无论是法官对案件事实的认定和对法律规范的适用，还是庭审中的举证、质证和辩论等活动，都必须得到程序自治性的实现。司法活动的独立性在这个意义上为司法过程中各种主体的行为提供了保障，使各种活动能够免于某些外在力量的侵扰。第二，司法活动的独立能够保障程序公正所要求的程序平等和程序参与原则的实现。程序平等和程序参与原则是评判程序公正的重要方面，它要求在司法过程中必须给予各方参与人以平等的对待和平等参与的机会，对各方的主张、意见和证据给予同等的尊重和关注，使各种主体对裁判结果的形成发挥富有意义的影响作用。因此，只有通过司法活动的独立来排除各种外在的压力、预断和偏见的影响，有关程序公正的这些内容才能够得到保证，司法公正才会具有现实性。

三、诉讼模式与司法公正

（一）诉讼模式的基本理论

司法权能否合理配置和司法独立能否有效实现，在一定意义上说都与一定的诉讼模式密切相关。对于这一点，从保障司法公正的制度建构意义上看，司法公正的实现也往往与诉讼模式的选择联系在一起。诉讼模式是司法系统的结构状态或过程状态所展现出的模型和样式，通过对诉讼模式的分析可以揭示不同司法系统或诉讼过程所具有的本质特征，考量不同诉讼结构中的各种关键因素之间的相互作用方式以及它们对实现司法公正的意义。一般来说，根据有关学者的研究，决定不同诉讼模式的要素主要有以下几个方面：（1）当事人对诉讼标的是否有处分权；（2）诉讼程序的主导权属于法院还是属于当事人；（3）当事人的诉讼行为对法院是否产生约束力；（4）司法者违反法定程序实施诉讼行为的效力。[①] 这些要素的不同配置，在中外诉讼制度史上曾形成了多种形态的诉讼模式，对此，研究诉讼理论的许多学者也曾从不同的视角作出了分类，这都为我们认识不同的诉讼模式与司法公正的关系奠定了理论基础。

在我国，研究者在论述诉讼模式时，一般都倾向于采用传统的职权制与

---

① 参见肖建国：《司法公正的理念与制度研究》，第167页。

对抗制的分类，而且人们习惯于将这两种诉讼模式与两大法系的诉讼程序相联系，认为职权制反映了大陆法系国家的司法构造和诉讼特征，而对抗制则反映了英美法系国家的司法过程和诉讼结构。当然，一种诉讼模式的形成和确立也并不是人们随意选择的结果，它在很大程度上要受制于某种特定的法律体系，以及在这种法律体系所确立的诉讼程序制度背后起着基础性作用的价值观念和法律传统。本书亦依照国内学者所通常坚持的关于职权制和对抗制的诉讼模式分类，通过对这两种不同背景下的诉讼模式有关原理的梳理，以说明诉讼模式对实现司法公正的可能思路。

1. 职权制的诉讼模式

与职权制的诉讼模式比较相关的是纠问制的诉讼程序，从西方历史上看，职权制的产生发展也与纠问制诉讼程序的产生和演变密切相联。纠问制程序最早始于 1532 年德国的《卡洛林刑法》，从其产生的基础来看，它是对中世纪控告式诉讼程序的改变。一般认为，中世纪的控告式诉讼是社会进化过程中产生的第一个取代私人报复的制度。在这个制度中，由被害者或其亲属作为原告有提起控诉的权利，由人们推选出的负责的官员审查证据，确定事实并作出判决。但是，官员无权创设诉讼，也无权决定需要提出哪些问题和证据，也没有固定的调查权，因为这些事情都由原告和被告人自己完成。所以，在这种制度下，审判就是在作为仲裁人的法官的参与下原告和被告人之间的辩论。与此相反，纠问制的程序模式则认为追究犯罪不是被害人的私事，而是国家的职责，国家应该把追究犯罪的任务交给法官，法官应该成为追诉人。在证明方法上，纠问制程序以证人证言取代被告人的无罪宣誓，以法官的有罪证明责任取代被告人的无罪举证责任。这样，法官由公正的仲裁人转变为一个积极的审判官，他拥有不受限制的调查权，可以自由地收集证据，决定审判的性质和对象。①

由于贝卡里亚和 18 世纪其他许多思想家的努力，到了 19 世纪中叶，纠问制程序开始向现代的职权式诉讼程序转变，这种程序建立在自由主义、人权以及启蒙哲学的基础之上。职权制模式吸收了纠问制程序中由国家对犯罪进行追诉的原则，同时保留了中世纪控告式诉讼的无告诉即无法官原则，并

① 参见肖建国：《司法公正的理念与制度研究》，第 184 页。

将这两者与国家公诉原则相联结，产生了作为公诉人的检察官的职位。此外，此模式还确立了与纠问制法定证据原则相对立的自由心证原则。在职权制诉讼模式下，原来在纠问制程序中那种广泛的司法权受到了严格的限制，被告人的权利受到了保护。① 自 19 世纪职权制诉讼模式出现和形成以来，虽然大陆法系各国的诉讼制度一直处于不断的发展变化之中，特别是在有些国家有过引进英美法系对抗制诉讼的尝试，但是他们一直保留着职权制诉讼模式的基本特点。总结职权制诉讼模式的基本特征，我们可以把其最显著的特点归结为，在证据的提出和事实调查问题上，法官起着主导和控制作用。职权制诉讼实际上就是由法官主导进行的司法调查程序，司法程序的核心问题就是由法官依职权查明事实的真相。据此，为了查明真相，法官应当依职权调查一切对裁判有意义的事实和证据，包括双方当事人没有提出的证据。在庭审过程中，法官控制着程序的进行，负责提出和调查各项证据，包括讯问被告人、出示物证，询问证人和鉴定人等。因此，法官在职权制诉讼中具有关键的影响和地位，职权制诉讼模式的实质就是由作为程序主体的法院支配诉讼程序的运行，它体现了法院在诉讼中的主动性和积极性。

2. 对抗制的诉讼模式

现代意义上的对抗制诉讼模式起源于英国，其历史可以追溯至 11 世纪英国普通法形成之初。1066 年诺曼底人侵入英国，建立了中央集权制的王国。与此同时，在纠纷解决方面诺曼底人给英国带来了两种制度：一是由争端双方通过自行攻击的方式解决争端，这就是决斗裁判的方式；二是由若干名公正无私的公民来发现事实真相以解决争端，这种方式后来逐渐演变成了英国的陪审团审判制度。学界普遍认为，正是这两种制度特别是陪审团审判制度构成了现代对抗制诉讼模式确立和发展的基础。到了 19 世纪，英美的诉讼程序已经具备了现代对抗制诉讼的雏形：当事人双方有权选择陪审团组成人员，向法庭提出证据，在公开法庭上作出陈述，对证人实行交叉询问，并且在审理结束时对本方的观点和证据作出总结性陈述。在这种背景下，诉讼中双方当事人的律师（在刑事诉讼中为检察官和辩护律师）成为对抗制诉讼程序的主导者和控制者，法官在调查证据方面则不具有积极作用。② 至

---

① 参见肖建国：《司法公正的理念与制度研究》，第 185 页。
② 参见肖建国：《司法公正的理念与制度研究》，第 176 页。

此，对抗制成为英美法系国家诉讼程序和庭审模式的最本质特征。

与职权制相比，对抗制诉讼程序的最显著特色就是，法官以相当消极的方式行使其司法权。对于这一点，正如有些学者所指出的，"法官虽然主持整个庭审过程，但只仿佛足球赛场上的裁判员，本身并不踢球，而是最大限度地让对立的双方竞赛，哪一方最终表现出优势，则宣布该方获胜"[①]。按照英美法系的传统，在刑事诉讼中，由于被告人受无罪推定原则的保护，检察官负有证明被告人有罪的责任，并将这一点证明到"排除合理怀疑"的程度，法庭才能作出有罪裁判；而在民事诉讼中，则是根据"优势证据"的原则，由能够展示有力的证据证实自己的主张的一方当事人胜诉。因此，在这种诉讼模式下，法官扮演的是消极而公正的仲裁者的角色，没有起诉的纠纷固然不能受理，诉讼中的案件也只能在当事人请求的范围之内作出裁判。对于案件相关证据的收集完全是当事人及其律师的任务，当事人及其律师行使着诉讼的控制权，对诉讼的进行负有主要责任。[②]

（二）司法公正与诉讼模式的选择

可以说，诉讼模式展示了一种诉讼制度所具有的制度构造、体制特征乃至一种司法制度的整体价值取向，它反映了法院与当事人以及当事人之间在诉讼运行过程中的权责位阶及相互关系，揭示了"审判权及其载体法院与诉权及其载体当事人之间的关系"[③]。我国的庭审制度改革开始于上世纪80年代后期，直到今天在职权制和对抗制模式如何改革的问题上仍然是颇有争议。从实现司法公正的角度出发，如何认识这两种诉讼模式的优劣仍然是我们值得讨论的重要问题。

应该说，在实现司法公正方面，职权制和对抗制两种诉讼模式各自发挥着不同的作用，这主要体现在它们分别对司法公正的构成要素的不同方面展现出各自的优势。具体言之，首先，职权制诉讼模式在实现实体公正方面具有优越地位。有学者认为，职权制是发现事实真相的有效手段。一般来说，由法官主导和控制诉讼程序中的事实调查和证据的提出，可以较好地收集和获取对查明事实真相富有意义的一切证据和事实，更好地避免由当事人举证

---

① 贺卫方：《司法的理念与制度》，第87页。
② 参见肖建国：《司法公正的理念与制度研究》，第177—180页。
③ 肖建国：《民事诉讼程序价值论》，第112页。

所出现的虚假证据；法官控制着审理对象的形成过程，也能使诉讼一开始就聚焦在一些关键性的争执点上；此外，由法官对当事人的诉讼活动实施严密的控制，可以较好地使庭审中的举证、质证和辩论等活动严格按照法律规定的要求运行。相比而言，在对抗制诉讼模式下，当事人的自主性和积极性一方面可以促进当事人提出对自己有利的证据和事实，另一方面也会促使双方当事人有意规避对己方不利的证据和事实，而法官的中立地位则会造成许多未能被当事人提出的关键证据得不到显现，从而不利于案件纠纷在实质上公正地解决。其次，总的来看，对抗制诉讼模式在确保程序公正方面有更大的优势。对抗制模式能够充分发挥双方当事人自身的主动性和积极性，增强当事人的诉讼参与度，使诉讼过程包含更多的当事人合意；另外，在对抗制诉讼模式下，由于法官处于中立的地位，这样可以减少司法者的个人偏见，也能为诉讼和判决最大限度地排除偏私和恣意的怀疑，吸收诉讼中的不满，使判决建立在当事人和社会公众可接受的基础之上。与此相反，职权制诉讼在此方面就有其固有的缺陷，由于法官过多地干预诉讼过程，导致诉讼进程中当事人的参与性较差，法官自身的非中立性形象也不利于直观性正义的保障；不仅如此，职权制对案件客观真实的追求有时也会以牺牲程序公正为前提。

　　分析来看，职权制和对抗制两种诉讼模式对实现司法公正都有其各自的作用和局限，所以，在终极意义上两种模式孰优孰劣是一个不容易定论的问题，这也使得一味地主张职权制模式或对抗制模式的倾向并不是一种恰当的选择。从近年来我国诉讼制度改革过程中出现的问题来看，无论是理论界还是实务界，都不同程度地出现过人为地夸大两种诉讼模式的差异和一味地主张塑造某一单一的诉讼模式的倾向。实际上，对我们的诉讼制度改革乃至整个司法制度的建构来说，正如有些研究所指出的，"我们更需要的是认真审视和分析两大诉讼模式之间的相互渗透和融合趋势，以便为我们的改革提供借鉴和参考"[①]。

　　笔者认为，从诉讼模式方面考量司法公正的制度设计，应当立足于司法公正的构成要求，超越对职权制或对抗制本身的评价倾向，以现代法律制度

---

① 蒋剑鸣：《转型社会的司法：方法、制度与技术》，中国人民公安大学出版社 2008 年版，第 224 页。

和诉讼程序的交互性和可借鉴性为启示，确立一种兼容职权制与对抗制优势的新型诉讼模式。[①] 在笔者看来，诉讼模式总是和一国的政治、社会、文化和法律传统紧密相连，诉讼模式的选择和制度设计总是要和一国特定历史时期根据社会情况的变化而需要采取的制度回应相适应。所以，从目前转型中国司法的价值追求和制度倾向来看，重塑一种有利于实现公正、兼顾效率和权威的诉讼模式应该是我们值得期待的选择。

四、法律监督与司法公正

（一）法律监督的基本内容界定

法律监督是现代国家权力制约体制的重要内容，合理的法律监督制度对立法、司法、执法以及守法活动的良好运行起着重要的作用，其当然也应该是促进和保障司法公正的现代司法制度的重要内容。纵观现代法治发达国家的法律制度，大都包含有相当完善的法律监督制度，虽然不同国家对法律监督的范围、行使主体以及具体制度可能会有所不同，但是从实现司法公正的视角来看，法律监督制度都被看作是实现司法公正所不可或缺的必要机制。应该说，法律监督是一个应用广泛的概念。最广义的理解认为，法律监督是为了保障法制的需要由包括国家机关、政党和其他社会团体以及公民在内的主体对一切法律活动的监督，在内容上包括对立法、执法、司法乃至守法活动的监督。从保障和实现司法公正的目的所关注的法律监督则主要是指对司法活动的监督，本书于此所要讨论的法律监督也是指一定主体出于保障司法公正的目的而在制度上对司法活动特别是审判过程的法律监督。

对司法的法律监督主要涉及三个层面的问题，即监督的主体、监督的客体和监督的内容，这三个层面的统一构成了对司法监督的法律监督制度的基本内容。法律监督的主体从广义上可以分为国家机关、社会组织和普通公民三类，由不同主体对司法活动所进行的监督在法律上所表现的制度形式也有所不同。从监督主体的层面来说明对司法活动的法律监督，有些学者还提出

　　[①]　在民事诉讼领域，我国已有学者提出要确立一种兼容当事人主义与职权主义优势的"混合主义"民事诉讼新模式，并具体提出了这种模式所具有的一些要点。具体可参见蒋剑鸣：《转型社会的司法：方法、制度与技术》，第230页。

了对司法的程序内监督和程序外监督之分。① 从监督的主体来看，程序内监督一方面来自于审判机关以外的监督主体的监督，这些监督的实现是通过诉讼程序内的制度设置来保障的。在诉讼程序内，公诉人、当事人及其律师和其他诉讼参与人都可以通过法律规定的方式对审判过程和法官的裁判行为进行监督。例如，当事人可以通过回避制度、上诉制度、申诉制度等行使其对审判的监督权，公诉人则可以通过抗诉权的行使对裁判进行监督等。程序内监督另一方面还包括审判机关内部的监督主体对裁判进行监督，这主要体现在上诉审法院和再审法院对一审法院审判的监督，法院的审级监督制度是这种程序内监督的直接体现。同程序内监督相比，程序外监督是来自于审判程序以外的主体对审判过程及法官裁判行为的监督，从各国的制度实践来看，来自司法行政机关的监督、法官弹劾制度以及普通公民对法院司法不公的监督等都是这种监督形式的具体表现。对司法的法律监督的客体是指监督主体的监督活动所指向的对象，主要就是作为审判机关的法院及其工作人员的司法审判活动。无论程序内监督还是程序外监督，对司法的监督都聚焦于法院的司法运行过程以及法官等司法人员的裁判行为。对司法的法律监督的内容则是监察和督促审判机关的活动及其审判人员行为的合法性和正当性，在具体的获得裁判结论的场合，司法的公平正义性则是监督主体进行监督的关注焦点。

（二）司法与监督的合理关系

通过考察自近代以来法治发达国家的法律监督实践，我们能够发现他们存在观念和制度上的一种共同点，那就是对司法的监督是在严格恪守司法独立的基础上展开的。国家通过权力的分立，赋予司法独立的审判权力，赋予法官必要的法官身份和职业保障，使其免受国家其他权力机构和外部力量的不当干预。法官通过严密地法律推理和恪守法律的原则来行使审判权力。这种司法独立的观念已经被民众普遍认同，并通过舆论和媒体的力量来防止损害司法独立情况的发生。司法的监督形式通过对法官的弹劾和惩戒来完成，这些外部监督形式也必须严格遵守法定程序，并且不得有损于司法独立的原

---

① 参见贺日开：《司法权威与司法体制改革》，南京师范大学出版社 2007 年版，第 143—145 页。与本书的认识有所不同，在该书中，作者把对法官裁判行为的监督称为程序内监督，把对法官非裁判行为的监督称为程序外监督。笔者此处以监督活动的发生是在诉讼程序之内还是诉讼程序之外作为区分程序内监督和程序外监督的标准。

则。从某种意义上说，司法独立、自治本身就是一种保证司法公正的手段。民众对司法审判的不满或者认为判决的不公，可以通过行使上诉权力来实现权利的救济，尽管两种组织类型的上诉程序体现出不同的理念和功能。

反观我国的司法监督，尽管我国设置了多层次的监督形式，包括人大监督、审判监督、检察监督、舆论监督、信访监督、错案追究制度，但是唯独没有司法独立、司法自治的概念。司法独立被认为是资本主义的"黑货"，与中国人民民主专政的政权不相符合。加之没有建立相应的身份保障制度，法官的素质和专业技能不高，随着市场经济日益开放，法官在这种市场化的浪潮下，难以抵挡住金钱和物欲的诱惑，于是司法腐败现象不断发生。在这种背景下，民众对司法公正、司法独立更为怀疑，认为现在司法不独立尚且如此，若是司法独立那情况更将如何。于是司法监督愈演愈烈，但是司法腐败却一直没有解决。正如傅德法官所指出的，监督在一定程度上是对司法自治的一种侵害。任何监督形式都必须是在不损害司法独立的基础上展开，而且司法的监督程序必须遵循严格的程序规则。以中国的个案监督为例，"由于没有明确的监督规范，实践中作为个案监督的案件类型、内容几乎没有任何约束和限定，均由监督者的意志所决定，实践中受利益因素驱动也在所难免。在不少地区，不少监督主体、不少案件以及监督方式方法等方面仍存在许多不容忽视的问题。如就当前最具争议性的人大个案监督问题，相当多的案件处理过程及其结果显而易见地表明，如果当事人一方得到某一人大代表的支持，甚至当事人本身就是人大代表或者是作为当事人一方的法定代表人，事实上就使民事纠纷中本应处于平等地位的各方当事人之间关系失衡，实践中也不乏人大代表利用'监督权'为本单位牟利这一现象存在。"[①] 这

---

①　例如在辽宁沈阳奥吉娜化工有限公司诉沈阳金杯通用汽车有限公司招投标纠纷案中，原告方的法定代表人同时又是省人大代表，不仅导致本案终审判决之后多次启动复查工作，而且又进行了多次解释工作。对于人大代表监督类似案件，不可能代表案件当事人双方的利益，必然存在不同程度的以监督压法的现象。再如，上海市食品集团公司与江苏涟水肉联厂购销合同货款纠纷申请再审案，因上海市食品公司的董事长是当时第九届全国人大代表，其对终审判决不服，同时向最高人民法院和最高人民检察院申诉，于是江苏高级人民法院再审，但其对撤销原一、二审判决而重新作出的再审判决仍不服，继续向最高人民法院申诉，并于全国人大会议期间呼吁对本案进行个案监督，后最高人民法院提审此案而重新改判。对于这一历时六年、四次审判的经济纠纷案件，对方当事人乃至于原审法官均认为，这是对方当事人利用人大代表身份干预的结果，而不会认同案件实体公正与否。参见郑成良：《司法公正与司法监督》，《中国司法》2002年第3期。

种现象是司法监督日益陷入由谁来监督监督者的两难困境。

因此，司法的监督并不意味着要不断地增设新的监督力量，而是要以提倡司法独立，排除不当干预为主线。从现实情况来看，我国并非三权分立的国家，但是司法机关独立行使审判权是宪法明确规定的。人大监督虽然在宪法上是允许的，但是这种监督模式应该主要是从法官的弹劾、任免上起作用，并严格遵循法定程序。司法监督应该在恪守司法独立的基础上，实现法官的自我管理和自治，提高职业素质和职业伦理素养。因此，有学者就指出"我国正在进行的司法改革过程中，有一个受到普遍重视的问题，即：如何在确保审判独立的同时防止审判不公。为了解决这个问题，在坚持审判独立的同时也监督审判的方面，还可以有其他方式，甚至还会有更好的做法。比如正式出版完整的判例集、使对判决理由的批评和自我批评得以制度化就是其中的最重要的一种。或许应该说，立足于法律解释共同体的内部制衡的这样的监督措施比院长旁听制更能抵制来自权力的干涉，比摄影机进法庭更能保障议论的严肃性和合理性，比直接追究法官个人的误判责任更能防止司法上的陋见和偏见。"①

第四节　司法公正与司法效率、司法权威的关系

通过前几节的论述，我们指出，正义或公正是司法的本质价值，通过司法实现正义应该是整个社会正义理论体系的一个基本命题。在实现"给予每个人其所应得"的正义追求上，司法具有其所特有的品质。司法公正既体现了正义价值本身的精神，也提出了在司法领域实现公正的特殊要求，这些要求使得司法公正不只是存在于人们的观念之中，而更应该致力于现实制度上的实现。其实，无论是有关司法公正的理念还是现实中关于司法公正的制度建构，体现的都是把司法公正作为司法体制改革和制度建构的价值追求所具有的意义。把司法公正定位为司法的重要价值，不仅为我们的司法观念和制度建构在价值诉求上指明了一个根本的方向，也为我们在司法理论和实践中恰当地梳理和认识司法公正与司法效率、权威等其他价值追求之间的关系厘

---

① 季卫东：《法律解释的真谛——探索实用法学的第三道路》（上、下），《中外法学》1998 年第 6 期，1999 年第 1 期。

定了思路。

司法公正、效率和权威都是司法的价值追求，坚持公正、效率和权威的统一是司法体制改革和建设的一种理想。这一点对于在转型中国的司法体制建构中也显得特别有其意义。在当下中国，无论是政治上的最高当局还是社会中的普通民众，对整体的司法体制以及具体的司法活动都展现出了在公正、高效、权威价值上的期盼，尤其是由最高当局提出建设公正高效权威的司法制度以来，司法的公正、高效、权威一直成为了中国近年来社会中的主流话题。然而，如同有学者所指出的，"司法权在法律生活中表现出的局限性是司法权在自身运行过程中，在一系列相互对立的范畴之间进行一种非此即彼式选择的必然结果"[1]。这种现象在现实中的表现就是司法活动做不到公正、高效与权威的统一，追求公正的努力时常阻隔了高效的实现，缺失公正的问题不断导致了司法权威的丧失，等等。这种不能内在协调的价值选择往往只是强化了司法在特定层面对某些问题的调整力度，"但在整体上限制了司法权能够获得更为丰富的对社会生活进行调整的正当性资源"[2]。实际上，造成这种问题的主要原因之一还是没有能够恰当地认识司法的不同价值追求之间的关系问题。例如，对司法的公正、效率、权威乃至其他的一些价值放在一种并列式的层面进行追求，并以此来推动现实的司法体制建设和改革，难免就会出现价值目标上的冲突，在具体的司法运作中也会顾此失彼，最终还是使得司法的现实与理想南辕北辙。

我们认为，公正是司法的生命和本质追求，司法公正应该是司法体制改革和建设的终极价值追求；不仅如此，司法公正应该成为中国司法和司法制度价值目标的一种整体概括的表述。把公正作为司法的终极价值和整体目标，而司法对效率、权威等价值的追求则是司法公正的内置命题，是司法公正在不同层面的要求，是司法公正在不同主题和时空背景下的具体体现。基于此种思路，我们可以就司法公正与司法效率、权威等价值的关系作以下具体阐释。

第一，司法效率是司法公正的时量维度，用效率阐释公正，追求有效率的司法公正。

---

① 孙万胜：《司法权的法理之维》，法律出版社 2002 年版，第 146 页。
② 孙万胜：《司法权的法理之维》，第 146 页。

司法公正作为司法活动对"给予每个人以其应得的东西"价值的追求，既包括实体或结果意义上的应得，也包括程序或方式方法上的应得。尽管在理论和现实中，实体公正和程序公正之间会呈现出复杂的关系，但是有一点可以肯定，即在现代法治中，不讲程序公正的实体公正不仅不具有公正之名，而且也不具有公正之实。而说到程序正义，就必然要考虑到司法活动的效率问题。人们常说，"迟到的正义是非正义"，其中包含的道理就是司法公正有一个时间的维度，不必要的拖延迟误，会丧失程序的有效性，进而损害或丧失实体公正。

当然，仅仅从时间的快慢来看待效率的高低，来衡量公正的得失还远远不够。我们常说"欲速则不达"讲的就是另一番道理，即在司法活动中一味地盲目求快同样达不到公正司法的目的。这里的"不达"可能是数量上的，也可能是质量上的，还可能两者兼而有之。因此，可以这样说，如果按照人们通常的理解，仅仅从时间和数量的角度来看待效率，那么司法公正与司法效率的关系可能是一种正相关的关系，也可能是一种负相关的关系。我们不得不在追求司法公正尤其是实体公正和追求司法效率之间，找到某种平衡。

在我国，把司法公正和司法效率并举，一同作为"审判工作的灵魂和生命"，已被确立为"人民法院在二十一世纪的主题"，这就意味着司法不只是要追求公正，而且要追求有效率的公正。在这样的一种背景下，把司法效率作为实现司法公正的时量维度，用效率阐释公正，我们就必然可以得出一个结论，即司法公正必然是一种内含司法效率的价值诉求。以此，我们可以认为，没有司法效率，就没有司法公正；有了司法公正，必然要有司法效率。

第二，司法权威是司法公正的必然体现，以公正支撑权威，追求有权威的司法公正。

权威是根植于人类行为中的一种普遍的社会现象，司法权威是权威的一种重要表现形式。司法以追求公正为自己的本质和生命，这也意味着具有公正的司法必然也体现着其应有的权威性。在法治条件下，法律具有至高无上的权威，而作为以法律为根据的司法也应该具有与法律同样的权威，这种权威正是司法裁判对案件争议双方具有拘束力的根源之一。

从动态的意义上看，司法公正与司法权威具有相辅相成的关系，司法权威有赖于司法公正的实现，而司法公正也需要司法权威的支撑。我们认为，把公正作为司法的整体目标和终极价值追求，司法权威就成为司法公正的必然体现，司法权威的获得则仰仗司法公正的实现。在司法实践中，衡量司法权威状况的一种标准就是司法裁判是否被认为是公正的，从而为人们所广泛信服。依据这种标准，司法权威不是依靠国家权力的强制来保障的，而是出于人们对司法裁判公正的信仰。具体言之，在司法公正的场合，当事人出于对法官品格的信赖和法院地位的尊崇，一般都会信服司法裁判并自愿履行司法裁判，很少需要直接动用国家强制力来执行司法判决，司法因其公正性而具有较高的权威性。另外，公正的司法也因其审判程序的正义性而容易形成权威。在程序正义的规则得到普遍遵循的司法裁判中，由于法官的立场是公正的，法官在双方当事人之间保持中立，并严格按照法定的步骤和规程进行裁判，司法裁决的结果就具有使人信服的力量，即使人们对司法裁判的结论并不满意，也往往会自觉履行裁判而不是去挑战司法的尊严。可以说，达到权威状态的司法是司法公正的一种必然体现。

以公正支撑权威，把司法权威看作是司法公正的必然体现，在另一方面也需要强调有权威的司法公正。这主要是通过维护司法的独立性和终局性来实现。司法的独立性是司法具有权威的基础性要素，对此美国法学家塞尔兹尼克曾指出，"法治诞生于法律机构取得足够独立的权威以对政府权力的行使进行规范约束的时候"[1]。司法权威首先就意味着司法获得了独立的地位，不具备独立地位的司法是不能称其为权威司法的。[2] 司法只有在获得独立后才能够自主地解决纠纷，也只有在司法形成这种权威性的局面时，司法公正才具备了可靠的逻辑前提。司法的终局性则是司法权威的又一要素，是指法院对认为应由其管辖的所具有司法性质的争议享有最终的裁判权。司法的终局性是由司法权的性质和司法的职能所决定的。司法权是国家权力运行的最后一道流程，司法最基本的职能是裁判纠纷，司法裁判若不具有终局性，争议双方将陷入无休止的争端，争议也不会得到最终解决，因为此时的社会并不存在一个使纠纷可以获得权威性定论的机制。维护司法的终局性，使纠纷在法院对案件作出生效裁判后就终结性地解决了，除法定情形外任何因素都

---

[1] ［美］P. 诺内特、P. 塞尔兹尼克：《转变中的法律与社会：迈向回应型法》，张志铭译，中国政法大学出版社 2004 年版，第 59 页。

[2] 贺日开：《司法权威与司法体制改革》，第 32 页。

不得再推翻司法裁判，这样的司法才是具有权威性的司法，由此所保障的公正才是真正可实现的公正。所以，司法所追求的公正也应该是一种有权威的公正。

从以上论述可以看出，恰当地认识司法公正与司法效率、权威等其他价值之间的关系问题，需要我们展现出一种更宽阔的视野在理论上对它们进行符合司法原理的重构，以在策略上坚持目标合理性与过程合理性的统一。同时，对司法公正与司法效率和司法权威的关系作出一个适当的定位，为我们理性地坚持司法公正的原理，解决和整合司法运行中的价值冲突，有效地推进司法体制改革和建设奠定了重要的理论基础。

就当下中国的情况来说，广泛而深刻的社会转型以及司法现实中所遭遇的病症使得当下中国司法对公正的价值诉求在国人不断强烈的呼声中得到前所未有的凸显。如前所述，作为对此种问题的回应，不断推进的司法体制改革也早已把实现公正确立为司法工作的主题。应当肯定，已进行的改革在促进和实现司法公正方面起到了一定的作用，然而也应该承认，目前的司法改革在绩效上仍然存在折扣，它并没有从根本上消除中国的司法病症，司法公正也远没有在根本意义上得到实现。对于其中的原因，无论是司法理论界还是实务界都有过不少专门论述，这些认识多少也都指出了问题的原因所在，但是，我们认为，更重要的原因在于已进行的司法改革并没能够在一种融贯的意义上彻底有效地坚持贯彻司法公正的原理。

司法公正的原理是体现通过司法实现正义所应该坚持的一种根本准则，是在司法活动中实现"给予每个人所应得"的正义所必然应该遵循的基本规律。如果对司法公正的原理不能清晰地把握，改革的思想就不会融会贯通，现实中所采取的各项措施之间就会缺乏统摄。所以，司法公正的原理和规律不能彻底坚持，难免就出现了改革混乱、没有协调，从而影响司法公正的根本实现和公正司法制度的合理构建。举例来说，我们往往一方面为了坚持司法原理着力改变法院的行政化问题，另一方面却又推崇有利于法院院长集权的院长负责制；一方面主张法官依法独立审判案件，法院独立行使审判权，另一方面却又积极推进违背司法原理的"错案追究制"、一审法院向上级法院的案件请示制，等等。这些改革措施在近些年中国的司法体制改革中频频上演，以追求司法公正为目标却又因其对司法公正原理的违背而陷于非议。

因此，只有在一种融贯的意义上彻底贯彻司法公正的原理，在司法体制改革与建构的每项具体措施上都坚持彻底的司法公正准则，一种公正的司法体制才能够最终得以确立，司法公正的价值追求才能从制度上得到保障。据此，在我们看来，就司法公正我们应该保持一种理性期待，应该以司法公正的原理来推进司法体制改革，以融贯地坚持司法公正的原理实现公正、高效、权威的司法制度建设。

总之，司法体制改革和司法制度建构并非是一种标新立异的举动，也并非是一部分智识精英的要求。司法体制改革的根源在于人们对司法的一种期待，期待司法在纠纷解决和社会控制中扮演其应有的角色。唯有将司法公正作为司法体制改革的价值目标，并通过必要的制度设计和建构，有效地化解司法改革过程中价值的冲突与矛盾，中国的司法在价值追求和制度选择上才能逐步地达成共识，真正建立面向 21 世纪公正、高效、权威的社会主义司法制度。

第二章

司法效率与司法制度的建设

第一节　司法效率的内涵及价值定位

总的说来，司法效率就是司法资源的投入与产出的比例问题，即司法资源的利用程度。这个利用程度，从微观上说是司法资源被投入后对于个案的价值大小；从宏观上说就是司法的投入对于一国之法的运行乃至政治、经济、文化、社会进步带来的价值大小。研究它的意义在于解决司法资源如何配置的问题，效率之所以成为衡量一国司法制度乃至法律制度优劣的重要标准，主要是由市场经济和法治社会的性质决定的。下面，我们从经济学、社会学、法学三个视角解读司法效率的内涵。

一、司法效率的内涵

（一）经济学视野中的司法效率

经济学上所谓的效率就是指以最小的成本投入来获取最大程度的"收益"。在经济学视野中，司法资源也是社会资源的一部分，社会资源在司法领域的投入也应当获得最大化的经济乃至社会效益。经济学是研究如何配置社会资源以最大化的增加社会财富的学科，"效率"是其理论的核心。按照法经济学理论，所有法律活动，包括立法、执法、司法乃至整个法的运行过程，事实上都是在发挥着分配社会资源的职能。因而所有法律活动都要以资源的有效配置和合理利用，即效率最大化为目的，所有的法律活动基于此论断都可以用经济学的方法来分析和指导。① 如今，大多数人认为法学研究的根本问题是公平与正义的问题，而经济学研究的则是效益问题，即如何配置社会资源以最大化的增加社会财富，经济学注重数据分析，而法学注重定性分析。很少有人运用经济学理论去分析法学问题，也很少有人运用法学理论分析经济学问题。其实，学科之间尤其是社会学科之间的界限都是相对的，在某些研究领域必然会有交叉，并没有一个明确的学科定性。20世纪以来，尤其是第二次世界大战结束后的战后经济发展"黄金时期"，法律尤其是司法在经济生活中的作用已经不容忽视，经济对于法律尤其是司法的影响和决定作用也日益明显。人们普遍认识到法律与经济有着密不可分的关联，法学和经济学研究也日益相互交错，互相影响，良好的经济基础有助于法律制度的完善和司法资源的充足，而高效的司法效率又促进和保障着社会经济的健康稳步发展。②

由此可见，经济和法律相互攀升是一个循环过程，多次的市场与法律的协调是多次效率与正义的综合。亚当·斯密曾经开创了"看不见的手"理论以说明"市场"这一看不见的事物对经济发展和运行的决定作用，后来在完全靠市场来调节经济运行暴露出越来越多的缺陷和不足的情况下，马克思又提出了社会主义国家计划经济的必要性，即政府以立法的手段决定经济活动，可以称为"看得见的手"。总之，无论是"看得见的手"，还是"看不见的手"都是配置资源的方式，完全用"看不见的手"或者"看得见的手"都无法完全满足人类复杂经济活动的需要，在现代社会中，往往需要两只手的共同作用，综合调整，才能做到经济生活的井然有序，相对于立法来说，司法与一国的经济活动联系更为紧密，司法效率直接影响一国的经济效率。如今，法律对经济运行的意义已经极为深刻，而司法又是法律运行的一个重要环节，司法的效率直接决定了法律的整体运行效率，人们日常的经济活动离不开具体司法活动的保障和善后。因而，在全面追求效率的经济学的眼中，司法效率直接影响了一国经济的运行。而且，司法资源作为社会资源的一个重要部分，如何在投入最少的司法资源得到最高的社会效益，是司法效率的核心之所在。

---

① 参见《法经济学》，见百度百科 http：//baike. baidu. com/view/1139419. htm？fr＝ala0＿1。
② 参见王海英：《司法效率理念的法经济学思考》，《中共福建省委党校学报》2003年第8期。

（二）社会学视野中的司法效率

研究社会学视野下的司法效率，毫无疑问要追溯到法律社会学的有关理论。法律社会学是将法律置于其社会背景之中，研究法律现象与其他社会现象的相互关系的一门社会学和法学之间的边缘学科。[①] 法律社会学的研究有助于我们站在社会整体的角度上，研究法律的社会价值和意义，从而更好地利用法律来解决实际问题。有一种观点就是"法律作用于社会生活所产生的实际结果同颁布该法律时所要达到的社会目的之间的比"[②]。从这一定义看来，司法效率便是指司法作用于社会生活的实际结果同颁布该法律以及建设司法制度时所要达到的社会目的之间的比。

按照法社会学理论，法律并不是一个孤立的事物。法律社会学正是研究社会整体及各元素对于法律制度的影响，以及法律制度对于社会整体和各元素的反作用，即从社会宏观的角度研究法律。例如，在同样的政治、经济、文化背景下，熟人社会和生人社会中的法律制度是迥然不同的，这便需要法律跳出自有的圈子，站在社会整体的角度上，综合社会各方面因素去研究法律。法律形式主义虽然是法制的基础，但是仅仅靠法律形式主义不能够贴切地解决纷繁复杂的社会问题。法律社会学还把把法律的具体实施看作是一种社会博弈。一项具体的法律规定出台以后，必然导致了相关社会资源的再分配，这势必会造成部分人得到利益、部分人损失利益的局面，因而会引起明显的社会博弈，之所以会这样，是因为政府不可能做到让社会成员无条件地服从法律。每个人对法律都会有一定的反应。这便是从微观的角度对法律进行研究。法律社会学反对法律形式主义，司法是与社会联系最紧密的法运行环节，在社会学眼中，一个社会好比一个系统，这个系统需要日常的运行、维护机制，司法便是这种维护社会运行机制中的一个重要要素，司法在社会运行过程中起着极其重要的作用，最突出的便是通过对违背原始正义之社会现象和行为进行纠正从而获得矫正正义，进而使得社会能够保持一个正常的运行秩序，由此来看，司法效率直接影响着整个社会的运转效率。

---

① 参见《法律社会学》，见百度百科 http：//baike.baidu.com/view/187020.htm。
② 季卫东：《法律社会学》，山西人民出版社 1988 年版，第 293 页。

（三）法学视野中的司法效率

1. 个案效率与系统效率

按照宏观与微观角度的不同，司法效率可分为个案效率和系统效率。个案效率是指某一具体案件的效率，在某一个个案中，会有时间、法官、检察官、律师、各种财力、物力的投入，诉讼参与人也会付出一定的诉讼费用、律师费用、交通费用等，无论是对于政府还是公民，这些在某一个案中的投入都被期望产生更高的收益，政府希望经过个案的审理能够保障当事人的权利、维护社会关系的正常与稳定。系统效率是指整个司法系统的运作效率，从某种意义上说是由一个又一个的个案效率累积而成的，但也不完全是个案效率的累积和平均，系统效率更大程度上是就整个司法系统的效率而言的，司法作为一国政府运行机制中的重要有机组成部分，已经作为一个独立系统调整社会关系，这个系统包括从中央到地方各级法院、检察院等司法机关，还包括法官、检察官等司法工作人员，这些人和物在一个复杂运行模式的调整下，构成一个相对独立的系统，行使着明确而重要的国家职能，调整着社会关系、维护着社会稳定，这一系统的整体运行效率便是我们所说的系统效率。

效率原是经济学研究的核心，将其作为法律的研究对象和价值追求，起源于20世纪60年代经济分析法学的出现。国内外法学界对“法律效率”的定义也存在不同的理解，有一种理解是：法律效率表示法律调整的现实结果与人们期望通过法律而实现的社会目标之间的对比关系。其运算公式是：“法律效率＝法律的社会目标÷法律作用的结果”①。这样看来，司法效率的运算公式便是：司法效率＝司法的社会目标÷司法作用的结果。因而司法效率就是解决司法资源如何配置的问题，即司法效率的研究核心应当为司法资源的节约使用和对司法资源有效利用的程度。较高的司法效率应当是运用较小的司法成本获取最大的司法收益。这包括减少国家的财政投入、减轻司法工作人员的人力投入以及当事人的诉讼成本和负担，同时增加国家和个人的诉讼收益，从而提高司法解决纠纷的效率，从而促进社会政治、经济的发展，维护社会的和谐与稳定。

---

① 胡卫星：《论法律的效率》，《中国法学》1992年第3期。

2. 审判时间效率、司法资源效率与诉讼成本效率

按照司法资源的具体要素，司法效率可分为审判时间效率、司法资源效率与诉讼成本效率。因为在司法活动中，时间、司法资源、当事人的诉讼成本都属于对于司法活动的资源投入。其中，审判时间效率是从整个社会的运行效率角度讲的，直接代表了司法活动的运行速率，即在司法活动中投入一定的时间成本所产生的收益和价值大小，简单说就是单位时间内司法工作量的大小，在有限的时间内多工作、多办案，做到立案快、审案快、判案快、执行快等，最大限度地减少时间的投入，时间效率影响到了司法的核心——公正，马拉松式审判和执行会减损司法的效益，甚至带来负效益，正如我们经常提到的"迟到的正义非正义"。司法资源效率是从国家和政府角度讲的，国家耗费人力、物力、财力于司法活动中，包括法官、检察官及其他相关司法工作人员的专业劳动力付出，法庭、警车等司法机关的办公设施，以及维持以上人力、物力正常运转和发展的财政支持，这些投入所产生的收益和价值的大小。诉讼成本是从诉讼参与人的角度上说的，为了更合理地分配有限的司法资源，公民主动参与司法活动来解决问题是要收取诉讼费用的，除了诉讼费用，诉讼参与人还要付出时间、交通、律师等额外费用，这便是诉讼参与人的诉讼成本，而诉讼成本效率便是指诉讼参与人投入一定的诸如以上的诉讼成本后，能够得到的收益和效益的大小。

审判时间效率、司法资源效率与诉讼成本效率，更加生动具体地反映了司法效率的内涵。对于整个社会来说，时间毫无疑问是一切事物的重要成本，一个社会需要在各项活动中节约时间以提高运转效率，司法活动作为社会运转过程中的重要环节，审判时间效率对于一个社会的运转效率来说意义重大。而一个政府对有限政府资源在司法活动中进行分配时，会期望这些投入能够带来可观的社会效益。对于作为诉讼参与人的公民来说，其投入诉讼费用以及律师费用等诉讼成本，必然希望自己的投入能够给自己带来很大的收益。因而，社会、国家、政府、公民在诉讼活动中的人力、物力、财力等投入需要得到预期的收益才算是"划得来"，司法活动的进行才有价值、有意义。

3. 法院效率、法官效率与当事人的效率

按照司法参与主体的划分，司法效率可以细分为法院的效率、法官的效

率以及当事人的效率。正所谓制度不是万能的，司法活动除了需要司法制度加以硬性规范，还需要相关主体的实际操作才会运转。司法活动的最重要参加主体毫无疑问是国家的审判机关——法院，司法效率最大程度上受到法院工作效率的影响。而法院的工作又是多种多样的，在这些工作当中最核心的可谓案件审判效率，因为审判案件是法院系统乃至司法系统最重要、最核心的工作，案件审判最终完成了司法作为最后一道正义防线的使命，最终使得不公正现象得到纠正、矫正正义得到实现。而在法院的组成和运行过程中，作用最重要的便是法官。因为法官是负责核心审判工作的法院工作人员，法官的工作效率直接影响了法院的审判效率，进而很大程度上影响了司法效率。法官分为民事案件法官、刑事案件法官以及行政案件法官，法官的效率受到法官法律知识水平以及办案经验的限制，还受到法官思想觉悟以及工作态度的影响。总之，法官效率是影响司法效率的至关重要的因素。

除了法院效率、法官效率，司法效率还有一个重要的组成部分，那就是当事人的效率。虽说法官是司法活动的核心角色，然而，司法活动要解决的问题是当事人之间的纠纷，启动司法程序的一般也是当事人（即使是在刑事案件中，也是因为当事人的行为而导致国家的主动追诉的），司法活动是真正关乎当事人利益的活动，法官仅仅是站在中立的立场上审判案件，当事人却设身处地的处于案件当中，司法活动真正的主角应当是当事人。当事人的效率，也是司法效率的重要因素。首先，民事和行政案件需要当事人启动才得以运行，刑事案件中虽然不需要当事人启动司法程序，但却需要当事人配合立案工作的开展，因此，当事人是否启动司法程序，以及启动司法程序的时间早晚，在刑事案件中是否配合侦查机关侦查案件以启动司法程序，都影响了日后司法程序的运行效率；其次，在司法活动进行过程中，当事人的效率也很大程度上决定了整个司法活动的进行效率，比如，当事人提供证据的充足程度、是否聘请律师、是否接受调解、互相让步的程度、法庭辩论的水平、是否上诉等，都是司法效率的重要组成部分。

二、司法效率在司法中的价值定位

（一）司法公正与司法效率的统一性

公平和正义，简称公正，自古以来是人类社会永恒的追求目标，也是法的基本价值之所在。从法和法律产生之时起，人们就赋予了法能够给人类社会带来公平、正义的使命。早期的罗马法学家凯尔斯就把法律定义为"公正的艺术"。这一命题深刻表明：公正是法律的本质追求，而司法是法的适用过程，是直接调整社会关系、匡扶正义的法运行环节，因而司法与公正更是形影不离、不可分割，失去公正，司法的意义便无从存在。人们一提到法律与司法很自然地就联想到公正。世界各国的法院象征往往包含了天平标志，这说明公正绝对是司法的本质内涵。公正作为一种观念形态，受到了政治、经济、文化、社会环境和条件等多方面的影响，其内涵在不同的历史时期、不同的意识形态之下是不尽相同的，人们对公正的认识大不相同。① 尽管如此，这并没有影响人们对于社会与法律公正的向往与追求。司法公正包括实体公正和程序公正。司法公正是司法的目标价值，司法效率是司法的工具价值，二者的关系是对立统一的。

关于司法公正和司法效率的同一性，有一句英国古谚将其阐述得淋漓尽致，这句话就是："迟到的正义非正义。"这句话的意思是，诉讼活动所追求的价值既包括司法公正，也包括司法效率，二者一个是目标价值，一个是工具价值，缺一不可。"正义意味着一种制度，意味着一种关系的调整和行为的安排，它能满足人类对享有某些东西和做某些事情的各种要求的手段，能在最少阻碍与浪费的条件下尽可能地给予满足"。"公正在法律中的第二意义是指效率"②。司法效率作为司法活动所追求的一种工具价值目标，在一定程度上它本身就包含着司法公正之精神，从某种意义上说，司法效率是旨在以最经济的方式、最低的成本来实现司法的目标价值——公正，没有效率的公正和没有公正的效率都是不符合司法的本质内涵。司法公正只有在严格遵循法定程序，及时高效地实现诉讼效果的条件下才算真正实现，如果司法公正的实现是以牺牲大量的时间、高昂的诉讼成本和司法资源为代价的，那么这样的诉讼活动就不是真正意义上的公正，甚至还可能产生副作用，这就是"迟到的正义非正义"。

而司法效率的价值也只有在保证司法公正的最终结果才算真正实现，试想如果案件的最终结果背离了公正，那么就算案件的审理时间再短、司法资

---

① 参见张柏峰：《司法公正与效率价值的时代精神》，《法律适用》2002 年第 1 期。

② ［美］波斯纳：《法律之经济分析》，商务印书馆 1987 年版，第 18 页。

源投入再少、诉讼参与人投入的诉讼成本再低，此案件的"高效率"是没有任何意义的。因此，司法公正包含了司法效率，司法效率也体现了司法公正。如今，在我国司法实践中，部分司法机关和司法工作人员为了片面追求"破案率"、"结案率"，出现了大量的刑讯逼供、司法腐败现象，这严重侵犯当事人合法权益不说，还导致大量的冤假错案的出现。这就是片面追求司法效率、忽视司法公正的结果。因此，没有司法效率的公正是不适时的公正，而没有司法公正的效率则是无意义的效率。不讲效率的司法不是公正的司法，因为现代经济活动的时效性很强，司法效率的低下、诉讼的拖延，也许会致使该交付的机器已经变得陈旧，用来购买生产资料的资金得不到及时补充，在冗长的诉讼过程中，一切或许已经变得没有价值甚至起到负作用。不公正的司法也使得高效变得黯然失色，试想一个案件以很快的速度结案，但当事人应当享有的法定的诉讼权利却无法得到保障，当事人没有法庭上的辩论对抗，没有严密的质证过程，这样的"高效司法"，从表面看是缩短了诉讼周期，简化了诉讼程序，节约了司法资源，提高了司法效率，而实际上却丢失了效率的根本——公正。

总之，司法公正和司法效率是相辅相成、相互支持、相互促进的。公正是司法的目标价值，效率是司法的工具价值。在保证司法公正的前提下，司法效率是司法的内在追求，在二者关系中，司法公正处于主导地位，而司法效率则是国家对诉讼活动的外在要求，是为了更快、更好地实现司法公正。

（二）司法公正与司法效率的对立性

司法效率与司法公正又是有一定的对立性的。在司法活动中，高标准的司法公正需要以严格、复杂的诉讼程序为基础和保障，而严格、复杂的诉讼程序设计也必然导致了司法进程的烦琐、冗长，因此，在司法实践中，司法效率与司法公正必然存在冲突和矛盾。首先，严格、周密的司法程序客观上造成了诉讼时间的漫长和司法资源投入的庞大，从而使司法效率的提高非常困难；其次，过于简单的司法程序又难以保障司法公正的实现，显然会使人对司法的公正性产生疑问，认为过于简单的程序无法实现司法公正。在司法实践中，对当事人的诉讼权利的保护与司法效率的提高难以形成一个兼顾二者的平衡，这在本质上仍然是司法公正与司法效率对立性的问题。对当事人诉讼权利的保护显然对司法公正性提出高标准要求，对司法公正性的要求又必然导致程序更加周密、复杂，程序的复杂性又加剧了司法耗时的延长和司法资源耗费的增加，从而导致司法效率的降低。同样，如果片面追求司法效率，就不会严格按照司法程序进行司法活动，这样得出的司法判决是无法保证其公正性的，因为通过违法诉讼程序所作出的判决是不能被认为是公正的。

公平与效率的对立性是由司法活动本身的性质所决定的。司法公正是司法活动的柔性原则，是司法的目标价值，具有一定的相对性，不能被量化。而司法效率则属于司法制度的刚性原则，效率属于司法的工具价值，具有明确的可比性，可以被量化。在司法实践中，司法效率是可以具体靠"破案率"、"结案率"等数据考量的，因而在司法实务中是比较容易操作的。但司法公正很难有一个确定的标准予以衡量，在制度层面上也是不容易被考量的。因而，具体到司法实践中，两者相互影响的同时也是不可兼得的。

在诉讼活动中，公正和效率确实存在一定的冲突和矛盾。对司法公正的过分保障往往会直接导致了司法效率的降低。一位西方学者曾经说："如果我们检查一下我们的司法程序的话，我们无疑将看到这些程序太多，以致一个公民要经过许多麻烦才能重新获得他已失去的财产或是获得损害的赔偿。但是如果我们从这些司法程序同公民的自由和安全的关系去考虑的话，我们便将感到这些司法程序是太少了，并且将看到我们司法上的麻烦、费用，甚至危险性，都是每一个公民为着他的自由所付出的代价"[①]。在诉讼活动中，为了保护当事人的诉讼权利，就必须依赖于提高程序的烦琐性和复杂性，相应地，法院和当事人也要为此投入更多的诉讼成本，审理时间也会延长，从而对司法效率的提高产生制约。而对司法效率的片面追求，往往也会导致司法公正无法在诉讼活动中得以真正实现，从而导致冤假错案的出现。过于简单的程序使当事人的意见和主张不能得到充分地申诉，也容易导致法官的恣意裁判，冤假错案的发生便难以避免。

尽管公正与司法效率存在对立与矛盾，但两者的关系并非是绝对冲突的，两者均为司法所追求的价值，无非一个是目标价值，一个是工具价值罢了。司法公正和司法效率都应该是司法活动永久追求的目标。

---

① ［法］孟德斯鸠：《论法的精神》（上），张雁深译，第89页。

（三）司法效率与司法权威的关系

从字面意思来看，权威一词包含有权力、威严的含义。司法是法运行的一个环节，即法的适用，具体指国家的司法机关如人民法院和人民检察院代表国家依照法定职权和程序进行法律适用的活动。司法的权威来源于国家权力，由于法律的制定和法律的适用都是全民意志和国家权力的体现，因此，司法机关在实现其解决纠纷的过程中必然会把国家的意志施加于诉讼参与人，而且，诉讼参与人及其他社会公众服从于司法机关所代表的国家意志，即司法权威是司法机关代表国家机关行使权力与人民大众对其服从的统一，这是司法的强制力和人们的服从的有机统一。司法权威的基础是司法机关拥有合法的职权，司法机关只有依法享有并且依法行使司法权力，所作出的司法判决才具有权威性。[①] 因此，司法权威的作用范围是局限的，如果司法机关行使职权超出了法律的授权，那么司法权威将难以实现。司法权威分为积极的司法权威和消极的司法权威。积极的司法权威，指诉讼参与人及其他社会公众基于信任并认可法律和司法，积极地服从司法机关所代表的国家意志；消极的司法权威，指基于司法强制力的存在，诉讼参与人及其他社会公众基于对不服从就有可能产生对自己不利的法律后果的惧怕，从而被迫、消极地服从法律和司法所代表的公共意志。一旦外在强制力失灵，民众的服从和司法的权威也会随之消失。在司法领域中，积极的司法权威和消极的司法权威是互相弥补、相辅相成的。就像耶林曾经说："法不仅是思想，而是活的力量。因此，正义女神一手持有衡量权利的天平，另一手握有为主张权利而准备的宝剑。无天平的宝剑是赤裸裸的暴力。无宝剑的天平则意味着法的软弱可欺。天平与宝剑相互依存，正义女神挥舞宝剑的力量与操作天平的技巧得以均衡之处，恰恰是健全的法律状态之所在"[②]。

司法效率是体现司法权威的重要环节。司法权在运作过程中的高超效率能够展现司法权威。司法程序，指的是司法活动的运行过程。司法权的运行主要是通过司法程序来完成的，这正是司法权威的展现过程，因为司法程序是刚性的，在民事、刑事、行政诉讼法的严格规范下，更有利于司法权威的实现。司法程序效率正是通过工具价值的实现，匡扶正义，从而加强诉讼参

---

① 参见曾宪义：《司法公正与司法效率的保障机制研究》，《国家法官学院学报》2002年第1期。

② ［德］鲁道夫·冯·耶林：《为权利而斗争》，见《民商法论丛》（第2卷），法律出版社1995年版。

与人及其他社会公众对于司法的信任和服从，即加强司法活动的积极权威。司法效率的刚性可以阻碍外界因素的不良影响，保证司法的公正和权威。另外，高超的司法效率在司法的积极权威失灵时，又会对相关诉讼参与人及其他社会公众施以强制力，通过强制力，即司法的消极权威，维护司法的公正及权威。

司法效率的提高有助于增强司法的权威，反之，司法权威的增强更有利于司法效率的提高。试想，当司法的积极权威和消极权威都大打折扣时，由于此时诉讼参与人及其他社会公众对司法既没有积极主动的信任，又没有消极被动的恐惧而服从，此时诉讼参与人及其他社会公众参与司法的积极性和效率便也会大打折扣，如不及时起诉、取证力度低下、执行法院判决的积极性低下等，这些都严重制约了司法程序的顺利进行，从而使得整体的司法效率也会大受影响。

三、和谐社会与司法效率

（一）构建和谐社会的历史必然性

构建社会主义和谐社会是中国共产党第十六届四中全会提出的，是中国共产党对马克思主义理论的丰富和发展。我们党提出构建社会主义和谐社会理论，经历了一个长期的理论及实践历程，它致力于解决中国特色社会主义建设过程中一些现实突出的国内外矛盾。构建社会主义和谐社会，对建设中国特色社会主义具有重要意义。其进一步高度丰富和扩展了中国特色社会主义建设的内涵，是我们党对执政规律的科学把握，是对社会主义发展规律认识的不断深化，是我国社会发展与进步的必然选择。选择构建和谐社会作为中国社会主义建设的目标，有着深刻的理论和实践必然性。

首先，构建社会主义和谐社会是社会发展趋向人性化的表现。提出社会主义和谐社会，标志着我党对中国特色社会主义社会建设的目标、内涵、价值、意义之认识更加深刻，是对中国共产党执政理念的升华，体现了执政党在社会发展目标上更加人性化。

其次，构建社会主义和谐社会是解决当前社会各种突出矛盾所必需的。构建社会主义和谐社会的主要目的之一，就是要充分实现社会主义公平正义，保持社会的繁荣稳定。自我国改革开放以来，特别是开始建设中国特色社会主义市场经济体制以来，随着改革的逐步推进，促进国民经济平稳快速发展的同时，由于改革和发展的不成熟，一定程度的贫富差距逐步拉大，这使得社会矛盾以及人民内部利益矛盾错综复杂甚至激化，各种不和谐的社会问题大量出现。这要求作为执政党的中国共产党必须及时且快速地应对这些问题。构建社会主义和谐社会，正是我们党在新阶段根据我国社会发展的新要求和我国社会出现的新形势、新问题而提出的战略目标。只有不断化解社会矛盾，减少社会冲突，使得社会越来越和谐，才能顺利发展中国特色社会主义建设事业。

（二）司法效率与和谐社会

中国共产党第十六届四中全会提出了《关于构建社会主义和谐社会若干重大问题的决定》，胡锦涛总书记科学地概括了社会主义和谐社会的基本特征："民主法治、公平正义、诚信友爱、充满活力、安定有序、人与自然和谐相处的社会。"由此看出，民主法治是社会主义和谐社会的首要因素，司法是实现民主法治的必经环节，社会主义和谐社会的第二要素——"公平正义"的实现更离不开法治尤其是司法活动的进行。和谐社会首先应当是一个法治社会，实行法治是实现社会和谐的基础，司法活动是促进和保障社会和谐所必需的。提高司法效率是我国社会主义社会建设必然之选择。因为司法效率是法治的基础，是构建和谐社会的关键因素。司法效率是司法活动的运作效率，它是司法得以有效运作、及时且低成本实现公平正义的有效保障，对于树立司法权威也起着重要作用。而公平正义和司法权威又都是和谐社会所必需的要素。司法机构的职责就是代表国家适用国家法律，解决纠纷，实现司法公平、正义。只有建设高效率司法，才能有效保障和谐社会的构建和稳定运行。①

和谐社会并不是没有矛盾和纠纷的社会，和谐并不代表着没有任何冲突和矛盾，而是指在和谐社会中，一旦出现矛盾、冲突、纠纷，社会机器能够及时、快速、妥善地去应对并解决，使得公平、正义得以恢复和校正。毫无疑问，这一任务的完成最大程度要依靠一国之司法活动，因为司法活动的天职就是适用法律、定分止争、匡扶正义。而要做到及时、有效，司法活动就

---

① 参见张会静：《构建和谐社会 提高司法效率》，《武汉冶金管理干部学院学报》2006 年第 1 期。

必须拥有一个高标准的效率。这首先指司法活动要及时快速，因为"迟到的正义非正义"，低效的司法活动不利于和谐社会的实现和运作。其次，司法效率还要求司法资源的低投入高产出，因为和谐社会并不是财富和资源无限的社会，照样需要节省资源，提高社会运作资源使用效率，司法活动也一样，只有达到较高的司法效率，才能融入和谐社会的运转且为其作出贡献，而且这也符合和谐社会高效节能的宗旨。总之，司法是和谐社会最重要的、最合理的解决矛盾的方式，因为其具有相当的中立地位，并且具有较强的强制力，这使得当事人和社会公众能够依赖于司法解决自身困难。而司法效率又是司法活动的工具价值之所在，司法效率的高低直接影响了司法活动能否正常运行，进而影响着一个社会能否和谐、和谐能否长久。

第二节　司法效率的影响因素

一、与审级相关的因素对司法效率的影响

（一）两审终审制度对司法效率的影响

我国法院审判系统是四级两审终审制，就法院体系而言是四级法院制，即全国法院按级别分为最高、高级、中级、基层四级法院；就审判体系而言是两审终审制，即每一起案件可以最多分为一审、二审两次审判，一审又被称为初审，二审又被称为终审，之所以称为终审，是因为案件经二审法院审理所作出的判决是最终裁判。两审终审制，就是一起案件最多经过两级法院审判即告终结审判的制度。也就是说，地方各级初审法院对于按照审判管辖权的规定对由它管辖的第一审案件作出裁判以后，若当事人一方或双方不服，可以在法定期限内向同级或上级法院提起上诉；若同级的检察院不服，也可以在法定期限内向上一级法院提出抗诉。上一级法院应当受理针对下级法院初审裁判不服的上诉和抗诉，并且经过对二审案件的审理，除因为一审案件事实不清、证据不足或者违反法定审判程序将案件发回重审外，应当在案件事实清楚、证据确凿的情况下改变或维持第一审法院的判决或裁定。上级法院的二审判决、裁定，就是终审的判决、裁定，当事人除特殊的法定情形外不得再上诉，任何单位和个人尤其是法院，不得再对案件进行重新审理。两审终审制度对司法效率的影响包括以下两方面：

首先，之所以规定案件要经过两审才是最终裁判，即当事人和作为审判监督机关的人民检察院在认为一审判决或程序有误的情形下，可以将案件上诉或抗诉至有管辖权的上级法院，从根本上是为了弥补一审案件的判决和程序可能有的错误，即保障当事人的合法权益不受侵害，即使受到侵害也会通过上诉和二审的途径进行弥补。然而，二审作为一项独立的司法程序，和一审一样，需要耗费时间，耗费法官和其他司法工作人员、法庭等司法资源，耗费当事人的诉讼成本，这些都大大降低了司法的时间效率、司法资源使用效率以及当事人的诉讼成本效率。而且从某种程度上说，由于二审案件要么争议性比较大，要么一审的审判存在实体或程序上的问题，甚至是一些疑难、复杂案件，因此二审案件相对一审案件来说，可能投入的时间成本、司法资源成本、诉讼成本将会更多，然而自始至终这些资源解决的却是同一起案件，因此，二审终审案件的司法效率，相比一审终审案件的司法效率大大降低的。我国诉讼法为了解决二审终审对于司法效率产生的负面影响，针对一些非诉讼案件并不适用二审终审，而是适用一审终审，比如按照特别程序、督促程序、公示催告程序审理的案件。

其次，之所以规定案件要经过两审才是最终裁判，即当事人和作为审判监督机关的人民检察院在认为一审判决或程序有误的情形下，可以将案件上诉或抗诉至有管辖权的上级法院，从根本上是为了弥补一审案件的判决和程序可能有的错误，即保障当事人的合法权益不受侵害，即使受到侵害也会通过上诉和二审的途径进行弥补。这又回归到了司法公正和司法效率对立统一的问题，司法公正是司法活动追求的目标价值，司法效率是司法活动追求的工具价值，二者缺一不可。由于二审程序的存在，使得在一审案件中存在各种实体或者程序问题的案件能够被配置以更高级的司法资源，使得一审的错误得到纠正，非公正得到矫正，案件最终得到公正解决，从而更有利于司法公正和司法权威的实现。通过上文对于司法效率、司法公正、司法权威关系的分析，我们得出结论：虽说两审终审制度对于司法效率产生一定程度的负面影响，但从更深的层次上说，由于两审终审制更加保障了司法公正，这使得司法活动的社会价值大大提高，即司法活动的社会收益是提高的，从这一角度讲，那部分多耗费的诉讼时间、诉讼资源、诉讼成本是值得的，司法效率反而是提高的。

（二）再审制度对司法效率的影响

再审制度即所谓的审判监督制度，是为纠正已经发生法律效力的错误判决、裁定，依照审判监督程序，对案件重新进行的审理。法院对已经审理终结的案件，依照再审程序对案件再行审理，其目的是纠正已经发生法律效力但确属错误的判决或裁定。提起再审的主体必须是最高人民法院和上级人民法院；最高人民检察院和上级人民检察院或本院院长。提起再审的客体是已经发生法律效力的第一审或第二审案件的判决或裁定，提起再审的时间是判决或裁定生效以后，没有截止时间限制。[①] 再审是一项重要的诉讼程序制度，也是各国刑事诉讼法和民事诉讼法的重要组成部分。纵观各国的刑事诉讼法和民事诉讼法，对再审制度的规定大致可分为两类：一类是规定审判监督程序，即法定的机关和公职人员，基于法律赋予的审判监督权，对有错误的已经发生法律效力的裁判，提起再行审理。因为审判监督程序是以审判监督权为基础的，因而，一般对提起的期限不作强制性规定，对提起再审的条件和理由等也只作原则性规定。另一类是基于当事人诉权的再审，即当事人不服已经生效的裁判，向再审法院提起再审之诉，再审法院对案件再行审理。各国一般对再审的条件和理由、再审的范围以及提起再审的期限都作了具体的规定。[②]

再审程序亦应体现客观公正与司法效率统筹兼顾的原则。我国的再审制度，一方面，对于申诉、申请再审和启动再审程序的主体、时限、次数、审级、条件等没有实质性的限制，导致无限申诉、无限再审的情况普遍存在，严重动摇了生效裁判的既判力和权威性，影响了司法效率，浪费了有限的司法资源，甚至会危及我国两审终审制的诉讼制度根本。与此相对的是，一些普通老百姓的申诉、申请再审却因种种原因被拒之于再审程序门槛之外，其法定的诉讼权利得不到有效保障，某些确有错误的生效裁判得不到再审救济，实现社会公平与正义的目标难以实现。尤其是现行法律规定的再审程序在许多方面未能体现出效率原则。再审程序的审理对象是已经发生法律效力的判决、裁定、调解书。它既包括第二审人民法院生效的判决、裁定、调解书，也包括第一审人民法院生效的判决、裁定、调

---

① 参见《再审》，见百度百科 http：//baike. baidu. com/view/264520. htm。

② 参见葛卫民：《论司法公正与司法效率》，《政法学刊》2005 年第 2 期。

解书，甚至还包括已经经过再审的判决、裁定、调解书。在这些审理对象中，允许调解书、一审终审的判决、裁定以及已经经过再审的案件再次提起再审都是违背诉讼效率原则的。另一方面，再审制度纠正已经发生法律效力的错误判决、裁定，依照审判监督程序，对案件重新进行的审理。法院对已经审理终结的案件，依照再审程序对案件的再行审理，其目的是纠正已经发生法律效力但确属错误的判决或裁定。由此可见，再审制度是司法活动的最后一道保险。任何事物都不是完美的，司法审判出现错误的概率只能减少，不可能消除，因此，在经过两审终审使司法的大门牢牢关闭后，也必须为司法活动留有一扇窗户，以改正当初司法活动所犯下的当时未发现的错误。使司法活动定分止争、维护公正等社会效益大大增强，尽管耗费了大量诉讼时间、诉讼成本、司法资源，然而这对于提高司法效率起着一定的促进作用。

（三）信访制度对司法效率的影响

国务院《信访条例》第 2 条规定：信访，是指公民、法人或者其他组织采用书信、电子邮件、传真、电话、走访等形式，向各级人民政府、县级以上人民政府工作部门反映情况，提出建议、意见或者投诉请求，依法由有关行政机关处理的活动。信访是除法律以外的又一种解决问题的办法，是一种比较直接的利益表达形式。但是，由于信访的有关信息一般要经过信访办公室工作人员的筛选，然后递交给有关领导、有关机关，所以从这个意义上讲，也是一种间接的利益表达方式。我国新的《信访条例》已经于 2005 年 5 月 1 日起施行，1995 年 10 月 28 日国务院发布的《信访条例》同时废止。

我国信访制度的产生与存在有其特定的历史背景，受封建社会行政与司法合一体制的影响，百姓习惯于通过行政手段化解纠纷，百姓仰仗"清官"为民做主的思想，深植于国民的骨子里。古时的中国社会生产不发达，交通、通信不便，使上下官吏之间信息交流极为不畅。在制度设计上，鼓励民众上访并判断讼案是否存在冤屈，是中央控制地方、上级控制下级的有效方式。信访在听取社会弱势群体呼声、实现社会正义等方面起到很大的救济作用。它敞开大门，向公众提供一种在法律系统之外解决法律问题的途径，但另一方面又为行政性干预司法活动提供了制度化的正当渠道。"因此，现行信访实际上是一种框定于行政权威或者说是领导权威的救济机制，虽然其宗旨和目的是寻求正义，维护人民群众的合法权益，但实质上仍然是历史上的'清官情结'，期盼借助行政权威的力量来实现社会的公平和正义。"① 信访在我国长期处于边缘化地位有着深厚的历史沉淀，它出现非常态的发展困境，似乎与我国法治建设的进程背道而驰，由此产生了信访的取舍之争，这也正说明了信访有着积极和消极的两面性：

首先，信访是司法的眼睛，促进司法效率。面对取消信访的呼声，许多法学界、政界人士表示担忧和迷茫：如果取消了信访，人们还有说话的地方吗？这种担忧不无道理，在我国当前民主水平之下，信访不失为弱势群体的一个说话平台。其一，现在的信访是反映民意、化解民怨的重要途径，也是司法体察民情、接受群众监督、保障公民诉权的重要环节，而出于权力机构内部政治控制的目的已微乎其微了。其二，信访除了保障程序性的民主权利外，也在追求司法公正的目标。从法律传统文化上看，大家都在渴求一个共同的客观真实结果，信访也就成了"纠错"行动。因此，信访带给司法的正面价值是有利于对司法工作的监督，促进司法的民主化，不失为司法的眼睛。

其次，信访冲击司法权威，影响司法效率的实现。百姓对处理结果不满，这种情形无论在行政还是司法都大量存在。应该说，无论是行政决定还是司法裁判，一经生效，都存在拘束力，且司法裁判还有终局性的效力。信访往往通过摒弃正当司法程序，从法律之外给司法施加压力，试图影响裁判或改变已生效的裁判，这样会不会动摇司法的最终权威和公信力？这正是我们需要慎重思考的问题。信访确实解决了不少纠纷，但对大量问题和纠纷却无能为力，功效发挥并不理想，并由此引发更深层次的问题。由于信访被付诸过多的"清官情结"，对于司法产生消极的影响是不可避免的。其一，这种消极影响加深了民主与司法权威之间的矛盾，突破了法治之下民主的界限。其二，信访对司法的消极影响为其他机构、部门干涉司法工作提供了空间和渠道，进而影响到审判独立，弱化司法权威。其三，信访最大危害莫过于法官产生了对法律权威和法律信仰的危机。

---

① 张君峰、庄林冲：《对信访制度改革的若干思考》，《南京林业大学学报》2007 年第 2 期。

二、法院管理体制对司法效率的影响

(一) 法官独立办案与行政化管理的冲突

从司法的本质上看，法官应该是独立的，对此，马克思早就指出，"法官除了法律就没有别的上司"①。法官不独立会极大地浪费司法资源，增加司法成本，这可以从几个方面体现出来：一是如果法官不独立，则案件的裁判权就会由他人控制，这就形成了"审者不判，判者不审"的格局，那么法官的审判活动实际上就不会产生作用，而只是一场浪费资源的表演；二是如果法官不独立，则案件的裁决需要上级层层把关，这无疑会使程序变得复杂，而复杂的程序是以司法资源的投入为基础的；此外，由于"审者不判，判者不审"，导致裁判的公正性大打折扣，司法收益难以得到保证，并且可能出现错误成本。当前我国法官的独立性不强，这也是导致我国审判成本偏高的一个重要因素。从法院内部看，制约法官独立性的因素主要有：一是审判委员会对案件具有决定权，使法官事实上不能独立；二是由于法官之间等级的存在，使得法官很难独立。我国法官采取的是一种行政化的管理模式，每一位法官都被纳入一个等级化的体系中，建立了一个由普通法官到副庭长到庭长到副院长再到院长的权力等级体系，并且根据部级、局级、处级、科级、股级等行政级别享受待遇；与此同时，依据《法官法》的规定，我国的法官分为首席大法官、大法官、高级法官、法官 4 个层次、12 个等级。等级制度的存在，不仅意味着法官之间政治待遇的差别，而且也显示一种等级服从的位阶和责任的分布，甚至有时被解释为可以表示法官素质的高低。在这种等级体系中，处在下一等级体系的法官自然要接受上一等级法官的领导，相应地，上一等级的法官替下一等级法官"把关"案件也就是很正常的事情。

虽然我国法院内部不断推出的审判制度改革适应了中国市场经济的发展需要，但许多根本性问题却一直未能解决，如司法效率、司法公正、法官独立等诸多问题。笔者认为，在现行体制下，法院内部行政管理运作模式是困扰上述问题的根本性原因。法院改革十多年，其行政管理运作模式没有得到

① 《马克思恩格斯全集》，2 版，第 1 卷，人民出版社 1995 年版，第 180—181 页。

根本性的转变，在"适者生存"的环境下，法官的选择就变得具有现实性与可塑性。目前对法官进行行政化管理的方法与法官独立判案理念有着很大的冲突，这是必须要改变的。这种行政管理体制的弊端很多，深深影响了司法效率的提高，法官不能独立地审理案件，会受到不必要的行政干预；法官需要的不是审判权，而是行政管理权；法官易染上社会的不良风气，屈服权力；管法官的法官多，而实际审理案件的法官少；法官成了流水线上的操作工、熟练工；务虚多，务实少，向上看多，向下看少；对法官的管理考核如果还是原来的思路，法院改革将最终失败，司法效率、司法权威将得不到提升。

(二) 合议庭与审委会制度对司法效率的影响

合议庭，英文是 collegial panel 或 collegial tribunal，是由三名以上审判员或者审判员和人民陪审员集体审判案件的组织形式。人民法院对第一审刑事、民事和经济纠纷案件，除一部分简易案件实行独任审判外，其余的案件都由审判员三人组成合议庭进行审判；第一审行政案件一律由合议庭审判；第二审案件、再审案件和死刑复核案件全部由合议庭审判。合议庭是人民法院审判案件的基本审判组织，其成员不是固定不变的，而是临时组成的，由院长或者庭长指定审判员一人担任审判长。院长或庭长参加审判案件的时候则自己担任审判长。合议庭评议案件时，如果意见分歧，应当少数服从多数，但是少数人的意见应当记入评议笔录，由合议庭的组成人员签名。①

审判委员会是我国特有的审判组织形式，它作为审判工作的一个集体领导机构，在讨论、决定重大、疑难案件，总结审判经验和其他有关审判工作方面发挥了一定的积极作用。审判委员会是本院决定案件处理的最高审判组织，是审判业务方面的决策机构，指导和监督全院审判工作。其任务是：总结审判工作经验，讨论重大或疑难案件以及其他有关审判工作问题。审判委员会实行民主集中制。②

无论是合议庭制度，还是审判委员会制度，都是为了能够更加公正地审判案件而设置的，充分发挥大多数人的智慧，因此，二者在增加诉讼时间和诉讼资源投入的同时，也提高了审判质量，增强了司法效率。

---

① 参见《合议庭》，见百度百科 http：//baike. baidu. com/view/22652. htm? fr=ala0＿1。
② 参见《审判委员会》，见百度百科 http：//baike. baidu. com/view/1213368. htm。

（三）人民代表大会、地方政府、上级法院对司法效率的影响

历史经验证明，保证司法公正，一方面离不开司法独立，没有独立就没有公正；但另一方面又离不开监督，没有监督的权力必然导致腐败。人民代表大会监督与司法独立，两者如何在冲突中寻找平衡，是一个意义重大的问题。人民代表大会监督司法难免会对司法独立造成一定影响，两者之间确有一些冲突，对此，需要从两个方面加以认识。一是，我们在充分肯定司法独立对司法公正和法治建设乃至民主政治建设具有极其重要意义的同时，也必须看到司法独立是相对的，不是绝对的，不可能不受任何监督和制约。而司法独立的程度虽然与外部所给予的保障紧密相关，但更需要通过自身努力去争取和捍卫，特别需要通过公正的司法去赢得。把司法独立寄托于外部不监督是脆弱的，靠不住的。只有通过公正司法所赢得的独立，才是最可靠、最有保障的。二是，人民代表大会监督必须以尊重司法独立为前提，不能任意干预司法，必须限制在一定的范围内，采取恰当、合适的形式，努力把这种冲突降低到最低程度，把对司法独立的影响控制在最小范围，在为促进司法公正和效率这个主题下实现两者的平衡。因此，现在的问题是需要比较清楚地界定人民代表大会监督的内容、方式，避免以监督权代替审判权、检察权，损害司法公正和效率，而不是否定人民代表大会监督。

社会经济形势受到严峻挑战，政府强调经济工作的紧迫性，提示注意办案的方式方法，告诫谨防引发群体性事件，这都是当前非常重要的施政措施。这些措施并不表明，政府的货币政策适度宽松之时法律政策也会相应松动。国家法律是维系社会安定的根基，不要拿"我来给地方政府投资"说事，就指望地方政府出面干预司法。相反，历来只有地方政府为了普通劳动者的权益而出面"为民作主"，哪有让"地方领导"出面质疑一个已经具备法律效率的司法结论呢？任何案子依法进入诉讼程序后，司法机关都必须依法办理，在此期间，任何其他机关、社会团体和个人都无权干预司法的独立性。在我国社会主义法制不断健全的今天，如何营造一个有法必依、执法必严、违法必究的法制环境，是值得所有地方政府和有关个人深思的。

三、现行法律对司法效率的影响

（一）民事简易程序等制度的规定

在中国的法院组织体系中，基层法院的数量是最多的，基层法官的数量

也是最多的。而在基层法院审理的各类案件中，民事案件又占绝对的多数。在民事案件中，通过简易程序审理的案件数又占很大比例。根据 2000 年到 2002 年全国法院的司法统计，适用简易程序的案件占基层法院民事案件总数的 71％，个别沿海发达地区达 90％。简易程序案件的审理对基层法院来讲具有举足轻重的地位。但在适用简易程序审理的案件中，程序快捷、方便的优势体现并不明显，出现了简易程序复杂化的现象。在开庭审理程序、送达方式等方面，简易程序与普通程序差别不大，仅在法官组成、审理期限等方面有所差别。而且由于受法院内部的各种责任追究等制度的影响，一些基层法官更多地采用普通程序审理案件，以转移案件责任风险，因而简易案件的适用范围曾出现逐渐缩小的趋势。从 2003 年 12 月 1 日起，《最高人民法院关于适用简易程序审理民事案件的若干规定》的司法解释开始正式实施，这虽是一个只有 34 条的司法解释，却蕴涵了丰富的法学价值内涵，充满现代司法理念，对方便人民群众"接近司法"，对法官及时公正解决纠纷、提高司法效率具有十分重要的意义。

（二）法定审限内结案的要求

审理期限是国家司法审判机关审理案件必须遵守的法定期限。作为法律在实践特定社会的制度道德原则——社会公正的同时，为能够追求最佳社会效益所提供的利益方案，审理期限具有以下基本特性：（1）审理期限是我国一项重要、具体的诉讼法律制度。（2）审理期限是诉讼活动基本规律和要求的一种反映。诉讼活动作为人类社会一定历史阶段的活动内容，有其自身的特殊规律和要求。审理期限正是其过程性、时限性等规律和要求的"社会固定形式"[①]。（3）审理期限是司法效率标准在诉讼法律制度中的具体体现。其独立价值即在于司法机关在时间限度内应当依司法证明的标准和司法证明的程度对案件作出裁判，是"法律已无法回避接受经济功利规则的影响和支配"的结果。（4）审理期限是司法公正标准与司法效率标准的价值整合体。它一方面保持了法官的裁判结论能够获得合理的证明，降低因错误裁判而造成的社会成本的提高；另一方面有利于防止诉讼的无休止，降低因延误裁判而造成"正义被耽搁等于正义被剥夺"的社会成本，体现了公正与效率的价

---

① 邓小刚：《法官与司法效率》，《行政与法》2003 年第 3 期。

值互动和平衡。(5)审理期限是法律为能够有效地化解冲突并形成解决方案所提供的一种程序,它弥补了传统司法过程中长期适用公正标准的不足之处,是人类理性发展在法制现代化进程中取得的一项文明成果。由此可见,审理期限既是衡量司法机关诉讼活动运作效率、司法机制是否完善、司法成本高低的重要标准,也是体现一个国家司法活动中程序公正和人权保障的重要方面。①

　　审理期限对司法效率价值目标的实现影响甚大,突出地表现为两个问题。一是其立法的科学性问题。审理期限作为诉讼活动基本规律和要求的一种反映,其科学性取决于它反映客观规律和要求的深度与广度。我国现行法律关于审理期限的具体规定是否充分反映了社会主义市场经济条件下诉讼活动的基本规律和要求,非属本书探讨的重点,但能够肯定的是正像审理期限的法律规定从无到有一样,其程序本身并不是固定不变的,它应当在"确保法官的裁判结论能够获得合理的证明"的前提下,根据公正与效率的价值目标要求而不断改进和完善。二是其司法的执行水平问题。一般认为,司法机关只要在法定期限内审结案件就是最有效率的,而且也是符合正当程序要求的。但是,通过对审理期限作进一步理论分析就会发现,这种司法上的固守观念和习惯做法虽对解决案件超审限审理现象极具积极意义,却与现代诉讼法律公正与效率的价值目标要求并非完全相投。

　　首先,就每个具体案件的审理而言,法律给出的审理期限是审理某种案件的最长期限。每个具体案件的审理因其案情的千差万别在审理期限内的时日耗费也非等量齐观。如果说审理期限是审理具体案件的时日最上限,那么在审理期限内所耗费的实际需要的时日便是最下限。② 从社会、从具体案件对司法机关审判周期的要求看,只有在"确保法官的裁判结论能够获得合理的证明"的前提下,尽可能地缩短审理期限,实现审理期限内实际需要耗费时日的最小值抑或接近其最下限,才是符合效率标准要求的,同时也是公正的。其次,审理期限的法律规定为最大值体现了"法律制度的弹性",这种程序规范的不确定性为司法机关在实际掌握和控制具体案件的审理周期时留有较大的余地。司法机关和法官能否通过司法实践的实际操作,将这种"程

---

① 参见陈永鸿:《论司法效益的内涵及其时代意义》,《湖北师范学院学报》2004年第2期。
② 参见佴澎:《论司法效率的实现》,《云南大学学报》(法学版)2004年第5期。

序规范的不确定性限制在一个很小的范围内", 使得审理期限的执行尽量符合效率标准的要求, 从一定意义上讲, 是这个司法机关和法官的审判作风的集中反映, 它直接关系到审判机关的形象和战斗力。再次, 审理期限作为公正标准与效率标准的价值整合体, 必然要求实现二者价值的互动与平衡。单纯追求任何一方面都是片面的, 都是对整个司法价值的损害。但由于我国正处于计划经济体制向市场经济体制的转型时期, 司法机关对审理期限的管理模式仍程度不同地带有计划经济体制的色彩。这至少在两个方面对案件的审理造成消极影响。一方面是一些案件临近审限仓促下判, 影响判决的质量和效果; 另一方面是一些案件审限届满, 才发现有关证据和事实尚需进一步查证核实而申请延长审限, 增加了审判的社会成本。最后, 市场经济条件下市场信息瞬息万变, 经济交往和纠纷的增多对司法效率提出了新的, 更高的要求。司法的使命已不仅仅是保证判决的公正性, 而更在于兼顾效率的价值目标。[①] 由此可见, 司法能否实现现实的物质利益虽然是社会主体最关心的首要问题, 但若对此必须付出高昂的成本费用, 换句话讲, 如果当事人之间发生的财产权益关系难以得到最终的确认, 其法律关系的不稳定状态就难以结束, 结果必然会损害社会的稳定性, 损害司法的权威, 司法的公正性也就失去了基础。通过审理期限的管理创新, 以限制司法机关和法官在时间上的恣意, 解决其在审限内审理案件存在的无所用心和不负责任的问题, 就成为切实提高司法效率的应然之举。

四、宏观因素对司法效率的影响

(一) 公民的法律素质对司法效率的影响

公民的法律素质是一个内涵丰富的综合性概念, 涉及公民的法律信仰、法律意识、法律知识、法律情感、法律认同、法律心态、法律习惯、法律行为、法律价值评判等各个方面。具体而言, 公民法律素质又包含不同的层面, 有内在理念层面的, 如法律的信仰、意识、知识等; 有外在行为层面的, 如法律的习惯、行为等; 有偏重感性层面的, 如法律情感、法律心态; 有偏重理性层面的, 如法律认知、法律推理、法律价值评判等。法律素质是

---

① 参见马晓帆:《浅论中国刑事简易程序》,《科教文汇》2006 年第 5 期。

一个"内隐性"和"外显性"相互结合的整体。"内隐性"表现为要将现代法治精神通过环境熏陶、教育、灌输、引导、实践等形式内化为公民的一种内在理念，即崇尚法的权威、树立宪法和法律至上的观念，树立正确的权利、义务的观念，树立积极的守法心态、正确的法律价值取向等。"外隐性"表现为严密的法律逻辑思维能力、丰富的法律文化知识、良好的法律行为习惯以及较强的法律实践和运用能力。简而言之，公民的法律素质是反映公民对法律的"内在理念"以及实施相应法律行为的基本质素。

现代社会必然要求公民各方面素质的全面提高，公民的法律素质是现代人才素质的必要组成部分，更是现代法治社会之必需。法治社会不仅要求经济的市场化，而且要求政治与社会运行的法制化。这一法治社会的运行，就从各个方面对公民的法律素质提出了更高的要求。

第一，依法治国，建设社会主义法治国家要求公民具备与之相适应的较高的法律素质。党的十五大将依法治国确立为我国的基本治国方略。依法治国，就是依照体现人民意志、反映社会发展规律的社会规范来治理国家。也就是国家所有的活动包括政治、经济、文化、社会生活等都要按照法律规定有秩序地进行。公民法律素质的高低是衡量依法治国成果的重要标志。因为依法治国必须同时具备两方面的条件：一是"硬性"的法律法规的建立和法律制度的完善；一是"软性"的公民法律素质的不断提高。前者是前提，后者是关键。假使"有了完善的法律和制度，如果人们的法律意识和法制观念淡薄，思想政治素质低，再好的法律和制度也会因为得不到遵守而不起作用，甚至形同虚设"。党的十六大提出全面建设小康社会的奋斗目标之一就是"社会主义法制更加完备，依法治国方略得到全面落实"。我们要全面实现小康社会，使依法治国方略得到全面实施就必然要求公民具备与之相适应的较高的法律素质。

第二，推进社会主义民主政治，建设社会主义政治文明要求与之相匹配的公民法律素质作为对应。党的十六大明确指出："发展社会主义民主政治，建设社会主义政治文明，是全面建设小康社会的重要目标"，实现这一目标最根本的是要把"党的领导，人民当家作主和依法治国有机统一起来"。这些都离不开公民法律素质的提高。要坚持党的领导，首先要求党的领导干部具有较高的法律素质。领导干部的法律素质直接关系到领导干部本身和政府依法工作的绩效及其在人民群众中的形象。领导干部只有树立良好的法治观念、依法执政，成为遵守宪法和法律的模范，才能为群众做好表率，取信于民，这也是领导干部深入贯彻和落实"三个代表"重要思想的必然要求；人民当家作主是社会主义政治文明建设的出发点和归宿。宪法规定了我国是人民当家作主的社会主义国家，一切权力属于人民。公民要依法充分行使权力、进行有序的政治参与，也必须具备良好的法律素质。可见，公民法律素质是政治文明建设的基础和保障，公民法律素质的高低，直接影响着政治文明建设的进程。

第三，完善社会主义市场经济要求公民具备与之相适应的较高法律素质。市场经济是以法律为规范的经济。市场经济越发展，越需要完备的法治。法治是社会主义市场经济的内在要求。市场经济的自主、平等、诚信等属性，一方面从客观上要求法律的规范、引导、制约、保障和服务；另一方面更需要有遵守规则的参与人，即公民的理性参与。① 没有与理性形成互动的法律也只会是一纸空文。而这就需要有公民法律素质的培育及相关的社会文化底蕴的支撑。例如，市场经济中的"利润最大化原则"容易诱导人们在商品生产和买卖过程中偷税漏税，搞不正当竞争，权钱交易等，从而破坏市场经济公平有序的竞争规则。因此，要规范市场经济公平有序的竞争规则、促进市场经济的健康发展，就必须提高公民的法律素质。

（二）社会纠纷解决机制的多样性对司法效率的影响

我国目前的社会纠纷解决体系除以法院的诉讼解决方式为主外，还包各种非诉讼解决方式，如复议、仲裁、调解、信访、私力救济等，形成社会纠纷解决机制的多样性。社会纠纷解决机制的多样性对司法效率的影响是分正反两面的。从总体来看，我国目前的纠纷解决体系存在效率不高，结构、布局不合理，过于倚重诉讼解决纠纷的问题。正因如此，诉讼机制本身的局限性愈显突出，各种非诉讼纠纷解决方式或明显弱化或发展缓慢。诉讼与非诉讼纠纷解决方式缺乏互动机制，还未形成一个较为完整的纠纷解决体系。因此，这对于司法效率的提高是很不利的。胡锦涛同志指出："社会主义和谐社会应该是民主法治、公平正义、诚信友爱、充满活力、安定有序、人与自

---

① 参见陈永鸿：《论司法效益》，《军事经济学院学报》2001 年第 1 期。

然和谐相处的社会。"但和谐社会不是一个没有矛盾的社会，矛盾处理不好就会引起社会冲突。因此，必须正确、及时化解各类矛盾纠纷，减少社会冲突和对立，才能维护社会稳定。实践表明，建立替代性纠纷解决机制无疑是最好的选择。替代性纠纷解决机制（简称 ADR），即在一个社会中，诉讼纠纷解决方式和各种非诉讼纠纷解决方式各以其特定的功能和特点，所组成的一种互补的、满足不同社会主体的多样性需求的程序体系和动态的运作调整系统。这样一来，社会纠纷的解决机制的多样性对司法效率的提高又有了一定的促进作用。

五、司法参与者对司法效率的影响

（一）法官对司法效率的影响

正所谓制度不是万能的，司法活动除了需要司法制度加以硬性规范，还需要相关主体的实际操作才会运转。司法活动的最重要参加主体毫无疑问是国家的审判机关——法院，因此，司法效率最大程度上受到法院工作效率的影响。而法院的工作又是多种多样的，在这些工作当中最核心的可谓案件审判效率，因为审判案件是法院系统乃至司法系统最重要、最核心的工作，案件审判最终完成了司法作为最后一道正义防线的使命，最终使得不公正现象得到纠正、矫正正义得到实现。而在法院的组成和运行过程中，其最重要的便是法官。因为法官是负责核心审判工作的法院工作人员，法官的工作效率直接影响了法院的审判效率，进而很大程度上影响了司法效率。法官分为民事案件法官、刑事案件法官以及行政案件法官，法官的效率受到法官法律知识水平以及办案经验的限制，还受到法官思想觉悟以及工作态度的影响。[①]总之，法官效率是影响司法效率的至关重要的因素。

（二）当事人对司法效率的影响

虽说法官是司法活动的核心角色，然而，司法活动要解决的问题是当事人之间的纠纷，启动司法程序的一般也是当事人（即使是在刑事案件中，也是因为当事人的行为而导致国家的主动追诉的），司法活动是真正关乎当事人利益的活动，法官仅仅是站在中立的立场上审判案件，当事人却设身处地

---

① 参见欧阳涛：《略论刑事司法公正与效率》，《时代法学》2004 年第 5 期。

的处于案件当中，因此，司法活动真正的主角应当是当事人。当事人的效率，也是司法效率的重要因素。首先，民事和行政案件需要当事人启动才得以运行，刑事案件中虽然不需要当事人启动司法程序，但却需要当事人配合立案工作的开展，因此，当事人是否启动司法程序，以及启动司法程序的时间早晚，在刑事案件中是否配合侦查机关侦查案件以启动司法程序，都影响了日后司法程序的运行效率；其次，在司法活动进行过程中，当事人的效率也很大程度上决定了整个司法活动的进行效率，比如，当事人提供证据的充足程度、是否聘请律师、是否接受调解、互相让步的程度、法庭辩论的水平、是否上诉等，都是司法效率的重要组成部分。[①]

（三）律师对司法效率的影响

律师（lawyer，solicitor，attorney）不同于古代的讼师、状师，是指依法取得律师执业证书，接受委托或者指定，为当事人提供法律服务的执业人员。按照工作性质划分，律师可分为专职律师与兼职律师，按照业务范围划分，律师可分为民事律师、刑事律师和行政律师，按照服务对象和工作身份，分为社会律师、公司律师和公职律师。现代在我国的律师是指经过一定方式取得司法行政机关授予的资格，接受当事人的委托，或人民法院的指定，在法律允许范围内利用自己的法律知识和技能为被代理人提供法律帮助，并维护其合法权益的专业人员；或是接受国家机关、企业、团体或个人的委托，或者经法院指定，协助处理法律事务或代当事人进行诉讼的法律专业人员。律师是促进法律正确实施、维护社会正义与公平的重要力量。

律师对于司法的介入，从一定程度上提高司法机关的办案效率，律师对于法律的精通使得司法工作人员不得不严格按照程序法规定的期限办理案件事务，否则便会被律师抓住"把柄"，落得尴尬和不利的下场。我国法律规定：律师是依法取得律师执业证，接受委托或指定，为当事人提供法律服务的执业人员，律师以维护当事人的合法权益，维护法律的正确实施，维护社会的公平与正义为使命。所以说，律师对于提高司法效率的作用是至关重要的。然而，从另一方面讲，律师的介入又阻碍了司法效率，比如律师是很多司法案件的"启动者"，一些本无须动用司法资源来解决的纠纷也会被这些

---

① 参见钱弘道：《论司法效率》，《中国法学》2002 年第 4 期。

"爱打官司"的律师刻意启动司法程序，在一定程度上造成了司法资源的浪费。另外，律师对法律知识的熟知和对于法律漏洞的了解使得他们很容易利用法律的漏洞，造成司法资源的浪费，司法程序经常会被无价值地拖延，影响了司法效率。

第三节 中国司法效率的场景与制度构建

一、中美司法效率相关问题之比较

1997 年 5 月，美国一位叫罗伯特的法官来中国讲学时曾谈到美国法官一年可以办 500 件民事案件。出于对这一数字的强烈兴趣，笔者对这些数字作了相应考察研究，其结果不但印证了罗伯特法官的说法，而且许多法官年结案数还远远超过这一数字。如美国曼尼科巴高级法院一位民事法官一年可结案数百件至上千件以上，而梅莎市法院的刑事法官年结案可达到 3 000 件以上（主要是轻微刑事案件）。其中因为诉讼程序不同而最后进入开庭审理和判决（包括陪审案件）的案件可能达到 5%～10%（50 件～100 件），其他案件则以和解、调解、仲裁、有罪承认等方式结案。在梅莎市法院，一个法官每天开庭审理 5 件以上的案件是常事。在我国某中级法院，从事一审经济纠纷案件审理的法官在 1997 年其岗位目标为 24 件，实际平均亦仅完成 27 件，假如再考虑到法官人数这一因素，在结案方面的悬殊可能更为明显。曼尼科巴法院 71 名法官，其他工作人员 2 800 人，比例约为 1∶40，梅莎市法院法官 8 人，其他工作人员 80 人，比例为 1∶10。假如我国某法院人数约 200 人，有法官资格（助理审判员以上）即可达 150 人，比例约为 1∶1.3，难免给人一种人多低效的印象。即使与我们同属大陆法系的日本比较，其地方法院一位民事法官一年仍可结案 203 件，通过开庭审理判决方式结案的为 46 件。而无论通过什么方式结案，我国法官（包括民事、刑事，尤其是中级以上法院）一年若结案 100 件以上，已属相当不错。所以，从以上数字判断，我国司法效率是相对较低的。结案率表明了投入—产出关系，它是衡量司法效率的一个重要指标。我国法院对司法表面上看投入似乎并不少，如大量的法官、高诉讼费、各方面的监督等，有时还要搞"集中行动"、加班加点，但其运转仍较低效，原因何在？下面通过对美国梅莎市法院 Mckay 法官一周的工作日程表与我国某法院一位法官一周的工作日程安排的对比和解析，试图从中找出一些答案。

星期一，Mckay法官：上午传讯数名被告，如承认有罪则可判决，不承认有罪则进入审前程序。下午：审前程序，在该程序中，被告可与控方达成诉辩交易，否则进入审理程序。我国某民事法官：上午：开庭审理，开庭后组织当事人调解，下午：出差到郊县调查。星期二，Mckay法官：全天开庭审理（数件案件）。我国某民事法官：上午：诉讼保全，送达法律文书，下午：业务学习。星期三，Mckay法官：上午：传讯被告，下午：开庭审理。我国某民事法官：上午：草拟判决，参加"创卫"义务劳动，下午：填写案件移送执行卡，找庭长签字，并汇报破产案件有关情况，会见当事人。星期四，Mckay法官：上午：审前程序，下午：开庭审理。我国某民事法官：上午：庆××歌咏比赛排练，其间找机会向院长反映住房问题，下午：合议案件、报结案卡。星期五，Mckay法官：全天审理由陪审团参加的案件。我国某民事法官：上午：参加破产案件例会，下午：政治学习。[①]

经过这一系列的调查研究我们发现，美国法官的日程相对固定，甚至年如一日，而中国法官则可能会有所变化，除开庭、调查、草拟判决等外，其他安排时多时少，但以上内容较为真实地反映了两国法官一周的活动。此外，选取民事案件比较，是因为民事案件可能会更典型地反映我国诉讼机制中的某些特点。以上的数据至少反映出两国与司法效率有关的如下现象及差异：

1. 法官（法院）职能的单纯化与多元化。美国法官只行使法律范围内的职责，解决纠纷、解释法律，一周活动的焦点集中于坐堂问案。在以上内容中看不出有其他事务。中国法官（法院）职能多元化，不仅坐堂问案，还要承担经济职能，如职工福利、分房、奖金发放等；政治职能，如政治学习、歌咏比赛等；社会职能，如创卫、社会治安综合治理、植树造林等。以上内容对这些职能均有反映，这使作为审判资源之一的时间被大打折扣。[②]

2. 法官独立审判与司法运行的官僚化。美国法官独立，只服从法律，由自己作出裁判，无须再向其他法官甚至院长汇报审批案件。中国法官的工

① 参见刘楠：《中美法院司法效率简析》，《社会科学研究》2000年第2期。

② 参见丁寰翔：《坚持"司法公正与效率" 完善刑事诉讼制度》，《社科纵横》2004年第6期。

作程序移植了行政管理模式，案件的审理及裁判一般都要向庭长、院长、审委会汇报。在法院独立审判的理论及行政集中管理下，法官最后往往是服从领导。另外，中国法官合议时间一般较长，因为这一方面要取决于合议庭其他成员是否配合、投入；另一方面，庭长、院长要花时间重新熟悉案情，甚至阅读案卷。

3. 法官身份的职业化与行政化。美国法官只运用自己的专业知识审理案件、作出判断、定分止争，其身份与行政人员、辅助人员截然分开，后者以其自己的工作（如记录、立案、通知当事人、行政管理等）协助法官的审判工作。中国法官的身份与一般公务员无大的差异，工作安排中也承担行政性工作，如财产保全、送达文书等，而且因大多数法院存在审、书比例失衡问题，法官有时还自己记录，承担填写结案卡之类的工作，这也导致法院的"法官"比其他人员比例大得多。

4. 法官条件的职前具备与职后具备。美国法官选任条件十分严格，许多法官任职前即可能是优秀律师甚至法学教授，一经选任，即较少进行在职业务培训。上述内容中的"业务学习"反映了中国法官一方面有相当比例的人是进了法院才学习业务，法官不得不由法院学徒制似地自己造就；另一方面也反映了在转型时期，由于大量新法颁布，任何法官都有重新进修的必要，否则难以胜任审判工作。法官业务功底深厚往往使美国法官具备了当堂审案后即可"快刀斩乱麻"的水平，其"批发"案件的效率让人叹为观止。而许多中国法官稍遇难案即心中没底，不知所以，当断难断，一拖再拖。

5. 审判方式的对抗制与"混合制"。在美国因实行对抗制（adversary system），举证责任全在诉、辩双方，从上述内容中看不出美国法官还有调查取证之类的工作。而根据中国法律及有关司法解释，尽管在推行审判方式改革后借鉴了对抗制的诉讼模式，法官仍要视案件情况进行必要的调查取证，通常外出调查需花较长时间。

6. 诉讼程序与审判技术的简与繁。美国有相当数量的案件（无论是刑事案件还是民事案件），都通过作有罪承认、诉辩交易、和解、仲裁等方式在庭审前即解决，真正进入庭审的案件相对较少。在我国，民事案件庭前调解、撤诉的案件比例不大，刑事公诉案件则基本上必须开庭。上述内容中还反映出两国法官都有制作判决书的时间。美国法官草拟判决时除已进入信息化，在诸如查询判例等方面的速度较快外，有的初审法院面对大量案情重复的案件，还发展到判决书的标准化、格式化，制作判决类似于填张表格，当庭即可完成。中国法官，无论是基层法官还是上级法官，无论案件繁简，都须按规定格式草拟一份判决书，然后庭长签发，打字、校对、盖章、送达。[1]

7. 诉讼参与人及社会对法官（法院）的认同、配合与怀疑、对立。以上内容列有该美国法官专门有一天审理有陪审团参加的案件，一般印象是有陪审团审理的案件，总是烦琐、复杂，但实际上陪审团参加的案件效率也较高。听证和辩论、接受指示，然后进入密室评议，一切井井有条，这反映出普通人对司法的参与程度及素质。在我国，普通人一般不愿与法院打交道，证人也如此，而在诉讼参与人中，滥用诉权、无理缠诉、四处上访、哄闹法庭等事件，在一个法院几乎每天都会发生，法院公信力和审判秩序问题常常牵涉法院大量精力。

除以上内容反映出的 7 个方面的现象外，有些问题，如法官的职业态度（是否敬业）、道德（是否腐败等）也可能在很大程度上影响司法效率，因以上内容未反映出，故未解析。同时因影响司法效率的原因复杂，在此恐难穷尽。

通过对中美法院法官一周日期的考察，有了对两国司法效率差距的感性认识。尽管中国法官也非常忙，但事实上究竟有多少法官，一周花了多少时间与精力坐堂问案、定分止争？上述差异有些是因不同法律文化传统造成的，这是个长期的、渐进的和综合的过程；有些是因诉讼程序、审判技术、管理水平等造成的，这也正在通过审判方式改革等措施进行修补。但最突出的第 1、2、3、4 方面的问题，则是必须通过制度设计予以改变的。因为司法效率不是企业效率，不能靠加班加点来保证，司法效率也不是行政效率，靠首长的集中指挥和部属的令行禁止来保证。司法效率是"生产正义"的效率，依赖于我们对司法运行自身规律的认识。

对上述问题的分析，重在"揭短"。实际上，改革开放 30 年来，法治建设包括司法制度的建设有目共睹，尤其是大力开展的审判方式改革，对司法效率的促进更是成效显著。司法效率问题不唯中国存在，而且是一个世界性

---

[1]　参见高志刚：《司法功效的法理学分析》，《上海政法学院学报》2006 年第 1 期。

问题，西方法治发达国家概莫能外。曼尼科巴高级法院在其印发的宣传资料上还承认，该院最突出的不足，即包括诉讼常常造成不必要的拖延、高诉讼成本等。只不过其起点远较我国为高，而重在解决审判技术层面的问题。西方国家曾经进行的许多司法改革（如德国和日本探索诉讼外解决纠纷方式，美国强化法院的行政管理、设置行政管理官 administrator 等），都是围绕着提高司法效率进行的，而且这种改革至今仍未停止。的确，我国司法效率乃至司法公正面临的困境，根本上还在于首先消除司法地位、法官体制方面存在的痼疾，非如此，难以面临审判实践的挑战。

二、追求司法效率的误区分析

诉讼应当以维护当事人权益为核心，这一天然属性也决定了司法制度必然较多地考虑当事人对效率的价值需求。为当事人提供高效的司法服务，提高司法效率也成为社会民众对司法制度改革的殷切期望。与我国规模宏大的司法体制改革遥相呼应的是西方各法治国家纷纷进行的大手笔的民事司法制度改革。自 20 世纪末至今，西方国家的司法改革不约而同地在追求司法效率价值的旗帜下进行，因此，我国的司法体制改革中对效率的追求多多少少有了些"追赶国际潮流"的时代意味。如何协调效率与诉讼公正的关系必须成为司法制度的设计者和利用者密切关注和认真审视的课题。在追求司法效率价值的同时，我们应当注意避免一些可能存在的观念上和实践中的错误。[①]

前文已经着重谈到了司法公正与司法效率的辩证关系。诉讼时间的有效性决定了诉讼程序中对案件事实的认定不可能总是达到客观无误，对法律的适用基于法官的个体差异和法律本身的缺陷而无法达到最满意的效果。这里，任何个案中客观存在一种损失，也就是在程序公正和结果公正之间存在差距。这种差距的存在是人们不希望看到的结果，也是人们试图克服和避免的现象，它可能表现为当事人应得的利益没有得到，也可能表现为因为发现错误后为纠正错误而支出的额外费用。经济分析法学家波斯纳将司法资源（司法投入）区分为诉讼制度运行成本和错误成本，提出了"错误成本"（E～Costs）和"直接成本"（Direct Cost）两个概念。波斯纳认为，错误的司法

判决会导致资源的无效益利用，因而是一种不适当的浪费。法院一旦作出错误判决，即产生了法律上的错误成本。同时，在诉讼程序运行过程中，程序主体还要投入时间、人力、财力等直接成本。[①]

直接成本的耗费是避免不了的，问题在于所耗费的量的大小。同样，错误成本的耗费也是避免不了的。审判的公正价值意味着人们希望错误成本最小化，使裁判结果最大限度地符合实体公正。但是，在诉讼中对事实的认定准确程度随着成本的变化而变化，如果在诉讼中投入大量的金钱和时间，则人们越容易最大限度地接近真实，相反，耗费的成本越少，偏离真实的可能性越大。适用法律的准确性同样也受到投入的成本的制约，要准确适用法律，就需要高素质的法官，这意味着法官的培养费用和薪金也会相应增加。比较公正和效率的价值要求，我们可以清楚地看到两者之间的逆向趋势。实现公正意味着用加大直接成本的方式追求错误成本最小，而效率则是通过减少直接成本的方式实现而同时又不能增加错误成本。如果同时追求错误成本降低，则公正价值要求追加直接成本，而效率价值要求直接成本的投入不变甚至降低。也就是说，从本质上说，司法公正和司法效率的方向是不同的，并不能完全并行不悖。下面是提高司法效率的几个主要误区：

（一）以"司法万能"的观念误导民众

在司法裁判中，直接成本和错误成本的变动皆被限定在一定范围之内，效率价值的实现方式被限制在一定范围之内，不能超越直接成本的限度来实现效率价值，即使程序的效益从总体上提高了。但错误成本超越了一定的限度，依然是不允许的。换言之，效率价值的实现程度被程序的公正价值限制。这种认识显然与传统法治观念中"大司法"的观点大相径庭。在传统法治观念看来，通过司法途径解决纠纷是最好的选择，司法程序在纠纷解决机制中的地位越高，国家的法治化程度也就越高。而对于程序的公正和效益价值，则认为两者可以并行不悖，同时实现。成本与司法正义呈逆向关系，如果成本越低，人们能够经济而便利地通过诉讼解决社会纠纷，那么诉讼就会成为受人欢迎和推崇的纠纷化解器。相反，如果成本越高，通过诉讼实现的司法正义在实际上被抵消和贬值，人们就会放弃诉讼转而谋求相对成本较低

[①]　参见［美］波斯纳：《法律的经济分析》，蒋兆康译，中国大百科全书出版社1997年版，第219页。

的诸如人民调解、仲裁甚至私了等其他方式来解决社会矛盾。这样，司法的社会功能就会因成本的反作用而被削弱，甚至蒙上虚伪的阴影。①

对当事人而言，不计效益而执意追求公正的裁判结果，是当事人的权利，法院不能以标的额太小而拒绝受理，毕竟，当事人支出的超额成本是其自愿行为，而法院的职责决定它不能以缺乏程序效益为由拒绝审判。但是，一般情况下，对希望通过诉讼维护其合法权利的当事人而言，效益是其首先考虑的因素，如果投入的成本要大于收益，则当事人的权利并未得到预期的实现。因此，对争议的标的额很小，甚至采用简易和小额诉讼程序也无法将成本降至收益以下，诉讼就不应当成为他们的选择。忽视程序公正和效益的冲突将会误导当事人的选择，法院解决纠纷，实现权利必然要付出一定的成本，而且这种成本的支出很可能大于实际获得的收益，对此，当事人在诉讼之前应当得到足够的信息和被善意地提醒，否则，如果当事人满怀对法院的信任和维护权益的渴望走进法院，最后发现得不偿失时，可能会对法院的权威和职能产生怀疑，动摇社会公众对司法程序的信任。②

目前我国的司法改革的口号是审判公正和效率，它明确提出诉讼中应当追求的两大缺一不可的目标，具有科学合理性。但是，如果仅仅从表象上分析，似乎公正与效率总是能够和谐共存，我们可以同时最大限度地实现公正和效率。在这种认识指引下，刻意强调司法在社会纠纷解决途径中的核心地位也就理所当然了。前文分析了涌入法院的案件过多所引发的种种弊端，其中给当事人造成的"司法既能实现公正又可兼顾效率"的印象不能不说是一个重要原因。倡导理性科学的诉讼观，一个重要前提是理清公正与效率的关系，让民众清楚地认识到为求得公正必须付出的代价，当事人只有在掌握足够信息之后，其选择才可能是理性的，贸然走进法院可能会使当事人得出不偿失的印象，对司法制度丧失信心。

（二）过度追求诉讼程序的简化

我国目前的司法改革应当以公正为首要目标，实现审判的公正还将是一个长期而艰巨的使命。我国长期的职权主义诉讼模式使得程序中的权利和权力互相制约的机制极不完善，当事人的权利被限制，法官的自由裁量权较

---

① 参见王如铁、王艳华：《诉讼成本论》，《法学研究》1995年第4期。
② 参见沈德咏：《司法体制改革略论》，《现代法学》1996年第8期。

大，程序中的主观和随意性较强，程序呈现简单粗糙的特点。因此，在某种意义上，当今我国的司法体制改革追求的是程序的正规化和精密化，从而保障当事人的诉权，确保司法公正的实现。程序的简化是提高司法效率的一个重要途径。目前，简易程序成为我国司法改革的一个重点，但重视简易程序并不等于要简化所有的诉讼程序。一方面，对于普通程序而言，为促进公正的实现，不仅不能简化普通程序，还要进一步充实完善，赋予当事人更多的诉讼权利，通过程序公正实现实体公正。另一方面，简易程序的改革也不是简单的"简化现有程序"，而是要对简易程序作出更加细致和严格的规定，以保证简易程序最低限度的公正。

我国程序正规化的发展方向似乎与世界民事司法程序的改革趋势相逆，这也是人们在进行"程序复杂化"的改革时的顾虑之处。但是，必须看到，我国的司法改革和西方的起点不同。西方发达国家的民事诉讼程序已经有了相当长的历史，因其程序在发展过程中过分地追求完美，使程序日益肥大和膨胀，导致诉讼效率低下，当今西方国家的司法改革是为了给过分膨胀的程序"消肿"。反观我国，我国民事司法改革还处于起步阶段，尚未完成诉讼体制的现代化转型，没有形成以当事人为主导的诉讼体制，也不会出现西方国家那样过分膨胀的程序。因此，完善和充实程序才是我国司法制度的发展方向。

（三）忽视当事人的效率需求

诉讼直接成本中主要包括当事人支出和国家支出两部分，当前民事审判方式改革是以国家为主导的，难免出现仅从国家利益出发来拟定改革步骤和措施而忽视当事人效率追求的情况。司法改革的首要目标是实现审判公正，如前所述。司法公正需要丰厚的物质基础，这几年司法资源的急剧扩张，从司法的性质看，承担这一资源的主要应当是国家而非当事人。但事实上并非如此。随着司法改革的深入，当事人需要支出的诉讼成本逐步提高，已是不争的事实，最典型的如举证责任的转移。我国民事司法体制改革的最初动机是为缓解法院负担过重的矛盾而将取证责任从法院转移到当事人。强化"当事人的举证责任"，最直接的效果是提高法院的办案效率，节省法院的经费开支。现实情况是法院仅仅重视诉讼成本的转嫁，而没有为当事人调查收集证据提供有效的制度保障，从而造成当事人因此所承受的诉讼成本是法院的几倍，由于不能够提出或者不能够充足地提出有效的证据支持自己的诉讼请求，必然导致败诉的结果。当事人所期待的判决结果不能够得到，产生不满是显而易见的。法院通过转移出一部分诉讼成本，从而提高了诉讼效率，但没有因此收到来自当事人的有效证据，缺乏证据情况下的裁判难免造成实体错误的攀升。这一改革是违背原则的，即诉讼成本投入的增大，实际上取得了诉讼效益的负增长。因此，现时的司法改革要反映并保障当事人的利益，效率价值的受益者只能是当事人而非法院，需要有新的改革措施来减轻当事人的诉讼负担，同时又不削弱司法的公正性。

司法的昂贵性在所难免，要借助非诉讼纠纷解决机制的高效率属性来缓解这一矛盾。在民事司法程序的改革走向深化和完善的同时，对非诉讼纠纷解决机制的研究和制度保障也应当被提到法学界和立法者的日程上来。构建一套以司法为轴心的社会纠纷处理机制，诉讼与其他纠纷解决机制相得益彰，共同维护司法秩序畅通，社会民众得以根据切身的需要，在诸多不同层次和价值目标的程序之间选择最合适的途径，最终促进社会的稳定与和谐发展。

三、未来中国在司法效率方面可能的制度构建

（一）改革审判方式，提高司法效率

改革开放以来，我国各级人民法院为国家的民主法制建设作出了巨大贡献。但也不可否认，因司法效率不高导致公正迟到，使审判工作的自我评价与社会公信度形成落差，给国家理性秩序的建设带来了伤害。

那么，导致司法效率不高的原因究竟有哪些？怎么克服才有利于国家法治建设，有利于为党和政府工作大局提供有力的司法保障，有利于促进审判事业自身的科学发展？近年来，各地都在提高司法效率上作了大量有效的探索，如推行民商事案件的繁简分流，小额诉讼案件探索实行速裁机制，大力推广巡回办案、就地解决纠纷方式，强化调解制度落实，探索建立诉调对接机制，在行政诉讼中引入诉讼和解制度等。通过这些措施，法院案件审限管理得到有效加强，司法效率得到明显提高。但从群众满意程度上看，司法效率仍不尽如人意，主要体现在两个方面：一是司法效率不高的投诉居高不下。不管是群众来信来访，还是每年的"两会"，反映案件久拖不决、久拖

不执等司法效率问题仍较突出。二是期盼高效便捷司法。群众普遍觉得诉讼程序烦琐，审限过长，期望有更快捷、高效的司法服务。[①]

出现这种情况，究其原因：一是超审限案件仍未根本杜绝，个别法院还比较突出。二是均衡结案意识淡薄，对抓办案时限年头松年尾紧的现象较为普遍。三是申诉、申请再审问题依然突出，部分案件反复申诉和再审，长期处于不确定状态。四是执行效率不高，部分执行案件长期难以执结。五是"案结事不了"问题仍然较为突出，涉诉信访仍较多较普遍，司法效率与效益不成比例。六是案件总量虽呈逐年上升趋势，但案件增长幅度不大，与经济发展水平不相适应，有的法院甚至出现了收案萎缩的现象；刑事案件所占比例偏高，民商事案件增幅不大，案件执行情况不容乐观。改变审判方式，提高司法效率，应当从以下几个方面入手：

1. 树立司法为民的宗旨意识，实现人民法院工作指导思想的与时俱进

要在各级法院领导班子当中牢固树立审判工作服务大局意识，转变办案指导思想，尤其要转变在基层法院特别是人民法庭过度强调规范化建设的观念和做法，一切应从方便群众诉讼，方便案件审理的"两便"原则出发，简化办案程序，提高办案效率。要精确定位基层法院和人民法庭职能，教育法官树立"迟来的公正不是公正"的效率意识，把高效司法工作抓紧抓实。

2. 坚决克服利益驱动

自 2007 年始，中央转移支付专项补助办案经费后，中、基层法院的办案经费问题得到了很大改善，应该说，法院创收的冲动已不应存在，症结在于各法院自行供养了一批临时雇用人员，造成了利益驱动，成了阻碍审判方式改革推进和制约司法效率提高的重要因素，也埋下了司法不公的后患。这批人员的身份及供养问题应该予以解决，当前有两个办法：一是争取党委、政府的支持，将部分人员经考试转为财政全额拨款供养的地方事业编制；二是依《劳动合同法》规定予以补偿解聘。不管用哪种方法，都要与诉讼费收入完全脱钩，实现法院业务经费保证"吃皇粮"的目标，从根本上构建防腐机制。[②]

---

① 参见董治良：《改革审判方式　提高司法效率》，《今日海南》2009 年第 2 期。
② 参见高志刚：《司法功效的法理学分析》，《上海政法学院学报》2006 年第 1 期。

3. 强化司法为民措施

第一，加强诉讼指导，完善《诉讼须知》，立案时一并发放，方便当事人在第一时间掌握诉讼基本要求，保障当事人一次性完成立案手续，避免重复奔波。《诉讼须知》应包括刑事诉讼含刑事附带民事诉讼须知、民事诉讼须知、举证风险须知、执行风险须知、调解建议、诉讼费收取标准等方面的内容。第二，对偏远地区或行动不便的当事人，实行预约立案、上门立案、电话立案等措施，大力推广巡回办案、就地开庭审理的方式；认真总结推广行之有效的旅游法庭、瓜菜法庭、夜间法庭等服务品牌经验；改革烦琐的民事诉讼程序，对简易民事纠纷，可采取先审后立、先调后立，事后补办立案手续统一案号的方式快审快结案件，让那些急需处理纠纷的当事人及时案结事了。第三，进一步完善简易案件速裁机制，推广速裁法庭办案经验，举办速裁培训班，规范和提高基层法院和人民法庭法官速裁案件的能力，发挥速裁简便快捷解决纠纷的作用，提高司法效率。第四，针对目前诉讼费缴纳不便于群众诉讼的问题，抓紧与银行部门协调，安装终端消费刷卡设备；同时，在不违反财务管理制度的前提下，为方便无卡的当事人交费，单位可办一张公务卡，立案时先收取当事人现金，通过刷公务卡代其电脑缴费后，再将现金交财务入账，解决基层法院尤其是人民法庭诉讼费缴纳烦琐问题，方便群众诉讼。第五，兑现调解结案的奖励。尽管规范补贴后，申请新的经费很难，为奖励高效率、高质量、案结事了的调解和解结案工作，可从业务经费中挤出奖励经费，作为提高效率的鼓励。

4. 着手研究加强司法便民的制度建设，作为学习实践活动整改措施，逐一推出实施

通过制定法院的司法为民措施，制定关于基层法院和人民法庭适用简易程序的暂行规定、速裁法庭工作暂行规则等，使审判方式更加简便，更加灵活，更加方便当事人诉讼，方便案件高效快捷审理，使大量的民事案件通过简易程序得到解决。同时，严格执行修改后的《民事诉讼法》，将申诉再审案件纳入审限和审判流程管理，改变再审案件无审理限制的传统观念，提高再审案件司法救济的效率。

5. 进一步发挥审判流程管理作用

一是细化审判流程管理规定，对立案、排期、开庭、合议、制作裁判文

书、送达一直到结案、归档等各个环节，明确期间规定，增强可操作性。二是加强审判流程管理的执行和监督。发挥立案庭控制管理审限职能的同时，审判业务管理机构或具有审判业务管理职能的部门采取事先警示、临界催办、事后通报的流程管理措施，案件审限过半发催办卡，审限过 2/3 则发督办卡，严格审限跟踪监督管理，确保案件及时审结。三是解决流程软件运行缓慢、操作不便等问题。

（二）健全保障司法独立的制度

司法独立（原则）是西方国家司法制度的第一大特点，主张司法权必须同行政权和立法权分立，非经司法机关，非经正当司法程序，不得剥夺任何人的生命、自由和财产。"司法独立"源于资产阶级的分权学说，从历史上看，它的提出具有进步意义。它是新兴资产阶级为对抗封建帝王的专制统治，特别是反对专制君主控制司法机关，随意逮捕、审讯甚至处死臣民而进行的一种抗争，是资产阶级反对王权专横暴戾统治的一面大旗。

司法机关司法独立包括两个层面的含义，一是观念层面，二是制度层面。就观念层面而言，司法机关应当形成自己的职业化的观念，即形成司法职业所共有的某些理念，这些理念保证法官在类似的案件中有可能作出类似的客观的而非纯个人的判断。制度层面的内容要求司法人员能按自己的观念和规则办事。[①] 两者缺一不可，相互促进。就制度层面而言，司法独立要求做到：（1）司法权由司法机关（法院）统一行使，不受行政机关和立法机关干预，公民个人或非国家机关的社会团体更不能干预。当然，立法机关可以对司法机关予以监督，但主要是通过立法手段及对法官的弹劾权进行监督，不得干预个案的审判。（2）司法系统内部相互独立，即一个司法机关的司法活动不受另一个司法机关的干预。法院上下级关系只是审级关系，上级法院除依上诉程序、调卷令等有关程序对下级法院的审判行为予以监督外，不得干预下级法院的审判。（3）法官独立审判，只服从法律，这是指一个法院内部不存在上下级服从关系。法院是法官办案的地方，用一句通俗的话来讲，法院里法官最大。用德沃金的话来说就是：法官是法律帝国的王侯，除了法律以外法官不服从任何别的权威。（4）法官保障制度。这是从社会地位、经

---

① 参见孔颖：《司法效率如何提高》，《学习与探索》2000 年第 5 期。

济收入方面保障法官无所顾忌地捍卫法律。法官的地位及待遇来自法律，不是他的上级。这就包括由法律规定法官的职权、不可削减的待遇及其职位保障。对职位通常采用两种办法：一是终身制（英美法的主要做法）；二是文官制度的保障。① 法官的高薪制也是法官保障制度的内容之一。

司法独立与中国国情是可兼容的，而中国司法独立的特色就在于体现了党的领导、人民当家作主与依法治国的有机统一。然而，我国司法独立进程受历史的与现实的因素的影响和制约，这主要有以下几方面的表现：

（1）传统"势力"。中国是社会主义法制统一的国家，但是，地方保护主义、部门保护主义在一些地方和部门仍然存在。比如，有些地方官打着"为官一任，造福一方"的旗号，为自己的升迁捞"资本"，对地方利益的片面维护，不惜对其他权利粗暴干涉和侵犯。破坏社会主义法律对全体公民和社会组织在法律上的平等性、公正性、同一性，破坏本地区正常的交往和共同的发展环境，甚至为了保护本地区、本部门的不正当利益，损害外部的合法权益，对于司法独立以及司法公正造成严重后果。地方与部门保护主义是封建主义的残余，是传统的宗派势力在现代新形势下的复活，应加以肃清和抵制。但不可否认的是，作为一种观念和价值观，它在民族落后的文化心理结构中具有一定的持久性和影响力。它渗透到一个民族社会生活的一些方面而对民族群众的心理具有腐蚀作用。它对中国司法独立产生的非法干涉作用在一定的场合下还有可能存在，值得予以充分考虑，不可忽视。②

（2）传统习惯。中国建立独立公正的司法制度，也许最重要的并不是复制西方的法律制度，而是重视消除中国社会中那些起作用的，也许并不起眼的传统和习惯的影响。在司法独立的实践中如何注重摆脱传统习惯的影响，是目前中国司法制度建设中的核心问题。不克服这些历史和现实因素的局限，司法独立就缺乏根基，缺乏效益。例如，在中国广大的农村社会，村民们有着约定俗成的共同价值取向、行为和事物的是非标准、为人处世的心理尺度和准则。如果一概忽视或全盘否定这些心理尺度和准则，国家司法制度将失去其推行的心理基础。建立独立公正的司法制度，改变落后的习惯风俗，这是毫无疑问的。然而，重视并且制定符合农民意愿的合情、合理、合

---

① 参见谢肇荣、张坤世：《论诉讼法的效率功能》，《河北法学》2003年第5期。

② 参见贺小军：《影响司法效果的因素分析》，《河北青年管理干部学院学报》2008年第3期。

法的乡规民约，也不失为完善、补充独立公正的司法制度的良好途径。

（3）传统文化。中国是全国各族人民共同缔造的统一的多民族国家，一个民族的国性民质是这个民族传统政教、文化在民族历史发展过程中长期积淀、铸就而成的。中国丰富的传统政教、文化，是形成国性民质的源泉。中国这个古老的国家之所以在世界上延续几千年，必定有一种永恒精神、特性、传统文化。而这种民族文化的精神、特性也必定要与现实相适应。不可否认，传统文化的某些积极因素和合理内核，还将对社会发展与文化建设继续发挥作用。

因此，要建立完备的制度来保障司法独立的实现必须从以下几方面入手：

第一，改革法院设立体制，确保司法权完整运行，摆脱司法权的地方化，克服地方保护主义。

众所皆知，由于司法机关的组织体系、人事制度以及财政制度等都受地方政府的管辖和控制，国家在各地设立的法院已逐渐演变为地方法院，由此而产生的地方保护主义以及相应的徇私枉法、任意曲解法律、歪曲或掩盖事实真相的现象不断蔓延升级，使司法的统一性遭到严重破坏。在地方各级党委或组织部门的领导掌握司法人员升降去留大权的情况下，同级司法机关要依法行使职权而不受党委或组织部门领导的某些干涉，显然是不可能的。司法人员有时难免处于要么坚持原则、秉公办案而被撤职、免职或调离，要么听之任之、违心办案而保住"乌纱帽"的两难境地。要消除这些弊病，根本的办法是改变法院的整体构成和运作机制。

第二，建立法官任期终身制度和司法经费的全国统筹制度。

在实行司法独立的大多数西方国家，其法官都是由总统或内阁任命，一旦被任用，只要没有法定的失职和违法犯罪行为就一直任职到退休，任何机关和个人非依法定条件和非经法定程序不得降低、撤换其职务或者对其职务作出不利于他的变动，我国也可以借鉴这样的制度。对法官的弹劾应由其所在法院提出，对法院院长的弹劾由同级人大常委会提出，这样法官可以依法独立行使职权而无后顾之忧。这种制度一方面解决了某些地方党政机关随意更换"不听话"的院长、法官的老大难问题，使司法独立在人事上有了切实的制度保证；另一方面也无须增加新的的审判机关，无须新增大量司法人员。建立司法经费的全国统筹制度，具体方案是每年初由地方各级政府按照上年度国民生产总值或财政收入总数的一定比例逐级上缴中央财政，然后由中央财政部门全额划拨最高人民法院，再由最高人民法院按人数和地区情况逐级下拨地方各级人民法院。这样做虽然给财政部门和中央司法机关增加了一些工作量，但切断了地方政府部门借此干涉和影响司法工作的渠道，为地方各级司法机关保持独立地位提供了可靠保证。

第三，理顺上下级法院之间的关系，切实贯彻审级制度。

我国宪法规定的上下级法院之间监督与被监督的关系不仅在实质上是自己监督自己，在具有一定利益关系的情况下根本发挥不了任何积极作用的内部监督，而且也被打上了行政化的烙印，实际上架空了审级制度，取消了二审程序，使越来越多的人认为上诉没有意义。现实中，下级法院向上级法院请示汇报的现象比较常见，最高人民法院也常以"批复"、"复函"、"解答"等方式"指导"下级法院处理具体案件，其实质仍然是上级法院对下级法院审理案件的具体审判行为的直接指导，有违法院之间相互独立的司法独立要求。① 因此，必须从制度上消除下级法院向上级法院请示汇报的可能性，实现各级法院之间的真正独立，让审级制度发挥应有的功能和作用。

第四，改造审判委员会的运作机制，保证法官独立和司法公正。

鉴于目前审判人员的业务素质总体上仍不高，在遇到重大疑难案件时确实难以作出决断，在杜绝向上级法院请示汇报时，难免会在如何裁判上犹豫不决，特别是新形势下，各种社会关系日益复杂，法院又必须作出处理，调解也常达不成一致意见。在这样的情况下，让一个由工作经验比较丰富，学识相对较高的法官们组成的审委会来作为人数众多的合议庭对案件进行审理，确实能起到集思广益，兼听则明的作用。但审委会的组成大部分为外行，了解案情的该案的承办人却没有表决权；其讨论决定案件的程序和过程不具有最低限度的公正性，换言之，其是通过剥夺原告、被告与其他当事者的基本权利——获得公正审判的权利来运行的；由于审委会会议由院长或副院长启动和讨论，讨论案件的范围存在任意扩张的可能性，讨论的案件越多，对单个案件讨论所花费的时间和精力就越少，出现错误的可能性就越

---

① 参见蒋惠岭：《提高司法效率的义务——司法职业道德基本准则之四》，《法律适用》2001年第6期。

大，其实施结果无法使人满意。成员们不参加庭审，只依赖承审法官的汇报就对重大复杂的疑难案件作出决断，确有武断之嫌，如果承审法官在汇报时由于主观或客观的因素而对案件的把握有所偏误，无疑会造成错判，浪费了诉讼资源，降低了工作效率，既非公正，又不高效。更严重的是，由于审委会成员都是院长、庭长，常过问法官对案件的审理，以其高人一等的身份干涉法官独立办案，因而必须重新制定审委会规程，确定其合理权限，严格限定其讨论决定案件的范围；规范其工作程序，使审委会审理案件不能游离于审判规则之外，也必须按照法律规定的审判程序进行，在亲自体验和个别感悟之上建立内心确信，而不是听听汇报就随意作出判决。同时要提高审委会成员的业务素质要求，避免谁行政职别高谁就是其成员的弊端，应以法律意识、专业知识、办案能力、工作经验的综合水平为选拔标准。这样才能避短扬长，维护司法独立，提高审判质量。

第五，建立法官平等化、专家化制度，确保法官之间互相独立。

我国法官队伍虽然庞大，但素质确实不高，而且个体之间也参差不齐，这是不争事实。其一，单一型的人多，复合型的人少；其二，经验型的人多，知识型的人少；其三，成人教育培养的人多，正规院校培养的人少。这样的整体构成使众多的法官缺少深厚的人文素养，缺乏扎实系统的理论功底，难以养成以法律的概念去思考问题的习惯，更不能形成良好的继续学习的氛围，缺乏敬业精神。也许正是为了适合素质不高的状况，法官之间人为地出现了不同的等级，使法官之间无法平等。在同一审判中，由于等级不同，对案件的意见得不到同等的对待等奇怪现象，也就有制度根源可寻了。出现这些情况确实不足为怪，却使合议庭在较大程度上变相成为独任审判。[①] 等级有别是行政权的特征表现，目的在于使下级服从上级，保证行政命令的传达与执行，与法院的运作要求完全背离，法官被划分为三六九等，无疑是司法独立、法官独立所不容的。正如学者贺卫方所言，等级的划分过于细致和烦琐，可能造成法官对级别问题过于敏感，产生严重的级别意识，法官是一种反等级的职业，法官最重要的品格是独立，如果在相关的制度安排方面过分强化人们的级别意识，导致法官过于关注上级法院或本院"领

---

① 参见陈贵民：《论司法效率》，《法律科学》1999 年第 1 期。

导"的好恶，就很可能破坏司法独立。

第六，制定传媒活动的规则，科学处理新闻自由与司法独立的关系，建立新闻审查和司法记者资格考试制度。

改革开放以来，我国的各类新闻媒体迅速发展，在现代化建设中发挥了极其重要的宣传、引导、监督作用；同时，我们也经常看到某些报道干扰了司法独立，制定科学的规则对司法独立和新闻舆论对司法的监督都有积极意义。

（三）建立完善的法官遴选制度

我国法官遴选制度经过了二十多年的不断探索，的确有了质的飞跃。通过立法，提高法官的遴选门槛，拓宽了法官遴选的渠道，为逐步实现法官职业化、精英化奠定了基础。但是，法官遴选制度还很不完善，缺乏完备的法官遴选程序和与之相配套的激励机制。因此，造成法官遴选的渠道不畅通，城里人往城外跑，城外人进城难的"围城"现象。

现状一：尽管统一司法考试较大程度地提高了进法院的门槛，但考试并没有增加法院对于优秀法学院毕业生的职业吸引力。目前，法官的收入水平较低，法官职业缺乏荣誉感，司法独立性不强，因此，法官职业的货币价值和非货币价值体现不高。一些高校优秀法律毕业生由于着眼于货币价值，选择去短期可以获利的行业。

现状二：由于我国地域辽阔，东西部经济、文化差距大，不发达地区在职的法院工作人员通过司法考试的人数极少，即使有少数优秀的法官通过了考试，其中安心在当地从事法官工作的寥寥无几。一方面，由于降低了当律师的门槛，统一司法考试便利了至少是一部分已在法院从事司法审判工作多年、有经验的法官离开法院去当律师。另一方面，上海、广东等发达地区率先进行人事改革，面向全国招录有一定审判经验的法官，导致部分不发达地区的法官流向发达地区。一位西部高级法院的副院长忧心忡忡地说，5年以后，我们这里就没有法官了。

现状三：法官遴选的程序不明确，大量希望从事法官职业的人没有成为法官的途径。尽管《法官法》明确了担任法官的条件，但并没有明确具备条件的人通过怎样的途径可以成为一名法官。过去，法院的进人和其他行政单位一样，通过大学分配或公务员考试。但是法官职业不同于一般公务员，它是一项比公务员要求更高的职业。法治国家对于法官的要求普遍很高，有完备的遴选程序，或通过专门的委员会遴选，或通过任命产生。但是，由于目前我国的具体措施尚未出台，造成现在除了部分已经在法院系统工作通过统一司法考试的人员被任命为法官以外，多数法院系统外的人员均被挡在法院门外。

现状四：高级法院的法官来源没有法定要求。无论是基层法院或是高级法院，法官的来源同一般行政机关进人没有差别。高校毕业生通过分配或招录考试进入了哪级法院，具备法官任命条件的就可以被任命为法官。因此，有些同志三十出头就已经担任高级法院甚至最高法院的法官。当然，造成目前这种情况的原因是多方面的，有体制上的原因，也有制度上不完善的因素。任何制度的建立必须有可行性，必须和现有制度合理衔接，否则只能停留在理论阶段。制定适合中国国情的法官遴选制度，首先应该了解我国法官产生的现状和有关人事制度。

《法官法》第11条规定，我国法官的任免权虽然在人大或人大常委会，但提名权却在法院，实践中容易形成任人唯亲和法官地方化的局面。同时，各级法院的人事权由同级组织人事部门统一管理，有严格的编制限制，有可能造成法院需要的人才难以录用的情况。正如肖扬院长所说："目前我国地方人民法院的法官通常由地方自己任免，自己管理，一切待遇都由地方提供。这一制度客观上造成了地方法院被当做地方的法院，地方法院的法官被当做'地方的法官'"。因此，制定在保持现有政治制度不变的情况下可与其相衔接的法官遴选制度，真正实现实质意义上的任免权，保证真正优秀的法律人才选拔成为法官，逐渐形成一支职业化的法官队伍，是目前我们有待解决的问题。K. 科尼尔斯说："对于选拔和培养法官这样重要的任务，世界各国都按照各自不同的方式解决。他们所遵循的原则是：根据各自司法制度特殊的历史发展而决定，依照国家当时的现实情况而变更"[①]。依照目前我国的现实情况，笔者认为可以采用以下做法。

1. 法官遴选机构

既然我国普通法官的任命是由人大常委会行使的权利，我认为可以考虑在全国人大常委会和各省、自治区、直辖市人大常委会分别设立法官遴选委

---

① 转引自张长海：《论"诉辩式"审判方式与现代司法理念的关系》，《巢湖学院学报》2005 年第5 期。

员会。全国人大常委会法官遴选委员会专门负责最高人民法院和高级人民法院法官的遴选。各省、自治区、直辖市人大常委会负责本地区初任法官和中级法院法官的遴选。委员会组成人员由人大代表中的有法律背景的专业人士组成。法官遴选委员会全面负责法官晋升、预备法官人选的考察、推荐和任命。这样既符合法律规定，又使困扰人们多年的法官遴选独立化问题得到解决。

2. 法官遴选程序

对于初任法官的遴选，可采用以下做法：每年各级人民法院向同级组织人事部门申报法官缺额，地方组织人事部门批准后，由各省、自治区、直辖市高级人民法院汇总本省缺额法官人数报同级人大常委会法官遴选委员会，由法官遴选委员会向社会公开招录。凡是通过统一司法考试，愿意从事法官职业的人员不限地域，在规定的时间内向法官遴选委员会提出申请。法官遴选委员会对报名考生进行审查。审查包括成长经历、大学成绩、统一司法考试成绩和品德调查，从中选择出政治可靠、道德人品优秀的考生进行面试，合格的人选被推荐给同级人民法院，由人民法院推荐到国家法官学院参加预备法官培训。培训分为在校学习和实习两个阶段。培训期间重视学员的道德品行观察，以及法官职业意识、法官职业道德和法官职业技能的培养。培训结束后参加最高人民法院组织的考试。考试合格，操行合格的学员由推荐地法官遴选委员会向社会公示，无异议的推荐到各基层人民法院，由院长提名，同级人大常委会任命为法官。[①] 对于中级人民法院、高级人民法院、最高人民法院法官的遴选，采用类似的程序。基层人民法院工作满 8 年的法官可以申请担任中级法院的法官，中级人民法院的法官工作满 8 年可以申请担任高级人民法院的法官，高级人民法院法官工作满 8 年可以申请担任最高人民法院法官。除最高人民法院的法官由全国人大常委会法官遴选委员会负责考察、遴选以外，其他基层法院以外的法官都由各省、自治区、直辖市人大常委会法官遴选委员会负责遴选。[②]

3. 预备法官培训

对于任何一个法治国家而言，法官遴选制度是挑选具备专业标准和更高

---

① 参见李妍：《从法官入手，提高司法效率》，《才智》2009 年第 6 期。
② 参见徐昀：《司法效率的经济分析初论》，《司法改革论评》2002 年第 1 期。

道德水准法官的保障。预备法官培训是法官遴选制度中的重要组成部分，法官遴选离不开预备法官培训。通过培训既加强了参训学员的专业知识和技能，增加了其法院工作的实践经验，又考察了参训学员的人品和道德素养。因此，预备法官培训是法官遴选制度的重要组成部分。关于预备法官培训，笔者认为是可针对不同对象设定不同的培训期限。那些通过了统一司法考试，立志从事法官职业的有法院在职非审判岗位干部，有法律院校的应届毕业生，有具有多年律师工作经验的律师，还有在法律院校从事法学教育工作的专家学者。如果采用统一的培训方式，可能会造成资源的浪费。荷兰的做法值得借鉴。荷兰的法官来源有内部候选人培训任命和外部候选人选拔任命两种。内部候选人指年纪较轻而被选拔进入法院的律师，对他们进行为期6年的培训。前4年在法院进行，由一名资深法官指导，参与所有将来法官可能从事的工作。[1] 后两年在法院系统外进行学徒式训练。6年中每年对学员进行评估，不合格的开除，合格的根据志愿任命为助理法官。再经过一到两年的实习，如果实习的法院满意，可向司法部部长推荐任命为正式法官。而对外部候选人，因为他们都是至少有6年以上丰富经验的律师或其他法律职业者，选拔主要看他们的品行及担任法官的能力，一般由选拔委员会选出后到法院担任助理法官，经过一到两年的考察，实习法院可向司法部部长推荐任命为正式法官。

笔者认为我国的预备法官培训制度可采用以下做法：对于通过统一司法考试没有法律工作背景的学员，培训期为24个月。培训的目的是培养预备法官的人生观与职业素质，包括法律思维、审判实践、道德情操、工作作风等诸多方面。同时，通过两年的观察，判断学员是否具有从事法官职业必须具备的道德品质，是否具有良好的洞察力和判断力等专业素质。培训分为课堂学习和法律实践两部分。其中，在校学习12个月，到法院、检察院、律师事务所、政府机关、企业事业单位实习12个月。实习法院可选择拟就职的基层法院。通过实习，既可以使学员参加法律实践，又创造了拟就职法院考察学员的机会，对是否提名任命为法官提供依据。培训任务完成后，由国家法官学院对学生的人品道德作出综合评价。对于通过统一司法考试的法院

---

[1]　参见王子龙：《正义、效率理念与我国民事审级制度安排》，《甘肃高师学报》2006年第1期。

在职的非审判岗位人员、从事出庭律师工作 5 年以上、法律院校资深学者，培训期可设定为 12 个月，其中在校学习 6 个月，实习 6 个月。鉴于我国目前审判人员严重不足，法官遴选制度有待出台，预备法官培训须尽早开展。值得欣慰的是，部分高级法院法官的遴选改革已经进行，国家法官学院也从 2006 年起开始对预备法官培训工作进行探索和试点。①

（四）改革司法监督体制

我国现阶段，司法公正的状况不容乐观，司法不公现象比较严重，司法腐败现象已经引起整个社会的普遍关注，党和国家为了遏制这些不公现象，还法于民，进行了卓有成效的改革，也建立了一些制度，例如错案追究制、人大个案监督制等。但是，这些制度对遏制司法不公发挥的作用仍然有限，因此，我们必须从法治的角度，建立有效的监督制度，从内部抓起。

现代司法监督主要有五个方面：人大监督、政协监督、司法机关内部监督、人民群众监督、新闻媒介监督。除了司法机关内部监督外，其他均属于外部监督。对于外部监督，笔者认为最主要的是保障司法机关独立办案。法院的监督部门多，如果加以很好的利用，是对司法公正的有力保障。但是，如果处理得不好，干涉太多，反而会影响正常的审判活动，这其实就是一个司法独立的问题。实践中常常可以看到，当事人因为一个案件的处理结果不符合自己的要求或者使自己的利益有损失，于是就去人大、政协上访，去新闻媒体诉苦，对不明真相的群众乱说，最后，人大派人来调查，媒体更是穷追不舍，法院迫于各方压力，有理也变没理，严重干扰了正常的审判工作。因此，笔者认为，任何形式的外部监督都必须依法进行，不能使其成为事实上的另一个司法机关或者事实上的裁判者，法官对案件的审理是一项既严肃又严密的工作，有它自身的特殊性，从案件受理开始，经过法定的程序一步一步寻求真相，解决纷争。在这个过程中，法官的作用是不可替代的，他亲历双方当事人的陈述、举证、质证、依法调解，最后才能作出裁判，这些靠的是双方提供的证据而非感情和单方主张，这是一个复杂的过程，外部力量一旦介入，尤其像人大个案监督的方式，必将使法官无所适从。法院应该是唯一行使审判权的机构，依法审判，独立审判是实现司法公正的前提，过多

---

① 　参见严树华、殷耀德：《司法效率四题》，《武汉交通管理干部学院学报》2003 年第 3 期。

地干预，将使司法沦为工具，威信不存。[①] 法官也不再是法官了，各种主体行为的合法性也因此失去最终的判断人。[②] 笔者认为，对于当事人不满的案件，人大可以改监督个案为备案，并告知该法院及其上级法院，通过审判监督程序来解决。另外，应该制定和完善外部监督方面的法律制度，确保法院独立行使审判职能。关键是程序法律制度应进一步完善和严密，案件程序制度上不健全、不完善，才会导致产生如此多的监督主体。从法治的角度说，使法官的行为严格符合程序是防止腐败的有效手段，建立公开、公正的程序制度，可以使司法行为有迹可寻，易于监控。所以，通过加强程序制度建设对司法人员的行为进行规范、约束和监控，才是解决司法不公的有效途径之一。

关于内部监督，笔者认为可以分为上下级法院的监督和本法院内设机构及制度的监督。依照现在的法律，上级法院和下级法院之间的关系，不是领导和被领导关系，而是审级关系。这种审级关系之间是对案件处理的两道不同法律程序，相互之间是监督与被监督关系，不存在行政机关那样的命令、服从关系。而现实中存在的上下级法院关系并非如此，而是存在一种当事人不知道的请示汇报制度，变相地成为行政上下级隶属关系。后果可想而知，二审法院给一审法院定调子，下级法院怕改判、怕发回，不停地汇报请示，法院独立裁判形同虚设。因此，理顺上下级关系，重构司法构架是解决这个问题的基础，避免司法机关行政化，司法人员官僚化的倾向。有专家学者认为，建立上下级垂直领导的格局有利于法院的独立审判，从而有利于司法公正。对这种看法笔者认为值得商榷，法院独立行使审判权与法院上下级垂直领导没有必然的联系，相反，法院如果实行垂直领导的模式，司法机关行政化的色彩将更浓，内部干预更方便有效，两审终审的审级制度将不复存在。[③] 因此，笔者认为通过设立跨省、市的大区法院、专门上诉法院等方式也许能缓解这个矛盾，当然，要想解决这个问题不是一两种制度就能行的，法律是上层建筑的重要组成部分，牵一发而动全身，必须全面考虑，稳妥

---

① 参见姚莉：《司法效率：理论分析与制度构建》，《法商研究》2006 年第 3 期。
② 参见缪蒂生：《论司法公正与效率的实现途径》，《金陵法律评论》2002 年第 2 期。
③ 参见刘青峰、李长军：《现代司法理念与我国司法管理体制的重构》，《云南大学学报》2005 年第 1 期。

改进。

对于法院内部自身监督制度，现阶段比较多的，例如：错案追究制度，最高院、省市级法院在内部发布的各项禁令，《法官法》、《检察官法》中对司法人员勿为行为的规定等等，虽然相关的规定、禁令不少，且有不断增加之势，但司法不公的情况并未明显好转。究其原因，主要是没有一套行之有效的程序予以落实。因此，笔者认为法院内部自身监督，关键是建立一套可行的监督框架，而原有的内部自查自纠就好像既是裁判员又是球员，同时身兼两个对立的角色，很难落实相关制度，真查实究。故应将这项权利赋予一个新设立的专职机关依法行使监督检查权，使该机关完全独立于其他司法、行政机关，由国家权力机关直接领导。因为我们是人民民主专政的社会主义国家，人民是国家的主人，国家的一切权力都来源于人民，而人民行使权力是通过国家权力机关得以实现。这就表明了该新设机关权力来源的正式性、合法性、民主性，同时又对国家权力机关负责，向它报告工作。因此，我们只有从法律上给予该新设机构以较高的地位，才能使其不受干扰地开展工作。对于查出的有问题的司法人员，根据其行为性质分别处理，笔者建议引进司法人员弹劾制，对那些行为影响恶劣，又不够刑罚的司法人员，一律报告国家权力机关，由其审查决定是否弹劾，为此可以专门召开听证会，群众也可参加旁听，从而达到较好的社会效果。司法公正的核心是程序公正，司法人员自律并不是司法公正的有效保障，程序公正必须靠自身的完善和外部的监督得以实现，这同时也是建立民主政治、法治国家的前提和基础。

弗朗西斯·培根说："一次不公平的裁判，其恶果甚至超过十次犯罪，因为犯罪虽然是触犯了法律——就像是污染了水流，而不公正的审判则毁坏法律——就像是污染了水源。"[①] 公正是司法活动的灵魂，是法律价值的所在。千百年来，人们都在孜孜不倦地追求着理想。实行依法治国，保障司法公正是一个长期而又复杂的系统工程，我们必须在保障人权的基础上，完善各项制度，逐步推进法治建设。

---

① ［英］培根：《人生论》，湖南人民出版社 1987 年版，第 219 页。

第三章

司法权威与司法制度的建设

第一节　有关权威的理论

一、语义与方法

为了解释权威的内涵，理解权威的各种表征，我们研究的首要任务就是描述权威一词所具备的语义内涵。何谓权威？权威由哪些要素构成？权威是一种制度性事实，还是一种心理状态，还是指对人的行为的约束力。唯有我们对权威有个严格界定，我们才能对权威的生成、结构、功能、意义展开进一步地论述。回答这个问题，我们实际上做的工作是提供概念分析，这种工作就是要识别出体现在权威中的核心概念，并解释这些概念的内容，揭示这些概念相互之间的关系：识别出在该领域内正确使用每一个核心概念的标准，并尽可能地揭示这些不同标准的共性是什么。对于一项社会制度的概念分析可以采用不同的形式，如果这种分析为了说明概念而借助于该概念本身的功能，那么它就是一种功能性分析。如若实践中的某些或者全部的核心概念能够根据一些数量更少但更基础的概念来说明，这种分析又是一种概念简约性的。① 如若这种分析逻辑是成立的，那么在对权威一词作概念分析时，我们首先要识别出与权威相关的核心概念是什么，然后分析这些核心概念之

---

① 参见［美］朱尔斯·L·科尔曼：《原则的实践—为法律理论的实用主义方法辩护》，丁海俊译，法律出版社 2006 年版，第 26—27 页。

间有何种共性，并进而回答权威本身的功能是什么，可否对权威概念作简约化的处理。带着这些问题我们先从一般意义上对权威的概念已有研究进行简要的梳理。

从语义学上看，权威一词来源于拉丁文的"autortitas"，在罗马法中与"potestas"（权力）和 imperium（统治权）相对应。在英文中权威称为authority，根据牛津高阶词典的解释，权威一词主要在以下几种意义上使用：其一是使他人服从或者施以命令的权力；其二是职权、权限；其三是指有权力发号施令的人或当局、官方；其四指具备专门知识的人；其五指可提供可靠资源或证据的知识。语义学的解释尽管指出了权威一词所指涉的领域和范围，但是无法系统地用来分析权威的概念内涵。鉴于学科的划分，我们可以发现权威主要在政治学、社会学以及法学这三个学科之间展开。因此，要探寻权威的意义脉络就是要通过散见于各个学科的论述，将权威的内涵有效地展示出来。从方法上看，我们在概念的分析中所使用的方法，仍然会在我们的概括中作为线索和摘取的工具。虽然各个学科对于权威的关照各有侧重，但是并不意味着在各自所关注的领域内权威的概念之间可以绝然地分开，我们毋宁将学科之间的概念界定作为拓展权威概念的不同视角。

二、政治学中有关政治权威的理论

在政治科学中，权力（power），力量（strength），影响力（force），暴力（violence）和权威（authority）这些概念在使用之时常常是混乱的。阿伦特认为影响力（force）一词在政治学中不能和权力（power）相互转换。影响力从本质上说涉及的是一种运动或者其他的用人力不可控制的外部环境。而权力则是人类关系的组成部分。她认为混淆了这两个概念，意味着在某种程度上把有机的法律的运作与其对人们决定的影响孤立开来。她坚持认为权力在社会关系中是源于能够说服或者强制他人行为的能力。而力量（strength）是个人的做特定事项的能力问题。最后，权威（authority）是一种特殊的权力形态。它代表权力的获得是基于官方或者权威机构的授予。权威并不仅仅源于个人的属性，它的运用有赖于他人的认同和合法性而并非仅仅是个人的说服或强制力所能涵盖。① 阿伦特论述的权威概念受到了韦伯的影响，她将权威界定为人类关系的范畴，是一种特殊的权力形态，与权力的区别在于权威的产生源于合法的授权而不仅仅取决于个人的能力。政治哲学中关于政治权威的本质，政治权威的合法化（正统性），以及服从政治权威的依据和根源，成为政治哲学中争论的焦点。在权威和理性、个人自由的冲突和悖论中，人们服从权威的义务的理由为何，其正当性如何论证，在这些争论中发展出了自由权利理论、选择理论、理性共识理论、默示理论、共同义务理论等解释理论试图消解对权威的正当性论证所构成的威胁和质疑。② 应该说，这种界定权威内涵的方法，正如拉兹在《法律的权威》一书中指出的：实际上是通过描述拥有合法性权威的必要条件来阐述权威的本质。这种解释并没有假定权威主张，事实上是已被正当化了，只不过指明了它们如何被正当化。③

那么，如何证明政治权威的合法性呢？按照 Tom Christiano 的总结，存在三种基本的合法性政治权威的类型：合理化强制的政治权威（legitimate political authority as justified coercion），施加义务能力的权威（legitimate political authority as the capacity to impose duties），正当统治的政治权威（legitimate political authority as the right to rule），第一种类型的合法性政治权威意味着政治权威实施强制在道德上被证明是正当的，这种权威观念并不涉及对于被强制民众的义务问题，在这一意义上权威不是发布命令，更不用说制定法律，它只是简单发布威胁和意向。在这一层面上，合法性和非法性政治权威的区别仅仅在于非法性政治权威的行动在道德上不能被证明是正当的；第二种合法性权威意味着，权威的实施对象具有某种义务，或者权威有能力对对象强加某种义务。这一义务可以仅仅是不能干预政治权威的行动或者涉及更为重要的服从权威的义务。这种权威的概念涉及权威和它的对象之间较为弱的一种道德关系。权威在发布命令和试图强制人民服从命令时被证

① See Pat Duffy Hutcheon, *Hannah Arendt on the Concept of Power*, Wilfrid Laurier University Press, 1996, pp. 324 – 345.

② 关于政治权威的类型以及政治权威的合法性的论述，可以参见 Tom Christiano, *Authority*, Stanford Encyclopedia of Philosophy, 2004。

③ 参见［英］约瑟夫·拉兹：《法律的权威——法律与道德论文集》，朱峰译，法律出版社 2005 年版，第 5 页。

明是正当的，同时对象既有某种不得干预这些活动或者服从命令的义务；第三种权威的概念涉及正当统治的权威这个观念。严格意义上，有权统治的权威并不需要对象具有服从的义务，权威具有有权统治的合理性，这意味着权威被许可发布命令，制定法律，以及强制他人服从，并且这一权力的拥有在道德立场上是被证明合理的。①

Tom Christiano 认为，将合法性权威定义为"有权统治其公民"，意味着公民应当服从，这种服从给予每个公民服从的道德义务，而这些都归因于权威本身。因此这种形式的合法性是基于主体间的道德关系。建立强有力的统治权依靠这一事实，即每一个公民将服从作为理由，这一理由是基于人们具有服从权威的道德义务。因此，作为有权统治的合法性权威意味着公民是基于道德的理由才遵从正当的统治，有权统治要求公民具有深厚的道德水平，政治权力的运作是奠基于认识到或者肯定每个公民之间的道德关系。对比而言，如果社会仅仅是一个强制被证明为正当的社会，权威的对象并没有亏欠权威任何东西也没有服从权威的义务。因此，此种权威仅仅是正当化强制。权威的对象服从的理由仅仅是他们希望避免处罚。而中间形态的政治权威则认为政治权力的运行涉及相互认同和承认。在此种情况下，对象负有义务但是这种义务不是与权威的任何东西相联系。相反，对象的行动更多是依据独立于权威的理由。正当统治权威是一种理想状态，而其他的权威类型则是理想政治共同体的次级形态。

在这三种合法性权威形态中，作者更看重中间形态的权威概念。作者认为在某种意义上，服从的义务是内含于政治权威概念之中的。那么什么是服从的本质呢？公民可能认为服从的义务仅仅是因为权威命令其如此行为，因为它是正当的，而别的选择都是不正当的。在这里服从的义务是依据命令的内容。合法性政治权威的命令涉及更多的内容，权威对象的义务不仅仅基于命令的内容而且还包涵事实上发布命令的渊源。当命令的发布是通过适合的权威主体并且具有正当的形式和来源时服从的义务才能产生。在这方面，服从的义务是独立于内容的。人们必须如此是因为曾被告知如此，这种义务涉及服从的义务的中心内容。这里我们必须区别基于权威的义务和由于权威的

---

① See Tom Christiano, *Authority*, Stanford Encyclopedia of Philosophy, 2004.

命令的结果所产生的义务。基于权威的义务是由于权威拥有这样一种表征，这种表征使得权威被赋予了命令的权力，并且由于这种权力，人们应当服从，这一理念是权威被服从必然具有某种正当性。另外一个重要的区别是服从的优先性义务和非优先性义务，优先性义务可以使其他义务失去作用。优先性义务并非旨在反对其他义务。当然优先性义务也并非绝对优先于其他考虑，它仅仅是优先于某种有限的范围和某些考虑。这种区别也可以见于拉兹关于权威是一种排他性的行动理由的论述。① 如果从服从的角度来认识合法性权威的概念，这一问题也可以转化为解释什么条件下政治权威具备合法性。合法性政治权威的维持必须满足哪些规范性条件。大体上，通常理论是从识别出各种政体的一般属性并给予它们合法性。特别的理论则划分出政体具有合法性的特殊等级，或者具有特殊的高等级的合法性。四种一般的合法性理论是同意理论、理性共识理论、联合的义务理论和工具主义理论。就西方社会的理论形式而言，两种特殊的理论形式是君权神授理论和民主理论。②

　　论述至此，我们不难看出在政治权威的论述中，权威（政治权威）被理解为一种特殊的权力形态，权威（政治权威）概念与权力、服从的义务、强制、正当统治等密切相关。其核心概念是合法性（政治）权威，也就是如何为（政治）权威的统治寻求正当化解释。由于篇幅的限制，我们仅仅是给出了与权威相关的核心概念和合法性权威的概念。并不去具体地论述特定时代的权威类型。下面我们就将目光聚焦到社会学视野中，探讨在社会学中是如何来阐释权威的内涵和本质的。

三、社会学视野下的权威

　　社会学背景下权威概念为何？社会学者又是从何种视角和路径来研究权

---

　　① 参见 ［英］约瑟夫·拉兹：《法律的权威——法律与道德论文集》，朱峰译，第 15 页。

　　② 这里所阐述的合法性权威的概念并不是没有争论，其实对于权威的正当性从提出之时就受到了无政府主义者的质疑，无政府主义论者质疑权威的正当性是与道德自治和人的个性自由相违背的，甚至认为政治权威根本不能证明是正当的。但是政治权威的维护者从各种角度驳斥了无政府主义的主张，主张权威与个人自由与道德自治之间的相容关系，并通过理性共识，联合义务和功利主义的路径为存在的合理性和正当性提供了论证。这里可以参考 Tom Christiano 在权威一文中的总结，由于篇幅关系，在这里不展开来说明。

威问题？与政治权威的理论一样，社会学视角下有关权威的观点并非融贯和一致的。因此我们在此论述权威概念时必然有所选择和偏颇。本书选择了韦伯、帕森斯两个学者的论述，这并不是仅仅因为两者在社会学界负有盛名，更重要的是二者在研究社会问题（权威问题）时所采用的独特视角。韦伯在权威论述中采用的理想类型方法、帕森斯采用的结构功能主义的方法，都是研究权威理论所不能忽视的。

（一）韦伯的权威理论

理想类型方法是在区分社会科学与自然科学的基础上，通过反思历史主义和直觉主义方法论的困境后，在社会科学中采用的独特的方式论。韦伯认为就认识的兴趣而言，对自然现象的兴趣是集中于抽象的一般性方面。自然科学的目的在于系统阐述普遍适用的一般规律体系，对于自然科学来说，一般性概念本身就是目的。社会科学感兴趣的并非抽象的一般性，而是其个体的独特性。在社会领域，阐述和验证一般概念本身仅仅是对个别现象进行解释和了解的手段。[①] 除此之外，自然现象作为科学的对象而言，其与人的价值是不相关的，这是自然现象与社会现象的不同之处，人类以及人类的行为是必须通过某程度上对之持某种价值态度的。在对社会现象进行分析时，不可避免地需要进行选择，因而作为社会现象的个体性本身是经过了建构和选择的个体，而选择的标准是根据选择者本身的价值体系。由于价值体系的多样性，在社会科学中，不可能有一个普遍正确的一般理论体系。韦伯认为社会科学中的概念有"虚构"的性质。这对于他关于理想类型的学说具有重要的意义。[②] 虽然价值体系具有多样性，但是韦伯并不就此认为社会科学不具备客观性或者陷入怀疑论的境地。韦伯认为社会现象不可能涉及所研究的具体个体的全部整体，对于现象的把握必然进行相应的选择，但是经由选择和建构的历史个体满足了论证的逻辑图式，就可以抵消这种相对性，成为可验证和客观的。价值体系的多样性本身同样不足以消解历史个体的客观性。只要是正确的，不同的价值体系下建构的一般理论都可以通过某种形式的转化或者通过更为广泛的体系来认识。在韦伯的观念中，社会科学的发展是一个渐进的过程，是一个无限的接近客观实在的过程。基于这种观念，韦伯有

---

①　参见［美］帕森斯：《社会行动的结构》，张明德等译，译林出版社 2003 年版，第 593 页。

②　参见［美］帕森斯：《社会行动的结构》，张明德等译，第 64 页。

效地化解了在社会科学中的怀疑论的思想，为社会科学的发展奠定了基础。同时，这种观念本身也为理想类型方法的建构提供了基本的立场。①

在简要阐述韦伯关于社会领域的研究方法和立场之后，我们来看韦伯对文明所作的理性化的解释。与社会变迁相应，韦伯更为关注社会的秩序问题。在其看来，秩序是由统治集团的组织和合法性所保证。各个不同的历史时期可以由不同的统治类型来加以解释，这些统治类型被它们各自内在的和外在的力量（理性化，传统化，魅力型权威所改变）。韦伯对于发展的总趋势抱犹豫不定的态度，但是他最终以资本主义的理想类型——描述了在一切生活方面进步着的理性化过程到最终走向现代世界的变迁方向。随后，韦伯论述了理想的统治类型是如何构成的？韦伯在论述权威时，先是从统治的概念开始论述的，韦伯认为通过组织的统治是合法权威的基础。那么统治的内涵是什么呢？韦伯从两种意义上来使用统治这一概念，其一是根据利益安排的统治（特别是根据垄断地位的统治），其二是根据权威的统治，即命令他人有义务服从的统治。在此，我们重点来论述韦伯关于权威的统治的内涵，对于此种统治意味着统治者的意思表示（命令）对其他人（被统治者）行为的影响，并且在实际上或者使被统治者将这种命令奉为他们的社会行为的最高准则，由此看来，这种情况可以称为服从。② 由此看来统治涉及权力的行使和命令的服从关系，当我们联想政治权威的理论时就会发现，此种统治的概念和政治权威的概念在某种程度上是切合的。但是，在韦伯的理论中，并没有明确指明权威和统治之间在概念上的一致性。③

随后韦伯又提出了两个重要的概念即有组织的统治和统治的合法性。韦伯认为任何统治的存在和维持，都必须通过一定的组织和行政来发挥作用。这一组织由两类人构成，一部分是为维护统治而行使行政功能的人，另一部

———————————

① 关于韦伯的理想类型方式的详细论述参照陈景良：《反思法律史研究中的"类型学"方法 ——中国法律史研究的另一种思路》，《法商研究》2004 年第 5 期，以及韦伯的《社会科学的客观性》中的论述。

② 参见［德］马克斯·韦伯：《论经济与社会中的法律》，张乃根译，中国大百科全书出版社 1998年版，第 327—330 页。

③ 这里可能涉及翻译的问题，韦伯在使用这一概念时对应的词是 Herrschaft，在德语中有统治或者支配的意思，在翻译过程中，尤其是英语中，也将这一词译为权威（authority）。中文翻译中也有将其翻译为权威和统治两种类型，但是从这一概念的内涵上看，韦伯概念中的统治确实和权威一词有极大的契合处。为了照顾原文的语义，这里我们还是使用统治这一词来概括。

分是准备为统治者效力的人。统治者（主人）与组织的关系类别、分配命令权的特定方式则决定了统治机构（以既定方式分配职位的人组成的圈子）的社会学特点。[①] 韦伯在此试图向我们揭示统治的基本方式，并以统治者（主人）与组织之间的关系、分配命令的方式作为不同统治方式的分类标准。最后，韦伯提及了合法性统治（权威）的概念。韦伯指出：任何需要维持的统治毫无例外地会求助于某种论证自己合法性的原则，这种原则有三项：首先，命令权的效力为通过有意识制定的理性规则来表示，这种效力要求一定的服从作为具有普遍约束力的规范，而这种服从就是规则赋予统治者要求的。在这种情况下，任何拥有命令权的人根据理性规范的授权都是合法的。因此，这种意义上的合法性统治也称为法理型的统治（权威）。其次，命令权力的效力也会以个人权威为基础，这种个人权威可能建立在传统的神圣基础上，即这是习惯造就的，一贯如此，服从是对特定个人而言。最后，这种个人权威可能来源于另一渊源，即求助于不同寻常的基督教信念，这就是将这个人视为救世主、先知或英雄。这种统治合法性也称为克利斯玛的权威。[②]

　　从韦伯的统治（权威）理论看，其将统治建立在对行为的控制层面，统治其一是表现为根据利益安排的统治（特别是根据垄断地位的统治），其二是根据权威的统治，并指出根据利益安排的统治也可以转化为根据权威的统治，因而其视角也更为广阔。韦伯重点论述了根据权威的统治的内涵，并且将有组织的统治作为合法性权威的基础。于是根据抽象化的总结，存在的合法性权威的三种理想的类型即传统型、个人魅力型、法理型。历史上存在的各种合法性的权威都是这三种理想形态的变种，或者改制，或者混合。在这里我们一方面要肯定韦伯在研究统治（权威）时深邃的视角本身，同时，也不能忽视韦伯在方法论上一贯坚持的立场，也就是说，在韦伯眼中社会领域的现象中，一般概念本身并不是目的，而仅仅是一种手段，理想类型本身是一种一般性的概念，是我们分析历史上存在的权威（统治）类型的重要工具。

　　（二）帕森斯的制度化权威理论

　　帕森斯的权威理论同样需要结合其研究社会问题的方法才能够更好地理

---

① 参见［德］马克斯·韦伯：《论经济与社会中的法律》，张乃根译，第335页。
② 参见［德］马克斯·韦伯：《论经济与社会中的法律》，张乃根译，第337页。

解。帕森斯的理论深受韦伯的影响，韦伯认为人类可获得的科学知识是一个有限的整体。即便这个知识的总体，也绝非对于可以想像得到的客观实在总体的完全反映，而只是一种函数的关系，如同所有客观知识一样。[①] 帕森斯的将社会理解为一个系统，这个系统又可以分解为不同的子系统和对应相应的功能，这里我们可以看到，社会就类似于韦伯论述的函数一样，每一个函数是一个变量，变量越多，就越接近于客观现实本身。帕森斯认为社会是一种特殊类型的社会系统，社会是一个有机组成的系统，社会系统与外部系统之间互相依存，在动态平衡中寻求发展。帕森斯将社会系统看作是人的行为系统的基本子系统，此外，其他子系统还包括行为机体系统、个体的人格系统和文化系统。各个行为的子系统承担着不同的功能。文化系统是承担着维系行为系统的最高"统辖"或控制格式的范围；社会系统的功能是系统的内在整合；人格系统与环境相关的目标实现的方向有关；而行为机体系统则专门围绕着适应的功能展开。

尽管在总的行动系统中，社会系统主要承担着整合的功能，但是在社会系统内部也具有与相似的功能分化的子系统（帕森斯也将其定义为社会共同体的社会内环境），帕森斯将这些子系统分为制度化的文化格式之维系、政治组织、经济。社会的三个主要的子系统是围绕着与社会系统的三个主要环境（文化系统、人格系统、行为机体）的关系中功能化地专门形成的，每个子系统分别最直接地与某一环境相关。此外，帕森斯还从集体性方面衍生出社会共同体的概念，这个概念围绕规范秩序与集体组织起来的人口的相互关系展开。作者将社会共同体的结构分成四个范畴——价值、规范、集体和角色。作为社会的共同体，它是由秩序的规范体系，以及关于共同体内各群体的各种成员身份的各种地位、权利和义务所构成。在规范性方面，作者区分了规范和价值。价值是社会系统与作为总的行动系统的子系统中的文化系统相联系，规范主要是社会的规范，在较发达的社会中，规范的结构性焦点是法制系统。在被组织的人口这一方面，集体是关于社会内部结构的范畴，而角色是结构的边界范畴。价值、规范、集体、角色在社会结构中的功能与总的行动系统的功能是一一对应的关系。

---

① 参见［美］帕森斯：《社会行动的结构》，张明德等译，第 673 页。

帕森斯将社会系统的分支分为价值、规范、集体、角色四个层面。价值通过合法化与社会系统结构联系的主要参照基点是制度化。制度是规范的一般模式，这些模式为人们与他们的社会及其各式各样的子系统和群体的其他成员互动规定了指定的、允许的和禁止的社会关系的范畴。作者在此引出了权威的含义，出于对社会系统分支的分析，帕森斯将权威规定为制度化的范畴，类似于合同、财产。[①] 虽然在此处，帕森斯并没有使用规范一词来提到制度，但是制度化形式中内含着规范和组织的含义。因此，权威和合同一样，包涵着协定的成分。正如帕森斯指出的，在涉及合同关系的社会关系中，那里有整套社会上所规定的期望和规范，如果由于各种原因，一方不能履行他的义务时，将会产生何种结果。[②] 不难看出，在这里帕森斯并没有将权威的合法化的条件作为权威的本质而是将权威界定为一定制度化模式或者规范化模式，这种模式界定了社会关系中的行为人的权利义务关系，以及违反规定时的惩罚形式。

帕森斯关于权威的概念界定是与其结构功能主义的方法紧密相连的。帕森斯认为社会是一种特殊类型的社会系统，社会是一个有机组成的系统，社会系统与外部系统之间互相依存，在动态平衡中寻求发展。因此，其将权威界定为制度化的范畴，也就是其在社会系统中是居于规范整合的功能。权威作为制度化的模式，其形态主要体现在权力和政治中，按照帕森斯的说法，政治制度就是权威的空间。[③] 在论述政治制度的含义时，帕森斯提出了特定责任或者领导这一概念，用以表述具体的政治范畴。其使用这一概念是用来表明社会系统制度化的一般特征：有效发挥系统全部功能的责任不会在系统的所有地位中到处扩散。[④] 也是就说对政治系统而言，领导（韦伯称为统治）必须是责任掌握在特定主体的手中。就功能而言，帕森斯认为有效的发挥系统功能（集体目标）的责任可以影响到公共利益。[⑤] 因此，制度化模式就与集体目标的实现产生关联。为此，帕森斯给出了关于权威更为具体的含

---

① 参见［美］帕森斯：《现代社会的结构和功能》，梁向阳译，光明日报出版社1988年版，第145页。

② 参见［美］帕森斯：《现代社会的结构和功能》，梁向阳译，第146页。

③ 参见［美］帕森斯：《现代社会的结构和功能》，梁向阳译，第149页。

④ 参见［美］帕森斯：《现代社会的结构和功能》，梁向阳译，第150页。

⑤ 参见［美］帕森斯：《现代社会的结构和功能》，梁向阳译，第150页。

义，其认为，权威在此就是用来界定制度化领导责任的。权威是控制与参与实现集体目标有关的社会成员行动的制度化权利的综合体。特定责任的参与者应有此类权利。由此看来，权威是整合集体的既定模型与层次的制度化。"领导者"权力的制度化是集体成员所期望的支持。这种既定模型是有效与合法的集体行动的基本条件。帕森斯在这里试图将其制度化权威的理论进一步深化，帕森斯认为权威是与特定的领导责任相联系的，基于社会分层的要求，权威只能掌握在特定的领导者手中，权威通过既定的模型需要实现集体目标。帕森斯似乎论证了权威存在的正当性基础，这种正当性与权威的功能相关，但是，帕森斯是从正面来论述权威存在的功能和合理性，难免忽视了政治领域的冲突和斗争，集体目标的达成与特定阶级的利益之间的关系如何？帕森斯并没有很好地论述这些问题。

随后，帕森斯界定了权威的类型（模式），其认为韦伯关于权威的类型只是按照社会一般价值，权威的类型应该内含更多的因素。为此，帕森斯提出了界定权威模式的四个标准：一是以社会一般价值为根据的合法；二是适用于角色或者集体的系统的地位；三是权威者被期望面临的情境类型；四是制裁，一方面是权威转让，另一方面是在与他们的行为有关的其他人中产生。①

总之，在帕森斯的理论中，并没有简单地将权威与授权和合法性等同，而是将权威作为社会系统的结构性的一个分支，并赋予权威以制度化的含义，权威在社会系统中的功能是整合。在整个社会或者某一子系统中个人或者官员承担特定的政治责任，并被赋予了支持或增进与集体目标有关的一定类型的系统整合的权力，即包括在强化目标中通过一定类型合作的制裁、指定、实行、禁止对此类集体的一定类型的干预。②

四、法律的权威理论

在法律的视角下来讨论权威问题，在某种程度上是更为契合主题的。现代社会中，不管我们是在何种意义上来理解法律以及法律的权威，法律作为有组织的社会控制手段（庞德语）已经被人类社会普遍接受。然而我们回顾

---

① 参见［美］帕森斯：《现代社会的结构和功能》，梁向阳译，第153页。
② 参见［美］帕森斯：《现代社会的结构和功能》，梁向阳译，第161页。

法律的历史却发现法律成为普遍接受的规则治理模式并非从其发展之初就被人类社会所接受和认可。在法律出现之初，习俗、道德、宗教等都在人类社会舞台上扮演着重要的角色，选择法律和法治也并非没有争议。从历史上看，我们熟知的柏拉图和亚里士多德关于人治和法治之争，中国历史上儒家与法家之争，都折射出法律在社会治理领域取得权威的艰难。在法律发展之初，法律与习俗、道德、宗教之间也有着千丝万缕的联系，法律与道德、宗教之间相互交织，法律并未实现自治，法律的权威也与道德、宗教的权威交织在一起。现代法律的发达史就是一部法律与宗教、道德等因素相分离并逐步确立了法律权威与自治的历史。

我们来看一下法律形态历史演化与法律权威的类型。要想系统地描述法律权威生成的历史，可能是一个及其细致的琐碎的工作。这里我们只能试图借用韦伯的理想类型的方法将法律权威的演进作一种类型化的处理，这是法律权威的类型的第一种分类。就这种总结而言难免有所偏颇，本书能做到的也许只是一种在脉络上的梳理。西方历史上，法律权威的类型是脱离不开对法律形态的理解，这种理解通过观念形态和制度形式进一步扩散到社会生活中，对人们的行为和后世产生了深远的影响。如果这种逻辑成立的话，法律权威的历史演化与法律的形态之间具有天生的勾连。也就是说法律的权威并非一个普世性的概念，与法律的历史演化一样，法律的权威也是一个不断地被认识和反思的概念。那么在法律发展过程中，可以对法律做何种类型化的处理呢？这里我们发现了几种可供选择的进路，其中之一是韦伯从合理化的角度对法律的发展所作的分类，韦伯将法律分为形式合理性、实质合理性、形式非理性、实质非理性，并认为现代的法律应该具有形式合理性的特征。

第二种分类是诺内特、塞尔兹尼克的分类方法，其将不同形态下的法律分为压制型法、管理型法与回应型法三种形式。三种类型的法律形态同时由各种不同的变量来组成，在诺内特、塞尔兹尼克的总结中，这些变量包括以下几个层面：法律的目的、合法性、规则、推理、自由裁量权、强制、道德、政治、对服从的期望、参与。具体的内容，我们可以通过下表中的内容来更为清晰地认识作者的分类标准。三种类型的法的形态尽管是一种抽象的概念，任何复杂的法律秩序或它的一部分都永远不会构成一种绝对一贯的体系，而表现出某种混合的特征。一种法律秩序会展现出所有类型法的要素，但是它的基本状态可能依然比其他法律秩序更接近一种类型的法。①

	压制型法	自治型法	回应型法
法律的目的	秩序	正统性	权能
合法性	社会防卫和国家利益为名的理由	程序正义	实体公正
规则	粗糙而烦琐的，对规则制定者只有微小的约束力	细致的；被认为同样的约束统治者和被统治者	从属于原则和政策
推理	特殊的，便利而具体的	严格遵行法定权威；容易被指责为形式主义和法条主义	有目的的；认知能力扩大
自由裁量权	普遍的；机会主义的	有规则限定的；授权范围狭小	扩大了的，但对目的负责
强制	广泛的；受微弱限制	由各种法定约束所控制	积极寻求替代物，即各种鼓励性的、自我维持的义务体系
道德	公共道德；法定道德主义；强迫的道德	机构道德；专心于法律过程的完整性的道德	公民的道德；合作的道德
政治	法律从属于权力政治	法律独立于政治；分权	法律愿望与政治愿望一体化；权力混合
对服从的期望	无条件的；不服从本质上被作为蔑视加以惩罚	依法证明为这个正当的背离规则行为，如，检查制定法或命令的有效性	按照实体危机评估不服从；被看作是提出了各种正统性问题
参与	谦恭的依从；批评被作为不忠诚	评价受既定程序限制；出现法律批评	评价由于法律辩护和社会辩护的一体化而扩大

第三种分类方式是与社会发展形态相联系的，昂格尔在《现代社会中的

---

① 参见［美］P. 诺内特、P. 塞尔兹尼克：《转变中的法律与社会：迈向回应型法》，张志铭译，中国政法大学出版社 2004 年版，第 18—19 页。

法律》中将法律的类型与社会形态关联起来，与此相应，法律的类型也可以分为习惯法、官僚型的法以及法律秩序（严格意义上的法律）三种。昂格尔认为习惯法仅仅是反复出现的、个人和群体之间作用的模式，同时，这些个人和群体或多或少地明确承认这种模式产生了应当得到满足的相互的行为期待。[①] 由于缺乏实在性和公共性，与成文法相比，习惯不准确，不可能归纳为一套规则。之所以如此，在作者看来是因为习惯并不是实在的，它同规则性与标准、选择规则与使用规则的区别毫无相干。与习惯法不同，官僚法是具备公共性和实在性的法律形态。官僚法由一个具有政府特征的组织所确立和强制的公开规则组成。从产生条件上看，国家与社会分离之后是官僚法得以确立的前提，正因为如此，昂格尔认为无论官僚法在哪里产生，那里总存在一个国家，官僚法的产生与习惯法的最大的区别在于，此种法律形态不是社会自发形成的，而是借由具有政府特征的组织蓄意强加的。从历史上看，官僚法的产生总是伴随着其他类型的法律。如以伊斯兰法为例，我们可以看到区分习惯领域，君主自由裁量领域和神法领域。社会生活因此被划分成两个部分，第一个部分或多或少地处于君主的命令之外；第二部分则处于君主几乎无限的自由裁量权的范围之内[②]；最后一种则是更为严格的法律概念这种法律绝不是各种社会的普遍现象，它仅仅在非常特殊的环境中才能产生和生存，作者称其为法律秩序或法律制度。作为法律秩序的法律不仅具备公共性和实在性，而且具备普遍性和自治性。[③] 从作者的论述来看，此种类型的法律是与现代社会的法律概念等同的，在其后的论述中，作者也提到了自由社会的法律形态，也就是我们通常意义上讲的法治社会。

　　第四种分类方法是孔德对于人类思想进化的划分方法。根据孔德的分

---

①　参见［美］昂格尔：《现代社会中的法律》，吴玉章译，译林出版社 2003 年版，第 40 页。

②　参见［美］昂格尔：《现代社会中的法律》，吴玉章译，第 42 页。

③　昂格尔认为自治性表现在实体内容、机构、方法与职业四个方面。实体上的自治性是指，政府制定和强制实行的规则就是重复了任何一种独特的非法律信念或者标准，更明确地说，一种自治的法律制度并非是某种神学观念的法典化。机构上的自治性是指法律规则由那些以审判为主要任务的专门机构加以适用。因此国家与社会分离因国家内部立法、行政和审判的区分来加以完善。当上述那些专门机构论证自己行为合理性的方式不同于其他理论或时间所运用的论证方式时，法律就获得了方法论上的自治性。这意味着法律推理具有一种使其区别于科学解释以及伦理、政治、经济论证的方法或者风格。最后，法律秩序还以职业的自治性为特征。一个由其活动、特权和训练所确定的特殊集团，即法律职业集团、操纵规则、充实法律机构及参加法律争诉的实践。

类，人类思想的进化大致经历了三个阶段：第一个阶段是神学阶段，人们用超自然的原因和神的干预来解释所有的现象。第二个阶段为形而上学阶段，这一阶段的思想求助于终极的原则和理念；而这种原则和理念被认为是存在于事物表象的背后，而且还被认为是构成了人类进化的真正驱动力。第三个阶段，就是实证的阶段，在这一阶段，人们在自然科学所使用的方法指导下，否弃了哲学、历史学和科学中一切假设性建构，仅关注经验性的考察和事实的联系。① 尽管这种分类方法并非直指法律的分类，由于时代的限制，孔德没有看到在现代社会中实证主义遭遇的批判和困境。但是正如博登海默指出，它对于西方哲学从中世纪早期到 20 世纪初期的发展运动和一般方向来讲，还是颇有意义的。就法律哲学而言，中世纪对法律的理解，受到了神学强烈的影响，使法律与神的启示与上帝的意识联系起来。从文艺复兴时期到 19 世纪中叶，这一无论是古典自然法还是萨维尼、黑格尔和马克思所倡导的法律进化哲学都具有某种形而上学的隐私。19 世纪下半叶，实证主义开始渗透到法律科学中。在实证主义法学者反对法学中形而上学的思辨方式和追求终极真理的做法，法学研究的对象限于实在法本身，在实证主义法学看来实在法就是国家确立的法律规范。② 这种分类方法从某一个层面揭示了在历史演进中法律思想经历的变革。我们谈论法律的类型与法律的权威之时，不仅仅需要关注历史上曾经出现的具体法律形态，还要从过去时代的精神出发理解过去时代的所有证据，把这些证据从我们自己当下生活的成见中解救出来，不顾道德体面地把过去作为一种人类现象来认识。③ 基于此种立场，我们在论述法律权威之时，将法律思想的演变，作为法律的历史类型中的必要组成部分来加以考虑。这是在我们下面论述具体法律权威之时，需要首先加以强调的。

应该指出，法律在历史上是作为一种观念形态和制度形式出现的，法律正是借由特定时代背景下的法律意识和制度类型来实现它的"统治"。因此，我们阐述法律在社会生活中的权威问题时也表现出了两个层次，一个是观念

① 参见 ［美］E. 博登海默：《法律哲学与法律方法》，邓正来译，第 119 页。
② 参见 ［美］E. 博登海默：《法律哲学与法律方法》，邓正来译，第 122 页。
③ 参见 ［德］伽达默尔：《哲学解释学》，夏镇平、宋建平译，上海译文出版社 2005 年版，第 5 页。

中的法律，一个是作为制度形态的法律。制度形态的法律通过机构、职业、法律方法、实体内容等制度形态而被人们所认识和感知。如果抛开具体的法律形态的区分，法律的权威至少包括观念上对法律统治的认同以及作为制度形态的法律的服从。如果我们引入法律的形态的区分，那么历史上至少存在习惯法对应于原始氏族社会的统治模式，这种形态下的法律更多的显示出一种传统型的权威；官僚法或者是压制型的法则是表现出对君主权力的一种服从，法律的权威常常是与强力、强制联系在一起；神法或者宗教法则包含了对上帝意识、终极真理的服从，法律与人们的信仰一起构筑了法律的权威；自治型法的权威来源体现出多种面像，从古典自然法中的理性，到实证主义法学者在逐步发展过程中所认为的主权者的命令，凯尔森所认为的基于基础规范的作用，到哈特由承认规则所引申出的内部权威和外部权威的区分，以及随后的制度法学者法律的制度性事实的概念等不一而足。我们很难用韦伯的法理型的权威来概括自治型法所体现出来的权威的多种面像。正是在这种意义上，我们才可以理解为何昂格尔将自治型的法也称为法律制度或法律秩序。在制度化环境中，法律不仅仅基于其理性的内容而得到认同，我们服从法律还是基于它的外在形态，诸如法律的职业阶层，严格的法律推理，相应的机构设置。在法律的统治外壳下，服从法律的统治成为一种义务，一种合理的期待。作为最后一种形态的法律即回应型法的权威，应该指出此种形态下的法律，其实是对法治过度形式化的一种反思。特别是在西方法律现实主义法学、批评法学对于法治的批判和解构的背景下，对这股思潮的回应。因此，在现实中我们可能很难找寻到回应型法的事例。作为回应型法的具体内容和要素，更多的是一种理想化的形态。从学者的角度看，尤其是对法治信仰和认同的学者，并未因为法律的诸种弊端而放弃法治，而是通过制度化的调试来回应过度法治化所带来的种种弊端。换句话说，就是在法律权威消解的情势下，运用各种方式来重塑法律的权威。

五、司法的权威理论

以下对司法权威的理论作出梳理。理论梳理的目的在于整合目前的研究的成果，揭示出学者关于司法权威的视角与路径，这似乎是所有社会学科都不能忽视的积累和承继因素。在我们看来，一个较为全面的司法权威概念至少需要我们明确几个问题：其一是为什么我们需要司法的权威，这是一个前置性的问题，倘若司法不需要与权威相连接即能发挥效用，那么我们为何要在此空谈司法权威的建构问题呢？因此，在谈论司法权威的概念之前，我们首先需要阐明司法与权威概念之间的逻辑必然性；其次，司法权威具有哪些构成性要件；最后，我们还需要明确司法权威对我们来说意味着什么。对以上三个问题的回答就可以大致把握司法权威的意涵。

首先，我们希望法官或者司法机构享有高度的权威是为了促使法官能够独立的思考和行为而不受外部因素的不当干预。在这种意义上，司法权威的概念实际上与司法自治的概念紧密相关。排除对司法行为和活动的不当干预，强调司法的自治和权威构成了近现代法治的一个主要内容。通过司法的独立和自治来实现权力之间的有效制衡，保证司法权力行使的公正、中立，都是我们赋予司法以极高权威的一个深层原因。从司法的产生上看，在初民的社会实际上就存在司法制度的雏形，所不同的是在初民的社会，权力以社会共同利益的方式来施行的现象是屈指可数的，因此，纠纷的解决也是以同态复仇和暴力的方式来进行。在文明进一步发展中，同态复仇和血亲复仇等原始的纠纷解决方式才被国家所禁止。通过建立专门的司法机构，纠纷的解决遵循以国家为代表的权威和共同的规则，这在较大范围内禁止了血亲复仇和同态复仇对社会所造成的损害。故此，我们赋予司法以极高的权威的原因还在于，司法的权威可以保证判决的终结性，使纠纷能够最终得以解决，从而保证社会秩序运行良好，满足人类对于安定和秩序的需求。

在国家建立司法机构以行使权力之后，司法经历了数个世纪的变迁，其基本的制度化权威形式逐步地建立起来，那就是在理性的司法程序保障下，由中立的法院和法官独立地依照法律行使审判权，并保证原被告充分地行使主张、举证等诉讼权，进而在公正的基础上保障司法裁判的终局性权威。[①]此外，还有学者从落实司法机关的宪政地位、法官的制度，强化执行、外部的监督机制这几个层面来描述司法的权威。比较全面地阐述司法权威的制度化条件是许章润先生从现实主义的立场出发所作的总结，其从司法权威的概念入手探寻在现实场景下，司法要实现权威所必须具备的最低的条件，依照

---

① 参见季金华：《司法权威论》，山东人民出版社 2004 年版，第 186 页。

作者的总结这些条件依次包括：法院和法官与世俗政治社会保持一定的间离状态；判决理据和司法过程的道义基础；程序的公正性和技术上的可操作性；保守的专业精英集团。①

尽管学者们的研究视角和侧重点有所不同，但是司法权威的制度化要件脱离不开司法所运行的内外部环境，从内部环境看，司法的过程是在严格的司法程序的背景下解决纠纷的活动。整个司法过程涉及程序的合理运行、法官的角色和地位、裁判的公正，以及裁判结果的执行诸多环节。从外部运行条件看，司法的运作涉及司法机关作为一个整体与外部机构诸如其他政治机构、社会组织、团体等的关系。司法的权威正是在这一内外部环境中逐步演变，进而生成相应的制度形态。

最后，司法权威意味着什么，这其实就是要回答，司法权威对我们行为的要求以及我们服从司法权威的理由问题。如果我们将司法权威的要求界定为一种命令服从关系，那么我们追溯历史就会发现，同样是一种命令服从关系，在历史上实际上存在不同的服从理由，换句话说就是司法权威的合法性基础是不同的。正如韦伯指出的，任何需要维持的统治毫无例外地会求助于某种论证自己合法性的原则，这种原则有三项：首先，命令权的效力为通过有意识制定的理性规则来表示，这种效力要求一定的服从作为具有普遍约束力的规范，而这种服从就是规则赋予统治者要求的。在这种情况下，任何拥有命令权的人根据理性规范的授权都是合法的。因此，这种意义上的合法性统治也称为法理型的统治（权威）。其次，命令权力的效力也会以个人权威为基础，这种个人权威可能建立在传统的神圣基础上，即这是习惯造就的，一贯如此，服从是对特定个人而言。最后，这种个人权威可能来源于另一渊源，即求助于不同寻常的基督教信念，这就是将这个人视为救世主、先知或英雄。这种统治合法性也称为克利斯玛的权威。② 在近现代民主社会形成以后，由于是对法治的崇尚，因而法律的权威被提到了重要的地位。法治并非只是单纯的法律的存在，还是指"一种法律的和政治的愿望，即创造一种法律的统治而非人的统治，在这种意义上法治诞生于法律机构取得独立的权威

---

① 参见许章润：《司法权威——一种最低限度的现实主义进路》，《社会科学论坛》2005 年第 8 期。

② 参见［德］马克斯·韦伯：《论经济与社会中的法律》，张乃根译，中国大百科全书出版社 1998 年版，第 337 页。

以对政府权力的行使进行规范约束的时候。作为法律系统的一个功能性分支，司法的权威不仅仅来源于法律的授权，而且在于司法的活动在严格地遵循既定法律规范的基础上作出裁判，从而具备合法性。从这种意义上，司法的权威和法律的权威存在紧密的联系。与其说我们服从司法的权威，毋宁说是服从法律的权威。

第二节　中国司法权威的场景与问题

一、初民社会的"司法"权威

司法作为社会解决纠纷和维护秩序的工具，已经经历了数千年的历史。人类学者的研究表明，在初民的社会已经建立了现代司法的雏形。在文明社会中，国家有保护人身和财产安全的义务。但在氏族社会中，个人安全依靠他的氏族来保护。氏族的地位就相当于后来国家所居的地位，在氏族成员中，亲属的团结是互相支持的一个有力因素。侵犯了个人就是侵犯了他的氏族；对个人的支持就是氏族全体亲属列阵来做他的后盾。为此，血亲报仇这种古老的习俗在人类各部落中流行得非常广。当氏族的一个成员被杀害，就要由氏族去为他报仇。[①] 但是，在采取非常手段以前，杀人者和被杀者双方的氏族有责任设法使这一罪行得到调解。双方氏族的成员分别举行会议，为对杀人犯的行为从宽处理而提出一些条件，通常采取的方式是赔偿相当价值的礼物并道歉。如果被杀者氏族中的亲属不肯和解，则由本氏族从成员中指派一个或多个报仇者，他们负责追踪该杀人者，直到发现了他并就地将他杀死才算了结。倘若他们完成了这一报仇行为，被报仇一方的氏族中任何成员不得有任何理由为此愤愤不平。杀人者既已偿命，公正的要求乃得到满足。

在人类社会发展的早期，权力由社会为其自身利益而直接行使的情况是屈指可数的。因此处刑的方式和纠纷的解决本身采取的是一种简单和粗糙的方法，纠纷的解决很大程度上也是取决于争议的双方，每一方都是从自身的

---

① 参见〔美〕E. A. 霍贝尔：《初民社会的法律》，周勇译，中国社会科学出版社 1993 年版，第302 页。

角度来考虑正义问题，而不是遵从于更高一级的司法权威。① 整个程序也可能以两败俱伤的武斗形式而告终。直至经济文明进一步发展，在社会组织更高的一些部落中，世仇通常被代表社会利益的中央权威机构所禁止。人们发现了一种创制并行使司法和行政权力的方法，这种方法使得在更大的社会范围内两败俱伤的相互残杀受到了阻止并最终被祛除。② 从严格意义上说，初民的社会并不存在司法的权威。现代司法权威的结构和功能要素，很难在初民的社会中寻求到影子。但是基于人类社会解决纠纷和维护稳定的需要，人类学者的研究业已表明，在初民的社会中存在解决纠纷的规则与程序，也出现了审判机构的雏形——氏族会议。这是一种民主大会，因为参加会议的每一个成年男子和女子都对他们所讨论的一切问题有发言权。在这个会议上选举和罢免首领和酋帅，选出司礼，然后对本氏族成员被杀害的事件决定宽赦凶手还是采取报仇行动。③ 只不过这种解决纠纷的方式在我们现在看来是那样的粗糙和不合理。

二、传统中国社会的司法权威

中国数千年的封建制度和文化孕育了地方性的司法文化，我们在回顾传统中国社会的司法权威问题时，大可以以现代的观点和视角来评判传统司法的是非。作为一种历史存在，传统中国的司法文明确实在社会治理中有效地运作，我们在细数中国司法的特质时会发现，中国传统司法的权威实际上表现在两个方面：其一是司法权借助君主的权威来发挥作用；其二是审判舞台上的司法在天理、国法、人情之间寻求平衡，借此获得认同。

1. 君权与司法权

在中国历史上，君主的地位是神圣的，君主不仅仅享有各种特权，而且兼具司法、行政和军事职能。所谓普天之下，莫非王土；率土之滨，莫非王臣。自秦朝以来，虽然在中央和地方建立了各级审判机构，但是最高的司法权威仍然掌握在君主手中，在中国历史上君主行使最高司法权也称为御笔断

---

① 参见［美］E. A. 霍贝尔：《初民社会的法律》，周勇译，第 302 页。
② 参见［美］E. A. 霍贝尔：《初民社会的法律》，周勇译，第 355 页。
③ 参见［美］E. A. 霍贝尔：《初民社会的法律》，周勇译，第 362 页。

案。对于众多的司法诉讼案件，皇帝不可能事必躬亲，奏裁成为一种皇帝直接控制和监督司法审判的普遍方式。中央司法机关不能决断的疑难案件、享有"上请权"的贵族、官僚犯罪的案件、死刑案件都需要奏请皇帝裁断，对于特别重大的案件，皇帝也召集王公大臣或交由朝廷命官讨论。这无疑深刻地反映了封建君主专制制度下行政机关干涉司法审判的特点。①

司法权作为君主统治的工具在国家机构中的作用十分微弱，加之在中国历史上法律并未取得统治地位。传统中国无讼思想，德主刑辅的影响，道德、礼制等因素使得封建时期的法律具有一种混合性的特征。因此，有学者指出，在古代中国法律的生命与其说在于行政，不如说是道德。推行道德，实行教化才是法律的目的和职责。② 但是在道德、礼制无法奏效的情况下，法律作为一种社会治理的规则必然发挥作用。这就是为什么中国历史上儒家与法家的争论中，虽然儒家取得了胜利，但是法家思想仍然得以延续，并在随后与君权的制衡中发挥了重要作用的原因。法家思想讲求以法律为维持社会秩序的行为规范，为了维护法律的权威，法律应当公平、稳定，所谓"刑无等级，法不阿贵"。在秦国商鞅变法中，法家推行法治，其主张就是："刑无等级。自卿相将军以至大夫庶人，有不从王令，犯国禁，乱上制者，罪死不赦。"③ 但是享有立法权的君主显然得到了豁免。在君权至上的封建专制时代，法律的制定权和最高司法权都掌握在君主手中，王权凌驾于法律之上，法律服从于君主的意识。但是这并不意味着在封建时期王权完全不受制约，君主需要依靠法律来维护其统治，因此历史上较开明的君主大多体现出对法律的尊重，以达到法信于民的目的。管子所云："令尊于君"，要求君主"行法修制，先民服也"，即是要求君主带头遵守法律，以到达"君臣上下贵贱皆从法"的境界。④

《汉书·张释之传》中曾记载：上（文帝）行出中渭桥，有一人从桥下走出，乘舆马惊。于是使骑捕，属之廷尉，张释之治问。曰："县人来，闻

---

① 参见夏锦文：《中国传统司法文化的价值取向》，《学习与探索》2003 年第 1 期。

② 参见梁治平：《清代的习惯法和国家法》，见《梁治平自选集》，广西师范大学出版社 1997 年版，197 页。

③ 《商君书·赏刑》。

④ 参见《管子·法法》。

跸，匿桥下。久，以为行过，即出，见车骑，即走耳。"释之奏：当此人犯跸，当罚金。上怒曰："此人亲惊吾马，马赖和柔，令他马，固不败伤我乎？而廷尉乃当之罚金？"释之曰："法者天子所与天下公共也。今法如是，更重之，是法不信于民也。今已下廷尉，廷尉，天下之平也，壹倾，天下用法皆为之轻重，民安所措手足？唯陛下察之。"上良久曰："廷尉当是也。"① 上述记载表明，君主虽享有最高的司法权威，但是一旦案件转入正常的司法审判轨道，并且司法官吏秉公执法，开明的君主一般不会干涉司法官吏的审判，即便案件涉及君主个人的利益。司法的运行在一定程度上对君权具有约束作用。但是这种约束是十分孱弱的，在中国历史上敢于和王权权威抗衡的官吏本是凤毛麟角，即便官吏敢于冒犯君主权威，也要看君主是否开明愿意听取官吏的进言。问题的关键在于中国历史上并没有形成如同西方国家权力之间的分工和制衡机制，王权集司法权、立法权、行政权于一身，也没有相应的制度设计来有效地制约君主的权力。正因为如此，清朝学者黄宗羲曾抨击封建专制下，最大的弊病在于君主权力的不受制约，"以至君主的一人的好恶，混淆了天下的公正是非②，并提出了变集权为分权，以天下之法来代替一家之法，以专制取代自治的设想。"

2. 审判舞台上的司法权威

了解古代中国司法的审判制度，需要先理解传统司法中法官的角色和对司法的观念。传统中国在地方司法结构中，司法和行政并没有实现分离，而是混合在一起。掌管司法审判的官吏也是行政官员。从知识构成看，这些人大多经过封建的科举制度而得以任职，所学知识也深受儒家思想的影响和纲常礼教的束缚。从职位属性看，法官具有民之父母的属性，法实施的目的不是为了当事人的诉讼利益，而是对子民推行教化，以达到息诉的目的。诚如日本学者滋贺秀三指出的："这些具有民之父母性质的地方长官凭借自己的威信和见识，一方面调查并洞察案件真相，另一方面又以处刑权限的行使或威吓，或者通过开导劝说来要求以至当事人接受某种决定。在那里，不存在双方当事人不同主张之间制度化的对决、争斗以及第三者对此判决胜负的结

---

① 《汉书·张释之传》。
② 参见《明夷待访录·原君》。

构。审判者与当事人之间所达到的最终解决只是意味着纠纷的平息。"① 清代判例中曾经记载过这样一则案例："有兄弟二人因财产争诉状告县衙。陆知县开庭时，既不言其产之如何分配，及谁曲谁直，也不作判决，而是令兄弟互呼。此唤弟弟，彼唤哥哥，未及五十声，已各泪下沾襟，自愿息诉。"② 可见，在司法官吏看来，案件的是非曲直似乎无关大碍，关键的问题是通过人情的感化来维护家庭的伦理，实现统治者所认同的秩序。因此，在案件的审理过程中，审判的舞台与其说是一种当事人之间的竞技模式，毋宁说是司法官吏实现教化以及父母式的温情模式。这就是为什么滋贺秀三认为中国传统司法并非一种审判而是一种"教谕式的调停"，即带有一种强烈调停式的审判。③

倘若审判可以通过调解的方式达到息诉的目的，被破坏的秩序便得以恢复，这也符合儒家讲求自然和谐的观念。而一旦判决无法以调解的方式达成，审判就进入正式的司法程序。在正式司法程序中，司法官吏也体现了温情司法的一面。一方面，在传统中国社会中，法律的条文中本身包含着情理的因素。透过法律我们可以看到，法律的内容大多融合了亲情和伦理的义务。例如，法律严禁子孙告发祖父母、父母，法律确认亲属之间的相互容隐的原则，服制入律，以及存留养亲制度的确立，都可以看到封建时期的法律在法理与人情、亲情之间的平衡关系。但是我们要看到，这种平衡关系是以行为无涉于封建统治者的根本利益为限的，如果超越了这一限制，是触犯到国家利益的重大犯罪，这种温情的法律条文和制度并不能适用，而是对触犯者处以严厉的刑罚，这在谋反、大不敬等一些重刑案件中体现得尤为显著。因此，从封建时期的法律中，我们可以看到统治阶级的基本价值取向。另一方面，在执法方面也规定了执法原情，准情定谳。封建时期的法律在执行过程中设置了严格的程序来保证执法的公正，根据处刑严重程度的不同设计了不同的官吏管辖级别，对于重大的疑难案件、执行死刑的案件更需要通过复

① ［日］滋贺秀三：《清代诉讼制度之民事法源的考察》，见王亚新、梁治平编《明清时期的审判与民间契约》，法律出版社 1998 年版，第 73—74 页。

② 《陆稼书判牍·兄弟争产之妙判》。

③ 参见［日］滋贺秀三：《清代诉讼制度之民事法源的考察》，见王亚新、梁治平编《明清时期的审判与民间契约》，第 21 页。

奏的方式来完成，死刑的执行甚至需要皇帝的批准。在传统司法中，也没有案件的终局性和既判力的观念，因此，案件的裁判常常经过多次的审查，并最终通过君主来行使最高的司法权力。而君主作为封建时期的"大家长"，在判决中也大多"酌以人情参以法意"。明代历史上曾经记载过这样一个案例：继母愤而杀其夫，其子为父报仇，而将继母杀死。依照明代法律，其子应当判株九族之刑。此案上呈到君主，由于案情有疑难，于是有人从旁指点："认为在继母杀死其父之时，继母和儿子之间的亲情已经断绝。因此，只需要按照一般的刑事杀人案件处理，不必引用杀亲的罪名来定罪处罚。"最后，此案以杀人罪对其子进行了处罚。可见在君主心中，在判决以前已经有了基本的价值判断，那就是人情，为了平衡法理与情理之间的矛盾，必然通过相应的制度来协调。在本案中，其使用的是一种类似于现代的司法解释的技巧，巧妙地避过了杀亲罪的适用。问题在于，在此类案件中，法官或者君主往往是价值先行，不能恪守司法的中立原则。因此，法律的解释仅仅是作为一种"托词"在法官心中已经有了一种前见，后续的判决说理本身则沦落为一种解释的工具。这也是传统司法不确定的一个重要原因。由于价值的诉求和法律的稳定性之间存在一种张力，在以亲情、人情为主流社会价值的传统社会中，法理与人情、亲情的冲突在所难免。这在今天看来，是需要避免和剔除的，而在传统社会中，三者的融合是被社会主流价值观所接受的，并也与统治者对于法律、司法的观念相一致的。统治者采用这些程序一方面体现了"酌以人情，参以法意"的思想，从而使司法具有了温情的一面，另一方面慎刑的程序也符合社会的正义观。

因此，天理、国法、人情的协调与互补，构成了中国古代司法的传统特质之一，"这并非偶然，它是由于中国各代宗法社会结构与长久的文化积淀，民族心态，政治法律意识所决定的"①。古代司法的这种特质，使得司法能够勾连起人情与法意，缓和消解道德与法理之间的张力，使司法过程能够得到百姓的支持与认同。这也是古代司法权威在审判舞台上得以有效施行的深层原因。需要说明的是，封建时期的司法权威并非都是如此温情的，封建时期的等级观念和权力意识在古代社会的司法中也显现出暴力的一面，权利的

---

① ［日］滋贺秀三：《清代诉讼制度之民事法源的考察》，见王亚新、梁治平编《明清时期的审判与民间契约》，第94页。

差等、处刑的不一、严酷的审问制度和处刑方式都从一个侧面反映了古代司法的阶级本质。因此，与其说古代社会的司法权威是一副和谐的图景，毋宁说是君主实现其统治的附庸和工具。

三、传统社会的近代转型与司法的权威

清朝末期可谓内忧外患，由于对外不平等条约的签订，清政府的司法主权受到了严重的侵害。外国列强抨击中国的司法制度的落后和残暴，并通过领事裁判权获得了治外法权。国内有识之士也要求清政府变革现有的司法制度，以求变法图强。在内外部的压力之下，清政府被迫进行司法改革以期收回被割裂的司法主权，缓和国内的矛盾。清末司法改革主要围绕着三个层面展开，其一是建立宪法模式下类似于西方国家的三权分立的国家结构，以此来约束君主权力；其二是建立完备的司法制度，包括职业化的法官，层级分明的法院和检察机构等；其三是逐步地颁布各项法典，改变传统法律中民刑不分，程序法律不发达的状况。在这些制度改革的背后是转变传统社会中对于司法所秉持的观念，因此，现代司法理念和制度在改革中也逐步地凸显出来。

1. 诉讼法草案的颁布

沈家本、伍廷芳等人自担任修律大臣起，就开始着手拟定编修诉讼法典。1906 年，《大清刑事民事诉讼律》草案编订完成。该法共分 5 章，共计260 条。法典突出体现了三个重大的改变：其一是将民事与刑事案件分开，打破以往司法中民刑不分的传统，"凡叛逆谋杀故杀伪造货币印信强劫并它项应遵刑律裁判之案为刑事案件"①，而"凡因钱债务、房屋地亩契约及索取赔偿等事诉讼为民事案件"；其二是引进了陪审制度，因"司法者，一人知识有限，未易周知，宜赖众人为之听察"；其三是使用律师，律师应当在经过系统培训和考试合格者中选任。其目的不仅仅是为了确保司法的公正，也是"换回法权最要之端"。

"程序法中体现的这三个观念并没有受到实质性的阻力。"相反，引发官方反对的是两个未予明言的观念，即"个人而非家庭财产权"和"男女平等

———————
① 黄宗智：《法典、习俗与司法实践——清代与民国的比较》，上海书店出版社 2003 年版，第 26 页。

的原则"①。官方的反对由张之洞领导，其在呈交朝廷的针对法律草案的奏折中反对此草案，认为它违背了礼教的基本原则。按照他的说法，该法律草案"袭西俗财产之制，坏中国名教之际，启男女平等之风，悖圣贤修齐之教"②。由于观念上的差异，该草案的实施也受到了抵制，虽然在草案颁布之初，清政府曾下谕要求："著该将军督抚都统等体察情形，悉心研究。其中有无扞格之处，即行继析条分，据实具奏。"③ 但是，在清政府下谕之后，各地方官僚均反映该草案难以试行。在地方官吏的反对下，该草案在交由法部复核后即遭到搁置，并未实质性地推进。修订后的诉讼法草案于 1910 年完成，此时是将民诉法草案和刑诉法草案分开，但是此时已近清政府的灭亡，草案也没有真正施行。直到民国时期，1921 年颁布了新的刑事诉讼条例，1930 年 2 月 26 日和 1931 年 2 月 13 日先后两次公布了《中华民国民事诉讼法》第 1 至 5 编。1935 年 2 月 1 日又公布了新《民事诉讼法》，共 9 编 12 章 636 条。《民事诉讼法》规定的诉讼程序极为烦琐复杂，给诉讼当事人造成重重障碍。"不干涉主义"原则，实际上更便于法官和律师上下其手，任意作出有利于官僚豪绅，漠视、侵害广大人民利益的判决。国民党政府于 1928 年 7 月 28 日公布了《中华民国刑事诉讼法施行条例》。1935 年 1 月 1 日又与新刑法同时公布了新《刑事诉讼法》，分 9 编，共 516 条。它肆意限制和剥夺被害人的自诉权利，确认武断专横的诉讼审判原则。司法机关和审判官可以自由取舍证据，任意决定被告"有罪"或"无罪"，还赋予检察官和司法警察极大的侦查权力。为加紧镇压共产党人和民主人士，1944 年 1 月 12 日还颁布了《特种刑事案件诉讼条例》，作为刑事诉讼法的特别法。

2. 司法独立的产生

法部的诉讼法草案虽然被搁置，但是传统的诉讼制度无法适应预备立宪的要求，1906 年，清政府不得不着手改革诉讼审判制度。将刑部改为法部，专任司法，大理寺改为大理院，专掌审判，从而显示出清政府在中央一级实

---

① 黄宗智：《法典、习俗与司法实践——清代与民国的比较》，第 26 页。
② 黄宗智：《法典、习俗与司法实践——清代与民国的比较》，第 32 页。
③ 《清实录》德宗朝卷五五八。

现西方三权分立而先行审判独立的意图。同年 12 月，清政府又批复了《大理院奏请厘定审判权限折》，同意将原有审判体制改为乡谳局、地方审判厅高等审判厅和大理院四级。地方司法体制的改革以天津为试点也逐步展开。[①] 到 1910 年 2 月 7 日，经宪政编查馆审议，清政府遂颁布了《法院编制法》。经过沈家本等人的努力，三权分立中的司法独立得以初步形成。沈家本在制订《法院编制法》时力求实现政刑分离，司法独立，并从宪政的角度论证了司法独立的重要性，指出"东西各国宪政之萌芽，俱本于司法之独立"，"宪法精理以裁判独立为要义"，"司法独立，为异日宪政之基始"。由于沈家本的反复陈奏和戊戌变法前后要求三权分立的思想的推动，清政府在颁布《法院编制法》的下谕中明确："立宪法政体必使司法行政各官员权限分明，责任乃无诿御，亦不得互越范围。自此颁布《法院编制法》，所有司法之行政实务，著法部认真督理，审判事务著大理院以下审判各衙门各按国家法律审理。以前部院权限未清之处，即著遵照此次奏定各节，切实划分。""嗣后各审判衙门，朝廷既予以独立执法之要，行政各官即不准违法干涉。"[②] 但是由于传统中央集权的影响，清政府在施行官制改革时只是将刑部改为法部，统辖司法行政权，由大理院掌握全国审判大权。另一方面却又通过刑部案件的复核制度对司法权限施行干预，其目的是将最高的司法权限掌握在君主手中。由此导致了晚清历史上的部院之争，最终以折中的形式变通了审判的独立。[③]

　　《法院编制法》虽然确立了司法独立的原则，但是各级审判机构的建立尚需时日。截至 1912 年在全国不同地方建立了 124 个地方法庭和 179 个初级审判厅，然而，因人事与经费困难，新的系统在有些地方一二年内即告瓦解。1914 年初级审判厅并入地方审判厅，不少县干脆把地方审判厅一块废除，恢复由县令兼当法官的做法。[④] 国民政府掌权后，才着手恢复司法制

---

　　① 天津地方法院系统的建立和改革，参见李启成：《晚清各级审判厅研究》，北京大学出版社 2004 年版。

　　② 《大清宣统纪》卷二十八。

　　③ 部院之争的详细内容可以参见《司法权限章程》、《司法权限章程十二条》以及沈家本的《酌定司法权限章程折》。

　　④ 参见黄宗智：《法典、习俗与司法实践——清代与民国的比较》，第 38 页。

度，并提出了一个恢复计划，在全国所有县六年内建立地方法院。新系统独立于县长的行政权力之外，理论上处于独立的、自治管理的司法系统等级之中。据资料显示，在 1933 年，也就是六年计划截止之时，全国仍有多达一半的县仍旧保留着旧的系统。司法权力对行政干预仍显得十分脆弱。[①]

3. 法律职业的兴起

司法权威的树立离不开法律职业人的作用。在清朝末期，伴随着司法独立的制度模式的初成，法律职业也悄然兴起，其中以律师业的发展和法官的职业化为代表。尽管早在 1906 年沈家本在提交的《大清民事刑事诉讼法草案》中，就已经提出了建立律师制度的要求，但是由于草案的搁浅，这一规定也不了了之。随后颁布的《法院编制法》中也并未就诉讼中如何使用律师作出详细的规定，仅在编制法第 64 条、118 条、119 条规定了律师在诉讼中的义务和从律师到法官之间的流动的可能性。尽管草案没有正式颁布，但是《法院编制法》似乎已经将律师的使用当做一个前提。从古代司法的传统来看，律师一直被认为是诉棍，其教唆民意，为害扰民。从对古代讼师的排拒到立法的肯定和支持，预示着整个诉讼观念的转变，在这一背景下，律师职业也得以兴起。清政府在其末期通过与日本合作创办法政学校，在法官和律师的培训系统化方面迈出了重要的一步。1912 年国民政府建立后出台了首部律师条例，到 1913 年，有 1 426 人注册为律师。这些人中有从中国新式法律院校中毕业的学生以及在国外受训的人员。到 1933 年，全国律师协会总共有 7 651 名注册会员。[②] 尽管不能和现今的律师数目相提并论，但是中国律师职业从无到有，从被拒斥到立法加以肯定，确实为法治的发展奠定了重要的基础。

此外，法官队伍的专业化建设也在逐步地推行。我们重点来关注法官的选任、法官的地位这两项有关司法独立和司法公正的内容。依据 1907 年的《司法权限章程》，大理院的官制拟会同法部具奏后，所有附设之总检察厅丞及检察官，由法部会同大理院分别开单请简。请补其民科推丞，应由部院会同妥商，将大理院审判之得力人员开列清单，由部会院请简。推事及下各

---

①　参见黄宗智：《法典、习俗与司法实践——清代与民国的比较》，第 41 页。

②　参见黄宗智：《法典、习俗与司法实践——清代与民国的比较》，第 44 页。

官，即由院会部奏补，以收得人之效。可见在大理院一级审判机构法官的任免，需要法部会同大理院来决定，至于最终的决定权，仍然在法部的控制之内。在《各级审判厅试办章程》颁布后，针对任官的具体方式和标准，法部在宣统元年（1909 年）制定了《补订高等以下各级审判厅试办章程》，其中第 3 条"用人"一项，对法官任用方式和标准作了统一规定："内外审判检察各厅，属于本部直辖所有。一切官员请、简、奏补、委用之权均应归宿本部，以与各行政官区别。京师即已实行，各省自应一律照办。高等审判厅厅丞、高等检察厅检察长由本部择员预保，临时请简，各督抚亦得就近遴选或指调部员先行咨部派署，不得迳行请简，推事、检察官各员由督抚督同按察使或提法使认真遴选品秩相当之员，或专门法政毕业者，或旧系曹出身者，或曾任正印各官者，或曾历充刑幕者，抑或指派部员，俱咨部先行派署。典簿、主簿、所官、录事各员由督抚饬按察使或提法使认真考试，现任候补各员及刑幕人等拔取资格程度相当者分别咨部派署委用。"[①] 法官的选任由地方长官对法政学堂毕业的学生以及旧有的僚属、刑幕进行选拔、内部考察，通过向法部奏报，以请简的方式加以任命。可见，无论在地方或者中央一级的司法机构，法官任用的决定权并不完全掌握在司法机构手中，而是由法部这一司法行政机构统一行使。在实践中，难免出现法部对司法权力的干预与控制，这在清末部院之争中已经有明显的表现，司法独立之精神和实质在传统的司法行政合一的背景下运行得尤为艰难。至于法官的任用标准，我们可从各部法典中来探寻法官考试任用制度的演变。宣统元年（1909 年）十二月二十八日颁布的《法院编制法》首次明确规定专门性的法律考试是选任法官的先决条件，其后所附的《法官考试任用暂行章程》详细规定了法官考试的具体办法。到宣统二年（1910 年）的三月十七日，又颁行了《法官考试任用暂行章程施行细则》，四月四日颁行了《考试法官主要科应用法律章程》。上述规章大体上规划了法官考选的基本制度模式。[②] 关于法官的级别与待遇，以中央一级为例，按《大理院官制》所载职官表，大理院正卿为正

---

① 《大清法规大全·法律部》卷七"审判"，"法部奏筹办外省省城商埠各级审判厅补订章程办法折并清单"。

② 关于考试的内容参见刘焕峰、周学军：《清末法官的培养、选拔和任用》，《历史档案》2008 年第 1 期。

二品，少卿为正三品，刑科推丞、民科推丞为正四品，刑科推事、民科推事为正五品，其余都典簿、典簿、主簿分别为从五品、从六品、正七品，录事为八九品，任命方式为委用，总检察厅丞为从三品，检察官为正五品，以下只设主簿、录事，品秩与审判厅相同。可见，在清末官制改革中，法官的等级和待遇仍然参照行政官吏的级别来管理。

　　民国时期，国民党政府制定了《最高法院组织暂行条例》和《法院组织法》，确立了法官的选任、法官的级别、职业保障的规范，推动了法官队伍的专业化发展。依据两部法律，法官的待遇和等级统一被纳入文官系列规定。按照文官的官阶制度，在民国时期，法官享有与公务员同等的待遇。《法院组织法》实施后，法官的选任也有了严格的依据。成为法官必须经过司法官考试，并实习期期满，或者担任律师职务，经过审查合格者，或者曾在大学、专门学校教授主要法律科目两年之上，经审查合格者，抑或是曾任推事或检察官经过一定的年限。可见，法官一般是在具备良好的理论和实践素养的社会知识精英中选任，较高的法官选任标准，奠定了民国时期法官队伍专业化和精英化的基础。同时，《法院组织法》也规定了一系列的法官任职保障制度，其中包括：非因法定原因并依法定程序，不得将其停职、免任、转调或减薪；使用普通公务员俸给规定发放俸给或津贴；任职在 15 年以上因积劳不能服务而停职者，应给退养金。因此，在民国司法体系中，法官享有较高的社会地位和较为全面的职位保障。这些都为法官队伍的发展与法官的独立、权威地位提供了重要基础。据 1933 年的统计数字，113 个地方法院及 147 个分院和县法院，在当时的法院系统中共计有 1 100 名经过职业训练的法官和检察官。①

四、中华人民共和国时期司法权威的追求

　　中国当代司法的建设与发展已走过了六十多年的光阴。新中国司法制度从破除旧法统的司法改革中，逐步地建立和完善，其间也经历了波折和劫难。我们追溯司法权威的历史会发现，关于司法权威无论是从价值层面，还是从制度层面都发生了重要的转变。我们在描述新中国司法权威的历史之

---

　　① 参见黄宗智：《法典、习俗与司法实践——清代与民国的比较》，第 46 页。

时，试图从这两个脉络上来把握司法权威的追求。与清末、民国相比，新中国的司法制度和隐含在其中的司法观念都发生了转变。了解这些转变对于认识当代司法的面相与权威生成的基础都有十分重要的意义。

1. 新中国成立初期法治观念

新中国成立初期，司法队伍和制度建设刚刚起步，此时，对于法制和司法权威存在某种认识上的误区。就全国而言，司法干部极其缺乏，其原因可以归结成两点：一方面，新中国刚刚成立，原有的司法系统中很多人员随着民国政府的消亡而逃往台湾，此外，中国的法政教育在新中国成立后才刚刚起步，培养的法律专业人才较少；另一方面是观念层面的原因，"在我们党领导人民没有夺得全国的政权以前，在被压迫得不能利用合法斗争的时候，一切革命工作都是在突破旧统治的法制中进行的；夺得全国的政权以后，我们又彻底摧毁了旧的政权机关和旧的法统。所以仇视旧法制的心理在我们党内和革命群众中有极深厚的基础，这种仇视旧法制的心理可能引起对一切法制的轻视心理，也是不言而喻的"①。由于对法制认识上的偏差，许多干部不愿意进入司法部门工作，认为它做不出成绩，老百姓也不愿意从事法律工作。

针对司法干部缺乏的局面，国家采取了一系列的措施，创办新的法学研究院，抽调干部参加司法工作，并加强了对旧司法人员的改造工作。随后发生的司法改革的一个重要目标便是在政治上、组织上、思想上整顿各级人民司法机关，在全国范围内逐步建立人民司法制度，肃清旧法观念，加强对旧有的司法人员的改造②，吸收大批忠于革命、作风正派的老干部和积极分子，以及群众中的优秀代表到法院工作。③ 历时9个月的司法改革，"共清除坏分子和不适宜人民司法工作者5 557人，补充优秀干部共6 505人"④。由

---

①　《董必武法学文集》，法律出版社2001年版，第349—350页。

②　关于此次司法改革的详细内容，参见蔡定剑：《历史与变革：新中国法制建设的历程》，中国政法大学出版社1999年版，第33—38页。

③　这些干部的来源包括：（1）从其他党政部门选派一部分较老的同志；（2）青年知识分子；（3）"五反"运动中的工人、店员积极分子；（4）土改工作队和农民中的积极分子；（5）转业的革命军人，包括一部分适于做司法工作的轻残疾军人；（6）各种人民法庭的干部，工会、农会、妇联、青年团等人民团体中帮助选拔的适于做司法工作的干部，以及群众运动中涌现出的经过锻炼的群众积极分子。

④　史良1953年4月11日在第二届全国司法会议上的报告。

于此次司法改革的目标是肃清旧法观念，从思想上、政治上纯洁各级司法机关，因此在选任干部的时候注重的是政治标准，虽然在改革中解决了司法队伍在思想上、政治上和组织上的问题，但是调进司法队伍的许多人是从运动中的积极分子中提上来的青年，他们文化程度差，办案不熟练，"造成司法机关的法律水平和专业素质的下降"①，司法改革并不是朝着专业化、法律化的方向发展，而是朝向了群众化、政策化的方向。在这次改革中，旧有的司法人员大多数被清除出司法机关，同时随着司法改革的深入，"各地党委对人民司法工作的思想领导和政策领导得以强化，形成人民法院向当地党委和政府的请示报告制度"②。此外，由于司法队伍中法律水平和专业素质的下降，造成了随后司法中出现了错案和案件的积压现象，这在一定程度上消解了司法的权威。

2. 反右斗争时期，群众运动与法制、党的领导与审判独立的争论

在反右斗争时期，关于群众运动与法制、党的领导与审判独立之间的关系是争议较多的问题。时任最高法院院长的董必武指出："群众运动的一个显著特点，就是突破旧的法律，不依靠法律来组织和动员群众，不按照既定法律的一般规定而展开。""过去我们为了解放生产力，就要搞群众运动。群众运动是什么性质的呢？群众运动是一种风暴式的革命运动，它主要是依靠群众的直接行动，而不依靠法律。""群众运动是个法宝，但不能老是搞运动。情况变了，我们的工作方法也要随之改变。"③ 在当时历史条件下，搞群众运动是完全必要的，现在情况变了，国家的任务已经由解放生产力变为发展和保护生产力。我们要保护群众运动的果实，要保护和发展生产力，就必须进一步健全人民民主法制，这在八大的决议中已经明确地指出来了。上述观点强调国家所面临的任务的转变，将法制作为社会治理的主要方式，无疑是正确的，其出发点也是为了使革命的成果惠及群众，使政权更为巩固。主张审判案件中不采取群众运动也并非全部否定司法工作中贯彻群众路线，司法作为一种专业化的活动，有其自身的规律，并非完全依靠群众运动可以解决。但是由于群众路线是党领导人民取得革命胜利的法宝，在新中国成立

---

① 蔡定剑：《历史与变革：新中国法制建设的历程》，第34页。

② 张培田：《近现代中国审判检察制度的演变》，中国政法大学出版社2004年版，第91页。

③ 转引自蔡定剑：《历史与变革：新中国法制建设的历程》，第35页。

后更是被作为党判断对错和辨别是非的标准，因而对这一路线的质疑和非议都是极其敏感的问题。在反右斗争中，"左倾"思想借助群众运动在司法中蔓延，许多关于群众运动和司法的关系的中肯地意见都被压制。时至今日，我们仍然能从司法工作中看到群众路线的口号，但是司法活动本身不能用群众运动式的方式来开展，确实是由司法的规律和法制的特点决定的。实现司法活动的公正公平、维护司法的权威，都是为了最终实现广大人民群众的利益。尊重司法的权威、保证司法程序的公开、保证公民的诉权以及许多相关的制度设计本身，都是群众利益的保障。这些在我们看来十分确定的观念在反右斗争的影响下并没有被有效贯彻。随后发生的法制的破坏和消解正好印证了这一点。

关于党对司法工作的领导，董必武也提出了自己的看法，1951年9月，董必武在华北第一次县长会议上的讲话中指出，党领导着国家政权，但这绝不是说党直接管理国家事务，绝不是说可以把党和国家政权看做一个东西。党无论是在什么情况下，不应把党的机关的职能和国家机关的职能混同起来。董必武清醒地认识到，加强党对司法工作的领导，绝不意味着党可以包办一切，可以直接发号施令，可以代替司法机关行使司法职权，而必须坚持依法办事。此外，许多民主人士和学者也针对党的领导和法制工作提出了意见。但是由于反右斗争的扩大化，1954年宪法和法院组织法所确立的司法独立行使审判权、只服从法律、无罪推定等观念被否弃，并最终导致了党对司法工作的全面领导。1957年9月，最高人民法院和司法部召开司法工作座谈会，会后由中共中央批转的最高人民法院、地方政法文教部门受命于省、市、自治区党委和省、市、自治区人民委员会。全部审判活动，都必须坚决服从党委和省、市、自治区人民委员会。全部审判活动，都必须坚决服从党委的领导和监督，党委有权过问一切案件，任何借审判独立，抗拒党委对具体案件审判的想法都是错误的，必须坚决给予纠正。[①]

3. "大跃进"时期的司法

作为一种政治口号，"多、快、好、省地建设社会主义"不仅仅体现在经济建设中，新中国的司法也深受这种思想的影响。为了响应这种号召，司

---

① 参见张晋藩等：《中华人民共和国国史大辞典》，黑龙江人民出版社1992年版，第298页。

法也需要"加快脚步"。因此，从审判上看，这一时期的司法要求办案讲求效率，三机关联合办案，办案指标量化成为这一时期司法的主要特征。有的地方为了盲目追求效率，提出了"大案不过三、小案不过天"的指标，更有甚者，提出"大案不过 1 个小时，小案不过 30 分，一日保证 50 件"的脱离实际的指标。① 这种片面追求效率的做法，不仅仅使保证办案质量所必需的诉讼审判程序简化，同时也是对司法活动严肃性和法律权威的背离。此外，群众运动式的司法模式进一步在审判中大行其道，"大跃进"时期甚至将群众辩论方式引入审判制度之中。具体做法是在审判中召开辩论会。在审判员指挥引导下展开事实和论点的论辩，后由有关部门、积极分子及经过选择的左右邻居中有威信的公证人发言，最后由审判人员依据多数群众的意见和政策作出处理结论。这种做法延续了反右斗争时期的经验，把审判的结果建立在多数群众意见的基础之上，而并非法制。我们知道群众的意见代表了各种不同的价值取向，也包含了许多感性的因素，这与现代法制的中立性、严格依法从而保证法律的权威、司法的客观公正这些理念之间存在冲突。依靠群众辩论方法办案，最终必然在法律和群众意见之间作出抉择，从结果来看，"大跃进"时期的司法审判大多屈从于群众的意见，这样势必使司法的权威屈从于大多数人的权威。但是在此时期，这种做法体现出审判为政治目的服务的观念，群众式审判正是从政治的视角对司法活动的一种变通和改变。可以说在"大跃进"时期，片面追求效率和审判中贯彻群众路线构成了当时司法活动的两个主要特点。

4. 文化大革命时期的司法

文化大革命时期盛行的无政府主义观念，使新中国刚刚建立的法制很快被破坏，在反右斗争扩大化时期，法律机构就已经被缩减为公、检、法三家，文化大革命时期更是将砸烂公、检、法等专政机构也纳入"文化大革命"的目标之内。从砸烂司法审判机关，到后来的群众专政，再代之以军事管制，新中国成立之始确立的原本脆弱的法制几乎荡然无存。"文化大革命"是新中国成立以来"左"的错误发展的必然结果。正如蔡定剑指出的："这场革命是以阶级斗争、群众运动为手段，来达到建立一个'乌托邦'社会的

---

① 参见《人民检察》1958 年第 6 期。

目的。这场革命没有胜利者，无论是发动这场革命的人，还是被革命者，新中国建立的一切包括政权、民主法制在这一时期大多都被摧毁了。"①

不论是从"文化大革命"时期的审判过程还是司法机构的设置，都可以看到无视法律，无视公民权利的现象。"文化大革命"期间，"四人帮"制造了一系列反动、荒谬的理论。他们无视法律，对所谓的罪犯进行"巡回批斗"和"巡回审判"，将原有的司法制度和司法程序斥之为"党内资产阶级规定"，是旧条条框框。在紧跟政治需要的思想指导下，不仅国家法律被抛至一旁，更是对所谓的反革命分子进行刑讯逼供，搞有罪推定，制造了大量的冤假错案。据"文化大革命"后复查统计，"仅 1970 年，'一打三反'运动中，各地公安机关判处的 10 万余件反革命案件中，冤错率就高达80%～90%"②。

"文化大革命"是一场史无前例的破坏法制的运动，无论文化大革命时期的理论还是实践，都从反面为我们揭示了违反法制，无视宪法法律对人权、自由、法制、秩序、安全所造成的破坏。这些词汇虽然是从西方传入的，法治理念在中国的传统司法、社会结构中并不发达，但是其中关于人权、法制、安全、秩序的需求却是全人类共同的理想和事业。无视这些需求和社会现实，片面地以阶级斗争为纲，摧毁司法制度，搞群众式的审判这些违反司法制度自身规律的做法，必然造成整个社会的混乱和无序。经历了文化大革命时期的洗礼，国人更深刻地意识到加强法制，重视宪法法律，使民主法律化对于社会的重要意义。这也为"文化大革命"后司法的恢复和发展提供了思想上的指引。

5. 理念的转变与制度的重建

"文化大革命"结束之后，如何避免重蹈覆辙，如何保持国家的长治久安，成为摆在党和人民面前的问题。"文化大革命"时期，破坏法制，践踏人权的行为促使我们反思在新的历史环境下如何看待法制的价值以及党领导国家的方式问题。从 1978 年开始，作为这些思考的结果体现在随后召开的历届党的大会和方针政策上。与此同时，学界和法院系统也在不同的层面反映了这种转变。

---

① 蔡定剑：《历史与变革：新中国法制建设的历程》，第 105 页。
② 《人民司法》编辑部编：《人民司法》，1981 年版，第 135 页。

第一，法制的彰显与依法治国方针的提出。

邓小平同志曾深刻指出："我历来不主张夸大一个人的作用，这样是危险的，难以为继的。把一个国家、一个党的稳定建立在一两个人的威望上，是靠不住的，很容易出问题。"① 要保持国家的长治久安，避免"文化大革命"的历史悲剧重演，就必须从制度上解决问题，确立法制在国家和社会生活中的权威性地位。"还是要靠法制，搞法制靠得住些。"② 而在之前的十一届三中全会上，他特别指出，"为了保障人民民主，必须加强法制。必须使民主制度化、法律化，使这种制度和法律不因领导人的改变而改变，不因领导人看法和注意力的改变而改变"，并且强调要"加强检察机关和司法机关，做到有法可依，有法必依，执法必严，违法必究"③。

自十一届三中全会以后，我们党和国家不仅将加强民主和法制作为奋斗目标，同时也要求党要在宪法和法律的范围内活动。尊重法律，法律面前人人平等，法律不仅仅约束民众，执政党更需要带头维护法律的权威。而尊重法律的前提是需要将党的活动和领导置于法律之下，党的政策也需要上升为法律，而不能以政策来代替法律，这是执政党在"文化大革命"后的深刻转变。1982 年宪法更是将这一原则上升到宪法层面，把党必须在宪法和法律范围内活动确定为宪法的一个重要原则。

进入 20 世纪 90 年代，党中央和国家领导人提出依法治国、建设社会主义法治国家的构想。在十五大报告中，江泽民系统总结了以往的实践经验，并在前瞻今后中国社会发展大势的基础上，第一次在党的代表大会文献中正式提出"依法治国，建设社会主义法治国家"的跨世纪目标，明确把"依法治国"确定为治理国家的基本方略，把"建设社会主义法治国家"确定为社会主义初级阶段基本纲领的重要组成部分，作为政治体制改革的落脚点，从而丰富和发展了邓小平民主法制的思想。

应该说从法制到法治的转变，虽仅仅一字之差，但是实际上是质的飞跃。法制从一般意义上，指的是法律制度的简称，它是相对于政治制度、文化制度、经济制度而言的。而法治则是一个与人治相对的概念，它指称的是

---

① 《邓小平文选》，第三卷，人民出版社 1993 年版，第 325 页。
② 《邓小平文选》，第三卷，第 379 页。
③ 《邓小平文选》，第二卷，人民出版社 1994 年版，第 146—147 页。

一种治理国家的基本方式。在中国用法治来置换法制，明确提出"建设社会主义法治国家"的命题之所以具有重要意义，就在于它意味着与人治的彻底决裂。法制将真正成为现代法治之下的法制，意味着在彻底否弃人治的基础上树立起一种新的治国理论和治国方略。

第二，党对司法工作领导方式的转变。

根据十一届三中全会的精神，党对司法工作的领导方式开始调整，1979年9月，中共中央专门向全党发出了《关于坚决保证刑法、刑事诉讼法切实实施的指示》（以下简称"九月指示"）。"九月指示"作为实行社会主义法制的方针，第一次全面、科学地确立了中国共产党对司法工作领导的基本原则与工作机制，指出要加强党对司法工作的领导，切实保证司法机关行使宪法和法律规定的职权；强调党委对司法工作的领导，最重要的一条就是切实保证检察院独立行使检察权，法院独立行使审判权，使之不受其他行政机关、团体和个人的干涉。"九月指示"还宣布，中央决定取消各级党委审批案件的制度；并且对新形势下如何加强和改进党对司法工作的领导提出了明确具体的措施，要求各级党委要成立政法委员会，以便统一加强对政法工作的领导和协调，从而取代文化大革命时期，党委直接干涉案件审理的制度，为司法的独立和权威提供了必要的前提条件。

虽然"九月指示"规定了党委不直接干预案件的审理，但是在规定实施之初，法院仍然在某些情况下，将特定的案件和情况向党委汇报，以获得党委的支持，如将情况复杂、公检法三家认识不一致的案件，涉及有影响的知名人士或国家干部的案件，事前向党委汇报，对执行"两法"的情况，取得党委和各方面的支持，解决工作中的困难。对于上级法院的重要指示和业务会议精神，结合实际，法院提出贯彻执行的具体意见，及时向党委汇报，使党委了解当前司法工作的任务和上级法院的要求，便于检查监督。法院及时向党委汇报干部的情况，依靠党委搞好法院干部队伍建设。[①] 在司法制度恢复之初，法院系统缺乏必要的经费和人员，根据"九月指示"的精神，尽管涉及具体案件的审查时，党委不再干预案件的审理，实践中也仅有个别的案件法院向党委请示汇报，但是，司法系统的重建和运作离不开党委的支持，

---

① 参见《人民司法》编辑部编：《人民司法》，1981年版，第102页。

这种支持不仅仅包括经费、人员的配置，更是在涉及一些重要案件的处理上。在这点上，似乎与我们讲的司法的独立和权威不相适应。不过，我们也要看到，任何国家的司法系统都不可能存在权力之间的绝对分离，问题是要区别对于司法独立和权威构成的不当干预。在中国的司法制度重建之初，党委并不直接干预审判，即便是一些影响较大的案件征求党委的意见，也是为了使判决更好地执行，作为审判依据的只能是国家的宪法、法律。执政党也必须在宪法和法律的范围内活动，而尊重法律，推行法制已经成为执政党在新的历史条件下的共识。这是由于对"文化大革命"时期破坏法制造成的社会发展的无序的反思，也意味着党领导国家的方式的转变。

1988 年，在国家进行机构改革中，实行党政分开；同年 5 月 19 日，决定撤销"中央政法委员会"，成立"中央政法领导小组"。但大多数省级以下党委的政法委员会并未立刻随之撤销。1990 年 3 月，中共中央又决定恢复设立"中央政法委员会"，随着政法委的恢复，各级党委政法委员会也进一步加强完善。执政党正是通过其下属机构政法委来协调与法院的关系。从规定上，中央政法委的功能主要包括：根据党中央的路线、方针、政策和部署，统一政法各部门的思想和行动；协助党中央研究制定政法工作的方针、政策，对一定时期内的政法工作作出全局性部署，并督促贯彻落实；组织协调指导维护社会稳定的工作；支持和监督政法各部门依法行使职权，指导和协调政法各部门依法互相制约、密切配合；督促、推动大要案的查处工作，研究和协调有争议的重大、疑难案件；组织推动社会治安综合治理工作；组织推动政法战线的调查研究工作，推动政法工作改革；研究、指导政法队伍建设和政法各部门领导班子建设，协助党中央和中组部考察、管理中央和地方政法部门的有关领导干部；协助纪检、监察部门查处政法部门领导干部违法犯罪的案件；指导地方政法委员会的工作；完成党中央交办的其他任务。

从以上的职能来看，与司法活动紧密相关的主要是这样几项职权：(1) 管理政法部门的有关领导干部。依照中国宪法和法律，最高人民法院院长由全国人民代表大会选举和罢免，副院长、审判委员会委员、庭长、副庭长和审判员由最高人民法院院长提请全国人民代表大会常务委员会任免。地方各级人民法院院长由地方各级人民代表大会选举和罢免，副院长、审判委员会委员、庭长、副庭长和审判员由本院院长提请本级人民代表大会常务委员会任免。但是在实践中，往往在法院领导干部的提名提交地方人大确认之前，提名一般需要经过地方政法委讨论。① （2）推动政法工作改革。实际上，在2003年5月，中央政治局常委召开会议专门讨论司法改革问题。5月中旬，中央政法委组织专家进行讨论，并宣布成立由罗干担任组长的中央司法体制改革领导小组，指导全国司法体制的改革。这标志着主导中国司法改革进程的核心机构的诞生，也意味着党对司法改革工作的领导。（3）实务性工作。讨论法院审理的重大疑难案件，涉及重要人物和机构或社会舆论大的案件，或者公检法三家存在分歧的案件。

第三，审判方式改革。

改革开放之前，我们实现的传统审判方式是典型的职权主义模式，甚至是超职权主义模式。这种传统的审判模式在运行中日益显现出弊端，如重法官职权，轻当事人的权利；重庭外的作用，轻庭审的作用；重暗箱操作，轻公开审判；重领导把关，轻合议庭的职权。这种传统的审判方式与诉讼法规定的公开审判、开庭审理、合议制等规定存在诸多冲突，也不利于当事人诉讼权利的保护，并因而影响到人民法院和法官的公正。审判活动经常被诟病先定后审，审判活动走过场，案件的层层审批制度对于审判的独立也造成了负面的影响。②

改革开放之后，各地法院开始对传统的审判方式进行改革。1988年7月，召开了第十四次全国法院工作会议，会议在总结各地民事司法改革经验的基础上，提出了对改革的新认识。会议明确指出，人民法院要完成新时期的审判任务，必须搞好自身的改革和建设。改革和建设的目的，是要加强和完善法院自身的机制，充分发挥宪法和法律赋予的审判职能作用。要改变目前审判工作中存在的与法不符的陈旧观念和习惯做法，全面地、准确地执行宪法和法律的规定，提高执法水平。要求各级法院要着重从以下四个方面努力：（1）坚持依法独立审判的宪法原则。各级法院要敢于在任何时候、任何情况下，都能顶住各种压力，排除各种干扰，做到有法必依，执法必严，违法必究。（2）认真执行公开审判制度。公开审判是法院审判活动的重心，法

---

① 参见梁治平编：《法治在中国：制度、话语、实践》，中国政法大学出版社2002年版，第162页。

② 参见景汉朝：《民事司法改革论纲》，西南政法大学2003年博士论文，第55页。

院认定的案件事实和证据，必须在开庭审理中经过公开调查、公开质证、公开辩论。具体要求除法律规定不公开审理的案件以外，一审案件要做到一律公开审理；二审案件要尽可能地公开审理；再审案件也要创造条件公开审理。对于依法不公开审理的案件，也应当搞好开庭审理，并依法公开宣告判决。（3）改进合议庭的工作。合议庭不仅应对审理的案件事实负责，而且要对如何适用法律负责。要切实加强合议庭的责任，使合议庭充分行使法律规定的职权；合议庭的每一个成员对所审理的案件都要负责，重要审判活动应由合议庭集体进行。（4）强调当事人的举证责任。要求本着"谁主张谁举证"的原则，由当事人及其诉讼代理人提供证据，法院则应把主要精力用于核实、认定证据上，在必要时法院有权也有责任依照法定程序收集和调查证据。①

　　虽然此次会议提出了审判独立的要求，但是在此前的审判实践中，关于这一问题的争论形成了两种不同的观点。北京市中级人民法院法官刘春茂的一篇题为《对法院院长、庭长个人审批案件问题的探讨》，引发了关于这一问题的争论。刘春茂法官认为，时下法院内部实际存在的院长、庭长个人审批案件的做法，需要改变。这种做法没有法律依据，依照法律的规定合议庭由院长或者庭长指定审判员一人担任审判长。院长或者庭长参加案件时自己担任审判长。各级人民法院院长对本院已经发生法律效力的判决和裁定，如果发现在认定事实或者在运用法律上确有错误的，必须提交审判委员会处理。除此权力外，法律并没有赋予他凌驾于合议庭之上的个人审批案件之权。这种做法不过是用行政办法管理法院的一种旧的习惯。院长、庭长审批案件的做法实际上剥夺了合议庭的权力，使合议制成为一种没有多少实际内容的形式。另外，个人审批案件的做法也是与民主集中制的原则相背离的。更为重要的是审批制不利于审判的独立。审判独立作为保证人民法院正确行使审判权的一项重要原则，意味着合议庭和审判委员会的独立，是审判组织的集体独立，而不是个人独立。院长、庭长个人审批案件容易为社会上特别是党政个别领导人干预独立审判的力量所左右，而且个人审判案件是不公开的，脱离监督，这是其弊端所在。缘此，作者主张逐步取消个人审批案件的

---

　　① 参见最高人民法院院长任建新1988年7月18日在第十四次全国法院工作会议上的报告《充分发挥国家审判机关的职能作用　更好地为"一个中心、两个基本点"服务》。

习惯做法。①

与此相对应的则是从审判实践和院长、庭长审判案件的功能和机制上对这种制度的肯定，并且在司法实践中，这种观念占据了主流地位。时任最高人民法院院长的江华同志在谈论人民法院的独立审判问题时强调，合议庭独立审判，院长、庭长不能审批案件的做法是不对的。因为，"第一，审判权是宪法赋予人民法院的，不是给审判员的。人民法院是由院长、庭长和审判员组成的，不单是由审判员组成。为什么只有参加合议庭的审判员能独立审判，院长、庭长就不能管理案件？第二，人民法院的审判活动，实行民主集中制的原则，不能只抓住少数一条就否定了其他条。第三，合议庭是人民法院内部审理案件的临时组织形式，既不是一个机关，也不是什么固定机构，它无权对外代表法院行使审判权……认为合议庭和审判员可以独立审判，庭长、院长不能过问，这与我国的法律规定的法院独立审判原则是相违背的。"审判独立的本意不是"法院内部的合议庭同庭长、院长的关系，而是人民法院同其他行政机关、团体和个人的关系而言"。"从实际情况看，如果不要院长、庭长审批案件，只几个审判人员说了算，对提高办案质量，是不利的，而且，从当前审判人员的思想水平和业务能力来看也是不行的。"② 由此可见，要求审判独立，当时并不具备现实的条件，但我们也应该看到，院长、庭长审批案件的做法在实际操作过程中存在诸多弊端。

为了总结推广各地的经验，进一步规范和指导全国审判方式改革，1996年7月最高人民法院召开了新中国成立以来第一次全国法院审判方式改革工作会议，提出了审判方式改革的指导思想：以宪法和诉讼法等法律为依据，以保障裁判公正为目的，以公开审判为重心，以强化庭审功能，强化公诉人、辩护人和当事人举证责任，强化合议庭和独任审判员职责为内容，大胆探索，努力完善具有中国特色的社会主义审判制度。会议明确指出，要统一对审判方式改革紧迫性和必然性的认识，现在不是要不要搞、能不能搞和会不会搞的问题，而是大势所趋，势在必行。必须认清形势，抓住机遇，创造条件，积极推进，一定要在"九五"期间，全面普遍推行审判方式改革。会议还强调，要明确审判方式改革这项工作的长期性和艰巨性，这是司法领域

---

① 参见《人民司法》编辑部编：《人民司法》，1981 年版，第 48 页。
② 《人民司法》编辑部编：《人民司法》，1981 年版，第 22—25 页。

的一场深刻变革。必须树立长期作战的思想，不断实践，不断总结，不断提高，不断完善，最终建立和完善有中国特色的社会主义审判制度。这次会议标志着我国的民事审判方式改革进入了一个新的发展阶段。①

1996 年，刑事诉讼法的修改把审判方式的改革推到了一个新的深度，开始了从大陆法系的职权主义向当事人主义的转变。根据这一法律，公诉人、被告人、辩护人不再有等级之分，而是同为当事人，是平等的法律主体。法官的职责不再是调查取证，而是以消极的方式客观地审查证据，不再是引导法庭审判，而是冷静、客观地作出裁决。控诉方和辩护方的积极性和主动性得到保护和发挥，二者的平等对抗被视为公正审判的必需。②

第四，审判功能的恢复和强化。

1978 年至 1983 年间，依法审判"四人帮"，"复查纠正冤假错案一直是人民法院的一项十分重要的任务"③。首先，以民事审判活动和刑事审判活动的恢复为契机，法院系统试图建立一套防治司法制度出现异化的机制，从而有效保护人民的利益。通过依法惩办反革命犯罪分子和严重破坏社会秩序的刑事、经济犯罪，维护社会治安，保障国家和人民的利益。保障社会主义现代化建设的顺利进行。其次，通过法律审判功能的加强，恢复法院在国家现代化建设中的重要地位。通过强调依法独立审判，只服从法律，法院系统初步理清了同党委的关系。"坚持实事求是的原则，忠实于事实真相"。"严格依法办事，刑事案件要按照刑法定罪量刑，并且以公开审判为重心，认真执行刑事诉讼法规定的各项程序制度，按照民事诉讼法（试行）规定的程序制度办案。"④ 这些措施使法院的审判职能大大加强。另外，法院系统的机构改革和法官队伍的建设也被提到重要的地位。再次，借助受案范围的扩大和司法建议的提倡，法院在社会治理中的角色和功能进一步增强。"五年来，人民法院受理的民事案件逐年大幅度上升。一九八二年全国一审民事收案七十七万多件，比一九八一年上升百分之十七，比一九七八年上升了一点七倍。民事收案中，不仅婚姻家庭、继承、房屋、宅基地、损害赔偿等纠纷显

---

① 参见景汉朝：《民事司法改革论纲》，西南政法大学 2003 年博士论文，第 43 页。
② 参见信春鹰：《中国需要什么样的司法权力？》，《环球法律评论》2002 年春季号。
③ 1980 年最高人民法院工作报告。
④ 1983 年最高人民法院工作报告。

著增多，而且新增加了不少土地、山林、水利、农具、耕畜、肥料等纠纷，涉外民事案件也已出现，并有上升趋势。"① 新型案件的增多，使法院的功能延伸至更为广阔的经济、民事领域。同时，由于法律的出台速度远跟不上经济、社会的发展，法院通过司法建议为立法的发展和法律漏洞的填补提供了新的途径，1983 的《人民司法》杂志刊载了大量关于司法建议的性质和作用的文章。司法建议的出现是法院系统审判功能的合理延伸，也为司法与立法架构起对话沟通的桥梁。

1983 年至 1988 年，进入郑天翔主政时期。在中共十二届三中全会通过《关于经济体制改革的决定》之后，"最高人民法院、地方各级人民法院和专门法院适应形势发展的需要，把审判工作更紧密、更直接地与经济建设联系起来，以保障、促进经济体制改革和社会主义现代化建设为指导思想，继续坚定不移地严厉打击严重危害社会治安的犯罪分子和严重破坏经济的罪犯，同时，加强审理民事案件、经济纠纷案件和处理申诉信访等各项工作，采用多种形式积极参加对社会治安的综合治理，并且把加强全国法院系统的队伍建设作为一项重要任务。"② 其内容主要包括：（1）法院继续加强刑事审判、民事审判，以期一方面维持整个社会秩序的稳定，保护人民的生命、财产安全。根据公安部统计，"实行严打以来，1984 年一季度全国刑事案件的发案数，比去年同期下降了百分之三十三点二。社会治安秩序明显好转"③。在民事领域，"各级人民法院认真贯彻了民事诉讼法（试行），积极开展巡回就地办案。据人民法院组织法和民事诉讼法（试行）的规定，地方各级人民法院和人民法庭加强了对基层调解组织的业务指导，通过调解组织解决了数以千万计的民事纠纷。同时，加强了执行工作，以实现法律的权威"④。（2）经济审判工作也进一步地完善，通过建立各级经济审判组织和召开第一次全国经济审判工作会议，各级法院在机构建设和审判案件的质量上都得到了显著的提高，"人民法院从 1979 年下半年起逐步建立了经济审判组织，开展了经济审判工作。截至 1983 年底，最高人民法院、各高级人民法院、中级人民

---

① 1983 年最高人民法院工作报告。
② 1985 年最高人民法院工作报告。
③ 1985 年最高人民法院工作报告。
④ 1985 年最高人民法院工作报告。

法院（除个别边远地区外）和 87% 的基层人民法院都已建立了经济审判庭。最高人民法院召开了第一次全国经济审判工作会议。会议在总结经验的基础上，明确了经济审判工作的基本任务是审理生产和流通领域内的经济纠纷案件，并确定了经济审判庭的收案范围"①。（3）通过强化法官队伍建设，保证审判的质量和司法功能的实现，其目标是实现法官队伍的专业化、知识化和革命化。（4）增强对基层法院的监督和指导，通过加强司法解释和案例指导制度的建设，保证判决结果的统一性。

1988 年至 1997 年，在任建新主政最高人民法院时期，这一时期法院改革仍然延续了之前的做法，值得一提的是随着行政法和行政诉讼法的颁布，法院的行政审判功能和任务逐步凸显出来，行政法的颁布是法院对国家行政的具体行政行为的合法性和合理性的一种审查，也是公民对国家公权力行为的约束和制约。尽管诉讼的受案范围受到了严格的限制，但是作为司法机构对于行政机构行为的审查，就达到权力与权力之间的监督和制约而言，无疑是一个重大的理念和制度的进步。其不仅意味着法院功能的扩展，也是对国家权力机构之间制衡和约束制度的进一步完善。1989 年的最高人民法院工作报告显示，"1986 年以来，人民法院陆续建立行政审判庭，现已有 26 个高级法院、242 个中级法院、1 154 个基层法院（占基层法院总数的 39%）建立了行政审判庭。最高人民法院建立了行政审判庭。""全国法院两年来共受理行政案件 14 531 件，涉及治安、土地、海关、食品卫生、医药、环境保护、工商、税务等许多行政管理部门。"除此之外，以审判方式改革为中心的法院改革也开始铺开，改革的基本内容是："依法强化庭审功能，强化合议庭和独任审判员的职责；加强对人民群众合法权益的司法保护。核心是进一步贯彻公开审判的原则，凡是依法应当公开审判的案件，都做到公开审判，把审判活动更好地置于社会监督之下。"②

第五，司法改革的深入和司法价值目标的提出。

进入 20 世纪 90 年代，党中央和国家领导人提出依法治国、建设社会主义法治国家的构想，在十四届三中全会的决定中，进一步提出了在本世纪末初步建立适应社会主义市场经济的法律体系的任务。1997 年党的十五大又

---

① 1985 年最高人民法院工作报告。
② 1997 年最高人民法院工作报告。

将司法改革纳入政治体制改革的范畴，并且把独立行使审判权与司法的公正，作为改革的目标。从价值目标上看，司法制度的运行必须保障在全社会实现公平和正义，司法的改革的推进需要在两个层面上进行：从外部结构上，应当按照公正司法和严格执法的要求，完善司法机关的机构设置、职权划分和管理制度，进一步健全权责明确、相互配合、相互制约、高效运行的司法体制。从制度上保证审判机关和检察机关依法独立公正地行使审判权和检察权。从司法内部结构上，应完善诉讼程序，保障公民和法人的合法权益；切实解决执行难问题，改革司法机关的工作机制和人财物管理体制，逐步实现司法审判和检察同司法行政事务相分离，建设一支政治坚定、业务精通、作风优良、执法公正的司法队伍。① 2003 年 5 月，中央政治局常委召开会议专门讨论司法改革问题。5 月中旬，中央政法委组织专家进行讨论，并宣布成立由罗干担任组长的中央司法体制改革领导小组，指导全国司法体制的改革。这标志着主导中国司法改革进程的核心机构的诞生，也意味着一种全新的、自上而下的司法改革模式的确立。②

2004 年中国共产党第十六届中央委员会第四次全体会议召开，会议强调加强和改进党对政法工作的领导，支持审判机关和检察机关依法独立公正地行使审判权和检察权，提高司法队伍素质，加强对司法活动的监督和保障。以保证司法公正为目标，逐步推进司法体制改革，形成权责明确、相互配合、相互制约、高效运行的司法体制，为在全社会实现公平和正义提供法制保障。③ 此次会议更为注重党对司法活动的监督和领导，通过监督和领导来保障司法的公正和实现社会的正义。这与中央政法委成立的司法体制改革领导小组及司法改革初步意见的出台有着密切的联系。2006 年，党的十六届六中全会和党的十七大要求，全面落实依法治国基本方略，加快建设社会主义法治国家。深化司法体制改革，优化司法职权配置，规范司法行为，建设公正高效权威的社会主义司法制度，保证审判机关、检察机关依法独立公正地行使审判权、检察权。加强政法队伍建设，做到严格、

---

① 参见江泽民：《全面建设小康社会，开创中国特色社会主义事业新局面》，见《江泽民文选》第 3 卷，人民出版社 2006 年版，第 556—557 页。

② 参见吴小亮：《新一轮司法改革全面启动》，《财经》2004 年第 10 期。

③ 参见中国共产党第十六届中央委员会第四次全体会议公报（2004 - 09 - 19），http：www. people. com. cn。

公正、文明执法。① 应该说执政党确定的依法治国的思想和司法改革的基本目标、路径和效果，对中国司法的完善和发展、司法权威的树立起着重要的作用。

法院作为司法活动的主要场所，在司法的变迁中扮演着重要的角色，可以说司法的运作就是以法院为中心的审判活动所构筑的。作为司法的主要组成部分，法院自身的制度构建和运作不仅仅是保护私权、制约公权的有效手段，同时也是司法的权威得以实现的载体。"文化大革命"之后，当回顾中国法院改革和发展走过的历程，我们可以发现这样两条主线索：一方面，法院作为国家权力机构的组成部分，逐步地迈向自治；另一方面是法院在社会治理中的角色和功能的逐步变化。这种角色和功能的变化在以纠纷解决为中心的审判活动中体现得尤为明显。应该说，这一时期的改革措施大多是从这两个层面来展开的。

在法院内外部的独立得以确立的同时，法院的功能和角色也在发生着悄然的改变，我们试图通过历届最高人民法院所作的工作报告中来揭示出这种角色和功能的嬗变。新中国成立初期"司法是无产阶级专政的工具，是实现党和国家政策目标的手段。这个理念不仅主导了中国司法制度的设计，也主导了司法职业人员的标准。这个标准首先是政治的，其次才是业务能力"②。之后，司法也力图在社会治理和经济建设中发挥其应有的作用，但是终于由于"左倾"思想的扩大化和"文化大革命"的爆发，司法系统的建设陷入了全面停滞。直至十一届三中全会把国家的主要任务从阶级斗争转移到经济建设上，实现了党中央的领导方式的改变，并提倡法制，建设社会主义法制国家的构想。在国家经济发展的同时，法律和审判的需求也与日俱增，法院的审判工作面临着重大的压力，如何实现司法的公正、高效、权威，成为司法改革和发展的核心价值诉求。

1998 年至今，是法院各项改革高歌猛进的时期，也是受到非议和争论较多的时期。这一时期，法院的审判功能得以进一步增强。其间较为显著的特征是法院对于司法的价值诉求逐步明确并成为主导司法发展的主线。从1999 年开始，最高人民法院开始了十年的司法改革之路。1999 年最高人民

---

① 参见中国共产党第十六届中央委员会第六次全体会议公报（2006 - 10 - 11），http：www. people. com. cn。
② 信春鹰：《21 世纪：中国需要什么样的司法权力?》，《环球法律评论》2002 年第 1 期。

法院院长肖扬以司法公正为主线，加大法院改革力度。法院的主要任务是大力加强审判工作，维护司法公正，强化执法力度，维护法律权威，推进审判方式改革，落实公开审判，维护裁判公正服务大局，深化改革，努力开拓审判工作和队伍建设新局面。① 1999 年最高人民法院第一个五年改革纲要出台，从 1999 年起至 2003 年，人民法院改革的基本任务和必须实现的具体目标是：以落实公开审判原则为主要内容，进一步深化审判方式改革；以强化合议庭和法官职责为重点，建立符合审判工作特点和规律的审判管理机制；以加强审判工作为中心，改革法院内设机构，使审判人员和司法行政人员的力量得到合理配备；坚持党管干部的原则，进一步深化法院人事管理制度的改革，建立一支政治强、业务精、作风好的法官队伍；加强法院办公现代化建设，提高审判工作效率和管理水平；健全各项监督机制，保障司法人员的公正、廉洁；对法院的组织体系、法院干部管理体制、法院经费管理体制等改革进行积极探索，为实现人民法院改革总体目标奠定基础。

2004 年，在以公正和效率为主题的改革目标的指引下，最高人民法院又提出司法为民的指导方针，开展"公正与效率"司法大检查，促进司法公正。落实司法为民的举措，方便当事人诉讼，切实解决"告状难"、"申诉难"问题。完善司法救助制度，保障经济确有困难的群众平等参与诉讼。注重审判质量，努力实现司法公正。提高司法效率，使当事人尽快获得公平裁判的结果。积极稳妥推进法院改革，进行简化诉讼程序改革，提高审判效率。同年第二个五年改革纲要出台，该纲要指出 2004 年至 2008 年人民法院司法改革的基本任务和目标是：改革和完善诉讼程序制度，实现司法公正，提高司法效率，维护司法权威；改革和完善执行体制和工作机制，健全执行机构，完善执行程序，优化执行环境，进一步解决"执行难"；改革和完善审判组织和审判机构，实现审与判的有机统一；改革和完善司法审判管理和司法政务管理制度，为人民法院履行审判职责提供充分支持和服务；改革和完善司法人事管理制度，加强法官职业保障，推进法官职业化建设进程；改革和加强人民法院内部监督和接受外部监督的各项制度，完善对审判权、执行权、管理权运行的监督机制，保持司法廉洁；不断推进人民法院体制和工

---

① 参见肖扬：《最高人民法院工作报告——1999 年 3 月 10 日在第九届全国人民代表大会第二次会议上》（1999 - 03 - 20），http: www. court. gov. cn。

作机制改革，建立符合社会主义法治国家要求的现代司法制度。

2005 年，最高人民法院从解决群众关心的司法公正和效率问题入手，以司法人权保障为中心，重点深化刑事审判方式改革，进一步完善刑事审判二审、死刑复核程序，健全证人、鉴定人出庭制度，充实审判力量，使每一件刑事案件都做到程序合法、实体公正，经得起历史的检验；改革审判委员会制度，进一步促进审理与判决的有机统一，提高工作效率；完善人民陪审员制度，会同司法行政机关选拔、培训人民陪审员，保障人民群众依法参与审判活动，弘扬司法民主。①

2007 年 1 月 1 日，最高人民法院统一行使死刑案件核准权，结束了部分死刑案件核准权下放 26 年的历史。② 2008 年，最高院提出，"公正司法、一心为民"指导方针，严格执行宽严相济的刑事政策，做到"该宽则宽，当严则严，宽严相济，罚当其罪"。坚持"能调则调、当判则判、调判结合、案结事了"的审判原则，把诉讼调解贯穿于案件审理全过程，加强对人民调解委员会的指导，支持、维护、促进人民调解和行政调解，建立和完善纠纷解决机制。③

纵观十余年的司法改革，以最高人民法院为核心的法院系统围绕着审判功能的有效行使开展了一系列的改革，逐渐形成了改革的总体思路和立场。作为司法权威的制度化载体，法院功能的发挥有赖于审判权的有效运行。如何维护司法审判的公正，成为司法权威得以实现的根基。推行审判组织的改革，强化执行，破解执行难，依法保障司法人权，强化法官职业化、专业化的队伍建设，发布司法解释，加强审判监督，确保法律的统一和正确适用等等措施，都是围绕着以审判为中心的功能实现来展开的。在审判功能强化的同时，法院的社会治理中的政治功能的需求也逐步地凸显出来。这似乎成为全球司法权扩张的共同趋势。随着政治司法化历程的推进，"法院和法官开

---

① 参见肖扬：《最高人民法院工作报告——2005 年 3 月 9 日在第十届全国人民代表大会第三次会议上》（2005 - 03 - 11），http：www. court. gov. cn。

② 参见肖扬：《最高人民法院工作报告——2007 年 3 月 13 日在第十届全国人民代表大会第五次会议上》（2007 - 03 - 13），http：www. court. gov. cn。

③ 参见 2008 年最高人民法院工作报告。

始制定或逐渐掌握公正政策形成过程"①。在现代法治国家中，法院作为政治机构参与到公共政策的制定过程也渐渐地被接受，并通过制度化的模式贯彻到各国的司法实践之中。尤其是福利国家兴起之后，由于行政机构权力的扩张，对法院的功能定位提出了新的要求，司法与政治的界限开始松动，法院在国家治理和社会发展方面扮演着越来越重要的角色。不仅法、德等欧陆国家战后纷纷建立宪法委员会或宪法法院，美、日等国家也在 20 世纪 50 年代以后陆续进入较为能动的"沃伦法院"和"自由主义时代"②。此外，司法在原苏联、拉丁美洲、非洲以及亚洲的转型国家中也赢得了从未有过的地位。③ 在 1992 年意大利波伦亚大学召开的"审判政治化"专题研讨会上，国际政治科学协会比较司法学研究会甚至宣称"司法权全球扩张"时代的到来。④ 基于这种背景，中国的司法也在原有的制度性框架内探寻其审判的政治性功能定位，以期在司法的变迁中重塑司法的权威。从实践中看，这种努力体现在两个层面：一方面借助与行政性行为的合法性审查以及法院专属的审判功能对立法的合宪性审查来建立权力之间的约束机制，保障公民的权利。另一方面通过个案的审判活动、司法解释、司法建议等方式将特定的公共政策上升为法院的判决，并借助典型案例制度在后续的案件中逐步地被确认和接受，以弥补现代社会高速发展所带来的立法的普遍滞后，为法律的修改、颁布提供可供借鉴的依据。

应该说，司法权威的实现，有赖于司法审判的公正与司法权威的制度化，并得以有效地运行。依照司法权威的原理，我们可以将制度化的权威区分成不同的层面，包括审判的公正，司法在国家机构中的功能定位，司法判决的社会认同和执行度等。因此，司法权威的缺失和问题都是在这些层面发

① C. neal Tate& Totbjrn vallinder, *The Global Expansion of Judical Power*, New York University Press，1995.

② ［美］霍维茨：《沃伦法院对正义的追求》，信春鹰、张志铭译，中国政法大学出版社 2003 年版；［日］山本佑司：《最高裁物语：日本司法 50 年》，孙占坤、祁玫译，北京大学出版社 2005 年版。

③ See Siri Gloppen, Roberto Gargarella & Elin SKaar eds., *Democratization and the Judiciary：The Accountability Function of Courts in New Democracies*, London：Frank Cass Publishers，2004；Tom Ginsburg, *Judicial Review in New Democracies：Constitutional Courts in Asian Cases*, Cambridge：Cambridge University Press，2003.

④ See C. Neal Tate & Torbjörn Vallinder eds., *The Global Expansion of Judicial Power*, New York：New York University Press，1995.

生的不同程度的偏离和不足。

考察中国司法自 1978 年至今所发生的变迁，在权威的制度化日益增强的同时也面临着许多问题，这也是在全球司法改革运动的浪潮中，中国司法所迫切需要面对和解决的困境。困扰司法权威的问题包括：司法独立和监督之间没有理顺，司法腐败、领导批示、请托、媒体的监督、人大的监督等审判的外部力量的干预，导致"司法自觉能力与司法约束责任的双重缺失"[①]；现行的法官管理体制导致法官整体素质难以适应审判工作专业化要求；司法活动中的地方保护主义产生、蔓延，严重危害我国社会主义法制的统一和权威；审判工作的行政管理模式，不适应审判工作的特点和规律，严重影响人民法院职能作用的充分发挥；人民法院特别是基层人民法院经费困难，装备落后，物质保障不力，严重制约审判工作的发展；大量的案件积压和普遍存在的执行难、执行乱问题，考验着司法的权威及其在公众中的形象。面对挑战，面对着社会转型过程中民众对于司法公正和司法功能的期盼，人民法院不改革没有出路。通过改革，逐步建立依法独立公正审判的机制，保证司法的效率，维护司法的权威，成为社会主义市场经济发展和民主法制建设的急切需要。

第三节　司法权威的构建

一、司法权的合理定位与司法的权威

在近现代中国司法变迁的过程中，国民政府试图促成司法的现代转型，但是由于革命时期的动荡和国民党自身的局限性，司法并没有完全实现这种转型。新中国成立初期，由于阶级斗争和对法制的漠视，司法沦为无产阶级专政的工具，对法治的漠视最终导致了法制发展的停滞，司法机构也因此被撤销。改革开放以来，我党重新认识到法制的重要意义，20 世纪 90 年代更是提出了建设社会主义法治国家的目标。随着市场经济的发展和对人权、民主的重视，司法权威的进程得以重新展开。国家治理模式的转变和公民权利

---

①　顾培东：《中国司法改革的再认识》，见《改革司法——中国司法改革的回顾和前瞻》，社会科学文献出版社 2005 年版，第 48 页。

意识的崛起，对法律稳定性和司法公正的追求，都为司法的权威提供了动力和资源。近 10 年所提倡的司法改革无疑受到了这种理想形态的影响，从历届最高人民法院的工作报告中和改革纲要中，我们可以清晰地看到这一线索。但是，传统因素、革命时期司法观念、现有的制度体系束缚仍在，中国司法在实现权威的过程中依旧困难重重。

前任最高人民法院院长肖扬曾指出，司法在运行中存在诸多问题。司法独立和监督之间没有理顺，司法腐败、领导的批示、请托、媒体的监督、人大的监督等等审判的外部力量的干预导致了"司法自觉能力与司法约束责任的双重缺失"[①]。时至今日，司法的地方化、司法审判的行政化、司法的腐败问题依然严重，中国司法改革面对的问题复杂而多变，这也可能是后发法治国家所共同面临的问题。为此我们当然可以列出一张如何实现司法权威的系谱，按照系谱上的要求来逐一地对司法进行改革。然而时至今日，司法的权威还未获得普遍的认同，改革的道路依旧艰巨。在笔者看来，在改革中最关键的还是要在国家权力结构中给予司法权合理的定位以及在转型社会背景下来重新认识司法权威的建构问题。

司法权在国家权力结构的定位在很大程度上决定了司法的权威。从启蒙时期开始，有限政府，权力的分立，分权制衡，强调司法独立的观念逐渐形成，并成为各国政制结构的理论基石。从司法独立的制度实践上看，奉行司法独立的国家往往在宪法层面规定了司法独立的原则，我国也不例外。我国宪法规定：司法机构由人大产生并对立法机构负责，法官独立审判，不受行政机构、其他个人或团体的干涉。公检法机关分工负责、监察机关有监督司法机构的权力。这些规定表明司法机构并未独立于人民代表大会（西方意义上的议会）、党的领导，而是在奉行人民代表大会至上基础上的独立。从权力分立和制衡的角度上看，虽然我国在国家权力之间设置了相应的机构、人员的分离，但是并没有制衡的意味，而是强调权力的统一即人民是至高无上的，而人民由最高选举机构（人民代表大会）所代表，那么一切国家的权力皆应当集中于该机构。在这一意义上，法官也并非独立于人民和最高立法机构。

---

① 顾培东：《中国司法改革的再认识》，见《改革司法——中国司法改革的回顾和前瞻》，第 48 页。

进入 21 世纪，中国法院面临着国内、国外的双重挑战。中国公众不满法院的腐败、地方保护主义、偏袒偏护、滥用职权、缺乏专业精神，到访的外国官员也批评中国法院。一方面，由于改革导致的道德意识的淡漠和利益的诱惑，法院腐败及滥用职权现象越来越严重。另一方面，由于经济体制改革的深入，法院的职能从无产阶级专政的工具转移到为经济发展"保驾护航"。这种以目的和政策为导向的指导思想使法院在面对经济诉讼中难以保持中立。但是经济体制的改革在带来负面影响的同时，也带来了积极的意义。随着中国加入全球化进程的加速，随着建立民主和法治国家目标的确立，以及法治改革和司法改革的展开，在这种情况下，如果一味地强调权力的统一，可能有损于司法公正的实现。于是司法独立的说法也逐渐地、自然而然地进入我们的视野之中。

回首司法改革过程，法院在推进司法独立上取得了许多有益的成果。法院以落实公开审判原则为主要内容，进一步深化审判方式改革。以强化合议庭和法官职责为重点，建立符合审判工作特点和规律的审判管理机制。以加强审判工作为中心，改革法院内设机构，使审判人员和司法行政人员的力量得到合理配备；进一步深化法院人事管理制度的改革；加强法院办公现代化建设，提高审判工作效率和管理水平；健全各项监督机制，保障司法人员的公正、廉洁；对法院的组织体系、法院干部管理体制、法院经费管理体制进行改革。最高人民法院也对现行的审判委员会制度进行改革，"要求改革审判委员会的成员结构，确保高水平的资深法官能够进入审判委员会。改革审判委员会审理案件的程序和方式，将审判委员会的活动由会议制改为审理制；改革审判委员会的表决机制。之后，最高人民法院和一些地方法院相继颁布了改革实施意见，并付诸实践"[1]。2007 年最高人民法院下发文件，明确要对审委会进行改革。最高法院的此次改革旨在为审委会一直备受诟病的"高度行政化"开出药方。最新措施包括最高法院审委会设立刑事和民事、行政专业委员会；高级、中级法院根据需要设立专业委员会；审委会讨论案件必要时必须旁听庭审、讯问犯罪嫌疑人、询问民事行政案件当事人；审委

---

[1] 法治网，http://www.legaldaily.com.cn/bm/2009 - 02/13/content _ 1035057.htm，2010 年 3月 12 日访问。

会必须积极推行直接审理案件等。① 这随之而来的改革措施无疑使审判委员会脱离行政化的指令模式，让经验丰富的专业法官来主导案件的审理，并亲身深入到审判过程中。

在保证法院内部审判独立的基础上，司法独立的外部关系也逐步展开。改革开放以来，党对司法工作工作的领导方式的转变，确立法院独立审判的宪法原则，保障司法机关独立行使审判权，防止行政机关、个人、团体对审判的不当干预。如此等等，都可以看到中国司法在克服固有制度、体制的束缚，实现司法权威、独立的努力。

但是就中国目前在司法独立方面的认识和制度现状看，至少还有以下几个问题值得深入探讨。其一，从分权制衡的观点来看，西方法治发达社会谈论司法独立，都是基于个人自由和三权分立的前提预设，而在中国政治体制下，司法独立与中国现有的政治体制是否可以兼容；其二，我们常常在学者的研究中能看到司法独立的提法，但是从宪法的规定看，仅仅规定了"审判独立"。由此产生的问题是审判独立是否能够和司法独立等同。

从法理上分析，在司法独立的基本原理上存在两种不同的理论：其一，由社会学者所倡导，社会学者认为司法的独立是与社会分工增加、社会生活复杂化的趋势相一致的应然命题。② 这种观点认为司法的独立是社会自然演进的结果，而不是像近代启蒙思想家所说的那样，是基于人的理性和自由的必然结果。③ 其二是启蒙时期学者倡导的权力分立学说：政府机构应分割成三个部分——立法机关、执行机关、司法机关，在这种机构分立的背后是对政府职能的三种类型的理解。政府的三个部门应当有相对分离且由不同的人员来组成，而且这些人员之间不能有所重叠；在机构、职能、人员分离的背后，政府的每个部门就对其他部门构成一种限制。④ 因此，有限政府，或曰限制政府的政治自由观点就构成了权力分立学说的基础。

当然这种公式化的有关司法独立的原理有许多疑点，法官遵循的法律并

---

① 有关学者的讨论可以参见朱苏力、贺卫方、张志铭等关于审委会的存废问题的讨论。

② 参见苏力：《法律及其本土资源》，中国政法大学出版社 1996 年版，第 130 页。

③ 参见张志铭：《法律思考的印迹》，第 270 页。

④ 参见［英］M. J. C. 维尔：《宪政与分权》，苏力译，生活·读书·新知三联书店 1997 年版，第 16—18 页。

非中立或者是对提交他们的有关法律权利或者义务的纠纷可能并非给出机械呆板的答案。正如马丁·夏皮罗提醒我们的，法官在运用法律解决纠纷过程中，常常是在造法。我们知道法官提供有关法律的权威性裁断，而权威性的裁判本身需要获得政府的强制性力量的支持，法官在这种意义上是国家的功能性的分支，国家的其他职能部门使它的体制得以确立、维持、保护。因而，他们得自于其他机构的权威只能是非中立的，并且这还不是全部，法官的工作是基于他们之前的司法经验和从属关系，并且这种影响极不容易被摆脱。在历史上，分权学说也并不能保证司法的绝对独立。为了解决这一问题，权力机构之间还需要相应地制衡，也就是将立法的审判权力交由司法机构而不仅仅是在国家权力之间进行划分。在美国联邦宪法颁布之时，虽然建立了权力分立的政治体制，但是制衡的权力尚不充分。联邦党人认为司法在国家权力机构之间是最弱的一个部分，它既无强制又无意志，只有判断。为了防止其他机构对法官权力的侵蚀，联邦党人建立了法官的薪俸保证和身份保障制度，法官的薪俸不得随意克减，在职期间，法官只要行为正当就应该继续任职。通过确立身份保证和职务保障制度，从国家权力结构中分离之后，这种制度性的独立保证了法官在行为上保持一定程度的独立。直到马歇尔法官通过马伯里诉麦迪逊案件，才确立了立法的宪法审查的权力，由此司法通过违宪审查制度才获得了制衡的权力，分权制衡的机制使得司法获得真正地实现制约公权力的武器。

　　这些质疑司法独立的观点无疑是对的，司法包涵了政治的因素，也不存在绝对意义上的独立，我们希望法官享有高度的自治和权威是为了法官能够独立的思考而不受到外部因素的制约。当然仔细思考我们也会发现，司法独立和司法权威、司法公正之间并不能完全等同。法官独立思考和作出裁判的能力并不因为法官或者司法在外部关系结构中获得了高度的权威而自动生成。这使我们能够理解为什么在中国历史上，法官或者司法机构在没有获得外部的权威和保障的条件下，仍然能够独立公正地行使审判权。同样在司法权威普遍建立的国家，也存在法官不能独立行为的例子。换句话说，司法自治和权威的建立并不能完全保证法官的行为能够独立地行使，并公正地作出裁判。但是，一个合理政制的原则不应该被抛弃，仅仅因为它无法完全实现。政治家相信自由民主可以来指出应该保持何种独立，在这种意义上，司法独立是其中的一个原则。这些概念在其否定性的意义上是容易处理和辨识的。正是这点，在独立缺失的地方也是制度合法性受到破坏的地方。另外司法独立本身并非一种终极的价值追求，而是一种工具性价值，其目的在于维护另外一些价值即审判的公正性和权利的保护。司法独立的意义在于通过制度化的约束，避免国家权力机构对于个人权利的侵害，并保证在裁判过程中，法官中立、客观地裁判案件，不受外部干预，包括来自于个人、其他权力机构的压力。

在对司法独立的基本原理作了上述说明之后，我们进一步来分析中国的司法独立问题。在回答这些问题之前，首先应该充分肯定司法独立原则的价值合理性。近现代司法独立的确立，在保证司法公正的前提下，可以有效地制约公权力，保护公民的诉讼权利和人权。在这种价值合理性的基础之上，我们才能来进一步探讨和回答上文中提到的两个问题。

如果我们仅仅把司法独立与某种法律文化传统和特定的社会和政治制度捆绑在一起，那么在思维上就是封闭的。在思维的封闭和开放上，我们应该立足于开放。司法独立与社会政制是论证的结果，而非展开论证的前提。考虑到当今世界具有不同宪政架构和法律文化传统的国家奉行司法独立原则的实践，我们更应该认真地思考司法独立与中国宪政框架如何切合的问题。

另外，如果仅有审判独立的概念，在制度上设计没有相应的保障，不仅司法独立无从谈起，审判独立恐怕也可能成为问题。中国的审判独立的概念，确实与国际上通行的司法独立的概念相距甚远。德国学者曾将司法独立列举为八个方面的内容：（1）独立于国家和社会间的各种势力；（2）独立于上级官署；（3）独立于政府；（4）独立于政党；（5）独立于新闻舆论；（6）独立于议会；（7）独立于国民喜尚；（8）独立于自我偏好、偏见与激情。[1] 我国审判独立的概念仅是从宪法上规定了人民法院依照法律规定独立行使审判权，不受行政机关、社会团体和个人的干涉。不仅如此，司法的独立还和一整套的制度设计相结合，如权力的分立制衡、法官的身份保障、法院的设置、法官的选任、内部审判组织的结构等，因此我国在实现审判独立到司法独立的转变，任务仍然艰巨。当代司法改革已经日益深入到体制改革

---

① 参见史尚宽：《宪法论丛》，台湾荣泰印书馆1972年版，第329页。

的层面，已经不是工作机制上的简单改革，而是涉及司法在国家权力结构中的地位和权能的重塑的问题。司法权地位的凸显是在法治国家的背景下生成的，随着中国日益开放和进步，司法在保证公民诉讼权利，防止政府滥用权力方面的功能愈益突出，而这种功能的实现与司法在国家权力结构中的地位并不相称，因此司法在功能的实现上表现出了普遍的资源和能力不足。近些年的学术研究已经就司法体制如何改革的问题，进行了深入的探讨，从改革法官产生的体制、法官的任免、司法经费的保障、司法行政管理体制的改革方面我们都可以看到改革设计者的用心。①

虽然司法独立的原则和意义为人们所公认，法院有关中国司法独立的制度改革方案也足见改革设计者的用心，但是中国司法独立和司法体制改革的思路在实施中却不尽如人意，其中的原因又是什么呢？从司法独立的原理上分析，司法独立主要体现了两个层面的内容，一方面是制度性的独立，另一方面是法官行为的独立。在实现司法独立的过程中，两个方面的内容都是不可忽视的。制度性的独立如果缺失，就无法保证法官行为的独立。同样，法官如果不能恪守独立，即便司法实现了制度性的独立，也难以保证司法独立的实现。因此，当下司法不独立、不公现象的出现，不仅仅是因为制度的缺失，也是因为法官无法抵御人情、物欲的侵蚀。有学者指出，中国实现司法独立的关键并不在于通过司法改革及其引发的相应的法治改革增设体现司法独立原理、要求和管理的法律条文以及废除阻止和妨害司法独立的陈旧规定，而是在于遏制司法腐败，切实提高法官及其司法机关的威信，增强公众对于司法的信任度、依赖度和支持率。② 只有在公众对司法信服、信任的基础上，司法独立才能够获得冲破其他阻碍司法独立的藩篱而获得真正的独立。法院在此基础上，才具备充分的理由要求独立。当然，两者的实现并不能截然分开。我们不能想像在制度性独立缺失的条件下，法官都能够排除外部的干预，公正地适用法律，从而实现行为的独立。美国宪法的起草者充分意识到了这一点，他们认为司法在国家权力机构之间是最弱的一个部分，它既无强制又无意志，只有判断。为了防止其他机构对法官权力的侵蚀，联邦

---

① 参见孙谦、郑成良主编：《中国的检察院、法院改革》，法律出版社 2004 年版。
② 参见冯军：《关于司法独立与中国司法改革的思考》，见《改革司法——中国司法改革的回顾和前瞻》，第 535 页。

党人建立了法官的薪俸保证和身份保障制度，法官的薪俸不得随意克减，在职期间，法官只要行为正当就应该继续任职。通过确立身份保证和职务保障制度，在国家权力机构的分离之后，法官能够实现在行为上的独立。如果由于宪政体制的安排，中国司法无法实现相应制衡的话，不妨效仿联邦党人的做法，强化对法官职务和身份的保障。当然，这可能涉及国家的财力、体制以及法官应该获得怎样的报酬才足以避免受到生活之忧和腐败的诱惑这一统计上的困难。但是从司法公正的角度，这些必要的改革是被制度演进的历史所印证的。

二、转型社会背景下司法权威的重塑

随着经济的发展，依法治国，建设社会主义法治国家的推进，司法在这种场景下，也发生着变迁，这种变迁通过司法改革有力地呈现出来。如果用一条主线来描述的话，那就是建立现代性的司法模式。于是提倡司法独立、法律职业化、程序正义这些都成为中国司法改革的方向。另一方面，在法院逐渐实现自治的过程中，社会结构也发生了重大的转型。在经济体制改革的背景之下，由于市场机制因素和政治体制改革的滞后，社会在转型的过程中，出现了贫富差距和利益的冲突，许多包含利益冲突的纠纷比如房屋拆迁、农地征用、企业改制、劳资纠纷、农民工问题在社会转型期间大量的出现。为了寻求自身利益的保障，这些纠纷大量涌入法院，在给法院带来沉重负担的同时，由于这些纠纷常常涉及敏感的政治问题，转型时期政策的不稳定和法律在这些问题上采取的模棱两可的立场，对法院而言，这些案件受理或是不受理就成为一个问题。如果法律有明文规定，那么法院就相对好处理。但是一旦法律无明确的规定，或者由于法律的严重滞后，或者政策不稳定，法院在处理这些问题时，难免要涉及复杂的政治问题。然而法院在国家权力结构的功能有限，如此众多的案件，法院依靠自身能力恐怕是无法解决的。因此，法院在面对这些问题之时就可能以法律无明文规定而不予受理，但是这样又有损于司法的公正，导致司法的公信力降低和司法权威的缺失。

作为一种理想的形态，我们希望纠纷的发生都能够得到有效的解决。当个体权利受到侵害时，一个很现实的问题就是如何获得救济。在现代国家尚未建立起来之前，人们往往诉诸同态复仇，以以眼还眼的方式来解决纠纷，这在初民社会的纠纷解决中我们都可以看到明显的例证。随着国家的产生和文明的发展，这种原始的权利救济方式，日益被中立裁判的法官所取代。现代经济的发展，越来越多的权利形式被创制出来，用以保护公民的权利。除了司法机构，现代社会通过行政机构、民间组织、社会团体等形式来化解纠纷。多元化的纠纷解决机制更是为民众提供了解决纠纷的多种渠道。但是诉诸司法的保护却是公民实现权利救济的最后一道防线。各国的宪法也相继规定了公民有诉诸司法保护的权利。

但是，在现代中国司法的运作过程中，许多纠纷却得不到司法保护。公众在这种情况下，往往对司法失去信心，或者通过私力救济的方式来解决纠纷。这造成了司法权威的减弱，由此引发的社会问题，甚至是群体性事件频发，严重危及社会的稳定。对弱势群体而言，一方面，由于缺乏必要的法制观念，或者难以承受高昂的诉讼费用和时间的煎熬，不愿诉诸法院。另一方面，法院在涉及政策和敏感问题的领域，往往不受理案件。从司法系统自身而言，原因是多方面的。分析起来主要包括：（1）法律无明文规定；（2）政策上不允许；（3）法院无法执行。例如：我国《劳动法》上关于社会保险费用的缴纳上，由于这类案件通过劳动争议途径解决存在操作上的困难，社保费是否允许补缴及缴费数额和年限等保险事项的决定权均在劳动行政部门或社会保险经办机构，法院的民事判决实际上要经过他们的确认，且法院在作出判决后难以执行。① 因此，法院在诉讼过程中，渐渐地形成对于这类纠纷不予受理的做法。（4）各种制度性及非制度性因素。如司法腐败、人情关系，迫于行政机构、立法机构的压力，舆论干预、当事人的压力等。②

在这种情况之下，作为行动者的法官和司法机构必须作出选择。我们知道一个国家的司法制度是由于特定的历史、文化、经济、政治等因素造成的。司法作为国家权力机构的一个重要分支，不仅仅起到保护个人权利免受他人和国家不当干预的作用，还要考虑其权限范围。尽管在美国司法实践中，尤其是在"沃伦法院"期间，最高法院的大法官在"布朗诉教育委员

---

① 此外，贺欣也论述了这一现象，参见贺欣：《为什么法院不受理外嫁女纠纷——司法过程中的法律、权力和政治》，见《法律和社会科学》，法律出版社2008年版。

② 例如最高人民法院规定各级法院不得拒绝民告官类案件，实践中由于财政、体制上的束缚，法院不得不面临具体司法过程中受到行政机关、立法机关的干预问题。

会"、"校车接送计划"等案件中，更好地回应了社会的需求，当然其中也不乏沃伦法官个人的智慧。但是从判决的不同意见上看，法官对于司法能动主义的立场确实存在分歧。尽管根据多数主义原则最后判决结果是支持公众诉求，但是在判决的背后也隐含着对于司法应否积极能动立场的不同意见。

在这里我们就引出了另外一个问题，在中国的现有制度框架下法官如何来选择？在选择的背后又隐含了怎样的理念？对此我们区分了以下两种情况。

其一，不予受理，除了迫于压力的情况外，法官更愿意保持一种克制和保守的态度来对待这些案件。我们不能期望法官都能像德沃金所言的"赫拉格里特"式的法官，能够从整体上把握法律的意义脉络。法官同样也是普通人，我们不能保证法官在面对这些法律疑难或者带有很强的政策性案件中，能够排斥所有的内外部压力。他们同样担心这些案件一旦受理，如何能确保判决的可接受性，包括对于立法机构、行政机构、当事人，在这些因素的影响之下，法官宁愿选择一种保守的做法。这样可以有效地防止各种不可预料后果的产生。

其二，如果在两难的情况下，法官受理了案件，法官势必在现有的法条形式下，进行求索。实际上，我国的法律如民法中也规定了相应的选择机制，允许法官在案件判决中，运用相应的行使自由裁量权的规则。如：公序良俗、平等保护、公平正义等，还规定法无明文规定依习惯、无习惯依道德的推理模式。但是这样做也存在危险，由于抽象性的规则本身具有不确定的因素。如果以这些原则来解释法律，势必影响到法律的稳定性。更为重要的是在中国法律的解释权并非属于法官。① 那么制度演进的逻辑就会变成法官如何来处理这一棘手的问题。一般情况下，除了采用简易程序的以外，法官大多采用合议庭的模式来审理案件。在这种情况下，法官是否能够独立审理案件就成为疑问。在科层制形态下，这种案件就可以通过诉诸上级机构来加以解决。从中国的情况看，疑难案件会先提交审判委员会审查，这样法官就

---

① 我们提到法律解释总是指法官对法律的解释，在西方国家没有司法解释的概念，法律解释就是司法解释的代名词，两者可以通用，司法解释不仅仅指最高司法机关对法律的解释，而且包括各个不同等级的法院的法官对法律的解释。遗憾的是，或许是理论界的失误将人们引向了严重的理论误区，而这种误解是逐渐发生，并被反复重复的。

可以避免决定对个人带来的压力。另外，法官也可以要求最高人民法院以司法解释的形式，来获得更高一级的权威的确认。我们知道，上级法院在中国司法的运作过程中实际上有对下级审判机关的业务活动进行指导的权力。于是在科层制组织中，案件层层上报的情况就由此产生了。尽管学者经常诉病审判委员会或者下级机构对上级机构的请示，但是在实践中，行动中的法官却利用这种官僚等级机制来获得更高权威的确认，以使其在审理案件尤其是疑难或者涉及政策问题的案件中，获得可供利用的资源，以期有效地防止对当事人诉权造成的损害。

这个还存在一种制度设计，也就是诉诸宪法的保护。一般地说，公民和社会组织的基本权利受到侵害时，可以通过社会的、行政的手段解决，如果认为解决不当，可诉诸法院，通过普通的司法诉讼程序请求保护和救济。诉讼还有一审、二审救济保障。普通司法诉讼作为保护公民合法权利的一个重要的途径，的确有其先进的制度理念，所谓"无救济则无权利"。但在司法现实中，由于普通司法诉讼机制的运用一般是针对具体的权力行为，同时又表现为个案，所以依赖普通的司法诉讼对公民基本权利救济虽重要，却有限。

于是中国司法在面对这些问题时就出现了各种应对的办法，归纳起来主要有几种：（1）通过诉诸上级机构来加以解决。从审判委员会到上级司法机构直至最高司法机构，这也是科层制下所允许的制度；（2）通过寻求政府机构、人民代表大会的力量来寻求解决；（3）借助民意，为自身的裁判寻求合法的支持；（4）通过调解、协商的办法，尽量采用调解、说服的方式来化解矛盾，解决纠纷，避免纠纷升级，危害社会的稳定；（5）通过宪法的司法化来保障公民诉权的有效行使。

这些做法尽管在法院回应社会的过程中，取得了良好的成效，但是由此也带来了一系列问题。案件的审批和上报制度、寻求政府机构和人民代表大会的沟通和帮助，被认为是影响司法独立的最重要因素。另外，对民意的屈从也造成了负面的影响，民意具有双重性，在屈从民意的过程中，难免损害到法律系统的稳定性，这在泸州案件和刘涌案件中表现得尤为明显。其结果是程序正义让位于实体正义，道德审判代替了法律的作用。相比之下，运用宪法的司法化不失为一个很好的选择，这可以以最小的代价来换得法院功能的扩张，这让我们想到马歇尔大法官在马伯里诉麦迪逊一案中的智慧。尽管这种想法是好的，但是由于中国并非实行判例法的国家，没有遵循先例的传统。司法解释更是不能替代立法。而且以这样能动的方式来行使裁判权，在中国场景下，恐怕是很多法官所无力采用的。

中国司法面临的种种问题是在社会转型的特殊场景下发生的。一方面，我们期望国家治理的正当化过程能逐步地消解这些问题。另一方面，在司法的变迁过程中，我们需要建立新的机制来适应变迁的需要。从大陆法系国家的司法发展过程中，我们发现各国大多设置了专门行使宪法审查功能的专门法院，来避免普通法院在应对民主化社会对立法、行政机构的行为进行审查时面临的困境，而这一制度在中国却是缺失的。我们在进行司法改革的过程中，也必须保持清醒的认识。推进司法的现代化，不仅仅需要在职业化、司法独立、程序正义、恪守法律之上着力，同时也需要保持适当的开放性。尊重传统、保障公民诉讼权利尤其是实效性的权利保障。在严格恪守法律的基础上，通过法律推理技巧的提升、利益考量、理性的价值判断来实现个案的正义。我们期待着中国司法能够逐步走出困境，真正建立起公正、高效、权威的司法制度。

第四章

域外司法制度改革及其价值诉求

　　自 20 世纪 90 年代伊始，在全世界范围内不同的国家和地区，都发动了立志于重塑或修正本国相应司法制度的改革活动。当然，立足于自身的不同状况，每个国家和地区启动司法改革的诱因并不完全相同。但是，当相异的国家与地区面对纷繁复杂的社会争议与问题时，都将缓解社会问题与压力的期许倾注于司法制度的合理运作上，为此采取了诸多方式去改革、重塑、修正或调整自身的司法制度。① 面对这些国家和地区的司法改革活动，通过从价值的维度对其进行分析，以便探求域外司法制度改革的不同价值诉求，将使我们更加全面地认识和定位不同司法制度改革活动的状况。

第一节　日本司法制度改革及其价值诉求

一、日本司法制度改革简介

　　在第二次世界大战之后，日本先后发起了三次司法改革，第一次司法改革是在第二次世界大战后由美国干预而进行的，第二次司法改革是从 1962 年开始的，这次司法改革解决的主要问题有两个："一是诉讼周期太长、效

---

　　① 鉴于本书是对域外司法改革的梳理和认识，为了防止产生歧义和不必要的矛盾，本书所用的"司法"一词，主要采纳国际上的标准，它是指独立而中立的法庭，针对案件争议，认定事实，解释和使用法律，作出权威性法律决定的活动。它的特性是消极、公开、中立、客观、权威，而它的表现形式主要是一种裁判性的权力。

率太低；二是立志成为裁判官的人员减少，不能满足裁判所人员设置的需要"①。而从 1999 年 7 月开始，一直延续到现在的日本司法制度改革，则是日本战后的第三次司法改革。本次司法改革的诱因是多方面的，近十年来日本社会所面临的困难是司法改革的主要社会背景。而本次改革的动力主要来自财经界。对财经界而言，以前的司法无法满足他们追求利益的需要。以前的司法制度，甚至包括以前的司法改革不能够很好地实现企业家追求利益的目的，所以他们强烈呼吁司法改革。多数认为是日本经济发展状况造成了本次司法改革的推行，鉴于经济不断萎缩，之前采取的各种经济改革与行政改革措施并没有达到预期目的和效果，转向希望通过司法改革这个突破口，来缓解危机与压力。毕竟针对现实来讲，司法改革是"成本小，风险小，获益可能性大"的改革措施。但随着社会转型，司法的作用增大、任务变重，大规模的司法改革势在必行。

从 1999 年新春伊始，日本政府开始宣布发起司法改革，制定了《司法制度改革审议会设置法》（1999 年第六十八号法律），并依照此法律组成了由 13 人构成的司法制度改革审议会②，其于 2000 年 11 月 20 日提交中间报告。日本全国各界随即对该报告提出种种意见，经过讨论与修改，最终形成了《支撑 21 世纪日本的司法制度——司法制度改革审议会意见书》，并将此意见书提交内阁。2001 年 6 月 15 日，日本内阁通过该意见书并发表政府声明，"为推进司法制度改革，殷切期望各位国民予以理解与配合。在此，政府再一次表明实现改革的不可动摇的决心，同时亦不胜期待各位国民的支持"。并于 2002 年 3 月 19 日，颁布《日本司法制度改革促进计划》，全面推行司法改革。当前正处于司法改革的实际行动阶段，主要根据意见书的内容进行立法、修改法律、实施法律。意见书的内容非常庞大，且有些部分，尤其开篇处还极其抽象。意见书的开篇指出，21 世纪的日本民众对司法的期待有三：其一，司法部门应该与政治部门并行，成为支撑公共空间的主要支柱。过去司法相对比较"小"，现在对司法的期待变得非常"大"。其二，随着司法地位提高、任务加重，在日本称"法曹"的法律专业人士任务加重，

---

① 潘剑锋：《从日本第三次司法改革看中国司法改革存在的问题》，《法学》2000 年第 8 期。

② 最高人民检察院法律政策研究室组织编译：《支撑 21 世纪日本的司法制度——日本司法制度改革审议会意见书》，中国检察出版社 2004 年版，第 109 页。以下相关内容亦根据此资料整理。

而民众对其期待也随之增加。意见书将法律专业人士称为"社会生活中的医生"。人们生病时需要医生，而在社会生活中出现问题就需要法律专业人士。其三，民众的任务也将加重。以前日本民众参与司法的渠道极其有限，几乎没有相应途径，老百姓完全是司法的旁观者。但这种非主角的状况已经过时，老百姓也要培养司法意识，积极地参与其中。意见书对此次司法改革的任务又列出三条：其一，司法制度改革在于造就能更有效、更公正、更迅速地处理问题的司法制度；其二，扩大法律专业人员的规模，这是数量问题，也是本次改革的重点；其三，扩大民众参与司法的制度性渠道。

第一项任务在立法层面几乎没有任何进展，没有任何具体立法来实现这一构想，仅是法院内部进行适当调整来提高办案效率，但法院自身进行调整还是有一定成效的，最近诉讼周期有所缩减。而第二项任务则是日本司法改革的核心内容，其主要采取了两步走的方针，一是改变日本法学教育的培训方式，建立法科大学院制度。其于 2002 年通过的《法科大学教育与司法考试等合作之相关法》中，明文规定了法科大学院制度的设立依据。截至现在，日本共有 74 所大学设有法科大学院，其中国立大学 32 所，公立大学 2 所，私立大学 40 所。二是推行新的司法考试制度，将法学教育同法律职业的遴选进行有机结合。在 2006 年通过了改正后的《司法考试法》并施行新的司法考试，旧的司法考试制度也将分阶段在 2011 年废止。实际上，日本司法改革中针对法学教育和法学职业遴选方面所推出的相应政策，并没有达到预想的效果，并且造成了诸多的质疑，日本所设立的法科大学院制度现状并不乐观，现存的"司法考试低录取率以及法学本科教育同法科大学院制度之间的矛盾"[1]，都使相关的改革步履维艰。第三项扩大民众参与司法方面，日本于 2004 年通过了法律，宣称五年之内推行陪审制。而在推行陪审制度之后，日本司法改革所期望的民众对司法的广泛参与，并使民众的相关意见在司法审判中予以体现的相应预期，也并未实现。

总而言之，日本司法改革的最大动作就在于扩大司法专业人员规模，而在后续的有关日本司法改革的推行过程中，其预期所要解决的相应问题并没有通过其改革措施予以完善的解决。

---

[1] ［日］铃木贤：《走到十字路口的日本法科大学院制度》，《法学家》2009 年第 6 期。

二、日本司法改革的价值诉求

日本在 21 世纪初期所发动的司法改革，从其改革的内容、采取的步骤、适用的手段等方面来看，此次改革是全方位的。日本的司法改革具体采用的改革措施以及具体过程，主要是依照颁布的《支撑 21 世纪日本的司法制度——司法制度改革审议会意见书》（以下简称《意见书》），依照此《意见书》，日本进行司法改革的基本方针，就是在"司法制度、司法队伍、司法的国民参与"这三方面进行司法改革。

在司法制度的改革上，主要是包括民事司法制度和刑事司法制度两方面的改革措施。其具体的改革措施见下表①：

民事司法制度改革措施	刑事司法制度改革措施
民事审判的完善和高效化。	刑事审判的充实与高效化。
强化对需要专业知识的案件的处理能力。	完善嫌疑人及被告人的公助辩护人制度，并在少年审判程序中加入青少年监护人制度。
强化对知识产权案件的综合性应对能力。	提起公诉的应有状况是公诉权合理行使，并反映民意。要求建立约束检察审议会某些决议的制度。
强化民事执行制度。	新时期的侦查和公开审判程序。
拓宽国民通向法院的渠道。	对犯罪人改造及被害人的保护问题。
扩充诉讼外解决纠纷的途径并使之灵活化。	
加强司法对行政的审查机能。	

通过上表我们可以看到，在民事司法制度改革方面，日本将"审判的完善与高效化"作为改革的基本定位，同时，在推行相应改革措施的具体过程中，也贯穿了利于加强司法效率的相应举措，例如，在"强化对需要专业知识的案件的处理能力"以及"对知识产权案件的综合性应对能力"上，其提出"通过导入专门委员制度，完善鉴定制度，强化司法队伍的专业性来达成"，其目标是"把需要专业知识案件的审理期限缩短一半以及民事审判的

---

① 参见最高人民检察院法律政策研究室组织编译：《支撑 21 世纪日本的司法制度——日本司法制度改革审议会意见书》，第 12—46 页。

充实与高效化的目的"。另外，在"拓宽国民通向法院的渠道"以及"扩充诉讼外解决纠纷的途径并使之灵活化"的改革措施中，也暗含了通过此种方式使得相关的民事审判更加便利、迅捷化，并加强司法制度的运作和解决纠纷的效率。而在刑事司法制度改革上，也可以清晰地看到其基本的定位也是立足于"刑事审判的充实与高效化"。

而在"司法队伍"的改革上，则主要包括三个方面，即扩大司法队伍、司法人才培养制度的改变与律师、检察官、法官制度的改革。

在扩大司法队伍方面，采取的措施有"大幅度增加司法人才数量以及充实法院、检察厅队伍"。在司法人才培养制度上，采取"设立新的法学研究生院、推行新的司法考试及加强司法进修和继续教育"的措施。这些举措相结合，表现了通过这些改革措施，使得司法人员的能力得到加强、素质予以提高，那么无疑对提高司法过程的效率具有潜在的重大影响。而在律师制度改革上，强调"实现律师的社会责任、扩大律师活动的领域、拓宽国民接触律师的渠道、强化律师的职业责任感及专业化水平、对律师会进行改革等措施"。在检察官制度改革上，突出"提高检察官应有的资质与能力，以及国民参与检察厅的运作"。最后，对于法官制度改革来说，要强调"法官来源地多样化，改革法官人事制度，以及最高法院法官的选任等"措施。可以说，司法队伍的改革，是为了满足司法制度的需要，现实中司法制度发挥其作用脱离不开司法队伍。司法制度改革中所提倡的司法价值目标脱离开司法队伍的参与，将不能达到和实现。同时，司法队伍的改革措施，也能加强司法形式价值中的司法权威性。因为，司法队伍的专业知识能力的提高，无疑使得司法审判更加趋于合理与公正，这必然使得司法权威性得到加强。但是，针对日本司法队伍改革的措施，也可以深刻地发现一点，即强调司法队伍的扩大，这里面蕴涵着对于现实司法效率的强调。

最后，在"司法的国民参与"方面，主要是通过"建立新的国民参与刑事诉讼程序的制度，扩充民事司法制度、刑事司法制度、法官制度等方面国民的参与，并且完善通俗易懂的司法，加强司法教育，促进司法信息公开"等措施。司法的国民参与，实质上是希望国民能够融入到司法活动中，使得一方面国民的相应权利都能得到平等的实现与保障，同时，在国民参与司法的过程中，加强国民对司法权威性的尊重，以及对司法公开性与中立性的彰显。突出司法在现实生活中，同国民不可割舍的作用。所以，司法的国民参与方面的改革，其强调的司法的目的价值是平等，而突出的司法形式价值方面则是司法的权威性、中立性、公开性等。

通过上面的整体描述，立足于价值坐标分析日本的司法改革，我们可以发现，首先，在司法改革的目的价值层面，此次司法改革过程中，其主要的目的价值定位是效率。而在推进司法的效率过程中，采取了诸多的方式和手段，例如，在司法制度上的相应改革以及司法程序上的改变等。同时，相应司法改革措施的推行并不单单只是对效率的强调，也考虑到了其他相应的目的价值诉求，例如，在刑事司法制度改革上，其采取的"新时期的侦查与公开审判程序"以及对"犯罪人及被害人改造问题"的强调，也暗含着对人权的基本保障。另外，在推行"司法的国民参与"这项改革措施上，也反映了对公民的平等诉讼权利的强调，其中也有"平等"这项价值的考量。其次，在司法改革的形式价值层面，对司法的权威性、公开性、中立性、客观性等也予以了凸显。例如，相关司法队伍的专业化改革，一方面使得司法审判的效率得到提高，而另一方面司法人员的专精化也无疑使得司法审判结果的权威性得到了保障。另外，相应司法程序的改革，也使得司法形式价值中公开性与客观性得到了强调。

实际上，日本的司法改革过程，主要是一次立足于提高司法效率的改革。虽然，在其推进司法改革的过程中，在司法的目的价值上，也给予人权、平等、自由等价值必要的考量，但是，它突出的还是对司法效率的伸张。同时，其兼顾了对司法形式价值的强调，相应的改革举措中包含着对司法权威性、中立性、客观性的强调。

第二节 英国司法制度改革及其价值诉求

一、英国司法制度改革简介

英国从 2001 年起至 2006 年为止的刑事司法改革，其起始的动因主要源于日益增长的犯罪，以及当时的刑事司法制度对于犯罪的打击和处罚力度的赢弱。英国政府认为传统司法制度对于犯罪人的保护有矫枉过正的倾向，特别是有关犯罪人的"沉默权"的保护，给追溯犯罪造成了极大的困难，无疑不利于打击当下日益增长的犯罪。所以，有必要对刑事司法制度予以必要的改进，以便于应对当下的客观形势。实际上，英国在 2001 年推行的刑事司法改革并不是偶然的突发奇想，在此之前，针对加强英国司法制度对犯罪的制裁的相应立法就已经出台。例如，1973 年的《紧急措施法案》，1987 年的《刑事司法法》，1988 年的《刑事证据法令》等法律，1994 年的《刑事司法和公共秩序法》。然而，上述只不过是英国刑事司法改革的一个序幕。

自从 1997 年首相布莱尔上台以后，"采取了包括修改宪法、改革上议院和下议院、实行'三权分立'等动作更大的改革措施，使英国刑事司法改革的步骤更加快速与激进"[1]。为此，官方有步骤地开始计划对英国的刑事司法进行一次全面性改革，并于 2001 年 7 月 5 日出版了《所有人的正义——英国司法改革报告》。在该报告公布后，截至 2001 年 10 月 30 日咨询期最后一日，"共收到来自与刑事司法改革制度有关的人员和社会公众的反馈两百多次"[2]。2002 年 7 月，此报告由英国大法官、总检察长和内政大臣共同签署，并正式公布，实际上这是一本英国刑事司法改革的核心性文件。2003 年 6 月 14 日，英国正式作出一个对司法制度改革非常重要的改组方案，"包括将司法系统与政府官员分开，取消大法官职位；成立一个最高法院，以取代上议院议员执掌的最高司法职权；当局将成立一个新的司法官员任命委员会，并由它来向最高法院全体官员建议任命人选"[3]，截至 2006 年，英国政府宣布刑事司法改革结束。英国此次刑事司法改革主要包括的内容为：（1）对审前程序的改革，以便能够更加正确地启动司法程序。（2）加强审判的公正性与有效性。（3）对当下的量刑制度予以改革。（4）将对罪犯的惩罚和回归社会进行结合。（5）加强对被害人、证人、公众的保护力度。（6）提高刑事司法合作的力度。

当然，英国此次司法改革最大的变动，就是取消传统的大法官职位，并设立了一个最高法院，其在 2005 年通过的《宪政改革法》中，强调了将英国传统的上议院转变为英国司法最高行政机构，使英国新设的最高法院成为

---

①　李晓明：《中英刑事司法改革比较研究》，《中外法学》2007 年第 3 期。

②　最高人民检察院法律政策研究室组织编译：《所有人的正义——英国司法改革报告》，中国检察出版社 2003 年版，"前言"第 2 页。以下相关内容亦根据此报告内容整理。

③　李晓明：《中英刑事司法改革比较研究》，《中外法学》2007 年第 3 期。

英国最高司法机关，并在改革法案中强调了英国司法的独立性和统一性。2009 年 10 月 1 日，英国最高法院成立，并以西敏国会广场的前米德尔塞克斯市政厅作为法院院址。该院创立之初仅设置了 11 名法官，悬缺 1 名。英国此次刑事司法改革的推行，使得英国传统的政治体制产生巨大的变化，但是，有关此次司法改革的评价不一。多数人认为英国此次的刑事司法改革虽然在相应的立法和制度上有所变革，可是并没有背离英国的司法传统，大众所质疑的英国司法向美国司法制度的全面转向是并不存在的。同时英国刑事司法改革制度的推行，虽然在短时间内对于犯罪的打击有所助益，但是，从整体和长远的角度来看，效果并不是很明显。①

二、英国司法改革的价值诉求

2002 年在英国通过并执行的《所有人的正义——英国司法改革报告》，是英国在 2002 年至 2006 年期间进行刑事司法改革的重要依据。根据这项报告，英国主要在刑事司法制度方面进行如下的改革："刑事诉讼程序、刑罚制度、刑事司法机关的互动、被害人和证人的保护、公民的参与"。

1. 刑事诉讼改革。有关刑事司法制度是一整套综合的改革方案，其过程涉及各种组织和个人之间错综复杂的活动。在刑事诉讼改革方面，主要就是指刑事诉讼初始的侦查与取证，以及刑事诉讼过程中的公诉、辩护、质证、审判等方面的改革。

在刑事诉讼程序的初始阶段，进行了如下的改革措施："完善警察的侦查活动，更有效地收集证据以及侦查和起诉犯罪的措施。在这方面，建议采取的方式有：增加警察数量，通过调整或修改警察工作中所必须遵守的法律来帮助警察最有效地利用他们的时间。提供新技术以使警察能够全力侦破犯罪并提供有助于定罪的证据，并且通过电脑化的数据库，使得警察有机会获得辨认嫌疑人的情报，以解决案件的侦查"。通过增加警察的数量以及有效地利用时间，再辅助以新的技术支撑，以确认证据方便于对案件进行侦查，无疑能够加大案件的侦破率和保障案件的准确侦破，这些措施对于司法审判的快速和正确的定案提供了必要支撑。所以，在初始阶段所采取的改革措

---

① 参见江国华、朱道坤：《世纪之交的英国司法改革研究》，《东方法学》2010 年第 2 期。

施，其追求的司法价值目标主要是效率。而在刑事诉讼过程中也采取了相应的措施，在围绕被告、检察机关、法院、律师之间采取了相应的改革措施。首先，在检察机关方面，加强"警方与检察机关的合作，要求检察机关进行正确的指证，预审阶段的检察机关完全公开案件，加强对案件可上诉的范围"。其次，在法院方面，"对法院的管辖，加强不同级别法院之间的配合与协同。对轻度案件，法院可以无须审判，直接采取固定的刑罚和警告。加大法院的审判效率。引进新的证据规则，如对双重危险规则的修改，对传闻证据的有限采纳和对嫌疑人前科与其他不正当行为的考量。增大上诉裁定的范围"。最后，在律师和被告人方面，"通过法律标准和奖励措施激励律师与被告人"。当然，对于这些刑事诉讼方面的改革，现在的法律是无法支撑的，所以，在报告中，也提议"成立刑事诉讼委员会，以便制定刑事证据法典和一部刑事程序法典"。

从刑事诉讼改革措施中，可以看到，加强检察机关公诉的能力，以及法院综合处理案件的能力，特别是证据规则的确定，对检察机关和法院进行定罪提供了重要的支撑。事实上，有关刑事诉讼过程中的改革措施，打破了传统英国法院在刑事审判中作为两者之间绝对仲裁者的地位。改革措施的提出，表明检察机关和法院协同加大对刑事犯罪的审判与定罪。而且在刑事诉讼前，通过加强警察机关的侦查效率，明显表明了在刑事诉讼改革中，加强尽快定罪、处理犯罪的愿望。虽然在辩护人以及律师方面也进行了一定的改革，但是与其他改革措施比较起来相对较弱。所以，在英国刑事诉讼改革措施中，司法的目的价值是对效率和安全的考虑。特别是在法院的改革过程中，似乎表现了对司法的形式价值中司法中立性的侵蚀。

2. 刑罚改革。包括刑罚体制的改革与罪犯改造方面的改革。

刑罚体制的改革，包括如下方面的措施："建立一个便于执法人员理解和操作的判刑框架，建立严厉的社区矫正机制。制定创新性的惩罚种类：改革缓刑制度，改革针对严重暴力犯罪的刑罚。加强对少年假释犯的监管，制定新的罚金刑，制定《性侵害犯罪法令》，将强化在押候审的青少年犯的改造计划纳入刑罚体制"。并在立法中阐明刑罚的目的与原则，将刑罚的目的确定为："减少犯罪，惩治犯罪，威慑犯罪，教育和改造犯罪，由罪犯对其罪行提供赔偿及最终目的为保护公众利益"。而刑罚坚持的原则为："对犯罪行为的社会危害性，主观的恶性以及惯犯"，作为刑罚考量的重要因素。

在刑罚体制改革上，可以看到在正常的刑罚体制和种类下，明确了或者说加强了法官的刑罚裁量。并且通过设定社区矫正机制、增加新的刑罚种类和改革缓刑制度的措施，加大了国家对个人犯罪行为的归训和惩罚的范围。而且，建议设定的刑罚目的与原则的内容，反映了将社会整体公众利益作为刑罚设定的目的，表明英国所进行的新的刑罚改革要加强惩罚强度和广度的趋势。从中可以看到，此项改革措施，在司法的目的价值上追求的是安全与秩序。

罪犯改造方面的改革，其所采取的措施有："加强罪犯改造部门之间的联系，确保罪犯在服刑期间及以后的行为受到适当的管理。建设配备现代化的监狱，改造监狱的管理。引入'改过自新合同'的制度，在保护公共安全的基础上，对危险犯的改造予以考量。创建新的未成年犯改造政策"。在对罪犯进行改造的过程中，强调要改变罪犯的改造环境，在改造过程中给罪犯提供技术援助，以便最终使罪犯改造后能够完全融入社会。但是，在对改造政策进行改革方面，主要的考量因素是如何缓解罪犯对社会的危险性，通过改革改造过程，加强对罪犯的整体控制。所以，在改造政策的改革上，其考虑到了对罪犯的个人权利的保障，但更重视的是对社会整体秩序与安全的考量。

在英国的刑罚改革上，从以上的措施可以看到，其所采取的改革主要是加大对罪犯的全面制裁和监管，并且兼顾对罪犯权利的保障，考量罪犯接受惩罚后，融入社会的过程。但是，其暗含的初衷仍然是保障社会的安全与秩序。所以，在刑罚改革上，其所追求的司法的目的价值为安全、秩序。

3. 刑事司法机关的互动。在这方面采取的措施有："要求刑事司法机关集中打击并减少特定类型的犯罪，如暴力性犯罪与毒品犯罪等。制定更好的方法来阻止犯罪。建立使青少年远离犯罪的机制。加强对整个刑事司法系统提供信息技术管理方面的投资。建立全国性的'国家刑事司法委员会'，其成员涵盖刑事司法机关中的主要领导，其负责刑事司法制度的总体实施。并在地方设立'刑事司法理事会'，对'国家刑事司法委员会'直接负责。建立新的法院督察机构，其对刑事法院具有管辖权"。在加强刑事司法机关活动的改革中，通过设定新的机制，特别是建立新的由刑事司法机关整体构成，垂直领导的"刑事司法委员会"，加强了对全国整体刑事司法机关的统合与协同。同时，便于对案件的侦查、公诉与审理。这种整体性的设计，无疑加强了刑事司法机关的处理能力和提高了效率。并且必然在减少犯罪、加快处理犯罪的基础上，加强了对社会安全与秩序的维护。所以，在这项司法改革中，所追求的司法的目的价值为安全与秩序及效率。

4. 被害人和证人的保护。采取的措施有："加强被害人和证人的需求与权利在每个阶段得到充分考虑。解决反复受害问题，改进对证人的服务和支持，改善法院的安全状况。对易受伤害的或受恐吓的证人和被害人采取特别措施"。对被害人予以保护，一方面是为了维护国家公民的基本安全、自由等个人权利，另一方面也是保障刑事司法诉讼正常进行，达到对犯罪人进行惩罚的应有之义。而对证人进行保障，则是为了加强证人对于案件的指证，增强刑事司法处理结果的正确性和提高诉讼效率。而对这两者的保护，都暗含了对刑事司法制度权威性的认识，证明刑事司法制度能够给予被害人和证人以合理保护，其能力和地位不容藐视。所以，在此项改革中，突出的是司法的目的价值中的安全、秩序和效率，及司法的形式价值中的权威性。

5. 公民的参与。在这方面采取的措施有："增加司法机构同公民的沟通，帮助民众了解法律和诉讼程序，增加社区参与，加大社区的参与"。通过公民的广泛参与，无疑能够帮助刑事司法制度更有效的运行。并且在公民的参与过程中，加强了公民对刑事司法制度权威性的认识。另外，公民的参与也使得公民的平等权利得以实现。所以，公民参与这项改革措施，体现了司法的目的价值中的平等与效率，以及司法的形式价值中的司法权威性。

综上所述，英国采取的刑事司法改革活动，鉴于其所应对的问题，以及刑事司法制度本身的目的性与指向性，使得其司法改革过程中所体现的司法的目的价值有安全、秩序、平等、效率，而司法的形式价值则为司法的权威性。但是，可以看到，其刑事司法改革中，突出了对实体正义中安全与秩序的考虑。其所采取的提高刑事诉讼效率以及加强司法权威性的措施，都是围绕着这个目的。同时，这些相关措施的实行，也在英国的刑事司法改革中显现了对司法中立性的侵蚀，以及对平等权利的考量不周。可以说，在英国刑事司法改革中，司法的价值诉求为安全、秩序、效率、平等、司法的权威性，而其价值目标取向为实体公正中的安全与秩序及程序公正中的效率。

第三节 塞尔维亚司法制度改革及其价值追求

一、塞尔维亚共和国司法制度改革简介

南联盟解体之后，其之前的加盟共和国都面临着重大的社会、经济、政治问题。反映在制度层面上，最大的任务就是对之前的制度究竟是采取如何的方式进行取舍。塞尔维亚共和国作为新成立的国家，也面临着如此的问题。其在成立后，为了应对国内的经济衰退，便期望通过加入欧盟以获得经济援助，来重新塑造国内的经济。同时，必须改进国内的司法制度，才能作为加入欧盟的必要条件。为此，塞尔维亚共和国便开始了其国内的司法改革活动。由于此次司法改革主要是对西方先进国家司法制度的模仿，并且贯穿了欧盟的意志在内，因而塞尔维亚共和国的司法改革活动基本上将之前的司法体系彻底摧毁，从而建构了一个全面模仿西方司法制度的体系。其司法改革所确立的司法制度，现在已经具备了传统西方司法制度的雏形，但是由于这种制度上的生搬硬套，其在现实的运行过程中，并没有达到理想的效果，并且面临着诸多问题。其下一步具体的改革步骤，仍然值得关注。

二、塞尔维亚共和国司法改革的价值诉求

2006 年 4 月塞尔维亚共和国司法部颁布了名为《国家司法改革战略》的司法改革报告。此报告在 2006 年 5 月 25 日，由塞尔维亚共和国的国会批准通过，并予以执行。2006 年 6 月 22 日，由塞尔维亚政府推举的所有司法部门成员所构成的"战略执行委员会"（Strategy Implementation Commission）成立，作为具体落实此改革报告的机构①，并期望于 2011 年，完成此项司法改革报告中所设定的相应改革内容。

《国家司法改革战略》当中表明，此项司法改革的目标为"通过设立法

---

① National Judicial Reform Strategy，见"塞尔维亚共和国司法部"网，http：//www. mpravde. gov. rs/en/articles/judiciary/national-judicial-reform-strategy/，2011 年 12 月 30 日访问。

治和明确的法律制度，使得塞尔维亚共和国的司法制度重新获得公共信赖"①。

此次改革主要致力于对"塞尔维亚共和国的法院系统"和相关的其他司法机构进行改革，最终使"塞尔维亚共和国的司法职能达到国际相关文件规定的标准与要求"。并且在对司法系统，特别是法院系统进行改革时，遵循四个重要的原则，即"独立、公开、负责、高效"。围绕此四项原则，设定了如下的"司法改革框架"（Judicial Reform Framework）：

独立	公开	负责	高效
自治结构	公开的选任、提拔、惩戒和开除的原则	明确司法裁量和评判标准	引入多样的纠纷解决机制
独立预算权	对法庭记录和程序的适当介入	实用的案件管理制度	标准化的教育与培训系统
独立的政策和规则制定权	扩展公共的参与	有效利用法院和检察院的资源	现代化的法院网络

当然，如上的"司法改革框架"主要是针对法院系统的改革，除此之外，还有相关的其他司法改革措施。

1. 法院的司法改革。（1）在关于法院独立方面所进行的改革措施有：设定法院独立的自治结构、进行独立的预算、独立的制定法院内部的政策和规则。在这方面，采取的主要措施是设定高级法院委员会，"此委员会由11个法官组成，其中有6个永久性法官，其余5位法官具有一定任期。它作为一个法院的独立机构，必须遵从于宪法，除了宪法的相关规定外，行政和立法机关不能干预其行使职能。它的职能是：在决定法官人事问题上具有决定性的作用，并且由其决定法院系统的政策和财政预算。给法官、律师和法院提供独立审判和办案的保障等其他职能"。（2）而在改革法院的公开性时，采取的措施有："设定相应的法官遴选、晋升、惩戒的法律规定，并建立明确的法官评价标准。对法院的判例、上诉法院和最高法院的决定建立数据

---

① National Judicial Reform Strategy, Ministry of Justice of Republic of Serbia，2006，p. 4. 此《国家司法改革战略》的电子文本，见"塞尔维亚共和国司法部"网，http：//www.mpravde.gov.rs/en/。以下内容亦根据此资料整理。

库，使得在公共图书馆和相应的学校、科研机构通过网络可以自由进入数据库。在所有法院配置接待公众的官员和机构，并为公众设立独立的信息窗口。最高法院的年度报告公开化，并最大化地记录公众对法院的相应建议等措施"。(3) 在设定法院的责任标准时，通过了如下的方式："引进和建立新的评价标准和制度，对法院的判决数量与质量，以及执行情况进行评议。设定数据库，将法院的判决进行统合。调整基层法院和经济法院的日程系统，合理规划其责任标准。依据实践状况，加大对法院有关执行方面的投资"。(4) 加强效率方面，采纳的措施有："建立全国性的法律援助机构，设定'多元化纠纷解决机制中心'，加大对民事、刑事案件的救济和援助，成立国家司法培训中心，加强大学法学院学生的教育并提供实用的培训实践，设定、评价和完善法官的培训课程，加强法院的设备建设，主要的预算和投资应用在基层法院的建设，建构现代化的法院网络等措施"。

正如其改革报告所直言的那样，要建构一个"独立、公开、高效、负责"的法院系统，为此所采取的措施都是为达到这四项原则起到了重大的推动作用。另外，贯穿于法院改革的四项原则，也包含了法院改革的不同价值诉求。法院司法改革的目的价值为效率，而独立性、公开性、负责性则成为法院司法改革中所追求的司法的属性价值。

2. 司法制度相关的其他改革。这些改革主要涉及司法部、检察官、律师、公证员、刑罚系统的改革。

(1) 在司法部改革方面，采取的措施有："司法部为司法改革和法律改革，提供必要的人员和机构上的支持。改变现行司法部的机构，为整合、协调司法改革与未来的法律体系提供支撑"。(2) 在针对检察官改革上，提出的方式是："增强检察官培训，以便改变当下的刑事诉讼程序进程。检察官接受必要的有关证据收集方面的培训。设定法律和标准，以便对检察官的角色和执法状况进行合理评议"。(3) 在律师改革方面，所采取的措施有："颁布新的法律。依照国际标准，设定法律，协调律师的权利与义务。依照新的宪法和法律框架，将律师的法律实践活动定位为独立的司法职业活动"。(4) 在公证员改革上，采纳的方式有："设定新的《公证员法》，建立公证员统一的管理机构。依据国际标准，调整公证员的活动。设定法律，将公证员确定为一个独立的司法职业"。(5) 在刑罚系统改革中，通过的措施是："通过法律修正当下的刑罚规定，对监狱等刑罚场所及环境依照欧洲的相应标准进行改革，建立有关刑罚改革的相应报告，并与欧洲其他国家交流刑罚改革经验"。

在与司法制度相关的其他改革中，可以看到作为对司法制度的整体关照所采取的相应措施。例如，对律师和公证员的改革，无疑从一个层面增加了司法效率，另一方面保障了律师的中立性和对国民的司法援助，从而使国民能够平等地实现其基本的司法权利，而且，这种国民的参与，也能够增强司法的权威性。同时，刑罚制度的改革，无疑对于人权的保障起到了重要的作用。

所以，综合以上塞尔维亚共和国的司法改革报告，能够看到在这次司法改革活动中，主要追求司法的价值，包括司法的权威性、中立性、公开性、责任性等，从而实现司法目标价值中的实体公正和程序公正。而且在改革活动中，实体公正中的自由、人权等价值，以及程序公正中的平等、效率等价值都有所兼顾。但是，其中最突出的司法价值是效率，因此可以说，其司法改革的主要价值取向为效率。

第四节　香港司法制度改革及其价值追求

一、香港司法制度改革简介

香港民事司法改革新规则自 2009 年 4 月 2 日施行，这是香港回归以来民事诉讼制度的最大一次改革。改革之前，香港传统的民事诉讼制度存在诸多问题，其主要弊端表现在：（1）诉讼太昂贵，诉讼费数额难以预料。（2）诉讼过程十分缓慢，案件需要很长时间才能结案。（3）诉讼容易受制于策略性的操控。（4）诉讼偏重对抗形式。（5）对许多人来说，民事司法制度太难理解。为此，有必要对香港的民事诉讼制度进行改革，促进民事诉讼制度更加科学化。

2000 年 2 月，由香港终审法院首席法官李国能任命的香港民事司法制度改革工作小组成立。这些成员主要由裁判官、香港大学教授、法律援助署署长、资深大律师、律师、消费者委员会总干事、律政司法律专员、高等法院聆案官、终审法院和高等法院法官等组成，其主要任务是对高等法院民事诉讼规则和程序进行分析和检讨，并提出有针对性的改革建议措施。2001年11月20日，"为方便进行广泛的咨询，民事司法制度改革工作小组公布了一份约四百多页的《中期报告》及咨询文件①，提出了80项建议，另发行一本中英文摘要单行本，方便研读"②。截至2002年6月30日咨询期结束，"共派发了五千份咨询文件、一万两千份摘要（中、英文版本）及五百五十张光碟。有关的咨询文件及摘要亦放于康乐及文化事务署下辖的公共图书馆作参考文件。另外，特为此咨询而设计的网页，截至六月三十日止，共录得三万八千二百七十浏览人次"③，咨询期间共收到近百份书面意见。2004年3月3日，工作小组完成并发布了《民事司法制度改革最后报告书》④，最后报告书指明香港民事司法制度方面应如何改革，并向终审法院首席法官提出了相应改革意见。在对最后报告进行评议与分析之后，香港民事司法制度改革督导委员会于2006年4月12日发表咨询文件，向法律界及其他有关各方就实施民事司法制度改革的法例修订建议咨询意见⑤，并在2007年3月30日，将集合各方意见的《2007年民事司法制度（各项修订）条例草案》刊登于报纸，于同年4月25日提交立法会审议。⑥ 立法会审议之后，将民事司法制度改革相关的主体法例和附属法例分四次予以公示发布。除了修订法规之外，为配合民事司法制度改革，还修订了相应的法院规则。2008年6月，新的《高等法院规则》和《区域法院规则》公布。2009年1月，新的《终审法院费用规则》和《区域法院民事诉讼程序费用规则》发布。2009年3月，新的《婚姻诉讼费用规则》发布。最终在2009年4月2日开始依照之前的文件和报告，进行香港民事司法制度改革。

---

① 此报告的全文，可参见《民事司法制度改革中期报告》，"民事司法制度改革"网，http：//www. civiljustice. gov. hk/smp/archives＿ir. html，2011年12月20日访问。

② 《民事司法制度改革展开咨询》，"民事司法制度改革"网，http://www. info. gov. hk/gia/general/200111/29/1129159. htm，2011年12月20日访问。

③ 《民事司法制度改革咨询期结束》，"民事司法制度改革"网，http://www. info. gov. hk/gia/general/200207/02/0702236. htm，2011年12月20日访问。

④ 此报告的全文，可参见《民事司法制度改革最终报告书》，"民事司法制度改革"网，http：//www. civiljustice. gov. hk/chi/archives＿fr. html，2011年12月20日访问。

⑤ 参见《就实施民事司法制度改革的法例修订建议征询意见》，"民事司法制度改革"网，http：//www. info. gov. hk/gia/general/200604/12/P200604120251. htm，2011年12月20日访问。

⑥ 参见《〈2007年民事司法制度（各项修订）条例草案〉将刊宪》，"民事司法制度改革"网，http：//www. info. gov. hk/gia/general/200703/28/P200703280332. htm，2011年12月20日访问。

依照最终报告的内容，香港的民事司法改革的目标是："改革措施必须能够达到改革的目标，即提高本港民事司法制度的成本效益、简化民事诉讼的程序和减少诉讼遭拖延的情况；同时，所有决定都必须符合'程序公正'和'实质结果公正'这些基本要求"①。

二、香港司法改革的价值诉求

香港推行的民事诉讼司法改革，主要参照的文件为《民事司法制度改革最终报告书》，在这份报告书中，主要涵盖了 150 项改革提议，其中有 21 项涉及修订主体法例，84 项涉及修订附属法例。而这其中的改革措施主要涉及如下几个方面：

1. 从起诉、审判、上诉、证据制度等方面予以改革，改善民事司法程序。在民事司法改革之前，香港一直采取令状、原诉传票、呈请书和原诉动议这四种方式作为提起民事诉讼的方法。不过近年来的司法实践表明，整体上废除这种诉讼方法并不可行。所以司法改革中，将这四种方式缩减为两种，并将起初关于起诉规则的强制化规定废除，使起诉方式得到了简化。例如，《民事司法制度改革最终报告书》规定："不应全部案件采用诉讼前守则，无论该守则是一套通用守则，还是一套与守则有关的通用实务指示"②，"不应采取以下做法：（1）规定状书必须负载书面合约及构成合约的文件；（2）容许状书内负载其他文件"。同时，民事司法改革致力于减少不必要及缺乏原因的非正式申请。滥用该申请，则是导致额外费用及拖延诉讼的原因之一。另外，在案件的审判方面，此次司法改革也力求合理控制案件审判的时间，使得审判过程更有效率，例如，规定"应订定程序以引入一个有法庭决定进度时间表的机制；而法庭在决定这时间表时，应考虑诉讼各方的合理意愿及个别案件的需要"。

在证据制度方面的改革，则是本次香港司法改革的重点，其中涉及的方

---

① 《民事司法制度改革最终报告书》，"民事司法制度改革"网，http：//www. civiljustice. gov. hk/chi/archives_fr. html，2011 年 12 月 20 日访问。

② 《民事司法制度改革最终报告书》，第 45 页。《民事司法制度改革最终报告书》，"民事司法制度改革"网，http：//www. civiljustice. gov. hk/chi/archives_fr. html，2011 年 12 月 20 日访问。以下相关内容亦根据此资料整理。

面有：（1）在审判中严格使用证据相关性原则。例如，"严格地摒除不相关的证据，以及在重复和冗长的询问或盘问而令证据的相关性变得微末时，把以反复重申的方式提出的证据视为不可接纳的证据，理由是其相关性不足以使其获得接纳"。（2）扩大法官在证据使用上的自由裁量权。规定如下，"让法庭更灵活地准许证人开释或增补其证人陈述书的内容"。（3）改革专家证人制度，使专家证人能够不偏不倚地为法庭作证。其规定的内容为"采取措施，务求专家证人能够不偏不倚、独立地作供：1）声明专家证人的责任是协助法庭，而且这个责任凌驾于他对当事人或付报酬给他的人的责任。2）申明专家证人必须不偏不倚和保持独立，及不偏袒某方……"（4）为促成和解，《2008 年民事司法制度（杂项修订）条例》对《高等法院规则》和《区域法院规则》进行了相关的修订，把诉前文件披露的适用范围进行了扩大。在上诉制度方面，则通过规定对上诉方式予以清晰的厘定，从而保障上诉更加有效和公正，例如，规定"就那些必须先取得上诉许可的上诉而言，法院应有权规限上诉许可只适用于特定的争议点上，并在给予许可时，附加条件，以确保上诉可公平和有效率地处置"。

从香港民事司法改革过程中，对于起诉、审判、上诉及证据制度等方面的改变，可以看到，在推行与此相关的司法改革措施时，其将民事程序的简化和效率作为首选的价值目标。期望民事程序的相应改革，能够使有关民事案件的审判更加便捷和高效。当然，在推行效率化的目标进行民事程序改革的过程中，也贯穿了对于当事人各方都能够平等地参加案件的关注。

2. 鼓励采取和解的方式解决纠纷。香港的民事司法改革通过引入新的措施，以便进一步促使民事纠纷的化解。其相应的措施如下：（1）提倡在向法院提出民事诉讼前，采取其他的相关途径解决纠纷。例如，"法庭应为鼓励更多诉讼人采用纯属自愿的调解办法而向诉讼人提供更多资料及支援"。（2）设立"附带条款和解协议"及"附带条款付款"的新规定。如双方任何一方在审讯中未能取得比"附带条款付款"或"附带条款和解协议"更佳的结果，该方便须承担讼费和讼费利息方面的后果。（3）民事司法改革把诉讼前文件披露的使用范围，从现时的死亡或人身伤害申索延伸至所有民事诉讼。此举有助于拟进行诉讼的各方在展开法律程序前进行磋商。

香港的民事司法改革强调在香港之后的民事纠纷解决中，加强通过和解的方式来解决纠纷，这无疑有利于解决司法成本的投入，同时，便利了纠纷的解决；使得相关的民事诉讼在解决过程中，更加快捷和迅速，和解方式的提出和推动必然贯穿了司法改革过程中对于效率价值的诉求。

3. 使法庭资源的分配更加合理化。在法庭资源的分配方面，强调对诉讼收费进行改革，使得诉讼费用更加合理化，以便于大众参加民事诉讼，使得法院成本能够合理地应用到各方的诉讼过程中。例如，"订定常规，规定法庭行使有关讼费判定的酌情权时，必须以'首要目标'为原则，考虑诉讼各方在诉讼期间或之前，于处理金钱或案件方面的做法，是否合理"。

从香港司法改革的报告书来看，其所设定的整体目标，即，简化民事诉讼程序并提高民事诉讼效率的原则贯穿于其各项改革措施当中。从价值层面来看，香港的司法改革主要是期求效率这一价值。当然，在司法改革的过程中，除了关注于对效率的追求，香港的司法改革也强调了对于民事主体皆有机会平等参加诉讼的关照。

第五节　台湾地区司法制度改革及其价值诉求

一、台湾地区司法制度改革简介

台湾地区司法制度改革的历程，可以追述到清末改制和国民政府迁台前。但是，从国民政府撤往台湾以后，现今台湾地区从 1950 年至今所进行的司法改革大体上可分为两个阶段：第一阶段从 1950 年到 1980 年，"是由'司法行政部'主管的时期"[①]，而第二阶段则是从 1980 年至今，"是由'司法部'主导的时期"[②]。台湾当下的司法改革运动，主要是从 1994 年开始，当时的台湾地区"总统"李登辉任命施启扬出任台湾地区"司法院院长"，并指示其"拿出勇气推动司法改革"。施启扬于同年 9 月 1 日就职，并于当日召开司法改革委员会第一次会议，决定成立司改会，由其担任主任委员，委员 33 人。其中人员涵盖：法官、律师、教授、"国民大会"代表、"立法委员"、"监察委员"、社会人员等。在施启扬执政期间，进行了两项重要的

---

① 梁清：《论台湾地区的司法改革》，《法律适用》2007 年第 12 期。
② 梁清：《论台湾地区的司法改革》，《法律适用》2007 年第 12 期。

司法改革措施："'司法院'定位的改革方案"和"司法预算独立'入宪'"①。施启扬卸任后，由翁岳生接任"司法部部长"，并于 1999 年 7 月 6 日至 8 日召开台湾司法改革会议，此次会议的人员包括："司法院"代表、"法务部"代表、律师界代表、学界代表、社会贤达代表、民意代表及其他机关代表。② 在此次会议上通过了《司法改革会议议题》，并规定了对于各项改革措施的具体完成和实现的日期与步骤，并在当年由"司法院"、"法务部"分别在《司法改革具体革新措施》和《检察改革白皮书》中提出"司法为民"的理念。同年，"司法院"、"法务部"与五民间团体召开司法改革会议，主要提出了三方面的改革，即由多元化审判体系向一元化审判体系的改革，将司法权和司法行政管理权合二为一的司法管理改革，以及由职权主义向当事人主义的诉讼制度改革，并由"司法院"依据司法改革会议的决议，透过法令的修订逐项落实。

有关本次司法改革的诱因，有的学者指出，当时在台湾地区所发生的"苏建和案件"，是推动台湾迅速进行司法改革的一针强心剂。正是围绕该案件长达 20 年的审判过程，不断暴露出台湾司法制度的众多顽疾，并促使了台湾司法制度的不断改革。③ 当然从根本的社会和制度原因来看，台湾的司法改革主要是源于台湾政治解禁之后，之前被限制的言论、出版、集会等自由，被充分赋予了广大民众。同时，广大民众面对存在的诸多社会问题和制度性缺陷，希望将现状予以改变。特别是当时在司法制度方面存在许多局限，所以台湾民众强烈要求通过司法改革使台湾的司法制度更加民主化、职业化。台湾的司法改革是一个渐进的过程，依照台湾地区的政府及社会来看，台湾的司法改革还没有完成，但是，在这些年的司法改革过程中，也达到了一些预期的目标和效果。首先，台湾司法的独立化逐步加强。数十年来，台湾地区一直将司法独立作为司法改革的首要目标，并为之付出了不易的努力，时至今日，司法独立在台湾地区已经被认为不成问题了，"第一夫

① 刘孔中：《从打破'司法院'定位僵局推动司法改革》，见"财团法人——'国家'政策研究基金会"网 http：//www.npf.org.tw/post/1/6094，2011 年 12 月 20 日访问。

② 具体代表的人数和名字，可参见《司法改革会议新闻稿》，见台湾"司法院"网 http：//www.judicial.gov.tw/aboutus/aboutus05/aboutus05 - 11.asp，2011 年 11 月 20 日访问。

③ 参见财团法人民间司法改革基金会主编：《司法改革十年：回顾与展望》，五南图书出版股份有限公司 2005 年版，第 45 页。

人"吴淑珍被起诉事件被认为是司法独立的印证之一。① 其次，便民化的诉讼制度得以运行。最后，在立法层面，台湾相继于 1999 年元月及 2 月陆续通过了"法院组织法"和"行政法院组织法"，并于 2005 年 2 月通过了"刑法总则"的修正案，使得司法机关的定位与运行在法律层面上有了明确的指引。

当然，针对相继已经完成的改革措施，台湾各界对此褒贬不一。台湾当局认为在近几年的司法制度改革过程中，台湾现今的司法制度已经得到了很大的发展和健全，相应的改革效果是明显的，基本上达到了改革的预期效果。但是，台湾的社会大众，特别是民间的相关法律职业者则认为，台湾当局这些年所推动的司法改革并没有许多值得庆贺的成果，虽然设定了许多的计划和措施，但是在实际执行过程中，并没有达到预期目标。主要的原因是政府在推行司法改革的过程中，采取的方式以及力度并不合理，后续的改革仍然值得观望。

二、台湾地区司法改革的价值诉求

1999 年由台湾"司法院"发布了《司法改革会议议题》，并于同年根据该议题的主要内容，公布了《司法改革会议结论具体措施时间表》作为台湾后续司法改革的主要依据和参照。台湾的司法改革是一项全面、复杂、庞大的司改，它主要包括法院组织的全面改革以及诉讼制度的改良，改革中贯穿着"以审判为中心，致力实现司法为民"的理念。其具体的改革措施分为如下几个方面：

1. "司法院"的定位及司法行政的分配与归属。由于台湾传统的制度设计上，法院及检察系统都隶属于台湾"司法院"的管辖之下，但是"司法院"本身的运作方式及其首长的任选方式，都属行政性质并随党派共进退，而鉴于司法自身的独立性和中立性的要求，将法院置于"司法院"之下，很容易造成党派、个人利益干预司法的可能性。实际上，在司法改革之前，台湾的法院制度就经常因为其归于"司法院"之下，司法不中立并经常受党派意见所掣肘，而遭受诟病，因而台湾在司法改革的发起过程中，首要的就是

---

① 参见苏永钦：《面对"国家"第 34 集——司法改革向前行》，见 http：//www.pts.org.tw/php/news/facecountry/view.php? XSSENO＝39＆PRINT＝1。台湾"司法行政厅"：《"司法院"92—94 年度邀请各界参与司法改革座谈会所提建言暨处理意见汇编》，台湾"司法院"2006 年印行，第 14 页。

定位"司法院"。其规定"'司法院'采取一元多轨制，首先，'司法院'内设各庭，行使'释宪'权和审判权。其次，'大法官'组成'宪法法庭'，掌理'释宪权'、政党'违宪'解散权以及政务官的惩戒权。最后，'司法院'另设民事诉讼庭、刑事诉讼庭及行政诉讼庭"①。另外，强调"'宪法法院'法官的产生，依照'大法官'遴选的方式进行选择。同时，'司法院'设'司法院会议'，为'司法院院长'咨询机构"。

实际上，在台湾的司法改革中，"司法院"定位为司法行政机构，其仍然是主要的司法行政机关，仍然从全局上对相应的与司法有关的行政事务进行统辖和管理。但是，由于确立了司法审判的独立权，为此法院的审判不再受到"司法院"的干涉，而自成独立的系统。这使得"司法院"的相应职权更加明晰，并保障了其有效执行，同时，并不违背在其之下的法院自身的独立性。从台湾司法改革有关"司法院"的定位这些措施来看，强调了权力的定位明确，本身包含着对于司法的独立价值的追求。正是在确认司法权独立性的前提之下，有关"司法院"的定位以及职能的确认，才成为可以进行改革和实现的目标。

2. 诉讼制度改革。这包括对民事诉讼制度、刑事诉讼制度以及行政诉讼制度这三方面的改革。首先，在民事诉讼制度方面，"推行民事事件审理集中化，使第一审成为事实审判中心，第二审采事后审或严格限制的续审制，第三审采严格法律审并采上诉许可制。除小额诉讼及简易诉讼外，第一审采行合议制"。其次，在刑事诉讼方面，"建立辩护权为刑事被告基本人权之具体制度，修正'刑事诉讼法'，增设义务辩护或国选辩护之制度。加强检察官之举证责任及审判中辩护之功能，增订无罪推定原则。推动刑事审判集中审理制度，扩大简易程序之试用，采行缓起诉制度。同时，强化第一审之事实审功能，第二审采行事后审，第三审采行严格法律审并采上诉许可制增强当事人进行主义"。另外，在行政诉讼方面，规定"增加行政诉讼的种类，改一级一审的制度为二级二审制，同时，诉讼中以言词辩论为原则，并修正诉讼代理制度，扩大诉讼代理人的范围"②。

---

① 《司法改革会议结论具体措施时间表》，见台湾"司法院"网，http://www.judicial.gov.tw/aboutus，2011 年 11 月 20 日访问。以下相关论述根据此资料整理。

② 《司法改革八年》，台湾"司法院"2006 年出版，第 38 页。

在诉讼制度改革中，都强调了在明确审判程序的过程中，加强有关事实审和法律审的分化，提高审判的效率；并且注重对当事人权利的保护，特别是在刑事诉讼制度改革中，加强了辩护制度及设定了无罪推定原则，重点突出对个人权利的维护。为此，期望通过诉讼制度改革，在提高司法的效率性的同时，能够兼顾对于当事人权利的维护。

3. 法院组织改革。设立"人民参与司法审判之制度，在民事审判中允许民事两造当事人合意选择法官"。"落实合议制度，使诉讼当事人得依法预览评议记录，'最高法院'判决书必须附不同意见书"。"审、检、辩实行三合一考选制度，强化法官自治制度，以法官自治方式分配审判事务，使审判事务分配公平化、合理化以落实审判独立，并提高法官专门化"。"建立法官评鉴制度，对其进行职务监督，确立相应的法官淘汰机制"。"落实司法独立——反特权、反贪污、反黑金、反干预，改善司法官养成机制"。在与法院的审判及法官的培养等方面，台湾的司法改革强调了对法院的司法权独立价值的维护，及对法官作为职业化法学人才的培养。其通过将司法的独立性和专业性作为价值取向，贯穿于司法改革过程中，对法院组织进行改造。

通过对上述域外司法改革活动的价值分析，我们发现：第一，虽然其都将自己的司法改革活动定义为实现正义这个终极目标，但是鉴于不同的特殊状况，其所赋予的正义的特殊价值成分是不同的。日本及我国香港司法改革在价值上突出了对效率的强调，而英国则是将秩序和安全作为首选，我国台湾地区与塞尔维亚共和国的司法改革则是强调司法的独立性。第二，在推行司法改革过程中，司法的目的价值同司法的形式价值并重。司法的目的价值指的是正义、效率、秩序等价值因素，而司法的形式价值则是指司法制度自身所具有的价值，如独立、权威、客观等。通过不同司法改革的过程，可以发现司法的目的价值和司法的形式价值如同硬币之两面，在推行的司法改革过程中，都不是孤立地强调一者而忽略了另一者的存在。从价值层面的分析我们可以看到，在推行司法改革的过程中，只有在对司法的基本规律与价值，即客观性、中立性、公开性、权威性等方面遵守的前提下，才能推进司法的目的价值的实现。也可以说，对司法形式价值的强调是司法目的价值得以实现的题中应有之义。

总之，在推行司法改革的过程中，当我们在通过价值给司法改革予以定位时，一定要将司法的目的价值和司法的形式价值给予完全充分的考虑，甚至需要在矫枉过正的意义上对司法的形式价值给予凸显，才能合理地确立司法改革的价值目标。任何司法改革的推进，都要在坚守基本的司法原理的前提下，才能达到合理的诉求。而从价值维度来看，司法改革过程中对司法形式价值的凸显，并将对司法目的价值的诉求融于司法形式价值的伸张之中，便是司法改革价值追求的基本底线。

第五章

中国司法的现代转型及其价值诉求

第一节　中国传统司法的特征及其价值取向

从清末变法到辛亥革命再到新中国建立，从政治改革到政治革命再到社会革命，这持续了百年的大变革时代可谓是中国"三千年未有之大变局"。在内忧外患下，这一时期的政治行动都指向了彻底改变存续了上千年的中国传统社会的政治组织、社会结构和伦理价值观念，而这些变革都以改变作为社会组织体核心的政治制度为突破。

司法制度是整个政治制度的重要组成部分，也体现着传统中国政治的体制性特征和价值观念，因此中国传统司法在政治转型的压力下也必然面临着全面变革；而事实上，对中国传统司法的改革正是清末变法的切入点。因此，在对清末变法以来中国近代司法变革进行研究之前，我们只有对中国传统司法的特征与价值取向有所归纳和交代，才能对近代司法是在何层面上与传统司法有根本性的断裂有一个较为清晰的把握。

晚近国内学者对于中国传统司法已有较多研究，可以大致分为以下几种观点。第一，沈德咏在其主编的《中国特色社会主义司法制度论纲》一书中认为中国传统司法有以下九大特征：（1）司法与行政合一；（2）司法权制衡与分离；（3）诸法合体；（4）例律并行；（5）礼法融和；（6）刑罚世轻世重；（7）刑诉审判；（8）和解息诉；（9）直诉申冤。总体而言，这种较为官方的研究对中国传统司法评价较高，认为"中国传统司法制度，既是维系几千年封建政权的重要支柱，也是中华民族化解矛盾、平息纷争的智慧所在。尽管依现代人们之观点，中国传统司法制度固然有其不足甚至糟粕之处，但其独具特色的司法方法及其所蕴涵的司法理念，与同时代的各国司法制度比较而言，事实上并不逊色。"该书特别指出，"在当前努力建设中国特色社会主义司法制度的新形势下，对于传统司法制度加以理性的审视与评判，显得尤为必要"①。第二，就法史学界通说而言，认为中国传统司法制度有以下七大特征：（1）儒家学说是古代司法制度的指导原则；（2）专制君主掌握最高司法权；（3）强调司法官吏应该援法断罪，依法治狱；（4）初步区分了民事诉讼与刑事诉讼；（5）刑讯逼供，罪从供定；（6）司法官的责任与司法监察；（7）幕吏擅权，操纵司法。总体而言，法史学界一般认为中国古代司法制度"都是基于中国的国情而形成了独有的一些特点，积累了丰富的经验，产生了深远的影响，是中华法制文明的重要组成部分"②。第三，法理学界对中国传统司法一般采取较为否定的态度。有学者总结了中国司法的古典传统：其一，集权而非分权；其二，儒家知识的统治；其三，非专业法律知识的统治；其四，没有对抗的司法。在另一篇文章中，该作者更加明确地指出了中国司法的三大传统，即德治主义、非逻辑性和集权主义。作者认为在此种集权体制和裁判方式下传统司法存在严重的弊端——无法确保裁判的确定性。而这在集权和人治的共同作用下很可能导致肆意裁判、滥用权力、实质不公。③ 第四，两位研究近代司法转型的青年学者在其博士论文中对此问题有较为深入的研究。韩秀桃认为中国传统司法是：全能型的司法（从司法职责、司法程序、审判官的主观认定和司法官责任四个方面来说）、伦理性司法（包括司法依据情理化和司法过程人情化）和"非讼"的司法（无讼的理念和对调解的强调）。④ 而沈国琴的分析则更为细致。她区分了司法制度的构造和司法权的构造，对这两方面的特征分别作了阐述。（1）中国传统司法

---

① 沈德咏主编：《中国特色社会主义司法制度论纲》，人民法院出版社 2009 年版，第 1—16 页。

② 张晋藩主编：《中国司法制度史》，人民法院出版社 2004 年版，第 1—4 页。

③ 参见贺卫方：《司法独立在近代中国的展开》，见《东亚现代性的曲折与展开》，吉林人民出版社 2002 年版，第 435—450 页；贺卫方：《中国古代司法的三大传统及其对当代的影响》，《河南政法管理干部学院学报》2005 年第 3 期。相似观点，见高鸿钧《有话可说与无话可说之间》，《政法论坛》2006 年第 3 期；夏锦文：《中国司法传统文化的价值取向》，《学习与探索》2003 年第 1 期。

④ 参见韩秀桃：《司法独立与近代中国》，清华大学出版社 2003 年版，第 45—67 页。

制度的构造分为组织构造、权力构造和程序构造。其一，组织构造：1）地方：各级地方长官直接行使司法权，处理司法事务；2）中央：秦以后形成了专门的司法机关；3）开放性：司法向某些特点的行政官员开放，在一定情况下他们可以参加司法审判；4）最高权力：皇帝集各种权力于一身，是最高裁判者。其二，权力构造：1）司法组织的集权（侦查、起诉、审判、定罪等）；2）审判中司法官的独断性。其三，程序构造：1）形式上没有出现独立的司法程序；2）当事人在司法程序中的客体地位；3）州县自理案件程序要求不严。（2）司法权则区分了外部构造和内部构造。其一，外部构造：在整个权力结构中，司法权不具有独立的地位，诸权混合在一起，司法权具有与行政权完全相同的目标与价值；其二，内部构造：不是司法权主体与诉讼双方当事人的三方关系，司法权凌驾于当事人之上，不是中立的。作者认为，"中国传统司法几乎是在与外界完全隔绝的环境下自我发展而成的，它所形成的制度具有纯粹而典型的'中国性'。这种典型性与中国传统社会所形成的特有的文化有直接的关系"。在作者看来，中国传统的"民本主义思想以及就秩序、纠纷和诉讼形成的态度和观念对传统司法具有决定性作用"[①]。

我们认为，以上研究对于中国传统司法制度及其特征的描述较为一致和客观，但是对它的评价具有一定的分歧。一般而言，法律史学者由于其代表传统文化和独特的纠纷解决方式而评价颇高，而法理学者则认为其背离现代司法原理和根本精神与价值理念而评价较低。本书拟先不介入此争论，而是希望从现象到本质，从客观到主观，从对中国传统司法的制度性描述入手，再进行核心特征的概括，最后对其特征背后的价值目标作出一定评价。

一、中国传统司法的制度性描述

1. 外部制度构造

就中央而言，自周开始，中国就建立了中央一级的司法机构，如大司寇、小司寇、世师等，负责周天子管辖区域内的狱讼事宜。自秦建立中央集权国家以后，中国逐渐形成了专门的司法机关。秦汉中央设廷尉；北齐改廷

[①]　沈国琴：《中国传统司法的现代转型》，中国政法大学出版社 2007 年版，第 25—47 页。

尉为大理寺；隋唐时设立刑部，与大理寺、御史台合称"三法司"，该体制大体延续至清末。在中央，这些机构与其他行政部门分工不同，主要负责狱讼事宜。但是，裁判案件的最终决定权仍掌握在统领一切政治机构的皇帝手中，重大案件需报奏皇帝裁决。

就地方而言，地方各级长官在其主政的区域内如皇帝在中央一样，享有全部政治权力，兼理司法，负责其辖区的案件审理和纠纷解决。到明末和清朝年间，地方官员在审理案件时一般都会有幕友协助，幕友并在一定程度上发挥了较大的作用，但幕友终究不是制度性权力，只有咨询辅助功能，具有私人性质，案件的决定权仍在地方长官之手。

就中央司法机关与地方司法审判的关系而言，中央对于地方案件的裁判有制度上直接的最终决定权，如历代的"秋审"、"朝审"制度等；同时，缺乏审级制度的传统中国也存在制度性的直诉申冤渠道，如汉代的"旨阙上书"和唐朝的"邀车驾"等；此外，由于中央集权制自上而下的官僚任命体制，因而对于地方案件中央有诸多"看不见"的影响渠道。

就职能不同的政府部门之间的关系而言，在中央，大理寺、刑部等司法机关虽与其他行政部门职能不同，但是都受皇帝统领，无独立裁定案件的权力；而各机构之间也没有明确的权力范围划分，在特定情况下，其他政府官员可以参与到案件审理之中，如历朝的"会审制度"。在地方，如上文所述，地方主政官员拥有全部政治权力，没有严格的职能划分。虽然在某些朝代地方官员分工不同（如明朝布政司侧重于行政，按察司侧重于司法[①]），但是终究不是制度性的权力划分，权力之间经常出现交叉与相互影响。

2. 内部审判结构

就审判组织和程序而言，中国传统的司法审判没有严格统一的审判组织要求和审判程序制度。中国古代的法典没有专门的诉讼组织法或者程序法，对于官员审理案件的权力很少加以制度性的安排和限制。特别是在地方审判中，州县官员可以凭借自己的意志和愿望来组织审判、收集证据、询问证人并作出裁判。

就审判中当事人的地位而言，裁判官、诉讼当事人双方之间的关系不是

---

① 　参见张晋藩主编：《中国司法制度史》，第 315 页。

裁判者居中听讼、双方当事人交叉阐明理由及各自辩护的架构。第一，裁判官高高在上、凌驾于当事人之上。整个审判过程是裁判官主导的纠问式听审，官员会主动追查犯罪、寻找证据；第二，整个审判机制中没有对裁判官审判权限制的机制，这样居高临下的审判者完全可能按照自己的意愿审理案件，比如，传统中国缺乏为当事人辩护的律师制度；又如在刑事案件中裁判官一般既是审判者，又是"公诉人"，因此会导致"有罪推定"；第三，当事人双方没有制度性的权利在审理过程中进行对抗式辩护，以阐明自己的观点和理由，他们往往只有在裁判官讯问时才能说话。

就裁判依据而言，例律是中国传统司法的正式裁判根据。此外，由于传统中国法律体制中典型的诸如礼法结合、引经入律、引经断狱、天理国法人情统一此类法律与道德、伦理融合的特征，使得裁判官员在审判案件过程中，往往大量考虑伦理道德因素和儒家经典学说，并可以将其作为正式的裁判依据，如从汉代开始出现的春秋决狱、原心定罪等。这一制度性事实赋予了审判官员极大的自由裁量权，给司法审判带来很大的不确定性和不可预见性。

二、中国传统司法的特征

1. 体制上的集权主义

如上文所述，虽然传统中国有中央一级的司法机构，但不能从根本上掩盖中国传统司法典型的集权主义特征，而这一特征和中国传统政治是契合的。传统中国被认为是一个集权国家。政治权力无所不包，如果它愿意，可以介入甚至控制社会几乎所有领域，而不受限制。传统中国虽然没有现代分权意义上明确地从中央到地方贯穿的司法部门划分，但以裁判纠纷、惩罚触犯律法者为目的的功能意义上的司法却一直存在，它是政治权力进行政治统治和社会治理的一项权能，与政治权力追求的目的一致。各级政权组织在现实中统一地承担司法权的职能，进行纠纷解决和犯罪惩罚。中国传统司法的集权主义倾向主要表现在三个方面：

就横向集权而言，皇帝在制度上拥有整个帝国的全部政治权力，而地方大员在其主政区域也拥有类似的整体性政治权力以维持地方统治。这样，作为政治权力不同功能领域的规范制定、规范解释、税赋收取、纠纷裁判、犯罪惩罚等都集中地服务于他们的统治和治理。司法作为纠纷解决、惩罚犯罪的一项权能，和其他不同功能的权力全部横向集中于主政官员手中，服务于统一的政治目的。

就纵向集权而言，传统中国政治权力自上而下分配，由皇帝一直展开到地方各级官员①，形成一个金字塔式的权力网络，上级有绝对支配下级的权威，下级服从上级的命令和意志。更为重要的是官职自上而下分配的官员选拔、晋升和任命机制，下级官吏需要制度性地与非制度性地依附于上级官吏，最高权威最终集中于皇帝一身。就司法权而言，整个帝国裁判案件、厘定犯罪的最高决定权，也纵向地集于皇帝手中。

就审判过程中的集权而言，首先，在司法权内部，整个司法权能自身是集中的，官员处理案件从发现纠纷、接受告发，到追查犯人、搜寻证据，从侦查、起诉、审判到定罪、判决，围绕整个审判司法过程并与之相关的那些具有司法性质的权力在司法权内部并没有作出区分，而是都集于裁判的主审官员一身；其次，就司法权外部而言，司法审判权之外没有对抗性权力对其制约、与之抗衡，如前文提到的缺乏律师制度、辩护制度等。因此，在传统司法过程中，裁判官有较大的自由裁量权和较小的权力制约机制，使他们可以凭借自己的意志询问当事人和证人、采纳证据、组织审判并作出裁判。

2. 裁判依据上的引经断狱

除了体制上各个层面典型的集权主义之外，正如前文所述，中国传统司法在案件裁判过程中裁判依据的非法律性又是一个非常典型的特征。在立法层面，从周"为国以礼"的"礼治"开始，中国传统法文化就开始将道德伦理因素作为法律的重要内容注入法律之中，一直延续到清末。而在司法层面，从汉开始，这些道德伦理因素，特别是当时开始占据主导地位的儒家学说从立法进入了司法，"春秋决狱"、"原心定罪"、天理国法人情的统一开始成为正式的纠纷裁判、定罪量刑的依据，官吏可以从伦理道德、儒家经典的角度进行审判。因此，官员在审判案件时将道德因素、儒家经典等作为正式的断案依据，是中国传统司法的又一个典型特征。

---

① 传统中国的地方家族自治和其对当地行政官员的影响力在此先不作讨论，此为制度外权力。但仍需说明的是，号称以儒家立国（以家为本）的传统中国，实质上也是反对大的家族势力和权威的，因为其不可避免地要在一定程度上削弱试图控制一切领域的皇权的政治权威。

3. 纠纷解决中的调解息诉

"无讼"是儒家中国的社会理想，子曰："听讼，吾犹人也，必也使无讼乎"。这种儒家理想对中国传统司法制度以及司法方式都产生了深远的影响。因此，在传统中国社会中，为了达致无讼，社会和谐稳定，官方一方面会强调明德教化，一方面采取调解息诉的方式进行纠纷解决，化解矛盾。据考证，从汉到清，调解息诉一直是实现无讼的重要手段。[①] 因此，它是中国传统司法的又一个较为典型的特征。大事化小、小事化了、"以和为贵"的价值取向在传统社会治理中占据了主导地位，目的往往在于息事宁人，维持现有社会秩序，这在一定程度上防止了矛盾的激化，抑制了社会冲突。

4. 司法裁判的不确定性

除了上述外在体制上、内在裁判依据上和纠纷处理方式上的特征之外，就司法结论而言，其明显的不确定性是中国传统司法极为重要的特征。两方面因素造成这种不确定性：（1）首先是制度因素。正如我们在制度和特征描述时反复强调的，传统中国把伦理原则、道德规范、儒家经典学说引入司法领域，作为裁判断案的正式依据，导致了司法判决的泛道德化。伦理道德与经典理论并不像法律一样是公开、明确、清晰、事先知晓的、确定的、外在行为的判断标准，不确定的伦理道德在内容上、范围上、认知上具有较大的主观性，留有极大的解释空间，并可以进行主观归罪，因此裁判官有很大的自由裁量权，会导致判决的不确定性。但这只是司法裁判不确定性的诱因。（2）其次，如果说这种将道德律令引入司法裁判的做法可能会避免法律的僵化而达致实质正义的话，这种巨大的自由裁量权在集权体制下反而更难到达追求实质正义这一目的。如前所述，传统中国无论整个政治体制还是司法体制内部都是高度集权化的。那么，横向的集权要求司法服从于整体的政治利益——外观上是有效的、持续的统治；纵向的集权必然使裁判服从于上级官员直至皇帝的政治利益——内容上是统治集团的既得利益，而非民众的利益；而审判过程中司法权自身的集权则更是扩大了官员的自由裁量，缺乏权力内部和外部限制而易于导致肆意裁判。因此，在中国传统司法中，由于司法裁判的道德化而打开的判决不确定性的缺口，在这种集权主义的作用下，

[①]　参见沈德咏主编：《中国特色社会主义司法制度论纲》，第13页。

宽泛的司法自由裁量权极可能任意装扮道德原则和经典学说，裁判官员按照自己的意图对其进行解释，因此易于导致较为严重的肆意裁判、权力滥用和可能的贪腐。

因此，集权体制下享有巨大自由裁量权的裁判标准极有可能从形式上、表面上的伦理道德转化为实际的政治——统治标准和利益原则，具有导向性和利益偏向性，而非司法本身的居中判断。举例而言，一名主政一方的地方官吏在进行司法裁判之时，不仅要考虑律例，可能还会考虑大量的法外因素。由于其作为地方大员根本的和首要的政治任务是作为皇帝任命的权臣维持地方的统治和进行有效的治理，以此作为确保官位和试图晋升的基础，因而在作出司法裁判时，他需要整体地考虑该判决对地方治理的全部意义和潜在影响，而且其分量会远远大于对法律本身的考量，这是横向集权的必然后果。同时，由于自上而下的纵向集权，他的官位依附于上级官吏，意志依附于上级乃至皇帝的意志，因而他集中运用政治权力得出的裁判还必须符合上级乃至皇权的意志，在影响重大案件的裁判过程中就可能包含上级的旨意或者对上级态度的揣测，而再次偏离确定的法律规则。此外，普通案件如果没有此类政治考量，审判的内外部集权在中国传统的人情关系、情感原则因素介入下（纯粹的亲疏之外，实质上可能是人情背后的政治经济利益）也会导致司法不公。中国传统讲究人际关系，而人情关系相对于法律关系而言，更容易使权力凭借其影响力进行干涉、导致滥用、造成不公。最后，在对这些制度外因素考量过后，经过装扮的伦理道德、儒家经典、士大夫道统以及礼法例律才会粉墨登场。

因此，我们可以说，在集权体制下不按法律严格裁判，而是把法外的不确定因素作为裁判依据的司法是十分危险的，易于导致权力腐化滥用和司法不公。

因此，从上文的分析可以看出，中国传统的司法权并不完全是居中裁判的判断性权威，而是具有利益导向的压制性权力、审查性权力和管理性权力。此时，权力的性质就和行政权一致，是执行权而非判断权，这大概也就是传统中国上千年司法权依附于行政权的原因。正因为此，我们在谈及中国传统司法的价值诉求时就会发现，它本身并没有自己的价值诉求，而是一项工具性的权力，依附于整个政治统治秩序和权力者自身利益，与整个政治权力追求的目的一致，是服务于整体性的政治目的的。虽然不可否认，中国传统司法有其本身的优点，但是它的缺陷则更为明显，无法克服权力带来的滥用和贪腐。

第二节　清末变法与民国初年司法的价值取向

即使中国传统司法存在以上这些较为严重的制度性弊端，传统司法在清末的解体也不是由于其自身的缺憾造成的。中国传统司法的现代转型并不是一个独立的事件和自发的转变，而是根源于晚清中国政治和社会的整体性危机之中的，是在内忧外患下重建中国政治秩序和社会结构的过程中开始的。当然，清末的改革者也必然清楚中国传统司法自身存在的弊端。正是以针对集权主义（相应地传播司法独立观念和建设单独序列的法院体制等）以及裁判的不确定性（相应地进行大量立法和法科人才培养等）为切入点，改革者们试图以司法改革推动政治变革以救亡图存。这时，他们第一次内心复杂地面朝强大的西方那一套完全不同的司法体制，经过一段学习、考察、挣扎后发现那可能是可以参考借鉴的坐标。因此，简而言之，从清末到民初的司法转型总体上是西方化的，追求的价值是西式的司法独立并进行相应的司法制度建设。本节探讨的正是这一中国司法现代转型的第一波，即司法独立化阶段。

一、历史背景回顾

美国的著名中国史学家费正清把中国的现代转型归纳为"冲击—回应"的范式。[①] 他认为传统中国的文明和制度是自生自发的帝国模式，而以鸦片战争这一历史事件为标志点，中国在遭遇了西方文明的挑战后开启了整个社会救亡图存、与世界交往、向现代民族国家转型的现代之路。我们认为，这一分界是合理的。之前，中国历代封建王朝每每统治二三百年就经历一次治乱兴衰的循环，清朝也不例外。清政府从 17 世纪中叶统治了中国近两百年

---

① 参见费正清主编：《剑桥中国晚清史》，中国社会科学出版社 1985 年版，导言；费正清：《伟大的中国革命》，世界知识出版社 2000 年版。对此模式的评论与比较，参见汪晖：《现代中国思想的兴起》，三联书店 2008 年版，第 3—16 页。

后，新王朝的道统（卡里斯玛）逐渐消减，皇族继承统治者能力逐渐衰退，统治的既得利益集团逐渐稳固并反过来开始施以暴政，因此到了晚清，社会动荡、人民反抗、王朝更迭就是不可避免的了。但与以往的王朝更替不同，此次清王朝除了内忧之外，在外部还面对一个完全不同的文明的冲击。1840年，以鸦片贸易为导火索，鸦片战争爆发，清政府战败，次年签订《中英南京条约》。清政府在鸦片战争中的失败以及其后签订的一系列不平等条约，极大地震撼了朝野上下，打破了"天朝"的自负，与王朝自身正当性的衰减一道，迫使社会各个阶层开始思考"天朝大国"为什么落后挨打，如何救亡图存。

因此，从1864年太平天国倒台到1894年中日战争之间这一段史称"同治中兴"的短暂而略微平静的岁月里，中国传统的士大夫反思中国的失败，发起了从地方到中央的洋务运动。但是"皮毛"上学习西方的理念并没有维持多久，便有了1894年中日甲午战争的大挫败，也宣告了洋务运动的彻底失败。正是甲午海战的刺激，一部分士大夫开始反思为何日本不足五十年的维新变法就足以强盛，逐渐产生了对中国政治制度的怀疑，开始了一场器用本末之争，大辩"中体西用"还是"西体中用"。洋务派逐渐成为保守派，而维新派也就顺势出现，形成了一场轰轰烈烈的维新变法运动，此运动于1898年达到最高潮，即所谓"戊戌变法"百日维新。维新派开始大刀阔斧地改科举、考策论、设机构、汰冗员、删则例，一场内部的政治改革眼看就在兴起。但是，这场维新没有持续百日就走向了失败，六君子被杀、康梁远逃日本。正是由此，革命派逐渐代替维新派走到历史前台。

变法失败之后的几年，由于"辛丑之耻"、"庚子乱拳"以及各地革命之火四起，清政府开始感觉维新变法之必要，遂于1905年派五大臣出洋考察宪政，并于1906年7月下诏仿行宪政，"预备立宪"，厘官制、设议会、改司法、办学堂。

但是"立宪的虚伪，一天一天的暴露，革命的潜势力，一天一天的膨胀。"[①] 因此，辛亥革命一触即发。1911年秋天的武昌起义，如平地一声惊雷，使得清王朝的统治如多米诺骨牌一样瞬间分崩离析，走向瓦解，革命之

---

① 李剑农：《中国近百年政治史》，复旦大学出版社2002年版，第13页。

火势如破竹。到 1912 年元月，中华民国正式成立，标志着中国至少在制度上推翻了持续了两千多年的帝王统治，建立共和政体。民国以后，清末开启的现代司法制度之路在民国得以延续，可以说民国初年的司法体制建设和司法改革是在清末变法的道路上继续推进的，其根本目标和价值取向是基本一致的。

但是，民初年间，虽然立国，但是军阀混战、武夫当国、党争不止、社会动荡。此时司法变革已不再是头等政治目标，只是作为建立有效社会秩序的一个环节以及政治斗争的一个工具出现。也正是在这个时期，以孙中山将中华民国大总统让予袁世凯为起点，由同盟会改组的国民党和袁世凯的北洋系之间开始了长达十多年的斗争，直到 1926 年，国民党开始北伐，北洋军阀势力逐渐归于消灭，国民党开始一党独大后才告一段落。因此，才有了 1927 年国民党推翻旧制，对司法制度进行的一次全面的改革。值此，也标志着中国司法近代第一波转型——司法独立化——的终结。

二、清末民初司法制度的变迁与改革过程

第一阶段：预备立宪中的司法改革。

镇压百日维新以后，清朝统治仍然千疮百孔、暗流涌动，叛乱、革命、外患之祸四起，清政府发现只有遵行宪政才可能继续维持统治。因此，为了一再拖延政治改革时间，先派大臣考察，再行预备立宪。预备立宪之目的我们不难在五大臣之一的载泽在 1906 年 8 月（光绪三十二年）上书的《奏请宣布立宪密折》中看出端倪：

"旬日以来，夙夜筹虑，以为宪法之行，利于国，利于民，而最不利于官。若非公忠谋国之臣，化私心，破成见，则必有多为之说以荧惑圣听者。盖宪法既立，在外各督抚，在内诸大臣，其权必不如往日之重，其利必不如往日之优，于是设为疑似之词，故作异同之论，以阻挠于无形。彼其心非有所爱于朝廷也，保一己之私权而已，护一己之私利而已。顾其立言，则必曰防损主权。不知君主立宪，大意在于尊崇国体，巩固君权，并无损之可言……以今日之时势言之，立宪之利在于最重要者三端：一曰，皇位永固。立宪之国，君主神圣不可侵犯，故于行政不负责任，由大臣代负之……故相位旦夕可迁，君位万世不改，大利一。一曰，外患渐轻。今日外人之侮我，

虽由我国势之弱，亦由我政体之殊，故谓为专制，谓为半开化，而不以同等之国相待。一旦改行宪政，则鄙我者转而敬我，将变其侵略之政策……大利二。一曰，内乱可弭。海滨洋界，会党纵横，甚者倡为革命之说。顾其所以煽惑人心者，则曰整体专务压制，官皆民贼，吏尽贪人，民为鱼肉，无以聊生，故从之者众。今改行宪政，则世界所称之公平之正理，文明之极轨，彼虽欲造言而无词可借，欲倡乱而人不肯从，无事缉捕搜拿，自然冰消瓦解。大利三。"他还为朝廷谋划说："今日宣布立宪，不过明示宗旨为立宪之预备，至于实行之期，原可宽立年限。"①

由此不难看出，清政府立宪背后谓之有三大利：皇位永固、外患渐轻、内乱可弭。而预备行之，近可平息舆论，远可维持国体，至于实行之日，则遥遥无期。

于是，1906 年 9 月 1 日，清廷发布《宣示预备立宪谕》②，称"现在各国交通、政治、法度，皆有彼此相因之势。而我国政令，日久相仍，日处阽危，忧患迫切，非广求智识，更定法制，上无以承祖宗缔造之心，下无以慰臣庶治平之望……各国之所以富强者，实由于实行宪法，取决公论，君民一体，呼吸相通，博采众长，明定权限……"因此，"时处今日，惟有及时详晰甄核，仿行宪政，大权统于朝廷，庶政公诸舆论，以立国家万年有道之基"。但是，"目前规制未备，民智未开，若操切从事，徒饰空文，何以对国民而信大昭？"因此，只能仿行宪政，以"官制议定入手，次第更张，并将各项法律详慎厘定"。至于何时从预备进入实行，诏书上称，"俟数年后，规模粗具，查看情形，参用各国成法，妥议立宪实行期限，再行宣布天下。视进步之迟速，定期限之远近"。特别指出，官民都应"各明忠君爱国之义，合群进化之理。勿以私见害公益，勿以小忿败大谋"。

清末的司法改革对中国传统司法体制进行了根本性变革，因此，本节对其改革方案与制度建设将细加评说。

1. 司法权外部体制设置：从上文的密折和诏书中我们不难看出预备立

---

① 载泽：《奏请宣布立宪密折》，见《中国近代法制史资料选编》，中国人民大学校内资料 1979 年版，第 14—17 页。

② 参见《宣示预备立宪谕》，见《中国近代法制史资料选编》，中国人民大学校内资料 1979 年版，第 18—19 页。

宪的目的。清政府为了维持统治，面对内外的政治压力不得不作出政治变革。但不可否认的是，这些变革本身却有着其价值，是中国走向宪政法治的初步尝试。此次预备立宪主要是厘官制、设议会、改司法、办学堂。就司法改革而言，最重要的是在政治体制上第一次建立了单独地从中央到地方的法院序列和机构，颁布法院组织法和相关法律。可以说，此次预备立宪和司法改革是息息相关的。

在宣布立宪两个月之后，预备立宪中最重要的制度性文献《厘定官制谕》于 1906 年 11 月出台，"其要旨惟在：专责成，清积弊，求实事，去浮文，期于厘百工而熙庶绩"，谕定"刑部著改为法部，责任司法。大理寺著改为大理院，专掌审判"①。这项规定的作出，标志着司法审判从原来的六部体制中分离出来，在中国历史上第一次有了独立的司法建制，是对中国传统政治的一次重大变革。

接着，1906 年、1907 年、1910 年相继颁布关于法院体制建设的基本法律《大理院审判编制法》、《各级审判厅试办章程》、《法院编制法》②，正式开始在全国设置法院体系。此时，中央有大理院为全国最高审判机关，法部负责司法行政，并"在京师和各省设高级审判厅，在各省会及商埠各设地方审判厅和初级审判厅，实行四级三审制。同时，在审判厅内，设置了各级检察厅，为各级检察机关，从此，改变了一直沿用的'三法司制度'和'九卿会审制度'"③。《大理院审判编制法》分总纲、大理院、京师高等审判厅、城内外地方审判厅、城狱局五节四十五条。第五条规定了大理院的职权，"凡自本院以下，及直辖之审判厅、局，其有民事、刑事诉讼在京师城内外者，统有审判权限。"第六条规定了"关于司法裁判，全不受行政衙门干涉，以重国家司法独立大权，而保人民身体财产。"《法院编制法》分审判衙门通则、初级审判厅、地方审判厅、高等审判厅、大理院、司法年度及分配事务、法庭之开闭及秩序、审判衙门之用语、判断之评议及决议、庭丁、检察厅、推事及检察官之任用、书记官及翻译官、承发吏、法律上之辅助、司法行政之

---

① 《厘定官制谕》，见《中国近代法制史资料选编》，中国人民大学校内资料 1979 年版，第 19—20页。

② 参见《中国近代法制史资料选编》，中国人民大学校内资料 1979 年版，第 150—193 页。

③ 《中国近代法制史资料选编》，中国人民大学校内资料 1979 年版，第 73 页。

职权及监督权、附则共 17 章 164 条。

2. 司法权内部组织设置：除了在整个政治权力体系中明确司法权的独立地位，划分权责，并在机构上予以建立之外，预备立宪之后的司法改革在司法体制内部也进行了多项变革，区分了审判权与其他司法性权力，包括：（1）区分审判与检察：清末变法开始设置检察机构，各级检察厅均附属于各级审判机构。《大理院审判编制法》规定"检察官与刑事有起公诉之责。检察官可请求用正当之法律。检察官监视裁判后正当施行"。《各级审判厅试办章程》第四章"各级检察厅通则"规定其职权如下："一、刑事提起公诉；二、收受诉状，请求预审及公判；三、指挥司法警察官逮捕犯罪者；四、调查事实，搜集证据；五、民事保护公益，陈述意见；六、监督审判并纠正违误；七、监视判决之执行；八、查核司法统计表"。《法院编制法》第十一章"检察厅"规定"检察官之职权如下：一、刑事。遵照刑事诉讼律及其他法令所定，实行搜查处分，提起公诉，实行公诉，并监督判断之执行。二、民事及其他事件。遵照民事诉讼律及其他法令所定，为诉讼当事人或公益代表人，实行特定事宜"。（2）区分审判与司法行政。在全国层面，区分了法部和大理院的职责，如前所言，"刑部著改为法部，责任司法。大理寺著改为大理院，专掌审判"。改革后的法部为专门的司法行政机关，"管理监狱、执行刑罚、监督各级审判机关和检察厅工作。各省司法行政由原提刑按察使改为提法司担任"①。但是，由于历史原因以及修律中法部与大理院具体权限并未明确划分，遂于 1907 年开始了一场著名的"部院之争"②。最终，法部与大理院达成妥协，大理院审理死刑案件，法部复核后，双方会商具奏；朝审秋审斩监候案，大理院复判，法部核定。直到《法院编制法》重新厘定司法行政之权限，废除了存续上千年的会审制度，并特别于第一六三条规定："不得限制审判上所执行事务及审判官之审判权"。（3）区分警察权与审判，由警察进行案件侦查、预审。在清末变法以前，中国并无专门的警察机构。

---

① 沈德咏主编：《中国特色社会主义司法制度论纲》，第 21 页。

② 具体研究，参见张从容：《晚清司法改革的一个侧面：部院之争》，中国政法大学 2003 年博士论文。具体争论见故宫博物院明清档案部编：《清末筹备立宪档案史料》下，中华书局 1979 年版，第824—831 页，《法部尚书戴鸿慈等奏酌拟司法权限缮单呈览折》与《修订法律大臣沈家本等奏酌定司法权限并将法部原拟清单加具案语折》。

预备立宪厘定官制的一项重要举措就是"普设巡警",并在《各级审判厅试办章程》中规定了警察的侦查权;(4)改良监狱,划归法部管理,审判机关无羁押权。

3. 就审判权本身而言:(1)内部对审判权的行使进行规范,包括区分民刑诉讼(《各级审判厅试办章程》第一条规定,"刑事案件:凡因诉讼而审定罪之有无者属刑事案件;民事案件,凡因诉讼而审定理之曲直者属民事案件");统一审级(实行四级三审制,分为初级审判厅、地方审判厅、高等审判厅、大理院);禁止刑讯逼供;建立合议制、管辖制度、回避制度、传票制度、公开审判制度、诉讼费用制度、保释制度等。(2)外部对审判权的行使进行对抗,比如设立检察官制度(提起公诉),建立证人、鉴定人制度,引入律师制度①,借鉴陪审制度等。

4. 进行大量立法,使司法裁判有规则可依。清末变法的过程中,在大规模建立新制度的同时,设立了一些立法起草机构(如修订法律馆、法部等),进行了大量的立法,使得整个社会有法可依,新的司法机构能够依法裁判。这类法律主要分为三类,一是前文提到的三部类似于法院组织法的基础性法律;二是一些程序法,比如《民事诉讼法草案》和《刑事诉讼法草案》;三是一些实体性法律,比如《大清现行刑律》、《大清新刑律》、《大清民律草案》。此外,著名的"礼法之争"虽然对于礼教派的主张有所妥协,但毕竟逐步在司法层面排除了传统道德的干涉,使得司法层面的法治主义逐步深入人心。

第二阶段:民国初年的司法改革。

如前所述,清末预备立宪的实质目的只为使风雨飘摇的大清王朝能够得以继续统治,也正因如此,那些只为平息舆论、缓解紧张的政治改革并不能真的使统治得以持续,预备立宪还没到实行,不出六年,清政府就在武昌起义的炮火声中失去了中国的实际统治权,瞬间崩塌,中华民国得以建立。但是,清末变法中在司法体制建设方面的成就是不可否认的。因此,即使清政府倒台,其司法变革的道路在民国初年仍得以延续。"民国元年三月十日,临时大总统令,以民国法律,尚未颁布,所有从前施行之法律及新刑律,除

---

① 具体研究,参见张志铭:《二十世纪的中国律师业》,第一部分"发展轨迹",一、律师制度的引入;二、中国律师制度和律师业的形成和发展。见张志铭:《法理思考的印迹》,第4—18页。

与民国抵触各条，应失效力之外，余均暂行援用。民初适用之中华民国暂行法院编制法，亦即宣统元年颁布之法院编制法当时司法制度。"① 由此可见，这两个时期在制度建设和价值追求上是基本一致的，因此本节对这一阶段的司法制度变迁就简而叙之。民初的司法体制一直延续到1927年国民党北伐取得决定性胜利，建都武汉进入了党治时代，中国现代司法在西方化道路上的摸索前行才暂告一段落。

辛亥革命之后：临时政府在南京成立，十七省代表选举孙中山为中华民国临时大总统，公布临时政府组织大纲。临时大总统统治全国的五项权力中，有"设立法院权"：大总统得参议院之同意，得设立临时中央审判所。② 1913年颁布的《中华民国临时约法》规定，人民享有"诉于法院，受其审判之权"；并且明确指出，"法官独立审判，不受上级官厅之干涉。""法官在任中，不得减俸或转职；非依法律受刑罚宣告或应免职之惩戒处分，不得解职。"对于法院组织，《中华民国临时约法》第48条规定："法院以临时大总统及司法总长分别任命之法官组织之，法院之编制与法官资格，以法律定之。"但是《临时中央裁判所官制令草案》由司法部拟定后，呈送大总统，孙中山交法制局审定呈复，后交参议院决议。但这一草案没有完成立法程序。③ 因此，司法权实际上由司法部负责。1912年1月31日《临时政府公报》刊载《中华民国临时政府中央行政各部及其权限》，规定设立临时政府司法部，掌管司法行政，"管理民事、刑事、诉讼事件，户籍监狱，保护出狱人事务，并其他一切司法行政事务，监督法官"。就法官任命而言，《中华民国临时组织法草案》规定：法院以临时大总统任命之法官组织之。因此，民国初建共和，以现代政治理念立国，就其司法理念而言，继续追寻司法独立、法官职业化的西方化道路。

军阀混战时期：袁氏当国，军阀混战，帝制复辟，民国危机。此阶段政治斗争惨烈，司法必然不是核心议题。但是，在一定程度上而言，由于清末民初的启蒙和共和政体的初建，已经没有军阀敢于明确反对司法独立原则。因此这一阶段虽然政治混乱，但是司法仍在独立化的道路上艰难前行。此时

① 《中国近代法制史资料选编》，中国人民大学校内资料1979年版，第62页。
② 参见钱端升等：《民国政制史》上册，上海人民出版社2008年版，第12页。
③ 参见邱远猷、张希坡：《中华民国开国法制史》，首都师范大学出版社1997年版，第612页。

北洋政府的司法制度①体现于：（1）就司法机构而言，仍然沿用清末变法改革时确立的基本制度。在审判机构的设置方面，采取四级三审制、行政诉讼分离的原则。与审判机构的设置相对应，设立各级检察机构。（2）就中央司法机构而言，大理院及总检察厅是中央司法机构，分别行使最高审判权和最高检察权。同时，大理院还有司法解释权，《暂时法院编制法》规定，大理院审判职权涉及两类案件，一类是终审机关，对高等法院第二审判决上诉的案件实施管辖；一类为统一法令解释权，"大理院院长有统一解释法令必应处置之权"。（3）设平政院，掌管行政诉讼。

三、清末民初时期的司法独立观念

从清末变法到民国初年，近代中国在建立现代司法制度的过程中，西方司法制度一直是参照的坐标。相对于中国传统司法实质上的集权主义倾向，西方司法的根本特征在于司法权和司法体制的独立性，它区别于立法权和行政权，单独地执行居中裁判、依据法律判别合法非法的职能而不受干涉。在半个世纪西法东渐的过程中，司法独立的理念渐入人心，无论是官方还是学界，无论是社会舆论还是普通大众的言论，从中我们都可以看出，司法独立在当时基本上成为一个较为普遍的论说前提，逐步成为社会共识。

就官方而言：不管是查看皇帝自上而下发布的诏书、上谕，还是大臣、政府机构自下而上的奏折，司法独立都较为直接地出现在官方的文件中，明确地承认了司法独立的正当性。如宣统元年（1909 年）十二月二十八日上谕曰："立宪政体必使司法、行政各官权限分明，责任乃无诿卸，亦不得互越范围。自此次颁布法院编制法后，所有司法之行政事务，著法部认真督理，审判事务著大理院以下审判各衙门，各按国家法律审理"。当日，宪政编查馆奏核法院编制法，并另拟法官考试、任用，司法区域分划，及初级暨地方审判厅管辖案件各暂行章程。"嗣后各审判衙门，朝廷既予以独立执法之权，行政各官即不准违法干涉。该审判官吏等遇有民、刑诉讼案件，尤当恪守国法，审断持平。"②而对于司法独立的诉求在大臣的奏折中更为多见，如由首席军机大臣、庆亲王奕劻为首的官制编纂大臣，要求按照立宪国制，

---

① 参见张晋藩、朱勇主编：《中国法制通史》第九卷，法律出版社 1999 年版，第 520 页。
② 《中国近代法制史资料选编》，中国人民大学校内资料 1979 年版，第 109 页。

以立法、行政、司法三权分立为原则，对中央官制进行改革。"司法之权则专属法部，以大理院任审判，而法部监督之，均与行政官相对峙，而不为所节制，此三权分立之梗概也。"① 1907 年（光绪三十三年）《宪政编查馆奏编纂法典折》曰"又所请以法部、大理院专司其事一节，查立宪各国，以立法、行政、司法三项权力分立为第一要义，原奏亦谓立宪精义，在以国家统治之权分配与立法、行政、司法三机关"② 之后，大理院初设，大理院卿沈家本上奏朝廷曰："从前大理寺之设，在平反重辟，以贰邦刑，凡参核之文，会听之事，虑囚之责，清狱之司，载在《会典》一书，至为赅备。兹复禀懿训，改寺为院，名定责成，储裁判独立之精神，为宪法执行之基础，职司重要，迥非丽法议狱之常……臣院既已审判为专司，似不应兼及行政，致使权限不分。"③ 沈家本在《修订法律大臣沈家本奏酌拟定法院编制法缮单呈览折》中又指出，"窃维东西各国宪政之萌芽，俱本于司法之独立，而司法之独立，实赖法律为之维持，息息相通，捷于形影，对待之机，固不容偏废也"④。

　　时至民国初期，司法独立仍是时任官员的改革前提。民国元年任司法总长的许世英在进行司法改革的"司法计划书"中写道，"司法独立，为立宪国之要素，亦即法治国之精神；然必具完全无缺之机关。"⑤ 民国初年由于战争、经费、人员和时间原因，不少地方仍保留县知事兼理司法制度，此制度为民国初年司法改革的重点，目的是使基层行政权和司法权分离。时任司法总长在"县知事兼理司法应否废止咨询案"中强调："司法独立为宪政不易之经，乃比年以来，国家多故，司法制度迄今未确立。际兹共和再造之会，自应为完全宏大之谋。惟大局粗安，政费奇窘，设想过高转等空论。为目前实行计，自应切就现时情况力图改良，然后循序渐进底至善。现时制度中以

　　① 故宫博物院明清档案部编：《清末筹备立宪档案史料》（上），中华书局 1979 年版，第 464 页。
　　② 《中国近代法制史资料选编》，中国人民大学校内资料 1979 年版，第 123 页。
　　③ 《大清光绪新法令》第 3 册，见《中国近代法制史资料选编》，中国人民大学校内资料 1979 年版，第 75 页。
　　④ 沈家本：《修订法律大臣沈家本奏酌拟定法院编制法缮单呈览折》。
　　⑤ 郭志祥：《清末与民国时期的司法独立研究》，见《改革司法》，社会科学文献出版社 2005 年版，第 69 页。

县知事兼理司法为最无理,则云改良,亦以此制为最不容缓……"①

就学界而言,清末变法开风气之先者,如黄遵宪、康南海、梁任公、沈家本之辈,无论根本政治观点差异几何,对于权力分立、司法独立都抱有基本相同的看法。黄遵宪有言,"奉主权以保民智,分官权以保民生"②。康有为则多次上书光绪帝以求变法,《上清帝第一书》言:"自古为国患者,内则权臣女谒,外则强藩大盗而已……生所欲言者三,曰变成法,通下情,慎左右而已";《上清帝第二书》言:"为安危大计,乞下明诏,行大赏罚,迁都练兵,变通新法,以塞和款而拒外夷,保疆土而延国命。"在具体如何进行变法时他指出,"近泰西政论,皆言三权:有议政之官,有行政之官,有司法之官。三权立,然后政体备。"③ 思想活跃、著作等身的梁任公虽然一生政治观点经历多次变化,但是曾出任民国政府司法总长的他对于司法独立也坚信不疑,曾专门撰文介绍孟德斯鸠三权分立思想:"及孟德斯鸠出,始分别三种政体,论其得失,使人知所趣问。又发明立法、行法、司法三权鼎立之说,后此各国,靡然从之,政界一新,渐进以迄今日"④。在《论立法权》一文中他也明确指出,"立法、行法、司法,诸权分立,在欧美日本,既成陈言,妇孺尽解矣。""立法、行政分权之事,泰西早已行之,及法儒孟德斯鸠,益阐明其理,确定其范围,各国政治,乃益进化焉。"⑤ 在其主导建立的政治社团闻政社的创设宣言中,四项基本纲领的第二项就是司法独立。"二曰厘订法律,巩固司法权之独立。国家之目的,一方面谋国家自身之发达,一方面谋国中人民之安宁幸福。而人民之安宁幸福,又为国家发达之源泉,故最当首注意焉。人民公权私权,有一见摧抑,则民日以瘁,而国亦随之。然欲保人民权利罔俾侵犯,则其一,须有完备之法律,规定焉以为保障;其二,须有独立之裁判官厅,得守法而无所瞻徇。今中国法律……重以行政、司法两权,以一机关行之,从事折狱者,往往为他力所左右,为安固其地位起见,而执法力乃不克强。坐是之故,人民生命财产,常厝于不安之地,举

---

① 《司法公报临时增刊:司法会议决议案·上册》,第七十一期。
② 黄遵宪:《日本国志》,《国统志》卷3,序1。
③ 康有为:《上清帝第六书·应诏统筹全局折》。
④ 梁启超:《论学术之势力左右世界》。
⑤ 梁启超:《论立法权》。

国傀然若不可终日，社会上种种现象，缘此而沮其发荣滋长之机。其影响所及，更使外人不措信于我国家，设领事裁判权于我领土，而内治之困难，益加甚焉。故吾党以厘订法律，巩固司法权之独立，为次于国会制度最要之政纲也。"[①]

此外，社会舆论也颇为认可司法独立的价值。民国时期颇具影响力的《申报》在民国八年（1919 年）八月十二日载文曰，"司法独立云者，所以示司法之尊严也。然必有司法当局，具有独立之精神，不附军阀，不入党派，不为人所左右，而后乃能独立。自不干涉人，而后不为人干涉，而后能尊严"[②]。

由此我们可以看出，在清末民初中国近代司法转型的第一波浪潮中，司法独立、借鉴西方司法精神和制度一直是其根本目标和追求，也在制度建设和思想传播上颇有成就。但是，这种西方式的独立司法建制并没有从根本上给这两个混乱时期带来稳定的社会秩序，即便微观的个案正义有时也难以实现。因此，按照后果主义的观点，第一波的司法独立化走向了失败，事实上随后不久它也的确被新的司法价值取向所取代。但是，不容否认的是，司法作为一项权能，它的权力领域是有限的，我们不能指望本质上恪守成文法律判断个别纠纷合法律性的司法权能在一个战乱中的法外社会建立一套普遍的秩序。因此，中国司法近代转型第一波的失败就不难解释了。

第三节　国民政府时期司法改革及其价值诉求

中国司法现代转型的第一波在"司法西方化"和"司法独立"理念的影响下，从清末变法到民国初年经历了近半世纪的艰难转型，在全国范围内初步建立了司法体系的基础，现代司法的理念在一定范围内得到了传播，培养了一批职业的司法从业人员。但是，如前所述，这种司法体制连同现代议会制度一道，并没给刚刚走出帝制的中国带来持久的和平、安宁和发展，中国人仍然生活在战乱动荡、赤贫饥荒和黑暗落后之中。当然，这些根本的政治

---

① 梁启超：《闻政社宣言书》。
② 郭志祥：《清末与民国时期的司法独立研究》，见《改革司法》，第 71 页。

问题不是司法权凭借一己之力就能够解决的。我们在前文中反复强调，司法只有在和平稳定的有序时期才能发挥较大的社会调控和纠纷解决的功能，使社会井然有序、合法公正。战乱时期是非法时期，政治生活在法律和基本秩序之外，日常生活也没有普遍的强制性行为准则。强调恪守法律的司法权在这时没有任何权威来驾驭社会动荡，开创稳定秩序，它是个别性的消极性权力，而非普遍性的积极权力。这是司法本身的性质决定的，它是权力分支中最弱的权力。而这，也可能是中国司法现代转型第一波西方化失败的原因之一。

也正是由于以上原因，在此之前一直领导中国革命进程的国民党反思自身的软弱性，借鉴"十月革命"的成功经验，改组自身，联合共产党，加强了党组织的纪律和权威，提升了政党在革命和国家治理中的角色定位，在政治和社会领域加强了党的领导，期待通过强有力的权威以自己的意志强行建立一套新的稳定的政治和社会秩序。值此，中国革命走上了党治的道路，而作为政治权力一部分的司法也因此走向党化，这是中国司法现代转型的第二波——司法党化阶段。

一、历史背景回顾

政治的党化改革始于 1919 年孙中山先生对于国民党的改组。1919 年 10 月 10 日，孙中山正式通告改中华革命党为中国国民党，以示新的政治路线和组织纪律。之后，国民党在其一大上联合共产党对自身进行改组，并提议建立国民政府。1925 年 3 月，孙中山在北京逝世，但是政治改革并没有停步。3 个月后，国民党中央政治委员会决定将大元帅大本营改组为国民政府，并于 7 月 1 日公布《国民政府组织法》，史称广州国民政府。此组织法体现了孙中山"以党治国"的新的政治原则，规定"国民政府受中国国民党之指导及监督"，国民政府的政务活动，必须在国民党的领导和监督下，必须符合国民党的基本纲领和具体政策。而且在修订的《中央政治委员会组织法》中明确规定，国民政府的施政方针由中央政治委员会决定之后，交国民政府执行。值此，国民党正式确立了孙中山"军政、训政、宪政"中国革命三阶段的划分论为其革命进程的指导思想。

此后，1926 年 7 月广州国民军开始北伐，并于 10 月占领武汉三镇，首先开启了"军政时期"。蒋介石在与国民党左派之间经历了激烈的政治斗争之后，于12月宣布将中央党部和政府全部分批迁至武汉，史称武汉国民政府，并对政治制度作出了一系列重大变革，其中也包括对于日后二十余年国民党统治下中国的司法制度建制有重要意义的司法改革。

但是，武汉国民政府并没有持续多久，国民党中央政府再次由于党争于1927年4月17日决定于次日开始在南京办公，并举行了定都南京的庆典。值此，国民党确立了以蒋介石为中心的统治体系。1928年6月，国民革命军攻陷北平、天津，即声称"此即结束军政，开始训政之时也"[①]。1929年6月15日，国民党召开三届二中全会，作出了《训政时期之规定案》，根据孙中山先生的《建国大纲》，"训政时期规定为六年，至民国二十四年（1935年）完成"。正是由于训政的开启，即"训练人民行使政权"，国民党的党治理论进入了真正的实践阶段，开始了在政治各领域的党的绝对领导，司法也进入了党化阶段。

进入训政时期之后，国民党开始改组国民政府为五院制，将原有的三权分立格局改为五院制，在政权与治权之间作出划分，司法权作为治权的一部分，司法院为五院之一，统筹一切司法事务。1928年召开国民政府二届五中全会并通过决议，"训政时期之立法、行政、司法、考试、监察五院，应逐渐实施"。会后，国民党中央于10月公布修订的《国民政府组织法》。11月司法院正式成立，王宠惠为第一任院长。值此，全国司法体制在政治架构上发生了根本性的变化，成为五权体系中的一环，一直延续到国民党败逃台湾。

二、司法变革情况

军政初期，"因政治军事局势极不稳定，来不及改革司法制度，基本沿用北洋政府的旧制，采审检合一、司法行政与审判工作合一的体制"[②]。不仅如此，广州国民政府期间和武汉国民政府初期，由于战事，司法仍然延续旧制，并没有对其进行大规模的党化要求。比如，广州国民政府成立后，于1926年1月21日发布命令，建立司法行政委员会，仍然强调了审判和司法

---

① 徐矛：《中华民国政治制度史》，上海人民出版社1992年版，第204页。
② 张晋藩主编：《中国司法制度史》，第596页。

行政的相对独立性，指出，以前因"军务紧急，百事草创，以大理院长兼管司法行政事务，不过一时权宜；现在庶政革新，亦应将行政、司法两权划分，各设机关，以明权责"。1926 年 5 月公布的《法官考试条例》里面也没有司法党化要求。

1927 年武汉国民政府组成，进行了一次比较全面的司法改革，改革的主要内容包括：第一，为体现司法与行政的分立，将各级审判厅一律改称法院，大理院改称为最高法院。第二，实行二级二审制，将审判机关分为中央和地方两级，中央分为最高法院和控诉法院（设于省会城市）两级，地方分为县市法院和人民法院（乡镇）两级。第三，废除法院内设行政官制，由法院内的行政委员会自行处理。第四，之前法院与检察厅相互独立，武汉国民政府时废除了各级检察厅，改在各级法院内配置检察官职务。第五，采用参审制和陪审制。第六，也是最为重要的一项措施，废除司法官不党之禁。民国北京政府曾两次颁布禁令，不允许司法官加入任何党派，以保障司法中立性。武汉国民政府废止了此禁令，并明令"非有社会名誉之党员，兼有三年以上法律经验者，不得为法官。法院用人，地方法院由司法厅长提出于省政府委员会任免。中央法院由司法部长提出于国民政府委员会任免"①。

此后，从 1927 年 4 月建立南京国民政府到 1949 年中华人民共和国成立，中华民国的司法制度主要经历了三个阶段②：第一，从 1927 年 4 月南京国民政府成立到 1928 年 10 月《中华民国国民政府组织法》及五院组织法公布，基本沿行旧司法制度，即《暂行法院编制法》。第二，从 1928 年年底到抗战胜利，为司法变革的时期，这一时期是我们重点研究的时期。随着《中华民国国民政府组织法》、《中华民国训政时期约法》等相关法律文件的公布实施，国民党政府开始按照五权宪法的五院政府模式建立新的司法体制。第三，从抗日战争胜利到 1949 年国民党政府败退台湾，为司法制度定型阶段。公布了《中华民国宪法》，从训政进入所谓的宪政时期，并修订了法院组织法和诉讼法。

其中，第二阶段以从民国十七年（1928 年）国民党北伐成功、军政结束为肇始，开始行训政、推党治、践五权。1928 年 10 月南京国民政府颁布

---

① 张晋藩主编：《中国司法制度史》，第 601 页。
② 具体划分，参见张晋藩主编：《中国司法制度史》，第 516 页。

了《中华民国国民政府组织法》，该法第5条规定："国民政府以行政院、立法院、司法院、考试院、监察院组织之。"同时，公布了《司法院组织法》，司法院随即在南京正式成立。从宏观的组织形式上讲，在训政初期，司法院对国民党中央执行委员会负责。1943年9月以后，司法院院长改向国民政府主席负责，受其监督，以体现一切权力来源于人民的人民主权原则和政权与治权分离原则。就治权内部权力划分而言，司法院为五院之一，与其他四院职权上相对独立。司法行政原属于司法院职权之一，于1943年归于行政院。

　　具体而言，司法院为全国最高司法机关，掌管民事、刑事、行政诉讼以及公务员惩戒，并负责解释法律、命令。司法院的主要职权包括：（1）就其主管事项可向立法院提出议案；（2）关于特赦、减刑及复核事项，由院长提请国民政府核准执行；（3）院长经最高法院院长及所属各庭长会议决议后，行使统一解释法令及变更判例之权；（4）对于设立私立政法学校，有特许权；（5）对于国立大学设立法律科系，有监督权。[1] 司法院内部则由办事机构与直属机构构成。直属机构有相对独立的司法权，各不干涉，主要由最高法院、行政法院、司法行政部、公务员惩戒委员会等组成。最高法院行使最高民事、刑事审判权；行政法院行使最高行政审判权；司法行政部负责全国司法行政工作，主要是起草拟定法规、制定实施司法改革计划、负责狱政管理、负责司法人员选拔任用以及司法经费划拨等。

　　在这一时期，关于司法官选任的新规定体现了较为严格的司法党化原则。首先是严格的考试遴选程序。南京国民政府于1930年10月公布《法官初试条例》，12月公布《高等考试司法官考试条例》，对司法官进行严格选拔，分为初试与高等考试，既有笔试，又有口试。其次，一旦遴选上司法官员，会有较高的职务待遇。据研究，民国时期司法官的待遇在20世纪30年代基本可以满足一个中产之家的开销。[2] 最后，也是最重要的一点，是根据司法党化原则，充任法官者必须在政治上拥护国民党党义，选任中、高级司法官，必须具备国民党党员身份。1933年前后，司法界曾展开了关于司法党化的讨论，最后国民党中央通过了"司法要成为党斗争的工具"的决议。

---

① 参见袁继成等：《中华民国政治制度史》，湖北人民出版社，第398页。
② 参见张晋藩主编：《中国司法制度史》，第534—537页。

国民党中央党部还向全国发布通知，要求所有参加法官培训的非国民党党籍法官，要"集体申请入党"①。此外，在陪审制的陪审员选拔中，也要求贯彻司法党化原则。国民政府在 1929 年 8 月颁布的《反革命案件陪审暂行法》中规定，陪审员必须是由法院所在地国民党高级党部指派的当地年龄 25 岁以上的国民党党员担任，6 名国民党党员组成的陪审团有权评议并决定被告是否有罪。②

三、司法党化理论评述：党治、训政与五权

不可否认的是，国民党统治时期五权体制下的党化司法是一种较为独特的司法制度，即便纵观人类司法发展史，也是较为少有的制度结构和理论创新：党治理论是俄国革命后兴起的政治统治方式，五权体系是一种不同于西方三权分立的新分权模式，而训政又是因民智和社会发展的不同阶段而在中国当时条件下独创的历史发展阶段论。

首先，党治理论。正如本节开篇时谈到的，辛亥革命，走出帝制，建立共和。领导这一革命的资产阶级的革命党人原以为在这种分权、代议的体制下能建立一个民主共和的现代中国。最初，孙中山先生认为革命之后，借鉴西方式选举与两党制，在政党之间展开竞争，一党执政，一党在野监督。孙中山曾言，"假使本党实施之党纲，不为人民所信任，则地位必至更迭，而本党在野，亦当尽监督之责任"，"互相更迭，互相监督，而后政治始有进步"。但是，这一新生的共和国并没有给刚刚走出帝制的中国带来持久的和平、安宁和发展，反而更加战乱动荡、赤贫饥荒，整个社会没有一个有力的政治权威能够在一片废墟中建立新的秩序。以孙中山先生为首的国民党人痛心疾首，反思个中原因，正巧俄国"十月革命"以强有力的铁的纪律的政党建立了新的国家，孙中山希望"以俄为师"，遂得出"以党建国"、"以党治国"的观点。孙中山先生在国民党一大上指出"十月革命"的胜利正是由于"其将政党放在国家之上"，"可为我们模范，即俄国完全以党治国，比英美法之政党，握权更进一步；我们现在并无国可治，只可说以党建国。待国建

---

① 张晋藩主编：《中国司法制度史》，第 565 页。
② 参见曾宪义主编：《中国法制史》，2 版，中国人民大学出版社 2006 年版，第 322 页。

好，再去治他"①。依据这种新的理论，国民党及其全国代表大会、中央委员会、执行委员会在民国政治中应具有绝对领导权。当然，孙中山先生知道政党执政的缺点，才说"待国建好，再去治他"。但是，一旦没有权力制约，让其在掌握绝对权力后主动自我限权、自我削权只可能是一种奢望，权力及其带来的利益会逐渐走向膨胀，而不会是自我约束、自我限制，而这就是后来国民党走向一党专制的原因。

在南京国民政府成立后，以"天下为公，以党治国"为旗号，开始从孙中山先生的党治走向了"一党专制"。国民党"一支笔"胡汉民提出"一个主义，一个党"的口号，一个主义即三民主义，一个党即国民党，要求党外无党，党内无派。

因此，在司法领域的党化思想也逐渐成为主导，成为了司法价值追求的核心部分。时任国民政府司法部部长的徐谦在 1927 年 1 月召开的司法会议上曾指出，"政治要革命，司法是政治的一部分，所以司法也要革命。以前的革命，只是政治的革命，司法向来没有随着政治而革命，故司法向来就不彻底。我们要知道，司法要不良，革命的结果就毫无实际，故司法是要革命的"②。在此次会议上，讨论了司法党化的问题。徐谦认为，如果党不掌握司法大权，便不能进行司法革命，破除法官不党的禁令，让有法律知识和经验的党员担任法官，能使司法听党指挥，成为打击敌人的工具。因此，徐谦主导的 1927 年武汉国民政府的司法改革才废除了"司法不党"的规定，使民国司法正式走向党化。

极力推崇司法党化的前司法院院长居正在《司法党化问题》中也曾明确指出，"以党治国"自然得出司法党化。他认为既然以党治国是统治国家的大原则，那么一切政治制度都应该党化。因此"司法党化"就是"家常便饭"。在居正看来，司法党化无外乎两个方面，一是人员党员化，二是思想党义化。即第一，"司法干部人员一律党化"。虽然不是一切司法官"全分配给持有党证之人"，但必须"把一切司法官从那些明了而且笃行党义的人民中选任出来"。要求司法官员"都有三民主义的社会意识"。第二，要求司法人员在司法实践中必须贯彻国民党的党义和政纲，司法人员必须把自己的思

---

① 韩秀桃：《司法独立与近代中国》，清华大学出版社 2003 年版，第 336 页。
② 袁继成等：《中华民国政治制度史》，第 181—182 页。

维方法和论证依据建立在党义和政治纲领之上，使司法符合党的利益。因此，国民党的党义政纲不仅是立法的原则和指导思想，还是司法的"适用法律之标准"。由此可以看出，司法党化最重要的是"党义化"，而并不是"党员化"。此外值得注意的是，居正并没有认为贯彻党义就是抛开法律，而是在以下四种具体情形中才可以党义为法律标准：（1）法律未有规定之处，应当运用党义补充；（2）法律规定太抽象空洞而不能解决实际具体问题时；（3）法律已经僵化，应该拿党义将它活起来；（4）法律与实际社会明显地表现矛盾又没有别的法律可以依据时，可以根据党义宣布该法律无效。此外，居正又进一步提出了对于落实党义原则的基本要求：第一，基本要求，令法官注意研究党义，适用党义；第二，考核标准，以运用党义判案作为审查成绩的第一标准；第三，法官选拔，司法官考试，关于党义科目，应以运用党义判案为试题，不用呆板的抽象的党义问答；第四，法官培养教育，法官训练所应极力扩充范围，务使下级法官一律有入所训练之机会，同时该所课程应增加"法律哲学"及"党义判例"、"党义拟判实习"等科目；第五，对律师业要求设立法曹会，要求其注意研究党义之运用；第六，编纂《判解党义汇览》，摘录党义及基本法理，与判例、解释例类比，分别附于法律条文之后；第七，陪审制度中要求贯彻党化原则。①

　　以此党义、党员原则和详尽的具体要求为标准，司法党化在民国司法中成为了主导的司法价值取向，即寻求与政党利益相一致。在此，虽然司法党化是一个新的名词，但其实质仍和我们在第一节中探讨中国传统司法时得出的司法的工具主义价值是一致的，是依附于政治目标和统治利益的，只不过皇帝换成了政党罢了。

　　其次，训政分期。军政、训政和宪政三阶段论和党治理论一样，都是国民党在面对自身无力塑造新的秩序、建立新的权威下寻找的统治路径。在训政理论和党治理论的共同作用下，国民党政府最终走向了一党专制。

　　孙中山的建国纲领分为三个阶段，即军政时期（国民党以革命武力统一全国）、训政时期（国民党以党训政）、宪政时期（颁行宪法，真正实行民主

---

① 参见居正：《司法党化问题》，见《居觉生先生全集》，转引自张晋藩主编：《中国司法制度史》，人民法院出版社 2004 年版，第 520—521 页；韩秀桃：《司法独立与近代中国》，清华大学出版社 2003 年版，第 388—390 页。

政治）。1914 年，孙中山在《中华革命党总章》中写道，"本党进行秩序分为三时期：一、军政时期，此期以积极武力，扫除一切障碍，而奠定国民基础。二、训政时期，此期以文明治理，督率国民治理地方自治。三、宪政时期，此期以地方自治完备之后，乃由国民选举代表，组织宪法委员会，创制宪法；宪法颁布之日，即为革命成功之时。"① 至于三时期中还需"训政"阶段，主要是因为孙中山在反思民国初年民主政治失败时，将部分原因归结于人民大众的无动于衷。他认为人群可以分为三种：先知先觉、后知后觉和不知不觉。革命者是先知先觉，而人民大众是不知不觉的。因此须有人来指导，于是有了"训政"即训练人民行使政治权利（主要是指选举、罢免、创制、复决四项）的时期，其实质是国民党代替人民行使国家管理权力。

在孙中山先生去世后，胡汉民进一步将训政理论发展为"训政保姆论"，认为人民只是婴儿，而国民党人先知先觉，是"人民的保姆"，即：在训政时期，国民党成为政府和人民的政治保姆，"有指导监督国民政府的职责"。

此时，国民党制定了一系列关于训政的规约，主要有《训政纲领》、《确定训政时期党政府人民行使政权治权之分际及方略》及《治权行使之规律案》。《训政纲领》总旨是"训练国民使用政权"，以便在日后实现"全民政治"。具体而言：（1）关于政权，训政时期不成立国民大会，其职权由国民党全国代表大会代行，国民党代表大会闭会期间，由国民党中央执行委员会代行；（2）关于治权，训政时期五项治权，由国民政府总揽执行；（3）政权与治权的关系，国民党指导和监督国民政府重大国务之施行，由国民党中央执行委员会政治会议行之。② 《确定训政时期党政府人民行使政权治权之分际及方略》中规定中国人民"须服从拥护中国国民党，誓行三民主义"，"中国国民党独负全责，领导国民，扶植中华民国之政权治权"③。《中华民国训政时期约法》第 30 条直接规定，"训政时期由中国国民党全国代表大会代表国民大会行使中央统治权"④。

其实，这种"保姆式"的训政和中国古代的君权父爱主义没有实质性的

① 转引自徐矛：《中华民国政治制度史》，第 204 页。
② 参见徐矛：《中华民国政治制度史》，第 219 页。
③ 袁继成等：《中华民国政治制度史》，第 355 页。
④ 张晋藩主编：《中国司法制度史》，第 520 页。

区别。领袖具有最高的智慧，知道如何安排秩序、分配利益，比臣民本人更清楚何为臣民的最大利益，而一般人并没有这种辨别能力，如不懂事的孩子一般不知道什么对自己最好。因此，需要明君做主，安排一切。这种理论到了国民党这里，只不过是把古代君主变成了政党而已。

最后，五权政府。五权分离政治体制是孙中山先生政治学说和实践的一大创见，他首先区分政权与治权。政权是人民主权，由全体中国人享有。但是全体人民不可能实际上具体统治，而且孙中山认为，如训政的理由一样，普通民众没有实际统治的能力和知识，因此，政权要和具体统治的治权相分离，国民代表大会享有最高治权，五院享有具体事权，对国民代表大会负责。在此治权之下，按照权力属性的不同，划分为立法、行政、司法、考试、监察五权，相互区别独立。

1928 年，司法院正式成立，如前所述统管全国一切司法事务，对国民党中央委员会负责，与其他四项权力在职能上相对分离。因此，此项司法权比三权分立体系中单纯作为审判权的司法权的范围要大，既包括民刑事案件的终审权，还包括作为"对于审判的实施而为必要或便宜行为之权"[1] 的司法行政（于 1943 年才又重新划归行政部）、官员惩戒的审判权等。

但是，我们不难看出，在党治和训政的指挥下，五权的分立也只是功能意义上的，仍然受制于国民党政府，是国民党政权下的一项治权而已。

因此，民国中后期的司法党化日趋严重，用党化原则控制司法，使其逐渐沦为专制工具。特别是在中国共产党带领工农联盟进行反对国民党专制统治之时，党化的司法成为了反革命的武器。在党化原则的司法中，秩序和效率成为司法制度的核心价值，其把维护统治秩序（以党义为标准）作为根本政治目标，与定分止争、居中裁判的司法角色有所冲突。特别是在涉及重大案件、关系到维护统治利益的案件时，国民党化的司法就必然偏颇，沦为专制和压迫的工具，司法裁判成为统治手段之一。这也是国民党统治二十余年司法转型仍然失败的根本原因。值此，中国司法现代转型的第二波——党化司法——与国民党统治一起宣告失败。

---

[1]　韩秀桃：《司法独立与近代中国》，第 370 页。

第四节　新民主主义革命时期的司法价值目标

一、历史背景回顾

中国共产党成立初期，由于坚持领导工人走城市罢工、暴动之路，没有动员起最广大的基层群众和对于中国统治基础更为根本的贫苦农民，因而革命活动一直在失败和探索中徘徊，始终没有成为中国革命的领军力量。大革命失败以后，在毛泽东等领导人的带领下，中国共产党及时纠正了错误，开始了一条"农村包围城市"——建立农村革命根据地的新型革命之路，使中国近代革命走上了一条完全不同的道路，也为日后新民主主义的成功奠定了最重要的思想路线和政治斗争基础。这一路线的起点就是 1927 年 10 月建立第一个革命根据地——井冈山革命根据地。之后几年，星星之火成燎原之势，全国的农民起义此起彼伏，直到 1931 年 11 月中华苏维埃共和国在瑞金成立，以其为中心的中央革命根据地已经拥有了 21 座县城，250 万人口和 5 万平方公里土地。全国苏区已经扩大到了 15 万平方公里，拥有一千多万人口。[①] 这种以工农联盟为基础的革命形势为日后取得全国革命的胜利、建立中华人民共和国奠定了坚实的基础。而以此为基础的政权，相对于代表统治集团利益的国民党政府，拥有更为广阔的统治基础，必然具有更为深刻的人民性，也必然要求建立人民的司法。

在抗日战争期间，中国共产党在全国建立了更多的抗日革命根据地，包括 19 个省的区域以及 9 550 万人口，拥有正规军 91 万，民兵 220 万，辖有行政公署 22 个，专员公署 90 个，县政府 635 个。[②] 随着政权和统治区域的扩大，抗日革命根据地的政治组织也逐步完善、系统化、组织化和具有统一性，各个根据地相继公布了施政纲领、选举法、政权组织法、法院组织条例等，并在红区革命法庭的基础上完善了革命法制体系。

在和国民党正面对抗的解放战争时期，以人民性作为政治合法性基础的中国共产党全面占据了斗争形势的上风，也正因为此，在这一时期司法人民

---

① 参见张希坡主编：《中国法制通史》第十卷，法律出版社 1999 年版，第 104 页。

② 参见张希坡主编：《中国法制通史》第十卷，第 268 页。

化的工作得到了全面推进。

1949 年解放战争胜利、新中国建立，司法工作的基本理念一脉相承，延续了之前的司法人民化的价值和基本制度。在五四宪法公布期间，社会主义法制进入一个新的发展时期。但是，其后由于个人崇拜、"左倾"和反右扩大化的政治动荡，全国上下形成了"以阶级斗争为纲"和"法律虚无主义"，最终走出了"司法人民化"的近代司法转型第三波，进入了第四波的"司法虚无化"，一直到"文化大革命"结束才告一段落，恢复正常。

二、人民司法制度的理念及其制度变迁

可以说，自中国共产党成立之初，就十分重视司法工作，认为司法的革命也是革命斗争重要的任务。1922 年 6 月的《中国共产党第一次对于时局的主张》和 1923 年三大通过的《中国共产党党纲草案》中都指出要改良司法制度，废除肉刑和死刑。[①]

1. 红色根据地时期：中国共产党在广大农村逐步建立起工农民主政权以后，就着手对辖区内的司法组织进行了建设和革新，各地方和苏区中央都颁布了一些法令、法规，以建立共产党领导的人民司法制度。但是由于是政权初创阶段，因而司法制度建设也尚属于萌芽阶段。在中华苏维埃共和国成立之前，各根据地建立了不同的裁判部、裁判委员会或革命法庭，行使审判职权。在中华苏维埃共和国成立之后，在瑞金成立了临时最高法庭，作为最高审判机关。而在地方，成立了三级结构的地方各级裁判部（省、县、区）。

此时，由于政权建立初期斗争形势和政治正当性的需要，党和政府需要团结最广大的群众进行革命斗争，尽可能地扩大执政基础，因而"群众性原则"成为司法工作中一项基本原则，要求在司法实践中贯彻群众路线，这正是日后"人民司法"的理论和实践雏形。相应的，中国共产党在工农民主政权的革命根据地公布了《中华苏维埃共和国裁判部暂行组织及裁判条例》、《中华苏维埃共和国司法程序》、《关于处理反革命案件和建立司法机关的暂行程序》、《军事裁判所暂行组织条例》等一系列规范性法律文件，规范了司法体制，建立了人民陪审制度、巡回审判制度等便于人民群众参与审判、调

---

① 参见沈德咏主编：《中国特色社会主义司法制度论纲》，第 46 页。

动普通民众参与司法、参与政治的具体司法制度，并在这一过程中对民众进行政治教育和政治宣传。1932 年 9 月颁布的《裁判部暂行组织及裁判条例》第 3 条规定："法庭须由三人组织而成，裁判部长或裁判员为主审，其余二人为陪审员。"陪审员一般由职工会、雇农工会、贫农团以及其他群众团体选举产生，是不脱产、不领取报酬的兼职。由于法庭判决实行少数服从多数原则，因此法庭的构成使得陪审员的意见往往能够压倒专业法官的意见。[①]同时，根据当时的法律还建立了"巡回审判制度"："各级裁判部可以组织巡回法庭，到出事地点去审判比较有重要意义的案件，以吸收广大群众来参加旁听"[②]。这两项制度，作为司法审判民主化、大众化的重要举措，对于日后人民司法制度的发展起到了重要的作用。

而这种群众路线的作风和方式，具体表现为："第一，司法审判被根植于群众立场之上。司法必须倾听群众的声音，为群众排忧解难，为保障军民的根本利益服务。第二，建立便于群众的诉讼制度。针对各边区经济落后、交通不便、生产任务繁重和群众文化水平低、法律知识缺乏等实际情况，各边区政府建立了灵活多样、简便易行的诉讼制度。第三，司法工作相信群众、依靠群众"[③]。正是在群众路线的指引下，在工农红色根据地里，形成了人民司法的价值理念和制度雏形。

2. 抗日战争时期：在抗日战争紧迫的民族存亡环境下，司法机关的任务更多的是政治性，而非法律性的。对于战时司法在抗日革命根据地时期的任务，施政纲领和有关法律法规中都作过明确的规定，主要包括两个方面：一是镇压汉奸卖国贼对于抗日活动的破坏；二是切实保障抗日民主制度和各抗日阶级的合法权益，调节人民内部关系，从而维护抗日根据地的社会秩序，巩固并发展抗日民主政权。因此，抗日根据地的司法机关"实行政府领导司法体制，各级司法机关都隶属于政府，受同级参议会监督，由同级政府直接领导，独立行使司法职权……有些地区还实行地方行政首长兼理司法的制度……抗日根据地司法机关拥有审判、检察和司法行政三种职权，检察机

---

① 参见张晋藩主编：《中国司法制度史》，第 572 页。
② 张晋藩主编：《中国司法制度史》，第 573 页。
③ 张晋藩主编：《中国司法制度史》，第 587 页。

关设在法院内，未设置独立的司法行政机关"①。

但是，即便处于战争时期，为了满足激发民族主义联合抗日的要求，人民性仍是核心的政治原则，因而抗日根据地时期司法人民性也大大增强，并逐渐成为行之有效、较为成熟的司法制度。主要的制度性建制有四项：

（1）人民陪审制度得到了较大的发展。首先，许多边区制定了专门的陪审条例来规范陪审制度，比如《晋察冀边区陪审暂行办法》、《山东省陪审暂行办法草案》等。其次，陪审人员主要由群众团体、机关、部队、参议会等选派，也可由司法机关邀请或群众选举产生。陪审制对于民众参与司法过程和司法决策起到了积极的作用，加强了司法大众化的色彩，也起到了政治动员和宣传的作用。

（2）巡回审判制度得到大力推广，形成了著名的"马锡五审判方式"。这种灵活的审判方式在战争条件下十分有利于贯彻党的群众路线，妥善解决人民内部矛盾，一致团结解决民族矛盾。对于"马锡五审判方式"作过深入研究的张希坡教授在总结"马锡五审判方式"的特点时指出，"一是深入农村，实事求是，调查研究，摒弃主观主义；二是全面贯彻群众路线，实行审判和调解相结合，司法干部与人民群众共同断案；三是方便群众，审判不拘形式；四是坚持原则，忠于职守，严格依法办事"②。在成功解决了大量基层纠纷之后，"马锡武审判方式"在边区得到了大力推广，引发了边区司法工作方式根本上的转变，成为人民司法工作的典型。

（3）人民调解制度也有了较大的发展。各抗日革命根据地颁布了大量的关于人民调解的单行条例、办法和专门指示，比如《山东省调解委员会暂行组织条例》、《晋西北村调解暂行办法》、《晋察冀边区行政村调解工作条例》、《陕甘宁边区民刑事件调解条例》、《渤海区村调解委员会暂行组织条例》、《晋冀鲁豫边区冀鲁豫区区调解委员会组织大纲》等。③ 这些条例和办法的颁布，是调解工作制度化、法律化的重要标志。据统计，经过一定时期的成功实践，陕甘宁边区民事案件的调解结案率从1942年的18％上升到了1943年的40％，1945年更是达到了48％。与此同时，司法机关收案数量呈下降

---

① 张希坡主编：《中国法制通史》第十卷，第437—439页。
② 张晋藩主编：《中国司法制度史》，第590页。
③ 参见张希坡主编：《中国法制通史》第十卷，第479页。

趋势，1942 年为 1 832 件，1943 年为 1 544 件，1944 年上半年仅 622 件。①

（4）公审制。此外，为了适应革命斗争形式的需要，起到教育群众、威慑潜在犯罪人员和政治宣传的目的，针对政治性案件或某些重大案件采取了组织一定规模的群众大会对案犯进行公审的方式。公审制的主要对象是土豪劣绅和反革命分子。当时，这种群众公审以剧场式的审理方式对革命动员和威慑潜在犯罪分子起到了积极的作用，但是由于此类审判方式日后被滥用、泛化，广大群众在激情澎湃的状态下情绪失控，进行无个人责任的非理性集体判断，通过血腥、非人道的审判方式，造成了不公正的审判结果，也成为了"文化大革命"批斗大会的前身。我们将在后文中对这一超法律的司法形式进行反思。

3. 解放战争时期：在解放区初期，各个革命根据地基本沿用了抗日革命根据地时期成功的司法原则和制度。到了 1948 年以后，随着解放战争的胜利推进和解放区的扩大并成立了大区人民政府，在全国解放区范围内逐渐形成了大区、行署和县三级法院体制。值得注意的是，随着大的革命形势的推进，共产党的土地政策进行了一定程度的转变，为了适应土地革命的根本要求，彻底消灭原有的土地私有制，让"耕者有其田"，根据《中国土地法大纲》，各个基层农村都成立了"人民法庭"，专门审理土地改革中的案件。②

在 1949 年 2 月，随着全国革命形势的一片大好，中共中央发布了《中共中央关于废除国民党六法全书与确定解放区的司法原则的指示》。首先，该指示指出了国民党六法全书的性质和虚伪性，作为废除六法全书的根本原因。文件指出，"法律和国家一样，只是保护一定统治阶级利益的工具。'六法全书'同一般的资产阶级法律一样，以所谓的人人在法律面前一律平等的面貌出现，但是实际上在统治阶级与被统治阶级之间、剥削阶级和被剥削阶级之间、有产者与无产者之间、债权人与债务人之间没有真正的共同利益，因而也不能有真正的平等权。因此，国民党全部法律只能是保护地主与买办官僚资产阶级反动统治的工具，是镇压和束缚广大人民群众的武器。"其次，强调了在新的革命形势下和无产阶级领导的政权下，应该以新的法律为依据

---

① 参见《陕甘宁边区法制史稿》，转引自张晋藩主编：《中国司法制度史》，第 594 页。
② 参见张晋藩主编：《中国司法制度史》，第 603 页。

进行人民司法工作，"在无产阶级领导的工农联盟为根本的人民民主专政的政权下，国民党的六法全书应该废除，人民的司法工作不能再以国民党的六法全书为依据，而应该以人民的新的法律为依据"。再次，明确了废除六法全书后新的司法指导思想，"司法机关应该经常以藐视和批判欧美资本主义国家一切反动法律、法令的精神，以学习和掌握马列主义、毛泽东思想的国家观、法律观及新民主主义政策、纲领、法律、命令、条例、决议和办法来教育和改造司法干部"。最后，指出了在人民司法实践中应该以何种规范性法律文件为依据，"司法机关的办事原则应该是：有纲领、法律、命令、条例、决议者，从纲领、法律、命令、条例、决议之规定，无纲领、法律、命令、条例、决议者，从新民主主义政策"①。废除"六法全书"在中国近代司法史上具有重大意义，明确指出了今后，乃至新中国成立以后新的司法指导思想和基本原则，与之前的司法价值根基决裂，正式确立了新的司法价值取向。

4. 新中国成立初期：新中国成立后，在前一阶段废除"六法全书"的基础上，开始全面进行人民司法的建设。依据 1949 年年底的《最高人民法院试行组织条例》、1950 年年初的《人民法庭组织通则》和 1951 年 9 月的《人民法院暂行组织条例》等规定，新中国成立后不久就在全国范围内建立了三级两审制的人民法院体制，分别是最高法院及其设立在各行政大区的最高法院分院，省级人民法院及其设在各专区的分院，县级人民法院。

1954 年第一届全国人民代表大会第一次全体会议制定和颁布了《中华人民共和国人民法院组织法》，此法的颁布为日后成熟的全国法院体制奠定了基础。根据该法，审级体制由原来的三级两审到四级两审，撤销了个行政大区，建立了基层人民法院、中级人民法院、高级人民法院和最高人民法院的体制。同时以人民主权原则为根据，人民法院院长由同级人民代表大会选举产生，向其负责。

与此同时，司法人民化的理念依然在司法价值中占据主导地位，人民调解制度继续蓬勃发展。1954 年政务院颁布了《人民调解委员会暂行组织条例》，使得人民调解制度制度化、规范化和组织化。据统计，截至 1955 年，

---

① 张晋藩主编：《中国司法制度史》，第 607—611 页。

全国约有 70％的乡镇、街道都建立了人民调解组织，约有 170 400 多个，人民调解员 100 多万。①

而对于新中国而言，彻底地与旧司法进行决裂、开展新的司法建设，始于 1952 年"三反"、"五反"运动中在全国司法系统开展的历时 9 个月的司法改革运动。这次司法改革的起因是政务院政法委员会、司法部、法制委员会、最高人民法院和最高人民检察署派遣工作组到各行政大区调查司法干部情况，发现各地司法机关存在"严重的组织不纯、政治不纯和思想不纯的现象，认为全国人民法院系统因为接收国民党的旧司法系统，因此混入了一些反革命分子、坏分子和蜕化变质分子"②。因此，全国上下开始了一场轰轰烈烈的司法改革和改造司法人员的运动，目标在于彻底改造各级人民法院，使其能够适应新时期新政权下司法人民性的要求。据研究，此次司法改革主要有以下四项任务："第一，贯彻思想改革和组织整顿相结合的方针，肃清旧法观点，克服思想不纯；第二，撤换堕落腐化、作风恶劣、坚持旧法观点不改的领导干部和清除旧司法人员中的坏分子，以保证组织纯洁；第三，改变人民法院中司法人员的成分，吸收大量忠于革命、作风正派的老干部和积极分子，以及群众中的优秀代表到法院工作；第四，开展批判旧法观点的思想检讨和宣传教育活动，揭露旧法危害性，发动群众检举旧法作风和违法乱纪行为，总结人民司法创造的经验。"③

在司法改革运动结束后两个月，全国召开了第二届司法会议，作出了进一步加强人民司法工作的决议，指出日后工作的重心仍然是在司法人民化的道路上继续推进，采取了诸如建立巡回法院、建立法院人民接待室、建立一审陪审制、建立人民调解委员会等制度。时任司法部部长的史良女士在该次会议上所作的《关于加强人民司法工作建设的报告》中指出，"此次司法改造，在思想斗争的基础上进行了认真的组织整顿，全国 2 063 个法院中，共清除出坏分子不适宜做人民司法工作者 5 557 人，各级法院补充了干部 6 505 人。""这次司法改革基本经验就是，人民司法工作是具有很高的思想性、政治性的工作，必须加强理论政策学习，以不断地提高我们的理论、政

---

① 参见张晋藩主编：《中国司法制度史》，第 621 页。

② 杨一凡等：《中华人民共和国法制史》，社会科学文献出版社 2010 年版，第 479 页。

③ 张培田、张华：《近现代中国审判检察制度的演变》，第 89—90 页。

策水平；必须从思想上、政治上和组织上确实地保障人民法院的纯洁，必须密切地联系广大的人民群众。"① 通过这次司法改革运动，全面确立了新中国的司法传统和基本价值诉求，即"政法合一、非职业化和群众路线"②。

三、司法人民性理念简评

客观地看待人民司法的整个过程，对于人民性，亦即对于人民参与司法过程的强调在整个革命时期起到了良好的作用。它成功地团结了广大群众，使其能够积极地参与政治生活，并在这一过程中接受政治教育并进行政治宣传。同时，正是这种广泛深入的参与，使人民内部矛盾在相互沟通的过程中得到了妥善化解，相对于国民党的党化司法具有更强的优越性。但是，这种人民性仍有一定的缺憾。首先，战争和新中国成立时期的根本任务是民族解放和建立新政权，在这样的大背景下，司法服从于政治目的是难免的。因此，毛泽东在苏区时期就曾明确地指出，红色法庭"是镇压反革命的重要武器"③。由此可见，这种观点在某种程度上仍然是一种工具论的观点。此时虽然司法强调人民性，但这种人民性始终是被动的、消极的，而不是积极主动意义上有真正决定权的。因此，战争时期的司法人民性是不彻底的。其次，人民司法到了后期，特别是上文提到的1952年司法改革运动时期，这种对于人民性运动式的强调，使得司法本身具有的较为独特和普遍的性质被遗忘了，对于人民性的强调变成了一种斗争手段和敌友划分标准，逐渐走向了反对法律面前人人平等、反对适度的职业化和反对程序正义的一面，使得司法的中立性、形式公正性转而消失。最后，对于司法人民性的过分强调，会导致人民意志（至少是表面上的人民意志）的效力超越实定法律规范的效力，以人民的意志作为标准而非以事先公布的确定的法律为裁判标准，逻辑上推到极致，会导致法律虚无主义的出现。这种极端情形可能也正是"文化大革命"中法律虚无主义的思想根源。由此，中国近现代司法转型也走到了第四波——司法虚无主义。

----

① 沈德咏主编：《中国特色社会主义司法制度论纲》，第106页。
② 具体观点，参见李龙主编：《新中国法制建设的回顾与反思》，社会科学出版社2004年版，第118—121页。
③ 沈德咏主编：《中国特色社会主义司法制度论纲》，第51页。

第五节　教训与反思：反右运动与"文化大革命"时期的司法命运

行文至此，中国司法现代转型的三波已经过去。在半个多世纪艰难的转型过程中我们树立了三次基本的价值取向，却仍然失败。随着新政权的建立，人民性的司法本来有很好的条件以其为根本指导方针来建立中国特色的现代司法制度，但是，到了后期，人民司法工作被推向了极端，超越了法律本身，因此走向了法律虚无主义，带来了更大的灾难，使人民司法也走向了失败。我们知道，法律，作为公开、明确、普遍的行为指南和裁判标准，以其确定性和可预期性为根本。明确、公开、普遍的法律会使受制于其下的人预见到何为合法、符合法律要求的行为，何为非法、会受到法律惩罚的行为，并以此为判断标准和行为准则来安排自己的生活。从另一方面讲，当出现纠纷争议时，如果不按照事先明了的法律而按照其他标准来判断是非对错，很可能与行为人在行为当时根据法律安排自己的行为的预期发生冲突，使个人无法预见、合理安排自己的生活，唯恐自己此时合法的行为会在未来由于其他原因遭到回溯性惩罚，最终使整个社会走向失序。法律，而非不确定的道德、命令、政策等，成为了现代国家治理的基础性规范，并要求裁判案件的法官严格按照法律规则进行判断，这是"法治主义"的基本含义。法治是相对于人治而言的，它的目的在于排斥不确定的人的意志因素的干扰，而不论这个意志是个人的（如君主），还是众人的（如民主）。即使民主的意见相对于君主的意见有更大的确定性和正确的可能性，但是相对于白纸黑字的法律而言还是易变的。民意往往出现在立法程序中，体现人民意志；而司法过程通过恪守法律来恪守人民意志，也在一定程度上可以防止民主的非理性的发生。因此，现代宪政不仅要求限制君主权力，也要限制民主权力。如果民意出现重大变化，可以通过立法程序进行修正，而非直接体现在司法对于个案的判决中。民意如果在司法中高于法律，逻辑上必然导致法律虚无主义。这可能也就是我们在新中国成立初期的司法过程中过于强调人民性，后来逐渐导致"文化大革命"中法律虚无主义出现的根本原因。因此，人民的意志在微观（具体案件）上凌驾于法律之上是危险的。同时，由于当时没有收集人民的意志的基本手段，在个人崇拜的时代背景下，领袖的意志就化身为人民的意志，统治阶层的意志就成了人民的意志，民意最终成为可以任意打扮的姑娘。当它可以超越法律时，就逐渐沦为专断权力，最终抛弃法律，走向法律虚无主义。

因此，1957 年以后，从反右、"大跃进"这些发动起来的人民运动，到"文化大革命"，20 年间的法律虚无主义充斥了中华大地，造成了严重的灾难，不仅仅是生产、经济的倒退，更可怕的是集体的癫狂、人性的泯灭、良知的消逝和正义的沦丧。我们这一节就是反思回顾这 20 年间的司法虚无主义。

一、反右运动中的司法

1957 年 4 月，中共中央发布《关于整风运动的指示》，要求深入反对官僚主义、宗派主义、主观主义，改进工作作风，以适应社会主义改造和社会主义建设的新形势、新任务的需要。因此，整风工作的重心就是改造一批不适应社会主义建设的旧分子，而这些人就是右派。6 月 8 日，毛泽东为中共中央起草了《组织力量反击右派分子的猖狂进攻》的党内指示。同日，中共中央发布了《关于组织力量准备反击右派分子进攻的指示》。值此，全国上下开始了轰轰烈烈大规模的反右运动。

在反右运动中，法律界的人士由于强调法的权威而非党的权威，强调法律面前人人平等而非阶级斗争、敌我之分，强调权利自由而非义务服从，极容易被划入"右"派和资产阶级法权思想的行列之中。因此，从 5 月 27 日到 12 月 10 日，中国政治法律学会召集北京法学界的人士先后召开了 47 次座谈会，对于法律界一些所谓右派言论进行了批判，并把一些著名的法学界人士打成右派。[1]

随着对于右倾思想的进一步批判，"左倾"思想开始占据主导地位，并且开始批判、反对一切法律制度，笼统地认为一切法律思想都是资产阶级法权思想的产物。从 1954 年宪法这样的根本大法，到《法院组织法》、《检察院组织法》这类基本法律，再到律师制度、辩护制度等基本司法制度，甚至

---

[1]   参见张晋藩主编：《中国司法制度史》，第 622 页。

"人民法院独立审判原则"、"法律面前人人平等原则"等具体司法原则都遭到了强烈的批判和否定。其中，独立审判原则遭到了最严厉的批判。"反右斗争一开始，批判审判独立被无限上纲，斥为否定和排斥党的领导的突出体现。批判审判独立的理论首先认为，坚持审判独立的目的是以宪法规定为借口，'不服从党的领导，要求改变重大案件必须请示党委的制度'。"① 此后，为了加强党的领导，不仅重大案件要党委审批，地方法院为了免受批判，免于承担更大的政治责任，甚至连一般的刑事案件都一概请示汇报，司法绝对服从党的领导。此外，其他法律原则也遭到了无情的批判：法律至上是以法抗党，法律面前人人平等是敌我不分，法律继承性是"为资产阶级反动法律招魂"，人民调解是"搞阶级调和的工具"，是阶级斗争熄灭论的产物。②

意识形态上的改变会使行动发生改变，从 1958 年起，从县市级开始实行公检法联合办案，或者成立"政法公安部"。1959 年，司法部、监察部、国务院法制局被撤销。到 1960 年年底，中共中央决定公安部、最高人民检察院、最高人民法院合署办公。1960 年第五次全国司法工作会议指出，人民司法工作要"全面跃进"，"有事办政法，无事办生产"。随后的第七次全国司法工作会议指出，司法程序是"烦琐哲学"，按程序办案是"旧法"观点，要"打破陈规，改旧革新"③。

在反右 10 年期间，我国仅通过了两部法规，一部是《中华人民共和国治安管理处罚条例》和《国务院关于劳动教养问题的决定》。之后，全国人大及其常委会的立法工作几乎陷入停滞。

二、"文化大革命"中的司法

在"文化大革命"期间，"林彪、江青反革命集团为了达到篡党夺权的目的，直接把反革命的矛头指向了政法机关。林江反革命集团提出了要'彻底砸烂公检法'的口号"④。1967 年，时任北京市革委会主席、北京军区政委、卫戍区第一政委的谢富治在讲话中提出，如果不对现在的公安机关进行

---

① 张培田、张华：《近现代中国审判检察制度的演变》，第 97 页。
② 参见张晋藩主编：《中国司法制度史》，第 622 页。
③ 张晋藩主编：《中国司法制度史》，第 625 页。
④ 张晋藩主编：《中国司法制度史》，第 626 页。

彻底改造，不把旧机器彻底打碎，就不可能把他们从资产阶级、封建主义中转变过来。因此，要把公安机关"彻底打碎"[①]。随后，在全国范围内发生了大规模冲砸公检法机关的事件，使得司法体系被践踏，大批司法干部被扣上叛徒、特务、走资派等帽子，遭到了无情的迫害。

此外，除了砸烂公检法，司法虚无主义的另一个表现是"文化大革命"期间在全国范围内实行"军管"。1967 年 12 月，中共中央、国务院、中央军委、中央文革小组联合发出《关于公安机关实行军事管制的决定》；1968年 3 月，文革小组又决定对最高人民检察院派驻军代表。到 1968 年上半年，全国公检法机关均被"军管"或派驻军代表。到"文化大革命"后期，"四人帮"甚至企图建立自己的公安机关和司法机构，即所谓"第二武装"的民兵组织，并提出要由民兵组织来立法和执法，有些地方民兵组织甚至主持审判工作。[②]

实行"军管"后，政法机关原有的工作秩序被彻底打破，专政职能被无限扩大，最终成为少数人排除异己、打击迫害的工具。人治超越了法治，使司法系统制造了大量的冤假错案。据统计，"文化大革命" 10 年间，"共判处了刑事案件 126 万件，其中，反革命案件 28 万件，普通刑事案件 98 万件。经'文化大革命'后复查，反革命案件绝大多数属于错判，普通刑事案件的 10%也属于错判。大多数冤假错案是在 1968 年到 1972 年由公安机关军管会判处的。1970 年的'一打三反'运动中错判的最多，占 10 年冤假错案的 50%左右。"[③]

因此，我们可以看到法律虚无主义带来的恶果。"文化大革命"十年血的教训要求我们时刻警醒，现代国家任何时刻人治不能替代法治。

第六节　中国当代的司法改革及其价值诉求

随着改革开放特别是市场经济和民主政治的发展，司法应当追求公正、高效、权威的理念在中国的司法理论和实践中日益受到了重视。特别是自上

---

① 张晋藩主编：《中国司法制度史》，第 627 页。

② 参见张晋藩主编：《中国司法制度史》，第 629 页。

③ 杨一凡等：《中华人民共和国法制史》，第 488—489 页。

世纪 90 年代以来，司法公正、司法效率、司法权威等已成为法学理论界和法律实务界所普遍关注的热门话题和重要研究课题。不仅如此，随着中国转型社会的到来，公正、效率和权威等问题成为社会中人们普遍关注的重要社会问题，实现公正、高效与权威也成为人们对司法制度和司法活动的强烈期盼，司法公正、司法高效、司法权威也成为中国政府推行司法体制改革的价值目标和法治建设的重要内容。

　　回顾近十几年来中国司法改革在公正、效率和权威价值上的追求与实践进程，可以以中共十五大的召开为起点进行梳理。1997 年中共十五大将司法体制改革正式纳入政治体制改革的范畴，并且把独立行使审判权与司法的公正作为改革的目标。[①] 从价值目标上看，社会主义司法制度必须保障在全社会实现公平和正义。司法改革的推进需要在两个层面上进行：从外部结构上，应当依照公正司法和严格执法的要求，完善司法机关的机构设置、职权划分和管理制度，进一步健全权责明确、相互配合、相互制约、高效运行的司法体制，从制度上保证审判机关和检察机关依法独立公正地行使审判权和检察权；从司法内部结构上，应完善诉讼程序，保障公民和法人的合法权益，切实解决执行难问题，改革司法机关的工作机制和人财物管理体制，逐步实现司法审判和检察同司法行政事务相分离，建设一支政治坚定、业务精通、作风优良、执法公正的司法队伍。[②] 2004 年，中共十六届四中全会提出加强和改进执政党对政法工作的领导，支持审判机关和检察机关依法独立公正地行使审判权和检察权，提高司法队伍素质，加强对司法活动的监督和保障；以保证司法公正为目标，逐步推进司法体制改革，形成权责明确、相互配合、相互制约、高效运行的司法体制，为在全社会实现公平和正义提供法制保障。[③] 此次会议更为注重执政党对司法活动的监督和领导，通过监督和领导来保障司法的公正和实现社会的正义，追求司法的高效与权威性。2006 年和 2007 年，中共十六届六中全会和十七大要求全面落实依法治国基本方略，加快建设社会主义法治国家，深化司法体制改革，优化司法职权配置，规范司法行为，建设公正、高效、权威的社会主义司法制度，保证审判机

---

①　参见《江泽民文选》(第二卷)，人民出版社 2006 年版，第 31 页。

②　参见《江泽民文选》(第三卷)，第 556—557 页。

③　参见《中国共产党第十六届中央委员会第四次全体会议公报》(2004 年 9 月 19 日)。

关、检察机关依法独立公正地行使审判权、检察权。①

应当明确的是，在中国的司法体制改革的进程中，最高人民法院在推进司法的价值诉求和实践方面扮演着重要的角色。从 1999 年开始，最高人民法院就以司法公正为主线规划和展开了中国法院改革的蓝图。在第九届全国人民代表大会第二次会议上，最高人民法院的工作报告提出了"大力加强审判工作，维护司法公正，依法履行职责，强化执法力度，维护法律权威，推进审判方式改革，落实公开审判，维护裁判公正，服务大局，深化改革，努力开拓审判工作和队伍建设新局面"②。1999 年最高人民法院出台了人民法院第一个五年改革纲要，纲要指出中国司法存在的问题，其一是司法活动中的地方保护主义蔓延，严重危害我国社会主义法制的统一和权威；其二，现行的法官管理体制导致法官整体素质难以适应审判工作专业化要求；其三，审判工作的行政管理模式不适应审判工作的特点和规律，严重影响人民法院职能作用的充分发挥；其四，人民法院特别是基层人民法院经费困难，装备落后，物质保障不力，严重制约审判工作的发展。针对这些问题，纲要提出人民法院只有通过改革，逐步建立依法独立公正审判的机制，才能适应社会主义市场经济的发展和民主法制建设的需要。③ 2004 年，在以公正和效率为主题的改革目标指引下，最高人民法院又提出"司法为民"的主张，开展了"公正与效率"司法大检查，促进司法公正。为落实"司法为民"的举措，方便当事人诉讼，最高人民法院通过许多文件提出了要切实解决"告状难"、"申诉难"问题，完善司法救助制度，保障经济确有困难的群众平等参与诉讼；注重审判质量，努力实现司法公正；提高司法效率，使当事人尽快获得公平裁判的结果；积极稳妥推进法院改革，进行简化诉讼程序改革，提高审判效率。同年人民法院第二个五年改革纲要出台，该纲要提出了 2004 年至 2008 年人民法院司法改革的基本任务和目标：改革和完善诉讼程序制度，实现司法公正，提高司法效率，维护司法权威；改革和完善执行体制和工作机制，健全执行机构，完善执行程序，优化执行环境，进一步解决"执行

---

① 参见《中国共产党第十六届中央委员会第六次全体会议公报》（2006 年 10 月 11 日）；胡锦涛：《高举中国特色社会主义伟大旗帜，为夺取全面建设小康社会新胜利而奋斗》，人民出版社 2007 年版。
② 肖扬：《最高人民法院工作报告》（1999 年 3 月 10 日在第九届全国人民代表大会第二次会议上）。
③ 参见《人民法院五年改革纲要（1999—2003）》。

难"；改革和完善审判组织和机构，实现审与判的有机统一；改革和完善司法审判管理和司法政务管理制度，为人民法院履行审判职责提供充分支持和服务；改革和完善司法人事管理制度，加强法官职业保障，推进法官职业化建设进程；改革和加强人民法院内部监督和接受外部监督的各项制度，完善对审判权、执行权、管理权运行的监督机制，保持司法廉洁；不断推进人民法院体制和工作机制改革，建立符合社会主义法治国家要求的现代司法制度。① 2005 年，最高人民法院又提出从解决群众关心的司法公正和效率问题入手，以司法人权保障为中心，重点深化刑事审判方式改革，进一步完善刑事审判二审、死刑复核程序，健全证人、鉴定人出庭制度，充实审判力量，使每一件刑事案件都做到程序合法、实体公正，经得起历史的检验；同时提出改革审判委员会制度，进一步促进审理与判决的有机统一，提高工作效率，完善人民陪审员制度，会同司法行政机关选拔、培训人民陪审员，保障人民群众依法参与审判活动，弘扬司法民主。②

可以看出，中国当代司法改革的过程也正是中国司法制度的价值目标逐步形成和完善的过程。虽然关于价值目标的不同表述包含了在不同层面所强调的独特意义，但是从总体来说，司法公正、司法高效与司法权威已是中国司法体制改革的明确价值目标，中国司法体制改革的路径选择和具体措施也主要围绕这些价值目标进行和展开。在当代中国，广泛而深刻的社会转型以及司法现实中所遭遇的病症，使得当下中国司法对公正、高效、权威方面的价值诉求在国人不断强烈的呼声中得到前所未有的凸显。对此，我们认为，公正是司法的生命和本质追求，司法公正应该是司法体制改革和建设的终极价值追求；同时，司法效率是司法公正的时量维度，我们应当用效率阐释公正，追求有效率的司法公正；不仅如此，司法权威是司法公正的必然体现，我们应当以公正支撑权威，追求有权威的司法公正。此外，我们需要进一步展现出一种更宽阔的视野，在理论上对司法的价值进行符合司法原理的重构，以在策略上坚持目标合理性与过程合理性的统一。

---

① 参见《人民法院第二个五年改革纲要（2004—2008）》。
② 参见肖扬：《最高人民法院工作报告》（2005 年 3 月 9 日在第十届全国人民代表大会第三次会议上）。

参考文献

一、中文著作类

1. 侯猛．中国最高人民法院研究——以司法的影响力切入．法律出版社，2007

2. 夏冰．司法权：性质与构成的分析．人民法院出版社，2003

3. 朱景文主编．法理学．中国人民大学出版社，2008

4. 李德顺．价值论．中国人民大学出版社，1987

5. 沈宗灵．法学基础理论．北京大学出版社，1988

6. 杨一平．司法正义论．法律出版社，1999

7. 董番舆．日本司法制度．中国检察出版社，1992

8. 张文显主编．法理学．2 版．北京大学出版社、高等教育出版社，2003

9. 高其才，肖建国，胡玉鸿．司法公正观念源流．人民法院出版社，2003

10. 郑成良．法律之内的正义．法律出版社，2002

11. 吴予．法律正义及其运行导论．中国人民大学 1998 年博士学位论文

12. 肖建国．司法公正的理念与制度研究．中国人民公安大学出版社，2006

13. 谷春德主编．西方法律思想史．中国人民大学出版社，2000

14. 沈宗灵．现代西方法理学．北京大学出版社，1992

15. 顾培东．社会冲突与诉讼机制．四川人民出版社，1991

16. 胡夏冰，冯仁强编著．司法公正与司法改革综述．清华大学出版社，2001

17. 谭世贵，李荣珍．依法治国视野下的司法改革研究．法律出版社，2007

18. 张文显主编．法理学．3版．高等教育出版社、北京大学出版社，2007

19. 董茂云，潘伟杰等．宪政视野下的司法公正．吉林人民出版社，2003

20. 张志铭．法理思考的印迹．中国政法大学出版社，2003

21. 张文显．二十世纪西方法哲学思潮研究．法律出版社，2006

22. 季卫东．法治秩序的建构．中国政法大学出版社，2000

23. 樊崇义，史立梅，张中，朱拥政．正当法律程序研究——以刑事诉讼程序为视角．中国人民公安大学出版社，2005

24. 龚祥瑞．西方国家司法制度．北京大学出版社，1993

25. 陈瑞华．刑事审判原理论．北京大学出版社，1997

26. 吕世伦主编．现代西方法学流派（上卷）．中国大百科全书出版社，2000

27. 陈桂明．诉讼公正与程序保障．中国法制出版社，1996

28. 李修源．司法公正理念及其现代化．人民法院出版社，2002

29. 贺卫方．司法的理念与制度．中国政法大学出版社，1998

30. 谢佑平主编．司法公正的建构．中国检察出版社，2005

31. 张智辉．检察权研究．中国检察出版社，2007

32. 肖建国．民事诉讼程序价值论．中国人民大学出版社，2000

33. 蒋剑鸣．转型社会的司法：方法、制度与技术．中国人民公安大学出版社，2008

34. 贺日开．司法权威与司法体制改革．南京师范大学出版社，2007

35. 孙万胜．司法权的法理之维．法律出版社，2002

36. 季卫东．法律社会学．山西人民出版社，1988

37. 季金华．司法权威论．山东人民出版社，2004

38. 黄宗智．法典、习俗与司法实践——清代与民国的比较．上海书店出版社，2003

39. 蔡定剑．历史与变革：新中国法制建设的历程．中国政法大学出版

社，1991

40. 梁治平编．法治在中国：制度、话语、实践．中国政法大学出版社，2002

41. 景汉朝．民事司法改革论纲．西南政法大学 2003 年博士论文

42. 苏力．法律及其本土资源．中国政法大学出版社，1996

43. 史尚宽．宪法论丛．台湾地区荣泰印书馆，1972

44. 孙谦，郑成良主编．中国的检察院、法院改革．法律出版社，2004

45. 沈德咏主编．中国特色社会主义司法制度论纲．人民法院出版社，2009

46. 张晋藩主编．中国司法制度史．人民法院出版社，2004

47. 韩秀桃．司法独立与近代中国．清华大学出版社，2003

48. 沈国琴．中国传统司法的现代转型．中国政法大学出版社，2007

49. 费正清主编．剑桥中国晚清史．中国社会科学出版社，1985

50. 费正清．伟大的中国革命．世界知识出版社，2000

51. 汪晖．现代中国思想的兴起．三联书店，2008

52. 李剑农．中国近百年政治史．复旦大学出版社，2002

53. 钱端升等．民国政制史（上册）．上海人民出版社，2008

54. 邱远猷，张希坡．中华民国开国法制史．首都师范大学出版社，1997

55. 张晋藩，朱勇主编．中国法制通史（第九卷）．法律出版社，1999

56. 故宫博物院明清档案部编．清末筹备立宪档案史料（上册）．中华书局，1979

57. 徐矛．中华民国政治制度史．上海人民出版社，1992

58. 曾宪义主编．中国法制史．2 版．中国人民大学出版社，2006

59. 张希坡．马锡五审判方式．法律出版社，1983

60. 张从容．晚清司法改革的一个侧面：部院之争．中国政法大学 2003 年博士论文

61. 杨一凡等．中华人民共和国法制史．社会科学文献出版社，2010

62. 张培田，张华．近现代中国审判检察制度的演变．中国政法大学出版社，2004

63. 梁治平．梁治平自选集．广西师范大学出版社，1997

64. 王亚新，梁治平编．明清时期的审判与民间契约．法律出版社，1998

65. 最高人民检察院法律政策研究室组织编译．支撑 21 世纪日本的司法制度——日本司法制度改革审议会意见书．中国检察出版社，2004

66. 最高人民检察院法律政策研究室组织编译．所有人的正义——英国司法改革报告．中国检察出版社，2003

67. 财团法人民间司法改革基金会主编．司法改革十年：回顾与展望．台湾五南出版社，2005

二、译著类

1. ［古希腊］亚里士多德．政治学．吴寿彭译．商务印书馆，1984

2. ［古希腊］亚里士多德．尼各马科伦理学．苗力田译．中国社会科学出版社，1974

3. ［美］罗尔斯．社会正义论．何怀宏等译．中国社会科学出版社，1998

4. ［苏］涅尔谢相茨．古希腊政治学说．蔡拓译．商务印书馆，1991

5. ［美］庞德．通过法律的社会控制：法律的任务．沈宗灵，董世忠译．商务印书馆，1984

6. ［英］戴维·M·沃克编．牛津法律大辞典．北京社会与科技发展研究所译．光明日报出版社，1988

7. ［荷兰］伊芙琳·T·菲特丽丝．法律论证原理——司法裁决之证立理论概览．张其山，焦宝乾，夏贞鹏译．商务印书馆，2005

8. ［美］E. 博登海默．法理学：法律哲学与法律方法．邓正来译，中国政法大学出版社，2004

9. ［德］黑格尔．法哲学原理．范扬，张企泰译．商务印书馆，1982

10. ［英］彼得·斯坦，约翰·香德．西方社会的法律价值．王献平译．中国法制出版社，2004

11. ［英］弗朗西斯·培根．培根论说文集．水天同译．商务印书馆，1983

12. ［日］棚濑孝雄．纠纷的解决与审判制度．王亚新译．中国政法大学出版社，2004

13. ［美］约翰·亨利·梅利曼．大陆法系．顾培东，禄正平译．法律出版社，2004

14. ［美］彼得·G·伦斯特洛姆主编．美国法律辞典．中国政法大学出版社，1998

15. ［英］尼尔·麦考密克．法律推理与法律理论．姜峰译．法律出版社，2005

16. ［德］卡尔·拉伦茨．法学方法论．陈爱娥译．商务印书馆，2005

17. ［美］迈克尔·D·贝勒斯．法律的原则．张文显，宋金娜等译．中国大百科全书出版社，1996

18. ［日］谷口安平．程序的正义与诉讼．王亚新，刘荣军译．中国政法大学出版社，1996

19. ［英］尼尔·麦考密克，［奥］魏因贝格尔．制度法论．周叶谦译．中国政法大学出版社，1994

20. ［意］贝卡里亚．论犯罪与刑罚．黄风译．中国大百科全书出版社，1993

21. ［美］昂格尔．现代社会中的法律．吴玉章，周汉华译．中国政法大学出版社，1994

22. ［法］孟德斯鸠．论法的精神（上册）．商务印书馆，1982

23. ［法］托克维尔．论美国的民主（上册）．董果良译．商务印书馆，1988

24. ［美］汉密尔顿，杰伊，麦迪逊．联邦党人文集．程逢如，在汉，舒逊译．商务印书馆，1980

25. ［英］培根．人生论．湖南人民出版社，1987

26. ［美］朱尔斯·L．科尔曼．原则的实践——为法律理论的实用主义方法辩护．丁海俊译．法律出版社，2006

27. ［英］约瑟夫·拉兹．法律的权威——法律与道德论文集．朱峰译．法律出版社，2005

28. ［美］帕森斯．社会行动的结构．译林出版社，2003

29.［德］马克斯·韦伯.论经济与社会中的法律.中国大百科全书出版社，1998

30.［美］帕森斯.现代社会的结构和功能.梁向阳译.光明日报出版社，1988

31.［美］E. A. 霍贝尔.初民社会的法律.中国社会科学出版社，1993

32.［英］M. J. C. 维尔.宪政与分权.苏力译.生活·读书·新知三联书店，1997

33.［美］波斯纳.法律的经济分析.蒋兆康译.中国大百科全书出版社，1997

34.［美］霍维茨.沃伦法院对正义的追求.信春鹰，张志铭译.中国政法大学出版社，2003

35.［日］山本佑司.最高裁物语：日本司法 50 年.孙占坤，祁玫译.北京大学出版社，2005

36.［美］马丁·夏皮罗.法院：比较法上和政治学上的分析.张生，李彤译.中国政法大学出版社，2005

37.［美］P. 诺内特，P. 塞尔兹尼克.转变中的法律与社会：迈向回应型法.张志铭译.中国政法大学出版社，2004

三、中文论文类

1. 刘敏.接近正义与英国的民事司法改革.法制现代化研究.南京师范大学出版社，2004

2. 陈瑞华.司法权的性质——以刑事司法为范例的分析.法学研究，2000（5）

3. 于慈珂.司法机关与司法机关组织法论纲.现代法学，1993（2）

4. 赵明.从历史的深处走来——漫议转型时期的当代中国政治与司法改革.政法论丛，2008（3）

5. 陈光中，崔洁.司法、司法机关的中国式解读.中国法学，2008（2）

6. 吴小亮.新一轮司法改革全面启动.财经，2004（10）

7. 左为民.十字路口的中国司法改革：反思与前瞻.现代法学，2008（6）

8. 张乃根. 论西方法的精神. 比较法研究, 1996 (1)

9. 左为民. 十字路口的中国司法改革: 反思与前瞻. 现代法学, 2008 (6)

10. 孙国华, 唐仲清. 公正理念论. 依法治国与司法改革. 中国法制出版社, 1999

11. 陈兴良, 刘敏. 形式司法公正论. 中国人民大学学报, 1997 (1)

12. 何家弘. 司法公正论. 中国法学, 1999 (2)

13. 孙笑侠. 两种程序法类型的纵向比较——兼论程序正义的要义. 法学, 1992 (8)

14. 公丕祥, 刘敏. 论司法公正的价值蕴涵和制度保障. 法学研究, 1995 (5)

15. 陈瑞华. 程序价值理论的四个模式. 中外法学, 1996 (2)

16. 顾培东. 中国司法改革的再认识. 张明杰主编. 改革司法——中国司法改革的回顾与前瞻. 社会科学文献出版社, 2005

17. 季卫东. 法律解释的真谛——探索实用法学的第三道路. 中外法学, 1988 (6)

18. 王海英. 司法效率理念的法经济学思考. 中共福建省委党校学报, 2003 (8)

19. 胡卫星. 论法律的效率. 中国法学, 1992 (3)

20. 张柏峰. 司法公正与效率价值的时代精神. 法律适用, 2002 (1)

21. 曾宪义. 司法公正与司法效率的保障机制研究. 国家法官学院学报, 2002 (1)

22. [德] 鲁道夫·冯·耶林. 为权利而斗争. 胡宝海译. 民商法论丛. 第 2 卷. 法律出版社, 1995

23. 张会静. 构建和谐社会 提高司法效率. 武汉冶金管理干部学院学报, 2006 (1)

24. 葛卫民. 论司法公正与司法效率. 政法学刊, 2005 (2)

25. 张君峰, 庄林冲. 对信访制度改革的若干思考. 南京林业大学学报, 2007 (2)

26. 尹忠显. 司法公正与效率. 科学社会主义, 2002 (5)

27. 邓小刚．法官与司法效率．行政与法，2003（3）

28. 陈永鸿．论司法效益的内涵及其时代意义．湖北师范学院学报，2004（2）

29. 佴澎．论司法效率的实现．云南大学学报（法学版）．2004（6）

30. 马晓帆．浅论中国刑事简易程序．科教文汇．2006（5）

31. 陈永鸿．论司法效益．军事经济学院学报，2001（1）

32. 欧阳涛．略论刑事司法公正与效率．时代法学．2004（5）

33. 谢肇荣，张坤世．论诉讼法的效率功能．河北法学，2003（5）

34. 钱弘道．论司法效率．中国法学，2002（4）

35. 刘楠．中美法院司法效率简析．社会科学研究，2000（2）

36. 丁寰翔．坚持"司法公正与效率"完善刑事诉讼制度．社科纵横，2004（6）

37. 高志刚．司法功效的法理学分析．上海政法学院学报，2006（1）

38. 戴红心，伊繁伟．论刑事司法效率原则．天津市政法管理干部学院学报，2008（1）

39. 王如铁，王艳华．诉讼成本论．法学研究，1995（4）

40. 沈德咏．司法体制改革略论．现代法学，1996（8）

41. 董治良．改革审判方式　提高司法效率．今日海南，2009（2）

42. 高志刚．司法功效的法理学分析．上海政法学院学报，2006（1）

43. 孔颖．司法效率如何提高．学习与探索，2000（5）

44. 谢肇荣，张坤世．论诉讼法的效率功能．河北法学，2003（5）

45. 贺小军．影响司法效果的因素分析．河北青年管理干部学院学报，2008（3）

46. 蒋惠岭．提高司法效率的义务——司法职业道德基本准则之四．法律适用，2001（6）

47. 陈贵民．论司法效率．法律科学（西北政法学院学报），1999（1）

48. 张长海．论"诉辩式"审判方式与现代司法理念的关系．巢湖学院学报，2005（5）

49. 李妍．从法官入手，提高司法效率．才智，2009（6）

50. 徐昀．司法效率的经济分析初论．司法改革论评，2002（1）

51. 王子龙．正义、效率理念与我国民事审级制度安排．甘肃高师学报，2006（1）

52. 严树华，殷耀德．司法效率四题．武汉交通管理干部学院学报，2003（3）

53. 姚莉．司法效率：理论分析与制度构建．法商研究，2006（3）

54. 缪蒂生．论司法公正与效率的实现途径．金陵法律评论，2002（2）

55. 刘青峰，李长军．现代司法理念与我国司法管理体制的重构．云南大学学报，2005（1）

56. 陈景良．反思法律史研究中的"类型学"方法 ——中国法律史研究的另一种思路．法商研究，2004（5）

57. 许章润．司法权威———一种最低限度的现实主义进路．社会科学论坛，2005（8）

58. 夏锦文．中国传统司法文化的价值取向．学习与探索，2003（1）

59. 梁治平．清代的习惯法和国家法．梁治平自选集．广西师范大学出版社，1997

60. 信春鹰．中国需要什么样的司法权力．环球法律评论，2002 年春季号

61. 冯军．关于司法独立与中国司法改革的思考．改革司法——中国司法改革的回顾和前瞻．社会科学文献出版社，2005

62. 贺欣．为什么法院不受理外嫁女纠纷——司法过程中的法律、权力和政治．法律和社会科学．法律出版社，2008

63. 贺卫方．司法独立在近代中国的展开．东亚现代性的曲折与展开．吉林人民出版社，2002

64. 贺卫方．中国古代司法的三大传统以及其对当代的影响．河南政法管理干部学院学报，2005（3）

65. 高鸿钧．有话可说与无话可说之间．政法论坛，2006（3）

66. 夏锦文．中国司法传统文化的价值取向．学习与探索，2003（1）

67. 郭志祥．清末与民国时期的司法独立研究．改革司法——中国司法改革的回顾和前瞻．社会科学文献出版社，2005

68. 潘剑锋．从日本第三次司法改革看中国司法改革存在的问题．法学，

2000（8）

69. ［日］铃木贤. 走到十字路口的日本法科大学院制度. 法学家，2009（6）

70. 李晓明. 中英刑事司法改革比较研究. 中外法学，2007（3）

71. 江国华，朱道坤. 世纪之交的英国司法改革研究. 东方法学，2010（2）

四、外文类

1. David Rauma and Donna, *the Civil Justice Reform Act Expense and Delay Reduction Plans：A Sourcebook*, Federal Judicial Center, 1995.

2. Dward F. Sherman, A Process Model and Agenda for Civil Justice Reforms in the States, *Stanford Law Review*, Vol. 46, No. 6 (Jul. , 1994).

3. Meredith Fensom, *Judical reform in the America：The case of Chile*, University of Florida, 2004.

4. Gianmaria Ajani, By Chance and Prestige：Legal Transplants in Russia and Eastern Europe, *The American Journal of Comparative Law*, Vol. 43, No. 1 (winter, 1995).

5. Henry Campbell Black, M. A. , *Black's Law Dictionary*, (Fifth Edition), St. Paul Minn. ：West Publishing Co. , 1979.

6. Tom R. Tyler, What is Procedural Justice, 22 *Law and Society Review* (1988).

7. Michael D. Bayles, *Principles of Law*, Reidel Publishing Company, 1987.

8. G. M. Pops, T. J. Pavlak, *The Case for Justice*, Jossery Publishers, 1991.

9. Shimon Shetreet, Judicial Independence：New Conceptual Dimensions and Contemporary Challenges, in *Judicial Independence*, Martinus Nijhoff Publishers, 1985.

10. Pat Duffy Hutcheon, *Hannah Arendt on the Concept of Powe*, Wilfrid Laurier University Press, 1996.

11. Tom Christiano，*Authority*，Stanford Encyclopedia of Philosophy，2004.

12. C. neal Tate&. Totbjrn vallinder，*The Global Expansion of Judical Power*，New York University Press，1995.

13. Siri Gloppen, Roberto Gargarella &. Elin SKaar (eds)，*Democratization and the Judiciary：The Accountability Function of Courts in New Democracies*，London：Frank Cass Publishers，2004.

14. Tom Ginsburg，*Judicial Review in New Democracies：Constitutional Courts in Asian Cases*，Cambridge：Cambridge University Press，2003.

15. C. Neal Tate &.Torbjörn Vallinder (eds.)，*The Global Expansion of Judicial Power*，New York：New York University Press，1995.

五、其他类

1. 马克思恩格斯全集．2 版．第 1 卷．人民出版社，1995

2. 邓小平文选．第 3 卷．人民出版社，1993

3. 江泽民文选（第二、三卷）．人民出版社，2006

4. 董必武法学文集．法律出版社，2001

5. 中国共产党第十六届中央委员会第四次全体会议公报（2004 年 9 月 19 日）

6. 中国共产党第十六届中央委员会第六次全体会议公报（2006 年 10 月 11 日）

7. 胡锦涛．高举中国特色社会主义伟大旗帜，为夺取全面建设小康社会新胜利而奋斗．人民出版社，2007

8. 肖扬．最高人民法院工作报告（1999 年 3 月 10 日在第九届全国人民代表大会第二次会议上）．http：//www. court. gov. cn.

9. 肖扬．最高人民法院工作报告（2005 年 3 月 9 日在第十届全国人民代表大会第三次会议上）．http：//www. court. gov. cn.

10. 最高人民法院院长任建新的报告．充分发挥国家审判机关的职能作用更好地为"一个中心、两个基本点"服务（1988 年 7 月 18 日在第十四次全国法院工作会议上）

11. 任建新．最高法院工作报告（1997 - 03 - 17）．http：//www. court. gov. cn

12. 人民法院五年改革纲要（1999—2003）

13. 人民法院第二个五年改革纲要（2004—2008）

14. 人民法院第三个五年改革纲要（2009—2013）

15. 韩非子·解老

16. 朱子语类，卷二十六

17. 二程集·河南程氏遗书卷

18. 奏请宣布立宪密折．中国近代法制史资料选编．中国人民大学校内资料，1979

19. 宣示预备立宪谕．中国近代法制史资料选编．中国人民大学校内资料，1979

20. 厘定官制谕．中国近代法制史资料选编．中国人民大学校内资料，1979

21. 法经济学．百度百科 http：//baike. baidu. com/view/1139419. htm? fr＝ala0＿1

22. 法律社会学．百度百科 http：//baike. baidu. com/view/187020. htm

23. 信访．百度百科 http：//baike. baidu. com/view/149918. htm? fr＝ala0＿1

24. 民事司法制度改革中期报告．"民事司法制度改革"网http：// www. civiljustice. gov. hk/smp/archives＿ir. html

25. 民事司法制度改革展开咨询．"民事司法制度改革"网http：// www. info. gov. hk/gia/general/200111/29/1129159. htm

26. 民事司法制度改革咨询期结束．"民事司法制度改革"网http：// www. info. gov. hk/gia/general/200207/02/0702236. htm

27. 民事司法制度改革最终报告书．"民事司法制度改革"网http：// www. civiljustice. gov. hk/chi/archives＿fr. html

28. 就实施民事司法制度改革的法例修订建议征询意见．"民事司法制度改革"网 http：//www. info. gov. hk/gia/general/200604/12/P200604120251. htm

29. 《2007 年民事司法制度（各项修订）条例草案》将刊行．"民事司法制度改革"网 http：//www. info. gov. hk/gia/general/200703/28/P200703280332. htm

30. *National Judicial Reform Strategy*，载"塞尔维亚共和国司法部"网 http：//www. mpravde. gov. rs/en/articles/judiciary/national-judicial-reform-strategy/

31. 刘孔中. 从打破司法院定位僵局推动司法改革. "财团法人——国家政策研究基金会"网 http：//www. npf. org. tw/post/1/6094

32. 司法改革会议新闻稿. "台湾司法院"网 http：//www. judicial. gov. tw/aboutus/aboutus05/aboutus05－11. asp

33. 苏永钦. 面对"国家"第 34 集——司法改革向前行，http：//www. pts. org. tw/php/news/facecountry/view. php？XSSENO＝39＆PRINT＝1

34. 司法改革会议结论具体措施时间表. "台湾司法院"网 http：//www. judicial. gov. tw/aboutus

35. 台湾"司法行政厅". "司法院"92—94 年度邀请各界参与司法改革座谈会所提建言暨处理意见汇编，台湾"司法院"，2006

36. 中华人民共和国国务院新闻办公室. 中国的司法改革（2012 年 10 月）. 中央政府门户网站 http：//www. gov. cn/jrzg/2012－10/09/content_2239771. htm，2012 年 10 月 9 日

索 引

后 记

本书是国家社会科学基金重大课题"建设公正高效权威的社会主义司法制度研究"之子课题"建设公正、高效、权威的社会主义司法制度的法理学分析"的最终成果。对于中国特色社会主义司法制度的研究是最近一些年司法理论方面研究的重要选题，因此也产生了一系列的有关司法制度建构与司法体制改革原理探讨的成果。从这个方面看，本书也是沿着这种进路探索的结果。

首先感谢主编张志铭教授对本书选题、思路以及写作方面的指导与建议。从一开始对"建设公正、高效、权威的社会主义司法制度"这个命题进行探索之时，张老师就启发和鼓励我们要把司法原理与中国当代司法的现实问题相结合展开思考，并选择以司法价值为核心范畴考量课题研究及其成果的知识含量、理论价值和实践意义。本书从总体上以司法价值为线索研究中国当代司法制度改革中的问题，并以此探索中国特色社会主义司法制度的建设问题，在思路上通过提出司法价值概念，对中国当代司法制度改革与建设中所展现出的价值追求进行主题分析与学理诠释，并以此为贯穿说明中国特色社会主义司法制度的改革与完善，立意和初衷也即缘于此。

感谢在本书构思、写作以及交付验收等过程中曾给予我们诸多指导和建议的其他各位老师，特别感谢陈卫东教授的支持，感谢刘计划教授的帮助和建议，感谢梁平教授的指导和建议。也感谢中国人民大学法学院的多位硕士和博士同学，与他们的交流讨论无疑对我们的思考与写作带来了助益。在做课题的过程中，各位老师和同学曾耐心地给我们指出研究议题以及具体章节构思与写作中的一些问题，并认真地提出了修改建议。我们知道，直到现在，我们仍然没能做到可以称作较好的程度，我们对此深感自责和不安。

本书的具体写作分工以及作者信息如下（以撰写章节先后为序）：

导论、第一章：杨知文（法学博士、浙江财经学院法学院讲师）；

第二章：臧雷（法学硕士、北京市朝阳区人民法院法官）；

第三章：郭国坚（法学博士、河南科技大学法学院讲师）；

第四章：邵晖（法学博士，中国社会科学院法学所博士后研究人员）；

第五章：王若磊（法学博士，中共中央党校讲师）。

衷心感谢全国哲学社会科学规划办公室的各位专家在结项验收过程中对本成果所给予的肯定和辛苦工作。在书稿交付出版过程中，中国人民大学出版社的编辑老师们付出了很多心血，在此也对他们诚致谢意！

2012 年 11 月

国家哲学社会科学成果文库
NATIONAL ACHIEVEMENTS LIBRARY OF PHILOSOPHY AND SOCIAL SCIENCES

建设公正高效权威的社会主义司法制度研究（第二卷）

中国审判制度的宪法基础

主编　　　陈卫东

本卷主编　韩大元

中国人民大学出版社

撰稿人（以撰写章节先后为序）
韩大元　王贵松　郑贤君　于文豪　王建学
李蕊佚　洪　英

陈卫东 中国人民大学法学院二级教授，博士生导师，"长江学者"讲座教授，国务院政府特殊津贴专家。中国人民大学诉讼制度与司法改革研究中心主任，兼任中国刑事诉讼法学研究会常务副会长、中国审判理论研究会副会长等；受聘最高人民检察院专家咨询委员会委员、公安部特邀监督员等。出版专著十余部，在《中国社会科学》、《中国法学》等学术刊物上发表论文四百余篇，主持二十余项国家级与国际合作项目。参加了律师法、国家赔偿法、居民身份证法等法律的立法、起草与修正工作，全程参与了1996年刑事诉讼法、2012年刑事诉讼法的修改以及相关司法解释的制定工作。代表性著作为《程序正义之路》（第一、二卷）、《模范刑事诉讼法典》等。

韩大元 中国人民大学法学院教授、博士生导师、院长，"长江学者"特聘教授。代表性学术成果：《亚洲立宪主义研究》、《1954年宪法与新中国宪政》、《宪法学基础理论》、《中国宪法学说史研究》等。兼任：中国法学会常务理事、中国宪法学研究会会长、中国法学教育研究会常务副会长、国务院学位委员会学科评议组成员、最高人民检察院专家咨询委员会委员等。

序　言

2007 年，我曾主编《中国检察制度宪法基础研究》一书（中国检察出版社），从中国检察机关的宪法地位、法律功能、民主监督等多个角度，较系统地研究了中国检察制度。作为司法制度的重要组成部分，审判制度也是一个特别值得关注的热点，同样需要从宪法角度展开深入研究。审判制度的改革应当以法院的宪法地位为基础，妥善处理与其他国家权力之间的关系，满足人民权利救济的正当需求。正是基于这样的问题意识，才有了本书《中国审判制度的宪法基础》的研究。

1999 年，"依法治国，建设社会主义法治国家"写入了宪法。为了推进司法改革，最高人民法院先后于 1999 年、2005 年、2009 年制定并发布了《人民法院五年改革纲要》、《人民法院第二个五年改革纲要》、《人民法院第三个五年改革纲要（2009—2013）》等三个五年规划，对全国法院的司法改革作了统一部署，涉及 128 项改革措施，试图推进中国特色社会主义审判制度的自我完善和发展，建设公正高效权威的社会主义司法制度。最高人民法院启动的这三轮司法改革，取得了较大成就，但也仍然存在一定的改革空间。司法改革的成败得失仍需作出客观的评估，司法改革的应有方向仍需进一步讨论深化。

审判制度是中国宪法制度的重要内容之一，其改革应当置于整个宪法体制之中。一方面，应将法院的应有权威建立在宪法的基础之上。过去思考司法体制改革问题时，我们没有充分考虑宪法文本的规定，不习惯于以文本为基础推进改革，导致司法改革与公众期待之间仍然存在比较大的反差。回到宪法文本，贯彻宪法精神，是审判制度改革的应有之义。另一方面，审判制度的改革是一个系统工程。审判制度的改革并不是法院一家的事情，也不可能仅仅通过法院自身的努力就能实现，而是需要国家权力机关从整体上把握方向和提供动力，为审判制度改革提供合法性和民主正当性。

本书共分四编十二章：第一编"中国审判制度与宪法"，着重探讨人民法院的宪法地位和陪审制度的宪法基础。第二编"法院对宪法和法律的适用"，着重就审判制度中较为棘手的宪法适用问题、法律冲突问题展开探讨，并以洛阳种子案判决为例，分析法院的宪法地位问题。第三编"国家权力体系中的法院"，将法院置于国家权力体系之中，一方面从总体上分析中国司法制度的宪法构造，另一方面分析法院和人大之间的关系，以及法院、检察院和公安机关的关系。第四编"域外宪法下的司法改革"，分别选取了法国、英国、韩国、日本的审判制度最新改革情况进行介绍，分析司法改革与宪法之间的关系，为我国审判制度的完善提供参考。

本书的撰写分工大致如下（以撰写章节先后为序）：

韩大元，法学博士，中国人民大学法学院教授。撰写序言、第一章、第二章、第三章、第六章、第八章、第十一章。

王贵松，法学博士，中国人民大学法学院副教授。撰写第四章、第五章。

郑贤君，法学博士，首都师范大学政法学院教授。撰写第七章。

于文豪，法学博士，中央财经大学法学院讲师。撰写第八章。

王建学，法学博士，厦门大学法学院助理教授。撰写第九章。

李蕊佚，法学博士，清华大学法学院博士后。撰写第十章。

洪　英，法学博士，司法部司法研究所研究员。撰写第十二章。

另外，本书的部分研究成果已在杂志上发表，个别内容之间稍有重复，为保持各自论题的论证完整性，也未作出删减，敬请海涵。

目 录

第一编　中国审判制度与宪法

第二编　法院对宪法和法律的适用

第三编　国家权力体系中的法院

第四编　域外宪法下的司法改革

Contents

Part 1   The Judiciary of China and The Constitution

Part 2　The Application of The Constitution and The Law by The Court

Part 3   The Court within the State Powers

Part 4   The Judicial Reform Based on the Constitution in Other Countries

第一编　中国审判制度与宪法

第一章

人民法院的宪法地位

一、中国宪法文本上的人民法院

近些年来，人民法院主导的司法改革备受瞩目，在某种程度上甚至成为法治建设的重心与焦点所在。毫无疑问，司法改革必然会触及司法体制甚至政治体制的深层次问题。对于这种牵一发而动全身的改革，必须坚持在宪法框架内推进和完善司法制度与体制这一基本前提，否则可能会动摇我国的宪政框架，进而有可能损害预期的改革成果。因此，认真对待宪法文本，就成为做好人民法院工作的基本出发点。

（一）人民法院的宪法性质

现行《宪法》第 123 条规定："中华人民共和国人民法院是国家的审判机关。"这是宪法对人民法院性质的明确规定。值得注意的是，此前三部宪法均采取了现行宪法的表述方式，如 1954 年《宪法》第 73 条规定："中华人民共和国最高人民法院、地方各级人民法院和专门人民法院行使审判权。"1975 年宪法与 1978 年宪法则沿用了 1954 年宪法的表述。从内涵上而言，两种表述的区别似乎不大，不论"法院是审判机关"的表述，还是"法院行使审判权"的表述均明确了法院的职权与功能——审判。但是，表述方式的细微差别耐人寻味。较之此前三部宪法所采用的"人民法院行使……职权"的句式，现行宪法采用"人民法院是……的机关"的句式，更为明确地指出了法院的性质。因此，《宪法》第 123 条是人民法院性质的宪法依据。准确理解这一条的含义，应从两方面进行。

第一，人民法院是审判机关。这既是人民法院的性质所在，也是其功能所在。审判的历史由来已久，甚至可以说，只要有纠纷，就会有审判的存在。近代以来，国家权力分为立法、行政和司法三种，三种权力彼此独立、互相制约，成为许多国家普遍的政治实践与共识。孟德斯鸠的著名论断也成为各国确立和发展宪政制度的基本理念："当立法权和行政权集中在同一个人或同一个机关之手，自由便不复存在了；因为人们将要害怕这个国王或议会制定暴虐的法律，并暴虐地执行这些法律。如果司法权不同立法权和行政权分立，自由也就不存在了。如果司法权同立法权合而为一，则将对公民的生命和自由施行专断的权力，因为法官就是立法者。如果司法权同行政权合而为一，法官便将握有压迫者的力量。如果一个人或是重要人物、贵族或平民组成的同一机关行使这三种权力，即制定法律权、执行公共决议权和裁判私人犯罪或争讼权，则一切都完了。"① 立法机关专司制定法律的权力，行政机关执行法律，而司法机关则居中裁判。国家权力的三分不仅是专业分工和劳动分工的需要，而且也反映了一种要求："不同的价值应体现在不同机构的程序中，体现在代表了不同利益的分立部门中"，"不同的程序会引出不同的价值和不同的约束；'机构利益'的出现，职业精神的发展以及同事的和传统的影响，所有这些将至少提供一种内部制约的可能性"② 。由具备专业知识的法官适用法律定纷止争即是权力分立的要求。从我国宪法文本来看，宪法中出现"审判"一词共 11 次，均是与法院联系在一起，将审判权力专门赋予人民法院，同样遵循了这一基本规律。

第二，人民法院是国家的审判机关。我国宪法文本中的"国家"主要在三个意义上使用：（1）在整个统一的政治实体意义上使用的"国家"。"国家"一词最常见的用法就是表示整个统一的政治实体，如《宪法》序言第二自然段规定："一八四〇年以后，封建的中国逐渐变成半殖民地、半封建的国家。中国人民为国家独立、民族解放和民主自由进行了前仆后继的英勇奋斗。"第 67 条规定："全国人民代表大会常务委员会行使下列职权……（十八）在全国人民代表大会闭会期间，如果遇到国家遭受武装侵犯或者必须履

---

① ［法］孟德斯鸠：《论法的精神》上卷，张雁深译，商务印书馆 1997 年版，第 153 页。

② ［英］M·J·C·维尔：《宪政与分权》，苏力译，生活·读书·新知三联书店 1997 年版，第 14、15 页。

行国际间共同防止侵略的条约的情况，决定战争状态的宣布。"（2）在与社会相对的意义上使用的"国家"。如《宪法》第 45 条规定："中华人民共和国公民在年老、疾病或者丧失劳动能力的情况下，有从国家和社会获得物质帮助的权利。国家发展为公民享受这些权利所需要的社会保险、社会救济和医疗卫生事业。"（3）在与地方相对的意义上使用的"国家"。"国家"有时还与地方相对应，往往是在与地方有关的场所使用，这时其含义即是指中央。如《宪法》第 118 条规定："民族自治地方的自治机关在国家计划的指导下，自主地安排和管理地方性的经济建设事业。"① 应当说，这一研究对"国家"一词含义的分析较为准确。那么，《宪法》第 123 条将法院定位为"国家的审判机关"，这一条款中的"国家"又是何意呢？

我们发现，本条款在国家一词后面多使用了一个"的"字。根据统计，宪法文本中"国家"共出现 151 次，而"国家的"三字仅仅出现 18 次，这多出的一个"的"字意蕴何在呢？从语义角度来看，"国家的审判机关"显然比"国家审判机关"更为强调"国家"之意，那么为何要作出这种强调呢？

要回答这一问题，我们可以从宪法文本中其他包含"国家的"三个字的条款寻找一些答案。《宪法》第 120 条规定："民族自治地方的自治机关依照国家的军事制度和当地的实际需要，经国务院批准，可以组织本地方维护社会治安的公安部队。"这一条将"国家的"与"地方的"并列使用，显然是要与地方相区别，即统一适用于全国的军事制度。笔者认为，与地方相对的不仅有中央，还有全国。如果仅仅理解为中央，中央军事制度又是什么意思呢？是中央制定的军事制度，还是适用于中央的军事制度？这无论是逻辑上还是实践中均讲不通。因为我国是单一制国家，无论是中央还是地方，均统一于一套法律体系，并不存在只适用于中央的法律体系。又如，《宪法》第 115 条规定："自治区、自治州、自治县的自治机关行使宪法第三章第五节规定的地方国家机关的职权，同时依照宪法、民族区域自治法和其他法律规定的权限行使自治权，根据本地方实际情况贯彻执行国家的法律、政策。"此处同样使用"国家的"而不是"国家"，就是要强调与自治条例、地方法规等地方性法律相别的，适用于全国的法律和政策。

----

① 王贵松：《法院：地方的还是国家的？——由洛阳种子违法审查案看法院的宪法地位》，见韩大元主编《中国宪法事例研究（一）》，法律出版社 2005 年版，第 285 页以下。另见本书第四章。

从文法角度而言，多一个"的"字，有些情况下是出于语言学之考虑，如为缓冲语气之需，有时则是为了强调"的"字之前的内容。《宪法》第123 条中"国家的"中的"的"字，若为缓冲语气似不必要，因为"国家审判机关"的表述同样流畅。如果结合宪法其他条款中有关"国家的"的使用情况，譬如第 129 条规定的"中华人民共和国人民检察院是国家的法律监督机关"，以及上述第 115、120 等条可以发现，《宪法》第 123 条使用的"的"字意在强调"国家"二字，并且，此处的"国家"应是指统一的政治实体，即全国范围。

多年来，司法地方化与司法行政化一道被视作司法体制的积弊，并被认为是妨碍法院独立与公正审判的主要根源。尽管各级人民法院由同级人大及其常委会产生，人民法院因此有可能被贴上地方标签，但是，我国是单一制的国家，地方并不具备独立的主体地位，各级人民法院同样如此。国家统一不仅表现为权力的自上而下配置，而且也应表现为法制的统一。正如有学者指出的："司法统一是现代国家政治制度的基本原则之一，其基本理念在于：主权国家的统一系于法制的统一，而法制的统一则系于司法。"[①] 从宪法原意来看，制宪者特别强调了司法权的国家属性，旨在维护与保持国家法制的统一。

（二）人民法院在宪政结构中的地位

要全面理解人民法院的性质，还必须将其置于宪法体制之中，审视它与其他国家机关的关系。在宪法确立的人民代表大会制度下，人民法院与人大、政府、检察机关的关系，是确立法院宪法地位的关键。

1. 人民法院与人大的关系

《宪法》第 128 条规定："最高人民法院对全国人民代表大会和全国人民代表大会常务委员会负责。地方各级人民法院对产生它的国家权力机关负责。"这是我国人大与法院关系的宪法基础。根据这一规定，在人民代表大会制度这一根本政治制度下，人大与法院是一种单向的监督与被监督的关系。这种关系至少表现为如下几个方面：

第一，听取工作报告，这是各级人大监督法院的主要方式。虽然第 128 条只是规定了人民法院对产生它的人大及其常委会负责，而没有在文本上规定报

---

① 程竹汝：《司法改革与政治发展》，中国社会科学出版社 2001 年版，第 164 页。

告工作制度，但是在实践中，各级人民法院都会向产生它的权力机关报告工作，这已经成为一种惯常做法，是否构成宪法惯例值得研究。听取工作报告的合法性源于《各级人民代表大会常务委员会监督法》（以下简称《监督法》）、《人民法院组织法》、《全国人大议事规则》等法律。如《监督法》第8条规定："各级人民代表大会常务委员会每年选择若干关系改革发展稳定大局和群众切身利益、社会普遍关注的重大问题，有计划地安排听取和审议本级人民政府、人民法院和人民检察院的专项工作报告。"《人民法院组织法》第17条规定："最高人民法院对全国人民代表大会和全国人民代表大会常务委员会负责并报告工作。地方各级人民法院对本级人民代表大会及其常务委员会负责并报告工作。"1982年《宪法》之前的三部宪法均规定了报告工作制度，如1954年《宪法》第80条规定："最高人民法院对全国人民代表大会负责并报告工作；在全国人民代表大会闭会期间，对全国人民代表大会常务委员会负责并报告工作。地方各级人民法院对本级人民代表大会负责并报告工作。"由于现行宪法并未明确规定人民法院、人民检察院向人大报告工作的制度，有学者质疑有关法律中工作报告的合宪性问题。[①] 听取工作报告制度是人大监督司法的重要内容，如果运转顺利，毫无疑问会对人民法院的工作形成有力监督。

近年来最高人民法院工作报告的表决情况说明，日益有不同的声音出现，投票率往往成为评价最高法院工作的一个尺度。这无疑是人大监督司法的一种表现。[②] 但是，一旦出现工作报告通不过的情况，则会遭遇制度空白的尴尬。如2001年沈阳中院的工作报告未通过人大审查，引起社会强烈关注，由于缺乏有效制度，工作报告未通过的法律后果并不明确。

第二，询问和质询。根据《监督法》的规定，全国人大常委会组成人员10人以上联名，省、自治区、直辖市、自治州、设区的市人民代表大会常务委员会组成人员5人以上联名，县级人民代表大会常委会组成人员3人以上联名，可以书面提出对人民法院的质询案。各级人大常委会审议议案和有关报告时，人民法院应当派有关负责人员到会，听取意见，回答询问。人大

---

① 参见韩大元主编：《中国检察制度宪法基础研究》，中国检察出版社2007年版，第71页。

② 如2009年最高人民法院工作报告赞成票2172票，反对票519票，弃权票192票。2008年最高人民法院工作报告赞成票2 287票，反对票521票，弃权票120票。2007年最高人民法院工作报告赞成票2 395票，反对票359票，弃权票127票。

对法院的询问和质询是否有宪法依据存有疑问。《宪法》第73条规定了全国人大代表在全国人大开会期间，全国人大常委会组成人员在常委会开会期间，有权依照法律规定的程序提出对国务院或者国务院各部、各委员会的质询案。但是上述规定中并没有涉及针对人民法院的质询。在全国人民代表大会组织法、全国人大议事规则中，细化了宪法的这一规定，明确了具体的质询程序，但同样没有将法院列入接受质询的对象。而《地方各级人民代表大会和地方各级人民政府组织法》第28条、第47条则明确规定，地方各级人民代表大会举行会议的时候，或者地方人大常委会会议期间，人大代表或者常委会组成人员可以书面提出对人民法院的质询案。因此，人大对法院的询问和质询，从法律规范的角度而言，首先是在地方人大展开的，或者说地方人大对人民法院的询问和质询首先获得了合法性。直到2006年《监督法》出台，全国人大常委会对人民法院的质询才有了法律依据。当然，从宪法原理而言，基于全国人大是最高国家权力机关，它有权对由其产生的国家机关进行监督，监督的方式当然包括提出询问或者质询案的方式。宪法为何仅仅将国务院及其组成部门列为接受质询的对象，而未列入人民法院、人民检察院，值得深思，这与前述人民法院的工作报告制度在宪法中的缺失颇为类似。因为国务院是全国人大的执行机关，所以，全国人大的意志主要依赖国务院加以执行，地方人大的意志主要依赖地方政府加以执行，各级人民政府理所当然地成为人大监督的重点对象。另外，因为司法工作的专业性，在对其的监督方式与监督力度上与对政府机关的监督应有所不同。在1982年宪法草案讨论过程中，曾有代表提出，应该将人民法院和人民检察院都列入受质询的对象。① 但是，因历史文献不够完整，宪法草案起草者当时是如何考虑的，目前还不能作出准确判断。

第三，人事任免监督。根据《人民法院组织法》第34条，人民法院的主要组成人员均由人大或者人大常委会选举或任免。从某种角度而言，人事任免是最为有效的一种监督方式。而且，基于人民法院主要组成人员均由人大或者人大常委会产生的这一关系，决定了人民法院对人大负责，人大监督人民法院的基本关系。

---

① 　参见许崇德：《中华人民共和国宪法史》下卷，福建人民出版社2005年版，第445页。

第四，备案审查监督。最高人民法院无权作出立法解释，立法解释权属于全国人民代表大会常务委员会（《立法法》第 42 条）。根据《监督法》第 31 条规定："最高人民法院、最高人民检察院作出的属于审判、检察工作中具体应用法律的解释，应当在自公布之日起三十日内报全国人民代表大会常务委员会备案。"最高人民法院作出的法律解释报请全国人大常委会备案后，全国人大常委会负责审查最高人民法院作出的司法解释是否与法律相抵触。此外，各级人大常委会还可以组织关于特定问题的调查委员会，这是一种特殊的监督方式。

实践中，除了上述宪法与法律明确规定的监督方式之外，各级人大在实践中还不断探索新型监督方式①，其中争议最大的是个案监督。自 20 世纪 90 年代中期开始，地方人大开始探索个案监督的方式。1999 年全国人大内务司法委员会曾提交一份《关于对审判机关、检察机关重大违法案件实施监督的决定（草案）》的议案，终因引起广泛争议而未获通过，但是各地的个案监督并未因此而停止。个案监督是在司法腐败较为严重的背景下为回应社会需求而出台的。评价这一制度需要从两方面考察，一方面是其合法性，即是否符合宪法与法律的规定；另一方面是正当性，即是否有效解决了司法腐败问题、符合制度设置的目的。尽管宪法规定人大及其常委会有权监督人民法院，但个案监督不同于一般监督，它有可能对现有的权力配置关系产生微妙影响，如人大是否有越俎代庖之嫌？因此，这一规定并不能成为个案监督的宪法依据。对于这种监督权，必须有明确规定才能认为它具有合法性，而不能对宪法扩大解释。

《全国人大常委会关于加强法律实施情况检查监督的若干规定》第 10 条也明确规定，在对违法案件进行调查的时候，"常委会不直接处理具体案件，具体案件应由法律实施主管机关严格依照法律程序办理"。可见，个案监督的方式从合法性角度而言存在原理上相互矛盾的问题。另外，从实践效果来看，个案监督效果并不理想。调查研究表明，个案监督制度常常不是成为普

---

① 如 1983 年，沈阳市人大常委会首开执法检查之先河；1986 年，河南平顶山市舞钢区人大常委会开始推行代表评议；1988 年，杭州市下城区人大常委会开始推行述职评议；在接待和处理司法案件的来信来访中，个案监督的机制逐渐形成。参见马骁：《对地方人大履行监督职权的思考》，《人大研究》2004 年第 11 期。

通民众的救济制度，而是成为少数人的特权。在实际运作中，人大直接进行个案监督的数量并不多，更普遍的是将申诉上访的案件转交审判机关办理。能够启动人大个案监督程序的，常常是依赖各种关系的结果，有人因此批评个案监督打开了人大腐败的一扇门。本以回应社会需求、解决司法腐败为目的的个案监督制度在运行中并不能达到这一目的。还有人士认为，个案监督有损法院依法独立审判的原则，以非专业的判断代替专业判断，等等。尽管个案监督对提升人大的宪法地位与权威具有积极意义，但它在合法性与实际效用方面都存在问题。

2. 人民法院与政府的关系

我国宪法构建起了以人民代表大会为最高国家权力机关的"一府两院"的政治架构。根据《宪法》第 3 条，国家行政机关、审判机关、检察机关都由人民代表大会产生，对它负责，受它监督。在这一政治架构中，人民代表大会居于权力金字塔的顶端，在其下面分别是行政机关、审判机关、检察机关和军事机关。因此，从宪法文本来看，人民法院与政府居于平行位置，分别行使司法权与行政权，均由人民代表大会产生，并对其负责、受其监督。从分权的角度而言，人民法院与政府的关系呈现为两个层面：一方面，人民法院与政府是国家权力进行必要分工、国家职能进行必要分离的产物，二者各司其职，彼此相对独立。如《宪法》第 126 条明确："人民法院依照法律规定独立行使审判权，不受行政机关、社会团体和个人的干涉。"另一方面，人民法院与政府之间存在一定的制约关系。尽管这一点在宪法文本中难以找到依据，但是在其下位法中可以找到相应依据。如《行政诉讼法》第 1 条明确了行政诉讼立法的目的，即"为保证人民法院正确、及时审理行政案件，保护公民、法人和其他组织的合法权益，维护和监督行政机关依法行使行政职权"。由此可见，人民法院通过行政审判承担着监督政府依法行政的重要职能。通过审查行政行为的合法性，人民法院构建起对政府的有效制约。从这个意义上说，行政诉讼的受案范围表现着司法制约行政的广度，而审查标准则反映着司法制约行政的深度。

但是人民法院与政府的关系并非宪法及法律文本所规定的那么简单，而且历史上也并不一直如此定位。在 1954 年宪法之前，根据《中央人民政府组织法》第 18 条的规定，中央政府之下的政务院下设政治法律、财政经济、文化教育、人民监察等四个委员会，指导各部委工作。政治法律委员会指导公安部、内务部、司法部、法制委员会等的工作。实践中，政治法律委员会实际领导着司法工作的开展。如 1950 年 7 月的第一届司法工作会议是最高法院、最高检察署、司法部、法制委员会共同召开的，政务院副总理兼政治法律委员会主任董必武、副主任彭真到会作重要讲话。1953 年 4 月的第二届司法工作会议由董必武、彭真主持，5 月政务院批准了《第二届全国司法会议决议》。① 可见，至少在新中国成立之初，人民法院似乎更类似于政府的一个职能部门。

在财政上，人民法院依附于政府供给，一直以来都是司法改革中备受质疑和批评的焦点所在，也被认为是司法长期不能独立于政府的根源所在。诚如汉密尔顿在两百多年前就已经指出的："就人类天性之一般情况而言，对某人的生活有控制权，等于对其意志有控制权。"② 我国法院的经费保障体制采取"分级负担、分灶吃饭"的方式，除最高法院的经费由中央财政负担外，其余各级法院经费均由同级财政负担。法院收取的诉讼费，则采取"收支两条线"的管理方式，各级法院全额上缴所收取的诉讼费，财政统筹后再以预算外资金的形式，根据法院的开支情况拨付给法院。

据一份统计数据显示，2002 年全国法院系统支出约 176 亿元，其中财政拨款 78 亿元，从诉讼费用中补充 98 亿元。也就是说，全国法院系统所需经费 50％以上都是依赖各级财政的诉讼费按比例返还。③ 2006 年 12 月 8 日，国务院第 159 次常务会议通过了《诉讼费用交纳办法》，对法院诉讼费用的范围和标准进一步细化，大幅减少了收费项目，降低收费标准。新办法明确规定："案件受理费、申请费全额收缴财政，纳入预算，实行收支两条线管理。"新办法规定，诉讼费用的交纳和收取制度应当公示。新办法同时取消了法院对诉讼费的管理权，改由价格主管部门、财政部门按照收费管理的职责分工，对诉讼费用进行管理和监督。规范法院诉讼费用收缴的规范文件由国务院制定，即可说明法院受制于政府这一现实。

---

① 参见何兰阶、鲁明健主编：《当代中国的审判》上，当代中国出版社 1993 年版，第 43 页。

② ［美］汉密尔顿、杰伊、麦迪逊：《联邦党人文集》，程逢如、在汉、舒逊译，商务印书馆 1995 年版，第 396 页。

③ 参见靳羽：《反思与重构：论我国法院经费保障体制改革》，《绵阳师范学院学报》2008 年第 10 期。

在人事上，2005年通过的《公务员法》明确了法官的公务员地位，该法第2条明确了公务员的范围，即"依法履行公职，纳入国家行政编制、由国家财政负担工资福利的工作人员"。这样，属于国家行政编制并由国家财政负担工资福利的法官便正式划入了公务员序列。

因此，尽管宪法确立了"一府两院"的政治架构，但是由于人民法院在财政与人事上的不独立，其很难成为与政府对峙的独立司法分支，而且，这种依附关系不仅在事实上，还在下位法中得到了确认。这样一来，二者之间的制约关系更多体现为政府对法院的制约，而不是相反。基于这些原因，旨在制约政府权力的行政诉讼制度的实效便大打折扣。尤其是受到广泛批评的行政诉讼偏窄的受案范围：抽象行政行为完全被排除在诉讼受案范围之外；行政机关的内部行为也一律不受司法机关的审查；涉及政治、教育等领域的行政行为是否应受审查没有明确规定，司法实践已逐步将受教育权纳入受案范围，而涉及政治权利的案件依然无法进入司法审查范围；公安机关作出的扣押、冻结、查封等强制措施不受审查；公益诉讼缺乏；等等。这些都直接影响着司法机关审查行政行为的广度。而在刻意进行审查的事项上，人民法院是应当只进行合法性审查还是可以一并进行合理性审查等问题尚存争论，这也影响着司法机关对行政审查的深度。

此外，行政还对司法进行渗透与挤压，如通过制度安排，使某些领域的纠纷解决形成行政机关的垄断地位，而将司法机关排除在外，如对内部行政纠纷的解决即是如此。又如对抽象行政行为的审查，目前主要通过行政机关内部监督来进行，司法审查完全被排除在外。劳动教养制度是行政僭越司法的又一典型体现。不经司法机关审判而由行政机关自行决定在较长时间内剥夺、限制公民的人身自由，实际上使行政机关获得了在处理轻微违法犯罪行为方面的独占性权力。除了在解决行政纠纷、刑事纠纷方面分享甚至独占某些权力之外，行政机关在民事纠纷领域还分享了部分权力。行政机关通过行政裁决与行政调解制度，介入了对民事纠纷的处理，在对自然资源的所有权、使用权权属争议，专利、商标侵权纠纷，人身损害赔偿纠纷的处理中，行政裁决甚至占有主导性地位，部分处理决定具有终局效力。

3. 人民法院与人民检察院的关系

对于人民法院和人民检察院的关系，宪法文本从四个层次上作出了规定。

首先，宪法从宏观上确立了"一府两院"的宪政架构，人民法院与人民检察院由人大产生，向人大负责，二者处于平行地位。这在《宪法》第3条、第128条、第133条中得以体现。

其次，宪法主要通过规定检察院的性质和地位来确立法院与检察院的关系。《宪法》第129条规定人民检察院是国家的法律监督机关。这既是检察院性质与地位的宪法依据，也是确立检察院与其他国家机关之间关系的主要依据。根据这一规定，检察院是专门的法律监督机关。根据检察院组织法的具体规定，其法律监督职权包括对于叛国案、分裂国家案以及严重破坏国家的政策、法律、法令、政令统一实施的重大犯罪案件，行使检察权；对于直接受理的刑事案件，进行侦查；对于公安机关侦查的案件，进行审查，决定是否逮捕、起诉或者免予起诉；对于公安机关的侦查活动是否合法，实行监督；对于刑事案件提起公诉，支持公诉；对于人民法院的审判活动是否合法，实行监督；对于刑事案件判决、裁定的执行和监狱、看守所、劳动改造机关的活动是否合法，实行监督。检察机关的法律监督权，落实在民事诉讼与刑事诉讼中有不同的表现形式。但一般认为，只要是检察机关参与了诉讼，那就是在行使检察监督权，而非只有抗诉才是行使此权力。人民法院的审判活动是检察监督的重要对象之一，检察院与法院之间存在着一定的"监督与被监督"关系。依据诉讼法原理，这种监督属于对审判权的制约，旨在防止审判权的滥用，而非一般意义上的监督与被监督的关系。

再次，宪法还专门规定了刑事案件中法院与检察院的关系，第135条规定的人民法院、人民检察院和公安机关办理刑事案件，应当"分工负责，互相配合，互相制约"，以保证准确有效地执行法律。在办理刑事案件的过程中，公安机关负责侦查，检察机关负责提起公诉，法院则负责最终的审判，三者之间是分工与配合的关系。根据此条规定，法院与检察院各司其职、分工负责，在该基础上互相配合以实现国家权力的有效运转。当然，这种配合不是说检察院起诉什么，法院就判决什么，更不是一些人所认为的"法检公"三家流水作业，而主要体现在三机关办案过程中针对一系列程序性问题的衔接。并且，宪法特定明确了"互相制约"这一层关系，尤显意味深长。①

---

① 关于《宪法》第135条规定的法院、检察院和公安机关的关系，参见本书第八章。

最后，二者之间的互相制约才是宪法确立的二者关系的核心。"互相"制约是双向制约而不是单向制约。互相制约之所以成为核心问题，是由于没有这种制约，所谓的分工负责就失去了意义，相互配合也会严重变质，法律适用的公正性也将无从保障。制约本身不是目的，而在于通过制约来保障法律适用的公正性，最终体现保障公民基本权利的宪法价值。这是在刑事案件办理中的法院与检察院关系的宪法定位。《宪法》第135条对二者关系的定位是否局限于刑事案件领域，值得探讨。

二、实践中人民法院的角色与功能

关于人民法院的功能，学者们的论述比较丰富。从我国宪法角度而言，人民法院的职能就在于专司审判，与其他国家法院的职能并无太大差别，法院应该是一种纯粹的司法机关，依据法律审理各种类型的案件，解决各种社会纠纷。新中国法制建设的奠基人董必武曾说过："司法工作是国家政权的重要组成部分，是镇压反动保护人民的直接工具，是组织与教育人民群众作阶级斗争的有力武器。"[①] 因此，中国宪法语境下的人民法院并不仅仅是专门审判机关，它不仅履行审判功能，还要承担一定的政治任务，实践中的人民法院的功能要比法律文本的规定更为复杂、也更为丰富。概括而言，主要包括以下几方面内容：

（一）纠纷解决功能

任何法院，无论是传统法院还是现代法院，无论西方国家的法院还是中国的法院，毫无例外首先都承担着纠纷解决的功能。正如日本学者棚濑孝雄所说的："审判制度的首要任务就是纠纷的解决。"[②] 在纠纷解决的若干机制中，法院通过司法审判的方式来解决纠纷这一机制越来越成为现代社会最为重要的机制。"文化大革命"之后重建司法系统，社会纠纷的裁判权重新移至法院手中，各级法院审理案件的数量逐年增长。如在1980年10月至1981年9月间，地方各级人民法院审结一审刑事案件209 600件，二审刑事案件

---

① 董必武：《关于改革司法工作及政法干部补充、训练诸问题》，见《董必武政治法律文集》，法律出版社1986年版，第234页。

② ［日］棚濑孝雄：《纠纷的解决与审判制度》，王亚新译，中国政法大学出版社1994年版，第1页。

41 000余件；一审民事案件 63.2 万余件，二审民事案件 4 万余件；处理经济案件 14 600 余件。[1] 到了 2008 年，各类案件审理和审结的数量已经急剧增长，全国各级法院审理各类案件总和已达 10 711 275 件，审结、执结各类案件 9 839 358 件。[2] 法院审理案件不仅在数量方面急剧膨胀，而且案件类型也日益丰富。在 20 世纪 80 年代初期，法院审理案件的类型主要是三大类——民事案件、刑事案件与经济案件，这可以从同时期法院的工作报告中找到依据。而现在法院审理案件的类型远远超过当初，除传统民、刑、经济案件之外，还包括诸如保险、证券、期货等金融纠纷、房地产纠纷、企业改制、股权转让、涉外及海事海商、知识产权等各种类型案件。应当说，在纠纷解决方面，法院介入的广度与深度都得到前所未有的发展。

但这并不意味法院垄断了纠纷解决权。因为司法独有的规范性、程序性特点，选择司法方式来解决纠纷往往意味着选择了一种成本高昂的方式，意味着时间与经济等各种支出将十分庞大。特别在中国传统文化影响下，司法解决方式甚至被理解为对亲情与伦理秩序的破坏。现代司法作为一种舶来品，使中国人感到文化上的隔阂和难以沟通，"随着法律职业化专业化以及大量复杂的法律术语和耗费时间和财力的程序，随着法律逻辑与社会生活逻辑的不相符，法律活动变成一个普通人除了依赖于法律专门人员之外无法也没有时间涉足的领域。"[3] 中国的百姓对这样一种外来的高度专业化、技术化操作的诉讼程序极为陌生，理解不了法律条文和法律概念的情况极为常见——他们熟悉的是与其生活息息相关的生活伦常和家长里短式的调解。而且，依西方法理，司法为维护法治的尊严，需要刻意保持一种尊严和肃穆，与普通的世俗生活拉开距离，于是法庭上西方化宗教仪式般的庄严与神圣自然缺少一种可以"炕上开庭"的马锡五式的亲和力，使熟悉了祠堂、申明亭或者田间炕头的老百姓自然感到难以接近。因此，遇有纠纷时，民众仍有很多可供选择的解决之道，如协商私了、第三者斡旋、仲裁、调解等。司法从未垄断纠纷解决，而且处于多种纠纷解决方式的竞争性包围之中。如果司法不能给当事人所欲的充分的救济和帮助，当事人完全可以尝试诉诸别的纠纷解决方式。

---

[1]　参见 1981 年《最高人民法院工作报告》。

[2]　参见 2009 年《最高人民法院工作报告》。

[3]　苏力：《法治及其本土资源》，中国政法大学出版社 1996 年版，第 144 页。

（二）公共政策形成功能

传统法院的功能局限于司法审判，公共政策与司法审判距离较为遥远。一方面因为法院不可能成为政策制定者，另一方面因为法院审判的依据也限于法律规范，政府政策或者立法政策不可能成为审判依据。但随着社会的复杂性程度日益增强，特别是一些具有广泛影响的纠纷的出现，法院的功能变得日益多元。一些法律纠纷不仅仅涉及法律问题，而且牵涉重大的公共利益，法院在处理这类案件时，不但要考虑过去已经发生的事实并适用法律规范解决纠纷，还必须考虑判决的政策性目的和社会效应，司法过程处处充满政策性考量。如果法院的判决直接涉及社会资源的分配，则法院的司法行为实质上是在对重大公共政策问题作出决策，案件的结果将直接或间接地改变社会利益分配格局，影响着国家的决策、相关产业的发展、数量庞大的现实或潜在当事人的切身利益。可以说，法院的判决本身就是一项新的政策，法院审理案件的过程就是制定公共政策的过程。

在西方法治发达国家，尽管传统理论认为法院应该恪守司法的特性——消极、被动、中立，但是基于社会发展的需求以及司法能动主义的盛行，法院很早便具有政策形成的功能，并且对社会产生了巨大影响。在美国，如同弗兰克法官所言，与其说最高法院的九名法官是真理的化身，不如说他们就是政策的造型者。在美国的历史上一直存在着各级法院，尤其是最高法院在影响着社会公共政策的形成，甚至自身通过法院判例形成一定的公共政策的情况。特别是在司法能动主义比较兴盛的时期，法院的政策功能更是表现得淋漓尽致，恰如托克维尔所揭示的："在美国，几乎所有的政治问题迟早都要变成司法问题。"① 美国重大的政治问题、社会问题常常以诉讼形式交由法院直至最高法院来裁决。法院裁决从形式上看是在解决法律争议，实际上却是解决关系政治与社会发展的重大问题。法院的判决往往影响深远，不仅对于个案的解决具有决定性意义，而且会波及同类问题以及其他社会问题。法院的判决一旦作出，其所体现的政策精神就要求社会各类主体一体遵循。同时整个美国社会无论是国家管理机构及其工作人员，还是普通市民，都笃信法律的意义。在很大程度上，美国历史上诸如少数民族的平等待遇、对堕

---

① ［法］托克维尔：《论美国的民主》上卷，董果良译，商务印书馆 1988 年版，第 310 页。

胎的法律限制以及教会与国家之间关系等重大问题，是由法院宣告的法律而不是由立法机关制定的法律支配的。

特别是 20 世纪 50 年代以来，美国法院通过司法判决，在选举人的资格认定、堕胎、福利、生育控制和土地租赁关系等许多问题上都改变了原有的法律，实际上否定了之前立法机关制定的公共政策，使社会关系和政治关系日益"司法化"。"法院的职能并不是必然接受那些 10 年前或 150 年前就被认定为是政策规则的东西，而是要以一种为情况许可的、最接近精确的方式来确定，什么是适合目前时代的政策规则。一旦这一规则得以确定，拒绝承认某个违背这一规则的、或者强制执行会给社区造成伤害的合同的效力就成了法院的义务。"① 美国法院影响公共政策制定或自身形成公共政策，可谓是美国法律史的重要特征。

在我国，法院无法律解释权，加之成文法传统的影响，判例制度十分薄弱，法院判决的社会影响力尚有限。因此，法院在公共政策形成方面的作为非常有限。但是，随着司法地位的提高，以及一些新型诉讼的出现，法院日益显现出在制定公共政策或者影响公共政策制定方面的作用。如 2003 年中国"首例虚拟财产案"② 引发社会广泛关注。网络游戏以互联网为平台，可多人同时在线游戏，具有广泛的参与性和内容上的互动性，吸引了大量的客

---

① ［美］本杰明·卡多佐：《司法过程的性质》，苏力译，商务印书馆 2000 年版，第 58 页。

② 本案案情如下：2002 年 1 月，李宏晨在朋友的推荐下与"红月"大型多人在线收费网络游戏"结缘"并很快成为发烧友。李宏晨先后花费了几千个小时的精力和上万元的现金，在"红月"游戏里积累和购买了几十种虚拟"生化武器"。2003 年年初，李宏晨的其中一个游戏 ID 级别已接近 1000。但 2003 年 2 月的一天，李宏晨发现自己在"红月"优雅处女服务器的账号内所有的虚拟装备丢失。经查证，这些装备已转移到另一个玩家那里。李宏晨随即向游戏运营商北极冰公司索要施盗者的具体资料，对方却以"玩家资料属个人隐私，不能提供"为由拒绝。2003 年 2 月 20 日，李宏晨到承德市公安局报案，但我国对虚拟财产的界定尚未立法，公安机关没有立案。游戏运营商不仅没有帮助李宏晨找回失窃的"网财"，还在事发不久又擅自将他的两个账号中所有装备删除，理由是这些设备是复制品。而这些装备有的是李宏晨花费时间、精力在游戏中获得的，有的则是用人民币向其他玩家购买得来的。李宏晨与北极冰公司交涉未果，便以游戏运营商侵犯其私人财产为由，将北极冰公司告上法庭，要求北极冰公司赔偿丢失的装备及精神损失费。一审法院北京市朝阳区人民法院认为，玩家玩游戏时，获得游戏时间和装备的游戏卡均要用货币购买，所以这些虚拟的"武器装备"是有价值的无形财产。由于运营商没对这些虚拟物品尽到保护义务，因而应恢复李宏晨所丢物品，并赔偿其经济损失。双方均不服判决，并提起上诉，2004 年 12 月 16 日，北京市第二中级人民法院作出终审判决，维持了一审判决，判令网络游戏经营者北极冰公司恢复游戏玩家李宏晨丢失的虚拟武器装备，并赔偿原告因诉讼产生的经济损失 1 140 元。这一判决给层出不穷的虚拟财产纠纷提供了有力参考。

户群，同时带动电信服务、IT 设备制造业等关联行业增长，产生了巨大的经济效益。但其引发的一些法律问题和社会问题也相继出现，其中"虚拟财产的法律界定"处于核心地位。根据相关报道，我国网络游戏的地下交易市场规模已经高达 10 亿人民币。① 一旦虚拟财产的性质得以明晰，相关交易的混沌状态就可避免，潜伏在虚拟财产交易中的巨额资本亦可浮出水面，可以公开地进行虚拟财产的生产和交易，拓展一个新的领域。新型的案件越来越多地涌入法院管辖范围，尤其是公民基本权利保障、环境保护、产品责任等领域涌现出越来越多的具有广泛影响的案件，法院在这些案件中的判决也产生了巨大影响，对某一行业或者某一领域具有政策性的引导或规范功能。

最高人民法院拥有司法解释权，从某种意义上说具有造法功能，它在政策形成方面以可有更大的作为。事实上，最高人民法院近些年来通过创制司法解释，在政策制定方面拥有了越来越重要的话语权。如 2004 年最高人民法院发布的《关于人民法院民事执行中查封、扣押、冻结财产的规定》，根据该规定，如果居民生活所必需的第一套住房出现还贷危机时，银行无权将抵押房产拍卖，这将极其不利于银行追讨不良贷款。为此，国务院发展研究中心金融研究所发布报告指出，截至 2004 年第三季度，我国住房抵押贷款存量已经超过了 1.71 万亿元，即使仅有 10% 的住房抵押贷款客户因《规定》出台而不能实现正常还贷，整个银行体系也会增加 20 亿元左右的坏账，同时还将由于银行抵押贷款的减少而造成对房地产业的投资出现波动。报告认为，"由于《规定》的部分条款设计不尽合理，可能会影响我国的金融安全与经济发展"，呼吁最高人民法院出台补充性条款。中国人民银行也不得不跟随最高人民法院的节奏，2005 年 3 月中旬央行两次调整了相关政策，其一是调整商业银行自营性个人住房贷款政策，其二是对房地产价格上涨过快的城市或地区，个人住房贷款最低首付款比例可由现行的 20% 提高到

---

① 地下交易是指游戏消费者之间通过互换虚拟物品或者用现实货币购买虚拟货币来满足其在游戏中能力提升、通关等需求的非传统交易，现实中已经出现了专营虚拟财产的公司，它们组织大量熟练人员玩游戏获得虚拟财产后，再以高价卖给普通游戏消费者，从中牟利。由于网络游戏消费者人数众多、购买欲强，利润极其丰厚，吸引了巨额资本的注入。

30％。① 可见，从某种意义上说，该《规定》的出台比加息及其他宏观调控手段对房地产业的影响更为巨大。类似的影响深远的司法解释并不少见。最高人民法院在政策形成方面的影响非同一般，并将发挥越来越重要的作用。

（三）服务中心工作的功能

在有些人看来，法院被视为政治统治的工具之一，与其他统治工具相比，法院只不过是通过司法审判的形式为政治服务。尽管随着法治理念的普及与深入，法院作为独立的审判机关的性质逐渐深入人心，但是，为中心工作服务，或者说为大局服务一直都是法院的一项重要功能，甚至成为其主要职能之一。在国家发展的不同阶段，人民法院都根据国家的中心任务与政治变化展开工作，这可从最高人民法院的历年工作报告中得以体现。

1950 年，最高人民法院设立不久，沈钧儒院长在当年的工作报告中强调："毛主席在论人民民主专政中已经明白地指出了：'我们现在的任务是要强化人民的国家机器，这主要是人民的军队，人民的警察和人民的法庭，借以保护国防和保护人民利益'……作为人民统治之一的人民法院，巩固革命胜利果实，保护新中国和平建设的任务，显得更加重要。我们人民法院是通过自己的审判工作来执行国家的政治任务的。"从那以后，最高人民法院参与的镇压反革命、土地改革、执行特赦、揭批"四人帮"、纠正冤假错案等，都是在直接地为国家的中心工作服务。②

基层法院同样如此，甚至在某些方面参与或者配合中心工作的程度更深。新中国成立初期，土改运动、"三反""五反"运动、普选运动、恢复工农业生产等渐次成为各个时期的国家中心任务。人民法院，特别是基层法院紧密围绕这些中心工作开展审判业务，甚至还承揽了一些审判之外的工作。土改运动时期，一些地方法院甚至成立了"土改分庭"，受理与土改相关的成分等案件。在恢复工农业生产时期，董必武曾经指出："现在人民最迫切需要的就是恢复和发展生产……我们司法工作要对人民恢复和发展生产

---

① 参见牛晓波：《平抑楼市：最高法司法解释"意外"之功？》，《21 世纪经济报道》2005 年 4 月 20 日，政经版。

② 参见喻中：《论最高人民法院实际承担的政治功能——以最高人民法院历年"工作报告"为依据》，《清华法学》第 7 辑。

给以适当的配合。"① 在合作化运动的高潮，某基层法院一月份抽调审判员三人，一个配备转高级社的工作，一个配备征集工作，一个配备审干工作。巡回法庭成立后，法庭人员在农忙时节也直接帮助群众赶收、赶种。该法院对此曾有明确规定："法庭工作都要从有利群众生产方面打算，特别是今后农忙开始，法庭干部尤应以身作则，利用（巡回办案时间）帮助群众生产，藉以调查了解材料，决不准因办案而使生产受到影响。"②

"文化大革命"之后，纠正"文化大革命"错误、平反冤假错案成为当时国家政治生活中的主要任务。在 1980 年最高人民法院的工作报告中，时任院长江华指出："从 1978 年 5 月第八次全国人民司法工作会议以后的两年多来，复查纠正冤假错案一直是人民法院的一项十分重要的任务"，法院围绕这一中心任务进行了大量的工作，也因此，这一年的工作报告中除了刑事审判之外，没有涉及其他类型案件的审判工作。可见，当时配合中央纠正冤假错案是法院压倒一切的中心任务。

改革开放以后，国家中心任务转向经济建设，"以经济建设为中心"成为国家长期以来的一项基本方针，人民法院顺应要求转而为经济建设保驾护航。1984 年最高人民法院的工作报告中指出："经济审判工作是新的历史时期人民法院的一项新任务。党的十一届三中全会以来，随着全党工作重点的转移和社会主义现代化建设事业的发展，迫切需要积极开展经济立法和经济司法工作，加强经济领域的社会主义法制，保障经济建设的顺利进行。人民法院从 1979 年下半年起逐步建立起了经济审判组织，开展了经济审判工作。"凡此等等，法院不仅服务于全国工作的大局，地方法院往往还服务于当地的工作大局，整顿社会治安、规范市场秩序、应对金融危机，等等，这些国家中心任务也随之成为法院在一定时期的中心工作。

三、最高人民法院的特殊地位与功能

在一国司法体系之中，最高法院占据着特殊的位置，它不仅是一个上诉审法院，处于司法体系最高位阶，还是一个具有特殊政治地位的机构，与立

---

① 董必武：《要重视司法工作》，见《董必武政治法律文集》，法律出版社 1986 年版，第 104 页。

② 高其才、左炬：《"为中心工作服务"：基层司法机关"专政工具"角色的确立与强化》，《清华法学》2009 年第 2 期。

法机关、行政机关共同构建起一国基本宪政框架，并在这一框架中占据举足轻重的地位，它的地位与价值往往是该国法治与宪政发达程度的主要标志。在西方采取三权分立制度的国家，最高法院还是制衡其他两支权力机构最重要的力量。因此，最高法院不仅具有司法功能，还具有政治功能。我国最高人民法院是最高审判机关，同时还是"一府两院"的宪法体制中的重要一环，与西方国家的最高法院类似，我国最高人民法院同样具有司法性与政治性的双重性质，但是这一双重性质的表现与西方国家的仍存在差异之处。

作为司法机关，最高人民法院审理民事、刑事、行政的一审、二审案件以及监督、再审案件。但是实践中，最高人民法院直接受理的一审案件微乎其微，到目前为止，除了四起刑事案件之外[①]，民事和行政一审案件尚未涉及。

总体来看，最高人民法院的审判负担相对较重。最高人民法院甚至不堪重负而几次通过提高各省高级法院受理一审案件的标的额，而相应减少进入最高法院的二审案件数量。尽管如此，最高人民法院每年进入实质性审判的案件仍在 3 000 件以上，各庭法官每年承办的多者达 40 件、参与合议的案件大约 100 件。最高人民法院某些审判庭通过行政性指令，要求各高级法院一年上诉至最高法院的案件不得超过某个数字。可以认为，最高法院变相行使受案许可权是为了满足现实需求而对于不合理制度的自发抵制、挑战和淘汰。然而，在我国两审终审制的审级结构中，上诉属于当事人的权利事项而不是法院许可事项，因而各高级法院要把这个数字控制在最高法院要求的幅度之内，唯一能够援引的法律条款是《民事诉讼法》（1991 年）第 39 条关于管辖权转移的规定，将自己对某些案件的一审管辖权转移给下级法院，但这一做法恰恰损害了当事人的审级利益，并且为地方保护主义者用以把终审权控制在自己的辖区范围提供了制度性的机会，因而这种实践的正当性面临挑战。[②]

---

① 这四起刑事案件是：1954 年约翰·托马斯·唐奈和许广智等 11 人危害中国安全、背叛祖国案；约翰·诺克斯·阿诺德等 11 人危害中国安全案；1956 年对由最高人民检察院提起公诉的日本侵华战争犯罪案件的 45 名被告的审判；1980 年对由最高人民检察院提起公诉的林彪、江青反革命集团案的 10 名被告的审判。

② 参见傅郁林：《论最高法院的职能》，《中外法学》2003 年第 5 期。

作为宪政架构中重要分支的最高人民法院，显然要承担比司法审判更为复杂的任务，如政策形成功能主要即由最高法院承担，统一法制功能是最高法院以司法解释或者判例示范的方式承担。在这些功能中，最为重要的是权力制约功能。在西方国家，最高法院通过行使司法审查权而构建起对立法的有效制约。当违宪审查权交诸法院行使时，法院的地位便大大提升，如果说法院的传统地位仅是解决纠纷机关，那么违宪审查功能便使法院上升为政治机构，且获得一种对行政、立法机关特别是对立法机关的俯视地位，因为仅仅依据宪法来审查法律，便使得以司法为准则的法院获得一种在传统体制下难以想象的地位。① 美国联邦最高法院、德国联邦宪法法院等在这方面表现尤为显著，它们在各自国家中为权力制衡机制的发展发挥了极为重要的作用。

我国最高人民法院在这方面也发挥了一定程度的作用，但与西方国家表现出不同的特点。最高人民法院对国家行政机关的制约主要通过行政审判的方式进行。由于级别管辖制度的缘由，高级法院审理作为一审的"省内有重大影响和复杂"的案件并不多，最高法院的二审案件也不多。如，2003 年至 2007 年的五年时间内，最高人民法院审理行政案件仅 1 242 件，国家赔偿案件 313 件，行政案件在最高人民法院审理的各类案件之中所占比重极低。另外，由于行政诉讼范围比较窄，法院只对具体行政行为进行司法审查，而对于抽象行政行为则无权审查，最高法院不得不承担起代表法院向国务院转达审判中遇到的行政法规、地方性法规与法律冲突问题的任务。最高法院扮演的是转达、督办的角色，而非审判角色。在我国的权力架构和权力运行中，最高司法权仍然没有对行政权形成必要的制约。

世界各国的最高法院对立法权的制约，主要通过对立法机关所立法律的合宪性进行审查以及对宪法予以解释的方式来完成。但我国最高人民法院尚不具备该权力。根据《立法法》第 90 条，最高人民法院与其他中央国家机关，认为行政法规、地方性法规、自治条例和单行条例同宪法、法律相抵触的，可以向全国人大常委会书面提出进行审查的要求，由常委会工作机构分送有关专门委员会进行审查、提出意见。因此，最高法院尚无权对行政法规、地方性法规、自治条例和单行条例是否同宪法、法律相抵触直接作出判

---

① 参见左卫民、周长军：《变迁与改革：法院制度现代化研究》，法律出版社 2000 年版，第 98 页。

断，无权直接判定某抽象行政行为因与法律抵触而无效，也无权直接向制定机关"提出书面审查意见"。下级法院审判中遇到的这类问题也只能逐级报告到最高法院。最高人民法院尚不能对立法行为行使必要的制约，这与我国的宪法体制有着密切关系。

四、强化人民法院的宪法地位

（一）人民法院独立审判原则的宪法化

我国现行《宪法》第126条规定："人民法院依法独立行使审判权，不受行政机关、社会团体和个人的干涉。"对该条款作为我国的"审判独立"原则，我国的学者一般认为包括三层含义：一是人民法院只能依照法律来办理案件，除此之外，不服从任何行政机关、社会团体和个人有关处理具体案件的指示和命令；二是任何行政机关、社会团体和个人不得参与人民法院处理案件的活动；三是我国独立行使审判权的主体是人民法院，而非法官。[①]在我国，人民法院在审理案件过程中，如果是重大、复杂的案件，应该由审判委员会集体讨论，集体作出决策。但事实上，司法独立的终极意义是为了保障裁判者的个人独立，因为如果人民法院的整体都不能独立，那么法官的独立更无从谈起。所以，在我国应确立人民法院独立审判原则，其中以法官独立为核心要素。

（二）理顺人民法院与外部机构的关系

人民法院在审理案件中无疑要牵涉各方面的关系。在我国，有不少机构可以对人民法院的审判工作产生影响。前文已经论述了各级人民代表大会及其常委会、各级地方人民政府以及人民检察院与人民法院的关系，但是，如果上述机构行使职权不当，可能导致法院独立行使审判权难以落实，并使法院最终沦为司法地方化的牺牲品。

1. 人民法院与各级人民代表大会及其常委会的关系

人民法院接受人大及其常委会的监督具有积极意义，但如果人大及其常委会或人大代表不当行使监督权，也有可能产生消极影响。如在实践中，有

---

① 参见程荣斌主编：《刑事诉讼法学》，中国人民大学出版社2004年第2版，第99页；江伟主编：《民事诉讼法学》，中国人民大学出版社2004年第2版；张千帆：《宪法学导论》，法律出版社2008年第2版，第363页。

少数地方的人大代表在人大开会期间要求人民法院报告一些具体案件的情况，甚至施加压力，要求人民法院对某件案件复审或作如何处理。[①] 我们认为这些做法是不妥当的，也是没有法律依据的。第一，人民法院的工作报告对象是各级人大及其常委会，而非向个别人大代表报告工作。第二，人民法院工作报告是对前段时间的工作总结以及对未来工作的部署，而非对具体个案的报告。所以，上述人大代表行使职权时超越了自己的职权范围，干扰了法院依法独立行使审判权。联合国《关于司法机关独立的基本原则》第 1 条就规定："各国应保证司法机关独立，并将此项原则正式载入其本国的宪法或法律之中，尊重并遵守司法机关的独立，是各国政府机构及其他机构的职责。"

因此，要正确处理好人民法院与各级人民代表大会及其常委会的关系，必须要正确处理好司法独立与人大监督的关系：首先，各级人大及其常委会必须认同审判独立，尊重人民法院依法独立行使审判权；其次，各级人大及其常委会要支持人民法院的工作，为审判独立提供保障，例如财政保障、人事保障等；最后，各级人大及其常委会必须对人民法院工作进行监督，以保障司法权合法行使。

2. 人民法院与地方各级人民政府的关系

人民法院与地方各级人民政府的关系有两种样态：文本中的与实践中的。依据宪法规定，我国的政治权力构造是"一府两院"，即各级人民政府、人民法院和人民检察院，"一府两院"都由各级人民代表大会及其常委会选举产生，并向其负责。在宪法文本上，各级人民法院与对应的各级地方政府是平级的，但实践中两者的关系并非如此简单。首先，各级人民法院在财政、人事上受制于地方各级人民政府；其次，在行政级别中，各级人民法院院长的级别低于对应的地方各级人民政府首长的级别；再次，行政权还对司法权进行渗透与挤压。维护司法独立、革除司法地方化、司法行政化的关键是正确处理人民法院与地方各级人民政府的关系。

如何理顺人民法院与地方各级人民政府的关系，很多学者曾有论述，总体来说主要有两类观点：第一类观点将改革的目标直接指向各级法院的设

---

① 参见杨宇冠：《国际人权法对我国刑事司法改革的影响》，中国法制出版社 2008 年版，第 178 页。

置。这种观点认为，地方法院司法区域与行政区域的重合是滋生地方保护主义的制度性根源，因此，改革现行司法体制的关键是打破现行法院体系，对各级法院进行重新设置。① 第二类观点主张以法院财政和人事制度的改革来克服地方保护主义，不涉及法院设置的调整。持这种观点的学者，基于地方保护主义直接起因于地方权力机关、行政机关、党组织在法院财政预算和人事任免方面享有决定权这一事实，主张通过把这两种权力收归中央或较高级别权力机关，以克服司法权地方化的积弊，保障国家法制的统一。② 综合分析上述两种观点，我们认为第二类观点更为可取，也更具有可行性。具体来说：第一，人民法院财政保障。各级人民法院的财政由国家财政负担，将各级人民法院从地方财政体系中剥离出来。近期内，可以考虑由省级财政来保障各省、自治区和直辖市内法院的财政支持。第二，人事保障。现行体制下，人民法院的法官是由地方各级人民代表大会及其常委会任命，这样法院在人事上容易受制于地方，是司法地方化的重要诱因。因此，要强化法院的国家性质，在法官的任命等方面做必要的改革，保障法院在人事上独立于地方各级人民政府。

3. 人民法院与人民检察院的关系

对于人民法院与人民检察院的关系，学者们众说纷纭，但其本质在于对人民检察院刑事公诉权性质的认识存在差异。对此，学术界主要有如下几种观点：一是行政权说，认为检察机关刑事公诉权属于行政权[③]；二是司法权说，认为检察机关刑事公诉权本质上属于司法权[④]；三是准司法权或双重属性说，认为检察机关刑事公诉权具有司法权和行政权的双重属性；四是法律监督权说。[⑤]

① 参见欧阳顺乐：《改革现行法院体制，确保审判权的独立行使》，见《中国司法制度纵横谈》，人民法院出版社 1994 年版；沈德咏：《为中国司法制度改革问诊切脉》，《中国律师》1997 年第 7 期；常克义：《也说司法体制改革》，《中国律师》1997 年第 7 期等。

② 参见谭世贵：《论司法独立》，《政法论坛》1997 年第 1 期；张愍、蒋惠岭：《法院独立审判问题研究》，人民法院出版社 1998 年版，第 220—221 页、第 249—250 页。

③ 参见龙宗智：《论检察权的性质与检察机关的改革》，《法学》1999 年第 10 期。

④ 参见龙宗智：《论检察权的性质与检察机关的改革》，《法学》1999 年第 10 期；龙宗智：《试论检察官的定位》，《人民检察》1999 年第 7 期；徐益初：《析检察权的性质及其运用》，《人民检察》1999 年第 4 期，等等。

⑤ 参见张穹：《公诉问题研究》，中国人民公安大学出版社 2000 年版，第 74 页。

　　基于检察机关的宪法定位，应当切实贯彻宪法规定的三机关"分工负责、互相配合、互相制约"原则，突出相互制约的功能。我国正在建设社会主义法治国家，建设社会主义法治国家就要求建立社会主义宪政，而社会主义宪政的基础之一就是对人民法院功能的正确认识。在目前的政治体制中，行政权一家独大，没有受到法律的有力制约，法院与公安机关、检察机关统称为司法机关，都是"兄弟单位"，法院被赋予极强的政治功能，作为公正裁决者的角色未被确立。但是，司法独立原则要求确立法院的公正裁决者身份，也要求确立法院在司法程序中的权威地位。联合国《关于司法机关独立的基本原则》规定："司法机关应对所有司法性问题享有管辖权，并应拥有绝对权威就某一提交其裁决的问题按照法律是否属于其权利范围作出决定。不应对司法程序进行任何不适当或无根据的干涉；法院作出的司法裁决也不应加以修改。"因此，必须正确处理人民法院与人民检察院的关系，确立人民法院的权威地位以及公正司法裁判者的角色。

　　（三）坚持司法为民的宪法原则

　　新一轮的司法体制改革最大的特色在于强调司法的民主性，明确提出了"健全司法为民的工作机制"。有人做过统计，在法院一五改革纲要中，"人民群众"出现2次，"人民陪审员"出现5次；在二五改革纲要中，"人民群众"出现2次，"人民调解"出现1次，"人民陪审员"出现4次。但在三五改革纲要中，"人民群众"出现高达21次，"人民陪审员"出现3次，"人民"单独出现3次，"人民利益"出现2次，"人民调解员"出现1次。这些词汇中，"人民"共出现30次，是此前两个改革纲要总和的两倍还多。虽然这些词汇的演变，不一定具有实质性的内涵，但从一个侧面可以看出三五改革纲要的重点是试图建立满足人民需求的、符合党的事业和社会主义事业大局的司法体系。这也是科学发展观的基本要求，是以人为本理念在司法领域的具体展开。如何理解司法为民，司法民主化与司法职业化的关系，关系着司法改革的方向，也是近年来学界与实务界争论最多的问题之一。

　　对于司法为民宗旨的提出，不能简单地将其视作司法对政治的回应与附和。环顾全球司法改革的动向，司法为民其实是世界司法发展的潮流之一。第二次世界大战以来，随着自由主义法治国家观向福利主义法治国家观的转换，在社会正义思潮和司法福利主义的影响下，西方国家在第二次世界大战之后掀起了一场持续至今的司法改革运动。在西方国家的司法改革之中，影响尤为深远的是"接近正义运动"。20世纪70年代以来，在意大利著名的法学家卡佩莱蒂的倡导下，提出了各国政府有义务保护当事人的接受裁判权，为当事人从实质上接受裁判权提供应有的保障的理论，并在此理论的指导下，掀起了一场遍及世界许多国家的"接近正义运动"①。概括而言，这一改革运动主要包括以下内容：（1）对诉讼费用和律师费用进行改革；（2）加强对贫困者的法律援助；（3）放宽起诉条件，建立公益诉讼制度；（4）推动诉讼程序的快速展开；（5）确立多元化的纠纷解决机构和机制等。从本质上而言，这是西方国家在司法职业化之后，回归司法民主化的努力，重新认识司法的根本目的，使大众得以平等地享用司法福利、接近正义，是这项改革运动的基本意旨。韩国和日本实行的"裁判员制度"以"国民参加司法"为宗旨，体现了宪政的基本精神：个人权利保障的自由主义思想；把国民的意志体现在裁判过程的民主主义思想。

从世界范围看，各国的司法改革虽然各有重点，各具特色，但就其基本价值取向而言，在这一司法改革的浪潮中，各国不约而同地把改革的目标定位于为社会大众提供便民化的司法运作机制，让民众接近司法，以确保其接近司法乃至接近正义的权利。在这一目标之下，各国纷纷采取了诸如简化程序、强化调解、降低成本、法律援助、人性化司法、多元化解决纠纷等一系列大同小异的改革措施，形成了司法民主化或者司法便民化的一股潮流。

我国的司法改革是在人民代表大会制度和宪政框架下进行的，但有必要充分关注世界范围内的司法改革的动向，因此，司法为民的提出可谓顺应了世界司法改革的趋势。

同时，司法为民也契合了中国传统的司法文化。中国传统的司法文化与西方强调程序、仪式等形式主义理性不同，而是以大众化、追求实质正义为特征，马锡五审判模式是这一传统的典型代表。前十年的司法改革以司法职业化为基本特征，便民、积极的司法模式往往成为批评的对象。在一度遭到批评、受到冷遇之后，司法为民的功能与价值又重新受到了理论与实务的重视。

---

①　参见［意］卡佩莱蒂：《福利国家与接近正义》，刘俊祥等译，法律出版社2000年版，第4页。

为民司法解决的是"为谁掌权、为谁执法"的问题，是民主化潮流在司法领域的具体展开。通过简易程序、小额程序、调解制度、多元化纠纷解决机制、陪审制、法律援助、公益诉讼等制度创新与改革，以及贯穿诉讼始终的各种便民、利民的人性化措施，使人民更易接近司法，利用司法机制。司法为民实质上就是保障公民的诉权问题。诉权是一个争议颇大的概念，有着不同风格的定义，如"接受裁判权"、"接近法院的权利"、"公正审判请求权"、"司法受益权"、"积极地利用国家所建立的司法救济管道"[①]的权利。在现代社会，许多国家已将其作为一项基本的宪法权利而明确规定于宪法之中。《日本宪法》第32条规定，任何人在法院受审判之权利，不得被剥夺。《意大利宪法》第24条规定，全体公民都有权自由地向法院提起诉讼。我国台湾地区"宪法"第16条规定，人民有请愿、诉愿及诉讼之权。除宪法之外，世界人权宣言和公约中对诉权也作了明确宣示。《世界人权宣言》第8条规定，人人于宪法或法律所赋予之基本权利被侵害时，有权享受国家管辖法庭之有效救济。《公民权利与政治权利公约》、《欧洲人权公约》等法律文件也有类似规定。因此，在我国有一些学者主张应该将诉权写入宪法。

司法为民或者说司法民主化并不能否定司法职业化的基本属性。作为一种解决纠纷的专门活动，司法必须专业化和职业化，应当具有自己特有的职业技术、职业伦理和职业规范，正当程序、司法中立、独立审判等应当是现代司法制度的基本原则。

西方国家的司法民主化实质上是在司法职业化完成之后，对司法职业化与精英化的一种纠偏，通过民主化改革，使司法活动不至于成为一些精英所垄断的活动，使司法领域的专门知识和价值判断不至于偏离常识和社会共同体的价值太远。所以，西方国家司法民主化改革并不是从根本上否定司法的职业化与专门化，而是对其的一种纠正和完善。

因此，不能简单地以西方的司法民主化潮流来为中国司法为民的改革做注脚。因为中国依然走在朝向司法现代化的道路上，现代化尚未完成，谈何对现代化的反思和纠正？有人认为中国的发展道路不一定按部就班，只有在司法现代化完成之后才能反思司法现代化的弊端。这样的说法不无道理，司

---

① 许志雄等：《现代宪法论》，元照出版公司2000年版，第215页。

法的职业化与民主化改革可以同步进行。但是，目前司法体制的主要问题并不是民主化不够，而恰恰是职业化程度不高。如果司法还未实现现代化，法院尚不能独立行使审判权，那么司法公正也难以实现，为民司法也将难以实现。

第二章

中国陪审制度的宪法基础

——以合宪论和违宪论的争论为中心

　　陪审制度是国家审判机关吸收普通民众参与司法活动的制度设计，也是实现司法民主的基本形式之一。人民陪审员制度，作为中国司法制度的重要组成部分，是根据一定程序和方式从公民当中产生人民陪审员，参与到法院的审判组织中，行使与法官相同的权力。在中国现行宪法文本中，并未直接规定人民陪审员制度，而在司法实践中，这一制度的依据主要是《关于完善人民陪审员制度的决定》《人民法院组织法》以及立法机关通过的其他法律文件。由此，围绕该制度是否具有宪法基础，引发了学术界的不同争论。其中，人民陪审员制度的合宪论与违宪论是两种不同的学术主张。

一、人民陪审员制度在新中国宪法上的演变

　　新中国成立后，1951 年颁布的《中华人民共和国人民法院暂行组织条例》根据《中国人民政治协商会议共同纲领》（以下简称《共同纲领》）第17 条及《中央人民政府组织法》第 5 条、第 26 条、第 30 条的规定[①]，规定了具有选择性的陪审员制度。该《条例》第 6 条规定：为便于人民参与审判，人民法院应视案件性质，实行人民陪审制。陪审员对于陪审的案件，有

---

　　① 《中央人民政府组织法》第 5 条规定了最高人民法院为国家的最高审判机关；第 26 条规定了最高人民法院负责领导和监督全国各级审判机关的工作；第 30 条规定，最高人民法院组织条例由中央人民政府委员会制定。

协助调查、参与审查和提出意见之权。[1] 1951 年，时任最高人民法院院长的沈钧儒在《最高人民法院工作报告》中指出："人民司法工作，是依靠人民、便利人民、为人民服务的工作，人民司法工作者应该全心全意为人民服务，因而群众路线是人民司法工作的一个基本问题，人民陪审可谓这一问题的具体说明。"

作为新中国第一部社会主义类型的 1954 年宪法，首次在宪法文本上规定了人民陪审制度，第 75 条规定："人民法院审判案件依照法律实行人民陪审员制度。"[2] 为什么建立这个制度？彭真在 1953 年政务院政治法律委员会党组向中央的报告中谈到：在一审案件中，由群众选举公正的陪审员参加审判，不仅容易在较短的时间内把案情弄清，因而使案件容易得到正确处理，并且可以密切法院与群众的联系，使群众确实感到自己是国家的主人，增强群众对国家的责任感。[3] 这一解释可以理解为当时规定陪审制度的基本理念与目的，即通过群众选举的代表参与审判过程，密切法院与群众的关系，实现审判中的民主主义价值。当时学术界对人民陪审员制度的定义是："吸引广大人民群众参加国家管理的重要原则和方式之一，它表现为由人民选出自己的陪审员同人民法院的审判员一道去共同行使国家的审判权。"[4] 可以说，1954 年宪法的规定是新中国陪审制度的宪法依据与基础。在同年通过的《人民法院组织法》中人民陪审制度被进一步确立为一项司法原则。到了 20 世纪 50 年代后期，随着政治运动加剧，陪审制度的民主意义和司法作用被逐渐淡化，到了 60 年代初期，不少地方陪审制度在实践中已不再执行。"文化大革命"时期，人民陪审员制度基本被废除。1975 年宪法曾规定："检察和审理案件，都必须实行群众路线。对于重大的反革命刑事案件，要发动群

---

[1] 《共同纲领》第 17 条规定：废除国民党反动政府一切压迫人民的法律、法令和司法制度，制定保护人民的法律、法令，建立人民司法制度。这一条可以说是建立人民陪审员制度的依据之一，但不能说《共同纲领》规定了人民陪审员制度。国内很多文献把新中国陪审制度的渊源追溯到《共同纲领》是不准确的。因为《共同纲领》的整个文本并不存在有关陪审制度的规范性内容。

[2] 在 1954 年宪法的制定过程中，规定人民陪审员制度是大家的共识，几个草案对人民陪审员的表述基本相同。作为宪法草案第一稿的中共中央宪法草案第 68 条规定：各级人民法院审判案件依照法律实行人民陪审制。中央人民政府第 30 次会议通过的宪法草案第 75 条把"人民陪审制"改为"陪审员制度"。正式通过的宪法文本采用了"人民法院审判案件依照法律实行人民陪审员制度"。

[3] 参见《彭真文选（1941—1990）》，人民出版社 1991 年版，第 239 页。

[4] 蒋碧昆：《〈中华人民共和国宪法〉名词简说》，湖北人民出版社 1957 年版，第 40 页。

众讨论和批判"，审判活动中会请一些甚至很多群众参加，但是这种做法与陪审制度绝难同日而语。①

　　"文革"结束后，司法制度百废待兴。1978 年宪法在一定程度上恢复了陪审制度，并规定，"人民法院审判案件，依照法律的规定实行群众代表陪审的制度"。在其后颁布的 1979 年《刑事诉讼法》和《人民法院组织法》都规定了人民陪审员制度。但 1982 年宪法没有对陪审制度作出规定。1983 年修改《人民法院组织法》时，将原规定第一审应实行陪审的制度改为"由审判员组成合议庭或者由审判员和人民陪审员组成合议庭进行"，从而赋予了人民法院选择适用陪审制的灵活性。1989 年《行政诉讼法》和 1991 年《民事诉讼法》也作出类似规定。在司法实践中，各地法院采用陪审制度的做法不一。20 世纪 90 年代后期曾一度出现公民参与不积极，许多法院很少采用陪审员办案现象。②

　　90 年代末期，根据司法实践与司法民主化发展的需要，最高人民法院积极推动陪审制度的改革。1999 年印发的《人民法院五年改革纲要》中明确提出完善人民陪审员制度，提出"对担任人民陪审员的条件、产生程序、参加审判案件的范围、权利义务、经费保障等问题，在总结经验、充分论证的基础上，向全国人大常委会提出完善我国人民陪审员制度的建议，使人民陪审员制度真正得到落实和加强"。2004 年 8 月，十届全国人大常委会通过了《完善人民陪审员制度的决定》（以下简称《决定》），于 2005 年 5 月 1 日正式实施。这一决定具有单行法律的性质，对人民陪审员审理案件的范围、人数、条件、任期、选任方式、经费保障、有关单位的义务等问题进行了较为全面的规定，从立法上完善了这项制度，在一定意义上赋予了陪审制度新的内涵。截至 2009 年 3 月，全国各级法院共有人民陪审员 55 000 多人，参与审理案件 50 多万件，参与审理案件数比 2008 年上升 34%。③

---

　　① 参见何家弘：《陪审制度纵横谈》，《法学家》1999 年第 3 期。

　　② 参见王敏远：《中国陪审制度及其完善》，《法学研究》1999 年第 4 期。由于农村实行联产承包制、企业实行奖金制度、法院出现经费紧张等因素，农民、居民和工人不愿意当人民陪审员，多数法院也不愿意请陪审员参加陪审。详见吴明童：《我国人民陪审员陪审制度删除揭密》，见陈光中主编《依法治国与司法公正——诉讼法理论与实践》，上海社会科学出版社 2000 年版，第 1056—1057 页。

　　③ 参见最高人民法院院长王胜俊于 2009 年 3 月 10 日在十一届全国人大二次会议上所作的《最高人民法院工作报告》。

二、现行宪法文本上人民陪审员制度的地位

中国现行宪法文本没有直接规定人民陪审员制度，由此引发了合宪论和违宪论之间的学术争论。

1. 违宪论和合宪论的主张

主张"违宪论"的学者认为，1954 年《宪法》规定了人民陪审制度，1975 年《宪法》取消，1978 年《宪法》恢复，而 1982 年宪法再次取消这一制度。这不是立法者偶然的疏忽，而是一种有意的制度安排，也就是说，现行宪法取消陪审制度，表明了立法者对这一制度的否定态度。而《人民法院组织法》及三大诉讼法的规定，是对宪法精神的背离。人民陪审员制度目前已没有了宪法依据。[①] 也有学者指出，从 1982 年宪法不规定陪审制度到 1983 年修改《人民法院组织法》时允许法院选择适用陪审制的情形看，立法机关有意淡化了陪审制，陪审制度已经不再是法院审理一审案件的司法原则，陪审作为曾经的原则已经被废除，只是作为陪审方式在法律的规定中并未被否定。[②] 还有学者认为，《人民法院组织法》关于人民陪审的规定是违背宪法（宗旨）和立法本意的。理由就是，宪法是我国的根本大法，其他任何法律都必须以其为根据。在宪法明文取消了陪审制的前提下，《人民法院组织法》却仍然规定陪审，这不能不是对宪法的最高权威的漠视，是违背"宪法至上"原则的。[③] 基于"违宪论"，有的学者直接提出取消陪审制度。[④] 有的学者认为："陪审完全是舶来之物，既无价值且生诸多麻烦与困扰，影响诉讼效率"，是一项应予废除的制度。[⑤] "这项制度给我们带来的麻烦与烦恼已经不算太少，我们应当面对现实，忍痛割爱，不再为该项制度所困扰"[⑥]。还有学者从更"宽"的角度主张，大陆法系完全可以放弃混合式陪

---

① 参见房保国：《我国陪审制度改革十大论纲》，《上海法学研究》2001 年第 1 期。

② 参见王敏远：《中国陪审制度及其完善》，《法学研究》1999 年第 4 期。

③ 参见申君贵：《对我国陪审制的否定性思考》，《中国律师》1999 年第 4 期。

④ 参见刘艺工、李拥军：《关于人民陪审制度难以执行根源的探讨》，《甘肃政法学院学报》1998 年第 1 期。

⑤ 参见王敏远：《中国陪审制度及其完善》，《法学研究》1999 年第 4 期。

⑥ 徐静村主编：《二十一世纪刑事程序改革研究》，法律出版社 2003 年版，第 15 页。

审制度，另找适合自己诉讼模式的司法民主形式。[①]

与此相反，主张陪审制度合宪的学者认为，陪审制度是司法制度的重要组成部分，有些法律制度虽在宪法文本上没有规定，但通过法律是可以建立的，宪法文本是否规定不能成为判断一项法律制度是否违宪的唯一标准。另外，多数学者主张陪审制度通过改革和不断完善，可以继续保持生命力，认为：人民陪审制可以弥补法官数量的不足；可以实现职业法官与普通民众的优势互补，从而有利于保证裁判的公正性；可以有效地防止司法腐败和司法专横；有利于维护司法独立和司法民主；可以使公众了解和认识司法并树立对司法的信心；可以起到对民众进行普法的作用；等等。[②] 中国政府 2008 年发布的《中国法治发展白皮书》中也肯定了人民陪审员制度，认为：人民陪审员依法参加合议庭审判案件，除不得担任审判长外，与合议庭其他成员享有同等的权利，承担同等的义务，并共同对事实认定、法律适用独立行使表决权。

2. 现行宪法文本没有规定陪审制度的原因分析

有关陪审制度的违宪之争和存废之争，都涉及宪法文本与陪审制度的关系问题。为什么现行宪法没有规定陪审制度？笔者认为，现行宪法没有规定陪审制度是由各种综合因素所决定的，应从综合的视角分析这一问题，不宜仅仅根据文本作出判断。

现行宪法是 1982 年 12 月 4 日通过的，当时修改宪法草案的整体背景是：总结“文化大革命”破坏法制的教训，强调保护公民的权利，消除“大民主”、“群众运动”给民众生活带来的消极影响，建立新的宪法秩序。在讨论宪法草案时，围绕是否规定人民陪审员制度，曾有两种意见：一种意见认为，人民陪审员制度是我国长期以来实行的一项重要制度，对于正确处理案件，维护公民合法权益有积极的意义，要求宪法继续规定这一制度；另一种意见认为，人民陪审员制度是一项好的制度，但是实行起来有很大困难。所谓困难表现在：“文化大革命”时期法制受破坏，许多人缺乏法律常识，能够胜任人民陪审员的人少；人民陪审员应有一定报酬，但当时不好解决经

[①]　参见左为民、周石帆：《国外陪审制的比较与评析》，《法学评论》1995 年第 3 期。
[②]　参见司英：《坚定地推进人民陪审员制度》，《中国人大》2005 年第 6 期。

费，如宪法规定这一制度，而事实上在较长时间内又不能实现，则有违宪问题。① 肖蔚云教授认为，宪法没有规定人民陪审员制度，"并不排除有条件的地方可以继续实行这一制度"，这样比较符合我国的实际。② 由此可见，认为"不规定人民陪审员制度是立法者的否定性态度"的观点是缺乏根据的，无论是主张实行还是不实行陪审制度，立法者对陪审制度的作用基本上给予了肯定。

当然，不实行陪审制度也有其他方面的原因。如 1978 年宪法中"依照法律的规定实行群众代表陪审的制度"的规定使一些人容易回想起"大民主"的群众运动和个人权利受破坏的情景，自然对与"群众运动"有内在联系的陪审制度产生强烈的反感。③ 当时陪审制度或者被弃之不用，或者其实施流于形式，没有产生实际效果，处于萎缩状态。④ 1982 年 3 月 8 日，全国人大常委会公布实行的《民事诉讼法（试行）》中已经没有陪审制度的内容，改为可供选择的审判组织形式，没有作为基本制度而规定。⑤ 对此，也有学者认为，现行宪法起草时，国家推行专家治国的基本理念，强调专业性与专业人才的作用，具有非专业化背景的"人民陪审员"自然得不到社会民意的支持。

从规范的层面看，现行宪法没有规定陪审制度可能与保持规范体系内部的统一性有关。《宪法》第 126 条规定：人民法院依照法律规定独立行使审判权，不受行政机关、社会团体和个人的干涉。当时对这一规范的基本理解是：审判权只能由法院依法行使，其他任何机关都不能行使审判权。既然审判权来源于宪法的授权，只能由法官行使，如人民陪审员行使审判权，有可

---

①　参见肖蔚云：《我国现行宪法的诞生》，北京大学出版社 2004 年版，第 548 页。肖蔚云教授亲自参加了 1982 年宪法的修改过程，他的一些观点可以反映宪法起草委员会秘书处的意见。

②　参见肖蔚云：《我国现行宪法的诞生》，第 548 页。

③　也有学者认为，"文化大革命"后大批老干部回到各自领导岗位，他们对"文化大革命"时的群众运动深恶痛绝。这也是陪审制度不受重视的原因之一。参见吴玉章：《我国陪审制度的兴衰》，《读书》2002 年第 7 期。

④　参见叶孝信：《中国法制史》，复旦大学出版社 2002 年版，第 469 页。

⑤　据有关学者介绍，《民事诉讼法草案》初稿第一稿、第二稿、第三稿和第四稿曾规定人民陪审员陪审制度，如第四稿规定："人民法院审判第一审民事案件，依照本法实行人民陪审员陪审制度"，但最后通过时修改为"人民法院审判第一审民事案件，由审判员、陪审员共同组成合议庭或者由审判员组成合议庭。合议庭的成员，必须是单数。"吴明童：《我国人民陪审员陪审制度删除揭密》，见陈光中主编《依法治国与司法公正——诉讼法理论与实践》，第 1057 页。

能与宪法规定之间产生冲突，造成人民陪审员的权力失去合法性基础。[①] 也许宪法的起草者们在一定程度上考虑到了法院独立行使审判权的属性问题，试图保持宪法规范体系的内在统一性。

3. 人民陪审员制度的合法性与合宪性关系

人民陪审制度的合法性是大家都公认的，但在是否具有合宪性问题上意见分歧比较大。笔者认为，仅仅因为 1982 年宪法文本没有明确规定就认定陪审制度没有宪法依据，并由此判断其违宪，是有失偏颇的。陪审制度虽在宪法文本中没有直接体现，但它符合宪法保障人权、促进民众参与司法的基本理念，在整个宪法规范体系与脉络中可以找到相应依据。从宪法的规范角度和该制度的功能看，人民陪审员制度存在一定的宪法基础。

（1）合宪性与合法性的关系

中国宪法规定了宪法的最高法律效力原则，要求"一切法律、法规不得与宪法相抵触"，凡与宪法相抵触的法律、法规是无效的。在宪法没有规定陪审制度的情况下，其他法律规定陪审制度是否与宪法规定相抵触？

从严格意义上讲，对法律是否违宪的判断是在法律已颁布并产生实际法律效力、已出现宪法问题时出现的。所谓违宪，是指违反宪法，包括违反宪法的规定、原则和精神。违宪与合宪中的"宪"是指宪法，判断违宪与合宪的基准是一个国家具有最高效力的宪法。中国宪法学意义上的违宪是指直接违反宪法的情形。[②] 违宪审查机关依照程序对某一法律进行审查后发现违反宪法的事实时可作出"违反宪法的"决定。以宪法为基础时，规范的表现形式是不尽相同的。1）有的法律第 1 条并没有明确表述本法的宪法依据，如《人民法院组织法》第 1 条；2）有的法律在第 1 条中明确"依据中华人民共和国宪法的有关规定……制定本法"；3）大部分法律的第 1 条中明确规定"根据宪法……制定本法"；4）有的法律在序言中规定宪法依据，如《香港特别行政区基本法》和《澳门特别行政区基本法》的序言规定：根据中华人民共和国宪法，全国人民代表大会特制定中华人民共和国香港澳门特别行政区基本法……

从宪法依据的角度看，1979 年颁布的《人民法院组织法》第 10 条规定

---

① 参见陈家新：《人民陪审员制度的改革刍议》，《政法论坛》1990 年第 6 期。

② 详见胡锦光、韩大元：《中国宪法》，法律出版社 2004 年版，第 144—145 页。

的人民陪审员制度是以 1978 年《宪法》第 41 条第 2 款为依据的，具有合宪性基础。① 但在 1983 年，全国人大常委会通过对《人民法院组织法》的修改，调整了人民陪审员制度，即把第一审中必须实行的陪审制度调整为"由审判员组成合议庭或者由审判员和人民陪审员组成合议庭进行"的选择性制度。由于《人民法院组织法》第 1 条没有明示"根据宪法制定本法"的原则，当宪法规范与普通法律规范之间出现不协调因素时，难以采用"合宪性推定原则"赋予其合宪性基础。而《刑事诉讼法》、《民事诉讼法》和《行政诉讼法》是全国人民代表大会制定的基本法律，第 1 条明确规定"根据宪法制定本法"，由此获得了一定的合法性与政治道德基础，弥补了合宪性的缺陷与可能出现的不确定性因素。从未来建设法治国家的基本要求看，立法者需要确立一个原则，即哪些法律的制定必须明文规定"根据宪法"，哪些法律可以不规定，或者哪些是属于立法者任意选择的立法政策或立法技术。从目前全国人大及其常务委员会制定的法律看，似乎看不出存在着严格的立法规则或规律。

（2）中国宪法规范中存在建立陪审制度的基础

如《宪法》第 2 条规定"中华人民共和国的一切权力属于人民"，第 3 条规定"人民依照法律规定，通过各种途径和形式，管理国家事务，管理经济和文化事业，管理社会事务"的规定。此处的"人民"，主要体现为一种政治概念，是由公民组成的集合体，可以归结为一种参政权。参政权已被现代法治国家普遍认同为公民的一项基本政治权利。人民陪审员制度是人民行使参政权的表现，体现了宪法的民主原则和法治原则。民主与法治原则在基本的价值目标与价值形态上是一致的。再如《宪法》第 41 条规定了"公民对于任何国家机关和国家工作人员，有提出批评和建议的权利；对于任何国家机关和国家工作人员的违法失职行为，有向有关国家机关提出申诉、控告或者检举的权利"。这项权利可以统称为公民的监督权，监督权是宪法规定的公民基本权利之一，是公民监督国家机关及其工作人员活动的权利。人民陪

---

① 1982 年 3 月 8 日颁布的《民事诉讼法（试行）》的基本原则中取消人民陪审员制度存在着一定的违宪因素。这种以全国人大授权常委会的方式直接修改宪法规定的制度是缺乏合法性的。当时有效的宪法是 1978 年宪法，尽管这部宪法存在一些问题，但其宪法效力是不能否认的。1982 年 12 月 4 日以后，1978 年宪法才失去法律效力。

审员制度的实施在一定程度上体现为公民通过直接参加审判活动，体现了对审判权的一种特定形式的监督。从一定意义上说，这是人民陪审员制度存在价值的最重要的宪法基础。

（3）通过人民法院能动性的发挥，体现宪法对国家机关服务大众的根本要求

《宪法》第27条第2款规定，"一切国家机关和国家工作人员必须依靠人民的支持，经常保持同人民的密切联系，倾听人民的意见和建议，接受人民的监督，努力为人民服务。"这一规定突出了国家机关能动性的功能。司法发展的历史证明，陪审制度是通过公民的有效参与同职业法官共同促进纠纷解决的制度和实践过程。它的推行不是完全靠外力推动的，法院本身适应社会发展需求，发挥好自身能动性也是极其重要的一环。司法权源自人民、由人民行使、服务人民、受人民监督是司法权民主性的集中体现。在制度层面和实践层面，人民法院积极推进人民陪审员制度的发展，有助于体现司法的民主性，是人民法院重视宪法、尊重公民基本权利的表现。

（4）宪法文本规定与法律制度建立的合法性基础

现行宪法没有规定陪审制度，并不意味着禁止通过法律确立人民陪审制度。宪法是国家的根本大法，这一基本性质决定了，它只能规定某些方面的基本制度，而不可能也不应该面面俱到。如前所述，由于各种综合因素的影响，现行宪法的修改者们认定了陪审制度的价值，但认为需要具备一定条件，待条件具备时再规定。所以，宪法文本没有规定，并不意味着其他法律就不能规定人民陪审制，也不意味着其他法律确立的人民陪审制，因为宪法文本没有规定而失去法律基础。其实，新中国陪审制度的建立首先是以法律为基础的，宪法只是对法律的规定作出确认，使司法原则成为宪法原则。在中国的宪政制度下，一部法律或制度是否合宪的标准是多样化的，不能仅仅看文本的表述，应采用综合评价原则。在笔者看来，宪法上是否明确规定陪审制，与人民陪审制是否违宪，并不是相同规范层面的问题。现行宪法虽然没有规定人民陪审制，但也没有禁止性的规范表述。

三、人民陪审制度在宪法实施中的意义

通过限制公权力的行使，保障公民的基本权利是宪法的基本价值与目标。在中国宪法的实施过程中，陪审制度的良性运行有利于促进权力制约，体现司法民主，保障公民的基本权利。从宪法实施角度看，陪审制度的意义主要表现在：

（一）反映了人权保障机制多样化的宪政价值

人权保障可以通过形式多样的机制与途径进行，特别是自20世纪后半期以来，随着人权内涵不断扩张，保障手段也日益多样化。在现代法治社会中，司法一直被视为人权保障的最主要的方式与最佳途径之一。它是社会正义的最后一道防线，是纠纷的最终解决机制，同时也是制约其他公权力的有效手段。人民陪审制度通过普通公民参与司法审判过程，代表民意发表意见，在实际司法权运行中影响法院和法官的决策判断，对于强化法官的人权保障意识，促进案件当事人对法院裁判的认可度，实现其基本权利，提升司法权威发挥了积极作用。实践证明，人民陪审制度是公权力机关直接与民众沟通的方式之一，无论是英美法系的陪审团制还是大陆法系的参审制，都在司法实践中显示了其存在价值和意义。对今天的中国而言，更需要从宪法角度认真思考和改进人民陪审员制度。

（二）以诉权实现为载体全方位增强司法的权利救济功能

在刑事诉讼中，要保护犯罪嫌疑人以及已决犯的基本权利，如人身权、辩护权、获得公正审判的权利、获得基本人道待遇的权利等；在民事诉讼中，基于民事侵权的复杂性而产生宪法意义上的"基本权利第三人效力"问题；在行政诉讼中，行政机关对公民人身权、财产权等基本权利所造成的直接侵害，都需要寻求司法救济。无论宪法文本有无直接规定，诉权在任何国家都被认为是一种程序性的基本权利。有的学者主张，"诉权是现代法治社会第一制度性的人权"，"从法律制度上看，相对于政府的保障责任而言，唯一可以从平等性和穷尽性来保障法律上人权的实然性的只有诉权，也就是法律制度应当保证公民个人可以享有自由地主张保障人权要求的权利。这种权

利相对于其他法律上的人权而言是基础性，也是绝对性的"①。笔者认为，从宪法的实然性角度看，诉权是一种前提性权利，这种权利对扩大实体权利的保障力度，促进一国司法救济的完善和法治水平的提高具有重要的作用。通过陪审的形式参加司法审判，也是公民所享有的政治权利之一，对诉讼当事人而言，获得陪审员的审判是其基本诉讼权利，是其诉权的应有之义。②陪审制度的设置本身就是适应宪法对诉权的保障要求。

（三）以直接参与司法为途径体现宪法的人民监督机制

在西方现代宪法理论中，民主主要关乎权力的来源，强调公民的政治参与，其基本含义是政治事务中最基本的权力应属于人民，人的自由和权利应得到尊重和保障。③从世界范围看，各国越来越重视国民对司法的参与，通过不同的参与形式，使国家的司法活动更体现民意。一般国民所追求的公平正义与司法机关所追求的法律上的公平正义是不同的，通过国民参与司法可以使更多的人理解法律精神，普及法治价值，保证宪法秩序的稳定。

中国的人民陪审员制度顺应了公众参与司法的需求。在具体监督形式上，由于"人民"是抽象的人和具体的人的结合，人民监督也是由集体监督和个体监督组成的。④人民陪审制度体现为制度化的"个体监督"，也是直接参与到司法活动过程的"直接监督"。

（四）以行使审判权为手段彰显宪法的民主性价值

中国宪法规定了"中华人民共和国的一切权力属于人民"，民主性是宪法的重要价值，民主性也是司法的本质属性。中国的人民陪审员制度，是公民参与到审判活动当中，作为合议庭成员，行使与法官相同的权力。陪审员来自社会各界，比较熟悉各种各样的社会生活，他们参与审判，可以集思广益，有效防止法官在司法决策过程中的主观片面和独断专行，促使司法制度更加民主，是人民法院在审判工作中依靠群众，联系群众的有效方式。这对于彰显宪法的民主性价值有着特殊的意义。人民陪审员参与审判有助于促进

---

① 莫纪宏：《现代宪法的逻辑基础》，法律出版社 2002 年版，第 304—305 页。

② 参见汤维建：《应当制定〈人民陪审员法〉》，《团结》2005 年第 3 期。

③ 参见徐秀义、韩大元主编：《现代宪法学基本原理》，中国人民公安大学出版社 2001 年版，第 132 页。

④ 参见许崇德主编：《宪法》，中国人民大学出版社 1999 年版，第 39 页。

法官实现司法公正，广采群众智慧，弥补职业法官知识结构单一的缺陷。人民陪审员参与审判还有助于通过民主形式直接实现对司法权的监督，弘扬司法民主，促进司法公开，减少司法腐败。

四、进一步扩大人民陪审制度的宪政基础

（一）在宪法文本中明确规定人民陪审制度，使之成为一项宪法原则

从世界范围看，大多数国家宪法文本规定了陪审制度，不论形式如何，该制度是一项宪法原则。这既有公民权利的宣示意义，也有对司法机关权力运行的直接制约意义。有的学者指出，1982 年宪法取消了原有的陪审制度的规定，是一种缺憾，公民通过陪审的形式参加司法审判是基本人权，其重要性和根本性也需要由宪法加以肯定；诉讼当事人获得陪审员的审判是其基本诉讼权利，也应由宪法予以确认。[①] 将人民陪审制度上升到宪法保障的高度，有助于在新的历史时期体现以人为本、司法为民的法治理念，进一步明确陪审制度的宪法基础。在恢复人民陪审制度的宪法地位时，应当使人民陪审实现从"权力"到"权利"的转变，即在宪法上赋予公民启动陪审程序的权利。事实上，从立法机关到人民法院，近年来都在加快改进、完善陪审制度的步伐，通过修宪恢复陪审制度的时机已经成熟。当然，把陪审制度规定在宪法中"公民的基本权利"部分，还是按原有规定在"审判机关"部分，也会出现不同争论。笔者认为，按照 1954 年宪法，规定在审判机关部分，体现为一种宪法性制度相对而言更为可取，它不会弱化公民参加陪审、获得陪审的基本权利的存在价值。

（二）制定《人民陪审员法》

应当在总结《关于人民陪审员制度的决定》实施经验的基础上，制定一部完善的《人民陪审员法》。在《决定》中，关于人民陪审的职责定位、案件范围、日常管理、经费保障以及产生机制等事项都有所规范。但是，有些规定缺乏基本的可操作性；有些规定对于革除人民陪审员制度所存在的诸多弊端，还没有什么实质的意义；有些规定本身存在相互矛盾的情况，如关于陪审员的任期 5 年的规定。因此，要使我国的人民陪审制度真正摆脱"走过

---

① 参见汤维建：《应当制定〈人民陪审员法〉》，《团结》2005 年第 3 期。

场"的命运,还必须进一步改革和完善现行的人民陪审制度,尤其需要明确人民陪审员的选任条件、产生方式、职权范围、权利义务以及奖惩措施等等,使人民陪审制度成为一种严谨完备的司法制度。

(三)合理把握陪审员代表性,防止弱化宪法民主性价值的精英化倾向

目前陪审制度存在的突出争议之一就是陪审员的代表性问题。除了如何在选拔机制上要突出广泛参与的民主性之外,界定担任人民陪审员的素质条件也成为争议的焦点问题。有的学者认为,陪审制度是一个"草根"的司法制度,对抗的是精英司法。在现代,它是司法精英的必要平衡。① 有的则倾向于培养"专业型的人民陪审员"②,全国人大常委会《关于完善人民陪审员制度的决定》中规定人民陪审员要有大专以上文化程度。有的学者则提出了建立"人民陪审团制度"与"专家陪审员制度"相结合的二元化的陪审制度。③ 笔者认为,从宪法的民主性价值看,陪审制度的设置就是要尽可能体现大多数人民的意志,为大多数公民所认可和接受,"精英化"的倾向不足取。同时,二元化陪审制度的设计方案使陪审制度显得颇为复杂,而且人为地在陪审员中划出"人民陪审团"与"专家陪审员",与宪法平等原则与陪审制度设计的初衷相违,也是不可取的。笔者认为,应当适当放宽对人民陪审员的学历、职业方面的限制,同时,做好对当选陪审员必要的法律知识培训工作。

---

① 参见周永坤:《人民陪审员不宜精英化》,《法学》2005 年第 10 期。

② "专家型人民陪审员"的报道近年来常见于报端,受到一些人的一致好评。例如《人民法院报》2005 年 4 月 30 日对湖南省长沙市岳麓区人民法院的做法进行了报道。

③ 参见汤维建:《应当制定〈人民陪审员法〉》,《团结》2005 年第 3 期。

第二编　法院对宪法和法律的适用

第三章

《宪法》第 126 条与宪法的适用

2001 年最高人民法院对齐玉苓案的"批复"出台后，曾在学术界引起了广泛的学术争鸣。学者们围绕基本权利与民事权利、受教育权与人格权、宪法司法适用的性质与方法、宪法功能与违宪主体、宪法解释权与法院审判权界限、人权的第三者效力等问题进行了多视角的学术探讨。笔者记得，在 2001 年召开的宪法学年会上学者们围绕"批复"对我国宪法适用的利弊进行过严肃的学术讨论。虽然学术观点不同，但无论是肯定者还是批评者，大家都有一个基本共识，即尽管"批复"存在一些"瑕疵"，但作为个案给宪法学研究与教学带来了值得探讨的新课题，特别是对推动基本权利的宪法救济，探讨宪法与审判权的关系以及扩大宪法的社会影响方面起到了一定的促进作用。2008 年 12 月 18 日最高人民法院废止"批复"又为我们重新审视"批复"的宪法价值，进一步理性地思考与此有关的宪法文本、宪法原理与宪法实施提供了契机与素材。[①]

笔者认为，有关中国宪法适用问题的探讨应该以宪法文本与宪法规定的宪政制度为基础，只有在文本基础上我们才能寻求共识，推动宪法制度的发展。但回到宪法文本，寻求文本依据时我们仍然面临如何了解文本的含义与

---

① 作者认为，根据《最高人民法院关于司法解释的规定》，最高人民法院有权制定、修改和废止"批复"，但行使废止权时应说明理由。此次废止的二十多部批复中，大部分批复的废止都注明理由，如"情况已变化，不再适用"，"与物权法有关规定冲突"、"已被物权法及新的司法解释所取代"等，但对齐玉苓案只写"已停止适用"，没有废止理由的具体说明。作者认为，考虑到此"批复"产生的社会影响和所承载的社会关注，废止时应该说明理由，否则容易引起社会和学界不必要的猜疑与争议，更容易误导法院的审判活动。

界限的问题。尤其是，在既没有宪法解释的传统，又没有宪法解释实践的背景下，理解文本内涵时容易出现分歧。如何理解我国《宪法》第126条中的"依照法律"是深入讨论"批复"时值得认真探讨的问题之一。

一、《宪法》第126条是如何形成的？

任何宪法文本的形成都具有特定的历史背景与文化因素，对特定宪法条款的规范分析首先需要挖掘历史的元素。在我国，有关法院依照法律进行审判的原则形成于革命根据地时期。当时，一些宪法性文件规定了法院审理案件的原则问题，如1946年的《陕甘宁边区宪法原则》首次将司法机关作为重要部门加以规定[①]，其中有"各级司法机关独立行使职权，除服从法律外，不受任何干涉"的规定。1949年《共同纲领》没有具体规定司法权的行使，只规定要建立"人民司法制度"，"人民和人民团体有权向人民监察机关或人民司法机关控告……"

1954年宪法在法院职权上，首次规定了"中华人民共和国最高人民法院、地方各级人民法院和专门人民法院行使审判权"（制定过程中经历了由"司法权"到"审判权"的广泛争论[②]）；在审判原则上，《宪法》第78条明确规定"人民法院独立进行审判，只服从法律"。这一条是1982年《宪法》第126条的最初的规范渊源。本条最初规定在《中国共产党中央委员会宪法草案》第71条中，其表述是："各级人民法院独立行使职权，只服从法律。"在1954年6月14日中央人民政府委员会第30次会议通过的《中华人民共和国1954年宪法草案》第78条中这一条款改为："人民法院独立进行审判，只服从法律"。在第一届全国人民代表大会第一次会议上讨论宪法草案时有些代表曾提出将草案的第78条改为"各级人民法院以服从法律的精神，独立进行审判"，或改为"各级人民法院以法律的精神独立进行审判，不受任何国家机关的干涉"。当时，也有代表建议将"只服从法律"改为"只服从宪法和法律"，意图是强调司法审判中突出宪法作为审判依据的作用。但1954年正式颁布的《宪法》第78条沿用了原草案的内容，没有吸收修改意

---

① 参见许崇德主编：《中国宪法》，中国人民大学出版社1998年版，第96页。
② 参见韩大元编著：《1954年宪法与新中国宪政》，湖南人民出版社2004年版，第168—171页。

见，对这一条并没有进行文字上的任何修改。①

1975 年宪法和 1978 年宪法取消了审判独立原则，极大地弱化了法院的宪法地位。伴随 1979 年《人民法院组织法》的出台与 1982 年宪法的修改，1954 年宪法关于独立审判原则被全面恢复。现行《宪法》第 126 条继承了 1954《宪法》第 78 条的基本精神，将审判独立原则表述为"人民法院依照法律规定独立行使审判权，不受行政机关、社会团体和个人的干涉"。为什么做这样的调整？曾参加 1982 年宪法修改工作的肖蔚云教授认为，当时有人觉得 1954 年宪法的用语不够准确，像 1954 年宪法那样规定人民法院只服从法律是不确切的，有点绝对化。关于这一条的含义，他的解释是：审判权只能由法院依法行使，别的任何机关都不能行使审判权。他特别强调，"不受行政机关、社会团体和个人的干涉，这句话规定得比较适当"②。

二、如何解释"依照法律"的规范内涵？

1954 年宪法颁布后，学术界曾围绕第 78 条的内涵，进行过讨论，试图挖掘该条款所隐含的独立审判原则的价值与法律功能。有学者认为，这一条规定了独立进行审判的原则，认为"我们国家的法律是以工人阶级为领导的全体劳动人民利益的意志的反映，人民法院只服从法律来独立地进行审判"③。也有学者认为，这一条规定的意义是"人民法院审理案件时，不受任何外来干涉，只是根据它所认定的事实，依照法律进行判决"④。从学者们的解释看，"只服从法律"中的"法律"指全国人民代表大会制定的国家法律，不包括其他的规范。"依照法律"的意义在于，法院在审判时独立进行工作，不受其他国家机关、人民团体和他人的干涉。当时，在理解与解释这一条时也有人担心"只服从法律"是否与党的领导相矛盾？对此，人大法律系国家法教研室编著教材的解释是：实行这个原则当然不是说人民法院可以是一个"独立王国"，可以脱离人民的监督，更不能因为实行这个原则，

---

① 参见韩大之编著：《1954 年宪法与新中国宪政》，第 380 页。

② 肖蔚云：《论宪法》，北京大学出版社 2004 年版，第 548 页。

③ 楼邦彦：《中华人民共和国宪法基本知识》，新知识出版社 1955 年版，第 156 页。

④ 李达编：《中华人民共和国宪法讲话》，人民出版社 1956 年版，第 198 页。在中国的制宪史上，仅有 1946 年的《中华民国宪法》对"法律"作出明确界定。该法第 170 条规定，"本宪法所称之法律，谓经立法院通过，总统公布之法律。"

使人民法院的审判工作与接受中国共产党的领导和监督对立起来。① 但到了1957 年以后，这一原则实际上没有得到实施，在"文化大革命"时期处于虚置状态。

1982 年宪法颁布后一些学者围绕第 126 条中的"法律"是否包括宪法，法律的范围与结构以及在宪法解释学上的意义等问题进行了探讨。如有学者把"依照法律规定"解释为"按照法定程序并正确适用法律"②，审判工作贯彻独立审判原则的实质就是一切服从法律，严格依法办事，即人民法院在其职权范围内的活动必须独立进行，对行政机关、团体和个人保持应有的独立性，而对国家法律则必须绝对服从。③ 从解释学的角度看，当时的理解侧重于法定程序意义（即形式意义的法律），而国家法律是法定程序的基础。到了 20 世纪 90 年代后，随着宪法实践的发展，宪法与司法关系，特别是法院能否适用宪法的探讨成为学术界的新动向，宪法在审判活动中的作用引起了学术界的广泛关注。

在我国，对《宪法》126 条"法律"的范围，学者们的观点是不一致的。如有的学者认为，《宪法》第 126 条中的"依照法律规定"6 个字中，"法律"二字是狭义的，不包括宪法在内④，并解释为法院不能将宪法作为司法适用的依据。但也有学者在主张狭义法律时将宪法包括在其中，认为这个法律是狭义的，具体指《宪法》、《人民法院组织法》、《刑事诉讼法》、《民事诉讼法》、《行政诉讼法》等。⑤ 也有学者把"依照法律"解释为广义上的法律，包括法律、法规等⑥，认为是一种客观的规范体系。

从宪法学说史的发展看，对于宪法文本上"法律"一词的解释一直是有争议的难题。在德国，从 19 世纪 30 年代开始，形成了形式意义与实质意义的"双重法律概念"理论，积累了宪法解释的经验与学理基础。所谓实质意

---

① 参见中国人民大学法律系国家法教研室编：《中华人民共和国宪法讲义》（1964 年），第 240 页。
② 许崇德主编：《中国宪法》修订本，中国人民大学出版社 1989 年版，第 304 页。
③ 参见许崇德主编：《中国宪法》修订本，第 305 页。
④ 参见童之伟：《宪法适用应依循宪法本身的路径》，《中国法学》2008 年第 6 期。
⑤ 参见蔡定剑：《宪法精解》，法律出版社 2004 年版，第 402 页。
⑥ 有学者把"依照法律"分为两层含义：一是法律为人民法院独立行使审判权提供保障；二是法院在审判活动中依照全国人大及其常委会制定的实体方面的法律。参见许安标、刘松山：《中华人民共和国宪法通释》，中国法制出版社 2003 年版，第 328 页。

义的法律一般包括法规（Rechtssatz），其内容的解释上又分为"社会的限定设定规范"、"一般抽象的规范"与"自由、财产侵害规范"。法规的一般表现形式是法律。在法国，传统的法律概念形成于《人权宣言》的颁布，当时只有经过宪法程序由国会通过的形式意义上的法律才能具有法律效力。但到了第三共和国以后，只承认形式意义法律的观念受到批判，也有学者主张承认客观存在的实质法律，从无限制的形式法律向依据立法管辖而受限制的法律概念的转变。在日本，围绕《宪法》第 76 条第 1 款的解释形成了丰富的学术传统。其学说的争论可追溯到明治宪法时代。在明治宪法下，对宪法文本中的"依照法律"的基本理解是，"根据议会制定的法律（经帝国议会协赞和天皇裁可程序的国法）"[1]。在解释学上，围绕宪法上的"依照法律"形成了三种学说：一是诉讼程序法律说，即用形式意义的法律来规定法院裁判活动的程序，这一度成为明治宪法时代的通说。二是裁判标准说，即法律是作为裁判依据的标准，不仅包括形式意义上的法律，而且包括法规的一般内容，最初由美浓部达吉提出，到了昭和时代逐步被人们普遍接受。[2] 他认为，作为裁判标准的"法律"不仅仅指形式意义上的法律，同时也包括命令、条约等成文法规以及习惯法等，其理论基础是立法与司法概念的本质是"依照法律"[3]。三是职务态度说。认为裁判官司法行动采取的方法应该是，只受宪法和法律的约束，不能以政令、规则、处分规定裁判官的司法行动[4]，其目的是维护司法独立的价值，从多元价值中判断审判活动中的法律范围。这是日本学术界的最新研究动向。须贺博志以"双重法律概念"的学说为前提，主张"法官受拘束的法律只是国会制定法"，强调形式法律在裁判过程中的意义。[5] 在韩国，围绕第 130 条规定的"依据宪法和法律——进行裁判"的原则，也出现了不同的学术争论，通说是裁判标准说。认为，法官在裁判中只受宪法和法律的拘束，以保证司法独立原则的实现，法官行使裁判权要依据宪法和法律。所谓受宪法和法律拘束指的是，法官根据宪法规

---

① ［日］须贺博志：《依照法律行使司法权的含义》，见《国民主权与法的支配》，成文堂 2008 年，第 379 页。

② 参见 ［日］须贺博志：《依照法律行使司法权的含义》，见《国民主权与法的支配》，第 407 页。

③ ［日］须贺博志：《依照法律行使司法权的含义》，见《国民主权与法的支配》，第 408 页。

④ 参见 ［日］须贺博志：《依照法律行使司法权的含义》，见《国民主权与法的支配》，第 417 页。

⑤ 参见 ［日］须贺博志：《依照法律行使司法权的含义》，见《国民主权与法的支配》，第 382 页。

范和法律进行裁判，除法之外不受其他规范的约束。这里的宪法不仅包括宪法典，而且包括宪法惯例，这里的法律指实质意义上的法律，表明一种法规范体系。法官进行审判活动时，应依据合宪的法律，不受违宪法律的约束，当然法官本身不能进行独立的违宪判断，应把有争议的法律或条文提请宪法法院进行审查，并根据宪法法院的决定再决定是否继续进行裁判活动。这种违宪审查的二元化体制有利于保证法官在行使职权时遵守宪法，实现司法独立原则。也就是说，尽管设立了宪法法院，但与普通法院做了职能上的分工，普通法院的法官都有权也有义务对个案中适用的法律的合宪性进行判断，但没有最终决定权。因此，法律规定了法官提请宪法审查要求的制度。

三、《宪法》第 126 条中的"依照法律"是否一律排斥宪法？

在"批复"的学术讨论中，第 126 条的"依据法律"的内涵以及是否包括宪法是学术分歧比较大的问题之一。作者曾采用法律的形式与实质意义的双重概念结构来分析这个问题，主张尽可能用实质意义的概念进行解释，力求运用宪法解释的方式扩大法律的内涵，为审判权的行使提供宪法和法律基础。作者对这一问题的基本学术观点并没有变化，但在论证命题与方法的合理性方面存在着认识上的局限性。如在强化法院在宪法实施中的功能与法律文本之间的冲突中，倾向于实证主义的分析框架，没有系统地对文本进行类型化的分类。如单纯的法律概念的双重性理论无法合理地解释中国宪法文本中的宪法和法律关系，现实的需求不一定获得文本的支持。在进行学术反思的基础上，我们需要以综合的研究方法分析"依照法律规定"的范围与具体运用原则，因立足于我国宪法文本，既要考虑文本形成的历史环境，同时也要考虑文本价值内涵与外在功能问题。

1. 首先我们需要关注的一种现象是，中国宪法文本上"法律"一词的含义是十分丰富的，向来有颇多的争议，有的时候是作为法律整体形式出现，有的时候仅仅以国家法律形式出现。也就是说，"法律"一词在同一个宪法文本中的含义是不尽相同的。同样的"依照法律规定"、"依照法律"等表述也可能有不同的内涵。如《宪法》第 2 条第 3 款规定，人民依照法律规定，通过各种途径和形式，管理国家事务，管理经济和文化事业，管理社会事务。第 10 条第 4 款规定，土地的使用权可以依照法律的规定转让。这些条款中的法律明确表示要保障这些权利，具有规范体系的性质。有的时候"法律"内涵涉及主体和义务性的情况。如《宪法》第 55 条第 2 款规定，依照法律服兵役和参加民兵组织是公民的光荣义务。第 56 条规定，公民有依照法律纳税的义务。这里涉及公民的基本义务，按照立宪主义原则，有关调整征兵、征税方面的法律必须强调法律的"形式性"，由国家法律统一规范，其目的是限制国家权力，保障公民的权利。还有一种情况是有关以国家作为主体的条款，如第 10 条第 3 款规定，国家为了公共利益的需要，可以依照法律规定对土地实行征收或者征用并给予补偿。第 13 条第 2 款规定，国家依照法律规定保护公民的私有财产权和继承权。这里的"依照法律"客观上起到对国家权力的一种限制，既有程序上的限制，也有职权上的限制，即包括实质与形式法律的意义。基于上述理解，"依照法律规定"内容的分析要从"法律"词汇的总体文本脉络中把握，进行分类研究。

2. 从法律渊源和立法体系看"依照法律规定"。法律的渊源通常指法的外在表现形式，我国的法律渊源一般包括宪法、法律、行政法规、地方性法规、自治条例和单行条例等。司法解释是否属于法律渊源是值得讨论的问题。既然宪法是法律渊源中的首要渊源，在"依照法律"的解释上就不可能完全排斥宪法。有关基本权利和基本义务以及国家机构的职权等只能由宪法和法律来设定，但也可以由行政法规等形式将宪法的规定具体化。在这里，宪法作为法律体系中的最高法律，保障权利的享有或权力的行使，限制国家权力的行使，为制定下位法提供了依据，下位法对此进行具体化。同时宪法也对这种法律的具体化过程进行控制，使法律保持合宪性的状态。

宪法是一个完整的价值体系，它并不因被法律具体化的程度而受到影响，它始终拘束其适用者。在解决现实的具体争议时，虽然经常适用的是普通法律，但这只是宪法的自我"谦抑"，这时法律一般也以符合宪法的合宪性审查方式来适用宪法。但并不等于说只能适用普通的法律，而不能运用宪法。宪法上的基本权利被普通法律具体化之后，该法律又符合宪法，这时就并不存在基本权利被侵犯的问题，存在的只是普通法律权利案件而已。在这种意义上需要区分宪法问题和法律问题、宪法救济和法律救济之间的界限。在宪法的规定没有被具体化的时候，法院要受到基本权利的直接拘束，可以援引宪法，但不能对宪法问题作出直接的司法判断。如法院不能在判决书中对宪法规定的基本法律与法律之间的效力问题作出具有司法性质的判断。①

3. 从审判权的来源看"依照法律规定"。审判权来自于何处？从审判权来源看，只有宪法和法律才能赋予法院审判权，而审判权的首要来源是宪法，审判活动本身是宪法和法律实施过程的一个环节。由于宪法赋予法院审判权，"依照法律"自然包含着法院要遵循宪法约束的原则。比如，根据宪法序言的规定，宪法是法院审判活动的根本准则；法院负有维护宪法尊严、保证宪法实施的职责；如果"依照法律"时只讲形式的法律，认为若根本法的条款没有通过法律被具体化，就不可以约束法院，那么根本法的最高法律效力又如何体现？法院如何维护宪法尊严、保证宪法实施呢？《人民法院组织法》第 3 条规定，人民法院的任务之一是通过审判活动保护公民的人身权利、民主权利和其他权利。《法官法》第 7 条第（一）项也明确规定，法官应当严格遵守宪法和法律。法院受宪法约束，审判权既来自于宪法，又以宪法为依据。但基于宪法和法律具有不同功能，法院审理案件时首先以法律为依据，遵循宪法与法律的界限，区分"规范性的法律"和"具体的用于裁判案件的法律"②，在承认合宪性原则的前提下，使法官在具体裁判的案件中适用形式法律。③

或许有人问，如在宪法文本上明确写"依照宪法和法律规定，独立行使审判权"，是不是意味着宪法的司法适用具有文本上的依据？如果只写"法律"不写"宪法"，是不是意味着审判活动不以宪法为依据？其实，从宪法解释学的角度看，文本上是否写"依据宪法"并不是判断宪法司法适用的唯一标准。在宪法文本上，表述"依照法律"的形式是多种多样的，要根据本国的宪政体制作出判断。以亚洲国家宪法为例，至少有三种模式：第一种模式是，宪法文本上同时规定"依据宪法和法律"，如韩国《宪法》第 103 条"法官根据宪法和法律，凭其良心独立审判"；日本《宪法》第 76 条第 3 款规定："所有法官以良心独立行使职权，只受本宪法及法律的约束"；塔吉克

---

① 详见韩大元：《全国人大常委会新法能否优于全国人大旧法》，《法学》2008 年第 10 期。

② 陈金钊：《法律渊源：司法视角的定位》，《甘肃政法学院学报》2005 年第 6 期。

③ 参见陈金钊在《法律渊源：司法视角的定位》一文中，对于形式意义法律渊源的解释，以合宪性原则作为前提是笔者的观点。

斯坦《宪法》第 87 条规定：只服从宪法和法律。第二种模式是，规定行使审判权（司法权）时只依照法律，如朝鲜《宪法》第 140 条、泰国《宪法》第 190 条、菲律宾《宪法》第 14 条等。第三种模式是，虽规定"依照法律"，但依照法律的合宪解释原则，对法律本身的适用仍然起控制作用。整个裁判活动中法官对宪法问题的理解与判断是不可避免的，作为规范意义上的宪法始终存在于法院的审判活动之中。

4. 从不同的诉讼类型看"依照法律规定"。法院的审判活动要遵循宪法规定的基本原则，但不同诉讼活动对"依照法律"的形式与要求是不同的，不能将"依照法律规定"中的"法律"一律解释为"狭义"法律。如《刑事诉讼法》、《民事诉讼法》采用"依照法律规定"的提法，明确审判的依据是"法律"，而《行政诉讼法》则表述为"依法独立行使审判权"，把"法"作为审判的依据。[①] 按照通常的理解，"法"的范围是非常广泛的。同时该法第 52 条规定："人民法院审理行政案件，以法律和行政法规、地方性法规为依据。地方性法规适用于本行政区域内发生的行政案件。人民法院审理民族自治地方的行政案件，并以该民族自治地方的自治条例和单行条例为依据"。这就说明，至少在行政审判中，依据的法律不限于"狭义"法律。按照最高法院《司法解释的有关规定》的解释，"最高人民法院发布的司法解释具有法律效力"（第 5 条）。这一条款明确规定了人民法院在审判中可以把"司法解释"作为审理依据，扩大了"依据法律"的范围，使"司法解释"具有"法律效力"[②]。

在刑事审判中，法院适用的法律应以"狭义法律"为标准，严格限制法律内涵，遵循"罪刑法定主义"原则。在这一点上，1955 年最高法院《批复》中禁止把宪法作为"定罪量刑"的依据是有积极意义的，客观上起到保

---

① 在行政诉讼法试拟稿中，曾有"规章与行政法规相抵触，适用行政法规；行政法规与法律相抵触，适用法律"的规定。这就暗含着赋予人民法院审查和评价行政法规和规章合法性的权力。后来，正式立法删去了这一规定，说明立法机关不准备授予人民法院以此种司法审查权。但正式颁布的法律在关于法律适用的规定中，对规章使用了"参照"一词，仍暗含着赋予法院对规章一定的审查权的意思。姜明安：《行政诉讼法学》，北京大学出版社 1993 年版，第 44 页。

② "司法解释"是否具有"法律效力"，是什么性质的"效力"，是值得研究的课题。至少在《司法解释的有关规定》中，最高法院自我宣布"司法解释具有法律效力"，是缺乏正当性与合法性的，给法律概念的理解带来了不确定性。

护公民基本权利与限制国家权力的作用。① 在民事审判中，"依据法律"的标准与范围的确定具有更大的灵活性与弹性，"依据法律"的范围不能限于"狭义"法律，不仅包括实质性的制定法，必要时也可以采用习惯法等，要根据具体个案选择法律。如宪法有明确列举的基本权利，经当事人"穷尽法律救济程序"而无法得到救济时，法院可以援引宪法原则或条文阐述救济的根据，用宪法保护民事权利。尽管"齐玉苓案的批复"存在原理上的"瑕疵"，但在当时的环境下，不以宪法名义进行保护，对当事人来说获得救济的可能性是比较小的。通过宪法拓展民事责任的保护范围，使文本上的基本权利得到具体落实是"齐玉苓案的批复"的积极作用之一。在作者看来，在该批复中关于"依据宪法规定所享有的受教育的基本权利……"的表述尽管是"多余的"，但不能简单理解为侵犯了"全国人大常委会的宪法解释权"，因为这种表述不属于严格意义上的宪法解释，只是重申宪法文本的规定。之所以说"多余"，原因在于受教育权是基本权利，对此宪法已作出明确的规定，最高人民法院没有必要在该批复中再作出"说明"，只回答如何保护的问题就可以。最高人民法院于 1986 年曾作出《关于人民法院制作法律文书如何引用法律规范性文件的批复》，对法律、行政法规、自治条例和单行条例等的引用作了具体规定，如"对国务院各部委的命令、指示和规章，凡与宪法、法律、行政法规不相抵触的，可在办案时参照执行，但不要引用。最高人民法院提出的贯彻执行各种法律的意见以及批复等，应该贯彻执行，但也不宜直接引用。"从这一批复中能否得出宪法在审理民事案件时制作的法律文书中被排斥？这一规定首先与《司法解释的有关规定》是直接冲突的，《司法解释的有关规定》第 27 条规定，"司法解释施行后，人民法院作为裁判依据的，应当在司法文书中援引。人民法院同时引用法律和司法解释作为裁判依据的，应当先援引法律，后援引司法解释"。一方面规定"不宜直接引用"，另一方面又要求"作为裁判依据的，应当在司法文书中援引"，根据"后法优于前法"的原则，上述 1986 年的"批复"是无效的。即使"批复"有

① 在《南方周末》2009 年 1 月 15 日登载的《援引宪法打官司的历史缘何终结》的报道中，蔡定剑也认为，对公民的权利要予以保护，对国家权力则应限制。最高法院 1955 年关于刑事案件中不能引用宪法判案的批复体现的就是这种宪法原理。对于公民的权利剥夺必须依据具体的法律严格行使，否则就会造成国家权力滥用。

效，也不能从中得出排斥宪法的结论，因为"命令、指示和规章"作为"参照"的前提是"与宪法和法律"不相抵触，而是否符合宪法、法律的选择权由法官行使，法官的选择中自然包括合宪性、合法性的判断。可见，法院在审理案件时是有义务对低位阶的法是否符合高位阶的法进行判断的。法院依照实质法律进行判断是一个问题，实质法律之间的效力等级是另外一个问题。

5. 从宪法文本的界限看"依照法律规定"。根据宪法规定的人民代表大会的根本政治制度，法院是行使审判权的机关，而审判权在国家权力配置中属于第二层面的范畴，第一层面是国家权力机关统一行使国家权力，法院的审判权从属于最高权力机关，应严格遵循宪法文本的界限。具体表现在：

一是，尽管宪法是法院审判活动的依据，但具体的审判活动通过具体法律来调整，无须适用宪法，更不能直接以宪法为依据作出判决。如前所述，由于宪法和法律功能的不同，通常法律问题应该通过法律途径解决。当然，人民法院审查具体行政行为不直接以宪法为依据并不意味着人民法院的审查可以离开宪法，可以不考虑和顾及宪法的规定……人民法院审查行政机关具体行政行为的合法性，就包含着审查该行为的合宪性，因为法律、法规是对宪法的具体化。至于某一具体法律、法规是否符合宪法，人民法院不能作出发生法律效力的评价和判断，但人民法院在审查具体行政行为时，认为某一具体法律、法规有违宪情况，它可以报请最高国家权力机关加以审查和确认。宪法虽然不是人民法院司法审查的直接标准，但它应该是司法审查的最高标准、最终标准。因此，从广泛的意义上讲，作为司法审查依据的法律，可以认为也包括宪法。[①]

二是，法院在审理案件时，针对个案认为有必要时，可以援引宪法条文，但在不同诉讼类型中应遵循不同的原则与方法，不受"司法解释"的约束，需要确定具体援引的技术、程序与方法。

三是，宪法和法律的解释权主体是全国人大常委会，这一点是不可逾越的法律界限，但在审理活动中也需要法官具有宪法意识，对案件所适用的法律、法规等的合宪性进行必要的判断，如有违宪之嫌的法律、法规，应提交给最高人民法院，由最高人民法院再向全国人大常委会提出审查或解释的要

---

① 参见姜明安：《行政诉讼法学》，第 183 页。

求。如果最高人民法院和最高人民检察院积极运用法律赋予的这一职权，有可能在一定程度上避免"法律问题宪法化"现象，能够为法官的审理活动提供确定性的规则，既维护国家宪政体制，同时也有利于在法律框架内推进中国违宪审查制度的发展，也有利于减轻法院在宪法问题上承受的不必要的政治或社会压力。

总之，从建设法治国家的基本原则看，法治首先是规则之治，必须以法律文本为基础。对文本的"批判性思维"不利于推进法治进程。当然，也需要从宪法实施的实践出发，充分发挥法律解释、宪法解释的功能，在立法理性与司法理性之间寻求合理平衡，倡导学术民主，以理性、宽容和开放的姿态积极探索适合中国宪政体制的宪法适用机制，使"全国人大常委会切实履行解释宪法的职能，对宪法实施中的问题作出必要的解释和说明，使宪法规定更好地得到落实"①。

---

① 胡锦涛：《在纪念宪法施行二十周年大会上的讲话》，见《十六大以来重要文献选编》上，中央文献出版社 2005 年版，第 74 页。

第四章

法院：国家的还是地方的？

——由洛阳种子违法审查案看法院的宪法地位

一、引言：洛阳种子违法审查案

发生在 2003 年的洛阳种子违法审查案（又被称为"李慧娟事件"）被称为"2003 年末最热点的法治事件"。这里不妨先简单回顾一下案情。[①] 2001 年 5 月 22 日，原告汝阳县种子公司（简称汝阳公司）委托被告伊川县种子公司（简称伊川公司）代为繁殖"农大 108"玉米杂交种子并约定全部收购，但后者繁殖了种子后一粒都没有卖给前者——这是本案中原、被告都认可的基本事实。汝阳公司要求伊川公司赔偿损失。但是，赔偿的数额到底应该依据市场确定价还是按政府指导价来计算，双方在法庭上提出了不同的看法。按双方合同约定，汝阳公司接收种子的价格为基地收购价加代繁费，基地种子收购价的确定按收购种子时当地市场商品玉米单价的 2.2 至 2.5 倍计算。伊川公司认为，《河南省农作物种子管理条例》（以下简称《河南种子条例》）第 36 条明确规定："种子的收购和销售必须严格执行省内统一价格，不得随意提价"。这样即使伊川公司履行合同，汝阳公司的可得利益最多也就是 2.5 万元。而汝阳公司方面则认为，依据《中华人民共和国种子法》（以下简称《种子法》）的立法精神，种子价格应由市场决定。汝阳公司按市

[①] 案情简介参见田毅、王颖：《一个法官的命运与"法条抵触之辩"》，《21 世纪经济报道》2003 年 11 月 17 日，第 5 版。

场利润 3.4～3.9 元计算出的损失为 70 万元。

最终，(2003) 洛民初字第 26 号民事判决书采纳了汝阳公司的观点。参照当年"农大 108"玉米种子在两地的批发价格，在扣除成本及代繁费后，确定为计算汝阳公司预期可得利益的单位价格，据此判决伊川公司赔偿汝阳公司经济损失 597 001 元。洛阳中院的 (2003) 洛民初字第 26 号民事判决书中写道："《种子法》实施后，玉米种子的价格已由市场调节，《河南省农作物种子管理条例》作为法律阶位较低的地方性法规，其与《种子法》相冲突的条（原文如此）自然无效……"判决后双方均不服，上诉至河南省高级人民法院。

7 月 15 日，洛阳市人大常委会向河南省人大常委会就该案种子经营价格问题发出一份请示。事隔三月，10 月 13 日，河南省人大常委会法制室发文明确答复（豫人常法〔2003〕18 号）表示，《河南种子条例》第 36 条关于种子经营价格的规定与《种子法》没有抵触，继续适用。同时，该答复重点指出："(2003) 洛民初字第 26 号民事判决书中宣告地方性法规有关内容无效，这种行为的实质是对省人大常委会通过的地方性法规的违法审查，违背了我国的人民代表大会制度，侵犯了权力机关的职权，是严重违法行为。"并责成洛阳市人大常委会"依法行使监督权，纠正洛阳市中级人民法院的违法行为，对直接负责人员和主管领导依法作出处理……"之后的几天，河南省高级人民法院和洛阳中院均依此发布了通报。河南省高级人民法院作出终审判决，维持洛阳中院的原判。

这一案件的问题有很多，许多学者发表了诸多的真知灼见。笔者拟从另外一个视角对该案进行反思，即从该案所反映出来的问题来分析探讨法院的宪法地位及其宪法地位的保障问题。① 应该说，本案中凸现了法院宪法地位的几个重大问题。具体来说，可以分为如下三个问题：(1) 法院是国家的法院还是地方的法院？(2) 法院依据法律行使审判权，是依据形式法律还是实

---

① 在谈司法改革问题时，应该注意谈的角度：是体制内的还是体制外的，是法院主导的还是人大主导的。本书主要是从体制内，从宪法文本自身的角度来理解宪法，阐释宪法，从而正确而充分地发挥宪法的功能。笔者认为，目前所谓的"司法改革"中很多的问题首先应该是如何落实宪法的规定，如何协调好各国家机关之间的关系问题。真正落实了法院的宪法地位，实际上很多所谓的"问题"并不成为问题。

质法律？是否要依据地方性法规呢？（3）法院是完全独立还是相对独立呢？地方人大是否有权对法院进行监督？其监督方式又应该如何？笔者将主要从宪法解释学的角度对此加以探讨。

二、法院的宪法地位之一：国家的审判机关

——设在地方的法院与国家的关系

在洛阳种子案当中，洛阳市中级人民法院是代表国家进行审判，还是代表洛阳市进行审判？我国《宪法》第 123 条规定："中华人民共和国人民法院是国家的审判机关。"这是宪法对法院的地位的确认。其中的"国家"是具有什么样的含义呢？

（一）中国宪法文本中的"国家"

分析宪法问题，宪法文本是一个必不可少的研究平台。宪法文本是理解宪法和适用宪法的前提和基础。应该说宪法文本中的用语大都是经过深思熟虑的，后人在理解某个词语在宪法文本中的含义时，也是需要仔细推敲小心掂量的。① 以我国现行宪法的有效文本计，包括目录、章节标题、正文，"国家"一词共使用了 151 次。② 其用法大致有以下几种：

1. 在整个统一的政治实体意义上使用的"国家"

"国家"一词最常见的用法就是表示整个统一的政治实体，具体又可以分为主权意义上（对外）的国家和主权权力意义上（对内）的国家两种。

前者如《宪法》序言第二自然段规定，"一八四〇年以后，封建的中国逐渐变成半殖民地、半封建的国家。中国人民为国家独立、民族解放和民主自由进行了前仆后继的英勇奋斗。"第 67 条规定，"全国人民代表大会常务

---

① 在宪法中，相同的语词却可能表示不同的概念。比如说，在美国，宪法序言中的"人民"一词的含义，就与其宪法第 10 条修正案中"人民"的含义大相径庭。See Henry Paul Monaghan，"We the People〔s〕，Original Understanding，and Constitutional Amendment"，96*Colum. L. Rev*（1996），at133.

② "国家"一词在美国宪法中也具有多种不同的含义。这一点美国宪法之父麦迪逊早就指出了，See 17 *Papers of James Madison*，（Robert A. Rutland et al. eds. 1975），pp. 307 - 309. 这也得到了美国联邦最高法院的认可。在 1869 年 *Texas v. White* 案中，美国联邦最高法院在判决书中细致分析了"国家"（State）一词在宪法中的不同含义。See *Texas v. White*，74U. S.（7Wall），700，720 - 721（1869）. 法院认为，在宪法中，"国家"经常表达的意思是将人民、领土、政府结合在一起的观念，是由自由公民组成的、拥有确定疆域的领土、在由成文宪法授权并限制的政府组织下、经由被统治者同意而建立起来的政治共同体。但有时也用来表达人民或政治共同体的观念，以区别于政府。

委员会行使下列职权……（十八）在全国人民代表大会闭会期间，如果遇到国家遭受武装侵犯或者必须履行国际间共同防止侵略的条约的情况，决定战争状态的宣布"。

后者常常使用的表达方式是"国家的权力"、"国家机关"、"国家机构"、"国家工作人员"、"国家权力机关"、"国家行政机关"等。从第 57 条（"中华人民共和国全国人民代表大会是最高国家权力机关。它的常设机关是全国人民代表大会常务委员会。"）、第 96 条（"地方各级人民代表大会是地方国家权力机关。"）的规定来看，从第 85 条（"中华人民共和国国务院，即中央人民政府，是最高国家权力机关的执行机关，是最高国家行政机关。"）和第 89 条（"国务院行使下列职权……（四）统一领导全国地方各级国家行政机关的工作，规定中央和省、自治区、直辖市的国家行政机关的职权的具体划分。"）来看，这里的国家都不是与地方相对的，否则就不必使用"最高"、"地方"、"地方各级"之类的词语来加以修饰。

2. 在与社会相对的意义上使用的"国家"

"国家"还经常与社会相对应，常常使用的表达方式是："国家和社会"等。例如《宪法》第 45 条规定，"中华人民共和国公民在年老、疾病或者丧失劳动能力的情况下，有从国家和社会获得物质帮助的权利。国家发展为公民享受这些权利所需的社会保险、社会救济和医疗卫生事业。""国家和社会保障残废军人的生活，抚恤烈士家属，优待军人家属。""国家和社会帮助安排盲、聋、哑和其他有残疾的公民的劳动、生活和教育。"第 51 条规定，"中华人民共和国公民在行使自由和权利的时候，不得损害国家的、社会的、集体的利益和其他公民的合法的自由和权利。"

3. 在与地方相对的意义上使用的"国家"

"国家"有时还与地方相对应，往往是在与地方有关的场所使用，这时其含义即是指中央。如第 118 条规定，"民族自治地方的自治机关在国家计划的指导下，自主地安排和管理地方性的经济建设事业。国家在民族自治地方开发资源、建设企业的时候，应当照顾民族自治地方的利益。"

国家立法权中的"国家"，根据相关资料显示也是在与地方相对应的意义上使用的。我国现行《宪法》第 58 条规定，全国人大和全国人大常委会行使国家立法权。而 1954 年宪法却规定，"全国人大是行使国家立法权的唯一机关。"当时在修改宪法时存在着一定的争论。第一种意见认为应该写上"唯一"两字，这样有利于维护社会主义法制的统一和尊严，不至于法出多门，使人无所适从。第二种意见认为，国务院可以制定行政法规，省、直辖市的人大及其常委会可以制定地方性法规，民族区域自治地方的人大可以制定自治条例和单行条例。地方人大也行使立法权，故而"唯一"的提法不正确。第三种意见认为，地方性法规虽不是"法律"，但总算是一种"法"，所以要去掉"唯一"。但国家立法权和地方立法权是有区别的。宪法修改委员会采纳了这一意见。①也就是说，"国家立法权"之中的国家是指中央。

（二）法院是国家的审判机关

从上面的分析可以看出，宪法中的"国家"一词含义是有差别的。那《宪法》第 123 条规定了法院是国家的审判机关，国家是什么意思呢？将《宪法》第 123 条具体化的主要就是《人民法院组织法》、《法官法》。按照《人民法院组织法》、《法官法》的规定，地方人民法院的法官是由同级人大及其常委会选举或任命产生的。《法官法》第 11 条规定，"法官职务的任免，依照宪法和法律规定的任免权限和程序办理。""地方各级人民法院院长由地方各级人民代表大会选举和罢免，副院长、审判委员会委员、庭长、副庭长和审判员由本院院长提请本级人民代表大会常务委员会任免。""人民法院的助理审判员由本院院长任免。"《人民法院组织法》第 34～37 条也有相似的规定。

地方各级人民法院一般均由同级人大及其常委会选举或任命组成②，但这并不能说明设在地方的法院就是属于地方的法院。《宪法》第 124 条第 1 款规定，"中华人民共和国设立最高人民法院、地方各级人民法院和军事法院等专门人民法院"。这表明，地方各级人民法院是由国家设立的。当然，这里的国家或许可以作下面两种解释，即统一政治实体意义上的国家和与地方相对的国家。《人民法院组织法》第 1 条重申了《宪法》第 123 条的规定，"中华人民共和国人民法院是国家的审判机关"。但该法第 2 条又规定："中

---

① 参见肖蔚云：《我国现行宪法的诞生》，北京大学出版社 1986 年版，第 57—58 页。

② 当然，也存在例外。例如，1998 年《全国人大常委会关于新疆维吾尔自治区生产建设兵团设置人民法院和人民检察院的决定》中规定，兵团基层人民法院院长、副院长、审判委员会委员、庭长、副庭长、审判员，由新疆维吾尔自治区高级人民法院生产建设兵团分院任免。

华人民共和国的审判权由下列人民法院行使：（一）地方各级人民法院；
（二）军事法院等专门人民法院；（三）最高人民法院。""地方各级人民法院
分为：基层人民法院、中级人民法院、高级人民法院。"这里的"中华人民
共和国的审判权"就是法律对"国家的审判机关"的解释。这里的"国家"
就是指"中华人民共和国"。笔者以为，这里的"国家"从与地方相对的角
度，也就是中央的角度来理解，更有利于从我国宪法体制的角度来理解法院
的宪法地位，更有利于发挥法院的功能。

　　值得注意的是，《宪法》第 123 条的规定用的是"国家的审判机关"这
一措辞，而没有使用宪法文本前一些章节中"国家机关"、"国家权力机关"、
"国家行政机关"之类的表达方式。作为现行宪法基础的 1954 年宪法关于这
一条是这样表述的："中华人民共和国最高人民法院、地方各级人民法院和
专门人民法院行使审判权。"（第 73 条）联系两者，笔者以为，这里的"国
家的审判机关"用法和现行宪法"国家立法权"的用法相同，而且为了强
调，特意将"国家"与"审判机关"之间加上"的"字，而不是如第 3 条中
"国家审判机关"那样表述：这不是地方的，而是国家的，是中央的。

　　为什么要强调法院是国家的或者说是中央的，而不是地方的呢？无论是
单一制还是联邦制国家，都要讲究全国性法律的效力要高于地方性立法的效
力，追求法制的统一，在单一制国家更为明显。所有的国家机关在其职权范
围内都应保证法制的统一，但能最有效地保证法制统一的国家机关，那就是
法院。因为法院在审理案件时最经常适用法律，对如何正确地适用法律也最
为熟识。同一个法院在审理案件时应确保在法律的指导下对相同的案件适用
相同的标准，不同地区的法院对于相同的案件也应适用相同的标准。而要保
证适用标准的统一，法院只能是国家的法院，而不能是地方的法院，应首先
适用全国性的法律，审视地方性立法是否合乎法律的规定。在地方上设置不
同层次的法院，其主要目的在于减轻最高法院的负担，方便当事人进行诉
讼。① 即使是设在地方的法院也负有维护整个立法体系统一性的职责。如果
法院只是地方的法院，则其首要任务应是适用地方性立法，难免要为地方所
控制，为地方保护主义所左右，如此则无从保证全国法制的统一，无从保证

　　① 参见 ［美］ 汉密尔顿、杰伊、麦迪逊：《联邦党人文集》，第 407—408 页。

生活在同一国度之下的人民平等地享受自由和权利。在目前中央与地方关系分权化这一大的背景之下，强调让法院来维护法律体系的统一性也是有其现实意义的。在保证分权的前提下，让法院这一具有国家或中央属性的机关能通过法律途径来保证对地方某种程度的控制，而不至于让地方在完全失控的状态下运作，可谓一举两得。

三、法院的宪法地位之二：依据法律行使审判权的机关

——法院与地方性法规之间的关系

《宪法》第126条规定："人民法院依照法律规定独立行使审判权，不受行政机关、社会团体和个人的干涉。"法院是国家的审判机关，那么，它是否就仅仅以全国人大制定的法律为依据来进行审判而不必理会其他法规范呢？洛阳中院的（2003）洛民初字第26号民事判决书中写道："《种子法》实施后，玉米种子的价格已由市场调节，《河南省农作物种子管理条例》作为法律阶位较低的地方性法规，其与《种子法》相冲突的条（原文如此）自然无效……"这里，是否存在着与其宪法地位相矛盾的问题呢？法院依据法律行使审判权，是依据形式法律还是实质法律？是否要依据地方性法规呢？①

（一）中国宪法文本中的"法律"②

在我国宪法文本中，"法律"一词出现的频率非常高，以有效的宪法文本计共有82次之多。我们认为，宪法文本中的"法律"到底是什么含义，这应该由宪法自身说了算；在宪法文本自身难以说明的时候，可由全国人大及其常委会通过宪法解释或者立法来明确"法律"的含义及其界限。一般而言，法律可以分为两种，即形式意义上的法律和实质意义上的法律。形式意义上的法律（以下简称为形式法律），是指由全国人大及其常委会制定的法律。这是从立法主体这一形式标准来确定的。实质意义上的法律（以下简称为实质法律），是指具有法的一般特征的一切法律规范和法律原则的总和。

---

① 在中国的制宪史上，仅有1947年的《中华民国宪法》对"法律"作出明确界定。该法第170条规定，"本宪法所称之法律，谓经立法院通过，总统公布之法律。"但是，现实当中对该宪法第80条（法官须超出党派以外，依据法律独立审判，不受任何干涉）中的"法律"也是有争议的，存在形式法律说、实质法律说和折中说三种理解。台湾地区"司法院大法官"解释持实质法律说。参见林纪东：《中华民国宪法逐条释义》，三民书局1993年修订第7版，第80条释义部分。

② 详细分析参见韩大元、王贵松：《试析中国宪法文本中的"法律"》，《法学》2005年第1期。

形式法律主要是强调特定主体的立法权限和权威，而实质法律是从法的一般特征和整个立法体系来讲的，它须为人们所遵守，为司法所适用。为易于理解"法律"的含义，我们将其各种使用语境进行区分，在不同的使用语境中对其进行全面的逐一的分析。笼而统之以下这样或那样的结论都不是科学的态度。

1."以法律的形式"、"法律效力"

这是《宪法》序言第十三段中的一种使用形式。即"本宪法以法律的形式确认了中国各族人民奋斗的成果……具有最高的法律效力"。这里的"法律"实际上是从法的一般特征的角度来使用的，即一般性、规范性、抽象性、强制性等。这里，实际上就是确认了宪法是一种法律，只是其地位较为特殊、是效力最高的法律而已，它具有法律的一般特征。

2."宪法和法律"、"宪法、法律"

宪法和法律连在一起使用在宪法文本中出现了 23 次，似乎"法律"的含义就是十分清楚了，那就是由全国人大及其常委会制定的法律。但是，是否果真如此？或许我们还是要将"宪法"与"法律"连用的语境作进一步的分解，才可以得出正确的判断。（1）与行政法规等相连使用的情况。如《宪法》第 5 条第 3 款规定，"一切法律、行政法规和地方性法规都不得同宪法相抵触。"这里，"法律"只能是指全国人大及其常委会制定的除宪法以外的法律，也就是形式意义上的法律。（2）不与行政法规等连用，但指明了立法主体为全国人大或者全国人大常委会的情况。如《宪法》第 62 条第（三）项规定，全国人大有权制定和修改刑事、民事、国家机构的和其他的基本法律。这里的"法律"也毫无疑问，只能是形式意义上的法律。（3）不与行政法规等连用，也未指明立法主体的情况。如《宪法》第 5 条第 4、5 款规定，一切国家机关和武装力量、各政党和各社会团体、各企业事业组织都必须遵守宪法和法律。一切违反宪法和法律的行为，必须予以追究。任何组织或者个人都不得有超越宪法和法律的特权。第 33 条第 3 款规定，任何公民享有宪法和法律规定的权利，同时必须履行宪法和法律规定的义务。我们注意到，在"宪法和法律"之前常是这样几个词："违反"、"超越"、"遵守"等。而且都是针对中国的组织和个人所提出的要求。与此相似的是对外国人的规定，如《宪法》第 18 条第 2 款、第 32 条，其表述都是"遵守中华人民共和国的法律"。我们认为这两种语境中的"法律"是同一个含义。如果仅仅理解为形式意义上的法律似乎难以自圆其说，怎能只遵守全国人大及其常委会制定的法律呢？其他的如行政法规之类的均可以不遵守？我们认为，它是从立法体系的角度来说的，是除宪法以外的中国所有的实质性法律，包括行政法规、地方性法规等。"宪法和法律"就代表了中国整个的立法体系。[①]

3. "依照法律规定"、"依照法律"、"依照……法律的规定"

"法律"以这种使用方式出现，在宪法文本当中是最多的了，共有 31 次。我们同样可以对其进行分解，考察这样的"法律"到底应该制定成什么样的法律。（1）主体是私人的，且是权利性的情况。这种情况有：《宪法》第 2 条第 3 款规定，人民依照法律规定，通过各种途径和形式，管理国家事务，管理经济和文化事业，管理社会事务。（2）主体是私人的，且是义务性的情况。《宪法》第 55 条第 2 款规定，依照法律服兵役和参加民兵组织是公民的光荣义务。（3）主体是国家的情况。《宪法》第 10 条第 3 款规定，国家为了公共利益的需要，可以依照法律规定对土地实行征收或者征用并给予补偿。

以上三种情况中的"法律"，我们认为是从立法体系这一实质意义上来使用的。首先是宪法，然后是形式意义上的法律，再次就是行政法规、地方性法规等。当然，基本权利和基本义务以及国家机构的职权等只能由形式法律来设定，但也可以由行政法规等将形式意义上的法律进行具体化规定。这里的"法律"不包括宪法的说法是难以成立的。宪法保障权利的享有或权力的行使，限制国家权力的行使，为制定下位法提供了依据，下位法对此进行具体化，同时宪法也对这种具体化进行控制，控制具体化了的形式法律符合宪法的要求。宪法应该包含其中。

4. 其他

还有一些其他的用法，如"在法律规定的范围内"、"由法律规定"、"由……以法律规定"、"除法律规定"、"遵守……法律"、"受法律的保护"

---

① 有人或许认为，除宪法和形式意义上的法律以外，其他立法均无关根本。故而，宪法文本中的法律只是宪法和形式意义上的法律而已。作为根本法的宪法对其不必提出要求。这种说法忽视了宪法文本中也对地方性法规、规章等所作出的明文规定。如果宪法不重视地方性法规、规章等，就不必作出规定了。

等等，这里不再一一列举。

（二）法院是依据法律行使审判权的机关

从上面的分析当中可以看出，宪法中的"法律"一词含义也是有差别的。《宪法》第126条中规定的法院依照法律独立行使审判权，这里的"法律"应该是实质法律。当然，这里也要分清两个层次：第一，审判权的来源仅仅是宪法和形式法律。宪法规定法院是国家的审判机关，依照法律行使审判权。《人民法院组织法》具体规定了法院的职权。《民事诉讼法》、《行政诉讼法》、《刑事诉讼法》对此进行了具体的分工和规制。第二，审判权具体行使的依据，也就是所要适用的是整个的实质法律，包括宪法、形式法律、行政法规、地方性法规等。

说包含宪法，理由在于：《宪法》序言第十三段规定，"全国各族人民、一切国家机关……都必须以宪法为根本的活动准则，并且负有维护宪法尊严、保证宪法实施的职责。"这里的"一切国家机关"自然包括人民法院。至于宪法是根本的活动准则还是直接的活动准则①，这里还存在着一个理解上的问题。若根本法没有被具体化，就不可以约束人民法院，那么根本法的最高法律效力又如何体现？论者在理解这一句话时，不可以只注意前半句而忽视后半句，即"负有维护宪法尊严、保证宪法实施的职责"。人民法院如何维护宪法尊严、保证宪法实施呢？唯有通过审判活动这一途径，别无他路。《宪法》第5条第4款更明确地指出，"一切国家机关（包括人民法院——引者注）……都必须遵守宪法和法律。一切违反宪法和法律的行为，必须予以追究。"另外，《人民法院组织法》、《法官法》中的规定或许有助于我们理解宪法上的这些规定。《人民法院组织法》第3条规定，人民法院的任务就是用它的全部活动教育公民忠于社会主义祖国，自觉地遵守宪法和法律。《法官法》第7条第（一）项也明确规定，法官应当严格遵守宪法和法律。从这个角度来说，法院有责任维护宪法所形成的整个宪法秩序，包括立法体系的统一性。这也是法院的国家或中央属性所要求的。

说包含形式法律之下的其他法规范，其论据之一就在于：《行政诉讼法》第52条规定："人民法院审理行政案件，以法律和行政法规、地方性法规为

---

① 参见胡锦光：《中国宪法问题研究》，新华出版社1998年版，第60—61页。

依据。地方性法规适用于本行政区域内发生的行政案件。人民法院审理民族自治地方的行政案件，并以该民族自治地方的自治条例和单行条例为依据。"很难想象，国务院的行政法规，省级人大和较大的市[①]人大制定的地方性法规不能在法院被适用，会是一种什么样的局面？

需要说明的是，法院依照法律进行审判，我们说这里的法律是实质法律，即包括行政法规、地方性法规等立法。合法有效的实质法律都应该成为法院审判的依据。但法院在审理案件的时候是有义务对低位阶的法是否符合高位阶的法进行审查的，法院需要运用整个法律体系来作出判断。"法律适用者寻找的不是适用于具体案件的某个规范的答案，而是整个法律秩序的答案。无论法律秩序在外部和形式上的划分如何，必须将法律秩序作为价值评判的整体来适用。"[②] 法院依照实质法律进行审判是一个问题，实质法律之间的效力等级是另外一个问题。洛阳种子违法审查案中涉及的《河南省农作物种子管理条例》，应该说是该案审理的一个法律依据，这是需要肯定的。当然，该条例是违反国家的《种子法》的，这是下文需要加以分析的另外一个问题。

四、法院的宪法地位之三：人大制度下的相对独立的审判机关

——法院与地方人大之间的关系

在洛阳种子违法审查案一审判决之后，河南省人大常委会法制室发文明确答复（豫人常法［2003］18 号）表示，《河南种子条例》第 36 条关于种子经营价格的规定与《种子法》没有抵触，继续适用。同时，该答复重点指出："（2003）洛民初字第 26 号民事判决书中宣告地方性法规有关内容无效，这种行为的实质是对省人大常委会通过的地方性法规的违法审查，违背了我国的人民代表大会制度，侵犯了权力机关的职权，是严重违法行为。"并责成洛阳市人大常委会"依法行使监督权，纠正洛阳市中级人民法院的违法行为，对直接负责人员和主管领导依法作出处理……"[③]这里需要分析的是，

---

① 这里采用的是《立法法》第 63 条第 4 款的解释，即"本法所称较大的市是指省、自治区的人民政府所在地的市，经济特区所在地的市和经国务院批准的较大的市"。

② ［德］伯恩·魏德士：《法理学》，丁小春、吴越译，法律出版社 2003 年版，第 125 页。

③ 田毅、王颖：《一个法官的命运与"法条抵触之辩"》，《21 世纪经济报道》2003 年 11 月 17 日，第 5 版。

法院既然具有国家属性，那么地方人大能否对法院进行监督，又应该如何监督？

（一）法院是拥有独立地位的机关

《宪法》第 126 条规定："人民法院依照法律规定独立行使审判权，不受行政机关、社会团体和个人的干涉。"这一点表明，法院是享有独立地位的。在本案合议之前，该案审判人员先后接到洛阳市政府、市政法委、主管院长高效田、常务副院长王伯勋转来的多份批示，这些批示均要求"依法公正审理此案"。应该说，这些都是对法院的独立地位的一个挑战。当然，法院最后顶住了压力，按照种子法的规定进行一审判决。不过，这里并不是本文所要关注的对象，这里略去不表。

（二）法院是人大制度下的审判机关

《宪法》第 3 条第 3 款规定："国家行政机关、审判机关、检察机关都由人民代表大会产生，对它负责，受它监督。"第 104 条规定，县级以上的地方各级人民代表大会常务委员会监督本级人民政府、人民法院和人民检察院的工作。第 128 条规定："最高人民法院对全国人民代表大会和全国人民代表大会常务委员会负责。地方各级人民法院对产生它的国家权力机关负责。"人大是审判机关产生的前提和依据。换言之，国家审判权产生于人大，人大是一种全权性的国家机关，这也体现出议行合一的原则。人大是法院的监督机关，而法院则不能对人大的工作实施监督。那种让法院担当起违宪审查——对宪法之下的法规范进行是否合乎宪法规定的审查——重任的主张是与人大制度相违背的。[①] 但是，如果法院要进行违法审查，即对形式法律位阶之下的其他法规范进行是否合乎法律规定的审查，还是值得继续探讨的。

前文业已说明，根据《人民法院组织法》和《法官法》的规定，法院的组成和法官的任免是由同级人大选举或任命的。这里又从宪法文本的角度指出，法院是要受同级人大监督的。然而前文也论证了，法院是国家的而不是地方的。那么，地方人大对这一国家的——中央的机关又如何行使监督权呢？该如何解释这种似乎矛盾的现象呢？有学者认为，"司法机关与司法权具有国家属性，而地方人民代表大会在性质上属于地方权力机关，由地方权

---

① 详细论证参见王贵松：《论中国违宪审查机构之设置》，《云南大学学报（法学版）》2003 年第 1 期。

力机关决定下级法院的产生、人员任免与经费，不符合单一制下中央地方法律关系的性质，客观上可能损害国家统一行使司法权。"① 诚然，地方各级人民法院的产生方式与其宪法地位似乎是有一定的冲突的。② 但是，在实行单一制的大国之中又具有一定的合理性。在如此之大的中国，由全国人大来统一选举或任命所有的法官是不现实的。由地方人大及其常委会来选举任命产生法院，或许是一个可行的便宜之计，或许可以认为是全国人大通过地方组织法对地方人大的一种授权。在单一制的中国，根据宪法规定，地方各级人大及其常委会根据宪法和地方组织法的规定均负有职责保证宪法、法律、行政法规等全国性立法的遵守和执行。地方各级人民法院对同级人大及其常委会负责，就是要由地方各级人大及其常委会监督法院切实履行其国家的审判机关的职责、行使其国家的审判权。这种监督与被监督关系，也可以视作是基于全国人大对地方人大的委托而产生。

地方人大在宪法上其地位有其特别之处。根据代议制原理和宪法规定，它由选民或代表选举产生，它应该是对其选民负责的，也就是说是对下负责的。根据《宪法》第67、107条规定，全国人大常委会有权撤销省级人大制定的同宪法、法律、行政法规相抵触的地方性法规和决议，县级以上人大常委会有权撤销下一级人大不适当的决议。这时，地方人大又是受到上一级人大的监督的。从宪法和法律上来看，这种监督只是法律监督。

根据现行宪法与其他的法律规定，地方人大是可以对法院进行监督的。但是，这种监督应该是有其界限的：宪法设置审判机关的目的不能被荒废，法院的宪法地位不能被搁置一旁。

首先，宪法设置法院这一审判机关的目的在于让其运用专门知识和经验依照法律规定独立行使审判权，解决纠纷，处理案件。人大虽然有权监督法院，但是它并不能取代法院或者说代替法院进行审判，否则宪法只需要设置一个人大就足够了。

其次，地方人大的监督应该尊重法院的国家属性，应理解自身监督权的

---

① 韩大元、林来梵、郑贤君：《宪法学专题研究》，中国人民大学出版社2004年版，第492页。

② 这种情况却并不是唯一存在的。人大代表由地方选举产生，他到底是代表该选区，还是代表全国，抑或是既代表选区又代表全国？从理论上来说是存在争论的。西方不少国家的宪法都规定，议员是全体国民的代表，而不是部分国民的代表。

来源和目的。地方人大——严格说只是地方同级人大——对法院的监督是一种受宪法委托的监督，是代替国家监督设在其治下的法院。这种监督的性质应该主要是法律监督，即对法院的审判工作的合法性进行监督，而不能进行合目的性的专业监督，也就是说人大与法院之间不是一种内部法律关系，不是一种命令与服从的关系，人大需要尊重法院体系内部的自治性，尊重法院自身的裁量权。它只能对法院审判的合法性进行监督而不能监督法院审判的合理性，只能是对法院适用法律正确与否的监督。当然，司法裁量权有逾越、滥用和怠于行使之时，那也是一种违法的情形。

再次，人大的监督应该是事后性的，应该具有一种谦抑性。在法院系统内部能够纠正法院所犯下的违法错误时，人大不应予以干涉。在法院生效判决尚未形成之前，当事人还可以通过上诉寻求再一次救济，人大不应该在此之前进行干涉，否则宪法和法律所设定的二审终审制、上级法院监督下级法院制度亦不过形同虚设。应该说，本案当中，地方人大对洛阳中院的监督是过火了，严重超越了这些界限。

最后，人大监督法院的方式应该特定化。宪法对法院并没有规定明确而具体的监督方式，它只是表明法院要向产生它的人大负责而已。《人民法院组织法》第17条规定的方式是报告工作。根据《地方各级人民代表大会和地方各级人民政府组织法》的规定，其监督方式主要有：其一，地方人大有权听取和审查本级人民法院的工作报告①；其二，地方人大常委会有权监督本级人民法院的工作，受理人民群众对人民法院及其工作人员的申诉和意见②；其三，地方人大有权罢免本级人民法院的院长③；其四，县级以上的地方人大举行会议的时候，主席团、常务委员会或者十分之一以上代表联名，可以提出对本级人民法院院长的罢免案，由主席团提请大会审议④；其五，地方各级人大举行会议的时候，代表联名可以书面提出对本级人民法院的质询案⑤；其六，县级以上的地方各级人大及其常委会可以组织关于特定

---

① 参见《地方各级人民代表大会和地方各级人民政府组织法》第8条第9项。
② 参见《地方各级人民代表大会和地方各级人民政府组织法》第44条第6项。
③ 参见《地方各级人民代表大会和地方各级人民政府组织法》第10条。
④ 参见《地方各级人民代表大会和地方各级人民政府组织法》第26条。
⑤ 参见《地方各级人民代表大会和地方各级人民政府组织法》第28条、第47条。

问题的调查委员会。①《法官法》第 13 条规定的八种免职情况②，有的是针对审判工作的，有的是针对法官资格的，有的是针对法官个人的职业道德的。地方人大除了对法院进行人事监督——对法院组成人员个人违法犯罪等严重与职业纪律不符的行为进行监督之外，主要就是法律监督。这种监督应该说是有限度的。在现行宪法体制之下，是很难否定人大个案监督这种监督方式的，因为根据宪法规定，人大是需要监督法院的，监督总是要有其方式的，特定问题调查委员会也是宪法明确规定的一种监督方式，而特定问题多数也只能基于个案。笔者以为，对于个案监督，应严格其条件和程序：首先，案件影响恶劣，而且要有当事人的申诉和意见或者有人大代表的提案；其次，依法组成特定问题调查委员会这一组织来进行调查，而不是常委会的部分组成人员或者部分人大代表来调查；再次，调查的结果也只是向人大作出报告，而不是直接对法院的判决进行改判；最后，监督的结果只应是对司法体制中存在的问题加以不溯及既往的解决，而不应是追究法官的个人责任并对法院判决进行改判。③

五、余论：面对法律冲突的法院抉择

本案当中，河南省种子条例与国家的种子法相抵触，洛阳市中级人民法院选择了种子法作为判决的根据，从一定程度上说，这种做法是符合宪法地位的。洛阳市中级人民法院是中华人民共和国设在洛阳市的人民法院，而不是洛阳市的也不是河南省的人民法院，它有法定义务适用河南省的种子条例，但更有义务维护具有法律体系统一性的宪法秩序。而且这一点在《宪法》、《立法法》当中也有明确规定。《宪法》第 100 条规定："省、直辖市的

---

① 参见《地方各级人民代表大会和地方各级人民政府组织法》第 31 条、第 52 条。

② 《法官法》第 13 条规定："法官有下列情形之一的，应当依法提请免除其职务：（一）丧失中华人民共和国国籍的；（二）调出本法院的；（三）职务变动不需要保留原职务的；（四）经考核确定为不称职的；（五）因健康原因长期不能履行职务的；（六）退休的；（七）辞职或者被辞退的；（八）因违纪、违法犯罪不能继续任职的。"

③ 议会监督或制约法院，这是一个现实的存在。但是，其监督方式和界限则是真正需要考量的问题。人大对法院的个案监督是否会造成处理的溯及既往？法院的判决还有没有既判力？人大的个案监督或许应该是仅具有监督性，而不应具有救济性。司法最终，维护判决的既判力，这是维护司法威信的需要，是维护法的安定性的需要——从这个角度来说，现行的审判监督也是一种不合理的制度。任何社会都不可能达致完美无缺的公平正义，或许个案中的当事人的损失是一个不得已的代价。

人民代表大会和它们的常务委员会，在不同宪法、法律、行政法规相抵触的前提下，可以制定地方性法规，报全国人民代表大会常务委员会备案。"《立法法》第 79 条规定："法律的效力高于行政法规、地方性法规、规章。行政法规的效力高于地方性法规、规章。"应该说，地方性法规与上位法之间的效力等级是非常明确的。全国人大常委会法制工作委员会《关于如何理解和执行法律若干问题的解答》第 18 点中明确指出："人民法院在审理行政案件的过程中，如果发现地方性法规与国家最高权力机关制定的法律相抵触，应当执行国家最高权力机关制定的法律。"法工委的解答虽然针对行政案件，而且其又为一工作机构，没有对外的职能，但还是具有一定的参考价值的。最高人民法院也曾作出过与此类似的批复。① 应该说，洛阳市中级人民法院不适用《河南种子条例》是不存在违法问题的。

但是，这里还不能说，整个案件不存在问题。洛阳市中级人民法院在其民事判决书中宣告地方性法规有关内容无效，这一点恰恰又违背了法院的另一个宪法地位的界定。法院的宪法地位是处于国家权力机关之下的，它虽然可以不适用违法的地方性法规，但是它并没有权力去宣布地方性法规无效。按照宪法和立法法的规定，地方性法规的改变或撤销只能由全国人大常委会和省级人大两个机关作出②，其他机关则无权染指。这也是人民代表大会制度的一个要求。法院只能通过法定程序提请有权机关进行审查，而无权撤销，更无权宣布无效。法院在适用法规范时宣布法规范无效，即使在英美国家也是不能允许的。因为法律的有效与否，是立法权的一部分。如果允许法院宣布法规范无效，无疑是容忍法院拥有立法权，破坏权力分立或权限分工的原则。从这个角度来看，洛阳中院的判决确实是存在问题的。

本案中的法官因为宣布《河南种子条例》无效而被撤销了审判长的职

---

① 1993 年 3 月 11 日最高人民法院在给福建省高级人民法院《关于人民法院审理行政案件对地方性法规的规定与法律和行政法规不一致的应当执行法律和行政法规的规定的复函》中指出："《中华人民共和国渔业法》第三十条规定：'未按本法规定取得捕捞许可证擅自进行捕捞的，没收渔获物和违法所得，可以并处罚款；情节严重的，并可以没收渔具。'这一条未规定可以没收渔船。《福建省实施〈中华人民共和国渔业法〉办法》第三十四条规定，未取得捕捞许可证擅自进行捕捞或者伪造捕捞许可证进行捕捞，情节严重的，可以没收渔船。这是与渔业法的规定不一致的。人民法院审理行政案件，对地方性法规的规定与法律和行政法规的规定不一致的，应当执行法律和行政法规的规定。"

② 参见《宪法》第 67 条第 8 项，《立法法》第 88 条第 2、4 项。

位，差一点被罢免而丢了饭碗。面对下位法与上位法之间的法律冲突，法院该作何选择呢?《立法法》第79条到底是为谁而写，谁有权加以适用呢? 法院可能作出的选择大概有这么几种：(1) 直接适用上位法，而不作任何说明；(2) 适用上位法，同时解释下位法是因为抵触上位法而不予适用；(3) 适用下位法，对上位法不予理睬。显然，第三种做法是与法院国家属性的宪法地位相矛盾的，是不得采用的。第一种做法又不能给人说服力，不能给人以信服的理由，不符合判决书应该加强说理的趋势。如果说法院可以直接适用《立法法》第79条，那么值得采用的做法只能是第二种。《立法法》是国家的基本法律，从理论上来说应该也是可以由法院加以适用的法律，这是《宪法》第126条明确规定的。但是，应该说，这还是需要注意其界限的，法院只能基于案件而对在该个案中是否适用某法律文件作出评判，而不能一般性地对该法律文件的效力加以评论，即不能宣布某法律文件是否违法。法院在适用法律时，发现地方性法规与宪法、法律相抵触的，适当的做法应该就是不适用地方性法规，而适用其上位法，然后再通过法定途径解决法之间的抵触。这样才能与其宪法地位相适应。

　　虽然法院会设在地方，但其本质属性是属于国家的。它依据法律行使审判权，却又不能不涉及地方性法规等法律文件。设在地方的法院又是由地方人大选举或任命产生的，是需要向同级人大负责受其监督的。如何保障设在地方的法院的宪法地位，如何保障其国家属性，还是一个值得继续研究的问题。作为单一制的国家，法院的国家属性，对于保障法律体系的统一性无疑具有十分重要的作用。作为一个成文法的国家，对于用法律明确规定和保障法院的这种宪法地位，无疑也是有其十分重要的现实意义的。在我国，法院没有违宪审查的权力，也没有宣布法律文件无效或撤销的违法审查权力，如果能明确法院的选择权，那么，在某种程度上就可以做到："法律秩序的统一体决不会因法律等体系中的一个高级规范与一个低级规范之间的任何矛盾而受到危害。"① 我们需要明确法院在个案当中的解释权，明确法院在法律冲突中的选择权，明确人大对法院的监督方式和界限，而不能让法院做了好事——不选择违反上位法规定的下位法，维护了其宪法地位，维护了宪法的

---

① ［奥］凯尔森：《法与国家的一般理论》，沈宗灵译，中国大百科全书出版社1996年版，第182页。

尊严，却又冒着被罢官免职的巨大风险。一句话，就是要用法律去明确和保障法院的宪法地位，不能让"损人不利己"的现实简单地存在下去了。当然，如果违宪审查制度能真正运作起来，那法院的宪法地位则会得到更为有效的保障。

第五章

法院对法律冲突问题的应对

一、引言：一个问题，两种命运

由于立法主体的多元化、立法者素质的多样化、法律位阶的多层次性等原因，立法之间的冲突在所难免。在我国的宪法体制下，法院如何适用相互冲突的法律规范是一个颇有讲究的问题，它涉及人大制度的正确理解和恰当运转，涉及法院的宪法地位和功能定位。在中国，法院的地位有其特别之处：一方面宪法将其定位于"国家的审判机关"，另一方面又规定法院由同级人大产生，对其负责。作为司法机关的法院，身处多层次的法律体系之中，而不同层级的法律规范又由不同层级的人大制定，一旦法律规范之间发生冲突，法院的尴尬毕露无遗：若适用上位法，则会触动下位法、甚至开罪于相应的人大；若适用下位法，则与其"国家的审判机关"宪法地位、维护法制统一的职责不相适应。在此进退维谷之际，法院何以安身，何以立命，值得深思。

对于法律冲突问题，2009 年 10 月 26 日发布的《最高人民法院关于裁判文书引用法律、法规等规范性法律文件的规定》[①] 第 7 条规定，"人民法院制作裁判文书确需引用的规范性法律文件之间存在冲突，根据立法法等有关法律规定无法选择适用的，应当依法提请有决定权的机关做出裁决，不得自行在裁判文书中认定相关规范性法律文件的效力"。这一文件给出的解答是：

[①]　法释〔2009〕14 号，2009 年 10 月 26 日公布，自 2009 年 11 月 4 日起施行。

第一，法院可以依法选择适用；第二，无法选择适用时应当提请裁决；第三，不得自行认定冲突的规范性法律文件的效力。然而，仍有诸多问题需要解决，诸如依法选择适用，是否不得因此而给法院带来不利后果？何为无法选择适用，谁来判断？法院不能认定效力，是否还可以进行说理评判？

　　这里不妨先简要回顾一下轰动一时的 2003 年洛阳种子案。洛阳市中级人民法院在（2003）洛民初字第 26 号民事判决书中写道："《种子法》实施后，玉米种子的价格已由市场调节，《河南省农作物种子管理条例》作为法律阶位较低的地方性法规，其与《种子法》相冲突的条（文）自然无效。"这一判决激起河南省人大的强烈反响。2003 年 10 月 18 日，河南省人大常委会办公厅下发通报，要求河南省高院对洛阳市中院的"严重违法行为作出认真、严肃的处理，对直接责任人和主管领导依法作出处理"。洛阳市中院党组根据要求作出决定，撤销判决书签发人赵广云的副庭长职务和李慧娟的审判长职务，免去李慧娟的助理审判员资格。[①] 当事人不服一审判决，向河南省高级人民法院提起上诉。河南省高院受理后，请示最高人民法院。最高人民法院于 2004 年 3 月 30 日作出《关于河南省汝阳县种子公司与河南省伊川县种子公司玉米种子代繁合同纠纷一案请示的答复》，指出《立法法》第 79 条规定，"法律的效力高于行政法规、地方性法规、规章。行政性法规的效力高于地方性法规、规章"。《最高人民法院关于适用〈中华人民共和国合同法〉若干问题的解释（一）》第 4 条规定，"合同法实施以后，人民法院确认合同无效应当以全国人大及其常委会制定的法律和国务院制定的行政性法规为依据，不得以地方性法规和行政规章为依据。"根据上述规定，人民法院在审理案件过程中，认为地方性法规与法律、行政法规的规定不一致，应当适用法律、行政法规的相关规定。河南省高级人民法院据此作出终审判决，维持洛阳市中级人民法院的原判。当初洛阳中院党组的处理决定最终亦未实施，落了个有惊无险。

　　与种子案形成鲜明对比的是酒泉地区中级人民法院的一次有惊有险的判决。1998 年 12 月 15 日，酒泉中院在惠宝公司诉酒泉地区技术监督局行政处罚案的二审行政判决（（1998）酒行终字第 06 号行政判决）中称："《中华人

---

　　① 相关介绍和分析可参见韩大元主编：《中国宪法事例研究（一）》，法律出版社 2005 年版，第 285 页以下。

民共和国产品质量法》并未赋予产品质量监督管理部门对维修者的行政处罚权，上诉人对被上诉人实施行政处罚所依据的《甘肃省产品质量监督管理条例》第十三条、第三十条有关产品质量监督管理部门对维修者实施行政处罚的规定，有悖于《中华人民共和国行政处罚法》第十一条第二款'法律、行政法规对违法行为已经作出行政处罚规定，地方性法规需要作出具体规定的，必须在法律、行政法规规定的给予行政处罚的行为、种类和幅度的范围内规定'的规定，不能作为实施处罚的依据。"1999 年 8 月 17 日，甘肃省人大致函（甘人大常办函（1999）87 号函）甘肃省高级人民法院，要求其提审此案并撤销酒泉中院判决书，同时要求高院对酒泉中院在全省法院系统内进行公开批评，并提出追究有关负责人的意见。甘肃省高级人民法院提审后认为，酒泉中院认定事实清楚，但"直接对地方性法规的效力加以评判是错误的"，遂判决撤销原终审判决。①

遇到了同样的法律冲突问题，四个法院采取了不同的处理方式，法院的判决甚至主审的法官最后的命运也因此而迥然不同。法院即便正确适用了法律，也可能遭遇灭顶之灾。其实，河南省高院化险为夷之策也非常简单，那就是向最高人民法院请示，由后者作出答复。如此，即使"错判"，那也不再是我河南省高院的错。请示俨然成为法院回避风险的"免死金牌"。洛阳中院、酒泉中院是否真的错了，错又错在哪里？什么情况下需要请示，这种回避风险的请示是否必要？法院这些年来到底在怎样适用相互冲突的法律？法院的权力究竟止于何处，选择、评判抑或宣布无效？下文即结合最高法院、全国人大常委会、国务院及其相互之间的文件，全面梳理展现法院的实际做法，并从实定法的角度展开分析。

二、法院解决法律冲突的基本路径

实践中，法院在适用相互冲突的法律时，形成了两条解决冲突的基本路径，要么报请最高人民法院送请其他机关解释裁决，要么在法院系统内部作出判断选择。

---

① 酒泉地区惠宝家电制冷设备有限公司与酒泉地区技术监督局行政处罚上诉案，甘肃省高级人民法院行政判决书，（1999）甘行监字第 29 号，2000 年 9 月 1 日。相关介绍可参见李希琼、王宏：《法院废了人大法规？》，《中国经济时报》2000 年 9 月 5 日。

（一）送请其他机关解释裁决

下级法院把法律冲突的问题上报到最高人民法院，让它来破解自己的难题，但最高人民法院也常常不能轻易地解决其中的冲突，而要送请其他机关解释裁决。从实定法的规定来看，又分为两种情形，一是法定情形，二是酌定情形。所谓法定情形，是指在法律上明确要求法院在适用相互冲突的法律时须报请其他机关解释裁决，法院只能送请其他机关裁决而没有选择余地。法定情形目前只有《行政诉讼法》第 53 条第 2 款的规定，即"人民法院认为地方人民政府制定、发布的规章与国务院部、委制定、发布的规章不一致的，以及国务院部、委制定、发布的规章之间不一致的，由最高人民法院送请国务院作出解释或者裁决"。《立法法》第 86 条第 1 款第 3 项亦作出了相同的规定。换言之，仅有涉及部门规章的规章之间冲突，才是必须报请最高人民法院的法定情形。所谓酌定情形，是指法院在适用相互冲突的法律时，无法确定如何适用时方送请其他机关解释裁决。法定情形之外的其他情形的法律冲突，均为酌定情形。行政法规与法律的冲突，地方性法规与法律、行政法规的冲突，规章和法律、法规的冲突等均属于酌定情形。现实中，下级法院报请最高人民法院批复的情形很多，但鲜见就法定情形报请批复的，更多的是酌定情形。

法律明文规定的报送的其他机关包括全国人大常委会、国务院和地方性法规、规章的制定主体。但现实中，最高人民法院送请的有关机关往往是其具体的内部办事机构，如国务院法制办，全国人大法工委。在有关机关给出意见之后，最高人民法院依据其解释、裁决再行批复。[①]虽然根据《立法法》第 55 条的规定，全国人大常委会工作机构可以对有关具体问题的法律询问进行研究予以答复，并报常委会备案。法工委解答的法律效力并未明确，因此只应作为对相关法律的一种理解。但鉴于有权机关无暇他顾和其工作机构的专业性、权威性，它们的答复也得到了其他机关的尊重。法院的这种做法是目前最为安全的适用方法。

究竟何种情形报请哪一机关裁决解释，虽然没有明文规定，从最高人民

---

① 《立法法》（2000 年）第 85 条、第 86 条规定了法律之间、行政法规之间、地方性法规、规章之间冲突的裁决制度，但未规定具体的程序。法院系统的报请裁决可以算作参照行政诉讼法的规定部分弥补了《立法法》的程序不足。

法院的若干答复中似乎也可总结出一些习惯性的规则。第一，在涉及全国人大及其常委会的法律时，一般会征求全国人大常委会法制工作委员会的意见。下文的"陈乃信、陈信祥不服渔政处罚决定案"涉及《渔业法》，另一个案件涉及《公路法》，最高人民法院均征求了全国人大常委会法工委的意见。

第二，在涉及国务院的行政法规时，一般会征求国务院法制办公室的意见。例如在钟芳友、李民斌诉赣县公安局交警大队扣押财产案中，涉及公安部《道路交通事故处理程序规定》[①] 第 28 条与国务院《道路交通事故处理办法》[②] 第 13 条的规定，后者规定暂时扣留交通事故车辆，前者规定可以暂扣交通事故责任者的车辆，扩大了扣留的范围。江西省高级人民法院报请最高人民法院后，最高人民法院行政审判庭即向国务院法制局征求意见，之后给出答复："经研究，经征求国务院法制局的意见，答复如下……此类案件应适用国务院《道路交通事故处理办法》的规定。"[③]

第三，如果同时涉及法律和行政法规，则向全国人大常委会法工委和国务院法制办征求意见。其典型者如 1991 年的"陈乃信、陈信祥不服渔政处罚决定案"。在该案中，涉及《渔业法》（法律）、《渔业法实施细则》（行政法规）以及《福建省实施〈中华人民共和国渔业法〉办法》（地方性法规）之间的冲突。《渔业法》第 30 条规定："未按本法规定取得捕捞许可证擅自进行捕捞的，没收渔获物和违法所得，可以并处罚款；情节严重的，并可以没收渔具。"这一条未规定可以没收渔船，《渔业法实施细则》亦未作规定。《福建省实施〈中华人民共和国渔业法〉办法》第 34 条规定，未取得捕捞许可证擅自进行捕捞或者伪造捕捞许可证进行捕捞，情节严重的，可以没收渔船。案中作出的行政处罚恰恰是包括了没收渔船。霞浦县法院逐级报请最高

----

① 1992 年 8 月 10 日公安部令第 10 号发布，已于 2004 年 5 月 1 日废止。

② 1991 年 9 月 22 日国务院令第 89 号发布，已于 2004 年 5 月 1 日废止。

③ 《最高人民法院行政审判庭关于公安部〈道路交通事故处理程序规定〉第二十八条与国务院〈道路交通事故处理办法〉第十三条如何适用问题的复函》，〔1996〕行法字第 19 号，1997 年 3 月 7 日，见奚晓明主编《最高人民法院最新行政诉讼司法解释汇编》，人民法院出版社 2006 年版，第 620 页。顺带说明一点，按照《人民法院组织法》、《各级人民代表大会常务委员会监督法》、《全国人民代表大会常务委员会关于加强法律解释工作的决议》、《最高人民法院关于司法解释工作的若干规定》(1997)、《最高人民法院关于司法解释工作的规定》(2007) 的规定，司法解释均应由最高人民法院制定并发布。但行政审判庭实际上也在以自己的名义作出司法解释，并以其权威性、专业性而发挥着现实的作用。

人民法院。最高人民法院行政审判庭在电话答复中指出，根据全国人大常委会法工委 1989 年 11 月 17 日给最高人民法院的答复（并非针对本案），应当执行最高国家权力机关制定的法律。一审法院据此撤销了没收渔船的处罚决定。二审期间，福建省人大常委会办公厅致函福建省高级人民法院等机关，指出一审法院撤销渔政站依据《福建省实施〈中华人民共和国渔业法〉办法》作出的行政处罚决定是错误的。二审法院再次逐级报请最高人民法院。最高人民法院为慎重起见，报送全国人大常委会法工委和国务院法制办，作出《最高人民法院关于人民法院审理行政案件对地方性法规的规定与法律和行政法规不一致的应当执行法律和行政法规的规定的复函》："经研究并征求全国人大常委会法制工作委员会和国务院法制局的意见，答复如下……人民法院审理行政案件，对地方性法规的规定与法律和行政法规的规定不一致的，应当执行法律和行政法规的规定。"① 如此，在两个回合之后，最终以"最高人民法院＋全国人大常委会法工委＋国务院法制办"的合力，否定了福建省地方性法规的适用。

第四，涉及其他的规范性文件时，一般则由最高人民法院自行处理，甚至对于《国务院关于将强制劳动和收容审查两项措施统一于劳动教养的通知》这样的规范性文件，可能因其不属于行政法规，而且最终维护了该通知的效力，而没有征求全国人大常委会法工委和国务院法制办的意见。② 但针对其他规范性文件的冲突，或许是基于政策性、专业性的考虑，最高人民法院偶尔也会征求有关部门的意见。③

至于给请示法院答复的名义，涉及否定地方性法规的，一般以最高人民

---

① 法函〔1993〕16 号，1993 年 3 月 11 日，见《最高人民法院最新行政诉讼司法解释汇编》，第 475 页。

② 参见《最高人民法院行政审判庭关于〈人民法院审理劳动教养行政案件是否遵循〈刑事诉讼法〉确立的基本原则的请示〉的答复》，〔1998〕法行字第 16 号，1999 年 10 月 18 日，见《最高人民法院最新行政诉讼司法解释汇编》，第 632—633 页。

③ 例如，对自费出国留学人员计划生育问题，原国家计生委和国家教委的解释不一致，最高人民法院也征求了有关部门的意见。参见《最高人民法院关于对自费出国留学人员计划生育有关问题的答复》，法函〔1997〕86 号，1997 年 7 月 15 日，《最高人民法院最新行政诉讼司法解释汇编》，第 486 页。再如，对建筑材料的质量监督管理权，国家技术监督局和建设部的规定不一致，最高人民法院也征求了有关部门的意见。参见《最高人民法院〈关于对县级以上人民政府设立的建设工程质量监督站是否应由计量行政主管部门进行计量认证问题的请示〉的答复》，〔1996〕法行字第 7 号，1997 年 8 月 29 日，见《最高人民法院最新行政诉讼司法解释汇编》，第 491 页。

法院的名义给出答复；偶尔也有例外的情形，例如，曾以最高人民法院的名义否定了辽宁省政府的规范性文件在案件中的适用①，也曾有以最高人民法院行政审判庭的名义否定了上海市地方性法规在案件中的适用。② 涉及否定部门规章、地方政府规章以及其他规范性文件的，一般则以最高人民法院具体的审判庭名义给出答复；偶尔也有例外，曾以最高人民法院的名义否定了部门规章在案件中的适用。③

（二）法院自行判断选择

根据《立法法》第 85 条、第 86 条的规定，对于酌定情形，只有在"不能确定如何适用时"，才提请有关机关裁决解释。这也表明，《立法法》并未要求所有法律冲突的情形均要送请有关机关裁决，而是赋予了法院对酌定情形自行判断、选择适用的权力。实践中，由最高人民法院送请其他机关解释裁决的情形并不是很多，更多的是法院系统内部自行判断选择。具体而言，又可分为两种，其一是下级法院请示上级法院乃至最高法院④，其二是审判的法院自主进行判断选择。

下级法院遇到法律冲突不能确定如何适用，请示最高人民法院时，最高人民法院有时也不征求有关机关的意见，而直接给出批复，之后再由相应的法院依据批复选择适用冲突的法律规范并作出裁判。不征求其他机关的意见，说明最高人民法院自己能够确定如何适用，或者类似问题已征求过有关机关的意见，即不再征询。⑤ 典型的是欠缴养路费能否扣车的法律规范冲突，《公路管理条例》（1987 年）、《公路法》（1997 年）仅仅规定了罚款和滞

---

① 参见《最高人民法院关于人民法院审理行政案件对缺乏法律和法规依据的规章的规定应如何参照问题的答复》，法行复字〔1993〕第 5 号，1994 年 1 月 13 日，见《最高人民法院最新行政诉讼司法解释汇编》，第 479 页。

② 参见《最高人民法院行政审判庭对〈关于审理公证行政案件中适用法规问题的请示〉的答复》，法行〔1999〕4 号，1999 年 8 月 16 日，见《最高人民法院最新行政诉讼司法解释汇编》，第 632 页。

③ 参见《最高人民法院关于道路运输市场管理的地方性法规与部门规章规定不一致的法律适用问题的答复》，〔2003〕行他字第 4 号，2003 年 8 月 15 日，给江苏省高级人民法院的答复，见《最高人民法院最新行政诉讼司法解释汇编》，第 538 页。

④ 对于地方政府规章与地方性法规的冲突，一般是由高级人民法院报送省级人大常委会法工委。但实务中鲜有其例。

⑤ 曾任职于全国人大常委会办公厅的蔡定剑教授在任职期间曾指出："有时最高人民法院也自行决定选择适用哪一个法规或规章。特别是在碰到规章与法规矛盾时，最高人民法院便可以这样做。"蔡定剑：《法律冲突及其解决的途径》，《中国法学》1999 年第 3 期，第 55 页。

纳金，一些地方性法规等却规定了扣车的行政强制措施。1994 年，最高人民法院在收到辽宁省高级人民法院的请示后，征求国务院法制局的意见，作出《最高人民法院关于人民法院审理行政案件对缺乏法律和法规依据的规章的规定应如何参照问题的答复》："辽宁省人民政府发布的《关于加强公路养路费征收稽查工作的通告》第六条'可以采取扣留驾驶证、行车证、车辆等强制措施'的规定，缺乏法律和法规依据，人民法院在审理具体案件时应适用国务院发布的《中华人民共和国公路管理条例》的有关规定。"① 1998 年，最高人民法院就河南省高级人民法院关于相同案件的请示作出《最高人民法院〈关于应泽忠诉西峡县交通局行政强制措施案的法律问题的请示〉的答复意见》："经研究，同意你院的倾向性意见，即在审理应泽忠诉西峡县交通局行政强制措施一案中，应执行《中华人民共和国公路法》的有关规定。"② 其答复的实质是否定地方性法规（《河南省公路管理条例》）的适用，但并未征求全国人大法工委的意见，或许最高人民法院是认为此前已就相关问题征求了国务院的意见，可不再征询意见。但两案是存在差别的，前者针对的是国务院的《公路管理条例》，后者针对的是全国人大常委会的《公路法》。或许正因为如此，在 1999 年广西壮族自治区高级人民法院就相同的问题请示时，最高人民法院还是送请了全国人大常委会法工委。法工委从立法原意出发否定了地方性法规规定扣车的做法③，最高人民法院据此作出答复，指出地方性法规与法律规定不一致，应当适用《公路法》的规定。④ 2002 年，甘肃省高级人民法院就相同的问题再次报请最高人民法院。最高人民法院行政审判庭未再报送全国人大常委会法工委，即自主作出了几

---

① 法行复字〔1993〕第 5 号，1994 年 1 月 13 日，见《最高人民法院最新行政诉讼司法解释汇编》，第 479 页。

② 〔1998〕行他字第 23 号，1998 年 12 月 27 日，见《最高人民法院最新行政诉讼司法解释汇编》，第 495 页。

③ 《地方性法规中对交通部门暂扣运输车辆的规定是否与〈中华人民共和国公路法〉有关规定不一致》，见全国人大常委会法制工作委员会编：《法律询问答复（2000—2005）》，中国民主法制出版社 2006 年版，第 9—10 页。这里附带说明一点，从立法上来说，法律并无对地方性法规设定行政强制措施权限的限制。故而，全国人大法工委从立法原意而非法律位阶的角度给出答复，是较为妥当的。

④ 参见《最高人民法院关于对人民法院审理公路交通行政案件如何适用法律问题的答复》，〔1999〕行他字第 29 号，2001 年 2 月 1 日，见《最高人民法院最新行政诉讼司法解释汇编》，第 500 页。

乎完全相同的答复。①

比这种报请最高人民法院更多的是，审判的法院在法律适用时遇到法律冲突的情形，自行选择适当的法律。例如，安徽省宣城市中级人民法院在一起工伤事故认定的行政案件中指出："鉴于工伤保险条例第五十三条和工伤认定办法第十九条的规定内容相冲突，两处法律规范的层级和门类各不相同，分属于行政法规和部门规章，且本案中不存在依据立法法规定的程序逐级送请有权机关裁决法律规范冲突如何适用法律的情形，因此，一审法院按照我国立法法规定的上位法优于下位法的法律适用规则，认定工伤认定办法第十九条规定的效力低于工伤保险条例第五十三条，审查、判断、选择工伤保险条例第五十三条作为本案应适用的法律规范。"② 再如，上海市高级人民法院在一起著作权民事纠纷案中指出："虽然《出版文字作品报酬规定》属于法院参考的规章，但根据上位法优于下位法、后法优于先法的法律适用原则，本案不应参照上述《出版文字作品报酬规定》第十六条的规定。"③ 再如，《银行卡业务管理办法》将银行卡分为信用卡与借记卡，而《全国人大常委会关于〈中华人民共和国刑法〉有关信用卡规定的解释》则将信用卡解释为银行卡。在一起银行储蓄卡（属于借记卡）的诈骗案中，检察院抗诉主张该案应定性为诈骗罪，但二审法院仍选择了全国人大常委会的解释，定性为信用卡诈骗罪。④ 根据《立法法》第47条的规定，全国人大常委会的法律解释同法律具有同等效力，故而高于部门规章。

三、法院解决法律冲突的基本规则

审判实践中，法院所遇到、认定的冲突类型以及所适用的冲突规则并不是很多，这里对其作一个简要的梳理。

---

① 参见《最高人民法院行政审判庭关于养路费征稽部门能否扣押车辆问题的答复》，〔2002〕行他字第7号，2002年8月7日，见《最高人民法院最新行政诉讼司法解释汇编》，第669页。

② 汪新华诉宁国市劳动和社会保障局工伤认定案，（2006）宣中行终字第30号，《人民法院报》2007年1月1日，第6版。

③ 戴某与复旦大学出版社退稿纠纷上诉案，上海市高级人民法院民事判决书，（2008）沪高民三（知）终字第38号，2008年6月6日。

④ 参见张国涛信用卡诈骗案，北京市第二中级人民法院刑事判决书，（2005）二中刑终字第01821号，2005年10月17日。

（一）冲突的类型及其判断标准

法院认定的法律冲突大致有两种：其一是积极冲突，也就是存在着两种规范之间的冲突。对于积极冲突，法院的判断标准主要有两个：第一是"不一致"[①]，例如，前引的《最高人民法院关于人民法院审理行政案件对地方性法规的规定与法律和行政法规不一致的应当执行法律和行政法规的规定的复函》、《最高人民法院关于对人民法院审理公路交通行政案件如何适用法律问题的答复》等均属其列。第二是"超出"上位法的"范围"，例如《最高人民法院对〈关于秦大树不服重庆市涪陵区林业局行政处罚争议再审一案如何适用法律的请示〉的答复》："根据《中华人民共和国行政处罚法》第十一条第二款关于'法律、行政法规对违法行为已经作出行政处罚规定，地方性法规需要作出具体规定的，必须在法律、行政法规规定的给予行政处罚的行为、种类和幅度的范围内规定'的规定，《重庆市林业行政处罚条例》第二十二条第一款第（一）项关于没收无规定林产品运输证的林产品的规定，超出了《中华人民共和国森林法》规定的没收的范围。人民法院在审理有关行政案件时，应当适用上位法的规定。"[②] 这里还需要指出的是，法院在认定法律冲突的时候，从来没有认定过哪部立法与宪法相抵触。

其二是消极冲突，也就是缺乏法律依据的情形。例如，《最高人民法院行政审判庭关于〈呼和浩特市废旧金属管理暂行规定〉的效力问题的答复》指出："《呼和浩特市废旧金属管理暂行规定》中关于废旧金属出省区运输必须办理准运证，非法外运的由公安机关没收的规定是没有法律法规依据的。人民法院在审理此类案件中应以国务院有关规定为依据。"[③] 之所以作出这样的认定，是因为最高人民法院的心中还存在着一个规则，那就是某些地方政府规章是要以法律法规为依据的，故而这种认定可以看成是一种消极冲突。

现实中，法院有时还通过法律解释避免认定法律冲突。例如，《建筑安

<hr>

① 有学者总结了实定法上九种"不一致"的表现。参见杨小君：《行政法律规范的冲突》，《国家行政学院学报》2006 年第 3 期，第 57 页以下。

② 〔2001〕行他字第 7 号，2003 年 6 月 23 日，给重庆市高级人民法院的答复，见《最高人民法院最新行政诉讼司法解释汇编》，第 521 页。

③ 〔1996〕行他字第 23 号，1996 年 9 月 23 日，见《最高人民法院最新行政诉讼司法解释汇编》，第 615 页。

装工程承包合同条例》① 在第13条中规定："工程未经验收，发包方提前使用或擅自动用，由此而发生的质量或其他问题，由发包方承担责任。"在审理案件时，最高人民法院对于该条规定的适用有两种意见。一种意见认为，不论质量问题是否因使用的原因造成，发包方提前使用或擅自使用未经验收的工程，就应承担全部责任。因为验收后使用是有关法律法规的强制性规定。另一种意见认为，条例规定的"由此"应该理解为"因此"，即如果工程质量问题系施工而造成，仍应由施工方承担责任。如果一味要求提前使用一方承担不属于它所造成的质量责任，则与《民法通则》规定的公平原则和过错责任原则相悖。最高人民法院在征求国务院法制办的意见后采用了后一种解释②，这样就避免了行政法规与法律之间冲突的认定。对于前文所说的公安部《道路交通事故处理程序规定》第28条（暂时扣留交通事故责任者的车辆）与国务院《道路交通事故处理办法》第13条（暂扣交通事故车辆）的冲突，最高人民法院有法官主张可对"交通事故责任者的车辆"作目的性限缩，解释成"交通事故车辆"。这样就可以避免下位法与上位法相抵触。③未认定为法律冲突，自然就无须下文冲突规则的适用。

（二）法院实际应用的冲突规则

对于法律冲突，《宪法》规定的冲突规则仅为上位法优于下位法一条，《立法法》规定的冲突规则除此之外还有新法优于旧法、特别法优于一般法。但实践中法院所适用的冲突规则主要有以下四条④：

第一，上位法优于下位法⑤，这也是最为经常适用的冲突规则。从上文引证的案件来看，它曾经适用于地方性法规与法律、行政法规的冲突、国务院文件与法律之间的冲突、地方政府规章与行政法规的冲突、部门规章与行政法规的冲突、地方性法规与行政法规之间的冲突。

---

① 同发［1983］122号，1983年8月8日国务院发布，已于2001年10月6日废止。

② 参见国法函〔2003〕249号，2003年11月24日，见本书编写组《法律法规询问与答复》，中国法制出版社2006年版，第377—379页。

③ 参见孔祥俊：《论法官在法律规范冲突中的选择适用权》，《法律适用》2004年第4期，第8页。

④ 需要说明的是，法不溯及既往虽然也常常适用，但它并非法律冲突的解决原则，而是一般的法律适用原则。

⑤ 参见最高人民法院在《关于审理行政案件适用法律规范问题的座谈会纪要》（法〔2004〕96号，2004年5月18日）中总结了11种"下位法不符合上位法"的情形，但在法律适用时则很少予以说明。

　　第二，新法优于旧法。这是针对同一位阶法律的冲突规则，也经常得到适用，甚至在不太明显的法律之间亦曾适用。例如，法院在张正玉诉刘开广侵权纠纷案中认为，"虽然我国城市房地产法律法规规定了共有房地产未经其它共有人书面同意的，不得转让。但这些规定与后来所颁布实施的《中华人民共和国合同法》的'鼓励交易'原则相冲突，直接破坏了诚实信用原则和交易安全原则，也与《中华人民共和国婚姻法》及最高人民法院《关于适用〈中华人民共和国婚姻法〉若干问题的意见（一）》的司法解释不一致，而且该规定其效力位阶上要低于由全国人民代表大会制定的上述《合同法》及《婚姻法》，根据新法优于旧法及上位法优于下位法的法理原则，该规定并不适用于本案，原告的主张不能对抗本案作为善意第三人的被告。"①

　　第三，特别法优于一般法。这也是针对同一位阶法律的冲突规则。例如，《最高人民法院行政审判庭关于对违法收取电费的行为应由物价行政管理部门监督管理的答复》指出："遵循特别法规定优于普通法规定的原则，对违法收取电费的行为，根据电力法第六十六条的规定，应由物价行政管理部门监督管理。"② 在廖宗荣诉重庆市公安局交通管理局第二支队道路交通管理处罚决定案中，重庆市渝中区人民法院驳斥了一人执法违反《行政处罚法》的说法，它指出："行政处罚法制定于 1996 年，此后的 2003 年 10 月 28 日，第十届全国人民代表大会常务委员会第五次会议通过了道路交通安全法。道路交通安全法……是处理道路交通安全问题的专门法律。为了落实道路交通安全法，国务院于 2004 年 4 月 28 日颁布了《中华人民共和国道路交通安全法实施条例》，公安部也于 2004 年 4 月 30 日发布了《道路交通安全违法行为处理程序规定》。一切因道路交通安全管理产生的社会关系，应当纳入上述法律、行政法规和规章的调整范畴。"③ 这一判决适用了两条冲突规则，即新法优于旧法和特别法优于一般法。但是，将《道路交通安全法实施条例》（行政法规）和《道路交通安全违法行为处理程序规定》（部门规

---

　　① 张正玉诉刘开广侵权纠纷案，山东省枣庄市薛城区人民法院民事判决书，（2007）薛民初字第 2587 号，2007 年 12 月 11 日。

　　② 行他〔1999〕第 6 号，1999 年 11 月 17 日，给山西省高级人民法院的答复，见《最高人民法院最新行政诉讼司法解释汇编》，第 633 页。

　　③ 廖宗荣诉重庆市公安局交通管理局第二支队道路交通管理处罚决定案，《最高人民法院公报》2007 年第 1 期。

章）的规定也上升为《行政处罚法》（法律）的特别法，显然是不妥当的，法律的特别法只能是法律。

对于上述三种冲突规则并无异议，《立法法》也有明确规定，稍有问题的是第四条冲突规则，即属地优先规则。这一规则也是针对同一位阶法律的冲突规则，但并不多见。《最高人民法院关于道路运输市场管理的地方性法规与部门规章规定不一致的法律适用问题的答复》认定的是地方性法规与部门规章之间的冲突，它指出："在国家尚未制定道路运输市场管理的法律或者行政法规之前，人民法院在审理有关道路运输市场管理的行政案件时，可以优先选择适用本省根据本地具体情况和实际需要制定的有关道路运输市场管理的地方性法规。"[①] 属地优先规则并非《宪法》、《立法法》所明确规定的冲突规则。《立法法》第86条第1款第2项一方面规定地方性法规与部门规章的冲突属于法院报请裁决的酌定情形，即"不能确定如何适用时"，才报请国务院提出意见；另一方面规定了地方性法规与部门规章冲突的具体裁决机制，即国务院认为应当适用地方性法规的，应当适用地方性法规，认为应当适用部门规章的，应当提请全国人大常委会裁决。最高人民法院在作出这一批复之前，于2003年5月21日征询了全国人大法工委（而非国务院）的意见。法工委结合《行政诉讼法》中地方性法规的"依据"地位和部门规章的"参照"地位，以及《立法法》第86条第1款第2项的规定，指出法院认为应当适用地方性法规的，适用地方性法规。[②] 最高法院据此作出了上述批复。值得注意的是，这一批复既未明确说明征询法工委的意见，亦未遵循法工委的推理路径，而是指出了一条冲突规则，即属地优先规则。正是依据这一规则，作出了"确定如何适用"的决定。虽然说法院的结论是妥当的，但运用属地优先规则得出结论要比法工委的推理路径略逊一筹，后者的推理路径属于法律体系内部的推论，而最高法院的推论欠缺实定法的依据，这与司法机关的司"法"属性则稍有抵牾。

---

① 〔2003〕行他字第4号，2003年8月15日，给江苏省高级人民法院的答复，见《最高人民法院最新行政诉讼司法解释汇编》，第538页。

② 参见全国人大常委会法制工作委员会编：《法律询问答复（2000—2005）》，中国民主法制出版社2006年版，第81—82页。

四、法院解决法律冲突的权限范围

面对法律冲突，法院到底能够行使多大的权限，理论界意见不一。有学者认为，在我国的政治体制下，法院没有司法审查权，也没有选择适用权，而仅仅有对规范冲突进行怀疑并报请有关部门裁决的权力。[①] 但多数学者认为，法院享有选择适用的权力。[②] 下面仍不妨从实践出发进行分析。

（一）冲突规则与法院的选择适用权

最高人民法院的司法解释多次肯定法院应当根据冲突规则选择适用。最高人民法院给出这种司法解释的方式有二，一类是一般性的指示，另一类则是就事论事式的答复。前者一般以"关于人民法院审理行政案件对地方性法规的规定与法律和行政法规不一致的应当执行法律和行政法规的规定的复函"、"关于人民法院审理行政案件对缺乏法律和法规依据的规章的规定应如何参照问题的答复"等为标题，最高人民法院希望形成一般性规则，适用于后续的类似案件。但这种希望常常不能实现，下级法院基于各种考虑又将个案中的法律适用问题请示到最高人民法院。最高人民法院也会给出就事论事的答复，仅仅指明案件中的法律冲突怎么去解决，虽然其适用事项狭窄，但对于后续同一类型的案件亦有指导作用。[③] 最高人民法院作出这样的指示从来都没有受到过来自全国人大常委会等机关的责难。剩下的问题是，为什么不是所有的法院均可自主地选择适用，为什么有的法院选择适用却要遭遇通报批评之类的惩罚？

《立法法》第 78～83 条规定的既是法律规范之间的效力等级，也是法律冲突的解决规则。那么，法律位阶或者冲突规则到底为谁而写？根据《立法法》第 85 条、第 86 条的规定，只有在"不能确定如何适用时"才送请有关机关裁

---

① 参见胡锦光：《中国宪法问题研究》，新华出版社 1998 年版，第 98—101 页。

② 参见周永坤：《论法官查找法律的权力》，《法学》2004 年第 4 期，第 120 页；王磊：《法官对法律适用的选择权》，《法学》2004 年第 4 期，第 125 页。

③ 例如，《最高人民法院行政审判庭对〈关于审理公证行政案件中适用法规问题的请示〉的答复》，法行〔1999〕4 号，1999 年 8 月 16 日，给上海市高级人民法院的答复，见《最高人民法院最新行政诉讼司法解释汇编》，第 632 页。再如，《最高人民法院对人民法院在审理盐业行政案件中如何适用国务院〈食盐专营办法〉第二十五条规定与〈河南省盐业管理条例〉第三十条第一款规定问题的答复》，法行〔2000〕36 号，2003 年 4 月 29 日，给河南省高级人民法院的答复，见《最高人民法院最新行政诉讼司法解释汇编》，第 519 页。

决解释。虽然这两条均未说明"谁"不能确定如何适用，但应可理解为一切适用法律的机关。实践中，国务院法制办多次适用冲突规则给地方政府作出解答。① 对立法法上规定的冲突规则的适用权同样应为法院所享有。1989 年 11 月 17 日，全国人大常委会法制工作委员会在给最高人民法院《关于地方性法规与国家法律相抵触应如何执行》的答复中指出："人民法院在审理行政案件的过程中，如果发现地方性法规与国家最高权力机关制定的法律相抵触，应当执行国家最高权力机关制定的法律。"② 2003 年 8 月 18 日，法工委在给最高人民法院《如何适用部门规章与地方性法规规定的处罚幅度不一致》的答复中指出：根据《行政诉讼法》关于依据地方性法规、参照规章的规定，"地方性法规与国务院部门规章对同一事项规定不一致，人民法院认为应当适用地方性法规的，可以适用地方性法规的规定；认为不能确定如何适用时，可以依照《中华人民共和国立法法》第八十六条第一款第二项的规定办理。"③

　　法院适用冲突规则选择法律的权力，不仅在事实上享有，在法律上也具有的依据。法院可自主地适用冲突规则，而不必报请最高人民法院给出答复。一方面，选择适用并非最高人民法院的专属权限，而是所有审判的法院一体享有；另一方面，《宪法》第 127 条第 2 款明确规定上下级法院之间系监督关系，而这种监督是通过二审制与审判监督制度实现的（《人民法院组

---

　　① 例如，针对湖南省法制办就《航道管理条例》和《航标条例》关于航标设置和维护费规定不一致的请示，国务院法制办在复函中指出："根据《中华人民共和国立法法》第七十九条关于'法律的效力高于行政法规、地方性法规、规章。行政法规的效力高于地方性法规、规章'的规定，对交纳航标设置和维护费的法律适用问题，应当依照《中华人民共和国航道管理条例》和《中华人民共和国航标条例》的规定执行。"国法秘函〔2002〕101 号，2002 年 6 月 17 日，见本书编写组：《法律法规询问与答复》，中国法制出版社 2006 年版，第 346 页。图书原文将"效力"错误地写成"效率"，引者予以订正。再如，针对国家安全生产监督管理局政策法规司就《煤炭法》和《煤炭许可证管理办法》在经济处罚上不一致的请示，国务院法制办在复函中指出："根据《立法法》第七十九条第一款的规定，'法律的效力高于行政法规、地方性法规、规章。行政法规的效力高于地方性法规、规章'。同时，考虑到《煤炭法》制定于 1996 年，在时间上后于《煤炭许可证管理办法》（1994 年）。因此，按照上位法优于下位法和后法优于前法的适用原则，对煤炭生产许可证有效期满，未办理延期手续，继续从事生产的违法行为，应适用《煤炭法》的相关规定予以处罚。"国法秘函〔2003〕87 号，2003 年 5 月 13 日，见《法律法规询问与答复》，中国法制出版社 2006 年版，第 489 页。这一复函再次适用了法律适用的冲突规则，尽管错误地适用了"后法优于前法"的冲突规则（适用"后法优于前法"的前提是法律规范处于同一位阶）。

　　② 全国人大常委会法制工作委员会：《关于如何理解和执行法律若干问题的解答（一）》，第 18 点答复，见 http：//fzb. boz. gov. cn/article. asp？id＝890。

　　③ 全国人大常委会法制工作委员会编：《法律询问答复（2000—2005）》，第 82 页。

织法》第 12 条、第 14 条），亦即通过审判来实现的，"请示"与司法监督关系的特质有所背离。但在人大制度的背景下，而且浸淫于中国的政治文化，如果不予适用的一方是地方性法规，法院比所涉及的立法主体地位越低，则其进行选择乃至评判的危险性就越大，法院乃至法官就很可能遭到批评乃至处分。故而，下级法院多不敢贸然行事，请示了最高人民法院方才作出相应的裁判，否则就会遭遇洛阳中院、酒泉中院的风险。但即使是最高人民法院，虽然可以对地方政府规章、部门规章等发表意见，但如果涉及行政法规或地方性法规，则有时还要征求全国人大法工委或国务院法制办的意见，才能拒绝行政法规或地方性法规在具体案件中的适用。之所以对地方性法规会有所顾忌，主要是因为地方性法规是由作为法院的产生者、监督者的人大制定的。之所以不能随便对行政法规发表意见，主要是忌惮于国务院最高国家行政机关的法律地位和现实权威。最高人民法院以及其他法院正是依据报请和送请的规则，才能多次解决法律冲突而安然无恙。从宪法和法律来说，法院有权选择，否则就无法下判；从维护法制的统一性来说，也有义务选择适用。规范性法律文件的制定机关不应因自己的规范性法律文件未被选择适用而对审判的法院横加指责。选择适用并不意味着否定了规范性法律文件的效力，而只是在个案中不予适用而已。易言之，只是个案中的微调，而不是伤筋动骨的"革命"。制定机关应当尊重法院的选择适用，并主动对自己制定的规范性法律文件进行反省检讨，如此方不失法治国家中的政治风范。

（二）审判说理与法院的法律评价权

面对法律冲突，法院要作出裁判，就不能不有所作为。法院大致有这么几种选择：（1）直接适用其认为合适的法律，而不作任何说明；（2）适用其认为合适的法律，同时说明适用或不予适用的理由；（3）不对涉及的法律冲突做任何有意的选择和评判，随意而为。显然，第三种做法不去查找可能涉及的法律，而只是想到哪个法律就适用哪个法律，这是与其宪法地位相矛盾的，是不得采用的。第一种做法虽然相对安全[①]，但它不能给人以说服力，不能给人以信服的理由，不符合判决书应该加强说理的趋势。尤其是当事人

---

① 最高人民法院法官孔祥俊指出："出于保护法官的需要，可以不要求不适用下位法的裁判文书必须作出如此直言不讳的说理。随着法治水平的提高和司法环境的改善，相信这种问题不难解决。"孔祥俊：《论法官在法律规范冲突中的选择适用权》，《法律适用》2004 年第 4 期，第 3 页。

之间已经就适用的法律问题提出争议的时候，法院不给出选择适用的理由，即无法使争议的解决得到当事人的信服，实质上也就没有解决争议，而只是形成法院"嘴大"的结局。相对而言，第二种做法乃最佳选择。

面对法律冲突时，法院就法律的适用或者不予适用作出说明，应当成为法院作出裁判时的一项义务。将充分说明义务化具有以下三个方面的好处：其一，有助于增强当事人对判决的信服，达到以理服人、息诉服判、化解纠纷的效果；其二，有助于促使法院充分考虑，适当地行使司法裁量权；其三，有助于充分展现矛盾的焦点，便于上诉审法院的审查和社会的监督。实践也证明，法院对适用的法律作出评判，收到了判决书应有的效果。当然，法院的法律评判权也是有界限的，应当与其宪法地位相适应。首先，根据法院的司"法"特性，它的评判应有宪法和法律的依据，而不是其自己的观念和认识；其次，根据法院的"司"法特性，它不能从事立法工作，不能一般性地否定某规范性法律文件的效力，甚至宣布其无效或者予以撤销，而只能说明不能在本案中适用的原因。[①]

法律冲突的情形涵盖包括宪法在内的各个层级的法律规范，但囿于无明确的宪法解释权，法院还不曾就某法律规范与宪法的冲突情形作出评判，应当说这种克制是妥当的，其他情形的法律冲突则均有所评判。最高人民法院虽然在《关于审理行政案件适用法律规范问题的座谈会纪要》中指出，"人民法院经审查认为被诉具体行政行为依据的具体应用解释和其他规范性文件合法、有效并合理、适当的，在认定被诉具体行政行为合法性时应承认其效力；人民法院可以在裁判理由中对具体应用解释和其他规范性文件是否合法、有效、合理或适当进行评述"。能够进行评述的似乎只是具体应用解释和其他规范性文件，但从其实际操作来看并非如此。从上文的引述来看，最高人民法院常常直接指出，地方政府规章"是没有法律法规依据的"，或者"缺乏法律法规依据"。其他的立法则仅仅指明规范之间的"不一致"，指示下级法院选择适用，而未对不被适用的对象作出评价，这里未被适用的对象包括地方性法规、部门规章两种。《最高人民法院行政审判庭关于〈人民法

---

① 《立法法》第 64 条第 2 款规定，"在国家制定的法律或者行政法规生效后，地方性法规同法律或者行政法规相抵触的规定无效，制定机关应当及时予以修改或者废止"。这一点或许可以成为法院无权宣布规范性法律文件无效的例外。洛阳市中级人民法院在种子案中的判断大致就属于这一情形。

院审理劳动教养行政案件是否遵循〈刑事诉讼法〉确立的基本原则的请示〉的答复》还将矛头直指最高国家行政机关的行政规范性文件，首先指出其与法律之间"不一致"，但同时言明在国家以法律形式规范劳动教养制度之前，否定国务院通知的效力，将会带来不稳定的因素。为稳定大局应将该通知视为有效的规范性文件。①

　　甚至对于学界聚讼纷纭的基本法律与一般法律之间关系②，审判法院也作出了判断，并获得了实务部门的认可。在"朱素明诉昆明市公安局交通警察支队一大队公安交通行政处罚案"中，官渡区法院一审认为：《道路交通安全法》中关于道路交通安全违法行为予以行政处罚的规定相对于《行政处罚法》的规定属特别法，依据法律冲突的适用规则，一般法与特别法相冲突时，应适用特别法。遂判决维持交警一人执法所作出的处罚决定书。③ 朱素明认为两法不是特别法与一般法的关系，而是上位法与下位法的关系，故以一审判决适用法律的审查认定错误为由提起上诉。昆明中级法院二审认为，全国人大与全国人大常委会都是法律的制定主体，均为行使最高立法权的国家立法机构，全国人大常委会是全国人大的常设机关，在全国人大闭会期间，可经常性地行使国家最高层次的立法权，两个国家最高立法机构所制定的法律不应存在位阶上的"层级冲突"，即不会产生"上位法"与"下位法"之间冲突的问题，故上诉人朱素明的诉讼理由不能成立。④ 这一判决被昆明市中级人民法院评为昆明法院 2006 年度精品案例。而应当指出的是，法院的这一判决固然取得了良好的社会效果，但却是欠妥的。全国人大与全国人大常委会是不是两个最高立法机构，两者所制定的法律是否存在位阶上的"层级冲突"，这些问题在宪法上并不明确。对此，即便是全国人大常委会也

---

　　① 参见〔1998〕法行字第 16 号，1999 年 10 月 18 日，给山东省高级人民法院的答复，见《最高人民法院最新行政诉讼司法解释汇编》，第 632—633 页。

　　② 参见韩大元：《全国人大常委会新法能否优于全国人大旧法》，《法学》2008 年第 10 期。

　　③ 朱素明诉昆明市公安局交通警察支队一大队公安交通行政处罚案，云南省昆明市官渡区人民法院行政判决书，（2005）官行初字第 79 号，2005 年 5 月 27 日，见韩大元主编《中国宪法事例研究（三）》，法律出版社 2009 年版，第 197 页。

　　④ 朱素明诉昆明市公安局交通警察支队一大队公安交通行政处罚案，云南省昆明市中级人民法院行政判决书，（2005）昆行终字第 124 号，2005 年 9 月 8 日，见韩大元主编《中国宪法事例研究（三）》，法律出版社 2009 年版，第 202 页。有学者认为，法院无权对基本法律与一般法律之间的效力进行认定。参见韩大元主编：《中国宪法事例研究》（三），序言第 7 页。

无权作出判断，更遑论全国人大法工委、法院。[①] 法院对此作出判断，应当说超越了司法的界限。

五、结语：让司法守护法制的统一

法律冲突在所难免，宪法和法律对此早有预测，并在制度上已作出一定的应对设计。法院的实践将其进一步具体化，形成了从基本路径、基本规则到权限范围的一套较为完整的机制。维护法制的统一性，是法院的职责所在。法院作为国家的审判机关有义务保证法律体系的统一性。"法律适用者寻找的不是适用于具体案件的某个规范的答案，而是整个法律秩序的答案。无论法律秩序在外部和形式上的划分如何，必须将法律秩序作为价值评判的整体来适用。"[②]《人民法院组织法》第 3 条第 1 款明确规定，"通过审判活动""维护社会主义法制和社会秩序"是法院的任务之一。这里的法院并非仅为最高人民法院，而是所有的法院。而且《宪法》、《立法法》和《行政诉讼法》明确规定了各种规范性法律文件之间的位阶，《行政诉讼法》也规定了各种规范性法律文件对法院的不同拘束力。法院据此作出选择，并解释选择的理由，这仍然是遵循着制宪者和立法者的意旨。如果不存在这种宪法和法律的自身安排，法院仍要选择和评判，则是在创设一种有别于当初立法的新的安排，也有违法院的司法属性。法院在法律冲突中的选择适用乃至评价固然可以看做一种监督，但总的来说还是十分有限的，故而毋宁是对未被适用的法律的一种善意的提醒。这种提醒也因法院审判的案件性而非常具有针对性和有效性。如果法院恪守宪法和法律的界限，我们仍然让法院在面对法律冲突时战战兢兢、如履薄冰，那实在是有失体面、缺乏政治气度的事情。几十年司法实践的经验应当汲取，应当将行之有效的规则赋予法规范上的效力。法律应当进一步明确规定，法院有权选择适用，并在个案中严格依照宪法和法律的规定对是否适用某规范性法律文件作出评判，只是不能宣布其无效而已。这不仅是履行法院审判职能的需要，也是维护法制统一的需要，如此方能符合法院的"国家的审判机关"的宪法定位。

---

① 关于基本法律与一般法律的关系，法院的判断和全国人大法工委的答复是一致的。参见孙继斌：《全国人大常委会法工委回复　应按修订后律师法规定执行》，见《法制日报》2008 年 8 月 17 日，第 1 版。

② ［德］伯恩·魏德士：《法理学》，丁小春、吴越译，第 125 页。

第三编　国家权力体系中的法院

第六章

中国司法制度的宪法构造

　　司法制度是我国的一项重要的宪法制度，在建设社会主义法治国家进程中发挥着保障作用。现行《宪法》在第三章中设有专门一节来规定司法制度①，即第七节"人民法院和人民检察院"。该节共 12 条，宪法其他章节还有 10 条直接提及人民法院（审判机关）和人民检察院（检察机关），即宪法关于司法制度的规定共有 22 条，约占整个宪法文本正文的 16％。这足以显示司法制度在宪法体制与运作过程中的重要性。自现行宪法颁布实施以来，先后进行了四次修改，形成了 31 条修正案，但涉及司法制度的内容却从未修改，这说明司法制度的宪法基础是相对稳定的，具有适应现实生活的能力。但不可否认的是，现行宪法关于司法制度的规定还有较大的拓展、完善与改革空间。在完善我国司法制度时，需要从国家权力体系的层面进一步明确司法制度的宪法基础和司法改革的宪法界限。

---

　　①　这里讲的"司法制度"主要包括人民法院的审判制度与人民检察院的检察制度。"司法"、"司法权"并不是中国宪法文本的直接表述。中国宪法文本上是否采用"司法"或"司法权"概念，1954 年宪法的制定过程中曾有过争论。1954 年宪法草案第 66 条规定："中华人民共和国的司法权由最高人民法院、地方各级人民法院和依法设立的专门法院行使。最高人民法院和地方各级人民法院的组织由法律规定。"当时争论的焦点是：是否需要把"司法"改为"审判"，"司法权"概念中的"权"字是否需要加？当时有些人担心加"权"字容易混淆法院与权力机关之间的界限，多数人倾向于用"审判机关"。最后通过的 1954 年《宪法》第 73 条规定：中华人民共和国最高人民法院、地方各级人民法院和专门人民法院行使审判权。可见，在分析宪法与司法制度关系时，应注意司法在中国宪法上的特定语境与含义，应从中国宪法文本出发准确地把握司法制度的宪政基础。具体争论情况参见韩大元：《1954 年宪法与新中国宪政》，武汉大学出版社 2008 年第 2 版，第 152—153 页。

一、司法机关的宪法地位

由于各国的宪政体制、政治制度、历史文化传统等因素不同，各国司法制度的宪法基础呈现出多样性。在西方，不同国家司法制度之间的差异性是比较大的，但通常强调司法权与立法权、行政权的严格分立，强调法院行使审判权的独立性，国家权力相互之间的制约性十分突出。总体上讲，法院在国家政治生活中居于举足轻重的地位，其对整个公共权力的调控作用明显。如法院在违宪审查制度中发挥的功能上，有的国家采取普通法院审查制，即由普通法院（通常是最高法院）行使违宪审查权；有的国家采取专门机构审查制，即由专设的宪法法院或宪法委员会行使违宪审查权。我国则实行最高权力机关审查制，即由国家权力机关行使违宪审查权，法院无权直接作出违宪的裁断。

司法机关的地位直接受宪法原则、宪法规范与宪法价值的约束。任何司法活动的宗旨都是为了实现宪法基本精神，限制公权力，维护公民的权利。现代宪法学上把它称为"宪法的界限"。日本学者高桥和之教授把它区分为宪法的内在界限与外在界限。所谓内在界限，是指作为国家权力的司法权的行使不能超越宪法的内容，比如司法行为不能侵犯人权。所谓外在界限，是指司法权作为公权力，宪法上的所有原则、规范约束司法权，如司法机构原理的宪法界限、人权保障规定的界限等。[①] 在中国宪法上司法机关的宪法地位主要表现在：

首先，宪法明确了人民法院和人民检察院属于宪法上的国家机关。换言之，人民法院和人民检察院是由宪法，而不是由法律所设立的国家机关。因此，即便是全国人民代表大会及其常务委员会也不能通过法律等方式取消人民法院和人民检察院，也不能停止其行使职权，或者让其他机关代行其职权，使其名存实亡。

其次，宪法明确了人民法院的地位。《宪法》第 123 条规定，"中华人民共和国人民法院是国家的审判机关"。这一规定包含着以下两个方面的含义。第一，人民法院是"国家"的审判机关。它表明人民法院行使的审判权代表

---

① 　参见［日］高桥和之：《现代立宪主义的制度构想》，有斐阁 2006 年版，第 464 页。

了国家，是以国家的名义对各类纠纷进行裁决。我国采用单一制的国家结构形式，明显有别于实行联邦制的国家。人民法院是国家的法院，而非地方的法院，人民法院行使权力代表着国家的意志，而非任何地方、团体或个人的意志。第二，人民法院是国家的"审判机关"。人民法院是专司审判职能的国家机关，这既表明了人民法院在国家权力配置中职能的专门性，是行使审判权的国家机关，而不是行使立法权的立法机关；同时也显示了人民法院行使权力的方式，它是通过审判活动，解决纠纷、保障人权、维护国家法制统一的机关，而不是通过其他方式行使权力。

再次，宪法明确了人民检察院的地位。《宪法》第129条规定，"中华人民共和国人民检察院是国家的法律监督机关"。这一规定同样可以作以下两个方面的解读。第一，人民检察院是"国家"的法律监督机关。人民检察院代表国家行使权力，以国家的名义对法律的实施和遵守进行监督。这就使得检察机关的监督并不是面面俱到，事事监督。它的监督应当以是否危害国家利益为标准，只有发生了危害国家利益的行为，检察机关才予以监督。第二，人民检察院是国家的"法律监督机关"。它表明检察权的本质属性就是法律监督权，人民检察院是专司法律监督职能的国家机关。人民检察院的监督是法律意义上的监督，而非所有问题的监督；它的监督是针对具体案件的监督，而不是间接、宏观与抽象的监督。

二、司法机关组织体系的宪法基础

在不同的宪法体制下，司法机关的组织机构也表现为不同的理论基础和组织原理。我国宪法对司法机关的组织体制亦作出基本规定，确立了"一府两院"的基本格局，确定了人民法院、人民检察院的类型、层级以及上下级之间的关系。"以宪法的形式规定司法权与行政权分立毕竟是中国法制发展史上的伟大变革，为司法权真正独立于行政权奠定了宪政基础。"[1] 如《宪法》第124条第1款规定，"中华人民共和国设立最高人民法院、地方各级人民法院和军事法院等专门人民法院"；第130条第1款规定，"中华人民共和国设立最高人民检察院、地方各级人民检察院和军事检察院等专门人民检

---

[1]　张文显：《人民法院司法改革的基本理论与实践进程》，《法制与社会发展》2009年第3期。

察院"。宪法把我国的法院分成了普通法院和专门法院,把检察院也分成了一般的检察院和专门的检察院,并为设置新的专门法院、专门的检察院留下了一定的空间。第 127 条明确规定了法院上下级之间的监督与被监督关系,即"最高人民法院是最高审判机关"。"最高人民法院监督地方各级人民法院和专门人民法院的审判工作,上级人民法院监督下级人民法院的审判工作。"第 132 条规定了检察院上下级之间的领导与被领导关系,即"最高人民检察院是最高检察机关"。"最高人民检察院领导地方各级人民检察院和专门人民检察院的工作,上级人民检察院领导下级人民检察院的工作。"

在机关的人员上,宪法规定了法院院长、检察院检察长的产生方式和罢免程序。第 62 条规定,全国人民代表大会选举最高人民法院院长,选举最高人民检察院检察长;第 63 条规定,全国人民代表大会有权罢免最高人民法院院长、最高人民检察院检察长。第 67 条规定,全国人民代表大会常务委员会根据最高人民法院院长的提请,任免最高人民法院副院长、审判员、审判委员会委员和军事法院院长,根据最高人民检察院检察长的提请,任免最高人民检察院副检察长、检察员、检察委员会委员和军事检察院检察长,并且批准省、自治区、直辖市的人民检察院检察长的任免。第 101 条第 2 款规定,"县级以上的地方各级人民代表大会选举并且有权罢免本级人民法院院长和本级人民检察院检察长。选出或者罢免人民检察院检察长,须报上级人民检察院检察长提请该级人民代表大会常务委员会批准"。法院院长和检察院检察长的产生、罢免程序是有所不同的,这种不同来源于两者权力性质和领导体制的差异性。

宪法还对最高人民法院院长、最高人民检察院检察长的任期作出限定,第 124 条第 2 款、第 130 条第 2 款规定,最高人民法院院长、最高人民检察院检察长每届任期与全国人民代表大会每届任期相同,连续任职不得超过两届。值得注意的是,这里规定的只是院长、检察长的任期,而不是法院、检察院或者法官、检察官的任期。法院、检察院作为审判权、检察权的行使机关是不变的,法官、检察官的身份也可以受到保障。宪法还对审判人员、检察人员的资格作了特殊的限制。第 65 条第 4 款规定,"全国人民代表大会常务委员会的组成人员不得担任国家行政机关、审判机关和检察机关的职务";第 103 条第 3 款规定,"县级以上的地方各级人民代表大会常务委员会的组成人员不得担任国家行政机关、审判机关和检察机关的职务"。反过来说，担任审判机关和检察机关的职务者必须是非各级人民代表大会常务委员会的组成人员。这一规定的目的是使人大处于审判机关和检察机关的监督地位，保障权力监督的实效性。但这种限制仅限于常务委员会的组成人员，而不是人大代表，因为经常性的监督主体仅为常务委员会。当然，是否要扩大至所有人大代表，还是可以探讨的。

鉴于司法机关组织的重要性，宪法还特别规定了法律保留原则。第124条第3款规定，"人民法院的组织由法律规定"。第130条第3款规定，"人民检察院的组织由法律规定"。这里的"法律"应严格遵循形式意义的法律规则，突出了司法制度的国家性和宪法机关的性质。如此，行政法规、地方性法规、政府规章以及司法解释等规范性文件不得创制人民法院、人民检察院的人员、机构、设施等方面的规范。

三、司法机关的人权保障功能

在法治社会，一直以来司法被视为人权保障的最主要的方式与有效的途径之一。在现代社会，人权一直居于一个国家的法律制度与法律精神的核心地位，法律的终极价值是为了保障与促进人权，而司法是社会正义的最后一道防线，是纠纷的最终解决机制，同时也是制约其他公权力的有效手段。人权保障制度的基本功能就是在公权力与个人自由之间划定一条界限。因此，从另一个角度看，人权保障就是制约国家权力。司法自诞生以来除了解决纠纷之外，还有一项重要的功能就是制约其他国家权力。我国实行的是人民代表大会制度，司法机关无权对人大立法指手画脚，但是，依然可以通过其他途径和方式建立对立法和行政的有效制约机制，最终达到人权保障的目的。

如政府行为侵犯人权的现象屡见不鲜，人民法院可以通过审查行政行为的合法性，实现对人权的保障。从这个意义上而言，行政诉讼的受案范围表现着司法制约行政的广度，而审查标准则反映着司法制约行政的深度。我国现行《行政诉讼法》规定的受案范围偏窄已经受到广泛的批评，如抽象行政行为完全被排除在诉讼受案范围之外；行政机关的内部行为也一律不受司法机关的审查；涉及政治、教育等领域的行政行为，是否应受审查也没有明确规定，但是司法实践已经逐步将受教育权的保护纳入受案范围，而涉及某些公民基本权利的案件依然无法进入司法审查范围等，这些都直接影响着司法机关审查行政行为的广度。

在刑事诉讼中，人权保障的问题更引人注目。罪刑法定、刑事诉讼程序的正当性、超期羁押问题，犯罪嫌疑人以及已决犯的基本权利保护问题，如人身权、辩护权、获得公正审判的权利、获得基本人道待遇的权利等问题，已经成为评价一个国家人权保护水平的重要标准之一。从某种意义上说，对处于被羁押状态的人的权利保护往往是评价该国人权保障水平与文明程度的标志。从宪法学角度而言，深入研究死刑制度的宪法基础，完善死刑复核制度，建立符合宪政精神的死刑制度是值得我们认真研究的重大课题。在中国还不可能完全废除死刑的前提下，收回死刑复核权对于少杀、慎杀，严格死刑复核程序，统一死刑判决标准等方面都具有积极的意义。

在民事诉讼中，法院在人权保障方面同样可以有所作为。基本权利的第三人效力不仅是宪法学说的一个重要理论，而且在一些国家得到较为成功的实践。例如曾经引起巨大争议的"齐玉苓受教育权案"就涉及这一问题。在实践中，一些社会组织或者个人实际上行使具有国家权力性质的"社会权力"，他们对其他公民基本权利的侵犯达到了与"国家相同的状态和结果"，在这一问题上法院如何在民事诉讼中保障公民基本权利，值得认真研究和探索。

四、司法机关内部的权力制约

司法机关作为行使审判权与检察权的机关，防止其权力的滥用是法治建设中需要解决的重大课题。如司法机关行使的权力本身不能得到有效制约，就会出现侵犯人权，滥用权力的现象。因此，建立司法机关内部的权力制约机制是保证司法权的民主性与人民性的基本条件。这种制约包括外在制约与内在制约。外在制约主要表现在人大对司法机关的监督；而内在制约主要表现在司法机关内部不同权力之间的制约。

十一届三中全会后，随着《刑法》、《刑事诉讼法》的颁布，逐步形成了司法机关内部相互分工、相互配合与制约的司法制度。法院和检察院之间从单纯的"合作"发展为以"合作与制约并重"，凸显"制约"的新机制。特别是，1996年修改《刑事诉讼法》以后，伴随着诉讼模式的转变，这种司法权之间的制约得到了进一步的加强。现行《宪法》第 135 条首次明确规定了法院和检察院之间的关系："人民法院、人民检察院和公安机关办理刑事案件，应当分工负责，互相配合，互相制约，以保证准确有效地执行法律。"分工负责、互相配合、互相制约的宪法原则体现了我国国家权力特别是法检公三机关之间关系的本质要求，应该成为协调检法关系的宪法原则。具体来说，可以从下面三个方面来加以理解。

第一，分工负责是前提，以保障各自权力的独立性。只有各自职责明确，才能够在相对独立的环境中发挥各自的功能。如前所述，检察院和法院的性质和地位都是由宪法所规定的，也是由宪法所保障的。否定检察院的宪法地位是不符合现行宪法体制的。但检察院也不能以履行法律监督职责为名来侵犯法院的审判权，换言之，法律监督是有限度的，它要以尊重法院的宪法地位为前提，而不能影响法院的独立性。审判权与检察权存在着各自不同的作用领域和方式，宪法之所以要设立法院、设立检察院，其目的在于发挥两个机关各自的独特功能，而不是以一个机关取代另一个机关，不得越位缺位，不得越俎代庖。

第二，互相配合是基础，以保障国家权力的有效性。只有相互配合而不是互设障碍故意刁难，才能实现国家权力运转的有效性，才能实现检察院的法律监督职责。这种相互配合不是说检察院起诉什么，法院就判决什么，更不是以前所认为的那样，"公检法三家流水作业"，而是主要体现在检察院基于对法院判决的判断而提起抗诉和审判监督程序等程序的衔接。在检法关系中，法律监督必须强调一种程序性，即不能对法院的实体性行为进行实体性监督，也不能就法院审判中的问题作出实体的决定，否则就会与分工负责、相互制约原则发生冲突。

第三，相互制约是核心，以保障法律适用的公正性。"一切有权力的人都容易滥用权力，这是万古不易的一条经验。""从事物的性质来说，要防止滥用权力，就必须以权力约束权力。"[①] 权力制约的原理是共通的，只是我国国家权力之间的制约是以人民代表大会制度为背景，以相互配合为基础的而已。为了防止权力的滥用，为了确保审判权和检察权的公正行使，这种监

---

① ［法］孟德斯鸠：《论法的精神》上册，张雁深译，商务印书馆 1961 年版，第 154 页。

督制约是必不可少的。这种制约是"互相"制约，也就是说是双向制约关系而不是单向制约，否则这只能是一个没有支点而严重失衡的跷跷板。检法之间相互制约是核心问题，没有这种制约，所谓的分工负责就失去了意义，相互配合也会严重变质，法律适用的公正性亦将无从保障。当然，制约本身不是目的，而在于通过检察权与审判权之间的制约来保障法律适用的公正性。解决权力冲突的关键在于正确理解宪法的精神，始终把公民权利保障的价值放在首位。强调相互制约有助于体现权力监督的宪法精神，建立以制约为核心的三机关的关系。

当然，"分工负责、互相配合、互相制约"的宪法原则是一个完整体系，而不能孤立地理解。这一原则强调了法院和检察院各自的宪法地位，强调了各自的独立性，强调了法律监督权与审判权之间的合理协调和平衡。既不是因强调法律监督权而否定审判权的独立性，也不是强调审判权而否定法律监督权的实效性，而是力求在两者之间寻求一个合理平衡，努力保持两种权力的属性而又不失有效性。

五、司法机关功能的界限

在我国，司法机关既发挥着司法功能，同时也履行一定的政治功能，需要树立大局意识，积极主动为经济社会发展提供良好的司法服务。但司法的能动性是有条件的，必须遵循司法发展的内在规律。兹以法院功能为例说明这一问题。

司法能动主义与司法消极主义是在司法实践中发展出来的两种司法理念。司法能动主义要求法官基于职业知识，通过对具体案件的审理，以公正和保护人的尊严为己任，不拘泥于先例和成文法的字面含义进行创造性和补充性解释，以积极的态度回应当下的社会现实和社会演变的新趋势。与司法能动主义相对应的是司法消极主义，是指法官在寻求立法原意的基础上，尊重成文法和先例，在解释的过程中尽量保持对立法机关和行政机关的尊重，尽量减少自己信仰和偏好的注入，并试图通过各种方式对法官的自由裁量权进行必要的限制。两者各有特定的理念与存在的条件，司法能动性的发挥要充分考虑宪政体制、政治文化与司法传统等综合因素。

司法能动主义具有一定的优势：如可以填补立法的不足，维护社会秩序，有利于最大限度地实现个案正义。同时，司法能动主义可以推动法律对社会的适应，特别是在社会变革较为剧烈的时期，法官灵活适用法律，可以有效化解稳定的法律与急剧变动的社会现实的冲突。但也存在一定的局限性。在提倡能动司法或者灵活司法的同时，必须为这种司法划定一条严格的法律界限，否则能动的司法最终将吞噬宪法构建的权力分工原则，也会对民主本身的价值构成巨大威胁。

首先，宪法基本原则与精神是司法能动主义不能逾越的界限。法官在积极灵活地适用法律的过程中，无论是其司法解释、法律解释甚至是造法行为，都不能与宪法相抵触，也不能与宪法所确立的基本原则与精神相抵触，任何积极主动的司法活动都必须有利于宪法所保障的基本权利，有利于维护宪法所确立的基本宪政框架。

其次，维护法律的稳定性、确定性，是能动主义司法必须遵循的原则。特别是在具有成文法传统的中国，如果能动主义司法破坏了法的稳定性、确定性，那么也会造成对法治的破坏。因此，法律规范的可能含义就是能动主义法律解释中的边界。

再次，社会共同体的价值选择与合理需求也是能动主义司法必须考虑的问题。司法能动主义的目的就是要回应社会现实的需求，因此，社会现实的合理需求以及社会共同的价值选择，应当是司法能动主义必须遵循的原则，也是防止滑向司法专断和恣意的基本手段。

最后，严格遵循宪法规定的权力分工原则与程序。现行宪法对人民法院的性质与地位的规定与前几部宪法的细微区别耐人寻味。从字面含义来看，人民法院行使审判权的规定，并不排斥人民法院还承担其他职能的可能性，而现行宪法则采用"人民法院是……的机关"这种句式结构，旨在明确规定人民法院的国家审判机关属性。根据《人民法院组织法》第3条的规定，人民法院不仅是审判机关，而且还承担着重要的政治功能。因此，中国宪法语境下的人民法院并不仅仅是一个专门的审判机关，它不仅具有审判业务的职权，而且还承担着一定的政治功能。但作为审判机关，必须严格遵循审判权的界限，不能代行政府的职能，如不能提倡法院直接参与招商引资，也不能片面强调法院为"经济发展保驾护航"。一些地方法院为更好地服务大局进行一些探索是必要的，但在探索如何服务大局的过程中，一定要防止出现地方保护主义。由于体制和机制等方面的原因，一些地方党委和政府负责人不顾国家发展的大局，追求不当的地方利益，对地方发展局部利益的判断往往被看做"大局"，客观上影响法院工作服务大局的实践。相对于党和国家的大局来说，实际上地方不存在特殊"大局"，不能把大局无限具体化，否则会造成"大局"的庸俗化。各级法院在服务大局过程中一定要立足于审判权的"国家性"，牢固树立法治思维，不能把地方各级法院理解为服务地方利益的"地方的法院"。

第七章

法院和人大关系的法理基础

——兼议司法权的民主性

现代国家的理论基础是人民主权，国家权力是一个不可分割的整体，只是按照事务性质和处理方式的差异将其在理论上做不同分类与实践中不同分工，因而，在实行司法独立的国家，下述问题是无法回避的：有没有一个独立于人民之外的司法权？司法独立的民主性何在？如何体现司法权是国家权力的一部分？怎样预防和抵制司法权对立法权的侵犯？司法如何在保障个人自由的同时不违反民主原则？我国宪政体制可以避免上述弊端。宪法规定，全国人民代表大会是最高国家权力机关，国家行政机关、审判机关、检察机关都由人民代表大会产生，对它负责，受它监督，故我国人民代表大会和人民法院的关系是民主与审判独立的兼顾。

一、司法独立：民主的悖论

在奉行司法独立的多数国家，司法体制的设计初衷并非在于对民主性的考量，这不仅可以从法院系统的封闭性方面得到印证，而且还体现在法官的产生方式上。法官的产生不像议员是民选的，而是任命的。这一产生方式既是法官对宪法和法律负责的保证，也决定了法官在回应公众意志方面的局限性。

（一）议会至上是司法和立法机关合一的根据

现代政府的代议性质决定了政府必须对选民负责，司法机关作为立法机关的一个分支机构无论在理论上还是在实践中都是可能的，且更符合人民主权的理论假设。在奉行"议会至上"的英国，司法权从属于立法机关，英国上议院一直是司法的最高审级。早在美国建国之初，开国之父们就曾经思考过这一问题：即国家最高司法机关应为一独立单位或者是立法机关之一分支机构。汉密尔顿在《联邦党人文集》第八十一篇中对这一问题作了详细讨论。由于当时英国和美国一些州的司法权并非一个独立单位，而是立法机关的一个分支，因而将司法机关和司法权独立出来需要在理论上进行新的论证，也需要说服一些人接受。

一些人明确主张或暗示，应将一切案件的最后审判权委之于立法机关的全部或其一个组成部分，他们担心，如果将司法权独立出来，它将高踞于立法机关之上，可能随心所欲地以解释塑造法律，而其判决又不受立法机关的检查。该观点的原话是这样的："拟议中的合众国最高法院，作为一分别的独立单位将高踞于立法机关之上。最高法院按照宪法精神解释法律之权将使其随心所欲塑造原来法律面貌，尤其是其判决将不受立法机关的检查。此乃既无先例亦甚危险的做法。英国司法机关最后掌握在立法机关的一院——上议院手中；英国政府的这一方面规定已为美国各州法所普遍采纳。英国国会与美国各州的立法机关可以随时以法律形式修订其各自法庭的具体判决。而合众国最高法院的错误判决与越权行为无从节制，无法补救。"① 结合历史和现实，这段话说明，司法机关不必独立出来，它是可以和能够、并且事实上在英国、美国一些州与立法机关一体的，将其独立出来反而有可能招致更多危险与隐忧。

（二）三权分立是司法和立法机关两立的前提

尽管一些人心存忧虑，但是，美国宪法草案和开国之父们还是以三权分立为理论依据，选择了司法独立，将最后审判权作为立法机关的分支。如果坚持政府的代议性质，司法官员应是选举而非任命的，以体现官员对选民负责的民主观念，然而，司法权的公正属性又要求司法独立，这一倾向使法官多以任命而非选举产生。所以，有人认为，即使在美国，司法体制也只能说是民主和三权分立、代议制和中立原则的混合体。

---

① ［美］汉密尔顿、杰伊、麦迪逊：《联邦党人文集》，第404、405页。

从美国当时的情况看，如果按照英国的做法，最高司法机构只能设置在立法机关中，作为立法机关的一部。宪法草案没有仿效英国，没有将司法权委之于立法机关，而交付于一个分支的独立机构，这在当时引起了很大争论。为此，汉密尔顿专门撰文对此予以详细解说表明宪法的这一规定并非独出心裁，也不是没有先例。他认为，一方面，不必担心法院依据宪法解释法律的权力会歪曲立法机关的法律，因为拟议中的宪法草案并无只字直接授权国家法庭按照宪法精神解释宪法，虽然他同意宪法作为解释法律的准绳，二者明显发生矛盾时，法律应服从宪法，但这只是根源于限权宪法的一般原则，而非宪法草案的新精神；另一方面，如果仿效英国将最高法院作为立法机关的分支机构，则必须放弃他们所追求的政府各部分权力划分的著名与完美原则，即使将最后审判权委之于立法机关的一部不算违反权力分立原则，也是接近违反，这对于权力分立原则几已成为其信条的制宪者而言是不能接受的。从实践情况来看，当时有若干州已经将司法机关独立出来了，新罕布什尔、马萨诸塞、宾夕法尼亚，特拉华、马里兰、弗吉尼亚、北卡罗来纳、南卡罗来纳、佐治亚州等，宪法草案在设置独立的最高司法机关时不过是以这些州为蓝本的。此外，将其独立出来还有以下几方面的考虑：

第一，由立法机关的成员行使司法权，解释法律，不容易抑制"主导制定法律时的同样精神"。如果一旦立法过程中制定了"不良法律"，很难期待同样一部分人在实施中产生稳健而不过分的情绪，在解释法律时修正这一倾向。立法的人又是司法的人，不容易发挥权力之间的制衡作用，不能纠正立法时可能出现的偏差。第二，将司法权交由行为正当、任期较长的人员裁定，比交由任期短暂、人员变动的单位裁定更为合理。第三，立法机关的人员一般不具备法律专业知识；专任法官长期钻研、谙熟法律，他们有条件去修正和节制立法中可能出现的偏差。第四，与独立的专业法官相比，立法机关有党派分歧的自然倾向，难以做到实事求是，其派性的恶劣气氛有可能侵蚀"以公正不阿为其工作源泉的司法领域，不断形成对立面的习惯极易窒息法律与平衡概念"[①]。

针对有人认为英国国会或有些州的立法机关有权修正有关法院的具体判

---

① ［美］汉密尔顿、杰伊、麦迪逊：《联邦党人文集》，第406页。

决，而拟议中的合众国立法机关没有此项权力，汉密尔顿从事实和理论两方面予以反驳。首先，他指出，无论是英国还是各州宪法都没有以立法行动修正司法判决的权力，宪法草案也没有为立法机关设立更多的禁区。其次，他以分权理论解释为什么立法机关不能修正一件已经判决的案件。他说："立法机关在不超越其本身权力情况下并不能修正一件已经判决的案件；但立法机关可以为今后审判制定新的规则。"① 也就是说，如若立法机关修正法院的具体判决，则立法机关就构成越权，不符合权力分立理论。如果立法机关认为法院适用的规则不合理，它只能通过立法方式，制定新的规则来纠正，而不能直接干预案件本身。那么，怎样预防和处置司法机关侵犯立法机关的危险呢？汉密尔顿认为，歪曲或违反立法机关意志的情况可能时有发生，但并不像人们想象的那样危险，也"不可能达到影响或阻碍整个制度实施的程度"②。这主要是由"司法权的一般性质，从它所涉及的对象，从它行使司法权的方式，从它本身的相对软弱性，从它根本没有力量作为超越本身权力的后盾等诸方面得到保证"③。但是，众人的疑虑并没有完全被消除。这就是，如何处置司法机关侵犯立法机关权限的危险？立法机关又怎样监督司法权？

对于第一点，实际上不必过虑，因为美国宪法第 3 条规定已经明确，除最高法院是由宪法创设的之外，其余下级法院是由国会设立的。美国宪法第 3 条规定："合众国之司法权，属于最高法院及国会随时规定设置之下级法院。"④ 下级法院既然由国会设立，则国会随时可以立法方式取消下级法院。这被认为是立法机关制衡法院的一个有力手段。对于第二点，美国宪法对法官设置了重要的宪法牵制，这就是弹劾。宪法规定授予立法机关弹劾司法人员的权力。美国宪法第 2 条第 4 项规定："总统、副总统及合众国之一切文官因叛逆罪、贿赂罪或其他重大罪行及行为不检罪行而遭弹劾并被判定有罪时应予撤职。"第 1 条第 3 项规定："参议院有审判一切弹劾案之全权。""任

---

① ［美］汉密尔顿、杰伊、麦迪逊：《联邦党人文集》，第 406 页。
② ［美］汉密尔顿、杰伊、麦迪逊：《联邦党人文集》，第 406 页。
③ ［美］汉密尔顿、杰伊、麦迪逊：《联邦党人文集》，第 407 页。
④ 战后日本宪法制定过程深受美国影响，这一立法方式几乎被日本宪法全部采纳。日本宪法第 76 条第 1 款规定："全部之司法权，归属于最高法院以及依法设立的下级法院"。

何人非经出席参议员三分之二同意不受定罪处分。"如弹劾通过，必须解除该法官的职务，如其行为构成犯罪，还可依法起诉、审讯、判决。第1条第3项规定："弹劾案之判决以撤职及剥夺其担任或享受任何合众国荣誉职位、委任职位或有酬金利益职位之资格为限；但被定罪之人仍可作为依法起诉、审讯、判决之对象。"弹劾的权力掌握在国会参议院，因而立法机关是通过审核法官的任职资格来实现其对于司法权的监督与制约的。

即使如此，美国法院特别是最高法院始终面临这样一个问题：怎样在多数人的民主和宪法之间寻找平衡？最高法院在其后的发展历史中确立了合宪性审查权力，审查代表民主多数意志的国会制定的法律是否合宪。尽管以多数意志为基础的民主政体不是没有可诉病之处，但该体制具有制度内的合法性，民主政治的基础是选民参与和代表机制，国会立法正是这一机制的产物，既然如此，法院凭什么审查代表民主的多数人制定的法律呢？它自己是否具备民主性？是否有审查国会民主立法的权力？这就是著名的"反多数困境"。此后经年，"反多数困境"就像一个挥之不去的影子，徘徊在法官的审判席边。

（三）权力属于人民是人民代表大会制度的基础

我国宪政体制可以避免上述困境。宪法规定，人民代表大会有权监督"一府两院"，审判权是置于人民代表大会监督之下的国家权力的一种。在我国，没有独立的司法权，只有审判权。因为，我国宪政体制是人民代表大会制，它非以"三权分立"作为理论基础，民主集中制是国家机关的活动原则，法院由人民代表大会产生，向人民代表大会负责并报告工作，接受人民代表大会的监督，这就保证了审判权置于人民的监督之下。并且，宪法中也没有"司法权"的字样，只有"审判机关"和"审判权"。我国《宪法》第123条规定："中华人民共和国人民法院是国家的审判机关"。第126条规定："人民法院依照法律规定独立行使审判权，不受行政机关、社会团体和个人的干涉。"我国宪法的体例结构和法院名称也可以反映这一点。宪法典在结构安排上没有将司法机关单列出来，而将其置于"中央国家机关"一章。这一体例与多数国家宪法有很大不同。美国宪法、德国宪法、意大利宪法和法国宪法都将司法机关作为单独一章。美国宪法原文共有7条，第1条规定国会的权力，第2条规定总统的权力，第3条规定司法权，该体例和结构体现了"三权分立"思想。另外，我国法院的名称为"人民法院"。人民，即表明法院的民主属性，说明民主是法院的价值之一。这也说明，"人民法院"中的"人民"二字大有深意，它不像有些学者认为的那样完全属于缀语，不仅不能提升法院的中立和专业形象，更使其流于一般的群众性机构，相反，它体现了审判权的民主属性与价值。

客观而言，我国宪政体制集中了英制和美制的优点。从人民代表大会制中立法机关与人民法院的关系看，司法机关纳入了民主体制，审判权受人大监督。这使法院充分体现了民主性，与我国宪法规定的"中华人民共和国一切权力属于人民"相一致，符合现代国家人民主权理论，避免了司法的民主性欠缺。英制，司法和立法机关合一，议会至上和议会主权得到了保证，但对司法独立价值形成冲击；美制，司法与立法分立，有助于实现司法独立，但代议制的民主价值难以完全落实，司法游离于民主的掌控之外。

二、司法克制主义：逃避与民主对立的选择

由于三权分立之下司法民主性的欠缺，司法如何体现民主一直是一个存有激烈分歧的问题。除了法院审理政治性案件采取克制主义的讨论以外，其民主性还表现在是否和如何回应公众和传媒意见方面，且远无定论。对于这两个问题，美国联邦最高法院始终存有两点默契：第一，法院不可以干预须通过民主程序解决的事务；第二，法院也没有必要顺从民意。

就法院的民主性问题而言，首席大法官伦奎斯特的解释是："宪法将一些事务设置在民主程序之内，将另一些事务设置在民主程序之外，违宪审判就是维持这两者之间的平衡"。他承认法院解决事务的方式是在民主程序之外的，有人将其称为法院的"软下腹"，即"软肋"，正因为此，最高法院对政治性案件采取了回避的态度。一旦法院不顾它自身的民主性限制而去干预政治问题，则势必将自己置于与民主多数直接对立的立场，此即为司法克制主义，美国社会的多数政治问题最终是以尊重民主多数的立场得到解决的。"如果最高法院理直气壮地声称自己有权干预政治，那就构成对民主多数的挑战，这种挑战是不可容忍的和无望取胜的"[①]。这是由体制设计和各种权

---

① 方流芳：《罗伊判例：关于司法和政治分界的争辩——堕胎和美国宪法第 14 条修正案的司法解释》，《比较法译评》1998 年第 3 期。

力自身的性质决定的：民主社会政治问题解决最终诉诸多数民意，或者依靠投票改变政治机构的构成，而不是法院。

就法院顺从民意来看，其在根本上也是一个司法的民主性问题。司法要不要回应公众意志？怎样回应？是通过严格适用法律，还是直接在判决中体现公众意见？对此，美国最高法院绝大多数持一致意见。法官是任命而非民选的，最高法院法官任期是终身的，其任职与多数支持并无关系，因而法院的角色是遵循法律，而不是顺从民意。最高法院大法官斯卡利亚（Scalia）对罗伊一案中法院是否应回应公众反应的问题上认为，法官判案重要的是有宪法根据，法院既没有必要为了显示自己能够对抗公众压力而拒绝纠正错误，也没有必要对公众压力妥协。法官是任命的，不是民选的，法官根本没有回应公众反应的能力。在对这一问题的争论中，另一位法官霍姆斯（Holmes）认为，法官应当反映公众意志——一个坚实的法律首先应当顺从公众的意愿和要求，不管它是对的，还是错的。但是，在他眼里，公众意志只是通过立法程序表现出来的法律，而不是其他。他强调，法官应当顺从多数意志决定的法律——法院不越俎代庖为多数人立法。只有在忍无可忍的情况下，他才会推翻一个广泛反映多数意志决定的法律——除非一个法律令他作呕。不难看出，Holmes解释这一问题的理论根据是三权分立，立法机关是民意机构，立法机关在制定法律的过程中已经充分反映了民意和公众意志；法院是适用法律的机关，法院要反映公众意见，但不是直接反映，而是通过适用立法机关的法律反映。如果法院在司法过程中直接回应民意，则法院就是超越自己的权限，就是"越俎代庖"。

许多人认为，公众舆论是司法公正的最终保证，而在严格的法治国家，法官的行动基本上避开了公众对他们的监视。这样说来，对审判的监督与监督医生有相似之处。正如没有必要将所有手术都对社会公开一样，审判权的性质也决定了监督审判自有其制度内的独特渠道。审判工作有较强的专业性，公众舆论左右审判可能导致更大的不公，影响司法公正。经常听到的"不杀不足以平民愤"，于法治眼光看是没有道理的，也是不合法治精神的。法官在审判中如果对民愤负责，就不是对法律负责，而是直接对民意负责了。某一权力的负责机制是由该权力的自身属性决定的。立法机关负责制定法律，必须代表和反映民意，始终对下负责；行政机关实行首长负责制，下级服从上级，对上而不对下负责；司法既不对上负责，也不对下负责，只对宪法和法律负责。法官不需要对民愤负责，因为法律已经吸纳了民意，法官只需要对体现民意的法律负责就可以了。如果法律不适当，立法机关可以通过立法程序修改法律、废除法律，或制定新法；如果法官对民愤负责，则法官就不是对法律负责了，同时在审判中也增加了不确定因素，不符合独立审判的精神。

那么，如何看待公正执法与同情心之间的关系呢？大法官布莱克门（Blackmun）认为，公正执法未必需要放弃同情心，法官只有带同情心，才能读懂《宪法》第14条修正案。甚至有人认为，同情心是布莱克门最为高贵的品质之一——他在陈述判决意见的时候总是抑制不住自己对那些命运不幸的当事人的同情心。[①] 最高法院首席大法官伦奎斯特在1986年发表的一次演讲中曾直言不讳地承认，法官不可避免地受到公众意志的影响，他说："法官也是常人，法官并不比他的职业更能抵御公众意志的影响。如果法官在走向审判席之前，决定自我封闭，把自己和公众意志隔离开来，他将一事无成——他只是避免了走上审判席之前的公众意志，而接受了坐上审判席之后的公众意志的影响。"[②]

三、代议制永远的创痛：民主与自由可否得兼

在国家体制和机构中，如果立法机关被认为是体现民主和反映民意的机关，则司法机关更多地被视为"个人自由的保护者"，这一点已是宪法理论传统中的共识，并成为法治国家的基础价值。法国宪法第66条规定："任何人不得被无故拘留，作为个人自由保护者的司法机关，依照法律规定的条件保证尊重这个原则。"司法机关之所以是个人自由的保护者，是因为正常情况下，个人自由受到国家宪法和法律保障，非依法不得被限制或剥夺，只有司法机关在法律规定的前提下，依照司法程序才可限制或剥夺公民自由或权利。这一事实有两方面的含义：一方面，法院有权依照法律限制或剥夺公民

---

① 参见方流芳：《罗伊判例：关于司法和政治分界的争辩——堕胎和美国宪法第14条修正案的司法解释》，《比较法译评》1998年第3期。

② 方流芳：《罗伊判例：关于司法和政治分界的争辩——堕胎和美国宪法第14条修正案的司法解释》，《比较法译评》1998年第3期。

的自由；另一方面，非由法院，并按照法定程序，任何国家机关和个人不得限制剥夺公民权利自由。这也可以看出，作为民主法治国家个人自由的最后堤坝和防线，司法是自由价值和个人权利的实际担当者，在利益冲突和扭结面前，司法权应是超脱和不偏袒的。

在民主法治国家中，诉诸司法保护个人自由之重任，还源于司法权的属性特征。这是因为，在所有国家权力中，司法权是危险最小的一支。这方面，联邦党人在建国之初对司法权所作的阐述一直被认为是有关司法权特性的经典解释："法院既无权力，也无金钱，为三权中最不具有危险性的部门"。所谓不危险，是指司法权对个人自由而言的。首先，在西方语境中，国家权力和公民自由始终共处于同一认知框架，任何国家权力的行使都是为了保护公民权利的实现，离开了公民自由和权利，就无法理解国家权力的存在，国家权力也就失去了正当性；并且，自由主义之下公众对国家权力的危险性始终保持足够的警惕。其次，其危险性最小建立在司法权与立法权和行政权相比较的概念和基础上。立法权在本质上是主动和积极的，它可以制定一部法律，改变权利分配的框架和格局，设定新的权利义务，从而在较大范围和较长时间内改变公民的权利义务结构。行政权的主动性则更强，所有法律都由它实施和执行。唯有司法权的启动是被动的，所以，"不告不理"一直是司法权的最好概括。西方法学家们对权利有两种分类，即所谓"积极权利"（positive right）和"消极权利"（negative right），或者"freedom from state"和"freedom to state"。其中，个人的消极权利或者"freedom from state"是免于国家干涉就能实现的，国家的不当介入反而有可能对之构成侵犯，司法权的自身属性使它在这方面的危险性较小。

在《旧制度与大革命》一书中，托克维尔在谈到将司法权逐出行政领域时阐述了司法权危险较小的原因。他说："政府不断介入司法的天然领域，而我们听之任之；其实权力的混乱在这两个方面同样危险，甚至后者更危险；因为法庭干预政府只对案件有害，政府干预法庭则使人们堕落，使他们变得兼有革命性和奴性。"[①] 即法院的危险性在于如果错判，只对该案件本身有害，而不会由此波及其他。美国总统林肯也说过同样的话："一个判决

---

①　［法］托克维尔：《旧制度与大革命》，第94页。

只能解决一个案件，不能解决一个法律，更不能解决国家未来"。这句话既可看作是对司法权软弱的一种无奈，又是对司法权危险性较小的解释。正是在这一意义上，司法权与其他权力相比危险性较小，比较适宜担当个人自由的保护者。

但是，保护个人自由并选择司法克制主义并不能使司法权逃避因民主性欠缺而受到的指责，并且，使一种权力游离于民主之外，无论如何是现代政治理念所不能自圆其说的。民主与自由在现代社会具有同等价值，在政治价值序列中没有孰轻孰重的分别，难道一定程度上放任自由对民主侵蚀的美国型代议制可以是一个例外？因而，民主与自由是否可以得兼成为代议制与权力分立永久的问题。

四、完美的宪政理念与缺憾的实践

我国宪政体制虽然解决了审判权的民主性问题，但是，实践中又出现了另一种与理与法相悖的现象，这就是地方人大在监督法院工作过程中直接干预审判活动，实行个案监督。这需要澄清现行体制中存在的一些问题：下级法院的性质；地方人大的性质；地方人大与地方法院的关系与全国人大与法院的关系是否一样；地方人大有无监督地方法院的权力。

（一）下级法院的性质

通常，"下级法院"也被称为"地方法院"，那么，它是"地方"的还是"国家"的？下级法院虽然设在地方，但在性质上属于国家。下级法院行使的权力是"国家"司法权的一部分，美国宪法第3条对此规定得非常明确："合众国之司法权，属于最高法院及国会随时规定设置之下级法院。"该条有这样一些含义：第一，司法权属于国家；第二，联邦法院系统是由国会创制的，国会可以设置下级法院，是创制法院的权力源泉；第三，司法权由法院单独享有。①

下级法院的设置最初是为了避免将一切案件悉交最高法院所产生的负担，如果不考虑这一点，则没有必要设立下级法院，说明司法权是中央国家机构得行使的权力。法院的名称也可以表现这一点。美国宪法原来的措辞

---

① 日本法院法第3条第1款规定："除日本国宪法另有规定外，法院有裁判一切法律上的争讼的权限和其他法律特别规定的权限。"

是，建立"最高法院之下级法庭"，其用意明显为在州或更大区域内设立从属于最高法院的地方法院。这里有这几方面的意思：第一，司法权是一个不可分割的整体，由最高法院和下级法院行使。第二，设置下级法院的是考虑管辖上的方便，设想全国所有的案件都到最高法院去审理，对有诉讼缠身的人极为不便。第三，设置初审法院和上诉法院是为了对性质不同和影响不同的案件作出区别，为了对某些案件的当事人表示尊重。《联邦党人文集》谈到了这一点。最高法院将"涉及大使、其他使节及领事以及一州为诉讼一方之案件"作为它的初审案件，因为各类使节直接代表其主权国家，关于他们的一切问题直接与国家安全有关，为了维护国家安全并对他们所代表的主权国家表示尊重起见，此类案件初审即交国家最高司法机关更为方便和适当。

这里还有一个单一制与联邦制下地方法院的性质差异问题。由于美国是由若干拥有主权单位组成的联邦国家，各成员单位分享一部分主权，司法权是主权的一部分，各成员单位拥有司法权，因而美国建国之初特别要考虑联邦中央与成员单位司法权的分享问题。托克维尔指出："美国宪法承认两种不同的主权同时存在，而在司法制度方面，这两种主权又以两种不同系统的法院为代表。"① 联邦国家的"地方法院"包括两部分：一是联邦法院的下级法院，一是州法院系统。州法院既是州主权的组成部分，也是通常所称的联邦"地方法院"。两套法院体系管辖范围有所不同，州法院系统既与联邦法院系统分离，又与之有联系。在涉及本州范围事务时，它是独立的，由本州法院根据本州法律审理案件；在当事人一方或诉讼中有涉及本州以外的要素时，或者不由它管辖，或者联邦法院是它的上诉审级。这与单一制国家形成了区别。单一制国家不是双重主权，不存在主权分享问题，司法权属于国家（授权除外，如我国的特别行政区）。单一制国家地方法院不是联邦国家意义上的地方法院，而是国家设在地方的法院，地理位置虽在地方，权则在国家，所谓"地远而权中"。

进一步而言，对于为什么要设立联邦下级法院，而不由州法院管辖宪法案件，美国建国之初是有争论的。有人问道："利用州法院以完成相同任务有何不可？"② 汉密尔顿的回答是，尽管州法院的资格与能力应尽量肯定，

---

① ［法］托克维尔：《论美国的民主》，第159页。
② ［美］汉密尔顿、杰伊、麦迪逊：《联邦党人文集》，第407页。

立法机关也有权将涉及宪法案件的审理权授予地方法庭，但是，宪法草案仍然有必要规定立法机关有权建立下级法院；而如果立法机关授予地方法庭审理此类案件的权力，相当于建立与联邦下级法院相同权力的新法院。那么，宪法草案为什么不这样规定呢？汉密尔顿认为有充分理由不将这一权力授予州地方法院。他说："纵有高瞻远瞩之人也难预测地方主义情绪能否发展到使地方法院失去审理国家案件资格的程度，而且尽人皆可发现某些州法院的组成方式不宜于作为联邦司法系统的所属单位。"① 州法院法官常为兼职，年年更换，独立性甚小，难以期待其严格执行国家法律。如果确有必要将涉及国家法律案件委于州法院，就须尽量敞开上诉之门，而上诉又非易事，也不能限制上诉。对下级法院是否寄予信任与上诉的难易是成正比的。这就是说，如果信任下级法院（包括州法院），允许下级法院审理某类案件，就尽量敞开上诉之门，使上诉变得容易，但现在既然上诉比较困难，则最好不将某类案件委以下级法院，否则，将为公私两方造成诸多不便。

可见，联邦国家各成员单位内部各机构之间的关系与单一国家地方各机构之间关系有很大不同，绝不可以将二者作机械比附。国家结构不同，理论根据不同，权力性质有异，各种权力关系自不相同。我国是单一制，结合《宪法》第 123 条规定的"中华人民共和国人民法院是国家的审判机关"，可以认定，下级法院的性质为"国家"，其设置是为了减轻上级法院的负担、管辖上的方便性，以及审级上的考虑，并不因设在地方而具有任何地方要素；任何地方要素对司法权的渗透都与国家理论不符，对实践有害，在制度设计上应予以排斥和杜绝。

（二）地方人民代表大会的性质

实践中，我国个案监督多发生在地方，这就折射出地方法院与地方人民代表大会之间的关系，因而有必要根据我国相关法律和理论，重新思考地方人民代表大会的性质，以检视地方人大和地方法院的关系，分析地方人大是否具有监督法院判案的根据。

《宪法》第 96 条规定："地方各级人民代表大会是地方国家权力机关。"在此，需要识别"地方国家权力机关"，对其作出释义，以判定地方各级人

---

① ［美］汉密尔顿等：《联邦党人文集》，第 408 页。

民代表大会在性质上究竟属于"地方"还是"国家"。地方各级人民代表大会是地方议事机构，从国家和地方自治的一般理论来看，其性质只能属于地方，而非国家。理论上，单一制国家只有一个国家权力机关，它的合法性是由其产生和决定的，具体是指经由全国范围内的选举和代表构成。在我国，全国人民代表大会是最高国家权力机关，代表来自全国各地区、各民族、各行业、各种政治派别、职业、界别等，代表的民主选举和构成保证了它的合法性、代表性及反映全国人民利益和意志的能力。地方人民代表大会的产生和构成决定了它只能是地方民意的代表机关，不具备全国性权力机关的属性，这是单一制国家代表机关的性质决定的。随着实质上人民主权和公众参与意识的增强，很多单一制国家实行地方自治或地方自主，中央向地方下放权力，地方相应成立了自己的议事机构，这就是地方议会，地方议会遂成为地方自治或自主的组织机构，由地方选举本地居民作为代表。因此，地方议事机构的性质决定了其权力的地方性，代表构成也决定了它的狭隘性和利益上的地域性，只能是地方利益的代表，故《宪法》第 96 条规定的"地方国家权力机关"应理解为"地方"机关，而非"国家"机关，地方各级人民代表大会属于地方组织系统。

　　我国地方机关具有不同属性。地方各级人民代表大会是地方的权力机关，地方政府则具有双重属性，既是国家行政机关的下级单位，又是地方权力机关的执行机关。前已述及，地方各级人民法院是国家机关，不是地方机关，这样，设置在地方的各种机关的不同属性决定了彼此之间的关系不同于中央一级全国人民代表大会与一府两院的关系。在中央一级，全国人民代表大会是最高国家权力机关，其中的"最高"，是指全国人民代表大会相对于国务院、最高人民法院、最高人民检察院、中央军事委员会而言的，这也是人民代表大会制与"三权分立"制之不同之处，某种程度上，人民代表大会制与"议会至上"具有一定的契合性。作为最高国家权力机关，全国人民代表大会有权监督"一府两院"，但是，全国人大和"一府两院"的关系只是中央一级国家机关之间的关系，不能以此来比附地方。由于法律和理论上地方人大和地方法院的性质不明确，实践中常混淆全国人大和地方人大的权力，错误地认为凡是全国人大可以对同级其他国家机关行使的权力，地方人大也悉数具备，这既是理论上的误区，也是实践中地方人大屡屡越权干预司法、不当行使权力的认识根源。

（三）地方人大有权监督地方法院吗

由于设置来具体分析在地方的机构权力属性的差异，因而须根据事务的性质与机构权力属性彼此之间的关系。理论上，就地方人大与地方政府的关系而言，如果所涉事务属国家性质，则地方人大无权过问；如果所涉事务属地方性质，则地方人大有决定权，对地方政府也有监督权。至于地方人大与地方法院的关系，由于地方人大是地方性组织，地方法院是国家机关，据此可以得出结论：作为地方性组织的地方人大无权监督作为国家机关的地方法院。法律上，我国《宪法》第3条第3款规定："国家行政机关、审判机关、检察机关都由人民代表大会产生，对它负责，受它监督。"但是，这一规定并没有包含地方人大和地方各级法院的关系，也不意味着地方人大有权监督地方法院的工作，这种做法不符合地方人大的性质和国家审判权的属性。因此，审判权的国家属性和地方人大的地方性质决定了地方人大无权监督地方法院的审判活动。

长期以来，由于理论上的模糊，人们想当然地以为地方人大和全国人大一样，有权监督地方"一府两院"的工作，宪法和组织法是否有类似规定呢？《宪法》第99条规定："地方各级人民代表大会在本行政区域内，保证宪法、法律、行政法规的遵守和执行"；第101条规定："县级以上的地方各级人民代表大会选举并且有权罢免本级人民法院院长和本级人民检察院检察长"。《地方各级人民代表大会和地方各级人民政府组织法》第8条第六项规定："县级以上的地方各级人民代表大会行使下列职权：（六）选举本级人民法院院长和人民检察院检察长；"《人民法院组织法》第16条规定："最高人民法院对全国人民代表大会和全国人民代表大会常务委员会负责并报告工作。地方各级人民法院对本级人民代表大会及其常务委员会负责并报告工作。"将上述法律诸条款联系起来阅读，地方人大监督地方法院的权力既不是宪法赋予的，也不是组织法赋予的，而是《人民法院组织法》规定的。宪法规定地方人大有权选举地方各级人民法院的院长，并不意味着地方人大有权监督地方法院的审判活动；《人民法院组织法》规定地方各级人民法院向地方各级人大及常务委员会负责并报告工作，并不意味着地方人大有权直接监督审判活动本身。《宪法》第3条第3款在规定全国人大和法院的关系时，使用了"产生"一词，而在规定地方人大和地方法院关系时，使用的则是"选举"。"产生"和"选举"是不同的，"产生"意味着司法权更高一级的权力源泉，"选举"则仅仅意味着地方人大可以决定地方法院的院长。因此，从宪法和组织法的规定中推导不出《人民法院组织法》赋予地方人大监督地方法院的权力。同时，《宪法》第99条规定的"地方各级人民代表大会在本行政区域内，保证宪法、法律、行政法规的遵守和执行"，应理解为地方人大监督地方政府在执行地方事务时遵守宪法、法律、行政法规，不应被解释为有权监督地方法院的审判工作。严格而言，即使这样解释，也有不妥之处。它既与国家事务与地方事务之理论不符，又与法国、意大利等国由中央特派机构监督地方机关执行国家事务的实践有较大差距。由地方机构监督国家事务执行，已无异于与虎谋皮，况审判独立，焉能保障？

五、结语

并非所有制度在逻辑、价值及体制上都是相互衔接、完美无缺的，现代国家价值追求总体上的一致性并不能排除不同国家权力价值追求上的抵牾，这主要是由各种国家权力属性差异所决定的。政治制度是将具有不同价值追求和内在属性不一的权力构造为一体的产物。社会的复杂性、各种价值的可欲性和彼此之间的矛盾是现实状态，如何将这些元素结合在一起成就更复杂、更高级、也更可欲的集合体，是完善某一制度的动因和追求。逻辑上的一致固然可欲，但须顾及各种权力的自身特点及彼此之间的关系。相比较而言，简单和一致容易做到，将各种事物融为一体并保留各自特点则较难。因此，在保持我国现行人民代表大会宪政体制框架的前提下，探索审判独立与民主之间的平衡、自由与民主双重价值兼顾是我国今后制度建设的重心。

第八章

法院、检察院和公安机关的宪法关系

我国现行《宪法》第 135 条规定："人民法院、人民检察院和公安机关办理刑事案件，应当分工负责，互相配合，互相制约，以保证准确有效地执行法律。"现行《刑事诉讼法》第 7 条做了相同规定。《宪法》第 135 条不仅涉及法院、检察院和公安机关之间的权限界定问题，而且在实践中，该条的运作状况对三机关的职权和职能进而对公民权利保障产生了实质影响。对于三机关关系在理论与实践上的体现，尤其是对该条的核心内容——"分工负责，互相配合，互相制约"，此前学术界已有较多探讨，观点见仁见智，也有不少争议。必须指出的是，过去的讨论侧重于刑事诉讼法的角度，然而三机关关系本质上体现为国家权力的配置和运行，这毋宁是一个宪法问题。如果不以宪法价值和宪法规范为根据，那么对三机关关系的讨论很难形成令各方信服的共识，对三机关关系的调整也无法从根本上获得正当性与合理性。

本章以制度演进历史为脉络，力图还原三机关关系的演变历程，并从宪法规范中找寻合乎立宪主义原理的三机关关系演变逻辑。本章论述包括六部分内容：第一部分考察《宪法》第 135 条写入宪法之前的法院、检察机关和公安机关的现实关系，时期是 1949 年到 1978 年间；第二部分考察该条写入宪法的背景与过程；第三部分从宪法文本出发，对该条的核心内容——"分工负责，互相配合，互相制约"的内涵作出符合宪法价值与立宪精神的阐释；第四部分检讨"分工负责，互相配合，互相制约"的宪法原则在实践中的运作状况；第五部分讨论三机关关系的应然状态，对如何以宪法为依据规范三机关关系提出建议；第六部分是结语。

一、法院、检察机关和公安机关的关系：1949—1978

在法律规范的层面上，最早对法院、检察机关①、公安机关三机关相互关系作出规定的，分别是 1979 年《刑事诉讼法》第 5 条以及 1982 年宪法第 135 条。但在该条款成为文本规范之前，三机关在实践中已经形成了比较明确的关系准则。从新中国政权建立之初，到"文化大革命"结束，三机关的现实关系随着政治形势的变化而屡有变迁，同时也呈现出一定的规律性。

（一）三机关分工、配合与制约关系的初步形成

1949 年 9 月 27 日中国人民政治协商会议第一届全体会议通过的《中央人民政府组织法》第 5 条规定："中央人民政府委员会组织政务院，以为国家政务的最高执行机关；组织人民革命军事委员会，以为国家军事的最高统辖机关；组织最高人民法院及最高人民检察署，以为国家的最高审判机关及检察机关。"第 18 条规定："政务院设政治法律委员会、财政经济委员会、文化教育委员会、人民监察委员会和下列各部、会、院、署、行，主持各该部门的国家行政事宜：……公安部；……政治法律委员会指导内务部、公安部、司法部、法制委员会和民族事务委员会的工作。"根据上述规定，政务院、最高人民法院、最高人民检察署均为中央人民政府之下的国家机关，分别行使最高行政权、最高审判权和最高检察权，三者在国家机关体系中的地位是并列的、平行的和同等的。公安部是政务院的组成部分，受政务院的领导，同时接受政务院政治法律委员会的指导。因此，在法律地位上，最高人民法院、最高人民检察署的地位高于政治法律委员会，后者的地位又高于公安部。

在新中国的国家机关体系中，法院、检察机关和公安机关通常被视为政法机关的共同组成部分，三机关的职能有所分工，但工作目标是一致的：

---

① 新中国成立后，根据《中央人民政府组织法》的规定成立了最高人民检察署。1954 年宪法和《人民检察院组织法》颁布之后，"检察署"逐渐改称"检察院"。新中国在建立检察机关之初以移植苏联模式为主，但沿用了国民党政府时期的称谓：清宣统元年十二月二十八日（1910 年 2 月 7 日）颁布的《法院编制法》模仿法国和日本的模式，在各级法院中建立了检察制度；民国二十一年（1932 年），国民党中央政治会议议决，将《法院编制法》改为《法院组织法》（1935 年正式实施），各级检察机构设于法院内，实行审检合署制，取消了北洋军阀所设置的各级检察厅，最高法院内的检察厅的名称改为检察署。

"法院、检察、公安机关，是人民民主专政的重要武器"①，"人民司法工作的当前主要任务，是镇压反动，保护人民。……人民司法工作的任务，是惩罚犯罪，保护善良"②，三机关的工作"同是一个重大的总任务——巩固人民民主专政，保障共同纲领所规定的政治、经济、文化等日益健全与发展，由新民主主义走向社会主义道路"③。这决定了三机关必须通过密切配合的工作方式共同打击阶级敌人，完成巩固政权的革命任务。事实上，三机关并不需要具有严格的分工关系，与其说分工是它们的职能定位，不如说分工仅仅是完成共同工作任务的一种方式而已。比如，1950 年 7 月 26 日至 8 月 11日，在由司法部、最高人民法院、最高人民检察署、政务院法制委员会四机关联合召开的第一届全国司法会议上，时任政务院副总理、政务院政治法律委员会主任的董必武讲道："在这次会议中，有四个机关准备作报告，这些报告，虽由个别同志来作，但报告的内容，都是经过这些机关的司法工作者共同商讨了的，并不是哪一个报告就是代表哪一个机关的意见，而是共同的意见。"④这段讲话表明，各机关之间的分工负责并不是首要的，甚至不一定要有明确的分工，重要的是服从和服务于中心工作，协调一致、相互配合地完成共同任务。

新中国成立之初，由于阶级斗争形势复杂，三机关以配合为主的工作方式具有一定的现实合理性。在 1950 年 3 月至 1951 年 10 月开展的镇压反革命运动中，"人民公安机关、人民检察机关和人民审判机关，在全国人民积极支持下协同一致向反革命分子进行了不断的剧烈的斗争，肃清了很大一部分公开的暴露的反革命分子，使人民民主专政更加稳固，社会秩序更加安定"⑤。这次镇压反革命运动结束后，紧接着开展了"三反"、"五反"运动，三机关

---

① 《中共中央关于镇压反革命活动的指示》(1950 年 10 月 10 日)，见中共中央文献研究室编《建国以来重要文献选编》第一册，中央文献出版社 1992 年版，第 422 页。

② 《政务院关于加强人民司法工作的指示》(1950 年 11 月 3 日)，见中共中央文献研究室编《建国以来重要文献选编》第一册，第 452 页。

③ 李六如：《人民检察的任务及工作报告大纲——在全国司法会议上的报告》(1950 年 8 月 6 日)，见闵钐编《中国检察史资料选编》，中国检察出版社 2008 年版，第 508 页。

④ 董必武：《要重视司法工作》(1950 年 7 月 26 日)，见《董必武法学文集》，法律出版社 2001 年版，第 42—43 页。

⑤ 最高人民检察院检察长张鼎丞 1955 年 7 月 22 日在第一届全国人民代表大会第二次会议上的发言。这是最高人民检察院第一次向全国人民代表大会报告工作。

又重点打击了行贿、偷税漏税、盗骗国家财产、偷工减料、盗窃国家经济情报等抗拒社会主义国营经济的领导、削弱国营经济的行为，巩固了新政权的经济基础。事实证明，这种以分工为基础、以配合为原则的工作方式，体现了服从和服务于革命目标的关系安排，有助于高效率地打击敌人，教育群众，发展生产。对此，时任最高人民法院院长的董必武的一段讲话具有代表性：

> 一九五三年四月第二届全国司法会议在决议中，就强调提出司法工作必须为经济建设服务的方针。党的总路线提出后，也就更明确了这个方针。在这个方针的指导下，我们人民司法工作的锋芒，是通过各种审判活动，配合公安和检察工作，镇压危害国家安全和破坏经济建设的反革命分子和间谍、特务分子，打击不法资本家和贪污盗窃分子；同时通过工矿企业中的责任事故案件的处理，加强对职工群众的守法教育。[①]

在"分工"和"配合"的同时，"制约"也是三机关关系中多次被强调的内容。1956年，刘少奇在中共八大政治报告中指出："我们的一切国家机关都必须严格地遵守法律，而我们的公安机关、检察机关和法院，必须贯彻执行法制方面的分工负责和互相制约的制度。"[②] 中共中央1954年的一份文件也明确表示："检察机关和法院、公安机关、人民监察委员会之间，既要有明确的分工，又要在工作上互相配合，互相制约……"[③]

对于三机关的分工、配合和制约关系，时任最高人民法院院长的董必武从规范和技术的角度作了非常精辟的描述：

> 检察、法院、公安机关是分工负责，互相制约，共同对敌。检察院是监督机关，不管哪一级官犯了法，它都可以提出来。公安机关维持社

---

① 董必武：《司法工作必须为经济建设服务——在中国共产党全国代表会议上的发言》（1955年4月5日），见中共中央文献研究室编《建国以来重要文献选编》第六册，中央文献出版社1993年版，第138—139页。

② 刘少奇：《在中国共产党第八次全国代表大会上的政治报告》（1956年9月15日）。

③ 《中共中央批转〈第二届全国检察工作会议决议〉及高克林〈关于过去检察工作的总结和今后检察工作方针任务的报告〉》（1954年6月12日），见中共中央文献研究室编《建国以来重要文献选编》第五册，中央文献出版社1993年版，第275页。

会秩序，它特别注意同反革命作斗争。公安机关捕人，要经检察院批准，没经批准就逮捕人，是违法的。检察院本身没有判决权，人逮捕起来以后（有些轻微的刑事案件，也可以不捕人），就要侦查，如果认为应该判刑，就向法院起诉。判刑或不判刑是法院的职权。法院在审判过程中如果认为需要捕人时也可以捕人。法院审判不合法，检察院可以抗议；公安部门发现法院判错了，可以经过检察院来抗议。这叫做分工负责、互相制约。[①]

不难发现，在法院、检察机关和公安机关分工、配合与制约的工作关系之中，（1）配合是首要的，分工是为了更好地配合，"好比一个工厂的三个车间，三道工序"[②]；（2）制约是次要的，制约的方式是按照法律的规定推进程序，根本目的是实现法律的规定，从快打击反革命和犯罪分子。"这种互相配合而又互相制约的司法制度，可以使我们避免工作中的主观性和片面性，保证正确地有效地惩罚犯罪，并防止错押、错判现象，保护人民的民主权利。"[③] 对于巩固政权、保卫社会主义建设事业的安全来说，这种工作关系提高了打击敌人的效率，维护了社会秩序的基本稳定。

不过，在宪法和法律文本上，三机关的这种关系并没有得到任何体现[④]，而主要依靠文件、政策和领导人讲话、指示的方式予以调整，这并不利于保持各机关的独立地位，无法建立起稳定持续的相互关系，也无法实现设想中的互相制约，最终可能会以公平为代价。事实上，"文化大革命"之后的形势证明了这一点——公安机关一家独大，逐渐形成了以公安机关为主

---

① 董必武：《在军事检察院检察长、军事法院院长会议上的讲话》（1957年3月18日），见中共中央文献研究室编《建国以来重要文献选编》第十册，中央文献出版社1994年版，第150页。

② 1979年7月27日，彭真在全国检察长工作座谈会、全国高级人民法院和军事法院院长会议、第三次全国预审工作会议上的讲话。参见孙谦主编：《人民检察制度的历史变迁》，中国检察出版社2009年版，第284页。

③ 《加强检察工作保障国家建设》（社论），《人民日报》1954年5月21日。

④ 1950年和1951年，《人民日报》曾以"答读者问"的形式，分别就最高人民检察署、人民监察委员会、法制委员会的关系和人民法院、人民检察署、人民监察委员会的关系作出说明。（参见《最高人民检察署、人民监察委员会、法制委员会三者的关系怎样》，《人民日报》1950年4月16日；《人民法院、人民检察署、人民监察委员会的分工和关系问题》，《人民日报》1951年3月30日。）这表明，当时人们对审判机关、检察机关、行政机关的职能、定位并不清楚，实践中将各种权力混同的认识也很常见，加上公权力往往要围绕和服务于政治中心来开展工作，这加剧了人们认识上的模糊感，同时也体现了强调明确分工的必要性和重要性。

导地位的权力运作形式，脱离了必要的合宪性调整，不但互相制约不复存在，连分工、配合也荡然无存。

（二）公安机关的优先地位

在前引文件和讲话内容中，三机关的排列顺序是颇为不同的，有的称作"人民公安机关、人民检察机关和人民审判机关"，有的称作"法院、检察、公安机关"，还有的称作"检察机关和法院、公安机关"和"检察、法院、公安机关"。这种排序看起来不够统一，但无论是"公检法"、"法检公"还是"检法公"，一个不可回避的事实是，公安机关在其中具有特殊重要的优先地位。

例如，前引中共八大政治报告将三机关的顺序表述为"公安机关、检察机关和法院"。作为执政党的重要文件，八大报告中的排序应当是非常慎重的。在三机关中突出公安机关的地位，尽管在法律上不符合国家机关体系的逻辑关系，但在当时的历史条件下具有现实的合理性。如前所述，新中国成立之初，阶级斗争还在较大范围内存在，社会治安形势比较严峻。"为了肃清残余的敌人，镇压一切反革命分子的反抗，破坏反动的秩序，建立革命的秩序"[1]，公安机关理所当然成为巩固政权的重要依靠力量，而检察机关和审判机关则充分按照"互相配合"的要求从速起诉、从速审判，共同打击反革命分子。在进行社会主义改造、建立社会主义经济关系时期，三机关依然面临"斗争"的革命任务，只不过"斗争的任务已经变为保护社会生产力的顺利发展"[2]。检察机关和审判机关均需为经济建设服务，而公安机关主动打击犯罪的性质使它成为案件的"发现者"、"生产者"和"提供者"，自然拥有主动、积极的优势地位。

关于执政党对三机关工作性质和地位的认识，有一个细节值得关注。1953年2月19日召开的"政府各部门向中央请示报告座谈会"要求："今后政务院各委和不属于各委的其他政府部门一切主要的和重要的工作均应分别向中共中央直接请示报告"，其中，"政法工作（包括公安、检察和法院工

① 刘少奇：《在中国共产党第八次全国代表大会上的政治报告》（1956年9月15日），见《刘少奇选集》下卷，人民出版社1985年版，第253页。

② 刘少奇：《在中国共产党第八次全国代表大会上的政治报告》（1956年9月15日），见《刘少奇选集》下卷，第253页。

作），由董必武、彭真、罗瑞卿负责"①。当时，董必武为政务院副总理兼政治法律委员会主任，彭真为政务院政治法律委员会副主任、党组书记，罗瑞卿为公安部部长、政务院政治法律委员会副主任、公安部队司令员兼政委。在排列董必武、彭真、罗瑞卿的先后顺序时，体现了职务高低的原则。然而在排列三项政法工作时，却没有体现与各位负责人工作领域的对应关系，比如罗瑞卿是全国公安工作的最高负责人，但并没有把"公安"置于"检察和法院"之后；董必武在 1954 年 9 月接任最高人民法院院长，但法院工作位列最后。可能的合理解释是，当时对三机关的排列顺序是以其工作的重要性为依据的。比如董必武担任最高人民法院院长之后，在一次会议发言中表示："党中央号召公安、检察、法院和一切国家机关，都必须依法办事。"②这种公安优先的排列顺序，一定程度上反映了政法工作当时面临的形势与执政党对三机关工作性质和地位的认识。

公安机关的优先地位不但体现为在三机关中的突出地位，还体现为它对法院、检察机关职权的取代，特别是对检察机关职权的多次取代。在政法系统中，曾长期存在着"大公安，小法院，可有可无检察院"的局面。1951 年秋冬举行的全国编制工作会议决定精简国家机关时，便提出让检察机关"名存实亡"，只保留名义，不设机构，不配备干部，工作由公安机关兼办。1951 年 12 月，政务院下达《关于调整机构紧缩编制的决定（草案）》，规定公、检、法三机关合署办公。实践中，三机关合署办公的形式五花八门，但主要是公安机关兼办检察机关的工作。例如，1952 年吉林省人民检察署与吉林省公安厅合署办公，省检察署的检察业务交由公安厅各处执行，只留了 3 名干部办理内勤、管理文档和有关政策研究工作，"借以起到监督作用"③。这次"合署办公"是新中国历史上的第一次检察机关"取消风"。后来，最高人民检察署党组"向毛泽东报告，董必武也向毛泽东反映此问题，陈述检察机关的作用和必要性。毛泽东决定保留检察

---

① 《政府各部门向中央请示报告座谈会》（1953 年 2 月 19 日），见姜华宣、张蔚萍、肖生生编《中国共产党重要会议纪事（1921——2006）》增补本，中央文献出版社 2006 年版，第 218 页。

② 董必武：《进一步加强人民民主法制，保障社会主义建设事业——在中国共产党第八次全国代表大会上的发言》（1956 年 9 月 19 日），见中共中央文献研究室编《建国以来重要文献选编》第九册，中央文献出版社 1994 年版，第 270 页。

③ 孙谦主编：《人民检察制度的历史变迁》，第 169 页。

机关。但检察署机构的建设暂时放慢了步伐"①。

1958 年"大跃进"期间，三机关分工负责、相互制约机制再次被抛弃，实行"一长代三长"（公安局长、检察长、法院院长一长代行三长的职权）、"一员顶三员"（公安局预审员、检察院检察员、法院审判员一员代行三员的职权）的做法。有的地方干脆将三机关合并为政法公安部，有的检察机关并入公安机关，成为后者所属的法制室或检察室。在 1958 年 6 月 23 日至 8 月 20 日最高人民法院和司法部联合召开的第四届全国司法工作会议上，这些做法被作为先进经验加以推广。② 在 1959 年 10 月 26 日到 11 月 13 日最高人民检察院召开的全国检察业务工作会议上，还提出以"支持第一，制约第二"原则取代三机关"分工负责、互相监督、互相制约"关系的要求。

1960 年秋，国家机关再次精简，进一步推动三机关合署办公，强化公安机关的职权。10 月 21 日，公安部部长、人民武装警察部队司令员兼政委谢富治主持下的中央政法小组会议向中共中央提出了公检法三机关合署办公的报告。11 月 11 日，中共中央发出《关于中央政府机关精简机构和改变管理体制的批复》，决定公安部、最高人民检察院和最高人民法院三机关合署办公，由公安部党组织统一领导，从而在司法体制上否认了 1954 年宪法确认的司法独立原则和党的八大所确认的公检法分工负责和互相制约的制度。但在刘少奇、彭真等领导人的过问下，中央政法小组会议三天后撤销了三机关合署办公的决定，谢富治为此作了检讨。

1966 年"文化大革命"爆发，"砸烂公检法"成为一种破坏性的行为与标志。"1967 年'一月风暴'以后，各地人民法院、人民检察院机关被砸烂，人民法院、人民检察院相继被'群众专政指挥部'、军事管制委员会、人民革命委员会保卫组所取代，人民司法工作陷于瘫痪。"③ 1967 年 8 月 7

---

① 孙谦主编：《人民检察制度的历史变迁》，第 172 页。另外，据时任最高人民检察署党组成员、研究室副主任的王桂五回忆，此次检察机关"取消风"出现时，检察长罗荣桓告诉党组书记、常务副检察长李六如将要将此事报告毛泽东主席，并说要多给毛主席写报告。随后，李六如口述、王桂五记录，给周恩来总理写了一封信，从国家制度和实际工作两方面说明设置检察机关的必要性。王桂五用钢笔把信抄好后，李六如又用毛笔在信上加了几句话。后来，毛主席决定保留检察机关，这样才刹住第一次"取消风"。参见王松苗、王丽丽：《六问六答：检察史上的名人名事》，《检察日报》2009 年 7 月 13 日。

② 参见孙琬钟主编：《中华人民共和国法律大事典》，中国政法大学出版社 1993 年版，第 539 页。

③ 沈德咏主编：《中国特色社会主义司法制度论纲》，人民法院出版社 2009 年版，第 208 页。

日，已于两年前升任国务院副总理并仍兼任公安部部长的谢富治在公安部全体工作人员大会上讲话，煽动"砸烂公检法"。经谢富治授意，1968年12月11日，最高人民检察院、最高人民法院、内务部的军代表和公安部领导小组联合提出了《关于撤销高检院、内务部、内务办三个单位，公安部、高法院留下少数人的请示报告》，报中共中央和毛泽东，毛泽东批示"照办"。这事实上取消了检察机关。

"文化大革命"期间，整个国家法律秩序陷于瘫痪，军队接管了包括政法工作在内的若干重要工作。"从1967年初开始，中共中央决定介入地方的'文化大革命'，实行'军管'。……到1968年上半年，全国公、检、法均被'军管'或者派驻军代表。"[1] 法院的审判职能由公安机关的军管会下属的"审判组"代为履行，实际上使法院沦为公安机关的附庸，检察机关更是直接被宣布撤销。"军管"使得三机关不正常但却异常牢固地结合在一起，成为强有力的专政工具，所造成的后果也殊为严重，尤其突出的是，"公安机关的权力无限膨胀，犹如脱缰野马，肆意妄为"[2]。

从1970年开始，"四人帮"主导宪法修改，试图在国家根本法中取消检察机关的独立地位，强化并扩大公安机关的权力范围。在1970年2月15日的宪法修改小组会上，康生提出检察机关的职权由公安机关行使，他提出，现在的"立法、司法、行政是分离的，但实际情况是统一的，这是最大的矛盾"，解决办法就是要"立法、司法合一"，由"公安机关行使检察院的职权"[3]。在此后进行的讨论中，宪法草案中取消检察机关的内容一直未予改变。最终，1975年1月17日四届全国人大一次会议修正通过的《宪法》第25条规定："检察机关的职权由各级公安机关行使。"由此，公安机关取代检察机关的事实得到了国家根本法的确认。

（三）三机关共同受政法主管部门的领导

在新中国成立最初几年，三机关较好地贯彻了分工、配合的工作原则。有分工、配合，就必然需要有对分工、配合的领导，否则难免出现职责不明、工作不力的状况。当时，承担这一领导职能的是政务院和党组织。

---

① 张晋藩主编：《中国司法制度史》，人民法院出版社2004年版，第628页。
② 沈德咏主编：《中国特色社会主义司法制度论纲》，第115页。
③ 韩大元主编：《新中国宪法发展60年》，广东人民出版社2009年版，第148页。

1950 年，政务院在《关于加强人民司法工作的指示》中指出：

> 各级人民政府应定期听取司法机关的工作报告，各级人民司法机关在各级人民政府指导帮助及和有关部门工作的密切配合之下，应组织力量，加速案件审理的期限，坚决革除国民党法院所遗留的形式主义和因循拖延的作风。积极提高审案的质量，同时并应广泛进行法治的宣传教育工作，严格纠正违法乱纪现象的发生。不论政府机关、公务人员和人民，如有违法之事，均应受检察机关的检举。①

根据《中央人民政府组织法》的规定，行政机关、审判机关和检察机关都是人民政府的组成部分，因而该指示要求司法机关、检察机关接受人民政府的指导并向其汇报工作，这是合乎法律规定的。但问题在于，政务院仅为"国家政务的最高执行机关"，它并没有权力代替中央人民政府对与其平级的司法机关、检察机关发出指示。类似的行政机关兼理司法机关、检察机关职能的情形，在新中国成立初期是一种常见的现象——行政权、司法权、检察权并没有严格的界分，对各自的独立性也没有清晰的认识。实际上，司法机关、检察机关和公安机关一样，都被视为行政机关的一个职能部门。例如，1950 年 7 月 14 日政务院第 41 次政务会议通过《人民法庭组织通则》，1952 年 3 月 21 日政务院第 129 次政务会议通过《关于"五反"运动中成立人民法庭的规定》，1952 年 3 月 28 日政务院第 130 次政务会议通过《关于"三反"运动中成立人民法庭的规定》——政务院以制定组织法规和直接作出行政命令的方式建立起人民法庭，然而建立隶属于法院系统的人民法庭本该是司法机关或者最高权力机关权力范围内的事情。还需要指出的是，新中国成立初期，审判活动和司法行政是分立的，最高人民法院并非全国法院管理的枢纽，法院的行政事务都是由司法部管理的，比如第一次司法改革就由司法部牵头进行，与最高人民法院没有直接联系。② 对此，1954 年《人民法院组织法》第 14 条规定："各级人民法院的司法行政工作由司法行政机关管理。"1979 年《人民法院组织法》保留了这一条款，直到 1983 年 9 月 2 日六届全

---

① 中共中央文献研究室编：《建国以来重要文献选编》第一册，第 453 页。

② 参见侯猛：《中国最高人民法院研究——从司法的影响力切入》，法律出版社 2007 年版，第 45 页。

国人大常委会第二次会议修改该法时才删去。

根据《中央人民政府组织法》第 18 条的规定，政务院设政治法律委员会，其职能是"指导内务部、公安部、司法部、法制委员会和民族事务委员会的工作"。1949 年 10 月 21 日，政治法律委员会正式成立，主任为政务院副总理董必武，副主任为彭真、张奚若、陈绍禹（王明）、彭泽民，委员包括最高人民法院院长沈钧儒、副院长吴溉之、张志让，最高人民检察署检察长罗荣桓、副检察长李六如，公安部部长罗瑞卿等。在政治法律委员会中，法院、检察署的最高负责人仅为委员，这种政治架构实际上使政治法律委员会有能力领导最高人民法院和最高人民检察署的业务工作。1952 年 11 月，公安部部长罗瑞卿由政治法律委员会委员升任副主任，这使得公安机关有权力对法院、检察署的工作产生实质性的影响，并对其工作进行"指导"。这种组织架构既是 1951 年公安机关取代检察机关风潮的体现，也为此后公安机关权力的不断强化埋下了制度或者体制上的伏笔。

在政务院成立政治法律委员会之后，董必武建议省以上人民政府也建立政治法律委员会，"其工作主要有以下四点：指导、布置、监督和检查民政、公安、司法、法院、检署等部门等工作；负责各部门的互通声气，互相帮助的工作。在统一领导下，政法各部门能通力合作。政法各部门的力量不一致，应相互照顾，相互靠拢一点"①。1951 年 5 月 11 日，彭真在向政务院第 84 次政务会议作的报告《关于政法工作的情况和目前任务》中明确讲道："为了适应目前的需要，保证各项工作任务的完成，应在省级以上人民政府逐步建立政治法律委员会（专署、县人民政府有必要又有条件时可在适当首长主持下设立政法联合办公室），负责指导与联系民政、公安、司法、检署、法院、监委等机关的工作，并处理相互间的组织与工作关系。"② 随后，1951 年 5 月 31 日，政务院、最高人民法院、最高人民检察署发布《关于省以上政府建立政法委员会的指示》，省级以上人民政府的政治法律委员会随之建立起来。这种组织架构直到 1954 年宪法颁布、政务院改组为国务院并撤销

---

① 胡盛仪：《试论董必武关于加强政权建设的思想》，见孙琬钟、公丕祥主编《董必武法学思想研究文集》第五辑，人民法院出版社 2006 年版，第 244 页。

② 《关于政法工作的情况和目前任务——一九五一年五月十一日政务院政治法律委员会彭真副主任向政务院第八十四次政务会议的报告，并经同次会议批准》，《江西政报》1951 年第 Z2 期。

政治法律委员会之后才告终止。

通过将法院、检察署负责人吸收为政治法律委员会委员的方式，政务院具备了影响三机关日常业务和工作方式的能力与途径。同时，党组织同样拥有领导三机关的权力，中共中央在一份文件中就明确要求："各省、市党委和各级政法党组必须在典型试验时，抓紧领导，统一指挥这些部门，根据我们的实际情况，参照苏联的经验，研究规定这些部门之间的工作关系和工作制度。"①

党对政法工作的领导是一个长期的传统和特色。"党领导司法的制度起源于根据地时期特定的历史背景之中"②，党委负责解决法律争议、批准司法判决，形成了稳定的工作模式。1952 年 6 月至 1953 年 2 月，新中国成立后的首次司法改革牢固地确立了党对司法工作的领导权，全面确立了政法合一、非职业化和群众路线的司法传统，在当时的历史条件下这一体制发挥了一定作用，但在客观上也造成了负面影响，如"片面强调群众路线，轻视司法的程序和规律"③；"清洗旧法人员的结果，与其说是'铲除了资产阶级旧法观点最后的据点'，不如说是排除了实行人治主义在司法机关最后的障碍"④。由于司法改革副作用的不断显现，到 1957 年，法律界人士对司法改革的结果开始提出批评，引起了颇为强烈的反响。⑤

为加强对国家各项工作的领导，1958 年，中共中央决定采取"分线领导"、"分兵把口"的领导方式，在每一条路线上设一名主管书记，直接对应政府的职能部门。同年 6 月 10 日，中共中央发出《关于成立财经、政法、外事、科学、文教各小组的通知》，这些小组直接隶属于中央政治局和书记

---

① 中共中央文献研究室编：《建国以来重要文献选编》第五册，中央文献出版社 1993 年版，第 275 页。

② 徐显明：《司法改革二十题》，《法学》1999 年第 9 期。

③ 李龙主编：《新中国法制建设的回顾与反思》，中国社会科学出版社 2004 年版，第 123 页。

④ 铁犁、陆锦碧：《一场有缺陷的司法改革——建国以来若干法学界重大事件研究（十三）》，《法学》1998 年第 6 期。

⑤ 东吴大学法学院院长杨兆龙教授最早提出批评："过去司法改革是有一定收获的。可是改革的结果，将大批非党的司法工作者（尤其是审判人员）调出司法机关之外"，"有些领导他们的党员审判员或审判长等却有时既不懂法律，而中文水平又很低，甚至连独立写判决书的能力都没有"。（参见杨兆龙：《法律界刊与非党之间》，《文汇报》1957 年 5 月 8 日。）上述意见具有广泛的代表性，随后公诸报刊的众多批评，举出了大量具体的事例，证实了问题的严重性和普遍性。参见铁犁、陆锦碧：《一场有缺陷的司法改革——建国以来若干法学界重大事件研究（十三）》，《法学》1998 年第 6 期。

处，"大政方针在政治局，具体部署在书记处"①。党的政法领导小组全面负责政法工作，党组织成为国家政法机关的直接的、统一的和最高的领导者。

党的政法领导机构经历了多次形式上的变化。在 20 世纪 60 年代三机关合署办公时期，公安部党组领导最高人民法院和最高人民检察院的工作，"司法机关系统基本上处于瘫痪状态，从逮捕到审判，均由党委或政法党组决定，司法机关由宪法上的国家机关变为一切听从党指挥的党委的执行机关。"②"文化大革命"期间，党政机关受到全面冲击，"公检法"被砸烂，政法领导小组也停止工作。那一时期，法院、检察院、政法领导小组均名存实亡，呈现了只有公安机关存在的状态，政法工作的最高领导者是革命委员会。1978 年，党的政法领导小组恢复办公，1980 年 1 月 24 日成立了中央政法委员会并延续至今，恢复和发展了对政法工作的领导权和领导方法。

（四）小结

综观 1949 年新中国成立到 1978 年这段历史，在现实与制度发展中，法院、检察机关和公安机关逐渐形成了一定的权力格局和相互关系的规则，奠定并影响了新中国政法制度的基础与发展方向。由于国家发展的阶段性和政治形势的变化，有些规则尚未体现为宪法或者法律条款，但通过文件、政策和领导人讲话、指示等制度载体，同样具有现实的有效性：

第一，在法律规范层面，三机关的职权是互相分开的，并不存在谁高于谁、谁领导谁的问题。在分工、配合和制约关系中，配合是主要方面，分工与制约从属于互相配合的要求，并共同服务于打击阶级敌人、维护人民当家做主地位的崇高使命。由于缺乏有效的互相制约，"强调公、检、法三家在对敌专政方面的统一性而忽视它的相互监督、相互制约性，使得政法机关向着单纯的专政机关进一步发展"③。

第二，尽管公安机关在法律位阶上低于法院和检察机关，但由于现实发展和政治形势的影响，它在三机关中实际上具有显著的优先地位，甚至在很长一段时期内具有领导法院和检察机关的权力，以致后两者可有可无。在政治发展不正常时期，公安机关因其职能的重要性而成为政治斗争的重要工

---

① 李海文：《中共中央书记处的由来及职权》，《党史博览》2006 年第 9 期。
② 韩大元编著：《1954 年宪法与中国宪政》，武汉大学出版社 2008 年版，第 383 页。
③ 张晋藩主编：《中国司法制度史》，人民法院出版社 2004 年版，第 624 页。

具，不但严重冲击了国家机关体系，而且"严重地影响了司法的权威性和规范性，破坏了司法审判的法制秩序，新中国的法制建设误入歧途"①。

第三，在国家政治领导体制中，三机关要共同接受政法主管部门的领导，既包括政治领导、组织领导，也包括具体业务上的直接领导。这一关系虽然没有宪法和法律上的规定，但却是实践中一条极为重要的原则和规则。

第四，由于三机关之间的分工、配合和制约关系缺乏明确的法律规范，并且由于政治与司法之间关系不够清晰，政治形势对法律制度的影响过于强大，甚至屡屡突破宪法的规定，这导致司法权力运行秩序混乱，互相制约失灵，不但使国家发展陷入低谷，更使人民权利受到伤害。而这也成为此后宪法修改所要总结的沉痛教训，成为宪法中写入三机关关系条款的历史背景与重要原因。

二、"分工负责，互相配合，互相制约"条款的形成过程与入宪

（一）"互相配合，互相制约"的提出

分工负责、互相配合、互相制约的原则最早见诸法律，是 1979 年的《刑事诉讼法》，但在该法颁布之前，这一原则的雏形已经在党的文件中出现了。1953 年 11 月 28 日，最高人民检察院党组向中共中央报送《关于检察工作情况和当前检察工作方针任务的意见的报告》，由董必武、彭真主持的中央政法委员会党组同时提出一份建议中央批准该报告的报告，其中就写明了"互相配合、互相制约"的原则："法院、公安、检察署通过一系列的互相配合、互相制约的比较完善的司法制度的保证，错捕、错审、错判的现象就减少到极小的程度。"这份建议报告颇为详尽地阐述了"互相配合、互相制约"的含义：

> ……在苏联，刑事案件的起诉一般首先是由检察署进行侦查，检察署认为可以起诉的才向法院提出公诉，由法院依法审理。如法院对检察署起诉的案件认为证据不足或未构成判刑条件时，也可发还检察署请其重新侦查或宣告无罪（在预审中是裁定不起诉）。检察长如对法院的裁

---

① 沈德咏主编：《中国特色社会主义司法制度论纲》，第 112 页。

定不同意时，可以提出抗议，由上一级法院作最后裁定。需要开庭审判的案件，被告人又有辩护律师，而法院在进行审判时一般又系由审判员集体（在一审案件中有陪审员）负责进行审判。同时检察署对法院所判决的案件如认为不妥当时，还可以提出抗告。苏联的检察署与公安机关在工作上也是有密切配合的。公安机关逮捕罪犯时，须经检察长事先同意或在逮捕后24小时内报告检察长，检察长接到通知后，于48小时内以书面形式批准拘禁或撤销拘禁。公安机关对案件侦查结果，如认为需要起诉的，其起诉书须经取得检察长同意，或将案件移送检察署侦查，决定起诉或不起诉。如公安机关对检察长的处理不同意时，可提出抗议，由上级检察署决定。①

1954年3月12日，中共中央批准上述报告，并转发县以上各级党委。同年6月，中共中央在批转另一份报告时进一步指出："由于检察机关和法院、公安机关、人民监察委员会之间，既要有明确的分工，又要在工作上互相配合，互相制约，各省、市党委和各级政法党组必须在典型试验时，抓紧领导，统一指挥这些部门，根据我们的实际情况，参照苏联的经验，研究规定这些部门之间的工作关系和工作制度。"② 1956年9月15日，刘少奇在中共八大政治报告中再一次强调"贯彻执行法制方面的分工负责和互相制约的制度"。

根据前引1953年11月28日中央政法委员会党组的报告中的阐述，"互相配合、互相制约"原则是从苏联刑事诉讼制度移植而来的。但是，"在苏俄的传统上，并没有一个像中国的公安机关（尤其是安全机关的职能也包含在公安机关之中的时候）那样相对集中统一的侦查机关（检察机关成立后，开始从事职务犯罪的侦查）"③。因而，这一原则的提出并不是对苏联刑事诉讼制度的机械照搬，而是在部分借鉴学习的基础上作出的创造性调整，其根据是中国的客观现实情况与法律体制的特点。根据最高人民检察署首届党组成员、原最高人民检察院党组成员、研究室主任王桂五的回忆，"互相配合、互相制约"原则是彭真的秘书李琪提出来的。李琪是研究哲学的。互相制约

---

① 孙谦主编：《人民检察制度的历史变迁》，第284页。
② 中共中央文献研究室编：《建国以来重要文献选编》第五册，第275页。
③ 孙谦主编：《人民检察制度的历史变迁》，第285页。

一词，是借用斯大林在《联共党史》第四章辩证唯物主义和历史唯物主义中关于事物之间的互相关系、互相制约的提法而来的。实际上，在苏联司法制度中并没有互相配合、互相制约的原则。当时提出这一原则实质上是"托苏建制"，正如中国历史上的"托古改制"一样。这一原则的提出，形成了我国司法制度的一个特色。当时，彭真同志称赞了李琪，这一原则后来为党的八大文件所采用，现在已成为宪法原则之一。①

检察机关地位和权力的不同是我国与苏联司法制度方面的一个重要区别。在苏联，检察机关的地位是殊为突出的。苏联 1936 年宪法第 113 条规定："苏联总检察长对于所有的部和这些部所属的机关以及每一个公职人员和苏联公民是否严格遵守法律，行使最高检察权。"1977 年宪法第 164 条规定："一切部、国家委员会和主管部门、企业、机构和组织、地方人民代表苏维埃执行和发布命令的机关、集体农庄、合作社和其他社会组织、公职人员以及公民是否严格和一律遵守法律，由苏联总检察长及其所属各级检察长行使最高检察权。"同时，1936 年宪法第 117 条和 1977 年宪法第 168 条第 1 款均规定："各级检察机关独立行使职权，不受任何地方机关的干涉，只服从苏联总检察长。"

由苏联两部宪法的规定可见，苏联各级检察机关行使的检察权一直是"最高"的，包括四个方面的主要内容："对执行法律的一般监督，对侦查机关和预审机关执行法律的监督，对法院在审理刑事案件、民事案件和行政案件时遵守法制情况的监督和对剥夺自由场所执行法制情况的监督"②。苏联检察机关具有两种监督职能，即"一般监督＋法律监督"，既监督全社会，如企业和其他社会组织中遵守法律的情况，也监督包括法院和警察在内的所有国家机关实施法律的情况，因而在国家权力体系中具有突出重要的地位。在法律监督方面，苏联检察机关对侦查和预审机关的监督是绝对的和单向的，并且有权指挥侦查，而对于审判机关，检察机关有权监督法院的审判活动，甚至可以对已经生效的判决指令重新审判。

---

① 参见王桂五：《互相配合、互相制约的由来》，见《王桂五论检察》，中国检察出版社 2008 年版，第 429 页。

② ［苏］B. H. 库德里亚夫采夫等：《苏联宪法讲话》删节本，刘向文译，群众出版社 1983 年版，第 230 页。

与苏联相比，我国检察机关的权力范围和效力层级要小于前者，特别是对公安机关的侦查监督方面。尽管我国1954年宪法也赋予检察机关"一般监督"的权力，但是"互相配合，互相制约"原则使法院和公安机关，特别是后者有能力对检察院形成制约，这在一定意义上抬高了公安机关在国家机关中的地位，相应降低了检察院的地位。并且，在取消检察机关一般监督的职权后，检察机关的地位相应降低，而公安机关在监督民众守法方面的权力则事实上得到了扩张，法院在审判上的自主性也得到了加强。

（二）"分工负责，互相配合，互相制约"的入宪

宪法之所以明文规定法院、检察院和公安机关的"分工负责，互相配合，互相制约"关系，很大程度上是出于对"文化大革命"期间无法无天沉痛教训的深刻反思和弥补。三机关缺乏合乎制度逻辑的制约关系、相互关系的紊乱使得司法制度成为政治运动的工具和代价。尤其是"文化大革命"期间，"砸烂公检法"的潮流泛滥，"造反派"采用"群专群审群判"来代替司法机关依法办案，宪法和法律被束之高阁。"1979年最高人民法院工作报告中指出：据统计，'文化大革命'期间判处的反革命案件中，冤错的比例一般占40%左右，有些地区竟达60%或70%，数量之大，比例之高，后果之严重，是新中国成立以来仅有的。"[1]

1978年宪法首先恢复了检察院的设置，重新强调了三机关"互相配合又互相制约"的工作原则。叶剑英在1978年宪法修改报告中指出：

> 鉴于同各种违法乱纪行为作斗争的极大重要性，宪法修改草案规定设置人民检察院。国家的各级检察机关按照宪法和法律规定的范围，对于国家机关、国家机关工作人员和公民是否遵守宪法和法律，行使检察权。在加强党的统一领导和依靠群众的前提下，充分发挥公安机关、检察机关、人民法院这些专门机关的作用，使它们互相配合又互相制约，这对于保护人民，打击敌人，是很重要的。[2]

1979年7月1日，五届全国人大二次会议审议通过《刑事诉讼法》，其

---

[1]　沈德咏主编：《中国特色社会主义司法制度论纲》，第114—115页。
[2]　叶剑英：《关于修改宪法的报告——一九七八年三月一日在中华人民共和国第五届全国人民代表大会第一次会议上的报告》，《人民日报》1978年3月8日。

直接蓝本是1963年中央政法小组拟订的《刑事诉讼法草案（初稿）》。① 在这份草案（初稿）中，由于"三机关分工负责、互相制约"等诉讼指导原则"在以后各章的许多条文中都有所反映"，如果"在第一编第一章中规定就显得过于抽象而且难免重复，适用援引也不方便"，因而这份草案（初稿）中并没有用相应的条文加以集中规定。② 1979年《刑事诉讼法》在立法指导思想上延续了20世纪60年代的模式，但在诉讼指导原则的规定方式上作了改变，其第5条明确规定："人民法院、人民检察院和公安机关进行刑事诉讼，应当分工负责，互相配合，互相制约，以保证准确有效地执行法律。"对于三机关的具体职责分工，该法第3条第1款规定："对刑事案件的侦查、拘留、预审，由公安机关负责。批准逮捕和检察（包括侦查）、提起公诉，由人民检察院负责。审判由人民法院负责。其他任何机关、团体和个人都无权行使这些权力。"这是我国法律首次明确规定三机关"分工负责，互相配合，互相制约"的关系原则，并具体规定了各机关的主要职责，不但是对三机关地位和职能的高度重视，而且体现出以法制方式调整三者关系的执政理念。

需要指出的是，在《刑事诉讼法》通过之前，中共中央曾多次提出司法机关的独立性问题。1978年12月22日通过的中共十一届三中全会公报指出，"检察机关和司法机关要保持应有的独立性"③。这一表述延续了"文化大革命"之前对这两类机关的称谓，并高度强调了它们的独立性，这在以往党的文件中殊为罕见。1979年7月1日五届全国人大二次会议通过《刑事诉讼法》之后，中共中央于1979年9月9日发出《关于坚决保证刑法、刑事诉讼法切实实施的指示》，指出："今后，加强党对司法工作的领导，最重要的一条，就是切实保证法律的实施，充分发挥司法机关的作用，切实保证人民检察院独立行使检察权，人民法院独立行使审判权"，决定"取消党委审批案件的制度"。从该指示可以看出，执政党对检察机关、审判机关的独立性、工作的专门性和不同国家机关之间关系的认识更为深入。

---

① 这份草案（初稿）的完整文本，参见闵钐编：《中国检察史资料选编》，中国检察出版社2008年版，第424页。

② 参见《关于刑事诉讼法修改情况的说明》（1963年4月13日），见闵钐编《中国检察史资料选编》，第449页。

③ 《中国共产党第十一届中央委员会第三次全体会议公报》（1978年12月22日），《人民日报》1978年12月24日。

在上述制度和认识背景下，1982 年宪法修改将"分工负责，互相配合，互相制约"原则上升为宪法条款，首先便是基于对不同国家权力性质的正确认识。彭真在 1982 年宪法修改草案的报告中讲道："我们的国家可以而且必须由人民代表大会统一地行使国家权力；同时在这个前提下，对于国家的行政权、审判权、检察权和武装力量的领导权，也都有明确的划分，使国家权力机关和行政、审判、检察机关等其他国家机关能够协调一致地工作。"①这一报告体现出的思想是，在人民代表大会制度下，国家权力可划分为行政权、审判权、检察权和军事权，不同类型的权力之间既有分工，又要"协调一致"，根本上从属于最高权力机关。

另外，将"分工负责，互相配合，互相制约"原则写入宪法，体现了对审判权、检察权、侦查权的权力属性的定位。侦查权是从属于行政权的一种具体权力，在刑事诉讼中，行政权突出表现为侦查权的行使。宪法之所以突出侦查权的地位，是因为在刑事诉讼活动中，对行政权的监督制约最为重要的就是对侦查权的监督制约。将侦查权与审判权、检察权并列，体现了宪法对于行政权对公民权利保障产生影响的高度关注，将监督制约侦查权的要求提升到了根本法的层面。

将"分工负责，互相配合，互相制约"原则写入宪法，保证了三种权力的相互独立性，体现了宪法在处理三机关关系时具有的稳定性特点。实际上，在 1982 年宪法修改过程中，曾有将检察职能归司法部行使、并由司法部长担任总检察长的设想。②如果这一设想成为宪法条文，那么三机关关系将呈现另一种格局。但最终，1982 年宪法保留了检察院的独立设置。而在是否写入三机关关系条款时，有一种观点认为，《刑事诉讼法》已经对这一原则作出了规定，宪法没有必要重复规定。宪法修改委员会没有采纳这一意见，而是认为，将这一原则上升为根本法，"对于加强社会主义法制，保证准确有效地执行法律、维护公民的合法权益，都有重要的意义，这是我国司法工作中长期行之有效的一项好经验，因此应以根本法的形式加以确认。虽然这一原则在刑事诉讼法中也有规定，但写到宪法中就更加强调了它的重要

---

① 彭真：《关于中华人民共和国宪法修改草案的报告》（1982 年 11 月 26 日），见中央文献研究室编《十二大以来重要文献选编》上，人民出版社 1986 年版，第 155 页。

② 参见许崇德：《中华人民共和国宪法史》下卷，福建人民出版社 2005 年版，第 527 页。

性和意义"①。

三、"分工负责，互相配合，互相制约"的规范结构

"分工负责，互相配合，互相制约"是我国调整法院、检察院和公安机关关系的基本准则，它既是一个法律条款，也是一个宪法条款。对于三机关关系的理解和调整，虽然不同部门法的研究具有不同的视角，但由于宪法对三机关关系已经作出了专门规定，因而必须在认识上回归到宪法规定和宪法精神上来，从宪法文本中寻找具有直接意义的依据。宪法的主要价值就在于通过制约公权力的行使，保障公民基本权利的实现，《宪法》第135条规定的核心意义也在于此。因而，理解"分工负责，互相配合，互相制约"条款的规范含义应当以宪法关于公权力制约的精神为基础，寻求合乎立宪主义原理和现代人权保障理念的解释，突出以"制约"为核心的权力关系体系。

（一）"分工负责"表明地位的独立性和权力的有限性

理解"分工负责"的含义，可以从两个层面展开。首先是"分工"，意味着三机关有不同的权力范围，三机关互相独立，各司其职，不能混为一谈。在1979年《刑事诉讼法》颁布之前，三机关曾有多次合署办公，检察机关甚至多次被取消，"公检法"被砸烂，那是严重违背"分工负责"要求的错误行为。但由于当时并没有在法律和宪法层面明确这一原则，因而缺少合法性与合宪性审查的文本基础。现行宪法规定了审判机关、检察机关和行政机关的独立地位，它们的性质是由宪法所确定的，也是受宪法保障的。宪法之所以要设立法院、检察院和公安机关，乃是基于对三机关权力性质的不同认识，通过各自功能的发挥来保障人权，而不是以一个机关取代另一个机关。审判权、检察权和侦查权具有专属性，只有职责明确，相互之间不越位、不错位、不缺位，三机关才能够在相对独立的制度环境中发挥功能。当然，绝对的、泾渭分明的权力划分是难以实现的，但是至少不能过度渗入异种属性的权力，否则不利于完整、忠诚地履行宪法和法律赋予的职责，也就无所谓互相配合，遑论互相制约。

其次是"分工基础上的负责"，意味着三机关要在各自权力范围内承担

---

① 肖蔚云：《我国现行宪法的诞生》，北京大学出版社1986年版，第81—82页。

宪法和法律责任，权力的范围是有限的。如就检察机关而言，其法律监督不是一般监督，而要以尊重法院的宪法地位为前提，维护审判工作的独立性。同样，检察机关也不应直接介入公安机关的侦查活动。在 1996 年《刑事诉讼法》修改前，法院和检察院的管辖范围、立案分工不够明确，曾存在管辖范围交叉、职责不明的现象。如 1996 年《刑事诉讼法》第 142 条第 2 款规定了检察院的免予起诉权："对于犯罪情节轻微，依照刑法规定不需要判处刑罚或者免除刑罚的，人民检察院可以作出不起诉决定。"这是法律赋予检察官的一项自由裁量权，实际上使得检察院获得了部分刑事审判权，但从程序上还缺乏应有的制约，也限制甚至剥夺了被告人的一些诉讼权利。在实践中，法院单方面限制检察院抗诉权或者法律监督权范围的做法也不符合宪法的规定和原则。由公安机关单方面决定采取或变更取保候审、监视居住、拘留等强制措施，是对当事人权利作出的实体决定，超越了侦查权的应有范畴。总之，"分工负责"要求所分之工合乎宪法原则和司法规律，行使公权力时体现地位的独立性和权力的有限性。

（二）"互相配合"体现的是工作程序上的衔接关系

互相配合以分工负责为前提。由于分工负责体现了三种权力相互独立的要求，互相配合体现的便应当是以独立为基础的工作程序上的衔接关系。首先，三机关的配合是互相的，不存在谁迁就谁、谁服从谁的问题，它们共同服从且只服从于宪法和法律。由此，这种配合不是说公安机关提请批捕，检察院就要作出同意决定，也不是说检察院起诉什么，法院就要判决什么，更不是一些人认为的公检法三家"流水作业"，而主要体现在三机关办案过程中针对一系列程序性问题的衔接。至于所谓的"流水作业"，一方面，从三机关权力运作的过程上看，"流水作业"的形态的确是存在的，但"流水作业"并非工作原则，而只是程序进展的外观而已；另一方面，"流水作业"体现的是司法效率的要求，但其前提是遵守宪法和法律、尊重和保障人权，即"公平优先，兼顾效率"。

其次，三机关互相配合的目的是实现国家权力运转的有效性，而不是互设障碍、故意刁难，更不是没有原则的片面、随意配合。在宪法原意上，互相配合的前提是遵守法律规定，遵守宪法原理。以这一准则检视，那种以打击犯罪为目的的联合办案虽然并非完全不可取，但必须维护分工与制约的宪法精神，严格履行法定职责，避免重蹈公安机关一家独大的覆辙。现实中存在的一些法院、检察院、公安机关联合发布通知、规定等工作方式体现了互相配合的要求，但应当注意发布通知、规定的方式及其内容的合宪性问题，避免出现不同权力之间的错位。例如，2010 年 6 月 13 日最高人民法院、最高人民检察院、公安部、国家安全部、司法部联合发布的《关于办理死刑案件审查判断证据若干问题的规定》就存在不完全符合权力逻辑的疑问。根据宪法的规定，案件的判断权专属于审判机关，只有法院才能对定罪量刑进行判断，只有法院才能认定被告人是否能够判处死刑。对死刑案件的证据进行严格审查，其前提是案件是否属于死刑案件，而一个案件能否成为死刑案件，只有法院才有判断的权力，因而只有法院才有权力出台该规定。但这一规定的发布主体还包括检察机关、公安机关、国家安全机关、司法行政机关，这意味着上述四机关都有权力首先判断案件是否属于死刑案件，继而有义务适用该规定。显然，这在权力属性上是不妥当的，而在执行时导致的悖论则是，要么该四机关不执行该规定，要么执行规定但却违背了只有审判机关才拥有定罪量刑权力的国家权力配置原理。实际上，严格审查证据并不仅仅是对死刑案件的要求，而应该是对所有刑事案件的共同要求。

（三）"互相制约"是三机关关系的核心价值要求

互相制约是三机关关系的核心，正确把握这一原则有助于从根本上协调三者的关系。权力制约的原理是中外共通的，只不过我国国家权力之间的制约是以人民代表大会制度为基础和背景。在人民代表大会制度之下，不同国家权力之间存在分工关系。在宪法文本中，只有现行《宪法》第 135 条明确出现了"制约"的表述，这显然是制宪者慎重考虑的结果。尽管"互相制约"的规范结构中包含着提高公安机关的宪法地位的某些因素，使其在刑事司法过程中有制约检察机关和审判机关的可能，但是公权力之间的制约是受宪法价值的约束的，即以维护公民基本权利为价值取向。《宪法》第 33 条第 3 款规定："国家尊重和保障人权。"人权条款是"互相制约"关系的宪法规范指引，即通过合宪、合法和有效的制约，防止权力滥用，确保审判权、检察权、侦查权的规范、公正行使。如果某种制约方式不利于或者侵犯维护公民基本权利，那么这种制约方式要么是无效的，要么是违宪的。

互相制约之所以是处理三机关关系的核心，还在于如果没有这种制约功能，所谓的分工负责就失去了意义，互相配合也会严重变质。制约本身不是目的，根本目的在于通过制约来保障法律适用的公正性，从而体现保障公民权利的宪法价值。在文义上，"互相"一词体现了双向而非单向制约关系，即"每一机关都对其他机关形成一定制约，同时它也成为其他机关制约的对象"①。对"双向制约"可以作出多种解释，符合宪法原理的理解是，双向并非制约权能上的等量齐观，而应强调不同机关制约效力的不均等性，以避免制约效果的互相抵消；双向亦非三机关以数学上"排列组合"的方式建立直接制约关系，而应强调制约的递进性，即检察院主导制约公安机关，法院主导制约检察院，法院主导三者的制约关系。三机关之间的职能关系"不应当是平行的，而应当是起伏的——侦查实施者对检察监督者呈伏势，而检察相对于决定起诉命运的审判呈伏势（否则无以确立审判的权威）"②，处于制约顶端的是审判机关。

如果说在新中国成立初期，以配合为主、制约为辅的关系模式有助于高效地打击阶级敌人和敌对势力，那么在"剥削阶级作为阶级已经消灭"③之后，阶级斗争的范围和方式都应当相应调整。尤其是中国共产党实现由革命党到执政党、建设党④的角色转变后，在构建和谐社会、加强社会建设的新的时代背景下，强化三机关之间的有效制约，从而体现"以人为本"的价值功能，应当成为历史和现实的必然。

（四）"分工负责，互相配合，互相制约"原则的一般性

宪法规定，"分工负责，互相配合，互相制约"是三机关在"办理刑事案件"时所要遵守的要求。这是否意味着该原则仅适用于三机关的刑事司法关系？对此，有必要作更广泛意义上的理解，尤其在涉及检察院与法院之间的关系的时候。在民事、行政诉讼制度中，检察院对法院具有制约关系，其法律支撑分别体现为《民事诉讼法》第 14 条"人民检察院有权对民事审判活动实行法律监督"和《行政诉讼法》第 10 条"人民检察院有权对行政诉

---

① 沈德咏主编：《中国特色社会主义司法制度论纲》，第 228 页。

② 龙宗智：《评"检警一体化"——兼论我国的检警关系》，《法学研究》2000 年第 2 期。

③ 现行《宪法》"序言"第八自然段。

④ 党的十六大报告（2002 年 11 月 8 日）指出："我们党历经革命、建设和改革，已经从领导人民为夺取全国政权而奋斗的党，成为领导人民掌握全国政权并长期执政的党；已经从受到外部封锁和实行计划经济条件下领导国家建设的党，成为对外开放和发展社会主义市场经济条件下领导国家建设的党。"

讼实行法律监督"。由此可见，检察院对法院的法律监督并非仅限于刑事诉讼，它还可以对民事、行政案件提起抗诉，并且对法官在各类案件审判活动中是否廉洁公正也具有监督权。因此，不管是何种诉讼类型，都需要有合理的权力分工、配合与制约关系，"分工负责，互相配合，互相制约"原则适用于民事诉讼和行政诉讼具有合理性。

"分工负责，互相配合，互相制约"原则是处理法院、检察院、公安机关关系的一般性原则，而不仅仅适用于刑事司法活动，这一判断具有合宪性基础。首先，按照体系解释的方法，根据《宪法》第 129 条"检察院是国家的法律监督机关"的规定，检察院的法律监督权具有专门性，"法律监督的机关只能是检察机关而不是其他机关"①，对于法院适用法律作出裁判的行为，检察院有权进行监督。其次，按照目的解释的方法，司法审判权具有最终判断的性质，这种最终性既体现在个案裁判的过程中，也体现为对提出供裁判案件的国家机关行为的评价上。对于公权力机关来说，司法的职能就是审查公权力行为的合法性及合理性，因为必须维护法院的终局地位。再次，按照历史解释的方法，从立法背景看，在《宪法》第 135 条之前，我国历次宪法修改中都没有涉及三机关的分工、配合、制约关系，世界其他国家的宪法中也没有类似条款②，更没有对法院、检察院与公安机关（警察机关）关系的规定。现行宪法之所以明确写入此条，一个突出的历史背景是"文化大革命"期间"无法无天"、"砸烂公检法"的沉痛教训。而"办理刑事案件"的表述，并非是对该原则适用范围上的限制，毋宁是表明应强化刑事案件中的权力制约，特别是对公安机关的制约。

（五）小结

总之，"分工负责，互相配合，互相制约"原则是一个完整的逻辑和规范体系，分工负责体现的是宪法地位，互相配合体现的是工作模式，互相制约体现的是核心价值。"分工负责，互相配合，互相制约"不是一种内部循环结构，也不是三机关权力的平分秋色，而是突出三机关各自职权的独特

---

① 韩大元：《关于检察机关性质的宪法文本解读》，《人民检察》2005 年第 13 期。

② 经查阅世界各国宪法有关法院、检察机关的规定，包括朝鲜、越南、古巴、原苏联等社会主义国家在内，均未找到类似条款。参见肖扬主编：《各国宪法关于司法体制的规定》，人民法院出版社 2003 年版。

性，体现出两种服从关系：在价值理念上，效率服从于公平，配合服从于制约；在工作程序上，侦查服从于起诉，起诉服从于审判。

理解"分工负责，互相配合，互相制约"的规范含义，还需从整体上把握《宪法》第135条的内涵，特别是该条最后一个分句"以保证准确有效地执行法律"的功能与意义。首先，"以"字在该句中是一个动词，其含义应当理解为"用来"或"目的在于"，换言之，三机关的分工、配合和制约是手段，"准确有效地执行法律"是目的。其次，该分句具有判断标准功能，即以是否做到了"准确有效地执行法律"作为判断三机关关系合宪与否的形式标准。换言之，"准确有效地执行法律"与"分工负责，互相配合，互相制约"之间是一种理由关系（reason-based relation），前者对于形成和调整三机关关系具有导向和制约作用。最后，该分句可被视为开放条款，蕴含了塑造和实现公民权利的可能。一般来说，公民难以判定三机关是否做到了分工、配合和制约，而它们是否准确有效地执行了法律，则相对容易观察，公民借此能够实现对三机关工作的批评监督权。如果说《宪法》第135条是一个开放的结构，那么最后一个分句就是塑造和实现公民权利的入口。

四、"分工负责，互相配合，互相制约"的实际运作模式

（一）三机关配合与制约关系的具体体现

宪法规范的特点是具有最高性、包容性和概括性，其根本法地位需要在法律的具体化过程得到体现。《宪法》第135条亦然，它对三机关关系的规定是原则性的，需要以法律的形式将其落实为具有操作性的制度体系，尤其是在互相配合、互相制约等一系列程序性问题方面。对此，《刑事诉讼法》在重述《宪法》第135条的基础上，详细规定了三机关在办理刑事案件中的配合与制约关系，主要体现为以下两方面：

第一，公安机关与检察院的关系：（1）公安机关在侦查过程中，逮捕犯罪嫌疑人时需经检察院批准；检察院对公安机关侦查终结的案件，进行审查并决定是否起诉；检察院有权对公安机关的侦查活动是否合法进行监督；（2）公安机关对检察院不批准逮捕和不起诉的决定如有不同意见，有权要求复议，还可提请上级检察院复核。

第二，检察院与法院的关系：（1）法院对检察院起诉的案件，如果认为

事实不清、证据不足，可以退回检察院补充侦查；如果认为有违法情况，应当通知检察院纠正；（2）检察院监督法院的判决和审判活动是否合法，如果认为审判活动有违法情况，可以提出纠正意见；如果发现一审判决或裁定确有错误，应当向上级法院提出抗诉。

可以发现，立法者将刑事司法程序不同阶段的支配权分配给公、检、法三机关，希望它们在完成各自工作的基础上密切配合，以实现打击犯罪、保障人权的目的，同时通过一定的制约机制，尽量避免出现错漏。三机关只要各司其职、恪尽职守，便能更好地完成法律赋予的职责。

（二）"分工负责，互相配合，互相制约"在实践中的异化

然而，立法者的良好愿望未能在实践中得到充分体现。比如就分工而言，法律规定的是程序阶段式的结构，"每一阶段都只有一个拥有决定权的机关，其他机关的权力（权利）都很小，由此确立每一阶段的权威主导机关，并且充分相信其道德上的自律，能秉公办案，无须其他机关进行制约，进而通过多层次的阶段递进认识，摒除认识上的不足，保证案件真相的发现，从而最终作出公正裁决"①。然而，有时公安机关实际拥有的权力大大超过检察院和法院，秉公办案的道德自律亦不能对程序违法构成有效制约，这导致分阶段推进的程序演变成为侦查中心主义，条块分割般的明确分工不正常地结合成一体化结构，分工负责的意义大打折扣。当出现证据方面的疑问时，检察院或法院本应提出质疑，实践中却是三机关共同商讨如何淡化问题，甚至掩盖问题。而在配合和制约方面，问题也并不少见。这种异化了的分工、配合与制约关系，不可避免会导致冤假错案频频发生。

1. 以两起典型错案为例

（1）佘祥林案。② 1994 年 4 月 11 日，湖北省京山县发现一具女尸，公安机关认定该女尸系被佘祥林杀害的妻子张在玉。1994 年 10 月 25 日，荆州地区中院一审以故意杀人罪判处佘祥林死刑，剥夺政治权利终身。1995 年 1 月 6 日，湖北省高院复核此案后发现存在八个疑点问题，裁定撤销原判，以事实不清、证据不足为由将此案发回荆州地区中院重审。荆州地区中院遂将此案退回湖北省检察院荆州地区检察分院，检察院随后再诉，中院再次退

---

① 叶青、陈海峰：《由赵作海案引发的程序法反思》，《法学》2010 年第 6 期。

② 有关案情，参见《人民日报》2005 年 4 月 8 日、《瞭望东方周刊》2005 年 4 月 14 日。

查。在此期间，湖北省行政区划调整，京山县划归荆门市管辖，原湖北省检察院荆州地区检察分院遂将此案邮寄至京山县政法委。

1997年10月8日，荆门市政法委组织召开由市、县两级公、检、法三部门主要负责人参加的案件协调会，因省高院提出的问题中有三个无法查清，决定对佘祥林案"降格处理，判处有期徒刑"。会议同时决定，先由京山县检察院向京山县法院提起公诉，如果佘祥林不服一审上诉，则由荆门市中院维持。1998年6月，京山县法院以故意杀人罪判处佘祥林有期徒刑15年。佘祥林上诉后，荆门市中院承办法官发现该案证据存在问题，要求退卷。但由于协调会已经确定结果，当年9月，荆门市中院裁定驳回上诉，维持原判。

2005年3月28日，被佘祥林"杀害"11年之久的妻子张在玉突然现身。2005年4月1日，佘祥林出狱，此时他已被羁押3 995天。

（2）赵作海案。① 1999年5月8日，河南省商丘市某村发现一具男尸，公安机关认为该男尸系该村村民赵振裳，此前与其斗殴的同村村民赵作海有重大嫌疑，遂于次日对后者刑事拘留。但由于无名男尸身份并不能完全确定，且赵作海在检察机关推翻原供，商丘市检察院以"证据上存在重大缺陷"为由，两次将案件退回柘城县公安局。

2001年，全国展开刑案清理超期积压专项检查活动，柘城县公安局试图再次向检察机关移送此案。当年7月，当地政法委、公安机关、检察机关和法院召开联席会议，认定该案尸源问题没有确定，仍不具备审查起诉条件。因该案拖延时间大大超过法定期限，2002年8—9月间，公安机关将该案提交商丘市政法委研究。市政法委召集公、检、法三部门主要负责人召开协调会，要求商丘市检察院20日之内必须诉至法院。在尸源仍然不明的情况下，2002年11月11日，商丘市检察院提起公诉。同年12月5日，商丘市中院一审以故意杀人罪判处赵作海死刑，缓期两年执行，剥夺政治权利终身。判决作出后，赵作海未提出上诉。2003年2月13日，河南省高院裁定核准一审判决。

2010年4月30日，"被害人"赵振裳出现。2010年5月9日，河南省

---

① 有关案情，参见《新京报》2010年5月11日、《法制日报》2010年5月13日。

高院召开新闻发布会,宣告赵作海无罪。

2. 异化的关系结构

在上述两起典型错案中,三机关之间虽然存在分工,但在监督制约的有效性方面存在严重缺陷,其关系结构可以简要总结为以下图示:

首先,公安机关强大的侦查权未能得到有效约束。公安机关担当着刑事司法程序启动者的角色,它也是维护社会治安的重要机关。在重大刑事案件发生后,公安机关承担着极大的侦查压力,尤其在"命案必破"、"从重从快"等要求下,面对破案与线索匮乏的矛盾,加之追求高破案率的绩效评价标准,公安机关只得采取各种可能的途径讯问犯罪嫌疑人。在外部监督失灵的情况下,出现刑讯逼供几乎是必然的。这一点几乎是所有错案的共同特征。在上述两案中,不但两位犯罪嫌疑人自己多次声称曾遭受公安机关的刑讯逼供,他们的家人和证人也受到同样对待:佘祥林的哥哥和母亲因对证据问题提出质疑而分别被关押41天和九个多月,天门市3位农民因提出可能证明佘祥林无罪的证据而被以"作伪证"名义关押多日;赵作海前妻被公安机关羁押近一个月,要求指认赵作海杀人,和赵作海有暧昧关系的杜某也称被逼供。可以说,公安机关高于检察院和法院的地位使其强大的侦查权未能得到有效约束,这成为错案频发的直接原因。

其次,检察院对公安机关的制约能力有限,甚至弱于公安机关对检察院的制约。除了将案卷退回公安机关补充侦查之外,检察院对公安机关似乎没有更有效的监督制约机制。而对于检察院的退卷行为,公安机关可以要求复议,还可以提请上级检察院复核。如果在法定期间内未能获取新证据或出现其他法定事由,公安机关依法应当撤销案件,释放犯罪嫌疑人。但在实践中,公安机关往往不愿意主动撤销案件,而是反复要求检察院复议、复核,最后的结果要么是不了了之,要么通过其他途径向检察院施加压力,最终接受案卷并提起公诉。赵作海案便是如此。赵作海从被拘留到一审错判前后历时37个月,累计羁押时间超过1 000天,大大超过了《刑事诉讼法》规定的犯罪嫌疑人从刑事拘留到终审判决的最长羁押期限。

事实上，检察院以退卷的方式制约公安机关，对于打击犯罪、保障人权而言效果并不理想，"有的基层检察院与公安机关沟通顺畅，案件能及时退回公安消化。大部分则比较棘手，公安机关不愿意退回处理。有的不起诉案件，公安机关还反复要求复议、复核"①。这使得检察院的退卷行为演变成延缓纠正公安机关错误羁押的缓兵之计。

再次，法院的地位相对"虚弱"，缺乏作出无罪判决的能力。在三机关办案流程中，审判既是最后一个环节，也是避免错案发生的最后一道防线。但在上述两起案件中，一审法院对于移送起诉的案件都作出了有罪判决，二审法院有时能够提出证据上的质疑，但基本都是采用发回原审法院的方式，而不是直接改判无罪。法院之所以未将案件退回检察院，一方面是基于对检察院的信任，另一方面是对检察院法律监督权的顾虑，同时也有公安机关通过各种途径施加压力的原因。这导致的情形是，只要检察院坚决起诉，那么法院除了作出有罪判决，几无选择。而检察院之所以坚决起诉，一个重要的原因是公安机关施加的压力。如赵作海案从公诉到作出一审判决仅经过二十多天，法院全部采信了公诉人的意见，而公诉人的意见其实就是公安机关的意见。对于重大刑事案件，法院往往难以完全依照自己的判断作出判决，即便认为存在证据问题，在检察院坚持起诉的情况下，法院最稳妥的处理方式也是疑罪从轻，而非疑罪从无。这种诉讼模式"体现了公安机关主导刑事司法所带来的必然结果，也恰恰体现了法院甚至检察机关的妥协"②，因为法院一旦判决犯罪嫌疑人无罪，就说明检察院和公安机关办错案了，将会影响三机关间的合作关系。甚至在案件被办成"铁案"的情况下，连"疑罪"都不存在。在自身制约能力不足的情况下，法院采取"留有余地"的判决方式已属不易。

最后，不可忽视的一点是，有些地方的政法委对于三机关的业务工作进行过多的"协调"，造成三机关的制约关系失去了意义。在政法委的职能中，极为重要的一项是"督促、推动大要案的查处工作，研究和协调有争议的重大、疑难案件"。实践中，一些地方政法委采取调阅、批示、讨论和协调案

---

① 广州市人民检察院课题组：《关于撤诉案件和无罪判决案件的调查报告》，《中国刑事法杂志》2003年第5期。

② 陈瑞华：《留有余地的判决——一种值得反思的司法裁判方式》，《法学论坛》2010年第4期。

件的做法，不但未维护三机关的分工、配合与制约关系，反而将本应各自独立运行的三个工作主体不恰当地结合在一起，致使三机关行使职权时的专业性和独立性受到影响。有的地方政法委甚至直接介入案件的具体侦查、起诉和审判过程，特别是以"案件协调会"的方式统一三机关的认识，代替法定机关作出判断，将党对司法工作的政治领导与应当由专门机关负责的具体业务工作混为一谈，既不符合宪法和法律的要求，也违背了党章规定的"党必须在宪法和法律的范围内活动"的原则。在上述两起错案中，被告人都是在当地政法委组织召开案件协调会之后被定罪量刑的。

五、法院、检察院和公安机关关系的合宪性调整

从近年出现的典型冤假错案的分析来看，宪法和刑事诉讼法规定的"分工负责，互相配合，互相制约"原则并没有落到实处。主要问题可归纳为两方面：一是一些地方和部门片面强调配合，淡化分工负责和互相制约，如"公检法联合办案"使不同性质的公权力混合在一起，削弱了制约的程序意义，对公民权利的保护容易出现纰漏；二是三机关在配合与制约环节中存在冲突。造成问题的原因是多方面的，有立法方面的疏漏，有检察机关本身的多重角色变化，还有各自部门利益和人员观念、素质及体制等方面的问题。在分析这一问题时，有些学者认为应归咎于"分工负责，互相配合，互相制约"，认为互相配合的工作方式扭曲了检法关系，违背了审判中心主义，破坏了法院的司法权威。有学者甚至直截了当地表示应废除之："该原则之废除只是时日问题，与其迟迟不废，不如早早废除。"① 笔者认为，在启动宪法修改程序或者解释之前，宪法的规定是必须得到尊重的，况且这一原则既未根本上违背权力配置逻辑，也具有合理调整三机关关系的制度空间，反映了人民代表大会制度下国家权力分工与制约的基本原则。问题的关键不在于是否和如何废除这一条款，而在于立足中国司法制度的历史和时代背景，切实落实宪法的精神和原则，并根据社会生活的变化，通过宪法解释的方式不断完善这一制度，使三机关的现实关系体现出完整的合宪性。

（一）法检关系：强调法院的独立性和检察院监督的程序性

在新中国成立初期的司法实践中，法院和检察机关的关系并没有得到特

---

① 陈岚：《我国检警关系的反思与重构》，《中国法学》2009 年第 6 期。

别的重视，它们与公安机关一道作为打击犯罪的"刀把子"。在 1982 年宪法和《刑事诉讼法》、《人民法院组织法》、《人民检察院组织法》颁布或修订之后，法院和检察院的关系才得到了较为清晰的规范。在法检关系中，检察院主要有三种权力：公诉权，即直接向法院提起公诉和支持公诉；抗诉权，即对判决和裁定向上一级法院提出抗诉；监督权，即检察院对法院审判活动是否合法实行监督。另外，检察长还可以列席本级法院审判委员会会议。而法院对于检察院的制约主要体现为，对于主要事实不清、证据不足或有违法情况时，法院有权将案件退回检察院补充侦查，或通知检察院纠正。

以上关系表明，检察院对法院的制约途径相对较多。有些学者认为这影响了法院审判的独立性，建议弱化法律监督，如（1）主张取消检察机关对审判活动的法律监督，因为检察机关对审判机关的法律监督破坏了法院的独立，影响了法院裁判的权威性[1]；（2）主张进行根本性的司法权力配置改革，革除检法并列的体制，将检察机关合并到司法部，由司法部长兼任总检察长，取消检察机关对审判活动的法律监督[2]；（3）主张改变检察机关"法律监督者"的地位，使其不再同时承担司法监督和刑事追诉这两项相互矛盾的诉讼职能[3]；（4）主张改变目前的检审关系，至少要限制检察机关的法律监督权，只能对法官个人的违法违纪进行监督，在审判结束后进行事后监督。[4] 反对的观点则认为，检察机关对法院审判活动的监督不但不应取消或限制，反而应当进一步加强。[5]

在监督取消论者看来，检察院监督制约法院意味着检察院的地位高于法院，检察官成为"法官之上的法官"，容易导致检察院对案件的过分干预，无法保证裁判终局和审判独立，损害了司法权威。而在监督强化论者看来，检察院具有侦查和证据优势，能够防止和纠正可能出现的错误裁判，督促法

---

[1]　参见郝银钟：《评"检诉合一"诉讼机制》，《法制日报》2006 年 8 月 3 日。

[2]　参见崔敏：《论司法权力的合理配置——兼谈检察制度改革的构想》，见信春鹰、李林主编《依法治国与司法改革》，中国法制出版社 1999 年版，第 368 页以下。

[3]　参见陈瑞华：《从"流水作业"走向"以裁判为中心"——对中国刑事司法改革的一种思考》，《法学》2000 年第 3 期。

[4]　参见孙谦主编：《检察理论研究综述（1999—2009）》，中国检察出版社 2009 年版，第 45—46 页。

[5]　参见孙谦主编：《中国检察制度论纲》，人民出版社 2004 年版，第 94 页；朱孝清：《中国检察制度的几个问题》，《中国法学》2007 年第 2 期。

院纠正已经出现的审判程序和结果上可能出现的不公正，并且在当前司法腐败比较严重的背景下尤应加强监督制约，以维护司法的廉洁和权威。

上述两方面的观点看起来是对立的，但也有一些共性，即都着眼于实现司法公正，维护司法权威，在论证逻辑上也都试图从司法的内在规律出发。问题的关键不在于是否应对法院进行监督——任何一种公权力都必须有监督。尽管审判权应当满足消极性、被动性、终局性等要求，但没有制约就没有纯洁的权力，没有监督就没有公正的司法，这一点，古今中外概莫能外。无论是职权中心主义还是当事人中心主义，司法审判都无法脱离社会关系和国家权力运行的具体背景而超然存在。在我国宪政体制中，检察机关是国家专门的法律监督机关，法律监督权是检察机关行使的独立的国家权力。在现行宪法颁布之前，新中国的历部宪法均没有明确规定检察院的法律监督权。而在现行宪法文本中，"法律监督"一词仅出现一次，即第129条规定检察院的性质是"国家的法律监督机关"，"监督"一词（含"法律监督"1次）则出现17次之多。在有关人民代表大会及其常委会职权的规定中，宪法都是使用"监督"而避免使用"法律监督"。由此推断，从制宪原意来看，制宪者有意将法律监督权明确授予检察院，并与其他监督权予以区别。检察院监督法院的审判活动是符合宪法规定的制度安排，不能轻易取消。

在刑事司法程序中，检察院和法院通过独立履行法定职责，以实现国家刑罚权。检察院是侦查、起诉阶段的主导者，法院在审判和执行中具有决定权。检察院的首要职责是提起公诉，但这只是表明被告人具有犯罪的嫌疑，是否构成犯罪和如何定罪量刑，则由法院审查和判断。检察院有权对法院审判活动进行法律监督，其前提是维护审判独立和司法公正。在尊重宪法的前提下，有必要引入"监督回避原则"。第一种回避是本案回避，即检察院在监督法院时，不能直接就自身公诉案件的审判过程进行监督，即监督机关应当是另一检察院。如确实存在错判、枉法裁判等情形的，由上级检察院提出抗诉。第二种回避是实体问题回避。检察院对法院的监督制约是在司法程序中进行的，换言之，检察监督权应当是一种程序性权力，不能对法院的实体判断进行实体性监督，不能就法院审判中的问题作出实体性决定，否则会与分工和制约原则构成冲突。在一般意义上，检察院的法律监督不仅是程序性的，也包括实体问题，但在诉讼中，检察院对法院的监督则存在着严格的界限。检察院有权监督审判活动是否合法，但是应当维护法院审判独立，重点监督审判的程序性问题和判决的执行，而不能作出实体决定交由法院去理解和执行。将检察院的法律监督权定位于程序性权力并非降低法律监督的实际效力，而是有助于厘清二者的宪法地位，体现出程序性权力的交涉性与反思理性优势。

需要指出的是，现实中出现最多和更为根本的问题不在于是否维护检察院的法律监督，而在于行政权等其他公权力对审判活动的直接干预，以及借助法律监督这一表面上合法的通道对司法独立的间接干预。宪法和法律规定的审判独立、检察独立和法检二者间分工、配合与制约关系与中立、独立、公开等司法规律并不抵触。分工负责的意义在于地位的独立性和权力的有限性，互相配合体现的也是工作程序上的衔接关系，之所以会出现"一体行政有透过检察体系不当影响司法独立的可能"①，原因恰恰在于没有彻底贯彻分工负责原则，遑论落实互相配合与互相制约原则。在这种情况下，即便将"以追诉为中心"的刑事诉讼模式改造为"以司法裁判为中心"的模式，也是舍本逐末、本末倒置。

（二）检公关系：强化分工、独立基础上对公安机关的制约

强化侦查监督是检察职权完善和发展的方向。在检察院与公安机关的关系中，应当强调的是，检察权和侦查权是两种互相独立的、不同属性的公权力，二者不存在谁替代谁的问题。公安机关的侦查权本质上属于行政权，检察权不能介入侦查权的实体运行，处理两者关系应当严格按照宪法的规定和精神，保持明确的分工、独立地位和监督制约关系。

检察权是由我国宪法规定的一种基本国家权力，具有独立的内涵和特征。根据宪法和《刑事诉讼法》、《人民检察院组织法》的规定，检察权的具体内容包括法律监督权、部分案件侦查权和公诉权。检察院的部分案件侦查权与公安机关的侦查权在性质上有所不同。检察院的侦查权要有具体、明确的法律授权。《刑事诉讼法》第18条第2款规定："贪污贿赂犯罪，国家工作人员的渎职犯罪，国家机关工作人员利用职权实施的非法拘禁、刑讯逼

---

① 林钰雄：《检察官论》，法律出版社 2008 年版，第 85 页。

供、报复陷害、非法搜查的侵犯公民人身权利的犯罪以及侵犯公民民主权利的犯罪，由人民检察院立案侦查。对于国家机关工作人员利用职权实施的其他重大的犯罪案件，需要由人民检察院直接受理的时候，经省级以上人民检察院决定，可以由人民检察院立案侦查。"上述犯罪侵犯的是国家机关的正常活动和社会公众对国家机关工作人员职务活动客观、公正性的信赖，检察院自行侦查的目的是监督法律的实施，维护公务行为的廉洁性和合法性。从这个意义上可以认为，此类案件的侦查权是法律监督权的体现，是基于法律监督权而派生出来的，而公安机关的侦查行为则是一种行政行为，两者的权力来源和性质有所不同。

但是，对检察院享有的侦查权并非没有调整的必要。首先，尽管检察侦查与公安侦查的权力来源不尽相同，但它们所侦查的标的，即犯罪构成的客体，具有一致性和不可分性。换言之，国家工作人员的职务犯罪与非职务犯罪行为都属于犯罪，本质上都侵犯了人民权利和国家管理秩序。其次，从权力制约的角度来说，检察侦查受到的监督制约是内部的，即只在检察院内部进行监督，缺乏外部的、独立的有效监督。再次，从平等原则上说，以犯罪嫌疑人是否具有国家工作人员的身份为标准，将案件侦查权分别交由检察院和公安机关，并不符合平等的逻辑。因此，以加强权力监督制约为目标，将检察院对职务犯罪的侦查权交由公安机关行使具有合理性，有助于厘清检察权的内涵与范围，使检察院集中精力强化法律监督，尤其是强化对公安机关的制约。

在检察院和公安机关的关系中，分工负责是前提，在此基础上才能强调制约关系。有些学者倡导"侦检一体化"或"检警合一"体制，即由检察院领导和指挥公安机关的侦查工作，必要时甚至可以直接指挥、领导侦查工作，在自侦案件中可以要求警察辅助自己侦查案件，甚至提出，"将刑事司法警察从公安机关中剥离出来，按照检警一体化的原则，受检察机关节制"[①]。他们的主要理由有：（1）检警两机关共同承担控诉职能；（2）符合打击犯罪的共同目的，有利于提高打击效率，符合诉讼规律；（3）检察机关指挥警察具有专业优势；（4）检警作为一方参与诉讼有利于构建三角状的诉讼机

---

① 陈兴良：《诉讼结构的重塑与司法体制的改革》，《人民检察》1999 年第 1 期。

构，能够使法院成为诉讼活动的主导，也可以促进侦查人员出庭等程序的完善。[①]

在刑事司法过程中，侦查权和检察权的行使大多体现为一种配合、合作的关系，这种制度设计力图完整地获取和及时地固定符合法定要求的重要证据，提高侦查取证的效率，某种程度上也能使犯罪嫌疑人尽快实现"获得审判的权利"。但是，将侦查权一揽子式地划归检察院所有，首先在根本上削弱了公安机关的独立地位，同时检察院也渗入了行政机关的色彩，这与它们的宪法定位是不相符合的。其次，检察院和公安机关关系的过度亲密，会消弭检察院对公安机关的监督能力，公安机关的违法行为很难如设想的那样得到及时纠正，同时，在提起公诉之前，犯罪嫌疑人的权利将难以得到保障，只能寄希望于审判救济，而后者并不能担负如此复杂的重任。萨维尼曾言："警察官署的行为自始蕴藏着侵害民权的危险，而经验告诉我们，警察人员经常不利关系人，犯下此类侵害民权的错误。检察官的根本任务，应为杜绝此等流弊并在警察行动时赋予其法的基础，如此一来，这一新的创制（指检察官）才能在人民眼中获得最好的支持。"[②] 创设检察机关的主要目的就是切实履行制约侦查权、保障人权的客观义务。因此，一体化模式可能有利于指控犯罪，但不利于人权保障。着眼于宪法确定的检察院和公安机关之间的分工负责关系和保障人权的法治原则，在处理两者关系时必须坚持各自的相对独立性，在此基础上强化检察院对公安机关的制约。

（三）法公关系：建立法院对公安机关的有效制约

在我国，公安机关是具有武装性质的专门机关，兼有治安行政权和刑事侦查权。这两类权力有所区别，前者是在日常行政管理过程中出现的，以各

---

①　参见陈兴良：《诉讼结构的重塑与司法体制的改革》，《人民检察》1999 年第 1 期；陈卫东、郝银钟：《侦、检一体化模式研究——兼论我国刑事司法体制改革的必要性》，《法学研究》1999 年第 1 期；吴观雄：《侦查体制与侦审关系改进疏议——兼对公检法之间分工负责、相互配合、相互制约关系的检讨》，《犯罪研究》2002 年第 6 期。我国台湾地区也有类似的观点，如认为应由检察官作为犯罪侦查的主导者，指挥并监督司法警察，以有效监控警察滥权，检警间上命下从的将兵关系应予继续或加强。（参见林钰雄：《检察官在诉讼法上之任务与义务》，《法令月刊》1998 年第 10 期，第 11 页以下。）但也有不少学者持反对观点，认为应加强司法警察的侦查权，体现权责分明的程序要求，因为事实上大多数案件都是警察调查及搜集证据明朗后才移送检察官的。（参见林山田：《刑事程序法》，五南图书出版公司 2000 年第 3 版，第 163 页以下；黄朝义：《检察关系》，《月旦法学教室》2003 年第 8 期，第 79 页以下。）

②　林钰雄：《检察官在诉讼法上之任务与义务》，《法令月刊》1998 年第 10 期。

种行政法为主要法律依据，服务于治安管理职能；后者是在刑事司法过程中出现的，以《刑事诉讼法》为主要法律依据，服务于指控犯罪职能。公安机关的刑事侦查权到底是属于司法权[①]还是行政权[②]，或者是一种独立的权力[③]，学术界也有不同的看法。宪法文本也没有明确"侦查"和"司法"的概念，仅提到了"司法行政"，但它属于行政权范畴，与"司法"并不相同。但不可否认的是，司法的本质是判断，核心环节是审判，核心机关是法院，而侦查的本质是执行，这与司法有本质上的差异。如果要证成侦查是中国式司法的组成部分，理论上也许面临诸多难题。在立法、行政和司法三权分工或分立的语境中，公安机关的刑事侦查权难以定位于司法权的范围内。

界定刑事侦查权性质的意义在于排除公安机关拥有裁断权的可能。法律、法规授予公安机关的某些职能本质上不应由其行使。如对于"游手好闲、违反法纪、不务正业的有劳动力的人"，公安机关可以自主决定采取劳动教养措施，剥夺其人身自由一至三年，并可决定延长一年。这严重超越了其刑事侦查、社会管理的执行性质，是对司法裁断的僭越。又如对精神病人作出强制医疗决定，根据《刑法》第 18 条的规定，强制医疗人员触犯刑法、涉嫌犯罪，经法定鉴定程序确认属于无刑事责任能力的精神病人时，由政府在必要的时候强制医疗。实践中，公安机关主导鉴定并作出强制医疗决定，也构成对人身自由的不当限制。

严格来说，法院和公安机关之间不存在组织法意义上的"互相配合，互相制约"关系，部门法中也没有法院和公安机关相互制约的具体规定。尽管公安机关可以因为违法而成为案件当事人，但在这种诉讼法律关系中，公安机关取得诉讼主体资格并非因为组织法上的职权规定。在实然层面上，法院和公安机关的配合关系主要体现为通过检察院公诉行为的连结来行使职权，制约关系主要借助作为法律监督机关的检察院来实现的。

---

① 参见杨宗辉：《论我国侦查权的性质——驳"行政权本质说"》，《法学》2005 年第 9 期。

② 参见陈永生：《论侦查权的性质与特征》，《法制与社会发展》2003 年第 2 期；但伟、姜涛：《论侦查权的性质》，《国家检察官学院学报》2003 年第 5 期。

③ 如认为公安机关的行政权与侦查权应统一于警察权之下。参见刘方权：《"两面一体"：公安行政权与侦查权关系研究——基于功能的分析》，《法学论坛》2008 年 4 期。

　　根据宪法和《人民法院组织法》的规定，法院是"国家的审判机关"，"人民法院依照法律规定独立行使审判权，不受行政机关、社会团体和个人的干涉"。公安机关是行政机关，无权对法院的审判活动进行任何程序的或者实体的制约。因而，在法院和公安机关的"互相制约"方面，只可能体现为法院对公安机关的制约。但是，在我国刑事司法中，公安机关往往具有优先于法院、检察院的地位，有时形成了实际上凌驾于两机关之上的事实。并且，由于公安机关和检察院在权力性质上具有一定的相似性，如果出现检察监督运行不力的情况，公安机关势必成为刑事司法活动的主导者，是否立案、是否采取强制措施、采取何种、多久以及如何变更强制措施等对人身自由产生直接影响的行为，公安机关都能够自主决定，甚至能对法定程序作出任意的、扩张的解释。

　　长期以来，我国刑事司法领域形成了以侦查为中心的司法观，未来应当实现向以审判为中心的模式转变。"只有树立以法院为中心的司法观，侦查机关在办案时，才能够规范办案程序，完善取证方法，严格按照法官认证标准展开证据的搜集工作，做到实体公正与程序公正并重。"[1] 西方国家在正当法律程序、司法终局理念或司法一元主义理念的指导下，普遍建立起对侦查行为的审查制度。"正当法律程序或司法一元主义的适用范围，显然不仅限于人身自由，而应及于一切应受宪法保障的基本人权；也不限于刑事处罚，而应及于一切基本人权之限制或剥夺。简言之，非经过司法之事先审查，行政权不得直接实现剥夺或限制人民基本权利的行为，就是司法一元主义的要旨所在。"[2] 在司法一元主义理念之下，只有法院才有权力审问和处分犯罪嫌疑人或罪犯的权利。在有些国家，这还成为一种宪法制度，如德国基本法第 19 条第 4 款规定："其权利受到公共权力侵犯的任何人，都可以要求法院对侵犯进行审查。"美国宪法修正案对正当法律程序的规定更加全面，实践中也解释和发展出大量的程序规则。尽管我国宪法和法律尚无这方面的明确规定，但是从"互相制约"原则出发，特别是将"国家尊重和保障人权"写入宪法之后，进一步丰富了对公安机关制约的方式和力度，充分实现对人权的尊重义务和保障义务，符合宪法的规定和精神，也符合现代司法审

---

①　沈德咏主编：《中国特色社会主义司法制度论纲》，第 153 页。
②　李念祖：《打破"司法一元主义"的概念孤寂》，《司改杂志》2001 年第 31 期。

查的理念。

目前，公安机关在刑事侦查过程中，有权采取刑事拘留、监视居住、取保候审、逮捕、搜查、扣押等限制和剥夺公民人身自由等基本权利的措施。有学者称其为"程序性裁判"，认为："在刑事审判前阶段，凡是涉及剥夺、限制公民人身自由、财产、隐私等权益的事项，无论其性质如何，都应当纳入司法裁判权的控制范围，而不应由那些行使侦查、起诉权的机构来实施。"[①] 的确，能否采取上述措施，其决定权应当归属法院，公安机关只应保留申请权和执行权，这也理顺了公安机关职权中的若干具有"准司法性"的权力，有利于优化司法职权配置，保障当事人基本人权。当前，有必要尽快建立司法令状制度、公安机关出庭作证制度，进一步完善非法证据排除制度。

由于审判是刑事司法程序的最后步骤，也是保障人权的最后一环，因而法院应当具有强有力的制约能力。就法院对公安机关的制约而言，应当体现程序性和实体性两方面特征：一方面，这种制约是在刑事司法程序中进行的，是通过正当法律程序实现的；另一方面，法院可以对刑事侦查手段作出实体判断，但判断的事项、标准、后果等要有法律的明确规定，避免违背司法的消极性与被动性特征。

（四）回归宪法文本，实现从"公检法"到"法检公"的转变

在刑事司法程序中，公安机关负责拘留和侦查，检察机关负责审查起诉和提起公诉，法院负责审判，三机关"流水作业"，依法"从重从快"惩办刑事犯罪分子，体现出工具主义和功利主义的强烈色彩。例如，在1979年《刑事诉讼法》实施后不久发表的一份材料中，就体现了三机关密切配合、打击犯罪的卓有成效：

> 今年（1980年）一至九月，公安机关提请批捕的人犯，经检察机关审查，决定不批捕的占提请批捕人犯总数的百分之四点五。公安机关认为其中罪该逮捕而且有逮捕必要，向检察机关提出复议、复核意见的九名，经检察机关重新审查后又决定批准逮捕五名。检察机关在工作中

---

① 陈瑞华：《问题与主义之间——刑事诉讼基本问题研究》，中国人民大学出版社2003年版，第33—34页。

发现一些罪该逮捕而未提请逮捕的犯罪分子，经向公安机关提出建议后，又批准逮捕了。公安机关提请审查起诉的案件，经检察机关审查，决定免予起诉的占审查数的百分之三点八，决定不起诉的占审查数的百分之一点五，两项合计占百分之五点三。

人民法院对于人民检察院提起公诉的案件，依法进行制约。人民法院判决的公诉案件，免予刑事处罚的占判决公诉案件数的百分之零点八四；宣告无罪的占百分之零点一五。如人民检察院提起公诉的杨××奸淫少女案，经人民法院审查并请有关部门鉴定，确认被告人是精神病患者，不应负刑事责任。人民检察院对于人民法院作出的判决是否有错误，也进行了审判监督。对于判决畸轻、畸重的五起案件，依法提出了抗诉，人民法院都作了改判。①

根据这份材料提供的数据，检察院对公安机关提请批捕案件的批准率为95.5%，对提起审查起诉案件的起诉率为94.7%，法院对检察院起诉案件的有罪判决率为99.01%。而在另一份统计②中这几个数据更高：检察院对公安机关提请批准逮捕的批准率为97.7%，法院对检察院起诉案件的有罪判决率为99.6%。

三机关发挥集体优势，联手打击犯罪，提高起诉和定罪判决的比例几乎是必然结果。这种刑事司法构造体现了侦查中心主义的要求，检察院和法院都要围绕公安机关"生产"出的案件进行"深加工"，二者的职能弱化成保证这些案件符合法律规定的外观要件，而怠于有效地对公安机关行为是否合法、是否侵犯人权进行监督和审查，更无法形成严格的制约关系，刑事司法程序的自我纠错功能难以发挥。诸如"严打"这类运动式执法最大的问题就在于一味强调配合、合作，缺少监督、制约，导致打击面过宽、过大、定罪量刑标准不一等弊端，损害了法治的连续性和稳定性。

改善刑事司法结构、优化司法职权配置，应着力改变公安机关过于强大的"超职权主义"，建立以法院为核心、保障人权的"法检公"司法体制。在新中国宪法发展史上，法院的地位长期弱于公安机关，这既不符合理论逻

---

① 世友：《北京市公检法三机关发挥互相制约的作用，提高了办案质量》，《法学杂志》1980 年第 3 期。

② 参见张国庆：《论刑事诉讼中公、检、法三机关的关系》，《洛阳大学学报》1994 年第 3 期。

辑，也不符合党的政策，更不符合宪法的规定。而在现实中，缺乏制约的侦查行为必然违背法定程序，片面追求破案率和结案率，导致刑讯逼供难以从根本上得到遏制，冤假错案多次出现，犯罪嫌疑人甚至普通公民的权利无法得到保障。以公安机关为主导的刑事司法结构根深蒂固，甚至在三机关关系的表述上，最常用的都是公安机关排列第一的"公检法"称谓。这一表述虽然形象地描述了三机关办案的先后次序，但混淆了宪政体制上的主次轻重。实际上，宪法规定的排列次序是法院、检察院、公安机关，这种规定方式具有合乎逻辑的宪政内涵，应当强调遵守宪法文本的意义。法院是国家审判机关，在保障人权方面具有不可替代的地位。构建符合宪政理念的"法检公"关系，强化法院的宪法地位，强化司法对侦查行为的审查，具有现实的必要性和紧迫性。

在"法检公"关系中，不可忽视的问题是，法院、检察院和公安机关要接受政法主管部门的领导，当前是接受各级党委政法委员会的领导。政法委具有支持和监督政法各部门依法行使职权、研究、指导政法队伍建设和政法各部门领导班子建设等职能，政法委对三机关的领导职能应当定位于政治领导、思想领导和组织领导，即对政治意识、政治路线、党的政策的理解、执行方面的领导，而不能直接干预三机关具体的案件侦查、起诉和审判等业务工作。

从 2003 年以来，我国一些地方出现了较大规模的政法委书记兼任公安局长的领导方式，同时出现的另一种方式是，政法委书记虽不兼任公安局长，但担任公安机关的党委书记。[①] 无论是在业务上还是在组织上领导公安机关，政法委书记的兼任都使公安机关的地位得以提高，甚至具备了指挥本级法院、检察院的能力。支持这种政治组织模式的直接理由是便于公安机关打击犯罪，维护和保持安定团结的社会局面，但其消耗的制度成本和付出的信任代价也是难以估量的。当公安局长以政法委书记的身份统管政法工作时，检察院的法律监督权无从发挥，法院也容易接受政法委书记的"协调"，法院、检察院的独立和能力空间都极为有限，这种情况下，案件的最终裁判结果很有可能取决于公安机关特别是兼任公安局长的政法委书记的意图。值

---

① 参见申欣旺：《被协调的正义》，《中国新闻周刊》2010 年第 11 期。

得肯定的是，从 2010 年开始，这种兼任方式已经开始发生重要调整①，约有半数的省级政法委书记不再兼任公安厅（局）长职务，这有可能形成今后一个时期的发展趋势。从权力逻辑和我国宪制体制上说，政法委直接领导法院、检察院、公安机关的方式还有进一步调整的必要和空间。

六、结语：以宪法为基础稳步推进司法体制改革

法院、检察院和公安机关的关系是我国宪政体制中的基本问题，涉及司法职权配置、司法程序运行和司法独立等基本制度，对于维护人民根本权益、保障社会和谐具有重要意义。《宪法》第 135 条对三机关关系作出明确规范，既是对新中国成立后长期实践经验的总结，也是对宪政发展规律的客观反映。"分工负责，互相配合，互相制约"原则是我国一项重要的宪法原则，符合立宪主义原理和权力运行的逻辑，具有规范上的稳定性和效力上的最高性，其核心是在三机关分工明晰、地位独立的基础上，通过互相配合、互相制约的制度设计，以实现准确有效执行法律、保障人民权利的目的，其核心在于建立合乎宪法价值的、行之有效的互相制约关系。

实践中，三机关关系出现了一些违背宪法精神的情形，如职责不甚清晰、地位不够独立、受其他机关影响过大以及无法建立有效的制约关系等。"分工负责，互相配合，互相制约"原则没有得到严格、准确的遵守，导致了一些冤假错案，影响了社会和人民对司法的信任，对司法权威造成了极大伤害。造成问题的原因是多方面的，但违背宪法规定、未能以宪法精神为指导开展司法工作是一个重要原因。当前，司法体制改革的目标是规范司法行为，建设公正高效权威的社会主义司法制度，其核心在于调整司法职权配置，加强权力监督制约，促进司法独立。司法改革应当在宪法框架内进行，解决司法的体制性、机制性、保障性障碍，并在宪法这一共同价值观基础上稳步推进。

坚持党对司法工作的领导是"我国司法在政治上的最大特色，也是我国

---

① 《南方都市报》2010 年 3 月 16 日报道，中国 31 个省区市中，4 个直辖市的公安局长不再由政法委书记兼任，在其他 27 个省区中，已经有 13 个省区的政法委书记不再兼任公安厅（局）长。《南方都市报》2011 年 5 月 4 日报道，目前全国共有 22 个省市区政法委书记不再兼任公安厅长，仍由省级政法委书记兼任公安厅长的 9 省区分别是安徽、河北、甘肃、江西、湖北、广东、云南、贵州和宁夏。

司法始终不可动摇、始终不可放弃的特色"①。推进司法体制改革、对三机关关系进行合宪性调整，必须坚持党的领导。党对司法工作的领导主要是政治领导、思想领导和组织领导，维护三机关的独立地位和切实有效的配合、制约关系，并不是直接干预案件的侦查、起诉和审判过程。加强和改进党对司法工作领导方式，应当切实维护宪法的最高性、根本性和有效性，在宪法和法律的范围内活动，以合宪、依法的方式解决司法体制中的问题。

---

① 虞政平：《中国特色社会主义司法制度的"特色"研究》，《中国法学》2010年第5期。

第四编　域外宪法下的司法改革

第九章

法国宪法改革与司法制度

法国在 2008 年进行了一次规模庞大的宪法改革，这次宪法改革是第五共和国宪法颁布以来所进行的涉及最广泛、影响也最深远的改革。2008 年宪法改革主要围绕限制总统权力、加强议会职能、巩固公民权利保障三个主题而展开。其中，前两个方面的改革主要涉及重新调整和平衡行政部门与立法部门的权力关系，与司法制度并没有直接的关联，而第三个方面——公民权利保障之巩固——的改革则与司法制度关系甚密。人权原则是整个司法制度的灵魂，强化公民基本权利的保障，在本质上会涉及国家的司法制度的调整。

具体地说，在这次宪法改革中，下列三个方面可以勾勒出以人权保障为导向的司法制度的调整：第一，改革者通过创立事后的违宪审查程序赋予公民"违宪抗辩权"，这是在宪法司法层面保障公民权利的重要举措。第二，改革者也完善了法国的独立人权机构，将原有的行政调解专员改革为新的"权利保护专员"（亦可译为"护权官"），以灵活的方式在各种诉讼程序之外保障民权，弥补狭义的司法制度的局限。第三，借助新设立的事后违宪审查程序，对传统的普通司法体制进行合宪性调适，其中又以刑事诉讼法的合宪性调适最为重要。

一、宪法司法制度改革

（一）合宪性先决程序的改革背景与过程

1958 年法兰西宪法虽然创立了宪法委员会，并要求法律在公布前由宪法委员会进行主动审查或依申请审查，但这一设计并不包含基本权利保障的内容。① 根据宪法起草执笔人之一德勃雷（Michel Debré）的说法，宪法委员会主要是一个"防范议会制偏差的工具"②，也就是要限制议会权力、维护行政稳定、实现议会与行政部门的适度平衡，以防止第四共和国时期出现的议会专权，用法国式的概念来说，宪法委员会是实现"理性化议会制"（parlementarisme rationalisé）③ 的工具。在这种理念之下，宪法委员会与人权保障、普通司法制度几乎没有任何关联。

但是，在 1971 年结社自由案中，宪法委员会开始自动转变其功能，从维护权力分立转向保障基本权利。在该案中，宪法委员会宣布一项法律因侵害 1789 年《人权宣言》所保障的结社自由而违宪。④ 由于这一判决，1789年《人权宣言》等宪法文件基于 1958 年宪法序言的反致而被引入"宪法团"（bloc de constitutionnalité），成为审查法律合宪性的根据，因此，卢梭（Dominique Rousseau）教授将结社自由案判决称为一个"实现了真正的政治革命的伟大判决"⑤，事实上，学者们还将该案形容为"法国式的马伯里案（France's Marbury）"⑥。尤其是随着 1974 年改革⑦，基本权利保障职能迅速扩展，在此后将近四十年的时间里，宪法委员会充分借鉴欧洲其他国家的基本权利保障机制，并发明了诸如基本权利的核心领域（non-dénaturation）、比例原则（principe de proportion）等很多审查术语。可以说，宪法委员会在基本权利保障方面的成就是巨大的，在法国民众心目中，宪法委员会成功奠定了基本权利保障者的形象。

然而，巨大成就的背后还一直隐藏着一项长期受到诟病的制度性不足。由于宪法委员会对法律的审查只是事前的，并且只有特定的国家机关才有资

---

　① Louis Favoreu et Loïc Philip, *Les Grandes Décisions du Conseil Constitutional*, Paris：Dalloz, 2007, p177.

　② Michel Debré, *Speech before the General Assembly of the Conseil d'Etat*, August 27, 1958, re-printed in III Documents pour servir à l'Histoire de l'Elaboration de la Constitution du 4 octobre 1958, Paris：1991, p260.

　③ "理性化议会制"的概念是由瑞士籍法学家 Boris Mirkine-Guetzevitch 提出的，意指用以保证行政稳定性的宪法机制的整体。

　④ Décision 71-44DC du 17 Juillet 1971 du Conseil Constitutionnel.

　⑤ Dominique Rousseau, *Droit du contentieux constitutionnel*, Paris：Montchrestien, 2006. p67.

　⑥ Haimbaugh, "Was It France's Marbury v. Madison?", 35 *OHIO ST. L. J.* 926 (1974).

　⑦ 1974 年修宪将提请主体扩大到 60 名国民议会议员或参议院议员，这使议会反对派变得非常活跃，成为违宪审查的主要提起者。

格向它提出审查申请，因而基本权利主体没有任何直接地向宪法委员会申诉的渠道，他们既无权向宪法委员会申请事前审查，也无权在具体诉讼中指称其基本权利受到法律的侵害。① 易言之，在法国，通常所谓的基本权利作为主观权利的性质②在宪法诉愿层面是缺失的，也因此，法国学者在分析基本权利的法秩序时，不得不将基本权利的享有者（bénéficiaire）与基本权利的请求人（titulaire）分开，并将特定的国家机关拟制为基本权利的请求人。③事实上，特定国家机关向宪法委员会申请审查的直接动力主要是政治上的党派斗争，而非人们对基本权利的关注，也就是说，往往是议会的少数派申请宪法委员会审查由多数派支持而通过的法律。尽管这也基本达到了权利保障的实际效果，但宪法委员会的合基本权利性审查的启动，主要是政治家进行政治斗争的工具，一些由于政治对立程度不足而没有被提交审查的法律，可能侵害基本权利但却长期存在于法律秩序中。由于这一缺陷，即使宪法委员会将其职能发挥到极限，基本权利的保障机制也存在漏洞。

有鉴于此，自 20 世纪 70 年代以来，法国学者就致力于推动建立事后的违宪审查程序，进一步加强基本权利的保障，作为这一努力的结果，20 世纪 90 年代曾有两次建立事后的合宪性审查程序、使宪法委员会能够受理违宪抗辩（exception d'inconstitutionnalité）的契机。第一次是 1990 年 3 月 30日，密特朗总统在宪法委员会前主席巴旦戴尔（Robert Badinter）的建议下，向议会提交了关于建立事后违宪审查程序的提案，但由于保守派的反对，议会两院没有就此达到一致，这一建议最终搁浅。第二次是 1993 年 3月 10 日，著名宪法学家沃戴勒（George Vedel）教授主持的委员会提出建议性文本，但仍然由于（新）保守派的反对而不了了之。④ 两次努力都寄托

① 法国是欧洲唯一一个不允许公民向宪法司法机关提出申诉的国家，法国学者通常用"法兰西例外"（l'exception française）来形容法国宪法体制的特殊性。

② 基本权利作为主观权利的性质在根本上是指个人在穷尽一切法律途径的情况下，还可以通过宪法诉讼的方式来寻求基本权利的保护。关于此理论，请参见张翔：《基本权利的双重性质》，《法学研究》2005 年第 3 期。

③ Cf. Louis Favoreu, Patrick Gaïa, Richard Ghevontian, Annabelle Pena-Soler, Otto Pfersmann, Joseph Pini, André Roux, Guy Scoffoni et Jérôme Tremeau, *Droit des libertés fondamentales*, Paris: Dalloz, 2007. p85.

④ Cf. Didier Maus, *Nouveaux regards sur le contrôle de constitutionalité par voie d'exception*, in Mélanges en l'Honeur de Michel Troper, Véronique Champeil-Desplats et al. éds, 2007. p665, 668.

着学者们完善法国违宪审查制度、加强基本权利保障的理想，但保守的政治实践总是不尽如人意。

2007年7月，新任总统萨尔科齐按照竞选承诺开启了深层次的宪法改革，先是任命了一个由前总理巴拉迪尔（Edouard Balladur）主持的专门委员会，即"第五共和国机构现代化与重新平衡之省思与建议委员会"，研究并提出建议，后由政府以专家建议为基础拟定宪法性法律草案并提交议会，在议会反复审议之后于2008年7月23日通过了《关于第五共和国机构现代化的第2008—724号宪法性法律》。该宪法性法律第29条在宪法中增加了一项新的规定（即宪法第61—1条）："在普通诉讼程序中，若认为法律之规定对宪法所保障的权利与自由构成侵害，可经最高行政法院和最高司法法院向宪法委员会层转违宪审查申请，由宪法委员会在确定期限内予以裁决。"①

据此，公民得在普通诉讼中提出违宪抗辩，其基本设置是，违宪抗辩成立后，普通诉讼程序先予中止，在呈交宪法委员会解决合宪性问题之后继续进行，因此往往被称为"合宪性先决问题"（la question prioritaire de constitutionnalité，QPC）之程序。合宪性先决程序改变了法国违宪审查制度单纯事前审查的弊端，将普通诉讼程序与合宪性审查程序连接在一起，对法国的违宪审查、基本权利保障和普通司法体制产生了重大影响。

2008年的宪法改革围绕着限制总统权力、增强议会职能和扩展基本权利三个基本面辐射到宪法体制的方方面面，但在这次规模庞大的宪法改革中，最引人注目的其实只有一项，即如何设计适当的事后违宪审查程序，使公民能"接近"宪法委员会，申请宪法委员会审查涉嫌侵害基本权利之法律的合宪性。历史上的两次努力均告失败显然也意味着，关于这一点的争论是最为激烈的。因此，在宪法性法律颁布之后，唯独合宪性先决程序被视为本次宪法改革中的"真正的革命"②。但是，细究宪法第61—1条的规定，会发现其中遗漏了若干必要的细节问题，例如，合宪性问题的提出是奉行当事人

---

①   原文是"Lorsque, à l'occasion d'une instance en cours devant une juridiction, il est soutenu qu'une disposition législative porte atteinte aux droits et libertés que la Constitution garantit, le Conseil constitutionnel peut être saisi de cette question sur renvoi du Conseil d'Etat ou de la Cour de cassation qui se prononce dans un délai déterminé."以上翻译是笔者所见，不当之处敬请指正。

②   Gerome Courtois, *Le Parlement à qui perd gagne*, in Le Monde, 21 Mai 2008.

主义还是职权主义，最高行政法院和最高司法法院在合宪性先决程序中的作用，以及合宪性先决程序与合条约性审查的冲突如何解决，等等。宪法第61—1条没有规定这些问题并不是因为它们过于琐碎，而是因为这些问题争议太大，所以只好采取回避的态度，第61—1条包含一款授权性规定："一项组织法规定本条的实施。"

一年之后，法国议会通过了《关于实施宪法第61—1条的第2009—1523号组织法》，经宪法委员会审查并裁决（2009年12月3日）符合宪法，由共和国总统于12月10日正式公布，并于2010年3月1日生效。笔者接下来结合宪法第61—1条、关于实施宪法第61—1条的组织法、宪法委员会的审查意见、该程序的最新实施情况以及法国宪法学说，评述本次合宪性先决程序改革。

（二）宪法第61—1条的基本思路与争论点

宪法第61—1条的上述规定并不是宪法委员会事后审查程序的唯一可选方案，不同的设计方案之间存在或大或小的区别。在总体上而言，学术界的方案比实务界的方案激进，反对派的方案比执政派的方案激进。比较这些不同的方案及其背后的基本论点，有助于我们明确宪法第61—1条的基本思路。

社会党人蒙特布尔（Arnaud Montebourg）和巴黎大学教授弗朗索瓦（De Bastien François）共同提出了较为激进的"第六共和国宪法"[①] 方案，该方案也包含事后的合宪性审查制：

"第83条 在普通诉讼中，得以抗辩方式向宪法法院提交法律的合宪性。"[②]

其中不仅将宪法委员会的名称改为宪法法院（la Cour Constitutionnelle），而且承认了个人以违宪抗辩的方式接近宪法委员会。此外，该方案还在第78条要求宪法委员会的判决必须附理由，且宪法法官得在判决书后附加反对意见。此类设计显然借鉴了其他违宪审查体制，加强了基本权利的主观权属性，

---

① 此外，社会党2007年总统候选人罗雅尔女士也将"第六共和国"作为一个竞选口号，主张建立一种全新的宪法体制，包括合宪性审查机制。

② La Constitution de la 6e République, Proposée par le Livre D'Arnaud Montebourg et De Bastien François, http：//www.c6r.org/imprimersans.php3? id _ article＝875，2009 - 10 - 27.

并相应地使宪法委员会在程序设置上更像一个保障基本权利的法院。

作为比较，可以思考巴拉迪尔委员会提出的建议方案：

"第61—1条　在普通诉讼中，得以抗辩方式向宪法委员会申诉，以便判断法律是否符合宪法所确认的基本权利与自由。

"宪法委员会经由最高行政法院和最高司法法院的层转受理附属于后两者的下级法院或其他法院的具有可裁决性的请求，其受理之条件由组织法确定。"①

巴拉迪尔委员会的建议方案比现有方案更明确，当然，其中也没有过多涉及有关的宪法委员会程序。

结合以上不同方案，围绕着加强基本权利的保障，可以将宪法第61—1条制定过程中的主要争论点列举为以下四个方面：

第一，是否将"宪法委员会"改名为"宪法法院"？

法国宪法学界的主流观点都支持宪法法院的名称，宪法法院的名称显然比委员会的名称更符合法学的旨趣。回顾过去五十年的法国宪法学理论，即使是在原来的宪法委员会的名称下，宪法学者也多基于各自的理论将宪法委员会论证为或视为一个法院或司法机关，人们也习以为常地将宪法委员会的成员称为"宪法法官"（juge constitutionnel）。

在宪法性法律的审议过程中，参议院在2008年6月24日会议一读通过的一个修正案中曾试图用"宪法法院"的名称来代替"宪法委员会"，正如巴旦戴尔在辩论过程中所指出的那样："1958年所采取的名称，对于一个其实质权限是裁判权、其裁判性质由于合宪性先决诉讼程序而增强的机构而言，已经变得不太合适了。"② 但非常遗憾的是，该动议由于国民议会的反对而没有通过。

反对改名的声音主要来自保守派，例如，司法部长达蒂（Rachida Dadi）提出，宪法委员会作为1958年宪法的一种独创性和原创性制度，承担着重要的咨询职能，因此反对改变委员会的名称。这种观点由于忽视了宪法委员

---

① Comité de réflexion et de proposition sur la modernisation et le rééquilibrage des institutions de la Ve République，Une Ve République plus démocratique：Rapport du comite et 77 propositions.

② AMENDEMENT présenté par M. BADINTER et les membres du Groupe Socialiste，http：//ameli. senat. fr/amendements/2007—2008/365/Amdt＿321. html，2008－10－23.

会的裁判化趋势而受到学术界的很多批评。

保留既有名称在宪法性法律的最终方案中占据了优势。虽然名称的象征意义很重要，但更重要的是如何设置事后审查程序，保障宪法所确认的基本权利，因此可以暂时抛开名称之争，考察合宪性先决程序的具体设置。

第二，是否将最高行政法院和最高司法法院作为合宪性审查的"过滤器"？

在比较宪法中，所有合宪性审查体制都需要在不损害诉愿权的前提下设置某种机制，以避免因受理范围失之宽松而将违宪审查机构置于重压之下。法国学者在设计法国的合宪性先决程序时，也要考虑某种机制，避免使宪法委员会淹没在过量的违宪抗辩中。因此，几乎所有的方案都将最高行政法院和最高司法法院作为事后合宪性审查的"过滤器"，并且同意只有满足特定标准的申请才能提交宪法委员会。

关于过滤机制是否必要，多数学者都提出了肯定的看法，认为其益处主要有两个方面，一方面，"它使宪法委员会能够免于受到普通诉讼程序中提交的合宪性审查申请的过度冲击"；另一方面，"使最高行政法院和最高司法法院参与到宪法委员会的判例法的形成与审议过程中"[1]。当然，也有学者对过滤机制的设置表示担忧，认为过滤机制可能会架空事后审查机制，"最高行政法院和最高司法法院难道不会通过尽可能少向宪法委员会层转案件来维护自身的地位，从而使改革失去意义"[2]？为了避免过滤机制可能产生的负面作用，蒙特布尔曾在国民议会提出一项修正案，其中规定宪法委员会可以通过其内设的申诉委员会来主动接受审查申请，但这一提议没有被采纳。

从宪法性法律的实际起草过程来看，过滤机制的确立，也离不开最高行政法院的游说作用。按照法律起草程序，政府提出的宪法性法律草案需要听取最高行政法院的咨询意见，而最高行政法院为了在合宪性先决程序中发挥作用，必然要自我赋予过滤器的角色。

第三，如何协调合宪性审查与合条约性审查的关系？

---

① Jean Luc Warsmann, Rapport Fait au Nom de la Commission des Loi Constitutionnelles de l'Assemble Nationale N. 892-2008 439（2008），http：//www. assemblee-nationale. fr/13/rapports/r0892. asp，2008 - 09 - 28.

② 马修（Bertrand Mathieu）教授在与国民议会法律委员会委员会晤时提出了这一问题。Jean Luc Warsmann, Rapport Fait au Nom de la Commission des Loi Constitutionnelles de l'Assemble Nationale N. 892-2008 438（2008），http：//www. assemblee-nationale. fr/13/rapports/r0892. asp，2008 - 09 - 28.

在法国，国际条约具有高于法律的效力并直接适用于国内法，法国又是欧洲人权公约的缔约国，因此普通法官经常对法律是否符合人权条约进行审查。根据最高行政法院副院长索维（Jean-Marc Sauvé）先生的说法，每三项行政判决中就有一项实施了此种审查。① 人权公约的条款与宪法的基本权利规范的大部分内容是重合的，这就必然使两种审查存在竞争关系。

事后的合宪性审查，其审查权集中于宪法委员会，并需要经最高行政法院和最高司法法院的层转，而合条约性审查权则分散于各级普通法官，更不需要层转，后者显然更受欢迎。正如吉盖勒（Jean Gicquel）指出的那样，"合条约性审查似乎已经成为违宪抗辩的替代物，通过违宪抗辩途径进行的合宪性审查在此时就显然多余了"②。因此，宪法性法律制定过程中必须考虑的一个重大问题是，如何协调事后合宪性审查与合条约性审查的关系。

宪法第61—1条最终对这一问题采取了回避的态度，也就是先建立合宪性先决程序，再以组织法来进一步解决其与合条约性审查的冲突问题。笔者将在下一部分结合组织法的内容来论及这一问题。

第四，如何设置宪法委员会的事后审查程序？

事后的合宪性审查能否充分地发挥保障基本权利的功能，还取决于宪法委员会的具体裁判程序是否适当。对于这一问题，宪法性法律的制定过程中是存在基本共识的，即加强裁判性，包括开放、两造对立、辩论、公开、充分说理的判决理由、允许宪法法官发布反对意见等等（尤其是与已有的事前审查相比），只是由于过于琐碎而授权组织法来予以规定。在宪法性法律公布后，宪法委员会主席德勃雷（Jean-Louis Debré）也曾对此问题公开表态："宪法委员会的程序将必然是两造对立式的，正如公共参与的原则必须得到支持，这些创新将强调宪法委员会的程序的司法性和裁判性。"③

（三）组织法及宪法委员会的审查

关于实施宪法第61—1条的组织法（以下简称组织法）原计划在2009

---

① Cf. André Roux, *Le Nouveau Conseil Constitutionnel : Vers la fin de l'exception française*, La Semaine Juridique, édition générale, n 31, 30 juillet 2008, I 175.

② Jean Gicquel, L'article 26, *Petites affiches*, n° 97, 14 mai 2008, p78.

③ Intervention du Président Jean-Louis Debré, VIIème Congrès de l'Association française de droit constitutionnel（AFDC）, 25 septembre 2008, http：//www. conseil-constitutionnel. fr, 2008 - 10 - 14.

年年初颁布，但很多细节问题一直难以取舍，因此，一直拖到年底才最终制定公布。该组织法分下级法院、最高法院以及宪法委员会三部分规定了合宪性先决程序，笔者首先评介组织法的内容，再分析宪法委员会关于组织法合宪性的审查。

1. 组织法的基本立场

（1）适用于下级法院的规定

组织法要求合宪性问题不能由法院依职权提出，因此，只能由普通诉讼的当事人提出，并且只有法律规定同时具备下列三个条件时，下级法院才能向最高行政法院或最高司法法院呈交合宪性问题：1）案件相关性，即合宪性问题只能针对适用于本诉的法律提出；2）新颖性，即受挑战的法律规定未曾被宪法委员会宣布为合宪，但情势变更的除外；3）严重性，即所包含的法律问题具有严重性。这三个要求是为了保证下级法院将真正有意义的宪法问题经最高行政法院和最高司法法院层转给宪法委员会，避免合宪性先决程序被滥用。

对于合宪性审查与合条约性审查的冲突问题，组织法要求下级法院必须优先将合宪性问题呈交最高行政法院和最高司法法院，这一规定显然是赋予合宪性先决程序以优先的位次。

最后，组织法作了一些排除性规定，禁止在重罪法院的诉讼中提出合宪性问题。此外，主审法院在同意当事人提出的违宪抗辩后，应当向最高法院呈交层转申请，并同时暂缓本案的审判，但当事人由于诉讼而可能被剥夺自由或存在其他紧急状况时，则不得暂缓判决。而刑事预审程序不得中止，且法院可以采取必要的临时性保全措施。[①]

（2）适用于最高行政法院和最高司法法院的规定

组织法将适用于最高行政法院和最高司法法院的程序分为两部分。一部分是关于如何处理下级法院呈交的层转申请，组织法要求最高行政法院和最高司法法院复审三项要求是否符合，并在 3 个月以内作出是否向宪法委员会层转的决定。

另一部分是，在最高行政法院和最高司法法院的诉讼过程中，也可以提

---

① Cf. Article 23-1，23-2，23-3，Loi Organique n° 2009—1523 du 10 décembre 2009 relative à l'application de l'article 61-1 de la Constitution.

出法律规定侵害宪法保障的权利与自由的审查申请，其作出决定的期限仍然是 3 个月。对于合宪性与合条约性的关系，组织法仍然要求最高行政法院和最高司法法院优先向宪法委员会提交合宪性问题。若最高法院决定将合宪性问题提交宪法委员会，则应暂缓审理和判决，除非当事人由于诉讼可能被剥夺自由或存在其他紧急状况。①

不管是在下级法院还是最高法院，当事人提出违宪抗辩都必须以书面的方式并附有明确的理由，法院作出的拒绝将合宪性先决问题提交宪法委员会的决定都是最终的，不得救济。

（3）适用于宪法委员会的规定

宪法委员会只能从最高行政法院和最高司法法院那里被动地接受合宪性问题并进行审查。组织法要求宪法委员会将依合宪性先决程序受理的审查申请知会共和国总统、总理、国民议会议长和参议院议长，以便其向宪法委员会陈述关于合宪性问题的意见。宪法委员会的审理应当公开，当事人得提出自己的意见，宪法委员会应当在收到申请之日起 3 个月内作出裁决，并将判决知会共和国总统、总理和两院议长，并告知有关的法院和当事方，宪法委员会的判决在政府官报上予以公告。此外，对于更为具体的程序细节，组织法授权宪法委员会通过自身的内部规则来确定。②

（4）组织法的基本立场

从以上三个方面的内容来看，组织法凭借宪法第 61—1 条的规定留下的裁量空间，进一步限制了合宪性先决问题之提出，也就是说，通过明确具体的条件、程序和范围来使在数量上更少、在质量上更有代表性的合宪性问题被提交给宪法委员会：条件上的三项要求，程序上的过滤，对职权主义的禁止，以及范围上对特定法院的排除。同时，为了使合宪性先决程序不被合条约性审查所架空，还赋予了合宪性审查以优先性。这种优先性会使合宪性先决程序更受重视，但它对于基本权利的保障而言却很难说是一个更好的选择。

---

① Cf. Article 23-4, 23-5, 23-6, 23-7, Loi Organique n° 2009-1523 du 10 décembre 2009 relative à l'application de l'article 61-1 de la Constitution.

② Cf. Article 23-8, 23-9, 23-10, 23-11, 23-12, Loi Organique n° 2009-1523 du 10 décembre 2009 relative à l'application de l'article 61-1 de la Constitution.

2. 宪法委员会对组织法的审查

按照宪法第 61 条的规定，组织法要在公布前接受强制性审查，宪法委员会在 2009 年 12 月 3 日作出第 2009—595DC 号判决，认可了组织法的合宪性。在该判决中，宪法委员会同时提出两个基本的考量点：其一，宪法第 61—1 条的规定既承认了提出违宪抗辩的权利，同时也赋予了最高行政法院和最高司法法院（宪法确认的最高司法机关）决定是否应向宪法委员会申请审查的职能；其二，根据 1789 年《人权宣言》第 12 条、第 15 条和第 16 条，良好的司法秩序构成了具有宪法效力的目标，而这使组织法的制定者在决定宪法第 61—1 条的实施程序时，有权在不损害合宪性先决问题的申请权的前提下保证良好司法秩序的实现。基于这两个方面的考虑，宪法委员会逐一分析了组织法各条款的合宪性，笔者主要列举以下几个方面：

第一，关于合宪性先决程序优先于合条约性审查的设置，宪法委员会认为，这些规定既不违反宪法，也不违反法国签订的国际条约。赋予合宪性先决程序以优先性，是组织法的制定者为了保证宪法的遵守，以及提醒人们宪法在法国国内法中的最高性。并且对合宪性问题的优先性的强调，并不缩减合条约性审查的作用，在将合宪性要求施加于法律之后，也需要使法律遵守国际条约和欧盟法，因此，合宪性先决程序的优先性不违反宪法第 55 条和第 88—1 条。[①]

第二，组织法禁止依职权提出违宪抗辩也是符合宪法的，因为宪法第 61—1 条本身就是将违宪抗辩的权利授予当事人。[②] 此外，要求以明显和附理由的书面形式提出违宪抗辩，并不会限制宪法第 61—1 条的权利，这是为了便于合宪性先决问题的处理，同时也使法院能以最短的时间来作出裁决，而不拖延程序。[③]

第三，禁止在重罪法院提出合宪性先决问题并不违反宪法第 61—1 条的规定，没有侵害当事人提出违宪抗辩的权利，因为这一问题完全可以在刑事预审过程中提出，也可以在对重罪法院的判决的上诉中提出，组织法的制定者是考虑到了良好司法秩序的要求、重罪法院的组织的专业性以及审理程序

---

① Considérant 14, Décision n° 2009—595 DC du 03 décembre 2009 du Conseil Constitutionnel.

② Considérant 9, Décision n° 2009—595 DC du 03 décembre 2009 du Conseil Constitutionnel.

③ Considérant 8, Décision n° 2009—595 DC du 03 décembre 2009 du Conseil Constitutionnel.

的连贯性。在这些前提下，禁止在重罪法院提出合宪性先决问题不违反宪法第61—1条的权利。[①]

第四，层转的三个要求没有违反宪法第61—1条，这是过滤机制的应有之意。同时第二个条件，即新颖性要求，也与宪法第62条的规定相符合，根据宪法第62条的规定，宪法委员会的判决不得救济，并约束所有公权机关。但在"情势变更"的情况下，已被宣布合宪的法律规定则可以被重新审查。[②]

从以上四个方面来看，宪法委员会的审查基本上采取了较为宽松的态度。事实上，在组织法制定的过程中，宪法委员会主席德勃雷就曾对一些细节问题有所表述，例如："这（指关于层转的三个要求）是一些好的标准，它们能够在保证改革有效性的同时避免过度的宪法诉讼。"[③] 当然，限于身份，他在演讲中没有过多地涉及细节问题。回顾早期的改革方案，如1990年的改革中，人们也曾提出类似的过滤标准。合宪性先决程序的设立在法国还是第一次，组织法采取慎重（甚至略显保守）的设置可能是应有的谨慎态度，无论如何，合宪性先决程序已经建立并将在某种程度上发挥作用。

（四）合宪性先决程序改革的意义

对于本次合宪性先决程序的改革，尽管学术界也存在批评意见，但多数学者都给予了积极的评价。而且，即使是批评意见，也非反对改革、而是不满于改革的保守。然而，无论如何保守，它较以前的合宪性审查程序已然进步了许多。

在2008年宪法性法律通过以后，《德国法杂志》曾有专文评介法国宪法委员会改革，并认为这一改革使法国的合宪性审查制度"回归到凯尔森的宪法司法模式，而与将公意绝对正确化的'雅各宾式'宪法传统决裂，并使基本权利进入宪法领域的中心"[④]。这一评价是非常客观的。正如前文所说的，法国合宪性审查体制一直存在的弱点就在基本权利保障的方面，法律的合基

[①]　Considérant 10，Décision n° 2009—595 DC du 03 décembre 2009 du Conseil Constitutionnel.

[②]　Considérant 13，Décision n° 2009—595 DC du 03 décembre 2009 du Conseil Constitutionnel.

[③]　Intervention du Président Jean-Louis Debré，VIIème Congrès de l'Association française de droit constitutionnel（AFDC），25 septembre 2008，http：//www. conseil-constitutionnel. fr，2008 - 10 - 14.

[④]　Federico Fabbrini，*Kelsen in Paris：France's Constitutional Reform and the Introduction of A Posteriori Constitutional Review of Legislation*，German Law Journal，Vol. 09，No. 10，1312.

本权利性的审查只能由政客提出，而基本权利主体却不能主张基本权利的主观权属性。通过 2008 年的宪法改革，这一缺陷终于得以纠正。事实上，如果我们对比 1958 年与 2008 年的法国宪法观念就会发现，其中的变化是根本性的：通过合宪性审查保障基本权利的观念在 1958 年还基本不被接受，而在 50 年后则成为主流的观念。正如当代宪法学家鲁（André Roux）教授所评价的那样，尽管这次改革仅是削弱而不是消灭了法兰西例外，但合宪性先决程序的改革相对而言仍然是一致同意的，人们提出各种修正案的目的并不是去削弱宪法委员会的审查，而是承认它所肩负的功能的必要性、效用性和正当性。[①]

合宪性先决程序的改革必然会给法国宪法带来很多新的变化。宪法委员会主席德勃雷指出："宪法委员会的职责的扩大，带来了新的前景，尤其是有利于公民享受法治国的好处。借此机会，宪法委员会将在未来的 50 年内迎来第二轮大发展。第一轮发展是在 1971 年判决和 1974 年宪法修改之后，宪法委员会演变为基本权利的捍卫者。第二轮发展是宪法委员会将被允许以具体的方式，在逐个的宪法案件中，发展对基本权利的保护。法兰西同样将赶上欧洲的宪法法院模式。"[②] 法国的改革，通过具体的、事后的合宪性审查，确立基本权利作为主观权的性质，这是现代合宪性审查制度的必不可少的环节。对于法国而言，将新设的事后审查与原有的事前审查结合起来、互为补充，将使法国的合宪性审查焕发新的生命力。

仅合宪性先决程序生效后约五个月的时间内，最高行政法院和最高司法法院都已经作出了向宪法委员会层转合宪性先决问题的判决，并分别向宪法委员会层转了 8 件普通法律的合宪性问题和 5 件行政法律的合宪性问题。从提出违宪抗辩的普通诉讼主体来看，既有单个自然人，也有多个自然人以集团形式提出的，也有私法人提出的。在上述的 13 例案件中，宪法委员会目前已经作出裁决的有 7 件，从其裁决的结果来看，其中 3 件判决合宪，1 件判决部分违宪，3 件判决全部违宪，从审查的对象来看，其审查涉及的法律

---

① Cf. André Roux, *Le Nouveau Conseil Constitutionnel : Vers la fin de l'exception française*, La Semaine Juridique, édition générale, n 31, 30 juillet 2008，I 175.

② Intervention du Président Jean-Louis Debré, VIIème Congrès de l'Association française de droit constitutionnel（AFDC），25 septembre 2008，http：//www.conseil-constitutionnel. fr，2008 - 10 - 14.

包括税法典、社会与家事法典、选举法典、社会保障法典和财政法典的条款。随着实践的发展，宪法委员会的审查在深刻和广度上均有逐渐扩张之趋势，在 2010 年将刑事诉讼法典中的规定的司法拘留制度宣告违宪。总而言之，宪法委员会已经开始以全新的面目出现在法国的宪政舞台上，其保障基本权利、统合法律秩序的功能正在日益增强。

在 20 年前，著名宪法学家法沃赫（Louis Favoreu）教授以比较法为依据坚定地将宪法委员会视为一个裁判性的法院，并进一步认为这标志着宪法的性质变化，即由于宪法委员会的宪法司法职能，宪法已经从"政治家的仓库"变成"为'法'服务的规范"①。法沃赫教授的观点具有非常敏锐的预见性，但当时也受到学术界的质疑，因为宪法委员会毕竟一直不同于欧洲其他国家的宪法法院，缺少事后的审查程序。而在这次改革之后，法沃赫教授的上述论断则是毋庸置疑的，即宪法委员会是一个宪法司法机关，宪法是为"法"服务的规范。

我们应当注意的是这次改革的实质，即在宪法委员会建立一个事后的、具体的、裁判的审查程序，保障基本权利，使宪法委员会在本质上成为一个宪法法院。由此，结合目前的最新情形，将法国的"Conseil Constitutionnel"译为"宪法法院"或"宪政法院"是比"宪法委员会"的译法更为妥当的。即使维持原来的译法，无论如何也不应继续将法国模式视为一种"例外"于专门司法机关审查的政治机构审查模式了。在廓清其内在性质的前提下，我们将会看到，经过 2008 年改革的宪法委员会，必然借助合宪性先决程序，与最高司法法院的民刑事诉讼、最高行政法院的行政诉讼直接接轨，更有效地发挥保障基本人权的功能。

二、独立人权机构改革

独立人权机构在世界各国以多样化的模式普遍存在，法国的行政调解专员制度是一个较具代表性的制度模式。除法国以外，这一模式也为多数法语国家所采纳。法国的行政调解专员制度是独立于普通司法制度之外的独立人权保障机构。它运行三十多年来表现出很多缺陷，因此，借助 2008 年宪法

---

① Louis Favoreu, *Le Droit Constitutionnel*, *Droit de la Constitution et Constitution du Droit*, 1 Revue Française de Droit Constitutionnel 82 (1990).

改革的机会，人们对这一制度进行了反思、总结和改革。

（一）行政调解专员制度及其缺陷

1. 行政调解专员制度概要

从严格意义上讲，"共和国行政调解专员"（Le Médiateur de la République）是法国在较为窘迫的情况下设立的独立机构。由于 1972 年的"阿兰达事件"，法国国民对政府官员腐败乱纪现象的不满达到了难以忍受的程度，这种舆论反映到了议会两院和行政机构。1972 年 9 月 21 日，蓬皮杜总统召开记者招待会，承诺采取有效措施加强对政府官员的监督；同年 10 月初，梅斯尔总理宣布于年底任命一名专员，专门从事保护公民和监督行政行为的工作。1973 年 1 月 3 日，法国议会通过《关于设立共和国行政调解专员的第 73—6 号法律》（la loi n° 73—6 du 3 janvier 1973 instituant un médiateur），正式建立了行政调解专员制度。

根据议会制定的有关法律，行政调解专员的主要职能是受理个人对行政机关的申诉，并通过调查、调停、建议和报告等形式调和个人与行政机关的分歧，在特定的情况下，行政调解专员还享有命令和追诉的权力。对于国家行政机关、公务法人和其他享有行政职能的私法组织的失职、行政迟延、案卷错误、拒绝适用法律或公共服务职能的冲突等，行政调解专员都有权展开调查，并以（在行政主体与公民之间进行）调停、（向行政主体提供）建议和（发布试图引起社会舆论、总统和议会注意的）报告等不具有法律拘束力的形式灵活地解决行政争议。此外，如果行政主体不执行法院已确定的判决，行政调解专员有权发布执行令，对于公务员的严重违法或失职行为，主管行政长官若未按调解专员的建议进行处分时，行政调解专员有权发动纪律处分程序或刑事追诉程序。在处理上述具体案件的过程中，行政调解专员若发现法律制度本身存在缺陷或其他具有普遍性的问题，得通过调查向总统和议会提出总体性的法律建议。

为了保证其职能的有效发挥，行政调解专员在任命、职务履行以及解职等方面享有一定的特殊保障。议会法律规定行政调解专员的人选由部长会议通过，总统任命，任期 6 年，不得连任，不得兼任任何其他职务。在执行职务时，不接受任何机关的命令。除由总统提出，经最高行政法院副院长、最高法院首席院长和审计法院首席院长一致同意，认为确有障碍、不能执行职务以外，不得提前解职。行政调解专员有权任命工作人员。其经费开支只受审计法院的审查，不受一般的财政监督。行政调解专员对其执行职务的行为不负民事责任和刑事责任，并享有与国会议员相同的豁免权。

2. 行政调解专员制度的缺陷

在过去的三十多年中，行政调解专员制度为保护公民在行政过程中的合法权利、减少行政机关的不良行政以及促进法国行政体制的优化发挥了重要作用。但行政调解专员制度的运作实践也向人们暴露出该制度的缺陷和不足。

（1）职能的重要性与法律地位不符

在法国的行政法体制甚至宪法体制中，行政调解专员所承担的职能是极为重要的。事实上，在行政调解专员调查和处理公民的申诉案件时，所涉及的不仅是公民的法律权利（droits légitimes），更是公民受宪法保障的基本权利（droits fondamentaux），尽管其保障作用并不如宪法委员会和各级行政法院的司法判决那样具有直接的法律意义，但显然，它由于其灵活性和专业性的特点而构成了后两者的必不可少的补充。尤其是考虑到，行政调解专员在对公民申诉的个案进行总体性归纳之后，往往能揭示出法国行政体制存在的制度性问题，而这极大地促进了行政体制的改良。

但是，对于一个职能如此重要的国家机构，现行宪法却对其地位、职权甚至名称只字未提。现行 1958 年宪法在起草的过程中，显然没有创立类似机构的想法，而且，事实上，这也不是 1958 年宪法需要解决的问题。正如前文所描述的那样，行政调解专员是在较为窘迫的情况下由议会通过普通立法设立的，因此它在形式上仅仅是一项法律制度，而不是一项宪法制度。

宪法文本的沉默不仅意味着行政调解专员制度缺乏应有的保障，也意味着一项重要的公共权力没有受到宪法的规制。这种职能的重要性与法律地位的不对应显然会造成宪法逻辑上的混乱。

（2）与其他机构的职能重叠和冲突

为了在正式的司法程序以外促进公民权利与自由的保障，法国并非仅仅创立了行政调解专员，除此以外，议会还曾设立国家信息与自由委员会（la Commission nationale de l'informatique et des libertés）、儿童保护专员（le Défenseur des enfants）以及反对歧视和维护平等高级公署（la Haute autorité de lutte contre les discriminations et pour l'égalité）等，这些机构都是具有特定职能范围的独立行政机构。但是，它们相互之间以及它们与行政调解专员之间存在着职能重叠或冲突的现象。巴拉迪尔委员会提交的最终报告也特别指出，这些并行的独立行政机构的存在，"其各自的权限范围看上去全部或部分地侵占了共和国行政调解专员的权限"①。

职能重叠与冲突的现象不仅涉及国家机构系统的内部协调，更涉及公民权利的保护。相对于普通公民维护合法权益的行动而言，这些纵横交错的机构显然过于复杂了。

（3）制度的自身缺陷

行政调解专员制度也存在自身的缺陷，这体现在很多方面，尤其是行政调解专员不能直接受理公民的申诉。根据议会法律的规定，相关的申诉必须首先送至议会两院的议员，由议员考虑是否应当由行政调解专员受理，然后才由议会议员转交行政调解专员。即便是那些被行政调解专员认定为不属于其管辖的案件，驳回裁决也要由相关的国会议员转达申诉人。这种间接性程序极可能使部分合理的申诉无法被行政调解专员受理和调查，同时也妨碍了公民和行政调解专员的接触与交流。

此外，现行法律并没有在行政调解专员的职能与行政司法救济之间建立良性的衔接。行政调解专员的受理决定并不能产生中断行政诉讼时效的法律效果，这就使调解专员提供的救济和行政司法程序提供的救济不能兼容②，而且经常使过于信任行政调解专员而不清楚具体要求的公民耽误了行政诉讼的时效。

由于自身的制度缺陷，行政调解专员远不是一个独立"监察"机构。在实践中，其作用主要是"调和性"的，即"协调公民与行政机关之间的不同意见"，"这一调解性的角色解释了他的较为奇怪的名称"③。可以说，行政调解专员所实际发挥的作用，远未达到人们的需求和期望。

① Comité de réflexion et de proposition sur la modernisation et le rééquilibrage des institutions de la Vᵉ République. Rapport du Comité et 77 propositions：Une Vᵉ République plus démocratique, p92 ［EB/OL］. http：//www. comite-constitutionnel. fr/actualites/？ mode＝details&id＝48, 2008－01－10.

② 参见王名扬：《法国行政法》，中国政法大学出版社 1989 年版，第 547 页。

③ ［英］L. 赖维乐·布朗、约翰·S·贝尔：《法国行政法》，高秦伟、王错译，中国人民大学出版社 2006 年版，第 30 页。

（二）以西班牙护民官制度为蓝本的改革与最终的折中方案

鉴于行政调解专员制度存在的上述问题，巴拉迪尔委员会在其提交的最终报告中，以西班牙的护民官制度为借鉴，提出设立基本权利保护专员（Le Défenseur des droits fondamentaux）的设想。笔者先简要介绍西班牙护民官制度的主要内容，再介绍法国以此为蓝本的制度改革。

1. 西班牙的护民官模式

西班牙宪法第 54 条（位于第四节"基本权利与自由的保障"）规定："护民官①制度应由一项组织法来规定。作为议会高级代表，护民官由议会任命以维护本章所包含的权利；出于此一目的，护民官得监督政府的活动，并将情况向议会汇报。"

根据 1981 年 4 月 6 日第 3/1981 号组织法的规定，议会任命的两院联合委员会负责提供护民官候选人，只有由议会下院和上院两院先后以 3/5 的多数通过，才得正式任命。护民官任期为 5 年，无连任限制。护民官不得兼任其他职务，必须保持政治中立，不得参加任何政党或商会，不得担任法官或检察官，亦不得从事任何自由职业或商业活动。护民官完全独立地履行职能，不接受任何机构的指令，值得注意的是，护民官虽然在性质上是议会的高级代表，但他履行职务的行为并不受议会的指令或干涉。护民官享有豁免权，不得因他为履行职务而表达的观点或采取的行为而被逮捕、施以纪律处分、起诉或审判。

任何个人或法人都有权向护民官不受限制地提出申诉，呈交给护民官的、来自任何羁押或拘留机关的通信，都不得被检查。而护民官则有权对政府的活动进行调查，对部长、行政机构、公务员以及任何政府工作人员的行为展开调查，即使国家被宣布为紧急状态也不能中断其调查活动。护民官在行使调查权的过程中，有权要求任何行政机构及其工作人员进行配合、协助和提供帮助。对于涉及公务人员刑事责任的案件，护民官还有权将案件移送给检察官提起刑事追诉。

护民官无权改变或推翻任何行政行为或决定，但有权建议或劝告行政机

---

① 该词的西班牙语原文是"El Defensor del Pueblo"，根据西班牙官方的翻译，其法语为"le Défenseur du Peuple"，英语为"The Defender of the People"或"The Ombudsman"，笔者将其译为"护民官"。

关修改，而对于此种建议，相关的行政机关均负有予以答复的义务。在
2006 年，护民官总共提出了 99 项劝告和 135 条建议，其中 51 项劝告和 42
条建议被行政机关直接采纳。①

护民官应每年向议会提交一次年度报告，也可就特定的重大案件提交特
别报告，这些报告常常反映出西班牙行政体制的普遍性或紧迫性问题，能够
起到完善法律制度的作用。

与许多国家不同，西班牙宪法明文授权护民官提起合宪性审查之诉。西
班牙宪法第 162 条第 1 款是这样列举有权向宪法法院提起诉讼的主体的：
"1. 政府的首相、护民官、50 名众议员、50 名参议员、自治区的执行机构，
以及在可行的情形下，自治区议会，均有权提出合宪性诉讼；2. 一切享有
合法利益的自然人和法人，以及护民官、检察机关，均有权个别地提出保护
性诉讼（recurso de amparo）。"从 1983 年到 2002 年，护民官总共提出了 20
项包括针对议会法律的合宪性审查，对于公民基本权利的保护而言，这显然
具有极为重要的法律意义和政治意义。

总之，不管是在名称上，还是从具体的制度设计上，都可以看出，西班
牙护民官制度极为注重公民基本权利的保护，并为此配置了调查、建议和劝
告、报告甚至提起合宪性审查等多项措施。

2. 巴拉迪尔委员会的改革建议

巴拉迪尔委员会的建议是设立基本权利保护专员来代替行政调解专员及
其全部职权，同时也取代与行政调解专员并行的那些独立行政机关，由基本
权利保护专员来统一履行保障基本权利与自由的功能。为确保其职能的实
现，应在宪法中设立专门的一章（该章只有"基本权利保护专员"一条）来
规定基本权利保护专员制度的主要内容。委员会建议的宪法草案可翻译
如下：

> 根据任何人的申诉或基于主动，基本权利保护专员保证基本权利得
> 到尊重。
>
> 根据利害关系人的申诉，基本权利保护专员同样保证公共服务职能

---

① See The Ombudsman. Summary of the Report to Parliament for 2006（June 2007），P23 〔EB/
OL〕. http://www. defensordelpueblo. es/web ＿ ingles/documentacion/report/boletinresumen2006. ZIP，
2008－01－12.

机构之良好运转。

基本权利保护专员根据一项组织法所规定的条件和程序提出建议和发布催促令。该组织法得授予其决定、调解或执行的权力，并规定此类权力行使之条件。

基本权利保护专员得根据本宪法第 61 条第 2 款规定的条件向宪法委员会提请裁判。

基本权利保护专员不得介入司法程序，亦不得针对司法判决的理由是否充分提起再审。

基本权利保护专员就其行为向共和国总统和议会负责。

基本权利保护专员由国民议会以 3/5 的多数选举产生，任期 6 年，不得连任。①

宪法文本显然不足以完整地规定基本权利保护专员制度的所有细节，因此，一项专门的组织法将是必不可少的。根据巴拉迪尔委员会关于组织法的内容的建议，基本权利保护专员的人选，由国民议会委任的专门委员会来推荐，然后由国民议会择优任命；同时，组织法可以规定基本权利保护专员为实现其职能得增设助手。

从以上内容来看，巴拉迪尔委员会确实汲取了西班牙护民官制度的精髓——注重公民基本权利的保护，而许多具体的制度（如赋予基本权利保护专员提起合宪性审查的权力）更是直接来源于西班牙的护民官制度。

3. 社会各界对巴拉迪尔委员会报告的评价

巴拉迪尔委员会在其报告中自认为："设立基本权利保护专员这一机构不仅会解决当前公民基本权利保护中存在的难题，而且还会在整体上促进国家机构的功能改善。"从目前的舆论来看，这一认识基本上得到了法国国民的认同。

在委员会的报告公布以后，法国社会有少数舆论对改革表示出政治上的担心，原因是，萨尔科奇在担任前政府的内政部长期间，曾有国家安全法案风波，这使一些反对萨尔科奇的选民认为，萨尔科奇的真实意图是以设立基

---

① Comité de réflexion et de proposition sur la modernisation et le rééquilibrage des institutions de la Vᵉ République. Rapport du Comité et 77 propositions：Une Vᵉ République plus démocratique, p93［EB/OL］. http：//www. comite-constitutionnel. fr/actualites/? mode＝details&id＝48, 2008 - 01 - 10.

本权利保护专员为名来撤销现有的独立行政机构（尤其是国家信息与自由委员会），从而为自己限制公民自由的政策铺平道路。① 在笔者看来，这种疑虑是可以理解的，基本权利保护专员制度毕竟是一项新的法律制度，在人们无从得知它的效果的前提下，总会存在一定的怀疑甚至敌视。

但从舆论的总体取向来看，社会各界对基本权利保护人制度多表示乐观或支持，尤其是萨尔科奇在一系列新闻发布会和演讲中，极力推崇该制度，对其寄予极大的期望。例如，在委员会报告公布之后的 2007 年 11 月 12 日，萨尔科奇曾就此写信给现任总理菲永，其中提到："委员会已经提议按西班牙的护民官模式创立一个基本权利保护专员。这个基本权利保护专员将主要负责帮助那些受行政机关的错误、迟缓和机能不良之害的公民们，实现他们的权利。除了其地位由宪法保障以外，他还将能够直接受理公民的申诉。在我看来，这个建议对公民的权利而言构成了一个非常明显的进步，并且，我恳请你们就其原则和活动方式进行深入的讨论。"② 可见，萨尔科奇对委员会的建议表达了相当的支持。

4. 最终的折中改革方案

尽管巴拉迪尔委员会的改革建议表现得较为合理，但并没有得到议会的支持，在保守派看来，基本权利保护专员的职能过于强大了，尤其是其向宪法委员会申诉的权力更是令保守派议员无法接受。因此，在议会最终通过的宪法性法律中，这一借鉴西班牙护民官模式的重要内容遭到了否定。议会最终通过的宪法性法律在宪法中增加了第十一章"权利保护专员"，其中只有第 71—1 条，内容如下：

> 权利保护专员应确保权利和自由得到国家行政机构、地方公共团体、公务法人和所有履行公共服务职责的机构以及组织法划入其职责范围的机构的尊重。

> 任何人若认为其权利受到公共服务之运作或前款所规定之机构的侵

① Cf. Au nom de la "politique de civilisation", Nicolas Sarkozy veut créer un défenseur des droits fondamentaux［EB/OL］. http：//www. ldh-toulon. net/spip. php? article2454，2008 - 01 - 14.

② Nicolas Sarkozy. Lettre de M. le Président de la République adressée au Premier minister［EB/OL］. http://www. elysee. fr/download/? mode=press&filename=Lettre _ au _ Premier _ ministre _ constitution _ 12. 11. pdf，2008 - 01 - 02.

害，均得以组织法规定的条件向权利保护专员提出申诉。权利保护专员亦得依职权主动展开活动。

组织法规定权利保护专员的职权和活动方式，并确定权利保护专员在行使特定职权过程得由第三人予以协助的条件。

权利保护专员应由共和国总统依本法第 13 条最后一款规定的程序任命之，任期 6 年，不得连任。权利保护专员不得兼任政府成员、议会议员。其他不得兼任的职务由组织法确定。

权利保护专员就其活动向共和国总统和议会负责。

从宪法第 71—1 条的内容来看，其与巴拉迪尔委员会建议的最大区别就是权利保护专员与宪法委员会的关联，也就是独立人权机构能否向宪法委员会提出宪法申诉。从制度设计的有效性来看，显然将独立人权机构与宪法司法制度联结在一起，会更有效地发挥人权保障的职能，并有利于将独立人权机构与宪法司法制度整合在一起，这同时也是更利于保障人权的改革方案。但政治实践的保守总是令人失望，考虑到宪法委员会除了既有的事前审查程序外，又新设了事后的合宪性先决程序，最高司法法院和最高行政法院层转的案件之外，若再加上基本权利保护专员提交的案件，不仅可能会使宪法委员会难负重荷，而且宪法委员会过于庞大的审查权也有滥用之虞，因此，此项改革设计未能最终通过。由于最终方案取消了基本权利保护专员向宪法委员会申诉的权力，因而，"基本权利保护专员"的名称也被改为"权利保护专员"①。

除此以外，还有一些内容上的变化也是不能忽视的。例如，权利保护专员的任命权，巴拉迪尔委员会原打算通过将其任命权由行政机关（部长会议和总统）转移到立法机关（国民议会），增强这一机构的民意基础和正当性，但这一方案只在一定程度上实现了。在新的宪法第 71—1 条中，权利保护专员需要由总统根据宪法第 13 条规定的程序予以任命，而第 13 条要求总统的人事任命需征求议会的同意，因此，权利保护专员的人选就将取决于总统和议会的博弈与妥协，由于有议会参与其中，权利保护专员的民意基础和正当

---

① 如前一部分所述，在法国法中，"基本权利"的用语总是与宪法司法程序相关联的，因此，当独立人权机构的职能脱离了与宪法司法程序的关联后，其名称也必然由"基本权利"保护专员改为"权利"保护专员。

性相比于原来的行政调解专员有所强化（尽管未达到巴拉迪尔委员会的预期）。

（三）行政调解专员制度改革的评价及启示

1. 改革的特点

从行政调解专员到权利保护专员，改革前后的变化主要有以下三个方面的特点：

（1）地位的提高。宪法直接规定权利保护专员制度的地位、作用和主要内容，再以一部组织法来规定其细节，这意味着权利保护专员不再像行政调解专员那样是一项议会法律设立的制度，而是一项宪法直接创设的制度。这种地位上的提高不仅适应了该制度的重要性，而且表明，立法机关不得通过法律来降低权利保护专员的地位或改变其基本制度，后者具有拘束立法机关及其法律的效力。

（2）权利保护职能的凸显。这不仅体现在名称的变化上，还主要是指，权利保护专员将能够直接受理公民的申诉，而不像行政调解专员那样必须经过议会议员传递的中间环节。从间接到直接的变化，必定会促进公民与权利保护专员的接触和交流，在二者之间形成更为紧密的互动。

（3）职能的扩大。根据巴拉迪尔委员会的建议，权利保护专员将拥有建议、决定、调解和执行的权力，当然，这些权力的取得和具体行使还取决于一项组织法的规定。权利保护专员不会是一个像行政调解专员那样的简单的调和者，而是一个名副其实的监督机构。但十分遗憾的是，宪法性法律没有赋予其向宪法委员会提出申请的职能。可以明确的是，权利保护专员若能获得向宪法委员会提请合宪性审查的权力，则其必将成为法国宪政体制中一个非常重要的角色。

2. 改革的动因

以上三个特点说明，法国由行政调解专员制度向权利保护专员制度的改革，在实质上是要塑造一个能够更加有效地保障公民权利的独立机构，而行政调解专员制度显然已经不再适应这一需求。

在现代社会中，行政权以及掌握行政权的各种行政机构极度膨胀，这已经是众所周知的事实。由于行政权的强制性以及行政机构的层级性，行政系统内部极易产生官僚主义，并导致各种不良行政的发生。若缺乏有效的监控机制，行政机构的官僚主义化和不良行政势必随着行政权的扩张向整个社会扩散，这使行政系统乃至整个社会缺乏人道主义的精神。因此，对于公民基本权利的保护而言，一个相对于司法程序而言更具有灵活性、更能有效地保障公民基本权利的独立机构显然具有极大的生存空间。

相应地，衡量一个政治或行政系统是否文明的一个重要因素就是，独立监察机构的塑造是否以保障公民基本权利为根本考量，并能圆满地完成这一目标。针对行政调解专员制度的改革，萨尔科奇在 2008 年 1 月 8 日的新闻发布会上强调："在 2008 年，政治的文明化在以下这些行动中表现出来：反对社会的隔绝和官僚主义化，向追求国家改革和行政改革的方向前进，因为官僚主义化应当承担我们社会缺少人道的主要责任。除了机构、方法和精神状态的改变以外，创立具有极大权限的基本权利保护专员，将保证任何人在面对政府的行政机器时拥有有效和便利的救济。其地位将由宪法保障。"①可见，法国由行政调解专员制度向权利保护专员制度的改革已经充分考虑到如何在现代行政的背景下增进人道主义并保障公民基本权利，这就是法国改革的深层动因。

3. 行政调解专员模式的式微

到目前为止，通过独立监察机关来监督行政机构、保障公民基本权利的制度已经存在于世界上至少一百多个国家和地区。西班牙的护民官制度，以及筹划当下改革以前法国的行政调解专员制度都不过是这种制度的不同模式。此外，我国学术界介绍较多的瑞典等北欧国家，在世界上最早设立了行政监察专员（the ombudsman）制度，对行政机构进行监督，这些国家形成了众所周知的"斯堪的纳维亚模式"。

就行政调解专员模式而言，法国是最具代表性、但却不是唯一的国家。除法国以外，很多法语国家，例如塞内加尔和加蓬等，都采用了与法国类似的行政调解专员制度。鉴于法国目前向权利保护专员制度改革的举措，似乎有理由认为，采取行政调解专员模式的其他国家迟早也将面临改革的压力。因此，行政调解专员模式，在独立监察制度的诸模式之中，正处于消退期。

行政调解专员模式的式微似乎也预示着另一种模式——西班牙护民官模

---

① L'intervention de Nicolas Sarkozy lors de sa conférence de presse du 8 janvier 2008 au Palais de l'Elysée [EB/OL]．http：//www. elysee. fr/download/index. php？mode＝edito&id＝33，2008 - 01 - 20.

式——的突起，至少是受到更多的重视。就我国学术界而言，人们似乎更多地将注意力集中在斯堪的纳维亚模式，而对西班牙的护民官模式缺少应有的注意。笔者无意对西班牙模式和斯堪的纳维亚模式进行比较，但至少从名称和基本内容来看，西班牙的护民官模式与斯堪的纳维亚模式相比，"更强调公民基本权利的维护"①。如果这样的结论能够成立，我们无疑可以进一步认为，西班牙的护民官模式更贴近独立监察制度的原旨——保障公民的基本权利。巴拉迪尔委员会（其委员除政界精英以外，还包括若干著名法国公法学者）在其报告中直言不讳地承认他们是"受到西班牙护民官制度的成功的启发"才提出设立权利保护专员制度的建议的，这或许就是他们没有采用斯堪的纳维亚模式的原因。

4. 对我国的启示

随着相关研究的深入，已经有学者建议在我国设立与行政诉讼和行政复议制度相协调的行政监察专员制度②，这似乎越来越成为学术界的共识。但该制度的具体设置显然会涉及法律制度的比较和移植问题。

从现有的研究来看，学术界对斯堪的纳维亚模式以外的模式存在很多盲点。除斯堪的纳维亚模式以外，至少还存在意大利的公民保护专员（Difensore Civico）、英国的议会行政监察专员（The Parliamentary Commissioner for Administration）、德国的议会军事行政监察专员（Wehrbeauftragter des Bundestages）、加拿大的公民保护专员（Protecteur du Citoyen）、俄罗斯的人权特派员（Plenipotentiary for Human Rights）和日本的行政评估办公室（Administrative Evaluation Office）等模式。各个国家的独立监察制度既有共性又有差异，充分比较和认识这些不同模式在微观和宏观两个方面的优劣可以为我们提供更多可资借鉴的经验。

法国以西班牙护民官模式为蓝本的改革则向我们展示了一种值得认真考虑的机制。如果承认西班牙的护民官模式对我国存在可借鉴的价值，那么，法国对西班牙的护民官模式的部分移植，比西班牙的护民官模式本身对我们

①　The Book of Ombudsman，P190 [EB/OL] . http://www. defensordelpueblo. es/web _ ingles/documentacion/Other/DP _ Ingles. zip，2008 - 01 - 12.

②　参见陈宏彩：《行政监察专员制度：建构和谐社会的制度安排》，《中国行政管理》2006 年第 8 期，第 80 页。

更具有借鉴意义，因为前者所展示的不仅是一种静态的模式，更是不同模式的比较和移植的清晰过程。从法国的改革中，至少可以认识到，最好由宪法本身来确立和保障监察专员的地位，最好允许监察专员直接地接受公民的申诉，最好能使监察专员制度与违宪审查制度相衔接，允许监察专员提出合宪性审查的申请。当然，法国的改革也总是印证了，任何一项制度的改革总会具有保守性。

三、刑事诉讼法的合宪性调适

宪法与刑事诉讼法具有极为紧密的关系。从规范的角度出发，宪法中的人权原则和基本权利条款，尤其是人身自由条款，具有最高的法效力，对刑事诉讼法所建立的各项刑事诉讼制度具有规范、控制、统摄与指导的作用，刑事诉讼措施之设置和运用必须以不侵害宪法基本权为界限。但从事实的层面而言，刑事诉讼具体措施的设置又常常如"野马"一样，时有"脱缰"的趋势，尤其是刑事诉讼措施的滥用必然危及宪法上的人身自由等基本权。因此，现代宪政国家无不以建构宪法与刑事诉讼法之间的规范关系为努力之方向。易言之，使宪法的人权原则作为上位规范对刑事诉讼起到真正的约束作用。在法国，这样的过程被学者们形象地称为刑事诉讼法的"宪法化"。

（一）刑事诉讼法的宪法化：2008 年以前的状况

1. 1789 年至 1958 年

从文本的意义上讲，宪法与刑事诉讼法以及刑法之间的关系早在 1789 年大革命时期就已经得到解决。这是因为 1789 年《人权宣言》在诸多条款中均涉及刑事问题，这主要出现在宣言的第 7、8、9 条共三个条文中。第 7 条规定："除非在法律所确定情况下并按照法律所规定的程序，任何人均不受控告、逮捕与拘留。凡请求发布、传送、执行或使人执行任何专断的命令者，皆应受到惩罚；但任何根据法律而被传唤或逮捕的公民则应当立即服从，抗拒即属犯法。"第 8 条规定："法律只应设立确实必要和明显必要的刑罚，而且除非根据在犯法前已经通过并且公布的法律而合法地受到科处，任何人均不应遭受刑罚。"第 9 条规定："所有人直到被宣告有罪之前，均应被推定为无罪，而即使判定逮捕系属必要者，一切为羁押人犯身体而不必要的严酷手段，都应当受到法律的严厉制裁。"所有这些条款均是制宪国民议会的代表经过深思熟虑而拟订的，被公认为刑事诉讼中的基本原则。

然而，1789年《人权宣言》在颁布之后，一直被作为一个指导性的宣言，而不是可以直接援引和运用的法律规范。因此，前述三个条文的作用只是理论上的。况且，由于大革命之后的法国政治与法律极度不稳定，普遍政治观念亦更新极快，1789年宣言在制定后也经常被其他的权利宣言所取代，这就更进一步削弱了1789年宣言在刑法和刑事诉讼法方面的指导性作用。

2. 1958年至1971年

1958年新制定的第五共和国宪法，在序言中重新认可了1789年《人权宣言》所确立的那些人权原则，这就使1789年《人权宣言》关于刑事方面的要求具有了适用的可能性。但可惜的是，按照1958年制宪时的理念，1958年宪法序言本身只是一个政治性的声明，并不具有法律效力，因此，这一序言以及序言所确认的1789年《人权宣言》，至多是给国家以及国家的立法活动提供了一个大概的指向。

但是值得注意的，1958年宪法开始构造一种较为完整的刑法与刑事诉讼法体系。根据该宪法第34条的规定，议会的法律确定关于下列各项的规则："——公民权及公民行使其公共自由的基本保障，新闻之自由、多元和独立，以国防之名对公民之人身和财产所施加的限制"……"犯罪与违警之确定及其所适用之处罚，刑事诉讼，大赦，司法机关新层级之创设及司法官之地位"。由此，刑事法应由议会来创建，宪法第34条成为法国刑事法体系得以建立的权限基础。

虽然序言以及序言所确认的1789年《人权宣言》不被认为具有法律效力，但1958年宪法在正文中开始考虑个人自由之保障。除第34条第1项所列举的"公民权及公民行使其公共自由的基本保障"以外，1958年宪法第66条规定："任何人均不得受到专断的拘禁。司法机关作为个人自由的保障人，按照法律规定的条件确保此原则得到遵守。"该条注意到了刑事诉讼中的个人自由保障问题，但却与第34条一样设置了一般性的法律保留，若是法律本身设置了专断的拘禁程序，司法机关基本上是无能为力的。

3. 1971年至2010年

宪法委员会在1971年作出了结社自由案的判决，这一判决的意义在于，确立了 1958 年宪法序言以及该序言所反致的 1789 年《人权宣言》、1946 年宪法序言的宪法效力。这一判决对于刑事诉讼法的影响在于，既然宪法委员会可以对法律是否侵害结社自由进行审查，它同样可以依据 1789 年《人权宣言》以及 1946 年宪法序言对议会制定的刑法和刑事诉讼法进行审查。因此，从 20 世纪 70 年代和 80 年代开始，宪法委员会便在审查活动中不断涉及刑事诉讼法方面的问题。

宪法委员会从 20 世纪 70 年代以来所作出的涉及刑事诉讼中的人权保障的判决，数量极为庞大，难以也无必要一一罗列。但所有这些判决均存在一个共同点，即宪法委员会以 1789 年《人权宣言》的人权规范以及宪法中的其他人权规范为依据，对刑事诉讼方面的法律进行审视与权衡。通过大量的宪法判例，宪法委员会不断阐释着刑事诉讼中应予保障的一项又一项基本人权，经过三十多年的时间，几乎已经形成一个刑事诉讼的基本权体系。尤其是在 1999 年 1 月 22 日涉及国际刑事法院的一项重要判决中，宪法委员会较为明确、系统和完整地列举了刑事诉讼过程中所涉及的基本人权，包括：诉诸司法的权利、平等权、住宅不受侵犯的权利、无罪推定的权利、辩护权以及个人自由不受侵犯的权利。[1]

由宪法委员会审查活动带来的宪法与刑事法之间的关联，从 20 世纪 80 年代以来成为一个日益显著的现象，也因此引起宪法学者的关注。著名宪法学家菲利浦（Loïc Philip）教授从 20 世纪 80 年代就开始关注宪法与刑事法的关系问题，他在 1985 年将宪法与刑法之间的关系描述为"相互渗透现象（phénomène d'interpénétration）"[2]。作为最早研究宪法与刑事法之间关系的学者，著名宪法学家法沃赫（Louis Favoreu）教授在 80 年代末最早提出了刑法和刑事诉讼法的宪法化以及"刑事宪法"的概念，具体而言，"由于刑法和刑事诉讼法逐渐由宪法委员会的判例加以规范和解释，因而二者开始由宪法规范予以孕育"[3]。

---

[1]　Cf. Décision 98-408DC du 22 Janvier 1999 du Conseil Constitutionnel.

[2]　L. Philip，La Constitutionnalisation du droit pénal franais，Revue de Sciences Criminelles，1985，pp. 711 à 723.

[3]　具体参见：Louis Favoreu，《La constitutionnalisation du droit pénal et de la procédure pénal，vers un droit constitutionnel pénal》，in Mélange A. Vitu，Cujas，1989，pp. 169 à 208。

4. 成就与不足

在三十多年的时间里，宪法委员会通过审查活动在促进宪法的基本人权价值向刑事诉讼渗透方面发挥了巨大作用。宪法第62条赋予宪法委员会之裁决以"不得上诉，并对公权机关及一切行政和司法机关具有拘束力"的效力，因此，宪法委员会关于刑事诉讼方面的宪法裁决可以拘束包括立法机关和司法机关在内的一切公权机关。宪法委员会在刑事诉讼方面的作用的重要性可以在整个刑事诉讼法的立法与实施的过程中得到更好的说明。刑事诉讼应当以保障人权作为基本的价值取向，这在理论上是毫无疑问的，但如果刑事诉讼法的立法者——议会——怠于在立法活动中主动落实人权保障的原则，如果刑事诉讼法的司法者——司法法院——所能够发挥的作用又较为有限①，那么，宪法委员会对法律的审查就显得至关重要了。如果缺少宪法委员会的审查，我们几乎不可能看到过去三十多年持续不断的刑事诉讼法的宪法化。事实上，观诸各国的宪法实践，违宪审查制度在这方面都发挥着共同的功能。

然而，宪法委员会的功能也有极大的局限。这主要是由于法国违宪审查制度在构造上主要是事前的抽象审查。在这种审查体制下，除组织法和议会两院规程必须强制性提交审查外，其他的法律则由特定的国家机关提请审查。刑事法律自然属于依提请审查的范围。因此，宪法委员会对刑事法律的审查可能有两个方面的漏洞：一方面，如果特定的国家机关未提请审查，则可能构成违宪的刑事法律会成为漏网之鱼，成为有效法律的一部分，而宪法委员会将对其无能为力。另一方面，由于事前抽象审查之限制，即使刑事法律确实被提交审查，宪法委员会也可能在抽象审查中无法发现其可能的违宪问题。由于这两点局限，我们也必须客观地评价，而不能过高估计宪法委员会在审查刑事法律方面的功能。

(二) 2010年以来的刑事诉讼法宪法化

考虑到弥补单纯的事前抽象审查体制的不足，2008年宪法改革建立了合宪性先决程序，允许宪法委员会基于最高行政法院和最高司法法院的层

---

① 这主要是由于司法法院没有对法律进行合宪性审查的权力，他们只能以法律作为大前提，所以即使刑事诉讼法律违反宪法侵害人权，司法法院亦无能为力。但有一点可稍作弥补，即司法法院有权进行合条约性审查，即审查议会法律是否违反欧洲的人权公约。

转，对法律进行事后和具体的审查。这种宪法司法体制的变化，显然会影响到宪法与刑事诉讼法律之间的关联。法国议会制定的《关于实施宪法第61—1条的第2009—1523号组织法》，已经于2010年3月1日生效。虽然其制度实施的时间并不长，相关实施还有待展开，但宪法委员会在事后审查程序已经开始涉及刑事诉讼的问题，并且对未来的刑事诉讼活动提出更多的明确要求。笔者接下来以2010年的司法拘留制度违宪案为例对这些新发展进行介绍。

1. 2010年司法拘留制度违宪案的事实概况

丹尼尔（Daniel W.）先生作为一起刑事诉讼的被告受到艾克斯上诉法院的判决，他就此判决向最高司法法院提起上诉，在上诉审过程中，他提出《刑事诉讼法典》关于拘留制度的设置违反了宪法，侵害了其受宪法保护的权利和自由，因此根据宪法第61—1条和相关组织法向最高司法法院提出违宪抗辩。同时，另一起独立的刑事上诉案的上诉人劳航（Laurent D.）也向最高司法法院提出针对《刑事诉讼法典》的违宪抗辩。另外，最高司法法院也收到了来自里昂上诉法院和其他法院层转的违宪抗辩，其中涉及多起刑事诉讼案件，并牵涉到众多的诉讼当事人。最高司法法院经过审议认为，适用于这一系列案件的《刑事诉讼法典》的规定以前未曾由宪法法院（Conseil Constitutionnel）①审查，且这些问题具有严重性，涉及宪法所保障的个人权利和自由，因此认可了当事人提出的违宪抗辩，最终以2010年5月31日第12030号裁决向宪法法院递交了合宪性先决问题，要求宪法法院审查《刑事诉讼法典》中有关拘留制度的第62条、第63条、第63—1条、第63—4条、第77条和第706—73条。

其后，宪法法院于2010年6月11日按照相同的条件收到了由最高司法法院以2010年6月4日第12041、12042、12043、12044、12046、12047、12050、12051、12052、12054号裁决递交的同样的合宪性先决问题，此问题由雅克（Jacques M.）等众多当事人以违宪抗辩的形式提出。

丹尼尔等众多申请人认为《刑事诉讼法典》违宪，其理由主要有以下四点：

---

①　考虑到2008年改革使Conseil Constitutionnel具有明确的宪法司法特性，后文均以"宪法法院"，而不是"宪法委员会"来称呼这一机构。

第一，实施拘留的实质条件违反了人的尊严受尊重的宪法原则。

第二，赋予司法警察决定拘留的权力违反了司法机构是个人自由的捍卫者这一原则。司法警察在作出拘留决定后才告知检察官，而检察官并不是一个独立的司法机构。检察官有权作出延长拘留期间的决定，但检察官作出该决定时却不需要亲自提审和询问被拘留者。这些环节均违反《人权宣言》对人身自由的保障。

第三，对存在一个或若干可信证据证明其实施或者企图实施违法行为的任何人，司法警察均有权进行拘留，这一拘留权构成一项专断的权力，违反了《人权宣言》第 9 条，即禁止"一切为羁押人犯身体而不必要的严酷手段"。

第四，被拘留者与律师的首次会见只能交谈 30 分钟，而不能寻求律师的帮助。律师不能接触诉讼案卷的材料，在被拘留者受到讯问时也无权在场。当事人没有被告知保持沉默的权利。因此，拘留制度侵害了辩护权，不符合公正审判、无罪推定和法律面前人人平等原则的要求。况且，在特定罪行的侦查中，当事人会见律师的权利要在拘留 48 小时或者 72 小时后才能实现，这同样违反了上述要求。

宪法法院根据宪法、相关组织法的规定对申请人提出的违宪抗辩进行了审理，由于最高司法法院递交的多个合宪性先决问题全部都涉及相同的法律条文，因而宪法法院进行了合并审理，并将这些案件合并在一起于 2010 年 7 月 30 日作出了单一的最终裁决。

2. 宪法法院的判决

对于申请人提出的《刑事诉讼法典》第 63—4 条第 7 款和第 706—73 条，宪法法院拒绝重复审查。因为根据相关组织法的规定，对于宪法法院已经在事前审查程序中宣布合宪的法律，除非存在情势变更，否则不得再提出合宪性先决问题，业已提出者，亦不进行审理。关于《刑事诉讼法典》第 63—4 条第 7 款和第 706—73 条，宪法法院曾经针对 2004 年 3 月 9 日法律进行事前审查，当时宪法法院主要审查了第 1 条，它规定在《刑事诉讼法典》第四编中插入第二十五章，内容是犯罪与有组织犯罪中的适用程序，其中包含了本案中被提请审查的《刑事诉讼法典》第 63—4 条第 7 款以及第 706—

73 条的内容，而宪法法院当时宣告第 1 条符合宪法①，因此，第 63—4 条第 7 款和第 706—73 条的内容同样具有合宪性。就目前而言，情形并没有发生任何变化，因此，宪法法院拒绝对《刑事诉讼法典》第 63—4 条第 7 款和第 706—73 条的合宪性进行新的审查。在排除上述条款的审查之后，宪法法院主要将审查集中在《刑事诉讼法典》第 62 条、第 63 条、第 63—1 条、第 63—4 条第 1 至 6 款和第 77 条。以下分别介绍法院的判决理由与结论。

（1）事实与法律方面的环境变化

宪法法院在其 1993 年 8 月 11 日的判决中并没有具体审查《刑事诉讼法典》第 63 条、第 63—1 条、第 63—4 条和第 77 条，但它曾依申请审查对这些条款的修正条款并判决其符合宪法。这些条款规定了司法警察实施拘留以进行讯问，上述拘留的期限延长，检察官对上述拘留措施的监督，以及被拘留者享有的 30 分钟会见律师的权利。《刑事诉讼法典》的这些条款在 1993 年 8 月 24 日法律之后相继进行过多次修正。相对于宪法法院在其 1993 年 8 月 11 日判决中审查的那些条款而言，现在受到挑战的这些条款对司法警察的拘留提供了更好的监督，也包含了对被拘留者更好的保护。

但从 1993 年以来，刑事诉讼规则的修正和这些规则实施方式的变化已经导致司法警察的拘留受到更频繁的起诉，以及要求修改《刑事诉讼法典》以调整它所规定的权力与权利的平衡。

针对预审所提起诉讼的案件比例已经持续减少，目前在法院作出判决和命令的轻罪案件中只占约 3％。在 1993 年 8 月 24 日法律以后，刑事案件的"实时"做法已经一般化。这一做法已经导致检察官的决定是以司法警察在拘留结束前提交的报告为基础的。尽管决定是否提起公诉的这些新的方法与手段使侦查的结论按照良好司法管理的目的可能出现变化或有所不同，但事实仍然是，在那些涉及复杂和特殊案件的程序中，对嫌疑人的审判经常只以司法拘留期间获得的证据为基础，尤其是嫌疑人在被拘留期间所作的供述。将犯罪嫌疑人拘留进行讯问因此已经成为对其提起公诉（之后的法院审判也受此左右）的主要阶段。

另外，《刑事诉讼法典》第 16 条，按照 1978 年 7 月 28 日法律和 1985 年

---

① Cf. Décision n° 2004—492 DC du 2 mars 2004 du Conseil Constitutionnel.

11 月 18 日法律的措辞，确定了具有司法警察地位的人员的范围，即只有那些被明确授权决定是否将个人实施司法拘留进行讯问的人员。本条后来由 1994 年 2 月 1 日法律第 2 条、1995 年 2 月 8 日法律第 53 条、1996 年 7 月 22 日法律第 20 条、1998 年 11 月 18 日法律、2003 年 3 月 18 日法律第 8 条和 2006 年 1 月 23 日法律第 16 条所修正。这些修正案减少了对司法警察地位的限制，将拘留权主体扩大到了国家警察的其他公职人员和国家宪兵的军职人员。在 1993 年至 2009 年期间，具有司法警察地位的文职和军职人员的数目从 25 000 人增加到了 53 000 人。

这些变化使得司法拘留变得稀松平常，甚至包括了未成年人犯罪。而司法拘留对于侦查的结果非常重要，也决定了是否将案件提起公诉从而使相关人员受到法院审判。在 2009 年就曾实施了 790 000 起拘留决定。上述法律与事实两方面的变化使得审查这些受挑战法律的合宪性变得非常必要。

（2）关于侵害人的尊严的问题

针对申请人提出的拘留的具体条件侵害人的尊严的请求，宪法法院认为，1946 年宪法序言确认了人的尊严的宪法效力，即"任何人无论民族、种族或信仰均享有神圣不可剥夺的权利"，保护人的尊严免于任何种类的奴役和贬低属于此种权利的一部分，同时也是一项具有宪法效力的原则。

法律规定了司法机构以及司法警察应使任何拘留在尊重人的尊严的前提下实施。而且，司法机构有权在《刑事诉讼法典》所授予的职权范围内，基于当事人所犯的罪行，防止和处罚反过来侵犯被拘留者人格尊严的行为，并责令对被拘留者的损失进行赔偿。司法警察可能在实施拘留的过程中没有完全遵循《刑事诉讼法典》的要求从而侵犯人的尊严，但是《刑事诉讼法》关于拘留具体条件的规定本身并不必然侵害人的尊严从而违反宪法。尽管议会享有修改相关条款的自由，但提交宪法法院审查的规定本身并不损害人的尊严。

（3）关于申请人的其他要求

针对申请人的其他请求，宪法法院认为，《人权宣言》第 7 条规定："除非在法律所确定情况下并按照法律所规定的程序，任何人均不受控告、逮捕与拘留。凡请求发布、传送、执行或使人执行任何专断的命令者，皆应受到惩罚；但任何根据法律而被传唤或逮捕的公民则应当立即服从，抗拒即属犯法。"第 9 条规定："所有人直到被宣告有罪之前，均应被推定为无罪，而即使判定逮捕系属必要者，一切为羁押人犯身体而不必要的严酷手段，都应当受到法律的严厉制裁。"第 16 条规定："一切社会，凡权利无保障或分权未确立，均无宪法。"

根据宪法第 34 条，法律确定关于刑事程序的规则。宪法第 66 条规定："任何人不得无故遭受拘禁。司法机构作为个人自由的捍卫者应依法律规定确保这一原则得到遵守。"

宪法第 34 条使议会决定刑事法律的适用范围。就与刑事程序相关的方面而言，这尤其要求在寻求拘押犯罪者的过程中避免不必要的严苛或残酷行为。而且议会有义务一方面阻止损害公共秩序的行为和侦查犯罪者，这两者对于捍卫权利和维护具有宪法效力的原则而言都是必不可少的；另一方面确保受宪法保障的那些自由，并在这两方面之间保持平衡。这些自由包含对辩护权的尊重——辩护权来源于《人权宣言》第 16 条，同样也包含司法机构根据宪法第 66 条承担保护义务的个人自由。

宪法法院认为，司法机构由法官和检察官组成。在拘留期限的延长超过 48 小时的情况下，则要求法官的介入。而在这一期限之内，拘留的进行则处在检察官的监督之下，检察官有权决定在必要时将拘留延长 24 小时。根据《刑事诉讼法典》第 63 条和第 77 条，任何拘留在实施时必须告知检察官。检察官随时可决定释放或提审被拘留者。因此，检察官有权决定是否继续进行司法拘留，以及在必要时延长拘留的时间，这是出于侦查犯罪的目的所必要的，并且与被拘留者被指控实施的罪行的严重程度保持了比例关系。因此，申请人提出的拘留制度违反宪法第 66 条的主张必须予以驳回。

但是，首先，根据《刑事诉讼法典》第 63 条和第 77 条，司法警察对所有被怀疑违法的人都可以将其拘留 24 小时而不论其行为的严重程度，所有拘留都可以延长 24 小时而不论违法行为的性质是否严重。

其次，《刑事诉讼法典》第 62 条和第 63 条规定允许对被拘留者进行讯问，但是第 63—4 条却不允许受讯问的人在讯问违反其意志的情况下得到律师的有效帮助。为了搜集及保存证据，这种对辩护权的限制在普通案件中非常普遍，而且丝毫没有考虑到特殊的情形。另外，被拘留者也没有收到其沉默权的告知。

在上述条件下，《刑事诉讼法典》第 62 条、第 63 条、第 63—1 条、第 63—4 条第 1 至 6 款和第 77 条没有对被拘留者提供适当的保障，前述的侦查犯罪者与保障宪法自由这两方面的平衡也没有达到。因此，这些条款违反了《人权宣言》第 9 条和第 16 条，必须被认定为违反宪法。

（4）关于违宪的效力问题

首先，宪法法院没有任何权力去评价宪法授予议会的权力，因此，宪法法院也无权去指示应当如何修改那些违宪的刑事诉讼规则。其次，立即撤销受到挑战的法律条文将不能符合防止损害公共秩序的行为和侦查犯罪者的目标，并带来明显不适当的后果。因此，撤销上述条文的时间必须延长至 2011 年 7 月 1 日，以使议会对违宪的条文进行补救。在上述日期以前，根据此处被认定为违宪的条文所采取的措施不得以上述违宪的理由而受到挑战。

据此，宪法法院最终裁决如下：

第一，《刑事诉讼法典》第 62 条、第 63 条、第 63—1 条、第 63—4 条第 1 至 6 款和第 77 条的内容违反宪法。

第二，前述的违宪认定应自 2011 年 7 月 1 日起生效。

第三，宪法法院无须对《刑事诉讼法典》第 706—73 条和第 63—4 条第 7 款的内容进行审查。

3. 本案的影响

本案是法国宪法法院自合宪性先决程序于 2010 年 3 月 1 日实施以来所作出的最重要判决之一，其中涉及一项长期以来备受争议的刑事诉讼制度——司法拘留。实际上，法国司法界已经长期关注现行司法拘留制度与被拘留者人身自由的问题，早在 2008 年修宪刚刚建立合宪性先决程序伊始就已经有律师宣称要对《刑事诉讼法典》的相关条款提出违宪抗辩。确实如法国宪法法院在判决中指出的那样，仅 2009 年法国就发生了 79 万起司法拘留案件。而法国的总人口不过约 6 500 万，如此算来每一百个法国人中就有 1.2 个在 2009 年受到司法拘留。由此可见司法拘留制度在实施过程中的混乱局面。

在合宪性先决程序实施的当年，宪法法院就通过本案的判决，纠正了长期涉嫌过度侵害人身自由而得不到废止的司法拘留制度，可谓顺应潮流。笔者认为，本案中倒不存在值得争论的疑难宪法问题，因为只要稍微运用比例原则就可以很容易地发现《刑事诉讼法典》相关条款没有符合狭义的比例要求，构成对人身自由的侵害。并且，只要运用比较法的方法，也可以轻易地发现法国的拘留体制在当今宪政国家明显属于未充分保障人权之列，更达不到欧洲人权法院的标准。与其说本案具有法律意义，解决了疑难法律问题，倒不如说它具有政治意义，因为它显示了刚刚建立的合宪性先决程序作为事后审查与具体审查的"威力"，从此以后，那些在事前审查中"漏网"的法律将逐渐统合于宪法的原则与规则之下，宪法法院也将在保障基本权利方面发挥日益重要的作用。

　　值得注意的是，与绝大多数其他国家的违宪审查体制不同的是，改革之后的法国宪法法院可以称得上是世界上最具有多样性的审查机构，既有事前审查也有事后审查，既有抽象审查也有具体审查。这种丰富多样的审查形式，显然有助于宪法法院更有效地对法律进行合宪性控制。就刑事诉讼法与宪法的关联而言，我们已经能够预见到，一系列人权规范将进一步统合刑事诉讼法律制度。刑事诉讼法的合宪性调整能够进行到何种程度，完全取决于宪法法院试图将审查进行到何种深度。

　　（三）总结与启示

　　1. 对 2010 年以来的实践之总结

　　在宪法法院的违宪判决之后至议会按照判决要求修改相关法律之前，法国的司法拘留制度进一步遭受挫折，欧洲人权法院在 Brusco c. France 一案中裁定法国败诉，特别强调个人享有"在讯问过程中受到律师帮助的权利"、"被告知保持沉默的权利"和"不自证其罪的权利"[1]。受到所有这些诉讼事件的影响，议会制定了《关于司法拘留的 2011 年 4 月 14 日第 2011—392 号法律》，对司法拘留体制进行修正，以符合宪法法院和欧洲人权法院的要求。该法已经于宪法法院判决所确定的最后日期——2011 年 7 月 1 日生效。在这一法律生效后，法国政府又制定了《关于促进律师介入司法拘留和海关扣留过程的 2011 年 7 月 6 日第 2011—810 号法令》。值得注意的是，法国律师工会在新法通过后又使宪法法院审查新法的合宪性，但宪法法院在 2011 年 11

---

[1]　Affaire Brusco c. France，requête n1466.07，CEDH，14 Octobre 2010，at 45.

月 18 日作出一系列判决，驳回了律师对新法的合宪性质疑。①

从近两年关于司法拘留制度合宪性的各种争议来看，宪法法院的审查活动在保障个人权利方面已经开始发挥越来越重要的作用。在合宪性先决程序开始实施的第一年，宪法法院就不负众望地指出司法拘留制度的缺陷。但是，宪法法院显然也无意扮演超级司法积极主义的角色，例如它在 2011 年确认了新法的合宪性。2008 年宪法改革赋予了宪法法院一条新的事后审查通道，政治保守派曾担心这一通道有被滥用的可能。宪法法院的判决显然是在尝试着扮演一种既不过于积极也不保守的审查角色。在刑事诉讼法合宪性调整的过程中，这种审理理念显然有助于维持宪法与刑事诉讼法之间的平衡关系，以及宪法法官与刑事法官、宪法法院与立法者之间的关系。

此外，在 2010 年司法拘留制度违宪案中能够发现的一种重大变化是，宪法法院的判决比以往事前审查程序作出的判决在内容上丰富得多。由于具有了具体司法案件的背景，因而宪法法院对整个宪法判断的说理更为清楚、透彻和连贯。就宪法与刑事诉讼法的关联而言，借助宪法法院的合宪性先决程序，两种规范之间的关联及其法律技术，必然会比以往更为明显。刑事诉讼法在合宪性调整的过程中，必然以一种越来越清楚的宪法思维贯穿宪法关于人权保障的各种原则。刑事诉讼法的合宪性调整，实为借助于合宪性审查的过程实现刑事诉讼法的"人权化"。

2. 宪法与刑事诉讼法关系之历史展开

我们可以站在更为宏大的历史背景下，用阶段论的方法来整体性地分析 2010 年以来法国刑事诉讼法宪法化的实践。

第一，从 1789 年《人权宣言》制定直至 1958 年，可以作为第一个阶段。在这一阶段，宪法（的人权条款）与刑事诉讼法几乎没有任何实质性关联，尽管人们也承认刑事诉讼应遵循 1789 年的原则，但这种共识只在理念的层面才存在。

第二，1958 年至 1971 年结社自由案，可以作为第二个阶段。在这一阶段，宪法与刑事诉讼法是一种静态的联系，尽管宪法的人权条款与刑事诉讼法具有某种关联，但二者之关联在静态的意义上才能成立，即宪法赋予议会

---

① Cf. Décision n°2011—191、194、195、196、197 QPC du 18 novembre 2011 du Conseil Constitutionnel.

刑事立法权，刑事立法权在理论上是不能滥用的，但刑事立法权果若存在滥用之情形，亦无法律手段予以裁制。

第三，从 20 世纪 70 年代至今，可以作为第三个阶段。在这一阶段中，宪法与刑事诉讼法的联系由于宪法法院的审查活动而从静态转化为动态，即刑事诉讼法的真实的宪法化。这一阶段又可以大体上分为 2010 年前后两个时段。2010 年以来随着合宪性先决程序的实施，刑事诉讼法的宪法化必然愈加明显。尽管 2010 年以后的实践还有待观察，但似乎可以预期，由于事后具体审查通道的敞开，刑事诉讼法将在更完整、更具体的意义上统合于宪法的人权原则之下。所谓"完整"，是指以往被事前审查程序所遗漏的刑事诉讼法规范将无所遁形；所谓"具体"，是指关于刑事诉讼法的宪法判断将会以更清晰透彻、更可令人接受、更切合具体案情的方式作出。

3. 对我国的启示

我国宪法中存在不少涉及刑事诉讼中保障人权的条款，但正如学者指出的那样，由于当下并无成型的违宪审查机制，宪法之于刑事诉讼法缺乏刚性的约束，因而"中国宪法与刑事诉讼法之间的关系是松散的、静态的"①。因此，我国的刑事诉讼法与宪法的关系状况，接近于法国的第二个历史阶段。但也有必要指出其中的一点重要差异。在法国的第二个阶段，立法机关与违宪审查机关是分离的，只是当时违宪审查的目的不在于保障人权，而在于维护议会与政府之间的平衡，相应地，宪法中的人权条款也不是违宪审查的依据。但在我国当下，刑事立法的立法机关与违宪审查的机关是合一的，也就是说，全国人大及其常委会既扮演着刑事立法者的角色，也行使着解释宪法和监督宪法实施的职能。而且，考虑到刑事立法主要是由全国人大直接制定的，而只有全国人大常委会才有经常性地履行监督宪法实施职能的条件和便利，所谓刑事诉讼法的宪法化以及"刑事宪法"的问题，在我国显然会需要更复杂的技术。

当然，无论在中国还是法国，有一条根本规律肯定是不能存在例外的，那就是必须以宪法中的人权原则来统合刑事诉讼法。由于我国违宪审查体制的特殊情况，这一任务肯定不得不更多地由全国人大及其常委会在立法过程

---

① 施鹏鹏：《走向刑事宪法：以宪政框架下的法国刑事诉讼改革为背景》，《浙江社会科学》2011年第 6 期，第 67 页。

中主动担当。从现实主义的角度出发，在立法者本身宪法阐释者的情况下，立法者制定的刑事立法本身即宪法阐释者对人权原则的践行和阐释。令人感到欣慰的是，第十一届全国人大在 2012 年 3 月 14 日通过关于第二次修正《刑事诉讼法》的决定中，将宪法中的"尊重和保障人权"原则嫁接到了《刑事诉讼法》的第 2 条中。这或许是一种"中国式"的刑事诉讼法宪法化，但在刑事诉讼的立法和修法过程中，如何在对宪法的人权规范作更好的教义学阐释的基础上，使刑事诉讼的具体构造更充分地体现"尊重和保障人权"的原则，以及宪法中的各项人权规范，则是兼具立法与监督宪法实施双重职能的全国人大及其常委会有必要认真考虑的问题。而正是在这方面，法国宪法法院（当然也包括其他国家的宪法司法机关）的宪法判断方法，具有比较法上的借鉴意义。

第十章

英国宪政改革与最高法院

　　上议院作为上诉法院是典型的英国宪政结构。在英国的司法进程中，传统、宪法原则和政治因素结合创造出一个如此不同寻常的制度：没有任何人刻意如此设计，但这样的制度却已经高效地发挥了其功效。上议院之所以扮演司法角色，主要是由于中世纪的英国宪法学没有明确区分立法、行政和司法的功能，以及早期的英国君主希望授权于其可信任的顾问。[①] 对于英国这种传统宪政框架下的司法体系，边沁是极力反对的。"一匹马也比一个法官更应该在上议院发出声音！因为在上议院嘶鸣不会使这匹马更难骑；但参与上议院的议事会使一个法官作出更糟糕的判决"[②]，边沁 1790 年如此批判道。将一个法院设立于议会中无异于"期待一个人在一种名义下裁判其之前在另一种名义下作出的决定"[③]。这自然给法官带来一个利益上的冲突，同时还要希望其不受此影响。[④] 在美国及其他很多国家，权力分立被认为是至关重要的宪法基石，但在英国却并非如此。由于其资产阶级革命的妥协性，英国并未严格按照权力分立原则设计国家机构。并且长期以来英国人普遍认为将

---

　　① See Sir William Holdsworth, *A History of English Law*, 7th edn (1956), Vol. 1. Ch. IV. See also T. Beven, "The Appellate Jurisdiction of the House of Lords", *Law Quarterly Review* 17: 1901, pp. 155, 357.

　　② Draft for the *Organisation of Judicial Establishments*, *compared with that of the National Assembly* [*of France*], *with a commentary on the same* (1790) *in The Works of Jeremy Bentham*, J. Bowring (ed.) (1843), Vol. 4, p. 381.

　　③ Ibid.

　　④ Ibid.

政府的主要职能分离开，同时由选举产生的议会监督行政机关就形成了一种稳定、合法并符合宪政要求的国家机构组织模式。不过这一看法已经发生改变，英国 2009 年 10 月正式运行的新的最高法院就是最好的例证。

一、英国司法改革的历史进程

"最高法院"这个称谓最早是在自由党（Liberal）执政时被提出的，其当时指代的是新成立的上诉法院和高等法院。之所以说建立新的最高法院，是因为英格兰很早之前就已经有一个最高法院了。依据 1981 年《最高法院法》（Supreme Court Act 1981）第 1 部分的规定，上诉法院（Court of Appeal）、高等法院（High Court）、巡回刑事法院（Crown Court）是英格兰和威尔士的最高法院。只是由于存在上议院的上诉委员会和枢密院的司法委员会，它们并非真正意义上的最高法院罢了。19 世纪 80 年代，英国通过两次重大的改革使得上议院基于一个专业水准发挥其司法职能。第一个重大改革是终结非法律贵族参与审判。1844 年，丹尼尔·奥康奈尔（Daniel O'Connell）由于其政治活动被判勾结爱尔兰罪。上议院的法律贵族最后以3∶2的表决允许奥康奈尔提起上诉。同时，上议院的很多非法律贵族表明不接受奥康纳尔的上诉，但时任首相的罗伯特·皮尔（Robert Peel）劝阻了这些非法律贵族。皮尔认为这样做将损害上议院的司法功能。[1] 本案的法律报告中记载道："于是所有的非法律贵族只好撤回意见。"[2] 上议院非法律贵族不参与审判的宪法惯例自此形成。

单单移除非法律贵族在审判中的角色自然还不足以确保上议院高质量地审理上诉案。对接下来的改革，英国当时产生了激烈的政治辩论。在这场辩论中，上议院差点儿完全失去上诉管辖权。[3] 1874 年，时任英国首相的自由党人威廉·格拉德斯通（William Gladstone）就试图废除上议院的司法职能，并在法案中建议由一个英国上诉法院接管这些职能。然而，在这一新的立法于 1874 年 11 月正式生效前，保守党的创始人本杰明·迪斯雷利（Ben-

---

① See Robert B. Stevens, Law and Politics: the House of Lord as a Judicial Body, London: Weiden feld and Nicolson, 1979, p. 33.

② O'Connell v. R. (1844) 11 Cl. & F. 155 HL at 421-6.

③ See Robert Stevens, *Law and Politics* (1979), pp. 37 – 67.

jamin Disraeli）在换届选举中赢得大选，成为英国新一任首相。迪斯雷利继任后，其司法大臣提出了一个不明智的修改法案，建议由上诉法院受理苏格兰和爱尔兰的上诉案件，并将上诉法院重新命名为帝国上诉法院。这个建议激怒了苏格兰和爱尔兰的在野党，同时也使得保守党更多地担心这一激进改革的弱点。在各方的压力下，保守党政府放弃了1874年法案，并延迟了新法律的生效时间。政治上的博弈结果就是1876年《上诉审判权法》（Appellate Jurisdiction Act 1876）的通过。上议院仍然掌握最高审判权，但审理案件的不能少于三人，并且任命一批新的领取薪酬的职业法律贵族以一种有效的方式审理和决定上诉案件。通过第二个重大改革，一个全新的现代化法院得以建立，尽管基于传统的原因，上议院审理的是"请愿"（petitions）而不是"诉讼"（claims），审判结果称为发言而不是判决。

第二个改革明确了议会司法职能和其他职能的区别。因为只能由法律贵族审理案件，特权委员会（Committee of Privileges）于是在1905年决定有出庭律师资格的贵族可以在上议院为当事人辩护。1934年，议会要求诉讼当事人在向上议院提出实体上诉前首先要拥有上诉资格。因此，任何受委屈的人都可以向议会请愿的这一历史原则就此废除。[①] 1948年议会工作方法的改变肯定了，基于传统的原因议会仅仅是英国最高上诉法院工作的一个地方。第二次世界大战期间议会办公建筑的损坏使得下议院需要使用上议院的办公室，因此带来的嘈杂迫使法律贵族将其办公地点挪到一个委员会的房间。为了完善这一改变，上议院临时于1948年5月26日建立了一个上诉委员会（Appellate Committee）。[②] 当上议院1951年回到其原办公室后，上诉委员会却继续在这个房间工作。从此以后，议会行使司法职能时再也无须让位于行使立法职能。1960年，上议院同意两个上诉委员会可以同时办公[③]，但判决都在议会办公室作出。直到1963年，上议院都还是花好几个小时宣读全部判决理由。2009年7月27日至30日，上议院最后一次审理上诉案件时依然是在上议院的办公室里进行的。1948年这次外在的物理分离虽然是

---

①　See the Administration of Justice (Appeals) Act 1934, discussed in Blom-Cooper and Drewry, *Final Appeal* (1972), p. 38.

②　See *Hansard*, HL Vol. 155, cols 737 – 747 (May 11, 1948).

③　这两个上诉委员会均根据议会议事规则成立于每个会期伊始。

由实践需要而非意识因素所导致，但这次物理分离的重大意义却不能因此而贬低。

此外，近现代上议院的大法官们都认可了一点，即上议院的法官不应该同时肩负任何政治上的职责。这也更加确认了议会立法和司法职能的区别。20 世纪 20 年代，对法律贵族是否应该参与政治事务在英国产生了巨大的争议。[1] 虽然法律贵族依然在议会承担一些非司法的工作，但在最近这些年除了已经退休的法律贵族，其他的法律贵族们几乎不参与任何议会的讨论，也不参与任何投票。[2] 2000 年 1 月，皇家上议院改革委员会在其报告中建议，法律贵族应该就其参与议会讨论和投票时应当遵守的原则发布一项声明。[3] 2000 年 7 月，宾汉大法官作为高级大法官代表所有其他的大法官在议会发表了声明："鉴于大法官们的司法职责，上议院全体大法官自愿受两条基本原则限制。第一，我们认为卷入具有强烈的政党争议因素的事件中是不合适的；第二，我们牢记着，如果对一项可能以后会上诉到上议院的事情发表自己的观点，这可能使自己失去审理案件的资格。"[4] 2001 年 12 月是作为内阁大臣的司法大臣最后一次作为法官参与上诉委员会的案件审理。[5]

回顾英国司法改革 21 世纪初之前的历史进程，不难发现上议院司法职能的根本改变发端于 19 世纪，并且这些改变分割了议会的司法工作和政治工作。这些实质都是职业法官的法律贵族简单地基于历史原因和为了办公方便而偶然地在议会一个委员会房间里办公。皇家上议院改革委员会 2000 年的一个结论说这些法律贵族"给上议院的工作带来了积极影响"，并且建议他们在执行司法职责的同时应该继续成为改革后的上议院的议员。[6] 对英国很多政治改革观察家而言，法律贵族不应肩负政治角色的共识是将最高上诉

---

① See *Hansard*，HL. 5th Series，(March 29，1922)，Col. 940.

② 2009 年 2 月 25 日，霍普大法官参与了有关苏格兰广播的一次辩论。他说明道："距离我完全作为一名法官的时间越来越近了，我将没有资格再坐在上议院发言"，所以他决定把握这个非常稀有的机会，当国民还允许他参与议会讨论时。See *Hansard*，HL Vol. 708，col. 277 (Feb 25，2009).

③ See Royal Commission on Reform of the House of Lords，*A House for the Future*，Cm. 4534 (2000)，Recommendation 59.

④ *Hansard*，HL Vol. 614，cols 419 - 420，(June 22，2000).

⑤ 审理的案件是：*AIB Group*（*UK*）*Plc v. Martin*［2001］UKHL 63；［2002］1 W. L. R. 94。

⑥ See A *House for the Future*，Cm 4534 (2000)，para. 9. 6.

法院转变为一个独立的机构这一过程的顶点。但对另外一些人而言，承认法律贵族基石区别于立法者的法官就是建立一个在各方面都完全独立于议会的最高法院的序曲。

二、建立新的最高法院

（一）成立新的最高法院之缘由

建立一个新的最高法院在英国早已不是一个新的主张。早在 1867 年，白芝皓在其经典著作《英国宪法》中就主张："英国人民的最高法院应该是一个显而易见的裁判所，而不应该隐藏在一个立法大会的长袍之下。"① 虽然 1997 年工党执政后，英国政府着手展开了一场前所未有的大规模的宪政改革，但以下四方面的原因可能真正使白芝皓的这一主张在 21 世纪受到大力推崇。首先，上议院的组成人员再次成为争论的一个焦点。依据工党推动通过的 1999 年《上议院法》②，上议院中大量的世袭贵族都不再有资格参与议事。皇家上议院改革委员会 2000 年 1 月发布的关于未来议会的改革报告③ 也使有关这一焦点的争论升温。在这样的背景下，人们的目光自然也会聚焦到到底应该赋予上议院的法律贵族什么样的角色上。其次，英国作为欧盟成员国以及其 1998 年制定的《人权法》使得法律贵族们频繁地审理由议会作出的决定而引发的诉讼，而他们自己就是议会的成员。再次，欧洲人权法院作出的很多判决都强调，《欧洲人权公约》第 6 条要求法院必须独立、公正，并且要从机构的外在表现上维持这些性质。最后，2002 年 5 月 1 日宾汉大法官在伦敦大学学院发表了一个题为《英国一个崭新的最高法院》的演讲。他认为，虽然长期以来上诉委员会都致力于作出高质量的判决，但"这个世界改变了，制度也应该随之而改变"④。

对于宾汉大法官演讲中的分析，英国政府最初并没有任何赞同的迹象，直到布莱尔突然于 2003 年 7 月 12 日宣布了一系列继续推动宪政现代化的改

---

① 　W. Bagehot, *The English Constitution* , London: Chapman and Hall, 1867, Ch. 5.

② 　*House of Lords* Act 1999.

③ 　See the Royal Comission on the Reform of the House of Lord: A House for the Future, Presented to parliament by Command of Her Majesty, January, 2000.

④ 　Lord Bingham of Cornhill, A New Supreme Court for the United Kingdom（The Constitution Unit, School of Public Policy, University College of London, May 1, 2002）.

革方案，其中就包括建立一个新的最高法院取代上议院的上诉委员会。① 当时大法官办公室（the office of Lord Chancellor）所肩负的职能的复杂性可能使工党政府非常深刻地意识到权力分立和建立真正意义上的最高法院的重要性。大法官办公室成立于 1885 年，是大法官部（Lord Chancellor Department）的前身，并由大法官（Lord Chancellor）主持工作。从大法官办公室成立之初，大法官就一直掌管着英国的国玺，所以大法官办公室在各政府部门中逐渐地具有了一定的地位并成为进一步代表国王执行王权的部门。随着大法官权力的不断扩大，大法官的职权跨越立法、司法、行政三个领域：他可以以上议院议长的身份主持上议院工作、以司法首长的身份参与审理上诉到上议院的案件，并且负责任命法官、决定法官的薪水、训练下级法院的法官，还要负责英格兰和威尔士较高级别法院和刑事法律援助中心以及大量的裁判所的行政管理工作。后来，很多原属于内政部的职能也都转移到大法官部。另外，2001 年内阁办公室又安排大法官负责对上议院的改革工作。

工党倡议改革之初，其实未曾打算废除大法官办公室。但当时担任大法官的尔文（Irvine）与内政部在很多事宜上都存在分歧，并且大法官办公室运作中产生了越来越多的困难。工党政府从而认识到由于大法官办公室的多重职能违背了权力分离原则，所以才会产生这样局面。因此，将司法权与立法权、行政权清楚地加以分离，从而确保司法的独立性成为改革的重大目标之一。而实现这一目标的方式之一就是建立一个新的最高法院。② 尽管上议院的常任上诉法官很少参加立法活动并且尽职尽责地审理案件，但是工党认为只有建立一个新的最高法院才能更加明确地、外在地将上议院的司法职能和立法职能分开。工党政府不承认成立最高法院的构想是受到美国最高法院的模式和三权分立学说的影响，但事实上在首相发表正式声明之前于 2003 年 6 月 11 日已经作了一些咨询。

（二）关于如何组建最高法院的讨论

2003 年 7 月，英国政府就建立一个新的最高法院的相关事宜进行了公

---

① 布莱尔的这个宣布震惊了所有人并引起内阁成员和高级法官们很大的愤怒，因为布莱尔作出这个重大决定按理应该与这些人进行商议的。See "Lord Falconer appointed Secretary of State for Constitutional Affairs", Prime Minister's Office press release, June 12, 2003. See generally A. Le Sueur, *New Labour's Next (Surprisingly Quick) Steps in Constitutional Reform*, Public Law: 368, 2003.

② 除了建立一个新的最高法院，司法改革还涉及大法官办公室、司法部、法官。

共咨询，并收集了来自各方对此的反馈意见。① 现任常任上诉法官有六个当时非常率直地认为从实践操作层面上这种建议既无必要也是有害的；有四个没有加入这种直白的谴责，并主张将司法权从行政权和立法权中独立出来是一个现代、自由、民主、法治国家的最主要的特征。② 尽管如此，反对的声音并未成为主流阻碍改革的进行。继尔文接任司法大臣一职并负责宪政改革事务的福克纳阁下于 2004 年 2 月 9 日发表了一份部长声明，称："是时候将英国的最高法院从立法机关的阴影中移出来了。"③ 英国于 2005 年最终通过了《宪政改革法》（Constitutional Reform Act 2005），其中第三部分是专门对建立最高法院作的规定。当其完全生效后，上议院失去其长久以来拥有的司法职能，并于 2009 年成立一个新的最高法院。这个新的最高法院肩负上议院现有的审理上诉案件的审判权，以及枢密院对地方自治问题享有的司法审判权。④ 成立一个新的最高法院将司法权完全与上议院的立法权分离开是非常必要的。在理论上，英国上议院的法律贵族既是拥有最高审判权的法官又是立法者，这完全违背了权力分离这个基本宪法原则。

此外，上议院的法官还不时地在政治上构成干涉⑤，完全不能保证法官的中立性。尤其是在讨论英国政府发表的关于法律职业改革绿皮书，以及1990 年提出的法院和法律服务法案的过程中，这种干涉最为突出。六个上议院的法律贵族与首席法官（Lord Chief Justice）以及保管大法官法庭卷宗的法官（Master of the Rolls）一起讨论了政府发表的绿皮书，并对其做了局部的修改。这些修改遭到了极大的批评。特别是那些保管大法官法庭卷宗的法官反对政府政策的语言，大概是英国所有在职法官中讲出的最激烈的言词。上议院的高级法官在保守党执政后期曾经也对刑事司法立法进行过猛烈的批评，并且经常在公众面前将内政部长及司法大臣形容得像个傻子。1997

---

① 向公众发出的意见咨询书：Department for Constitutional Affairs, *A Supreme Court for the United Kingdom* (London: DCA, 2003)。

② See House of Lords, The Law Lords' response to the Government's consultation paper on Constitutional reform: a Supreme Court for the United Kingdom (October 27, 2003).

③ *Hansard*, HL Vol. 657, col. 26 (January 26, 2004).

④ See Constitutional Reform Act 2005, s40.

⑤ Griffith 教授列举了这些干涉行为，见 J. A. G. Griffith, *The Politics of the Judiciary* (London: Fontana, 5ᵗʰ edition, 1997), pp. 42 - 45。

年工党执政后，这些法官同样又和工党政府产生摩擦。这些干涉远远超过上议院的法律贵族仅在立法技术的细节上协助立法的底线。也因此，上议院的常任上诉法官在 2000 年采用了一份《实践声明》。[①] 常任上诉法官在声明中作出了克己的规定，即不能通过参与立法活动而干涉政治。当然，这份声明并不能排除上议院的法官将其政见直接与政府交流的可能性，比如部长们仍然可以通过法官委员会（Judges' Council）[②] 咨询法官的意见。

达到建立一个新的最高法院的目的，最简单的方式就是通过废除上议院的司法功能，并将原属上议院的审判权和枢密院司法委员会的审判权一起转移给新的最高法院。然而，与上议院仅审理国内的上诉案件不同，枢密院司法委员会受案范围之一是来自英联邦国家的上诉案件。如果英联邦国家认为司法委员会在这个层面上应该被排除在英国法院体系之外，并坚持要司法委员会受理其上诉案件，那么司法委员会可以被保留下来但仅受理来自英联邦成员国的上诉案件。因此，新成立的最高法院是否有权审理英联邦国家的上诉案件取决于英联邦国家的意愿。在英国国内，最高法院享有审判权的案件可能主要有以下两类：第一，接管上议院享有的民事审判权，但是不能继承上议院的刑事审判权。上议院在处理刑事上诉案件时已经对英国的刑法产生了些负面效果，使得议会不得不常常通过立法来修正这些判例法。这样的司法审判权不能简单地将其取代并延续下去。第二，新成立的最高法院在涉及宪法的案件中应该起到特殊的作用。例如，依据《人权法》起诉的案件，在经过一审以后就应该允许当事人直接将案件上诉到最高法院。这样就会缩短诉讼程序，并且在关于公民基本权利的问题上作出权威的判决。另外，新的最高法院还可以对牵涉苏格兰议会、威尔士国民大会和北爱尔兰国民大会之间权力纠纷的案件享有司法审判权。最高法院通过维系各个地区权力构成上的平衡，确保民事法律和宪法能在英格兰、苏格兰、威尔士和北爱尔兰得以统一发展。

考虑到新的最高法院的重要性及为其预设的司法权限的一部分的政治背景，挑选最高法院的法官就应该适用一种新的挑选程序。担任最高法院法官

---

① See *Hansard*, HL Vol. 614, cols 419 - 420, (June 22, 2000).

② 法官委员会的成员包括上议院的法律贵族的代表，巡回法院和地区法院的法官代表，治安法庭和裁判所的法官代表。

的基本条件还是应与担任上议院常任上诉法官的条件一致，但是法官候选人应该由新成立的法官任命委员会来提名，并且最后由上、下两议院联合组成的挑选委员会对候选人进行测试。测试的问题可以直接涉及政治、哲学以及候选人的社会观和人生态度。如果最高法院对有关公民基本权利案件享有审判权，那么将法官候选人的观点公之于众并且测试公众对候选人的满意度就显得极其重要了。目前英国还没有一套适宜公开详细调查候选人担任高级法院法官的适合性的机制。当然，设计这套机制也绝不能仅基于候选人不适宜担任这个理由就否决对其任命。这种有政治介入的法官挑选方式可能会在司法独立性这个方面遭到质疑。但这种任命方式完全不能影响司法独立，因为法官一经任命其任期就受到绝对的保证。其实，在挑选过程中有政治的介入也存在一定的优势。将候选人的政治、社会信仰和人生态度完全向公众公布也是英国政府民主统治的一个重要部分，因为在民事和宪法案件上享有审判权的最高法院不能仅仅代表小部分人的意志。

（三）新的最高法院的相关情况

工党政府最后选择了一个比上述建议保守的方式进行改革。新的最高法院于 2009 年 10 月正式运行。为了保证最高法院的完全独立，其办公地点必须远离威斯敏斯特，但又应该位于伦敦。然而，在伦敦这样一个寸土寸金的地方，合适的场所很少而且难以获得，并且无论是新建办公楼或者是找一栋旧楼加以改建成本都数额巨大。[①] 如果将最高法院建在威斯敏斯特内，最高法院可能仍会受到来自议会的潜移默化的影响，那么期望通过改革达到的成效就会减小。费尽周折后，工党政府终将位于议会广场的米德尔萨克斯郡市政大楼改建成了最高法院的办公地点。

独立的最高法院的建立并不表示其在英国法律里是个新的实体；最高法院是英国最后的上诉法院也并不意味着其将受理英国所有的上诉案件。最高法院的法官只拥有上议院上诉委员会现有的审判权限[②]，再加上枢密院司法委员会在地方自治问题上的审判权。苏格兰的刑事案件的最后上诉法院依然

---

① 国会最后通过的建立最高法院的预算为 5 000 万英镑。

② 除了极少一部分与欧洲法有关的案件要通过初步递交（Preliminary Reference）的程序提交给欧盟法院以外，上议院上诉委员会有权审理来自英格兰、威尔士和北爱尔兰所有法庭的上诉案件（无论刑事还是民事），以及来自苏格兰法庭的民事案件。

是位于爱丁堡的司法官高等法院（High Court of Justiciary）。另外，涉及欧盟立法的案件依然要通过初步递交（Preliminary Reference）程序提交给欧盟法院审理。枢密院的司法委员会将保留现有的对其他事宜的审判权。

相比上诉委员会，新成立的最高法院似乎更乐意采用现代技术与公众进行交流，例如，在其官方网页上公布案件的书面争论，发行刊物公布案件的判决概要等。这也是新的最高法院最大的变化——允许公众更大程度地了解正在审理的案件。公众可以通过展览区的电视屏听审正在审理的案件；此外，最高法院可能还要运用广播公司录制审理案件的全过程，以便公众知悉。

上议院共有 12 个常任上诉法官，其中有 2 个来自苏格兰、1 个来自北爱尔兰。为了保证法官结构的平衡性，上议院的常任上诉法官担任最高法院的首批法官，其中资历最高的法官担任最高法院的首任院长。[①] 依据 2005 年《宪政改革法》，女王可以根据枢密院的建议增加最高法院法官的人数，但是枢密院的建议必须事先经英国议会通过决议的形式同意。[②] 随着最高法院的正式运作，常任上诉法官们也必须搬出上议院，将其办公室改迁到最高法院大楼。在此之前，上诉委员会仍然是最后的上诉法院，但常任上诉法官不能再作为上议院议员参加立法。

在经过一个过渡期后，将依据 2005 年《宪政改革法》任命最高法院的法官。候选人的条件与 1876 年的《上诉审判权法》（Appellate Jurisdiction Act 1876）[③] 的规定一致——必须是已经担任高等司法办公室（high judicial office）的法官 2 年以上或者有 15 年以上的律师从业经验。[④] 为了避免受政治的影响，议会的议员和政府的行政人员不能成为最高法院法官候选人。《宪政改革法》制定了专门挑选候选人的程序，首相必须从经过该程序挑选出的人里选择一些候选人推荐给女王，最后由女王对候选人任命。[⑤]

当最高法院的法官职位有空缺时，最高法院的院长、副院长和法官任命

---

① See Constitutional Reform Act 2005，s24.

② Ibid，s23（3），（4）.

③ 议会制定这部法律旨在改变上议院的司法功能。

④ See Constitutional Reform Act 2005，s25.

⑤ Ibid，ss23，26，s29.

委员会的成员一起组成一个特别最高法院挑选委员会（ad hoc Supreme Court Selection Commission），并由最高法院院长领导该委员会。挑选委员会可以挑选出 2—4 个候选人供首相再次遴选。依据《宪政改革法》，由挑选委员会决定适用什么样的挑选程序，但是要求挑选委员会必须咨询大法官、非挑选委员会成员的高级法官（senior judges）①和苏格兰的第一部长（First Minister）、威尔士国民大会第一秘书（Assembly First Secretary）、北爱尔兰的国务秘书（Secretary of State）的意见。②尽管挑选委员会要求用大法官提供的相关信息指导其挑选，但是挑选还是将主要依据候选人个人的优势作出。

　　一旦挑选出了候选人，挑选委员会就必须向大法官报告。然后，大法官必须就结果再次咨询上述的高级法官和苏格兰、威尔士、北爱尔兰的高级部长的意见。最后，大法官有几种可能的选择：将挑选结果告知首相，反对挑选结果，或要求挑选委员会重新挑选。因此，尽管改革后大法官不能再直接通过向女王建议任命高级法官，但大法官仍然可以在任命谁当法官的问题上行使否决权。然而，只有基于大法官的意见认为这个被挑选出的人不适合担任这个职位，并且大法官必须向挑选委员会提交书面的理由，这个已经被挑选出来的候选人才能被否决掉。③

三、新的最高法院运作之评估

　　第一，法官的任命和任期问题。在最高法院法官任命程序中保留首相这个环节是很难解释其正当性的。因为任命最高法院的法官不像任命上议院常任上诉法官那样需要授予其贵族身份，也不像任命上诉法院的法官那样需要授予其枢密院委员身份。其实，前首相布朗已经意识到了这个问题，并试图论证部长是否应该继续参与进法官的任命中。此外，最高法院法官的退休年龄也是一个需要改进的问题。英国政府任命 67 岁的上诉法院法官劳伦斯·科林斯（Lawrence Collins）取代哈夫曼（Hoffmann）大法官担任英国最高

---

　　①　包括：常任上诉法官（Lords of Appeal in Ordinary），上诉法院法官（Lords Justices of Appeal）和高等法院各庭的庭长（the Heads of the Divisions of the High Court）。

　　②　See Constitutional Reform Act 2005，s27.

　　③　Ibid，ss26 - 31.

法院的第一届法官组成人员，立即将这个争议推向了高潮。依据 1992 年法令对 1959 年《法官退休金法》的修改，法官的强制退休年龄由 75 岁缩减为 70 岁。那么科林斯大法官两年后就必须退休。宾汉大法官是一个令英国法律界更扼腕痛惜的例子。2005 年《宪政改革法》规定上诉委员会的首席大法官在 2009 年 10 月 1 日自动成为最高法院的第一任首席大法官。作为结束上议院的司法职能建立一个全新的最高法院的主要倡导者，宾汉大法官不仅是最高法院第一任首席大法官的最理想的人选，而且也是众望所归的人选。然而，宾汉大法官于 2008 年 10 月 13 日就已满 75 岁，即已经达到最初的强制退休年龄。于是，有学者撰文质疑英国现在规定的法官的强制退休年龄，并认为应该像美国或像英国 1959 年前一样，不规定最高法院大法官的退休年龄。[①]

　　第二，最高法院在现有宪政框架内的角色定位。新的最高法院除了因接管枢密院司法委员会的部分司法职能，在本质上与上议院的上诉委员会（Appellate Committee）其实无异。英国的最高法院仍然不能像其他国家的宪法法院那样，有权审查法律和政府行为的合宪性，并判决违宪的法律或行为无效。英国建立新的最高法院的唯一目的就是确保权力的分立——英国的最高法官将不再是立法主体的一员，尽管实际上法律贵族在过去的立法工作中所起的作用微乎其微，并且作为高级行政人员的大法官也无权再参与最高法院的审判活动。权力分立也许就已经是成立新的最高法院的正当理由，但是最高法院在宪法上有限的权力使人不敢对其有过高的期望。

　　第三，最高法院工作中的相关问题。最高法院的建立同时提供了一个重新审视一些长期盛行在上诉委员会的工作惯例的重要机会。虽然 2005 年《宪政改革法》为最高法院的建立提供了一个宪法基础，但《最高法院规则》一直没有正式向公众发布。所以，很多英国学者认为有必要从一个全新的视角去监察最高法院的工作程序。[②] 新的办公地址、新的名称是否能实质地改变这些大法官之前就已形成的决定和惯例呢？这是令人质疑的，毕竟上诉委

---

　　① See Louis Blom-Cooper, *Age of Judicial Responsibility*, Public Law, 3：p. 429, 2009.

　　② E. g. A. Le Sueur, *A Report on Six Seminars on the UK Supreme Court*, Queen Mary School of Law Legal Studies Research Paper No. 1/2008. http：//papers. ssrn. com/sol3/papers. cfm? abstract_id ＝1324749，2010－01－26.

员会早已经作为一个独立的法院进行司法活动了。确实，上诉委员会近现代以来审理的任何一个案件都没有受到过自身宪法性质的影响。

首先，最高法院受理案件的类型。新成立的最高法院很可能会延续上诉委员会一向热切关注具有根本重要性事宜的倾向，无论是有关宪法，还是有关刑法或普通法的案件。上诉委员会此前就已经清楚地说明其角色不是去"纠正适用稳定的法律文本过程中出现的错误"[①]，并且"拒绝当事人提起上诉也不意味着上诉委会员赞成下级法院的判决"[②]。上诉委员会的工作重心一直都因时而异：20 世纪 50 年代早期，上诉委员会受理的上诉案件中 1/3 是有关税收的[③]；1978 年，10 个案件中有 9 个是关于法定解释的[④]；今天有关《人权法》的案件又占据了相当高的比重。[⑤]但无论司法潮流如何改变，最高法院始终都会聚焦在处于中心地位的重大事宜上。

其次，最高法院审理案件的法官组成人数。身为英国资深公法出庭律师的理查德·克莱顿（Richard Clayton）认为，首先上议院上诉委员会列席审理案件的法官人数就非常值得商榷。[⑥]其他国家的最高法院是全体法官均出席审判，而英国上议院一般是由五个法律贵族审理案件，或者偶尔由七个或九个法律贵族出庭。上议院对此惯例所持的正当理由是上议院上诉委员会在法官的选择方式上应该与英国其他法院别无二致，并且这样做可以合理地加快审理案件的速度。改变上议院的这个惯例不得不大量地精减法官的人数和缩短审判的时间。此外，现在这种灵活的制度还使得每次庭审的法官组成保持一个合理的组成结构。[⑦]而克莱顿律师指出了该惯例的几个缺陷：一是挑选出庭法官的方式和标准缺乏透明性，例如哪些时候决定应该由七个或九个法官来审判；二是审判法官人员的构成对案件的结果会产生很大的影响，由

---

① *R. v. Secretary of State for Trade and Industry Ex p. Eastaway* [2000] 1 W. L. R. 2222 HL at 2228.

② *Wilson v. Colchester Justices* [1985] A. C. 750 HL at 756D-G.

③ See Robert Stevens, *Law and Politics* (1979), p. 324.

④ See *Johnson v. Moreton* [1980] A. C. 37 HL at 53.

⑤ 2008 年上诉委会院受理的 74 件上诉案件中，有 20 件是有关人权的案件。See Lord Phillips, "foreword" to A. Lester, D. Pannick and J. Herberg (eds), *Human Rights Law and Practice*, 3rd edn (2009)。

⑥ See Richard Clayton, *Decision-making in the Supreme Court：New Approaches and New Opportunities*, Public law, 4：p. 682, 2009.

⑦ See A. Le Sueur and R. Cornes, *The Future of the United Kingdom's Highest Courts*, Economic and Social Research Coucil：para. 15.2, 2001.

此可能同样类型的案件会因为法官的不固定而得出不同的结果。①

四、结语

上议院的上诉委员会独特的气氛、混合的学术讨论、舒适的俱乐部和自由式摔跤比赛，都成为英国法律界人士心目中一段美好的回忆。法律贵族受命于议会行使司法审判权已经有130年。上诉委员会的这段历史虽然漫长但真的为英国人民带来了正义，为英国的法治作出了不可磨灭的贡献。最高法院华丽登场的时刻就是上诉委员会完美谢幕的时刻。最高法院的成立代表了英国意义重大的一个宪政改革。2009年10月，英国最高法院已经正式开始审理案件。对最高法院未来的运作情况，每一个英国人都同时满怀期待又多少有点儿担忧。这里还存在很多待解决的问题，包括最高法院独立后如何与议会进行交流，对于苏格兰而言这个新成立的最高法院在何种程度上成为他们的最高法院等。

---

① See Richard Clayton，*ibid.*

第十一章

韩国司法改革的宪政基础

一、东亚社会与法治模式

司法改革①在不同的法律文化背景与传统下有不同的动力机制与表现形式，呈现出目标、过程与效果的多样性。司法所担负的历史使命的共同性与具体实现过程的特殊性体现了司法在东亚社会中的特殊形态。目前，东亚各国所进行的司法改革是在不同的历史背景与现实条件下进行的，具有浓厚的东亚社会结构的特点。东亚社会的司法理念、功能与具体的运作过程不同于传统的西方社会。正如有学者所指出的：任何法治都是民族国家的法治，因而带有不同民族的文化和传统的烙印，并由此形成法治多元化的局面。东亚国家法治社会的形成受其不同民族性的影响，不仅得以与西方法治区别开来，而且使东亚各法治社会区别开来，最终使东亚国家法治社会多元化成为现实。② 因此，在研究东亚社会司法改革问题时首先需要对东亚法治的基本范畴与司法理念问题进行必要的分析。

在东亚社会，所谓东亚法是一种多样化的概念，其价值体系已成为世界法律体系的不可缺少的组成部分，它概括了历史发展与现实运作过程中的东亚各国（地区）法律思想、原理与制度的一般特征，是一种独立的法律思想

---

① 司法改革与司法体制改革是属于不同性质的范畴。在法治发展进程中司法的自我完善首先在司法改革领域得到体现，司法体制则需要一定程度的稳定形态。

② 参见马新福：《东亚法治社会论纲》，《法制与社会发展》2002 年第 3 期。

体系与法律制度体系。① 司法在东亚社会结构与历史发展中的角色和功能是东亚法治研究中值得关注的重要理论问题。由于法律文化与传统的不同，司法理念与具体的运作机制呈现出不同的特点，需要从东亚法治的历史、价值与事实关系中解释东亚社会中司法的结构及其改革的意义。

从社会结构与法治的关系看，笔者认为东亚法治整体上表现出如下基本特点：

第一，在法治价值的普遍性与特殊性的相互关系中，东亚法治以其特殊的功能影响社会发展进程，推动法治的东亚模式的形成。源于西方的法治理论经过社会的变迁，逐步引进到东亚社会，逐步形成为东亚社会的法治理念。从比较法的角度看，东亚社会是世界上法律移植途径最多元、内容最丰富的地区之一。当然，在法律移植过程中，西方社会经长期的历史过程而形成的法治理念与东亚传统社会结构之间发生了冲突与矛盾，出现了一些与西方社会原来的理念不同的原理或制度。

第二，东亚社会法治模式是传统法律文化与法治价值的有机统一，体现了法治在东亚社会中的本土资源。法治精神源于西方社会结构，但法治中体现的各种原理在东亚社会结构中以不同的形式存在和发展。从东亚社会发展的历史看，东西方社会法治理论之间并不存在不可逾越的鸿沟，两者共同遵循法治的基本理念与规则，并表现出法治实现过程的特殊性。

第三，东亚法治模式反映了东亚法律文化所具有的同化能力。法治理论与制度的移植是一种动态的过程，它涉及社会生活的各个方面，法律文化本身是否具有同化能力是评价法律移植社会效果的重要标志。东亚法律文化的开放性与包容性有助于人们在文化的选择和竞争中强化法治的社会适应性。

从比较法的角度看，东亚法治模式是以东亚人特有的法的观念为基础的，是一种多层次的法律制度模式。从宏观角度看，在东亚社会中的法具有两种意义：一是与礼仪和道理在相同意义上使用，它提供做人的一种准则，从外延上同社会规范的范围相同；二是法具有强制和反价值的性质。② 从东亚法的外在结构看，东亚社会的法是以刑罚为中心建立的，嫌诉讼、远离法是东亚人传统的法的观念。正如奈斯比特教授所说的："随着经济的现代化，

---

① 参见韩大元：《东亚法治的历史与理念》，法律出版社 2000 年版，第 8 页。
② 参见［韩］崔大权：《法社会学》，汉城大学出版社 1986 年版，第 129 页。

亚洲政治日趋开放，但西方人还不能要求亚洲完全做到'依法办事'。在这里，融洽的合作关系和相互信任才是成功的保证，而西方的法治作用就未必行得通。"[①] 这种观念上的差异源于东亚传统的差耻文化，即在法与道德、法与自然等价值体系的问题上，文化对东西方社会主体的法观念产生的影响是非常深刻的，如东亚法文化强调实体的合理性的价值高于形式的合理性，法通常被理解为技术性的手段等。另外，东亚法治模式在人与制度关系上遵循着独特的原理，法律制度呈现出人间化（personal）的特色，实体的合理主义得到长时期的维持，形式合理主义理念没有得到充分的成长与发展等。

认识上述东亚社会法治模式的特点有助于我们分析东亚社会背景下司法改革的基础、目标与过程，并可能提供分析的出发点和认识工具。司法的价值或司法改革的必要性、正当性存在于法治的总体框架之内，法治的历史与现实对司法赋予的功能与使命是不尽相同的，不同的法治历史与理念孕育着不同的司法价值。而不同法治的历史与现实又与不同的宪政体制有着密切的关系。在东亚社会，法治改革特别是司法改革本质上是宪政体制转型的过程与表现，"它并不仅仅是法院或检察机关或律师制度的单方面的改革。为了国民、国民满意的司法改革应当是对司法整体的框架或根本问题的分析与解决"[②]，具有深刻的宪政背景。因为：（1）整个东亚社会正处于社会结构的急剧转型过程之中，包括司法体制在内的法律体系面临着激烈的社会变革。经过金融危机以后，人们在反思中重新审视和思考法治在东亚社会中的价值和功能，认识到法治改革的必要性。[③]（2）法治社会中宪政体制的改革是基础与出发点。由于东亚社会文化与历史的特殊性，宪政表现其价值的多样性，社会变革的合宪性危机始终伴随着社会发展的整个过程。东亚社会发展中的社会问题多数表现为政治问题或宪法问题，从客观上要求从宪法的层面寻找解决问题的方案。（3）司法权或司法体制运作的基础是宪法，司法权首先表现为宪法权力，源于宪法的授权。尽管东亚各国采用的司法体制不同，但司法权的配置上都确立了宪法统一性原则，使司法具有合宪性基础。从目前东亚各国进行的司法改革的总体趋势看，各国普遍重视宪法在司法改革中的基

---

① ［美］奈斯比特：《亚洲大趋势》，外文出版社 1996 年版，第 159 页。
② 韩国《法学家》，2003 年第 10 期。
③ 参见韩大元：《东亚法治的历史与理念》，第 49 页。

础地位，使司法改革的目标与过程具有浓厚的宪政色彩。（4）在东亚社会，司法改革既表现为法律问题，同时表现为确立政治体系与司法之间的界限问题。由于东亚社会的改革主要由政府来推动，司法与政治体系的发展有着密切的关系，但本质上政治与司法应保持一定的距离，切断司法与政治之间存在的不当利益，使司法保持其自身的价值体系。因此，司法改革内容与具体步骤直接关系到东亚社会宪政体制的结构与运行机制，涉及宪政体制总体框架的调整与建构。因此，司法改革的进程与社会效果实际上体现了宪政的意义与功能，而不仅仅是司法运作的问题。下面以韩国司法改革的实践为例具体说明宪政与司法在东亚社会发展过程中的相互关系及其特点。

二、韩国司法改革的理念与目标

在韩国，司法是一种历史的概念。学者们通常把司法分为实质意义的司法与形式意义的司法，并以形式意义的司法为基础解释有关司法权的结构与运作机制。按照学理上的解释，所谓司法权指国家机关作用中除立法机关及行政机关之外的司法机关的作用，即属于法院的国家作用。[①] 在韩国社会结构和法治发展进程中，司法发挥的功能主要表现为：法的控制功能，即为维护客观的法律秩序而提供的控制功能；个体权利保护功能，即根据法治国家发展的要求，为个体权利的发展提供保护；法官的法律创造活动；及时地消除社会的紧张关系或维护和谐的社会秩序。当然，社会生活中司法的功能并不是万能的，本身存在着一定的界限。如司法或司法权首先受实定宪法的限制，宪法规定了司法权的范围与功能。宪法同时规定了司法机关不得干预的几个领域，如违宪法律审查权由宪法法院行使，弹劾审判、政党解散诉讼、国会议员资格审查等普通法院是不能审理的。另外，司法在功能上只能对有争议的具体纠纷案件进行判断，而不能对规范进行抽象的判断与解释。这种功能上的界限具体表现为：事件性、诉的利益与事件的成熟性。在实际的司法活动中政策或政治性行为对司法也产生一定的制约。韩国宪政体系中司法所具有的如上特点有助于我们从司法、司法权的本质出发分析司法改革的宪政基础与功能。

---

① 参见［韩］金哲洙：《法与政治》，教育科学社1995年版，第481页。

司法改革首先面临的问题是改革目的的确立，即为什么改革，改革的正当性是什么。在东亚国家进行的司法改革中我们普遍发现改革目标缺失的问题。围绕司法改革理念或目标问题，韩国的学术界和法律界进行了长期的争论，政府与民间、学术界与司法界发出了不同的声音，造成司法改革进程的缓慢与不确定性。在学术争论中，学者们认为，司法改革的理念应当是追求和实现司法正义，使司法发挥贴近国民、为国民服务、保障人权价值的功能。为人权提供保障是司法的基本价值与使命。① 在这种理念的指导下，韩国确立了司法改革需要确立的改革目标。大法院提出的司法改革的目标分为长期目标与中期目标，长期目标是：实现社会正义；中期目标是：司法权独立，推动法律文化的发展，机构与程序的完备，法官的培养与保护，自身能力的提高等。总体而言，司法改革的目标通常包括三个方面：一是司法运营的民主化，具体内容和标志是：在各种司法程序中不仅保障各种权利与自由，而且要消除司法服务的不公正性，实现司法福利的平等理念；对消费者保护、经济弱者法治主义原则的保护；确立地球环境保护的新理念。二是司法程序的效率化，即提高司法程序的效能，实现程序功能的迅速性、效率性、公正性与透明性。司法程序的公正性与透明性是司法运作民主化的基础性观念，需要建立予以充分保障的手段。三是司法服务的国际化。上述三个方面的目标实际上体现了宪法的民主与正义价值，是宪法价值在司法领域中的具体化。

三、韩国司法改革的背景与起因

在不同的宪政体制与法律文化背景下，进行司法改革的动力机制是不尽相同的，各国有不同的改革起因。如同属东亚三国的中国、日本与韩国所进行的司法改革具有不同的背景。在日本，司法改革是经济界、学界、政府共同推动的，是在政治改革、行政改革与司法改革的总体社会结构的变化中进

---

① 2000年韩国司法改革委员会提出的"21世纪司法发展计划"对司法的基本使命提出了新的目标：一是改变过去存在的司法制度只满足法院、检察官、律师需求的做法，建立以满足需要者利益为基础的新司法理念，形成积极反映国民的意志与利益的司法政策；二是实现司法的公正性，改善司法内部的不合理制度；三是把权威主义的司法转化为"国民容易接受的法律服务性"司法制度；四是扩大国民参与司法的途径，体现国民信赖的司法价值等。

行的，经济力量是推动改革的重要因素。在中国，司法改革主要由司法机关主导，改革的直接动因是公众对司法的信任度的降低、司法的行政化、司法腐败等。[①]

在韩国，司法改革的直接起因是克服司法的非政治化、司法体制与社会需要之间存在的冲突与矛盾，国民对司法普遍存在不信任的情绪。从总的背景看，司法改革的动力是有效地解决政治司法[②]的弊端，使政治权力与司法权之间保持合理的平衡；适应社会结构国际化的要求，建立以自由主义为基础的法治主义体制；适应市民社会发展的需求。这种总体需求具体表现在：

1. 从司法体制形成的历史和文化背景看，韩国的司法制度是在各种不同的法学思潮与法律制度的影响下形成的，司法体制既受英美法的影响，又受德国法的影响，同时司法制度结构中还保留着部分韩国传统法的因素。这种混合性因素的相互影响虽有助于发挥司法体制的灵活性与适应性功能，但同时导致司法制度主体意识的欠缺，导致司法制度价值体系的不确定性。特别是，在宪法与司法制度关系上，司法制度缺乏能够指导司法制度运作的系统的理念与程序性原理，不能充分地体现宪法原则。司法运作与宪法原则的脱节是启动司法改革的重要原因。

2. 恢复国民对司法的信任。司法的价值在于通过司法正义体现国民的意志。国民的信任是司法维护正义价值的重要条件。如前所述，推动韩国进行司法改革的内在原因之一是长期以来司法权威没有获得国民的普遍信任。1991年韩国法制研究院曾在全国进行了国民法律意识调查，其中问到"权力或财力对审判过程是否产生影响"时，认为绝对产生影响的人占40.3%，一定程度上产生影响的占53.9%，认为不受影响的占4.7%，认为绝对不受影响的只占1.2%。特别是司法制度运作过程中存在的诉讼效率低、案件审理期限过长等问题，已经引起了国民的普遍不满。

3. 适应产业化与市民社会发展的需要。随着经济的发展与社会结构的

---

① 中、日、韩三国目前都进行司法改革，但在司法改革的理念、目标、过程与评价体系等方面表现出多样性，需要进行比较研究。

② 指政治权力与司法权相互融合，两者处于利益共同体之中，司法权失去了对政治权力的必要控制。由于在现代宪政体制下，立法权与行政权呈现出日益融合的趋势，相互之间的制约受到体制上的限制。司法对政治权力的限制显得越来越重要。如果司法本身受制于政治权力，就不能发挥政治控制的功能。

演变，韩国社会进入了以市民人权意识为核心的社会发展阶段，人们在社会的各个领域追求个体的自治意识，要求国家把更多的权力还给社会，建立和谐、自治的社会共同体。伴随着日益成熟的市民社会，司法逐步转化为一种满足市民需求的服务市场，依照法律合理地解决社会生活中的各种纠纷。通过改革力求使游离于市民生活之外的司法进入市民生活之中，成为市民生活的一部分。

4. 法曹人数过少，不能适应法治发展的需要。在韩国，法曹包括法官、检察官和律师，其与国家总人口的比率低于其他发达国家。大法院每年审理2万件左右的案件。据1996年统计，韩国法官数为1 400多名，律师数为3 400名。到了2002年全国有7 000名左右的法曹实务家。尽管通过司法改革，法曹人数呈现出不断增加的趋势，但从人口比例看，人数还是比较低的，不能为国民提供有效的法律服务。另外，不能忽视的问题是出现了法曹结构的不平衡性。这种不平衡性一是表现为年龄的不平衡。据统计，韩国法官的平均年龄为37.8岁（1996年），律师的平均年龄为48.7岁（1995年）。二是从事法律事务的经历也存在不平衡。1995年3 064名律师中最活跃的律师为40岁左右的律师，70岁以上律师只占12%，从事法律职业不到10年的年轻律师占35%。这种经历上的不平衡实际上影响了法律职业的专业化水平。第三是地域的不平衡。1996年统计的3 400名律师中1 893名律师（占全体律师的61.5%）集中在汉城，在首都圈从事律师执业的占70%以上。法曹结构的不平衡性是影响司法制度民主化的重要原因。

5. 司法制度理念与运作过程之间的冲突。在司法制度的具体运作过程中出现了如刑事司法制度所保护的人权标准低于宪法规定的人权标准、民事救济程序缺乏有效性与透明度、法曹的选任制度不合理等问题。司法正义得不到充分实现的原因既表现为司法制度结构问题，同时也表现为运作过程。

6. 现行的司法制度不能适应国际化、信息化的发展需求。随着国际化的发展，有关法律服务与法律人才的培养日益成为司法制度关注的问题。韩国已加入WTO与OECD，面临法律市场开放的新的环境，需要通过改革建立更加系统、有效的法律服务体系，以满足国际化的发展要求。

四、韩国司法改革的具体内容

目前，在韩国进行的司法改革内容是多方面的，大法院在征求社会各界意见的基础上提出了司法改革的具体内容。

1. 法院组织体系的改革

司法改革首先涉及法院组织体系的完善问题。为了从根本上解决司法官僚化所带来的一系列问题，各种司法改革方案都提出了以韩国法律文化特点为基础，积极吸收英美司法制度中合理因素的方案。大法院是最高司法机关，同时也是最高司法行政机关。改革的具体内容是：（1）为了确保大法院的民主正当性，首先进行法官人事制度改革，设立法官人事委员会，分为作为大法院院长咨询机构的中央人事委员会和作为高等法院院长咨询机构的地区人事委员会，以保障法官人事制度的公开性和透明性。[①] 改革现行的大法院院长和大法官的任免方式，可组成法官推荐会议，以保证法官的民主正当性基础。（2）为了解决初任法官平均年龄偏低的问题，需要改进现行的法官、检察官任免程序，强化法官的任免资格，实行法曹一体化，原则上从年满40周岁以上、具有10年以上从事法律职业的人士中选拔法官。（3）进一步提高法官的待遇，引进助理法官制度，如在现有基础上进一步提高法官待遇，法官的人数则受到一定限制，需要引进助理法官制度，由助理法官协助法官处理有关案件审理的具体事项。（4）审级制度的改革。主要目标是强化大法院的法律审功能，减轻大法官的业务负担，为国民提供更方便的法律服务。实行一审的独任审判，可以由副法官审理非诉事件、少年事件、简易的刑事事件等。

2. 法曹人数的增加

在社会各界的关注下，增加法曹人数已成为社会的共识。为了适应经济全球化、信息化的发展需要，通过一定方式增加法律人才的数量，以满足国民的需求。2000年司法考试合格人数已达到800名，2002年增加到1 000名。

3. 扩大国民的司法参与

为了在司法领域更好地体现国民主权理念，扩大司法的民主基础，国民

---

① 围绕大法院新任法官任免而引起的风波从一个侧面反映了司法改革面临的社会问题。其争论的焦点是：大法官标准的认定；大法官任命方式；法官人事制度；法官任免制度等。在大法院的大法官应是政策性人才还是实务性人才问题上，大法院与市民团体的意见分歧比较大。大法院认为，大法院院长根据宪法有权独立地行使大法官的提名权，限制提名权实际上是对宪法权威的挑战，缺乏改革的宪法基础。改革的意见普遍认为，应设立大法官推荐委员会，限制大法院院长的任命权等。这场风波从一个侧面反映了市民社会对司法价值的期待与要求。参见《中央日报》2003年8月16日。

的司法参与成为改革的重要目标与内容。通过国民的司法参与，确立国民对司法的信任，使司法活动更加贴近国民生活，减少距离感，确立司法制度接近国民、为国民服务的新理念。

4. 法曹培养制度的改革

韩国司法改革的重要特点之一是强调法学教育改革与司法改革的互动，使司法改革与法曹培养制度的改革保持内在的一体性。韩国的司法改革始终把法曹培养和法学教育改革作为重要内容。法曹培养制度改革中的问题主要集中在司法考试制度改革、司法研修院制度改革与法学教育制度改革。司法考试改革的具体成果已体现在 2001 年 3 月公布的《司法考试法》中，该法对应试者资格、考试方法、考试科目、司法考试管理委员会设置等问题进行了相应的改革。司法研修院制度改革主要涉及研修目标的多样性、研修内容的规范化与研修课程多样化等。强化法律伦理教育和培养综合分析能力是司法研修院教育的基本目标。法学教育改革主要涉及学制的改革、司法考试与法学教育一元化、"学士后教育"，把本科的法学教育提高到研究生水平。[①]另外，课程结构改革、教育方法的改革也是法学教育改革的重要内容。

5. 权利救济制度改革

具体改革的内容包括人身拘束制度和搜查程序的改革、《人身保护法》的制定、律师参与权的实质化、即席审判制度的改善等。在刑事审判领域的改革主要涉及量刑合理化方案的确定，迅速公正审判的保障，保释制度改革等。民事审判领域的改革主要涉及强化当事人口头辩论权，民事执行程序的改革，对债务不履行者的金融上的处罚措施等。为了保障检察制度的公正性与独立性，韩国已实行了特别检察官制度，对于解决社会腐败现象发挥了积极的功能，目前围绕特别检察官的任命程序、特别检察官搜查权的扩大等问题进行改革。

五、韩国司法改革的基本途径

为了实现上述司法改革的目标与具体内容，韩国在司法改革中提出了改革的具体方法与途径，主要包括如下几个方面：

---

① 详见韩大元：《韩国法学教育的基本体制与改革》，《法学家》2002 年第 4 期。

1. 采取各种措施，减轻法官的业务负担。为了保证公正而高水平的裁判活动，需要解决法官工作量过大的问题，减轻其业务负担。在韩国学者看来，一般情况下业务量的增加与审判质量是成反比的。如果业务量过大，有可能导致法官每天陷入机械性的事件处理过程中，无法集中精力思考法律逻辑与理念问题。当然，减轻业务负担仅仅是实现司法改革的一种手段，不是司法改革本身的目的。具体措施是，首先要解决法律垄断问题，不宜把法院设置集中在城市特别是大城市，应把法院分散到各个地区，增加法院的数量。同时还要解决法官程序上的垄断问题，即改革一名法官负责审判程序上所有审判业务的做法，实行法官主要负责业务中的核心部分，其他业务交助理法官或其他辅助人员处理。这种改革有助于解决法院构成上的少数主义与业务上的多数主义的矛盾。同时，在审判业务中积极引进信息化技术也是减轻负担的重要形式。

2. 完善法官的培养制度。到目前为止，法官的培养基本上是由法院体系自身完成的，通过司法考试者在大法院管辖的司法研修院学习2年，然后被任命为法官，从初级法官开始进入法曹队伍。过去人们普遍认为，审判中重要的是法官应具有判例的广博知识、诉讼指挥能力和判决书的制作技术等，这些知识与能力的培养主要靠法院内部的体系，实际上由法院垄断法官培养的一切事务。但目前法律知识被垄断的局面已被打破，对于法官而言，对判例的理解与诉讼指挥能力固然重要，但对社会现象的分析和在多元价值体系中寻求平衡也是法官应当面对的现实。因此，需要进一步拓宽录用法官的途径，从司法考试、法官教育功能等不同角度解决法院垄断法官培养的不合理体制。

3. 推动法官的职业化。随着法律关系的多样化，法官的知识结构要多样化，具有专业化的知识，应积极探讨从律师中选拔法官的机制，以提高法官与法院自身的专业化水平。法官的专业化与法院的专业化应同步进行，扩大法院的开放程度。

4. 提高法院自身的权威性。没有力量的正义是无力的，社会对司法的公正评价是司法正义的重要基础。法院通过判决所宣示的正义体现其权威性与强制性，这是法院发挥其审判功能的基础。提高法院自身的权威性并不是一种权威主义的思考方式，它是法院公正司法的具体表现。

5. 建立推动司法改革的统一组织体系。在韩国，司法改革一直是法律制度发展中社会各界普遍关注的问题。社会改革的措施和新的改革理念往往通过司法改革得到具体化，并逐步被社会各界所接受。因此，司法改革首先涉及了整个社会改革理念问题，是实现社会正义的重要环节，绝不仅仅是对司法权结构与具体运作程序的改革。随着宪政体制的发展和国民民主意识的提高，司法改革成为社会发展进程中的焦点问题。由于国民民主意识与司法改革之间存在冲突与紧张关系，司法改革被列入完善社会结构的基本内容之中。为了消除国民对司法制度的不信任和不满，适应司法正义实现的需求，韩国自 1989 年开始进行了新的司法改革。进行司法改革的基本阶段是：

1989 年 11 月，新任的大法院院长提出为研究 21 世纪司法制度的基本发展趋势，设立研究法官的方案。

1990 年 3 月 2 日，大法院行政处内设立了司法政策研究审议官室，对司法制度的总体结构与运作等问题进行了系统的研究。

1992 年大法院出版了十卷本《司法制度研究报告》，确立了进行司法改革的理论框架。以这种研究成果为基础，大法院于 1993 年 11 月成立了司法制度发展委员会，提出了包括拘束令状制度、上诉制度改革等 24 项内容的司法制度改革方案，并以此方案为依据发表了司法改革案，并于 1994 年 7 月公布了司法制度改革法律案。

但 1994 年以前的司法改革并没有取得预期的效果，仍不能消除国民中普遍存在的司法不信任情绪，实现司法正义成为社会各阶层的强烈要求。学者普遍认为，消除司法腐败的根本途径是实现司法的民主化，恢复社会主体对司法的信任，消除阻碍司法独立与公正的因素，实现司法民主原则。

为了进一步推进司法改革进程，1995 年 2 月，作为总统咨询机构的"世界化促进委员会"与大法院、法务部共同进行了司法改革问题的研究，于 1995 年 12 月发表了《法律服务及法学教育的国际化方案》。其主要内容是扩大司法考试合格者人数，调整考试内容，加强司法研修院独立性等。

1999 年 5 月又成立了作为总统咨询机构的司法改革促进委员会。该委员会的 31 名成员具有广泛的代表性，不仅包括法院内部人士和法曹界人士，而且包括社会各界的阶层具有代表性的人士。委员会最后提出了有关司法改革的方案，内容包括消除司法腐败，建立公正而迅速的权利救济制度，提高法律服务的质量，推动法曹的先进化和国际化，改革法曹的选拔制度，改革法学教育制度等。

2000 年，为了使司法改革的成果得到制度化，大法院提出了"21 世纪司法发展计划"，其内容主要包括扩大国选律师制度，扩大有机会获得律师帮助的被告人的范围，扩大民事纠纷解决范围制度，设立准常设的调解委员会，强化法院的调解功能，保障刑事被告人的证据接近权等。

2003 年韩国总统与大法院院长共同商定，为了进一步推动司法改革，成立由行政机关与司法机关共同组织的"司法改革促进机构"，避免过去仅仅由行政机关主导司法改革的弊端。至此，韩国司法改革进入了具体操作阶段，具体改革成果正通过各种制度和程序得到实施。

六、韩国司法改革的经验与启示

韩国的司法改革是在国际化的背景下进行的，从改革目标的设定、改革内容的确定到其改革方法的选择都充分考虑到了国际化背景下司法制度的变革与新的角色问题。司法改革适应国际化和社会发展需求是韩国司法改革的重要特点之一。从司法改革的过程看，比较合理地解决了司法制度不同价值体系与法律文化之间的冲突，建立了各种价值要素互动的良性机制。在反思或改革某一司法改革内容时应注意评价制度所表现的文化因素，注意解决不同文化之间的矛盾，既吸收外来法律文化的合理性，又要尊重本国法律文化的传统与历史。在具体改革方案的设计上，始终以国民主权原则作为司法改革的指导原理，以方便国民作为司法改革的出发点。在推动司法改革的具体组织体系上，韩国重视司法改革进程的统一协调功能，先后组织了推动司法改革的专门的组织机构，对司法改革的步骤作出统一规划，把民间的研究机构和大法院、总统的司法改革咨询机构结合起来，建立了高效、统一的推进司法改革的机构。当然，这种改革在实践中也带来了一些问题，如司法改革推动力量单一，没有吸收更多的经济界的力量，没有充分地以"民主化过程"为基础推动司法改革，虽建立了统一的司法改革组织体系，但缺乏运作的有效性，司法改革的政治色彩比较浓厚等。

　　韩国的司法改革的经验与教训对于正在进行司法改革的中国是有一定启发意义的。

　　第一，在司法改革的出发点上，应从宪政体制角度审视司法改革的目标与过程，使司法改革的基本原则、步骤与具体内容具有合宪性基础，发挥宪法在司法改革中的积极功能。

　　第二，在司法改革的内容上，司法改革是一种具有整体性和全面性的改革，改革中应注意相关制度之间的联系，改革某一制度时要考虑相关制度的配套问题。在韩国，司法改革本质上是一种宪政体制的调整与完善，需要从客观上确立全面改革理念。

　　第三，在司法改革的推动主体上，司法改革不能仅仅由司法机构本身推动，需要确立以立法机关为主体的机构体系，对改革内容、具体步骤等作出统一协调和安排。从韩国、日本等国家的经验看，成立专门的司法改革组织机构来协调改革过程是十分必要的。这种机构应保持其权威性与代表性，能够体现社会各界对司法改革的基本需求。如日本成立的司法制度改革审议委员会由 13 名委员组成，其构成是：教授 4 名、经济界人士 3 名、律师 3 名、作家 1 名、市民团体 1 名。中国的司法改革将涉及各种利益关系的协调，需要一个专门负责司法改革的机构，以便对司法改革的总体计划作出统一规划。它有助于保证司法改革的规划性与协调性，降低司法改革的负面效应，防止改革的随意性。为了保证司法改革机构的权威性与代表性，该机构需要由法律专家、知名学者、法院、检察院及律师等组成。

　　第四，需要加强对司法改革机构、过程的法律化，从政策调整转向法律调整。对司法改革的目标、机构设置的依据、机构权限等基本问题通过具体法律形式作出具体规定，提高司法改革的稳定性与权威性。

　　第五，在司法改革中既要反对乐观主义，也要反对悲观主义。在司法改革中取得某种阶段性成果后容易陷入乐观主义，过分强调改革的正面效应，而忽略改革可能面临的困难与存在的负面效应。同时对司法改革效果的期待也要客观，要警惕因期待过高可能带来的负面影响。但对司法改革的悲观主义也是不足取的，我们需要考虑改革的长期性与艰巨性，应相信司法改革体现的正义力量和改革所带来的积极效果。

第六，各国的司法改革是在特定的历史背景下进行的，法律文化因素是我们评价司法改革的重要因素。对于中国司法改革而言，我们既需要借鉴西方司法改革的经验，同时也要关注非西方国家，尤其是亚洲国家司法改革的经验。从某种意义上说，亚洲国家司法改革的经验与教训对于中国司法改革具有更直接的参考价值。

第十二章

日本的国民参与司法

一、引言：立足于国民的司法

日本自 1999 年开始进行了全面的、大规模的司法制度改革，被称为继明治维新后的司法制度改革和战后司法制度改革之后的第三次大规模的司法制度改革。此次的司法制度改革与过去相比有更明显的特征，战后的日本司法制度改革对国民的司法参与采取的是消极的态度，被评价为"专家主义"；但此次的司法制度改革标榜"立足于国民的司法"，与战后司法制度改革形成了鲜明的对比。

根据司法制度改革审议会意见书所总结的内容来看，此次改革的理念与宗旨，主要在于强化司法的国民基础，顺应市民社会的发展要求，加强司法的民主性，便于国民接近司法、利用司法，进而将法的作用渗透到社会的各个角落，以实现法的统治原则，完成实质性的法治国家之目标。如果用一句话来概括此次改革的主要特征，那么可以说此次改革是法治主义理念下促进国民参与司法、加强司法的国民性基础的一个制度设计和实践。

从国民参与司法的角度来看此次的改革举措，其主要亮点在于以下几方面：（1）裁判员制度的确立（国民直接参与诉讼的制度保障）；（2）法曹培养与选拔制度的改革（国民参与司法、利用司法的一种媒介和人力资源的保障）；（3）ADR 制度的改革与完善（国民参与诉讼外纠纷解决途径的扩大）；（4）司法支援中心的创立（国民参与司法的各种社会资源的整备与提供），等等几个方面。

可以说以陪审制（参审制）为代表的国民参与司法的制度，是与立宪政治相伴的为大多数立宪国家所确立的必然的制度。托克维尔在《美国的民主政治》一书中指出："陪审首先是一种政治制度，应认为它是人民主权的一种形式。如果人民主权被拒绝的话，与此同时，陪审也将得到完全的排斥"①，强调陪审制度与普遍选举制度是使多数者成为统治者的强有力的两个手段。美浓部达吉教授也曾指出：陪审制"与议会制度以及地方自治制度相同，是国民自治思想的一个体现，如同国民通过议会进行立法、通过地方自治制度参加地方行政一样，通过成为陪审员也参与到司法权中"②。

基于立宪主义原理，在立宪主义国家，为了防止统治权的滥用、确保国民的权利自由，在对统治权的发动行使上规定了权力分立原则的同时，重视让国民参与到统治权的发动行使中。③ 受这种立宪主义思想的影响，亚洲各国也在国民参与司法问题上进行了符合自己本国国情的一些制度设计，形成了具有各自特色的国民参与司法的制度体系。同样受到西欧立宪主义影响的中国和日本，在司法参与上有着不同的表现形式，经历了不同的嬗变过程。日本在国民参与司法的制度改革上有其成功的经验也有其制度设计与实施过程中的不足，对日本国民参与司法的制度改革及其宪法基础进行整理分析将对中国的司法制度改革也有很大的借鉴意义。

基于上述思考，本文首先对明治宪法下国民参与司法的历史及其宪法论争进行了梳理和分析，在此基础上，对日本国宪法下国民参与司法的可能性进行了考证，并从司法独立与司法民主的价值博弈角度对具有民主主义意义的"国民参与司法"与"司法权独立"之间关系的正确处理之重要性进行了阐释。在论证了日本国宪法下国民参与司法具有其宪政基础和正当性基础的前提下，考察此次司法改革中国民参与司法的具体制度设计，并从价值与现实的博弈角度，对此次司法制度改革的功与过进行分析与评价。最后尝试分析了日本司法制度改革给中国带来的启示，试图将日本的司法制度改革中的

① ［美］托克维尔：《アメリカの民主政治（美国的民主政治）》中，［日］井伊玄太郎译，讲谈社1987年版，第215页。

② ［日］美浓部达吉：《逐条宪法精义（逐条宪法精义）》，有斐阁1927年版，第582页。

③ 以下参见［日］大石真：《立宪民主制》，信山社1996年版，第40页。

成功经验借鉴到中国的司法改革实践中。

二、明治宪法下国民参与司法的宪法论争

有关国民参与司法的争议可追溯到明治时期。当时，主要是围绕着陪审制的问题进行展开的。最初对陪审制予以规定的是明治十二年（1879 年）6 月提出的《治罪法草案》，但后来由于井上毅等人的坚决反对，陪审制的规定从《治罪法草案》中被删除，并影响到后来对明治宪法的规定和解释。[①]

在明治宪法制定时，由于当时日本所参照的德国宪法中有对陪审制的规定，因此，也曾就在宪法中对陪审制予以明文规定的问题进行过探讨。但是，大久保利通、伊藤博文等人从海外考察归国后认为陪审制不适合日本，故明治宪法中没有导入有关陪审制的规定。

明治四十年（1907 年）制定的新刑法，从社会防卫的角度出发扩大了量刑的幅度，法官的裁量权也随之得以扩大。江木衷等在野法曹认为这将会导致罪刑法定主义的后退及严罚化的倾向，故而提出导入陪审制的主张。明治四十二年（1909 年）第 26 次帝国议会中，在原敬的主导下，由政友会提出《关于设立陪审制度的建议案》，虽在众议院获得一致通过，但是陪审制最终却并没有得到确立。之后，在大政民主运动高潮中，逐渐形成了一个共识，即与普遍选举制度是议会政治的基础这一认识相同，陪审制是司法的立宪化的条件。[②] 于是，大正七年（1918 年）原敬内阁成立后，着手陪审制的立法化，大正十二年（1923 年）4 月 18 日第 46 次帝国议会通过了陪审法，并自昭和三年（1928 年）开始正式实施。

在陪审法的制定过程中，当时的日本学界围绕陪审制的违宪问题展开了学术上的论争。美浓部达吉从以下几方面对典型的陪审制提出了违宪之质疑：（1）陪审制的导入关涉到司法制度的根本问题，应作为宪法事项来看待，但明治宪法中却没有对陪审作出规定。从明治宪法制定时起草者对陪审制的否定态度来看，可以推测出明治宪法对陪审制的否定之宗旨。（2）陪审

---

① 参见［日］土井真一：《日本国宪法と国民の司法参与（日本国宪法与国民的司法参与）》，见《岩波讲座 宪法 4》，岩波书店 2007 年版，第 236—237 页。

② 参见［日］三谷太一郎：《政治制度としての陪审制（作为政治制度的陪审制）》，东京大学出版会 2001 年版，第 3—25 页。

制与明治宪法第 57 条"司法权基于天皇的名义，依法由法院行使之"这一规定相违背，侵犯司法权的独立。（3）与明治宪法第 24 条"日本臣民依法接受法官审判的权利不可被剥夺"的规定以及同第 58 条第 1 款"法官由具有法定资格者担任之"的规定相违背。对于上述违宪论的主张，江木衷等人则认为，应将"法的解释、适用"与"事实认定"区别开来。在这两者中，事实认定并不是司法权本身，它只是一种对作为其前提的"对象"的确定而已。因此，将此种事实认定交由陪审来处理，并不违反《宪法》第 24 条及第 57 条的规定。①

　　基于这些违宪争议，陪审法在最终制定时采取了以下的妥协方式：（1）《陪审法》第 1 条规定："法院依据本法规定，在刑事案件中，可由陪审之评议进行事实判断"。即，在第 1 条中就明确了：1）陪审的任务是进行"事实判断"，而非"法律解释与适用"；2）法院"可"依据陪审之评议进行事实判断，说明在特殊情况下也可对陪审之评议不予采用。（2）《陪审法》第 95 条规定："法院认为陪审的意见不当时，不论诉讼处于何种程度，可依决定将案件再次交由其他的陪审评议"。这是鉴于前述争议中对明治宪法下的陪审制与宪法的整合性提出了疑义，故将陪审法中的陪审员的判断只规定为"意见"（日语原文为"答申"）而非"裁决"。对于陪审的"意见"，当法院认为意见妥当时才以此为依据作出判决。从制度构造上来看，如果法院对陪审的意见不满意时，也可以多次要求"更新"陪审意见。（3）如果是在检察官进行案件陈述前的阶段的话，被告可拒绝将案件交由陪审评议或取消要求陪审的请求。即被告具有辞退陪审的权利。

　　对于妥协后制定的陪审法，包括美浓部达吉在内，认为其具有合宪性。当时的主流学术观点认为，陪审制的优点在于通过结合专家的智识与一般国民的常识对案件进行判断，以防止官权的专断所带来的不公平，使国民信赖审判，对判决心悦诚服。美浓部认为这种陪审制是为大多数立宪国家所确立的，是与立宪政治相伴的必然的制度，明治宪法没有对陪审制作出规定是因为与地方自治制度相同，将其委任给法律进行规定。

---

　　① 有关陪审法制定过程中的违宪争议问题，参见［日］土井真一：《日本国憲法と国民の司法参与（日本国宪法与国民的司法参与）》，见《岩波講座 憲法 4》，第 236—237 页；［日］三谷太一郎：《政治制度としての陪審制（作为政治制度的陪审制）》，第 3—25 页。

　　主张陪审法违宪的违宪论者则认为陪审制违反了《明治宪法》第 24 条及第 57 条的规定。为回应违宪论者的违宪质疑，美浓部进行了如下论述：(1) 24 条中所指"法官"，只是相当于"judge"、"jyge"、"Gericht"的文字表述，不应过多强调"官"的含义，而应理解为是"审判机关"。并指出按照陪审法的规定，"如果被告人不希望陪审的话，可以自由辞退陪审，不会存在违反被告人的意思而强制实施陪审的现象。因此即使同条（指《明治宪法》第 24 条——笔者注）的"法官"只限于其文字的表面含义，（被告人的——笔者加）接受法官审判的权利丝毫不会受到侵害。因此可以说与第 24 条的抵触之嫌疑完全可以排除。①（2）对于陪审法与《明治宪法》第 57 条的关系的理解上，虽然"若从本条（指明治宪法第 57 条——笔者注）的字义上看，陪审法也有与本条相抵触之嫌"②，但第 57 条中的司法权的独立，是指"司法权独立于司法部以外的其他的权力，特别是行政权。属于司法部内部的人依法参与审判，从其根本上说并不构成对司法权独立的侵犯。除陪审员以外，检察官以及辩护人各自参与审判并通过自己的辩论影响审判，此若不构成对司法权独立的侵犯的话，那么，同样道理，相当于司法部的一个机关的陪审员的意见假使具有约束法院的效力，也很明显并不构成对司法权独立的侵犯"③。而且，陪审法中的"陪审员只限于在内部参与司法权，并不直接对被告人行使国家权力。对被告人宣告判决的只是法官，而该审判宣告是在天皇的名义下进行的"④，因此并不构成违宪。

　　从上述美浓部教授对典型陪审制问题的违宪主张到认为陪审法合宪的观点转变来看，其关键在于陪审制的导入是否会违背司法权的独立原则。如果不影响到司法权独立原则的话，则陪审制同地方自治制度一样，可作为立法政策由法律予以规定。那么，美浓部教授对司法权的独立是怎样理解的呢？从上述的论述中可以看出，美浓部教授将司法权的独立理解为是对外的独立，即相对于司法权以外的立法权与行政权的独立；而对内而言，他认为除法官以外的其他主体的审判参与并不会构成对司法权独立的侵害。这对日本

---

　　①　参见［日］美浓部达吉：《逐条宪法精义》，第 585 页。
　　②　［日］美浓部达吉：《逐条宪法精义》，第 577 页。
　　③　［日］美浓部达吉：《逐条宪法精义》，第 587 页。
　　④　［日］美浓部达吉：《逐条宪法精义》，第 588 页。

国宪法下国民参与司法的制度设计及裁判员制度的合宪分析也将提供一种方法论上的指导。但值得注意的是，明治宪法下的司法权并不属于国民，而是属于天皇，司法权基于天皇的名义依法由法院行使。此外，在对司法权独立原则的理解上，美浓部的解释的特征在于：将事实认定也作为司法权的行使来看待，通过对第 24 条中"法官"的"审判机关"性的理解，将陪审员作为"司法机关"的内部成员，同律师以及检察官相同，可共同参与司法权的行使过程，进而从正面展开论述陪审员直接参与司法权的行使是合宪的。但这种将宪法上明文规定的"法官"扩大解释为"审判机关"的解释难免有些牵强。这也从另一侧面反映出明治宪法之局限性以及美浓部教授在明治宪法体制下对陪审制进行合宪性解释的困难性。[①] 同时，这种明治宪法下对陪审法违宪问题的争论，也表明了以君主主权为基础的明治宪法下对国民参与司法的宪法解释上的困难性及局限性，反映出真正的"国民参与司法"在明治宪法下是无法实现的。

虽然同样是持陪审制合宪论的主张，但在对与司法权独立的关系的理解上，佐佐木惣一则与美浓部持不同的见解。佐佐木从区分"事实的认定"与"事实的判断"的角度展开了陪审制的合宪论证。佐佐木表示不能赞同美浓部的"司法裁判所可由除法官以外的成员来构成"的观点，指出《明治宪法》第 57 条虽然将法院的构成作为法律事项，但并不是说只要通过法律就可以任意规定法院的构成，法律的内容将受到宪法上的限制，即"司法裁判所由法官来构成"。这也可以从"臣民具有接受法官的裁判的权利"这一规定得到佐证。由此，佐佐木惣一认为司法裁判所只能由法官来构成，陪审员不能成为裁判所的构成成员。那么在这种解释下要想证明陪审员制度的合宪性就要通过另外的方法来证明。鉴于江木衷等人提出的"事实认定不属于司法作用"的主张没有被采纳而受到批驳的事实，佐佐木将"事实的认定"与"事实的判断"从概念上予以区分，主张作为法的适用对象而进行的"事实

---

① 土井真一教授指出，美浓部的这种解释，一方面反映了其宪法学的真髓，即"进行宪法解释时应以宪法的合理的精神作为标准，而不应局限于文字的表面"之主张；同时也反映出在对陪审制持有否定态度的起草者的起草下制定的明治宪法进行文理解释时，得出陪审制合宪性结论的困难度。参见［日］土井真一：《日本国宪法と国民の司法参与（日本国宪法与国民的司法参与）》，见《岩波講座 憲法 4》，第 279 页注（4）。

的认定"是裁判所的专权，而陪审员所从事的是单纯的"事实的判断"，故而不能说陪审员法违宪。[①]

虽然主流观点认为陪审法合宪，但也有对陪审法提出违宪质疑的。如上杉慎吉认为虽然陪审法为避免违反违宪之嫌疑，规定陪审员只进行事实判断，而且规定法官如认为陪审员的意见不当时可以交由其他陪审评议，但这也不能排除其违反《宪法》第 24 条规定之嫌疑。[②]

陪审法在上述的违宪论争中，实施了将近十五年，最终于昭和十八年（1943 年）3 月因战争而停止实施。其原因是有多方面的，最为重要的原因在于，陪审制度作为立宪政治的一种制度设计及国民参与司法的一种尝试，缺乏真正的民主立宪政治的基础，以君主主权为基础的明治宪法无法为其提供正统性根据及理论基础，宪法的理念·原理·原则·规定与具体的制度设计无法得到整合，存在着根本的体制上的缺陷。这些都表明，国民的司法参与的实现，需要一种体制上的根本转变，即由君主主权向国民主权的转变。

三、日本国宪法下国民参与司法的宪法基础

战后随着日本国宪法的制定，明治宪法中"天皇作为国家元首总揽统治权并依照宪法规定行使之"（《明治宪法》第 4 条）的君主主权之国家体制发生了根本性的转变，国民主权原则被明确地规定在宪法序言中。日本国宪法序言在宣告国民主权原则的同时，规定"国政基于国民严肃的信托而成立，其权威来自于国民，其权力由国民的代表者行使，其福利由国民享受。这是人类普遍的原理，该宪法基于此原理而成立"。基于此原理，国家统治权，包括司法权在内，应由国民的代表来行使。那么，陪审员或参审员等非法律职业的一般国民作为国民代表是否能够参与到司法活动中行使司法权？国民参与司法的制度设计在日本国宪法下是否具有可能性呢？为解明此问题，需要了解和分析日本国宪法制定后学界围绕国民的司法参与所进行的宪法学上的论争。

---

① 参见［日］土井真一：《日本国憲法と国民の司法参与（日本国宪法与国民的司法参与）》，见《岩波講座 憲法 4》，第 242—243 页；［日］佐々木惣一：《日本憲法要論》，金刺芳流堂 1930 年版，第 519—520、630 页。

② 参见［日］上杉慎吉：《帝國憲法逐條講義》，日本评论社 1935 年版，第 85 页。

日本国宪法制定后不久，兼子一教授就提出了陪审制及参审制违宪的主张[1]，使国民参与司法的宪法解释及宪法论的展开处于低潮，当时违宪论成为通说。[2] 兼子一教授指出："关于陪审制以及参审制，宪法只言未提……毋庸置言，陪审是一种民主制度……但既然宪法规定法官基于良心独立行使职权（《宪法》第76条第3款），则不允许约束法官判断的陪审意见的存在。因此，（陪审员的意见——笔者加）只能作为单纯的参考。而参审制，既然法官的任期、报酬、身份保证等方面的规定只以专门法官为前提，则没有承认非专业的临时法官的余地。原本在采用陪审制与参审制的国家，宪法中都对此进行了规定，并明确规定对陪审员及参审员不适用关于专门法官的任期、身份保障等规定（例如，魏玛宪法、比利时宪法）。如果我国宪法的宗旨是将此类制度作为民主司法的当然所在而予以采用的话，应该对此有明文规定。由此我认为新宪法中并没有采用此类制度的余地。"[3]

对于兼子一教授提出的"宪法无明文规定说"，清宫四郎则从不同角度进行了解释。他提出了附条件的合宪说[4]，认为"我国宪法没有涉及陪审制度的理由虽然并不明确，但应该不是对此制度的否定之意。可以理解为在不侵犯接受法院审判权的范围内，将是否采用以及采用的方法委任给了法律"。宫泽俊义也倾向于附条件的合宪说，认为是否合宪将取决于陪审制的内容，而不能一概而论，认为陪审制违宪。[5]

虽然学界对于国民的司法参与问题，在裁判员法立法之前从宪法论的角度并没有给予太多的关注与研究，但从宪法论的发展过程来看，附条件的合宪说逐渐趋于通说。芦部信喜认为："日本国宪法下，只要法官不被陪审的裁决所约束，陪审制的确立是可能的。"[6] 佐藤幸治则认为："日本国宪法下的司法权既然被理解为是美国式的，那么在一定条件下承认（陪审——笔者

---

① 参见［日］兼子一：《新憲法と司法》，国立书院1948年版，第74—76页。

② 参见［日］土井真一：《日本国憲法と国民の司法参与（日本国宪法与国民的司法参与）》，见《岩波講座 憲法4》，第257页。

③ ［日］兼子一·木村龟二：《新憲法と司法 新憲法と人身の自由（新宪法和司法 新宪法和人身自由）》，国立书院1948年版，第81—82页。

④ 参见［日］清宫四郎：《憲法Ⅰ》，有斐阁1957年版，第283页。

⑤ 参见［日］宫泽俊义：《法律体系コンメンタール篇Ⅰ 日本国憲法（法律体系注释篇Ⅰ 日本国宪法）》，日本评论社1955年版，第598页。

⑥ ［日］芦部信喜：《憲法》，岩波书店1993年版，第272页。

加）意见的约束力的陪审制的采用，在宪法上也不是不可能的。"①

　　通过上述对国民参与司法的宪法论争可以看出，在日本国宪法下，在以国民主权为基础的宪法原则理念得以确立的情况下，国民参与司法是有可能实现的。问题的关键在于，在具体的制度设计中，如何正确处理"司法权独立"与具有民主主义意义的"国民参与司法"关系。

　　司法的民主性问题一直是争议较多的一个问题，其原因是因为如果过分强调司法的民主性将有可能影响到司法权的独立。从历史上看，近代立宪主义宪法下的司法权，可以说是在其独立性的基础上才得以保障其正统性的。对于近代立宪主义宪法而言，司法权的独立可视为其共同的大前提。② 当然，这种司法权的独立，其目的主要是为了防止司法权与立法权以及行政权等其他国家权力相结合后所带来的危害，而并不是用来针对国民的直接或间接的统治。不过从原理上来讲，也不能排除国民的这种统治与司法权之独立要求之间存在紧张关系的解释与理解。即，这里存在着"'审判'这一公职能与'民主主义'的国家意思决定方式之间在本质上的亲和性这一根本性的问题"③。虽然司法权的正当性之根源来源于国民主权，但同时也存在着持有国民多数意见的政治上的多数者以国民主权的名义来操纵司法权的危险性。④ 从法院拥有保障少数人人权的违宪审查机能这一视点来看，司法的非民主性也具有一定的积极意义。

　　因此，日本国宪法对司法权的独立作出了明确的规定。日本国《宪法》第 76 条第 1 款规定："所有的司法权属于最高法院以及由法律规定而设置的下级法院。"同时，同条第 3 款规定："所有的法官，凭良心独立行使职权，只受本宪法及法律的约束。"还规定法院仅由身份受到严格保障（第 78 条）、通过法定程序任命（第 79 条、第 80 条）的"法官"来构成。根据宪法的规定，法官受到身份上的保障，以独立的身份只遵照宪法和法律进行审判。作

---

　　① ［日］佐藤幸治：《宪法》，青林书院新社 1981 年版，第 218 页。

　　② 参见 ［日］常本照树：《国民の司法参加と宪法（国民的司法参与和宪法）》，《ジュリスト》第 1198 号（2001 年），第 161 页。

　　③ ［日］手岛孝：《宪法解释二十讲（宪法解释 20 讲）》，有斐阁 1980 年版，第 228 页。

　　④ 参见 ［日］樋口阳一等：《宪法と裁判（宪法与裁判）》，法律文化社 1988 年版，第 74—75 页（樋口执笔）；［日］常本照树：《国民の司法参加と宪法（国民的司法参与和宪法）》，《ジュリスト》第 1198 号（2001 年），第 161 页。

为对法院的民主化控制的手段则仅限于内阁对法官的任命、最高法院法官的国民审查。通过以上规定也可以知道，法院是一个民主正当性较低的国家机关，在不接受直接的民主化控制这一点上可以说具有"非民主性"的性质。

但是，由于在立宪主义理念下的宪法·法律是民主主义的产物，所以，要对宪法和法律进行正确的解释和适用的话，就需要将国民的意识和常识纳入到视野当中予以考虑。也就是说，为了确保将国民的意识·常识反映到司法过程，为了得到国民对司法的理解和支持，加强司法的国民性基础，就需要国民参与到司法当中。① 可以说，对于国民的司法参与所期待的，主要是国民主权基础上的民主意。民主化具有较广的含义，虽然把"审判决定权从法官移交给国民"这种民主化是不可取的，但是如果是"在法官的决定中加入国民"的意见这种方式的民主化的话，既可以维系司法权的独立性，也可以强化司法的国民性基础。在此意义上应该肯定国民的司法参与。②

虽然日本国宪法中并没有关于国民参与司法的明文规定，但是以日本国宪法的基本原理之国民主权原理为根据，从作为主权者的国民的参政权的行使角度，可以推导出国民参与司法的宪法上的依据。司法权是国家统治权的一部分，其权力的根源来自于国民主权。基于这种国民主权原理并受国民委托之司法权的行使，作为强化司法的国民主权之基础的手段，让国民参与到司法权的行使过程中，从宪政理念上来讲是可能并可行的。我们不能因司法权独立的原理而否认国民直接参与司法的意义。只是我们同时也不能忘记"与容易变动的多数意见保持距离，并监督检查基于多数意思而进行的立法、行政行为，从而保护国民的权利与自由"这一民主制下的司法的特殊功能。因此，在考虑具体的国民参与司法的方式时，应注意这两种要求的调和与平衡③，保证国民参与司法必须在不损害审判公平且公正的前提下进行。④

---

① 参见［日］市川正人：《国民参加と裁判员制度（国民参与和裁判员制度）》，《法律时报》第 76 卷第 10 号（2004 年 9 月），第 41—42 页。

② 参见［日］田口守一：《裁判员制度の理论的基础（裁判员制度的理论基础）》，《刑事法ジャーナル》第 13 号（2008 年 10 月），第 5 页。

③ 参见［日］常本照树：《国民の司法参加と宪法（国民的司法参与和宪法）》，《ジュリスト》第 1198 号（2001 年），第 161 页。

④ 参见［日］杉原泰雄编：《新版体系宪法事典》（佐々木正寿执笔），青林书院 2008 年版，第 731 页；［日］市川正人：《国民参加と裁判员制度（国民参与和裁判员制度）》，《法律时报》第 76 卷第 10 号（2004 年 9 月），第 41—42 页。

四、国民参与司法的制度设计及其评价

如前所述，日本自 1999 年开始进行了一系列的司法制度改革，其改革的主要目的是在法治理念下加强司法的国民性基础，保障与扩大国民的司法参与。纵观此次的改革，可以说从加强国民参与司法的方方面面进行了整体的、配套的、体系性的制度设计。具体来说，主要从国民直接参与诉讼的制度尝试（裁判员制度的确立）；提供法律服务的法律专业人员的素质及人数的保障（法曹培养和选拔制度改革）；人权保障与救济中的社会各方面资源的整合与法律服务的提供（司法援助制度的改革完善）；纠纷解决方式和途径的多样化（诉讼外纠纷解决途径的扩大）等各方面进行了具体的制度设计和实践。通过对司法制度改革的分析，我们可以看到日本由"精密司法"向"司法的国民参与"、由"大国家、小司法"向"小国家、大司法"、由"司法专业主义"向"司法民主主义"的价值观的转变。这种改革可以说是加强立宪主义的国民主权原则的体现和必然结果。

日本自 20 世纪 90 年代以来进行政治改革之后，人格自律、国民主权的观念进一步得到整个社会的普遍认可，国民对司法民主的要求空前高涨，在司法的民主性、国民参与司法等方面都有了新的要求。可以说改革前日本的司法制度基本上顺应了当时时代发展的需求，以精密司法配合完成了近代化的实现，并为法治国家建设提供了有力的制度支持。但此种精密司法与精英型的法曹集团也造成了法曹界的封闭，造成法曹与国民以及与社会常识之间的距离，法官以及司法机关被形容为不食人间烟火、缺乏世间常识的组织。[①] 特别是到了 20 世纪 90 年代以后，通过再审程序对冤假错案的重新审理和无罪判决结果的大量涌现，国民对司法参与的要求高涨，要求引入陪审或参审制度。此外，随着 20 世纪 90 年代开始进行的"为了能让法化为社会的血肉"的制度改革的推进[②]，日本人的法律意识也在发生着变化，诉讼利用率开始提高，诉讼数量也逐年增多，而且出现了诉讼领域不断扩大的趋势。但由于法曹人数的不足等原因，无法应对这种发展趋势和要求。特别是 20 世纪 80 年代以后对相当数量的地方法院支部或简易法院进行"统、废、合"的结

---

① 参见王云海：《日本司法改革的深层》，《环球法律评论》2002 年春季号，第 115 页。
② 参见［日］棚濑孝雄：《司法制度の深層（司法制度的深层）》，商事法务 2010 年版，第 5 页。

果，身边近处没有法院的国民增多，加之因审判需要大量的时间和费用，使得在心理及经济等方面因素的影响下，法院成为一个遥远的存在，阻碍了国民接近司法和利用司法。而另一方面，进入 20 世纪 90 年代前期开始，伴随着日本社会的构造变化而带来的复杂多样的社会问题的井喷式出现，公害、药害、环境破坏、消费者权益的侵害、交通事故等多样化的新型纠纷大量涌现，需要提供一种新的多样化的法律服务。因此，可以说诸如法官检察官定员的大幅增员、律师队伍的扩充、值班律师制度、人口稀少偏远地区的地区法律中心的设置、法律援助制度的改善和充实、ADR 制度的完善等都正是迎合了这种要求。① 此次的司法制度改革，既是对精密司法的反思，也是对国民主权原则的确认和落实，是对时代发展和社会需求的一种积极回应。

1."裁判员制度"的确立——国民直接参与司法的制度尝试

于 2004 年通过的《关于裁判员参加刑事审判的法律》（以下简称为《裁判员法》）对国民直接参与司法的裁判员制度进行了规定。根据《裁判员法》的规定，由市民中随机抽选出的裁判员与专业法官一起共同组成合议庭，审理重大刑事案件，并作出有罪、无罪判断以及运用法律决定量刑。裁判员制度的适用对象是：（1）有可能处以死刑或无期徒刑的案件；（2）法院法第 26 条第 2 款规定的案件中，因故意犯罪行为导致被害者死亡的案件。② 当适用裁判员法的案件被起诉后，每个案件都要选任参加该案审理的裁判员，该案件的裁判员只参加该案的审理直至审理结束做出判决为止。裁判员的人数，原则上为 6 人，即每个案件的合议庭由法官 3 人、裁判员 6 人构成。当事实认定无争议，当事人亦无异议时，也可采取裁判员为 4 人、法官为 1 人的小型合议庭审理模式。合议庭的最终裁决采取特别多数制，即包括法官和裁判员各一人以上的过半数的意见为合议庭的裁决。判决书中只记载法官的姓名，裁判员的姓名不对外公开。对于判决结果，与其他的一审判决相同，被告人也好检察机关也好都可以提出上诉，而上诉审则与历来的做法相同，

① 参见［日］上石圭一：《過去の司法制度改革との比較でみた今回の司法制度改革の評価（与过去的司法制度改革相比较之视野下对此次司法制度改革的评价）》，《法律时报》第 77 卷第 8 号（2005 年），第 31 页。

② 裁判员制度之所以仅适用于重大刑事案件，是因为考虑到越是重大案件国民关心的程度也越高，而且可以适用的案件数也有限。

只由法官进行审理。

根据《裁判员法》的规定，裁判员所要履行的职务包括认定事实、适用法律及量刑。除此之外的诉讼指挥以及与法律解释相关的判断则由法官作出，裁判员没有必要具备与法律解释以及刑事诉讼程序相关的特别的知识。在评议过程中，裁判员原则上具有与法官对等的权限。接到法院传唤的裁判员候选人负有出席选任裁判员程序的义务；正式成为裁判员之后有宣誓、出庭审理、保密、保持品格等义务。此外，对于裁判员的辞退自由问题，根据裁判员法的规定，除非符合《裁判员法》第 16 条规定的辞退事由以外，原则上不承认裁判员候选人有辞退的自由。被告人也不得拒绝、辞退由裁判员及法官组成的合议庭的审判。

裁判员制度作为国民直接参与刑事审判的一种制度，被视为是确立国民性基础的核心，其导入目的在于重视国民对司法的参与、理解与信赖，以强化司法的国民性基础，体现国民主权之宪法原理。对于裁判员制度的实施，在裁判员法制定公布的当初，国民、舆论界及学界的评价褒贬不一，曾引起很大的争议。当时的各种舆论调查结果表明，对裁判员制度的实施持有消极态度者为多数，有很多人表示不愿成为裁判员。学界中，也有不少消极评价，认为该制度本身内含着不少问题，对此表示担忧，并主张裁判员制度违宪，指出制度设计时没有对其进行充分的宪法论的论证[①]，甚至有一些学者认为裁判员制度的设立将动摇日本国宪法的体制及司法制度的根基。[②]

关于裁判员制度的合宪性问题，主要是围绕着宪法条文规定的有无；司法权独立与法官独立的关系；下级法院的组成成员问题；接受法院审判的权利；裁判员的义务、负担等方面进行展开论争的。虽然论争很激烈，但基本上以合宪论为主流。认为裁判员制度并不构成对司法权独立的侵犯，而其他的问题，可以说是通过宪法解释和具体的制度安排所能解决的问题，并没有

---

① 参见［日］市川正人・工藤達朗・高見勝利：《学界展望　憲法》（工藤執筆），《公法研究》第 70 号（2008 年 10 月），第 253 页。有关裁判员制度的违宪争论，参见洪英：《日本裁判员制度的宪政分析——以参政权的权利性视角之分析为主》，见《中国宪法年刊 2009》，法律出版社 2010 年版。

② 参见［日］大久保太郎：《裁判员制度案批判（续）（上、下）》，《判例时报》第 1772、1774 号（2002 年）；［日］高山俊吉：《裁判員制度はいらない（不需要裁判员制度）》，讲谈社 2006 年版；［日］西野喜一：《日本国憲法と裁判員制度（日本国宪法与裁判员制度）（上、下）》，《判例时报》第 1874、1875 号（2005 年）。

真正涉及与宪法理念、原理、原则的冲突，是在宪法解释允许的范围内的解释水准、技术及逻辑性论证的比量。

应该说在不构成对司法权独立及法官独立的基本原则的前提下，作为国民主权及民主主义原则的具体体现的国民参与司法的制度，是一个具体的制度设计的法律政策问题。裁判员制度虽然存在着一些制度设计的细节问题，但如果对这些问题进行改进的话，应该是一种很好的民主主义的实践，对国民主权的巩固与加强具有重要的意义。通过裁判员制度的实施，让国民能够直接参与到具体的诉讼活动中，体验司法程序和公平正义，在重大的刑事案件的事实认定、量刑判断上反映了国民健全的社会常识，进一步增进了国民对司法的理解和信赖。因此可以说，基本上实现了制度设计时通过裁判员参加司法过程加深国民对审判过程的理解，提高对司法的信赖感的理念和价值目标。但是，也有很多人认为国民直接参与司法的体验应该从轻微案件开始，而不是重大的与死刑相关的案件。

2. 法曹选拔及培养制度的改革

此次的司法制度改革的一个重要内容，是在司法功能的承担者之法曹队伍的建设、法律素质的提高到法曹人数的扩充等方面进行了体系性的改革，建立了法科大学院制度，并实施了以法科大学院毕业生为对象的新司法考试制度，为将法治渗透到社会的各角落、让国民更加便利地利用司法、接近司法提供了良好的制度基础和人员保障。

日本的法科大学院制度是模仿美国的 LawSchool 设立的，其教育理念是培养具有"丰富的人性"和"创造性的思维"以及"责任感和伦理观"的、能够成为"国民的社会生活上的医生"的法曹。法科大学院的教育内容以法学理论为中心，注重案例式的实务教育，重点培养学生的法律思维能力和对法学知识的具体运用能力。各法科大学院的教师必须保证有 20％以上是实际从事法律实务工作的律师或司法部门的职业法律人员。

法科大学院的改革是与司法考试改革配套进行的。根据新修改的《司法考试法》（2002 年修改，于 2005 年 12 月 1 日起实施），原则上必须是法科大学院毕业者才具有参加司法考试的应试资格[①]，而且，新修改的司法考试法

---

① 作为例外也有预备考试。

将基于同法而进行修改后的司法考试定义为"新司法考试"①。新司法考试从 2006 年开始实施,自 2006 年至 2011 年为止的制度转型期中,新司法考试和旧司法考试将同时并存。而在此转型期内,原则上只能参加新旧司法考试中的某一个考试。

新司法考试由短答式笔试和论文式笔试构成,与旧司法考试所不同的是口试被取消,而且,在考试日程的安排上,也由过去分散在几个月分别进行短答式笔试和论文式笔试以及口试等三次考试的马拉松方式改为将短答式笔试和论文式笔试集中在一起于 5 月举行的统一集中方式。在司法修习制度方面,与旧司法考试制度下的司法修习相同,司法考试合格者将作为司法修习生进行司法修习。与旧司法考试不同的是司法修习的时间缩短为 1 年,其理由是因为在法科大学院中已经接受了相当的实务教育。新司法修习分为 10 个月的实务修习和在司法研修所的 2 个月的集中研修。实务修习的 10 个月将被分配到全国的各地方法院本厅所在地进行分别为期 2 个月的刑事审判、民事审判、辩护、检察、选修修习。司法修习结束后,要接受"司法修习生考试"(也称"第二回考试"),考试合格者将被赋予判事补(法官)、检事(检察官)的任用资格以及律师的登录资格。按照当初的制度设计,法科大学院毕业生的 70%～80%会在新司法考试中合格而取得法曹资格。

从总体上说,日本的法曹培养及选拔制度的改革有其成功和值得借鉴的一面。它将法曹培养与选拔制度纳入司法改革的整体设计当中,并将其置于整个社会整体结构中进行总体的制度设计;同时,还将司法考试与考前的大学的法学教育、法曹培养以及任职前的司法修习相结合贯穿于一体,设计出了具有体系性、一体化的法曹培养制度。可以说法曹培养与选拔制度改革的立足点与当时司法改革的整体价值目标之设计是吻合的,体现了司法民主性与法治主义的价值理念,为国民更好地接近司法、利用司法提供了制度基础。但是,在制度的实践过程当中还是有不少问题存在的,并没有改革设计当初所期待的那样发挥了其巨大功效,也存在着需要

---

① 法科大学院毕业后 5 年以内能够报考新司法考试 3 次,如果连续 3 次都不合格,则需要再次进入法科大学院学习,或者通过在司法考试预备考试中合格后才具有重新报考的资格。

重新审视法曹培养与选拔制度的主张。① 其中，争议最大的问题就是司法考试合格率的低下问题。据统计，2009 年的司法考试合格率为 27. 6％，2010年司法考试合格率为 25. 4％，这与审议会意见书中所提出的七八成的合格率相比相差甚远②，因此也有学者评价司法考试背离了当初资格考试的宗旨，成为了一种竞争考试，与当初司法制度改革审议会所提出的理念不相符合。③ 法曹人口的增加未能实现改革设计时的目标，说明新的法曹培养及选拔制度还存在需要调整的必要性，这也将在一定的期间给司法制度改革整体投下阴影。

3. 司法援助制度的改革完善

此次改革中，作为便于国民接近司法和利用司法的一个有利举措就是创立了"日本司法支援中心"（通称：法律平台）。该司法支援中心是基于2004 年 6 月制定的《综合法律支援法》的规定于 2006 年 4 月 10 日成立的。综合法律支援的构想，最初源于综合法律支援法制定 3 年前提出的司法制度改革审议会意见书。该意见书提出需要充实民事法律扶助，整备法律咨询活动、司法利用咨询窗口、犯罪嫌疑人·被告人国选辩护制度。为了将意见书的内容付诸实践，在内阁设立了司法制度改革推进本部，并通过讨论研究形成了"司法网络"构想。"司法网络"以充实所有国民的司法利用和司法接近为目标，特别注重对地方以及司法过于稀疏地区国民利用司法和接近司法的改善。而司法支援中心正是作为"司法网络"的中核而被构想设计成立的。根据综合法律支援法的规定，司法支援中心是由政府出资设立的，为方便国民利用审判和其他依法解决纠纷的制度以及能够得到律师、司法书士和其他相关法律职业人员的服务而提供综合性支援的独立行

---

① 参见［日］棚濑孝雄：《司法制度の深層（司法制度的深层）》，第 3 页。根据 2010 年 7 月 6 日法务省和文部科学省对法曹培养制度进行总结分析的结果，认为现在法曹培养制度陷入了一个恶性循环状态，难以实现司法制度改革所提出的提高法曹素质、增加法曹人数的理念及目标。参［日］井上裕明：《司法修習の観点から見た新しい法曹養成制度（从司法修习的视点对新法曹培养制度的考察）》，《法律时报》第 83 卷第 4 号（2011 年），第 44 页。

② 参见［日］后藤昭：《法科大学院制度失敗したのか？（法科大学院制度失败了吗？）》，《法律时报》第 83 卷第 4 号，第 34 页；［日］古口章：《法曹人口問題について思うこと（对法曹人口问题的思考）》，《法律时报》第 80 卷第 4 号，第 42—43 页；［日］伊藤真：《法曹人口問題》，《法律时报》第 80卷第 4 号，第 35—36 页。

③ 参见［日］木下富夫：《战后司法制度的经济学分析》，日本经济评论社 2010 年版，第 266 页。

政法人。

司法支援中心提供的支援不只局限于民事问题，刑事方面的问题也属于司法支援的对象。司法支援业务的对象范围包括：法律和司法相关的信息情报的提供业务；民事法律扶助业务；犯罪嫌疑人与被告人的国选辩护等相关业务；司法过疏对策业务；犯罪被害人支援业务；协调国家与律师协会、ADR 机构以及其他组织之间关系的业务；培训业务；接受委托的业务，等等。上述业务中，作为基干业务的民事法律扶助是从在日本律师联合会下发展起来的财团法人法律扶助会承接过来的业务，国选辩护等相关业务是从法院承接过来的。在此意义上来看，司法支援中心的业务是在长期发展过来的法律扶助、国选律师的基础上新增加了法律资讯提供、犯罪被害人支援等业务，并将这些进行整合后进行的综合性的司法支援。从其组成人员的构成上看，是由扶助协会、律师会、司法书士会、法院、法务省、地方自治体、公募人员等各种不同的渠道而来的职员集合成的新的组织体。司法支援中心的业务主管部门为法务省，综合法律支援法中明确规定了国家在司法支援中的职责和义务。

司法支援中心在各地方法院本厅所在地设置了作为其窗口的事务所（此外还有支部、派出所），而且在全国各地设置了司法支援中心所属律师常驻的法律事务所。另外，还设立了从全国各地都能打通的电话中心（0570－078374），有专门的话务员提供免费的法律咨询和司法信息资源情报。司法支援中心的成立和综合法律支援法的制定为国民更好地利用司法和接近司法提供了制度保障。

可以说，司法支援中心的成立以及成立后所进行的一系列的活动和成果都是与司法制度改革的整体理念是符合的，在很大程度上促进了法治理念下国民参与司法的实现。例如，进行法律资讯提供业务的电话中心在其设立当时拥有 418 名常勤（专职）职员和 367 名非常勤（外聘）职员，到 2009 年度末时增加到 795 名常勤职员和 496 名非常勤职员，共计 1291 名①；在律师会、司法书士会等相关机构的协助下，确保了充足的契约律师和契约司法书士，而且导入了专职律师制度，在第一年录取了 24 名专职律师分配到各地

---

① 参见［日］寺井一弘：《日本司法支援センターの軌跡（日本司法支援中心的轨迹）》，《ジュリスト》总第 1415 号（2011 年 2 月），第 9 页。

的地方事务所·地域事务所，现在总数已达到 200 人。① 通过这些职员与法律职业人员的努力，司法支援中心为国民提供了大量的法律援助服务，在改善司法利用方面作出了很大的成绩。

但是目前司法支援制度因还处于起步阶段，因此，被国民认知的程度还比较低，在预算的确保，律师及其他专家的确保、协作以及培养等方面都面临着新的课题。特别是因司法支援中心具有官方色彩，因此其下属的地方事务所及其所属的专职律师是否会影响当地开业的个人法律事务所及开业律师的业务，形成不必要的紧张关系是一个有待观察和处理的新课题。此外，也有学者指出，司法支援中心既对犯罪嫌疑人和被告人进行支援也对犯罪被害人进行支援，这种同时处理利害相冲突的业务的机构，如果想避免"利益相反"行为的结果就必须确保相当数量的职员数，这也是一个现实的课题。② 此外，在具体的制度设计上，有关实施法律扶助时的代垫金问题及其利用者的负担问题，法律咨询援助的资力要件等方面都存在着很多技术性的调整问题，有待今后改善。

4. 诉讼外纠纷解决机制（ADR）的改革与完善

此次改革从纠纷的解决方式上，为国民提供了更加广阔而又便利快捷的多种诉讼外纠纷解决机制（ADR）。日本对 ADR 制度予以肯定、积极的评价并广为利用也就是最近十来年的事情。过去虽也有 ADR 存在，但被认为是一种"非"法的解决方式，从法意识的近代化观点出发认为 ADR 的做法是一种权利意识低、只用情理来暧昧地解决问题的方法，进而被形容为"二流的正义"而被消极地评价。③ 后来，随着社会和经济的发展，各种纠纷呈现出多样性的特征，纠纷解决的方式也面临着新的课题，加之美国自 20 世纪 70 年代开始盛行的 ADR 制度的推广适用以及随后在欧洲的普及，给日本带来了较大的影响。同时 ADR 的简易、迅速、廉价、各领域专业知识的活

---

① 参见［日］岩瀬徹：《第 1 期中期目標を振り返って（回顾第 1 期中期目标）》，《ジュリスト》总第 1415 号（2011 年 2 月），第 20 页。

② 参见［日］木佐茂男等：《テキストブック現代司法（教科书 现代司法）》，日本评论社 2009 年第 5 版，第 24—25 页。

③ 参见［日］高桥裕：《ADR 推進をどう考えるか（如何看待 ADR 的推进）》，见民主主义科学者协会法律部会编《誰のための"司法改革"か（为谁进行的"司法改革"?）》，日本评论社 2001 年版，第 73—74 页。

用、个人隐私及营业秘密的保守、不受僵硬的权利义务所限而进行符合实际情况的灵活性等特点，使得人们对 ADR 转变了观点，开始予以积极地评价。其结果，ADR 的扩充与活性化被作为此次司法制度改革的重要一环而提到改革的议事日程。司法制度改革审议会意见书中将 ADR 定性为"与审判相并列的魅力性的选择"而予以高度的评价。之后，司法制度改革推进本部设置了"ADR 检讨会"①，通过缜密而又激烈的讨论、研究，于 2004 年制定了《关于促进诉讼外纠纷解决程序的利用的法律》（简称"ADR 基本法"或"ADR 法"，以下本文采用"ADR 基本法"这一表述）。ADR 基本法将其射程限定为"纷争当事人可以进行和解的民事纠纷"（同法第 2 条第 1 号）。

在 ADR 基本法中最为重要的内容就是 ADR 认证制度。该制度从 2007 年起开始实施，根据 ADR 基本法的规定，满足同法规定要件的 ADR，通过法务省审查合格，即可成为认证纠纷解决机构，而在法律上享有相应的法律效果的保障。得到认证的 ADR 将被允许使用特定的"解决支援"的文字和图案，而且将一直公示在法务省的网页上。认证 ADR 制度的确立，也促成了过去未曾有的领域中新的 ADR 的诞生。可以说，认证 ADR 制度在国家保证 ADR 的品质方面是一个大胆的尝试。ADR 认证制度的建立使得从事 ADR 的机构和人员得到更加科学的管理，为国民利用此种途径解决纠纷提供了安心的制度保障。但是对此也有异论和担忧，认为 ADR 原本是非正式的自由度较高的纷争解决手段，但认证制度将 ADR 定型化，违背了 ADR 存在的原初旨意，反而也许会阻碍其发展。而且，虽然是否申请取得认证是各 ADR 的自由，但是也有可能会使得没有认证的 ADR 受到二流 ADR 的不平等待遇，造成形式上的等级化。②

自认证 ADR 制度实施以来，到 2011 年 3 月末为止，全国共有 89 个 ADR 被认定为认证 ADR。③ 认证 ADR 的一个特征是呈现出行业团体的类别化特征。比如，占认证 ADR 三分之一（共 32 个认证 ADR）的是与劳动关

---

① 仲裁从概念上来讲虽然包括在 ADR 当中，但鉴于仲裁的特殊性在 ADR 检讨会之外又设立了专门的"仲裁检讨会"，并于 2003 年制定了《仲裁法》。

② 参见［日］木佐茂男等：《テキストブック现代司法（教科书 现代司法）》，第 116 页。

③ 参见［日］佐藤铁男：《ADR 机关·制度の展开（ADR 机关、制度的展开）》，《法律时报》第 83 卷第 7 号，第 6 页。

系纠纷相关的 ADR，都属于社会保险劳务士会；13 个 ADR 是与土地边界纠纷相关的 ADR，它们属于土地房屋调查士会；还有 13 个 ADR 是以小额民事纠纷为对象的司法书士会的 ADR；以解决车辆事故以及外国人的职场环境等纠纷为主的行政书士会 ADR 有 7 个。比较奇怪的是以律师会为母体的 ADR 申请认证的很少，与其他行业团体形成对比。以上现象表明，司法制度改革和认证 ADR 制度的确立导致邻接法律专门职种（如行政书士、司法书士、社会保险劳务士、土地房屋调查士等）参与到 ADR 领域的机会增大。换言之，这些邻接法律专门职业人员将替代人数少又存在地域偏差的律师进行各种属于自身业务范围内的工作，成为法律服务的直接承担者和实施者。这也就提出了如何对此类邻接法律专门职业人员进行更为科学和合理的管理，以及进行业务培训等课题。因此，认证 ADR 制度与法律职业人员的资格认定、教育培训、法律援助中心的工作等等都成为一个相互关联、相互牵动、互为一体的系统性改革工程。

总的来说，目前为止一般民众对 ADR 的认知程度还较低。也有学者对 ADR 的广泛利用提出担忧，认为从立法、行政、司法三权分立的角度来看，司法具有解决"一切法律上的争讼"的功能，而 ADR 的广泛利用将有可能导致司法的空洞化，造成本末倒置的负面影响。[①] 但是大部分的意见认为 ADR 的充实所带来的纠纷处理能力和正义的增强，应该是得到客观而正面的评价。

五、结语——对中国的启示

通过前面的分析论述我们知道，日本自 20 世纪 90 年代后期开始进行的这一系列司法制度改革，其改革目的主要在于将法治理念渗透到社会的各个角落，进一步加强司法的国民性基础，保障与扩大国民的司法参与，最终实现实质性的法治国家。中国在这二十年来也一直进行着司法体制改革，虽然取得了一定的成效，但在很多方面还存在着不足，需要借鉴国外的一些改革成果进行进一步的改革与完善。近几年，国内也开始对公民的司法参与予以高度的重视，学界也从多种角度进行研究。虽然中日两国在政治体制、社会

---

① 参见［日］木佐茂男等：《テキストブック現代司法（教科书 现代司法）（第 5 版）》，第 114 页。

背景、法律文化等方面存在着差异，但在立宪主义原理下公民参与司法的改革举措所体现的现代司法理念和价值却是共同的。作为具有相同的东方文化传统与背景的邻国的日本司法制度改革，其改革的"功"与"过"将会给我们以一定的借鉴与启发。

日本在此次的司法制度改革中，为保障和实现国民参与司法而采取的有效途径与手段，其中有一些是值得我们借鉴的。例如，可以借鉴日本将过去仅以司法考试一"点"进行选拔的"点式"选拔，改革为以法科大学院的法学教育、司法考试、司法修习有机结合起来的"过程式"选拔与培养的改革措施，进一步完善我国的法学教育和司法考试制度；建立面向司法考试合格人员的统一职前培训制度，形成法学教育、司法考试、统一职前培训三位一体的体系化、系统化的法律职业人才教育、培养、选拔模式，并充分发挥司法行政机关的功能和作用，对这些领域和环节进行宏观管理和行业指导。在非诉讼纠纷解决方式（ADR）的充实和强化方面，可借鉴日本的"认证ADR"制度，建立由司法行政机关进行 ADR 主体资格认定的制度；在法曹以外的其他法律工作者队伍规范化建设方面，由司法行政机关进行统一的资格认定和管理，使公民得到更好的法律服务。此外，在法律信息交流平台及网络的构建、公民的法律教育等方面也要进行配套改革。以上几个方面将相辅相成，共同促进国民的司法参与，实现立宪主义宪政体制下的民主法治理念，并形成司法行政管理的规范化体系。

通过对某一制度及其改革过程的分析，我们可以了解该制度背后的大的社会的制度设计蓝图，而对这种制度设计蓝图的分析与掌握，可以帮助我们理解现在的某种制度为何以此种形式存在，也可以知道为了使其更好地在现实当中发挥功能与作用，应该在哪里、通过什么方式对其进行改革。而在此过程当中，需要注意的是，影响制度设计与改革的不只是一个因素，为了让某一制度发挥其应有的功能，方法不止一个，有着多数的选择项。在不可能满足所有的功能性要求的前提下，优先哪一个方面，需要结合特定社会所持的价值观以及所具有的传统乃至与既存制度的整合性、适应性和具体的情况来进行判断。① 同样，在面临着近代化（现代化）、国际化等课题，需要借鉴

---

① 参见［日］棚濑孝雄：《司法制度の深層（司法制度的深层）》，第 4 页。

他国的改革经验，对本国的各种制度进行符合时代发展要求的设计与改革时，也面临着此种选择以及本土化的问题。即使作为法这种近代社会不可或缺的构成规范、规则，它也会强烈地受到本国固有的本土文化性传统规定的影响，因此，在研究借鉴国外的改革经验时，一定要注意与本国国情、体制与文化传统的结合，不能盲目照搬。

　　总体而言，日本的司法制度改革中强调法治主义的普及与提高，让法治渗透到社会的每个角落并为此采取各种对策的制度设计是值得我们借鉴和参考的。但是在国民参与司法以及司法民主的加强方面需要结合中国的国情进行有针对性的分析对待。在理念上，我们应该提倡国民的司法参与和司法民主。① 因为在人民主权原则下，司法民主是社会和时代发展的总趋势，我们同当今世界各国重视司法民主、强调国民的司法参与的总体趋势是一致的。但是在具体的做法与进程上，应该考虑到我国的实际国情，进行符合国情的具体制度设计。日本是在精密司法发展到了相当程度的基础上，为了避免法曹界脱离国民常识性的思考和判断而进行了一系列的具体制度改革，但中国因各种因素和特殊历史时期的影响还缺乏"精密司法"的经验和过程，司法领域的专业化水平还有待提高。在此种状况下，过于强调司法民主将会引起不必要的混乱。因此，应该循序渐进，有步骤、分阶段地进行科学合理的制度设计。

---

　　① 从世界范围来看，国民的司法参与作为国民主权的实现及民主化程度提高的一个有效手段，已在 80 个左右的国家得以制度化并予以实施。

索　引

国家哲学社会科学成果文库

NATIONAL ACHIEVEMENTS LIBRARY
OF PHILOSOPHY AND SOCIAL SCIENCES

建设公正高效权威的
社会主义司法制度研究（第三卷）

中国刑事诉讼程序改革研究

主编　　　　陈卫东
本卷主编　　陈卫东

中国人民大学出版社

撰稿人（以撰写章节先后为序）

程　雷　韩红兴　陈卫东　张月满　李奋飞

刘计划　李玉华　简乐伟　李训虎　魏晓娜

陈卫东 中国人民大学法学院二级教授，博士生导师，"长江学者"讲座教授，国务院政府特殊津贴专家。中国人民大学诉讼制度与司法改革研究中心主任，兼任中国刑事诉讼法学研究会常务副会长、中国审判理论研究会副会长等；受聘最高人民检察院专家咨询委员会委员、公安部特邀监督员等。出版专著十余部，在《中国社会科学》、《中国法学》等学术刊物上发表论文四百余篇，主持二十余项国家级与国际合作项目。参加了律师法、国家赔偿法、居民身份证法等法律的立法、起草与修正工作，全程参与了1996年刑事诉讼法、2012年刑事诉讼法的修改以及相关司法解释的制定工作。代表性著作为《程序正义之路》（第一、二卷）、《模范刑事诉讼法典》等。

撰稿人员及分工

（以撰写章节先后为序）

程雷（中国人民大学法学院副教授）：第一章；

韩红兴（北方工业大学法学院副教授）：第二章；

陈卫东（中国人民大学法学院教授）：合作撰写第三章、第八章；

张月满（山东政法学院教授）：合作撰写第三章；

李奋飞（中国人民大学法学院副教授）：第四章；

刘计划（中国人民大学法学院副教授）：第五章、第九章；

李玉华（中国人民公安大学法律系教授）：第六章，合作撰写第七章；

简乐伟（法学博士，襄阳市人民检察院干部）：合作撰写第七章、第八章；

李训虎（中国政法大学证据科学研究院副教授）：第十章；

魏晓娜（中国人民大学法学院副教授）：第十一章。

目　录

Contents

第一章

公正与效率平衡视角中的侦查制度

一、引　言

侦查制度是刑事司法制度的重要组成部分，是刑事司法制度较之于民事司法制度、行政司法制度最具特色的一项制度、一个程序步骤。一方面，侦查程序在整个刑事程序中的重要地位，既体现在侦查环节是发现事实与收集证据的主要环节，同时体现在侦查程序的处理结论对于整个案件最终的处理结果具有决定性作用[①]，后续的起诉与审判环节，从工作内容上看主要是对侦查工作内容与处理结果的审核。另一方面，历史的经验已经反复证明，绝大多数冤假错案在侦查环节上已经形成，不公正的侦查制度是错案形成的重要根源。我国刑事诉讼法在1996年的立法修改过程中重点在于审判方式的改革与完善，对于审前程序关注有限，特别是对侦查程序的立法完善与实务改革，立法机关与学术界都关注不够。近十余年来的刑事司法实践愈发凸显出1996年立法改革系统性关注不足所引发的一系列问题。对上述问题直接而又有力的论据是2000年全国人大常委会对刑事诉讼法执法情况大检查时所发现的三项主要问题，包括刑讯逼供、超期羁押与律师权利保障欠缺，主

---

① 围绕侦查与审判之间的关系，理论上对侦查程序的目的有不同的观点，大致划分为"公判准备说"、"公诉准备说"与"侦查独立说"，此类学术观点主要源于日本学界的讨论，参见李箐箐：《侦查诉讼化研究》，中国政法大学2005年博士学位论文，第50—55页。基于无罪推定原则以及司法审查原则，侦查活动的判定结果不具有终局性，侦查总体上是为审判服务的。从这个意义上讲，现代刑事诉讼应当贯彻审判中心主义，但从刑事程序运行实践的角度来看，侦查程序的独立地位也不容一概否定，特别是侦查程序对于后续起诉、审判程序事实认定及案件处理的影响不容忽视。

要的问题都是集中在侦查环节上。推进我国刑事司法改革、健全刑事诉讼制度，当务之急，或者说当下最为迫切的问题在于，将改革的重心从审判程序转向侦查程序，建立公正、高效与权威的现代侦查制度。

如前所述，侦查程序在刑事司法中具有基础性与决定性地位，侦查制度的改革牵一发而动全身，特别是对于正处于改革开放深水区的当代中国，在国际政治、经济形势瞬息万变，社会各阶层利益关系错综复杂、矛盾不断凸显的现实国情下，推进侦查制度改革，意义重大但同时也蕴涵着极大的风险。较为稳妥的改革路线图应当是在综合考量秩序、安全与自由、权利的基础上，在平衡两种价值需求的基础上，逐步、稳妥地设计、推进相应的改革措施。以平衡的视角设计、推进相应的改革思路才是一种建设性的、现实的改革策略。

侦查制度的权威性源于公正与效率两项价值在侦查环节上实现平衡。换句话讲，权威性这一价值的实现是公正与效率两项价值实现平衡之后的结果。侦查制度的公正与效率两项价值的合理配置追求的目标应当是平衡，侦查制度是刑事司法制度的有机组成部分，而整个司法制度价值目标配置的基本原则是"公正优先、兼顾效率"，公正是司法制度的核心与灵魂，因此侦查制度应当追求公正，但同时侦查程序的独特性与侦查权的性质强烈要求追求效率这一价值。作为一种"准行政权"，或者说处于刑事司法系统中的行政权，侦查权在受到司法权约束的同时，权力运行规律主要体现出其行政本质，即在确保底线公正的基础上对效率具有强烈的追求。[①] 因此，在侦查制度中，不应坚持"公正优先、兼顾效率"的策略，而是应当研究如何实现二者的有机平衡。平衡是一个较为抽象的目标，追求的是兼顾秩序与自由、安全与权利、效率与公正。具体而言，地区平衡、侦查程序参与主体之间的平衡和侦查手段的平衡配置都是侦查权平衡规制应当考量的要点。

地区平衡是指在侦查制度的改革过程中应当注意到我国东、中、西部在经济发展、社会治安状况与侦查执法机关能力建设方面存在的显著差异，在设计、推进侦查制度改革的过程中应当充分考量上述差异，一方面改革的举措应当以中等发达地区为主要参照物加以设计，另一方面应当允许不同地区从本地区执法实践的实际情况出发，在遵循法制统一原则的前提下，适当地

---

① 关于侦查权的性质存在"司法权说"与"行政权说"的争论，参见杨宗辉：《论我国侦查权的性质》，《法学》2005 年第 9 期；徐美君：《侦查权的运行与控制》，法律出版社 2009 年版，第 35—43 页。

进行地方化规则的制定与实施。

侦查参与主体权能的平衡是指侦查机关与犯罪嫌疑人及其辩护人之间的权能应当尽量实现平衡，侦查人员与检察官、法官之间的权力能够有效制约，侦查主体的职权与社会公众的知情权、监督权之间也要实现平衡。

侦查手段配置的平衡是指侦查主体的常规侦查手段与特殊侦查手段之间应当合理分布、协调配置，二者的权力增减趋势应当呈现出成反比的法治发展趋势，也就是说，在一个法治社会或者说追求法治的社会中，侦查权中的常规侦查手段与特殊侦查手段之间应当体现为此消彼长的态势，而不应当是同时增减的关系，否则要么不利于安全与秩序的达成，要么将严重威胁公民的基本权利。在侦查手段、侦查措施的配置问题上，"要捆住警察的右手，就必须放开其左手，因为警察国家与没有警察的国家同样是令人难以接受的"[①]。

兼顾公正与效率双重价值下的侦查权平衡规制是本章研究的主题，围绕这一主题，笔者首先探讨侦查权平衡规制的法治原则，主要包括三个主要原则：司法控制原则、强制侦查法定原则与任意侦查原则、侦查秘密原则。其次就侦查行为层面，将重点探讨常规侦查行为中的侦查讯问与特殊侦查措施等新型侦查措施，前者主要着眼于如何对侦查权进行控制以实现公正，毕竟刑讯逼供等各种酷刑行为被公认为是侦查环节上影响公正的最为突出的问题；后者则通过探讨秘密侦查的合法化问题，研究如何在对侦查权进行控制的同时实现侦查效能的提升。最后一部分将提纲挈领地指出在侦查程序各环节上其他影响侦查公正与效率的相关问题，包括侦查期限、反恐与有组织犯罪侦查的特殊程序、数据库建设与使用等内容。

二、侦查制度的法治原则

（一）侦查权的司法控制或司法审查原则

1. 基本内涵与理论基础

我国较早关注侦查权司法控制问题的学者认为，我国侦查程序的结构性弊端突出表现在，缺乏中立的司法机构对侦查权进行有效的控制，侦查程序

[①]　陈卫东：《秘密侦查合法化之辩》，《法制日报》2007年2月11日。

成为行政性治罪程序。因此，学者们对西方国家侦查权的控制模式进行了考察，并将其概况为三种主要的模式：司法授权、司法救济与非法证据排除。① 司法授权是指法官对重大的、关系到公民重要权利的强制性侦查措施颁发许可令，授权警察实施相应的强制措施，比如西方国家普遍确认的司法授权制度为：法官批准警方采取搜查、扣押、逮捕与窃听等强制措施；司法救济是指在诉讼过程中，嫌疑人及其辩护人如果对有关强制侦查措施不服，可以向一个中立的司法机构或司法官提起诉讼，申请救济，如英、美、德等国家都规定了对羁押不服的抗告。②

关于侦查权司法控制的内涵，司法审查原则是指强制侦查权力的行使必须经由独立的司法机关的授权，并且允许侦查机关的相对人通过法定的程序向司法机关寻求救济，防止侦查机关违法行使侦查权力或者滥用侦查过程中的自由裁量权，具体包括司法授权与司法救济两个方面的内容。③ 法治国家落实这一原则通常要求对强制侦查进行两次审查：第一次是事先的司法授权或者事后的司法确认审查，第二次是在开庭审理以前或者法庭审理过程中，根据被告人以侦查违法为由提出的证据排除申请进行的合法性审查。两大法系国家具体贯彻该原则时，在限度与范围上存在不同：大陆法系国家的普通法院只审查强制侦查的合法性，不能审查强制侦查的合宪性，即不能通过对侦查行为的审查判断侦查所依据的法律是否符合宪法；而英美法系国家的普通法院则可以同时审查侦查行为的合法性与合宪性。大陆法系部分国家（如意大利）允许检察官授权实施部分强制侦查行为，而英美法系国家则普遍要求司法令状只能由法官签发。④

对侦查权进行司法控制的理论基础，包括三个方面：第一，是保护被追诉人权利的现实需要。第二，是正当程序理论在侦查程序中延伸的结果。因为侦查程序正当化必然要求司法对侦查程序的介入，使侦查结构具备控、辩、审三方因素。与此同时，对强制侦查行为的决定权本质上是司法裁判权，其应从属于审判职能的范畴，如若由侦查机关自行行使，将带来控、审

---

① 参见陈卫东、李奋飞：《论侦查权的司法控制》，《政法论坛》2000 年第 6 期。
② 参见陈卫东、李奋飞：《论侦查权的司法控制》，《政法论坛》2000 年第 6 期。
③ 参见孙长永：《强制侦查的法律控制与司法审查》，《现代法学》2005 年第 5 期。
④ 参见孙长永：《强制侦查的法律控制与司法审查》，《现代法学》2005 年第 5 期。

不分的可怕局面。第三，是落实司法最终裁决原则的要求。侦查阶段强制性措施的采用，可能引发公民权利与侦查权的争议与对抗，法院对这些程序性事项也应作出裁决。[①]

与司法审查原则紧密相连但略有区别的概念为令状原则。令状原则也被称为令状主义，是指在进行强制处分时，对于该强制性处分是否合法，必须由法院或法官予以判断并签署令状；当执行强制性处分时，原则上必须向被处分人出示该令状。[②] 另外一种观点认为，令状制度是指通过令状的方式实施法律上的强制处分，并对利害关系人给予适当的司法救济的制度。[③]

令状的性质根据侦查构造上的差异可分为两类：许可状与命令状。其中许可状是纠问式侦查构造的产物，法官仅审查侦查行为形式上的合法性，不审查强制处分的必要性等合目的性事项，侦查机关在执行令状时具有较大的裁量权；而弹劾式侦查构造中，强制处分被认为是法官的固有权限，令状为法官签发的命令，侦查机关在执行该命令时没有太多的裁量权。[④]

针对令状原则，有学者考察了两大法系采用令状原则的状况，认为起源于英国的令状（warrant）指的就是一种司法授权。令状本身作为授权的标志，用以证明侦查机关的强制侦查行为具有正当理由与根据。而后，美国联邦宪法第四条修正案确立了美国式的针对搜查、扣押的令状制度。战后的日本进一步在宪法中发展了这一制度。令状制度并非英美法系国家所独有，大陆法系国家也存在类似的制度，比如在德国被称为"法官保留原则"。在德国法上，侦查程序中的法官保留原则要求将特定的强制处分之决定权交由法官来行使，并且仅有法官能够行使，其他参与刑事诉讼程序的国家机关仅享有申请权。在考察上述各国的令状制度后可知，令状制度的内容可以概况为三个方面：侦查机关在实施重要的强制侦查行为之前，应当向司法机关申请令状；法官经过审查认为侦查机关已经具备实施强制侦查行为的实质根据的，有权签发令状，并在该令状中对强制侦查行为的时间、对象与范围作出严格的限定；原则上，侦查机关只有在获取令状具体授权的前提下，才能实

---

① 参见陈卫东、李奋飞：《论侦查权的司法控制》，《政法论坛》2000 年第 6 期。

② 参见宋英辉、吴宏耀：《刑事审判前程序研究》，中国政法大学出版社 2002 年版，第 39 页。

③ 参见孙长永：《侦查程序与人权》，中国方正出版社 2000 年版，第 28 页。

④ 参见宋英辉、吴宏耀：《刑事审判前程序研究》，第 39 页。

施强制侦查行为，但侦查人员实施非强制性侦查行为、紧急侦查行为、附带搜查行为时无须令状的授权。[①]

2. 司法控制、司法审查原则在我国的确立与构建

司法控制机制的阙如是我国侦查程序的重要特点，也被认为是导致违法侦查行为频发的主要原因。司法审查机制的建立既牵扯到宪法规范的修改，更涉及诉讼结构上的根本性变革及公、检、法三机关相互关系的调整，其变革范围与幅度之巨显然要求充分考虑相应改革方案的体系化与系统性程度。

有学者提出了构建我国侦查权司法控制机制的大致设想，包括法官作为中立的第三方介入侦查程序对强制侦查行为进行是否颁发司法令状的审查，紧急情形下则实行后续审核机制；对现行刑事司法体制予以调整，确立审判权的中心地位与中立形象，废止三机关分工负责、互相配合、互相制约原则与检察监督原则；实行检警一体化，检察机关领导、指挥侦查；改革法官选任制度，实现法官的社会精英化；确立非法证据排除规则；实行拘留、逮捕与羁押的分离等。[②]

在构建侦查程序的司法审查制度时应当坚持两项原则：一是要达到刑事司法国际准则的要求；二是从我国实际情况出发，分步实施。就具体的构建方案而言，有学者认为，在我国目前的现实情况下，应区别对待司法授权与司法救济的范围，司法授权的范围短期内可以小一些，先主要针对强制候审和延长羁押期限、搜查、扣押、通讯监控、查封、冻结、保全证据等侦查行为，其他强制侦查措施以及紧急情形下的强制侦查可以由侦查机关自行决定，但利害关系人可以申请事后的审查救济。在审查内容上以合法性为主，例外情形下可以考虑必要性问题。在审查方式上，对羁押候审与延长羁押裁判的司法审查采用听证方式进行，其他司法审查活动应以书面审查为原则。另外，应建立对违法强制侦查的程序性救济机制作为制度构建的配套制度。[③]

构建司法审查原则的同时需要考虑刑事司法国际准则的相关要求，联合国《公民权利和政治权利国际公约》第9条第3款前半段规定："任何因刑

① 参见高峰：《刑事侦查中的令状制度研究》，西南政法大学 2007 年博士学位论文，第 3—4 页。

② 参见陈卫东、李奋飞：《论侦查权的司法控制》，《政法论坛》2000 年第 6 期。

③ 参见孙长永：《强制侦查的法律控制与司法审查》，《现代法学》2005 年第 5 期。

事指控被逮捕或拘禁的人，应被迅速带见审判官或其他经法律授权行使司法权力的官员，并有权在合理的时间内受审判或被释放。"虽然联合国人权事务委员会并没有将检察官排除在"其他经法律授权行使司法权力的官员"的范围之外，但现有的国际人权法实践已经表明，法官是更为恰当的司法审查主体，如《欧洲人权公约》及欧洲人权法院已经将上述司法审查的主体限定为法官。① 欧洲人权法院的判决意见表明，公约中所规定的"其他司法官员"不一定必须是法官，但如果不是法官，则相应的官员必须具有一些法官的特性与职务保障，包括：（1）独立于控辩双方与政府机关；（2）亲自听审羁押案件；（3）依照法律标准审查羁押的合法性；（4）有释放当事人的权力。② 1994 年世界刑法学协会第 15 届代表大会通过的《关于刑事诉讼中的人权问题的决议》第 8 条也明确规定："影响被告人基本权利的任何政府措施，包括警察所采取的措施，必须有法官授权，并且接受司法审查。"③ 这一国际标准也有助于我们审视我国目前所实行的由检察官负责批捕的所谓司法审查机制与公约的契合性。关于检察机关的侦查监督与司法审查的关系问题是一个需要深入研讨的问题。④ 有学者深刻地指出，在讨论改革刑事侦查控制模式时，重要的问题并不是原有的控制模式中有无裁判职能，而是由谁承担裁判职能的问题。而"由谁承担裁判职能"的问题，绝不仅仅是个效果如何的问题，而且还是个正当性如何的问题。这个在现代西方国家中并无争议的问题，在中国之所以是个问题，当然是由具有中国特色的公、检、法三机关的关系所决定的。⑤ 许多其他观点也聚焦在检察机关的职能、定位与司法审查的关系上，检察机关的批捕权并非令状制度，原因在于行使批捕职能时我国检察机关并未保持中立以及批捕程序的非诉讼性。由于检察院在批准逮捕时可以追加被批捕人，且在自侦案件中更是具有审查决定逮捕的权限，

---

① 参见徐美君：《侦查权的运行与控制》，第 186 页。

② Scbeisser v. Switzerland，1979.12.4，Series A，No.34，Para.31. 转引自 Karen Reid，*A Practitioner's Guide to the European Conventions on Human Rights*，Thomas，2004，p.419。在该案的裁决中，欧洲人权法院否认检察官符合公约中的"其他司法官员"的要求。

③ 孙长永：《强制侦查的法律控制与司法审查》，《现代法学》2005 年第 5 期。

④ 这一争论的代表性问题为批捕权是交给法院行使还是维持现有的由检察官批捕的制度设计。

⑤ 参见王敏远：《刑事审查程序司法控制的理论分析》，见中国法学网，访问时间：2009 年 4 月 1 日。

因而其中立性更加值得怀疑；在具体的批捕程序中，检察院并没有对犯罪嫌疑人和被告人举行听审，不符合最低限度的司法保障的要求。[①] 相反的观点则主张：我国法律已经规定了由检察机关进行司法审查的制度，只不过审查的范围不够全面，应当在未来的改革中将搜查、扣押、拘留等关系到公民重要权利的强制性措施交由检察官进行司法审查，同时改造目前检察官批捕的工作方式，令其采用听证方式，并进行诉讼化改造。这种观点还认为，除检察院自侦案件交由法院批准之外[②]，批捕权应当由检察院继续行使而不应由法官进行司法审查，理由有：其一，法官批捕容易形成先入为主的印象，影响其公正形象。其二，影响国家赔偿责任的落实。错捕案件由法院决定，则确定国家赔偿时将出现自己作为自己案件法官的尴尬局面。其三，由法院行使批捕权将令被追诉者丧失最后的司法救济途径。[③] 另外也有观点从实践中法院人力资源的现实情况出发，认为如果由法院承担对侦查权的监督，在目前的司法语境中无疑是一种乌托邦，因为目前我国法院普遍办案力量不足，经费紧张，法院客观上无力承担这一职能。[④]

纵观各种观点的争论，我们可以发现目前对于构建司法审查原则的分歧点主要集中于两个方面：一是《宪法》第 37 条第 2 款所规定的"任何公民，非经人民检察院批准或者决定或者人民法院决定，并由公安机关执行，不受逮捕"，该条细致明确地规定了逮捕的权限分配问题。要想设置司法审查机制，必然涉及修宪问题。二是建立司法审查机制在当下中国所面临的实际困难，比如司法独立原则贯彻不足导致人们对法院行使司法审查功能的质疑，再比如人员编制等具体操作上的难题让人们对建立司法审查机制持怀疑态度。

我们认为，关于修改宪法的问题，一方面的确应当慎重，但另一方面实际上在中国现有的立法体系下，主要还是一个操作形式的问题，关键在于社

---

① 参见高峰：《刑事侦查中的令状制度研究》，第 94—95 页。

② 在 2008 年年底开始启动的中央新一轮司法体制改革过程中，关于批捕权由检察院交由法院行使从而实现建立司法审查机制的改革构想，曾经被提到改革决策层面上加以考虑，但最终由于部门利益问题而没有纳入该轮司法体制改革方案之中。

③ 参见张智辉、邓思清：《论我国刑事强制性措施的改革与完善》，《法商研究》2006 年第 1 期。

④ 参见左卫民、赵开年：《侦查监督制度的考察与反思——一种基于实证的研究》，《现代法学》2006 年第 6 期。

会各界对于修宪的呼声是否合理与足够强烈，归根结底还是关于司法审查机制在中国是否应当予以设立的问题上能否达成一致。关于司法审查建立的可行性问题也属于操作层面的问题，在价值合理性得到确认后，操作层面上的问题尽管重要，但其复杂程度相对次之。当然由于此项改革属于典型的系统性改革，因而对配套措施的要求较高，需要通盘考虑。司法审查的法官应当与审判法官实现分离，这种分离可以是职能上的分离，也可以是组织上的分离，后者则主要是指建立治安法院或者设置预审法官。建立治安法院，可以将目前负责批捕工作的检察官转为法官，另外未来也可以将其与劳动教养、轻罪快速处理机制等改革结合起来统筹考虑，赋予治安法院处理上述各类案件的综合职能，实现对司法资源更为有效的利用，同时也有助于缓解目前案多人少、办案压力大等实际困难。

（二）任意侦查原则与强制侦查法定原则

通常认为，任意侦查原则是指凡是侦查活动应当尽可能采取任意侦查的方式，强制侦查只有在法律规定的例外情形下才能使用；强制侦查法定原则的要求是强制侦查只有在符合法律规定的实体要件和程序要件的情况下，并且一般应当经法官事先批准后才能进行。强制侦查法定原则是程序法定主义在侦查阶段的具体体现，在英美法及日本法中，则表现为令状原则。[1] 这两项原则的实质精神在于尽可能减少和抑制侦查程序中强制力的行使，以避免过多或不当地实施强制性处分而导致侵犯人权。[2]

讨论任意侦查原则与强制侦查法定原则，离不开对任意侦查与强制侦查的界分。目前看来，理论界对这一问题存在两种不同的观点：一种观点以有无受处分人的同意作为基本要素，如认为任意侦查是以受侦查人同意或承诺为前提进行的侦查，而强制侦查是指不受被侦查人意思的约束而进行的强制处分。[3] 另外一种表述为，任意侦查是指不采用强制手段，不强制性地对相对人的生活权益造成损害，而由相对人自愿配合所进行的侦查；强制侦查是指为了收集或保全犯罪证据、查获犯罪嫌疑人而通过强制方法对相对人进行

---

① 参见孙长永：《侦查程序与人权》，第24、26页。
② 参见宋英辉、吴宏耀：《刑事审判前程序研究》，第33页。
③ 参见宋英辉、吴宏耀：《刑事审判前程序研究》，第31页。

的侦查。[①] 还有一种界定方法，是从任意侦查与强制侦查的主要发源地——日本的刑事诉讼法中对其作出的表述得出的，即将有无法律明确的规范作为区分标准，任意侦查是指法律未对案件侦查的程序措施作出明确规定，侦查机关有权自行决定侦查方法；而强制性侦查是指由法律明确规定的，而且必须严格依照法定程序进行的侦查活动。[②]

由于任意侦查原则与强制侦查法定原则来源于日本刑事诉讼法及其司法实践，因而为了正名溯源，非常有必要对日本刑事诉讼法学界就任意侦查与强制侦查的界分进行评介。在日本，就任意侦查与强制侦查的区分标准主要有五种学说：(1)"形式强制力说"，即凡是伴随着直接物理性质的实力或强制力的行使或者使相对人负有包含制裁效果的义务行为的处分，为强制侦查。(2)"形式权利侵害说"，认为强制侦查就是指未经对方同意而侵害个人权利与法益的行为。(3)"重要权利侵害说"，强制侦查被界定为违反对方明示或暗示的意思而侵害其重要权益的行为。(4)"单纯侵权说"，认为强制侦查就是指侵犯对方重要利益的行为。(5)"单纯同意说"，认为任意侦查是以被处分人同意或者承诺为前提而进行的侦查，强制侦查是以不受被处分人的意志约束而实施的侦查。[③] 分析上述各种学说，特别是目前在日本占主流地位的学说，可以说，同意要素是区分任意侦查与强制侦查的基础，然而恰恰是同意要素本身存在的若干缺陷使得基于这一要素之上构建的任意侦查与强制侦查的分类方法存在漏洞：同意标准的缺陷之一是在刑事诉讼中，在国家与受处分的个人之间实力悬殊、命令与服从关系明显的情况下，能否产生真实的同意值得怀疑，换句话说，强迫是必然存在的；缺陷之二在于难以确定判断同意是否真实存在的标准，即使勉强确立一项标准，也必然具有模糊性与极差的适用性，美国判例法的发展历史已经清楚地表明了这一问题；缺陷之三在于各种完善同意标准的途径，比如事先告知程序的设立并不能解决同意标准在适用中所存在的困境。[④] 在看到这对概念本身存在内在缺陷的同时，不应

---

① 参见孙长永：《侦查程序与人权》，第 24 页。

② 参见何家弘：《外国犯罪侦查制度》，中国人民大学出版社 1995 年版，第 274 页。

③ 参见陈卫东、程雷：《任意侦查与强制侦查理论之介评——以同意取证行为为核心的分析》，见《证据法论坛》（第 7 卷），中国检察出版社 2004 年版，第 19—21 页。

④ 参见陈卫东、程雷：《任意侦查与强制侦查理论之介评——以同意取证行为为核心的分析》，见《证据法论坛》（第 7 卷），第 25—27 页。

否认这对法律原则的合理内核，即任意侦查原则与强制侦查法定原则所体现出来的程序法定原则与比例原则。[1] 强制侦查法定原则与任意侦查原则的核心旨意在于强调干预公民权利的政府强制行为应当依法进行，同时在侦查过程中，侦查机关应当优先选择不对公民权利施加限制或者干预程度较低的侦查行为。实际上这两层含义恰恰体现了程序法定原则与比例原则的要求。程序法定原则是指国家刑事司法机关的职权及其追究犯罪、惩罚犯罪的程序，都只能由作为国民代表集合体的立法机关所制定的法律即刑事诉讼法加以明确规定，刑事诉讼法没有明确授予的职权，司法机关不得行使，"无程序则无处罚"，违反法定程序的行为就会产生相应的法律后果。正是在这个意义上，强制侦查法定原则是程序法定原则在侦查阶段的子原则。[2] 强制侦查法定原则是比例原则在侦查环节上的具体体现，比例原则又称相当性原则，其要求国家机关干预公民权利的手段（包括手段的种类与轻重）与其欲达成的目的之间，必须合乎比例，具备相当性关系。其中特别强调干预公民权利的手段应当遵循必要性原则与最后手段原则，即干预公民权利的各种手段应当在不得已的情况下作为最后手段方可适用；在侦查阶段，则要求优先考虑适用不对公民权利进行限制或者限制程度较低的任意侦查手段，在任意侦查手段无效或者明显不可能适用的情况下，方才考虑适用强制侦查手段，而这恰恰是任意侦查原则与强制侦查法定原则的具体要求。

（三）侦查秘密原则

侦查秘密原则，又称为"侦查密行原则"、"侦查不公开原则"，是指侦查活动的内容不对外公开，除当事人以及相关关系人外，任何人均不得介入侦查活动，以避免侦查保密事项的泄露。从侦查秘密原则的界定出发，所谓侦查活动保持"秘密"状态实际上包括两个方面的内容：一是能否介入侦查活动的问题；二是知悉的侦查事项能否对外泄露的问题。就第一个方面而言，所谓侦查秘密原则就是要求除侦查主体、侦查对象及其相关人员外，其他任何人不得介入侦查活动，此处是对知悉侦查活动的人员的范围进行的界定；第二个方面则进一步规定有权知悉侦查活动事项的人员，不得泄露侦查

---

① 参见陈卫东、程雷：《任意侦查与强制侦查理论之介评——以同意取证行为为核心的分析》，见《证据法论坛》（第 7 卷），第 30 页。

② 参见陈卫东：《程序正义之路》（第 1 卷），法律出版社 2005 年版，第 67—69、83 页。

秘密，但依法可以公开的事项除外。① 有学者认为该原则的构成要素至少应包括原则的范围与内容、适用对象、适用时段、保障机制等四部分内容：（1）原则的适用范围与内容。有关侦查权的法律依据与法定程序、侦查主体应当奉行侦查公开原则；侦查对象，即犯罪嫌疑人的身份在侦查终结前原则上应当遵循侦查秘密原则；侦查措施与侦查行为也应当保密，但对行为、措施的适用对象即犯罪嫌疑人、证人、被害人则不应保密；侦查进展应当保密。（2）适用时段。侦查秘密原则具有暂时性，侦查秘密原则仅仅适用于侦查终结前或者说起诉前的侦查程序。在案件起诉之后，应从秘密走向公开。（3）适用对象。一方面，从侦查秘密原则的双重法理依据出发，对犯罪嫌疑人、被害人以及相关辩护人、诉讼代理人等，基于保障侦查效率的考虑应当保守相应的侦查秘密，尽管在法定情形下，出于保障其相应参与权、辩护权等诉讼权利的考虑，允许其介入侦查程序或者告知其有关侦查事项。另一方面，从保障被追诉人受无罪推定原则保护的利益的角度出发，侦查人员以及相应的知悉侦查进展的检察官、甚至法官等司法人员均负有保密义务，其他知悉侦查事项的公众与媒体同样受该原则的约束。（4）保障机制主要包括刑罚制裁机制与行政责任两种方式。②

关于侦查秘密原则的讨论，应当重点考量侦查秘密原则与侦查公开原则之间的关系。侦查公开有助于保护被追诉人在审前程序的合法权益，增强其对抗能力，也有助于满足公众的知情权，增加公众的安全感；而侦查秘密原则事关侦查实效，关乎被追诉人无罪推定原则下的名誉权与公正审判权，二者各自承载的价值目标均具有正当性，但为了对侦查活动进行明确的指引，法律应当在二者之间作出一种一般性的权衡决策，而不是令二者并列，诉诸个案衡量。有学者认为侦查秘密为原则，侦查公开为侦查秘密原则的例外情形，侦查公开的事项正是侦查秘密原则的界限所在。侦查秘密原则的例外有四种情形：例外之一，犯罪嫌疑人及其辩护人参与侦查程序是侦查秘密原则"对内保密"内涵的重要例外。例外之二，引入司法监督，控制侦查程序的合法性。例外之三，为推进侦查进程，发现侦破犯罪线索、抓捕犯罪嫌疑人而公开部分案情。例外之四，为预防同类犯罪的发生、增强公众的安全感、

---

①② 　参见程雷等：《侦查秘密原则初步研究》，《山东警察学院学报》2006 年第 4 期。

稳定社会秩序，允许在侦查进行过程中公开部分案情。[①]

三、侦查讯问与刑讯等酷刑的遏制

侦查讯问是我国刑事诉讼法规定的法定侦查行为之一，长期以来在侦查实践中占有重要地位。基于"口供中心主义"的侦查模式的惯性，讯问甚至在某种程度上被视为最为重要的一种侦查行为。相应地，以口供为中心、无供不定案的办案模式与传统思维所导致的一项直接危害就是刑讯逼供屡禁不止，而这一痼疾已经不断为实践中所曝光的个案所证实，甚至在某种程度上已经成为制约侦查公正性的最大痼疾。侦查公正的实现，在讯问环节上的核心问题是实现自白的任意性，落实我国已经签署和批准的有关反酷刑公约，禁止一切、各种形式的刑讯等酷刑及不人道、有辱人格的待遇和处罚。[②]

1988 年 10 月 4 日，中国较早地签署了联合国《禁止酷刑和其他残忍、不人道或有辱人格的待遇或处罚公约》（以下简称《反酷刑公约》）[③]，正式向国际社会表明了致力于反对酷刑的积极态度。[④] 根据公约第 1 条对酷刑范围的界定，所有公职人员实施或者经其同意、知悉的故意使某人遭受精神或身体上疼痛或痛苦的行为均构成酷刑行为，即使那些达不到酷刑程度的虐待也可以根据该公约的规定纳入"其他残忍、不人道或者有辱人格"的措施范围之中，属于公约禁止的行为。[⑤] 而在我国刑事程序的实践与研究中，主要使用的概念为"刑讯逼供"而非"酷刑"，根据我国《刑法》及其相关司法解释的规定，刑讯逼供是指司法工作人员对犯罪嫌疑人、被告人使用肉刑或

[①]　参见程雷等：《侦查秘密原则初步研究》，《山东警察学院学报》2006 年第 4 期。

[②]　《中华人民共和国刑事诉讼法》第 50 条规定，严禁刑讯逼供和以威胁、引诱、欺骗以及其他非法的方法收集证据。事实上，实践中非法讯问的方式除了刑讯之外，还存在着威胁、引诱以及欺骗性讯问，鉴于我国目前实践中存在的非法讯问的主要表现方式还是刑讯等酷刑行为，本部分内容对于刑讯之外的其他非法取证方式不作展开。

[③]　但中国政府对公约第 20 条以及第 30 条第一段申请了保留适用，即有关接受反酷刑委员会调查和国别之间关于存在酷刑问题的指控两项内容，中国政府不予接受。

[④]　根据该公约的规定，缔约国应当在批准公约后第一年，其后每四年提交本国执行该公约的定期报告，中国政府已经分别于 1989 年、1992 年、1999 年与 2006 年提交了四次执行公约的报告，详细地向国际社会介绍了中国近年来遏制酷刑的能力与进展。最近一次报告的原文可参见 http://daccessdds.un.org/doc/UNDOC/GEN/G07/426/55/PDF/G0742655.pdf? OpenElement，访问时间：2008 年 5 月 3 日。

[⑤]　本部分关于酷刑与刑讯两个概念之间的区别与联系，参见陈卫东主编：《中欧遏制酷刑比较研究》，北京大学出版社 2008 年版，第 282 页以下。

者变相肉刑逼取口供的行为，而构成刑讯逼供罪则应当符合最高人民检察院对刑讯逼供罪立案标准所规定的八种细化情节，包括：以殴打、捆绑、违法使用械具等恶劣手段逼取口供的；以较长时间冻、饿、晒、烤等手段逼取口供，严重损害犯罪嫌疑人、被告人身体健康的；刑讯逼供造成犯罪嫌疑人、被告人轻伤、重伤、死亡的；刑讯逼供，情节严重，导致犯罪嫌疑人、被告人自杀、自残造成重伤、死亡，或者精神失常的；刑讯逼供，造成错案的；刑讯逼供3人次以上的；纵容、授意、指使、强迫他人刑讯逼供，具有上述情形之一的；以及其他刑讯逼供应予追究刑事责任的情形。[①] 根据上述解释，刑讯逼供主要是指对身体使用肉刑或者变相肉刑逼取口供的行为，与国际公约中所界定的酷刑范围相比，范围略窄。二者的主要区别在于《反酷刑公约》不仅禁止逼取口供为目的的肉体酷刑，也禁止为其他目的而使用肉刑，而且还禁止各种精神肉刑，而我国刑事司法实践中禁止刑讯逼供的刑事政策所禁止的行为主要还是以逼取口供为目的的肉体酷刑，为其他目的而使用的肉刑以及精神肉刑很难涵盖在内。[②] 这种差别使得我国司法实践中经常出现的"车轮战"、长时间不让睡觉来进行口供逼取、精神强迫等精神酷刑很难纳入刑讯逼供的范围内受到追究，然而从人的基本价值与尊严的角度来看，这些精神酷刑本身对犯罪嫌疑人的伤害甚至比肉体酷刑的危害更烈。我国刑事政策中严禁刑讯逼供的范围与国际公约中的反酷刑要求相比，另外一项差异在于我国对于刑讯逼供的处理具有明显的定量色彩，即强调只有那些造成严重后果的刑讯逼供行为或者多次进行刑讯逼供行为才构成犯罪从而应受到法律的追究，对于未达到上述定量标准的刑讯逼供行为，也就是说，大量的轻微的刑讯逼供行为都为司法机关、执法机关所容忍。[③] 这一点与国际

---

①　参见最高人民检察院2006年7月26日颁布的《关于渎职侵权犯罪案件立案标准的规定》中对"刑讯逼供案"的解释。

②　虽然最高人民检察检察院《关于渎职侵权犯罪案件立案标准的规定》中对刑讯逼供案设置了"应予追究刑事责任的其他情形"的兜底条款，但我们认为该条款很难作出扩大解释，从而将精神酷刑涵盖在内，原因有二：首先，该条关于刑讯逼供罪状的描述已经将刑讯逼供限定为"使用肉刑或变相肉刑"的行为；其次，迄今为止，司法实践中尚未出现因精神肉刑而被视为刑讯逼供行为予以追究刑事责任或者受到违纪处分的先例，这说明实务中对刑讯逼供追诉标准的掌握还是限定在肉体酷刑的范围内。

③　笔者在调研时发现，一提到刑讯逼供问题时，调研所在地的司法机关、执法机关的工作人员通常认为该问题主要是指构成犯罪的刑讯逼供，对于那些轻微的刑讯逼供行为，比如打几个嘴巴、辱骂甚至不让睡觉等执法人员的做法，在大多数执法人员的观念中是可以容忍的。

公约及其适用实践所强调的对酷刑行为的绝对禁止、全面禁止、零容忍等态度形成了鲜明的对比。上述两项差异使得我国刑事司法政策中禁止的酷刑行为与国际公约的要求相比范围更窄，也就是说，有不少的未达到犯罪追诉标准的刑讯逼供或者变相刑讯逼供行为、精神酷刑等行为仍然游离于法律制裁与禁止的范围之外。

现行制度上的种种疏漏为刑讯等酷刑行为在讯问环节上的发生客观上提供了便利，这些制度上的缺陷主要包括：（1）刑事诉讼法对持续时间缺乏明确的规定，刑事诉讼法仅仅对采取强制措施的时间作出了规定，但对在采取强制措施之后讯问持续的时间没有明确的规定，包括单次讯问持续的时间、间隔休息的时间、白天讯问还是晚上讯问等，在现行刑事诉讼法及有关司法解释当中均缺乏明确的规定，客观上为目前"车轮战"的审讯方式的出现打开了绿灯。（2）非法证据的排除程序虽然经由新近的司法解释初步建立，但由于相关程序规定的粗疏，比如关于非法证据范围的界定不清、刑讯逼供范围模糊、控方证明手段缺乏合理性与有效性、证明责任分配不明确以及排除非法证据的社会环境、观念欠缺等①，非法证据排除规则在实践中运行状况并不理想。②（3）法律虽然赋予检察官对刑讯逼供进行调查的权力，但由于缺乏具体的调查程序的规定，加之检察官追诉者与监督者两种矛盾身份的重合导致其中立性、独立性受到质疑，实践中检察官对酷刑行为的调查是少之又少，缺乏独立、公正、迅速、高效的调查程序客观上助长了酷刑蔓延的态势；同理，虽然现行法律赋予犯罪嫌疑人及其辩护律师对酷刑等其他不公正待遇进行申诉、控告的权利，但实践中控告的接受、负责机构、处理程序、结果等基本程序一片空白，使得该项制度基本流于形式。（4）近期录音录像、律师在场等一系列酷刑预防措施在我国的推行对于提高反酷刑机制的有效性进行了有益的尝试，最高人民检察院已经要求全国检察机关在自侦案件中全面推行录音录像制度。2012年《中华人民共和国刑事诉讼法》③（以下简称《刑事诉讼法》）第121条也将讯问录音录像制度写入了刑事诉讼法。

---

①　参见陈卫东：《中国刑事证据法的新发展》，《法学家》2010年第5期。

②　2012年修改的刑事诉讼法虽然用5个条文正式确立了非法证据排除规则，但上述问题与不足仍然存在，有待实践进一步检验与严格适用。

③　本书中刑事诉讼法的相关条文，若没有特别写明为哪年通过或修订，即指称2012年《刑事诉讼法》。

然而不容忽视的问题是，录音录像制度要想发挥效果就需要具备两个支撑要件：一是录音或者录像必须是全程的，也就是说，自犯罪嫌疑人第一次被讯问之时直至最后一次讯问之间的所有讯问均应录制，以防止出现"打人时不录、录制时不打"的做法，防止录音录像制度单纯地成为保全、固定证据的工具，而不再是遏制刑讯逼供的预防机制；二是录音、录像必须由相对中立的第三方进行操作并负责对录音、录像进行封存、保全，若由讯问人员既负责讯问又负责录制，难以保障录音、录像的完整性、客观性。上述两项支撑条件在我国目前的实践中仍处于探索阶段，部分改革尚未得到全面的贯彻，未来这一制度的探索仍需在客观性、独立性、可信性方面作出努力。律师在场制度也是防止讯问时酷刑发生的重要机制，然而这些制度同样需要一定数量的律师作为实施条件。在我国这样一个律师队伍发展时间不长、律师数量仍然有限，特别是律师数量地区分布极不均衡的国度，推广律师在场制度显然面临着比录音录像制度更大的挑战，其中从酷刑遏制的角度来看，与录音录像制度相同，律师在场不应仅仅限于首次讯问，而应当是所有讯问的全程在场。

侦查的公正首先应当体现在对公民人身权的保障，毕竟人身权利是人的最为基本、最为核心的一项权利。刑讯等酷刑行为的发生直接损害公民的核心权利，若想实现侦查公正，在当下的中国首先指向全面禁止酷刑及一切不人道、有辱人格的待遇或处罚。在这一方面，相关的制度设想主要有以下几个方面：在《刑事诉讼法》再修改的过程中，可以考虑通过专门修正案的形式对相关反酷刑制度加以补足，包括：（1）严格非法证据排除规则的适用，特别是明确该程序适用的具体规则、举证责任的分配、证明标准等适用规则；（2）重大复杂案件可以逐步开始推广律师在场制度，并严格落实2012年刑事诉讼法确立的讯问录音录像制度，确立相应制度时必须考虑的问题包括录制的全程性、录制主体的中立性，以及录制成果固定应具备完整科学的链条流程，否则相关制度的科学性、公正性将不可避免地受到质疑。（3）明确讯问的时间长度以及具体的时刻，防止夜间连续审问的"车轮战"讯问方式的使用。（4）改革看守所的定位，完善相应的羁押法律、法规。经过多年适用，《看守所条例》已经发展到亟待大修的节点上，应以此为契机推进看守所相关制度的改革，增强其预防、遏制酷刑的功能，提升被羁押人人权保障的水平。具体而言，首先应当实现看守所的中立化，将其性质与监狱等同，并归于司法行政部门管理。事实上我国刑事司法体制中的看守所虽然主要承担审前羁押看管任务，但从其羁押犯罪嫌疑人时间的长短来看，与西方国家的审前监狱毫无二致。侦查机关只有在犯罪嫌疑人归案后的短暂时间内（一般不超过 72 小时），为了尽快开展讯问、查明是否需要羁押，才有权对犯罪嫌疑人进行短暂的扣押。而我国看守所的设置导致看管职能与侦查职能由同一部门行使，严重违背职能分离、制约的客观规律。看守所独立于公安机关之后，一系列旨在制约侦查部门、监督侦查部门不实施酷刑的各项制度措施才具有推广适用的基本空间。其次就具体制度而言，为了遏制酷刑，在看守所方面的改革措施应当至少包括如下四项：其一，建立 24 小时值班医生制度，对被羁押人身体状况进行定期检查以及特别情况下的抽查。其二，严格外提被羁押人的程序，被外提人应由看守人员或辩护律师陪同下进行辨认、指认现场的必要活动，外提持续的时间以及进出看守所时的身体状况应作全面记录。其三，规范看守所讯问室的布局，通过设立隔离网、监控摄像头等必备装置防范讯问过程中酷刑的发生。其四，增强驻所检察官的中立性，完善看守所权利告知程序，增设书面告知程序，建立被羁押人员呼叫驻所检察官热线或其他 24 小时通畅渠道，健全、明确被羁押人的投诉处理程序，对于有初步证据证明存在酷刑的被羁押人的投诉请求，应当通过听证程序予以处理与回应。在羁押场所中应当建立羁押巡视制度，加强社会力量对看守所定期的、随机的监督，促进看守所执法的公开与透明。[①]

四、秘密侦查的法治化与侦查效能的提升

法治国家侦查实践发展的道路表明，在一个法治国家，警察侦查权作为一个系统，在常规侦查手段与特殊侦查手段（即秘密侦查手段）之间存在着此消彼长的反比关系。换句话说，在法治的框架下，常规侦查手段正在面临着越来越严格的规制与限制，但同时对社会的安全、秩序等价值追求又促使立法者、政府给予警察越来越多的特殊侦查手段。事实上，之所以在过去的半个世纪世界范围内特殊侦查手段会兴起，一个重要原因就是常规侦查手段

[①]　关于羁押场所巡视制度的详细介绍，可参见陈卫东：《羁押场所巡视制度试点报告》，《法学研究》2009 年第 5 期。

受到了更加严格的限制。① 我国侦查权的改革也正在面临着同样的选择，如何在提高效能从而使得人权保障程度得到不断改善的同时，政府得以满足社会公众对秩序、安全等公共利益的需求。侦查模式的转型，特别是秘密侦查手段的合法化应当被视为首选捷径。

秘密侦查涵盖了两大类具体的侦查手段，即乔装欺骗型秘密侦查（乔装侦查）与监控型秘密侦查（秘密监控）。前者是指侦查人员或普通公民隐瞒真实身份或者改变身份，通过身份欺骗接近相对人或者打入犯罪集团展开的侦查取证活动，如特情侦查、诱惑侦查或卧底侦查等；后者是指通过各种秘密监控手段所进行的侦查活动，如各种通信监控手段、窃听、邮件检查、跟踪守候、电子监控、秘密拍照、录像、录音等，秘密监控手段是在相对人不知情的情况下对其通讯、对外联系、活动、物品、周围环境等进行秘密监视与刺探。秘密侦查是侦查机关在相对人并不知悉的情况下实施或完成的各种侦查活动，由于相对人受到侦查人员的欺骗，或由于侦查人员隐瞒侦查行为的进行，相对人对侦查活动的进行并不知情。与各项常规侦查手段不同，秘密侦查权的行使方式不是依靠强制手段，而是通过欺骗或者隐蔽的方式实现侦查目的。

过去很长一段时间内，刑事立法与司法实践中对秘密侦查保持"沉默"的做法之结果并没有像法学理论所推理的那样，形成"法无明文规定则不可以为"的效果。恰恰相反，中外历史经验已经反复证明，执法人员的主导思想是实用主义的法律理念而不是理论逻辑式的思维方式，因此秘密侦查自身所特有的功效性特征早已在刑事执法实践中为侦查机关所认同。可以说，在执法实践中，秘密侦查手段已经成为侦查机关破获案件的有力武器，在特殊类型的案件中甚至成为不可或缺的侦查手段。20世纪90年代以来，秘密侦查手段开始较为普遍地被应用于我国刑事犯罪案件的侦查活动当中，形成这种状况的主要原因有三：首先是社会生活的变迁与社会控制方式的转变，其次是客观犯罪形势的影响，最后是法律修改给侦查活动带来更多限制的因素。从社会变迁以及社会控制手段转变的角度来看，我国社会正处于由农业社会向工业社会、由单一社会向多元社会、由固定化社会向流动性社会、由熟人社会向陌生人社会的转变过程中，传统社会控制方式的失灵、对社会与

---

① 参见程雷：《秘密侦查比较研究》，中国人民公安大学出版社2008年版，第75页。

公众控制能力的下降、人与人之间的欺骗更易发生等，使得秘密侦查作为一种社会控制方式成为适应这种社会转变的产物。从客观犯罪形势来看，近二十年间我国刑事犯罪的发案率持续攀升，不仅暴力犯罪、恶性犯罪等重大犯罪案件频发，而且在犯罪形式上不断出现许多新型犯罪类型，其中毒品犯罪、腐败犯罪已经成为威胁社会秩序与社会稳定的突出问题，有组织犯罪开始在部分经济发达地区抬头，带有黑社会性质的团伙犯罪越来越成为犯罪治理的重点内容。对待这些具有隐形特征的特殊犯罪活动，秘密侦查是最为有效的打击手段，其独有的发现犯罪线索、在犯罪前介入犯罪侦查以及控制犯罪分子行动与对外联系等功效性特征，使得其在侦查隐形犯罪的过程中具有常规侦查手段难以比拟的天然优势。因此，在我国侦查机关应对上述犯罪高发态势与特殊犯罪类型的挑战与威胁的过程中，秘密侦查手段被广泛地应用于侦查实践当中。从近年来法律修改的角度来看，刑事侦查权的强制性受到越来越多的限制与约束，取证规则越来越严格，法院认定证据的规格越来越高。在传统侦查权受到的限制逐渐增多的情况下，侦查机关迫切需要找到其他替代性措施以缓解法律限制给侦查破案带来的不便。秘密侦查作为与传统侦查权所使用的强制手段相对应的另一类侦查手段，可以有效地避免使用强制手段，从而可以免受现行《刑事诉讼法》既有的各种程序限制，从而成为传统侦查手段的替代品被应用到侦查实践当中。

在法律依据不足的情形下，执法实践中大量使用秘密侦查手段虽然有"打击犯罪、维护社会秩序"的实践理由，但丝毫不能掩盖、缓解实务界对秘密侦查的困惑和犹豫，以及对其进行法治治理的尴尬局面。从侦查实务人员的角度来看，由于我国秘密侦查手段的使用长期以来缺乏法律的明确认可且处于高度保密状态，秘密侦查的规范依据、使用方式、所获结果等几乎所有内容都属于国家绝密事项，除秘密侦查指挥与实施人员知悉之外，不得对外透露、公开，这就形成了一种"能做不能说"的状况，而这种状况的存在使得侦查人员容易对自己所从事的秘密侦查工作的合法性产生困惑："既然是合理、合法的权力行使行为，为何如此见不得光"。同时，由于法律依据的欠缺以及高度保密的状态，使得我国的秘密侦查（无论是技侦手段还是特情侦查）所获得的证据材料都不能用作证据指控犯罪，特殊情况下需要用作证据时必须经过相关的转化工作。这种证据使用的要求，使得我国秘密侦查手段在某种意义上面临着一种"做了也白做"的尴尬处境。① 实务人员对通过秘密侦查获取的具有高度证明效力的证据材料不能用于指控犯罪充满疑惑，对于具有充分犯罪证据的案件，由于秘密侦查获取的材料不能用作证据而不得不放纵犯罪的做法更是难以理解。秘密侦查一线执法人员对于自己所进行的秘密侦查的合法性也是不无疑虑，这是因为，目前由于没有法律的明确授权，秘密侦查的进行要么是根据内部文件，抑或政策规定，要么是直接根据上级领导的命令进行。这种无法律明文依据或根据上级命令实施的秘密侦查手段能否经得住法律的检验乃至若干年后的历史检验，是部分秘密侦查实施人员的隐忧之一。缺乏明确、统一、可行的规则，不利于秘密侦查手段的有效适用，从这个角度来看，秘密侦查合法化程度的不足对侦查效率的影响也是不容忽视的。从侦查机关决策高层的角度来看，对秘密侦查手段的使用以及相应的法律规制问题也是充满疑虑与犹豫：一方面面对侦查实践中秘密侦查手段逐步扩大适用的实际情况与需求，不得不考虑在法律层面上对其进行授权并通过授权进一步提升秘密侦查的侦查效用；另一方面又要面对秘密侦查立法可能带来的对政治约束传统、高度保密状态以及秘密侦查有效性造成的消极影响。毕竟维持秘密侦查"地下"运作的状态也有其积极的作用：一是有助于防范因为公开相关手段可能导致的犯罪分子的反侦查活动；二是高度保密的同时也意味着秘密侦查的各种滥用情形甚至典型滥用实例可以不为外界知悉，减少了侦查机关使用秘密侦查手段可能承受的外来监督与社会舆论的压力与质疑。上述两方面的因素使得公安机关的决策层关于秘密侦查在立法与执法实践中的态度十分犹豫、彷徨，进而在多次《刑事诉讼法》或相关单行法律修改的过程中错失了提高秘密侦查合法化程度的良机，结果是时至今日在实践中广为使用的秘密侦查手段仍然处于合法与非法之争的尴尬境地。

从法治规范的角度来看，秘密侦查合法化程度低下的现状本身就已经表明立法机关存在立法不作为的情况。秘密侦查本身对公民权利的侵犯、对公民正常生活的干预是显而易见的，而我国《宪法》明确认可对公民的人身自由权、住宅权、通信秘密与通信自由权、人格尊严给予法律的保障。对于以侦查犯罪或维护国家安全为由对通信自由与通信秘密权进行干预的侦查行为

---

① 参见陈卫东、程雷：《论秘密侦查及其对我国刑事司法制度的挑战》，见孙长永主编《现代侦查取证程序》，中国检察出版社 2005 年版，第 22 页。

还特别要求需要"依据法律规定的程序"进行。[①] 秘密侦查手段当中的秘密监控手段、技侦手段是对公民通信自由、通信秘密权利的干预，对住宅的窃听、电话监听同时也是对住宅权的干预，对公民的监视、电子监控、秘密拍照、录音、录像是对公民人身自由权的损害；秘密侦查中使用欺骗手段进行的诱惑侦查、乔装侦查是对公民主体地位的否定，是对公民人格尊严的漠视。对任何人（包括涉嫌犯罪的犯罪嫌疑人、被告人）使用秘密侦查手段都应当考虑到《宪法》当中对上述基本权利保护所设置的各种诫命，至少要符合"依据法律规定的程序"进行的要求。而时至今日，秘密侦查权的运行依然缺乏"法律规定的程序"而仅仅是根据行政规章甚至内部政策执行，立法不作为的事实凸显无疑。秘密侦查游离于法律规范之外的状态带来的消极后果，不仅仅是对公民权利的干预与侵犯，更为重要的是，由于秘密侦查的秘密性与欺骗性，如果不加以有效控制将可能导致整个社会陷入监控、怀疑与不信任的局面当中，人人都可能生活在被监控或者怀疑自己被监控的不安与恐惧状态之中，人与人之间充满相互猜忌与不信任，自由、安宁的社会氛围根本无从谈起，这种结果对社会发展能力的威胁比起侵犯权利而言更加值得警惕与关注。

在分析秘密侦查在实践中存在的种种问题时，我们认为，法律依据的欠缺与不足已经成为秘密侦查走向法治化的基本障碍。值得庆幸的是，这一问题已经受到决策者与立法者的关注。

2012年《刑事诉讼法》修改过程中在"侦查"一章增加了新的一节"技术侦查措施"，对技术侦查以及另外两类秘密侦查手段，即隐匿身份侦查和控制下交付作出了全面的规定。第148～152条这五条规定是技术侦查措施迈向法治化的重要一步，对于技术侦查措施的使用主体、适用范围、适用对象、审批程序以及证据使用问题都作出了相应的规定，笔者分述如下：

（一）适用范围

2012年《刑事诉讼法》第148条将技侦手段的适用范围划分为三部分，其中，公安机关、国家安全机关侦查过程中，"在立案后，对于危害国家安全犯罪、恐怖活动犯罪、黑社会性质的组织犯罪、重大毒品犯罪或者其他严

---

① 参见我国《宪法》第44条的明文规定。

重危害社会的犯罪案件"可以采取技术侦查措施；检察机关在办理自侦案件过程中，"在立案后，对于重大的贪污、贿赂犯罪案件以及利用职权实施的严重侵犯公民人身权利的重大犯罪案件"可以采取技术侦查措施。

上述两部分是根据侦查主体不同对不同管辖范围的案件作出的列举，共同之处：一是限于立案之后的案件，也就是说在立案前不允许依据刑事诉讼法中"技术侦查措施"这一节所规定的程序启用技侦手段，当然实践中长期以来一直广泛采用的为了发现犯罪线索或者搜集情报而运用的各种技侦手段，仍然可以根据原有的内部规定开展，但无法获得刑事诉讼法的合法化授权，获取的材料也不得直接用作证据。"立案之后"这一限定条件有助于借由立案程序的规定限制技侦手段的适用范围。二是无论是普通刑事案件还是贪污腐败案件，适用技侦手段应坚持重罪原则，限于"严重危害社会的犯罪案件"或者"重大犯罪案件"。

但 2012 年刑事诉讼法对重罪原则的贯彻并不彻底，即对于罪名的列举包含了"其他严重犯罪"的字样，导致罪名限制存在很大的裁量空间，且对于何为"重大"，由于没有明确的刑期限制，缺乏明确的标准，容易在实践中被曲解或者被扩大解释。未来司法解释制定过程中，应当细化"重大犯罪"的范围，比如通过列举具体的罪名加最低刑期限制的方式推进重罪原则限制的实质化。

在立法修改的过程中，对于检察机关自侦案件中技侦手段的适用范围，重点讨论的一个问题为，渎职犯罪是否有必要适用技侦手段。最终立法机关考虑到渎职犯罪属于过失犯罪，基本上没有适用技侦手段的必要性；实践中在渎职犯罪中适用技侦手段主要是为了追逃、定位，而这一需求能够为第 148 条第 3 款所规定的适用范围所涵盖，因此没有将渎职犯罪纳入技侦手段的适用范围之中。

第三类适用对象为"被通缉或者批准、决定逮捕的在逃的犯罪嫌疑人、被告人"。理解这一范围，有必要注意三点：一是对于应当被拘留而在逃的犯罪嫌疑人不得依据本款采用技侦手段，这与目前实践中通行的做法不同；二是针对此类在逃的犯罪嫌疑人、被告人只能使用追捕所必需的技术手段，比如实践中主要使用的手机定位、电话监听，而不是所有技侦手段均可使用；三是在这种情况下，启用技侦手段无须受到重罪原则的限制，换句话说，所有被通缉的犯罪嫌疑人或被告人，或者罪该逮捕而在逃的犯罪嫌疑人、被告人均可以作为使用对象。此种情况大大扩展了技侦手段的适用范围，当然手段的内容应受到"追逃所必需"这一要求的限制。

（二）技术侦查的使用主体

2012年刑事诉讼法授权公安机关、国家安全机关自行决定与执行技术侦查措施的适用，同时赋予人民检察院自侦部门决定权，但执行权由公安机关或者国家安全机关行使。立法过程中对于是否赋予检察机关负责决定与自我执行技侦手段的权力是一项争议较大的问题，最终的立法方案维持了现行技侦权的划分状况，规定人民检察院在经过严格的审批程序决定适用技侦手段后，应当"按照规定交有关机关执行"。[①] 这里的"有关机关"既可以是国家安全机关，也可以是公安机关，由自侦部门根据案件情况以及与相关机关的技侦部门协调之后逐案确定。

在立法起草的过程中，理论界与实务界对于是否应当赋予人民检察院技侦权这一问题争议较大，笔者在此也略作交代与评析。[②] 随着近年来反腐败形势的日益严峻以及腐败犯罪案件作案手法的日益高明、狡猾，检察机关在侦办职务犯罪案件过程中也面临着取证难问题、翻供问题等其他隐形犯罪、无被害人犯罪所面临的相同困境。早在20世纪90年代初，检察系统在办理自侦案件的过程中就开始适用技侦手段，主要规范性依据为1989年最高人民检察院、公安部联合颁发的《关于公安机关协助人民检察院对重大经济案件使用技侦手段有关问题的通知》，在该通知中规定，检察机关在侦办自侦案件时，对贪污贿赂案件与重大经济犯罪案件可以在公安机关的配合下使用技术侦查手段。实践中这种"借用"的方式存在不少执行中的具体问题，检察机关自侦部门普遍反映协调公安机关配合使用技侦手段时效性差、容易贻误战机，部分地区办案部门之间协调不畅，因此在此轮刑事诉讼法修改过程中强烈呼吁赋予检察机关独立的技侦权以更好地打击腐败犯罪。

---

① 刑事诉讼法修正案一次审议稿中曾经规定"技术侦查措施由公安机关执行"，由于相关部门的反对，二审稿中删除了"公安机关"作为执行机关的表述，进行了模糊化处理。事实上，二审稿中的删除对于技侦执行体制没有实质性影响。

② 关于笔者对这一问题的详细分析，可参见程雷：《论检察机关的技术侦查权》，《政法论丛》2011年第10期。

尽管"反腐"这一目标在当下的中国具有难以动摇的目的正当性，但目的正当并不意味着手段必然正当。在自侦案件中，除贿赂犯罪外，绝大多数其他犯罪类型比如贪污、渎职与侵犯公民人身权利的犯罪是不具备使用技侦手段的犯罪行为特征的；过去实践中每年有必要适用技侦手段的自侦案件数量极其有限且主要使用目的是使用定位手段追逃，而定位追逃仅仅是技侦手段体系中非常轻微、简单的一类手段，检察机关自建技侦系统开展执行工作的必要性有限且容易造成国家财政资源的巨大浪费。更为重要的问题是，多一个部门负责技侦手段的执行，公民的隐私权就增加一份泄露的风险，而这一风险所换取的执法利益是极其有限的，风险与收益之间明显不成比例。鉴于上述因素，立法机关最终没有授予检察机关完整的技侦权，而仅仅是给予其决定权，执行权仍然维持现状，即由公安机关或国家安全机关的技侦部门负责实施。

（三）适用程序中的具体问题

1. 何为"经过严格的审批手续"？

2012 年《刑事诉讼法》第 148 条规定公安机关、人民检察院"经过严格的审批手续"，可以采取技术侦查措施。社会公众、理论界与实务界在多轮意见征询过程中普遍提出质疑：何为"经过严格的审批手续"，为何在立法中不进一步明确具体的审批手续。事实上在刑事诉讼法修改过程中，立法机关曾经在讨论稿中明确规定，经"地市级以上公安机关"或"省级以上人民检察院"批准可以采取技术侦查措施，但随后在公布的草案一审审议稿中删除了这一较为明确的审批手续。"经过严格的批准手续"是现行《人民警察法》第 16 条、《国家安全法》第 10 条在规定"技术侦察措施"时使用的表述，之所以在刑事诉讼法修改时仍然沿用十多年前的表述，无法明确审批手续是如何严格这一问题，主要考虑的仍然是技术侦查手段的法律规定与内部政策之间的复杂关系。

按照现有的内部政策与规定，不同的适用对象适用不同的审批程序，区分党员以及领导干部与普通民众分别规定了特殊审批程序与普通审批程序。对一般对象由设有技术侦查机构的地、市公安处、局长审批，需要使用省级公安厅、局技术侦查手段的，由省公安厅、局的刑事侦查处长和技术侦查处长共同审批；侦查对象为党政干部的，按该对象的级别划分审批权限，其中科级以及科级以下人员由省级侦查机关主管领导批准，处级及处级以上人员分别由省委和中央有关领导批准。

这种审批制度的规定是根据适用对象的差异分为针对一般对象（主要是群众）的普通审批程序与针对领导干部的特殊审批程序。首先来看特殊批准程序，由于涉及在党内进行技术侦查，根据长期以来坚持的"党管干部"、"党管技侦"的政策原则，由相对更高级别的党委领导、公安机关领导批准，对于处级以上干部更是要由中央领导批准。这种特殊批准程序的设置既体现了长期以来我国技侦手段使用中存在的强烈的政治色彩，也表明了党和国家对领导干部使用技侦手段方面高度谨慎的态度。虽然客观上有助于控制技侦手段的适用，但同时也会带来诸多质疑，比如对党员干部犯罪侦查使用技侦手段控制较严，有违法律面前人人平等的法治原则；再比如，由党委领导审批，即沿用党委批案的做法，与依法治国的精神不符。

就普通审批程序而言，具体的做法是首先由侦查部门提出使用技侦手段的申请①，由侦查部门主管领导审批，而这里的主管领导根据侦查机构的级别不同而存在差异，但一个大致的原则为侦查部门的主管领导与负责本案技术侦查的技侦部门的领导同级。举例而言，如果县级侦查机关需要使用市一级的技侦手段，则需要县级公安局主管局长在县级侦查部门的技侦申请书上签字批准。在侦查部门提出申请后，技侦部门内部还要由一些具体的内部机构进行审核、批准，最终由技侦部门的主管领导批准。总体来看，普通案件使用技侦手段，需要侦查部门与技侦部门两个机构的主管领导批准方可实施，而在两个机构的内部还至少分别要经过一道审批程序。按照这种推算，一个技侦手段的采取至少要经过四道审批程序。特别需要提及的一点是，在这种略显烦琐的常规审批程序之外，并不存在西方国家为了应对突发紧急情况而特设的紧急批准程序，所有的案件适用相同的程序。

现有的技侦手段审批程序与其他侦查措施相比，的确要严格许多，但由于涉及对党员干部的特殊审批程序以及"党管技侦"原则的适用问题，此次刑事诉讼法修改过程中采取了回避的态度，对于政策技侦与法治技侦之间的博弈，无法通过此次刑事诉讼法的修改作出回应，因此新法只是笼统地规定"经过严格的审批手续"，而具体的手续严格到什么程度，就留待司法解释、

---

① 这里的"侦查部门"指公安机关内部享有刑事案件管辖权的各办案部门，如刑侦部门、经济犯罪侦查部门、治安部门、禁毒部门、国内政治安全保卫部门等，参见公安部《刑事案件管辖分工规定》。

内部规定以及方针政策加以规定了。

2. 执行程序中的具体规定

新刑事诉讼法还对技侦手段执行过程中的几项具体事项作了规定，包括：

（1）种类与对象的明确化

2012 年刑事诉讼法规定在批准技术侦查措施时应当明确批准措施的种类与适用对象、期限，且在执行过程中，"必须严格按照批准的措施种类、适用对象和期限执行"。这一规定要求未来审批表中至少应当明确每一项技侦手段适用时的具体措施种类、适用对象和适用期限。在解释本条规定时，应当强调"措施种类"必须明确至一种或者多种具体的手段，适用对象应当明确至人，而不能以案件为单位。总之，笼统的申请对某案采取技术侦查措施的提法是不符合明确性原则要求的。

（2）期限

技侦手段的期限也关系到干预公民隐私权持续的时间，刑事诉讼法规定了一个比较宽泛的期限，每次批准的期限为 3 个月，复杂、疑难案件期满后，可以无限次分别延长 3 个月。当然法律同时要求"对于不需要继续采取技术侦查措施的，应当及时解除"。该句规定实际上要求执行机关应当尽可能将技侦手段的适用期间予以缩短，减少对公民隐私权干预的时长。

在立法草案讨论的过程中，许多人士认为现有的关于期限的规定近乎于没有期限，凡是使用技侦手段的案件均为"严重犯罪案件"，很容易就被解释为"复杂、疑难"案件，从而可以无限期地使用技侦手段，这显然不利于保护公民的隐私权。因此，建议明确最长的使用期限，比如 3 个月或者半年。公安机关等实务部门则认为，实践中存在大量需要长期监控、盯防的案件，"一刀切"式地规定一个最长期限不符合侦查实践。我们认为，应当区分手段侵权严重程度不同规定不同的期限，除仅针对犯罪嫌疑人个人的监控外，其他各项手段都应当规定确定的期限，目前这种无限次延长期限的规定，在内部审批机制的背景下近乎于无期限的监控，对法益的权衡过于注重了追究犯罪的需要，有些失衡。

（3）信息保密与销毁

技侦手段使用过程中既会收集到案件侦查线索与证据，同时必然会知悉大量与案件侦查无关的个人信息、隐私。为维护无关信息的安全性，法律规定"侦查人员对采取技术侦查措施过程中知悉的国家秘密、商业秘密和个人隐私，应当保密"，且对于"采取技术侦查措施获取的与案件无关的材料，必须及时销毁"。

即使是与犯罪侦查有关的各种信息与材料，也只能用于"对犯罪的侦查、起诉和审判，不得用于其他用途"，这里的"其他用途"包括行政处罚、行政处理、追究民事责任、纪律惩戒等。

（4）相关单位与个人的配合义务

技术侦查手段的运用以科技为主要载体，通常情况下需要借助电信运营商、物流商、邮递企业等单位的设备或者由它们提供必要的支持与协助，在极个别的案件与手段的运用过程中也需要社会公众的配合，相应的侦查手段才能得以使用。随着信息社会的到来，技侦手段的运用将越来越依靠各种社会资源及社会化的信息，而社会信息林林总总，且分散于不同的执法部门、中介机构、企事业单位，如何协调好这些机构、单位的正常社会职能与控制犯罪的社会责任之间的关系，是法律调整的重要课题。此次刑事诉讼法修改过程中，增加规定了技侦手段相关单位与个人的法定配合义务，有助于在法律的框架内合理提升技侦作战能力，明确其他社会主体的配合技侦手段实施的社会责任：对于公安机关依法开展的技侦工作，相关单位与个人应当配合且对配合情况、技侦实施情况应保守秘密。

（四）证据使用问题

针对证据使用这一突出问题，此次刑事诉讼法中单列一条规定了技侦手段与其他秘密侦查手段所获证据的使用，该条规定："依照本节规定采取技术侦查措施所收集的材料在刑事诉讼中可以作为证据使用。如果使用该证据可能危及有关人员的安全，或者可能产生其他严重后果的，应当采取不暴露有关人员身份、技术方法等保护措施，必要的时候，可以由审判人员在庭外对证据进行核实。"[1]

该条的规定至少包含了两层含义：一是，肯定了技术侦查手段所获材料的证据效力，有助于解决在个别案件中缺少技侦材料则无法定案的困难，提

---

[1]　《刑事诉讼法》第 152 条。

高对极个别疑难、重大案件的打击力度。以技侦手段所获成果作为证据使用为例，证据运用过程中可以产生多种符合现行法律规定的证据形式，比如电话监听、窃听获取的录音带，电子监视与密拍密录获得的录像带，都可以作为视听资料提供给法庭；秘密拍照获取的照片可以作为书证使用；密搜密取获得的物品样本可以作为物证使用；技侦人员也可以出庭作证，以证人证言的形式描述技侦手段的使用经过以及案件当时的事实情况；需要对技侦结果的真实性进行检验时，还可以聘请鉴定人出庭作证提供鉴定结论。

二是，作为证据使用过程中不必遵循通常的证据审查、判断规则与程序，应当以不危及人员安全、不暴露相关人员身份与技术方法作为使用的前提。必要的时候，无须经过庭审质证程序，而是由法官在庭外对证据进行核实后确定其证据效力。这一规定与证据只有经过控辩双方质证才能作为定案根据的质证原则直接矛盾①，是充分考虑到技侦手段的保密性、有效性而对质证原则作出的限缩。

具体而言，新法强调了应当注意不暴露"技术方法"等保护措施。技术侦查是依赖高科技技术而存在的一类侦查手段，技术方法显然是维系技术侦查生命力的核心所在，且与证据的效力关联不大，对技术方法保密一般不影响辩方的证据质询权，因此在证据运用过程中，对"技术方法"应当注意保密。除此之外，该条提及的"等保护措施"这一兜底条款还应当涵盖哪些内容，值得进一步探讨。从实践的角度来看，技术侦查的实施过程也因涉及大量的侦查策略细节以及高技术含量，而应当纳入保密的范畴②，同时技侦手段使用过程中可能涉及国家秘密、商业秘密以及个人隐私的内容，在证据使用的过程中也应当注意防止为公众知悉。

2012 年刑事诉讼法对秘密侦查所获证据使用中的保护还规定了一种庭外核实程序，即在上述各种保护措施均无法化解庭审质证带来的各种风险时，即"必要的时候，可以由审判人员在庭外对证据进行核实"。立法的表述暗含着，原则上应当在采取各种保护措施的前提下当庭对秘密侦查所获证

---

① 《关于办理死刑案件审查判断证据若干问题的规定》第 4 条确立了质证原则，该条规定"经过当庭出示、辨认、质证等法庭调查程序查证属实的证据，才能作为定罪量刑的根据"。

② 《关于办理死刑案件审查判断证据若干问题的规定》第 35 条首次肯定了特殊侦查手段即秘密侦查所获证据的证据效力，同时规定在使用此类证据时，"法庭依法不公开特殊侦查措施的过程及方法"。

据进行质证，例外的情形下才可以进行庭外核实。当然，立法并未明确何为"必要的时候"这种例外，但显而易见的是，至少应当理解为"采取不暴露有关人员身份、技术方法"等措施无法确保技术方法与过程的保密、相关人员的人身安全以及防止其他危害后果的发生。

就法官在庭外对相应证据材料进行核实的方法而言，审判人员可以询问相应的特情、卧底人员以及相关办案人员，可以查阅、听取电话监听、窃听的录音、录像等原始监控记录，必要时可以对相关物证、视听资料、电子证据的真实性进行鉴定。

争议的问题在于，新法中并未对法官庭外核实、调查的程序作出具体的限定，特别是法官是单方核实还是允许控辩双方在场、如何保证辩方的知悉权与质询权等等。在法律起草与审议的过程中，社会各界尤其是律师界对此问题提出较多的意见，认为这种庭外核实过程如果由法官单方进行，无法保障辩方的知悉权与质询权，严重违反了公正审判原则。[①]

我们认为，公正审判或者质证原则等刑事诉讼的基本原则对于秘密侦查所获证据的使用应当设置若干例外。设置例外的主要理由在于国家安全与国家利益、侦查手段的效能以及相关侦查人员的人身安危。如果没有变通的证据使用方式，严格遵循质证原则与公正审判原则运用相关证据，证据的公开既可能危及国家安全与国家利益，也可能暴露侦查手段导致相应手段失效，影响打击犯罪的能力，还有可能危及相关秘密侦查人员的人身安全。因此在理解与适用本条中的"庭外核实"方式时，应当兼顾到人权保障与犯罪惩治的双重目标，对公正审判原则、对质权作出一定程度的限缩。可以考虑的限制方式有二：一是法官单方核实证据，之后将核实结果通知控辩双方，控辩双方有异议的，可以就相关问题进行书面质询；二是控辩双方可以于法官核实证据时在场，但辩方在场人员限于辩护律师，且该律师需经过国家安全信赖认证。

五、余论

侦查制度的公正与效率问题牵扯到整个侦查制度、侦查程序与侦查手段

---

① 在全国人大常委会法制工作委员会 2010 年年底至 2011 年 2 月份期间提出的修改方案初稿中，本条曾有规定：法官在庭外核实证据的，"可以通知检察官与律师在场，但需要签署保密协议"。这一规定经过之后几个月的部门协调之后，在 2011 年 8 月底公布的修正案一审稿中被删除。

的改革与完善，对许多问题，限于本章篇幅的限制，在此无法展开，但有必要在此勾勒出这些未来研究应当予以展开的话题。首先，侦查无期限是我国现行法律与法规在规定侦查制度时的一个重大疏漏，我国《刑事诉讼法》中仅仅规定侦查羁押期限，对于未被限制人身自由的犯罪嫌疑人可以侦查的时限没有规定[①]，这客观上导致许多棘手案件被一挂了之，久拖不决，而当事人则常年被冠以犯罪嫌疑人的身份，尽管人身自由未受剥夺，但他的其他合法权益常常受到限制，比如平等就业、选举与被选举等政治权利，出国、接受教育，等等。应当从侦查权对公民各种权利所产生的影响，而非仅限于人身权的角度出发，设置最长侦查期限，这既有助于提升侦查效能，也有助于实现公正。其次，对于特殊案件的侦查，比如反恐案件与有组织犯罪案件，可着眼于此类案件的特殊性，相应地设置特别侦查程序。在这种特别侦查程序中，可以在强制措施的期限、条件、律师帮助权、特殊侦查措施等方面作更有利于侦查效能的考虑，对犯罪嫌疑人的权利进行更多的限制。最后，从更为长远与整体的视角来看，提升侦查效能的重要着力点还应包括社会信息数据库的建设与使用。现代社会被公认为是一个信息社会，犯罪人与犯罪行为不可避免需要借助现代社会的各种媒介方能实现犯罪目的，也就意味着将会在各种社会信息数据库中留下足够丰富的破案信息，这些信息库包括通信、交通、金融、保险、医疗、旅行等数据库，林林总总，不一而足。如何建设相应的系统实现数据共享与迅速查询，对于侦查破案的效能而言至关重要。当前侦查机关所面临的问题既包括法律依据不足、执法权限不足等客观问题，也包括相关技术能力欠缺、专业检索人员匮乏等主观问题。数据库的建设与使用是一项系统性、长期性的工作，需要尽早启动、统筹安排、系统推进。

---

①　2012年《人民检察院刑事诉讼规则（试行）》第301条规定，检察院自侦的案件，没有对犯罪嫌疑人采取强制措施的，应当在立案后2年内侦查终结；采取取保候审、监视居住等强制措施的案件，侦查期限为1年。公安机关管辖的案件侦查期限却没有相关规定。

第二章

公诉权的运行及其规制

一、不起诉权的制约和监督机制

(一)"宽严相济"刑事政策下我国不起诉权面临的新问题

我国刑事诉讼实行以起诉法定主义为主、起诉便宜主义为辅的公诉原则。起诉法定主义要求根据侦查所获得的证据,凡认为有足够的犯罪嫌疑,且具备起诉条件者,检察官必须提起公诉;而起诉便宜主义则要求虽符合起诉条件,但基于公共利益及被告人的利益考虑,认为以不起诉更为适宜的,可以作出不起诉决定。起诉法定主义起源于报应主义刑罚思想,即国家为了达到绝对的正义,对所有违反刑法的行为毫不例外地处以刑罚。因为在民主、法治国家,法治原则及平等原则均要求,立法者原则上必须自己确立刑罚的前提条件,而不应将此要件的决定权让予刑事追诉机关,即让其决定谁在具体案件中才应处以刑罚。[①] 基于法的安定性之要求及报应刑之思想,认为公诉权为绝对权,乃采用法定主义。起诉法定主义的目的在于防止检察官的专断。[②] 起诉便宜主义是基于对传统刑罚理论的反思,由报应主义向预防主义发展的结果,以宪法适当性原则作为其适用的依据。在英美法系国家,以起诉便宜主义为主,对案件是否起诉由检察官自由决定;在大陆法系国家,以起诉法定主义为主,起诉便宜主义为辅。起诉法定主

---

① 参见〔德〕Claus Roxin:《德国刑事诉讼法》,吴丽琪译,三民书局印行 1998 年版,第 115页。

② 参见陈朴生:《刑事诉讼法实务》(增订版),海天印刷厂有限公司 1981 年版,第 311 页。

义对于防止检察官专断、实现起诉的平等性具有积极意义，但不利于发挥刑罚个别化功能。而起诉便宜主义有利于实现不起诉的非刑罚化功能，避免短期自由刑的缺陷，对于矫正犯罪，维护被追诉人的利益，实现案件的合理分流，减少司法成本具有重要的价值，但易于助长检察官不起诉裁量权的滥用。

　　一般认为，我国《刑事诉讼法》规定了三种不起诉类型①，但严格划分我国《刑事诉讼法》中的不起诉类型只有两种：一是法定不起诉。公诉权是以国家刑罚权存在为前提，起诉乃检察官刑罚的请求权，无刑罚权即无公诉权。对于欠缺起诉条件的案件，因欠缺刑罚权，即不得提起公诉，此非起诉便宜主义的要求，而是起诉法定主义的要求。我国《刑事诉讼法》第 171 条第 4 款规定，证据不足，不符合起诉条件的不起诉，是因为根据侦查之证据，不足以认定犯罪嫌疑人有罪，而且即使经补充侦查，仍不能达到足够犯罪嫌疑之标准，属于不符合起诉的实体要件，故应当作出不起诉决定，检察官不具有起诉裁量权。而我国 1996 年《刑事诉讼法》却把其规定为检察机关裁量起诉的范畴，即"可以"作出不起诉决定，这是不正确的，2012 年《刑事诉讼法》对此进行了修正。我国《刑事诉讼法》第 173 条第 1 款规定的情形，是属于欠缺起诉的形式要件，故应当作出不起诉决定。此两种不起诉都属于起诉法定主义的要求，不属于起诉便宜主义的范畴。二是便宜不起诉。我国《刑事诉讼法》第 173 条第 2 款规定，对于不需要判处刑罚或免除刑罚的，检察机关可以基于公共利益及被追诉人的利益考量，发挥起诉裁量权，作出不起诉决定，此属于起诉便宜主义的范畴。我国《刑事诉讼法》第 279 条规定的和解不起诉，亦属于起诉便宜主义的范畴。

　　从我国《刑事诉讼法》和相关规定看，我国检察机关不起诉裁量权相对较小，同时基于"惩罚犯罪"的要求，过去检察机关内部对不起诉案件控制得较为严格，适用率相对较低，因此对不起诉的制约和监督显得并不紧迫。然而，近年来，伴随着"宽严相济"刑事政策的贯彻落实，扩大不起诉案件

---

　　① 传统观点认为，我国刑事诉讼法规定的不起诉类型包括：依据我国《刑事诉讼法》第 173 条第 1 款规定作出的不起诉为"法定不起诉"；依据我国《刑事诉讼法》第 171 条第 4 款规定作出的不起诉为"存疑不起诉"或"证据不足"的不起诉；依据我国《刑事诉讼法》第 173 条第 2 款规定作出的不起诉为"酌定不起诉"或"相对不起诉"。

的适用范围，提高不起诉案件的适用比率，充分发挥不起诉制度在化解社会矛盾、解决社会纠纷中的作用，成为一种新的发展趋势。相应地，最高人民检察院明确提出"可诉可不诉的不诉"的不起诉指导原则①，各地检察机关也纷纷推出"附条件不起诉"、"和解不起诉"等不起诉制度的改革举措。根据最高人民检察院工作报告的数据，2009 年全国检察机关提起公诉 1 134 380 人，同比减少 0.3%，对不符合起诉条件的不起诉 33 048 人，同比增长 10.6%；2008 年全国检察机关提起公诉 1 143 897 人，比上年增长 5.7%，对不符合起诉条件的，决定不起诉 29 871 人，比上年增长 6.7%，法定不起诉人数占总起诉人数的 2.6%；2003 年至 2007 年的五年间，全国检察机关提起公诉 4 692 655 人，比前五年增长 32.8%，酌定不起诉 73 529 人，对依法不应当追究刑事责任或证据不足的，决定不起诉 34 433 人。

从司法统计数据看，不起诉案件适用比率逐年攀升，被不起诉人数也逐年增加。对不符合起诉条件的不起诉，2009 年同比增长 10.6%，2008 年同比增长 6.7%。从 2003 年至 2007 年的五年间，全国检察机关共对 10 万余人作出不起诉决定。扩大不起诉案件的适用范围，符合非刑罚化的犯罪矫正目的，有利于保护被不起诉人的人权，减少审判压力、节约司法资源，顺应国际社会刑事司法的发展趋势。但同时不起诉裁量权的扩大，必然带来不起诉制度被滥用的可能性，尤其在我国法治不太健全的情况下，这种风险性相当严重，如何完善对不起诉的制约和监督机制成为我国不起诉制度在新形势下面临的重大课题。

（二）我国不起诉权的制约和监督机制

为了规范不起诉决定权，防止不起诉决定权的违法或不正当适用，我国《刑事诉讼法》和最高人民检察院的规则、意见作出诸多的规定。这些规定可以分为制约和监督两种机制，具体包括：

---

① 2006 年 12 月 28 日最高人民检察院公布的《关于在检察工作中贯彻宽严相济刑事司法政策的若干意见》第 8 条规定：正确把握起诉和不起诉条件，依法适用不起诉。在审查起诉工作中，严格依法掌握起诉条件，充分考虑起诉的必要性，可诉可不诉的不诉。对于初犯、从犯、预备犯、中止犯、防卫过当、避险过当、未成年人犯罪、老年人犯罪以及亲友、邻里、同学同事等纠纷引发的案件，符合不起诉条件的，可以依法适用不起诉，并可以根据案件的不同情况，对被不起诉人予以训诫或者责令具结悔过、赔礼道歉、赔偿损失。确需提起公诉的，可以依法向人民法院提出从宽处理、适用缓刑等量刑方面的意见。

　　1. 不起诉权的制约机制

　　(1) 我国《刑事诉讼法》对不起诉制约的规定。第一，告知不起诉理由。我国《刑事诉讼法》第 174 条规定，不起诉决定应公开宣布，并将不起诉决定书送达被不起诉人和他的所在单位。如果有被害人，不起诉决定书也应当送达被害人。如果是公安机关移送审查起诉的，不起诉决定书还应当送达公安机关。根据 2012 年最高人民检察院《人民检察院刑事诉讼规则（试行）》第 408 条的规定，不起诉决定书应当写明案件事实、不起诉的根据和理由。第二，被害人对不起诉决定的制约。我国《刑事诉讼法》第 176 条规定，被害人不服不起诉决定的，自收到不起诉决定书之日起 7 日内向上一级人民检察院提起申诉，请求提起公诉，对于检察院维持不起诉决定的，可以向人民法院起诉。被害人也可以不经申诉，直接向法院起诉。起诉受理后，检察机关应当将本案的案卷材料移送法院。第三，被不起诉人对不起诉决定的制约。我国《刑事诉讼法》第 177 条规定，对于人民检察院的酌定不起诉决定，被不起诉人不服的，自收到不起诉决定书之日起 7 日以内向作出不起诉决定的人民检察院提起申诉。第四，公安机关对不起诉决定的制约。我国《刑事诉讼法》第 175 条规定，公安机关移送起诉的案件，人民检察院作出不起诉决定的，公安机关认为决定有错误的，可以要求复议，如果意见不被接受，可以向上一级人民检察院提请复核。

　　(2) 不起诉决定的公开审查制度。2001 年最高人民检察院公诉厅下发《人民检察院办理不起诉案件公开审查规则（试行）》。根据该规则，不起诉决定公开审查的程序如下：第一，适用案件的范围。对于存在较大争议并且在当地有较大社会影响的，经人民检察院审查后准备作不起诉的案件，应当举行公开审查。第二，程序的启动。可以根据侦查机关（部门）的要求或者犯罪嫌疑人及其法定代理人、辩护人，被害人及其法定代理人、诉讼代理人的申请，经检察长决定，进行公开审查。第三，公开审查。审查应当公开进行，审查前 3 日内公布案由、时间、地点。允许旁听、新闻媒体采访，并可邀请有关专家参加。审查由承办案件的检察官主持，侦查人员，犯罪嫌疑人及其法定代理人、辩护人，被害人及其法定代理人、诉讼代理人，可以就案件事实、证据、适用的法律以及是否应予不起诉，各自发表意见，但不能直接进行辩护。第四，审查笔录。审查过程由书记员制作笔录，并由参加审查的相关人员签字。第五，审查处理。审查之后，主持人员制作审查报告，提出起诉或不起诉建议，报检察委员会讨论决定。

2. 不起诉权的监督机制

（1）检察机关内部对不起诉权的监督。《人民检察院刑事诉讼规则（试行）》第401条规定，公安机关移送审查起诉的案件，发现犯罪嫌疑人没有犯罪事实，或者符合《刑事诉讼法》第15条规定情形之一的，经检察长或者检察委员会决定，应当作出不起诉决定。该规则第403条同时规定，人民检察院对于二次退回补充侦查的案件，仍认为证据不足，不符合起诉条件的，经检察长或者检察委员会决定，应当作出不起诉决定。人民检察院对于经过一次退回补充侦查的案件，认为证据不足，不符合起诉条件，且没有退回补充侦查必要的，可以作出不起诉决定。第406条规定，对于酌定不起诉的案件，经检察长或者检察委员会决定，可以作出不起诉决定。

（2）上级检察机关对自侦案件不起诉的审查批准制度。2005年最高人民检察院下发《关于省级以下人民检察院对直接受理侦查案件作撤销案件、不起诉决定报上一级人民检察院批准的规定（试行）》对检察机关自侦案件的审查批准制度作出规定。该规定改变了过去的备案制度，凡人民检察院自侦案件，作出不起诉决定的，应当报上一级检察机关审查批准，2012年颁布的《人民检察院刑事诉讼规则（试行）》第407条对此进一步作出了规定。

（3）人民监督员对不起诉的监督。人民检察院直接受理侦查的案件，拟作出不起诉的，公诉部门应当及时将不起诉意见书以及相关材料移送本院人民监督员办公室，接受人民监督员监督。人民监督员提出表决意见后，公诉部门应当报请检察长或者检察委员会决定。按规定报请检察长决定的，检察长如果不同意人民监督员的表决意见，应当提请检察委员会讨论决定。检察长同意人民监督员表决意见的，由检察长决定。人民检察院决定不起诉的，应当将人民监督员的意见一并移送上一级检察机关审查批准。

（三）我国不起诉权制约和监督机制的特点

1. 强调对不起诉的内部监督

从我国《刑事诉讼法》和有关规定看，对检察机关不起诉决定的制约主要来自于检察机关的内部控制机制。这些内控机制可以分为两个方面：一方面是作出不起诉决定的检察机关的内部控制。主要途径是通过检察长、检察委员会决定。另一方面是上一级检察机关和最高检察机关的控制。对于检察机关自侦案件，作出不起诉决定的，报上一级检察机关审查批准。最高人民检察院对各级人民检察院确有错误的不起诉决定，可以直接予以撤销或提出纠正意见。内控机制固然对于防止不起诉权力的滥用具有一定的遏制作用，但不起诉制度作为刑事诉讼程序的重要制度之一，也是刑事案件结案的重要方式。在崇尚分权和制衡的法治理念下，各国都注重诉讼主体之间的相互制约，内部制约由于缺乏透明性和利益的互涉性，使制约难以得到有效的贯彻，同时也不易得到相关诉讼主体的理解和支持。

2. 注重对自侦案件不起诉的监督

对于检察机关自侦案件作出不起诉决定的，需要报上一级检察机关批准审查，这对于加强对检察机关自侦案件不起诉的监控无疑具有极大的促进作用。但是，对于公安机关移送起诉的案件作出不起诉决定的，只有在证据不足作出不起诉决定的情况下，才需要报上一级检察机关备案。尽管从理论上说，对这类案件不起诉可以通过公安机关的复议、复核程序加以制约，但这种让检察机关"自己纠正自己错误"的程序设计，其合理性和实效性值得怀疑。

3. 缺乏有效的不起诉制约机制

我国《刑事诉讼法》和相关的司法解释、规则对不起诉决定的诉讼制约机制主要体现为：一是我国《刑事诉讼法》第176条规定的被害人对检察机关作出不起诉决定不服的，可以向人民法院起诉的制度；二是最高人民检察院公诉厅规定的对"争议较大且具有较大社会影响"的不起诉案件的公开审查制度。由于这两项制度设计存在问题，在实践中没有发挥应有的作用，致使对不起诉缺乏有效的制约机制。监督作为一种行政性的督察制度，其运行的特点表现为权力性、指令性和单向性，运行的方式表现为临机决定，强调效率优先，但缺乏稳定性和可预期性；而制约作为一种诉讼运行机制，其运行的特点表现为权利性、平衡性和双向性，运行的方式表现为制度保障，强调公正优先，具有稳定性和可预期性。从现代法治国家的发展看，为制约权力的滥用，保护诉讼主体的人身权利和诉讼权利，普遍注重发挥程序公平和制约机制的价值。因此，有效的诉讼制约机制是不起诉制度合法、合理运行的重要保障。

（四）我国不起诉权制约和监督机制存在的问题

1. 被害人不服不起诉决定救济机制存在的缺陷

我国《刑事诉讼法》第 176 条规定，被害人不服检察机关不起诉决定的，可以直接向人民法院起诉，人民法院受理后，由公诉案件转为自诉案件。这是我国刑事不起诉制度中唯一的可以通过法院对不起诉决定进行制约的机制，但这一制约机制在实践中基本起不到什么作用，而且也不利于解决被害人权利保障问题。其不足之处表现为：

首先，被害人的起诉很难得到法院的受理。因为当检察机关作出不起诉决定后，该案件作为公诉案件已经经过侦查和审查起诉两个阶段，甚至经过退回补充侦查，全部案件的证据和材料都掌握在检察机关手中，被害人即使对不起诉决定不服，也很难获得足够的证据让法院受理案件，而人民法院受理案件的要求是被害人有证据证明被不起诉人侵犯了其人身权利或民主权利，需要追究刑事责任，也就是说，被害人在起诉时必须掌握被不起诉人犯罪的证据，而此时案件的全部证据都掌握在检察机关手中。《人民检察院刑事诉讼规则（试行）》第 420 条规定，只有当法院受理被害人的起诉后，检察机关才将案件的证据材料和案卷移送法院，因此被害人很难拿出证据让法院受理案件。此外，这样的案件是检察机关已经作出不起诉决定的案件，甚至是上一级检察机关审查后维持下级检察机关的不起诉决定的案件。对于这样的案件，一旦法院受理，就意味着法院初步否定检察机关的不起诉决定，甚至是否定上一级检察机关的决定，人民法院在受理时会特别慎重，除非被害人持有特别确切、充分的证据，否则法院一般不会受理，而被害人很难持有这样的证据，因此被害人的起诉得到法院受理的机会非常小，以至于在实践中，这样的案件几乎得不到法院的受理。

其次，让被害人承担本来应该由公诉机关承担的责任，违背公诉权不可放弃的本质。一旦法院受理被害人的起诉，本来属于公诉的案件就转化为自诉案件。现代各国之所以把刑事起诉分为公诉和自诉，就在于公诉案件侵犯的法益不仅仅涉及被害人的个人利益，更多的是对国家法益的侵害，而且这些案件一般都比较重大，所以才有必要让检察机关代表国家承担追诉犯罪的职责，单凭被害人的力量尚不足以追究这样的犯罪；而自诉案件侵犯的法益主要涉及个人利益，因此国家赋予个人是否追诉的自由，且这类案件一般以被害人个人的力量已经足以应对追诉的需要。法院受理被害人起诉，已经初步证明法院认为检察机关作出的不起诉决定属于错误决定。检察机关不能因为自己的不起诉决定遭到法院否定，就完全放弃自己的公诉义务，把追诉犯罪的责任完全推给被害人，让被害人承担本来应该由公诉机关承担的职责。"任何人都不能因为自己的错误而获得利益"，检察机关难道就能因为自己错误的不起诉决定遭到法院否定就放弃追诉犯罪？这样就相当于检察机关变相地获得了利益（不再为追诉这样的犯罪投入诉讼成本，也不需要为错误承担任何的责任），这有违法律的基本精神和原则。我们认为，正确的做法是，一旦被害人不服检察机关的不起诉决定，其有权向法院提出审查请求，法院应当开庭对不起诉决定进行审查或听证，被害人及其法定代理人、诉讼代理人，被不起诉人及其法定代理人、辩护人，检察机关指派承办案件的检察官，甚至人民监督员等参加诉讼，由检察官陈述不起诉的证据和理由，被害人一方可以提出反驳，双方进行简短的答辩。经法庭审理，由法庭作出是否交付审判的裁定。法官认为不起诉决定违法或不适当的，应当作出提起公诉的裁定。检察机关应当根据法院的裁定更换检察官提起公诉或进行侦查。

2. 不起诉案件公开审查制度存在的问题

2001 年最高人民检察院公诉厅公布的不起诉决定公开审查制度是一项具有创建性的不起诉制约机制，反映了未来不起诉决定制约机制的发展方向。这一制度体现了对不起诉决定的诉讼制约机制的特点。不起诉制度作为刑事公诉制度的重要内容之一，和人民法院的判决一样，都是通过刑事诉讼程序对案件所进行的终局性处理方式之一，一旦对案件作出不起诉处理就应当产生稳定的法律效果，无法律例外规定不得再行追诉。因此，不起诉制度直接涉及惩罚犯罪和保障人权的刑事诉讼目的，有效地制约检察机关的不起诉权力，保证不起诉权的行使符合合法性原则和正当性原则，是通过刑事诉讼程序保障追诉正义实现的重要内容之一。现代刑事诉讼程序之所以成为各国追究犯罪普遍采用的机制，乃在于刑事诉讼本身所具有的保障追诉正义的内在价值，即通过正当程序遏制权力恣意、专断和任性，使合法权利得到充分的保障。为了实现此目的，正当程序必须遵循公正、公开的原则，即凡对诉讼当事人利益产生重大影响的事项，都应当做到：在利益无涉的裁判者主持下，以公开的方式，让具有利害关系的双方当事人参与进来，当面充分陈述自己的主张及根据，质疑对方的主张及根据，裁判者据此形成裁判的依据。这种诉讼制约机制，通过利害关系当事人的参与，有助于制约裁判者的任性，也为当事人提供了发表意见的机会，使其能够评估自己的主张能否得到支持，从而使双方当事人体会到裁决的正义性。刑事诉讼正是通过这样的诉讼制约机制，在追究犯罪中实现权力与权利的平等性，摆脱权力的暴力性、专断性及单向性，平衡双方力量的悬殊性，实现双方平等对话、和平解决，保障刑事诉讼和谐进行。故权力运行的专断性、秘密性和指令性在刑事诉讼领域没有生存的空间和正当性的基础。

目前在我国刑事不起诉监督或制约机制中，不起诉案件的公开审查制度，与检察长决定、检察委员会讨论制，上一级检察机关备案、审查批准制，以及人民监督员监督制相比，更好地体现了诉讼制约机制的要求，更符合刑事诉讼本身的运行规律。但是囿于现行法律的规定、司法体制自身问题、改革者权力的有限性及部门利益主义等诸多因素的限制，不起诉案件的公开审查制度尚存在不少有待完善的问题。主要体现在：

首先，公开审查不起诉案件的范围界定不明。根据规定，不起诉案件公开审查的范围是存在较大争议并且在当地有较大社会影响的、检察机关拟作出不起诉决定的案件。这里存在的问题：一是利害关系人如何得知检察机关拟作出不起诉决定？检察机关如何知晓利害关系人对拟作出的不起诉决定争议比较大？我国《刑事诉讼法》第 170 条规定，人民检察院审查起诉案件，应当讯问犯罪嫌疑人，听取被害人和犯罪嫌疑人、被害人委托的人的意见。从该条规定看，检察机关经过上述讯问、听取意见之后，才能作出是否起诉的决定，应该是讯问、听取意见在前，拟作出不起诉决定在后，那么在拟作出不起诉决定后，不起诉决定书尚未送达，利害关系人如何知道检察机关拟作出不起诉决定？检察机关又如何得知利害关系人对不起诉决定有较大争议？二是"在当地有较大社会影响"由谁来判断？标准是什么？"对于社会影响大小"难以形成统一的客观标准，不利于权利人权利的保障，也容易为权力的不正当行使打开方便之门。三是适用公开审查的案件范围过小，难以形成对不起诉权的有效制约机制。况且，即使是这样的案件，是否公开审查，最后的决定权也掌握在检察长的手中。本来作为一项诉讼制度，只要符合法定的条件就应当公开审查，却让个人的意志成为决定制度是否实施的力量。

其次，审查的方式存在问题。不起诉案件公开审查当然是最公正的形式，但并非所有的案件都适合公开审查，然而这并不意味着不适合公开审查的案件就不进行听证审查。根据最高人民检察院公诉厅的文件，只对适合公开的案件公开审查，而对不适合公开的案件也没有规定听证审查的方式，亦即仍然适用讯问、听取意见加书面审查的方式。我们认为，应该规定对不适合公开审查的案件，采用不公开的听证审查的方式。

最后，公开审查结果的处理存在问题。根据最高人民检察院公诉厅发布的《人民检察院办理不起诉案件公开审查规则（试行）》的规定，审查结果仅仅作为检察长或者检察委员会是否作出不起诉决定的参考，并非是对不起诉决定不服的救济程序。如果以这样的方式对待审查结果，就会使公开审查不起诉案件的价值大打折扣，本来是作为不起诉决定的很好的一项救济程序，却变成检察机关作出不起诉决定的内部工作方法。

3. 上级检察机关对自侦案件不起诉的审查批准制度存在的弊端

在司法实践中，检察机关自侦案件不起诉率普遍较高。据某地级市检察机关 2005 年～2007 年审查起诉工作统计，公安机关移送起诉的案件，不起诉率仅为 2％；检察机关自侦案件的不起诉率则高达 15.3％。[1] 检察机关自侦案件不起诉率高的一个重要原因在于缺乏来自公安机关的制约。为了加强对自侦案件不起诉的监督，最高人民检察院加强了内部监督，规定省级以下人民检察院自侦案件拟作出不起诉决定的，应报上一级检察机关审查批准。最高人民检察院的这一举措对控制检察机关滥用不起诉决定无疑具有一定的积极意义，但自侦案件不起诉的审查批准制度也存在明显不足：

首先，违反及时诉讼原则，损害了被不起诉人的人权。我国《刑事诉讼法》第 174 条规定，不起诉决定作出后，如果被不起诉人在押，应当立即释放。根据我国《刑事诉讼法》以及《人民检察院刑事诉讼规则（试行）》的相关规定，自侦案件的审查起诉以及不起诉决定应该由受理案件的人民检察院审查并作出决定。根据《关于省级以下人民检察院对直接受理侦查案件作撤销案件、不起诉决定报上一级人民检察院批准的规定（试行）》第 5 条的

---

① 参见黄超等：《刑事从宽的实证分析——以陕西省宝鸡市检察机关为例》，《中国刑事法杂志》2008 年第 10 期。

规定，检察长或者检察委员会同意拟撤销案件意见或者拟不起诉意见的，应当由侦查部门或者公诉部门将拟撤销案件意见书或者拟不起诉意见书，以及人民监督员的表决意见，连同本案全部卷宗材料，在法定期限届满 7 日之前报上一级人民检察院审查；重大、复杂案件，在法定期限届满 10 日之前报上一级人民检察院审查。第 8 条规定：上一级人民检察院审查下级人民检察院报送的拟撤销案件或者拟不起诉案件，应当于收到案件 7 日内书面批复下级人民检察院；重大、复杂案件，应当于收到案件 10 日内书面批复下级人民检察院。①

　　根据这些规定，显然增加了被不起诉人羁押的期限。我国《刑事诉讼法》第 174 条规定，在作出不起诉决定时，应当立即释放在押的被不起诉人。检察机关经审查起诉拟作出不起诉决定的，本来应当释放被羁押的被不起诉人，现在还要等待至少 7 日（甚至是更长的期限），即等待上级检察机关审查批准，待上一级检察机关作出的批复送达后，原本具有决定权的检察机关才能依据上级检察机关的批复作出正式的不起诉决定，此时被羁押的被不起诉人才可以被释放。这违背了刑事案件及时诉讼的国际刑事司法基本原则，也违反了我国宪法保障人权的基本精神，反映了"重打击、轻保护"的惩罚犯罪的思想，且与"宽严相济"的刑事政策相违背。在绝对不起诉、存疑不起诉的情况下，国家根本就不具有刑罚权，一旦发现，就应当及时停止追诉，立即释放被追诉人，而不应当在明知已经没有刑罚权，不应当追诉的情况下，继续羁押有关犯罪嫌疑人。等待上一级检察机关审查批准，其目的是防止放纵犯罪，试图纠正检察机关的错误，但是为了防止检察机关的错误，而牺牲更多的被不起诉人的人权，违反了法治社会人权保障的基本原则。在相对不起诉的情况下，案件属于犯罪情节轻微、不需要判处刑罚或免除刑罚的情形，基于"宽严相济"的刑事政策，对于此类犯罪嫌疑人，一般就不应当羁押。在我国高羁押率的情形下，司法实践中，这样的犯罪嫌疑人

---

　　① 根据这一规定，下级检察机关应当在期限届满 7 日之前报送，而上一级检察机关应当于收到案件之日起 7 日内批复下级检察机关。这就会造成这样的可能：上、下级检察机关都没有违反法定的期限规定，但实际上案件已经超过法定审查起诉期间。因为这一规定并没有考虑到案件移送路途上所花费的时间，尤其在我国，大多数上、下级检察机关都不在同一个城市，有的甚至相距甚远，移送和送达批复往往需要在路途上花费较长的时间。这在客观上造成诉讼资源的浪费，存在着超过审查起诉法定期限的可能性。

也往往被羁押。经过审查认为应当作出相对不起诉决定的，也应当立即予以释放，而不应当对于不需要判处刑罚或免除刑罚的人继续羁押等待审批。总之，不起诉审批制度是以牺牲被不起诉人的人权换取对犯罪的惩罚，以牺牲被不起诉人的人权来纠正检察机关可能出现的错误或违法。

其次，审查批准制度损害了被害人、被不起诉人对不起诉决定不服的救济程序。我国《刑事诉讼法》第176条规定，被害人对于人民检察院不起诉决定不服的，自收到不起诉决定书之日起7日内有权向上一级检察机关申诉，请求提起公诉。对于检察机关自侦案件，由于不起诉决定是经过上一级检察机关审查批准的，这使得被害人对不起诉决定不服的申诉权，已经丧失了任何意义，审查批准制度变相地剥夺了被害人的申诉权，使法律赋予被害人的权利形同虚设。正如被告人的上诉权被上、下级法院间的请示汇报制度变相剥夺一样，被害人的申诉权也被审查批准制度剥夺了。可喜的是，最高人民法院已经认识到上、下级法院间请示汇报制度的缺陷，并在人民法院"二五"发展纲要中明确提出要逐步取消上、下级法院间的请示汇报制度。但最高人民检察院尚未意识到审查批准制度对被害人申诉权的危害。我国《刑事诉讼法》第177条规定，被不起诉人对于人民检察院作出相对不起诉决定不服的，可以向作出不起诉决定的人民检察院提出申诉。根据《关于省级以下人民检察院对直接受理侦查案件作撤销案件、不起诉决定报上一级人民检察院批准的规定（试行）》第9条的规定，上一级人民检察院批准不起诉的，下级人民检察院应当作出不起诉决定，并制作不起诉决定书。在审查批准制度下，不起诉决定权在上一级人民检察院，被不起诉人如果不服，向审查起诉的上级人民检察院申诉，已经失去任何意义，也不会有任何结果。

此外，在我国案件压力大、诉讼资源紧缺情况下，即使没有报送审查批准的要求，检察机关在法定期间内也经常不能按期审查起诉完毕。超期羁押或变相超期羁押的原因之一就是案件多、在法定的期间内难以审查起诉完毕。而移送审查报批无疑延长了审查起诉的期限，进而加大了诉讼的成本，进一步加剧了本来已经比较严重的超期羁押或变相超期羁押现象。同时，也加剧了滥行起诉的风险性。

4. 人民监督员对不起诉决定的监督存在的不足

人民监督员制度的建立对于增加不起诉的外部制约机制无疑具有积极意

义，但目前人民监督员对不起诉制度的监督还存在诸多不足之处，主要体现在以下几个方面：

首先，人民监督员是由人民检察院自己选任的，人民监督员的经费保障、办公条件、监督事项、监督程序都由检察机关自己决定、提供和保障，无法摆脱"自己为自己选任监督者"的悖论。正如西方一位哲学家所说，"谁攥着你的钱口袋，谁就掌控你的意志"。人民监督员制度从肇始、发展到完善都是由检察机关一手操办，很难想象这样的监督在关键问题上能抵制权力的滥用。这就有点类似，一位开明的君主为了保证自己政治决断睿智，常常任命一些谏议大夫，由他们条陈利弊，而这些建议是否有效取决于君主开明与否，但谏议大夫从来也不能阻止暴政的发生，关键原因在于这些谏议大夫是由君主任命，君主随时都可以让其丢官弃爵，而且这仅仅是一种建议，对君权没有任何约束力。而目前我国检察机关推行的人民监督员制度不也正是这样吗？

其次，人民监督员对检察机关的不起诉决定提出的仅仅是一种意见，不具有法律上的约束力和最终的决定权，是否采纳其建议由检察机关自己决定。可以说，人民监督员的监督意见不能称之为监督，只能算作检察机关请来的"民意"代表，让检察机关作出不起诉决定之前，听听"民意"，以便为自己作出"正确决定"提供参考，这与诉讼制约和监督是完全不同的。要使监督发挥作用，监督者必须具有法定的权力（权利），监督者对被监督者具有强制的约束力，否则监督只能沦落为空谈。诉讼制约必须具有诉讼上的权利和义务，承担一定的诉讼职能，产生一定的诉讼结果，否则就不能称之为诉讼制约。可见，人民监督员的监督既不是真正意义上的监督，也不是诉讼制约，只能算作检察机关请来的"民意"代表帮助检察机关对不起诉决定发表意见，提供一些建议。

（五）完善我国不起诉权的制约和监督机制

1. 完善我国不起诉权的制约机制

诉讼制约是诉讼的基本特征，充分发挥刑事诉讼各权力（权利）主体之间的制约机制，使诉讼监督内化为诉讼制约，是刑事诉讼和谐运行、权力合法合理行使、权利有效保障的重要制度保障。我国法律和司法实践更多地把公诉权的合理、合法行使寄托于检察官的良好品行以及体制内和体制外的各种监督上，而忽视了诉讼制约。只有把作为政治层面上的监督具体转化为诉讼层面上的制约，把阶段性权力制约转化为网络状的权力制约，使监督内化为诉讼上的权利和义务，才能真正实现"职权由法定，有权必有责，用权受监督，违法受追究"的和谐制约机制。正如中共中央社会主义法治理念所说，"任何权力都有滥用的可能。实践证明，任何把正义的希望仅寄托于执法者良好的道德修养都是靠不住的。只有借助于制度的力量和约束，人民才能对执法的结果有一个相对稳定的预期。因此，程序正义的一个突出功能就是对权力可能被滥用有较强的预防和制约作用，这一功能应当在执法实践中得到更充分的发挥"①。为了保障不起诉裁量权的正确行使，必须完善我国现有的诉讼制约机制。具体包括以下几个方面：

（1）完善被害人不服不起诉决定的救济机制

根据我国《刑事诉讼法》第176条的规定，被害人不服不起诉决定的救济机制有二：一是司法救济，即所谓的"公诉转自诉"。被害人不服检察机关作出的不起诉决定，可以向法院提起诉讼，法院受理后，公诉案件转为自诉案件处理。二是行政救济。通过向上一级检察机关申诉，利用检察机关上下级的领导关系，由上级检察机关予以纠正。从性质上来说，申诉的救济方式属于行政救济。正如我们前面所述，由于此两种救济方式存在缺陷，被害人不服不起诉决定的救济途径在司法实践中极少发挥作用，导致我国《刑事诉讼法》第176条的规定成为被害人"纸面上的权利"。为此，应借鉴国外法治实践的成功经验，立足中国的司法实践，完善我国被害人不服不起诉决定的救济机制。

从国外法治实践看，对被害人不服检察机关不起诉决定的司法救济途径，主要有德国的强制起诉制度和日本的准起诉制度。根据《德国刑事诉讼法典》的规定，检察机关在作出不起诉决定后，应当书面通知被害人，并告知其不服此决定的救济途径。被害人认为不起诉决定不正确的，可以自收到不起诉决定书之日起2周之内向上一级检察机关提出抗告。上一级检察机关经审查认为，不起诉决定错误的，应当通知下级检察机关继续侦查或提起公诉；认为不起诉决定正确的，裁定驳回申请，维持原决定。被害人对检察机

---

① 中共中央政法委员会：《社会主义法治理念教育读本》，中国长安出版社2006年版，第64页。

关维持不起诉决定不服的，可以自收到裁定书之日起 1 个月内向州高级法院提出申请，请求法院裁决提起公诉。为了防止被害人滥用抗告权，要求被害人的申请裁决书应当记载事实和证据，并由一名律师署名，同时，如果申请最后被驳回，则由申请人负担案件费用。法院在收到被害人申请书后，指令检察机关向法院移送本案的全部案卷材料和证据，必要时法院还可以委托法官进行调查取证。在审理期间，被害人可以进行书面答辩。法院经审查认为，不起诉决定正确的，裁定驳回申请；认为不起诉决定错误的，裁定更换检察官提起公诉。检察机关在接到法院提起公诉的裁定后，应当更换检察官提起公诉。提起公诉之裁定只是就案件形式有罪作出判断，并不对案件实体产生影响，检察官还可以在此后的庭审中作无罪之主张。

德国的强制起诉制度与我国的"自诉转公诉"制度相比，主要具有以下不同：第一，立法目的不同。从立法目的上看，我国 1996 年《刑事诉讼法》增设第 145 条的规定，目的在于解决被害人"申诉、告状无门"的弊端，试图为被害人控告权提供诉讼保障。而德国的强制起诉制度的目的主要是通过被害人向另一独立的法院申请审查的方式，来促使检察机关遵行起诉法定原则，防止检察机关滥用起诉裁量权侵犯被害人的权益。第二，在检察机关移送案卷证据材料的时间上不同。根据我国相关的司法解释，只有在法院裁定受理案件后，检察机关才移送本案的证据材料，这就把是否受理的证明责任全部推给被害人，而被害人又难以知晓检察机关所掌握的本案证据材料，从而造成被害人的申请几乎得不到法院的支持，这是我国"自诉转公诉"案件鲜有实例的主要原因；而《德国刑事诉讼法典》规定，在法院收到被害人的申请后，检察机关就应当将本案的全部案卷材料和证据移送给法院，这有利于法院查明事实，作出正确的裁决。第三，对案件的处理结果不同。根据我国《刑事诉讼法》的规定，法院受理后，由被害人承担追诉犯罪的职责，公诉案件就变为自诉案件。这就使得国家放弃了自己应当承担的追诉犯罪的职责，被害人很难收集到足够的证据证明被告人有罪。而《德国刑事诉讼法典》规定，法院作出提起公诉的裁定后，仍由检察机关承担公诉的任务，为了防止原来承办案件的检察官消极公诉，还规定检察机关应当更换检察官提起公诉。

日本的准起诉制度，亦称为交付审判制度，是被害人不服检察官不起诉决定的司法救济措施。日本的准起诉制度是在借鉴德国强制起诉制度的基础上，在修法过程中创设的制度。根据《日本刑事诉讼法》的规定，对于国家公务人员涉嫌滥用职权的犯罪，如果检察机关作出不起诉决定，被害人不服的，可以请求法院将案件交付审判，但此申请必须经作出不起诉决定的检察官递交。检察官在收到被害人申请书后可以重新考虑，如果决定提起公诉，这一程序结束；如果检察机关继续维持不起诉决定，检察官就要将记载不提起公诉理由的意见书，连同本案案卷和证据移送到法院。法院经审查认为起诉无理由的，作出驳回起诉的裁定；起诉有理由的，作出交付审判的裁定。交付审判的裁定作出后，案件移送有管辖权的法院，由审判法院指定一名律师承担公诉人的职责。指定的律师除不得行使强制调查取证权外，在公诉期间享有检察官的权力。

德国的强制起诉制度和日本的准起诉制度的共同之处在于，国家继续承担公诉职责，而不是把公诉案件转为自诉案件。同时在法院审查案件之前，检察机关就应当将全部案卷材料和证据移送法院。

针对我国被害人不服不起诉决定的救济制度所存在的问题，应借鉴德国强制起诉制度与日本交付审判制度的经验，对我国《刑事诉讼法》第 176 条的规定作如下修改：

对有被害人的案件，决定不起诉的，人民检察院应当将不起诉决定书送达被害人。被害人如果不服，可以自收到不起诉决定书后 7 日内向上一级人民检察院申诉，请求提起公诉。人民检察院应当在 15 日内审查完毕，将复查决定书告知被害人。人民检察院维持不起诉决定的，被害人可以在 30 日内通过作出不起诉决定的人民检察院向人民法院提出申请，请求提起公诉。申请书应当载明认为应提起公诉的事实和证据，并附有律师签名的意见。人民检察院在收到被害人的申请书后，应当在 3 日内向有管辖权的人民法院递交申请书，并将全部案卷材料和证据一并移送。被害人也可以不经申诉，在收到不起诉决定书后 30 日内通过人民检察院向法院提出申请，也可以直接向人民法院提出申请。人民法院在收到被害人的申请书后通知人民检察院 3 日内移送全部案卷和证据。

人民法院受理被害人的申请后，应当由立案庭法官以不开庭方式审查，必要时也可以举行听证审查。依据被害人的申请或依职权，可以调查取证。经审查，认为申请不能成立的，作出驳回起诉的裁定；认为申请有理由的，作出提起公诉的裁定，并将案卷材料和证据退回人民检察院，并通知人民检察院和被害人。人民检察院收到提起公诉的裁定后，应当更换检察官提起公诉。

作出以上修改的理由在于：第一，缩短上级检察机关对申诉复查的期限，有利于保障被害人及时行使申诉权，也有利于维护被不起诉人的权利。《人民检察院刑事诉讼规则（试行）》第 422 条规定，上级人民检察院对被害人的申诉，应当在 3 个月内作出复查决定，案件复杂的最长不得超过 6 个月。该规定使上级检察机关对被害人申诉复查的期限过长，不利于被害人及时行使向法院提出请求的权利。我国《刑事诉讼法》规定人民检察院的审查起诉期限为 1 个月，案件重大、复杂的可以延长半个月；而且法院审理刑事案件的时间一般为 1 个月，而对于申诉的复查规定的期限为 3 个月，甚至可以延长到 6 个月，显然期限过长，而过长的期限也直接影响到犯罪的追诉时效。不起诉决定作出之后，诉讼已经终止，追诉时效开始计算。不起诉案件一般都属于较轻的犯罪，犯罪追诉时效相对较短，过长的审查期限直接影响到被害人向法院申请提起公诉的权利。同时，过长的期限使不起诉决定随时都处于可以被撤销的状态，这种不稳定的状态也对被不起诉人造成损害。之所以规定上级检察机关对申请进行复查的期限为 15 日，理由在于：根据《关于省级以下人民检察院对直接受理侦查案件作撤销案件、不起诉决定报上一级人民检察院批准的规定（试行）》第 8 条的规定，上一级检察机关审查批准下级检察机关自侦案件不起诉决定的期限为 7 日，重大、复杂的案件期限为 10 日。可见，建议规定上级检察机关对被害人申诉的审查期限为 15 日并不算短，足以使检察机关在法定的期限内作出复查决定。

第二，之所以规定被害人向法院提出的申请书应当载明提起公诉的事实和证据，并有律师附署意见，是为了防止被害人滥用申请权。为了防止被害人"牢骚性"的申请，德国强制起诉制度对申请书内容作出了规定，并要求律师附署意见。同时，还规定如果申请被法院驳回，由被害人负担法院审理程序的所有费用。这些措施，不仅有利于防止被害人滥行申请权，而且还有利于防止干扰司法程序。我国目前虽然还很难做到让滥行申请权的被害人负担司法程序的费用，但申请书必须由律师附署意见是可行的。因为律师作为专业人员，对于申请根据能够作出适当的判断，律师也不应对毫无根据的申诉附署意见，否则法院可以提出司法建议，建议律师协会对律师实行纪律惩戒。这对于防止被害人滥行申请权具有一定的保障作用。

第三，检察机关在递交申请书时，一并移送全部案卷和证据，有利于法院对是否应当提起公诉作出正确的判断，也有利于维护被害人的申请权。在法院受理申请之后，检察机关应当移送全部案卷和证据是德国强制起诉制度和日本交付审判制度的要求，目的在于让法院能够对被害人的申请作出正确的判断，必要时法院还可以自行收集和调查证据。我国《刑事诉讼法》第176条规定，在法院受理案件之后，人民检察院应当将有关材料移送法院。如何理解"法院受理"？根据2012年最高人民法院《关于适用〈中华人民共和国刑事诉讼法〉若干问题的解释》（以下简称2012年最高人民法院《解释》）第259条第4项的规定，人民法院受理自诉案件的必要条件之一是有明确的被告人、具体的诉讼请求和能证明被告人犯罪事实的证据。"法院受理"是指法院经审查认为被害人提供了足够的证据，可以认定被告人构成犯罪，依法需要追究刑事责任，而作出不起诉决定是错误的，这时法院才会决定受理案件，将案件作为自诉案件处理。可见，法院是否受理被害人的起诉，关键在于被害人是否能够提供足以证明犯罪事实的证据。这对于公诉案件的被害人，是相当困难的，因为案件经过侦查、审查起诉程序，所有的证据几乎都在检察机关的掌握之中，而只有在法院受理之后检察机关才移送有关材料。被害人不能提供足够的证据让法院受理案件，就谈不上检察机关移送有关材料的问题。合理的做法应该是：在被害人起诉后，检察机关应先移送案卷材料和证据，使法院根据现有的证据和材料作出是否应该受理的裁定，而不是相反。现行的做法显然违背了对被害人诉权的保障，加重被害人举证的负担，让被害人负担其无能力负担之义务，违背了程序正义的基本原则。

如何理解"有关材料"？根据《人民检察院刑事诉讼规则（试行）》第420条的规定，人民检察院自收到人民法院受理被害人对被不起诉人起诉的通知后，人民检察院应当终止复查，将作出不起诉决定所依据的有关材料移送人民法院。据此，"有关材料"是指不起诉决定所依据的材料。这就意味着，检察机关移送的材料只是支持其作出不起诉决定的材料，而不是案件的全部材料；对于不利于作出不起诉决定的材料，亦即支持被害人起诉的材料，检察机关是不向法院移送的。案件审理过程中，法院看不到、不清楚全部案件证据材料，被害人也无权知悉检察机关掌握的全部案件材料。在此种情况下，如何做到案件事实清楚，证据确实、充分？被害人的主张何以能够得到法院的支持？无怪乎我国《刑事诉讼法》第176条的规定几乎成为一条具文，就不难理解了。被害人不服不起诉决定的司法救济实际上落空了。这也是我们主张对被害人不服不起诉决定的司法救济作以上完善的理由。

第四，应该规定被害人不服不起诉决定提起司法救济的期限，以促使被害人及时行使其权利，保障被不起诉人身份的稳定性。及时行使诉讼权利是程序公正的基本要求。我国《刑事诉讼法》只规定了被害人不服不起诉决定向上一级检察机关申诉的期限，而没有规定向法院起诉的期限。这使得被不起诉人可能长期处于身份不确定的状态，可能面临着随时成为被告人或被申请人，这对被不起诉人是不公平的，因为其难以有效地安排自己的工作和生活。德国的强制起诉制度规定被害人不服检察机关不起诉决定的申请期限为1个月。鉴于以上理由，应当规定被害人不服检察机关不起诉决定提起司法救济的期限。

第五，法院应该对不起诉决定的合法性进行审查，此种审查为不起诉决定的制约机制，应采取有别于审判的程序原则。基于起诉法定主义的原则，对于符合公诉条件的案件，检察机关有义务提起公诉。根据我国《刑事诉讼法》的规定，起诉法定主义占主导地位，起诉便宜主义的适用范围窄。在起诉便宜主义的范围内，检察机关可以基于公共利益、被不起诉人的利益作出不起诉决定。而且虽然我国《刑事诉讼法》第173条第2款规定了起诉便宜主义，但法律又对其适用条件作出了较为严格的限制。鉴于此，法院只对不起诉决定的合法性进行审查，进而撤销检察机关错误的不起诉决定，并裁定提起公诉。[①]此种审查程序不同于审判程序，其目的也有别于审判程序。审查之目的在于裁定不起诉决定是否有错误，案件是否符合提起公诉的条件。因此，在开庭形式上也应该不同于审判程序，即以不开庭审查为原则，在必要时可以举行听证审查。日本最高法院认为，"交付审判请求案件的审理程

---

① 2007年6月19日最高人民检察院公诉厅发布的《人民检察院办理不起诉案件质量标准（试行）》规定："二、具有下列情形之一的，属于不起诉错误：……2. 对应当提起公诉的案件或者不符合不起诉法定条件的案件作出不起诉决定的；3. 对定罪的证据确实、充分，仅是影响量刑的证据不足或者对界定此罪与彼罪有不同认识的案件，依照刑事诉讼法第一百四十条第四款作出不起诉决定的……"法院对被害人不服不起诉决定申请的审查，应包括以上两种情形。

序……只要不违反程序的基本性质、结构，就可以通过法院的适当裁量，采取必要的审理方式"，并且认为交付审判程序是"具有与侦查相类似性质的……职权行为"①。

第六，对于经法院审查后，认为不起诉决定错误的，应当作出提起公诉的裁定。公诉权作为一种公权力，具有不可放弃性。公诉权不仅是一种权力，更是一种义务，而义务不得放弃。如果法院裁定不起诉决定错误，那么被不起诉人就有足够的犯罪嫌疑，依法应当追究其刑事责任。在此情况下，我国《刑事诉讼法》第 176 条规定，由被害人承担追诉犯罪的义务，公诉案件转为自诉案件。这显然违背基本的法理，即"任何人不得从自己的错误行为中获益"。难道检察机关可以因为自己的错误行为而获得"放弃义务的利益"？从国外的法治经验看，德国强制起诉制度规定，法院认为检察机关不起诉决定错误的，裁定提起公诉，由检察机关继续承担提起公诉的义务；日本的交付审判制度规定，由律师代替检察官承担维持公诉的义务。从我国的实际情况出发，在法院作出提起公诉的裁定后，应该由检察机关更换检察官提起公诉，比较恰当。

第七，法院裁定提起公诉后，检察机关应按照一般公诉案件提起公诉。对于此类案件由于控辩双方争议较大，不适用简易程序审理，检察机关应继续承担公诉职责。为了排除预断，法院裁定提起公诉之后，应当将全案证据材料退回检察机关，由检察机关按普通程序提起公诉，而不是由负责审查的法官直接移送审判。如果认为需要补充侦查的，检察机关在提起公诉后，可以继续补充侦查。

（2）改革不起诉案件的公开审查制度，建立不起诉案件的听证审查制度

在审查起诉阶段，我国《刑事诉讼法》第 170 条虽然规定检察官必须讯问犯罪嫌疑人，听取被害人和犯罪嫌疑人、被害人委托的人的意见，但由于缺乏有效的制约机制，这一规定在司法实践中往往流于形式，不起诉决定没有能够充分体现被害人、侦查机关及被不起诉人的意见，也没有保障其申辩权利。为此，2001 年最高人民检察院公诉厅公布了《人民检察院办理不起诉案件公开审查规则（试行）》，创设了不起诉案件公开审查制度。不起诉案件公开审查制度作为一项对不起诉决定的诉讼制约机制，就诉讼制约机制的

---

① ［日］松尾浩也：《日本刑事诉讼法》，丁相顺、张凌译，中国人民大学出版社 2005 年版，第 159 页。

创新意义而言，是一项具有重要意义的制度。它改变了检察机关过分依赖内部监督机制、忽视诉讼制约的现状。但囿于现行法律规定和制度设计本身的缺陷，在司法实践中并没有起到应有的效果，收效甚微。可行的改革方案是，结合最高人民检察院一直推行的人民监督员对不起诉决定的监督制度，吸收人民监督员参加对不起诉案件进行公开审查的合议庭，使人民监督员对不起诉决定的外在监督真正实现诉讼制约；改革不起诉案件公开审查的程序设计，从而使不起诉案件公开审查制度在化解矛盾、解决纠纷、实现程序公正、发挥诉讼制约的价值等方面的作用能够得到充分体现。为此应对不起诉案件公开审查制度进行如下完善：

第一，改革不起诉案件公开审查制度，设立不起诉案件听证审查制度。将不起诉案件公开审查制度改为听证审查制度的理由在于：首先，公开审查不利于保护被不起诉人的利益。程序公开的主要目的有三：一是防止裁决者权力滥用；二是给利害关系人申辩的机会；三是发挥审理的社会效果。在刑事诉讼中程序公开更多地适用于法院的审判阶段，而在审前阶段被告人的地位尚未确定，过早地公开被追诉人的身份和涉嫌犯罪的行为，会对被追诉人的名誉造成不利的影响。在不起诉案件公开审查制度中，案件是否被最终不起诉还处于不确定状态，尤其是对"证据不足"的不起诉，可能还涉及继续补充侦查，因此过早地公开犯罪嫌疑人（拟被不起诉人）的身份和涉嫌犯罪的事实，不仅不利于保护犯罪嫌疑人的名誉，而且有可能造成对以后诉讼的障碍。而通过听证的形式进行，既可以发挥制约裁决专断的作用，又可保障当事人申辩的权利，同时也避免扩大不利影响。况且，听证并非完全排除公开。其次，公开审查制度违反平等保护的原则。根据 2001 年最高人民检察院公诉厅发布的《人民检察院办理不起诉案件公开审查规则（试行）》的规定，对于不起诉案件公开审查仅仅适用于"存在较大争议并且在当地有较大社会影响的，经人民检察院审查后准备作不起诉"的案件，并且明确规定了不适用公开审查的案件的类型。[①] 同时，对于不适用公开审查的案件也没有

---

① 《人民检察院办理不起诉案件公开审查规则（试行）》第 5 条规定："对下列案件不进行公开审查：（一）案情简单，没有争议的案件；（二）涉及国家秘密或者个人隐私的案件；（三）十四岁以上不满十六岁未成年人犯罪的案件；十六岁以上不满十八岁未成年人犯罪的案件，一般也不进行公开审查；（四）其他没有必要进行公开审查的案件。"

规定是否适用听证审查或不开庭审查形式。这就使得程序的设计走向两个极端：对于适合公开的案件完全公开审查，而对于不适合公开的案件，但可能同样是"存在较大争议并且在当地有较大社会影响"的案件则没有赋予平等的程序利益。最后，听证审查有利于提高审查效率。相比公开审查，听证审查更简便、快速，诉讼投入更低廉。在拟作出不起诉决定但还没正式作出不起诉决定之前，犯罪嫌疑人一般尚在羁押之中，为保障人权，加快诉讼进程，及时合法地作出不起诉决定是程序设置的首要价值选择。

第二，改革人民监督员对不起诉案件的监督机制，使人民监督员成为不起诉案件听证审查评议组成员。根据最高人民检察院《关于省级以下人民检察院对直接受理侦查案件作撤销案件、不起诉决定报上一级人民检察院批准的规定（试行）》的规定，公诉部门拟对自侦案件作出不起诉决定的，应当将拟不起诉意见书以及相关材料移送本院人民监督员办公室，接受人民监督员的监督。根据此规定，人民监督员对自侦案件的不起诉决定所采取的阅卷监督方式属于外部监督方式，且没有规定监督者的权利和义务。由于人民监督员大都属于非法律专业人员，通过阅卷监督的方式很难提出有效的监督意见，而且其所看到的材料是公诉部门移送的拟作出不起诉决定的证据材料，很难全面判断起诉正当与否。因此，应当改革人民监督员对不起诉案件的监督方式。对于不起诉案件实行听证审查时，由负责案件审查的检察官和当事人选定的人民监督员共同组成评议组成员，评议组由3～5人组成。① 评议组成员有权参加听证审查程序。

第三，不起诉案件听证审查的适用范围。根据最高人民检察院司法解释的规定，不起诉案件公开审查制度适用的案件范围是"存在较大争议并且在当地有较大社会影响"的案件，而且是否公开审查最后还由检察长决定。这

---

① 2005年11月23日最高人民检察院公布的《关于人民监督员监督"五种情形"的实施规则（试行）》第7、8条规定了人民监督员评议监督的程序。具体规定如下：适用评议程序进行监督的，先由人民监督员办公室将拟监督事项按本规则第五条的规定送交有关部门承办，并依据《关于实行人民监督员制度的规定（试行）》第21条的规定确定参加监督的人民监督员。评议监督会先由人民监督员办公室人员主持，承办人员向人民监督员介绍调查情况及拟处理意见，如实回答人民监督员的提问。然后换由参加监督的人民监督员推选一人主持评议会，人民监督员独立发表意见，由主持人指定人员全面、准确地记录，并按照少数服从多数的原则形成集体监督意见，交人民监督员签字后存档。人民监督员同意拟处理意见的，报检察长决定。人民监督员不同意拟处理意见的，承办部门应当认真研究分析人民监督员的不同意见，然后再提出拟处理意见，报请检察长决定，必要时检察长可以提交检察委员会讨论决定。

就使得公开审查成为一项难以捉摸的、由领导意志决定的权力，而不是一项诉讼制度。为使不起诉案件的听证制度真正成为一项诉讼制约机制，必须对听证程序适用的案件范围作出明确的规定。为此，对不起诉案件听证程序适用范围应规定为，对于下列案件应当举行听证审查程序：一是公安机关对移送审查起诉的案件拟作出的不起诉决定不服的；二是被害人及其法定代理人对拟作出的不起诉决定不服的；三是被不起诉人对拟作出的不起诉决定不服的。对此三类案件进行听证，可以充分发挥听证程序对不起诉决定的制约机制，改革对不起诉决定的制约过分依赖于"复议、复核、申诉"等行政性监督，从而通过听证程序发挥诉讼制约的作用。通过听证程序对不起诉案件的审查，不仅仅可以起到诉讼制约的作用，而且还可以发挥正当程序具有的沟通、交流及化解矛盾的功能，从而达到"案结事了"。

第四，不起诉案件听证审查程序。经审查，检察机关拟对案件作出不起诉处理的，应将拟作出不起诉决定及事实、理由及时告知公安机关、被害人及其法定代理人、犯罪嫌疑人。上述机关或人员对拟不起诉决定不服的，应该在2日内提出听证申请。检察机关拟作出不起诉决定书送达后，犯罪嫌疑人在押的，应当立即变更强制措施或释放。检察机关收到听证申请后，认为申请有理由的，应当决定组织听证；认为申请显无理由的，应驳回申请并说明理由。检察机关决定组织听证审查的，应通知公安机关、被害人及其法定代理人、被不起诉人及其委托的辩护人、诉讼代理人准备参加听证，各方有权在检察机关公布的人民监督员名册中选出1名作为评议组成员。如果放弃选任，由检察机关指定人民监督员组成评议组。听证审查评议组由检察机关指派的检察官和人民监督员组成。案件承办人应当根据案件证据，依照法律的有关规定，阐述不起诉的理由，但不需要出示证据。参加公开审查的侦查人员，犯罪嫌疑人及其法定代理人、辩护人，被害人及其法定代理人、诉讼代理人可以就案件事实、证据、适用的法律以及是否应予不起诉，各自发表意见，但不能直接进行辩护。

第五，听证审查处理结果。听证结束后，由评议组成员对案件进行评议，评议实行少数服从多数的评议原则，由承办案件的检察官根据评议结果拟定案件处理结果，并报送检察长决定或检察委员会讨论决定。检察长或检察委员会不同意评议组处理意见的，必须充分说明理由，交评议组成员再次评议，最后由检察长或检察委员会决定。通过改革人民监督员的监督方式，使人民监督员的监督成为真正的诉讼监督。

2. 完善不起诉权的监督机制

对检察机关不起诉权的监督机制可以分为内部监督和外部监督。内部监督主要体现为检察机关内部各部门之间的监督，包括检察长、检察委员会的监督以及上、下级检察机关之间的监督；外部监督主要体现为民主监督和政治监督，民主监督主要包括人民监督员的监督、媒体监督等，政治监督体现为党的监督、人大监督等。近年来，最高人民检察院把"强化监督"作为人民检察院工作的重点，不仅强化了对刑事诉讼其他专门机关的监督，而且为了解决"谁来监督监督者"的疑问，加强了体制内部的监督机制。对检察机关的不起诉权的监督主要体现为人民监督员的监督、上级检察机关对下级检察机关自侦案件不起诉决定的审查批准制度。这些监督措施对于保证正确实施不起诉权无疑具有一定的积极意义，但是尚存在许多缺陷。针对前述缺陷，在此提出完善的建议：

（1）完善人民监督员选任机制，改革人民陪审员对不起诉的监督机制

目前对人民监督员监督机制的批评主要集中于人民监督员的选任机制。尽管目前尚未形成统一的人民监督员选任机制，但在司法实践中，一般的做法是：各级人民检察院自行选任人民监督员，监督员在检察院内部设立人民监督员办公室，人民监督员的报酬和监督经费由检察机关自行决定和解决。这就造成人民检察院自己为自己选任监督者，自己管理自己的监督者，其监督的效力取决于领导者的意志和喜好。为保证人民监督员监督的制度化、效益化，应就人民监督员的选任机制进行改革。

改革的思路有两种：一是由各级人大常委会选任和任命；二是由省级人民检察院统一选任下级检察机关的人民监督员。总体上来说，对于第一种改革思路，我们认为比较合理：首先，符合我国的基本政治体制。人民监督员作为民主监督的形式，由各级人大常委会选任符合人民监督员监督的性质，及我国《宪法》所规定的政治体制。而且，各级人大在选任人民陪审员的工作中，已经形成了一套选任机制。其次，有利于对人民监督员的管理和监督。由各级人大常委会选任人民监督员，有利于实现人大常委会对人民监督员的管理、培训和监督，实现人民监督员与检察机关的相对独立。最后，有

利于发挥人大对检察机关的监督。人民监督员由人大选任，成为人大的一个组织结构，直接服从人大常委会的监督和领导，使人民监督员成为人大常委会监督检察机关的组织，有利于发挥人大常委会对检察机关的监督。由省级检察机关选任人民监督员的弊端在于：人民监督员作为民主监督的形式应该产生于基层群众，而省级检察机关选任时难以了解基础情况，难以选任出合格的、具有代表性的人员来做人民监督员，可能会委托各级人民检察院自行选择。也就是说，即使由省级人民检察院选任人民监督员仍然属于体制内的选任，仍摆脱不了自己为自己选任监督者的诟病。

完善人民监督员选任机制的同时，应改革人民监督员对检察机关的监督机制，把目前的监督变为诉讼制约机制。具体改革方法，前文已经论及，在此不再赘述。只有这样才能保障人民监督员监督的公正性和实效性。

（2）完善对自侦案件不起诉的审查批准制度

检察机关对自侦案件的不起诉决定由于缺乏外部的监督和制约机制，容易产生滥用不起诉决定权。为此，最高人民检察院规定自侦案件拟作出不起诉决定的，应报上级检察机关审查批准。从域外法的法治经验看，对于检察机关不起诉决定的监督和制约机制主要有两种模式：一是司法审查制，如《德国刑事诉讼法典》第153条a规定，对检察机关作出缓起诉决定的，应送法院审查同意；二是上级检察机关监督制，如我国台湾地区"刑事诉讼法"规定，对于被告人可能判处5年以上有期徒刑之刑罚，"检察机关"作出"存疑不起诉"决定的，应报上级"检察机关"备案审查。由于我国对自侦案件不起诉的审查批准制度存在前述缺陷，应对检察机关自侦案件不起诉的审查批准制度作如下完善：

第一，检察机关经审查，拟对犯罪嫌疑人作出不起诉处理的，在拟定不起诉决定书之后，犯罪嫌疑人在押的，应当立即释放或变更强制措施。根据我国《刑事诉讼法》第174条的规定，不起诉决定书送达后，如果被不起诉人在押的，应当立即释放。不起诉决定应该由负责审查起诉的人民检察院作出，而没有授权上级检察机关审查批准。根据立法的原意，检察机关作出的报请上级检察机关审查批准的拟不起诉决定书，在法律上应该是已经生效的不起诉决定书，而释放在押的被不起诉人是法律的强制性规定。只不过，在对自侦案件不起诉的审查批准制度下，把应当生效的不起诉决定书更名为

"拟不起诉决定书"，虽然在形式上符合法律的规定，但属于"实质违法行为"。对自侦案件不起诉的批准制度属于检察机关的纠错机制，被不起诉人不能因检察机关的错误而被实际延长羁押期限。鉴于此，在检察机关作出拟不起诉决定书之后，就应当立即释放在押的犯罪嫌疑人。考虑到上一级检察机关有可能不批准拟不起诉决定书，为防止犯罪嫌疑人逃跑给以后诉讼程序带来障碍，也可以变更为非羁押性强制措施。

第二，对自侦案件不起诉的审查批准制度的适用范围作出限定。最高人民检察院规定的对自侦案件不起诉的审查批准制度，要求所有的自侦案件拟作出不起诉决定的，一律报上级检察机关审查批准。这就意味着无论以何种类型作出不起诉决定都要报上一级检察机关审查批准，这严重浪费诉讼资源、增加诉讼投入，实则没这个必要。同时，在一定程度上会导致检察机关为了避免"麻烦"，对于"可诉可不诉"的案件一律选择提起公诉，违背"宽严相济"的刑事政策精神。譬如，对于符合我国《刑事诉讼法》第 15 条情形之一的，在作出法定不起诉的情形下，就没有必要报请上级检察机关审查批准。

我们认为，对下列自侦案件，检察机关经审查拟作出不起诉决定的，应当报送上一级检察机关审查批准：一是依据我国《刑事诉讼法》第 171 条第 4 款的规定，拟作出不起诉决定的；二是依据我国《刑事诉讼法》第 173 条第 2 款规定，拟作出不起诉决定的；三是附条件不起诉的。之所以把报请上一级检察机关审查批准的不起诉案件限定为上述三类，理由在于：一是在这三类案件中，法律授予了检察机关较大的自由裁量权，自由裁量权越大，受到的规制亦应相应严格。通过报请批准审查，一方面可以防止不起诉裁量权的滥用，另一方面可以在一定范围内统一不起诉案件的适用标准。二是对检察机关自侦案件的不起诉决定缺乏有效的制约机制。自侦案件通常没有明确的被害人，难以通过被害人不服不起诉决定的救济机制得到制约，同时自侦案件也没有来自公安机关的制约。在缺乏有效诉讼制约的情况下，适当地加强监督是不起诉案件得以正确处理的有效保障。因此，对上述三类自侦案件的不起诉进行审查批准具有一定的必要性和合理性。

二、附条件不起诉制度研究

在构建和谐社会的政治背景下，中央适时提出"宽严相济"的刑事政策。检察机关如何贯彻落实"宽严相济"的刑事政策，发挥矫正犯罪、保护权利、维护社会秩序的功能，保障司法在全社会实现公平、正义，成为人民检察院推动司法创新机制的核心内容。附条件不起诉制度成为人民检察院近年来制度创新的亮点之一。许多地方检察机关都附条件不起诉制度进行了有益的尝试，并不断总结和积累经验，取得了良好的法律效果和社会效果。① 同时，附条件不起诉制度的合法性、合理性及可行性也引起了广泛的争议②；对附条件不起诉制度的设计和运行尚缺乏统一的认识，也缺乏有效实施的保障条件。

附条件不起诉制度有利于扩大检察机关的自由裁量权，体现了恢复性司法的价值，并使恢复性司法制度化、法律化。它反映了人们对刑罚目的的重新认识，以及对被害人、犯罪嫌疑人、被告人权利保护的重视，它利于恢复因犯罪而被破坏的社会秩序，体现了对人的尊严和自尊的尊重，贯彻了以人为本理念下的人文主义关怀，同时也有利于实现提高诉讼效率、节约司法成本的诉讼理念。因此，附条件不起诉制度成为刑事司法发展的一个新热点，受到各国立法者和研究者的关注。

我国《刑事诉讼法》在未成年人刑事案件的诉讼程序中规定了附条件不起诉制度。《刑事诉讼法》第 271 条规定："对于未成年人涉嫌刑法分则第四章、第五章、第六章规定的犯罪，可能判处一年有期徒刑以下刑罚，符合起诉条件，但有悔罪表现的，人民检察院可以作出附条件不起诉的决定。"附条件不起诉制度作为我国 2012 年《刑事诉讼法》规定的一项新制度，对于贯彻"宽严相济"的刑事政策、教育改造未成年犯罪嫌疑人、完善我国刑事诉讼程序具有重要的价值和意义。但是作为一项新的制度，附条件不起诉制度在理论上有待进一步深入研究，在制度上有待进一步完善，在实践效果上有待进一步观察。因此，本部分通过对附条件不起诉制度的理论探讨、域外

---

①　山东省蓬莱市人民检察院从 2006 年 11 月开始试行附条件不起诉制度，在一年内先后对 10 起案件作出附条件不起诉处理。这些案件主要涉及未成年人、老年人等特殊主体涉嫌较轻罪行的案件，以及其他社会危害性不大的初犯、偶犯、从犯等，可能被判处 3 年以下有期徒刑之刑罚的案件。这些改革实验取得了良好的社会效果，也得到了最高人民检察院和有关专家、学者的肯定。参见《山东蓬莱市检察院对"附条件不起诉制度"的调查》，《法制日报》2007 年 12 月 6 日。

②　否定论观点认为，附条件不起诉制度侵犯了法官的审判权。参见《蓬莱检察院"附条件不起诉制度"引发激烈争议》，《法制日报》2007 年 12 月 6 日。

法的考察，分析我国附条件不起诉制度存在的不足，展望附条件不起诉制度实施中可能存在的问题，为我国附条件不起诉制度更好地发挥作用提供借鉴。

（一）附条件不起诉的内涵

附条件不起诉，是指检察机关根据侦查中所获得的证据，经审查认为，对犯罪嫌疑人有追诉的必要，但根据犯罪嫌疑人的性格、年龄、境遇、犯罪的轻重及犯罪后的情况，利用非刑罚的方法更有利于维护社会公共利益和被追诉人的利益，经犯罪嫌疑人同意，在要求犯罪嫌疑人履行一定的义务的同时，作出暂时不予起诉的决定，如果在附条件不起诉考验期间，犯罪嫌疑人履行了法定的义务，则期限届满，检察机关就不对其予以起诉；如果在附条件不起诉考验期内，犯罪嫌疑人违反法定义务，或者有其他应当撤销附条件不起诉决定的行为，检察机关决定撤销附条件不起诉，对犯罪嫌疑人提起公诉的一项公诉制度。附条件不起诉是检察官公诉裁量权的一种形式。附条件不起诉具有以下特征：

第一，附条件不起诉是起诉的一种形式，是对应当提起公诉的犯罪嫌疑人实行的一种特殊的起诉方式。检察机关保留起诉的权力，只是暂时不起诉，如果犯罪嫌疑人在附条件不起诉期间内，具有法定应当撤销附条件不起诉的事由，检察机关就可以重新提起公诉。附条件不起诉和不起诉不同，不起诉可以分为法定不起诉、酌定不起诉，检察机关一旦作出不起诉决定，除非发现重大的新的事实和证据，不得再行起诉；也不允许检察机关给被不起诉人规定考验期，以便重新起诉。对于属于不起诉范围的案件，检察机关不得作出附条件不起诉的决定。只有对于属于应当起诉的案件，检察机关才能根据法律的规定，在自由裁量权的范围内，作出附条件不起诉的决定。

第二，附条件不起诉的对象是有起诉必要的犯罪嫌疑人。检察机关只有根据侦查中获得的证据，经过审查认为，犯罪嫌疑人的行为构成犯罪，符合公诉条件，依法需要提起公诉的犯罪嫌疑人，才能根据具体的情况，认为不提起公诉更有利于公共利益、犯罪嫌疑人的利益和被害人的利益的，作出附条件不起诉的决定。因此，附条件不起诉的对象是依法应当提起公诉的犯罪嫌疑人，而不属于不起诉的对象。

第三，附条件不起诉必须规定一定的考验期间。对于附条件不起诉的犯罪嫌疑人，为了考验犯罪嫌疑人是否真正有悔罪表现、补偿被害人损失、消除犯罪嫌疑行为给社会造成的危害等表现，必须给犯罪嫌疑人规定一定的考验期。

第四，作出附条件不起诉决定时，必须规定犯罪嫌疑人在附条件不起诉考验期内遵守或履行的法定义务。为了消除犯罪嫌疑人涉嫌犯罪行为给被害人造成的损害、给社会带来的危害，及消除其再次犯罪的可能性，应该规定犯罪嫌疑人在附条件不起诉考验期内，遵守或履行的法定义务。这些义务应包括三个方面：一是弥补给被害人造成的损害，包括精神和物质的损害；二是恢复给社会造成的危害；三是改造和预防再犯的措施。

第五，附条件不起诉是在一定条件下，保留起诉的可能性。附条件不起诉不是不起诉，而是暂时不起诉。如果犯罪嫌疑人违反法律规定的义务，或具有其他法定的情形，检察机关可以撤销附条件不起诉决定，而对犯罪嫌疑人提起公诉。

第六，附条件不起诉的效果是不起诉，或撤销附条件不起诉，提起公诉。在附条件不起诉考验期内，如果犯罪嫌疑人遵守或履行了法定的义务，没有其他应当撤销附条件不起诉的情形，附条件不起诉期满，检察机关应当对犯罪嫌疑人作出不起诉决定；如果犯罪嫌疑人在附条件不起诉考验期内严重违反法定的义务，或有其他法定应当撤销附条件不起诉决定的情形，检察机关应依法撤销附条件不起诉决定，对犯罪嫌疑人提起公诉。这是附条件不起诉的两种法律效果。

第七，附条件不起诉决定，必须经犯罪嫌疑人同意。附条件不起诉是在犯罪嫌疑人同意的情况下，实施的一种"恢复性司法措施"（对此我们将在下面论述），是否同意由犯罪嫌疑人决定。因为，根据国际司法公正的标准，任何人都有权利要求接受公正审判。接受审判是犯罪嫌疑人的一项权利，犯罪嫌疑人可以要求，也可以放弃。在犯罪嫌疑人要求审判的情况下，检察机关有义务提起公诉，只有在犯罪嫌疑人放弃审判，同意接受附条件不起诉决定时，检察机关才能作出附条件不起诉决定。如果犯罪嫌疑人不愿意接受附条件不起诉，那么即使法律规定强制性附条件不起诉义务，可以想象，这种措施在矫正犯罪的效果方面也不会理想。

（二）附条件不起诉制度的价值

附条件不起诉是公诉裁量权的重要内容之一。附条件不起诉的价值在过去没有受到太多的重视，但随着犯罪率的不断升高，人们对刑罚目的的认识以及对公诉目的认识的不断深刻，各国开始普遍重视附条件不起诉在实现诉讼经济，保护被害人、犯罪嫌疑人权利，以及恢复犯罪所破坏的社区关系方面的作用。

1. 附条件不起诉制度符合公诉目的和价值

公诉的首要价值在于保护权利、维护法治秩序。在专制主义制度下，控辩不分的纠问主义诉讼模式主要以维护封建专制统治秩序、惩罚犯罪为目的。因为国家追诉主义比私诉更有利于惩罚犯罪，刑讯逼供是最有效、最快捷的追究犯罪的手段，当追究犯罪上升为刑事追诉的首要价值时，刑讯逼供合法化自然在情理之中。在这样的诉讼目的和价值追求下，权利的维护无情地被抹杀在刑枷之中，人成为了惩罚犯罪的工具，所有的当事人都成为了追究犯罪的客体，人的主体性完全被否认了。

为权利而斗争是人类进步的原始动力，现代刑事诉讼的开端是以享有"革命之子"美誉的检察官承担公诉职责为标志的。以控诉分离为主要标志的现代刑事诉讼把维护权利提升到了首要的位置，被追诉人不再是追诉犯罪的客体，他在被最终确定有罪之前都是无罪的公民。公诉一方面通过追究犯罪恢复被破坏的法治秩序，达到维护法治秩序的目的，另一方面通过刑事诉讼程序来维护被追诉者的权利。一系列公诉原则的确立，成为诉讼程序本身对权利加以维护的主要工具。公诉权不仅仅包括提起公诉，更包括不起诉、附条件不起诉，特别是随着公诉裁量权的扩大和非刑罚化潮流的发展，追究犯罪和惩罚犯罪已经不再是公诉的唯一目的，而矫正犯罪、恢复已被破坏的法治秩序才是公诉权首先要考虑的价值。因此，恢复被破坏的社会秩序，维护被害人、被追诉者的权利以及一般社会的权利，成为公诉的首要价值选择。而附条件不起诉制度正体现了公诉的这一首要价值选择。

2. 附条件不起诉制度符合恢复性司法的目的

恢复性司法是人们在逐步认识到国家在追究犯罪方面存在的缺陷的基础上产生和发展起来的。19 世纪中叶，起诉法定主义的缺陷促使其过渡到起诉便宜主义，后来又发展到起诉法定主义和起诉便宜主义的结合。起诉制度发展到今天，虽然有了巨大的进步，但是依然存在着极大的缺陷。正如一位国外学者所说，"以是否起诉的决定权集中在国家手中为特征的现代英美国家的职业化和官僚化的刑事司法体系是直到 19 世纪后半叶才出现的，这一体系在不同时期曾徘徊于注重改造，还是强调报复的刑罚模式之间，而两者注意力其实都集中在犯罪人身上，其无意造成的结果是日复一日的司法程序中忽视了受害人和社会这两个因素……‘国家偷走了矛盾’，而这样做的后果就是篡夺了受害人遭受侵害后寻求修复和补偿的能力”①。正是基于对罪犯的改造、对被害人权利的保护及对社区关系的恢复的重视，人们开始寻求另一种矫正犯罪、保障权利、修复社会秩序的新途径，恢复性司法便产生了。

在我国，有的学者把恢复性司法称为“社区矫正”，但社区矫正是对被判处非监禁刑罚的罪犯的一种帮助其重新回归社会的矫正活动，注重的是对罪犯的矫正。而恢复性司法具有更广泛的意义，尽管恢复性司法目前还没有形成一个统一的概念。我们认为，恢复性司法的目的表明，追究犯罪并不仅仅是为了实现刑罚的惩罚功能，更重要的是通过追究犯罪，达到预防犯罪、促使犯罪嫌疑人与被害人和解、弥补犯罪给被害人造成的精神和物质伤害、修复因犯罪行为给社区带来的破坏的效果。为此，应让犯罪嫌疑人、被害人、社区参加到追究犯罪的过程中，以达成共同的谅解，化解矛盾，寻求最有利于实现恢复犯罪影响的各种措施。恢复性司法的研究先驱、美国学者马塞尔提出，恢复性司法应该预防犯罪，更有效地帮助受害人，以及重建社区……这需要努力恢复三种团体，即犯罪人、受害人和更广泛的社区，因为他们是犯罪中的主要关键人物。应该恢复他们物质和情感的损失，恢复他们的安全感、恢复被破坏的关系、尊严和自尊。②

附条件不起诉制度是实现恢复性司法的有效的法律措施，它体现了恢复性司法的价值，并使恢复性司法制度化、法律化。它体现了国家对刑罚目的的重新认识，以及对被害人、犯罪嫌疑人、被告人权利的保护，它有利于恢复遭到犯罪破坏的社会秩序，体现了对人的尊严的尊重，贯彻了人本主义关怀的现代价值观念，并利于实现提高诉讼效率、节约司法成本的诉讼理念。

---

① ［英］卡洛林·霍伊尔、理查德·杨：《恢复性司法评价及其优缺点》，见［英］麦高伟、杰弗里·威尔逊主编《英国刑事司法程序》，刘立霞等译，法律出版社 2003 年版，第 474 页。

② 参见［英］卡洛林·霍伊尔、理查德·杨：《恢复性司法评价及其优缺点》，见［英］麦高伟、杰弗里·威尔逊主编《英国刑事司法程序》，第 476 页。

因此，附条件不起诉制度已成为国际刑事司法发展的一个新亮点，正备受各国立法者和学者的重视。

（三）附条件不起诉在域外的立法与实践

附条件不起诉在域外主要规定了以下程序性要件：第一，附条件不起诉的案件范围。适用附条件不起诉的案件一般是轻罪案件。《德国刑事诉讼法典》第 153 条 a 规定，适用附条件不起诉的案件限于轻罪案件。我国台湾地区"刑事诉讼法"规定的是，可能判处 3 年有期徒刑以下之刑罚的案件。我国台湾地区"刑事诉讼法"第 153 条之一规定：被告所犯为死刑、无期徒刑或最轻本刑 3 年以上有期徒刑以外之罪，检察官参酌"刑法"第 57 条所列事项及公共利益之维护，认以缓起诉为适当者，得定 1 年以上 3 年以下之缓起诉期间为缓起诉处分，其期间自缓起诉处分确定之日起算。追诉权之时效，于缓起诉之期间内，停止进行。"刑法"第 83 条第 3 项之规定，于前项之停止原因，不适用之。第 323 条第 1 项但书之规定，于缓起诉期间，不适用之。

第二，附条件不起诉的实施条件。《德国刑事诉讼法典》规定，经负责开始审理程序的法院和被指控人同意，检察院可以对轻罪暂时不予提起诉讼，即决定附条件不起诉。我国台湾地区"刑事诉讼法"规定，检察官实行附条件不起诉决定，须经被告人同意。可见经被告人同意是检察官作出附条件不起诉决定普遍要求遵守的条件。

第三，附条件不起诉的考验期间和遵守或履行的义务。附条件不起诉一般都规定考验期间和履行的义务及履行的期限。《德国刑事诉讼法典》规定了被附条件不起诉人应当履行的义务及期限。该法典第 153 条 a"暂时不予起诉、暂时停止"第 1 款规定："经负责开始审理程序的法院和被指控人同意，检察院可以对轻罪暂时不予提起诉讼，同时要求被告人：第一，作出一定的给付，弥补行为造成的损害；第二，向某公益设施或者国库交付一笔款额；第三，作出其他公共给付，或者；第四，承担一定数额的赡养义务。以这些要求、责令适合消除追究责任的公共利益，并且责任程度与此相称为限。对于要求、责令的履行，检察院要对被指控人规定期限，在第一项至第三项的情形中期限至多为六个月，在第四项情形中至多为一年。对要求、责令，检察院可以嗣后撤销或者对期限延长一次，为期三个月；经被告人同意，检察院也可以嗣后赋予、变更或者责令。被告人履行要求、责令时，对行为不能再作为轻罪予以追究。被告人不履行要求、责令时，不退还其已经履行作出的给付。"我国台湾地区"刑事诉讼法"第 253 条之二规定："检察官为缓起诉处分者，得命被告于一定期间内遵守或履行左列各款事项：一、向被害人道歉；二、立悔过书；三、向被害人支付相当数额之财产或非财产上之损害赔偿；四、向公库或指定之公益团体、地方自治团体支付一定之金额；五、向指定之公益团体、地方自治团体或社区提供四十小时以上二百四十小时以下之义务劳务；六、完成戒瘾治疗、精神治疗、心理辅导或其它适当之处遇措施；七、保护被害人安全之必要命令；八、预防再犯所为之必要命令。检察官命被告遵守或履行前项第三款至第六款之事项，应得被告之同意；第三款、第四款并得为民事强制执行名义。第一项情形，应附记于缓起诉处分书内。第一项之期间，不得逾缓起诉期间。"

第四，附条件不起诉的撤销。我国台湾地区"刑事诉讼法"第 253 条之三规定："被告于缓起诉期间内，有左列情形之一者，检察官得依职权或依告诉人之声请撤销原处分，继续侦查或起诉：一、于期间内故意更犯有期徒刑以上刑之罪，经检察官提起公诉者；二、缓起诉前，因故意犯他罪，而在缓起诉期间内受有期徒刑以上刑之宣告者；三、违背第二百五十三条之二第一项各款之应遵守或履行事项者。检察官撤销缓起诉之处分时，被告已履行之部分，不得请求返还或赔偿。"

第五，附条件不起诉的效力。《德国刑事诉讼法典》第 153 条 a 规定，被告人履行要求、责令时，对行为不能再作为轻罪予以追究。不履行，重新予以追究，已经履行的部分不予退回。我国台湾地区"刑事诉讼法"规定，附条件不起诉在缓起诉考验期内，没有被撤销的，作出不起诉处分。不起诉处分作出后，除非发现新的事实或证据者，或有法定再审之原因者，不得再行起诉或侦查。缓起诉在考验期内被撤销者，继续侦查或起诉。第 258 条则规定，附条件不起诉作出后，被羁押的犯罪嫌疑人必须立即释放。扣押物应即发还。但"法律"另有规定、再议期间内、声请再议中遇有必要情形，或应没收或为侦查他罪或他被告之用应留存者除外。第 259 条之一规定，对供犯罪所用、供犯罪预备或因犯罪所得之物，以属于被告者为限，得单独声请法院宣告没收。

第六，附条件不起诉的送达。我国台湾地区"刑事诉讼法"第255条规定，检察机关作出附条件不起诉处分的，或撤销附条件不起诉的，自书记员接受处分书原本之日起5日内，应制作附理由的附条件不起诉书，或附理由的撤销附条件不起诉书，应以正本送达于告诉人、告发人、被告及辩护人。缓起诉处分书，还应送达与遵守或履行行为有关之被害人、"机关"、团体或社区。

第七，附条件不起诉之救济和审查程序。我国台湾地区"刑事诉讼法"规定了对附条件不起诉不服的救济程序和对撤销附条件不起诉不服的救济程序。具体而言，包括以下三项内容：

其一，告诉人（主要是被害人）对附条件不起诉不服的救济程序。除在作出附条件不起诉决定时经告诉人同意外，告诉人对附条件不起诉决定不服的，自接到缓起诉处分书后，有权于7日内，经原检察官向直接上级法院"检察署检察长"或"检察总长"申请复议。原检察官认为申请有理由的，应撤销附条件不起诉，作出继续侦查或起诉的决定。原检察官认为申请为无理由的，应立即将该案卷宗及证物送交上级法院"检察署检察长"或"检察总长"。逾期申请的，驳回申请。原法院"检察署检察长"认为必要时，在案件送交上级"检察机关检察长"之前，有权亲自或命令其他检察官再行侦查或审核，分别作出撤销或维持原附条件不起诉决定；维持附条件不起诉决定的，应立即送交上级"检察机关检察长"或"检察总长"。上级法院"检察署检察长"或"检察总长"认为申请无理由的，应予驳回申请；认为有理由者应作出以下决定：侦查未完备者，可以亲自或命令其他检察官再行侦查，或命令原法院"检察署"检察官续行侦查；侦查已完备者，命令原法院"检察署"检察官起诉。

其二，依职权审查。检察官作出附条件不起诉决定的，如告诉人没有申请复议，原检察官应依职权直接送上级法院"检察署检察长"或"检察总长"审查，并通知告诉人。

其三，被告人对撤销附条件不起诉不服之救济程序。被告人接收撤销缓起诉决定书后，有权于7日内以附理由的书面申请，经原检察官向上一级法院"检察署检察长"或"检察总长"申请复议。原检察官认为有理由者，应取消撤销附条件不起诉决定。原检察官认为申请为无理由的，应立即将该案卷宗及证物送交上级法院"检察署检察长"或"检察总长"。逾期申请的，应予驳回。原法院"检察署检察长"认为必要时，可以亲自或命令其他检察官再行侦查或审核，分别作出取消或维持撤销附条件不起诉的决定；维持撤销附条件不起诉决定的，应立即送交上级法院"检察署检察长"或"检察总长"复议。上级法院"检察署检察长"或"检察总长"经复议认为，申请无理由的，应驳回申请；认为有理由的，应撤销原检察官作出的撤销附条件不起诉决定。

第八，附条件不起诉期间公诉效力停止进行。《德国刑事诉讼法典》第153条a第3款规定："在履行期限进行期间，时效停止进行。"我国台湾地区"刑事诉讼法"第253条之二规定："追诉权之时效，于缓起诉之期间内，停止进行。"

（四）我国刑事诉讼法附条件不起诉制度存在的问题

1. 适用案件的刑罚要件设置不合理，难以发挥应用的作用

我国《刑事诉讼法》第271条规定，适用附条件不起诉的案件必须满足以下三个要件：一是未成年人刑事案件；二是刑法分则第四章、第五章、第六章所规定之犯罪；三是可能判处1年有期徒刑以下刑罚。这就意味着并非对所有未成年人刑事案件都适用附条件不起诉，而是从类罪和刑罚上加以限制。对于第三个条件，即"可能判处一年有期徒刑以下刑罚"，指的是刑法所规定的法定刑，还是宣告刑？对此《刑事诉讼法》以及《人民检察院刑事诉讼规则（试行）》均未作出规定。从域外法以及我国《刑事诉讼法》的规定看，一般都以法定刑作为制度设置的条件和标准，通常以轻罪、重罪作为划分标准。[①] 如果说这里指的是法定刑，我国刑法分则规定法定刑在1年有期徒刑以下刑罚的罪名非常少见，轻罪的法定刑一般在3年有期徒刑以下刑罚，那么2012年《刑事诉讼法》所规定的附条件不起诉制度就失去了存在的价值和意义。如果这里指的是宣告刑，比较契合立法原意，但其存在的问

---

① 譬如，我国《刑事诉讼法》第277条规定对适用刑事和解的公诉案件，其量刑条件为，可能判处3年有期徒刑以下刑罚，以及除渎职犯罪外可能判处7年有期徒刑以下刑罚。在这里均指我国刑法规定的法定刑。又如，我国1996年《刑事诉讼法》对适用简易程序的案件，在量刑范围上规定为可能判处3年以下有期徒刑之刑罚，这里显然也指的是法定刑。德国法和我国台湾地区"法律"对适用附条件不起诉的案件，在量刑范围上规定为，可能判处3年有期徒刑以下之刑罚，这显然指的是法定刑。

题是：（1）这样做违反了立法的一致性和一般性，这与我国《刑事诉讼法》一般把法定刑作为制度适用条件的规定不一致，譬如刑事和解制度、逮捕条件等。同时，与域外法规定的附条件不起诉制度关于刑罚范围的限制也不相符。（2）以宣告刑作为制度的限定条件，容易造成制度实施缺乏统一的标准，检察机关的自由裁量权过大，导致制度的滥用。因为，根据我国《刑法》的规定，对于未成年人犯罪应当从轻、减轻处罚，即使其所犯之罪属于重罪，即可能判处 3 年有期徒刑以上之刑罚，那么减轻后，宣告刑也可能为 1 年有期徒刑以下刑罚，同样可以作出附条件不起诉决定。这样，一方面与严格限制附条件不起诉适用的立法宗旨相违背，另一方面也为该制度的滥用提供了便利，尤其是在法治不健全、制度缺乏制约的情况下，其危害性更为严重。

附条件不起诉制度，对于法定起诉主义占统治地位的国家或地区，在法律对起诉作出较为严格规定的情况下，适当地扩大了检察官的起诉裁量权，对于实现非刑罚的矫正、维持法治秩序具有重要的意义。附条件不起诉是对犯罪情节较轻、社会危害不大的犯罪嫌疑人适用的一种非刑罚的方法，因为附条件不起诉的犯罪嫌疑人是放在社会上进行矫正的；对于严重的犯罪行为，其行为人本身的危害性较大，因此不宜放在社会上进行矫正。《德国刑事诉讼法典》规定，附条件不起诉适用于轻罪案件；我国台湾地区"刑事诉讼法"规定，附条件不起诉适用于犯罪嫌疑人有可能被判处 3 年有期徒刑以下刑罚的案件。

总之，从本次对附条件不起诉制度作出规定的立法原意看，由于对附条件不起诉制度存在较大争议，担心附条件不起诉制度被滥用，加之保障附条件不起诉制度有效实施的条件尚不完善，故立法旨在严格限制附条件不起诉的适用。但由于对附条件不起诉的适用条件的设置不够科学、合理，导致在理解上存在歧义，可能会出现两种结果：一是将"一年有期徒刑以下刑罚"解释为法定刑，其结果会使附条件不起诉由于适用范围过窄，失去其存在的价值；二是如果将"一年有期徒刑以下刑罚"解释为宣告刑，会使其缺乏统一的标准，检察机关的自由裁量权过大，甚至可以适用于重罪案件，导致制度被滥用。

2. 缺乏有效的制约机制，容易导致制度被滥用

我国《刑事诉讼法》和《人民检察院刑事诉讼规则（试行）》均没有对附条件不起制度的制约机制作出规定。在我国，从司法实践的经验看，不起

诉制度被滥用的情况并不鲜见，为此最高人民检察院制定了一系列的措施对其加以监督。譬如，对检察机关自侦案件的不起诉决定、存疑不起诉决定需要报请上一级检察机关批准，引入人民监督员对不起诉决定的监督机制等。在德国，检察官作出附条件不起诉后，需经法官的同意。在我国台湾地区，作出或者撤销不起诉决定，如果没有告诉人申请复议，检察官自动报请上级检察机关审查批准。附条件不起诉制度赋予了检察机关比不起诉制度更大的自由裁量权，理应给予更多的制约和监督，但我国《刑事诉讼法》及《人民检察院刑事诉讼规则（试行）》对于附条件不起诉决定或者撤销附条件不起诉决定，既不需要法院的同意，也无须报上一级检察机关批准，这就使得附条件不起诉制度缺乏有效的制约和监督机制，容易导致制度的滥用。

3. 对考验期间的追诉时效缺乏规定，容易导致公诉权的丧失

人民检察院决定对被追诉人附条件不起诉的，应确定一定的考验期，自附条件不起诉决定书送达被追诉人之日起算。公诉时效于附条件不起诉期间内停止进行。理由在于：附条件不起诉是对应当起诉的犯罪嫌疑人实施非刑罚化的矫正措施，这种方式能否矫正犯罪嫌疑人，应确定一定的考验期间，由负责起诉的检察官予以考验。由于犯罪行为及犯罪嫌疑人自身的社会危害性不同，因而法律应当给检察官以裁量权，使其在法律规定的幅度内给予个别化的处理。

附条件不起诉是附条件的不予起诉，国家仍然对犯罪嫌疑人保留有起诉的权力。由于公诉时效的存在，如果在附条件不起诉期间公诉时效继续进行，当犯罪嫌疑人在附条件不起诉期间内存在法定应当起诉的原因，检察官认为应当撤销附条件不起诉决定，予以起诉时，一旦这时公诉时效已过，那么就会放纵犯罪，使犯罪行为得不到惩罚。《德国刑事诉讼法》和我国台湾地区"刑事诉讼法"都明确规定，缓起诉考验期内，公诉时效中止。我国《刑事诉讼法》对不起诉考验期内公诉时效问题并没有作出明确规定，属于制度设置的缺失。

4. 对附条件不起诉所附义务的规定过于简单，缺乏可操作性

我国《刑事诉讼法》第 272 条对附条件不起诉所附义务作出了四项规定："（一）遵守法律法规，服从监督；（二）按照考察机关的规定报告自己的活动情况；（三）离开所居住的市、县或者迁居，应当报经考察机关批准；（四）按照考察机关的要求接受矫治和教育。"这些规定过于笼统，缺乏明确

性，在执行的过程中难以把握，而且缺乏对被害人权益保障的规定。

在附条件不起诉考验期限内被附条件不起诉人应当履行或遵守一定的义务，这是对被附条件不起诉人实行社区矫正的重要措施。犯罪行为的危害性主要包括三个方面：对被害人造成的损害；对社会秩序的危害；犯罪行为自身的危害性。故矫正犯罪行为也应该从三个方面进行，即补偿被害人的损失，恢复被破坏的社会秩序，防范犯罪的继续发生。同时，对于被附条件不起诉人也应当从三个方面进行矫正：一是对被害人损害的补救。这一方面的主要措施是向被害人道歉以及赔偿被害人的物质或精神损害。二是对被破坏的社会秩序的补救。这个方面主要是向国库或指定的人民团体、社区支付一定的金额。三是对暂不起诉人自身的矫正，预防其继续危害社会。这一方面主要是立悔过书；完成戒瘾治疗、精神治疗、心理辅导或其他适当的矫正措施；保护被害人安全的必要措施；预防再犯的必要措施。在考验期间内，被附条件不起诉人遵守或履行的义务，法律应该明确规定履行的期限，并根据遵守或履行义务的性质和内容不同，规定不同的期限，以保证义务的切实履行。

5. 附条件不起诉与和解不起诉缺乏明确的界限

我国《刑事诉讼法》第 277 条对公诉案件的刑事和解制度作出了规定，根据该条规定，适用刑事和解制度的案件范围包括：一是因民间纠纷引起，涉嫌刑法分则第四章、第五章规定的犯罪案件，可能判处 3 年有期徒刑以下刑罚的；二是除渎职犯罪以外可能判处 7 年有期徒刑以下刑罚的过失犯罪案件。根据《刑事诉讼法》第 279 条的规定，（当事人和解的案件）对于犯罪情节轻微，不需要判处刑罚的，可以作出不起诉的决定。这就是说，公诉案件当事人和解的，也可以作出不起诉的决定。

从对附条件不起诉与刑事和解适用案件的范围的比较来看，前者的要求更为严格，而且一般来说，附条件不起诉也同样要求被附条件不起诉人向被害人赔礼道歉、赔偿损失①，这与刑事和解的条件基本相同。然而从效果来

---

① 《人民检察院刑事诉讼规则（试行）》第 498 条规定：人民检察院可以要求被附条件不起诉的未成年犯罪嫌疑人接受下列矫治和教育：（1）完成戒瘾治疗、心理辅导或者其他适当的处遇措施；（2）向社区或者公益团体提供公益劳动；（3）不得进入特定场所，与特定的人员会见或者通信，从事特定的活动；（4）向被害人赔偿损失、赔礼道歉等；（5）接受相关教育；（6）遵守其他保护被害人安全以及预防再犯的禁止性规定。

说，附条件不起诉要比和解不起诉对行为人更为不利。譬如，对于一个未成年犯罪嫌疑人，其既符合和解不起诉的要件，又符合附条件不起诉的要件，究竟适用何种不起诉？假如检察机关作出附条件不起诉的决定，其是否可以要求适用和解不起诉？此外，附条件不起诉与酌定不起诉之间的界限如何，也是我国 2012 年《刑事诉讼法》实施中可能面临的问题。

（五）对附条件不起诉制度的展望

我国新《刑事诉讼法》于 2013 年 1 月 1 日开始实施，对于附条件不起诉制度的实施效果以及可能遇到的问题，目前尚缺乏有效的实证数据。"它山之石，可以攻玉"，我国台湾地区从 2002 年 2 月 8 日实施缓起诉制度，从实践经验看，缓起诉实施的效果并不理想。[①] 下面就我国台湾地区缓起诉制度在实务中出现的问题进行分析和评价，以资为鉴。

1. 适合缓起诉处分之对象、罪名，与"职权处分"、"简易处罚"这两种制度的区分仍不明显。虽然在"法律"上对此作出了区分，但检察官在实际运用上感觉差异不大，原则上都是针对轻罪、有悔改表现、素行尚良好的被告人而为。在我国附条件不起诉制度实施中，也同样存在和和解不起诉、酌定不起诉之间的协调问题。如果不能恰当处理，将导致对本来应该适用"酌定不起诉"或"和解不起诉"的案件，检察官一律适用附条件不起诉，使得我国《刑事诉讼法》规定的不起诉制度被架空，事实上加重了被不起诉人的负担，侵犯法律赋予被不起诉人的权利。

2. 后续之处理手续相当繁杂。例如，一些附加条件的实施问题，这也是影响附条件不起诉实施的重要因素。尤其是如何保障附条件的实施问题，是我国实施附条件不起诉制度时应该着力解决的问题。值得注意的是，附义务不仅仅是金钱义务，还包括社区劳动、接受强制性医疗等非金钱义务。需要注意的是，附条件不起诉和有的学者所主张的刑事和解不同。刑事和解主

---

① 我国台湾地区 2002 年 3 月到 2003 年 2 月共侦查结案 7 323 件，其中：（1）起诉：1 796 件，占 24.83%；（2）不起诉：2 765 件，占 38.23%；（3）缓起诉：42 件，占 0.58%；（4）职权处分：203 件，占 2.78%；（5）简易处刑：1 453 件，占 20.09%。附条件不起诉的情况为：（1）不附条件：5 件；（2）附条件：A. 道歉书：1 件；B. 悔过书：2 件；C. 向被害人给付金额：19 件；D. 向公库、公益团体、自治团体支付金额：1 件；E. 社区服务：3 件；F. 预防再犯所为之必要命令：11 件。参见吴伟毫、陈运财：《"刑事法学研讨会——缓起诉制度之理论及实践"之与谈记录》，《台湾东海大学法学研究》2003 年第 18 期。

要集中于被追诉者给予被害人经济赔偿，强调的是加害人和被害人的和解，其缺陷在于，它在客观上会造成"有钱就可以免刑"，甚至同样案件"富人免刑，穷人坐监"的司法不公的局面。而附条件不起诉注重的是检察官的起诉裁量权，即使加害人没有能力弥补被害人的损失，或者在没有被害人的案件中，只要被追诉者真诚悔罪，并愿意履行如公益性劳动等义务，也同样可予以附条件不起诉。刑事和解只适用于有被害人的案件，且必须经被害人的同意，而附条件不起诉不以被害人同意为必要要件。

3. 如果事后被告人违反规定必须撤销附条件不起诉，恐证据有流失之虞（如证人翻供、物证发生物理或化学变化），增添起诉时举证的困难。我们认为，就该不利因素来说，可以通过规定附条件不起诉的缓起诉期限予以克服。较短的缓起诉期间，可以起到有效避免证据流失的作用。

4. 有学者认为，较之附条件不起诉，缓刑更有利于矫治犯罪。如果起诉后由法官宣告缓刑，并对被告人在缓刑期间内进行管束，其效果较附条件不起诉而言，对被告人有更大的威慑与矫治作用。因违反相关规定而被撤销缓刑，就直接面临服刑之风险，不必再经起诉、审判程序。对此意见，我们认为，就注重惩罚犯罪来说，缓刑比附条件不起诉更有利于惩治犯罪、维护社会秩序。但就预防犯罪和矫正犯罪、避免刑罚的"标签效应"以及实现案件分流的功能来看，附条件不起诉具有缓刑所不可替代的作用。附条件不起诉的选择，是基于对自己接受审判权利的放弃，总体上还是有利于被追诉者的利益。

总之，任何制度都是利益平衡的结果，任何制度的实施都不可避免地带来一些问题。"唯法与时转则治，尤其法律制度的改革尤需要有大刀阔斧的胸襟。"[1] 附条件不起诉对发挥公诉所具有的维护秩序、保障权利、平衡公益的功能，实现案件分流，顺应国际刑事司法的潮流，具有不可替代的作用。我国在实施附条件不起诉制度时，应注意完善有关的配套措施，力避可能出现的流弊，以便实现附条件不起诉制度利益的最大化。

---

[1]　阙铭富：《应否采行缓起诉制度》，《"法务部"检讨暨改进当前刑事政策研究小组研究资料汇编》（2003 年），第 178 页。

三、起诉权的制约机制

为配合对抗制庭审模式的改革，我国 1996 年《刑事诉讼法》对起诉审查程序进行了重大改革，由实质性审查变为形式性审查，起诉只要具备形式要件，法院就应当开庭审理。历经十余年的司法运作，这一变革对我国刑事诉讼程序产生的诸多负面效应已经被逐步认知，改革我国现行起诉审查方式已经成为共识。但对于"如何改"的问题形成了两种截然相反的观点：否定论者从预断排除角度出发，认为应彻底废除起诉审查程序，改采起诉状一本主义，一经起诉即行开庭审理；肯定论者从防止公诉权滥用角度出发，坚持起诉审查存在的重要价值，但对起诉审查的改革路径却存在诸多分歧。

2012 年 3 月 14 日第十一届全国人民代表大会第五次会议审议并通过了《刑事诉讼法》，新《刑事诉讼法》对我国刑事公诉方式进行了重大的修改，改变了"移送主要证据复印件或照片"的卷宗移送方式，实行全案移送主义。《刑事诉讼法》第 172 条规定："人民检察院认为犯罪嫌疑人的犯罪事实已经查清，证据确实、充分，依法应当追究刑事责任的，应当作出起诉决定，按照审判管辖的规定，向人民法院提起公诉，并将案卷材料、证据移送人民法院。"全案移送主义为起诉审查提供了重要的契机，起诉审查也是全案移送主义的重要功能。但遗憾的是，我国《刑事诉讼法》依然采用"形式审查"作为庭前审查的方式。《刑事诉讼法》第 181 条规定："人民法院对提起公诉的案件进行审查后，对于起诉书中有明确的指控犯罪事实的，应当决定开庭审判。"从世界法治国家的立法实践看，全案移送主义和实质审查往往是相对应的制度，而起诉状主义与形式审查是相对应，但是我国《刑事诉讼法》却采行"全案移送、形式审查"的公诉方式。

对于"要不要"设立起诉审查程序，以及如何设立起诉审查程序，时至今日依然众说纷纭、莫衷一是。下文试图从观点评述、理论分析、实践运作及比较法考察入手，厘清刑事起诉审查程序存在的合理性及必要性，进而提出构建我国起诉审查程序的制度设计。

（一）刑事起诉审查程序观点评述

刑事起诉审查是指检察机关提起公诉之后，审判之前，由法院对起诉进行审查，以判断起诉是否符合法定起诉条件的诉讼活动。[①] 起诉审查包括两个方面：一是起诉实体要件之审查，以防止无足够嫌疑之起诉；二是起诉形式要件之审查，以排除阻却审判之障碍。[②] 1996 年修法时在诉讼理念上引入当事人主义审判模式，是为了排除法官庭前预断，废除对起诉实体性要件的审查，即起诉只要符合形式性要件，就应当开庭审理。[③] 实践证明，现行的起诉审查并未实现立法之预期，反而丧失了起诉审查原本具有的价值。如何改革我国刑事起诉审查程序成为不可回避的问题。对此，存在着三种不同的观点：一是否定论。该观点认为应坚持修法理念的一致性，为实现排除预断之目的，实行起诉状一本主义，废除起诉审查程序，所有案件一步到庭。[④] 二是恢复论。该观点认为应恢复 1979 年全案移送主义下的起诉审查程序。[⑤] 三是改造论。该观点认为应充分肯定起诉审查的价值，借鉴法治国家的经验，引入预审或公诉审查机制。[⑥] 上述三种观点可以归结为两个焦点问题：一是"要不要"设立起诉审查程序？二是如何构建起诉审查程序？在此仅对第一个问题进行论述，第二个问题将在后文予以阐释。

对起诉审查的质疑自其产生之日起就没有中断过，而且不乏大师级的人物。对起诉审查程序持否定观点的学者主要从以下几个方面对其存在的合理性及必要性提出质疑：一是起诉审查容易导致法官预断，损害审判公正；二是起诉审查容易导致诉讼的拖延，违反及时审判的原则；三是起诉审查违反无罪推定的原则；四是起诉审查实际效果有限。

1. 起诉审查是否必然导致预断产生？起诉审查和预断排除之间的关系是颇具争议的问题。自从起诉审查诞生以来，有关此问题的争论一直没有停

---

① 为了叙述的方便，下文将刑事公诉案件的起诉审查程序简称为起诉审查程序。

② 参见蔡墩铭：《刑事诉讼法概论》（增订 7 版），三民书局 2005 年版，第 189—190 页；黄东熊：《刑事诉讼法论》，三民书局印行 1995 年版，第 251—252 页；陈朴生：《刑事诉讼法实务》（增订版），第 343 页。

③ 参见 1996 年《刑事诉讼法》第 150 条。

④ 代表性的观点参见陈光中主编：《中华人民共和国刑事诉讼法再修改专家建议稿与论证》，中国法制出版社 2006 年版，第 134 页。

⑤ 代表性的观点参见孙建勋：《公诉案件还是全案移送证据材料为宜》，《中国检察官》2009 年第 9 期；仇晓敏：《论我国刑事公诉案件移送方式的弊端与选择》，《中国刑事法杂志》2006 年第 5 期；孙远：《卷宗移送制度改革之反思》，《政法论坛》2009 年第 1 期。

⑥ 代表性的观点参见徐静村主编：《中国刑事诉讼法（第二修正案）学者拟制稿及立法理由》，法律出版社 2005 年版，第 206 页。

止过，并成为起诉审查否定论者的主要理由。一些立法例也为该观点提供了支撑，如日本、中国都以排除预断为由废除或修改起诉审查制度。在起诉审查中，贯彻预断排除原则，是所有国家都尽力去遵守的原则，但由于诉讼模式、司法体制等原因，不同国家对预断排除原则贯彻的程度不同。英美法系国家由于存在独立的起诉审查法院或机构，使预断排除原则得到彻底的遵守；法国预审庭和上诉起诉审查庭虽隶属于审判法院，却是独立于审判庭的专门法庭，使得预断排除原则也很好地被遵守；意大利初步庭审的法官虽不是专门法官，但法律要求他不得参与此案以后的审理；德国、俄罗斯和我国台湾地区的法律则规定，起诉审查的法官可以参与庭审程序或者是由合议庭委任的受命法官进行，这在一定程度上影响到法官的心证，为此受到诸多批评。德国学者罗科信教授认为，德国中间程序改革的正确方向是实现中间程序法官和主审法官的分离。[①] 一般认为，由受命法官一人主持起诉审查，正是为了避免影响心证，毕竟在实行合议制的情况下，一名法官的心证不能起到决定性的作用。况且，在职权主义下，法官的心证并不像当事人主义那样会对审判公正造成毁灭性的破坏。起诉审查的价值足以抵消其对法官心证带来的不利影响。[②] 起诉审查并非必然导致预断产生，预断要排除，但不应以废除起诉审查为代价。

2. 起诉审查是否必然导致诉讼拖延？起诉审查否定论者另一个主要理由是起诉审查会造成诉讼拖延，违反及时审判原则，同时增加司法成本，也不符合简化诉讼程序的趋势。此观点的错误在于：第一，尽管起诉审查无疑比一步到庭花费较多的时间，但如果让不符合起诉条件的案件进入审判程序，那将会浪费更多的时间，况且人权保障的价值远远高于效率的价值；第二，并非对所有案件都要开庭审查，只有被告人不认罪的重罪案件才需开庭审查，这样的案件所占的比例并不大，而不开庭审查所花费的时间、司法投入并不会太多；第三，简化诉讼程序不能一概而论，案件愈重大，对程序公正的要求就相应愈高，对重罪案件适当增加程序设置，符合正当程序原则的要求；第四，减少诉讼环节并非防止诉讼拖延、实现及时诉讼的明智选择，增加起诉审查是为了更好地加速审判，从而达到及时审

---

① 参见［德］Claus Roxin：《德国刑事诉讼法》，第 432 页。
② 参见孙元：《卷宗移送制度改革之反思》，《政法论坛》2009 年第 1 期。

判之目的。

3. 起诉审查是否与无罪推定原则相违背？起诉审查否定论者认为由于在起诉审查程序中同一个法院的法官已经对被告人作出了有罪认定，势必影响审判法官的心证，同时未经正式审判即断定被告人有罪，违背无罪推定原则。对此，必须充分考虑到起诉审查程序和审判程序所认定有罪的证据标准、效力有所不同。从法治国家的经验看，起诉审查程序中审查法官只审查起诉证据的充分性、形式合法性，并不对证据的真实性进行审查，而且适用的证据规则与审判程序亦不相同；在审查标准上，起诉审查的标准是"有足够的犯罪嫌疑"，而非"排除合理怀疑"或"事实清楚，证据确实、充分"。无罪推定原则确立的基础是保护刑事被追诉人的人权，而起诉审查程序的根本目的亦在于防止滥行起诉、保障被告人人权，因此二者具有共同的目的。德国联邦最高法院认为，无罪推定原则并不代表在法院作出有罪判决前，要强制其接受犯罪行为事实没有发生的推测，因此以判断存在犯罪嫌疑为基础的强制措施，无论是为了确保程序的进行，还是为了预防再犯罪，并非法所不许。无罪推定原则的要求并不禁止有罪判决确定前对被告犯罪的嫌疑进行认定。①

4. 起诉审查的实效性问题。对起诉审查实效性的质疑也是否定论者的主要理由。在德国，反对中间程序的学者认为，在实务上 99％的案件被裁定准予进入主审，因此主张废除中间程序。但主流观点对中间程序持赞同态度。罗科信教授认为："尽管在实务中，法院经常不假思索，直接裁定开启主审程序。但是，正好在某些特别重要的案件，也常被拒绝开启审判程序，中间程序的控制功能无疑得到了充分发挥。"② 德国学者认为，驳回起诉的比例之所以很低，正是由于中间程序对检察官的起诉决定发挥了控制作用。况且，纵使一百个案件中只有一个案件被驳回，只要这个案件具有特殊意义，且对被告具有保护作用，中间程序的价值就无法抹灭。③ 我国台湾地区 2002 年"修法"时增加了起诉审查程序，自实施后 5 个月内，

---

① 参见杨云骅：《刑事诉讼法起诉审查制度若干疑义之检讨》，《台湾本土法学》2002 年第 7 期。

② ［德］Claus Roxin：《德国刑事诉讼法》，第 432 页。

③ 参见林钰雄：《论中间程序——德国起诉审查之目的、运作及立法论》，《月旦法学》2002 年第 9 期。

各级法院共有 39 件案件通知检察官限期补充证据，其中 9 件被驳回起诉。① 这些数字也足以说明，起诉审查对于控制检察官滥行起诉的价值是不容忽视的。

在讨论起诉审查程序是否有存在的必要性时，我们还必须回答这样一个问题：如果没有起诉审查程序将会给刑事诉讼程序带来什么样的影响？日本是世界主要国家中唯一没有设立起诉审查程序的国家，也是起诉审查否定论者经常列举和效仿的立法例。那么日本预审制度废除后其效果究竟如何？在日本预审制度废除后，所有公诉案件直接进入审理程序，带来的影响有三：一是所有的程序后移。日本起诉审查的废除并非意味着不存在起诉审查所要解决的问题，而是把所有在起诉审查中需解决的问题转移到开庭后解决。根据《日本刑事诉讼法》的规定，由法院主导的准备程序只能在第一次开庭后进行。在第一次开庭后，对于欠缺起诉条件的，以裁定或判决的方式驳回起诉，或终止、中止审理。二是对抗式审理模式被摧毁。日本实行起诉状一本主义的初衷在于推进对抗制模式的实现，但由于起诉审查的缺失，需要通过起诉审查解决的问题必须在庭审中处理，造成审判不间断地中断，集中审理被诉讼中断所摧毁。日本最高法院在 20 世纪六七十年代曾多次提出旨在加速审判的改革，但收效甚微。② 三是促使公诉权滥用论的产生。公诉权滥用理论已成为普遍被接受的理论，其起源于日本。由于起诉审查制度的缺失，进而缺乏对检察官不当起诉的制约机制，在日本辩护实务中产生了滥用公诉权论，并引起关注，最后学者们创立了公诉权滥用理论。实务中，检察官滥用公诉权的，不经审理即由法院径行裁定驳回起诉或中止审理。③ 正是由于起诉审查的缺失带来的危害，日本在新近的修法中确立了审前法官制度，通过审前法官推进起诉审查和庭前准备活动。④

---

① 参见林俊益：《论检察官函请并办之起诉审查》，《月旦法学》2002 年第 9 期。

② 参见［日］松尾浩也：《日本刑事诉讼法》，第 220、322—323 页。

③ 参见［日］田口守一：《刑事诉讼法》，刘迪等译，法律出版社 2000 年版，第 116 页；朱朝亮：《从公诉权本质论公诉权滥用》，见《刑事诉讼之运作》，五南图书出版公司 1997 年版，第 290—307 页。

④ 参见顾永忠等：《日本近期刑事诉讼法的修改与刑事司法制度的改革》，《比较法研究》2005 年第 2 期。

（二）刑事起诉审查程序存在的合理性

1. 起诉审查是刑事诉讼发挥人权保障作用的重要屏障

刑事诉讼之目的实为在发现实体真实时，"维持程序之公正，藉以保障个人之自由及维护社会之安宁"①。为保障个人自由，必须防止追诉权之滥用。审判乃标志着检察官以国家之名义正式将被告人告上法庭，被告地位的确定、审判程序的公开，都对被告人名誉影响甚巨；等待审判的煎熬，羁押带来的痛苦，无疑是一种巨大的身心折磨。故国家刑罚权的行使应遵循谦抑、审慎之原则，非达到足够的犯罪嫌疑不得开启审判之大门。为此，现代法治国家都以起诉法定主义为起诉原则，以实现对检察官起诉裁量权之实质约束，非达到起诉条件不得行起诉之权，否则即为滥行起诉。为保障起诉法定主义得以贯彻，在正式审判前，需要对起诉进行司法审查。对不符合起诉条件的，裁定驳回起诉；对欠缺审判条件的，裁定不予受理；对存在阻却审判障碍的，裁定终止或中止审理。上述措施使被告能够早日从刑事诉讼程序中解脱出来，防止无必要之诉讼拖延，发挥人权保障之功效。"公诉（起诉）审查的出发点首先是为了保护被告人利益，是为纠正错误起诉、防止错误审判而设置的，属于诉讼民主化和人权保障的程序性措施。"②

2. 起诉审查是诉讼制约机制的重要体现

"任何权力都有滥用的可能。实践证明，任何把正义的希望仅寄托于执法者良好的道德修养都是靠不住的。只有借助于制度的力量和约束，人民才能对执法的结果有一个相对稳定的预期。因此，程序正义的一个突出功能就是对权力可能被滥用有较强的预防和制约作用，这一功能应当在执法实践中得到更充分的发挥。"③ 起诉审查作为诉讼制约机制，其作用体现在两个方面：首先，起诉审查体现了审判权对公诉权的制约。起诉审查制度是审判权制约公诉权的重要机制，在法治国家概莫如此，只是因法治理念不同，所依据的理论基础有所差异。在职权主义下，起诉审查制度是基于法院对案件的系属权和审理义务而产生的审查义务。经检察官的起诉而使案件系属于法院，案件因系属而产生审理义务。案件一旦系属于法院，为了实现其审理义

---

① 陈朴生：《刑事诉讼法实务》（增订版），第8页。
② 姚莉、卞建林：《公诉审查制度研究》，《政法论坛》1998年第3期。
③ 中共中央政法委员会：《社会主义法治理念教育读本》，第64页。

务，法院必须查明案件是否达到起诉条件及是否具备审判条件。在英美法系国家，起诉审查是基于司法审查理论而产生的审查权力。法院对起诉的审查，其实质是法官对作为政府职能部门的检察官是否适当行使追诉权的审查，是司法权对行政权的制约机制。其次，起诉审查的存在有效地制约了主审法官的审判权。由于起诉审查机制的过滤作用，使不符合审判标准的案件不能进入正式审判程序，这在一定程度上分割了审判权，避免主审法官在过分集权下，出现错判的可能性。凡经起诉，就可以进入正式审判，无疑增加了主审法官的审判权。可以说，起诉审查程序是对审判权的事前控制，上诉程序是对审判权的事后监督，两者都是保证审判品质不可或缺的制约机制。

3. 起诉审查是保障审判公正的重要机制

审判公正是现代刑事诉讼追求的核心价值之一。目前我国学界对审判公正的研究更多地着眼于审判者中立、证人出庭作证、直接言词、集中审理等庭审程序本身的公正，较少关注庭前程序对于保障审判公正的重要性。为保证审判公正的实现，需要一系列诉讼机制的保障。庭审程序的设置对实现审判公正固然重要，但如果没有庭前程序的保障，庭审程序即使设计得再完美，也难以达到审判公正之目的。正如一场重要的演出，为了在演出日获得成功，没有事前的精心排练，不可能达到预期的效果。庭审从某种意义上也是一场演出，审判日所有的诉讼参与人都聚集法庭，新闻媒体、旁听人员也纷纷到场。对于当事人来说，庭审活动能够使其充分表达自己的诉求；对于旁听人员来说，庭审活动能够使其感受到司法的公平、正义。庭审的功能不仅在于解决纠纷，更在于发挥司法在全社会实现公平、正义的功能，发挥审判的社会效果。试想一个不停中断的审判、一个成为公诉人独角戏的审判、一个随意撤诉的审判，如何能实现审判的法律效果和社会效果？

为了确保审判公正，如下几点必不可少：首先，信息对等性。为了实现信息对等，必须确保辩护方的证据先悉权。信息对等性，不仅是程序正义的要求，更是实体正义的要求。"如果刑事诉讼想达到公正和效率的双重目的，控辩双方之间的交换和共享信息的程序是很重要的。"[1] 为了实现实质的平

---

[1] ［英］麦高伟、杰弗里·威尔逊主编：《英国刑事司法程序》，第 201 页。

等，英美法系引入了庭前证据开示制度①，大陆法系通过庭前阅卷保证信息的对等。其次，排除非法证据对法官心证的污染。对于属于强制性排除规则所禁止的证据，严禁进入庭审程序之中，以免对法官心证形成污染。最后，阻止不符合起诉条件的案件进入法庭审理。让不符合起诉条件的案件进入审理程序，将导致庭审频繁中断，乃至以检察官撤诉收场，这样对审判公正的损害尤其严重。起诉审查程序作为保障审判公正的重要机制，其功能恰好与上述要求相契合。从法治国家的经验看，无论起诉审查类型如何，对于保障审判公正都起到不可或缺的作用。②

（三）我国刑事起诉审查程序存在的必要性

起诉审查的根本目的在于防止滥行起诉，保障被告人人权，同时兼具保障辩方证据先悉权、实现审判公正等多重价值功能。但合理性并不能解决必要性问题，那么我国建立起诉审查程序是否存在必要性？有的学者认为，我国不存在公诉权滥用的现象，没有必要设立起诉审查机制。③ 理由是：我们的检察机关是司法机关，是一群肩负客观义务的公正的检察官队伍，且独立的审查起诉程序就足以代替起诉审查程序，99％乃至100％的定罪率就足以证明我国检察机关不存在滥行起诉的现象。正是在这样的理由下，在颇具影响力的刑事诉讼法再修改专家建议稿中，建议未来我国修法时，取消起诉审查程序。④ 但可惜的是，定罪率之高，是以牺牲被告人人权，以居高不下的撤诉率、牵强的定罪率换来的。同时，起诉审查程序的虚无化，也使其应具备的多重保障性功能丧失殆尽。具体说来，我国建立起诉审查程序的必要性体现在：

---

① See Roger A. Fairfax, "Jr: grand jury discretion and constitution design", *Cornel Law Review*, May, 2008, p. 705.

② 大陆法系国家，起诉审查在保障审判公正方面的价值体现为：证据调查、保全的功能；对被告人的人身保全措施作出裁定之功能；排除不符合起诉条件案件之功能；排除非法证据之功能。英美法系国家，起诉审查在保障审判公正方面的价值体现为：证据开示的功能；促使辩诉协商的达成；排除不符合起诉条件案件之功能。参见陈卫东、韩红兴：《起诉状一本主义下的陷阱》，《河北法学》2007年第9期。

③ 参见阮丹生：《关于建立我国刑事预审制度的设想》，《法学评论》2003年第4期；吴宏耀：《我国公诉制度的定位与改革》，《法商研究》2004年第5期。

④ 代表性的观点参见陈光中主编：《中华人民共和国刑事诉讼法再修改专家建议稿与论证》，中国法制出版社2006年版，第134页。

1. 起诉审查形式化，使滥行起诉存在着现实的危险性

由于对公诉权缺乏有效的制约机制，即使存在着滥行起诉的可能，检察机关也可以通过撤诉"合法"地规避风险。① 滥行起诉不仅不需要承担任何风险，还可以为检察机关带来很多"利益"。如果作出不起诉决定，检察机关却要承担许多风险：一方面是来自公安机关的压力；另一方面将面临承担国家赔偿的风险。此外，我国检察机关对不起诉的内部制约要严于对起诉的控制，这也在一定程度上"促使"滥行起诉的发生。

滥行起诉给检察机关带来的"利益"表现为：首先，滥行起诉为检察机关"赢得"了办案期限。随着我国超期羁押问责力度的加大，变相超期羁押成为规避责任的"有效"方法。审查起诉期限届满但案件并未达到起诉条件时，为了逃避承担超期羁押的责任，对不符合起诉条件的案件先行起诉，然后再要求补充侦查，或撤回起诉。② "尤其是对于事实不清，证据不足，难以认定的案件上，（司法机关）相互推诿，造成超期羁押。"③ 其次，滥行起诉为检察机关"逃避"国家赔偿提供了可能性。对犯罪嫌疑人已经被逮捕而又证据不足的案件，如果作出不起诉决定，检察机关要承担国家赔偿的责任。在这种情况下，检察机关就可能勉强起诉，企图说服法官作出有罪判决。在"相互配合"原则的约束下，法官一般也不敢、不愿作无罪判决，最终勉强以"疑罪从轻"的潜规则作出有罪判决。检察机关即使最终不能说服法官作有罪判决，也可以"合法"地撤回起诉。

滥行起诉对被告人的危害表现为：首先，严重损害被告人的人权。在我国刑事案件高羁押率的现实下，其结果是，一方面被告人在看守所苦苦等待

---

① 对于不符合起诉条件的案件直接进入正式审判程序，在庭审过程中，检察官会作出两种选择：一是要求补充侦查；二是撤诉。第一种情况，检察官要求补充侦查，1 个月期满后，即使没有收集到有效的证据，也可以请求开庭审理，在审理过程中还可以再次要求补充侦查。补充侦查之后，没有收集到足够的证据，检察官不再起诉，法院视为撤诉，或者经第二次补充侦查后，虽仍没有达到证明要求，检察官在侥幸心理支配下再次请求开庭审理，在法院作出无罪判决之前，检察官可撤回起诉。第二种情况，检察官明知即使补充侦查也难以达到证明要求，或者发现被告人不构成犯罪，便撤回起诉。对于检察官的撤诉，根据司法解释，法院应当同意。撤诉之后如果发现新的事实或新的证据，检察机关还可以再行起诉。

② 参见岳岭：《隐性超期羁押的法律规制研究》，《河北法学》2007 年第 10 期。

③ 参见最高人民检察院监所检察厅厅长陈振东在接受记者采访时的观点。转引自张建升：《给人民群众一份满意的答卷——就清理超期羁押专项行动访高检院监所检察厅厅长陈振东》，《人民检察》2003 年第 9 期。

开释，另一方面是无休止的审判拖延，最后却以撤诉收场。本来可以通过起诉审查排除在审判之外的案件，却白白地让被告人在看守所煎熬、折磨几个月，甚至几年，严重损害被告人的人权。其次，增加了被告人被错判有罪的风险。让没有达到起诉条件的案件直接进入审判程序，增加了被告人被错判有罪的风险。因为人的认知能力具有有限性，在审判领域体现为司法裁判的局限性，将导致错误判决风险的存在，尤其在"互相配合"原则的约束下，以有罪判决率作为考评约束机制的检察官，为了实现起诉的成功，总会想方设法说服法官对证据不足的被告人勉强作出有罪判决，这又进一步加剧被告人被错判有罪的风险。没有足够的犯罪嫌疑，就没有理由让被告人承担此种风险。

"任何把正义的希望仅寄托于执法者良好的道德修养都是靠不住的。"[①]实践证明，检察机关撤诉率高已经成为普遍存在的问题。据司法统计数据显示，从2001年到2005年，全国共计有7 112余件刑事公诉案件撤回起诉，相继有10余万名被告人曾经被不合法或不合理地送上法庭接受审判而后又被撤回起诉。[②]针对撤诉普遍、不规范的现象，最高人民检察院还专门下发文件规范撤诉问题[③]，这足以证明撤诉已经成为值得关注的问题。滥行撤诉的直接原因在于，我国起诉审查的虚无化，让没有达到起诉实体要件的案件轻易进入审判程序，同时不加限制的撤诉又进一步助长了滥行起诉的发生。

2. 起诉审查的形式化，使辩护方的证据先悉权得不到有效的保障

我国起诉审查形式化，使旨在强化辩护权的改革蜕变为辩护权实现的最大障碍。1996年我国修改《刑事诉讼法》的目的之一旨在加强虚弱的律师辩护权，但2000年全国人大内司委在刑事诉讼法执法大检查中发现，辩护难却成为新法实施中的三大顽症之一。[④]无怪乎很多律师惊呼旨在强化辩护

---

① 中共中央政法委员会：《社会主义法治理念教育读本》，第64页。

② 参见郝银钟：《"撤回起诉"现象应予废止——兼谈司法解释越权无效原则》，《法制日报》2006年9月28日。

③ 2007年2月2日最高人民检察院公诉厅为规范撤诉问题，专门下发了《关于公诉案件撤回起诉若干问题的指导意见》。

④ 参见2000年12月27日《全国人大常委会执法检查组关于检查〈中华人民共和国刑事诉讼法〉实施情况的报告》，《中华人民共和国全国人民代表大会常务委员会公报》2001年第1期。

权的法律实施后，反而愈发使辩护变得艰难起来。其主要原因在于律师的证据先悉权被起诉审查的形式化实质性地剥夺了。作为传统大陆法系国家，在缺乏证据开示制度的情形下，律师先悉权主要靠起诉审查阶段的阅卷权来保障。而实践中由于起诉审查的形式化，律师在起诉审查阶段所能看到的只是有限的控诉证据复印件，而使起诉审查程序丧失了保障证据先悉权的重要功能，从而使旨在通过形式审查强化辩护权的改革，却成为辩护权实现的最大障碍。

3. 起诉审查的形式化，丧失了其对审判公正的保障作用

在起诉审查程序中排除非法证据是实现审判公正的重要保障。2010 年有关部门联合签发的《关于办理刑事案件排除非法证据若干问题的规定》中规定，对非法证据排除采用庭审排除程序。在庭审中排除非法证据使非法证据排除规则的价值遭到巨大的损害。因为非法证据排除的目的之一在于使非法证据不得轻易流入庭审之中，以免影响法官或陪审员的心证，尤其是非法口供。试想被告人已经详细供述了自己犯罪的全部过程，但由于是非法取得而需要排除，法官或陪审员能视而不见，认定被告人无罪吗？在我国实体真实主义理念的影响下，让法官或陪审员对被告人真实的有罪供述视而不见，只是一种过高的奢望。在起诉审查程序中将非法证据予以排除，使其不得流入庭审之中，才能真正地发挥非法证据排除规则的价值。这也是世界上许多国家的做法，如《俄罗斯联邦刑事诉讼法典》第 229 条规定，排除非法证据是庭前听证审查的重要内容之一。通过起诉审查排除非法证据的价值在于，"排除心证污染，促进审判日集中迅速审理"[1]。这正是 2003 年我国台湾地区由庭审排除非法证据改为庭前排除的"修法"原因之所在。[2] 由于我国起诉审查的形式化，无法发挥起诉审查对非法证据排除之功效，故不得已安排于庭审中进行，其结果造成非法证据排除程序失当，其价值的发挥也受到严重损害。

4. 起诉审查的形式化，阻碍对抗制庭审改革目标的实现

集中审理原则是对抗制庭审实现不可或缺的保障。起诉审查的虚置化，使得不具备起诉条件的起诉轻易进入审判程序，在审理中为解决证据不足问

---

① 陈运财：《违法证据排除法则之回顾与展望》，《月旦法学》2004 年第 10 期。

② 参见我国台湾地区"刑事诉讼法"第 273 条之一。

题不得不多次补充侦查，为排除非法证据不得不中断审理①，致使庭审被迫一再中断，严重阻碍对抗制审判模式的实现。

（四）域外法刑事起诉审查程序的比较

起诉审查作为现代法治国家刑事诉讼人权保障的重要机制，在各国和地区普遍存在。传统起诉审查机制发达的英国、美国及法国、德国，尽管起诉审查的理论与实践各不相同，但无一不把起诉审查作为防止公诉权滥用、保障人权、保障审判公正的重要制度。由于起诉审查作为保障审判公正的重要保障程序，日益受到重视，新近修法的俄罗斯、意大利及我国台湾地区，也都相继改革或引入起诉审查机制。

1. 起诉审查的类型

（1）起诉前的审查和起诉后的审查

根据审查阶段的不同，起诉审查可以分为起诉前的审查和起诉后的审查。起诉前的审查是指在检察官正式提起公诉前，先要经过专门机构对起诉条件的审查，只有通过起诉"门槛"的案件，才准予检察官正式向法院提起公诉；起诉后的审查是指在检察官提起公诉后，由法院先行对起诉条件进行审查，以判断是否符合法定起诉条件。对于不符合起诉条件的，裁定驳回起诉或不予受理；对于符合起诉条件的，裁定开庭审理。前者以美国为典型，后者以德国为典型。

美国的起诉审查属于正式起诉前的审查。在美国存在着独立于审判法院的预审法官、大陪审团制度。对于重罪案件检察官正式提起公诉前，一般要经过两级预审，只有通过"相当理由"的审查，检察官才得正式提起公诉。预审制度的优越性在于，有利于充分保障起诉的正当性和合法性，防止滥行起诉对被告人的侵害；有利于排除起诉审查对法官预断的影响。但该种起诉审查模式无疑会造成审查期限的延长、诉讼成本的增加。德国的起诉审查通过"中间程序"完成，属于起诉后审判法院的审查。对于公诉案件，中间程序是必经程序，检察官起诉后先要经过中间程序的审查，达到"足够犯罪嫌疑"的案件，裁定进入主审程序，否则裁定驳回起诉。该种模式的优势在于，有利于提

---

① 2010年《关于办理刑事案件排除非法证据若干问题的规定》共15条内容，其中就有3条（第8、9、10条）专门规定了四种延期审理的情形，即公诉人不能当庭举证的、法院需要庭外调查证据的、需要补充侦查的、辩护方申请证人等出庭作证的，足见法庭审理中排除非法证据对集中审理原则破坏之巨。

高审查效率，避免二次起诉造成的诉讼拖延及给检察官带来的起诉负担；劣势在于，起诉审查程序缺乏独立的程序性价值，会对法官预断产生一定影响。

（2）权利型的起诉审查和义务型的起诉审查

根据起诉审查是被告人的权利，还是法律的必经程序，可以把起诉审查分为权利型起诉审查和义务型起诉审查。在英美国家，预审是当事人的一项重要诉讼权利。[①] 大陪审团审查是当事人的一项重要宪法权利。作为权利，被告人可以通过明示放弃而使案件直接进入审判程序。在法国、德国、意大利及我国台湾地区，起诉审查是法律规定的必经程序，属于法官职权的范围。值得注意的是，在俄罗斯，对案件不开庭审查是法律的必经程序，法律同时赋予被告方申请听证审查的权利。[②] 权利型起诉审查体现了起诉审查的目的重在保护被告人人权，使其免受无根据之起诉；而义务型起诉审查体现了起诉审查乃法官管理审判之职权，旨在防止不符合起诉条件的案件进入主审程序，给审判造成障碍。

（3）简单型起诉审查和复合型起诉审查

根据起诉审查功能的多寡，将世界上主要国家的起诉审查分为简单型起诉审查和复合型起诉审查。简单型起诉审查以英美国家为典型。英美国家的起诉审查功能简单，设置的目的在于通过对起诉实体要件的审查，防止检察官滥行起诉，发挥人权保障之功能。起诉审查和庭前准备界限分明、分工明确，其不仅表现在诉讼阶段上，而且体现在程序功能上。在预审中，预审法官不进行证据的收集、调查[③]，一般也不对证据可采性作出判断。尽管预审

---

① See The Georgetown University Law Center, "Thirty-Sixth Annual Review of Criminal Procedure—Preliminary Proceedings", *Georgetown Law Journal Annual Review of Criminal Procedure*, June, 2007, p. 2.

② 根据《俄罗斯联邦刑事诉讼法典》第 299 条的规定：法院依据控辩一方的申请或依职权，在下列情形下进行庭前听证：（1）控辩双方有一方提出排除证据的申请。（2）起诉书制作有瑕疵，法院无法基于起诉书作出刑事判决或其他决定；起诉书的副本没有送达被告人；有必要对移送法院并附有适用强制医疗措施的刑事案件制作起诉书的，没有制作起诉书。存在上述情况，应裁定把案件退回检察长的。（3）存在中止或终结刑事案件根据的。（4）为解决法庭审理的特别程序问题的。（5）为解决刑事案件由陪审法庭审理问题的。

③ 在英国，根据《1980 年治安法院法》的规定，在移交刑事法院之前，治安法院要进行预审证据收集调查，而《1994 年刑事审判和公共秩序法》，废除了治安法院的预审调查职能，使预审成为真正的起诉审查程序。在美国，大陪审团拥有审查起诉的权限，而过去检察官一般都会利用大陪审团的调查取证权，获取控方证据，现在大陪审团一般不进行证据收集调查，成为真正的审查起诉机构。

具有证据先悉功能，但只是一种附随性功能，预审并不进行专门的证据开示。① 此种类型的优势在于，起诉审查中人权保障功能得到彻底发挥；劣势在于，程序效益的实现不够充分。复合型起诉审查以法国、意大利为典型。复合型起诉审查除了对起诉条件进行审查外，还具有庭前准备甚至侦查功能。在起诉审查中，一般兼具以下功能：法官依职权或依申请调查、保全证据；通知辩护人阅卷；非法证据排除；案件分流。此种类型的优势在于，程序效益的实现比较充分，有利于加速法庭审理程序的进程；劣势在于，起诉审查程序过多融入庭前准备程序的功能，混淆了起诉审查和庭前准备功能的差异，一定程度上削弱了人权保障功能的发挥。

（4）独立型起诉审查和依附型起诉审查

根据起诉审查是独立的程序还是审判程序的一部分，可以将起诉审查分为独立型起诉审查和依附型起诉审查。独立型起诉审查是指起诉审查是一个独立的诉讼程序；依附型起诉审查是指起诉审查作为庭前准备程序的一部分。独立型起诉审查典型的国家有英国、美国、德国和法国等，依附型起诉审查程序典型的国家和地区有中国、俄罗斯、我国台湾地区。独立型起诉审查程序在诉讼阶段上与审判程序界限明确，在功能上与庭前准备程序显著不同；而依附型起诉审查程序，其起诉审查属于审判程序的一部分，功能上与庭前准备程序混同。

2. 起诉审查的原则

尽管由于各国历史传统、诉讼模式有所不同，起诉审查的类型各不相同，但在起诉审查中贯彻的程序正当性原则基本一致。

（1）开庭审查原则

开庭审查原则是指起诉审查程序由法官主持，控辩双方参加，贯彻言词审查原则，检察官承担对指控犯罪事实的证明义务，辩护方有提供证据反驳的权利，双方可以进行有限的辩论。世界主要国家的起诉审查程序中，除德国外，都贯彻开庭审查的原则。英美国家的预审法庭要求公开进行，美国的大陪审团起诉审查虽不公开进行，但也要求开庭进行；有着两级起诉审查制度的法国，预审采用开庭审查的方式，但作为预审制度的发祥地，1811 年

---

① See Charles H. Whitebread, Christophere Slobogin, *Criminal Procedure: An Analysis of Cases and Concepts*, fifth edition, Foundation Press, 2008, p. 658.

预审制度建立之初则采用秘密、书面审查原则，现在的开庭审查是"长期呼吁改良的结果"[①]；意大利通过初步开庭方式进行起诉审查；俄罗斯当事人有申请听证审查权；德国中间程序虽采用书面审查，但允许律师提出书面建议。开庭审查体现了各国对起诉审查价值的重视，其有利于保障起诉审查目的的充分实现。

（2）实质审查原则

实质审查原则是指对检察官指控犯罪事实的证据的充分性进行全面审查，以判断起诉是否达到法定起诉条件。实质审查和形式审查相对应。形式审查是指只对起诉形式要件进行合法性审查，对证据的证明方法、证明能力不作任何审查。存在起诉审查的国家，除我国外[②]，全部采用实质审查原则。各国对证据充分性审查标准不一，大致可以分为"达到足够犯罪嫌疑"和"相当理由"两个层次的标准。在证明方法上各国通常采用自由证明的方法；对证据证明能力一般不作判断，但对显然违法、不属于法官权衡决定的证据，即属于强制性排除范围的证据，予以排除。实质审查是实现起诉审查目的不可或缺的手段。

（3）有限审查原则

有限审查原则是指对指控犯罪的事实和证据的审查形式、内容、规则和辩论都限定于合目的性的限度之内。起诉审查的目的和庭审的目的不同，起诉审查运用的程序原则也理应与庭审不同。有限审查原则体现在四个方面：一是开庭形式的有限性。起诉审查以听证或非正式开庭的方式进行，一般不公开。被告人被羁押的，由辩护人参加。证人、鉴定人只有在必要时才出席法庭。二是审查内容的有限性。一般只审查犯罪构成的基本事实，只要有足够的证据支持即可，对量刑情节和证据不予审查。三是证据规则适用的有限性。起诉审查不实行严格证明原则，而传闻证据规则不适用是各国的普遍做法。四是辩论的有限性。起诉审查中控辩对抗被限定在有限的范围内。例

---

①　［法］皮埃尔·尚邦：《法国诉讼制度的理论与实践》，陈春龙、王海燕译，中国检察出版社1990年版，第10页。

②　日本从严格意义上说属于未设立起诉审查的国家，起诉状一本主义使日本在庭前程序中对起诉不作任何审查，只有在第一次开庭之后，才由合议庭对欠缺起诉条件的起诉，通过法庭审理，裁定驳回起诉或判决驳回起诉。

如，《法国刑事诉讼法典》第 199 条规定，起诉审查庭的审查，辩护人只能发表简短的辩护意见；《意大利刑事诉讼法典》第 421 条第 2 款规定，初步庭审中的辩论只能作一次答复。

（4）辩护权保障原则

在起诉审查中，保障律师辩护权是各国普遍遵循的原则。美国联邦最高法院认为，预审听证是诉讼的一个重要阶段，正当程序要求被告人在预审听证时享有获得律师帮助的权利和贫困被告人获得免费律师的权利①；德国中间程序中，如有必要时，法官应为被告人指定辩护人②；意大利初步庭审中，公诉人和被告人的辩护人必须参加，如果被告人没有委托辩护人或被告人委托的辩护人没有参加，法官应为其指定临时的辩护人③；其他国家也都规定在起诉审查中，被告人或辩护人有参加审理并发表自己意见的权利。

3. 起诉审查的标准

起诉审查标准是指对指控犯罪的事实及证据的充分性进行审查的尺度，这一尺度是判断起诉是否达到法定起诉条件的"门槛"。起诉审查标准是起诉审查的重要内容，确定合理的起诉审查标准的意义在于：一是起诉审查标准为检察官提起公诉确立了最低的标准，也为法官的审查确立了客观的尺度；二是合理的起诉审查标准可以有效避免侦查的长期化、审查的审判化及审判的虚置化。为确立适当的审查标准，应探讨提起公诉的标准、起诉审查的标准和定罪的标准之间的区别。

首先，提起公诉的标准和定罪的标准相一致。提起公诉的标准是检察官侦查终结后，认为根据犯罪事实和证据，足以认定被告人构成所指控的犯罪，依法应当给予指控的处罚，属于检察官判断的标准。这一标准应该和定罪标准一致。④ 因为检察官之所以提起公诉，就是确信法院将会支持其控诉

---

① See Roger A. Fairfax, Jr, "Grand Jury Discretion and Constitution Design", *Cornel Law Review*, May, 2008, p. 758.

② 参见《德国刑事诉讼法典》（第 141 条第 1 项），李昌珂译，中国政法大学出版社 1995 年版，第 67 页。

③ 参见《意大利刑事诉讼法典》（第 421 条），黄风译，中国政法大学出版社 1994 年版，第 150 页。

④ 一般认为提起公诉的标准应低于定罪标准，但也有学者持不同的观点。参见孙长永：《提起公诉的证据标准及其司法审查比较研究》，《中国法学》2001 年第 4 期。

主张，如果检察官在提起公诉时就没有形成这个确信，只是抱着试试看的心理，那就属于滥行起诉。其次，起诉审查的标准低于定罪的标准。起诉审查的目的是防止无根据的起诉，为此只审查证据的充分性，并不审查证据的确实性，在严格程度上理应低于定罪标准，否则将混淆起诉审查和审判之间的界限。最后，起诉审查的标准应低于提起公诉的标准。因为检察官提起公诉，就其目的来说，不仅仅是通过起诉审查，更重要的是要在庭审中说服法官支持自己的主张，使被告人被判有罪并被处以所指控的刑罚，这就要接受以严格证明为原则的法庭审理。所以起诉审查只是第一关，审判是第二关，为了通过这两次考验，提起公诉的标准应高于起诉审查的标准。

提起公诉的标准要从四个方面衡量：一是指控的犯罪事实、情节清楚。二是证据确实。这里的证据既包括定罪证据，也包括量刑证据。三是证据充分。定罪、量刑事实都有充分的证据予以证明。四是证据合法。起诉审查的标准则从三个方面衡量：一是起诉书指控的犯罪事实清楚。二是证据充分。这里的证据只涉及犯罪构成的证据，不包括量刑证据。三是证据形式合法。

从域外的立法例看，《法国刑事诉讼法典》规定，起诉审查庭经审查认为，受审查人有罪证据充分，并且确认程序已经完成，已经进行的程序完全符合法律规定的手续，那么审查庭就可以作出"提出起诉裁定"[1]。《德国刑事诉讼法典》规定，提起公诉要求有"足够的事实根据"，而中间程序审查后要求有"足够的犯罪嫌疑"[2]。《英国皇家检察官守则》第5.1条规定，提起公诉时要求，"检察官必须确信对每个被告人提出的每一项指控都有足够的证据提供现实的定罪预期"，而起诉审查要求"有罪证据充分"[3]。而美国起诉审查的标准为"形式上有罪"或"相当理由"，可以解释为："就已存在之证据，作最有利于检察官解释，足以担保有罪判决成立。"[4] 我国台湾地区提起公诉的标准是"足认被告有犯罪嫌疑"，而起诉审查的标准是"显不

---

[1] ［法］卡斯东·斯特法尼等：《法国刑事诉讼法精义》，罗结珍译，中国政法大学出版社1998年版，第707页。

[2] 《德国刑事诉讼法法典》第141条第1项、第152条第2款、第203条。

[3] 《英国刑事诉讼法》，中国政法大学刑事法律研究中心编译，中国政法大学出版社2001年版，第543、161页。

[4] Lsrael, Kamisar, Lafave, *Criminal Procedure and Constitution*, *Leading Supreme Court Cases and Introductory Test*, West Publishing Co., 1991, p. 944.

足以认定被告人有罪"①。总之，可以得出，提起公诉的标准要高于起诉审查的标准，起诉审查的标准要低于定罪标准，提起公诉的标准和定罪的标准一致。起诉审查的标准应确定为："指控的犯罪事实清楚，证据充分、形式合法。"

（五）我国刑事起诉审查程序的构建

1. 构建我国起诉审查程序的类型选择

如何构建我国的起诉审查程序？对此问题，争议颇多，主要有三种观点：第一种观点是建立预审程序。该种观点借鉴英美国家的预审制度，建议设立我国独立的预审程序。关于如何构建我国的预审程序，观点则存在分歧，主要表现为：一是起诉前预审和起诉后预审之分。主张前者的学者建议，对于被告人不认罪的案件初步提出公诉时实行全案移送，经预审之后准予交付审判的，检察官正式起诉，起诉实行起诉状一本主义②；主张后者的学者建议，实行起诉状一本主义，起诉后除适用简易程序外，公诉案件都要经过预审。③ 也有的学者建议预审只适用于重罪案件。④ 二是简单型预审和复合型预审之分。主张前者的学者建议，我国预审程序的功能仅在于防止滥行起诉⑤；主张后者的学者建议，我国预审程序不仅在于防止滥行起诉，而且还应该发挥庭前准备程序的功能，甚至可以对被告人判处轻缓的刑罚。⑥ 第二种观点是建立公诉审查程序。即借鉴大陆法系国家的公诉审查制度，在我国庭前建立公诉审查程序，而公诉审查程序属于审判程序的一部分。⑦ 第三种观点是全案移送下的全面审查原则。该观点主张恢复我国 1979 年《刑事诉讼法》实行的全案移送下的全面审查原则。⑧

我国应建立何种起诉审查程序？要回答这个问题，首先应明确我国构

---

① 我国台湾地区"刑事诉讼法"第 162 条第 2 项、第 251 条、第 264 条。

② 参见陈岚、高畅：《论我国公诉方式的重构》，《法学评论》2010 年第 4 期。

③ 参见徐静村主编：《中国刑事诉讼法（第二修正案）学者拟制稿及立法理由》，第 213—221 页。

④ 参见龙宗智：《刑事诉讼庭前审查程序研究》，《法学研究》1999 年第 3 期。

⑤ 参见徐静村主编：《中国刑事诉讼法（第二修正案）学者拟制稿及立法理由》，第 206 页。

⑥ 参见闵春雷：《刑事庭前程序研究》，《中外法学》2007 年第 2 期。

⑦ 参见姚莉、卞建林：《公诉审查制度研究》，《政法论坛》1998 年第 3 期。

⑧ 代表性的观点参见：孙建勋：《公诉案件还是全案移送证据材料为宜》，《中国检察官》2009 年第 9 期；仇晓敏：《论我国刑事公诉案件移送方式的弊端与选择》，《中国刑事法杂志》2006 年第 5 期；孙远：《卷宗移送制度改革之反思》，《政法论坛》2009 年第 1 期。

建起诉审查所欲达到的目标。正如美国著名大法官卡多佐所说，"主要的问题不是法律的起源，而是法律的目标。如果根本不知道道路会导向何方，我们就不可能智慧地选择路径"①。我国起诉审查程序的构建应遵循以下原则：

首先，适合我国诉讼制度和司法体制的原则。英美起诉前的审查模式是与独特的预审法官制紧密结合的。我国目前还不具备建立起诉前审查制的法院体制基础。同时，也不能简单地恢复1979年《刑事诉讼法》全案移送下的起诉审查模式，因为该种模式的缺陷是不容忽视的。未来的起诉审查模式应属于审判程序中相对独立的阶段，属于起诉后的审查，这符合我国现行的诉讼模式和司法体制。

其次，保障审判公正的原则。为保障审查的实质性、信息的对等性，应实行全案移送审查制度；为了排除预断，除适用简易程序、被告人作认罪答辩的案件外，审查后，证据材料退还检察官，实行审查法官和审判法官的分离制；为防止心证污染，对属于法律规定的强制性非法证据排除范围的证据，在起诉审查程序中予以排除。这样既保证审判的相对公正，又避免对诉讼产生不适当的拖延。

最后，效益原则。既要保证起诉审查功能的合理发挥，又要避免审查程序过于烦琐造成的诉讼拖延、司法投入过高。简单型起诉审查对于抑制滥行起诉更有效、对预断排除更彻底，但功能过于单一，不利于起诉审查程序整体效益的发挥。而复合型起诉审查程序在发挥程序整体效益上优于简单型起诉审查程序，但过于强调法官的职权，同时把起诉审查程序作为庭审程序的一部分，混淆了起诉审查程序和庭前准备程序之间在性质上的差异，不利于预断的排除。在我国法院案件压力大、诉讼效率低的现状下，起诉审查程序的设计应以复合型为基础，但须排除复合型模式下法院主动收集、调取证据等过于职权化的功能，同时把属于庭前准备程序的功能从起诉审查程序中剥离出来。此外，为体现公正和效率的合理平衡，应实行权利型和义务型相结合的起诉审查模式，即对被告人有重大影响的事项，辩护方提出异议的，应当开庭审查；没有异议的，实行书面审查。

---

① ［美］本杰明·卡多佐：《司法过程的性质》，苏力译，商务印书馆1998年版，第63页。

2. 构建我国起诉审查程序的设想

(1) 设立刑事起诉审查庭

起诉审查庭的设置应以最高人民法院的改革为样板，在全国各级法院设立立案二庭，更名为刑事起诉审查庭。起诉审查庭的主要职能包括：对审前人身强制措施的控制；刑事自诉立案；起诉审查；管辖权异议；依申请收集、调取证据；排除非法证据；保障辩方阅卷权等审前程序性控制职能。负责起诉审查案件的法官，不得参与以后该案件的任何程序。限于本章所论及的问题，在这里仅论述起诉审查庭与起诉审查有关的职能。

(2) 起诉与辩方阅卷

检察机关提起公诉，由刑事起诉审查庭负责受理。起诉时，应将起诉状和证据、案卷材料一并移送，对于已经收集到的证据，没有移送的不得在审判时作为对被告人不利的证据予以出示。在正式审判之前，检察官所收集到的证据应随时移送。起诉审查庭在收到检察机关的起诉材料后，指派法官负责对案件起诉进行审查。审查法官应及时通知辩护方阅卷。被告人或辩护人应在 5 日之内到法院进行阅卷。

之所以建构这样一套程序，理由在于：由于我国目前起诉方式的缺陷，改革现行的起诉方式已经势在必行。如何改革有两种方案：一是起诉状一本主义；二是全案移送主义。由于保障起诉状一本主义发挥作用的配套措施在我国并不具备，同时也不符合我国诉讼模式和司法体制，且单纯的起诉状一本主义易导致起诉审查的缺失和庭前准备的简略。我国刑事诉讼在整体上仍属于职权主义，不可能单独移植当事人主义模式下的起诉方式。全案移送只要能做到有效防止预断，其优势不容忽视。此时移送的证据、案卷材料是给起诉审查庭，并不会给审判法官带来预断，且能解决律师的证据先悉权问题，为起诉审查提供了条件。那么，是否应在起诉审查程序中进行双方证据开示？[①] 我国刑事诉讼的审前程序属于超职权主义，控辩双方在取证能力上力量对比悬殊，且法律并不支持或鼓励辩护方调查取证。在证据掌握上检察机关拥有绝对的优势，为了弥补辩方的弱势，通过起诉审查阶段的阅卷，能

[①]   有的学者主张，在未来构建我国预审制度时，应通过证据开示的方式，保障控辩双方的信息对等性。参见汪建成：《冲突与平衡——刑事程序理论的新视角》，北京大学出版社 2006 年版，第 266 页；宋英辉、陈永生：《刑事案件庭前审查及准备程序研究》，《政法论坛》2002 年第 2 期。

保障辩方的证据先悉权。这比单独进行证据开示程序更有利于保护辩护权的实现，同时也不会给控方造成实质性的不利影响。

（3）书面审查

除需要听证的案件外，公诉案件由负责起诉审查的法官进行书面审查。审查内容包括两个方面：一是起诉实体要件的审查；二是起诉形式要件的审查。审查应自阅卷期满之日起 10 日内进行完毕。经审查作出如下裁定：第一，交付审判。对于指控事实清楚、证据充分的，作出交付审判的裁定。第二，驳回起诉。对于证据不充分，显不足以认定被告人构成犯罪的，裁定驳回起诉。第三，排除非法证据。对于证据明显违法，属于强制性排除范围的，裁定排除非法证据。第四，不予审理。具有下列情形之一的，裁定不予受理：一是不属于本院管辖的；二是曾被驳回起诉或撤回起诉，没有新的事实、证据，或证据没有发生实质性变化，再行起诉的；三是对于"证据不足、指控罪名不能成立"的无罪判决，再行起诉的。第五，终止或中止诉讼。对于被告人不在案的，或具有阻却审判的其他事由的，裁定中止诉讼；对于具有我国《刑事诉讼法》第 15 条第 2～5 项规定情形之一的，裁定终止诉讼。除交付审判、管辖权异议、排除非法证据裁定外，裁定作出后，必须立即释放被羁押的被告人或变更强制措施。

（4）听证审查

阅卷之后，被告人或辩护人如果提出以下异议或者负责起诉审查的法官认为有必要的，应当进行听证审查：一是对案件的管辖权有异议的；二是认为检察官起诉不符合法定起诉条件的；三是提出非法证据排除的。对于被告人提出上述异议，而没有委托辩护人的，起诉审查的法官应当为其指定临时辩护人。

听证的一般程序是：听证由起诉审查的法官主持，检察官和被告人或辩护人参加。听证实行自由证明规则，传闻证据可以使用，必要时可以传唤证人出庭作证。听证开始时，先由检察官陈述和举证，然后由被告方答辩和举证，双方答辩原则上以一次为限，最后由法官作出裁决。庭前听证自辩护方阅卷期满之日起 15 日内进行完毕。

就不同异议的听证程序分述如下：第一，对于管辖权异议的听证审查程序。听证结束后，负责审查的法官认为异议成立的，作出不予受理的裁定，将案件退回检察机关；异议不成立的，裁定驳回申请。第二，对于起诉不符合法定起诉条件异议的听证审查程序。检察官应负有证明指控存在充分的证据，足以认定被告人构成犯罪，需要追究刑事责任的义务。听证结束后，法官根据听证情况作出裁决。如果认为起诉书指控的事实清楚、证据充分，足以认定被告人构成犯罪，作出准予交付审判的裁定；如果认为指控的事实不清楚、证据不充分，显不足以认定被告人构成犯罪，裁定驳回起诉。对于裁定驳回起诉的案件，被告人被羁押的，必须立即释放。根据新的事实和证据还可以再行起诉。如果认为指控的部分罪名成立，或对部分被告人的指控事实清楚、证据充分，可以作出部分准予交付审判的裁定。第三，对非法证据排除动议的听证审查程序。对于起诉审查程序中非法证据的排除，应以法律规定的强制性排除范围为限，属于权衡排除范围的，在庭审中由审判法官裁定。对于辩护方提出的非法证据排除动议，由检察官证明证据取得的合法性，否则应予以排除。对于裁定排除的非法证据，不得在法庭审理中使用。

（5）交付审判

对于裁定准予交付审判的案件作出如下处理：第一，全案移送审判庭。对于适用简易程序、被告人作认罪答辩的案件，将起诉书和证据、案卷材料一并移送审判庭。第二，移送准予交付审判裁定书和起诉书、证据目录、证人名单。对于其他公诉案件，将案件证据和材料退回检察机关，而向审判庭移送的材料包括准予交付审判裁定书及起诉书、证据目录、证人名单。

（6）裁定不服的救济

对于驳回起诉、不予受理、排除非法证据的裁定，检察机关不服的，可以向上一级法院起诉审查庭提出上诉，其余裁定不得上诉。上一级法院起诉审查庭组成合议庭，实行不开庭审查。审查后，作出准予交付审判的裁定，或维持原裁定。上一级法院起诉审查庭的裁决为终局裁决。

对于管辖权异议、非法证据排除的裁定，辩护方不服的，可以提起上诉，此程序与检察机关的上诉程序相同。对于交付审判、驳回起诉、不予受理的裁定，辩护方不得提出异议。对于裁定不服的，上诉期限为5日。上一级法院起诉审查庭审查上诉的期限为10日。

3. 起诉审查程序的保障条件

起诉审查程序的有效运作有赖于三个保障条件：一是存在着相对独立的

审查法院或法院内部机构；二是法官独立制的完善；三是审判中心主义的确立。下面具体分析这三个条件在我国是否具有成就的可能性：

（1）相对独立的审查法院或法院内部机构

相对独立的审查法院或法院内部机构是起诉审查程序有效运作的首要条件。要排除预断，必须实行起诉审查程序与审判程序的分离，否则就会以起诉审查取代审判程序。可以说，我国目前已经初步具备此保障条件，只要对相对独立的立案庭进行改造，便可以由它承担起诉审查庭的职能。

随着我国司法改革的推进，最高人民法院"一五"发展纲要提出在全国各级法院实行审立分离，建立科学的案件审理流程管理制度，以保证审判的公正和高效。1999 年年底我国各级法院的立案庭制度全部得以设立。① 经过十余年的发展，我国各级法院的立案庭在人员编制和职能发挥上不断得到完善。2009 年最高人民法院又率先把立案庭分为立案一庭和立案二庭。立案二庭的一项主要职能在于，对不服各级人民法院的生效裁判提出的各类申诉以及再审申请进行实质审查，认为可能错误的，移交审判监督庭及有关审判庭审查处理。② 立案庭的上述功能和起诉审查庭的功能相契合，也就为起诉审查庭的设立提供了体制基础；中央在新一轮司法体制改革中提出"优化司法资源配置"，也为设立起诉审查庭提供了政策支持；目前在许多法院推行的民事案件、刑事和解案件立案前由立案庭法官主持庭前调解的试点，同样为起诉审查庭的听证审查制度提供了经验积累。

（2）法官独立制的完善

法官独立制是实现起诉审查程序相对独立的保障，是起诉审查制度有效运作的另一个保障条件。如果法官不独立，在同一个法院内部，负责起诉审查的法官和审判法官都须听命于院长对具体案件的处理决定，那么起诉审查程序与审判程序的分离将会名存实亡。同理，上、下级法院起诉审查庭的设置也就失去了意义。最高人民法院"二五"发展纲要已经明确提出，要加强法官责任制，逐步实现合议庭独立，改革审判委员会制度，废除上、下级法院之间的请示汇报制度以及在法院内部推行的审判长负责制，这些措施都将

---

① 详见最高人民法院《人民法院五年改革纲要》。

② 参见张伟刚：《专业化分工：掀起立案审判改革的"红盖头"——探访最高人民法院立案一庭、立案二庭》，《人民法院报》2010 年 1 月 11 日。

在一定程度上推动法官独立制的完善。最高人民法院公布的《关于在审判工作中防止法院内部人员干扰办案的若干规定》要求，法院领导干部和上级法院工作人员"非因履行职责"，不得向审判组织和审判人员过问正在办理的案件，不得向审判组织和审判人员批转涉案材料。① 这进一步加强了法官独立的进程。诚然，法官独立制在我国尚未真正建立起来，但这并不意味着法官独立制在我国不可能实现。

（3）审判中心主义的确立

在审判中心主义下，控辩双方主体地位平等，双方在诉讼上处于平等当事人的地位。作为当事人，任何一方审前对事实和证据的判断都不具有预决效力，都必须接受法院的审查和裁判。公诉权是实体刑罚的请求权，就本质来说属于诉权之一种。作为诉权，当没有充分的证据支持其请求时，法院以裁定的形式驳回起诉，乃诉讼的基本形态。随着1996年《刑事诉讼法》对抗制庭审模式的改革，公诉人当事人地位得到加强，审判中心主义的地位有所改善。随着社会主义法治建设的发展，符合诉讼规律要求的审判中心主义必然会得以确立。

总之，保障起诉审查程序有效运作的基本条件在我国已经初步具备，并不断得以发展和完善，随着社会主义法治进程的推进，将最终走向成熟。以不具备起诉审查程序有效运作的法治环境为由，否定我国起诉审查制度合理化改革的可行性，是法律保守主义的体现。但我们也必须清醒地认识到，保障我国起诉审查程序有效运行的法治环境并不优良，尚需加以精心培育和发展。

（六）余论

刑事起诉审查程序上承公诉程序，下续审判程序，作为在两大程序夹缝中生存之程序，其重要价值易被忽略和淡忘。然而作为衔接两大程序之"关节"，其在制约追诉权之滥用、保障审判之品质方面具有不可或缺的作用。1996年《刑事诉讼法》修改时对公诉方式改革的失当给刑事诉讼带来的窘迫和困境，已使改革刑事公诉方式成为共识。确认"需要改"之后，"如何改"成为亟待解决的问题。刑事诉讼程序作为整体，发挥着惩罚犯罪与保障

---

① 参见周斌：《最高法禁止法院人员为当事人递材料打听案情意在防止法院内部人员干扰办案》，《法制日报》2011年2月20日。

人权之功效，系统内部任何元素的变革必将影响与其他元素的耦合关系，如果变革不当，将导致系统机制紊乱，乃至造成整个系统运行的失常。公诉方式之变革必须顾及与起诉审查程序之衔接，单纯的起诉状一本主义改革并非明智的选择，必然会造成"收之东隅而失之桑榆"的局面，重蹈1996年修法之覆辙。无论诉讼模式、法治传统有着何种差异，起诉审查早就是或新近是法治国家普遍存在的诉讼机制，体现了其作为保障程序不可缺少的工具性价值。我国起诉审查程序的设计应与诉讼模式及司法制度相契合，实现诉讼效能，保障审判品质，在利益平衡的基础上，进行相对合理的架构。起诉审查程序功能的发挥离不开司法权的优化配置、法官独立制的完善、审判中心主义的确立、司法环境的净化及司法理念的更新，更离不开刑事程序整体的科学化、民主化和文明化。改革是一项伟大的系统工程，需要克服种种障碍，打破部门主义、本位主义、狭隘主义，以"攻坚克难的精神推进"。

第三章

对抗式诉讼模式研究

诉讼模式系诉讼的核心所在，在刑事诉讼的建构中具有指向作用，是刑事诉讼架构的基本标志。综观当代法治发达国家，刑事诉讼模式大致分为三类：英美法系的对抗式诉讼模式、大陆法系的审问式诉讼模式和日本的混合式诉讼模式。1996 年刑事诉讼法修改前，我国属于典型的审问式模式。1996 年我国刑事诉讼法在很多方面吸收了对抗制因素，其中对刑事审判方式所进行的改革，正是向对抗制方式的演化。2012 年我国刑事诉讼法第二次修改，在坚持第一次修改汲取的对抗制式诉讼模式因素基础上，完善了部分相关规定。研究诉讼模式是系统探究刑事诉讼诸内容及其相互关系，促进刑事诉讼科学化的需要。然而，学界在对抗式诉讼的基本法理、运行机理方面缺乏深入而具体的研究，一定程度上制约了我国刑事诉讼立法及诉讼制度的进一步完善。因而，对抗式诉讼的研究就成为刑事诉讼理论界亟须解决的重大课题。

一、对抗式诉讼模式的含义及特征

刑事诉讼中，对抗式诉讼模式以控辩双方的诉讼对抗和法官的中立听证为基本特征，又称当事人主义诉讼模式。一般来说，当事人主义大致包括三项内涵：一为当事人对等主义，指原告（检察官）和被告在诉讼中处于对等地位；二为当事人进行主义，指诉讼以当事人的主张、证据为中心，法院仅基于当事人的诉求径行裁判，以此对应欧陆国家的调查原则；三为当事人处分主义，指当事人可以自由处分诉讼中的请求，刑事诉讼中的"有罪答辩"

就是典型例证。① 对抗式诉讼模式下，刑事案件的审理过程是由代表不同利益甚或是相反利益的双方就事实或者证据进行辩论和对抗，由不偏不倚、中立公正的裁判者根据双方提出的证据和辩论，作出独立的判断。"对抗式的，或对抗（adversary），是用来指代这样的情形：两方或多方当事人之间存在利益冲突，他们承担了收集信息并在听证中提交信息的主要责任。"② 法官不参与争议并在争议当事人之间保持公正。美国学者达马斯卡教授称对抗式审判模式是"理论上处于平等地位的对立双方在有权决定争端裁决结果的法庭面前所进行的争斗"③。对抗式诉讼模式将诉讼双方视为法律地位平等的当事人，并以抗辩的方式推进诉讼。庭审的主要内容是诉讼抗辩，控方承担有罪的证明责任，辩方则辩驳防御。对案件事实的调查主要采取"交叉询问"的方式。无论从当事人地位、诉讼任务及职能，还是从审查案件事实的方式上看，对抗式诉讼模式皆注重从对抗中发现事实和妥当解决争讼。

对抗式诉讼模式的精髓体现在庭审阶段，审判前的侦查与起诉被视为对抗的准备程序，强调诉讼的效率。但自第二次世界大战以来，由于人权保障意识的强化，各国刑事诉讼立法亦重视审前程序的对抗。纵观对抗制运行的过程，我们认为，其主要表现为：

第一，裁判者的中立性。纠纷的裁判者在诉讼中处于中立、消极的地位，与案件没有利害关系，对案件也不存有偏见。裁判者在法庭上必须完整听取双方辩论，不能先入为主。在英美法系国家，中立消极的裁判者由陪审团和法官共同组成。陪审团负责案件事实的裁判，法官专理法律的适用，裁判者在法庭上不得进行积极主动的询问及调查行为，并在听取双方的辩论和意见后作出裁判。

第二，庭前不作任何实质性审查，实行起诉状一本主义。对抗式诉讼以审判为中心，而公正的审判必须在法官当庭听取控辩双方的争辩后作出。法官在庭审前不接触任何一方的证据材料，以防止法官预断和产生偏见，从而

---

① 参见［日］土本武司：《日本刑事诉讼法要义》，董璠舆、宋英辉译，五南图书出版公司1997年版，第12页。转引自陈卫东《程序正义之路》（第1卷），第16页。

② ［美］迈克尔·D·贝勒斯：《程序正义——向个人的分配》，邓海平译，高等教育出版社2005年版，第18页。

③ Jenny Wceman, *Evidence and the Adversarial Process*, Blanckwell Publishers, 1992, p.4. 转引自陈瑞华《刑事审判原理论》，北京大学出版社1997年版，第305页。

保障公正判决。对抗式诉讼模式要求检察官在起诉时只能移送一本起诉状，并且起诉状中不得含有任何能使法官产生预断的内容，由此保障诉讼以审判为中心。案件诉讼结果必须皆出自法庭的审理，法官必须重视控辩双方的意见，确保辩护权的有效实现。

第三，律师主导审判过程。律师参与诉讼是对抗式诉讼得以进行的不可或缺的重要前提，通常所说的对抗也主要是律师代表双方当事人进行对抗。律师是法律"专家"，能依据事实及法律为当事人争得实体利益，律师的参与也使案件审理易于围绕案情进行，进而提高诉讼效率。律师成为整个诉讼过程的主宰者，而不仅仅是参与者，因为法官在听取案件的过程中是被动的，法官不能或很少针对案件相关问题发问，陪审团同样不允许发表意见，审判过程实际是由双方律师主导。

第四，被追诉人被赋予一系列的诉讼权利。[①] 对抗式模式中，被追诉人拥有一系列诉讼权利，强调程序的公正性。这些权利包括无罪推定的权利、不被强迫自证其罪的权利、避免双重危险的权利、交叉询问的权利、享有独立表达自己意见的权利和自由，等等。这主要基于国家享有强大的公共资源，通过把国家的强大权力规制在特定的诉讼结构中，从而保障追诉程序的正当性。这些正当程序的规制，保证了裁判是在公开、公正的法庭上作出的，而不是在审前阶段由一个官僚的国家机构秘密作出的。

用形象的语言形容，对抗式诉讼模式在英美法系国家就是一个讲故事的过程：双方当事人彼此独立，依次向没有偏见、消极的法官或裁判者讲述他们各自的故事。有人把这一过程比作讲故事比赛，谁说得更有吸引力、更有说服力，谁就赢得这个比赛，其故事就能被接受。比赛的过程是由技术规则引导的，相应的系列诉讼程序及规则即成为对抗式诉讼模式的重要特征之一。

当然，在实施对抗式诉讼模式的典型国家，如英、美两国，除具有对抗式的一些共同特征之外，由于两国法律价值观及律师制度等方面的不同，因而对抗式诉讼模式也存在一些差异。

---

① See Richard Vogler, *A World View of Criminal Justice*, Printed and Bound in Great Britain by MPG Books Ltd, Bodmin, Cornwall, 2005, p. 129.

二、对抗式诉讼模式在当代的新发展

对抗式诉讼模式产生于英国，历经 12 世纪到 19 世纪长期司法经验的积累，并伴随着诸多相关制度的不断发展完善，其对英美法系其他国家产生了广泛而深远的影响。美国作为英国曾经的殖民地，其诉讼制度与模式受到英国的直接影响。美国继承并发展了对抗式诉讼模式，使得它得到了前所未有的发展，形成了以法官消极听证、控审分离、控辩平等、被追诉人拥有一系列诉讼权利为基础的当代对抗式诉讼模式，权利保障也逐步由形式走向实质。进而，美国成为当代对抗式诉讼模式的典型国家。

第二次世界大战后，随着人权保障理念的深入人心，刑事诉讼中的程序公正得到前所未有的关注，对抗式诉讼模式的合理因素已越来越被大多数国家所吸收、采纳，成为刑事诉讼发展的国际趋势之一。这可以从近些年几个主要国家与地区的立法变动与刑事诉讼的司法实践中看出来。

第二次世界大战后，日本对刑事诉讼进行了大规模的改造，在原有的职权主义诉讼格局中，吸收、引进了当事人主义的许多诉讼制度和原则，形成了颇具特色的混合型诉讼制度。当然，目前其实践中仍存在许多问题，并在进一步改革之中。就刑事司法制度而言，具体包括如下改革内容：为实现刑事审判的充实及迅速化，修改刑事诉讼法；扩充国选律师制度；引进裁判员制度；强化检察审查会的权限。①

俄罗斯于 2001 年 11 月 12 日通过了新的《俄罗斯联邦刑事诉讼法典》，并于 2002 年 7 月 1 日生效，其间又于 2002 年 5 月和 7 月分别通过两个法律对新法典进行了部分修正。俄罗斯新刑事诉讼法引进了对抗制，确立了双方当事人平等对抗而法官只是中立裁判者的新概念，并确立了对抗式诉讼模式。该法第 15 条规定：（1）刑事诉讼应当在当事人对抗的基础上进行。（2）刑事案件的控、辩、审三项职能应当彼此分立，同一机构或官员不得同时承担多项诉讼职能。（3）法院不应成为刑事指控机构，不应偏向于控方或者辩方。法院应当为当事人履行其诉讼义务和行使诉讼权利提供条件。（4）控辩双方在法庭面前应当平等。该条是对宪法中有关对抗原则的落实和细化。②

---

① 参见刘计划：《中国控辩式庭审方式研究》，中国方正出版社 2005 年版，第 15 页。

② 参见郭志媛：《对抗与合作：我国刑事诉讼改革的模式定位》，《中国司法》2006 年第 6 期。

（5）确立对强制措施的司法审查机制，强调对公民自由与财产的剥夺和限制应由一名中立的法官作出的理念。与此同时，确立司法审查原则，对于羁押、住宅勘验检查、搜查等强制侦查行为，必须经由法官决定方可进行。

意大利在 1988 年刑事诉讼法典中吸收了部分对抗制因素，弱化了法官对庭审的主导权，限制法官审前接触案卷的范围，强调控辩双方对证据调查的积极作用。这种改革方式与我国 1996 年进行的庭审方式的改革如出一辙。该法一出台就引起世界的广泛关注，因为这部法典对意大利传统的职权主义刑事诉讼模式进行了根本性的改造，引进和移植了英美法系的对抗制刑事诉讼模式，从而使该国的刑事诉讼制度逐渐由原来的职权主义模式转向对抗式诉讼模式。具体说来，意大利的改革主要体现在如下两个方面：第一，贯彻抗辩原则，强调审判程序的中心地位。首先是转移庭审主导权。抗辩原则要求证据的提出由控辩双方负责，这就要求改革意大利原有的法官主导证据调查的模式。其次是着力于重构审前程序与审判程序的关系，确立审判程序的中心地位。第二，引入辩诉交易制度。

此外，意大利在前述改革的基础上，推出进一步的改革措施。随着宪法修正案对正当程序原则与抗辩原则的正式确认，以人权保障与提高诉讼效率为目标，意大利刑事诉讼法开始了新一轮的修改。比较重要的法律修改集中在提高诉讼效率与辩方调查权两个方面。尤其是 2000 年对于辩方调查权的改革，进一步打破了控方在证据形成上的垄断，扩大了律师在证据收集方面的作用，增加了辩方的对抗能力，使得意大利刑事诉讼的对抗式色彩更为浓厚。①

法国是大陆法系的主要代表国家之一，其刑事诉讼中保留的职权主义传统较为明显。但自进入 21 世纪以来的几年间，法国刑事诉讼法进行了几次重大修改，改革的内容涉及刑事司法制度以及权利保护等方面，其中对当事人主义的借鉴以及人权保障的强化等方面的改革颇值得关注。特别是 2000 年 6 月 15 日修改后的法典增加了序言性条款，列举规定了一些诉讼基本原则。这些原则主要包括：程序公正、对质和平衡；控审分离；法律面前人人平等；无罪推定；保障辩护权；司法保障；强制措施的必要性以及与犯罪严

---

① 关于意大利刑事诉讼改革的新近发展，参见陈卫东、刘计划、程雷：《变动不居的意大利刑事司法制度》，《人民检察》2004 年第 12 期。

重程度相当；保护人的尊严；程序便捷；保障被害人知情等。此外，在具体的改革措施上，进一步完善了审前程序，特别增强了审前程序中被追诉人权益的保障，体现在加强了对拘留的法律控制，将律师介入侦查程序的时段提前，明确了侦查期限，增强了检察官对侦查的控制能力，弱化了预审的强职权化和集权化色彩；尤其值得一提的是，新近的措施改革了作为职权主义重要特征之一的预审法官制度，创立了与之并列的自由与羁押法官制度，推行审前程序中的分权机制。此外，法国新近的改革推出了加强预审阶段当事人权利、增强审前程序中辩论的公开性等措施，进一步吸收了对抗式诉讼的因素。[1]

此外，我国台湾地区自 20 世纪 90 年代以来对"刑事诉讼法"进行了多次修改，"刑事诉讼法"出现了较大程度的更新。就台湾地区"刑事诉讼法"近些年的重大发展而言，有台湾学者认为下述三个方面的改革最为显著：一是扬弃根深蒂固的审判制度。将审判制度由"职权主义"转为"当事人进行主义"。二是强化人权保障。确认人权保障为刑事诉讼的重要价值，虽不能说胜于发现真实，但至少与发现真实同等重要。三是削夺既有权力机关庞大的权力。[2] 通过审视台湾地区的具体改革措施以及对其实施效果的观察，可以看出，近些年"刑事诉讼法"的重大改革已经使得刑事审判实现了由职权主义向当事人主义的重大转变。

上述国家和地区刑事诉讼的新发展，充分反映了刑事诉讼全球化趋势的要求，凸显出发展的共同趋势。其内容的变化，突出反映了对抗式诉讼模式的要求和特征，适应了新形势下保障人权的时代要求。诉讼结构更为科学合理，更加符合诉讼的特点和规律，日益显示出对抗式诉讼模式旺盛的生命力。

三、对抗式诉讼模式的比较优势

通过上文可以看出，对抗式诉讼为众多国家、地区刑事诉讼法改革所采

---

① 关于法国刑事诉讼改革的新近发展，参看陈卫东、刘计划、程雷：《法国刑事诉讼法改革的新进展》，《人民检察》2004 年第 10 期。

② 参见王兆鹏：《台湾"刑事诉讼法"的重大变革》，《两岸四地法律发展学术研讨会论文集》（2006 年）。

纳，成为当今世界刑事诉讼法改革的潮流。那么，为什么对抗式诉讼模式受到如此广泛的青睐？其具有哪些比较优势？

第一，对抗式诉讼模式奉行程序法治原则。其运行模式完全置于程序规则之下，充分体现了程序法治原则。在对抗式诉讼模式中，强调诉讼的进行尤其是权力的行使应严格依照法定程序进行，并明确规定违反程序的法律后果。例如，我们耳熟能详的米兰达警告、交叉询问规则、证据可采性规则、非法证据排除规则，等等。以非法证据排除规则为例，在实行典型对抗式诉讼模式的美国，最初实行比较严格的非法证据排除规则，非法搜查和扣押所获得的证据必须自动予以排除，排除的范围也不断扩大，最终产生了"毒树之果"规则。虽然近年来美国联邦最高法院为非法证据排除规则创制了一些例外，但就其范围和力度而言，仍远比职权主义诉讼模式广泛和强大。

第二，对抗式诉讼模式尊重当事人利益，平衡各方利益。对抗式诉讼模式使国家利益、民众利益和个人权利得到平衡，当事人的主体地位得到尊重。在对抗式诉讼模式中，当事人尤其是被追诉人的诉讼主体地位得以彰显，参与诉讼的程度亦更加充分，审判公正和个人权利得到较好的保障。被追诉人享有较多的诉讼权利，形成与侦控机关的平等抗衡，从而积极参与诉讼以影响诉讼结果。同时，被追诉人可通过中立第三者即裁判方对控方的追诉行为进行审查，以保护自己的权利。被追诉人在诉讼中的自由和权利得以有力保障，而且各方利益也得以适当兼顾。

第三，对抗式诉讼模式公开、透明。在对抗式诉讼模式中，对有关案件事实、程序及证据问题的疑问都是在公开的法庭上解决。通过控辩双方的辩论和质证活动予以澄清，争议的解决以人们看得见的方式进行，裁判的结论也是当事人可以预期的，由此，使得当事人失去了腐蚀国家司法人员的机会。对抗式诉讼模式不仅可通过程序防止官员腐败行为的发生从而增强司法的自主性，并且可以防止因为权力的亲和性而使审判者偏向控诉方。有利于树立裁判者的中立形象，使判决的结果更加令人信服，增强法律的权威。

第四，对抗式诉讼模式为律师提供了广阔的空间。律师在对抗式诉讼模式中享有充分的辩护自由度，在诉讼中能发挥更大的作用。这与对抗式诉讼模式所崇尚的公平竞争理念密不可分。在对抗式诉讼中，法庭审判以控辩双方的举证、问证、辩证等质证活动为主线，法官处于消极被动的地位，原则上无权主动参与案件的调查与辩论，从而使包括律师辩护活动在内的控辩双方的活动异常突出和活跃。与此同时，对抗式诉讼模式强调交叉询问、反询问的辩护方式，而"反询问是为查明事实真相而创立的最大的法律装置。有时辩护方只需通过对控方证人的反询问，抓住控方证人证言中的漏洞，便会取得胜诉"①。再者，在对抗式诉讼中，律师辩护的主动性大大增强，律师积极而不是消极、主动而不是被动地去辩护，并极力提高自己的辩护技巧，注重经验的积累和运用，这都无疑会使律师在更大的自由氛围中极尽所能，扩大辩护的空间和效果。

第五，对抗式诉讼模式易于发现真相。案件事实认定的基础是诉讼证据，而对抗式诉讼模式注重两造平等的对抗过程，有利于调动当事人举证和调查证据的积极性。作为认定案件事实根据的证据完全由控辩双方收集和提供，其内在动因在于诉讼中控辩双方与案件的实体判决之间具有重大利害关系。由此，二者有足够的动力和压力去收集尽可能多的与案件事实相关的证据。为维护己方利益，控辩双方对于犯罪是否成立都十分关心，在举证和调查证据上都力求使之对本方有利。裁判者的职责仅在于居中对控辩双方提出的证据进行审查、判断并作出取舍，法官不主动干涉当事人调查证据的活动，从而使其中立性更具有保障，避免因过于主动而在调查中逐渐偏向某一方，损害审判的公正性。加之诉讼证据规则的运作、控辩双方对同一证据的交叉询问等，都有助于对证据进行全面、深入的考察，从而更易于发现案件事实。

当然，对抗制并非十全十美，其也存在缺陷。例如，在发现真实方面，要求控辩双方的证据得到对等的揭示，而这种对等揭示应建立在控辩双方收集证据的能力平衡的基础上。也就是说，如何解决控辩双方天然的不平衡及律师刑事辩护制度的内在缺陷，就是一个难以克服的问题。另外，对抗式诉讼可能因为强调程序正义而在非法证据排除规则的应用中排除大量与审判有关的证据，从而影响案件事实的查明。同时对抗式诉讼模式也存在被告人主动认罪、辩诉交易等导致不公正压力产生及过分强调个人权利的现象，使有罪之人逃脱法网。

---

① 转引自陈卫东主编：《刑事诉讼法资料汇编》，法律出版社 2005 年版，第 107 页。

尽管对抗式诉讼模式有其缺陷，但完全可以通过建立和完善相关制度予以弥补。针对对抗式诉讼可能拖延诉讼而对司法公正带来挑战的问题，一些西方学者在 20 世纪后期已有主张，正如 *Wilson and Grimwade* 一书中所言，只能通过立法针对对抗式诉讼模式进行两方面的改革来解决，即加强法官对刑事诉讼的控制和重新审视法庭上的沉默权。[①] 而英国也进行了相应的改革，即赋予刑事法院的法官在特殊案件中排除陪审团参与审理的裁量权。[②]

四、对抗式诉讼模式的理论基础

通过上文可以看出，对抗式诉讼模式相对于其他诉讼模式更符合刑事诉讼文明、民主的趋势，显示出强大的生命力。那么，对抗式诉讼模式的理论基础是什么？即哪些深层理论背景决定对抗式诉讼模式具有上述比较优势呢？通过研读中外学者的研究成果，可以看出，对抗式诉讼模式的理论基础呈现出多元化、开放性的特点。

（一）真实发现理论

在英美法律制度下，对抗式诉讼模式通常被认为容易也最可能发现案件真实。真实发现理论是英美学者们非常看重的理论依据，"对抗式的支持者认为，在这种诉讼制度下更有可能发现案件真实"[③]。在对抗式模式中，认定案件事实的证据完全由控辩双方收集和提供，裁判方仅对双方提出的证据进行审查、判断和取舍。由于诉讼中控辩双方与案件的实体判决结果有着重大的利益关系，因而他们会积极获取与案件事实相关的证据，并往往在法庭上对意见不一致的证据据理力争，使得裁判者得以全面了解案件事实，从而冷静思考，有利于对案件事实作出客观认定。"一名法官要想做到公正，他最好让争诉双方保持平衡而不要介入争论……假如一名法官亲自检验证人的证词，那就是说，他自甘介入争论，从而有可能被甚嚣尘上的争吵遮住明断

---

① Martin，B，"The Adversarial Model in the Criminal Justice System：What Change is Happening？"，*Heads of Prosecuting Agencies in the Commonwealth Conference*，Wellington，New Zealand.

② 例如，根据 2003 年《英国刑事司法法》第 43 条的规定，控方可以申请在严重或复杂的欺诈案件中，在没有陪审团参加下进行审理。如果法庭认为该案审理时间过长或相当复杂，那么法庭可以裁量该案不由陪审团审理。

③ ［美］爱伦·豪切斯泰勒·斯黛丽、南希·弗兰克：《美国刑事法院诉讼程序》，陈卫东、徐美君译，中国人民大学出版社 2002 年，第 85 页。

的视线。"① 对抗式诉讼特别关注法庭上的质证，质证是对抗的双方针对相对方所举证据进行质疑和质问的活动，其带有明显的对抗性质。质证的主要方式是交叉询问，即对抗的一方对另一方的盘诘性询问，盘诘性询问具有攻击、反驳的性质，若是支持性或进一步说明性的询问，则不属于盘诘性询问。交叉询问被认为是庭审中有利于发现真实的最佳途径。

当然，真实发现理论也受到很多人的挑战，他们认为两个不同利益者进行对抗，以说故事的方式进行各自的解释，不但无助于发现真实，相反会阻碍发现真实。因为双方的动机都是为了赢得比赛，很多人会不择手段，去隐瞒或者歪曲事实真相。而在双方极力隐瞒、歪曲事实的过程中怎么可能去发现真实？例如，美国学者弗朗克在 20 世纪 40 年代就对该模式发现真实的能力提出反对意见，认为对抗制中的各种游戏规则，包括证人制度和交叉询问制度，不但没有促成对真相的挖掘，反而扰乱了法官和陪审员的视线，甚至误导了他们，并对这种庭审方式进行了形象的比喻："就好比是医生正在做临床手术，而我们却朝他的眼睛里扔胡椒面儿。"②

（二）公平理论

传统观点认为，诉讼的任务是发现案件的"客观真实"，"也就是说，在刑事诉讼中，应该确定犯罪事实是否发生，是否被告人所为，以及是否存在某种从重、加重、从轻、减轻或免除刑事责任的情节等……司法机关所确定的这些事实，必须与客观上实际发生的事实完全符合、确实无疑"③。而从认识论的角度看，人的认知能力是有限的，具体认识只能是对客观对象一定程度的认知。对案件事实的认识，显然属于具体认识的范畴，是对案件事实拘于一定时限的认识，而完全再现已发生的过去的案件事实是不现实的，也是无法考量的。对案件事实的认识，应将认识论与司法实践中的实际操作结合起来，既不能夸大司法人员的认识能力和实际能力，也不能消极应付案件事实，而是应尽可能接近案件的客观真实。在刑事司法证明中，并不要求也不必要穷尽与案件相关的所有事实，只要求就裁判需要的事实予以查明。裁判

① ［英］丹宁勋爵：《法律的正当程序》，李克强等译，法律出版社 1999 年版，第 65 页。

② 宋冰编：《读本：美国与德国的司法制度及司法程序》，中国政法大学出版社 1998 年版，第 11 页。

③ 巫宇甦主编：《证据学》，群众出版社 1983 年版，第 78 页。

前，这些事实是模糊的，对这部分事实如何去发现，需要通过公平的方法和程序去确定。而最好的方法就是设计好解决争端的程序，而且这个程序的底线要求是必须对双方公平。对抗制就是符合这个条件的最好程序，它可以解决公平问题，让双方有足够的时间、资源和足够平等的地位，帮助法官发现真实，即使不能完全发现案件事实（事实上也不需要），至少发现事实的机会也是公平的，能公平地使争讼双方积极参与对抗，最大限度地实现诉讼正义，提高裁判的公信力。

（三）权利保障理论

权利保障制度与西方政治制度关系密切。西方政治制度建立在深刻的政治学基础之上。人们对国家权力持有很深刻的怀疑，因为国家在对个人进行干预时，可能牵涉的是对个人自由甚至生命予以剥夺的问题，特别在刑事诉讼的过程中更是如此。在对个人进行刑事追究的过程中，最重要的是保障其不受不公正的待遇，但这并不意味放弃追究。如果一个人的行为对社会、他人造成了损害，构成犯罪，当然要追究，但追究的过程应当公正。在英美法国家，甚至包括法、德等一些大陆法国家，有一种观念，即个人相对国家来说比较渺小，处在弱势地位，这就需要设立一个制度，在国家运用公权力干预个人生活时，尤其是在刑事诉讼这一最激烈的冲突结合点上，必须考虑怎样保护个人的合法诉讼权益不因强大的国家权力而遭受侵害。基于此，如果对抗制不能帮助发现真实，也不能提供公平的机会，那么在强大的国家权力介入的情况下，就不可能有公平，因此需尽可能去保证个人不受不公正的待遇，个人的权利不受侵犯。"法庭的构建也是完成一个附加的政治目的：保证控方的权力不是一般形式的行使，这样，被告人的审判权利保护所有的公民免受政府权力和资源的可能滥用。"① 而程序正义要求裁判者是无偏私的，这几乎得到世界普遍的承认。获得一个无偏私的法庭的权利，不仅得到相关国际条约，如《公民权利和政治权利国际公约》、《美洲国际公约》、《人权和基本自由保障公约》等的认可，也得到一些国家宪法及法律的承认。

对抗式诉讼模式则最大限度地提供了对个人的保护。首先，对抗式诉讼模式实行庭前证据开示制度，能够保证被告人一方了解被指控事实的所有证

---

① Gary Goodpaster，"On The Theory of American Adversary Criminal Trial"，*The Journal of Criminal Law and Criminology*，vol. 78，No. 1，1987，p. 134.

据，并借此做好充分的庭审准备工作。庭前准备工作的充分与否直接决定庭审效率的高低，因为效率也是正义的应有之义。其次，对抗式诉讼模式的一系列精细规则原则性地为法官提供了自由心证的判断标准，同时为当事人进行对抗、辩论指引了攻防的方向。再次，法官的中立性和消极性为其必须充分考虑控辩双方的意见提供了保证，加之交叉询问规则的运用，使证据的采用、事实的认定成为控辩双方诉讼行为的结果，从而避免了法官的恣意，有利于当事人权利的保护。对抗式诉讼模式的法治理念以"有权利就有救济"及"三权分立制衡原理"为基础，而其刑事诉讼观建立在个人权利保障与社会对犯罪的控制并重的价值观上。"我们不仅需要规范与秩序，更需要正义"[1]，此为民主国家之真谛，其中"秩序"与"正义"孰轻孰重，更是民主体制与专制体制之分野。[2] 英美法系国家坚持程序正义，关注基本人权，而这也被认为是取得与公共秩序价值衡平的唯一方法。正是在正当法律程序的价值理念下，为了强调权利保障，英美法系国家构建了对抗式诉讼模式，强调控辩双方的对等及审判者的中立，重视当事人在刑事诉讼中的作用，以程序制约权力，防止国家权力的擅断，充分保障公民的权利。

（四）公信力理论

刑事诉讼中实行对抗式诉讼模式除为了对国家与个人的冲突作出处理、解决双方的纠纷之外，另一个重要的功能是它的社会角色作用，即通过对抗式诉讼，为产生可接受的结论而设计一些实际的法律规则，从而昭示人们的行为规范、价值取向、守法态度，并增强裁判的公信力。通过对抗式诉讼所形成的裁判，如果被公众所接受，被认为是对该犯罪行为的正确处理、是可信的，那么就意味着为公众设计了一个行为规范。因此，诉讼模式的设计必须使公众认为其结果是可接受的、可信的。而公众之所以信任结果是因为他们更愿意接受定罪科刑的确定性，而不愿意冒控告无辜人的风险。为此，对抗式诉讼被设计为一个非常艰难的"考试"，有诸多制度的制约。如陪审团制度、超出合理怀疑的证明标准、复杂精细的证据规则等。对它的限制越多则越难以通过这个"考试"，一旦通过，其结果的正确性就越是令人信服，从而引导人们的行为。

---

① 转引自陈卫东：《程序正义之路》（第1卷），第116页。

② 参见黄东熊：《论当事人主义》，见黄东熊《刑事诉讼法论》，第175页。

不难看出，对抗式诉讼模式的理论基础是不断发展变化的，有的甚至是在否定前者的基础上提出来的，但又相互渗透、相互依赖。从不同的视角基于不同的目的，得出的结论就可能不尽相同。但无论如何，这些理论基础对对抗式诉讼模式都起到了不同的诠释作用，因而都是非常重要的。

五、中国应坚持对抗式诉讼模式改革

在我国，由于对抗制不具有实质性，庭审的虚置化倾向明显。对抗制庭审方式的进一步落实与实现即成为继续完善我国刑事诉讼法的焦点之一。

通过上文的论述可以看出，对抗式诉讼相对于其他诉讼模式来说，具有巨大的比较优势。并且，从其建立的理论基础来看，对抗式诉讼模式更符合当下刑事诉讼理论的新发展。

第一，实行对抗式诉讼是由我国刑事诉讼现状决定的。

在审问式诉讼模式的影响下，我国似乎培养了最优秀的警察、最优秀的预审员，形成了最为有效的挖掘案件真相的"能力"，而辩方的抗辩能力却不同程度地被忽视了，隐藏着沦为诉讼客体的极大风险。更令人担忧的是，刑讯逼供与审问式诉讼模式的伴生问题。近几年，中国刑事司法程序不断受到错案的拷问。如果我们将发现真相的重心从获得被告人的口供上转移到法庭的审判中，具体落实到法庭审判的公开对抗上，那么刑讯逼供在很大程度上是可以被遏制的，同时我们还得到了更加公正、公平的诉讼程序，更加呵护被追诉人权益的诉讼程序。而加强对抗式诉讼模式改革也是进一步深化改革的需要。"开弓没有回头箭"，1996 年、2012 年两次刑事诉讼法修改，已汲取了相当的对抗式因素，"强化了控审双方的举证和辩论，形成控审分离、控辩对抗、法官居中裁判的审判格局，增强了刑事审判程序的对抗性和公正性；避免法官预断，防止'先定后审'，强化庭审功能；强化辩护职能、庭审辩护方的防御能力"[①]。上述改革措施使我国的借鉴有了一定的基础：司法人员通过近些年的理论学习及司法实践，不仅逐步形成了重视程序、程序公正、人权保障、限制权力等对抗式诉讼模式的司法理念，也自然地养成了对抗式诉讼模式的一些行为模式；法官逐步由积极探求事实真相的角色转变

---

① 陈光中主编：《刑事一审程序与人权保障》，中国政法大学出版社 2006 年版，第 7 页。

为消极的被动听审者角色；司法资格考试制度的实行，使法官、检察官等司法人员的业务素质有明显提高，律师人员的数量大幅度增长；控辩双方平等对抗的格局逐步形成；而随着全球一体化进程，社会民众不断接受先进的法律理念，为对抗式诉讼模式的运转形成了良好的司法环境；等等。这些都是实行对抗式诉讼模式的有利条件。我国的刑事司法改革已进入"瓶颈"阶段，改革必须前行，但任重而道远。从我国的诉讼实际看，更需要对抗式诉讼模式的规范，并使制度得以贯彻和落实，加强正当程序保护人权的力度。因为现实表明，我国的刑事诉讼模式是"审问式模式的因素有余，而对抗式模式的因素不足"。

第二，实行对抗式诉讼是诉讼基本规律使然。

对抗式诉讼模式反映了诉讼的基本规律，是坚持改革的另一个重要理由。从认识论角度看，尊重事物发展规律，方能更好地发挥该事物的作用和功能。诉讼是为解决社会主体刑事实体利益冲突的，而控辩对抗是社会主体刑事实体利益冲突在诉讼上的延伸。尽管现代社会拟制当事人广泛介入诉讼，增强了诉讼的理性，减弱了控辩双方的"切肤之恨"，但控辩对抗的天然基础不曾动摇。对抗是诉讼的内在根据，没有争斗就没有诉讼。这里，"对抗"或"争斗"具有利益争执和程序对垒的双重意义……诉讼中控辩双方的关系始终以实体利益冲突为内核，以程序性对抗为表征；两者互相依存，缺一不可……实体利益冲突的存在始终是程序性对抗产生和存在的基础和前提。但在实体利益进入诉讼程序后，程序性对抗的规则、强度和处理方式对实体利益冲突的解决就具有了决定性意义。[①] 实体利益的冲突性，决定了诉讼程序的进行必然是在双方对抗的机制中进行，尊重双方的不同利益，给予双方充分展示矛盾、观点、证据、意见、事实的机会，裁判者兼听双方的意见后，作出裁判，这被认为是公正的。换句话说，实体利益冲突处理结果的公正也有赖于程序中控辩双方的对抗。顺应诉讼规律的模式，能够通畅诉讼，彰显正义和效率。否则，会阻碍诉讼，并易产生不公正的结果。上述国家的刑事诉讼改革也从另一个角度印证了刑事诉讼模式符合诉讼规律的必要性。

---

① 参见梁玉霞：《论刑事诉讼方式的正当性》，中国法制出版社 2002 年版，第 92—93 页。

第三，实行对抗式诉讼是国际刑事诉讼的发展趋势。

通过前文对对抗制诉讼模式在当代的新发展的介绍可以看出，从国际范围看，对抗制是刑事诉讼模式发展的趋势，各国的刑事诉讼法越来越倾向于体现人权保障及正当程序的理念，注重落实《欧洲人权公约》、《罗马规约》及《公民权利和政治权利国际公约》等国际性规则的要求。对抗式诉讼模式正契合了上述公约的要求，因而各国刑事诉讼模式也逐步显示出对抗式的特征。英美法系国家在原有的对抗式模式的基础上，更加完善。而大陆法系国家"总体来看，控辩式已经成为大陆法系国家庭审改革的方向和趋势。这一切源于国际性、区域性人权公约与刑事司法准则关于正当程序与公正审判以及保护被告人诉讼权利的普遍要求"①。尤其值得注意的是，各国进行刑事诉讼法修改，无一不是从职权制转向对抗制，这应当被看作经验性的证据。这一趋势和变化，反映出对抗式诉讼模式符合诉讼基本规律的要求，符合现代社会刑事诉讼目的的要求，符合刑事诉讼全球范围内民主、文明的要求；反映了在司法正义的感召下，司法技术规范可以跨越国别，脱离不同的价值理念和法律传统的牵制，从而具有普适性。

六、中国对抗式诉讼模式的改革路径

我国 1979 年刑事诉讼法确立了超职权主义诉讼模式，庭前审查采取实体性审查；法官主导法庭审判。在过去相当长的一段时间里，对抗制对于我国的实务部门和学术界而言，都是十分陌生的问题，即使在 1996 年刑事诉讼法第一次修改之时，人们对对抗制的了解依然十分有限，当时理论界与实务界对对抗制缺乏明确、深入的了解与认识，有关对抗制度的翻译资料及国内学者的研究都较少。在这种状况下，1996 年刑事诉讼法修改，通过废除卷宗移送制度，增强庭审控辩对抗，强调减少法官审前预断与居中裁判，大幅度地引入了对抗制因素，对我国过去一直坚持的职权主义诉讼模式进行了修正。2012 年刑事诉讼法的再次修改，在第一次修改的基础上，进一步吸纳了数年来对抗式诉讼模式在我国立法及司法实践中的一些合理因素。如，明确规定严禁刑讯逼供和以威胁、引诱、欺骗以及其他非法方法收集证据；

---

① 刘计划：《中国控辩式庭审方式研究》，第 21 页。

不得强迫任何人证实自己有罪；扩大了法律援助的范围；明确了证人及鉴定人出庭作证的案件范围，加强了对证人的保护；等等。另外，恢复卷宗移送，要求人民检察院对提起公诉的案件，应将案卷材料、证据移送人民法院。这些规定在保障人权、加强庭审质证、增强庭审对抗性等方面皆会有重要的促进作用。但毋庸置疑，我国现行刑事诉讼法在影响诉讼模式的控、辩、审三大职能的制度设计及实践方面，仍存在不适应对抗式诉讼模式要求的因素，缺乏真正的对抗，有虚置化倾向。我们认为，从我国的现状出发，对症下药，亟须在以下几方面作出调整：

（一）强化控辩平衡，增强公平对抗的基本条件

首先，在控诉方面，检察机关的诉讼地位不符合对抗式诉讼模式的建构及运行要求。我国宪法及刑事诉讼法把检察机关的诉讼地位确定为法律监督者，对刑事诉讼中的审判方和处于对方当事人地位的辩护方享有法律监督的权利；并把"分工负责、互相配合、互相制约"作为刑事诉讼中调整公、检、法三机关基本关系的原则。这无论在理论上还是实践中，都与对抗式诉讼模式的要求不符。法律监督者的诉讼地位使公诉人往往超越于辩方甚至审判方。在执行基本原则过程中，又常常仅注重"互相配合"，这些现象必然造成审判者不中立、法官控审职能不分的超职权主义庭审方式的弊端。审判中立、控辩双方诉讼地位平等，形成科学对抗，是控辩式诉讼模式的内在要求，控辩双方必须是地位平等的诉讼参与者。检察机关作为控诉职能的承担者，追诉犯罪是其天职。从心理学的角度来看，其追诉的心理倾向是不可能在其承担监督职能时予以消失的。当然检察机关的追诉应具有客观公正性，而即使是追诉的客观公正性也不能消除其追诉的本能要求。为适应其本能要求，并保证刑事诉讼中控辩双方的科学、平等对抗，应将检察机关的诉讼地位确定为与辩方平等的参诉人，重构其审判监督者的身份，重新确立控辩双方的正确关系，坚持平等对抗原则，坚守双方诉讼地位平等、诉讼权利对等的理念。为此，需重新确立控、辩、审三方的关系，适应对抗式诉讼模式的需要，真正贯彻控审分离、控辩平等、审判者中立的要求。这也是刑事诉讼中真正实现司法公正所赖以存在的科学模式架构。

在控辩式诉讼模式中，将检察机关（公诉人）定位为与辩护方地位平等的参诉人，是控辩式诉讼模式的内在要求，是诉讼文明、民主的趋势。检察

官的同等参诉人地位适应了控辩双方合理的诉讼关系，对于保持科学合理的诉讼模式、实现诉讼公正具有保证作用。为确保控辩双方的平等，我国刑事诉讼法应增加"控辩平衡"的基本原则，在基本原则的指导下，设立相应的制度内容，以限制公权力、扩大私权利，形成控辩双方的真正平衡。只有控辩双方平衡，才能形成对抗，才能实现公正。需要说明的是，改革控方的法律监督方式，绝不意味取消检察机关的法律监督地位，而是改变监督的路径，把控诉职能与监督职能有效分离，控者专司控诉，监督者专行监督权。

其次，在辩护方面，强有力的辩护是诉讼中控辩双方得以对抗的基本动因，而我国目前的刑事辩护率较低。在这种状况下，大多被告人只能孤零零地面对实力强劲的公诉人，在控辩双方实力悬殊的状况下，法庭的裁决难言公正，被告人的合法权益难以保障，从而被告人被判无罪的可能性极低。保证被告人所享有的辩护权，才能谈得上公正，控辩平衡才能保证，这就是程序的价值与作用所在，"程序是一种看得见的正义"的说法亦基于此。另外，由于律师的执业行为规范不健全甚或不合理，因而司法实践中常出现辩护律师违反职业道德与执业纪律甚至通过非法行为妨碍司法公正的现象。所以，必须规范辩护律师的执业行为，加强辩护律师的执业纪律约束，以适应对抗式诉讼模式中对辩护一方的内在要求。提高律师的参辩率及辩护质量，应采取以下措施：第一，废除《刑法》第306条关于律师伪证罪的规定。我国1997年修改刑法时增加了第306条，把辩护人列为伪证罪的主体，这种法律规定必然妨碍律师辩护制度作用的正常发挥。律师辩护制度是为了保障司法公平、公正而设立的，是法制建设民主化的充分体现。从诉讼结构看，它也是对抗式诉讼模式充分体现人权保障功能的必然要求，否则，科学的对抗难以形成。该条款在司法实践中容易被某些司法人员当作职业报复的借口，严重影响律师辩护的积极性，破坏律师制度的健康发展，进而导致人们对整个辩护制度失去信心，这对于对抗式诉讼模式将是严重的破坏，更有碍于刑事诉讼中人权保障、司法公正的实现。第二，加强对律师违法、违业（违反职业道德和执业纪律）行为的惩戒，逐步实现律师的行业管理，切实实现律师行业的高度自治，由律师自我管理、自我约束、自我规范。需要指出的是，律师的惩戒不应由作为相对方的控方进行，律师作为法律服务者，系非官方主体，是与公权相对应的维护私权的重要力量，是对抗式诉讼模式中不可或缺的有机组成部分。由控方负责惩戒会严重破坏对抗式诉讼模式的根基。应由作为自治组织的律师协会或作为第三方的人民法院予以进行。同时，必须加强律师的权利保障，如，律师在场权、会见权、调查取证权、阅卷权、庭审举证质证辩论权利、庭审言论豁免权等能有效支撑对抗式诉讼模式正常运转的律师所必需的权利。同时，通过完善法律规定，加强律师自律，注重律师自身职业道德、业务水平的提高；并应采取有效措施发展律师队伍，使我国的律师制度发挥其应有的作用，与控诉一方形成科学、平等的对抗，为对抗式诉讼模式的有效运行奠定前提和基础。对抗式诉讼模式的实质意义在于提高控辩双方对诉讼进程和结果的影响，而不仅仅是形式上的参与。纵观我国实践，加强辩方力量是完善我国对抗式诉讼模式的根本所在。

（二）强化法官中立，提高裁判公信力

对抗式诉讼模式的基本特征之一是审判者处于超然中立地位。对审判者而言，公正是其裁判的核心追求，它必然要求法官居于客观、中立无偏的地位，对于控辩双方一视同仁。而在我国的刑事诉讼司法实践中，由于传统纠问式诉讼模式的影响，法官往往钟情于追究犯罪，检法一体共同承担追究犯罪的任务。反映在司法实践中就是法官具有明显的追诉倾向，对辩护律师存在一定程度的偏见，对律师的程序权利不予重视，对律师的观点不予采纳。审判方对控辩双方的不同态度，某种意义上影响了司法公正，并在一定程度上限制、剥夺了被告人的辩护权，反映了人们包括部分司法人员对律师参与辩护活动在诉讼模式运行机制中的重要作用认识上的模糊乃至偏见。而对抗式诉讼模式的正常运作，需要法官做到消极被动，以超然中立的身份介入诉讼，对控辩双方一视同仁，确保控辩双方参与机会的平等。为此，法官应转变对自己诉讼角色的认识，作为中立消极的裁判者，摆脱追诉犯罪的倾向，正确认识对抗式诉讼中律师辩护活动的重要作用，充分重视律师的辩护意见。律师辩护意见是律师辩护行为的终点和指向，也是辩护方对抗控诉方起诉意见的精华所在，法官对其充分重视，才能正确发挥其在对抗式诉讼模式中的职能作用。就现行司法实际状况而言，只有重视了辩护律师的意见，法官才会改变偏见，平等对待控辩双方，真正做到消极被动。为此，辩护方提出了哪些辩护意见、是否采纳辩护意见、采纳与否的原因，法官在判决书中都应该明示，以判决书这一有形载体制约法官。在判决书中对辩护意见语焉不详应成为可以上诉或重审的理由，以此改变法官倾向于追诉的认识及做法，使之成为诉讼中真正的消极被动者。

（三）强化庭审对抗，调动控辩双方积极性

庭审是对抗式诉讼模式的落脚点，是审判的中心和重心，是决定被告人命运的关键阶段，也是展示刑事司法公正的主要领域。然而，虽然我国现行刑事诉讼法确定了对抗式庭审的大框架，但在庭审程序的具体设计上仍有"走过场"之嫌。司法实践中，对抗式庭审多数情况下流于形式，表现为没有对抗、不让当事人说话、以辩论代替质证、证人与鉴定人不出庭、没有盘诘性询问等。以上现象的形成，其主要原因是确定被告人刑事责任所需解决的问题已在庭外解决。而这种状况的出现，又是以下原因所致：一是庭审法官预断；二是庭审法官没有权力独立审判案件；三是庭审规则不完善，不能形成有效的控辩对抗。因此，应着力解决庭审流于形式问题，增加审判活动中的对抗制因素，切实贯彻对抗求真的精神。为此应采取以下措施：其一，排除法官预断。法官预断是对抗式庭审的大敌，一旦法官形成预断，对抗式庭审就不可能发挥作用。法官预断的最大来源是卷宗。针对遏制法官预断的效果而言，对抗式诉讼模式中的起诉书一本主义显然优于职权主义诉讼模式的直接言词原则。我国 1996 年的刑事诉讼法修改，规定移送主要证据复印件，目的是切断审查公诉程序和法庭审判之间的联系，防止负责审查起诉的法官在开庭审判前即对案件产生预断。由于控、辩、审三方对于"主要证据复印件或者照片"的认识不一致，特别是由于刑事诉讼法及相应的司法解释并未对上述所谓"主要证据"的范围作出严格的限定，使得检察官在庭审中突然袭击的情况时有发生，导致控、辩、审三方相互冲突不断。在诸多情况下，其危害程度较之原先的"先定后审"有过之而无不及。加之，检察官庭后移送卷宗的做法，使法官的庭前阅卷转为庭后阅卷，易于形成心证，庭审流于形式不可避免。2012 年刑事诉讼法修改，改变了庭前移送"主要证据复印件或者照片"的规定，要求人民检察院提起公诉时，应将案卷材料、证据移送人民法院。这在一定程度上会避免检察官在庭审中突然袭击的情况，减少控、辩、审三方之间不必要的冲突，增强控辩双方庭审对抗的力度。但从长远看，为排除法官预断，应改行起诉状一本主义，进一步增强庭前会议制度的功能，运用证据交换解决律师的知情权问题，为庭审对抗奠定基础。

与此同时，应坚决贯彻回避制度，凡是在已经进行的诉讼程序中接触过案件的人都应该排除在案件的裁判者之外。其二，由合议庭主导裁判。裁判应由亲身经历审判的法官组成的合议庭在听取各方陈述、考虑各方意见的基础上作出，这是法官庭审存在的依据，也是庭审展开的目的。然而在我国司法实践中，案件审理完毕后，往往要经历法官到庭长再到分管院长的审批，裁判方能作出，有些案件还需要经过由院领导和资深法官组成的审判委员会讨论决定。由此，庭审活动中就不必强调对抗，庭审的功能被弱化，刑事诉讼法确立的对抗式庭审的大框架也被虚置，更不用说具体程序规则的完善。因此，应取消司法实践中的案件审批制度，改革审判委员会的职能，由讨论案件转为疑难案件咨询机构乃至取消审判委员会，由合议庭自主决定裁判的结果。其三，完善庭审质证程序与规则，充分质证，摆脱笔录中心主义。质证是对抗式诉讼模式的典型特征，它是一方当事人对另一方当事人提出的证据所进行的口头的质疑、询问，并由对方答复的诉讼行为。通过质证，控方可以证明其追诉的合法性和合理性；辩方可以抵御不公指控，免受不当裁判；法庭可以明辨是非，勘破真伪，以便正确裁判。如果说庭审是刑事诉讼的中心，质证则是庭审的中心。然而，司法实践中，证人不出庭成为司空见惯的场景①，言词证据往往得不到有效质证，书面证言充斥庭审调查活动，当事人的质证权被架空，双方的对抗无法展开。所以，应明确法庭调查的质证程序，如，交叉询问质证程序；明确质证的本质特征是对抗性、交叉询问的盘诘性以及主询问、反询问、再询问、最后询问等程序规则，使证据内容的各个方面都能得到比较充分的显现；确保需要出庭的证人、鉴定人能够出庭，继续完善证人出庭作证制度，真正贯彻"质证原则"，落实被告人的质证权，只有被当庭质证的庭审证词才能成为定罪量刑的根据；贯彻直接言词原则和

---

①　根据 2012 年《刑事诉讼法》第 59 条和第 60 条的规定，凡是知道案件情况的人，都有作证的义务。证人证言必须在法庭上经过公诉人、被害人和被告人、辩护人双方质证并且查实以后，才能作为定案的根据。然而，实践中，证人出庭率极低，不仅使证人证言的证据能力和证明力难以保证，同时也损害了被告人的质证权，使庭上对抗无法展开。据调查，全国各地的法院刑事案件的证人出庭率普遍在10％以下。参见胡云腾：《证人出庭作证难及其出路》，《环球法律评论》2006 年第 5 期。2012 年刑事诉讼法第二次修改，对证人出庭作证制度进行了相应的完善：加强了对证人的保护，明确了证人出庭作证的案件范围及证人没有正当理由不出庭作证应承担的法律责任，规定了对证人作证的经济补偿等，这些规定对证人出庭作证率较低的状况会有一定程度的改善。但证人出庭作证的质证程序方面仍有待加强规范，以"质证"为中心，发挥庭审对抗作用不容忽视。

集中审理原则，摆脱笔录中心主义，集中体现对抗式诉讼模式下双方抗辩求真的理念，使案件事实在"辩"中自明。为避免质证造成庭审拖沓，防止证据突袭，实现有序审理，还应结合庭前证据交换制度，并做好争点整理工作。令人欣喜的是，2012年刑事诉讼法修改，对证人出庭作证制度、庭前证据交换制度有了进一步的规定。如，《刑事诉讼法》第187条第1款规定：公诉人、当事人或者辩护人、诉讼代理人有异议，且该证人证言对案件定罪量刑有重大影响，人民法院认为证人有必要出庭作证的，证人应当出庭作证。第188条规定：经人民法院通知，证人没有正当理由不出庭作证的，人民法院可以强制其到庭，但是被告人的配偶、父母、子女除外。证人没有正当理由拒绝出庭或出庭后拒绝作证的，予以训诫，情节严重的，经院长批准，处以10日以下的拘留……第182条规定：……在开庭以前，审判人员可以召集公诉人、当事人和辩护人、诉讼代理人，对回避、出庭证人名单、非法证据排除等与审判相关的问题，了解情况，听取意见……但为适应对抗式诉讼模式的要求，需要加强配套制度以保障这些规定的实施。

（四）关注审前程序中的对抗，将对抗贯穿诉讼全过程

需要明确的是，虽然对抗式诉讼模式贯彻严格的审判中心主义，但控辩双方的对抗不应仅体现在审判程序中，同样应体现在庭审前的程序中。审前程序已具备纠纷的双方机制，"而刑事诉讼的基本特征在于解决争议必须有代表理性和正义的中立的第三者存在，由第三者在纠纷当事人之间作出判断"[1]。审前程序作为刑事程序的重要阶段，也必须具备诉讼的基本特征，由中立的第三方（法官）在诉讼双方当事人之间裁决。否则，代表国家权力的控方与代表公民权利的辩方之间的纠纷就不可能得到公正的解决，违背对抗式诉讼模式的内在要求，违背程序正义。

为适应对抗式诉讼模式的要求，在我国刑事诉讼庭审前程序的立法与司法实践中，亟须完善的两项制度是审前法官司法审查制度及审前证据开示制度。

在庭审前程序尤其是在侦查程序中，需要运用强制措施，而强制措施关涉公民的自由与权利，人权保障的重要性十分明显。在此阶段有较好的人权

---

① 陈卫东：《程序正义之路》（第1卷），第105页。

保障措施，是刑事诉讼文明的重要标志，也越来越受到各国的广泛关注，是刑事诉讼国际化趋势之一。世界各主要国家都设立了相应的审前法官司法审查制度，但是，"同世界主要国家不同的是，我国刑事侦查程序中，法官没有任何角色作用，法官既不参与纠纷双方予以控辩平衡和控制，也没有对侦查程序中被侵权方施以任何的救济，使法官间接控制侦查追诉机关的作用也难以发挥，形成了一线型的强职权主义式侦查格局"①。由此产生了一系列的缺陷和弊端。2012 年修改后的《刑事诉讼法》第 115 条虽然完善了侦查监督，增加规定了当事人和辩护人、诉讼代理人、利害关系人对司法机关及其工作人员在实施侦查措施过程中侵害其合法权益时的申诉、控告及处理程序，但审前程序中建立司法审查机制仍有其必要性。在审前程序中，建立司法审查机制，一方面可以发挥裁判者的中立无偏的应有作用，避免由于与诉讼程序有利害关系的一方单方处分涉及另一方权利的事项所产生的不公正；另一方面，由于司法权的介入，法官作为消极仲裁者，可以为双方提供平等的陈述机会及必要保障。这些都是对抗式诉讼模式的必然要求。具体内容可以是：设立司法审查机构，配备专职司法审查法官，负责审查涉及公民人身、财产基本权利和自由的有关强制性措施，并根据审查的情况决定是否签发许可令，同时决定相关措施的期限。凡追诉机关在侦查程序中需采取拘留、逮捕、羁押、搜查、扣押、监视居住等强制性措施的，必须按法定程序提请司法审查官审查许可，否则应承担法律责任。当然，紧急情况下的逮捕可先由追诉机关执行，但事后应及时报请司法审查法官予以补充审查以决定是否签发许可令。另外，司法审查机构还应当受理侦查行为相对人的上诉，负责举行由控辩双方参加的听证会，对上诉事项通过听取双方意见后予以裁判。并应充分保障侦查行为相对人委托律师的权利及其他权利，保障其合法权利不受侵犯。

同时，为确保控辩双方的真正平衡，应建立庭前证据开示制度，使被告方能充分利用侦查机关、检察机关以国家公权力的方式获得的有利于被告人的证据。正是由于刑事证据开示制度蕴涵了刑事诉讼对公正、效率等价值理念的追求，在保障诉讼公正、提高诉讼效率等方面发挥了重要的程序功能，

---

① 张月满：《论我国侦查程序中法官角色的重塑》，《政法论丛》2006 年第 2 期。

所以在实行当事人主义诉讼模式的国家,以成文法、法院规则或者判例法的形式规定了较为完备的刑事证据开示制度,以防止证据突袭,进而保证对抗式庭审功能的正常发挥。在证据开示制度中,应坚持凡是有利于被告人一方的证据,无论控诉机关是否要在法庭上出示,都必须在庭前出示,使被告方利用以国家资源获得的证据,追求与对方平衡的机会,达到控辩双方的平等对抗,支持并保障对抗式诉讼模式的良性运作,实现刑事诉讼中的司法公正。庭前证据开示制度的主要内容应包括:其一,开示既可以在审查起诉期间,也可以在法院受理起诉之后决定开庭之前。地点既可设在检察院也可设在法院,这样做,一是为了防止全卷移送,导致法官预断;二是因为检察官向辩护律师开示的是全部案件卷宗的证据材料,而在法庭出示的只是其中据以指控犯罪的证据,为了证据开示让检察院把不准备作为证据使用的诸多证据材料运至法院,不利于安全保密,也增加了诉讼成本。具体可以由庭前法官来主持开示活动,由检察官先向辩护一方开示证据,再由辩护一方向检察官开示证据,双方可以查阅、摘抄、复制对方的证据材料,开示时可以发表对证据材料的意见。双方开示后,应制作证据开示纪要,载明证据开示的基本情况及争议焦点,双方各执一份,提交法庭一份。其二,刑事诉讼证据庭前开示的范围既要考虑有效保障被追诉主体及辩护律师的质证权、辩论权,又要考虑到诉讼公平、符合对抗式诉讼模式的基本要求。刑事诉讼证据庭前开示中应采用双向开示原则,即控辩双方互相开示证据,这样才能真正使法庭审判中的突袭行为不再发生,才能通过开示获得手段上的"平等武装",证据开示制度才会有生命力。但必须指出,双向开示并不等于对等开示,控辩双方的证据开示应当是不平衡的,检察机关负有全面开示证据的义务,在证据开示中居于主导地位。对于作为控方的检察机关来说,应展示所掌握的本案全部证据材料,包括准备在庭上出示的,及不准备在庭上出示但有利于被告人的证据材料。辩护律师则只负有限度地开示证据的义务。当然,如果辩护一方拥有被告人不在犯罪现场、被告人未达到法定刑事责任年龄或被告人精神有障碍等彻底否定公诉主张的无罪证据,亦应同时开示给控方。但辩护方拥有的不利于被告人的且未被控方所掌握的证据,不在辩方开示之列。对于辩护方应该展示的证据范围应采用列举的方式作出具体、明确的规定。同时,应建立保障机制,发挥法院在开示程序中的作用。控辩之一方在对方未依法开示的情况下，可以要求法院进行司法审查和司法保护。其三，庭前证据开示的启动程序可由控辩双方的任何一方以书面形式向人民法院提出，尤其应保证辩护方此项权利的实现；也可以由人民法院依照职权向控辩双方提出而启动。其四，为保证庭前证据开示的有效性，必须建立相应的程序制裁机制，对违反证据开示程序的行为进行制裁。如，对不依法履行开示义务的一方，法院可以裁定强制其履行；对不按规定予以开示的证据，应取消其证明力等。

七、余论

1996 年、2012 年我国刑事诉讼法修改的经验与教训表明，推动对抗式诉讼模式在中国进一步扎根，需要注意对抗式诉讼模式配套制度的同步建立。除前述提及的诉讼制度之外，还应积极配置简易程序，通过构建多元的简易程序（包括速决程序、简化审程序、辩诉交易程序等），司法机构才可能承担起对抗式诉讼模式所要求的巨大的资源投入；在甄别证人出庭的必要程度，强调关键证人出庭作证的同时，保证必要证人的到庭率，使得对抗式诉讼模式能够得以运转；在扩大法律援助范围的同时，加强相关制度的建设，切实保障被追诉人的辩护权。在加强制度建设的同时，应重视职业群体在对抗式诉讼模式中的关键作用。无论多么完美的程序离开相应的法律职业者的运作都是空谈。我国法官、检察官与律师所具有的对抗式诉讼技巧还十分有限，对各自在对抗式诉讼模式庭审方式中的地位与角色尚需进一步体悟，中国的刑事辩护律师的数量还有待提高，职业环境有待改善，此类问题与障碍或许远远比制度的问题更复杂，解决起来或许需要更多的努力与投入。

当然，在借鉴对抗式诉讼模式的同时，应考虑到由于法律和司法传统不同，民众对法律及其司法效果的认可和尊重程度不同，诉讼主体对法律的运用和接受能力不同。作为刑事诉讼制度的集合体，诉讼模式不可能不受本国的政治经济制度、文化传统、社会心理、诉讼习惯等因素的影响和制约。而在强调自身现实的同时，更应该积极吸收符合诉讼规律的文明的司法制度。刑事诉讼文明、民主系国际范围内的大势所趋。1996 年及 2012 年我国刑事诉讼法的两次重大修改，从一个角度也反映出我国为适应诉讼民主、文明的全球化趋势所作的努力。当然，我们仍应继续努力，在诉讼模式的选择上结合我国的实际，继续坚持对抗制改革，充分、科学、有效地吸收对抗式诉讼模式的合理因素，为我所用并有所创新，使我国刑事诉讼法逐步走向理性、科学、文明、民主。

第四章

中国刑事审判制度改革的基本课题

一、引　言

无论在"死的法律"上，还是在"活的法律"中，1996 年刑事诉讼法修改之前的中国刑事审判模式都被认为具有典型的职权主义的特征（甚至还有人认为是"超职权主义"）。这主要是因为，当时的法官在法庭调查等一系列环节上都占据着主导和控制地位，控辩双方难以进行充分的对抗。不仅如此，当时的法官还拥有十分广泛并且具有追诉性质和追诉效果的证据调查权，不仅可以在法庭审判过程中对于证据不充分的案件或发现新的需要调查的事实自行进行调查，而且可以在开庭前的审查公诉活动中展开证据调查活动。[①] 然而，"法官在法庭审理中承担过多的责任，造成了控审职能混淆，一方面限制了公诉人指控犯罪、证实犯罪职能的充分发挥，另一方面也极易形成法官与被告人、辩护人的对立情绪，与法官形成直接矛盾、冲突的局面，导致被告人及其辩护人不敢依法进行辩护和辩解，也不利于法官客观公正地听取控辩双方的意见，从而作出正确的判决"。加上，当时的庭前审查是"实质化"的，法官在开庭审判前就已经对案件产生预断，法庭审判基本上是"流于形式"的。

正因为如此，在 1996 年的刑事司法改革中，立法者才明确将解决"法

[①]　有关该问题的详细讨论，请参见李奋飞：《刑事诉讼中的法官庭外调查权研究》，《国家检察官学院学报》2004 年第 2 期。

庭审判流于形式"的问题、发挥法庭审理的功能，作为最重要的改革目标。① 应该承认，1996 年修正后的刑事诉讼法确实在不少方面吸收了一些对抗制的因素。甚至，在一定程度上还可以说，新法确立了一种所谓的"控辩式"庭审方式。这主要表现在，新法废除了原来的全案卷宗移送制度，法院在庭审前也不再对公诉案件进行"实质审查"；在开庭审判之前，法官已不能再进行勘验、检查、搜查、扣押、鉴定等证据调查活动；改变了法庭调查的顺序和方式，削弱了法官在证据调查方面的主导地位，增强了控辩双方在庭审中的对抗程度；允许公诉人、当事人和辩护人、诉讼代理人在法庭调查过程中对证据和案件情况发表意见并且互相辩论，使得控辩双方可以就证据调查发挥更大的作用；适当扩大了合议庭的权限，从而对合议庭和审判委员会的关系作出了一定的调整；等等。上述这些改革举措，无论在理论上，还是在实践中，确实都有助于增强庭审中控辩双方的对抗性，有助于维护裁判者的中立性，从而也有助于矫治"庭审走过场"的弊端。在这个问题上，我们（与有些学者一样）并不赞同那种以中国不适于移植对抗制为由，全盘否定"审判方式改革"的观点。② 这不仅是因为，改革前的刑事审判程序"存在着太多令人难以忍受的缺点"，也不仅是因为，"新的审判程序对这些缺点作出了一定的纠正"，而主要是因为，相对于那种"由法官所主导的法庭审判"（"审问式"），这种"由控辩双方所主导的法庭审判"（"对抗式"），更能适应和满足人们对司法公正的渴望和要求。

在法治精神和法治理念日益为国人所接受的今天，司法公正既包括实体公正，也包括程序公正的观念，已被国人所普遍接受。如果说，在"发现事实真相"、"实现实体正义"这个问题上，究竟对抗式与审问式孰优孰劣，尚是一个难以证实的命题的话，那么在维护程序公正、提高裁判的可接受度这个问题上，"对抗式"无疑比"审问式"具有较为明显的优势。因为，在"对抗式"刑事审判模式下，控辩双方可以对审判结果施加更为积极的影响，从而可以从对审判程序的有效参与中感到自己受到了公平对待。对于那些真正实施了犯罪的被告人而言，如果他（她）们能够受到公

---

① 参见陈瑞华：《刑事诉讼的中国模式》，法律出版社 2008 年版，第 147 页。

② 参见陈瑞华：《刑事诉讼的前沿问题》，中国人民大学出版社 2000 年版，第 370 页。

平的对待，即使最终还是要承受不利的后果，他（她）们也更有可能心平气和地接受。

不过，不能全盘否定 1996 年的审判方式改革，并不意味着这一改革就取得了成功。实际上，十几年来中国的刑事审判实践并没有实现甚至可以说严重偏离了当时立法的预期目标。这不仅表现在，中国的刑事审判并没有实现真正的控辩平等对抗、法官居中裁判，更表现在，中国刑事审判并没有真正摆脱旧的审判方式下的"庭审流于形式"问题。因为，正如一些学者所认识的那样，目前中国的刑事审判仍然盛行着那种"以案卷笔录为中心"的审理方式。[①] 在"案卷笔录中心主义"的作用下，公诉方通过宣读侦查机关所制作的案卷笔录来主导和控制着法庭调查过程。于是，侦查程序就这样通过案卷笔录"登堂入室"，对法庭审判程序产生了决定性的影响，使得法庭审判在一定程度上就被异化为对侦查结论的审查和确认，进而失去了独立自主地审查证据、认定案件事实的能力。因此，在该学者看来，"如果不抛弃这种案卷笔录中心主义的审判方式，任何以加强庭审功能为宗旨的司法改革将没有存在的空间"。

然而，这种"案卷笔录中心主义的审判方式"，实乃中国刑事审判之痼疾，欲抛弃之，谈何容易?! 这其中所涉及的已经不单纯是刑事审判方式的改革问题，而更多的则是刑事审判制度的重建问题。然而，如果要重建中国的刑事审判制度，我们所面临的将是一个更为复杂的系统工程。其中，有诉讼程序的修改完善乃至重新设计的问题，有证据规则的完善和建构问题，有司法权力和诉讼权利的合理配置问题，也有程序意识和审判价值的更新问题，等等。而目前最为紧迫和现实的问题是，如何落实那些已经在法律和司法解释中得以确立的制度和程序。

别的暂且不说，单就最高人民法院、最高人民检察院、公安部、国家安全部和司法部联合发布的"两个证据规定"（《关于办理死刑案件审查判断证据若干问题的规定》和《关于办理刑事案件排除非法证据若干问题的规定》）而言，如果能够得到落实，对于法庭审判的"实质化"，就具有特别重要的

---

① 有关该问题的详细讨论，请参见陈瑞华：《案卷笔录中心主义——对中国刑事审判方式的重新考察》，《法学研究》2006 年第 4 期。

意义。这不仅是因为，"两个证据规定"明确规定了非法证据排除规则的适用范围（主要包括言词证据和实物证据，《关于办理死刑案件审查判断证据若干问题的规定》中对各种证据的取证、审查、判断作了非常详细、具体的规定，有关证据排除的情形达到二十多种）、法律后果（确立了三种排除的后果：其一，绝对排除。即采用刑讯逼供、暴力、威胁方法取得的非法言词证据依法必须排除，即使它是真实的、可靠的，也不能作为定案根据，没有任何的自由裁量余地。其二，自由裁量的排除。即物证、书证的取得违反法定程序、影响公正审判的，可以被排除。其三，可补正的救济。即一些技术性的违法，可以责令侦查人员去补正），更是因为，"两个证据规定"明确规定了实施非法证据排除的程序保障规则。

但是，我们很遗憾地看到，在"两个证据规定"颁布之后，法庭对刑讯逼供的处理和之前几乎没有什么不同。有律师曾给笔者介绍了他代理的一个涉黑案件中的非法证据排除情况，以说明"两个证据规定"并不容易得到实施。该案中，公诉方以被告人涉嫌犯组织、领导黑社会性质组织罪、抢劫罪、盗窃罪、强迫交易罪、敲诈勒索罪、强奸罪等对其提出起诉，在法庭审判过程中，当该律师拿出被告人的前任代理律师的证人证言，要求法庭对刑讯逼供问题进行调查时，法庭既没有要求公诉人向法庭提供警方的讯问笔录、原始的讯问过程录音录像或者其他证据，也没有要求公诉人提请通知讯问时其他在场人员或者其他证人出庭作证，更没有要求公诉人提请通知讯问人员出庭作证，而只是在短暂的休庭之后，仅凭公诉方出具的没有办案人员签名的"情况说明"，法庭就认定非法证据已经被排除。有的人可能会认为，这是因为"两个证据规定"的权威性不够，因而会主张刑事诉讼法应吸收这些规定，来确保有关的证据规则得到有效的实施。我们认为，问题可能没有那么简单。如果说，非法证据的排除涉及诸多的问题，那么，法庭审判的实质化所涉及的问题则更为复杂。不过，本章的使命主要是两个方面：一是最大限度地发现中国刑事审判目前面临的问题；二是力求提出一些既具理论前瞻性同时又具现实可能性的建议。

二、1996 年以来中国对对抗制审判模式的借鉴和吸收

如果说，可以把控、辩、审三方在诉讼控制方面的权力分配问题当作划

分刑事审判不同模式的主要标准的话，那么中国 1996 年的刑事诉讼法修改之前的刑事审判模式显然属于审问式的审判模式。主要体现在以下几个方面：

首先，审判人员不仅主导和控制着开庭前公诉审查程序，也主导和控制着正式的法庭审理程序。具体来说，对检察机关提起公诉的案件，人民法院要指派审判人员（该审判人员通常也就是未来法庭审判的审判长）进行审查。该审判人员不仅要审阅检察机关起诉时移送的全部卷宗材料，还可以实施包括勘验、检查、搜查、扣押和鉴定等在内的证据调查手段。只有在该案"犯罪事实清楚、证据充分"的情况下，法官才决定进行正式的开庭审判。对于主要事实不清、证据不足的，可以退回人民检察院补充侦查；对于不需要判刑的，可以要求人民检察院撤回起诉；如果该审判人员认为案情重大复杂，还可在正式开庭审判之前将案件提交院长、庭长或审判委员会决定，或者由合议庭拟定初步意见后再开庭审理；在庭外阅卷和调查的基础上，法官有权自行确定法庭调查的范围。而对于公诉人、被告人、辩护人在庭审中提出的调查证据的要求，法官有权进行审查并作出是否同意的决定。未经法庭许可，控辩双方均不得自行向法庭提出证据或传唤证人；法官还有权根据检察官起诉时移送的卷宗材料确定法庭调查的顺序和方法。在庭审开始时，法官有权在公诉人宣读起诉书后开始审问被告人，并有权询问被害人，询问证人和鉴定人；法官有权出示公诉人、辩护人、被告人提供的所有物证，并要求有关人员对其进行辨认；对于未到庭的证言笔录、鉴定人的鉴定结论、勘验检查笔录和其他作为证据的文书，也由法官当庭宣读；在法庭审理过程中，遇到证据不足或者发现新的事实等需要侦查的情形时，合议庭不仅可以将案件退回人民检察院补充侦查，还可以决定自行调查，并在自行调查后决定是否重新开庭。

其次，公诉人和辩护人对于法庭审判程序的控制居于辅助和次要的地位。对于法官开庭前实施的公诉审查，无论是公诉人，还是辩护人，都无法进行有效地参与；对于法庭调查的范围、顺序和方式，无论是公诉人，还是辩护人都无法施加积极的影响；虽然公诉人可以讯问被告人，被害人、附带民事诉讼的原告人、辩护人可以向被告人发问，但都必须在审判人员问完之后才能进行，而且都必须经过审判长的许可；辩护人虽然可以申请审判长对证人、鉴定人发问，但是否同意最终由审判长来决定；辩护人虽然可以请求审判长许可后直接发问，但是否同意最终也是由审判长决定的。而且，只要审判长认为发问的内容与案件无关的时候就有权制止；在法庭审理过程中，辩护人虽然有权申请通知新的证人到庭，调取新的物证，申请重新鉴定或者勘验，但是对于这些申请，是否同意还是由法庭来决定。

最后，被告人对法庭审判程序的控制程度极为低下，基本上沦落为法庭讯问的对象。由于被告人在审判前绝大多数都处于被羁押状态，且被告人无法受到沉默权的保护，因而，几乎所有的被告人在审判前程序中都已向警察或者检察官作出了有罪供述。加上，当时开庭审判的条件乃是犯罪事实清楚、证据确实充分，因此，法官在对被告人进行讯问时已对被告人有罪产生了较为强烈的预断。这样，法庭调查中法官对被告人的讯问必然以寻求被告人供认有罪为目标。不仅如此，法官对控诉方的证据很少进行直接和言词式的调查，而大量采取书面和间接式的审查。法官很少传唤控方证人出庭作证，而只是宣读侦查人员和检察人员在侦查中已收集的证人证言笔录，而且这种宣读往往是"摘录式"的，被告人既没有机会对不利于己的证人进行质证或反对询问，也无法对所宣读的证言充分发表意见。这样，被告人事实上就难以对证据的提出和调查程序实施有效的控制和参与。[①]

为了矫治这种审判模式所存在的法官包揽过多、控辩职能弱化，尤其是庭审"走过场"的弊端，1996 年修正后的刑事诉讼法大胆吸收了对抗制审判模式的因素，确立了一种被称为"控辩式"的审判模式。主要表现在：

第一，1996 年修正后的刑事诉讼法对公诉方式作了重大修改。按照中国 1979 年的刑事诉讼法，人民检察院对于公安机关移送审查起诉及自行侦查的案件，凡是符合条件的，都应当依照法定程序向人民法院起诉，但对起诉方式法律并没有明确的规定，司法实践中一般要向法院移送公诉书和全部案卷材料。人民法院受理后，要指派审判人员（这些审判人员一般也就是后来法庭审判的审判长）主持审查公诉，该审判人员不仅要审阅起诉时移送的卷宗，必要的时候还可以通过勘验、检查、搜查、扣押和鉴定等法庭调查手段判定该案据以定罪的证据是否已达到"事实清楚、证据充分"的程度，以

---

① 参见陈瑞华：《刑事审判原理论》，第 344 页以下。

作出是否开庭审判的决定。如该审判人员认为案情重大、复杂，还可以将案件提交院长、庭长或审判委员会决定，或者由合议庭拟定初步意见，然后开庭。开庭审理主要是围绕起诉书和随案移送的证据材料而展开，庭审中的举证责任实际上转移为法官承担。在这种情况下，审查公诉程序与开庭审判程序之间存在着一种内在的联系：法官在审查公诉过程中所得出的有关案件可进入法庭审判的结论事实上就等于法庭的有罪裁判结论，法庭审判事实上成为审查公诉结论的简单确认。同时，主持庭审的审判长很难保持中立的地位和态度，因为他在审查公诉活动中已对被告人有罪形成了强烈的预断，并对控方所掌握的证据在证明被告人有罪方面的充分性和合理性深信不疑。这样，法官倾向于追诉就成为一个不争的事实。1996 年修正后的《刑事诉讼法》第 150 条规定："人民法院对提起公诉的案件进行审查后，对于起诉书中有明确的指控犯罪事实并且附有证据目录、证人名单和主要证据复印件或者照片的，应当决定开庭审判。"这说明我国检察机关已不再像原来那样"移送全案卷证"。这样，法官在开庭前阅卷的范围可能会得到缩小，因而有利于防止法官产生庭前预断，进而有利于实现庭审的实质化①。

第二，1996 年修正后的刑事诉讼法确立了与对抗制相类似的证据调查方式。过去，审判长在法庭调查等一系列环节上都占据着主导和控制地位。1996 年修正后的刑事诉讼法将证据的出示、举证和质证等调查环节从法官转由控辩双方进行主导和控制。根据 1996 年刑事诉讼法的规定，法庭调查开始时先由公诉人宣读起诉书，然后由被害人、被告人对指控的犯罪事实进行陈述。接下来，首先是"公诉人讯问被告人"，"被害人、附带民事诉讼的原告人和辩护人、诉讼代理人经审判长许可，可以向被告人发问"，"审判长可以讯问被告人"；其次是"公诉人、当事人和辩护人、诉讼代理人经审判

---

① 2012 年，中国立法机关对刑事诉讼法作出了规模较大的修改。其中，尤为引人注目的是，这部法律恢复了 1979 年刑事诉讼法曾经确立的案卷移送制度，允许检察机关在起诉时将全部案卷材料移送法院。这就使得 1996 年《刑事诉讼法》所规定的检察机关庭前移送"主要证据复印件"的制度被废止，同时也撤销了检察机关在庭审后移送全部案卷的制度。当然，2012 年刑事诉讼法并没有恢复庭前实质审查程序。根据 2012 年《刑事诉讼法》，法官在开庭前不得就公诉方的证据进行庭外调查核实工作，也不得在开庭前对案件是否达到法定证明标准进行审查。法官在全面阅卷的基础上，"对于起诉书有明确的指控犯罪事实的"，就可以决定开庭审判。这样，1996 年刑事诉讼法所确立的法院庭前"形式审查"制度就得到了保留。有关该问题的详细讨论，参见陈瑞华：《案卷移送制度的演变与反思》，《政法论坛》2012 年第 5 期。

长许可，可以对证人、鉴定人发问"；再次是"公诉人、辩护人向法庭出示物证……勘验笔录和其他作为证据的文书当庭宣读"。另外，1998年最高人民法院《关于执行〈中华人民共和国刑事诉讼法〉若干问题的解释》（以下简称1998年最高人民法院《解释》）还确立了交叉盘问制度，这被认为是中国刑事审判程序走向对抗制的重要标准。即向证人、鉴定人发问，应当先由要求传唤的一方进行，发问完毕后，对方经审判长准许，也可以发问。发问时应当遵循以下规则：发问的内容应当与案件的事实相关；不得以诱导方式提问；不得威胁证人、鉴定人；不得损害证人、鉴定人的人格尊严。

第三，1996年修正后的刑事诉讼法改革了庭审过程中的庭外调查权。按照原刑事诉讼法的规定，在法庭审理过程中，遇有合议庭认为案件证据不足或者发现新的事实等情形时，可以延期审理并自行调查。这一规定使得庭外调查具有追诉的性质。因为，这种调查是在合议庭认为证据不充分而不足以定案或者发现新的事实时进行的。证据不充分说明公诉方举证不足，未完全履行举证责任，而法官进行庭外调查其目的就是收集证据，特别是有罪证据。这实际上是在代替公诉人承担举证责任，具有补充侦查的性质，这与裁判职能是相矛盾的。1996年《刑事诉讼法》第158条对原规定进行了修改，尽管也保留了法官的庭外调查权，但进行调查的前提已不再是证据不充分或者发现新的事实，而是因为"对证据有疑问"，何谓对证据有疑问？刑事诉讼法没有明确规定，也无相关的司法解释。但根据1996年《刑事诉讼法》第162条"证据不足，不能认定被告人有罪的，应当作出证据不足、指控的犯罪不能成立的无罪判决"的规定，法官显然不能基于收集证据、补充证据以作出有罪判决的目的进行庭外调查，而只有为了调查、核实证据而进行庭外调查才符合立法的本意。

第四，1996年刑事诉讼法对检察机关的庭审监督作出了新的安排。1979年《刑事诉讼法》第112条第2款规定：出庭检察人员发现审判活动有违法情况，有权向法庭提出纠正意见。1996年《刑事诉讼法》第169条规定："人民检察院发现人民法院审理案件违反法律规定的诉讼程序，有权向人民法院提出纠正意见。"1998年最高人民法院《解释》第185条对该条作了解释：人民检察院认为人民法院审理案件过程中，有违反法律规定的诉讼程序的情况，在庭审后提出书面纠正意见的，人民法院认为正确的，应当采纳。1998 年最高人民法院、最高人民检察院、公安部、国家安全部、司法部和全国人大常委会法制工作委员会联合发布的《关于刑事诉讼法实施中若干问题的规定》（以下简称 1998 年《六机关规定》）第 43 条也规定："人民检察院对违反法定程序的庭审活动提出纠正意见，应当由人民检察院在庭审后提出。"可见，1996 年刑事诉讼法关于检察院审判监督的规定较修改以前的刑事诉讼法有了明显不同。这就意味着公诉人在法庭审判中无权当庭提出纠正意见，只能在庭审后以检察机关的名义向法院提出，这显然有利于维护法庭的权威。

三、1996 年修正后的审判模式在运作过程中存在的问题

1996 年修正后的审判模式在中国司法实践中已经实施了十几年，应当说取得了一些积极的效果。但是，存在的问题也相当严重。不仅没有实现真正的控辩平等对抗、法官居中裁判，而且依然没有真正摆脱旧的审判方式下的"庭审流于形式"问题。具体而言，表现在以下几个方面：

（一）庭前预断问题依然无法避免

如前所述，1996 年刑事诉讼法对公诉审查程序进行了修改，目的是切断审查公诉程序和法庭审判之间的联系，以防止负责审查起诉的法官在开庭审判前即对案件产生预断。客观上来看，1996 年法律规定的公诉审查使法官在开庭前阅卷的范围可能会得到缩小，因而一定程度上也确实有利于防止法官产生庭前预断。但令人始料不及的是，这种公诉审查程序，显然没能防止法官产生预断。其原因是，1996 年的刑事诉讼法在废除全案卷宗移送制度时，并没有完全采取起诉状一本主义，而是改采一种介于两者之间的起诉方式，即"复印件主义"：检察机关在提起公诉时，在移送证人名单、证据目录的同时，还须移送主要证据的复印件或者照片。[①] 对于何谓"主要证据"？1996 年刑事诉讼法本身并没有作出明确的规定。为防止检、法两家在主要证据的移送方面出现摩擦，导致执法不规范和扯皮，1998 年《六机关规定》第 36 条对主要证据的范围作出了进一步的规定。按照这一规定，"主要证据"包括：（1）起诉书中涉及的各证据种类中的主要证据；（2）多个同

---

　①　有关该问题的详细讨论，请参见李奋飞：《从"复印件主义"走向"起诉状一本主义"——对我国刑事公诉方式改革的一种思考》，《国家检察官学院学报》2003 年第 2 期。

种类证据中被确定为"主要证据"的；（3）作为法定量刑情节的自首、立功、累犯、中止、未遂、正当防卫的证据。人民检察院针对具体案件移送起诉时，"主要证据"由人民检察院根据以上规定确定。而对于人民检察院起诉时书面建议适用简易程序的案件，应当随案移送全案卷宗和证据材料。很明显，按照从以上有关机关所作的司法解释来看，无论按照普通程序审理的公诉案件，还是按照简易程序审理的公诉案件，庭审法官几乎都能接触侦查、起诉卷的全部材料复印件，仍有可能在庭前作较大程度的实体审查，庭前预断并没有得到彻底的排除。因为，证据的复印件和原件并没有多少实质的区别。尤其是，在司法实践中，法官为了把握庭审，普遍在庭前认真对主要证据进行审查。而我国既没有设置专门的"预审"程序，也没有设置专门的庭前审查法官，而是由主审法官直接进行庭前起诉审查。在这种情况下，我国的公诉方式使得公诉审查程序与法庭审判程序难以实现实质的分离，审判法官的庭前预断也将不可避免，甚至仍然存在庭前审查取代法庭审判程序而成为刑事诉讼中心的可能。而裁判者一旦产生预断，就难免不把自己的个人价值、情感等因素带进裁判之中，以至于对控、辩双方有所偏向。一般来说，这种偏向将对被告人产生不利的影响，甚至对被告方的辩护构成实质性威胁。因为，在1979年刑事诉讼法"全案证据移送"的要求下，虽然法官也产生预断，但由于其所移送的全案证据中既包含不利于被告人的证据，也包含有利于被告人的证据，因而，法官在对公诉进行审查时，一般能全面客观地把握案情。而根据1996年刑事诉讼法规定的公诉方式，由于"主要证据"范围的决定权掌握在具体的办案人员手中，不仅其范围具有较大的随意性和不确定性，而且这些证据大多还是不利于被告人的证据，对于有利于被告人的证据，检察官一般不会在这个时候就移交法院。因为，尽管刑事诉讼法也要求检察机关（包括检察官）客观、公正，但作为国家利益的代表，检察机关包括检察官在刑事诉讼中的主要任务是，通过对犯罪的有效追诉来实现打击犯罪、维护社会治安和法律秩序，其既难以客观、中立，也根本无法在诉讼过程中兼顾保护被追诉人的权利，其职业特点决定了他无法完全摆脱追诉犯罪的心理倾向。因为，"具有某一职务本身是不会抛弃所有癖好，纯粹为正义服务的。他们也可能'忘记'自己的职务职责，为自己寻求权力。此外，他们也不是游离于各种冲突之外，本身往往也是社会争斗的参与者，这时，他们就有可能滥用自己的特殊地位。"加上，在我国，法官与检察官同属司法战线，双方本来就具有一种先天的信赖感，所以法官往往偏重对公诉方意见的采纳。这种不利于被告方的预断一旦产生，被告人事实上就被剥夺了获得公正审判的机会。在这一点上，我国1996年刑事诉讼法所确立的公诉方式与旧刑事诉讼法相比，不能说不是一个倒退。

（二）无法实现真正的控辩平等对抗

这有几个方面的原因：

1. 在法庭调查程序中，被告人没有选择是否进行陈述及被讯问的自由。按照1996年《刑事诉讼法》第93条的规定，面对侦查人员的讯问，犯罪嫌疑人有如实回答与本案有关问题的义务。但是，对于法庭上的被告人来说，他是否还承担着这样的义务，法律则未作出明确的规定。不过，在司法实践中，由于绝大多数被告人在审前程序中已经向警察或者检察官作出了有罪供述，也由于被告人担心如果不配合检察官或者法官的问话，会被认为态度不老实，并可能影响未来的量刑，因而几乎所有的被告人在接受讯问时——无论是检察官的讯问还是法官的讯问——都不会也不敢保持沉默。在遇到被告人沉默或者翻供时，公诉人通常都会当庭批评被告人的态度或者"警示"他不合作可能对其产生的不利影响。

2. 辩护律师参与刑事诉讼的比率还比较低。按照有关学者的分析，1996年刑事诉讼法修改之后的1997年律师参与刑事诉讼率为54.5%，此后几乎呈现出一路下滑的局面，到2004年则下降到44.9%。[1] 很显然，这种由控辩双方新的审判模式对辩护律师参与的依赖性大大增加了。没有辩护人的帮助，被告人不仅在接受讯问时将处于十分被动的境地，而且几乎无法对控诉方的证人、鉴定人进行任何有效的反询问，也几乎无法对控诉方提出的其他证据提出有效的反对意见，更无法及时提交有利于自己的证据和证人。而且考虑到被害人在新的审判程序中具有当事人的地位，有权委托诉讼代理人，假如被告人"单枪匹马"地面对检察官、被害人及其诉讼代理人的"穷追猛打"，其诉讼主体地位都无法得到保证。[2]

---

① 刑事案件律师辩护率下降的原因，除了代理刑事案件收费低廉这一人所共知的因素外，影响更深刻、危害更久远的是两个方面的因素：一是刑事辩护"用处不大"；二是刑事辩护"风险太大"。

② 参见陈瑞华：《刑事诉讼的前沿问题》，第374页。

3. 律师的辩护活动还受到诸多限制，难以发挥有效的作用。虽然，1996 年刑事诉讼法允许律师在侦查阶段参与诉讼活动，为犯罪嫌疑人提供法律帮助，并适当扩大了辩护人的一些诉讼权利。但是，律师的辩护活动还受到诸多限制：首先，律师在侦查阶段所能做的工作比较有限。按照 1996 年《刑事诉讼法》第 96 条和相关司法解释的规定，律师在侦查阶段所能做的工作主要是：有权向侦查机关了解犯罪嫌疑人涉嫌的罪名；可以会见在押的犯罪嫌疑人；向犯罪嫌疑人了解有关案件的情况；为犯罪嫌疑人提供法律咨询；代理申诉、控告；在犯罪嫌疑人被羁押的情况下为其申请取保候审。在侦查阶段，律师既不能进行阅卷工作，也无权展开证据调查。不仅如此，律师在法律上能够行使的一些权利也还受到诸多方面的限制。以侦查阶段的律师会见为例。按照 1996 年刑事诉讼法和相关司法解释的规定，不仅对于涉及国家秘密的案件，律师会见在押的犯罪嫌疑人，应当经侦查机关批准；而且不论任何案件，律师会见在押的犯罪嫌疑人的时候，侦查机关都可以根据案件情况和需要派员在场。这还只是来自于法律和司法解释的限制，而来自于各地"土政策"的限制则更多。在会见这个涉及律师权利保障的问题上，很多地方的看守所都有自己的"土政策"。或许，正是为了解决律师的会见难问题，2008 年 6 月 1 日生效的律师法确立了辩护律师"持三证"可以进行"无障碍会见"的制度设计。当然，律师法所确立的这种"无障碍会见权"并未能得到有效地实施。① 其次，辩护律师在审查起诉阶段以后的诉讼权利如阅卷权和调查取证权也在法律上受到诸多限制。按照 1996 年《刑事诉讼法》第 36 条的规定，辩护律师自人民检察院对案件审查起诉之日起，可以查阅、摘抄、复制本案的诉讼文书、技术性鉴定材料。从人民法院受理案件之日起，辩护律师可以查阅、摘抄、复制本案所指控的犯罪事实的材料。这意味着，律师在审查起诉阶段阅卷权的范围非常有限，而在审判阶段的阅卷深度和广度也受到公诉机关向法院移送证据信息的制约。为了解决律

---

① 为了解决律师会见难的问题，2012 年修正后的《刑事诉讼法》第 37 条第 2 款明确规定："辩护律师持律师执业证书、律师事务所证明和委托书或者法律援助公函要求会见在押的犯罪嫌疑人、被告人的，看守所应当及时安排会见，至迟不得超过四十八小时。"第 37 条第 4 款还规定："辩护律师会见在押的犯罪嫌疑人、被告人，可以了解案件有关情况，提供法律咨询等；自案件移送审查起诉之日起，可以向犯罪嫌疑人、被告人核实有关证据。辩护律师会见犯罪嫌疑人、被告人时不被监听。"

师的阅卷难问题，2008 年律师法规定：受委托的律师自案件审查起诉之日起，有权查阅、摘抄和复制与案件有关的诉讼文书及案卷材料。受委托的律师自案件被人民法院受理之日起，有权查阅、摘抄和复制与案件有关的所有材料。但是，由于该法没有得到有效的实施，律师阅卷难问题并未得到很好的解决。① 按照 1996 年《刑事诉讼法》第 37 条的规定，辩护律师只有"经证人或者其他有关单位和个人同意"，才可以收集有关证据材料。这就意味着，"有关单位和个人"拥有了配合和不配合辩护律师调查的自由选择权，从而导致辩护律师的调查取证缺乏任何的法律约束力。这一点，被几乎所有研究者视为造成辩护律师"调查难"的制度原因。因此，多年以来，律师界普遍呼吁取消这种调查要"取得被调查单位和个人同意"的法律条款，并将此视为解决律师调查难的关键步骤。在律师界的推动下，立法机关在 2008 年律师法中最终取消了这一限制性规定，允许律师有权向"有关单位和个人"进行调查，不需要取得他们的同意。然而，由于该法没有得到有效的实施，律师"调查难"问题依旧存在着，而没有得到根本的解决。律师在向银行、海关、税务机关、工商管理局、保险公司进行调查取证时，经常遇到无理拒绝的情况。立法机关的"修律"活动显然没有达到预期的效果。②

4. 在庭审过程中，法官不仅仍然具有较强的主导作用，而且时常偏袒公诉人。首先，看看法官对被告人的讯问。1996 年刑事诉讼法修改之前，对被告人的讯问是由法官开始并主导的，而改革的理由在于，立法者认为由法官首先审问被告人存在这些问题：讯问工作主要由审判人员进行，不利于审判人员居中听取双方意见，从而造成代替公诉人揭露、证实犯罪的职责，存在对案件包揽过多的问题；同时，不能充分发挥控辩双方的作用。③ 1996 年刑事诉讼法实施以后，法官的被动性比之前明显增强，表现在讯问被告人

---

① 为解决辩护律师阅卷难的问题，2012 年修正后的《刑事诉讼法》第 38 条规定：辩护律师自人民检察院对案件审查起诉之日起，可以查阅、摘抄、复制本案的案卷材料。其他辩护人经人民法院、人民检察院许可，也可以查阅、摘抄、复制上述材料。

② 参见陈瑞华：《制度变革中的立法推动主义》，《政法论坛》2010 年第 1 期。为了解决辩护律师的取证难问题，2012 年修正后的《刑事诉讼法》第 39 条规定：辩护人认为在侦查、审查起诉期间公安机关、人民检察院收集的证明犯罪嫌疑人、被告人无罪或者罪轻的证据材料未提交的，有权申请人民检察院、人民法院调取。

③ 参见全国人大常委会刑法室编著：《中华人民共和国刑事诉讼法释义》，法律出版社 1996 年版，第 178 页。

方面就是，有的案件中，法官在讯问被告人阶段一言不发，有的案件中，法官虽然也会讯问被告人，但通常都会在控辩双方对被告人发问完毕之后，而且发问次数也明显减少。不过，由于习惯使然，也由于司法解释赋予了法官灵活机动的讯问权，法官的讯问权在实践中也存在诸多的问题。有的案件，法官对被告人的讯问在公诉人讯问之后律师还没有发问时就开始了；有的案件，法官讯问被告人的次数比控辩双方加起来还要多；有的案件，法官对被告人的讯问明显有利于公诉人。

其次，看看法官对辩护律师发（问）言的限制。按照 1996 年刑事诉讼法的规定，公诉人有权直接讯问被告人，而辩护人向被告人发问，需经审判长许可。当然，是不应该需要审判长许可的（这个规定本身就体现了控辩地位的不平等）。在法庭审判实践中，针对犯罪实施的具体细节，很多法官可以凭借这个批准权以"公诉人已问过的问题，辩护人就不要再问了"，来打断和制止辩护律师的发问。还有很多法官，为了控制庭审的节奏，会提醒辩护律师"拣主要的说"、"不要拖泥带水"、"不要重复相同的辩论观点"，以至于在有些案件中辩护律师在法庭上和法官发生争吵，甚至有的律师还被法官逐出法庭。

5. 被告人依然是法庭调查阶段首先被讯问的对象。这一做法尽管确实有利于审判效率的提高（毕竟，将被告作为首先被讯问的对象，可以使裁判者知道被告承认或否认什么，从而可以迅速澄清本案的争执之所在），但容易滋生诸多弊端，尤其不利于实现控辩双方的平等对抗。控辩平等的真谛在于控辩双方能在法庭审判的过程中进行公平对抗，而不允许任何一方享有比对方更多的程序权利，更不允许任何一方尤其是控方享有特权。将被告人作为法庭调查中首先被讯问的对象，既暗含着——被告人主要是作为协助控方打击犯罪的手段而参与诉讼的——这一逻辑，也显示出检察官具有要求诉讼地位上与其对等的被告人放下武器投降的特权。[①] 由于公诉人讯问被告人承袭了原来审判人员讯问被告人的强制性，但削弱了被告人作出回答的证据基础，因而被告人在改革后的庭审过程中的地位不但没有得到提高，反而被进一步"客体化"了。因此，从被告人的角度来看，与其按照现行法的规定接

[①]　参见李奋飞：《"将讯问被告人作为作为法庭调查的开始"有所不妥》，《法制日报》2006 年 10 月 26 日。

受公诉人的首先讯问，还不如按照 1979 年刑事诉讼法的规定接受审判人员的首先讯问。[①]

（三）法庭审判流于形式的问题至今依然存在

1996 年刑事诉讼法之所以引入带有对抗制色彩的审判方式，最重要的目标就是要解决庭审流于形式的问题。但是，现在看来，庭审流于形式的问题依然是困扰中国刑事审判的头号难题。导致法庭审判流于形式的原因主要是：其一，法庭调查的书面化问题。在中国的刑事法庭上，究竟有多少证人能够"依法"出庭作证？在被法院采纳的证言中，又有多少是通过证人亲自出庭的方式提供的？对于这些问题，我们确实很难给出准确的答案。原因很简单，无论是最高法院，还是地方各级法院，都没有提供准确的数字。不过，无论是理论界还是实务界，都认为证人出庭是我国刑事司法实践中的一个严峻的问题。有人针对 2003 年～2005 年东营中级人民法院刑事案件证人出庭情况进行了调查统计，数据显示，东营中级人民法院刑事证人出庭率处于极低的水平。在 3 年来所审结的 391 件刑事案件中，有证人出庭的案件为 4 件 11 人，证人出庭率为 1%。一位从事法律援助的公职律师在其十余年的律师生涯和近百起刑事案件代理经历中，从未在审判庭上见过控方证人，刑事案件证人不出庭已经成为常例。[②] 虽然，按照 1996 年《刑事诉讼法》第 47 条的规定，证人证言必须在法庭上经过公诉人、被害人和被告人、辩护人双方讯问、质证，听取各方证人的证言并且经过查实以后，才能作为定案的根据。但是，现行的刑事诉讼法确实没有规定——只有证人到庭，证言才能采信。换句话说，无论证人是否出庭作证，都不影响其证据效力。而且，从司法实践的情况来看，法院采纳的证人证言，基本上都是在证人不出庭的情况下提供的。不过，根据 1996 年《刑事诉讼法》第 157 条规定，对未到庭的证人的证言笔录，应当当庭宣读。审判人员应当听取公诉人、当事人和辩护人、诉讼代理人的意见。如果被告人对未到庭的证人提供的证言没有异议，证人出庭或不出庭确实意义不大。但是，如果被告人对某一未到庭的证人提供的证言提出了异议，证人还不出庭的话，问题就比较明显了。因为，证人不出庭，就无法接受控辩双方的交叉盘问，其证言的可靠性也就无法得

---

① 参见孙长永：《探索正当程序》，中国法制出版社 2005 年版，第 477 页。

② 参见易延友：《证人出庭与刑事被告人对质权的保障》，《中国社会科学》2010 年第 2 期。

到有效的审查。如果法院将这种没有经过控辩双方有效审查的证言笔录作为定案的根据，既无法保障被告人的辩护权，也容易出现错误的裁判（因为，即使一个诚实的证人，在他向侦查人员作证的时候，也存在很多发生错误的可能。这种错误，有时是侦查人员的询问方式不当导致的；有时是因为侦查人员在制作证言笔录时加入了自己的"主观意志"，有意无意地"添上"了一些对被告人不利的证言笔录，而删去了一些有利于被告人的证言；等等）。因此，法庭审判时，控方宣读的一些证言笔录，不可避免地会出现内容不全面甚至完全失实的情况。

以控方宣读笔录为主导的证据调查方式，不仅会限制乃至剥夺辩护人对证人进行当庭质证的机会，也将会造成法庭审理程序基本上流于形式，使审判程序成为对侦查案卷笔录的审查和确认。① 这里，有一个典型的例证就是，刑事审判出现了所谓的"双高现象"：高速度和高定罪率。有学者对 31 起刑事审判的庭审时间进行了计算，按照普通程序审理的刑事案件平均为 139.8 分钟（约 2 小时 20 分钟），其中基层人民法院的平均审理时间为 114.8 分钟（约 1 小时 55 分钟），中级人民法院的平均审理时间为 196.7 分钟（约 2 小时 37 分钟）。需要提请注意的是，这 31 起案件有 9 件是对共同被告人审理的案件，如果以单个被告人来计算，庭审的平均时间要更少，还不到一个半小时。另外，根据《中国法律年鉴》和《最高人民法院工作报告》所提供的数据，从 2002 年至 2006 年这五年间，我国无罪判决的平均比率为 0.32%，即平均有罪判决率为 99.68%。换句话说，1 000 名被告人中约有 3 名被告人被判无罪。②

其二，法官"庭后阅卷"的问题。尽管 1996 年的刑事诉讼法限制了检察机关向法院移送卷宗的范围，但是并没有废止案卷移送制度。在案卷移送问题上，1998 年《六机关规定》确立了庭审后移送案卷笔录的做法。按照 1998 年《六机关规定》第 42 条的规定，人民检察院对于在法庭上出示、宣

---

① 对此，林钰雄教授曾经作出过这样的评论——侦讯笔录的记载，断简残篇、不一而足，单单借由朗读侦讯笔录，根本难以还原证人当初陈述时的氛围……承认此种证据之替代品，本来功能不同的侦查程序与审判程序，容易变成接力赛关系，即由侦讯官员先跑完前段，再交棒给法院，由法院接力跑完后段。参见林钰雄：《严格证明与刑事证据》，新学林出版股份有限公司 2002 年版，第 51—52 页。

② 参见李昌盛：《缺乏对抗的"被告人说话式"审判——对我国"控辩式"刑事审判的实证考察》，《现代法学》2008 年第 6 期。

读、播放的证据材料应当当庭移交人民法院，确实无法当庭移交的，应当在休庭后 3 日内移交。对于在法庭上出示、宣读、播放未到庭证人的证言的，如果该证人提供过不同的证言，人民检察院应当将该证人的全部证言在休庭后 3 日内移交。考虑到检察官通常是携带全部案件材料出庭支持公诉的，他们对所有证据材料的出示也主要是通过宣读案卷笔录的方式来进行的，因此，所谓"在法庭上出示、宣读、播放的证据材料"，其实也主要是侦查机关制作的原始案件笔录。加之，中国的法院大多都是采用"定期宣判"而非当庭宣判的做法①，由侦查机关制作并经检察机关整理和补充的审前卷宗笔录就这样如潮水般涌入到法官心证的门口，并可以轻而易举地转化为"定案的根据"。对于这种"庭后阅卷"所存在的弊端，陈瑞华教授曾给予了非常严厉的批评。在他看来，法官"庭后阅卷"的"实质依然是通过秘密地、单方面地阅览控诉方的案卷材料，在辩护方无法到场也无法申辩的情况下形成自己的裁判结论，法庭上经过质证和辩论的证据材料被法官弃置不问，而没有经过法庭上质证、辩论的材料却成为法官形成其'内心确信'的根据。这显然会导致辩护方受到不公正的对待，违背'同时听取控辩双方意见'的'自然正义'法则。另一方面，法官由于有庭后阅卷作为裁判的'依靠'，往往会忽视法庭审判的过程，对控辩双方的举证、质证、辩论等活动不予关注，放弃了在法庭上审查证据、认定事实的责任，甚至视法庭审判为儿戏，明目张胆地走过场、走形式。这种新的导致法庭审判流于形式的做法也背离了进行审判方式改革的初衷。有鉴于此，'庭后阅卷'的做法一直被法学界和司法界视为审判方式改革的最大危险之一，而受到普遍的批评"②。

（四）审判程序的行政化运作

新的审判程序实施以来，大多数法院的管理方式几乎没有发生任何实质上的变化。刑事审判程序的运作依旧具有行政化的特点，主要体现在以下几个方面：其一，法官管理制度。即使到了现在，中国对法官的管理仍然沿用

① 在陈瑞华教授看来，中国的刑事审判制度经过二十多年的生长和发育，虽经过不断的改革和完善，却始终没有形成一种通过法庭审理过程来形成裁判结论的机制和文化。具体而言，法院对刑事案件举行的短暂而快速的法庭审理程序，带有明显的象征意味和剧场效应，主要是发挥法制宣传作用，以"教育旁听的公众自觉遵守法律，并与犯罪行为展开斗争"，或者至多是为完成定罪程序而不得不履行的法律手续。参见陈瑞华：《刑事诉讼的中国模式》，第 150 页。

② 陈瑞华：《刑事诉讼的前沿问题》，第 380 页。

公务员的管理办法，在制度设计上不能体现法官职业的特殊性。如，尽管《中华人民共和国法官法》专门规定了法官级别（法官分为十二级），但这一规定很大程度上仍未摆脱法官行政化色彩，目前法院的法官仍然适用全国统一的行政级别，即凡法院在编的工作人员不论是从事法院后勤工作，还是从事人事或审判工作，每一个人都纳入统一的行政等级体系之中，审判员有副科级、科级、副处级、处级、副厅级、厅级和副部级、部级之分。[1] 其二，案件审批制度。作为一种很有特色的行政管理方式，审批制度在我国不少法院仍然在相当普遍地实行着，案件在独任审判员或合议庭审理之后作出判决前，主审人员必须将案件审理的具体意见上报主管的行政业务领导，庭长或副庭长对该处理意见审查之后，应当作出批示，或者指出案件审理还存在什么问题，或者指出认定某个事实的证据不足，或者同意合议庭的意见。如果庭长或主管副庭长认为处理意见还存在问题，承办人员就要按照庭长或主管副庭长所批的意见继续进行审理或调查。[2] 因此，从形式上看，庭长、院长审核、签发裁判文书，只是其行使审判管理和监督权的一种方式，但从本质上看，审判组织的裁判意见只有经过庭长、院长的批准、确认，才能变成实际的裁判结果。[3] 案件审批制度造成拥有审理权的合议庭法官却没有判决决定权，而拥有裁判决定权的院长、庭长一般不参与案件的直接审理，这样不仅规避和危害了一些重要诉讼制度，诸如回避、公开审判等制度，虚化了程序法，淡漠了人们的程序法意识，从而损害了程序法的应有功能，也造成"先定后审"、"先判后审"、"审判分离"的局面。其三，审判委员会制度。自创立以来，审判委员会制度在解决纠纷、惩治打击犯罪、保护无辜方面确实发挥了一定的作用。但是，目前审判委员会的运行是行政式的，审判委员会一般由院长、副院长、主要业务庭庭长和研究室主任或者资深法官组成，有的地方还有纪检、政工、办公室的负责人参加，而院长、副院长、庭长都是法院的行政领导。审判委员会也就成了由院一级行政领导和部分庭一级行

---

[1]　参见张卫平：《论我国法院体制的非行政化》，《法商研究》2000 年第 3 期。

[2]　参见张卫平：《论我国法院体制的非行政化》，《法商研究》2000 年第 3 期。

[3]　当然，庭长、院长对重新审判后的意见不同意，并不一定会明确表示反对，相反，他们的批示意见往往是比较模糊的，或者根本就不批示而是"暗示"。一方面，这样便于推脱责任，如果案件错了，可以解释自己的意图；而另一方面，毕竟有法律的正式制度的制约，他们并非法定的作出案件决定的人或组织。参见苏力：《论法院的审判职能与行政管理》，《中外法学》1999 年第 5 期。

政领导组成的审判组织，具有明显的"行政会议"的特征。"法院院长往往在遇到疑难复杂重大案件时（甚至未经合议庭评议）就提交给法院党组，或党的政法委，或党委政府，或这些单位的领导人，避开了审判委员会；尔后，又把有关党政部门及其领导的意见带回合议庭和审判委员会……"[①] 在司法实践中，审判委员会、法院行政领导几乎可以随时干预独任庭、合议庭审判案件，这使得合议庭制度、独任审判制度流于形式，法官独立更是无从谈起；其四，案件处理过程中上下级法院之间的"沟通"。尽管根据宪法和法院组织法的规定，上下级法院属于监督和被监督的关系，而不是像检察机关那样属于领导与被领导的关系，也尽管上级法院对下级法院的监督并不代表上级法院的法官就可以干预下级法院法官的审判活动，更不代表上级法院的法官比下级法院的法官高明。上级法院对下级法院行使监督权的法定方式同样应受"不告不理原则"的限制，即以"诉"的存在——上诉或抗诉——为前提。换句话说，只有在下级法院的裁判作出后，有上诉权的人提出上诉或检察机关提出抗诉的，二审法院才能依法进行审理。但是，在司法实践中，上下级法院之间广泛存在的事先"沟通"已经完全背离上述法律准则的基本要求。例如，下级法院通常愿意在自己审理的一审案件未作出裁判之前，请示上级法院发表所谓的"指导意见"；上级法院在很多情况下也乐意就案件的处理问题作出指示、批示或者指导。遇有影响较大的案件，上级法院甚至还会主动向下级法院发布指导性意见。这种司法体制下的下级法官为了自己的生计、升迁，不得不放下"法官"神圣的尊严，与上级法官进行所谓的交流、沟通，希望上级法院能够提供"指导意见"。上级法院基于权力欲也乐于为下级法官提供指导，这样上下沟通、未决先请，使得一审法院作出的判决实际上成了上下级法院"合谋"的结果。更为严重的是，"错案追究制"加剧了这种司法运作中的"潜规则"，这导致下级法院在遇到比较复杂或者当事人有可能上诉的案件时就不得不向无论才学还是经验都有可能远逊于自己的上级请教，尽管极不情愿，但迫于无奈其还是屈尊、迎合。显然，在案件审理过程中，上下级法院之间存在的"沟通"现象，不仅已经严重危及上诉制度甚至"两审终审制"的正常运行，也使得法院的独立审判化

[①]　张步文：《审判委员会制度亟待改革》，《中国律师》1997 年第 10 期。

为泡影。

四、中国刑事审判制度的未来

如前所述，中国 1996 年刑事诉讼法所确立的"控辩式审判"在运作中仍然存在着诸多问题，尤其是庭审的形式化至今未能解决。于是，有些学者开始质疑改革当时所选定的对抗制目标，甚至认为以英美对抗式审判为改革目标是个错误的选择。也有学者认为，虽然 1996 年所确立的"控辩式审判"并没有实现改革的预期目标，但这是由多种因素所造成的，不能据此认为加强刑事审判对抗性的方向是错误的。在该学者看来，之所以应该坚持借鉴对抗制的改革方向，是因为：从两大法系刑事司法长时间的历史演进轨迹来看，借鉴对抗制改造审判方式及诉讼结构，是一个总体趋势；加强刑事审判的对抗性，是进一步深化改革的需要；加强刑事审判的对抗性，是提升司法公正和司法公信力的需要。中国坚持对抗制的改革方向不仅有上述必要性，同时，我国具备进一步推进对抗制改革的经济、政治、文化和法律条件。考虑到对抗式诉讼相对于其他诉讼模式来说具有巨大的比较优势，也考虑到对抗式诉讼模式更符合当下刑事诉讼理论的新发展[1]，我们也认为，中国刑事审判方式改革应当继续朝对抗制诉讼模式发展。[2] 不过，无论是继续深化对抗制的改革，还是准备回归到旧的职权主义，我们都要在案件审理中确保法庭审判"实质化"。为此，我们必须遵循司法的规律，来重建中国的司法制度。具体而言，就刑事普通程序而言，应当重点从以下几个方面加强程序建设和制度改革：

（一）废止现行的案卷移送方式

法官预断既是公正审判的大敌，也是庭审功能弱化的原因。法官预断的主要原因是庭前阅卷。为排除法官预断，必须废止现行法所规定的案卷移送

---

① 参见陈卫东、张月满：《对抗式诉讼模式研究》，《中国法学》2009 年第 5 期。

② 2012 年刑事诉讼法对庭前移送案卷制度的恢复，意味着 1996 年旨在吸收当事人主义对抗要素的改革宣告终止。在其背后，其实存在着法院通过阅卷来形成裁判结论的司法文化。从 1979 年到 2012 年的改革实践证明，不彻底破除案卷中心主义的审判方式，不将公诉方的案卷笔录阻挡在一审法院、二审法院、死刑复核法院乃至再审法院的大门之外，法庭审判流于形式的问题就不可能得到根本解决，中国的刑事审判制度也就不可能发生实质性的变化。参见陈瑞华：《案卷移送制度的演变与反思》，《政法论坛》2012 年第 5 期。

制度，防止法官在开庭前接触、查阅任何案卷笔录和证据材料，从而彻底割断侦查与法庭审判程序之间的联系。具体可以考虑借鉴日本的起诉书一本主义，这可以说是对抗制改革能够取得成功的根本关键。

按照起诉状一本主义要求，检察官在向法庭提起公诉时，既不能向法庭移送侦查中形成的笔录和收集的证据，如犯罪嫌疑人的供述或辩解笔录、勘验、检查笔录、鉴定书以及司法警察制作的案件移送书，检察官制作的逮捕请求书或羁押证请求书、被害人等的控告书等，一般也不允许在起诉书中记载被告人的前科、学历、经历、性格以及犯罪动机和目的等情况。在起诉状一本主义的背景下，法官将没有卷证可借以预知案情，也就不会对被告形成有罪预断，审判将从推定被告无罪之基点出发，除非检察官当庭积极举证，致使法官深信被告有罪至已无任何可疑事由存在之程度，否则纵然被告未曾为自己作任何无罪之举证、辩护，法院仍应作出被告无罪之判决，如此被告无须自证其罪，无罪推定原则始算落实。而且在这种情况下，法官为形成正确的心证，必然会更加注重当庭认真地听诉，直接言词审理精神也会因此得到真正的贯彻。尤为重要的是，由于法官在审判前看不到相关证据，则法官无从依职权调查，如讯问被告人，展示物证和询问证人，法官的主要精力在于认真了解双方提出的证据、通过主询问和交叉询问所反映出的案件事实及双方的主张，判断证据的真伪和案情的证明程度，扮演好裁决者角色，这就不至于使法官的举动招致被告人及其辩护人的误解甚至诘难。这就有效地满足了法官的中立、消极等程序正义要求。

（二）对讯问被告人程序进行修正

由控方首先讯问被告人存在诸多弊端，适当的程序设计应当是，赋予被告人选择陈述的自由，在将"讯问"一律改为"询问"的同时，将"询问"被告人这一环节——如果被告人愿意就案件事实进行陈述的话——置于法庭调查的最后，并先由辩护人在审判长的主持下进行主询问，然后才能由公诉人进行反对询问。与这一改革相配套，还可以考虑调整法庭上被告人的位置，变"目前被告人直接面对裁判者"为"被告人与辩护律师坐在一起"。中国人民大学诉讼制度与司法改革研究小组曾在厦门、驻马店、西宁三地召开过"重罪案件庭审演示研讨会"，向与会代表展示了一个新的法庭布局。在演示会上，被告人穿着西服，打着领带，并与被告人的辩护律师坐在一起。这样的法庭布局不仅可以充分体现"控辩式"审判模式的三角形诉讼结构，也更加有利于保障被告人的辩护权，便于辩护人对法庭中出现的新情况与被告人进行交流。不仅如此，从心理学的角度来讲，让被告人与他的辩护律师坐在一起，也有利于增强他的安全感。

（三）保障证人出庭作证

要使中国的法庭审判摆脱"案卷笔录中心主义"的审判方式，就必须保障证人出庭作证。首先，需要明确证人出庭作证的案件范围。要想保障证人、鉴定人出庭，必须在原则上明确证人必须出庭的情况下，确立证人可以不出庭的例外。也就是说，要划清其边界。比如，按照简易程序审理的案件，是否可以考虑不再让证人出庭；再如，对于被告人认罪的案件，是否也可以考虑不再让证人出庭；又如，在被告人不认罪的案件中，如控辩双方对某证人证言笔录没有任何争议，也可以考虑不再让该证人出庭；如果法官个人认为某证人非常关键，也可以要求证人出庭，但原则上双方都不可要求例外；等等。

2012 年修正后《刑事诉讼法》第 187 条规定："公诉人、当事人或者辩护人、诉讼代理人对证人证言有异议，且该证人证言对案件定罪量刑有重大影响，人民法院认为证人有必要出庭作证的，证人应当出庭作证。人民警察就其执行职务时目击的犯罪情况作为证人出庭作证，适用前款规定"。此外，该条还对鉴定人的出庭问题作了明确规定，即，公诉人、当事人或者辩护人、诉讼代理人对鉴定意见有异议，人民法院认为鉴定人有必要出庭的，鉴定人应当出庭作证。经人民法院通知，鉴定人拒不出庭作证的，鉴定意见不得作为定案的根据。但是，对于鉴定人出庭作证的范围、不出庭作证的后果、出庭鉴定人的保护等问题，该条并没有给出明确的规范。通过对这些问题的探讨，提出相应的建议，以期新法对鉴定人出庭作证制度的规定更加完善，更具操作性。

其次，可以规定证人该出庭而不出庭的，证言笔录无效。有了这样的程序制裁，证人出庭才可以得到有效保障。再次，可以考虑建立证人强制作证制度，即明确规定证人无正当理由拒绝出庭作证的强制措施和法律后果。2012 年修正后的《刑事诉讼法》第 188 条规定，经人民法院通知，证人没有正当理由不出庭作证的，人民法院可以强制其到庭，但是被告人的配偶、父母、子女除外。证人没有正当理由拒绝出庭或者出庭后拒绝作证的，予以训诫，情节严重的，经院长批准，处以 10 日以下的拘留。被处罚人对拘留决定不服的，可以向上一级人民法院申请复议。复议期间不停止执行。强制证人出庭作证条款的出台，对于解决证人不愿意出庭作证问题无疑是有所裨益的。

最后，可以考虑增加一些证人出庭作证的保护和补偿措施。应该说，1996 年《刑事诉讼法》尽管也对证人的权利保护问题作了规定，如，根据1996 年《刑事诉讼法》第 49 条的规定，人民法院、人民检察院和公安机关应当保障证人及其近亲属的安全，对证人及其近亲属进行威胁、侮辱、殴打或者打击报复，构成犯罪的，依法追究责任；不构成刑事处罚的，依法给予治安管理处罚。但问题是，上述规定过于原则，缺乏基本的可操作性。如，保护证人从什么时间开始？到什么时间结束？公、检、法机关应当保护证人而不去保护，或者证人要求保护而这些部门动作迟缓、保障无力造成证人受损，应当承担什么样的法律后果？这一切，都无法有效防止证人不受非法打击或侵害。因此，为保证证人出庭，必须完善证人保护制度。2012 年修正后的刑事诉讼法细化了证人保护的措施。按照 2012 年修改后的《刑事诉讼法》第 62 条规定，"对于危害国家安全犯罪、恐怖活动犯罪、黑社会性质的组织犯罪、毒品犯罪等案件，证人、鉴定人、被害人因在诉讼中作证，本人或者其近亲属的人身安全面临危险的，人民法院、人民检察院和公安机关应当采取以下一项或者多项保护措施：（一）不公开真实姓名、住址和工作单位等个人信息；（二）采取不暴露外貌、真实声音等出庭作证措施；（三）禁止特定的人员接触证人、鉴定人、被害人及其近亲属；（四）对人身和住宅采取专门性保护措施；（五）其他必要的保护措施。证人、鉴定人、被害人认为因在诉讼中作证，本人或者其近亲属的人身安全面临危险的，可以向人民法院、人民检察院、公安机关请求予以保护。人民法院、人民检察院、公安机关依法采取保护措施，有关单位和个人应当配合。"2012 年 12 月 26 日最高人民法院、最高人民检察院、公安部、国家安全部、司法部、全国人大常委会法制工作委员会联合发布的《关于实施刑事诉讼法若干问题的规定》第 12 条规定：人民法院、人民检察院和公安机关依法决定不公开证人、鉴定人、被害人的真实姓名、住址和工作单位等个人信息的，可以在判决书、裁定书、起诉书、询问笔录等法律文书、证据材料中使用化名等代替证人、鉴定人、被害人的个人信息。但是，应当书面说明使用化名的情况并标明密级，单独成卷。辩护律师经法庭许可，查阅对证人、鉴定人、被害人使用化名情况的，应当签署保密承诺书。这些规定都是对证人保护措施的细化。此外，2012年《刑事诉讼法》第63条还规定："证人因履行作证义务而支出的交通、住宿、就餐等费用，应当给予补助。证人作证的补助列入司法机关业务经费，由同级政府财政予以保障。有工作单位的证人作证，所在单位不得克扣或者变相克扣其工资、奖金及其他福利待遇。"此项法律条款的出台，从经济补偿方面鼓励证人出庭作证，更有效地维护了证人的合法权益。但是，2012年修正后的刑事诉讼法仍然没有专门设立证人保护机关。表面上看，三机关都有义务保护证人更有利于对证人的权利保护，但实际上，由于法律并没有明确规定三机关各自在什么情况下保护证人，很容易滋生相互推诿的问题，其结果是保护证人的义务无法得到很好的落实。因此，我们建议，可以考虑借鉴有关国家的做法，设立专门的证人保护机构，负责证人安全的总体协调。该机关应有专门的保护人员，负责具体案件的证人保护，当需要公安司法机关配合的时候，公安司法机关应当执行证人保护的部分任务。

（四）扩大法律援助的范围，提高律师的参与能力

虽然，1996年修正后的刑事诉讼法适应诉讼民主化的需要扩大了"必要的指定辩护"的范围：不仅在盲、聋、哑、限制行为能力人以及开庭审理时不满18周岁的未成年人的案件中，而且在被告人可能被判处死刑而没有委托辩护人的案件中，人民法院均应指定承担法律援助义务的律师为其提供辩护。2012年修正后的刑事诉讼法又进一步扩大了指定辩护的范围，其中，第34条第3款规定，犯罪嫌疑人、被告人可能被判处无期徒刑、死刑而没有委托辩护人的，人民法院、人民检察院和公安机关应当通知法律援助机构指派律师为其提供辩护。但是，与对抗制审判的要求相比，中国法律援助制度的适用范围仍然显得过于狭窄。因此，我们认为，应当完善我国的刑事法律援助制度，尤其是应扩展受援阶段，将犯罪嫌疑人也纳入法律援助的对象范围，确保被追诉人在侦查阶段的律师帮助权。当然，根据我国的政治、经济、文化、历史条件等方面的具体情况，这一目标可以逐步分阶段予以实现。比如，在中国现阶段，我们可以确保属于审判阶段应当指定辩护人的案

件在侦查阶段使犯罪嫌疑人获得法律援助，即确保盲、聋、哑、限制行为能力的犯罪嫌疑人以及可能被判处无期徒刑、死刑的犯罪嫌疑人，在因经济原因不能支付律师费用的情况下，获得免费的律师帮助。除此之外，还应当赋予辩护律师更多的诉讼权利。首先，应赋予辩护律师在侦查机关讯问犯罪嫌疑人时在场的权利。其次，还可以考虑赋予律师在侦查阶段调查取证的权利。需要指出的是，2012 年修正后的刑事诉讼法已经明确了辩护律师在侦查阶段的调查取证权。这首先是因为，该法第 33 条已经明确了律师在侦查阶段的辩护人身份。按照该条的规定，犯罪嫌疑人自被侦查机关第一次讯问或者采取强制措施之日起，有权委托辩护人；在侦查期间，只能委托律师作为辩护人。被告人有权随时委托辩护人。该法第 36 条也规定，辩护律师在侦查期间可以向侦查机关了解犯罪嫌疑人涉嫌的罪名和案件有关情况，并提出意见。此外，该法第 41 条还规定，辩护律师经证人或者其他有关单位和个人同意，可以向他们收集与本案有关的材料，也可以申请人民检察院、人民法院收集、调取证据，或者申请人民法院通知证人出庭作证。

（五）建立证据开示制度

为了保障对抗式审判的顺利进行，确保控辩双方尽可能做到"平等武装"，必须建立证据开示制度。这种开示当然应是双向的。首先，确立控诉方向被告方的展示义务是非常必要的。一般来说，凡是在侦查、起诉过程中获得的与案件指控事实有关的证据材料，无论是有利于被告人的证据，还是不利于被告人的证据，只要辩护方提出申请，原则上都应当成为证据展示的范围。其次，为了防止辩护方在庭审时搞"突然袭击"，对于其准备在法庭上出示的证据，也有必要向控诉方展示，不过，由于辩护一方在刑事诉讼中的职能所系，他没有义务向控诉一方展示不利于其的证据。2012 年修正后的刑事诉讼法也对辩方的展示义务作了明确规定。按照该法第 40 条的规定，辩护人收集的有关犯罪嫌疑人不在犯罪现场、未达到刑事责任年龄、属于依法不负刑事责任的精神病人的证据，应当及时告知公安机关、人民检察院。

（六）完善交叉询问制度

交叉询问制度是英美法系国家刑事审判中为查明案件事实而广泛采用的庭审方法，是英美法系国家当事人进行主义刑事诉讼制度运作的主轴。交叉询问与其他庭审方式相比更能发现真实、克服偏见,纵使是法官在庭审中占据主导地位的大陆法系国家,也在其立法和庭审中规定了交叉询问制度。我国现行司法解释中亦规定了部分交叉询问规则,但交叉询问制度的设计与英美法系的交叉询问规则大相径庭,现实中并不能真正发挥交叉询问制度应有的效用。借鉴英美法系成熟的交叉询问规则,结合我国现行的刑事司法运作现状,重构中国的交叉询问制度实属紧迫和必要。这里,最重要的是,对被询问人进行己方证人和他方证人的区分,落实控辩双方在庭审中的主询问和反询问的主体地位。另外,不再一律绝对禁止诱导性提问,而只是禁止主询问中进行诱导性询问,反询问过程中正是要通过诱导性询问降低证人的可信度,不断印证证人就案件事实所作陈述的真实性。包括《美国联邦证据规则》在内的英美法系国家关于不当询问和不当回答具体情形的明确规定,为我们建构异议规则提供了立法参考。借鉴英美法系国家详尽的异议理由,对我国立法中"发问的方式与本案无关"和"发问方式不当"两个笼统的异议理由进行充实和修补,能够将异议规则具体化、规范化,使我国的交叉询问规则趋于完善。①

（七）确立集中审理原则

所谓集中审理原则,是指"法院开庭审理案件,应在不更换审判人员的条件下连续进行,不得中断审理的诉讼原则"。该原则要求法庭对每个刑事案件的审理,除了必要的休息时间外,原则上应当是不中断地连续进行。换言之,法庭审理案件从开庭到判决应当尽可能地一气呵成,不应中断。2002年8月12日,最高人民法院公布了《关于人民法院合议庭工作的若干规定》（以下简称《规定》）,并自2002年8月17日起实施。《规定》尤其引人注目之处,是第3条关于合议庭成员不得更换的规定、第9条关于评议案件时限的规定以及第14条关于裁判文书制作期限的规定,上述内容突破了现行法律的规定,体现了集中审理原则的精神,是一个巨大的进步,对于实现审判公正、提高审判效率具有重要意义。但上述规定与集中审理原则的要求仍有一定的距离。我们认为,为充分发挥合议庭的作用,进一步强化庭审功能,应确立并贯彻集中审理原则。为此,应进一步建立法官、人民陪审员更换与庭审更新制

---

① 有关该问题的详细讨论,请参见陈卫东、王静:《我国刑事庭审中交叉询问规则之重构》,《人民检察》2007年第22期。

度，进行集中的证据调查与法庭辩论，实行审判合一并提高当庭宣判率。[①]

（八）规范法官的庭外调查权

根据我国的特殊国情，对我国法官的庭外调查权应当予以保留。这是因为，在我国刑事诉讼中，控辩双方的举证能力有着天然的差距，不仅强制措施的适用大都是由控诉机关自行决定而无须司法审查，绝大多数犯罪嫌疑人、被告人在判决前都被适用了强制措施，人身自由受到限制，而且我国法律援助范围非常小，很多犯罪嫌疑人、被告人得不到律师帮助，即使是有律师作为辩护人，辩护律师在现实中取证也是困难重重，在这种情况下，如果我们完全取消法官进行庭外证据调查的权力，既不利于案件事实的查明，也不利于保障被告人的合法权益，实现控辩双方的平等对抗，甚至使司法实践产生混乱。因此，在我国现有的国情下，保留法官的庭外证据调查权是必要的。但是，如果不对我国现行法官的庭外调查权进行改造，立法者的良好愿望就可能落空。在我们看来，改造中国法官的庭外调查权，需要从以下几个方面着手：首先，应当将我国现行法官的庭外调查权改造成为真正受到"诉讼程序"约束的权力，这是我国法官庭外调查权正当化的关键所在。其次，法官进行庭外调查的手段不应限于法律规定的勘验、检查、扣押、鉴定和查询、冻结等六种手段，在对证人证言和被害人陈述进行保全时，还可以采取询问证人、被害人的方式。最后，对于通过庭外调查所取得的证据，应当由控辩双方出示并发表质证意见才能作为定案证据。[②]

（九）实现程序的繁简分流

考虑到上述诸多改革措施的贯彻实施，会导致中国刑事审判程序的对抗性越来越强，并将导致普通程序的运作越来越烦琐、复杂，从而必将加剧司法资源利用的紧张状态。因此，在主张深化对抗制改革的同时，不能忽视程序的繁简分流，并使不同案件获得不同的程序保障。中国 1996 年修正后的刑事诉讼法虽然明确增设了简易程序，但是，由于受立法本身和司法现实的制约，简易程序适用范围仍然过于狭窄。从目前司法实践的情况来看，简易

---

① 有关该问题的详细讨论，请参见陈卫东、刘计划：《集中审理原则与合议庭功能的强化》，《中国法学》2003 年第 1 期。

② 有关该问题的详细讨论，请参见李奋飞：《刑事诉讼中的法官庭外调查权》，《国家检察官学院学报》2004 年第 1 期。

程序在全国各地的适用并不平衡，大部分法院都没能很好地适用简易程序，其适用率达到 30％的法院还不是很多，因而也就不能有效地发挥程序分流的功能，立法意图也没能得到很好的实现。在目前这个社会大转型时期，中国正面临着案件发生率居高不下的问题，许多法院都普遍感到现有的简易程序不足以应对案件积压问题，而力推刑事案件普通程序的简化审理。其基本的做法就是，对于那些适用刑事诉讼法规定的普通程序审理的案件，在事实清楚、证据确实充分的情况下，如果检察官、被告人及其辩护人无异议，法庭也同意，法院通常可以进行简化审理。从本质上说，刑事案件普通程序简化审理并不是一种新的审理程序，而是在普通程序的框架内对庭审方式的灵活掌握，哪些程序可以简化，哪些程序不能简化，基本上是由法官自由裁量。从总体上来看，对于公正与效率二者的关系，我国目前的刑事审判处理得并不是很好。不仅表现在，有的案件，特别是那些广受关注的"大案"、"要案"，本来是应当最大限度地保障公正审判的，法院有时居然会"反其道而行之"，去追求什么效率，致使这些具有重大"影响性"的案件没有实现"最低限度的程序公正"。而有的案件，法院本来是应当追求效率的，却效率不高，也未能保障基本的公正。要改变目前中国刑事审判所存在的这种对所有案件总体上"不分简繁、平均用力"的情况，未来的刑事诉讼法修改就必须采取包括建构速决程序在内的措施尽力实现程序的繁简分流。[①] 2012 年修正后的《刑事诉讼法》明显扩大了简易程序的适用范围。该法第 208 条规定："基层人民法院管辖的案件，符合下列条件的，可以适用简易程序审判：（一）案件事实清楚、证据充分的；（二）被告人承认自己所犯罪行，对指控的犯罪事实没有异议的；（三）被告人对适用简易程序没有异议的。"据此，简易程序的适用范围已扩大至基层人民法院管辖的除了危害国家安全、恐怖活动案件和可能判处无期徒刑、死刑的案件以外的所有一审刑事案件，当然还需要满足其他的条件。比如，对于被告人是盲、聋、哑人，或者是尚未完全丧失辨认或者控制自己行为能力的精神病人的、案件有重大社会影响的以及共同犯罪案件中部分被告人不认罪或者对适用简易程序有异议的，也不能适用简易程序。简易程序适用范围的扩大，能够使绝大多数刑事案件得到快

[①]　有关该问题的详细讨论，请参见李奋飞：《失灵——中国刑事程序的当代命运》，上海三联书店 2009 年版，第 145 页。

速及时地审理，从而必将大大提高审判效率。

五、结语

当然，要重建中国的刑事审判制度，除了要对诉讼程序进行理性选择之外，还应该重新建构中国的司法制度，尤其是要使法院体制摆脱行政化倾向。我国法院体制的行政化问题，有着复杂的历史原因和现实原因。要使其去行政化，显然无法做到"毕其功于一役"。目前，应当以体制现实为出发点，步步为营、稳扎稳打、全面规划、分次实施，最终实现中国法院体制的平稳革新。目前，可以考虑以改革审判委员会为突破口。基于对审判委员会制度所存弊端的认识，不少学者都提出了改革审判委员会制度的设想。例如，有人提出，应当继续缩小审判委员会讨论案件的范围和减少其数量；有人建议，改革审判委员会的组织机构和人员构成，充分贯彻审判专业化分工的思想，还原审判委员会所具有的行政会议的特征。也有人认为，审判委员会要客观、全面地了解案情，就应当亲自参与所讨论案件的开庭审理或者参加旁听，没有参加旁听或者审理的审判委员会委员不得参加审判委员会会议。还有学者认为，除了应对审判委员会的人员构成进行重新设计以外，还必须对诸如法院院长、副院长的职责、业务庭庭长的权力范围、司法行政主管与法官个人之间的关系等方面的事项加以重新确定。[①] 我们认为，还可以考虑从程序上对审判委员会制度进行改造，即在审判委员会讨论案件时允许控辩双方到场发表意见。

另外，为了给审判制度和司法制度的改革创造条件，还需要促进司法理念的更新。具体而言，主要包括以下几个方面：其一，要从传统的重打击轻保护，转变为打击与保护并重。整个刑事诉讼的功能，就是解决打击和保护的问题，打击就是打击犯罪，保护就是保护公民、保障人权。这种理念在我们国家曾有片面的认识，我们过去把公、检、法视为一种专政的工具，认为其功能就是打击，而忽视了保护的问题。现在我们强调这二者并重，以使我们的司法更加文明，尤其要在保护上多下力气，多做文章，因为我们在打击方面历来有着非常优良的传统。其二，要从重实体公正、轻程序公正转变为

[①]　有关该问题的详细讨论，参见陈瑞华：《正义的误区——评法院审判委员会制度》，《北大法律评论》第 1 卷第 2 期。

更加重视程序公正，特别是在程序公正和实体公正发生冲突的时候要以程序公正为优先。这是因为：首先，程序公正是实现实体公正的保障，没有程序公正就没有实体公正。其次，程序公正本身就是司法公正的重要组成部分。最后，实体不公可以通过二审和再审程序得到改正，而程序不公则不然，它具有不可恢复性。比如，超期羁押对于当事人的损害就是无法弥补的。其三，要从客观真实观转向法律真实观。传统的客观真实尽管有一定的合理性，但它将刑事诉讼活动仅仅看成是一种认识活动，抹杀了诉讼中的认识活动与历史学家视野下的认识活动之间的界限，并且将这种以"重构已然事件"为目标的认识活动绝对化，不仅不符合认识的发展规律，也排除了人的主观性以及其他诉讼价值存在的可能性。相比较而言，"法律真实说"能够较为恰当地表述刑事诉讼所认定事实的准确性程度，符合刑事诉讼的性质，能合理地解决实体公正价值与程序公正价值之间的冲突。尤其是，"法律真实说"具有可操作性，符合认识发展的规律。①

---

① 有关该问题的详细讨论，参见李奋飞：《对"客观真实观"的几点批判》，《政法论丛》2006 年第 3 期。

第五章

我国陪审制度的功能及其实现

现代陪审制度的功能主要表现在，透过普通公民参与审判活动，表达民意以实现司法民主、制衡法官以避免司法擅断、扩大审判公开以促进司法公正、阻遏司法异化以保护自由等方面。基于自身重大的功能，陪审制度不仅在一直实行该制度的国家彰显活力，而且近年来在俄罗斯、西班牙、日本、韩国等国被相继引入或重建。① 可见，即便在法官职业化高度发展的现代法治国家，陪审制度依然具有独特的价值与强盛的生命力。我国人民陪审制度蕴藏着三重重要的功能，然而制度建构不足导致其功能隐而不显，进而于制度层面备受质疑。本章拟探讨我国陪审制度的功能，并提出若干改造建言，但求助益于我国陪审制度的完善。

一、我国陪审制度的政治意蕴与司法功能

陪审作为一项司法制度，是民主政治的成果与体现，是一种实现公民政治参与的基本形式，因此也是一项政治制度。我国坚持人民陪审制度，乃实现司法民主与政治民主、建立司法制度民主基础的重要机制与根本要求。党的十七大报告首次把民主理念扩展到了"从各个层次、各个领域扩大公民有序政治参与"的新高度，提出"坚持国家一切权力属于人民，从各个层次、

---

① 如俄罗斯于 1991 年引入陪审团制度；西班牙于 1995 年颁布《陪审团法》；日本于 2004 年 5 月 21 日制定《关于裁判员参加刑事审判的法律》，并于 2006 年 12 月 22 日正式向社会公布了最终修改稿，这项法律自 2009 年开始实施，原有的陪审员法被其取代；韩国于 2007 年 6 月 1 日制定颁布《关于国民参与刑事诉讼的法律》，自 2008 年 1 月 1 日开始实施，从而在刑事诉讼中正式引入陪审团审判制度。

各个领域扩大公民有序政治参与，最广泛地动员和组织人民依法管理国家事务和社会事务、管理经济和文化事业"，"保障人民的知情权、参与权、表达权、监督权"，进一步加大了解决扩大公民有序政治参与问题的力度，对社会公平正义赋予了民主新意。人民陪审制度使得普通公民能够普遍地直接行使审判权，因此是一种实现直接民主与政治参与的极好形式，契合十七大的要求，故具有重要的政治意蕴。人民陪审制度对于推进我国法治事业亦颇具意义：公民借以亲身参与审判活动，目睹法律的实现过程，有利于培养法治观念与主体意识，锻炼与提高参与司法乃至政治生活的能力；可扩大法律在社会中的传播，强化法律对社会关系的调整作用，进而有助于推动法治进程。

我国人民陪审制度的司法功能可归结为以下四个方面：

1. 纠防司法专断，促进司法公正

改革开放以来，我国法学教育蓬勃发展，大批高层次法律人才进入各级人民法院，大大提升了法官整体的专业化水准。然而事实表明，法官的专业提升并不必然带来司法公正。特别是在当前社会转型时期，受现行法院内外部体制的缺陷与审判程序粗疏的限制，加之法官职业道德建设迟滞等多方面的原因，司法专横、司法擅断、司法腐败导致的司法不公积弊仍遭社会诟病。而人民陪审制度的一项重要功能就在于，由作为被告人"同类人"的人民陪审员分享司法裁判权，对职业法官进行同步监督和制约，从而纠防司法专断与腐败，实现司法公正包括程序公正与实体公正。即便未来我国法官职业化程度渐次提高，陪审制度所具有的监督法官、促进司法公正的功能也是无法替代的。那种认为只要实现法官职业化就可以消除司法不公的想法是片面的法治理想主义的表现，是不切实际的。现代法治经验表明，司法职业化与司法民主化之间乃互补关系，共同服务于司法公正。

2. 在司法活动中体现社情民意与社会公平

司法正义和社会生活紧密关联。人民陪审员的陪审，可以纠正法官长期形成的僵化的思维定式与积久成习的职业偏见，有利于把公平正义注入个案，保持司法的活力，促进法律的发展。必须看到，在现代司法专业化、法官职业化的时代，普通大众的参审仍具有特殊的意义。因为，"法律所要求于审判之人者，乃系一对于人的生活实况、复杂微妙的现实社会，曾亲加探究，即一知悉人情义理、能理解他人之烦恼与痛苦之人，亦即拥有素朴的庶民感情之人，如此始能了解何谓公平与正义，并据而作出深具说服力的裁判；而此所谓素朴的庶民情感，属与其曾否受过专业之法律训练无关"①。

3. 提升司法权威与公信力

近年来，随着我国政治、经济、社会的快速发展，各种社会矛盾和法律纠纷错综复杂，呈现出新的特点，虽然司法改革不断推进，司法的功能愈益增强，但司法活动中仍不时暴露出各种问题，司法权威性不足，司法的公信力仍面临危机。在这样的情势下，党的十七大提出建设公正高效权威的社会主义司法制度，而人民陪审制度理应成为深化司法体制改革以实现上述目标的重要内容。代表民间力量的人民陪审员实质性地参与审判活动，可以更好地贯彻公开审判原则，有助于消除暗箱操作，将法庭审理的各个环节都置于社会大众的监督之下，从而增加人民了解与监督审判的途径。如此则有利于消除当事人、社会公众与司法机关之间的既存隔膜，增进前者对司法的理解与信任，提升司法权威与公信力。有学者甚至认为，对现代法治国家而言，陪审制度在增强人民对刑事司法的理解认同以及使人民对其司法公正性产生信赖方面的贡献更大。②

4. 减轻法官压力，舒缓法院与检察机关以及当事人之间的紧张关系，实现法院的中立性

依常理，法官对案件作出的裁判结论包括量刑的确定，如果做到了服从法律、符合法律，就是依法办案，就应当为社会所接受。然而，法官的裁判虽然从法律上评价的确无可挑剔，但是在某些情况下，仍难免引起检察机关以及当事人的质疑，且经过二审程序之后仍然有可能如此。如对于一些杀人案件等重大、疑难案件，被告人是否是真正的凶手或者是否应当被判处死刑，对其判断往往不是纯粹的法律问题，不是以法律标准可以衡量与评价的，即便最高人民法院法官的裁判结论有时也难免为当事人以及检察机关所不予接受。有一个案例颇能说明这个问题。被告人陈某和妻子闹矛盾，妻子带女儿回娘家。过了半年后，被告人找妻子家的族人说和不成，就去妻子家劝其回家，在妻子家里闹了起来，并打了其妻，结果其岳父、岳母、妻兄一

①　蔡墩铭主编：《两岸比较刑事诉讼法》，五南图书出版公司1996年版，第225页。
②　参见［德］克劳思·罗科信：《刑事诉讼法》，吴丽琪译，法律出版社2003年版，第43页。

起对他进行殴打。在这一过程中被告人被打倒，之后其掏出刀乱刺一气，结果，妻兄被捅死，岳母舌头的四分之一被割掉，肚子上被捅了两刀，其妻受到轻微伤，被告人自己也是轻微伤。当天晚上被告人自首。因为有自首情节，一审法院判处被告人死缓。被告人的妻子闹得非常凶，到省检察院门前自焚，被抢救了过来。检察长后来当面跟法院说："我们实在是没有办法了，就抗诉了。"他不是说案件有问题，是实在没有办法了而抗诉。二审法院改变了定性，一审认定的伤害致死被改为故意杀人。法院就问在场的检察长，量刑还有什么意见，后者回答说，"当然就是死刑了"，法院改变了原来的刑罚，改为死刑立即执行。之后，被告人的父亲在省政府门前服农药死亡。该案是 2007 年年初的案件，省高级法院报请最高人民法院复核，最高人民法院从上到下对这个案件如何定性，是间接故意杀人还是伤害致死，包括最高人民法院的合议庭、审委会意见都不一样，但是一致的意见认为不应该判处死刑立即执行。最后这个案件改判了死缓，有关部门给被害方安排就业，在省会城市为其提供住房，直到现在善后工作还没有完全结束。因此，对于类似案件，如果仅由法官组成合议庭审理，法院无论如何判处，当事人一方或者双方往往都会反应强烈，形成对法官的攻击以及对司法的不信任，并引发当事人家属上访等社会问题。对于这样的案件，如果能够实现有效的陪审，如实行美国的陪审团审理案件并决定是否适用死刑的机制，则可减轻法官的压力。因为陪审员与被告人、被害人一样，都是普通人，能够更好地代表民意，真正实现人民的审判，有利于增强裁判的可接受性，一方面能很好地缓解当事人与法官之间的矛盾，另一方面也能避免出现法院与检察机关之间因"认识"不同而造成的紧张关系，从而有利于使法院从矛盾冲突的旋涡中走出来，实现法院的中立性，消除法院与社会之间的隔阂。

总之，当今中国推行人民陪审制度，有利于提高司法的民主性与正当性，对于完善我国司法制度与政治制度具有重要的现实意义。因此，在我国社会主义民主政治的框架下，人民陪审制度只能完善，不能弱化，更不能废除。

二、我国陪审制度的技术功能

就技术功能而言，我国陪审制度对于深化司法体制改革以实现审判独立与完善审判程序，蕴藏着巨大的推动力，可以成为我国司法体制改革与审判程序完善的重要推手。

（一）陪审制度能够推动独立审判宪法原则的实现

1. 有利于排除外部干扰，促进法院独立审判的实现。

审判独立是实现司法公正的前提，这是国际公认的一项基本原则。我国宪法确认了审判权独立行使原则。《宪法》第 126 条规定，"人民法院依照法律规定独立行使审判权，不受行政机关、社会团体和个人的干涉"。然而目前我国司法实践中法院审判仍受到种种干扰。当下，法院独立审判的价值尚未被充分认识，在实践中仍或多或少存在着外部干预的情形，具体表现有：地方特别是县、市级党委政法委协调案件①；地方党委、人大、政府等部门的个别官员影响、干预法院审判案件；新闻媒体的不当报道以及来自被害人一方或者社会公众的舆论压力；强调法院与检察机关之间的配合关系，致使法院和检察机关关系甚密，以及对宪法关于检察机关所谓国家法律监督机关定位的误读，使得法院受制于检察机关，导致自身独立性不足，审判制约公诉指控的功能乏力②；等等。面对外部干预与压力，法院对故意杀人等重大案件中的被告人是否进行司法精神病鉴定、犯罪指控是否达到"事实清楚、证据确实充分"的定罪标准、量刑尤其是否适用死刑等问题，有时难以做到独立裁判。③ 实务中法院普遍面临所谓社会效果与法律效果的冲突与矛盾，有时为追求"社会效果"而牺牲法律的公正，乃至酿成冤错。

法院之所以受到外部干预而不能实现独立审判，主要是因为法院的独立性弱，这与现行司法体制乃至政治体制直接关联。由于人事和财政的不独

---

① 2005 年曝光的湖北省京山县佘祥林冤错案就是市县两级政法委协调的产物。正是由于政法委的介入和干预，使得法院的独立审判功能丧失殆尽，沦为定罪的工具。参见黎昌政、余国庆：《佘祥林被羁押 3 995 天 预计可获 22 万国家赔偿款》，http：//www.hb. xinhuanet. com/zhuanti/2005—04/08/content—4026627. htm。

② 司法实践中，检察机关在审查起诉阶段遇到对案件把握不准的问题时，会提前和法院沟通，讨论能否定罪，以决定是否提起公诉，也存在法院在审判阶段遇到疑难案件与检察机关沟通、协商，法院认为不能定罪的，商请检察机关撤回起诉、要求退补的情形，从而避免由法院作出无罪判决。这就是司法实践中存在的潜规则。

③ 实践中造成错案的原因有很多，我们认为很重要的一个方面就是法院独立审判功能不足。事实上，对于地方领导关注的刑事案件，如果审判庭认为证据不足，往往难以作出无罪判决。因为对于法院而言，现实中存在着种种压力。

立，法院不得不处处受制于地方党委和政府。其实那些以维护社会稳定为名而进行的协调、干预，并非党领导司法工作的正当方式，而是对审判独立实施的严重而难以阻遏的侵害，损害了党的根本利益和宪法与法律的权威。尤其要看到，有的人打着党的领导的旗号干涉审判，其实是行保护私利之实，更是在破坏法治，损害党的威信，侵蚀党的执政基础。早在1979年《刑法》、《刑事诉讼法》即将实施时，党中央就曾向全党发出明确指示：加强党对司法工作的领导，最重要的一条，就是切实保障法律的实施，充分发挥司法机关的作用，切实保证人民检察院独立行使检察权，人民法院独立行使审判权，使之不受其他行政机关、团体和个人的干涉。国家法律是党领导制定的，司法机关是党领导建立的，任何人不尊重法律和司法机关的职权，这首先就是损害党的领导和党的威信。党委和司法机关各有专责，不能互相代替，不应互相混淆。为此，中央决定取消各级党委审批案件的制度。[①] 然而时至今日，来自法院外的种种干预包括地方党委政法委的协调等并没有根绝。

在法院独立审判受到外部干预的情况下，完善的人民陪审制度对于推动审判独立的实现必定能够发挥重要作用。因为人民陪审员来自社会各个阶层，参加案件的审理具有随机性，其人身和意志独立性强，可以保持其判断和裁决的独立性，能够实施独立的裁断力，实为阻断法院外部干预、推进法院独立审判的重要力量。人民陪审员陪审案件，如果能够实质性地发挥作用，必然有助于强化审判公开、消除暗箱操控，有力抵御来自法院外部的各种干预，切断法院与检察机关之间藕断丝连的联系，实现控审分离，从而增强法院审判活动的独立性与中立性。由此不难得出结论，人民陪审制度有助于破解法院外部干预难题，推动审判独立宪法原则的实现。

2. 有利于消除法院内部长期形成的行政化积弊，解决审级不独立与法官不独立的问题，进而实现审判庭的独立审判功能。

阻碍我国法官独立审判的另一个因素是法院内部的行政化积弊较深，主要表现为，法官的身份独立和职务保障机制没有建立起来，在法院内普遍存在院、庭长审批案件制度以及审判委员会讨论决定案件的制度。现行对审判庭裁决进行行政式审查的机制，固然在某种程度上适应了过去一个时期法官

---

① 1979年9月9日《中共中央关于坚决保证刑法、刑事诉讼法切实实施的指示》。转引自肖扬主编《中国刑事政策和策略问题》，法律出版社1996年版，第423页。

整体专业素质不高的现实，在提高裁判质量方面有其积极意义和一定的合理性，但由此造成的审判行政化的弊端更大，往往导致审判法官相对于庭长、院长与审判委员会失去独立性，致使审判背离直接言词原则与审判公开原则，审理者与判决者分离，也为法院内的行政化干预、暗箱操作埋下了隐患。由于法官的考绩及升迁较大程度上掌握在法院行政领导手中，法官的独立性受到削弱，不仅法官的积极性与自主性易于受挫，也导致审判责任难以认定与真正追究。此外，法院系统内存在着下级法院与上级法院之间就个案事实认定与适用法律问题进行请示与答复的做法，这也是审判行政化的突出表现。

人民陪审员来自于社会各个阶层，与法院不存在依附关系，相对于法官而言，他们不受上级法院与法院内部的行政领导体制以及院长、庭长约束，独立性强，能够摆脱法院系统内的各种行政干预。因此，如果在合议庭中有人民陪审员参与审判，人民陪审员能够独立发挥自身作用，就必然会冲击审判工作的现行行政化管理模式，也就不可能在合议庭之外再保留法院内部的行政化审查机制，从而有助于改变审判行政化的局面。我们认为，我国进行了多年的法官职业化建设以及司法改革，已经锻造出了专业化的法官群体，为法官独立审判奠定了良好的基础，法院内部的审判行政化审核机制逐渐失去了必要性并暴露出显见的违背程序公开性与背离审判自身规律的严重弊端。在此背景下，人民陪审员的陪审可以促进合议庭的独立，有助于消除法院系统内部的行政化积弊。

3. 有利于消除合议庭形式化积弊，促进合议制度的实质化。

依照刑事诉讼法的规定，按照普通程序审理刑事案件须以合议制进行。为了规范合议庭的工作程序，充分发挥合议庭的职能作用，最高人民法院于2000 年 7 月 11 日、2002 年 8 月 12 日先后发布了《人民法院审判长选任办法（试行）》、《关于人民法院合议庭工作的若干规定》。上述文件的实施，在一定程度上强化了合议庭的组织机能，不过合议制功能的发挥仍不尽如人意。因为合议庭中的其他法官相对于审判长而言，难以发挥应有的作用。究其原因，除了来自法院外部的干预与法院内部的审批机制外，主要是因为法官难以与审判长平等决策、合议程序不规范、审判程序形式化等。

毫无疑问，相比较而言，人民陪审员比法官更具有独立性，这在法官独立性缺乏保障的我国尤为如此。因此，若能建立有效制度，人民陪审员在合议庭中更能实现有效参与以及对审判长与承办法官的监督与制约，进而有助于消除合议庭形式化积弊，促进合议制度的实质化。

（二）陪审制度有利于完善审判程序①

我国 1996 年修改刑事诉讼法时，对庭审方式进行了重大改革：庭前审查由实体性审查改为以程序性审查为主、实体性审查为辅的原则，并初步建立起控辩双方举证、质证、辩论的庭审架构，实现了庭审方式由超职权主义向控辩式的转型。而 2012 年修改刑事诉讼法时则延续了控辩式庭审方式的改革方向。如完善了回避制度，规定辩护人有权申请回避及复议；改革辩护制度，完善了法律援助制度，扩大了强制辩护的适用范围，强化了辩护律师的会见权、阅卷权、申请调取证据权及保守职业秘密权等执业权利；修改证据制度，2012 年修改后《刑事诉讼法》第 49 条规定了"公诉案件中被告人有罪的举证责任由人民检察院承担"的规则，建立了非法证据排除规则，完善了证人保护制度，建立了证人作证补偿制度；完善了审判程序，《刑事诉讼法》第 188 条建立了强制证人出庭作证制度，此外，辩护人有权申请法庭通知有专门知识的人出庭就鉴定人作出的鉴定意见提出意见，辩护人可以就定罪、量刑问题进行辩论；等等。上述新规定都有助于控辩式庭审方式改革的深化。控辩式庭审方式改革的预期为力避法官预断，实现庭审实质化，充分发挥庭审功能。然而法官预断仍然存在，一是因为 1996 年刑事诉讼法实行主要证据复印件移送主义，更甚者，实务中卷证移送方式出现复活，而2012 年修改刑事诉讼法时则回归了卷证移送主义。二是因为未要求审查法官与审判法官分离。而庭审实质化不足，庭审功能未能充分发挥，一是因为证人出庭率低，证据调查多为宣读检方卷证；二是因为法官于开庭前阅读控方卷证，在庭后阅读控方移交的全案卷证（含未在法庭上出示的证据）以补充心证。故此，控辩式庭审方式改革离预期目标尚有不小差距。

在庭审改革进程中，陪审制度的切实施行除有利于实现审判公开化，还能够推动证据展示规则、非法证据排除规则、直接言词原则、辩论原则、集中审理原则、合议制等现代刑事审判原则与规则的确立与贯彻，纠

---

① 基于陪审主要在刑事审判中适用，本章关于我国陪审制度对于完善审判程序功能的探讨侧重于刑事诉讼领域。

防庭前预断与笔录审理主义积弊，推动证人出庭实践，便于辩护权充分行使，实现庭审实质化，充分发挥庭审功能。因此，陪审制度能够促进审判程序的完善，推动控辩式庭审方式改革取得成功。具体来说，表现为以下几个方面：

1. 有助于推动证据展示规则与庭前整理程序的建立

根据 1996 年《刑事诉讼法》第 36 条的规定，自人民检察院对案件审查起诉之日起，辩护律师仅可以查阅、摘抄、复制本案的诉讼文书、技术性鉴定材料；自人民法院受理案件之日起，辩护律师仅可以查阅、摘抄、复制人民检察院移送法院的主要证据复印件，这就导致辩护律师在庭前无法全部知悉指控证据，难以进行充分的辩护准备，也易导致检方实施证据突袭，降低审判效率。自 2008 年 6 月 1 日起生效的修正后的《律师法》第 34 条规定："受委托的律师自案件审查起诉之日起，有权查阅、摘抄和复制与案件有关的诉讼文书及案卷材料。受委托的律师自案件被人民法院受理之日起，有权查阅、摘抄和复制与案件有关的所有材料。"2012 年修改后的《刑事诉讼法》则吸收了新律师法的上述规定，第 38 条规定："辩护律师自人民检察院对案件审查起诉之日起，可以查阅、摘抄、复制本案的案卷材料。其他辩护人经人民法院、人民检察院许可，也可以查阅、摘抄、复制上述材料。"该规定在立法上解除了对辩护律师的阅卷限制，然而从辨定真相、公平、审判管理的角度分析[1]，仍然需要建立控辩双方相互展示证据的规则，这也是我国控辩式庭审方式改革的要求。2012 年修改后的《刑事诉讼法》同时确立了辩护律师向控方展示证据的义务。第 40 条规定："辩护人收集的有关犯罪嫌疑人不在犯罪现场、未达到刑事责任年龄、属于依法不负刑事责任的精神病人的证据，应当及时告知公安机关、人民检察院。"此外，2012 年修改后的《刑事诉讼法》第 182 条第 2 款规定："在开庭以前，审判人员可以召集公诉人、当事人和辩护人、诉讼代理人，对回避、出庭证人名单、非法证据排除等与审判相关的问题，了解情况，听取意见。"这就初步确立了庭前会议制度。为了保障人民陪审员更有效率地参与陪审，必须强化集中审理，在庭前的准备期间尽量明确案件争议点。这就有利于推动证据展示规则与庭前

---

① 参见刘计划：《中国控辩式庭审方式研究》，第 191—194 页。

整理程序的积极实施。①

2. 有助于推动非法证据排除规则的积极

实务上，我国刑事法庭基本上不进行有关证据能力尤其是证据合法性的审查，即便辩护方提出调查指控证据合法性的申请，法庭也很难进行有效的审查。究其原因，无外乎是法庭的权威性不足，法院审查指控证据的合法性仍然缺乏制度支持。② 而 2012 年修改后的《刑事诉讼法》则改变了这一切——终于确立了非法证据排除规则。③ 事实上，即便我国在刑事诉讼法中确立了非法证据排除规则，如果由法官在法庭上审查排除非法证据，也无法消除非法证据对法官心证已然形成的影响，即仍会"污染"法官心证。可见，如果对非法证据的审查排除程序与法庭审理程序不加区分，为实施证据合法性审查的非法证据排除规则就不可能发挥作用。而如若人民陪审员实质参审，就可以更好地实现非法证据排除规则的功能。因为，为了保障陪审效率，应当在庭前或者在人民陪审员不在场的情况下进行证据能力的审查，这样也就可以避免当庭排除的非法证据对裁判者产生影响。

3. 有利于排除预断，抛弃以笔录为中心的审理方式，实现直接言词原则与辩论原则

正如有学者批评的那样，现行刑事诉讼是以警察制作的供述笔录为中心进行审理的一种方式。④ 侦查、起诉与审判之间联系过于紧密，致使审判的独立性不足。而在陪审案件中，由于多方面原因，人民陪审员不应被允许也不可能有时间在庭前或庭后阅读繁杂且冗长的供述笔录、证言笔录等检方卷证，因而只能在法庭上通过听取证据调查和法庭辩论形成裁判，这样就可以避免预断的形成，降低法官预断对庭审公正的侵害；也自然必须采取直接言词原则与辩论原则，以法庭上的口头作证、交叉询问与法庭辩论为中心进行

---

① 日本推行陪审制度重建，也有这方面的目的。参见陈根发：《日本刑事司法改革 推行陪审员制度意图何在》，《法制日报》2007 年 8 月 5 日。

② 虽然 1996 年《刑事诉讼法》第 43 条规定，严禁刑讯逼供和以威胁、引诱、欺骗以及其他非法的方法收集证据，但对于非法收集的证据的证据能力并未作出否定性评价。虽然 1998 年最高人民法院《解释》第 61 条规定，"凡经查证确实属于采用刑讯逼供或者威胁、引诱、欺骗等非法的方法取得的证人证言、被害人陈述、被告人供述，不能作为定案的根据"，但是这一规定未获严格执行。

③ 参见《刑事诉讼法》第 54～58 条。

④ 参见陈瑞华：《案卷笔录中心主义———对中国刑事审判方式的重新考察》，《法学研究》2006 年第 4 期。

审理。这样就能够充实法庭审理的内容，为辩护提供平等的机会。

4. 有利于实现迅速和集中的审理

法庭审理应当集中进行，这是公正与效率的要求。我国刑事审判实务中一定程度上存在审理拖拉现象，集中审理原则贯彻不足。[①] 而有人民陪审员陪审的案件，如日本实行裁判员制度的情形，法庭审理结束后必须立即评议，而且"为了迅速审理案件，必须对案件进行集中的连续审理，以确保审判的实效性"，为此，"检察官和律师应当在开庭前的准备阶段，充分进行证据和争点的整理，为集中审理做好准备。所以，对一般案件来说，从开庭到作出判决可能大约只需要一两天时间"[②]。

5. 有助于完善合议庭评议与表决程序

评议与表决是法庭审理的重要程序，直接关涉判决的正当性。然而刑事诉讼法并未对评议与表决的具体程序作出规定，致使合议与表决规则缺失。

最高人民法院为弥补缺憾而于《关于人民法院合议庭工作的若干规定》第 10 条对合议庭评议案件时发表意见的先后顺序作了技术性规定，即"先由承办法官对认定案件事实、证据是否确实、充分以及适用法律等发表意见，审判长最后发表意见；审判长作为承办法官的，由审判长最后发表意见。对案件的裁判结果进行评议时，由审判长最后发表意见。审判长应当根据评议情况总结合议庭评议的结论性意见"。然而实践中合议庭评议过程并不规范，庭审结束立即进行评议并作出裁判结论的要求往往并非通行的做法，定期宣判率较高，导致合议存在形式主义之弊。而对于陪审案件，法庭审理结束理应立即进行评议、表决并宣判。因此，陪审制度呼唤完善的评议与表决程序，也具推动相关规则建立的功能。

三、我国陪审制度的实质化改造

毋庸讳言，我国陪审制度长期流于形式，人民陪审员被指沦为"陪衬员"、"聋子的耳朵"，这使得陪审制度的功能大打折扣。毫无疑问，克服陪审形式主义弊病，是实现陪审功能的根本前提。十届全国人大常委会第十一

---

① 参见陈卫东、刘计划：《论集中审理原则与合议庭功能的强化——兼评〈关于人民法院合议庭工作的若干规定〉》，《中国法学》2003 年第 1 期。

② 陈根发：《日本刑事司法改革推行陪审员制度意图何在》，《法制日报》2007 年 8 月 5 日。

次会议于 2004 年 8 月 28 日通过了《关于完善人民陪审员制度的决定》（以下简称《决定》），自 2005 年 5 月 1 日起施行。虽然《决定》第 1 条、第 11 条规定，人民陪审员除不得担任审判长外，同法官有同等权利，对事实认定、法律适用独立行使表决权，但《决定》施行后，陪审制度流于形式的问题并没有得到根本解决，人民陪审员仍然未能发挥预期作用，陪审制度的功能仍停留在应然层面。我们认为，必须对我国陪审制度进行实质化改造，才能保障人民陪审员独立地、有效地参与陪审，才能实现陪审制度的应有功能。这种实质化改造应当包括以下几个主要方面：

1. 科学限定陪审的适用范围

长期以来，人们一直在批评人民陪审员在评议案件时一言不发，陪而不审，多将其归责于人民陪审员素质不高与责任心不强。其实之所以出现这种现象，除了人民陪审员个人原因外，还有一个重要原因是绝大多数陪审案件因被告人认罪而缺乏争议。对于这样的案件，陪审的必要性本身就值得怀疑。须知，对于事实清楚、证据充分，尤其是被告人认罪的案件，人民陪审员不可能发表不同的意见，这就易造成公众对人民陪审员没有发挥作用的印象。为了真正发挥人民陪审员的作用，应当科学限定适用陪审的案件范围。需要陪审的案件应限定为有争议的案件与量刑极重的案件，如适用普通程序审理的被告人不认罪且申请适用陪审的案件，被告人可能被判处无期徒刑、死刑的案件以及未成年人犯罪案件，这样才更具有现实意义和必要性。因为前两类案件的定罪或量刑易产生争议，人民陪审员在认定事实与适用法律方面更具有发挥作用的空间，而对于未成年人案件而言，陪审则有利于实行教育、感化、挽救的方针以及坚持教育为主、惩罚为辅的原则。

2. 改进陪审合议庭的组成方式

陪审能否实现实质化面临一个技术性问题，即合议庭中陪审员的人数及比例决定其地位与作用。如果合议庭中陪审员人数少、比例低，就难以发挥独立的作用。在实行陪审团制的英美法系国家，由十二名陪审员组成的陪审团负责认定案件事实与定罪。在这种制度中，对陪审员的独立作用没有人产生怀疑。在实行参审制的大陆法系国家，合议庭中陪审员人数一般多于职业法官。如在法国，重罪陪审法庭由一名主审法官、两名陪审法官和九名陪审员组成，陪审员与职业法官的比例为 3∶1。显而易见，是职业法官人数的三倍且多达九名的陪审员参与案件的审理与裁判，其作用谁又能简单地予以否定呢？根据《日本关于裁判员参加刑事审判的法律》，对于被告人不认罪的案件，合议庭由三名法官和六名裁判员组成（认罪案件由一名法官和四名裁判员组成）。可想而知，三名职业法官想置六名裁判员于"摆设"地位，是不易实现的。毫无疑问，在这些国家，立法者深深懂得心理学和决策学的规律，他们就是要通过技术化的处理，来实现法庭的实质化以及陪审员富有意义的参与，真正发挥陪审员的作用。可见，为了避免陪审的形式化，让陪审员真正发挥作用，必须保证陪审员在合议庭中占有足够的数量与较高的比例。而且陪审员人数多，也使陪审法庭不易滋生腐败。

　　《决定》关于人民陪审员比例的规定无疑存在重大缺陷。《决定》第3条规定："人民陪审员和法官组成合议庭审判案件时，合议庭中人民陪审员所占人数比例应当不少于三分之一。"稍加分析便可知，该条关于人民陪审员"不少于三分之一"的规定没有实际意义。因为根据2012年《刑事诉讼法》第178条的规定，基层人民法院和中级人民法院审判第一审案件的合议庭组成人员为三人[①]，显然，如果合议庭中有人民陪审员，则至少有一人，即不可能低于三分之一。而长期以来，我国陪审制度流于形式的一个重要原因就是合议庭中人民陪审员的人数太少，容易被边缘化，难以形成对法官的有效制衡。为此，必须扩大陪审案件合议庭的规模，增加合议庭中人民陪审员人数，比如可规定对于被告人不认罪的案件，合议庭由三名法官和六名人民陪审员组成。而且为了实现定罪的严肃性与准确性，应当改革合议庭表决规则，由简单多数原则改为三分之二以上绝对多数通过原则。这也使得争论已久难以言明的证明标准由一个含混不清的话题转变为一个可以技术化解决的问题，因为试图单纯通过规定一个精巧的证明标准来防止误判是不切实际的，更重要的是完善法庭的组织结构，借以增强评议的充分性与裁判结论的可接受性。[②]

---

　　①　2012年《刑事诉讼法》第178条规定，高级人民法院、最高人民法院审判第一审案件的合议庭为3人至7人组成，但是，实践中高级人民法院及最高人民法院几乎不再审理第一审案件。

　　②　近年来刑事诉讼法学界关于证明标准的讨论热火朝天，有排除合理怀疑说、确定无疑说、排他性说等等，不一而足，而鲜见与裁判主体相结合的研究。证明标准需要由事实审理者予以运用，而每个审理者无疑都具有主观性，显然审理者的人数就成为一个重要问题。我国小合议庭的建制使得合议制集中集体智慧的功能难以发挥，为此，合议庭的规模需要重新考量。

3. 扩大人民陪审员的抽选范围，保证候选人民陪审员数量充足

《决定》第4条规定人民陪审员一般应当具有大学专科以上文化程度。我们认为，应降低人民陪审员的学历条件。陪审是人民的权利，不应成为极少数人的特权。在现代国家，尚没有实证性资料表明陪审员的文化程度与案件裁判质量存在正相关关系。不具有大专文化程度的人对案件事实的认定能力是不容怀疑的，而且在法官必要的引导、提示下同样可以胜任适用法律的工作。在我国，愈益强化的法庭对抗减轻了裁判者审查案件事实的责任，无疑为人民陪审员的有效参审提供了有利条件，更利于人民陪审员听审并作出裁判。为了扩大司法的民主基础，将来应取消目前过高的文化程度要求，扩大人民陪审员的挑选范围。可保留《人民法院组织法》规定的"有选举权和被选举权的年满二十三周岁的公民"作为人民陪审员的基本条件。目前已经确定的人民陪审员主要集中于党政机关[①]，一则代表性不足，再则由于其工作繁忙等原因难以保证陪审时间，削弱了陪审效果。因此，这种现状需要予以检讨。

此外，还应当保证候选人民陪审员充足的数量。只有这样，才能实现人民陪审员对法官的监督功能，因为，如果一名人民陪审员经常出入法院而与法官相熟，那么陪审制度的监督功能将大打折扣；也才能避免陪审专业户的出现，这种陪审专业户的存在，极有可能滋生司法腐败；也才能防止给公民施加不当的负担，避免过多地影响公民正常的工作和生活；也才能扩大陪审员的广泛性，让更多的公民有机会亲身参与审判以扩大陪审制度的社会影响。而现实中业已存在的陪审专业户现象是需要深刻反思的。为此，建议限定一个陪审员被抽选参与陪审的案件数量，如每名人民陪审员每年陪审的案件不得超过一件为宜。

4. 改进人民陪审员的产生方式与抽选方式

《决定》第8条规定："符合担任人民陪审员条件的公民，可以由其所在单位或者户籍所在地的基层组织向基层人民法院推荐，或者本人提出申请，

---

① 如在河北省唐山市，现有人民陪审员317名。党派方面，共产党员占73％；职业方面，党政机关占70％；地区分布方面，城镇人口占97％，农村人口仅占3％。由此不难看出这种机制产生的人民陪审员缺乏广泛性。参见李华：《人民陪审制度研究——从刑事审判的角度》，中国人民大学2007年硕士学位论文。

由基层人民法院会同同级人民政府司法行政机关进行审查，并由基层人民法院院长提出人民陪审员人选，提请同级人民代表大会常务委员会任命。"上述关于推荐（申请）、审查、提名、任命的人民陪审员产生程序，参照了法官的任命模式，有扭曲人民陪审制度本质之嫌。这种体制旨在强化人民陪审员的权威性，但是不利于人民陪审员独立地位的保持。应废除人民陪审员任命制度，而改由基层人大常委会在辖区选民名单中以抽签方式确定所需数额的适格候选人民陪审员，并制作年度人民陪审员名册，每年（或每两年）更新一次，即把名册中参与过陪审者删除，再增加相同数额新的候选人民陪审员。人民陪审员参与陪审应避免指定，必须采用随机抽选的方式。为此，应专设机构为法院提供候选人民陪审员，并制定挑选正式人民陪审员的程序。

5. 建立法官对人民陪审员庭审指示的制度

《决定》第 15 条规定："基层人民法院会同同级人民政府司法行政机关对人民陪审员进行培训，提高人民陪审员的素质。"由此，《决定》建立起了人民陪审员培训制度。这一制度近年来几乎为所有论者所提议，然而为提高陪审员素质进行常规培训的做法在实行陪审的国家是绝无仅有的。事实上，对人民陪审员进行简单的培训是不可能解决人民陪审员自身法律素养不足问题的，而且根本不必进行旨在提高人民陪审员法律素养的培训。由于实行的是随机抽选人民陪审员的做法，因而只需要法官针对个案进行解释，即应采取一案一指示的办法。在限制陪审员陪审案件数量的情况下，更应采取一案一指示的办法。所谓"一案一指示"，是指在个案审判时，由审判长就有关的程序问题与实体法律的有关规定对人民陪审员进行解释。程序问题如法庭审判的程序、证据的判断、证明标准的把握等，实体法律问题包括罪名的认定、定罪的要件以及量刑的幅度等。在美国，法官会对陪审员进行指示，德国主审法官也会对陪审员给出解释。① 在日本，为了保证裁判员清晰地了解案情，法律规定，法官有义务耐心地向不懂法律的裁判员解释法律常识，同时，检察官与律师也要尽量保证在法庭上使用浅显易懂的语言。正如该部法律的制定者所阐述的宗旨，让市民参加裁判的效果，是力图在裁判中反映市民的意识和多种多样的价值观，其结果是在裁判的过程和结果中得到民众的

① 参见［美］弗洛伊德·菲尼、［德］约阿希姆·赫尔曼、岳礼玲：《一个案例两种制度——美德刑事司法比较》，中国法制出版社 2006 年版，第 136—141、293—294 页。

信赖和接纳。① 以上几个国家的做法无疑具有借鉴意义。而只要法官做好对人民陪审员的庭审指示工作，作出必要的解释，告知人民陪审员需要解决的程序与实体问题，人民陪审员有效陪审是不成问题的。

6. 建立人民陪审员保护机制与贿买防范机制

为了防止出现威胁、恐吓、贿买人民陪审员的现象，保护人民陪审员的积极性与独立性，还应建立人民陪审员安全保护机制与贿买防范机制。在日本，为了保障裁判员的人身安全，《裁判员法》设置了如下保障措施：（1）泄露裁判员姓名等罪：检察官、律师或曾经任该职务的人以及被告或曾为被告的人，如无正当理由泄露裁判员候选人的姓名或泄露裁判员候选人于质问票中记载的内容或在选任裁判员程序中进行陈述的内容的，处1年以下徒刑或者50万日元以下罚金；（2）威胁裁判员罪：对案件中的裁判员或曾任该职务的人及其亲属以见面、书面、电话或其他方式进行威胁的，处2年以下徒刑或20万日元以下罚金（在裁判员及其亲属确实有可能会受到威胁而不宜由裁判员审理的特别情形下，可以只由法官对该案件进行审理）。② 上述规定运用刑罚手段来保障裁判员的人身安全，无疑是非常有力的。

---

① 参见陈根发：《日本刑事司法改革推行陪审员制度意图何在》，《法制日报》2007年8月5日。

② 参见冷罗生：《日本裁判员制度的理性思考》，《太平洋学报》2007年第7期。

第六章

刑事诉讼庭前准备程序的构建

一、庭前准备程序的概念和功能

（一）庭前准备程序的概念

广义的庭前准备程序包括两方面的内容：一是法院对公诉案件的审查，即公诉审查程序；二是控辩双方在法院的主持下为开庭审判而共同进行的事务性准备活动，即狭义的庭前准备程序。日本学者田口守一教授认为："提起公诉之后，就进入审判的准备阶段。审判的准备是指，为了在开庭时法庭审理程序能够迅速而顺利地进行，法院和诉讼关系人所进行的准备活动。不过，根据排除预先判断原则，在第一次开庭以前，法院的准备活动不能介入案件的实体部分。因此，审判的准备程序，一方面区分为法院活动程序和诉讼关系人活动程序；另一方面区分为第一次审判以前的程序和第一次审判以后的程序。"[①] 日本学者松尾浩也教授认为："诉讼关系人在第一次庭审期日前进行的诉讼准备，叫做庭前准备……鼓励庭前准备与实现集中审理形影相随。由法院加以推动。不过，尽管法院对于当事人之间的庭前准备抱有很大的兴趣。但是法院自身深入到事先的准备、抱有成见的话，就会导致本末倒置……总之，原则上法院只能协助当事人推进庭前准备。"[②]

本章中的庭前准备程序仅指狭义的庭前准备程序，不涉及公诉审查程序

---

① ［日］田口守一：《刑事诉讼法》，第 190 页。
② ［日］松尾浩也：《日本刑事诉讼法》，第 221 页。

的内容。所谓庭前准备程序，是指检察机关对刑事案件提起公诉后，由法院、检察机关、被告人及其辩护人为正式开庭审判进行各项准备工作的诉讼活动。本章主要探讨在法院主持下、由控辩双方在第一次开庭之前为审判而共同进行的诉讼准备活动。

（二）庭前准备程序的功能

庭前准备程序是刑事诉讼的重要内容，是连接侦查、起诉等审前程序和审判程序的纽带。庭前准备程序的功能在于排除可能影响审判顺利进行的因素，保障刑事案件的集中审理和公正审判。具体说来，有以下几个方面：

1. 庭前准备程序为控辩双方平等对抗的实现提供程序上的保障。庭前准备程序对控辩双方平等对抗的保障作用主要体现为保证处于弱势的被告方能够及时全面地获知控诉方的证据，从而进行相应的准备以便与之对抗。这一作用主要通过证据开示制度得以实现。证据开示是当事人主义制度下，为了实现控辩双方的平等对抗，主要由控诉机关在庭前将侦查阶段收集的证据向被告方予以展示的义务，同时，被告方也负有向检察机关展示证据的义务。

证据开示制度是由正当程序规则演化而来，其"根据建立在'避免对被告人的不利审判'上"[①]。通过证据开示制度，保障了控辩双方对抗的实质平等，特别是对处在弱势的辩护方有更为重大的保障意义。这是因为作为国家机关的检察机关凭借国家赋予的强大权力，在收集证据的时候具有辩护方无法比拟的绝对优势。为了弥补被告方收集证据能力的不足，实现平等对抗的理念，在庭前准备程序中确立了证据开示的制度。证据开示制度确立了控辩双方彼此展示证据的义务，体现了平等对抗和公正审判的诉讼理念。

2. 庭前准备程序便于控辩双方整理争点和证据，以保障法庭集中审理，提高诉讼效率。所谓控辩双方整理争点，主要是控辩双方就案件的事实、证据和量刑依据等内容提出各自的意见，借此找出双方在事实和法律上没有争议的内容，明确双方存在争议的要点。对于没有争议的事实可以先行记录下来，在正式审判的时候对这一部分将不做调查和辩论，而由法官作为肯定的事实加以确认。

---

① ［美］约书亚·德雷斯勒、艾伦·C·迈克尔斯：《美国刑事诉讼法精解》（第二卷：刑事审判），魏晓娜译，北京大学出版社2009年版，第139页。

整理争点的目的在于保障集中审理的实现。由于刑事诉讼中直接言词原则的要求，审判活动应当连续进行，避免审判中断，使案件能够迅速审结。许多国家都将迅速审判列为基本的诉讼原则之一。庭前准备程序中整理争点的活动正是这一原则的有力体现。正是通过审前的争点整理，排除了正式审理过程中因争议焦点的不明导致的审理中断和诉讼拖延。

3. 庭前准备程序中的证据保全措施和证据能力审查是实现审判公正的重要保证。当事人主义模式下，控辩双方自行搜集证据，法官不承担调查取证责任。但在客观上，某些证据由于超出辩护方的取证能力范围而无法获得，某些证人由于不可抗拒的客观原因无法出庭，某些证据无法在法庭上进行实物展示，某些证据到审判时可能无法获得或变得不可靠，这就有必要由法庭决定提前进行调查和保全活动。美国联邦刑事诉讼规则规定，法庭可以根据当事人的申请，对某些不便于到庭质证的证据先行采证，并确认其证据效力，保存至审判时使用。大陆法系国家也有类似的证据保全之规定，德国和日本刑事诉讼法均对特殊情况下的证据保全措施作了规定。

在正当程序与实体真实的价值冲突中，正当程序的价值越来越受到各国的重视，表现在证据的运用上就是确立了非法证据排除规则。某些证据即使实体上是真实的，如果不符合法律规定的采证标准，也应予以排除。排除不具有可采性的证据，是庭前准备程序的一项重要内容。如果所有的证据排除申请都在庭审过程中提出，难免导致法庭审判的拖延，影响诉讼的效率。[1]这一问题可以通过庭前的证据审查有效地解决。

在庭前准备程序中，法官依职权或依申请对部分证据作出采取保全措施的裁定，不致因取证过程中某些无法克服的困难而致证据丧失证明力；并且对存有疑义的证据进行合法性审查，排除不具备证据能力的非法证据，避免此类证据进入正式审判程序，确保审判活动的公平和权威。

二、域外庭前准备程序之考察

庭前准备程序作为保障案件得以公正审判、诉讼活动能够顺利进行的程序手段，其功能早已为英美法系国家和大陆法系国家所认可，并在诸多国家

---

[1]　参见宋英辉、陈永生：《刑事案件庭前审查及准备程序研究》，《政法论坛》2002年第4期。

的法律中得到具体明确的体现。尽管由于法律传统、价值观念、诉讼模式及诉讼理念等多方面因素的影响，分属两大法系的国家其刑事案件庭前准备程序在具体的程序设置上有所不同（实际上，即使是同属同一类型法系的不同国家，其庭前准备程序的设置也不尽相同），但是基于庭前准备程序是为了使案件能够公平、高效进行的目的，两大法系国家在庭前准备程序功能的设计和最终目标的追求上又具有相似的地方。接下来分别对两大法系有代表性的国家的庭前准备程序进行考察。

（一）职权主义模式下的庭前准备程序

1. 法国

法国刑事诉讼法将审判分为轻罪法庭、重罪法庭、违警罪法庭等形式，法律对重罪法庭的庭前准备程序进行了较为详细的规定。在此主要介绍法国重罪法庭的庭前准备程序。

（1）案件的受理和开庭日期的确定

重罪法庭由审判长和陪审官组成，在案件移送重罪法庭之前，曾经负责制作起诉书或者预审裁定，或者参与决定羁押被告人，或者参与制定某项有关被告人是否有罪的实质判决的法官，不得充任重罪法庭的审判长或陪审员。① 重罪法庭依据刑事法院起诉审查庭作出的"提出起诉裁定书"受理案件。

开庭日期由上诉法院院长征得检察长同意后，以命令或裁定的形式确定。审判长可以依职权或根据检察院的请求，决定案件的开庭日期是否推迟。正式开庭审判的日期由审判长决定，被告人可以放弃此项期限权，要求提前开始法庭辩论。

（2）法律文书的送达

法律规定，提出起诉裁定书、移送裁定书以及开庭期陪审员名单等诉讼文书应当在指定期限内送达被告人。法国刑事诉讼法第二卷第四章"重罪法庭开庭期预备程序"的第一节即是以"必要的文件"为题目，对法律文书的送达作出了规定。法律不仅对法律文书的送达作了期限规定，同时还详细规定了特殊情况下法律文书的送达方式。② 以提出起诉裁定书为例，如果被告

---

① 参见《法国刑事诉讼法典》，余叔通、谢朝华译，中国政法大学出版社1997年版，第110页。

② 参见《法国刑事诉讼法典》，第115—118页。

人被羁押，裁定书原则上应当向其本人送达，但也可以通过监狱长向被告人送达。被告人如果对提出起诉裁定书不服可以提出上诉。

（3）讯问被告人和指定辩护人

法官应当迅速地讯问被告人。如果被告人语言不通，应当为其配备翻译人员。在查明被告人的身份并确认被告人已收到提出起诉裁定书后，法官可以对其进行讯问。被告人没有聘请律师的，法官应当为其指定律师。在讯问时，法官不得就有关案件的问题发问。讯问被告人只是为了确认被告人身份并为其指定辩护人，而非要求被告人进行答辩。

（4）证据知悉权

在庭前准备程序中，辩护律师主要通过以下途径行使证据知悉权：1）与被告人通信。辩护律师可以与被告人自由通信，询问被告人有关案件的信息。2）查阅案卷。律师和被告人可以查阅案卷中的材料。法庭应当为辩护人提供查阅案卷材料的便利条件。3）阅读控方准备出庭的证人和鉴定人名单。正式开庭之前，检察机关应当将准备在法庭上传唤的证人和出庭接受询问的鉴定人的名单通知被告人，被告人也应当把自己准备在法庭上传唤的证人的名单通知检察机关。

2. 德国

德国刑事诉讼法专门设立了"中间程序"，这一程序具有一定的庭前准备之功能。检察机关提起公诉后，案件首先进入"中间程序"，经中间程序审查后，对于需要将被告人移送审判的案件作出开启审判程序之裁定。只有在简易程序中方得在侦查程序终结后，直接进行审判程序。[①] 设置中间程序的意义在于"其具负面的监控作用"，一方面由具备较高专业素质的职业法官对案件进行审查，以"尽量避免使得当事人受到不平等的审判程序"；另一方面"即被告得在接到起诉书之通知时，有再次的机会经由证据调查之声请及反对，来影响开启审判程序之裁定"[②]。

中间程序法庭将案件材料移送至负责审判的法院，案件进入审判程序。审判程序分为（主要）审判程序之准备和（主要）审判程序两项程序。在中间程序中已经进行了一些案件审判准备工作，所以在第一审之

---

① 参见［德］克劳思·罗科信：《刑事诉讼法》，第377页。

② ［德］克劳思·罗科信：《刑事诉讼法》，第378页。

（主要）审判程序中，审判准备程序较为简单。德国的庭前准备程序主要包括以下内容：

（1）确定审判日期

审判日期由审判长指定。对被告人送达传票的日期和审判日之间需有一个星期的间隔。此期间称之为就审期间。如果就审期间没有被遵守，被告人可以要求审判延期。被告人也可以放弃就审期间的权利，而使审判不予延期。

（2）传唤

在审判日确定之后，法院以传票的形式告知有关诉讼关系人出席审判。

第一，传唤被告人。根据被告人是否被羁押，对被告人的传唤采用不同的形式。如果被告人没有被羁押，则对其进行书面传唤并附警告——如果被告人在开庭日无故不到场，将对其实行拘传或逮捕。如果被告人已经被羁押，则应直接将传票送达本人，向其宣读传票内容并询问他是否提出辩护的要求。

第二，传唤辩护人。指定辩护人必须由法庭以传唤的形式通知其开庭日期。对于选任辩护人的传唤，则要根据法院是否已被通知存在被告人委托辩护人的情形区别对待。如果被告人已告知法院其委托了辩护人，则法院应当传唤告知委托辩护人。

第三，传唤证人、鉴定人、翻译人员。对于检察机关在起诉书上或后来告知证人姓名的证人，或者被告人申请传唤的证人，以及法庭依职权传唤出庭的证人，法庭应当传唤告知开庭日期。其中，对被告人申请证人出庭的，由审判长裁决是否允许，审判长同意传唤的，应传唤其出庭作证，被告人也可以自行传唤证人出庭。

（3）有关法庭组成人员和证人姓名的告知

第一审诉讼程序中，审判长应将法庭组成人员情况书面告知被告人和检察机关。书面告知应当在开庭前一周，至迟在审判开始时送达控辩双方。如果法庭组成人员在开庭前有变动，也应当及时告知。对"该法庭审判成员之构成不合法"的异议，应当按照法定的形式在期限内提出。异议由审判法院审查，认为异议合理的，裁定变更法庭组成人员；如果认为异议不成立，作出驳回异议的裁定，此驳回裁定不得抗告。这一规定主要是保障被告人回避权的有效行使，以体现审判的公正。[①]

对于证人、鉴定人等其他诉讼参与人的信息，除了法律规定不宜公开的情况外，法院应当及时向检察院、被告人告知所传唤的证人、鉴定人的姓名等信息；控辩双方应当将各自传唤的准备出庭的证人、鉴定人的姓名以及他们的住所告知法院或对方当事人。

（4）证据保全

负责审判的法官可以实施证据调查，即对证人等诉讼参与人进行询问。证人等诉讼参与人因患病等不能排除的障碍，事先预测其可能无法出席审判进行作证或接受询问的，或者存在其他不宜要求其到庭的情形的，法院可以根据言词证据对案件审判的影响进行裁量，决定是否在开庭前进行询问。询问时控辩双方可以到场，但并非具有到场的义务。询问所得的证言可以作为证据被采用。

（5）调查取证、勘验

德国庭前准备程序中法官的调查取证、勘验分为三种情况：第一，被告人申请调取证据。被告人可以向审判长申请调取证据，申请时应该提出该证据和证明对象之间的关系，只要对查明案件事实有实际意义，且非为禁止收集之证据，法院原则上都应该裁定准许。准予被告人的调取证据申请时，要通知被告人和检察机关。法院进行证据调查所收集的证据，控辩双方都可以查阅。第二，法院依职权调取证据。法庭审判长认为对查明案件事实有实际意义，也可以依职权命令调取其他作为证据的物品。第三，勘验。为了审判的需要，法庭认为需要勘验与犯罪有关的场所时，可以依职权进行勘验。勘验时，可以任命合议庭的一名法官为受命法官进行勘验，也可以委托其他法院的法官为受托法官进行勘验。法院进行勘验适用取证时的规则。[②]

（二）当事人主义模式下的庭前准备程序

作为当事人主义诉讼模式典型代表的美英两国，因其各自的历史传统、文化背景以及司法制度不同，两国在庭前准备程序的设置上存在着极大的差

[①]　有关法庭组成人员之异议的内容，参见［德］克劳思·罗科信：《刑事诉讼法》，第386—387页。

[②]　本段内容参见韩红兴：《刑事公诉案件庭前程序研究》，中国人民大学2006年博士学位论文，第132页。

异。但由于受当事人主义基本理念的支配，不同形式的具体制度却体现着取向一致的价值理念。一个基本理念就是法官居中、控辩双方平等对抗。为了保障法官公正、中立，防止法官的偏见，在审判日之前禁止审判法官接触案件实质性证据材料，以排除法官的预断，为此实行公诉审查程序和审判程序的严格分离。

无论英国还是美国的庭前准备程序，都不是单独、完整的一个程序，而是由一系列相对独立的程序所构成。尽管这些各自独立的程序有着不同的内容，在审判之前为正式开庭准备不同的事项，但它们紧密联系，共同组成了完整的庭前准备程序，共同发挥着提高庭审效率、保证诉讼公正的重要作用。

1. 英国

对抗制庭审模式需要巨大的人力、时间和司法资源投入，是一种昂贵的诉讼模式。如果所有问题都集中到法庭上解决，无疑增加了审判中断和拖延的可能性，审判的延长必然加剧司法资源的紧张。因此，英国刑事审判改革的重点放在通过审前预审程序以提高诉讼效率方面。为此"一些措施如审前会议在许多年前就已经被运用，它们现在被皇家刑事司法委员会赋予更强的功能，他们建议要更多地实施审前预备审理、已被重构的审前证据开示以及量刑建议等程序"。"从那时起（1995年），'答辩和指示'方案生效，要求所有的案件在被提交到刑事法院以后，为审理要做最初的登记。当对起诉的审查中发现案件的庭审可能是很长的且复杂的，对该案件法官可以要求举行审前听证会，并且法官有权对（证据）展示的事项和可采性制定约束规则。"通过不断地立法完善，"答辩和指导听证"以及"审前听证会"成为英国庭前准备程序的主体。1999年英国建立了刑事法院审查署以决定"通过提高整个过程的效率，增强它们的能力，并且通过调整整个刑事司法体系各个阶段的关系来增加效果"①。

可诉罪案件经治安法官审查之后，对于须交付刑事法院审判的案件作出交付审判的裁定。刑事法院接受案件之后，案件进入审判前的准备程序。在庭前准备程序中，刑事法院法官进行预审是这一程序的主要构成。英国对于

① ［英］约翰·杰克逊：《抗辩式审判和法官独审》，见［英］麦高伟、杰弗里·威尔逊主编《英国刑事司法程序》，第316页。

可诉罪①的庭前准备程序统称为预审程序。预审主要包括以下程序：

（1）答辩和指导听证

可诉罪案件被治安法官移送到审判法院之后，公诉人和被告人及其辩护律师必须在审判法官指定的日期参加答辩和指导听证。控辩双方都要简要地提出申请法庭解决的问题。答辩和指导听证的目的是得到被告人的有罪答辩或无罪答辩。如果被告人作有罪答辩，在法官查清犯罪基础事实存在的前提下，就直接进入量刑程序。如果被告人作无罪答辩，则由控辩双方在法官的主持下为开庭进行必要的庭前准备，以便能够确定开庭的日期。同时，针对无罪答辩由控辩双方整理争点，明确争议，为审判时集中审理做好准备。

法官要求控辩双方将就案件争议、证人或证据异议、开庭日期等问题的答复提交给法庭。法官有权在庭审之前就证据和法律问题作出裁定，并且有权依申请或依职权对其他问题作出裁定。如果一方不按法官的要求提供上述材料，则可以作出对其不利的判断。法官在庭前准备程序中作出的裁定具有重要的效力，除非出现严格的法定事由，否则庭审法官不得改变。预审裁定的效力确保了答辩和指导听证会的重要性，强化了控辩双方积极参与的态度。

答辩和指导听证会主要有以下作用：第一，辩诉交易。通过答辩程序，使法官审查控辩双方在审前达成的辩诉协议，实现辩诉交易的功能。第二，整理争点。通过庭前准备程序中控辩双方对有争议的案件事实和法律问题的答复，归纳出双方对案件事实和法律问题的共同争议点，从而把法庭调查和辩论集中在有争议的问题上，避免因事实或法律问题的原因造成不必要的诉讼中断，缩短案件审理的时间。第三，排除证据。通过法官对证据可采性的裁定，排除违法证据，避免非法证据进入审判程序影响裁判的公正，以保障庭审的顺利进行。

（2）庭前听证程序

针对复杂案件或者预计审判时间较长的案件，英国立法增设了庭前听证程序。根据控辩双方一方的申请或依职权，刑事法院的法官从司法利益考虑，可以决定对一些复杂案件进行庭前听证，确认可能对案件的判决具有实

---

① 严重欺诈性案件或类似复杂性或严重性案件除外。

质性影响的事项，以实现加速审判进程的目的。法官可以不经答辩和指导听证程序直接决定进行庭前听证程序。庭前听证程序的启动即是正式审判程序的开始。庭前听证由审判法官主持，控辩双方共同参加。庭前听证程序主要包括下列内容：

1）信息披露。信息披露首先由公诉方以书面形式进行。公诉方披露的信息包括案件陈述和证据材料两个部分。公诉方提交一份详细的案件陈述，内容包括案件事实、证据材料、适用的法律、涉嫌的罪名和处罚的建议。如果被告方认为公诉人提交的案件陈述不符合法律要求，可以向法官申请要求公诉人进行补正，法官依申请作出裁定。公诉方还需提交一份控方证据目录和说明解释材料，以解释证据和证明对象之间的关系。辩方披露的信息主要是表明答辩的性质和与控方交涉的主要事项，以及辩护所依据的法律。

2）争点整理。法庭审理中对双方没有争议的问题不再进行调查。公诉方指出不存在异议的辩护证据和辩护意见，被告人则指出对哪些指控和证据不存在异议。对于双方存在异议的问题，需要各自提交异议的理由，经法官审查后裁定异议是否成立或者是否需要对异议进行补充。

3）庭审事务协商。控辩双方可以就正式开庭审判时的一些事务，如审判期日的确定、证据调查的次序及方法等，在庭前听证程序中进行协商，法官则依据双方的意见，以及对诉讼效率等价值的考量，对双方有关庭审事务协商达成的意见作出决定。

4）动议与裁决。动议是指向法官提出作出指令以采取与案件有关的具体行为的请求，这些请求涉及证据可采性问题和案件的法律问题等。在庭前听证程序中控辩双方均可提出动议，由法官进行裁决。法官在庭前听证程序中对动议作出的裁定效力适用于整个审判过程。

2. 美国

美国法律的主要渊源来自于对英国法律的继承，在法律制度上与英国有着极大的相似性。在本国法律的发展过程中又产生了一些独具特色的制度。庭前准备程序作为美国法律制度的重要组成部分，充分体现了共性与特色兼而有之的特点。美国庭前准备程序的主体内容与英国基本相同，诸多程序与英国的刑事诉讼法律规范有很大的相似之处。即便如此，美国法在具体的程序设计上更注重正当程序和权利保障。美国的庭前准备程序主要包括：

（1）传讯和答辩

传讯和答辩程序是所有重罪案件的必经程序，是庭前准备程序的重要内容，其主要的目的在于告知被告人权利和获取被告人的答辩。被告人到庭之后，法官向被告人告知指控的性质和审判程序中所享有的权利，此后要求被告人答辩。

法庭在接受有罪答辩前，必须告知被告人并确保其理解下列事项：1）答辩所针对的指控的性质、可能受到的刑罚处罚幅度、量刑所考虑的因素；2）被告人有权获得律师帮助的权利；3）无罪答辩的权利，享有不自证其罪的权利以及在审判中所享有的权利；4）如果作无罪答辩或无争执的答辩，将放弃审判的权利；5）如果作有罪答辩，法庭可以就有罪答辩进行讯问，此时的回答在随后指控其伪证或虚假陈述时，可以作为对其不利的证据使用。[①]

被告人可以作出无罪、不争辩或者有罪三种答辩。如果被告人拒绝答辩，或者被告法人未出庭，法庭应视为作无罪答辩。被告人作无罪答辩的，需要等待正式开庭审理。有效的认罪答辩则要求被告人必须是明知其后果的，也是自愿的；同时还要求作有罪答辩的被告人，必须有律师代理或者有效地放弃了这一权利。[②]

（2）辩诉交易

辩诉交易是指检察官以降低指控等级、减少指控罪名或者建议从轻判刑等为条件，换取被告人的有罪答辩，双方达成量刑优惠协议，并经法官审查认可后确定被告人的罪行，参考协商内容作出判决的制度。辩诉交易是美国法的重要制度，是当事人处分原则和起诉裁量原则在美国刑事诉讼中的极端表现。[③] 通过庭前的证据开示，控辩双方彼此了解对方所掌握的证据，对审判的结果可以作出预测，辩方考虑到被判有罪带来的不利结果，倾向于认罪以换取降格指控或从轻判决的量刑建议；控方则会发现指控证据存在的缺

---

① 参见韩红兴：《刑事公诉案件庭前程序研究》，第119—120页。

② 参见［美］约书亚·德雷斯勒、艾伦·C·迈克尔斯：《美国刑事诉讼法精解》（第二卷：刑事审判），第169页。

③ 参见宋英辉、孙长永、刘新魁等：《外国刑事诉讼法》，法律出版社2006年版，第191页。

陷，也倾向于接受被告人的认罪以免承担不利审判后果的风险。辩诉交易达成后，经由庭前准备程序法官的审查，使辩诉交易在正式庭审之前得以确定。《美国联邦刑事诉讼规则》在第四章"传讯和准备审判"中专门对辩诉交易进行了规定。

检察官与被告人及其辩护律师进行协商，如果被告人作有罪答辩则检察官在指控或量刑上可以给予优惠。优惠包括如下内容：检察官起诉被告人数罪的，如果被告人就其中一罪或数罪作有罪答辩，检察官可以对其他罪撤销指控；检察官起诉的数项罪名分别属于轻重不同的罪名，如果被告人就较轻的罪作有罪答辩，则检察官同意不起诉重罪，而以较轻的罪名起诉，即降格指控；如果被告人作有罪答辩，检察官将建议法庭判处较之不作有罪答辩时更轻的刑罚，或不向法院请求判处法定最高刑，不反对被告人请求判处对其有利的刑罚。

控辩双方达成答辩协议后，检察官应当告知被告人该协议对法庭没有强制约束力。检察官不得随意撤回协议，被告人则可以在法官接受协议之前撤回协议。控辩双方至迟应当在审判前通知法庭答辩的存在。法庭接到存在答辩协议的通知后应当记录在案，并在接受协议之前告知被告人可以撤回协议。法庭还要查明确认答辩协议的真实性，即该答辩协议是被告人自愿为之。如果法庭接受答辩协议，应当通知被告人，协议中商定的有关内容将在判决和量刑中体现，但法庭不受答辩协议的约束。

（3）审前动议

审前动议是指控辩双方向法官提出申请，要求法官决定实施某项与案件有关的行为。尽管审前动议是保护被告人权利的一项重要工具，但起诉方也可以提出动议以获得法官对程序或证据的裁定。[①] 审前动议的提出主要是解决证据可采性或审判程序的问题。审前动议应当在传讯或随后尽可能短的时间内提出，提出动议的时候必须附加理由。审前动议的内容主要涵盖以下几个方面：因起诉存在缺陷致使起诉不成立的动议；大陪审团起诉书或检察官起诉书存在缺陷的异议；排除非法证据的动议；申请法庭签发开示某项证据的动议；申请日期的动议。申请日期的动议是当事人对诉讼耽误的期日、期

间存在正当理由，向法院申请进行补救，或是提出合理的听证、证据开示、审判期日等申请，由法庭作出裁定。

对于上述审前动议，法庭应当在开庭审判之前作出裁定，审前动议的裁定对整个审判过程具有约束力。以排除非法证据的动议为例，当法庭根据申请审查并决定排除某项证据时，该证据不得在审判中提出，也不得在审判中提及，以免影响审判的公正。对于是否排除证据的裁定，双方当事人都可以提出上诉，上诉不停止诉讼的进行。

（4）证据开示和证据保全

证据开示是对抗制诉讼的基石之一，其主要目的在于通过审前的证据交换，保证控辩双方的平等对抗，实现审判公正。通过证据开示，还有可能促进控辩双方达成辩诉交易。在公诉审查阶段存在任意的证据开示，被告方可以通过预审获悉控方证据。在审前动议阶段则为强制开示阶段，这一阶段也是证据开示的主要阶段，控辩双方都必须在此阶段向对方开示证据，否则另一方可以通过提出审前动议，强制对方开示证据。

法庭是证据开示的主持者、指挥者。如果一方不履行展示义务，法庭可根据审前动议的申请强制其进行展示，或者命令禁止未展示的证据在开庭审判时出示。《美国联邦刑事诉讼规则》规定了控辩双方证据开示的范围，原则上在审前获取或知悉的证据属于展示范围的证据，都应当在庭前准备阶段展示。侦查中获取的证据材料和程序性法律文书必须开示，而与案件有关的涉及侦查、起诉的官方报告或其他内部文件则不属于展示范围。此外，在庭前准备程序中，还对精神病辩护证据等特殊证据的开示规则作了规定。

法律对证据开示的时间作了严格规定。在对被告人进行传唤、讯问时或之后尽量短的时间内，检察官可将在审判中使用的证据进行展示，使被告人了解控方证据，以便其对这些证据提出异议或申请排除。法律对其他特殊事由的证据开示都规定了严格的期限限制。庭前证据展示的地点由双方约定，也可以在各自的办公地点展示。

一方当事人预备提供的证人证言因特殊情况需要先行采证并保存至审判中使用时，法庭可以根据当事人申请，先行对该证人的证词进行采证。刑事诉讼中的证据保全制度具有严格的适用条件。只有在一方的证人预计不能出席法庭审判时，如因重大疾病、开庭日不在国内等原因，经该方申请并通知另一方后，法庭根据司法利益考虑，才能决定提前对该证人进行录取证言，留待开庭时使用。采取保全措施的证据可以作为实物证据使用。法庭决定进行证据保全后，采证由法庭主持。控辩双方可以对证人进行询问，其范围、方式和审判中询问证人的方法相同。

（5）庭前会议

庭前会议制度是美国法庭前准备程序的重要内容，并被美国刑事诉讼规则确立为庭前准备的一项重要程序。法庭依申请或依职权，可以命令召开庭前会议以讨论有助于促进审判公正和审判效率的事项。在会议结束时，对达成的协议事项进行记录。庭前会议只适用于被告人有律师的案件，会议中所形成的书面协议经被告人及其律师签字后对其具有约束力。

庭前会议的主要任务有以下几个方面：1）督促双方当事人进行庭前准备工作，如督促双方当事人及时进行证据开示、提出动议等。2）解决准备工作中出现的争议，如解决有关证据开示的争议。3）整理证据和整理争点。通过审前会议，对双方没有争议的证据，记录在案，在法庭审理中不再做调查。明确双方的争点，把法庭审理集中在有争议的证据和事实上，以加速法庭审理进程。4）协商审判的日期。协商审判的日期主要是保障双方当事人以及其预备传唤的证人能按时出庭，确保案件的迅速审理和公正审判。[①]

庭前会议涵盖了庭前准备程序中的大部分内容，通过整理争点和证据，协商确定审判期日等活动，解决了准备程序中出现的纠纷，推动了庭前准备的进程，保证了集中审理、平等对抗等诉讼目的的实现，促进了审判的公正和效率。

（三）混合式诉讼模式下的庭前准备程序

混合式诉讼模式以日本为典型代表。第二次世界大战后日本的刑事诉讼模式由职权主义转变为当事人主义，实行起诉状一本主义，刑事案件被提起公诉后不经审查直接进入审判程序。由于日本战后立法对庭前准备程序未予重视，庭前准备工作不足，庭审拖延的现象在司法实践中屡见不鲜。为此，日本最高法院实行了司法改革运动，改革运动之一就是通过完善庭前准备程序以实现庭审效率的提高。

日本实行起诉状一本主义，检察官在起诉时只移送起诉书，立法出于排

---

① 参见韩红兴：《刑事公诉案件庭前程序研究》，第126页。

除预断的考虑，严格限制法官在审判前介入案件的实体部分。法官在第一次开庭前实际上无法对案件进行有效的准备活动，而开庭之后法官就可以不受排除预断的影响，对案件进行实质性的准备活动。这一设置导致在第一次开庭时法官对案件的掌握能力不足。为了弥补这一缺陷，日本设立了第一次开庭后的准备程序。因此，日本的庭前准备程序可以分为第一次开庭前的准备程序和第一次开庭后的准备程序。第一次开庭前的准备程序以当事人为主，法院仅行督促职能；第一次开庭后的准备程序由法官主导，当事人协助进行。

1. 第一次开庭前的准备程序

日本学者田口守一认为，"第一次审判前的准备程序叫作'事前准备'。通过充分的事前准备可以集中审理。特别是对于自白案件、否认有罪案件或者复杂案件，准备程序是很有必要的。不过，法院适用排除预先判断原则，事前准备主要是以当事人的准备活动为中心。为了使当事人能够充分地参与审判活动，事前准备具有重要的意义"①。第一次开庭前的准备活动主要包括以下内容：

（1）控辩双方的准备活动

1）控辩双方的准备活动。第一次开庭前以控辩双方为主进行准备活动。控辩双方的准备活动主要包括：a. 控辩双方协商明确起诉书记载的诉因、处罚条款和案件的争点。通过协商，明确审判的对象，避免因审判对象的不确定等因素导致审判中的诉讼中断和拖延。经双方协商，使控辩双方对案件中没有争议的地方达成协议，明确争点，在开庭时对双方没有争议的事实或证据不作调查，重点审理案件争点。b. 控辩双方协商确定法庭证据调查的范围、顺序及方法，预计审理时间和开庭次数等事项并通知法庭。

2）检察官的准备活动。检察官在第一次开庭前的准备活动包括：a. 在第一次审判日前收集、整理证据，为及时审理做准备，制定出高效的证据展示计划。b. 提起公诉后，必须给辩护人提供阅览和了解证据的机会。在第一次审理以前，检察官应将在法庭上请求调查的证据、在法庭上询问的证人、鉴定人的名单等尽可能快地给被告人或辩护人提供阅览的机会。c. 应尽快通知辩护人对阅览过的证据是否同意或有异议。经双方同意的证据，不经法庭调查也可以直接作为证据。检察官应该对没有异议的证据通知对方，

---

① ［日］田口守一：《刑事诉讼法》，第 195 页。

以便在法庭上不再对该证据进行调查，可以直接作为证据使用，以提高庭审效率。d. 退还被告人或辩护人申请用作证据使用的扣押物品。①

3）辩护人的准备活动。a. 在第一次审判以前，辩护人应当通过与被告人及其他诉讼参与人的会面等方法确认事实关系。b. 给检察官提供阅览证据的机会，并把证人的姓名等信息通知检察官。c. 通知检察官对控方证据是否同意或有异议。

（2）法院的准备活动。

法院在第一次开庭前的准备活动主要包括：

1）送达起诉书副本。法院应当将起诉书副本送达被告人。为了保证被告人可以在开庭日期以前充分做好防御准备，送达的日期和开庭的日期之间必须有相当的间隔。适用普通程序的，起诉书副本的送达时间和第一次开庭日期之间至少应有 5 日间隔。

2）辩护人委托权的告知。审判阶段，法院应当告知被告人有权委托辩护人或申请指定辩护人。实际做法是在送达起诉书副本时，送达记载告知被告人委托权内容的通知。

3）将检察官和辩护人的姓名通知对方。法院为了便于在公诉提起后迅速进行程序，认为必要时可将检察官和辩护人的姓名告知对方。

4）指定第一次开庭日期。审判日期由审判长指定，审判长一般是先向检察官和辩护人确认准备情况及与其出庭时间是否冲突后，才确定庭审日期。审判日期确定后，当事人可以申请或法院依职权可以变更庭审日期，变更审判日期的决定必须由法院作出。

5）事先与检察官、辩护人协商，督促控辩双方的准备活动。法院可向检察官或辩护人了解诉讼准备的情况，或采取措施督促准备活动。法院可就审理计划等事宜与检察官和辩护人事先协商，但不能涉及可能对案件产生预断的事实或证据等内容。

2. 第一次开庭后的准备程序

第一次开庭后，为了迅速而连续地进行审理，对于复杂的案件应当审理案件的争点和证据。这种整理案件争点和证据的程序称为"准备程序"。由

---

① 参见《日本刑事诉讼法》，宋英辉译，中国政法大学出版社 2000 年版，第 62 页。

于已经开庭审理案件，此时的准备程序不受排除预断原则的限制。法院可以在一定范围内积极地开展活动。[①] 第一次开庭后的准备程序包括两项内容：一是复杂案件的"准备程序"。二是证据保全。

（1）复杂案件的"准备程序"

日本刑事诉讼法规定复杂案件的"准备程序"主要以整理案件的争点和证据为内容，以实现公审的审理得以迅速和连续进行的目的。准备程序由法官主持。准备程序根据法官的裁量可以用听证或者书面的形式进行。采用听证形式时，检察官、被告人及其辩护人应当到场。采用书面形式时，由法院指定一定的期间，控辩双方提出书面材料代替听证。

在准备程序中主要进行以下活动：一是整理争点。准备程序中整理争点的内容包括：1）明确诉因和处罚条款；2）整理案件的争点；3）控辩双方处理与准备活动相关的其他事务性工作。二是整理证据。为整理证据可以进行以下活动：1）让有申请权的人提出调查证据的请求；2）使有关人员明确论证的宗旨和询问事项等；3）命令提交书证或物证以供对方阅览；4）确认是否同意对方提供其阅览的作为证据的书面材料或供述；5）确认是否请求调查经双方同意的书面材料；6）决定调取证据、决定驳回调取证据请求；7）对调取证据的复议申请作出决定；8）确定调查证据的顺序和方法。[②]

准备程序不仅是为了实现迅速审理、集中审理，而且"是在互相沟通的基础上进行充分的进攻和防御，实现充分的审理"。换言之，参与准备程序、协助配合以保证审判顺利进行也是诉讼关系人的义务。准备过程由法院制作笔录，准备程序的结果在开庭审理时表现出来。这些准备程序的内容通过宣读有关文件或者告知主要事项而更加明确。[③]

（2）证据保全

排除预断的原则要求法院在第一次开庭之前不能收集有关案件实体部分的证据，但第一次开庭之后，法院可以根据当事人的申请或者依职权，收集和保全证据。因此保全证据也属于庭前准备程序之一。

法院保全证据有以下几种情况：1）搜查、扣押、查封、鉴定、勘验、

---

① 参见［日］田口守一：《刑事诉讼法》，第 199 页。

② 参见［日］田口守一：《刑事诉讼法》，第 199 页；《日本刑事诉讼法》，第 75 页。

③ 参见［日］田口守一：《刑事诉讼法》，第 199 页。

检查。法院通常依当事人申请进行此类证据保全行为，很少依职权进行。在法院进行证据保全活动时，检察官、被告人（不包括被羁押的被告人）或者辩护人可以到场。2）照会有关机关提供报告。如果某机关团体掌握与案件有关的材料，法院依职权或依申请，可以照会这些机关提出报告。① 3）采集证言。对于特殊原因，预计在审判日不能出庭作证的证人，依当事人的申请，可以在第一次开庭之后，正式审判之前，对这些证人进行采证。② 所有准备程序的结果均记录在案卷中，在正式开庭审判时予以宣读。

（四）对域外庭前准备程序的评价

通过上文对有代表性国家的庭前准备程序的介绍可以看出，由于司法理念等因素的差异，不同诉讼模式下的庭前准备程序在价值理念、参与主体的作用等方面存在差异。通过考察发现，不同诉讼模式的庭前准备程序又有相同的地方。

1. 不同诉讼模式庭前准备程序的差异

第一，诉讼理念的差异。

大陆法系国家系职权主义诉讼模式，庭前准备程序本着追求实体正义的诉讼理念，在程序设计上侧重于发现真实、打击犯罪职能的实现。因此，庭前准备程序只是公诉程序与审判程序的交接，目的是便于法院对案件材料和证据进行审查，为法院发现案件真实做好准备。在此模式下，庭前准备程序由法官主导，法官积极行使职权，审阅案卷材料、收集调查证据，控辩双方只是消极被动地协助法官调查，以查明案件的真实情况。

英美法系属于当事人主义诉讼模式，受程序正义理念的影响，庭前准备程序主要是为了规范诉讼行为，平衡控辩双方的力量对比，保证审判法官的中立，保证集中审理、迅速审判的实现。故而当事人主导着庭前准备程序的进行，法官只是根据控辩双方的意见或协议等消极地行使职权。同时，为了保证法官的中立，主持庭前准备程序的法官与庭审法官严格分离。这种制度设计是当事人主义模式下对抗式庭审得以实现的重要保障机制。

上述两种诉讼模式的特点在混合式诉讼模式中同时表现出来。混合式诉讼模式下，既有法官积极行使职权调查案件的一面，又有控辩双方平等对抗

---

① 参见［日］田口守一：《刑事诉讼法》，第 198、200 页。
② 参见《日本刑事诉讼法》，第 36 页。

的一面。因此，混合式诉讼模式下的庭前准备程序兼具职权主义和当事人主义的理念。

第二，参与主体作用的差异。

职权主义模式更加注重法官积极主动地行使职权，引导和掌控审判的进程。在庭前准备程序的设计上表现为诸多事项由法官主动作出决定，如开庭日期的确定、收集调查证据等，控辩双方和其他诉讼参与人只是根据法官的指令消极地予以配合。当事人主义模式则力图使控辩双方的作用最大化，庭前准备程序中的多项诉讼活动均由控辩双方主动参与，如证据开示和整理争点等，法官只是依双方的申请作出裁决，甚至如开庭日期的确定，法官也需要征询控辩双方的意见。日本作为混合式诉讼模式的代表，其庭前准备程序非常典型地体现出当事人主导和法官主导的共同性。第一次开庭前的准备活动由当事人主导，法官督促进行；第一次开庭后的准备程序则以法官为主导进行，控辩双方只是配合。

2. 不同诉讼模式庭前准备程序的相同点

第一，设置目的相同。

无论是职权主义模式还是当事人主义模式，设置庭前准备程序都是为了保证审判活动连续、迅速、公正地进行。之所以在正式的审判程序之前设立庭前准备程序，就是为了保证审判活动能够实现集中审理、迅速审理，控辩双方能够在审判中进行平等对抗。虽然在具体制度上各有差异，在诉讼理念上有所不同，但庭前准备程序通过不同的表现形式反映出了立法者相同的目的和追求。

第二，程序作用相同。

不同类型的诉讼模式决定了要有不同的诉讼程序设置与之对应。即便是在相同诉讼模式下，庭前准备程序也会因为历史沿革、文化差异等原因而有所不同。但是，不同形式的程序设置发挥的作用具有一致性。以整理争点为例，英美法系国家的整理争点由当事人主导，大陆法系国家则以法官为中心，日本更是随着程序的推进，先由当事人为主，后面转换为法官主导。形式虽有不同，但都是为了实现整理争点的目的，即厘清双方争议焦点，力图使控辩双方在审判活动中能够有针对性地进行辩论，提高审判的效率。

第三，发展趋势相同。

纵观各种诉讼模式下的庭前准备程序，均呈现出深入发展的趋势。究其原因在于，在刑事诉讼追求的公平正义基本得以实现的现代刑事诉讼活动中，司法资源的巨大投入、诉讼活动的持久进行成为新的突出问题，诉讼效率日益受到重视。在坚持诉讼公正的前提下，提高诉讼效率成为刑事诉讼发展的关注点。表现在审判环节，即为各国均通过设计合理的庭前准备程序，将可能导致诉讼拖延的问题在开庭之前解决，以庭前较少的资源投入换得高效率的审判。

三、对我国 1996 年刑事诉讼法确立的庭前准备程序的讨论

1996 年在修改刑事诉讼法时，立法机关为了克服长期存在于我国司法实践中的先定后审、法庭审判形式化等问题，将公诉审查由实体性审查修改为主要进行程序性审查，取消了法官的审前调查和退回补充侦查权，但其他方面未作实质性修改。立法上的缺陷，导致我国庭前准备程序弱化，功能单一，难以保证审判的公正、有序和效率。虽然最高人民法院等部门对刑事诉讼法作出了司法解释，对庭前准备程序作了一些补充规定，但并无实质性突破。[①] 1996 年《刑事诉讼法》确立的庭前准备程序主要存在以下问题：

（一）合议庭组成人员和回避权未及时告知当事人

1996 年《刑事诉讼法》第 151 条、第 154 条规定，人民法院决定开庭审判后，首先要确定合议庭组成人员，但是没有规定合议庭组成后及时告知当事人及其法定代理人合议庭组成人员及申请回避的权利，而是在正式开庭后，由审判长宣布合议庭组成人员名单；告知当事人有权对合议庭组成人员申请回避；告知辩护人享有辩护权利。刑事诉讼法没有规定合理程序以保障当事人在开庭前对合议庭组成人员这一重要信息的了解，而是规定在开庭后被告人才获知合议庭组成人员的名单，因为随之就要对案件进行审理，当事人很少有时间更加深入地了解合议庭组成人员的具体情况，即使合议庭组成人员存在法定回避的事由，当事人对此类重要信息也无从发现，也就无法有针对性地行使申请回避的权利。进一步讲，如果当事人提出了对合议庭的回

---

① 参见宋英辉、陈永生：《刑事案件庭前审查及准备程序研究》，《政法论坛》2002 年第 2 期。

避申请，必然引起对回避申请的审查，使正常的审判程序中断；一旦申请成立，法院应当重新组成合议庭，由此也会引起相应的程序变化。因此，应当将合议庭组成人员的基本信息和回避申请权及时告知当事人，以便在开庭之前解决回避事宜。

为了保障当事人及其法定代理人的申请回避权，许多国家都规定在合议庭组成后，应当将组成人员情况和享有的回避申请权及时告知当事人及其法定代理人，以保障当事人及其法定代理人的知情权和回避权。回避告知和申请回避均应尽可能在准备程序中完成，至迟应当在法庭开始调查之前完成。德国刑事诉讼法就规定了在第一审开庭前一周（至迟在审判开启时），法庭应当将人员组成情况告知控辩双方，如果法庭组成人员在开庭前有变动，也应该告知。其他国家如法国、美国都有在庭前准备活动中通知合议庭组成人员或陪审团筛选程序的规定。在开庭审判之前及时告知法庭组成人员，有利于保障当事人及其法定代理人及时了解合议庭组成人员情况，以便提出申请回避的理由。将回避问题在开庭之前加以解决，也避免在审判开始后提出回避申请可能带来的诉讼中断，和因此带来的法庭组成人员变动。因此，在庭前准备程序中及时告知法庭组成人员，是保障申请回避权和贯彻集中审理原则的重要制度。

（二）证据开示制度不健全

证据开示是庭前准备程序中保障控辩双方，特别是辩方证据知悉权的重要途径。大陆法系国家通过设立庭前阅卷权保障辩护方的证据知悉权；英美法系国家则在庭前准备程序中设立强制性证据开示以保障控辩双方的证据知悉权。我国现行刑事诉讼法规定，辩护方可以在开庭前到人民法院查阅检察院移送的起诉书、证人名单、主要证据的复印件或照片。可见辩护方能够查阅的证据范围实际上是由检察院决定的。某些对被告人有利的证据检察院可能不会移送，因而庭前准备中证据知悉权无从得到保障。

证据开示不仅保证了控辩双方的证据知悉权，还具有排除非法证据的作用。在开示过程中，如果对对方展示证据之合法性存在异议，可以向法院提出，由法院对该证据进行审查，确认非法则予以排除。大陆法系国家一般在公诉审查程序中实现排除非法证据的功能；英美法系国家在庭前准备程序中实现排除非法证据的功能。通过庭前准备过程中的证据开示，控辩双方了解了对方的证据，这为提出非法证据排除的申请提供了可能性。在庭前程序中对非法证据予以排除，避免了非法证据进入审判程序因而影响法官对案件的判断，有利于实现审判的公正。

通过1996年刑事诉讼法的修改，我国的审判模式吸收了当事人主义庭审模式的一些因素，取消了原来的全案移送主义，但是没有建立起当事人主义下的证据开示制度，因此，没有实现控辩双方证据知悉的功能和非法证据排除的功能。目前我国一些地方的司法机关进行了庭前证据开示的试点，目的是实现庭前准备程序中证据知悉和证据排除的作用。证据开示制度不健全是我国庭前准备程序功能缺失的重要表现。

（三）欠缺整理争点的功能

为了促进集中审理的实现，避免庭审的拖延，必要时，法官可以对某些复杂案件在庭前准备程序中组织控辩双方整理争点，就案件的证据、事实和法律等进行协商，明确双方存在争议的问题，从中归纳出双方的争点，以便在法庭审理中集中审理有争议的证据和事实，实现法庭集中审理和迅速审理的功能，提高审判效率。庭前准备程序中设置整理争点功能是避免审判拖延、提高审判效率的一种有效措施。英、美、日本等国均在庭前准备程序中作了整理争点的程序规定。

1996年刑事诉讼法修改时改革了庭前审查的方式，减弱了开庭前法官的职权，但忽视了庭前准备程序中整理争点的作用，没有建立相应的程序来实现该项功能。由此导致所有的争议问题都只能到开庭审理后才能显现出来，彼时再行解决，势必增加因梳理争议问题而耗费的时间，严重者导致审判的中断，成为间断式的审理，影响了集中审理的实现。

（四）庭前准备程序缺少控辩双方的参与

审判活动决定着当事人的切身利益，而庭前准备程序直接影响着审判程序的进程。在涉及当事人利益的诉讼事务中，给予当事人参与和发表意见的权利是程序正义的体现。在职权主义模式下，有许多庭前准备程序的内容是在公诉审查程序中完成的，而公诉审查程序是以开庭的方式进行，这样保障了当事人的参与。在当事人主义模式下，庭前准备程序是以听证或开庭的形式对涉及当事人审判利益的事项进行准备活动，当事人也享有发表意见的权利。

保障当事人参与准备程序，体现了诉讼民主和公正的价值。保证当事人的诉讼参与性是各国刑事诉讼程序所遵循的普遍的价值理念。庭前准备程序作为刑事诉讼的重要阶段，保障准备程序中当事人的参与性符合刑事诉讼的程序正义理念。随着对庭前准备程序价值的深入认识，庭前准备程序不再被看作只是法院单方的活动，庭前准备程序中控辩双方协商解决的事项涉及当事人的切身利益，保障当事人的参与性是实现诉讼民主和公正的必然要求。

1996 年刑事诉讼法的修改，对当事人的参与性考虑不足，在设置程序时弱化了控辩双方参与庭前准备程序的作用，由此导致庭前准备程序只是法院一家为如期开庭进行简单的传唤、告知、通知等事务性活动，对关系到案件争议的事实和证据等问题涉及不足，控辩双方只是被动地接受法院的指示而进行一定的活动，控辩双方的意见无法得到有效表达，因而庭前准备程序也无法发挥预期的作用。

四、2012 年刑事诉讼法对庭前准备程序的修改及其检视

庭前准备程序作为与审判连接最为紧密的程序，其准备活动的质量高低直接决定了审判活动能否公正、高效地进行，也关系着集中审理、平等对抗、审判公正的原则能否实现。1996 年刑事诉讼法规定的庭前准备程序，仅被看作是为了使开庭审判能够顺利、如期进行而由法院进行的事务活动，缺少控辩双方的参与，并且庭前准备程序所进行的活动也缺乏证据开示、整理争点等庭前准备活动应当涵盖的内容，只是简单的传唤、告知等活动。为了解决上述问题，2012 年《刑事诉讼法》第 182 条对庭前准备程序进行了较大幅度的改革，修改后的条文规定：人民法院决定开庭审判后，应当确定合议庭的组成人员，将人民检察院的起诉书副本至迟在开庭 10 日以前送达被告人及其辩护人。在开庭以前，审判人员可以召集公诉人、当事人和辩护人、诉讼代理人，对回避、出庭证人名单、非法证据排除等与审判相关的问题，了解情况，听取意见。人民法院确定开庭日期后，应当将开庭的时间、地点通知人民检察院，传唤当事人，通知辩护人、诉讼代理人、证人、鉴定人和翻译人员，传票和通知书至迟在开庭 3 日以前送达。公开审判的案件，应当在开庭 3 日以前先期公布案由、被告人姓名、开庭时间和地点。上述活动情形应当写入笔录，由审判人员和书记员签名。

该条规定的内容主要有三个方面：第一，庭审准备由审判人员根据案件情况进行。实践中，特定的案件是否适用这种开庭前的准备程序，需要结合个案情况作出决定，并且决定的主体是审判人员。公诉人、当事人和辩护人、诉讼代理人可以提出建议或者要求，但是没有决定权。第二，庭前准备的内容是就回避、出庭证人名单、非法证据排除等与审判相关的问题，了解情况，听取意见。其中，对于回避、出庭证人名单，审判人员应当在开庭前了解情况，听取意见，并作出决定。关于非法证据排除问题，当事人和辩护人、诉讼代理人在开庭前提出的，审判人员应当在开庭前了解情况，进行调查，并决定是否排除。当事人和辩护人、诉讼代理人在开庭前没有提出而在庭审过程中提出的，审判人员应当中止法庭审理程序，启动非法证据排除的调查程序。第三，庭前准备的方式，应当以召开庭前会议为主，以个别听取意见为辅。

学界对这一修改给予了积极评价，如有学者将第 182 条第 2 款规定的程序命名为"庭前会议"，认为此项程序的建立，打破了中国刑事审判程序由起诉到审判的直接过渡，在起诉、审判之间植入了中间程序[①]，可以实现以下三方面的功能：一是"庭前会议"程序的建立，配合全案移送制度的回归和 2012 年《刑事诉讼法》第 40 条"辩护人收集的有关犯罪嫌疑人不在犯罪现场、未达到刑事责任年龄、属于依法不负刑事责任的精神病人的证据，应当及时告知公安机关、人民检察院"的规定，可以保证辩护方阅卷权的实现，促进控辩双方诉权的平等，避免信息的不对称对诉讼平衡的影响。二是"庭前会议"程序可以有效保障集中审理、提高诉讼效率。提前确定回避、证人名单，排除非法证据，确定案件的重点和争点，将控辩双方无异议的证据在中间程序予以确认，庭审中重点针对有异议的证人、证据展开，可大幅度提高庭审效率，有效缓解案多人少的矛盾。三是"庭前会议"程序能有效规范公诉权行使。中间程序的功能之一，就是防止公诉权滥用，避免使一些不符合起诉条件（包括不应当起诉）的案件进入审判程序，以达到保障人权的目的。通过合理的制度安排，我国的庭前会议程序可以有效负担起权力制约的功能，保障起诉裁量权不被滥用。

---

① 参见张伯晋：《构建中国特色"庭前会议"程序——就新刑诉法第 182 条第 2 款专访陈卫东教授》，《检察日报》2012 年 4 月 1 日。

需要指出的是，2012 年《刑事诉讼法》第 182 条只是为审前准备程序搭建了一个框架，虽之后"两高"分别在新出台和修订的 2012 年最高人民法院《解释》、《人民检察院刑事诉讼规则（试行）》中作了进一步的细化，但仍有诸多问题需要进一步研究：

（一）证据开示问题

对于庭前准备程序，大多数国家的刑事诉讼法都专门规定了证据开示，我国理论界也对该问题展开了较为深入的研究。但 2012 年刑事诉讼法并未在庭前准备程序中明确规定证据开示。虽然恢复了庭前案卷移送制度，但假如公诉方没有将一些有利于被告人的证据归入案卷中，或者公诉方在"庭前会议"后、开庭前又收集到了比较重要的证据，而没有对辩护方公开，如何处理？因此，还需要进一步明确，控方展示证据的范围不仅应当包括证明被告人有罪的证据，还应当包括有利于被告人的证据。控方证据开示的范围包括所掌握的全部证据，辩方开示的证据应当是准备在法庭中使用的证据。如果控辩双方认为对方掌握有应当展示的证据而没有展示的，可以申请庭前法官命令对方予以开示。在庭前会议中控辩双方未予开示的证据不得在法庭上出示和使用。

（二）排除非法证据

2012 年刑事诉讼法确立的非法证据排除规则带有明显的中国特色，其中最为重要的一点是将非法证据排除贯穿于整个刑事诉讼活动。即在刑事侦查、审查起诉和审判的过程中，都可以进行非法证据的排除。针对审判阶段来讲，非法证据不仅在法庭准备程序中可以排除，在整个审判程序中都可以排除。这就会带来一个问题：辩护方基于胜诉利益的考虑往往倾向于在审判阶段才提出非法证据排除申请，而不是在审前准备程序中，以避免过早将辩护意图暴露给公诉机关。其后果，一方面使审前准备程序排除非法证据的立法目的落空，另一方面则造成证据突袭和诉讼拖延。因此，如何建立促进非法证据排除问题在审前程序中提出和解决的机制，需要进一步思考和研究。

（三）加强庭前准备程序中控辩双方的参与

1996 年刑事诉讼法对人民法院如何确定开庭日期未作程序规定，实际上人民法院主要是根据案件的数量等工作日程安排，出于合理安排工作量等因素的考虑自行确定审判日期。2012 年刑事诉讼法对上述规定也未作实质修改。合理的确定开庭日期直接关系到庭前准备活动的顺利完成、诉讼参与人如期参加审判活动等。国外对开庭日期的确定都要求考虑当事人意见以及有关诉讼参与人出席庭审的情况，开庭日期的确定是在征求控辩双方意见或进行协商后由法官决定的，这有利于审判活动中当事人的充分参与。因此，应当明确在庭前准备程序中由法官在询问控辩双方的意见后确定开庭审理期日，审判期日确定之后不得随意变更。

（四）证据保全

证据保全作为控辩双方收集证据的一项补充，是查证事实、公正判决必不可少的重要程序。当事双方为了增强己方观点的说服力，在审判时会向法官申请己方证人出庭接受询问。但是，当预期出庭作证的证人由于某些无法克服的障碍或者不可预测的因素，在开庭审判时不能出庭时，当事人应当可以向法官申请，在开庭之前对证人证言先行取证。并通过对证人证言的审查，明确证明力，待正式开庭时使用。

但 2012 年刑事诉讼法没有涉及这一问题。鉴于我国刑事诉讼法对证人到庭制度的规定尚不够完善，证言采集程序不够规范，应当对证据保全的程序规定进一步予以明确：在庭前准备程序中，如果控辩双方预计本方证人可能由于某些原因（如患有严重疾病、开庭时因行程等原因无法到庭）无法出庭作证，可以向法官申请在开庭之前对证人先行采集证言。提出申请的一方应当提出相应的理由证明确有先行保全证据的必要。法官审查后认为有必要的，决定进行证言的采集。证据的采集过程，控辩双方有权参加并对证人进行询问和发表意见。采证活动应当全程记录，获取的证言由法官保存，在开庭时可以当作已经经过查证的证人证言使用。

第七章

刑事一审程序的完善

　　刑事案件经由人民检察院提起公诉或者自诉人提起自诉，人民法院依法受理后进入审判程序。刑事审判程序在整个刑事诉讼中居于重要地位，对刑事诉讼活动起到决定性作用。在刑事审判程序中，人民法院代表国家依法行使审判权，在控辩双方和其他诉讼参与人的参加下，依照法定程序对案件进行审理，对被告人依法作出判决。我国《刑事诉讼法》第10条规定，人民法院审判案件，实行两审终审制。除了特殊情形[①]，绝大多数的刑事案件在经过两级人民法院的审判后即告终结。在刑事诉讼中，立案、侦查、起诉等阶段虽然都是不可缺少的必经程序，但是这些审前程序都是为了审判程序得以顺利进行而做的准备工作。在审判程序中，一审程序作为最基本的审判程序，承担着主要的审判任务。由此可见，一审程序不仅是审判程序的中心环节，还是整个刑事诉讼活动最关键的阶段。

　　一审程序是刑事审判程序的必经环节，在审判程序的启动和进行上具有确定性和必然性。而二审程序和审判监督程序的启动却不是必然的，具有不确定性。二审程序的启动依据是检察机关提起的抗诉或者有权提起上诉的当事人提起的上诉，如果在法定期限内未提出抗诉或者上诉，则不会引起二审程序的启动，一审程序作出的判决即为生效判决。审判监督程序亦是如此，在判决生效后，如果不存在法定事由，则不会引起审判监督程序的启动。因

---

　　① 特殊情形包括：（1）由最高人民法院作为第一审法院进行审理的案件；（2）判处死刑的案件；（3）《刑法》第63条第2款规定的情形。

而，大多数刑事案件都是经过一审程序即得以解决。完备的一审程序不仅为审判权的规范行使提供了保障，也为其他刑事诉讼程序的规范运行提供了参照标准。一审程序集中反映了刑事诉讼的基本原则，如控辩平等原则、保障辩护权原则、程序公开原则等。

一、一审程序的实际运行情况

从 2003 年至 2010 年最高人民法院工作报告的数据统计表（参见表 1）中可以看出，近年来，我国地方各级人民法院每年审判的刑事第一审案件总数为 64 万件～77 万件。从整体趋势上来看，每年我国各级人民法院审判的刑事第一审案件的总数稳中有升，呈逐年增长态势。据此分析可以得出以下结论：

第一，人民法院一审的裁判结果具有较高的准确性，普遍为当事人接受。通过表 1 可以看出，2003 年～2007 年五年时间，人民法院作出裁判的案件具有较高的服判息诉率，前五年的服判息诉率为 90.01%，其中二审维持率为 70.84%。这组数据表明，人民法院的一审裁判准确度较高，广泛地为当事人认可并接受。即使有上诉的情况，二审的维持率也在 70% 左右，说明二审法院对一审裁判结果的准确性具有较高的认可度。这也反映了人民法院一审程序具有较高的质量，裁判结果具有较大的权威性。

第二，我国刑事案件被告人辩护权的行使在一定程度上得到了保障。不难发现，2003 年～2007 年五年内，人民法院指定辩护的案件数共计 32 万，与之前的五年相比，同比增长 2.3 倍。这一数字表明，在我国，刑事案件被告人的基本诉讼权利受到重视，其辩护权的实现得到了法律的保障。辩护权作为被告人的一项重要诉讼权利，普遍为各国立法确认，并以多种渠道保障被告人能够行使辩护权以维护自己的合法权益。经过多年的法治建设，我国人民法院在维护被告人的辩护权方面取得显著成效，最具有代表性的就是指定辩护的案件数量显著增长，更多的被告人通过指定辩护，在辩护律师的帮助下，更好地实现了维护自身合法权益的目的。

第三，人民群众参与和监督审判工作的程度大幅提高。从近五年的数据来看，人民陪审员参与审判工作的案件数量逐年增加，从 2005 年的 16.5 万件到 2009 年的 63.2 万件，每年的增幅都超过 10%。人民群众参与审判工作，特别是参与行使审判权的活动，是司法民主的体现。审判工作吸收人民群众的参与，能够发挥人民群众的积极性，推动审判工作的顺利开展。同时，人民群众的监督又是审判权规范行使的有效保障。人民群众的参与对审判工作的规范、高效运行具有重要的作用。

表 1　　　　　　　　　2003 年～2009 年全国审判工作数据统计表

年份	刑事一审案件数	服判息诉率	指定辩护数	人民陪审员参与案件数
2003	73.6 万	同比增长 11%		
2004	64.4 万	同比增长 5%		
2005	68.4 万		117407 人	16.5 万
2006	70.1 万		17221 人	34 万
2003—2007	338.5 万	90.01% 二审维持率 70.84%	32 万人	
2008	76.8 万			50.5 万
2009	76.7 万			63.2 万

数据来源：2003 年～2010 年最高人民法院工作报告。

二、1996 年刑事诉讼法规定的一审程序存在的问题

1996 年刑事诉讼法吸收了当事人主义的合理因素，但是，受法律传统、社会制度、思想观念以及配套立法措施等因素的影响，刑事一审程序仍然存在一些问题。

（一）证人出庭作证率低

证人出庭作证是直接言词原则的要求。目前在我国的刑事诉讼中证人不出庭作证或者出庭不作证已经成为影响某些案件质量和制约刑事司法公正的瓶颈问题。据有关司法统计和学者的调查研究，全国法院证人出庭率普遍偏低。绝大多数案件没有证人出庭，即使有的案件证人出庭了，也只是个别证人出庭。[1] 在我国的刑事审判中，证人不出庭却成为常态，就全国范围来看，证人出庭率普遍不足 10%。[2] 证人出庭作证率低的直接结果是导致在审

---

[1]　参见胡云腾：《证人出庭作证难及其解决思路》，《环球法律评论》2006 年第 5 期。

[2]　参见陈卫东：《让证人走向法庭——刑事案件证人出庭作证制度研究》，《山东警察学院学报》2007 年第 2 期。

判当中大量地使用证人在审前各阶段所做的书面证词，法官仅依据书面证词对案情进行分析判断，而控辩双方更是无从对书面证词的真实性进行质证。这样一来，法官无法通过直接询问证人来审查判断证人证言的真实性和证明力，控辩双方也没有机会通过当面质询证人以进一步核实证言的细节和准确度。进一步讲，通过证人出庭作证来增强法庭抗辩、防范审判过程流于形式的立法目的也难以实现。

当前证人出庭作证率低的原因是多方面的。现行法律规定的不完善难以为证人出庭提供有力的立法支持；证人的人身安全等个人基本利益得不到有效保护的现实也影响了证人出庭作证的积极性；司法机关对证人出庭的消极态度也在一定程度上将证人阻隔于庭审之外。具体来说，造成当前我国证人出庭作证率低的原因主要有以下几个方面：

1. 立法对证人出庭作证的规定不健全

证人出庭作证的立法不健全是造成证人出庭率低的一个重要原因。1996年修改《刑事诉讼法》时，立法者对证人出庭作证的重要作用认识不够全面，因而在修改刑事诉讼法时对证人出庭作证的内容着墨不多。随着诉讼理念的深入发展，法学理论界和司法实践对证人作证问题愈加重视。此时，在证人出庭作证方面寥寥无几的法律条文难以担当起构建证人出庭作证制度的重任。证人作证问题与法律不足之间的矛盾由此逐渐地显现出来。

法律规定的不健全首先表现为1996年刑事诉讼法没有明确规定证人出庭作证的规则，其关于证人出庭作证的规定和最高人民法院对证人出庭作证问题的司法解释存在冲突。法律的冲突使司法机关在如何处理证人不出庭作证和怎样使用证人证言的问题上缺少行之有效的法律依据。因而在审判中，人民法院采用各种各样的方法来处理证人出庭作证问题也就不足为奇。

1996年《刑事诉讼法》第42条规定了物证书证、证人证言等七种证据形式，同时规定了"以上证据必须经过查证属实，才能作为定案的根据"。第47条规定了审查判断证人证言的要求，即"证人证言必须在法庭上经过公诉人、被害人和被告人、辩护人双方讯问、质证，听取各方证人的证言并且经过查实以后，才能作为定案的根据"。据此可知，证人出庭作证应当是原则，不出庭则是例外。这就要求审判时证人应当出庭，法庭若要采用证人证言，则必须对证人进行口头问询。这一规定符合直接言词原则的要求，对确保证人证言的质量起到有效的保障作用。但是，刑事诉讼法和相关的司法解释对证人证言的使用还作了弹性规定，使得人民法院在采用证人证言时出现了异化现象。1996 年《刑事诉讼法》第 157 条规定："对未到庭的证人的证言笔录……作为证据的文书，应当当庭宣读。审判人员应当听取公诉人、当事人和辩护人、诉讼代理人的意见。"1996 年刑事诉讼法和相关司法解释关于证人出庭作证制度的规定，实际上是确立了由法官决定证人是否需要出庭的自由裁量权。这样的规定，与之前所述的证人出庭的要求不符。

法律规定不健全还表现为刑事诉讼法仅原则性规定了证人隐匿证据或作伪证将受到法律追究或依法处理，缺乏对证人无正当理由拒绝出庭作证的强制措施和法律责任的规定，导致控辩双方和法院难以强制证人到庭作证，证人出庭作证义务的规定形同虚设。[①] 由于法律没有对证人拒绝出庭作证规定有效的强制到庭措施或者惩罚措施，因而在证人拒不到庭的情况下，当事人和司法机关缺少有力的手段强制证人到庭作证，证人也因此可以对司法机关通知出庭作证的要求置之不理。

相比之下，外国刑事诉讼法中对证人拒不出庭作证的情况出了强制到庭作证的规定，即强迫作证制度。英美法系国家对证人的要求是，适格的证人都必须出庭作证，违反作证义务将承担法律责任。证人有作证义务而无正当理由拒绝出庭作证的，法庭可以采用签发逮捕令的方式强制其到庭，更甚者有可能以藐视法庭罪论处而使其接受处罚。大陆法系国家也规定了对证人拒绝作证的处罚方法，《法国刑事诉讼法》第 109 条规定，"为听取其证言，作为证人受到传唤的任何人必须到庭、宣誓并作证"，"如证人不到庭或者拒绝到庭，预审法官得以共和国检察官的请求，以公共力量强制其到庭"[②]，并且可以根据实际情况判处相应的罚金。德国也以罚款为惩罚手段以实现证人出庭作证。

2. 证人出于自身利益考虑而拒绝出庭作证

证人参与到刑事诉讼中，出庭作证并接受法官和控辩双方的询问，必然涉及出庭证人的切身利益。与证人出庭作证直接相关的利益主要表现在经济

---

① 参见陈卫东：《让证人走向法庭——刑事案件证人出庭作证制度研究》，《山东警察学院学报》2007 年第 2 期。

② 《法国刑事诉讼法典》，罗结珍译，中国法制出版社 2006 年版，第 108 页。

上受到损失、人身安全风险增大等。证人在决定是否出庭时，必然会事先对种种利益作一番权衡。当证人认为出庭作证给自己带来的负面影响远大于因作证得到的积极效果时，往往会选择自保而拒绝出庭作证。

一般来讲，证人出庭作证，特别是在刑事案件中作为控方证人出庭指证被告人或证实犯罪行为时，证人是有所顾虑的。主要是出于自己及亲属人身安全的考虑，对出庭作证有一定的抵触情绪。实际情况中，恐吓、威胁甚至直接报复证人的情况时有发生。证人在人身安全难以得到有效保障的情况下，即使愿意出庭作证，也会出于对后果的顾忌而选择放弃。

1996 年《刑事诉讼法》第 49 条规定："人民法院、人民检察院和公安机关应当保障证人及其近亲属的安全。对证人及其近亲属进行威胁、侮辱、殴打或者打击报复，构成犯罪的，依法追究刑事责任；尚不够刑事处罚的，依法给予治安管理处罚。"刑事诉讼法仅侧重于对证人的事后保护，缺少事前的预防性保护措施；这一规定也只是注重保护证人的人身和名誉不受侵犯，对证人的财产保护关注不够。① 正是因为对人身安全和经济利益缺少有效的保护，所以证人出庭作证的动力不足。因为在履行作证义务和保障个人安全之间，安全因素是首先要考虑的。如果一个国家不能为证人作证提供足够的保障，它强制公民履行作证义务就失去了正当性根据。国家只有在保障人们最基本权利的前提下，才有权要求人们向国家承担一定的义务，诸如作为证人出庭作证的义务。② "没有一种法律制度有正当理由能强迫证人作证，而在发现证人作证受到侵害时又拒绝予以救济。采用一切可行手段来保护证人是法庭的职责。否则，整个法律诉讼就会一钱不值。"③

域外立法对证人保护的法律规定相对较为成熟，这可以从香港的刑事诉讼法对证人保护的规定中窥见一斑。《香港刑事诉讼程序法》第 7.6.4.4 条"对证人的保护"规定，"为了获得公正的审判，证人必须是在没有恐惧、压力或影响的情况下，向法庭陈述所有的真实情况。干扰证人作证者，犯普通法规定的阻碍司法公正罪。贿赂、威胁、允诺、不适当地施压、利诱或者与

---

① 参见胡超容：《构建刑事诉讼证人出庭作证的模式》，《中国刑事法杂志》2006 年第 4 期。

② 参见李富成：《证人出庭难原因分析》，《贵州警官职业学院学报》2003 年第 4 期。

③ ［英］丹宁：《法律的正当程序》，李克强、杨百揆、刘庸安译，法律出版社 1999 年版，第 25 页。

他人达成不作证的协议，都构成犯罪。"① 该条还规定了证人可以不出庭的情形。英美法系国家在证人保护方面有一套完备的保护措施，其中美国的证人保护制度"马歇尔项目"在 1970 年生效的《有组织犯罪控制法》(Organized Crime Control Act) 中正式确立。该法第 5 部分的标题是"政府证人的保护措施"，它勾勒了证人保护项目的基本原则。后来该项目演变成了著名的联邦证人保护项目 WITSEC (the Federal Witness Protection Program)。②

3. 司法机关对证人出庭作证持消极态度

强制出庭作证的立法缺失和证人本身对出庭作证的消极抵制是影响证人出庭作证的重要因素，而检察机关和人民法院则在证人出庭作证制度的实际运行中扮演了重要的角色。在现行证人作证制度下，检察机关和人民法院都缺乏要求证人出庭作证的利益激励。出于司法资源紧张、案件数量多、保证胜诉率以及避免诉讼中断、提高审判效率等因素的考虑，检察机关和人民法院期望实现自身效用的最大化，以至于在要求证人出庭作证方面缺乏动力。

从现行证人作证制度的实际运行情况来看，侦查机关、检察机关审前的证人询问笔录与证人出庭陈述在证据效力上并无差别。因而对法官来说，证人出庭不仅耗费了更多的时间，增加了经济成本，还使案件事实的认定变得复杂，证人出庭作证成为一种收效不甚明显的累赘，法官在证人出庭问题上普遍持消极态度。对检察官而言，相对于证人出庭接受询问，书面证言无法通过询问证人进行核实，因而宣读证人的书面证言降低了因证人出庭接受询问致使证言的证明力降低的风险，同时也避免了证人的陈述出现反复，显然证人不出庭而仅凭书面证言更容易增强指控的可信度和说服力。

有学者指出，我国司法机关包括法院和检察院对证人出庭问题实际上采取一种说起来重要但心里头不以为然的态度。诚然，证人不出庭作证是多种原因造成的，而人们常把证人不出庭作证仅归因于社会原因或证人义务观差等方面，实际上这些原因都不如司法机关对促使证人作证缺乏积极性影响大。如果司法机关对证人出庭作证的重要性认识到位，就会想方设法让证人出庭作证，包括使用国家强制措施。司法机关希望证人不出庭主要是害怕证

---

① 赵秉志主编：《香港刑事诉讼程序法》，北京大学出版社 1996 年版，第 195 页。

② 参见高一飞：《让证人人间蒸发的"马歇尔项目"》，见东方法眼网站（http://www.dffy.com/sifashijian/jj/200511/20051109184626.html），访问时间：2010 年 4 月 10 日。

人言词出现反复，在侦查、检察阶段收集的证言与证人在法庭上所讲的证言不一致。证人证言出现反复，其结果往往导致检察机关指控失败。证人证言的反复给法院的庭审也增加了难度，所以从有利指控和裁判方面看，司法机关是不希望证人证言出现反复的，而杜绝证人证言出现反复最好的办法就是不让证人出庭。①

（二）一审辩护的质量和数量均有待提高

现代刑事诉讼法学的研究和人权保障问题紧密地联系在一起，犯罪嫌疑人、被告人作为刑事诉讼的焦点人物，在诉讼中的地位始终受到人们的关注。以保障犯罪嫌疑人、被告人的合法权益为目的而建立的刑事辩护制度，在现代刑事司法制度中占有举足轻重的位置。②

随着我国法治建设的不断发展，公民依法享有辩护权的理念深入人心，有越来越多的辩护律师为被告人在刑事审判活动中提供辩护。辩护权在收集案件相关证据、查明案件真实情况、保护被告人合法权益、防止无辜的人不受错误追究等方面的作用已经为社会各界广泛认可，被视为被告人在刑事诉讼中不可或缺的重要权利。用美国联邦最高法院的话来说，辩护律师是必需品，而非奢侈品。③

现代辩护制度是在无罪推定等一系列诉讼原则的基础上逐步建立和发展起来的。美国联邦最高法院法官罗伯特·杰克逊认为："在被定罪之前，享有自由的传统权利许可被告人不受阻碍地准备辩护并防止在定罪之前遭受惩罚。除非这一权利得到保障，否则，经过许多年的斗争而确立的无罪推定原则将失去它的意义。"④辩护方作为刑事诉讼结构中处在防御位置上的一方，就保护被告人合法权利、使被告人免受无根据的指控等问题同控诉方进行积极的对抗。这是因为在刑事诉讼中，公诉机关是以被告人有犯罪嫌疑为出发点的，对于案件和被告人，公诉机关在思想认识上极易形成"有罪推定"的心理定式。这种情况下，赋予被告人辩护权，使其能够在律师的帮助下同公

---

① 参见龙宗智：《刑事庭审制度研究》，中国政法大学出版社 2001 年版，第 249 页。

② 参见陈光中：《〈刑事辩护论〉序言》，见熊秋红《刑事辩护论》，法律出版社 1998 年版，序言第 1 页。

③ 参见［美］约书亚·德雷斯勒、艾伦·C·迈克尔斯：《美国刑事诉讼法精解》（第二卷：刑事审判），第 49 页。

④ 熊秋红：《刑事辩护论》，第 84—85 页。

诉机关的指控进行针锋相对的辩论，就显得十分必要了。

尽管辩护权作为刑事诉讼被告人的一项基本权利受到普遍重视，但是从目前我国刑事诉讼的实际情况来看，被告人的辩护权远远没有发挥应有的作用，辩护的效果也不理想。刑事诉讼中的诸多辩护难题，已然成为我国刑事辩护制度发展道路上的障碍。因此，有必要对辩护中存在的问题进行考察，分析表象背后的原因，以完善我国的刑事辩护制度。

实践中，在审判活动中辩护的总体情况可以用"数量不足、质量不高、权利不够、保障不力"加以概括。数量不高，是指被告人有辩护律师的案件数量比较少，刑事案件的律师辩护率低；质量不高，是指在被告人有律师辩护的案件中，律师的辩护质量不高，没有实现对辩护的预期效果；权利不够，是指辩护律师在行使调查取证权等法定辩护权利时，遇到来自诸多方面的阻力，辩护权的行使范围十分有限；保障不力，是指辩护律师在为被告人辩护的过程中，其言论免责和人身安全得不到保障，担任刑事案件辩护律师的职业风险大，实际上，律师因为辩护而受到刑事追究、甚至锒铛入狱的事情时有发生。

1. 刑事案件律师辩护率低

同民事经济类案件、甚至行政案件相比，刑事诉讼中有律师辩护的案件数量非常少。有数据显示，北京市律师年人均办理刑事案件的数量不足 1件。2000 年北京有律师 5459 人，全年办理刑事案件 4300 件，人均办理刑事案件从 1990 年的 2.64 件下降到 2000 年的 0.78 件。而北京市全年的刑事案件数量将近有 5 万件。通过对以上数字进行分析可知，北京市刑事案件的律师辩护率不到 10%。[①] 相比于国内其他城市，北京市人才资源丰富、法制建设完备、执法活动规范、诉讼程序严谨，其刑事诉讼的现代化程度在全国范围内可以算得上是名列前茅。由于汇集了众多的法律人才资源，北京市的人均律师数量也是处于上游水平，而刑事案件的律师辩护率尚不到 10%，全国其他大部分地区的律师辩护情况可想而知。

刑事诉讼辩护律师的投入和回报不成比例是刑事辩护率低的主要原因。律师接手一起刑事案件后，无论是侦查阶段为犯罪嫌疑人提供帮助还是起

---

① 参见陈兴良：《为辩护权辩护——刑事法治视野中的辩护权》，《法学》2004 年第 1 期。

诉、审判阶段为被告人辩护，投入的时间、精力等成本大，而得到的回报却非常有限，与其在案件中的投入反差较大。这种反差影响了律师为刑事案件辩护的积极性。具体表现为以下几个方面：

第一，律师在刑事案件中需投入大量的时间。根据 1996 年《刑事诉讼法》第 96 条规定，"犯罪嫌疑人在被侦查机关第一次讯问后或者采取强制措施之日起，可以聘请律师为其提供法律咨询、代理申诉、控告。犯罪嫌疑人被逮捕的，聘请的律师可以为其申请取保候审"。律师最早在侦查阶段就可以介入诉讼活动，为犯罪嫌疑人提供法律帮助。与其他类型的诉讼相比，刑事诉讼多了侦查机关的侦查程序和公诉机关的审查起诉程序。在某些案件中，根据犯罪性质、证据收集情况等因素的不同，两个程序有时候竟能累计持续数月的时间。在正式开庭审判之前，如此漫长的前期准备，无论对犯罪嫌疑人、被告人还是对辩护律师来说，都算得上是巨大的时间投入。

第二，律师在辩护准备工作中需投入大量精力。辩护律师为了熟悉案情，需要与犯罪嫌疑人、被告人会面，以了解将要为什么人、什么事进行辩护；在侦查阶段，需为犯罪嫌疑人、被告人提供法律咨询，代理申诉、控告，代为申请取保候审；在审查起诉和审判阶段，需查阅复制案卷材料；在为辩护进行准备的过程中，律师需要走访案件的其他当事人，调查取证。由此可见律师的工作量之大。除此之外，律师在正常行使辩护权时，还有可能受到来自于侦查机关、公诉机关和审判机关的压力、拖延、刁难甚至拒绝，如在申请会见被羁押的犯罪嫌疑人、被告人，以及申请查阅案卷的时候，常常会被相应的国家专门机关毫无理由地拒绝。刑事诉讼的辩护律师为准备辩护投入的精力在各类诉讼中是出了名的大。

第三，刑事辩护律师的职业风险高于一般水平。所谓高于一般水平，实际上就是代理其他类型诉讼案件的律师基本上没有任何职业风险，除非该律师有伪造证据或妨害作证等行为。而刑事辩护律师则有可能在正当行使辩护权的情况下被国家机关错误地追究刑事责任。关于这一点，将在下文探讨辩护律师人身权利保障的时候作深入分析。

第四，刑事辩护律师的收入与其在案件中的投入不成比例。刑事辩护律师在案件上投入了如此多的时间和精力，承担着巨大的职业风险，但是其收益与民事类、经济类案件动辄就是巨额律师费的情况形成巨大反差。如此悬殊的差距无疑会影响律师承接刑事案件的积极性。

2. 律师辩护的质量有待提高

律师的辩护主张能否得到法庭的充分重视，关系到被告人的刑事责任等切身利益，也关系到辩护职能的实现。在有律师为被告人提供辩护的案件中，律师辩护的质量也不尽如人意。有学者经过调研，对此作了全面的总结。

从辩护意见的采纳情况来看，在作无罪辩护的案件中，法院最终判决无罪的比例约为 24％；罪轻辩护意见的采纳率则在 60％到 70％之间。这一结果说明，法庭对律师的罪轻辩护意见采纳比例比较高，律师能够发挥较好的作用。但是，对刑讯逼供提出辩护意见的案件，辩护意见的采纳率仅为 8.7％。刑讯逼供作为刑事诉讼的顽疾，我国目前整体上还缺乏对此的专门裁判制度。律师针对刑讯逼供提出辩护意见，法官本应认真对待，然而实际上的采纳率仅为 8.7％，法官的态度值得讨论。实际上，法庭对刑讯逼供辩护意见不采纳的处理方式各异。有的做法是让律师承担举证责任，律师无法举证则认定该辩护意见不成立；有的是对此辩护意见置若罔闻，不作处理；有的则是让公诉机关举证，公诉机关宣读侦查机关自己出具的不存在刑讯逼供行为的证明，法庭即认定没有刑讯逼供；还有就是法庭采用拒不认定证据或是休庭而不了了之的方法对待刑讯逼供的辩护。[①]

（三）合议制合议功能没有真正发挥

合议庭是人民法院代表国家行使审判权的一种审判组织。1996 年《刑事诉讼法》第 147 条规定，各级人民法院在审判第一审刑事案件时，除了基层人民法院适用简易程序的案件可以由审判员一人独任审判外，所有案件一律采用合议庭形式的审判组织。基层人民法院、中级人民法院审判第一审案件，应当由审判员三人或者由审判员和人民陪审员共三人组成合议庭进行；高级人民法院、最高人民法院审判第一审案件，应当由审判员三人至七人或者由审判员和人民陪审员共三人至七人组成合议庭进行；人民法院审判上诉和抗诉案件，由审判员三人至五人组成合议庭。

刑事诉讼中的审判组织采用合议庭形式，具有十分重要的意义。第一，

---

① 　参见陈瑞华：《刑事辩护制度的实证考察》，北京大学出版社 2005 年版，第 124—129 页。

合议庭形式充分体现了司法民主。通过吸收普通民众参加司法审判，让人民真正参与司法权的行使，使人民相信权利掌握于己，他们才会信赖权力的合法性并对其进行支持。即使合议庭全部是由法官组成，虽然没有普通民众的直接参与，但因其是通过选举等民主方式产生，亦可视作间接民主的体现。第二，合议庭能够有效防止司法擅断。独任审判中只有审判员一人作为案件的裁判者，审判权的行使缺少有效的监督和制约。而合议庭的组成人员则是各自独立地行使权力，共同审理案件，平等地表决，任何一人均无权单独决定案件的裁判结果，彼此之间能够有效地制衡，防止司法擅断现象的发生。[1] 第三，合议庭能够充分发挥集体智慧，避免独任制中法官个人在知识、能力等方面的局限与不足，提高裁判质量。[2] 在合议庭的评议中，合议庭成员根据庭审对案件的认识，各自发表对案件事实和法律适用的意见，彼此之间进行争论、说服，集思广益，充分发挥合议庭的作用，尽量将误判的可能性降至最低。

近年来，法学界和司法实践部门有关合议制与合议庭改革的研究取得了卓有成效的进展。当前司法改革的一项重要任务就是加强合议庭的制度建设，强化合议庭在审判中的职能作用。然而，尽管立法对合议庭发挥作用的预期很高，对于合议庭改革的学术讨论也进行得如火如荼，但合议庭制度在审判实践中的实际运行情况却并不尽如人意，在某些方面（如合议庭独立行使审判权、合议庭成员民主讨论和发表意见等）甚至可以说是很难令人满意。这些现象的发生，与我国合议庭的运行方式、人民法院的管理模式、传统思想对合议庭成员的影响等原因息息相关。"实质意义上合议庭在中国的引进，是学习域外'船坚炮利'的直接产物，是一种囫囵吞枣式的概括和继受，是在对西方诸多具体法律欠缺细致和深入理解的情况下发生的。"[3] 因此，随着司法改革和法学研究的进一步深入，有必要对现行的合议庭实际运作情况进行深入的理性反思，贯彻合议制的立法理念，修正法律规定的不足，完善合议庭制度。否则，空有独立民主外壳而缺乏实质内涵的合议庭制

---

① 有关合议庭体现司法民主和防止司法擅断的功能，参见左卫民、汤火箭、吴卫军：《合议制度研究——兼论合议庭独立审判》，法律出版社 2001 年版，第 58—62 页。

② 参见彭海青：《我国合议庭评议表决制度功能缺失之省思》，《法律科学》2009 年第 3 期。

③ 左卫民、汤火箭、吴卫军：《合议制度研究——兼论合议庭独立审判》，第 75 页。

度，在履行审判职能的过程中不能真正实现独立和民主，难以保证审判的公正和权威，无法获得预期的社会效果。

我国的合议制主要存在以下几个方面的问题：

1. 合议形式下的一人独断

与独任审判相比，合议庭审判在体现司法民主、抑制司法擅断方面具有明显优势。然而，法律规定的合议制度在实践层面却发生异化现象。在目前的合议庭中，通常由某审判员具体负责案件的审判工作。在合议庭成员共同参与案件审理的表象下，共同参与案件审判实际上变成了由具体负责案件的审判员一人承担主要的审判工作，并且他的意见极大地影响了案件最终的判决结果，即所谓"形合实独"。具体负责案件的审判员在合议庭中的地位突出，作用明显，而合议庭其他成员的作用则微乎其微。这种现象在审判中表现为以下几个方面：

第一，具体负责案件的审判员在案件审理活动中承担了绝大部分的工作。这些工作包括：阅读案件材料、拟定调查提纲、送达诉讼文书、与控辩双方见面交换意见、组织控辩双方进行证据开示等庭前准备活动；如果具体负责案件的审判员在开庭时担任审判长，则行使审判长职权，主持庭审工作；开庭后合议庭依职权或依申请进行补充调查、收集证据，负责对控辩双方的调解；案件评议讨论时提出关于事实认定与法律适用的意见；向审判委员会提交有关汇报材料和承担具体的口头汇报工作，以及制作判决书和案件审结后的其他事宜。[1]

第二，具体负责案件的审判员对案件的处理意见对合议庭其他成员有极大的影响，并决定了案件的最终处理结果。由于具体负责案件的审判员一人完成了案件的绝大部分工作，对案情最为熟悉；同时他也是承担案件责任的主要主体，对案件的处理结果也最用心，因而，通常情况下具体负责案件的审判员对案件的处理意见也就成为最终处理意见。

第三，相比于具体负责案件的审判员，合议庭其他成员在审判活动中基本上不发挥任何实质性的作用。在审判员和人民陪审员组成的合议庭中，大多数的人民陪审员不具备相应的法律知识，无法对案件中的程序和实体法律

---

[1] 有关负责案件的审判员在审判中的具体工作任务，参见左卫民、吴卫军：《"形合实独"：中国合议制度的困境与出路》，《法治与社会发展》2002 年第 2 期。

问题发表有见地的观点；又由于人民陪审员"唯法官意见是听"的心理作用，导致其审判中的个人责任感降低，在无法提出独立主张的情况下，乐于顺从具体负责案件的审判员的观点。更有甚者，在庭审中只是象征性地坐在法庭上，几乎一言不发；庭审前后都不研究案件材料，在评议时也不发表意见，只是例行公事般在评议笔录上签名完事。①

第四，即使是在全部由审判员组成的合议庭中，尽管合议庭成员具备专业的法律素质，整体法律水平完全可以满足审理案件对合议庭提出的要求，但是由于案件是由某一个审判员主要负责，其他审判员出于对其工作成果的尊重或是碍于同事之间的情面或是担心承担责任等原因，在合议庭评议过程中对他的意见比较认可和接受；即便是有人提出不同的意见，如果负责案件的审判员坚持自己的意见，其他人往往也就不再表示异议。审判员之间就案件的处理意见发生争执、相持不下的情况在司法实践中极为罕见。因此，负责某一案件的审判员对案件的处理意见也就顺理成章地成为该案件最终的处理意见。

正是由于合议庭其他成员仅负责少量的审判工作（在某些地方甚至只是为了完成合议庭对人数的要求而出现，根本不负责审判事务），案件责任与自身关系较小，因而在审判中，合议庭其他成员对案件审理的态度并不积极。也正是因为如此，他们对案件的审理并无实质的影响，对案件的处理意见也只是对负责该案件的审判员意见的赞同和附和。合议庭合而不议，集体讨论、共同决策的作用在实际的审判工作中被严重虚化了。

2. 合议庭独立行使审判权受到外界干预

法律赋予了合议庭独立审判案件的权力。然而合议庭在行使审判权的时候会受到来自各方面的影响或者压力，实际情况与理想中的独立审判相差甚远。刑事诉讼法中明确规定，除了少量适用简易程序的案件以及提交审判委员会讨论决定的"疑难、复杂、重大的案件"，刑事案件的审判权一律由合议庭行使。但是在审判实践中，合议庭真正享有的权力十分有限。根据学者的理论，在审判活动中合议庭的权力可以分为"程序性事务处置权"和"实体性事务处置权"两类。除了刑事诉讼法规定的必须报请院长审批的事项

---

① 参见左卫民、汤火箭、吴卫军：《合议制度研究——兼论合议庭独立审判》，第81页。

（如审判长回避的决定等）外，大多数程序性事务处置权都由合议庭享有并行使。与此相反，由于实体性问题尤其是刑事惩罚直接关系生命、财产、自由等，故历来备受重视，法院内部对此特别慎重，控制也更加严格，因而合议庭享有的实体性事务处置权相对较小。[①]

由于程序性事务不涉及案件的实体内容，对案件事实的认定和定罪量刑影响较小，因而程序性事务处置权基本上被看作是例行公事。实体性事务处置权事关案件的最终结果，直接影响当事人的切身利益。合议庭在行使实体性事务处置权时受到不同主体的指示、要求和处理意见等压力，独立行使审判权的效果大打折扣，可以说只是徒有其外壳而无法实现自治。影响合议庭独立行使审判权的外部因素，主要来自以下几个方面。

一是来自审判委员会的影响。审判委员会的一项重要功能就是在院长的主持下开会讨论并决定法院的重大问题。审判委员会对于合议庭独立行使审判权的影响表现为案件处理的最终决定权。对法律规定的疑难、复杂、重大案件，在经过合议庭审理后，审判委员会开会听取审理该案件的法官的案情汇报及合议庭处理意见。在此基础上，审判委员会成员讨论并提出处理意见，对案件作出最终的裁判。法律规定，审判委员会的决定，合议庭必须执行。所以说，案件的审判权，特别是对重大案件的审判权，并不掌握在合议庭手中，而是取决于审判委员会。（关于审判委员会的评论，本文另有专门探讨，此处不作深入研究。）

二是来自院长、庭长等同事的影响。理论上讲，合议庭独立行使审判权，不受任何个人的干预和影响。人民法院院长、业务庭庭长必须遵守这一法律规定，无故不得干扰合议庭审理案件的活动。但是，目前我国人民法院的制度体系和法官的管理方式，都是按照公务员标准进行设计和执行的。这一点正是问题的症结所在。虽然合议庭独立审判，但是作为合议庭成员的审判员个人，其年终考核、晋级评定、工资福利等关系到切身利益的诸多事项，却是实行行政管理的方式。因此，在审判人员审理案件时，院长、庭长等上级领导可以凭借在行政职务上的优势，运用行政权力对审判人员施加影响。这与英美法系国家法官的独立审判有很大的区别。同时，院长、庭长对

---

① 参见左卫民、汤火箭、吴卫军：《合议制度研究——兼论合议庭独立审判》，第83页。

审判长、合议庭人员的指定权，以及院长对审判人员的回避决定权等也在不同程度上影响着合议庭权力的行使。[①] 在审判活动中，院长、庭长可以介入审判过程，对合议庭的审理过程进行审查。在这种情况下，实际的庭审过程中更是出现过坐在听众席上旁听案件的院长当场命令审判长将与其意见相左的辩护律师驱逐离开法庭的荒唐一幕。

人民法院内部没有行政隶属关系的普通同事之间，如果有人向审判人员提出对案件处理的要求，出于同事关系等因素的考虑，审判人员在审理案件时也会加以采纳。

三是来自上级人民法院的影响。在案件审理过程中，上级人民法院可能会主动通过指示、命令等形式影响合议庭的审判活动。但是，有别于前两种情况下来自外部主体的主动干预，上级人民法院的影响多是合议庭主动寻求和引入的。出现上级人民法院主动干预的情况，一般是针对具有较大影响的案件，而下级人民法院主动请示上级人民法院的案件则不限于此，范围更广。究其原因，是由于存在被告人上诉或人民检察院抗诉，以及二审法院可能撤销原判、发回重审的情况，出于减少上诉、抗诉数量以及降低二审法院发回重审概率的考虑，在第一审刑事程序中，在遇到疑难、复杂问题时，下级法院会主动向上级法院汇报请示，要求上级法院对判决进行答复或者给出指导意见，并按照上级人民法院的意见作出判决。上下级人民法院之间只是审判工作的监督与被监督关系，本不应是行政领导或者业务指导关系，但是合议庭往往出于降低风险的考虑主动请示并坚决执行上级人民法院的意见，使上级人民法院成为影响合议庭独立行使审判权的重要因素。

3. 合议庭评议程序流于形式

最高人民法院《关于人民法院合议庭工作的若干规定》第 10 条规定，合议庭成员进行评议的时候，应当认真负责，充分陈述意见，独立行使表决权，不得拒绝陈述意见或者仅作同意与否的简单表态。同意他人意见的，也应当提出事实根据和法律依据，进行分析论证。而实践当中，合议庭在庭审后对案件进行评议时，往往是由负责该案的法官首先发言，介绍基本案情，并对案件事实和法律适用等问题提出意见，随后的评议讨论基本上都是围绕

[①] 参见左卫民、汤火箭、吴卫军：《合议制度研究——兼论合议庭独立审判》，第 86 页。

承办法官的意见展开，提出新观点或不同处理意见的情况并不多见（关于承办法官对案件的影响，前文已作详述）。有调查显示，"在所有的受调查者中，仅有78人表示自己在评议过程中，会查阅有关资料，提出自己认为正确的意见，占受调查总人数的50.3％，另有49人表示会以承办法官的意见为主，占受调查总人数的31.6％，28人表示或者同意承办法官的意见或者同意其他成员的意见，占受调查总人数的18.1％"[①]。承办法官首先发言，合议庭其他成员有时碍于情面，不便表露分歧意见，因而不利于合议庭成员真实表达自己的意思，影响评议制度功能的有效发挥。[②]

合议的方式有时也并不是集体讨论，而是由承办法官分别征求其他合议庭成员的意见，或者将自己的意见向合议庭其他成员提出，其他成员在合议庭笔录上签名了事。更有甚者，甚至出现先判决、再补合议庭笔录等现象。另外，在合议庭讨论范围上，不够宽广，往往只对一些关键证据、主要案件事实及适用法律问题进行讨论研究，对其他问题一般不重视。再者，合议庭讨论的深度也不够，即合议庭一般只就案件本身涉及的事实或者法律问题进行简单的意见交流，只是简单地同意、附和其他成员意见，很少说明有关理由。[③]

最高人民法院《关于人民法院合议庭工作的若干规定》第9条规定，"合议庭评议案件应当在庭审结束后五个工作日内进行"。这一规定显然值得商榷。庭审结束后合议庭立即评议的情况尚存在诸多问题，倘若在庭审结束后间隔几日再进行评议，则合议庭成员在这几日当中可能因忙于其他事务而分散对该案的注意力。到评议的时候，除了案件的承办法官对该案尚有清晰、深刻的记忆，合议庭其他成员对案件本就不多的印象早已变得模糊。这样的情况下，合议庭也只能围绕承办法官的陈述和处理意见来进行评议。

（四）审判委员会制度存在的问题

审判委员会制度在我国已经实行多年，这一制度在实际运作过程中出现了诸多问题。法学界对审判委员会的存废也有深入的探讨。肯定审判委员会作用的观点认为，因为经审判委员会讨论的案件，可以发挥法院的集体智

---

① 周永恒：《基层法院法官合议制度的调查与思考》，《山东审判》2007年第1期。
② 参见彭海青：《我国合议庭评议表决制度功能缺失之省思》，《法律科学》2009年第3期。
③ 参见周永恒：《基层法院法官合议制度的调查与思考》，《山东审判》2007年第1期。

慧，有经验丰富的审判人员对案件进行把关，可以避免合议庭在认定事实和适用法律上的局限性，确保审判质量，防止错案发生。而批判审判委员会的观点则认为，审判委员会仅听取承办法官的汇报，经过讨论后作出判决，这种审理方式违反了直接言词原则的要求，不利于查明案件事实真相。

审判委员会是我国刑事诉讼法规定的一种特殊的审判组织，其特殊之处在于审理案件的方式。1996年《刑事诉讼法》第149条规定："对于疑难、复杂、重大的案件，合议庭认为难以作出决定的，由合议庭提请院长决定提交审判委员会讨论决定。审判委员会的决定，合议庭应当执行。"对于何谓"疑难、复杂、重大的案件"，1998年最高人民法院《解释》第114条规定有以下情形：拟判处死刑的；合议庭成员意见有重大分歧的；人民检察院抗诉的；在社会上有重大影响的。审判委员会审理案件有两个特点：一是审判委员会对案件的定罪量刑有最终决定权；二是审判委员会对案件的"审理"形式是听取汇报，对案件进行讨论后作出处理决定，没有开庭审理案件。由于审判委员会讨论决定案件的方式和刑事诉讼基本原则存在冲突，这种特殊的审理方式带来了法学理论和审判实践中的诸多问题，使审判公开等诉讼原则在司法实践中不能彻底贯彻执行。这也是审判委员会制度招致诸多非议的主要原因。审判委员会制度的缺陷主要表现在以下几个方面：

1. 审判委员会的审理方式与刑事诉讼的基本原则相背离

首先，审判委员会讨论案件是不公开进行的。审判委员会在对案件进行讨论时，只有审判委员会成员、案件的汇报人和会议记录人员能够参与到会议当中，讨论过程和各委员的意见不对外公开，也不允许被旁听或者采访报道，无论是案件的原告还是被告，无论是被告人的辩护人还是公诉人，都被剥夺了参与审判委员会会议的机会。所有与案件有直接利害关系的人，尤其是控辩双方，都无法对审判委员会决定的产生施加积极、有效的影响，而不得不消极地等待审判委员会的处理，被动地承受审判委员会的决定。① 这种秘密进行的审理方式与程序公开原则相矛盾。程序公开原则是现代诉讼的基本原则之一，在审判程序中体现为审判公开原则。审判公开原则要求，所有

---

① 参见陈瑞华：《刑事诉讼的前沿问题》，中国人民大学出版社2005年版，第404页。

案件的审理和判决一律公开进行，除非案件存在不宜公开审理的原因——案件涉及国家秘密、个人隐私或是出于保护未成年人的考虑。显然审判委员会的审理方式与审判公开原则的要求不符。

其次，与开庭审判相比，审判委员会讨论案件时，一般不展示证据，没有通过调查来核实证据；审判委员会成员也不直接听取当事人的陈述和辩护人的辩护意见，没有控辩双方对案件事实和证据的辩论。审判委员会对案情的了解，只是通过听取承办法官的汇报和阅读承办法官所写的案情报告来实现，并且据此对案件作出判决。这种不经实际调查、仅凭书面汇报材料断案的审理方式与直接言词的诉讼原则相违背。直接言词原则要求法官必须亲自调查案件事实和证据，并以言词的方式询问当事人。显然，审判委员会了解案情的方式与直接言词原则不符，审判委员会没有直接调查案情和证据并听取控辩双方的意见，当事人不能有效行使辩论权、辩护权，这对准确审查判断证据、查明案件事实显然是不利的。

2. 审判委员会制度违反回避制度

审判委员会讨论并决定案件的处理结果，直接影响案件的最终判决，关系到当事人的切身利益。然而，审判委员会关起门来开会讨论的审理方式与回避制度相冲突。

首先，审判委员会的意见和决定对案件处理有实质的影响。根据刑事诉讼法的规定，当事人及其法定代理人对审判人员享有申请回避的权利。审判人员如存在1996年《刑事诉讼法》第28、29条规定的情形，应当回避。但是，当事人却无法对审判委员会成员行使申请回避的权利。审判委员会对案件的讨论和决定实质就是审判委员会成员共同行使审判权对案件作出判决，审判委员会的成员即为案件的审判人员。根据刑事诉讼法，当事人及其法定代理人理应享有对审判委员会成员申请回避的权利。然而，当事人甚至不知道判决意见是出自审判委员会的决定，对审判委员会的组成人员更是无从知晓，也就谈不上行使申请回避的权利。

其次，1996年《刑事诉讼法》第192条规定，原审人民法院对于发回重新审判的案件，应当另行组成合议庭，依照第一审程序进行审判。第206条规定，人民法院按照审判监督程序重新审判的案件，应当另行组成合议庭进行。对发回重审案件和再审案件另组合议庭进行审理，是为了避免审判流于形式、保证重审或再审的审判质量而规定的一种特殊回避制度。从实践来看，重审或再审的案件中，由审判委员会最终决定的案件占有一定的比例。如果案件是经过审判委员会讨论决定的，那么虽然另行组成合议庭审理，却不可能另组审判委员会审理本案。如此一来，审判委员会之前已经对该案作出了处理意见，重审或再审有可能因此而流于形式。

3. 审判委员会成员的组成不符合审理案件需要

审判委员会的实际组成，往往不是以审判组织的标准来选择成员。事实上的人民法院审判委员会都是由院长、副院长、审判庭庭长和其他部门的负责人组成，而那些审判经验丰富、专业水平较高但没有担任领导职务的审判人员很少担任审判委员会委员。在现行的领导干部任用制度下，地方各级人民法院的主要领导并非都是从法院系统产生，而通常是从其他行政机关调任。审判庭庭长等部门负责人也并非完全是从经验丰富、法律功底深厚的法官中选拔。若审判委员会的成员法律功底不扎实，缺少实际审判经验，审判委员会的法律素质就难以达到审理"疑难、复杂、重大的案件"的要求。

即使审判委员会的成员中具有丰富审判经验的法官占有很大比例，他们也只是在各自专业领域内具有丰富的审判经验。人民法院中有相应部门分别负责刑事、民事、行政等诉讼，各审判部门的法官在专业上也有侧重。而审判委员会并非全部是由负责刑事审判的法官组成，因此，在刑事诉讼活动中，审判委员会中的部分法官因为专业限制，欠缺审理刑事案件的经验，难以在刑事法律问题上发表有见地的观点，审判委员会集思广益、发挥集体智慧的作用也就很有限。

4. 审判分离

由审判委员会讨论决定的案件，表面上看，审理案件和作出判决的主体是合议庭，而实际上，合议庭虽然审理了案件并向审判委员会提出了判决意见，但是最终判决是由审判委员会作出的。这种情况造成审判分离的局面，合议庭审而不判，审判委员会判而不审。有评论指出，"审者不判，判者不审，这就恰如看病的人不开药方，不看病的人却敢开药方"。裁判结论产生于法庭审判过程之外，那就意味着控辩双方的参与将毫无意义；而合议庭的结论可以被审判委员会任意加以推翻，法庭程序也就形同虚设。那些为规范法庭审判而设置的诉讼制度，如评议程序等，也失去了存在的意义。[①]

合议庭的审判人员只审不判，没有判决的权力，造成的后果是审判人员不能完整行使审判权，在审理案件的时候可能因此而怠于认真履职。而审判委员会只判不审的工作方式则使审判的责任主体不明，错案责任追究制度难以执行。在实施错案责任追究制度时，最困难的问题就是如何在审判委员会讨论过的案件中分清审判委员会和办案人的责任。审判委员会讨论案件实行民主集中制，由审判委员会集体负责。但是，经过审判委员会讨论决定的案件如果真的出现错案，由于判决是以审判委员会的名义作出的，往往无法追究个人责任。这就造成审判委员会的权力和责任脱节，审判委员会的成员也可能会因此产生"法不责众"的心态，在审判委员会讨论案件时态度不积极，对案件随意发表不负责任的评论和处理意见。审判委员会也可以经常被几乎所有负责承办具体案件的法官作为"避风港"[②]。

（五）量刑程序改革中的问题

从2010年10月1日起，由最高人民法院、最高人民检察院、公安部、国家安全部、司法部联合发布的《关于规范量刑程序若干问题的意见（试行）》在全国范围内施行。这是新中国刑事诉讼法制发展进程中具有重要意义的一件大事，也标志着近年来人民法院进行的量刑规范化改革取得了阶段性成果。量刑程序改革在我国是一项崭新的事业，在如何将量刑活动纳入法庭审理程序这一问题上，我国理论界和实务部门存在不同观点，这也是我国量刑程序改革的问题所在。根据最高人民法院量刑改革方案的出台历程和部分试点法院的信息反馈，当前遇到的主要问题有两个：其一，量刑程序的模式选择；其二，量刑程序的设计。具体论述如下：

1. 量刑程序模式选择的争议

关于量刑程序的模式选择主要有以下几种观点：

（1）相对独立说

2009年6月1日，最高人民法院决定在全国各高级人民法院辖区确定一个中级法院和三个基层法院作为试点法院，开展量刑规范化试点工作，对《人民法院量刑程序指导意见（试行）》进行试点。经过一年多的探索，《关

---

① 参见陈瑞华：《刑事诉讼的前沿问题》，第406页。

② 陈瑞华：《刑事诉讼的前沿问题》，第395页。

于规范量刑程序若干问题的意见（试行）》于 2010 年 10 月 1 日起在全国范围内施行。

从《关于规范量刑程序若干问题的意见（试行）》的规定来看，对于刑事案件的定罪程序和量刑程序的改革即是相对独立说的体现。持该观点的论者认为，应该在刑事案件审判中建立一个"相对独立的量刑程序"，即在庭审过程中，在法庭调查和法庭辩论阶段，分别就被告人的定罪问题和量刑问题进行法庭调查和法庭辩论，在被告人最后陈述之后，由合议庭进行评判。对于被告人不认罪案件的审理，也是把审判分为法庭调查和法庭辩论两个阶段，在上述两个阶段分别就定罪问题和量刑问题进行调查和辩论。[①]

持该主张论者的主要理由有：首先，该改革主张不违反现行法律规定，即在法律框架内进行改革，不存在合法性的危机。其次，该改革主张不会明显增加审判负担，整个审判过程分别只有一个法庭调查、法庭辩论、被告人最后陈述、法庭评议等阶段，对审判效率不会有太大的影响，不会占用大量的审判资源。最后，该改革主张的量刑程序规则比较简单，易于让审判法官接受和使用，不用专门花时间、精力培训。[②]

（2）隔离说

中国人民大学诉讼制度与司法改革研究中心与安徽省芜湖市中级人民法院、芜湖市人民检察院共同实施的量刑程序改革试点即采用了该主张。[③] 持该观点的论者认为，在法庭审判中，针对被告人不认罪案件，先确定被告人的定罪问题，经过法庭调查和法庭辩论，以及被告人陈述之后，合议庭休庭对被告人定罪问题进行评议，对被告人是否定罪给出一个结论；随后继续开庭，由审判长宣布合议庭的决定，如果认定被告人有罪，合议庭则举行量刑听证，并最终给出量刑结论。针对被告人认罪的案件，法庭则可以在核实被

---

① 《关于规范量刑程序若干问题的指导意见（试行）》第 9 条规定：对于被告人不认罪或者辩护人做无罪辩护的案件，在法庭调查阶段，应当查明有关的量刑事实。在法庭辩论阶段，审判人员引导控辩双方先辩论定罪问题。在定罪辩论结束后，审判人员告知控辩双方可以围绕量刑问题进行辩论，发表量刑建议或意见，并说明理由和依据。

② 以上理由主要总结自几次量刑程序改革研讨会上有关实务部门人士的意见，在此不一一列出。

③ 2009 年 6 月 1 日，中国人民大学诉讼制度与司法改革研究中心将芜湖市中级人民法院确定为全国首家量刑程序改革试点项目基地，与芜湖市人民检察院一道，在大量实证研究的基础上，修改完善量刑标准和量刑程序，为在全国法院全面推行量刑规范化改革做好充分准备。

告人是自愿认罪的前提下，在进行量刑听证的基础上，就被告人的具体量刑给出结论，这种模式被称为"隔离的量刑程序"①。

持该主张论者的主要理由有：首先，隔离的量刑程序将有效缓解被告人不认罪案件的辩护人辩护难的困境。在隔离的量刑程序模式下，辩护律师在定罪程序和量刑程序中可以更有针对性地采用两种不同的辩护策略，而不会陷入先作无罪辩护、后作罪轻辩护这种前后矛盾的逻辑窘境。其次，隔离的量刑程序将大大缓和法官制作判决书时说理难的尴尬局面，法官由此可以摆脱针对定罪和量刑问题同时进行说理的逻辑困境，又可以保持居中裁判的立场。再次，隔离的量刑程序将有利于保护不认罪案件中被告人的合法权益。在隔离的量刑程序模式下，在得知法院定罪的结论后，被告人对有利于自己的量刑辩护则不再犹豫。许多案件以外的、对被告人不利的量刑事实（如前科、累犯等）在定罪程序中将不被允许提出，而被限定在量刑程序中提出，在一定程度上可以避免法官产生被告人有罪的先见。②

（3）独立说

还有论者认为，为了使量刑程序化、公开化，使量刑过程实质化，从而实现量刑公正，达到罪责刑相适应的要求，所有刑事案件都应建立独立的量刑程序。特别是针对被告人不认罪案件，更需要建立一种量刑程序与定罪程序完全分离的理想模式，即设置独立的定罪法庭与量刑法庭，将定罪程序和量刑程序绝对独立开来，在定罪程序中查清定罪事实，在确定被告人有罪判决生效的前提下，再经过一个独立的量刑程序来查清量刑事实，在此基础上对犯罪人予以量刑。③对于被告人认罪案件，则通过简易程序或者普通程序简化审，在审核被告人自愿认罪，并且犯罪事实是其所为的基础上，开始量刑程序。

持该主张论者的主要理由有：首先，独立量刑程序的改革并不违背法律的精神和基本原则。因为刑事审判本身就是一个先定罪后量刑的程序。其次，只有将定罪程序与量刑程序有效地独立开来，才能有效地突出量刑程序的独立价值。设置独立的定罪法庭和量刑法庭，将有效阻断大量与定罪裁决

---

① 陈卫东：《隔离式量刑程序改革的理论阐释》，《法学家》2010年第2期。

② 参见陈卫东：《量刑程序改革的一个瓶颈问题》，《法制日报》2009年5月27日。

③ 参见简乐伟：《被告人不认罪案件量刑程序的理想模式》，《政法论坛》2009年第6期。

无关的量刑信息（如认罪态度、累犯、平常表现、前科劣迹、成长经历等）对定罪程序带来的负面影响，将有助于审判法官分别就定罪问题和量刑问题的结论进行充分说理。最后，独立的量刑程序不会给我国审判资源带来太大的影响。因为实践中不认罪案件占全部案件的比例很低，而且该类案件大多属于重大疑难案件，本身就会耗费大量审判资源。① 通过设置独立的量刑程序，将有效解决被告人或其辩护人既作无罪辩护又作轻罪辩护的尴尬。此外，独立的量刑程序有助于提高刑事审判法官的专业水平，设置独立的定罪法庭和量刑法庭，可以实现专业分工，提高效率。②

2. 量刑程序的设计

关于量刑程序设计方面的争议主要体现在：其一，量刑程序的参与主体如何确定，以实现量刑的公开与公正；其二，量刑程序如何实现分流，以实现公正与效率的统一。

（1）量刑程序的主体

首先，人民法院的刑罚裁量权。一方面，审判机构的设置，是否有必要设置专门的量刑法庭，使之与定罪法庭并列。被告人不认罪案件先由定罪法庭审判以确定其是否有罪，若其被认为无罪，则应该被迅速释放，但检察院可以对其提起抗诉；若其被认为有罪，则进入量刑程序，由量刑法庭对刑罚问题进行裁量。另一方面，量刑程序是否仍然遵守刑事诉讼的控审分离、控辩平等、居中裁判等基本原则；在量刑程序中是否贯彻有利于被告人或已定罪人的精神，以及参与量刑程序的法官是否主动认定量刑事实。此外，人民陪审员是否可以参与量刑程序也是一个值得讨论的问题。③

其次，检察机关的量刑建议权。检察官的量刑建议权对于量刑程序的运行至关重要，最高人民法院推行量刑程序改革的举措使得被搁置数年的检察官量刑建议权问题被重新纳入理论界与实务界的视野当中，一系列围绕着量刑建议权问题产生的争议再次成为构建量刑程序的焦点问题。第一，关于量

---

① 实践中，一部分案件一审中被告人被判有罪，经过上诉后，在二审被判无罪，这样一审的审判活动，包括定罪与量刑基本上是无功的。因此针对这类案件允许被告人单独就定罪问题提起上诉，可以避免无效诉讼行为的发生，节省司法资源。

② 参见简乐伟：《被告人不认罪案件量刑程序的理想模式》，《政法论坛》2009 年第 6 期。

③ 参见简乐伟：《被告人不认罪案件量刑程序的理想模式》，《政法论丛》2009 年第 6 期。

刑建议权的行使方式，是书面方式还是口头提出，司法实践中两种方式各有利弊，量刑建议书作为书面方式的量刑建议有助于辩方较早地知悉控方的量刑主张及其理由以便准备相应的辩护。口头的量刑建议，其优点在于便于检察官根据庭审的进程灵活地调整量刑建议的内容以及建议处刑的刑种与幅度。第二，量刑建议权的行使是提出绝对确定的刑期、刑种，还是允许一定的弹性幅度，抑或绝对与相对相结合，还是实务中关于量刑建议权幅度问题讨论的焦点所在。量刑建议权不仅仅是检察机关的一项权力，同时也是其一项职责与法定义务。部分检察机关对于行使量刑建议权，特别是建议适用死刑的权力存在畏难情绪，担心行使该量刑建议权会激化人民检察院与当事人（被告人与被害人）的矛盾。[①]

再次，被告人的量刑辩护权。当前刑事被告人在行使量刑辩护权时，常常面临以下问题：一是被告人收集、提供证据的能力和法律素养存在严重不足，因而难以有效维护自身的合法权益。二是律师辩护率不高，且部分案件的辩护质量不高，难以有效维护被告人的正当权益。[②] 有研究者指出，与定罪问题上公诉方具有压倒性的优势一样，在量刑环节上法庭仍然呈现出"一边倒"的态势，所谓的"量刑答辩"其实主要是围绕着公诉方的量刑情节是否成立而展开的法庭论辩，公诉方提出的量刑建议对法庭的裁判势必具有绝对性的影响力。而反观辩护律师，不仅提不出新的量刑证据，难以说服法庭接受新的酌定量刑情节，而且也无法提出具有足够说服力的量刑意见，更难以对公诉方的量刑建议进行有力的反驳和质疑。[③]

最后，被害人的量刑影响权。量刑程序是刑事诉讼程序的一个组成部分，而刑事诉讼程序的运行必须有各类诉讼主体参与。在近年来的刑事审判中，被害人的"民事原告"的地位得到了明显的强调，但其"公诉程序当事人"的地位受到有意无意地忽略。很多基层法院甚至将被害人视为一个单纯的证人，在法庭审理中并不通知其出庭作证，被害人的"当事人"地位正面临着越来越明显的"名惠而实不至"的困境。[④] 有研究者认为，量刑程序中

---

① 参见陈卫东：《隔离式量刑程序改革的理论阐释》，《法学家》2010 年第 2 期。

② 参见熊选国：《关于量刑程序改革的几个问题》，《人民法院报》2010 年 10 月 13 日。

③ 参见陈瑞华：《论量刑辩护》，《中国刑事法杂志》2010 年第 8 期。

④ 参见陈瑞华：《论量刑程序的独立性》，《中国法学》2009 年第 1 期。

的参与主体问题，主要集中在被害人是否参与以及如何参与上。一方面，从保障被害人的当事人地位、实现其正当权益看，应当允许被害人参与量刑程序，对量刑问题发表意见。另一方面，我国被害人目前整体的法律意识和法律水平较低，特别是被害人多不可避免地怀有报复情结——这虽然可以理解，在这种情形下允许其参与量刑，对人民法院实现公正量刑的益处就值得探讨。①

（2）量刑程序的分流

无论选择哪一种具体的量刑程序设计，都意味着法院要对同一刑事案件进行两次法庭审理。如果对定罪程序不进行简化处理的话，那么，无论哪一种量刑程序的设计主张都会带来诸如审判周期延长、诉讼成本增加等诉讼效率下降的问题。有研究者指出，量刑程序的改革一旦操之不当，可能会使刑事法官面临着极大的结案压力，甚至会因为业绩考核结果不理想而带来利益受损的问题。②

对于量刑程序公开化、透明化以及对抗化的改革带来的诉讼效率下降问题，实务部门主张对于既属于定罪事实又属于量刑事实的犯罪事实，一律在定罪阶段进行查证，在量刑阶段不必再行组织对该类量刑事实的调查和辩论。对于适用简易程序审理以及普通程序审理的被告人认罪的案件，法庭审理可以直接围绕量刑问题进行。③ 有研究者认为，隔离的量刑程序模式之所以遭到部分人的反对，很重要的一个理由就是，该模式将导致审判迟延、浪费诉讼资源等问题。然而，根据部分试点法院的调研结果，目前被告人不认罪案件在全部刑事案件中所占的比例很低，大约在 3% 到 5%。由此看来，即使按照该方案来审理全部被告人不认罪的案件，其对现有的诉讼资源带来的负面影响也是很小的，可以通过对简易程序、普通程序简化审等程序的改造，即扩大该类程序的案件适用范围，来抵消适用隔离的量刑程序所产生的不利影响。④

（六）刑事判决书的说理性不强

刑事判决书的说理性是指人民法院在判决书中对据以作出判决的事实、

---

① 参见胡云腾：《构建我国量刑程序的几个争议问题》，《法制日报》2008 年 7 月 27 日。

② 参见陈瑞华：《量刑程序改革的困境与出路》，《当代法学》2010 年第 1 期。

③ 参见《关于规范量刑程序若干问题的指导意见（试行）》第 7、8、9 条。

④ 参见陈卫东：《量刑程序改革的一个瓶颈问题》，《法制日报》2009 年 5 月 27 日。

证据和法律等理由进行说明。刑事案件的判决书是对案件的最终处理意见，在具有权威性的同时，更要对宣判的理由作出能够让人信服的解释。审判公开要求案件审理过程和判决向社会公开，审判过程的公开是为了向社会表明整个审判活动的透明度和可信度。同样，对判决理由进行说明也正是向社会公开作出判决的过程，将判决过程置于社会的监督之下。因此，在判决书中说明判决理由也是审判公开的应有之义。

随着法治化进程的逐步发展，我国刑事诉讼的理论研究逐渐深入，人民法院刑事判决书说理性不足的问题广为法学界所诟病。最高人民法院审判委员会曾于 1999 年通过了《法院刑事诉讼文书样式（样本）》，以此来规范刑事判决书的格式。根据该样式中对于刑事判决书（一审公诉案件适用普通程序用）的说明，判决理由是判决书的重要组成部分。在书写判决理由时总体要求是"论述一定要有针对性，有个性。要注意结合具体案情，充分摆事实、讲道理。说理力求透彻，逻辑严密，无懈可击，使理由具有较强的思想性和说服力。尽量使用法律术语，并注意语言精练"。在具体阐述理由时应当注意："确定罪名，应当以刑法和《最高人民法院关于执行〈中华人民共和国刑法〉确定罪名的规定》为依据；如果被告人具有从轻、减轻、免除处罚或者从重处罚等一种或者数种情节的，应当分别或者综合予以认定；对控辩双方适用法律方面的意见应当有分析地表明是否予以采纳，并阐明理由；在引用法条时应当注意准确、完整、具体，如应写明应用法律依据的条、款、项。并且要有一定的条理和顺序，如应当先引用有关定罪与确定量刑幅度的条文，后引用从轻、减轻、免除处罚或者从重处罚的条文等。"这为我国刑事判决书说理提供了基本规范，对我国刑事判决书说理的完善起到了重要的积极作用。①

但是在人民法院实际作出的判决书中，最高人民法院关于刑事判决书说理性的上述要求很难得到贯彻落实。目前我国刑事判决书存在的问题，除了格式规范上的问题外，最受批评的莫过于判决书的公式化、判决理由普遍过于简单、缺少甚至没有法律论证和推理。②

---

① 参见彭海青：《论刑事判决书的说理》，《湘潭大学学报》2007 年第 5 期。
② 参见苏力：《判决书的背后》，《法学研究》2001 年第 3 期。

三、2012 年刑事诉讼法对一审程序的修改①

（一）证人出庭及其保障

在证人出庭作证问题上，2012 年刑事诉讼法作了较大调整，明确了证人证言的采信规则、证人保护、证人出庭以及证人不出庭的法律后果等一系列制度。

1. 证人证言的审查方式

2012 年《刑事诉讼法》第 59 条保留了证人证言必须经过法庭质证并查实以后才能作为定案根据的证据采信规则，删除了"讯问方式"，保留了"质证方式"。因为证人不是犯罪嫌疑人，只能进行"询问"或者"质证"，不能进行"讯问"。同时，还删除了"听取各方证人的证言"的规定，因为实践中基本不分控方证人和辩方证人，也没有多方证人同时出庭作证。

2. 对证人的保护措施

2012 年《刑事诉讼法》第 62 条完善了关于证人保护的措施：（1）明确了司法机关主动保护的责任和案件范围。"对于危害国家安全犯罪、恐怖活动犯罪、黑社会性质的组织犯罪、毒品犯罪等案件"，证人因在诉讼中作证，本人或者其近亲属的人身安全面临危险的，人民法院、人民检察院和公安机关应当采取保护措施。（2）明确了证人保护的具体措施。这些措施包括："（一）不公开真实姓名、住址和工作单位等个人信息；（二）采取不暴露外貌、真实声音等出庭作证措施；（三）禁止特定的人员接触证人、鉴定人、被害人及其近亲属；（四）对人身和住宅采取专门性保护措施；（五）其他必要的保护措施。"（3）明确了证人享有申请保护权。"证人、鉴定人、被害人认为因在诉讼中作证，本人或者其近亲属的人身安全面临危险的，可以向人民法院、人民检察院、公安机关请求予以保护。"

3. 证人作证费用的补助

2012 年《刑事诉讼法》第 63 条规定了对证人作证费用的补助，对于"证人因履行作证义务而支出的交通、住宿、就餐等费用"，公安司法机关应当给予补助，其补助标准应当以证人的实际支出费用为参照，同时考虑证人

---

① 参见童建明主编：《新刑事诉讼法理解与适用》，中国检察出版社 2012 年版，第五章、第七章。

作证所耗费的时间长短、当地居民的平均生活标准等因素，确定合理的补助标准。给证人的补助由公安机关、人民检察院、人民法院从业务经费中列支。而且证人作证后，除了可以获得有关补助外，其所在的单位不得因证人作证而直接或变相减少其工资、奖金、补助、津贴等一切福利待遇，更不得以证人履行作证义务而耽误工作为由，对证人作出解聘或开除等处罚。

4. 增加了强制证人出庭作证的规定

2012 年《刑事诉讼法》第 187 条和第 188 条规定了强制证人出庭及其保障措施。证人在具备以下三个条件时，应当出庭作证：一是证人证言对案件定罪量刑有重大影响。二是公诉人、当事人或者辩护人、诉讼代理人对证人证言有异议。三是法院认为证人有必要出庭作证。同时具备上述三个条件，证人就应当出庭。这个规定也适用于人民警察就其执行职务时目击的犯罪情况作为证人出庭作证的情形。经人民法院通知，没有正当理由而不出庭作证的，人民法院可以强制证人出庭作证。第 188 条规定了强制证人出庭作证的条件、方式和处罚措施。此外，鉴定人有出庭作证的义务。特别是当公诉人、当事人或辩护人、诉讼代理人对鉴定意见有异议，人民法院认为鉴定人有必要出庭时，鉴定人应当出庭作证。经人民法院通知，鉴定人拒不出庭作证时，鉴定意见不得作为定案的根据。但是对鉴定人不得强制出庭，更不得采取处罚措施。

（二）关于有效辩护原则的落实

2012 年刑事诉讼法增加了"尊重和保障人权"的内容，这对于贯彻落实这一宪法原则，有效保障犯罪嫌疑人、被告人的以辩护权为核心的人权，对于整个刑事诉讼活动具有重大的指导意义。此外，2012 年刑事诉讼法还强调了保障犯罪嫌疑人、被告人和其他诉讼参与人依法享有的辩护权和其他诉讼权利的原则，强调犯罪嫌疑人自被侦查机关第一次讯问或者采取强制措施之日起，有权委托辩护人，明确规定了侦查机关、人民检察院、人民法院的告知义务。2012 年刑事诉讼法吸收律师法的成熟经验，完善了辩护人在刑事诉讼中的相关权利。具体有：

1. 完善辩护人的会见权

具体规定了六个方面的内容：第一，明确赋予辩护人会见权。辩护律师可以同在押的犯罪嫌疑人、被告人会见和通信。第二，明确了辩护律师的会见条件。辩护律师持律师执业证书、律师事务所证明和委托书或者法律援助公函要求会见在押的犯罪嫌疑人、被告人的，看守所应当及时安排会见，至迟不得超过 48 小时。第三，明确规定了辩护律师会见嫌疑人、被告人时可以做的具体事宜。律师会见时可以了解有关情况，提供法律咨询等；自案件移送审查起诉之日起，可以向犯罪嫌疑人、被告人核实有关证据。立法上明确规定辩护律师在审查起诉阶段有权向犯罪嫌疑人、被告人"核实证据"，从而扩大了律师会见时了解情况的范围。第四，明确规定了辩护律师会见犯罪嫌疑人、被告人时不被监听。第五，明确列举了需经侦查机关许可，辩护律师在侦查期间方能会见在押犯罪嫌疑人的案件种类，把需要经过许可的案件限制在危害国家安全犯罪、恐怖活动犯罪、特别重大贿赂犯罪涉及重大国家利益和公共利益的三类案件。第六，明确了辩护律师同被监视居住的犯罪嫌疑人、被告人会见、通信适用前述规定。

2. 完善辩护人的阅卷权

2012 年《刑事诉讼法》第 38 条吸收了律师法关于律师阅卷权的相关内容，扩大了审查起诉阶段律师的阅卷范围，不再限于"诉讼文书、技术性鉴定材料"，而是包括所有"案卷材料"，案卷材料应当包括公安司法机关在侦查、审查起诉、审判中形成的证据材料，在审查起诉阶段主要是侦查机关侦查终结移送检察机关的证据材料，即修改后的《刑事诉讼法》第 48 条规定的八种证据材料。

3. 完善辩护人的调查取证权

第一，修改后的刑事诉讼法扩大了辩护人申请人民检察院、人民法院调取证据的范围。2012 年《刑事诉讼法》第 39 条规定的目的在于防范公安机关、人民检察院因疏忽而未提交，或因追求胜诉而刻意隐匿对辩方有利的证据。第二，修改后的刑事诉讼法赋予了非律师辩护人申请调取证据的权利。1996 年《刑事诉讼法》第 37 条并未赋予非律师的辩护人调查取证的权利。而 2012 年《刑事诉讼法》第 39 条将申请调查取证权的主体规定为"辩护人"，这就意味着非律师辩护人如果认为在侦查、审查起诉期间公安机关、人民检察院收集的证明犯罪嫌疑人、被告人无罪或者罪轻的证据材料未提交的，可以申请人民检察院、人民法院调取有关证据。第三，2012 年刑事诉讼法并未完全赋予律师凭有关证件直接调查取证的权利，仍然保留了 1996

年《刑事诉讼法》第 37 条中对律师自行调查取证权的相应限制的内容（参见 2012 年《刑事诉讼法》第 41 条）。对于辩护律师要求人民检察院和人民法院许可其自行调查取证的，人民检察院、人民法院应当在接到申请后及时作出是否许可的决定，通知申请人。第四，关于辩护人的证据开示义务。辩护人应当开示的证据仅限于涉及证明"犯罪嫌疑人不在犯罪现场"、"未达到刑事责任年龄"、"属于依法不负刑事责任的精神病人"的三类证据。

2012 年刑事诉讼法还规定了辩护律师的保密权及其限制，赋予辩护人、诉讼代理人申诉控告的权利，明确了检察机关对阻碍其依法行使诉讼权利的行为实行法律监督的责任。

关于刑事法律援助制度，与 1996 年刑事诉讼法相比，2012 年刑事诉讼法的修改力度也是比较大的：一是取消了"公诉人出庭的公诉案件"的限制，把法律援助的适用范围扩大到所有刑事诉讼的各个阶段和所有的刑事案件；二是在法律援助的对象中增加了犯罪嫌疑人，并且扩大到尚未完全丧失辨认或者控制自己行为能力的精神病人和可能被判处无期徒刑、死刑，没有委托辩护人的犯罪嫌疑人、被告人；三是增加了法律援助的义务主体，不仅人民法院有义务为犯罪嫌疑人、被告人提供法律援助，而且人民检察院、公安机关也有义务为犯罪嫌疑人、被告人提供法律援助。如果本人及其近亲属向法律援助机构提出申请，并且符合法律援助条件的，法律援助机构也有义务指派律师为其提供辩护。

（三）量刑程序

近年来，量刑程序改革在最高司法机关的积极推动下，逐步成为司法改革与刑事程序改革的一项重要举措，一系列官方的改革意见与文件多次强调了量刑程序改革的重要性。最高人民法院《人民法院第二个五年改革纲要》提出"健全和完善相对独立的量刑程序"。2008 年年底，中央在部署新一轮司法体制改革的任务中再次将量刑程序改革列入其中，提出要"将量刑纳入法庭审理程序，保障量刑活动的相对独立性"。2009 年 3 月，最高人民法院公布的《人民法院第三个五年改革纲要》明确提出"规范自由裁量权，将量刑纳入法庭审理程序"。2009 年 6 月 1 日，量刑程序改革在全国一百多家法院开始进行试点探索。最高人民检察院于 2010 年 2 月下发《人民检察院开展量刑建议工作的指导意见（试行）》。2010 年 9 月，最高人民法院、最高人民检察院、公安部、国家安全部、司法部联合出台了《关于规范量刑程序若干问题的意见（试行）》，这标志着我国量刑程序方面的重大突破，被学界认为是一种相对独立量刑程序的正式确立。

试点、试行情况表明，将量刑纳入法庭审理程序，保障量刑活动的相对独立性，有助于转变"重定罪、轻量刑"、"重实体、轻程序"的观念，逐步树立"定罪与量刑并重"、"实体与程序兼顾"的科学理念；同时能够确保控辩双方积极、有效地参与量刑活动，促进量刑活动的透明与公开，提高人民法院的司法公信力。调研情况表明，量刑程序改革试行总体成效较好，试行案件服判息诉率、刑事附带民事调解率、退赃退赔率等均有所上升，上诉率、抗诉率、发回重审和改判率、上访申诉率等均有所下降。

立足量刑程序改革取得的成效，修改后的《刑事诉讼法》第 193 条在法庭审理程序中增加规定了量刑的内容，法庭审理过程中，对与定罪、量刑有关的事实、证据都应当进行调查、辩论。在庭审程序中增加量刑辩论无疑是一个巨大的进步。根据新法的规定，在法庭审理过程中，应当对与定罪、量刑有关的事实、证据进行全面的调查、辩论。特别是对被告人不认罪的案件，法庭应当按照传统的审理模式，重点对定罪的事实、证据进行调查，以确定被告人是否有罪、构成何罪。对于被告人不认罪或者辩护人作无罪辩护的案件，在法庭调查阶段，应当查明有关的量刑事实。在法庭辩论阶段，审判人员引导控辩双方先辩论定罪问题。在经过法庭调查、辩论确认被告人有罪或者被告人认罪的情况下，法庭应当对量刑问题进行调查、辩论。

此外，2012 年刑事诉讼法还对与一审程序相关的一些制度进行了修改，如关于公开审判的例外，增加了涉及商业秘密不公开审理的规定，赋予当事人申请权；增加了判决书应当同时送达辩护人、诉讼代理人的规定；将判决书署名的主体由"合议庭的组成人员"，修改为"审判人员"，以适应简易程序修改的需要；将案卷移送制度从复印件移送方式改回到案卷移送制度等。

四、一审程序的进一步完善

（一）合议制度的完善

1. 改革承办法官制度为合议庭合理分工、集体负责

合议庭既是决策者，又是案件的责任主体，案件的全部审判工作应当由

合议庭共同承担，而不是由承办法官包办整个案件，或者越俎代庖地替代合议庭其他成员行使权力。当然，现行的承办法官制度有其合理之处，是合议庭内部分工的体现，有利于提高审判效率。因此，应当保留承办法官制度，并在此基础上对其进行合理的改革。

在吸收承办法官制度的优点的基础上，应将合议庭的审判事务均衡而有差别地分配给每一名成员，并授予其相应的审判权。所谓均衡，指的是分配给合议庭每名成员的审判工作任务量应当尽量做到平均，公平合理。所谓有差别，指的是根据审判中不同事务的特点（普通的程序性事务与确定行为性质和罪名等刑法适用问题是有区别的，对审判人员的专业素质有不同的要求），以及合议庭成员的自身特点（职业法官和普通的人民陪审员之间、刑事案件审判庭的法官与经济案件审判庭的法官，在专业法律素养上肯定有差别），对审判事务作出分工。如果遇到疑难问题或者其他特殊的情况，则由合议庭共同讨论完成。

通过实行合议庭的合理分工、集体负责，能够发挥合议庭的整体作用，不再出现像现在这样承办法官事无巨细一人操劳、而合议庭其他成员几近无事闲坐静观的情况；通过内部分工，又能够使合议庭的每一名成员对各自负责的审判事务有充分的发言权，有利于消除现行的承办法官一人决策的现象。

2. 废止上级法院指示、批复

虽然下级法院向上级法院的汇报、请示和上级法院对下级法院的指示、批复在一定程度上有利于统一案件标准、提高审判质量，但这种做法有损合议庭独立行使审判权；而上级法院预先批复了案件处理意见，使得二审程序和审判监督程序流于形式。因此，除了依法必须报请上级法院决定的事项（如关于管辖权争议的处理），在审判结束之前，不得将有关案件的处理情况汇报给上级法院。此外，上级法院对下级法院审判工作的监督只能通过二审程序或者审判监督程序进行，上级法院不得对下级法院合议庭正在审理中的案件施加有影响性的批示、答复。[①] 考虑到地方各级人民法院对最高人民法院司法解释的需求，应当规定在最高人民法院对各级人民法院的请示批复文件中属于司法解释的文件属于例外情形。

---

① 参见左卫民、吴卫军：《"形合实独"：中国合议制度的困境与出路》，《法治与社会发展》2002年第2期。

3. 完善合议庭评议方式

完善合议庭评议方式有以下三条建议：第一，调整现有的发言顺序。新出台的最高人民法院《关于人民陪审员参加审判活动若干问题的规定》对合议庭评议方式进行了完善，其中的第 8 条规定，合议庭评议案件时，先由承办法官介绍案件涉及的相关法律、审查判断证据的有关规则，后由人民陪审员及合议庭其他成员充分发表意见，审判长最后发表意见并总结合议庭意见。这一措施可以使合议庭每名成员表达出自己对案件的真实意见。第二，要求在每名成员发表意见时附上自己的理由，以支持自己的观点。这一要求也是对合议庭成员认真负责的一种督促措施。第三，庭审结束后立即评议。为了确保评议效果，确保审判的准确度，提高审判质量和审判效率，应当规定在庭审结束后，合议庭立即进行评议并作出结论。如有特殊情况确实无法立即评议，或者不能立即得出评议结论的，应当报请院长批准。

（二）审判委员会制度的改革

我国现阶段的实际情况表明，审判委员会在审判工作中发挥了一定的积极作用。因此，我们以为应当在保留审判委员会制度的基础上，对这一制度进行改进，使审判委员会制度能够担负起立法预期的重大责任，真正发挥对疑难、复杂、重大案件的把关作用，切实提高审判质量，确保审判结果的公正和权威。可以从以下几个方面对审判委员会进行改革：

1. 明确审判委员会审理案件的范围

《人民法院组织法》规定，各级人民法院设立审判委员会实行民主集中制。审判委员会的任务是总结审判经验，讨论重大的或者疑难的案件和其他有关审判工作的问题。可见审判委员会不只是功能单一的审判组织，还兼有总结审判经验等行政工作的内容。审判委员会讨论的案件应当有所限制。除再审案件外，审判委员会讨论决定的案件范围应当严格限定为重大案件和疑难案件。这需要将审判委员会讨论决定的案件限定为两类：一类是从案件性质看，属于合议庭拟判处死刑的案件；二是从合议庭、独任庭与审判委员会的合理权限范围看，属于合议庭和院长均认为有必要提交审判委员会讨论决定的重大、疑难案件。重大案件包括本级别管辖的有重大影响的案件，上级人民法院指定审理或者指令重审的案件，以及人民检察院抗诉的案件；疑难案件包括合议庭对认定事实和适用法律存在重大分歧的案件和法律规定不明确或法律无明确规定的案件。[①]

2. 建立由资深法官组成的专业审判委员会

根据不同的案件类型，可以在审判委员会中增设专业审判委员会，如刑事案件专业审判委员会、民事案件专业审判委员会和行政案件专业审判委员会等不同的设置。专业审判委员会由各业务审判庭的资深法官组成，这些资深法官可以凭借自己的业务知识和审判经验对本领域的案件进行充分的讨论并提出裁判意见。[②] 审判委员会在听取专业审判委员会对案件的处理意见后作出最终决定。

选拔专业审判委员会成员的标准是审判业务能力，专业审判委员会成员应该具有深厚的专业知识、丰富的审判经验和突出的业务能力。专业审判委员会成员必须是负责本领域审判工作的专业法官。由于审判委员会讨论的案件对专业法律知识有较高的要求，因而必须是长期从事该领域审判工作、具备丰富审判经验的专业法官才能胜任。

3. 改革审判委员会的审理方式

为了弥补审判委员会只判不审的缺陷，增强审判委员会对案件的直观了解和实际掌握，审判委员会应当从幕后走到台前，参与到刑事案件的庭审过程当中。审判委员会参与的案件范围应当有所限定，根据现行法律和司法解释的规定，审判委员会参与审判的案件严格限定为某些重大案件（如可能判处死刑的案件）、检察院抗诉案件以及有重大社会影响的案件。在此类案件中，可以组成前文中所讲的专业审判委员会参与庭审过程。目前，已有个别地区试点实行审判委员会成员庭审旁听机制。通过在法庭设置审判委员会专席，审判委员会成员可亲自听取法庭审判的整个过程。从司法裁判的社会效果来看，由审判委员会成员出席庭审，在听取控辩双方意见和辩论的基础上，对事实认定和法律适用问题作出裁决，无疑要比现行的审判委员会工作模式更容易获得当事人的认可，其社会公信力也显著增强。[③]

在听取庭审过程后，审判委员会开会讨论决定对案件的处理意见，应当确定发言和表决程序。程序设计如下：首先由承办法官简要概括案件的事实

---

① 参见杨子良：《改革审判委员会制度的若干思考》，《人民司法》2000年第1期。

② 参见陈瑞华：《刑事诉讼的前沿问题》，第415页。

③ 参见陈瑞华：《刑事诉讼的前沿问题》，第413页。

和证据情况；其次由专业审判委员会的法官就案件事实的认定和法律适用问题发表各自的观点；之后由审判委员会成员根据专业审判委员会的参考意见进行讨论、发表意见并进行汇总；最后是审判委员会表决通过对案件的最终处理意见。审判委员会的讨论要做详细记录，确定最终处理意见时，应当把审判委员会成员的不同观点均明确列入其中。

（三）进一步增强判决书的说理性

判决结果本身不能证明其正当性，因而判决结果的正当性需要通过对判决理由的说明来支撑。判决书中不对判决理由进行解释说明，一方面，看不出根据判决理由能够得出判决结论的必然性，难以使人信服；另一方面，由于没有对判决理由作充分而详尽的阐释，会使人对作出判决的过程产生怀疑，进而使审判的公正性受到怀疑。即使审判并无枉法，判决结论也合法合理，依然会使当事人质疑诉讼的公正性，难以达到预期的诉讼效果，刑事诉讼的目的也难以实现，人民法院作为国家司法机关的权威和公信力也会受到负面影响。因此，有必要对我国刑事判决书的说理性进行规范。可以从以下几个方面对刑事判决书的说理性进行完善。

第一，在判决书中对判决所依据的事实和证据进行列举。案件事实是法院作出判决的基础。人民法院需要采纳相当数量和质量的证据对案件进行证明，方能对案件事实作出认定。在作出判决时，判决书应当列举控辩双方提供的证据，逐一说明据以定案的证据的证据能力和证明力，对那些被排除的证据和虽未被排除但是没有被采用的证据进行分析，说明排除和不采纳的理由。通过对事实和证据的分析，以及合理的推理，说明证据链的完整性，并据此对案件的事实作出认定。

第二，对定罪量刑的依据进行说明。在认定案件事实的基础上，根据法律规定，对被告人的行为进行分析，说明被告人的行为是否构成犯罪，对不构成犯罪的，说明被告人行为的合法性；如果构成犯罪，则需说明被告人的行为符合刑法分则中的哪一项罪名的构成要件；如果犯罪行为中具有数罪特征或是其他较为复杂的情况，则应当分析行为的特点，说明认定为此罪名而非彼罪名的原因。

量刑方面，重视对量刑意见的阐述。对于人民法院在量刑时所依据的刑法条文，量刑时考虑的法定和酌定量刑情节等因素，如是否具有从轻、减轻、从重处罚的情形，以及最终确定的刑罚的理由等，都应当以书面形式进行说明。各项量刑意见应当与所依据的法律条文一一对应，分别说明每个量刑的理由，最后提出总的量刑意见。

第三，对是否采纳控辩双方的意见作出说明。控辩双方在庭审过程中，对案件事实和证据、罪名和量刑的确定等事项均已发表己方的意见。法官是否充分地关注当事人的主张，是否仔细听取控辩双方的辩论，是否采纳了当事人的意见等，都要通过对判决理由的陈述加以体现。法院的判决直接关系着控辩双方、特别是辩护方的切身利益，因此，在判决书中应当格外注重对辩护方意见的解释。对于哪些辩护意见被法院采用、哪些未被采用，以及作出取舍的事实和法律依据，都应当一一说明理由。这样，一方面，体现人民法院在作出判决时确实对辩护方意见进行了认真的考虑；另一方面，可以使被告人认可判决结果，提高判决的可接受性，增强判决的可信度。

第四，对刑事诉讼中有关程序法的内容加以阐述。对于刑事案件是否适用简易程序、公开或者不公开审理的原因等程序性事项，以及是否存在超期羁押、超审限等违反刑事诉讼法的问题，也应当在判决书中加以说明。我国的刑事法律源自大陆法系，相比较于英美法系恪守程序正义理念的做法，我国对违反正当程序的行为的惩罚显然比较轻微。尽管如此，在判决书中也应当对此作出说明，并说明对违反刑事诉讼法的行为作何处理。

第八章

刑事二审程序的问题及对策

第二审程序作为普通程序的重要组成部分，在保障审判的公正性、实现刑事诉讼任务方面有着重要的作用和意义。由于我国《刑事诉讼法》对第二审程序的规定较为粗疏，2012 年修正后的《刑事诉讼法》第 231 条仍然沿用了 1996 年《刑事诉讼法》的规定："第二审人民法院审判上诉或者抗诉案件的程序，除本章已有规定的以外，参照第一审程序的规定进行"，加之刑事司法实践中的法官素养、司法资源配置等因素的影响，我国刑事第二审程序出现了一些背离立法初衷的现象。总体上看来，在我国当下的刑事司法实践中，纸面上的法与行动中的法往往呈现一种背反的状态，刑事二审程序在实践中的运作就是这一判断的例证。[①] 本章内容从对刑事第二审程序实践运行现状，即总体评价着手，归纳第二审程序运行过程中出现的主要问题，并对其进行剖析，根据第二审程序的价值与目标，提出构建公正、高效、权威的二审程序的具体建议。

一、二审程序的总体评析

在刑事诉讼中，虽然第二审裁判不一定比第一审审判更为准确，但是，如果案件只经过第一审裁判就发生法律效力，不仅会发生法官滥用裁判权的可能，而且会剥夺当事人寻求权利救济的机会，从而让当事人产生强烈的不公正感，损害司法裁判的可接受性和权威性。对第一审裁判结果不满意的当

---

① 参见陈卫东主编：《刑事开庭第二审程序研究》，中国政法大学出版社 2008 年版，自序第 7 页。

事人一方通过向上一级法院提起第二审程序以后，尽管第二审法院的裁判结果不一定符合他们的预期，但至少从程序上让他们感觉到法院裁判的作出是慎重的，而不是草率的。在当事人依法享有的诉讼权利受到充分尊重的情况下，他们会有更多的理由相信自己的案件受到了足够的关注，从而增强了对裁判的认可度，并逐渐对司法裁判产生尊重。

（一）二审程序的设置目的

在上述价值的指导下，我国刑事诉讼法设置了刑事审判的第二审程序，我们认为，其设置的主要目的有：

首先，第二审程序的设置，其直接目的是及时发现和纠正第一审程序可能存在的错误判决或裁定。第二审程序通过对第一审程序实体和程序两方面的全面审查，通常可以发现并纠正第一审程序发生的裁判错误，包括影响程序公正的程序性错误，或者维护正确、合法的第一审判决和裁定，保证刑事审判的公正性。

其次，第二审程序的设置，是考虑到我国的实际情况，对诉讼效益最大化的选择。根据我国《刑事诉讼法》的规定，刑事审判实行的是两审终审制，除个别类型的案件以及最高人民法院受理的一审案件，二审程序的判决即为生效判决。案件经过两级法院分别按照第一审程序和第二审程序进行审判，基本上都能使案件得到正确处理，避免一个案件久拖不决，给当事人带来讼累。此外，我国幅员辽阔，交通不便，也是采用两审终审制的重要原因，以提高司法效率。

最后，第二审程序的设置，是为了维护法制的统一，进而树立司法的权威。尽管第一审法院的判决或裁定在大多数情况下并无错误，但受到第一审法院不利益裁判的当事人常常会对这种判决或裁定的正确性、公正性产生怀疑，或者他们总是希望法院的判决、裁定能使他们得到更多的利益、失去更少的利益。无论第二审程序是否会发现和纠正第一审判决、裁定的错误，也无论第一审判决、裁定是否存在错误，第二审程序的存在和运作都可以在一定程度上满足当事人对公正审判的需求，至少可以满足其对程序公正的需求，培养当事人的法律权威意识。

（二）二审程序的目标定位

党的十七大报告明确提出，建设公正、高效、权威的社会主义司法制度，这已成为我国当前深化司法体制改革的指导思想和努力实现的目标。司法是社会公平正义的最后一道防线，在我国实行两审终审制的情况下，第二审程序理所当然地成为司法公正的最后一道防线。对此，我们需要正确认识二审程序中司法公正、司法效率、司法权威之间的关系：

首先，公正是基础。公平正义是刑事司法的生命线，是二审程序的首要价值。公平正义是人类政治法律思想的核心价值，法律制度的建构，根本的目的就在于实现社会公正，对各种各样的社会不公进行纠正，以保证人类社会的稳定和进步。公正是社会主义司法制度的灵魂，是司法活动的永恒主题，没有公正，司法活动就失去了赖以存在之基与安身立命之本。[①] 随着人权理念逐步深入人心，逐步成为社会大众的集体共识，二审程序能否体现并有效地保障人权已成为衡量其是否公正的重要标准。二审裁判结果能否被社会大众所接受、认同、信赖和支持，树立起权威，很大程度上依赖于程序建构能否有效地保障人权。因此，我国刑事诉讼法规定，二审法院要对上诉或抗诉案件进行全面审查，以开庭的方式重点审查双方有争议的案件事实和法律适用，并且赋予被告人上诉不加刑的特权，以消除被告人行使上诉权的后顾之忧，这些都是实现司法公正的重要保障。然而，构建刑事第二审程序时，却不得不考虑到许多现实因素的制约，比如经济发展水平、政治体制、传统文化、执法者的素质等，这就需要考虑效率的问题。

其次，效率是保障。刑事诉讼程序公正的纯粹理性要求以探求案件实质真实作为进行刑事诉讼活动的目标，并不要求遵循在特定的时限内完成诉讼的效率原则，最多也就强调避免不必要的拖延这一常识问题。但是，国家为了有效控制犯罪必然要求司法机关加快办案速度，并使这种政策性的效率要求不同程度地体现在刑事诉讼立法中。然而，更重要的问题是，"仅仅效率原则本身不可能成为一种正义观"[②]，一般而言，提高效率将使公正作出不同程度的让步，二者存在一种本质上的对立，因为提高效率一般要求相对放宽对国家刑罚权的限制，并相对减少或缩短控辩双方对抗的机会和时间，如此则必须容忍办案错误率一定程度的增长。所以，一个国家的刑事诉讼法在

---

① 参见陈卫东：《论公正、高效、权威的司法制度的建立》，《中国人民大学学报》2009 年第 6 期。

② ［美］罗尔斯：《正义论》，何怀宏、何包钢、廖申白译，中国社会科学出版社 1988 年版，第 67 页。

确定现实的刑事诉讼程序时应合理协调公正与效率的关系。刑事第二审程序如果不讲效率，只一味追求公正，在我国当前的情况下，其结果可能就是被告人长期处于未决羁押状态，被害人的诉求难以实现。（被告人羁押时间的拖延，在实践中导致本该被释放或处以较短刑期的被告人被定以变通的"罪名"或处以较长的刑期，以尽可能地阻止被告人提起国家赔偿。）因此，出于诉讼效率的考虑，我国刑事诉讼法规定了二审程序的审限，并确立了两审终审制的原则，以保障司法公正能够较快实现，从而实现诉讼的效益。

最后，权威是关键。司法制度权威的外在表现在于，其向社会所展示的司法威望和公信。在一定程度上，人们之所以在发生纠纷时愿意将其交由司法机关裁判处理，主要是认同司法制度的公信力和权威性，坚信司法机关是代表国家行使司法权，在司法活动中能始终保持中立，能公正无偏地解决纠纷。司法权威作为一种特殊的权威类型，源于法律权威，并体现法律权威。法律的权威来自于职业法官公正的裁判结果和公正的法律程序以及民众对法律的信仰。具体说来，应表现为两个方面：其一，司法的过程及司法的成果——裁判要体现公正，这是司法权威的前提。其二，公正的裁判要能得到执行，这是司法权威所必需的。[①] 为了维护司法的权威性，我国刑诉法规定，被告人享有无条件提起上诉的权利，并且受上诉不加刑原则的保障，以保障被告人得以充分行使诉讼权利，增强裁判的公正性和认可度。根据两审终审原则的要求，第二审程序的裁判即为生效的判决或裁定，除死刑案件依法需要报请复核以外，二审的裁判即是执行的依据，由国家强制执行，以保证法律的严肃性，从而体现司法的权威。此外，二审程序的裁判具有终局性。法院对某一案件作出生效裁判后，案件就获得终局解决，除法定的情形之外，任何社会力量和诉讼主体，包括法院自己，都不得变更或推翻司法裁判，这也是司法权威的重要体现。[②]

（三）二审程序的现实背反

由于立法理念的偏差与具体立法技术的缺失，加之二审程序在实际运作中的各种工具化与权宜化的操作，使得我国的二审程序不管是在静态的规范层面，还是在动态的运作层面，现实中都在一定程度上背离了设置二

[①] 参见贺日开：《论司法权威与司法改革》，《法学评论》1999 年第 5 期。
[②] 参见陈光中：《建设公正高效权威的社会主义司法制度之我见》，《人民检察》2009 年第 4 期。

审程序的初衷，影响了二审程序功能的实际发挥，制约了二审程序目标的实现。

首先，在我国两审终审制的架构中，由于刑事二审程序既是唯一的上诉程序，又是终审程序，当事人只有一次上诉机会，而检察机关对未生效的一审裁判也只能提出一次抗诉，再加上我国上诉程序并无法律复审与事实复审的区分，因此，我国刑事二审程序不得不对一审裁判所涉及的诸如案件事实、证据、法律适用、诉讼程序等几乎所有的问题都进行必要的审查，以便尽可能地纠正一审裁判存在的各种错误。从理论上讲，刑事二审程序的全面审查对纠正错误的一审裁判、实现国家的刑罚权、确保司法的公正性与严肃性、提升司法的权威性与公信力是有所裨益的。但是，在我国刑事一审程序普遍流于形式，从而导致案件事实的认定无法在刑事一审程序中得到彻底的解决，以及一审判决中的事实认定存在诸多潜在风险与缺陷的情况下，第二审法院不得不继续扮演事实发现者的角色。

其次，就再现既往案件事实的一般规律而言，距离既往案件事实的时间和空间越近，就越有益于查明事实的真相，而随着时间的流逝和空间的扩大，查明事实真相的难度会相应增大。因此，我们并没有足够的理由认为第二审程序在事实认定方面一定比第一审程序更出色。同时，司法实践中出于诉讼效率的考虑，第二审法院以不开庭审理为原则、开庭审理为例外的审判方式，加之上下级法院就案件的通气，下级法院就具体案件的请示，上级法院在改判时对下级法院承办法官工作考核的顾虑，使得二审程序的纠错功能在很大程度上被弱化。这些使得我国的刑事第二审程序流于形式，无法发挥其应有的救济功能，这也正是我国第二审法院维持原判的比例偏高、而改判比例偏低的一个重要原因。

最后，在刑事诉讼中，检察官对法官的审判活动享有法律监督权，他们完全可以凭借其法律监督活动随时动摇法官的司法权威以及裁判的稳定性，使自己成为"法官之上的法官"。而在刑事第二审程序当中，检察机关的这种超强地位足以使刑事第二审程序对被告人的救济功能化为泡影，检察机关一旦提起抗诉，被告人即不再享有上诉不加刑的特权。然而，即使在只有被告人上诉的案件中，被告人也未必能够实际受益。一个明显的例证就是，对于被告方提起的上诉，尽管第二审法院不能直接加刑，但在司法实践中，第二审法院在"实事求是"、"有错必纠"的指导思想下，可以通过各种巧妙的方式变相加重被告人的刑罚。如二审法院为加刑而商请人民检察院抗诉或动员自诉人上诉，以便直接改判加刑等。第二审法院更常用的方法则是发回重审，即第二审法院对于一审判决在认定事实上没有错误、但量刑太轻或者法律适用不当的上诉案件，借口"认定的事实不清或者证据不足"而发回重审，以达到改判加刑的目的^①；或者是启动再审程序，即第二审法院认为一审判决事实清楚、证据充分，但判处的刑罚畸轻，或者应当适用附加刑而没有适用附加刑的案件，等到一审判决生效后按照审判监督程序再审加刑。

　　因此，在司法实践中，作为两审终审制标志的刑事第二审程序并没有像人们所期望的那样成为社会公平正义的最后一道防线。我国刑事二审程序的救济、纠错、定分止争的功能只是二审程序的美好目标，尚未脱离纸面而落实于刑事司法中。近年来，我国刑事司法实践之所以会出现"无限再审"、"无限申诉"、"无限上访"的现象，一个重要的原因在于刑事一审质量不高，而刑事二审又流于形式，权利遭到侵害的当事人往往无法发泄心中不满，并在上诉渠道内无法获得相应的救济，致使执著地为权利而斗争的当事人宁愿放弃上诉，而将权利救济的希望转向再审程序或上访。公正、高效、权威的刑事二审程序仍旧在襁褓之中，尚需突破重重阻力，方才有发挥作用的空间，以下分述之。

二、二审程序的审理范围

　　我国 2012 年修改后的《刑事诉讼法》第 222 条第 1 款沿用了 1996 年《刑事诉讼法》第 186 条第 1 款的规定，即"第二审人民法院应当就第一审判决认定的事实和适用法律进行全面审查，不受上诉或者抗诉范围的限制"。这一规定，确立了我国刑事诉讼中的二审全面审查原则。全面审查原则之所以作为一项刑事诉讼法中的基本原则，长期指导着我国的刑事司法实践，并

---

　　①　针对这种情况，2012 年修正后的《刑事诉讼法》第 226 条第 1 款专门增加了"第二审人民法院发回原人民法院重新审判的案件，除有新的犯罪事实，人民检察院补充起诉的以外，原审人民法院也不得加重被告人的刑罚"的规定，力图阻断实践中出现的以发回重审的形式加重被告人刑罚这一通道。但是，该规定能否在司法实践中得到落实，有待检验。

在很长的一段时期内一直作为刑事二审程序的重要内容受到学界、实务界的一致推崇，和其在一定历史时期、一定理论背景下获得存在合理性是分不开的。但是，随着我国刑事司法实践的不断发展，全面审查原则在现实运作过程中逐渐暴露出一系列的问题。

（一）全面审查原则存在的问题

有学者提出，如果共同被告人中有被告人未上诉，二审法院此时以全面审查原则发现对非上诉的共同被告人的认定事实有出入或量刑过轻，二审法院虽然不得加重未上诉人的刑罚[①]，但是人民法院可以以"事实不清"为由发回原审人民法院重审，或者在二审程序结束后启动审判监督程序来重新审判，这可能使得共同被告人的判决处于不安定过程中。任何一个共同被告人的上诉或人民检察院的抗诉均可以导致其他未上诉的共同被告人的刑罚被加重，这与上诉不加刑原则存在相当大的冲突。同样的，如果附带民事诉讼的受害人仅仅对民事部分进行上诉，按照全面审查原则，二审法院有权审理一审的刑事部分，这可能使得二审法院成为了"第二个一审法院"。而且，刑事证明标准与民事证明标准存在程度上的差异，如果二审法院因为民事部分而审查有关的犯罪事实部分，这可能使得二审法院产生对刑事被告人的"有罪心证"，在二审程序结束后启动审判监督程序来进行重审。[②]

还有学者提出，我国现在的司法资源并不足以支持在二审开庭中实现全面审查："有些地方进行了二审全面开庭审理改革，有关人员的最大感受就是，上诉案件受案数量激增与办案力量不足，已成为实行全面开庭审理中最突出的矛盾。"[③] 另一个直接证据是死刑案件二审全面开庭审理。与刑事诉讼法的要求相比，"两高"对死刑案件二审开庭实际上只要求部分审查。即便如此，各地高院、省检察院仍感觉物质条件、人员配置不足，在从下级法院、检察院抽调大量人员充实队伍的同时，要求地方党委、政府在物质条件等方面提供支持。相对于各高院、省检察院来说，中级法院、地市检察院的工作更为繁重。相对于死刑案件来说，其他类型案件的数量也更为庞大，依

---

① 2012 年最高人民法院《解释》第 326 条规定："人民检察院只对部分被告人的判决提出抗诉，或者自诉人只对部分被告人的判决提出上诉的，第二审人民法院不得对其他同案被告人加重刑罚。"

② 参见谢佑平等：《刑事救济程序研究》，中国人民大学出版社 2007 年版，第 143 页。

③ 秦宗文：《刑事二审全面审查原则新探》，《现代法学》2007 年第 3 期。

靠现有刑事司法资源，要按照刑事诉讼法的要求更大范围地推行二审开庭①，在全面审查的基础上作出判决，几乎是不可能实现的任务。司法实践中二审审理书面化的现象，除其他方面的原因外，全面审查原则难辞其咎。在审判压力下，即使开庭的案件，搞形式、走过场也屡见不鲜，真正需要认真审查的疑难、复杂案件反而得不到应有的关注。同时，"法官主动对控辩方无争议的案情进行审查的方式，在我国庭审方式已走向对抗化、法官主动调查权仅作为补充手段的情况下，因控辩方缺乏争斗的积极性，难以达到查明真相的目的"②。

此外，全面审查原则还与相关改革在不同层面上形成了种种冲突。近些年刑事诉讼的整体改革趋势是不断吸收当事人主义诉讼的因素，弱化法官的职权作用、增强被告人的主体地位、增加审判的对抗性，而全面审查所体现的职权主义精神内涵与之不协调，影响到诉讼结构整体的流畅。如"两高"近几年来大力推行普通程序简化审，对被告人认罪的案件通过程序的简化来实现提高效率，节约司法成本的目的。这一措施尊重被告人的选择权，鼓励被告人与国家合作，抑制国家追求事实真相的冲动，降低对此类型案件证据调查的要求，很大程度上是以控辩双方的合意作为裁判的基础。目前通过简化审处理的案件已占较大比例。试想，此类案件若进入二审，从判决的可接受性及稳定社会秩序的功能看，全面审查还有多大必要和效果？再者，从诉讼经济看，在一个案件流程中，合理的司法进程应当是增强一审程序的案件处理能力，强化一审判决的稳定性，防止不必要的上诉，以尽快稳定社会关系，而全面审查原则实质上诱导被告人提出上诉，并通过再次审判架空一审，这与改革中的效率原则相悖。同时，全面审查"使审判权的自治性和相克关系被软化和淡化了，审判者始终处于被审判的状态之中"③。因而，下级法官为避免判决被改判、被追究责任，请示、汇报等模糊审级关系的不正常做法泛滥就不足为奇了。这与最高人民法院目前推行的理顺上下级审判关

---

① 2012年修正后的《刑事诉讼法》新增第223条第1款，明确规定了应当开庭审理的几种情形："（一）被告人、自诉人及其法定代理人对第一审认定的事实、证据提出异议，可能影响定罪量刑的上诉案件；（二）被告人被判处死刑的上诉案件；（三）人民检察院抗诉的案件；（四）其他应当开庭审理的案件。"

② 秦宗文：《刑事二审全面审查原则新探》，《现代法学》2007年第3期。

③ 秦宗文：《刑事二审全面审查原则新探》，《现代法学》2007年第3期。

系的改革相悖。从目前情况看，改革的趋势难以逆转，全面审查原则与整体
改革趋势的不协调已相当突兀。

（二）全面审查原则的理论冲突

由上述可知，司法实践中的全面审查原则的运行并不是那么顺畅，由于
种种原因的存在导致其不断与刑事司法体系中的其他制度、原则出现冲突、
抵牾。究其原因，不难发现正是由于全面审查原则身后所代表的那种司法理
念与现代法治思想、理论难以很好地融合，从而，由理论上的冲突外化为实
践中的矛盾百出。

1. 全面审查原则与司法被动性的冲突

所谓司法审判的被动性，是指司法审判既不能主动受理未向其提起诉讼
的案件，也不能超出起诉的范围进行裁判。正如美国联邦最高法院大法官法
兰克福特（Frankfurter）所说，在宪政民主中，为了保持法院的合法性而采
取司法克制的做法是必要的。① 托克维尔也曾提出："司法权的第一个特征，
表现在所有国家都是对案件的裁判。要使法院发挥作用，就得有争讼的案
件。司法权的第二个特征，是审理私人案件，而不能对全国的一般原则进行
宣判。司法权的第三个特征，是只有在请求它的时候，或用法律的术语来
说，是由在它审理案件的时候，它才采取行动。"②

司法审判的被动性决定了审判程序的启动必须要有外来力量的推动，即
检察机关提起公诉或自诉人提起自诉。缺少控诉方的指控，审判机关是不能
主动惩罚违法犯罪行为的。依照这一原则来审视全面审查的内容，就会发现
其严重背离了司法审判被动性的基本要求。此时的法官已不仅仅是案件的裁
判者，而是成为有着自己积极主张的一方当事人。二审法院对未上诉或未抗
诉的部分进行审查，将使其在诉讼中的地位十分尴尬，它既可能担任控诉方
的角色，自身又是纠纷裁判者，这种集多种角色于一身的做法，破坏了诉讼
主体间职能的划分，混淆了控诉职能与审判职能。③ "这种控、审不分的状

---

① 参见［美］莫顿·J·霍维茨：《沃伦法院对正义的追求》，信春鹰、张志铭译，中国政法大学出
版社 2003 年版，第 96 页。

② ［法］托克维尔：《论美国的民主》，董国良译，商务印书馆 1996 年版，第 110 页。

③ 参见黄文：《刑事诉审关系研究》，西南师范大学出版社 2006 年版，第 176 页。

况，不仅不利于被告人的权利保护，也使得二审程序的诉讼结构被扭曲。"①

2. 全面审查原则与司法中立性的冲突

所谓审判者的中立性，是指作为裁判者的法官既不应与纠纷本身有某种牵连，也不能把自己的个人价值、情感等因素带进裁判之中，还不能因外界因素的干扰，而对纠纷双方有所偏向。美国学者戈尔丁把裁判者的中立性概括为三个方面：（1）与自身有关的人不应该是法官；（2）结果中不应含有纠纷解决者的个人利益；（3）纠纷解决者不应有支持或反对某一方的偏见。② 司法裁判者的中立性是司法中立最基本的保障。司法中立的价值在于：其一，促进争端的真正解决；其二，确保诉讼各方对整个司法审判制度产生信任。

为使法官在诉讼过程中保持中立，世界各国都设置了相关的制度。比如各国的法院组织法、法官法以及各种诉讼法在涉及法庭的组成时，都设置了回避制度，禁止法官审理与自己有关联的案件，有的法律还规定法官不得与当事人及其律师私自会见，不得接受后者的请客送礼等。显然，上诉审中法官担负的全面审查义务，事实上使得法官成为诉讼的提出者，要么将自己置于公诉机关的地位，要么将自己置于被告代言人的地位，其中立地位必难得到保障。其裁决结果的权威性和公正性也将因此而受到质疑。③

3. 全面审查原则与现代司法真实观的冲突

对于我国为什么实行全面审查原则，一般的解释是："它体现了社会主义法系国家刑事诉讼中的实事求是、有错必纠指导思想……从而完成二审监督、把关、纠错、救济的任务。"④ 这就涉及将"实事求是，有错必纠"视为我国诉讼制度的基本原则是否适当的问题。"实事求是，有错必纠"作为一种哲学命题本身并没有什么错误，相反，这正是辩证唯物主义认识论的生命力和科学性所在。但是在具体诉讼实践中，不应混淆两对概念：司法理想与司法操作、客观事实与法律事实。我们的确应当关注、追求司法理想和客观

---

① 陈卫东、李奋飞：《刑事二审"全面审查"原则的理性反思》，《中国人民大学学报》2001年第2期。

② 参见［美］马丁·P·戈尔丁：《法律哲学》，齐海滨译，三联书店1987年版，第240—241页。

③ 参见陈卫东、李奋飞：《刑事二审"全面审查"原则的理性反思》，《中国人民大学学报》2001年第2期。

④ 樊崇义主编：《刑事诉讼法学》，中国政法大学出版社1998年版，第391页。

事实，但绝不能偏离司法操作和法律事实。①

诉讼事实的相对性已通过"法律真实说"与"客观真实说"的论战取得了理论话语的主流地位。这样使得以事实的唯一性和绝对性作为存在依据并以此作为追求目标的全面审查原则在很大程度上失去了存在的意义。②

同时，人们对二审程序的事实发现能力也提出了质疑。由于距案发时间相对久远，证人记忆可能模糊，物证特征可能湮灭等，二审程序并无优于一审程序的事实发现能力。"在二审程序中，法官通过全面审查，也许对案情会有更深入的了解，但并不必然能作出比一审更正确的判决，尤其是对上诉或抗诉中未指出的部分进行裁决，出错的机会可能更多。"③ 因此，如果二审以书面形式为主进行审查，其事实发现能力将逊于一审。此外，随着正当程序观念的逐渐确立，人们认识到，事实真相值得追求，但对其过分"热爱"可能损害其他应当珍视的价值，如全面审查对控审分离、法官中立、诉讼经济性等程序价值造成了很大的冲击。这样做是否得不偿失，值得考虑。④ 因此，有学者提出，二审程序不是一个能够贯彻"实事求是，有错必纠"原则的全面纠错程序，将二审程序看作是全面纠错程序实际上混淆了二审程序与再审程序的功能。二审程序的准确定位应是被告人的权利救济程序。⑤

4. 全面审查原则与程序安定性的冲突

所谓的"程序安定性"是指"诉讼应依法定的时间先后和空间结构展开并作出终局决定从而使诉讼保持有条不紊的稳定状态"⑥。程序的安定性一般认为应包括以下几个基本要素：程序的有序性；程序的不可逆性；程序的时限性；程序的终结性；程序的法定性。而全面审查原则正是被认为有悖于程序的不可逆性和终局性。⑦

所谓程序的不可逆性（亦称自缚性），是指程序中的某一环节或者整个

---

① 参见陈卫东、李奋飞：《刑事二审"全面审查"原则的理性反思》，《中国人民大学学报》2001年第2期。

② 参见秦宗文：《刑事二审全面审查原则新探》，《现代法学》2007年第3期。

③ 陈卫东、李奋飞：《刑事二审"全面审查"原则的理性反思》，《中国人民大学学报》2001年第2期。

④ 参见秦宗文：《刑事二审全面审查原则新探》，《现代法学》2007年第3期。

⑤ 参见黄文：《刑事诉审关系研究》，第177页。

⑥ 陈桂明、李仕春：《程序安定论——以民事诉讼为对象的分析》，《政法论坛》1999年第5期。

⑦ 参见陈卫东、李奋飞：《刑事二审"全面审查"原则的理性反思》，《中国人民大学学报》2001年第2期。

程序一旦过去或完结，就不能回转、重新再来。经过的程序对当事人和法官都有强烈的拘束力。一旦具体的言行成为程序上的过去，任何人都无权轻易推翻。程序的不可逆性主要是对举证时间作的限制，但这种"自缚性"的要求也同样应该适用于对上诉审查范围的限制。每个法院及法官都要在一定程度上尊重前者的裁决，受其裁判的拘束。因此，在争端双方没有提出异议的部分，二审法院不应当也没有必要掉头进行"二次革命"[①]。

程序的终结性要求法院判决一旦作出，便不能任意地重新启动程序，再次审理或撤销该判决。全面审查无疑背离了程序的及时终结性。这是因为，一审作出的裁决，在当事人没有上诉、检察机关亦未抗诉的情况下，过了法定的期限就自动发生效力。也就是说，对于没有争议的部分，程序已经终结。如果上诉审的审查范围可以超出诉讼请求的界限，就意味着原裁决机关的裁决没有多少权威性和严肃性，不仅不利于及时息诉，大大提高诉讼成本[②]，还"足以对司法裁判的可执行性和强制性构成威胁"[③]。

通过上文中对全面审查原则在实践与理论中存在问题的论述，我们不难得出这样一个结论，即由现行法律规定的全面审查原则已经不再适合我国的刑事司法现状，那么，面对这样几个亟待解决的问题，我们该如何应对？

（三）部分审查原则的确立

初审和上诉审之间更多的是一种司法制度的分工，是一种基于知识上的比较优势发展起来的必要分工。这一点是具有重大理论和实践意义的。至少，这将打破行政化司法制度中的初审和上诉审之间的那种上、下级关系的定性，以及司法权力关系的定位。[④] 而全面审查原则在一定意义上讲，正是这种行政化司法制度中上、下级关系的体现。既然刑事二审的全面审查原则既背离了司法审判权运作的基本规律，又难以在司法实践中取得实效，那么，应立法废除全面审查制度，代之以部分审查方式。

1. 部分审查原则的内涵

具体来讲，部分审查原则是针对上诉、抗诉的不同情况，分别作出如下

---

① 陈卫东、李奋飞：《刑事二审"全面审查"原则的理性反思》，《中国人民大学学报》2001年第2期。

② 参见黄文：《刑事诉审关系研究》，第177页。

③ 陈卫东、李奋飞：《刑事二审"全面审查"原则的理性反思》，《中国人民大学学报》2001年第2期。

④ 参见苏力：《送法下乡——中国基层司法制度研究》，中国政法大学出版社2000年版，第289页。

处理：（1）对于检察院提出抗诉的案件，二审法院的审查范围应当严格地限制在抗诉的范围之内；（2）对于被告人一方提出上诉的案件，如果被告人并没有说明理由，而仅仅是对一审法院所作的判决表示不服，则二审法院可以依职权进行审查；（3）如果被告人明确提出了上诉的理由，则二审法院也应当受上诉理由的限制；（4）共同犯罪案件，只有不服被告人上诉的，二审法院只就上诉的内容进行审查。一审法院针对未上诉的被告人所作的裁判，二审法院不做审查。①

"第二审人民法院受理上诉、抗诉案件后，应当就第一审判决认定的事实和适用的法律进行全面审查，不受上诉或抗诉范围的限制。第二审人民法院在审查后，如果认为上诉或抗诉范围以外第一审判决认定的事实和适用的法律有错误的，应当在审查后 3 日内告知上诉人或者提出抗诉的人民检察院。上诉人或者提出抗诉的人民检察院被告知后，如果不追加上诉或者抗诉的，第二审人民法院就上诉或抗诉范围进行审理。"②这样一种废除全面审查原则，将二审审查范围限制在上诉或抗诉的范围内的"部分审查"方式得到了大多数论者的支持。当一审审理完毕后，刑事被告人必须是在具有"上诉利益"的情况下，才允许其进行上诉。当刑事被告人不附具理由上诉时，推定其不服一审中的全部判决和裁定，法院可以对初审事实、证据以及法律适用进行全面审查。如果被告人附具理由，则二审法院的审理对象必须限定在上诉理由的范围以内，而不得超出上诉理由进行审查，也不得在二审审理结束后对被告人未上诉的部分进行裁判。否则，有违现代上诉审以救济为主要功能的目的。③同时，还由于"上诉权人得自由处分其权利。原审裁判对被告人不利之处，他感受最深刻。其上诉请求以外的事项，在法律上被视为是公正的、适法的，因此无需审查"④。对于人民检察院而言，由于其是国家法定的公诉机关，自身拥有各种诉讼资源，检察官应当在上诉书中明确上诉的理由，否则二审法院可以以上诉不合法为由驳回其上诉。对于原审裁判中所涉及的事实认定和法律适用问题，凡是诉讼参与人没有提出上诉、检察机关没有提起抗诉的部分，第二审法院均不再进行审查。

---

① 参见黄文：《刑事诉审关系研究》，第 189—190 页。
② 樊崇义等：《刑事诉讼法修改专题研究报告》，中国人民公安大学出版社 2004 年版，第 560 页。
③ 参见谢佑平等：《刑事救济程序研究》，第 157 页。
④ 徐静村主编：《刑事诉讼法学（修订本）》（上册），法律出版社 1999 年版，第 328 页。

这样一种改革思路倾向于将我国的二审制度改造为事后审制结构。所谓的事后审制结构是英美法系所选择的基本结构形态，它是指由第二审法院审查一审判决有无错误，原则上不再对案件的事实和证据进行调查的一种上诉审结构形态。这种审查的前提条件是把刑事审判的重心放在第一审，第二审专就第一审的判决是否存在错误进行审查。与复审制不同，它不是以案件本身为审查对象，而是以判决为审查对象的一种审查形式。在审理中诉讼资料和证据资料原则上以第一审提出者为限，不允许当事人提出新的事实证据，以辨别第一审判决是否妥当。如果认为原审判决妥当无误即驳回上诉，不当则撤销原判或发回重审。[①]

2. 确立部分审查原则的理由

横向比较看来，两大法系普遍采用了以上诉请求为审理对象的部分审查制。如美国，被告人只能对法律问题提出上诉，一审对事实的判断具有最终效力。同时，被告人的上诉必须具体说明对什么问题不满，这决定着上级法官的审查范围。被告人"不能告诉上诉法院，整个案子的审判是不公平的，需要整个推翻，而必须明确指出法官在哪个问题上犯了错误。同样，联邦法院在审查被告人的释放令请求时，也有它的审查范围"[②]。法国上诉法院虽有权对事实和法律均予以审理，但"上诉法院并不始终有权按照其希望的方向对一审法院的判决进行全部（所有部分）改判"，《法国刑事诉讼法》第509条规定："案件转归上诉法院，依第515条之规定，以上诉状所确定的限制以及上诉人之身份所定之限制为条件。"第515条第1款规定："上诉法院可以依据检察院提出的上诉，或者维护原判，或者利于或不利于被告人，撤销原判之全部或部分。"据此，在一审法院的判决书包含数个判刑之主要罪状，但提出的上诉仅针对其中一个或某几个罪状时，上诉法院的法官只能对这一个或数个受到上诉的罪状进行审理裁判。同样，即使是对整个判决提出上诉，上诉法院也始终没有权力对一审并未提出的新的事实进行审查，而只能对当事人援用的新的理由进行审查。[③]德国刑事诉讼法、意大利刑事诉

---

① 参见尹丽华：《刑事上诉制度研究——以三审终审为基础》，中国法制出版社2006年版，第211页。

② 李义冠：《美国刑事审判制度》，法律出版社1999年版，第143页。

③ 参见［法］卡斯东·斯特法尼等：《法国刑事诉讼法精义（下）》，中国政法大学出版社1999年版，第827—828页。

讼法中也有类似规定。① 在一定程度上，甚至可以说，我国的刑事二审全面审查的要求在世界法治图景中已成"绝版"②。

而实际上，这种事后审制机构下的部分审查原则在我国也并非完全是毫无来由，20 世纪初期，中华民国颁行的刑事诉讼法即采取了部分审查原则。"案件仅以上诉部分为限，始能发生移审及停止判决确定之效力。故第二审法院审判之范围，自应以上诉之范围为准。刑事诉讼法亦于第三百八十一条揭示此旨，定明第二审法院应就原审判决中上诉之部分调查之。故上诉系对于原审判决全部为之者，或依法应以全部上诉论者，审判之范围，应及于全部。若仅对于原审判决之一部为之者，除因其有关系之部分亦以上诉论而致成为全部者外，则审判之范围，只能及于该上诉部分。又提起上诉时，虽系对于原审判决全部为之，而嗣后有一部撤回者，对于该撤回部分，亦不得为实体之审判。"③实际上，《中华民国刑事诉讼法》基本沿袭了 1911 年由沈家本主持编写的《大清刑事诉讼律草案》。而《大清刑事诉讼律草案》在其后所列的"理由"中，这样解释道："控告审对于原判决之内容，只应裁夺其当否。故调查方法唯以主控告人及从控告人声明不服之点为限，不应推勘及于范围以外。"④

综上所述，不难发现部分审查似乎正是改革全面审查原则的可能的路径之一，无论是在诉讼理论上、立法比较上还是在传统继承上，部分审查都有其施行的正当性，但问题并非到此为止。

3. 适用部分审查原则可能出现的问题

随着对全面审查原则的反对意见日益增多，所谓的部分审查原则逐渐得到理论界统一而全面的支持，已成为学者们论及我国刑事二审制度改造时所持的"通说"。但是，部分审查原则成功地取得优势理论地位的同时，其理论建构本身还存在部分问题，要想在实践中真正推行部分审查原则还存在若干困难，尚有问题亟待解决。

（1）原判明显错误与部分审查原则

有观点认为，对于控辩双方提出上诉或抗诉的理由以外的事实认定或法

---

① 参见张智辉、武小凤：《二审全面审查制度应当废除》，《现代法学》2006 年第 3 期。

② 秦宗文：《刑事二审全面审查原则新探》，《现代法学》2007 年第 3 期。

③ 陈瑾昆：《刑事诉讼法通义》，法律出版社 2007 年版，第 313—314 页。

④ 李春雷：《中国近代刑事诉讼制度变革研究》，北京大学出版社 2004 年版，第 207 页。

律适用问题，二审法院均无权进行审查，即使原审裁判存在明显的错误。这看起来似乎有纵容原裁判的错误之嫌，却是审判程序（包括二审程序）正当化必须付出的代价。这种观点无疑是对我国长期以来在实事求是思想指导下的实体正义观的纠正，从建立程序正义、审判程序正当化的角度来看并无太大问题。可以说，为从根本上改革素有积弊的全面审查原则，要矫枉，就必须有些过正。

但是，在我们看来，矫枉却并非一定需要过正，在原裁判存在明显错误的情况下，仍将二审法官的审理活动限制在上诉、抗诉范围并不可行。虽然此举能够确实保证法官的消极、中立、居中裁判的地位，贯彻不告不理的司法原则，在一定程度上也尊重了控辩双方的上诉权、抗诉权，但是会极大地损害司法的公正性和权威性。即使是在典型的施行对抗制诉讼模式的美国，消极的法官仍要对上诉、抗诉范围之外的"明显错误"进行积极、主动的审查。《美国联邦刑事诉讼规则》第 52 条第 2 款关于"无害错误及明显错误"规定，明显的错误、瑕疵影响当事人基本权利的，即使当事人未提出异议，法院仍可以对该问题进行审查。如在非法证据排除程序中，对非法证据排除动议的裁判则可能出现"明显错误"①。

由此可见，即使在严格限制法官主动审查案件的美国，法官对明显错误的主动审查仍是可以接受，甚至是必要的。法官在上诉、抗诉范围之外发现明显错误时，主动对该错误进行审查，虽然在绝对意义上违反了不告不理的司法原则，但此时再要求法官无视已发现的错误，则更不可取。两相比较，让法官主动纠正原裁判的错误，更加符合诉讼经济原则，也能保证司法判决更加公正、权威。明知有错而无视、放过，从而再作出一个"错误的裁判"；或者在相应裁判作出后再通过其他救济程序对此裁判进行纠正（如审判监督程序），都无法全面实现司法裁判的公正原则和效率原则。因此，在刑事二审过程中，如果要施行部分审查原则，至少应保留"明显错误"的例外。

（2）程序性事项与部分审查原则

除事实认定与法律适用两方面出现"明显错误"不受限制之外，二审法官对案件的事实认定与法律适用方面出现的问题的审查应当限制在上诉、抗

---

① "明显错误"一般多定义为严重的、异常的、显著的、明了的、高度偏见的或不更正会导致司法不公的错误。参见王兆鹏：《美国刑事诉讼法》，北京大学出版社 2005 年版，第 551 页。

诉范围之内，这是部分审查原则的应有之义。但除"明显错误"之外，还有其他内容需要法官主动审查。

法院主动依职权所进行的审查和调查取证包括两种情况：一是属于法院程序控制的事项；二是涉及裁判的事实和法律问题。此处所列举的例外情形，就应当属于所谓的"法律程序控制的事项"。最高人民法院《关于民事诉讼证据的若干规定》中对法院依职权调查取证的程序事项规定为："涉及依职权追加当事人、中止诉讼、终结诉讼、回避等与实体争议无关的程序事项。"这正是对"法律程序控制的事项"在司法解释中的列举。法官的这种职权，既然在对法官中立性、消极性要求更高的民事审判中存在，在其他当事人主导型的诉讼体制中也同样存在。其原因就在于，没有这种权力，法院便无法控制诉讼程序正常和正当地进行。因此，即使我国的刑事第二审由全面审查转向了部分审查，对程序性事实的审查仍然应该由法官依职权主动进行审查。

（3）当事人权利救济与部分审查原则

在程序法治化国家，几乎没有哪个国家的二审实行类似于我国的这种全面审查原则，二审一般仅仅对上诉（包括检察官上诉）的内容进行，没有上诉的部分，二审法院通常不再审查。而部分审查制度所代表的事后审制度原则上不允许当事人提出新的诉讼资料，因为这种结构有助于强化第一审的事实审功能，促使法院把事实审理的重点放在第一审，从而减轻上诉法院的负担，最大限度地实现诉讼效率，减少司法资源的损耗。这可以是对"一审是基础，二审是关键"的另一种理解。

相比较而言，这种审查和审理结构限制了对当事人权利救济的范围，如果第一审的事实审进行得不好，就会影响到对当事人的有效救济。[①] 在我国，由于审查程序尚未达到法治化的程度，一审法庭审理程序以及证据规则不健全，一审判决书的说理部分也不能完全反映一审法院法官的心证形成过程，加之刑事诉讼法对此缺乏明确的规定，因而当事人也不一定能够在上诉中提出切中要害的理由。在这种情况下，如果二审法院放弃全面审查原则，把二审的范围限制在上诉、抗诉的范围内，不仅不利于保障当事人的诉讼权

---

① 参见尹丽华：《刑事上诉制度研究——以三审终审为基础》，第 211 页。

利，而且很可能导致二审形式化甚至错判。可以说，在一审程序"实质化"以前，二审全面审查原则仍然是不可缺少的补救手段，即使因此不得不重复劳动，也是为保证案件实质公正所必需的代价。[①] 此种观点集中地代表了维护全面审查原则的依据。

鉴于我国审查程序尚未达到法治化，一审程序、证据规则、一审判决书说理等方面的缺陷，特别是我国当下被告人法律知识匮乏、辩护率较低，全面审查原则在保护被告人诉讼权益方面仍发挥着相当重要的作用。因此，全面考虑到我国的现实情况，对被告人进行有效救济也是采用部分审查原则必须解决的基础问题。

（4）两审终审的审级制度与部分审查原则

如前文中曾经提到的，有的学者就提出："'相对于三审终审制而言，两审终审制在保证案件质量和保证当事人合法权益方面，因其缺少了一道程序，自然显示出某些不足'。但针对这些不足之处，'大陆刑事诉讼法通过贯彻一系列的特殊原则及保障性程序进行了弥补'，包括'上诉采用全面审查原则'，这是'大陆实行两审终审制的一项重要保障措施'……（该原则及其他一些相关制度）如果得到严格贯彻，判决将会'从多方面得到纠正'。"[②] 由此可见，我国现行的两审终审的司法制度在很大程度上决定了全面审查原则存在的合理性。与此相对，部分审查在两审终审的司法体制下是否拥有一定的生存空间就值得我们怀疑。

简单浏览现有论及全面审查原则，特别是批评现行全面审查原则的论述，我们不难发现一个现象，那就是在这些论述中，往往都将对全面审查原则的批评以及随后对部分审查原则的论证建立在至少是三审终审的司法体制建构基础之上。无论是作为论证依据的比较法研究，还是对我国将来部分审查原则建立的意见，三审终审制度下，上诉审之间的功能划分成了部分审查原则存在的一个前提。

不可否认的是，在这些论述中，三审终审制度下的第二审程序的部分审查原则乃至第三审程序的部分审查都有其相对更加充分的正当性，这样的制

---

① 参见陈光中主编：《刑事诉讼法实施问题研究》，中国法制出版社 2000 年版，第 259、560 页。

② 蔡墩铭主编：《两岸比较刑事诉讼法》，五南图书出版公司 1996 年版，第 389 页。转引自陈瑞华：《对两审终审制的反思——从刑事诉讼角度的分析》，《法学》1999 年第 12 期。

度建构至少在理论上是可行的，以此作为一种对未来制度预先勾画的蓝图也无可厚非。但是，在由两审终审向三审终审的改革启动之前，我们不得不先面对的是在我国现行二审终审的审级制度下，如何选择部分审查与全面审查，如何解决全面审查原则本身存在的种种理论与实际中缺陷的问题。如何解决或者解释两审终审与部分审查可能存在的各种冲突，才是我们改革全面审查原则所必须解决的首要课题。

4. 部分审查原则的进一步完善

通过上一部分的分析，在我国现行两审终审的司法体制下，要想解决全面审查原则本身可能存在的种种问题，顺利地向部分审查原则过渡，就必须注意以下两个方面的问题。

（1）二审法官依职权主动审查的范围问题

可以明确的是，绝对意义上的部分审查在理论和实践中并不可行，虽然在现代司法体制下，法官往往处于消极、被动、中立的地位，但并不意味着法官在案件审理的过程中不能积极地有所作为。当案件有"明显的错误"出现时，法官应当主动审查；同时，对程序性事项的审查也应属于法官审查权的应有之义。"没有这种权力，法院便无法控制诉讼程序正常和正当地进行。"[1] 为保证诉讼程序、裁判结果的正当性，这种主动审查十分必要，不应受到任何限制，包括控辩双方上诉、抗诉的范围限制。

当然，这样一种主动审查的权力也并不是不受任何限制。存在"明显的"错误，是该种权力启动的严格条件之一；而程序性事项，也即属于法院程序控制的事项，则是限制该项权力的另一严格条件。

（2）刑事被告人权利救济的问题

相对于三审终审制而言，两审终审制在保证案件质量和保证当事人合法权益方面有所欠缺。在我国，审查程序尚未达到法治化，对于一审程序、证据规则、一审判决书等方面的缺陷，特别是在我国当下被告人法律知识匮乏、辩护率较低等现实条件下，如何凸显二审程序的重心，即保证刑事被告人的救济权利[2]；如何将部分审查原则与对被告人权利救济的保护更好地糅合起来，使两者之间在最大范围内实现共生共荣，是改革现行全面审查原则

---

① 张卫平：《转换的逻辑——民事诉讼体制转型分析》，法律出版社 2004 年版，第 326 页。
② 参见谢佑平等：《刑事救济程序研究》，第 151 页。

的关键。

在我们看来，部分审查原则所蕴涵的诉讼经济原则、司法中立原则固然十分重要，但与被告人的权利救济发生冲突时，无疑被告人的权利救济更为重要。因此，在采用部分审查原则时，一定要给被告人的权利救济留下足够的生存空间。在这里，有利被告原则应再一次得到贯彻。除特殊情况外（前文提及的几个方面），刑事第二审法官应当依照部分审查原则，在对案件的审查过程中严格受上诉、抗诉范围的限制。在法官依相关规定审查案件时，若在上诉、抗诉范围之外，发现可能有利于被告的事实、情节而可能需要作出对被告有利的认定、裁判时，法官应不受上诉、抗诉范围的限制，主动审查该部分内容，除此之外，不再赋予法官超越上诉、抗诉范围主动进行审查的权力。如此一来，才能最大限度地消除全面审查原则存在的种种弊端，而又不会对被告人的权利救济产生消极影响。

三、二审程序的裁判主体

通常而言，刑事第二审程序是控辩双方或一方不服法院已经作出的裁判，依法向更高一级法院提出上诉（抗诉），要求撤销或者变更原裁判，上一级法院基于此进行审理的诉讼程序。无论是大陆法还是英美法的诉讼历史上，对判决感到不满意的当事人都曾以攻击作出判决的法官作为援引的救济手段去引发上诉审。这种做法后来被放弃了，当事人转而将客观静态的判决作为合理的攻击对象，而对法官的攻击情况仅仅限于法官裁判行为不检点这种特殊情况。

上诉救济手段的这种发展，体现出对审判运行主体——法官的尊重与保护，传递出法律对人应有的慎重与尊敬。但反过来，审判又不能脱离恰当的主体角色定位与功能演绎。若要系统地研究上诉审审判方式的前因与后果，就无法绕开这样的追问：上诉审裁判者的使命是什么？采用开庭审理方式的重要根源在于，开庭能吸收当事人主张及开放的社会规范信息以便最终决策。要破解上诉审一律开庭审理所蕴涵的机理，则需要从社会秩序形成的不同政治哲学去系统探悉上诉审裁判者的使命。

（一）上诉审裁判者使命比较

任何裁判主体制度的设立都体现着立法者不同的政治哲学取向，不同的社会秩序路径中，对裁判者赋予的使命是明显不同的。对上诉审裁判主体的使命进行类型化分析，不仅可以探寻上诉审开庭功能发挥所依赖的主观根源，而且借助于这样的分析，也能为我国勾绘以司法改革带动社会变革的路线。

1. 政策指令型社会中上诉审裁判者的使命

在政策指令型社会中[①]，上诉是对未确定的判决，请求上级裁判组织予以撤销或变更的常态救济方法，目的在于避免原审判决错误，确保裁判公正合法。因而，裁判者肩负以下三重使命：

（1）纠正事实认定

政策指令型的事实认定观认为，基于一场审判所得出的认识往往容易犯错，只有依靠不断重复的批判与认定，才能使在初审中仅仅出现一次的案件事实达到正确认定。比如在苏联，初审法院所作出的判决有时仅仅被视为判决书的草稿，必须由上级法院判决方具有确定力。[②]再比如根据我国现行刑事诉讼法的规定，上级法院随时可以依据自己的意愿去复审下级法院的判决。

就纠正初审裁判者事实认定的方法而言，上诉审可分为复审制、事后审制与续审制三种模式。复审制是就初审所认定的事实全面地再审，上诉审中所收集的一切诉讼资料，即使与第一审全无关联，也可以以此为基础作出裁判。在事后审的模式下，上诉审则只能以第一审的诉讼资料为准而审查，如原判决无错误，则应为驳回上诉的判决；如果有错误，则应发回原审法院重新审理。可见如果不加限制地允许当事人在上诉审中提出新的诉讼资料，则有碍诉讼效率，但完全采取事后审，又存在牺牲事实真相之虞。于是，续审制作为前两者的折中，在上诉审中原则上允许新资料的出现，但对之加以限制。如果发现事实认定不一致，则视情况自行判决或发回第一审重审。可见，无论是何种上诉审复查形式，最终目的乃在于纠正事实认定。

---

① 现代思想中向来有一种预设——所有的社会秩序必然是某种"权威"所强加的。相应地，法律自然被看作一种社会控制的工具，而且法律完全产生于人性的"恶无限"，如果人们能按照道德行事，那么法律就完全没有存在的必要。这样的一种政治秩序形成方式或思维称作"政策指令型"。政策指令型社会中司法决策者群体被组合到一个严格等级框架之中，并按部就班地完成日常职能活动，按照法条"构成性"要件去将生活事实格式化并进行决策。参见陈卫东主编：《刑事二审开庭程序研究》，第116页。

② See M. Shapiro, *Courts: A Comparative and Political Analysis*, 1981, p. 180.

（2）监督下级法院

政策指令型社会中，上诉审的逻辑要求在于，下级的决策必须接受上级常规的、全面的检查，不受审查监督的权力会滋生下层决策者离心倾向，并损害整个权力结构的基础。上诉审裁判者监督初审的范围是全面且深入的，涉及初审的方方面面，并不限于事实认定的真伪，而且涵盖到法律解释与裁判逻辑。上级裁判者在审查下级裁判者如何根据特定证据得出结论时，会去检验法定证明方法既定的统一逻辑，如果初审裁判者采信某一证据而否定其他证据的理由不能经受住这样的检验，上诉审裁判者将以"事实认定有误"去指示"逻辑错误"的后果。

在监督下级法院的过程之中，一旦发现了下级裁判者的失误，上诉审裁判者就有权对犯错者施加惩戒，以此来警告或杜绝初审裁判者的肆意与徇私，促使他们认真对待权力。通过这样的监督，实现了权力制约权力，从而减少初审的错误可能性。值得说明的是，这种"质量控制"模式天然地存在着一定的妥协性，因为上诉审裁判者不可能接触到具体案件的一切细节，而只好默许初级裁判者在书面审判文件中为了刻意模糊具体决策与一般决策间的差异而使用的文字游戏。

（3）统一贯彻法令

如果说严守单向监督人的使命，是上诉审裁判者具体层面上的使命；那么保证法令执行中的内部逻辑一致以及规则的不可更改，则是上诉审借助于微观使命所欲达到的宏观命题。虽然现实生活中因成文法不可能涵盖生活万象，导致某些社会领域并没有令人满意的严格规则被设计出来可供遵循，但是政策指令型社会并不允许因初审裁判者的自由裁量权引发价值观上的混乱。自由心证也不过是"戴着镣铐的起舞"，如果初审裁判者不能论证他们的事实判定或者这种论证的妥当性，那么初审裁判就不能为上诉审裁判者所接受，依旧会以"事实错误"而去剔除这种自由裁量。

上诉审裁判者的这种使命在于维护政策指令型社会中权威统治者对美好社会理念的既定追求，所以他们的使命属于干预主义司法的特征。即当初审裁判者与上诉审裁判者在如何处理案件上意见不一致时，为了保证国家政策表达的权威一致性，必须由上诉审裁判者将分歧的观点糅合以保障一致。

必须要澄清的是，虽然政策指令型国家很积极地去矫正实体上错误的裁判，却极不情愿基于程序规制的原因牺牲实体正确的判决，除非这种程序违法使人们怀疑实体问题没有得到正确处理。上诉审裁判者在遇到这种情况时，更愿意做的事是不推翻实体正确的裁判，而仅仅施行内部的纪律性惩罚或者干脆不了了之。

2. 合作表达型社会中上诉审裁判者的使命

在合作表达型社会中①，上诉不是诉讼的常态，也不是初审的延续，并不自动地影响到初审的生效与执行，而更多地被视为以初审裁判为对象的一项独立的审判。因此上诉审裁判者的使命并不像政策指令型社会中的那样，形成与初审裁判者在实现司法干预主义方面的互补性分工。合作表达型社会中，上诉审裁判者呈现出与初审裁判者更多的使命相似性。

（1）权利救济

在合作表达型社会，基于程序公正与被告人权利保障理念，在刑事司法中禁止双重危险原则，上诉审只能是对判决有罪的被告提供的一项法律救济途径，禁止控诉方对法院的无罪裁判直接提出上诉。可见，合作表达型社会中的刑事上诉审重在对被告人权利的救济，对控诉方的上诉权作出了较大的限制。即便对于被告人上诉权的行使范围也只以法律救济为限，不允许被告人对一审裁判者认定的事实提出异议，甚至即使是对法律问题的上诉，也采上诉许可制进行限制。

这种上诉审的价值理念强调对个人权利的保护，以及诉讼程序公正对人权的保障。在这种理念指导下，上诉审裁判者认为初审的对抗式构造已经发挥了控辩双方的积极作用，给予了被告公平审判的必要保证。此外，初审程序配置平民裁判者审判，使案件的事实问题已经得以解决。其上诉的目的与功能并不在于对案件事实真相的查明，而是保障被告人获得公正的程序上的救济。

---

① 社会的成员能认识到相互间具有互补的品质，并且体会到联合的好处而自愿地联合。这样的秩序路径怀疑国家基于共同目的组织所发挥的作用，而认为相互关系本身就是共同体的目的，而不是达到某种特定目的的手段。在合作表达型社会，司法决策者存在非职业群体与职业群体的变量组合，上诉审决策者被组织到一个单一权力层级之中，并且根据更具开放性的决策标准去完成自己的职能。参见陈卫东主编：《刑事二审开庭程序研究》，第118页。

为此，上诉是被判刑人的一种救济手段，而不是对其犯罪行为的再次追究和确认，因而，法律要对控诉方上诉权的行使作出必要限制。同时，由于事实认定功能在初审法院得到充分的发挥，上诉审裁判者原则上尊重初审裁判者的事实认定，只对被告人提供法律上的救济，自然也就没有必要设置重复性的复审制结构和对当事人给予事实和法律上的全面救济。

（2）纠纷解决

合作表达型社会始终坚持社会成员没有共同义务联合起来实现某一共同目的。因此，国家应该自我节制，包容各种不同目标的组织与个人。当个人与群体发生纠纷的时候，比如在刑事犯罪的场合，国家应该冷静客观地去充当解决纠纷的中立者。在政策指令型社会，控辩双方在定罪量刑上讨价还价绝对被认为是危险的；但在合作表达型社会，控辩双方自由地以罪名和刑罚作为交易筹码，国家贯彻刑事政策的利益与被告人自我决定命运的利益完全平等，就像私人之间的利益平等交换。

具体到上诉审程序而言，首先，如果当事人双方在初审结束之后不存在争议，那么引发上诉审程序的关键——纠纷不复存在，所以上诉审裁判者永远只能坐而等闲，而不能像他们在政策指令型诉讼中的同行那样有权主动地去开启审查。其次，上诉审不应超越上诉的范围，如果说初审阶段要严守不告不理，那么上诉审也不能逾越半步。如果上诉审裁判者随意地去对初审说三道四，那就证明他不是纯粹的纠纷解决者。上诉，更多地不是为了发现真实，而是给受到不利判决影响的一方另一次陈述的机会，进而更好地解决纠纷。

（3）政策形成

合作表达型社会不采信任何独立的价值体系和政策，所以上诉审不是在贯彻法律，而是在找寻社会规范。对于既定的政策，上诉审裁判者可以基于妥当性的考虑而拒绝适用。如果说拒绝适用规范性制度的衡平权只是上诉审法官自由的一方面的话，那么，他们还享有在特定场合制定规则的自由。

"上诉审经常是改变法律伦理的理想场合。对于这种情况，就不能认为初审法院错误地适用了法律；上诉审法院推翻初审判决的行为不是源于其纠错功能，而是源于其造法功能。"① 根据上诉审程序审理的案件，尤其是第三审案件，往往都具有原则意义与广泛影响，上诉审法院的判决有可能成为先例而被其他法院遵循。上诉审事实上是在扩展与修正成文法，从而为未来类似事件提供具体法律引导。在"遵循先例"裁判原则下，上诉审的造法功能是非常明显的。

3. 裁判者使命对上诉审理方式的影响

（1）政策指令型上诉审裁判者对开庭的排斥性

政策指令型上诉审希望上诉审纠正初审中事实认定的瑕疵，是基于重复劳动可以提高案件质量的经验思维，但这并不符合司法认识论规律。因为上诉审认定的事实并不一定比一审更为可靠：一方面，随着时间的流逝，无论是证人对案件的主观知觉痕迹，还是犯罪遗留下的客观物质痕迹都有消退与毁灭之虞，再度进行的复审认定未必更能再现事实真相。另一方面，如果采取事后审与续审，由于上诉审并未就初审认定的证据重新质证，其认定也不一定更为准确。反过来，如果上诉审再次对证人组织质证，也会因为证人已有被质询经验而更难验证其证言漏洞。②

以上两方面原因都极大地挫伤了上诉审裁判者开庭的积极性。同时，上诉审的常态化启动，会促使控辩双方不热衷于在初审中提出相关攻击防御的方法，更不排除当事人故意隐藏有利主张和证据而留待上诉审进行变相的诉讼突袭。于是，第一审程序越来越显得不那么重要，刑事程序的重心被推到上诉审阶段，第二审法院的案件负担过于繁重，法官负担积重难返，致使上诉审程序难以慎重周到，从而造成第二审程序开庭效果不彰的恶性循环。

对下级法院的监督导致政策指令型司法发展出相应的机制去缩小初审决策与上诉审更为一般化的决策之间的差距。上诉审裁判者的监督使命要求他们对具体个案细节不能太敏感，否则就有可能削弱监督从统一性中建立起来的权威感，上诉审裁判者的去细节化也使得他们对开庭看得不如卷宗审查那么重要。另外，上诉审裁判者统一贯彻法令的使命，树立了他们规则不可动摇以及"程序服务于实体"的信念，只要实体正确就足以说服上诉人服判，

---

① 宋冰编：《读本：美国与德国的司法制度及司法程序》，第416页。

② 参见杨良宜、杨大明：《国际商务游戏规则：英美证据法》，法律出版社2002年版，第409—410页。

利用程序性开庭去实现判决的合理性说服在他们眼中看来，其效果如同他们面对上诉人象征性地劝慰那样微不足道。我们的调研也表明，绝大多数法官认为，对仅针对量刑问题的上诉不宜要求开庭，否则浪费诉讼资源。

（2）合作表达型上诉审裁判者对开庭的依赖性

如果像合作表达型上诉审那样，将权利救济作为上诉审直接功能的话，就必须给当事人一个充分说理的机会，要满足在一审中败诉的一方当事人获得更高级别法院重新考虑的诉求。或许有人会产生疑问：难道政策指令型社会的上诉审裁判者不存在权利救济的使命吗？为什么他们就不偏爱通过开庭去落实权利保护使命呢？的确，不少政策指令型社会的学者认为，对裁判按照上诉审程序提出上诉的权利正是他们的宪法性权利，甚至一些国家在宪法中明确规定上诉权。[①]

但是，我们认为，权利救济在政策指令型社会中只能属于附属性使命，对于一个积极贯彻良好社会秩序的政府，并不满足从权利救济中去表达政策，这就是为什么他们会在刑事上诉审中进行全面审查，对当事人不曾争议的事项，也同样作出审理。于是，寻求法律救济的诉求经常会被忽视，因为当事人难以判断上诉还是不上诉，何者对自己更为有利。政策指令型社会的上诉审裁判者只是希望以权利救济为由贯彻法令而已，所以通过开庭实现人性关怀，显得并不那么重要。

再者，上诉审中所面对的成文立法作用虽被普遍承认，但更多地被理解成一种辅助作用。[②] 上诉审一方面将确定的制定法正确适用于个案事实，另一方面也承担着解释、补充与创设的义务。合作表达型上诉审要求法官通过开庭去接纳社会伦理规范的影响，于是法官更多在刑事程序中依赖私人（尤其是律师）的参与来帮助他们实现这样的使命，这都须以开庭为载体。

（二）制约二审开庭的若干主体性因素

1. 现有审级制度导致上诉审裁判者使命不清

审级制度是指法律规定的审判机关在组织体系上设置的等级，当事人可

---

① 比如原苏联、南斯拉夫等苏东国家都曾将上诉权列为宪法基本权利的一部分。而联合国 1966 年的《经济、社会与文化权利公约》第 14 条（5）款也有类似规定。

② 参见［美］约翰·亨利·梅利曼：《大陆法系》，顾培东、禄正平译，法律出版社 2004 年第 2 版，第 36 页。

以上诉几次或者检察机关可以抗诉几次，一个案件经过多少级法院审判后，判决、裁定即发生法律效力的一种诉讼法律制度。其基本内容包括三项：一是法院的设置问题，主要是法院的纵向设置及权力配置；二是当事人的上诉权与检察机关的抗诉权问题，以及与此紧密相关的案件可经历的审级次数问题；三是上诉审法院的审理范围与审理方式问题。[①] 我国现有审级制度导致上诉审存在如下"特色"：

（1）身份二元化。我国现行审级制度为四级两审终审制，审级结构由最高人民法院，省、自治区、直辖市高级人民法院，地级市、州、盟中级人民法院和县、市、区、旗的基层人民法院组成，呈现出伞状格局。现行审级制度不实行职能分层，这四级法院都有初审管辖权，各级法院（包括最高人民法院）都要完成实现个案公正的职能。对于上诉审法院而言，其必然同时身兼初审裁判者角色，相应地造成司法资源的耗费，使得上诉审开庭难以慎重进行。

（2）决策官僚化。在权力配置上，法院结构的官僚化趋势日益明显，上级法院分配的权力实质上多于下级法院，审判权力呈现明显的向上依附性。这表现为初审判决的不确定性和上级对下级裁决的常规性、全面化的审查，如初审法院的上级法院（包括初审法院的所有上级法院）均可以通过上诉审和已经在实践中常规化的再审推翻初审法院的判决。

（3）审判范围泛化。根据我国2012年《刑事诉讼法》第222条的规定，第二审法院审判上诉、抗诉案件，既要对上诉、抗诉部分进行审查，又要对没有上诉、抗诉部分进行审查；对共同犯罪的案件，既要对已提出上诉的被告人进行审查，又要对没有提出上诉的被告人进行审查；既要对认定事实是否正确进行审查；又要对适用法律是否得当，以及有否违反诉讼程序进行审查。这是我国刑事第二审程序的特有原则——全面审查原则。这是我国审级制度在审理范围上不同于其他国家的地方。全面审理原则使得庭审内容庞大，难以形成争点，开庭无法实现集中化与效益化，上诉审裁判者必然倾向书面审查为主的审判方式。

2. 审委会制度导致上诉审裁判者行政化

在我国审判体制中存在着一种特有的制度，即遇到重大、复杂、疑难案

---

① 参见程荣斌、邓云：《审级制度研究》，《湖南省政法管理干部学院学报》2001年第5期。

件时，法官应提请法院内部的审判委员会讨论并作出最终决定。我们认为审委会属于法院内部的行政领导机构。因为审判组织不是长期的和固定的，因具体案件而产生，也因具体案件而解散，这在程序法中有明确规定。而审判委员会是常设的、固定的机构，其成员不因案件的变动而变化，更不因案件的完结而解散；无论是现行的《人民法院组织法》还是诉讼法，均未将审判委员会列入审判组织形式加以规定。除讨论案件具体处理，审判委员会更多地要完成总结审判经验、制定内部解释、内部的业务规范等职责，其所制定的规范对普通审判组织有约束力。因而，审判委员会是凌驾于审判组织之上，对审判业务进行指导、领导和监督的机构。

在我国司法实践中，上诉审中重大、复杂、疑难的案件明显比初审中所占比例更大。上诉审裁判者的角色更多情况下是由审判委员会扮演。一旦上诉审裁判者被行政格式化，就会表现为：第一，在决策过程人浮于事，个体缺乏独立性。一般来说，委员们往往事前并未对案件具体情况进行全面了解（据说是没有必要，加之审委会委员们大多行政事务繁忙，也没有时间了解），甚至连作出判断必需的法律知识准备也未完成。在这种情形下，委员们实际很难独立、审慎地对案件作出自己的判断，依赖承办法官的介绍、主管领导意见以及书面材料决策就不足为奇。第二，工作效率低下。无论一个案件是简单还是复杂，总习惯等到最后期限来临前才告审理完成，开庭往往作为一种决策后的过场形式。第三，决策秘密化。由于裁判者不是庭审活动的亲历者，没有亲自参与质证和法庭辩论活动，他们对事实的认识只能凭承审法官的汇报，行政化方式导致审判委员会的工作程序完全是秘密的，审判委员会讨论案件不仅不向公众和媒体公开，甚至也不向当事人公开。

3. "审"、"判"分离使上诉审裁判者虚置化

现代司法制度确立法官的基本职权是审判权，主要包括两项：一是对案件事实的审理和确定权，二是依法作出裁判的权力。法官的职权就是审理权与判决权的统一。"审"、"判"分离，法官有职无权的现象在近二十年里已成为我国司法实践中一个既严重影响司法公正，又影响司法效率的问题。"审"、"判"分离常常表现为合议庭或独任法官对案件只有审理权，没有判决权，合议庭成为形式上的审判组织，判决通常由庭

长、院长或审判委员会"把关"或"审批",法官对案件的处理没有完全的决定权。

产生这种现象,从立法上看,主要是因为现行立法规定的审判权主体是人民法院,即人民法院以集体人格承担审判权,并作为一个整体开展审判活动;在法院内部则坚持集体领导的民主集中制,庭长、院长和审判委员会对审判工作实行个案的、具体的领导和监督。

从司法上看,行政化的思维模式和行为模式造成行政管理权与审判权合二为一,审判为行政管理权所吸收,造成"审权"属于法官,而"判权"则被行政管理者——庭长、院长或审判委员会所控制的现象。

从文化根源上看,我国缺少独立的司法文化,对现代司法技术也缺乏理解,对裁判者的亲历性及独立性对于保证司法公正的意义没有足够的认识,使"审"者与"判"者分离成为一种可以被广泛接受的做法。如此一来,二审开庭的功能只能沦为纸面上的规定。

(三) 未来第二审程序裁判主体制度的改革

要落实第二审程序的开庭审理,必须比照合作表达型社会对现行司法体制进行整体重构,方能符合达成对抗式诉讼的宏观、微观"生态环境"。这里,我们简要勾绘改革要点如下:

1. 第二审程序裁判主体制度重构

(1) 确立法院的职能分层,明确上诉审范围

法院的职能分层,是现代法院组织管理的一个重要特征,其好处在于:第一,避免不必要的重复,节省司法资源。第二审程序不再将精力投入全面事实审查中,既符合诉讼经济的要求,也有利于"直接审理"原则之贯彻。第二,有利于在初审法院与上级法院间形成一种双向制约关系。职能不分层的结果是上级法院配置的权力,下级法院无法对上级法院的审判活动形成制约。职能划分则能在上下审级间形成一种有控制的平行监督关系,便于理顺两者关系。第三,将上诉审严格限定在上诉范围之内,既体现了对初审的重视,防止二审受案压力过大;也突出了上诉审的纠纷解决功能,明确二审开庭的争点,增进开庭的实质功效。

(2) 渐进地促进审委会机构向审判组织方向改革

如一些学者所指出的,审判委员会实际上在促进制度形成、防止司法腐

败、弥补我国法官个体素质低等问题上发挥着不可替代的作用。[1] 我们也赞同这种观点，盲目废除审委会将大大增加制度探索成本，也不利于维护我国审判制度的稳定性。我们认为应渐进性地剥离审判委员会的行政管理职能，可从如下方面着手：一方面，完善人员构成。以审判业务能力而不是行政职务作为选拔审判委员会委员的主要条件。建立专业审判委员会委员考试选拔机制，优化专业审判委员会人员结构，改变审判委员会委员以行政职务为主的配置与结构模式，并改变原来主要以行政领导充任审判委员会委员的做法，从而有利于改变审判委员会运作中的行政化作风。另一方面，改革决策方式。第二审法院审判委员会参与案件讨论应当参加庭审，并有权讯问被告人，询问证人、鉴定人。在整个审判过程上，当事人有权对审判委员会成员提出回避。审判委员会决策时应当按照民主集中制原则进行调查、讨论、辩论，最后作出决定。少数持异议者，应当将异议内容记录在案。

（3）推进第二审法官制度改革

近年来司法实践中逐步探索出主审法官制度改革，即选任优秀法官担任主审法官，对主审法官实行审权与判权合一，行政权从审判权中分离出来，对主审法官权力的监督方式由直接方式转变为间接方式，待遇上的相对高薪等。[2] 主审法官制度改革能充实上诉审裁判者的使命感，也能更好地保障他们落实职责。具体为：

第一，人员选拔。把审判庭具有较强审判业务能力和水平，具有良好职业道德和进取精神的法官选拔到主审法官这一重要的岗位上来，充分挖掘现有审判资源的潜力，调动法官的工作积极性，实现责、权、利的有机统一，进一步提高审判工作的质量和效率。

第二，充实职责。主审法官的职权是审与判的统一，实行主审法官制的目标是实现审判主体由集体式向个体式的过渡。同时区分司法行政管理权与审判权，把行政管理权从审判权中剥离。人员管理、考评奖惩、资格授予等是法院院长、庭长的行政管理权，这种权力不应当与审判权混同。除非自己作为主审法官审理案件，院长、庭长不应干预具体案件的审理。行政管理者应立足于政策的把握、调查研究和宏观指导。

---

① 参见苏力：《基层法院审判委员会制度的考察及思考》，《北大法律评论》1998 年第 1 期。

② 参见刘楠：《论主审法官制》，《现代法学》1998 年第 6 期。

第三，去监督化。现行法院管理体制存在着"内部层层把关、人为制造多审级"等监督过苛的问题，压制了法官的创造力和积极性，也使办错案的责任模糊化。建立主审法官制度，将改变过去法院系统内部以直接监督为主的做法，提高法官的自主性，增强直接审理原则的落实空间。

2. 外围规则的跟进

总结我国司法改革的得失，人们不禁感叹，抽象的大体制禁不住与之相背离的具体子制度的掣肘和抵消，加上一些司法观念未能确立，于是出现了种种实践中的缺陷，造成设计者的美好构想不能运行的实际。如果说以上对未来第二审裁判主体制度三重层面的论述乃蓝图的本体所系，我们还不能止步于此而自满自足。改革大略因为本体设计上的理想化而罔顾实践理性之规律，最终由于细枝末节上的疏忽而前功尽弃的事例在古今中外不乏其例！一套缺少外围保障的制度方案，犹如悬空楼阁，其效果也只会如昙花一现那样短暂。因此，我们认为，在第二审庭审方式改革进程中，初审审判主体制度改革与裁判文书说理都是配套保障机制务必解决的课题。

（1）初审人民陪审制度重构

只有在合作表达型社会，开庭才能承载纠纷解决与政策形成的功能，而只有承载如此期待的庭审方式，才能确保开庭能绝对贯彻始终。纵观合作表达型社会的司法发展史，不难发现陪审制度是对抗制的肇始之基。作为程序民主化的产物，引入陪审团模式可以在以下方面助益我国刑事审判改革：

第一，确立诉讼的完全直接言词主义。由于陪审员文化素质参差不齐，因而律师的发问、公诉人的质证、证人的誓言都必须以口述的方式完成。用直接言词的形式一方面可以避免法庭采用书面形式判案带来的神秘主义弊端，另一方面也有助于审判公开，有利于案情的充分发掘。

第二，推进庭审集中主义改革。由于陪审员人数较多，各成员又分别来自不同行业，所以不便随意召集与解散。在有陪审制的刑事审判中，有必要让陪审团、法官、当事人、律师、证人在确定的时间内全部到齐，陪审团凭借控辩双方集中地陈述，在自己对正义与公平的理解的基础上对事实作出裁定。

第三，强化控辩活动的对抗性与积极性。有陪审团参与的审判中，事实问题的决定权在于不深谙法律的陪审团。因此，为了提高胜诉机会，双方不得不掌握更强的言词技巧，从而加强了庭审的生动性。未来上诉审纠纷解决观念普及的路径仍在于充实从初审至终审的整个司法体制，因此，引入裁判者的平民化，实际上也是为了民主法治观念的普及，最终为我国从政治哲学方面迈向合作表达型社会做准备。

（2）裁判说理制度跟进

法律必须随环境的更易而变化，并于变化中求生长，否则将陷于僵化，难以适应社会需要。而此种变化无外乎两种途径：一为立法，二为裁判。社会发展使法条的意义已为变更，立法基础便不复存在，即应改变，此为说理的功能，舍此而不为，实有悖于法律的进步。

第二审开庭对促进法律进步而言，必须借助于开放型风格的裁判文书说理风格。我国司法改革的当事人主义方向又使得此种风格务必得以确立，以利于司法改革的深入。我们认为，我国裁判说理应在立足我国国情的基础之上，确立以开放型模式为改革方向，保留封闭型模式一定特点的混合型风格。其理由如下：第一，目前的审判方式改革为开放型说理提供了实验土壤。取证规则的改造要求法官从以往的主动查找证据，演变为当事人查证为主的状态，这使法官论证的材料基础更为丰富，可以将精力更多地集中在如何采证上。而人民陪审员制度的加强，其本旨之一就是通过将平民加入审判加深法官对社会思潮的发展动向、社会各个环节的实际状况的了解，改变拘泥于法条的气象，促使审判活动与法律思维与时俱进，更贴切于生活，更有利于真实的发现。这必将为裁判书的开放型说理提供更为丰富的理由素材。

第二，繁荣的司法实务经验为开放型说理奠定了基础。现今为了响应最高人民法院司法文书改革的号召，各地方法院也在频频进行合议庭意见公开、法官撰写判后语等探索性实验与改革试点，并形成了不少成熟经验，可以为开放型说理的方式、内容、程度等提供制度支撑。

第三，现有制度与司法背景决定了我国不宜全盘吸收开放型说理。裁判说理风格作为一项制度，其移植务必以现有制度条件为前提，我国目前并未建立彻底的司法独立机制，法官独立更非一日可成，因此裁判文书说理中"言不由衷"的现象尚难避免。当前，我国法院普遍面临着办案压力较大的境遇，法官同时审理多案，更是分身乏术。在审判人员素质参差不齐，诉讼制度尤其是证据制度尚不完备的条件下，开放型说理的普及确有待时日。

具体可行的渐进式改革举措为：

第一，裁判说理可以在一定程度上直接引用学界见解。裁判说理能否引用理论学说，实务界向有争议。在我国裁判中，虽罕见直接引用学者见解，但理论引导实践确是客观上潜移默化的。实际上，无论是在英、美，还是在德、日，司法裁判论及重要法律争点时，都会参考学说见解，或加批评，或表赞同，甚至力排众说，独树己见。如德国最高法院每遇疑难问题，常送请权威学者予以学术上鉴定，供法院参考。而我国最近争议颇多的专家意见书问题也反映了理论在多大程度上以及通过什么形式影响实务的问题。我们认为，在裁判说理中直接参照学说，既可以显示法院慎重负责的精神，也可以促进理论和实务的交流，刺激法治事业繁荣。此外还可以使专家意见书的见解走上前台，避免其带来的争议。①

第二，裁判文书说理应公开合议庭不同意见。公开合议庭不同意见是审判公开、透明的要求已为人们所认识。公开合议庭意见不仅有利于当事人服判，而且有利于明确合议庭成员的责任，变形式上"合议"为实质上的"合议"。不过我国目前的法治现状与公民法律意识较发达国家尚有差距，公开的方式与程度不当，不免会出现当事人缠讼、法官办案压力过大、上诉案件积压的负面效应。我们认为在公开范围上，对于适用人民陪审制度的案件，应公开不同意见，以防专业法官独断或陪审沦为形式。可以从量刑较轻、性质轻微的案件试点，逐步推广。对于公开内容，应该暂时集中于对法律争点的不同意见，有陪审员参与审理的案件则应集中公开对事实认定方面的意见。公开的程度应该斟酌案情、当事人对立情绪与社会观念接受程度。

第三，借助于法官"判后语"促进司法对社会规则的吸纳。目前不少法院正在进行法官书写"判后语"的探索。而多数"判后语"都是结合社会道德价值与情感经验，由法官运用非专门语言书写。应该说这充分体现了现今法院对裁判的社会价值的重视，反映了司法裁判的价值从以往的震慑、报应转变为与社会规则理性商谈，这值得肯定，事实上也收获了良好效果。但我

---

① 2012年修改后的《刑事诉讼法》第192条第2款规定："公诉人、当事人和辩护人、诉讼代理人可以申请法庭通知有专门知识的人出庭，就鉴定人作出的鉴定意见提出意见。"此举旨在强化对庭审中涉及的鉴定意见的实质性质证，进一步规范质证程序，提高对科学证据的质量要求，也为专家意见书进入刑事诉讼程序提供了正当途径。

们认为法官判后语本质上也是说理，应该收归于裁判说理部分，这有利于推广法官在撰写说理部分时，开放吸收实质性理由根据。

四、二审程序的检察机关

我国现行《刑事诉讼法》有关刑事第二审庭审程序的规定过于原则和抽象，缺乏实践中的可操作性[①]；同时，多年来关于刑事第二审检察的司法实践总结和理论研究也不尽如人意，难以适应当前司法改革的潮流和检察工作的实际需求。人们对于检察机关介入刑事第二审程序的地位、作用、职能、诉讼价值的认识仍不一致，刑事第二审检察机构的名称、编制缺乏统一规范。这种理论上的贫乏和司法实践中的薄弱，与刑事第二审检察所具有的重要地位和职能作用相比，形成了剧烈的反差。从刑事法发展、刑事司法改革继续深入的角度看，这已成为刑事第二审程序进一步完善和发展的严重障碍。[②] 为此，结合本次刑事二审案件开庭审理情况的调研，我们在调研过程中着重对二审程序所涉及的检察工作问题展开调研。

（一）二审检察在刑事二审开庭程序中的问题

我们在调研过程以及与受访检察官的访谈过程中，发现了一些问题。检察官们对死刑案件二审开庭审判程序，或者说是更宽泛意义上的全部刑事二审开庭程序提出了以下问题及意见：

1. 检察机关在第二审程序中的监督作用发挥存在着"盲区"。目前，与二审开庭率偏低相关的问题是检察机关对第二审程序的监督作用有弱化的趋势，检察机关依法只能参与占二审案件总数很小比例的二审开庭审理的上诉、抗诉案件，但对大部分上诉案件因二审法院采用调查讯问的书面审理方式而无法介入。这就造成不开庭审理的上诉案件，除个别因为涉法上访或申诉得以按审判监督程序予以监督以外，大部分成为法律监督的"盲区"。除检察机关内部投入二审检察力量不足、存在"抗轻不抗重"的错误倾向、上级检察机关对下级检察机关工作情况缺乏了解的原因外，这种现象也与二审开庭率偏低、制度设计没有给检察机关设立监督途径有很大关系。

---

① 我国 2012 年修改后的刑事诉讼法对二审程序中检察机关作用、地位的相关规定依然沿用 1996 年刑事诉讼法的条文，并没有变化。

② 参见颜玉康：《刑事第二审检察》，法律出版社 2006 年 5 月版，前言。

2. 第二审程序中检察人员的称谓问题。现行法律对第二审程序中检察人员没有明确的定位和说法，这在实践中也导致了出席二审的检察人员称谓的混乱。如此次调研过程中，我们曾旁听了几起死刑案件二审的庭审，期间就有将出席二审的检察人员称为"检察员"或"公诉人"的情况，还有人提出其应称为"抗诉人"。

3. 只有上诉人上诉而无检察机关抗诉的二审案件，出庭检察员可否支持对上诉人有利的合理主张的问题。在人民检察院未从有利于被告人的角度提出抗诉，仅出庭支持对一审判决的维持的情况下，参加第二审的人民检察员能否支持上诉人提出的对其有利的证据和诉讼请求这一问题，应当讲主要还是观念上的问题。从突出人民检察院的客观义务，保护被告人权利、体现人权保障思想的角度出发，对被告人有利的主张予以支持是完全可以的。

4. 上、下级检察院之间在抗诉理由上的分歧。因为抗诉书是下级检察院提出的，并且下级检察院直接将抗诉书通过一审法院提交到二审法院，而上级检察院虽然也同时接到下级检察院抄送的抗诉书，但无权改变它，那么就存在这样的可能性，并且司法实践中也大量出现了这种状况，即上级检察院虽然同意抗诉，却并不支持下级检察院抗诉书所附理由。这就会出现一系列的问题：出席二审法庭的上级检察院的检察员是否可以脱离抗诉书阐述本院抗诉理由？如果可以，二审法院是仅针对抗诉书进行审理，还是针对庭上理由进行审理？如果针对庭上理由进行审理，如何保障被告人的抗辩准备时间？如果仅针对抗诉书进行审理，又如何体现上级检察院的监督作用？更为重要的问题是，仅针对抗诉书审理，如果抗诉书的意见不成立，而庭上抗诉意见成立，法院是否敢于不回应后者而维持原判？在调研组所调查的几个检察院、法院中，在面对这个问题时的实际做法不一，出庭支持抗诉的检察人员往往会脱离抗诉书发表抗诉意见，但由于没有正式法律文书支持，这只能作为其个人观点，采纳与否主要靠二审合议庭灵活掌握，如果采纳则要询问被告人、辩护人是否要求抗辩准备时间。实践中也存在不理会庭上变更的抗诉意见而只针对抗诉书审理的情况，这并不违反任何法律，因为庭上抗诉意见往往不被视为上级检察院的意见，而仅被作为检察人员个人意见看待。

5. 上级检察院支持抗诉的问题。在理论上，上、下级检察机关是领导与被领导关系，整个检察系统是一体化的设置，支持抗诉与否是法律赋予上级检察院的权力，下级检察院只能服从。我们在调研中了解到的情况也确实如此，对于下级检察院的抗诉，上级检察院基本不能控制；然而支持抗诉与否、撤销抗诉与否，则完全掌握在上级检察院手中。在座谈中，部分基层检察员对此有被忽视的感觉，同时也表示上级检察院支持抗诉与否的权力没有得到程序上的监督，如果下级检察院认为抗诉确有理由而上级检察院不支持的话，程序上并没有设置一个救济途径。

6. 被宣告无罪的人当庭释放与抗诉效力问题。我国《刑事诉讼法》第248条第1款规定："判决和裁定在发生法律效力后执行。"但这有一个例外，即《刑事诉讼法》第249条规定："第一审人民法院判决被告人无罪、免除刑事处罚的，如果被告人在押，在宣判后应当立即释放。"这说明，此时，无罪和免除处罚的一审判决在没有经过法定抗诉期就在一定程度上发生了法律效力。这就在司法实践当中带来了一个难题，即被告人当庭释放，检察机关抗诉后，找不到原审被告人，严重影响检察机关的抗诉效力，造成无法履行抗诉职责的现象。① 这不但引起检、法两家就确保原审被告人到庭受审究竟为哪家责任的问题发生争论，还可能进一步导致二审法院以检察机关不能找到被告人为由，将检察机关的抗诉按自行撤回处理，引起两家矛盾和抗诉实质无效的问题。对此，检察官们提议的解决方案并不一致，代表性的主张有三种：（1）建议立法规定：第一审人民法院判决裁定被告人无罪、免予刑事处罚的，如果被告人在押，等判决生效后立即释放。（2）建议立法规定：第一审人民法院判决被告人无罪、免除刑事处罚的，如果被告人在押，当宣判后应当立即释放。但在判决生效前，检察机关如认为有必要，可采取相应的非羁押性的强制措施。（3）现有规定应予坚持，即对当庭宣告无罪、免除刑事处罚的被告人必须无条件立即释放。其理由为：宣告无罪、免除刑事处罚的，当庭释放被告人体现了法律的严肃性；检察机关的抗诉不等同于判决，其抗诉不一定就能为二审法庭采纳，不能因抗诉否定法院的无罪判决。

---

① 虽然2012年修改后的刑事诉讼法增加了"犯罪嫌疑人、被告人逃匿、死亡案件违法所得的没收程序"，可以通过该程序在涉案财产处理方面部分解决该争议，但是在原审被告人逃匿的情况下，二审抗诉则难以启动。

（二）刑事审判程序与法律监督

1. 刑事审判程序与检察机关的法律监督权

（1）刑事审判中的法律监督

从立法上看，2012年《刑事诉讼法》第8条规定："人民检察院依法对刑事诉讼实行法律监督。"这一规定总体明确了检察机关对刑事诉讼活动的法律监督权力，从原则上设定了刑事诉讼活动的监督制约机制。第203条规定："人民检察院发现人民法院审理案件违反法律规定的诉讼程序，有权向人民法院提出纠正意见。"传统上，这一条被视为明确对检察机关对法院的审判监督权的规定。第243条规定："最高人民检察院对各级人民法院已经发生法律效力的判决和裁定，上级人民检察院对下级人民法院已经发生法律效力的判决和裁定，如果发现确有错误，有权按照审判监督程序向同级人民法院提出抗诉。人民检察院抗诉的案件，接受抗诉的人民法院应当组成合议庭重新审理，对于原判决事实不清楚或者证据不足的，可以指令下级人民法院再审。"这一条明确了人民检察院对人民法院裁判结果的法律监督。

从检察机关法律监督权对于整个刑事诉讼程序进行监督的全面性来看：检察机关从对公安机关立案行为的监督，到对公安机关侦查行为的监督，到对刑事审判程序的监督，到对裁判结果的监督，再到对执行机关的判决、裁定执行活动的监督，完整地构成了对整个刑事诉讼程序的法律监督体系。从检察机关对整个司法体系的全面监督来看，民事审判监督、行政审判监督再加上刑事审判监督，才完整地覆盖了所有诉讼类型，将整个司法审判行为置于法律监督之下。

可以说，在现行的宪法、法律框架下，在已有的刑事诉讼理论基础之上，检察机关有权对人民法院的刑事审判工作进行法律监督是一个不应当存在异议的当然的命题。也就是说，无论是一审、二审还是审判监督程序，只要是人民法院行使其刑事审判权的过程，检察机关都有权对该审判活动的进行及结果进行监督。

（2）审判程序中法律监督存废的争论

刑事诉讼法学界有相当一部分学者对法律监督权基本持一种否定的态度，从多个方面对检察机关对刑事审判进行的法律监督提出批评。如有学者提出"公诉权与法律监督权的非兼容性原理"，认为，"法律监督权与公诉权完全是两种不同性质的权力形态，毫无共同之点，在法理上根本就不应该存在所谓的包容关系。如果公诉机关还行使法律监督权，一方面会导致法官在审判过程中直接受到检察机关单方面的强制性干预和影响，那么司法权的独立性和中立性就难以得到保障……还会使刑事诉讼的核心机制——控辩平等原则化为虚无，最终将彻底瓦解整个刑事诉讼结构赖以存在的价值基础，进而危及法治社会的根基……另外，按照法律监督权的普遍性原理，在刑事诉讼中，所有诉讼主体的诉讼行为，包括公诉行为，都无一例外地成为监督对象。而依据所谓的法律监督权说，检察官则既是监督主体，又是监督对象……自己成为自己行为的裁判者。这种情况下，现代法律所体现的程序正义的所有价值必然荡然无存……同时，基于历史的经验教训，我们不得不关注法律监督权说所存在的两大理论缺陷：一是在刑事诉讼过程中，谁来监督监督者？一旦监督者不正当地行使法律监督权，就会直接造成危害后果，缺乏有效的制约救济机制，这是民主法治社会的巨大威胁。二是在监督者与被监督者诉讼利益趋同的情况下，或在其他不正当因素影响下，就有可能相互纠合在一起而演变成为一个特殊的利益团体，它所损害的则是其他刑事诉讼主体的利益，更有可能进而危害国家、社会乃至公众的根本利益，这是任何一个民主法治社会都不能容忍的。"①

　　支持检察机关对刑事审判行使法律监督权的学者，则从"中国检察权定位，为法律监督权的先政合理性"开始论证。"公诉权是实施法律监督的一种重要手段"、"公诉权的功能决定了其具有法律监督的性质"、"公诉权的内容决定了其具有法律监督的性质"，此论述可以视为从理论上证明公诉权与法律监督权具有"兼容性"的论证过程。同时，论者还正面回应了对此种论点的种种质疑。一是通过论述监督的对象具有特定性、公诉权的法律监督的启动具有最后性、公诉权的法律监督对行为的要求具有最低保障性，回应了法律监督是对国家所有违法行为进行监督，检察机关不能胜任该任务的质疑。二是认为公诉权具有法律监督性质并不意味着检察机关在刑事诉讼中具有居高临下的独立监督者的诉讼地位，公诉权具有法律监督的性质并不影响"控辩平等"的诉讼结构，公诉权的法律监督性质并未影响被告人的辩护权

---

① 郝银钟：《刑事公诉权原理》，人民法院出版社 2004 年版，第 178—180 页。

利，因此并未破坏控辩审的诉讼结构。三是提出公诉权的行使可以制约法院的审判权，从而为公平正义的实现提供了制度性的保障，公诉权的法律监督性质并没有改变其诉讼职能，因而不可能侵犯审判权的权威地位。检察官无论是通过公诉权实施法律监督，还是通过提出纠正意见或者抗诉（或上诉）实施法律监督，都只是"运动员"而非"裁判员"。公诉权的法律监督性质是对审判权威的一种强化的观点，驳斥了法律监督会影响法院审判权威的观点。[①] 除了第一点回应外，后两个方面的回应正好针对的是所谓的"非兼容性理论"中的种种反对意见。可以说，各有各的理由，相互之间都难以彻底地说服对方，也使得类似的争论得以延续。

（3）争论中的错位——检察机关与检察官

争论一直存在并不断引发新的思考和讨论，但在我们看来，这场争论也许本不应存在或者至少不应如此激烈。只是由于争论双方都未能完全厘清争论中的一些"小问题"，因而整场讨论都纠缠不清，到现在为止没有使双方都满意的所谓定论。

而正是争论中的这个"小问题"——权力主体与权力行使主体两者在问题的分析过程中出现了错位、混淆，在很大程度上导致了现今所争论的问题的产生。无论从理论到历史沿革再到现行立法，法律监督权都有其相当的正当性与合法性。纯粹从学理上分析，其理论基础可能会被其他理论推翻，其实践历史也许与当下正在向西方法治现代化国家发展的中国无法完全对接，并且现行立法本身的缺陷也可能使以现行法律为依据的法律监督权的正当性出现一定的瑕疵。在一定程度上甚至可以说，法律监督权也许会随着我国法治建设的不断深入，逐渐淡出人们的视野、退出历史舞台。就我们现在而言，承认法律监督权、承认检察机关法律监督机关的地位，至少是符合现状及未来一定时期的中国法治发展状况的。

从这个角度说，那些想要从根本上否定法律监督权、否定人民检察院的法律监督地位的观点是很难站得住脚的。而那些仅针对检察机关的刑事审判监督权而提出的反对意见更是很难解释自己为什么一方面反对刑事审判监督权，另一方面又默认检察机关对公安机关侦查行为的法律监督、执行监督、

---

① 参见孙谦：《检察：理念、制度与改革》，法律出版社 2004 年版，第 425—450 页。

对民事及行政审判的法律监督。同样作为法律监督权，如此厚此薄彼是没有任何理由的。

检察机关，作为法律监督权的权力主体，无论在立法上还是理论上当然是有权对刑事审判活动进行监督的。支持法律监督权的学者们往往也都是站在这一角度来论证对刑事审判的法律监督的正当性。但是，我们还必须搞清楚的一个问题是：检察机关对刑事审判程序有权监督是否直接等于出庭检察官对刑事审判程序有权监督？检察机关作为法律监督权的权力主体，是否意味着作为其组成人员的全体检察官都是该权力的主体？这个问题可以说是最为核心的问题，也是解决现有争论的关键。

无论是法律监督权的肯定说还是否定说，都在论述过程中在一定程度上出现了"小问题"——"检察机关"与"检察官"的混淆。可以说，正是这两个主体相互之间的混用，在论者意识外悄悄发生的概念互换，造成了对于法律监督权两种截然不同的观点。说它是个"小问题"，是因为检察机关和检察官这两个概念的区分在一般情况下确实不会引起人们太多的关注，在大多情况下两者的混用并不会产生多大的问题。但是，在这里所要讨论的问题上，这两者的区别就至关重要了。

支持检察机关法律监督权的学者们对此问题往往有所忽略，将检察机关的法律监督权直接等同于检察官的法律监督权，将检察机关行使其法律监督权不分情况地直接与检察官的职权行使等同，当然地将检察官的所有职权行为都与法律监督权的行使联系起来。如此一来，检察官在刑事审判过程中当然有权行使其法律监督权。而相对的，反对法律监督权的学者们则由于一定的理由，强烈地反对检察官在刑事审判过程中对法庭的审理过程进行法律监督，但也在未能区分检察机关与检察官的前提下，由反对检察官的法律监督株连到检察机关的法律监督权，全方位地打响了反检察机关法律监督权的论战。我们在这里想要提出的问题是，无论支持也好、反对也好，检察机关与检察官若作为一项权力的主体，二者间是否等同？检察机关所拥有的权力是否意味着作为个体的检察官都有资格行使？而具体环境下的检察官的职权范围是否也会直接作为检察机关行使该项权力的限制。在我们看来，这里的回答当然都是否定的。检察机关和检察官作为两种主体、两个概念，虽然在许多场合可以混用，但并不意味着两者完全相同。

　　第一，在现行立法层面，二者中仅有"检察机关"或称"人民检察院"才是一系列宪政权力、刑事司法权力的适格主体，"检察官"则并不在其列。如我国《宪法》第129条规定："中华人民共和国人民检察院是国家的法律监督机关。"第131条规定："人民检察依法院依照法律规定独立行使检察权，不受行政机关、社会团体和个人的干涉。"第135条规定："人民法院、人民检察院和公安机关办理刑事案件，应当分工负责，互相配合，互相制约，以保证准确有效地执行法律。"《刑事诉讼法》第3条规定："对刑事案件的侦查、拘留、执行逮捕、预审，由公安机关负责。检察、批准逮捕、检察机关直接受理的案件的侦查、提起公诉，由人民检察院负责。审判由人民法院负责。除法律特别规定的以外，其他任何机关、团体和个人都无权行使这些权力。人民法院、人民检察院和公安机关进行刑事诉讼，必须严格遵守本法和其他法律的有关规定。"第5条规定："人民法院依照法律规定独立行使审判权，人民检察院依照法律规定独立行使检察权，不受行政机关、社会团体和个人的干涉。"第8条规定："人民检察院依法对刑事诉讼实行法律监督。"从上述条文的表述中，我们就能清晰地看出我国现行立法对与检察权力相关的表述中，检察机关才是唯一适格的权力主体。这也就意味着作为个体的检察官本身在立法上是没有这些权力的。其在日常工作中的行为只是代表检察机关的职权行为，支撑这些行为正当性的权力仍然只归属于检察机关。

　　第二，从检察机关的职能划分的层面上看，尽管检察机关所拥有的法律监督权等种种权力最终还是需要检察官代表其行使，但并不意味着任何一个作为个体的检察官的职权活动都包括检察机关所拥有的检察权的所有方面。检察机关在设立其内部的职权机构时，往往会依照其所拥有的各种权力的不同属性来进行。这也就意味着在不同的机构之间，其行使的权力类型是不同的。不同机构中的检察官的职权行为当然也只能体现其所在机构所分工的部分检察权的性质。如反贪、渎职侵权部门的检察官代表检察机关行使的仅是检察权中的侦查权部分，而公诉部门的检察官当然主要是通过出庭支持公诉来行使检察权中的公诉权部分。部分不能代表全部，也就当然不能将某一个或某一类别的检察官的职权范围视为对整个检察机关权力的限制。

　　由此，我们就可以得出这样一个结论：检察机关作为权力主体行使立法赋予的法律监督权是正当的、无疑问的，但同时不能认为个体检察官都当然地可以行使法律监督权，其是否为适格的检察机关法律监督权的代为行使人，取决于一些具体的条件、环境和司法场域。

2. 刑事审判程序与庭审检察官的法律监督

那么，作为个体参加到刑事审判程序中的检察官是否是检察机关法律监督权的适格行使人呢？众多反对法律监督权的学者都曾经从不同角度论证了由庭审检察官行使法律监督职能的不合理之处。

（1）诉讼构造上的冲突

"在法庭审判上，检察机关具有行使国家追诉权能的'原告'身份与对审判活动行使法律监督权的'监督者'身份，检察机关无法做到置身事外的监督，违背了'任何人不能当自己的法官'的程序正义要求，并损害了司法裁判的终结性。此外，由另外的检察官进行事后监督又因为其'不知情'而无从监督。而且拥有'法律监督者'身份的检察官，因为其横竖一个'官'而有高人一等的身份和心态，'不甘'与作为被指控方的被告人处于平等的地位。控辩双方这种地位上的不平等性，会对司法裁判的公正性形成负面影响。"[①] 抛开此处检察机关与检察官两种主体概念之间的混用，从出庭检察官的角度理解，我们可以发现：从维持控、辩、审三角结构平衡、稳定的角度出发，无论在一审、二审还是所谓的再审程序中，出庭检察官都无权行使法律赋予检察机关的法律监督权。

在刑事诉讼中的控诉、辩护、审判三大职能中，也就是通常所说的三角结构关系中，行使审判职能的法院是居于控诉与辩护之间，具有超然中立的地位的司法权的权力主体。其超然中立的地位保证了其可以不受国家控诉犯罪的意愿的影响，以实现其保障人权的目的。在我国现存的刑事司法体制中，出庭检察官如果同时被赋予代表检察机关行使法律监督权的职能，将无法避免地产生一种超越自身控诉一方地位的限制，而通过法律监督来影响法院超然中立地位的倾向。可以想象，在刑事庭审程序进行的过程中，检察官同时行使控诉职能和法律监督职能时，原本应当存在的控、辩、审三角结构就被打破了。当法官当场处于被检察官监督的地位时，其超然中立的角色是不可能实现的；而作为法律监督者的检察官自然也无法与作为被监督者的辩

---

① 陈卫东、陆而启：《检察官的角色——从组织法和诉讼法的角度分析》，《法学论坛》2005年第4期。

方处于平等的地位。而根据刑事诉讼基础理论，作为整个刑事诉讼程序的一部分的一审、二审、再审乃至死刑复核程序都要努力维持一种由控、辩、审三方组成的三角结构，如果我们能对此达成一致，那么，否定检察官在二审、再审、死刑复核中的法律监督权就是理所应当的了。

　　（2）法律监督权行使中的冲突

　　从法律监督的全面性出发，出庭检察官也不应当行使法律监督权。在刑事审判程序中，特别是在二审、再审、死刑复核程序中，虽然程序指向的内容包括对法院确定判决的审查、质疑甚至是否定，但并不能因此得出在这些程序中检察官所行使的就是法律监督权的结论。其中的原因在于，如果我们将处于刑事诉讼程序中的检察官视为法律监督权的具体行使主体，就会出现一个难以解决的问题：谁来监督监督者？而如果由作为程序参与一方的检察官来行使法律监督权，那将导致检察官处于一个不被监督的"超然"地位，其必将凌驾于司法权之上。正如有学者所论述的，如"依据所谓的法律监督权说，检察官则既是监督主体，又是监督对象，就好比运动场上身兼裁判员和运动员的两种职能，自己成为自己行为的裁判者。这种情况下，现代法律所体现的程序正义的所有价值必然荡然无存"[①]。就法律监督的本意而言，刑事诉讼程序中的所有行为都应当被纳入被监督的范畴，如果自己监督自己难以实现，那么，这种检察官的自我监督也将导致法律监督的片面性，而使得法律监督丧失其本应具有的功能，这是第一。

　　第二，出庭检察官若行使法律监督职能，则将与其公诉职能发生冲突，"导致检察官诉讼角色的冲突，因为检察官的公诉人身份要求他在庭审活动中服从法官指挥，而其审判监督者身份又要求法官接受检察官的监督"[②]。同时，随着我国刑事审判"庭审方式的改革，控辩对抗的加剧，出庭检察官无力进行审判监督……公诉人为了证明己方指控观点的成立，在法庭上必须一一举出证据证实犯罪……必须集中精力投入到法庭调查和法庭辩论之中去，不允许有任何疏漏……对公诉利益更加关注，胜负压力更加沉重，在庭审中支持公诉所要花费的精力远远高于过去"[③]。如此一来，要求出庭检察

---

　　① 郝银钟：《刑事公诉权原理》，第 179 页。
　　② 黄文：《刑事诉审关系研究》，第 162—163 页。
　　③ 黄文：《刑事诉审关系研究》，第 164 页。

官同时行使公诉职能与法律监督职能就有些强人所难了。

第三，即使出庭检察官各方面"业务能力突出"，能够同时胜任公诉与法律监督两项工作，其也很难以公正、客观的心态履行审判监督职能。虽然公诉方代表国家有权要求审判机关对被告人准确定罪量刑、罚当其罪，但是公诉的本质属性和控辩的对抗性特点决定了公诉方以提出于被告方不利的案件事实及证据，使其最终被定罪、量刑为基本活动方式。这使得出庭检察官为实现抗诉职能，往往有牺牲审判监督职能，把支持公诉作为其出庭的首要目标，争取一切有利于自己的指控条件的倾向。由于受到自身诉讼目标的制约，出庭检察官很难以公正、客观的心态履行其刑事审判监督职能，而可能将法律监督作为一种获得有利于自身的判决的手段。[①]

3. 对刑事审判进行法律监督的正当途径

由此看来，无论是从刑事诉讼构造，还是从法律监督权行使的全面性来讲，进入刑事诉讼程序的检察官都不应当承担法律监督的职责。同时，作为权力主体的检察机关行使其所拥有的法律监督权又十分必要，那么，这种法律监督权究竟应如何行使呢？有学者提出："消除上述弊端的方法是公诉权与刑事审判监督权分别独立行使……"理由在于："从保持诉讼构造平衡的角度看，只有公诉权与刑事审判监督权的分离，才有可能真正实现控辩平等对抗；从心理学角度看，可以避免因一个主体兼公诉、监督双重职能所导致的诉讼角色心理冲突及被追诉者心态的不平衡；从认识论的角度看，能使审判者及法律监督者都处于超然、中立地位，从而有利于纠正认识中的错误；从职能分工角度看，有利于各职能主体各司其职，也有利于增强公诉效果，加强法律监督的力度。将刑事审判监督从公诉职能中剥离、分立出来，相对超脱于具体审判活动，相对游离于审、控、辩三角形审判关系格局之外，与诉讼各主体保持均等的司法上的心理距离，以一种客观、公允的心态进行监督。"[②]

我们认为此种观点相较于简单地完全否定或完全肯定法律监督权的观点更加有其可取之处。如上文对检察权的分析中所述，法律监督权与公诉权本应属于两种不同的权力，平等地并列于检察权之下，两者并不存在相互包含

---

① 参见黄文：《刑事诉审关系研究》，第 163—164 页。
② 刘少英、庞良程：《析公诉权与审判监督权的独立行使》，《人民检察》1999 年第 11 期。

的关系。而对检察权相关权力主体和权力行使者的分析说明，并不是任何一个检察官在其职务活动中都需要代表检察机关行使包括法律监督权、公诉权等多种权力。那么，在检察机关内部、公诉部门之外，设立一个独立的行使法律监督权的部门就是一种比较科学的方式了。"在制度设计上应体现职能决定机构的原则，职能分离，机构亦应分离。可对人民检察院内部机构进行调整，增设审判监督机构，归口于专司刑事法律监督的刑事检察局，并配备专职检察人员，具有相对的独立性和权威性，原来的起诉部门只履行公诉职能。"①在现行的宪法规定下，检察机关所拥有的法律监督权必须要与其追诉犯罪的诉讼职能彻底分离。把进行诉讼与进行法律监督分开，办案者专门办案，监督者专门监督，同时也监督检察机关内部。也就是说，检察机关内部在大的方面可以一分为二，一部分专门办案（包括侦查、公诉等工作）、一部分专司监督，绝不能让实施具体工作的人一边办案、一边监督。由此，可以保证整个刑事诉讼程序充分发挥其公正裁判、保障人权的作用，真正实现程序正义。

事实上，面对司法改革与法律修改所赋予的重大使命，面临实践中检察监督职能履行中的种种困境，加上理论界与社会公众对检察机关角色定位的质疑，作为"检察机关的改革走向何处"这一问题的回答，我国有部分省市的检察机关已经开始了检察改革探索。在这方面，湖北省检察系统的探索无论从改革开始的时间，还是从改革的系统性、广泛性与深入性来看，都走在了全国的前列。根据我们的调研，湖北省检察系统将强化检察监督的着力点放在"两个适当分离"上，虽然是回应检察实践挑战的自发性选择，其主要目标在于强化监督、履行检察机关的宪法职责，但从理论上看，这一实践探索符合监督权的本质属性，在法律的框架内创造出一种检察权发展的重要途径，对于推进司法改革、落实刑事诉讼法的立法意图具有积极意义。从改革的实施效果来看，"湖北经验"在强化检察监督方面具有明显的实效，检察监督效果的各项衡量指标都有了或大或小的提升。②

4. 小结

通过上文的论述，我们基本可以就学术界争论激烈的法律监督权问题进

---

① 刘少英、庞良程：《析公诉权与审判监督权的独立行使》，《人民检察》1999 年第 11 期。

② 参见中国人民大学诉讼制度与司法改革研究中心：《破解检察监督难题的湖北经验——湖北省检察机关"两个适当分离"改革情况调研报告》，《法制资讯》2012 年第 4 期。

行以下的梳理：

第一，人民检察院作为我国宪法规定的法律监督机关，在现行宪法制度未作出调整之前，是法律监督权当然的权力主体，有权依照相关法律规定对人民法院的审判活动进行法律监督，其中当然也包括对刑事审判活动的监督。而根据法律规定，监督的内容除了应当包括对裁判结果的监督之外，还包括对庭审过程的监督。

第二，人民检察院对法院的刑事审判活动进行法律监督，并不等于出庭检察官行使刑事法律监督职能，对庭审活动进行监督。出于维护庭审结构、保障法律监督权全面行使等要求，出庭检察官的活动应仅限制在支持公诉上，不应同时承担公诉及法律监督的职能。

第三，应当由行使公诉职能的出庭检察官之外的专门的检察机关工作人员代表检察机关行使法律监督权。也就是说，可以考虑在检察机关内部设立专门的法律监督机构，专门负责行使检察机关的法律监督职能。参照反贪、渎职侵权等专门机构的设立，独立法律监督机构的设立是必要的，也应当是可行的。①

因此，根据上述三点，作为在刑事审判程序中，代表检察机关出庭的检察官，其身份应当严格地限定在公诉人这一角色定位上，单一地行使公诉职能。而这样一种定位，不仅适用于刑事审判二审程序，也当然地适用于刑事审判的所有程序，因为无论是在一审、二审还是再审程序中，刑事审判的基本理论都是一致的，维护法庭的庭审结构、保障法律监督权行使的全面有效等要求都决定了出庭检察官不能身兼二职。

五、二审程序的发回重审

发回重审制度与一个国家的普通救济程序乃至基本司法制度的科学性有

---

① 如在诉讼职能和诉讼监督职能分离、机构分设改革方面，湖北省人民检察院对其内设机构的职责进行了如下调整：（1）组建专司诉讼职能的机构。1）组建审查批捕处，承担对公安机关移送刑事案件、市级检察院提请自侦案件的审查批捕，以及批准延长羁押期限的职能。2）将公诉一处更名为公诉处，专门承担公诉职能。（2）组建专司诉讼监督职能的机构。1）将侦查监督处的职能调整为刑事立案监督、侦查活动监督以及行政执法机关向司法机关移送刑事案件的监督职能等。2）将公诉二处更名为刑事审判监督处，专门承担对刑事审判活动的法律监督职能。3）将民事行政检察处分设，成立民事诉讼监督处和行政诉讼监督处，分别承担对民事诉讼和行政诉讼的监督。参见中国人民大学诉讼制度与司法改革研究中心：《破解检察监督难题的湖北经验——湖北省检察机关"两个适当分离"改革情况调研报告》，《法制资讯》2012年第4期。

着紧密的联系。发回重审表明二审法院对原审的审理过程和原判决的否定，其所导致的直接后果是使原已审完结的第一审诉讼活动归于无效，使案件还原为第一审诉讼之初，需要按照法定程序，重新开始进行第一审诉讼程序。可见，设置发回重审制度的目的在于强化第一审法院的审判职能，加强第二审法院对第一审法院的监督，从而更好地惩罚犯罪，保护当事人的合法权益。因此只有将发回重审制度镶嵌在二审程序中乃至整个司法制度里，才能对其法理缺陷和司法弊端有充分和完整的认识。

（一）对我国刑事二审"发回重审"制度的反思

在我国，无论是 1979 年刑事诉讼法或 1996 年刑事诉讼法，还是 2012 年修改后的刑事诉讼法，对于二审法院对不服第一审裁判的上诉和抗诉案件，经过审查后，都规定了三种处理结果，即维持原审裁判、变更原审裁判和撤销原判、发回重审。1979 年《刑事诉讼法》关于发回原审法院重审的理由规定在第 136 条和第 138 条，概括起来有以下三种：（1）原判决事实不清楚；（2）原判决证据不足；（3）第二审人民法院发现第一审人民法院违反法律规定的诉讼程序，可能影响正确判决。

1996 年刑事诉讼法对于二审法院的发回重审制度进行了相当大的突破，体现在对上述第三种理由的修改上。我国 1996 年《刑事诉讼法》第 191 条（2012 年未作修改，现为第 227 条）规定："第二审人民法院发现第一审人民法院的审理有下列违反法律规定的诉讼程序的情形之一的，应当裁定撤销原判，发回原审人民法院重新审判：（一）违反本法有关公开审判的规定的；（二）违反回避制度的；（三）剥夺或者限制了当事人的法定诉讼权利，可能影响公正审判的；（四）审判组织的组成不合法的；（五）其他违反法律规定的诉讼程序，可能影响公正审判的。"

根据该条的规定，一审法院的审理中只要违反了法律规定的程序，尤其是侵犯了当事人的诉讼权利，影响了审判的公正性，二审法院都会撤销原判，发回原审法院重新审判，而不论这种违法是否"可能影响正确判决"，即所有违反法律程序的审理活动都可能招致实体性裁判结论的无效。我们认为，1996 刑事诉讼法对发回重审理由的修改，使得刑事诉讼中的另一种裁判机制——程序性裁判机制有望得到确立，因而具有重大的理论意义和实践意义，其不仅有利于维护法院审判的公正性和严肃性，也有利于凸显程序法的独立价值，进而有利于实现刑事诉讼由工具主义价值观向多元价值观的转变，尤其是向程序本位主义价值观的转变。

但是，中国作为深受大陆法影响的国家，长期以来以发现案件事实真相作为刑事诉讼的主要目标，公、检、法机关的所有活动几乎都被看作是对犯罪嫌疑人、被告人的追诉活动。为实现这一目标，第二审程序被认为是进一步查明犯罪事实，保证有罪者受到公正的追究，防止无辜者受到错误追究的程序。对第一审法院认定的事实，第二审法院具有绝对的审查权，并可以为此依职权决定是将案件发回重审，还是由自己直接查明。因此，从防止被告人被错判的角度来看，在事实不清的情况下发回重审，确实比直接改判要好，尤其是在帮助原审法院总结经验教训、改进审判工作方面，更显示出其有效和积极的一面。但是，我国刑事二审的发回重审由于程序设置不合理，不仅造成诉讼效率的下降，也忽视了对有关当事人尤其是被告人的权利救济。加上，中国的普通救济程序在基本框架结构设计以及法院体制方面（诸如审级制度、上下级法院的关系、法院独立等）存在不少的问题，因而从总体上讲，现行的发回重审制度还存在不少"体制内"的司法弊端。具体来说，有以下几个方面：

1. 发回重审的理由不明确

程序的实质是管理和决定的非人情化，其一切布置都是为了限制恣意、专断和过度的裁量。[①] 但是，由于我国刑事二审发回重审的理由不明确，缺乏可操作性，二审法官在发回重审方面具有很大的自由裁量权，从而使发回重审带有很大的任意性和随机性。另外，在证据不足的情况下发回重审也与无罪推定的基本要求相矛盾。其主要问题有：

第一，尽管《刑事诉讼法》第 227 条对违反法定诉讼程序的情形作了较为具体的规定，但仍嫌过于简单和抽象，缺乏具体的可操作性。如该条第 3 项"剥夺或者限制了当事人的法定诉讼权利，可能影响公正审判的"的情形，将是否影响"公正审判"作为判断程序违法的关键标准。但是，在这里，"公正审判"的含义是什么？是指公正的判决还是指公正的处理结果？是否当事人的诉讼权利受到剥夺或者限制都影响"公正审判"？在没有明确

---

① 参见周永军：《重新审视发回重审制度》，《律师世界》2002 年第 11 期。

司法解释的情况下，这些问题将使法官很难把握。

第二，与程序违法发回重审的理由相比，二审法院关于"原判决事实不清楚或者证据不足"发回重审的理由更显得空洞和含混，也更加难以操作。对于何谓"事实不清"、"证据不足"，现行的《刑事诉讼法》并无明确的规定。按照我国诉讼理论界的普遍看法，所谓事实不清，主要是指与定罪量刑有关的事实和情节不清。但由于刑事诉讼法并未就"事实"的具体内容作出明确规定，因而司法实践中对二审发回重审中的"事实"存在不同认识。不过，在实践中，二审法院在发回重审的裁定中一般既不明确指出案件何以"事实不清"、"证据不足"，也很少对"事实不清"以及"证据不足"进行区分，而是笼统地将"事实不清"和"证据不足"混在一起。由于二审法官在判断事实是否清楚、证据是否充分方面享有极大的自由裁量权，因而发回重审的裁定带有很大的不确定性和随意性。结果，几乎所有发回重审的案件，都是以事实不清、证据不足为理由的。

第三，在证据不足情况下发回重审还与刑事诉讼法的有关规定相冲突。我国《刑事诉讼法》第195条第3项规定："证据不足，不能认定被告人有罪的，应当作出证据不足、指控的犯罪不能成立的无罪判决。"因此，二审法院在发现证据不足后，应当作出无罪判决而不是将案件发回重审。《刑事诉讼法》第231条明确规定，第二审人民法院审判上诉或者抗诉案件的程序，除本章已有规定的以外，参照第一审程序的规定进行。这里"参照一审程序"中的"参照"显然不是照抄、照搬的意思，否则就不是"参照"而是"按照"、"遵照"。但也绝不是二审法院想"参照"就"参照"，不想"参照"就不"参照"。是否"参照"以及如何"参照"，二审法院应当根据是否有利于促进查明案件事实、是否有利于保护被告人的权利等来斟酌。不过，从保护被告人权利的角度出发，结合我国刑事诉讼法确立的疑罪从无原则，二审法院显然应当"参照"《刑事诉讼法》第195条的规定，在发现证据不足后作出无罪判决，而不是将案件发回重审。

2. 发回重审的适用扩大化

由于我国《刑事诉讼法》第225条第2款只限制了以事实不清或证据不足为由发回重审的次数，即对于依照事实不清或证据不足发回重新审判的案件作出判决后，被告人提出上诉或者人民检察院提出抗诉的，第二审人民法院应当依法作出判决或者裁定，不得再发回原审人民法院重新审判，而没有规定其他类型发回重审的次数，因而我国的发回重审制度难以避免循环审判，导致诉讼效率下降。也就是说，二审的法院对于发回重审或改判具有绝对的选择权，这至少理论上存在很大的不确定性。需要注意的是，尽管《刑事诉讼法》就原判事实不清、证据不足的，首先规定了"可以"在查清事实后改判；其次才规定"也可以"发回原审人民法院重新审判，但二审法院经过审理后发回重审的案件呈现出逐渐增多的趋势。对这一状况的合理分析是：

第一，这是由于观念上的原因造成的。在事实不清、证据不足的情况下，显然很难肯定原审被告人是有罪还是无罪。但是，在不少法官的头脑里都有一个原则，就是对证据不足的案件，宁愿让它"悬"着，也不能错判。在他们看来，让案件"悬"着，尽管从理论上讲是错误的，但比直接作出无罪判决更容易让被害人接受，也避免了放纵罪犯的可能。这些做法，实际上反映了审判阶段中的一种有罪推定倾向，似乎法院的职责就是作出有罪的判决。更有甚者，有的司法机关还将发回重审当成案件"办不下去"时候的"冷处理"。

第二，二审法院经常将发回重审制度作为推卸责任、回避矛盾的挡箭牌。由于目前我国二审审理方式所限，一般情况下对原判事实不清的应当发回重审，而不宜亲自查清，直接改判。但是，如果原判的主要事实清楚，只是一些次要事实不够清楚，为了提高审判效率，第二审法院则可不必将案件发回重审，应在查明事实后直接改判。但是，在司法实践中，由于进入二审程序的不少案件尤其是人民检察院提出抗诉的案件大多关系复杂、矛盾尖锐，处理起来比较棘手或受外界干扰较多，二审法官大多不愿意也不敢让案件在自己手中做个了断，因而往往并不区别主要与次要，只要认定原审判决事实不清、证据不足，甚至根本就不进行"事实是否清楚、证据是否充分的判断"就裁定将案件发回重审，以此推卸责任、回避矛盾。此外，近年来建立的国家赔偿制度和"错案追究制度"使负责办案的法官个人承担着越来越大的职业风险，而法官个人的经济收入、升迁前途甚至命运与案件的处理情况有着越来越多的联系，这也使得作为承办人的法官从主观上就愿意将这种职业风险加以转移。

第三，由于第二审法院对上诉案件撤销原判发回重审时，一审法院的裁判只在特定情形下才受到上诉不加刑原则的限制①，这就为二审法院回避上诉不加刑原则提供了制度温床。上诉不加刑原则是被告人行使上诉权的重要保障，对于维护被告人的合法权益具有十分重要的意义。但是，在司法实践中，直接或间接违反或变相违反它的现象并不少见。在司法实践中，对事实清楚、证据充分，但判处的刑罚畸轻，或者应当适用附加刑而没有适用的案件，二审法院也常常为加刑而借事实不清或证据不足而发回重审加刑，原审法院则领悟上级法院的用意而加重被告人刑罚。

3. 发回重审导致被告人客体化

由于我国没有独立的羁押制度，案件审理的期限往往就是被告人的羁押期限，因而发回重审不仅会使被告人面临着"多重危险"，其人身自由也将受到严重损害，甚至使被告人沦为诉讼客体。此外，在一审法院严重违反法定程序的情况下，二审法院将案件发回重审，还违反了责任主义的原则。

如前所述，我国刑事二审中的发回重审不仅具有很大的不确定性，而且还呈现出逐渐扩大的趋势，加上发回重审在多数情况下并没有次数的限制，一个案件在一审与二审程序之间反复运作，这不仅会使被告人面临着"多重危险"，前途和命运一直处于不确定甚至待判定的状态，其名誉、隐私、自由乃至前途也将因此会受到损害。而且，按照我国现行《刑事诉讼法》的规定，对于第二审法院撤销第一审法院的判决，发回原审法院重新审判的，原审法院从收到发回的案件之日起，重新计算审判期限。如果将延长的期限仅仅限制在办案期限上面，确实无可厚非。但是，由于我国并没有建立独立的羁押制度，"无论是适用理由还是适用程序，未决羁押都基本上依附于整个刑事追诉活动，而没有形成独立、封闭的司法控制系统"②。这就使得办案期限的延长将导致被告人的羁押期限自动地延长，既不需要专门的司法程序对于羁押期限的延长加以审查，更没有专门的机构和人员接受被羁押者的司法救济申请。况且，发回重审可以反复多次进行，结果，这种不受任何法律

---

① 参见我国 2012 年修改后的《刑事诉讼法》第 226 条第 1 款新增规定："第二审人民法院发回原审人民法院重新审判的案件，除有新的犯罪事实，人民检察院补充起诉的以外，原审人民法院也不得加重被告人的刑罚。"

② 陈瑞华：《未决羁押制度的理论反思》，《法学研究》2002 年第 5 期。

限制的重新计算审判期限或者延长办案期限，将导致不少案件的被告人几乎被终身羁押。除非法院主动加以终止，或者变更为其他非羁押性强制措施，否则就会一直持续到法院的生效裁判结论产生之时。当然，根据《刑事诉讼法》第249条的规定，对于第一审人民法院判决被告人无罪、免除刑事处罚的，如果被告人在押，在宣判后立即释放。不过，这种情况是极其例外的。因此，在这种情况下，如果发回重审缺乏合理的规范，其缺陷就比较明显了：如果说诉讼期间的延长所导致的诉讼拖延，已经使嫌疑人、被告人遭受了较长时间的讼累，已经使其受到不公正的对待的话，那么，羁押期间的相应延长则会使嫌疑人、被告人承受更大程度的非正义，甚至还将有损于其人格尊严。

4. 发回重审有违二审设置目的

对于发回重审的案件，重新组成的合议庭由于要顾及本法院其他法官乃至当地有关机关或者新闻媒体的意见，因而使原裁判中错误的纠正面临较大的困难，从而难以全面实现第二审程序的目的。作为整个刑事审判程序的重要组成部分，第二审程序的存在，使得第一审法院的裁判可以受到上级法院的再次审查，从而纠正一审错误的判决和裁定，准确惩罚犯罪，保护当事人的合法权益，进而起到监督下一级人民法院审判工作的作用，尤其是可以使被告人获得两次独立的司法救济。但是，我国现行的发回重审制度能否切实实现上述目的，无论是在理论上还是在司法实践中，都是存在问题的。因为，对于发回重审的案件，重新组成的合议庭在纠正原裁判中的错误方面还将面临很大的困难。这种困难主要来自以下几个方面：

第一，根据刑事诉讼法的有关规定，对于发回重审的案件，原审法院必须另行组成合议庭重新审判，但是在既缺乏独立司法的历史传统，又缺乏保障司法独立的制度基础的情况下，即使新审判组织经过重新审理，得出的结论与原审判组织的结论不一致，也未必愿意或敢于作出不同的判决。其原因在于，目前我国法院体制的行政化倾向还极其突出，不仅外部被行政格式化，内部也是按照行政机关的等级要求来管理的，尽管《法官法》专门规定了法官级别，但这一规定很大程度上仍未摆脱法官行政化色彩。在这种背景下，要使重新组成的合议庭，实际上是一个承办法官，不听"上司"的话，显然存在一定困难。更何况，不少被发回重审的案件本身就是经过审判委员会集体讨论后作出判决的，重新组成的合议庭又岂敢否定原判而重新作出"异判"？

第二，即使法院体制的行政化问题得到解决，重新组成的合议庭也未必能够发挥纠正错判的功能。这是因为，尽管重新组成的合议庭有权重新对案件进行审判，但由于新合议庭与原合议庭都在同一法院甚至同在一个庭，大家"抬头不见低头见"，如果强行否决原审裁判势必招致原审合议庭组成人员的非难，甚至影响同事之间的团结。由于一般情况下同一审判庭的成员是相对稳定的，这就决定了庭内的各位法官会比较长期地维持一种协作型的关系格局。他们互相交流、互相影响，在开庭前初次阅卷时脑子就考虑到应当如何处理了。因为，除了极其个别的情况外，任何一位法官大都希望自己的裁判结论能够得到维持甚至能够经受历史的考验，作为一种"礼尚往来"，希望自己意见获得他人认可的法官一般也会对其他法官承办的案件尽可能地予以协调性认可。因此，从其本性来说，即使没有任何其他因素的干扰，重新组成的合议庭一般也倾向于维持原审合议庭的意见。当然，这并不意味着新旧合议庭的意见总是一致的，但新旧合议庭的法官们相互协作，以尽可能取得一致意见的倾向也是不可小觑的。

第三，对于那些本就受到外界严重干扰的案件，与上诉法院直接改判相比，原审法院重新组成的合议庭如欲作出不同的判决，要面临更大的来自当地媒体和公众的激烈批评甚至是有关部门的"高压"，这实际上涉及司法的外部不独立问题。我们以媒体监督为例来进行讨论。目前，在我国，公众通过媒体实现言论自由权利和知情权，监督人民法院公正裁判，的确是促进司法公正的一个重要手段。但是，媒体监督作为一种权利如果被滥用，也容易干扰法院独立审判，造成裁判不公。尤其是，目前我国的媒体监督还缺乏基本的规范，媒体经常受到各种利益驱动，难以保持中立，新闻从业人员的素质也良莠不齐。如果一个案件在作出判决后被当地媒体进行了报道，就难免使重新组成的合议庭形成先入为主的偏见，从而影响公正的判决。在这种情况下，原合议庭要改变原裁判，尤其是要改变原有罪判决为无罪判决，将面临更大的困难：不仅会受到当地新闻媒体的否定评价乃至有关领导的非法阻挠，也使一审法院与检察机关面临着国家赔偿的尴尬。[①]

[①]　关于以诉诸媒体方式影响司法裁判的若干典型案例及该现象的分析，可参见简乐伟：《司法诉诸媒体现象分析》，《国家检察官学院学报》2012 年第 2 期。

（二）我国发回重审制度的再设计

基于前文的分析，我们认为，改革刑事二审发回重审制度的着重点在于规范、限制发回重审的适用，使发回重审真正成为二审裁判的例外。但是，刑事二审的发回重审制度的改造不是一个孤立的问题，它需要一系列制度的保障，没有其他相关制度的保障和互相配合，发回重审制度本身的修改没有任何实际意义。毕竟，解决发回重审制度不能离开对法院现存弊端的革除。我们认为，就发回重审制度的改革和完善来讲，可从以下几个方面着手：

1. 应对发回重审的理由进行重新界定

（1）取消"证据不足"这一发回重审理由。为贯彻无罪推定之精神，1996 年《刑事诉讼法》第 162 条（2012 年《刑事诉讼法》第 195 条）进一步确立了疑罪从无原则，在人权保护上的确是一个历史性的进步。但实践中，二审法院在证据不足的情况下，直接作出无罪判决的情况很少，大多是将案件发回重审。这其中的原因当然是复杂的，既有证据不足的标准不明，难以掌握和运用的原因，也有传统法律文化的影响。我们认为，所谓证据不足，是指本案的证据在判决前存有疑点、矛盾没完全排除，既有肯定有罪的证据，又有否定有罪的证据，不能得出唯一的结论。此时，检察机关的证明义务还没有完成，法院理应有权也应当作出无罪判决。对待此问题，转变司法观念是非常关键的：如果没有足够的证据来证明，就不能判定一个人有罪，尽管他实质上可能是有罪的。这尽管会在一定程度上放纵犯罪，但是，"为了严格遵守权利和竭力保护权利，有时会使罪犯借此隐藏起来。那就让他去吧。一个狡猾的贼漏网，总比每个人都像贼一样在房间里发抖要好得多"[1]。

（2）对第二审法院认为事实不清的案件原则上应当直接改判，不应发回重审。只有原判决遗漏了罪行或者遗漏了应当追究刑事责任的人的情况，才可以将案件发回重审。"事实不清"这个标准过于抽象，是法官滥用自由裁量权、推卸审判责任的重要原因。事实上，哪里有不受限制的自由裁量权，哪里便无法律制度可言。[2] 既然对案件事实是否清楚的判断带有很强的主观

---

① 转引自陈卫东：《公正和效率——我国刑事审判程序改革的两个目标》，《中国人民大学学报》2001 年第 5 期。

② 参见 [美] 埃尔曼：《比较法律文化》，贺卫方等译，生活·读书·新知三联书店 1990 年版，第 84 页。

性，既然我们承认诉讼证明活动依赖的"事实"，是对过去事实的一种重塑，是法律真实而不是客观真实，那么最好由二审法院依终审权力直接进行判定，不必再发回重审。

因为，即使对同一案件，不同法官在认定事实是否清楚方面也有很大的区别。何况，二审人民法院在审理案件中，要判断原审认定的事实是否错误或是否清楚，就需要查清这个案件正确的、清楚的事实，并把两者进行比较，才能得出结论。这就产生了两难推理。如果二审审理中已经查清了案件的事实，并据此判定原判决认定事实错误或认定事实不清，那么，不对案件直接改判而发回重审，岂不多此一举？如果二审审理中并未查明案件的正确事实和清楚事实是什么，如何能得出原判决认定事实错误或认定事实不清的结论？凭什么把案件发回重审？但是，在原判决遗漏了罪行或者遗漏了应当追究刑事责任的人的情况下，二审法院只能将案件发回重审。这是因为二审法院的审判范围，一般应当限定于上诉和抗诉的范围，即使仍然进行全面审查，也不能超越判决书的内容进行全面审判。在上诉、抗诉提出了新的事实的情况下，二审法院只能将案件发回重审。

（3）对于因程序违法而发回重审的情况，应当区分程序违法的程度，作出相应的处理。因程序性违法而发回重审作为一种程序性法律后果，对于制约法院的程序违法行为显然是有其积极意义的，但是对于程序性违法若只规定发回重审这一种法律后果，既不适当，也会产生不良的后果。按照有关学者的看法，程序性法律后果，大致可以分为以下几种：1）否定该违反诉讼程序的行为的效力，并使诉讼从违反诉讼程序的行为发生的那个阶段重新开始。2）否定该违反诉讼程序的行为的效力，并否定该行为已经得到的诉讼结果。3）否定违反诉讼程序的行为及其结果，并使诉讼进入另一阶段。4）补正该违反诉讼程序的行为，以使其得到纠正，最终符合程序法的要求。①

借鉴该学者的观点，我们认为，二审法院经审查后如认为原审法院有程序违法行为，至少应当有三种处理方式：（1）对于轻微的程序违法，如仅仅属于法律手续不完整或者在具体程序环节方面有瑕疵的程序性违法，并非必

---

① 参见王敏远：《违反刑事诉讼法的程序性后果》，《中国法学》1994年第5期。

须"发回重审"，可以作出纠正程序错误的裁判，以免被告"遭受双重危险"。（2）二审法院审查后应当发回原审人民法院重新审判的程序违法应当是那些违法情节较为严重，导致当事人的诉讼权利受到重大损害、致使审判程序的公正性受到重大影响的程序性违法。这种违法情况有很多，其中《刑事诉讼法》第 227 条规定的有关审判组织、回避、公开审判等方面的违法固然应当纳入其中，另外还有很多类似的程序性违法也应当予以明确规定。例如，一审法院的管辖明显不当，影响案件公正审判的；被告人没有在法定期间收到起诉书，无法及时了解指控的罪名和理由的；被告人一方申请法院传唤某一证人或者提取某一关键证据，被法院拒绝或者没有传唤、提取到庭的；公诉人向法庭提出了一项证据目录以外的新证据，或者传唤某一证人名单以外的新证人出庭作证，辩护人为准备辩护申请法庭休庭，遭到法院无理拒绝的等。（3）对于原审法院的极其严重的程序违法行为，应当增加更为严厉的裁判方式，如直接作出无罪判决，使违法者承担不利的法律后果。当然，这种方式的适用应当属于极其例外的情况，只有对于那些特别严重的程序违法行为，才可以作为一种制裁手段，如原审法院将公安机关依靠刑讯逼供得来的证据的作为定案的依据，被告人被严重超期羁押等。

2. 应对发回重审的次数作严格的限制

我国 1996 年刑事诉讼法并没有对发回重审的次数进行限制，只要二审法院认为具备了刑事诉讼法规定的法定发回重审理由，均可以将案件发回重审，这可以说是我国法官办案追求"客观真实"的必然产物。但是，在法律规则的限制之下，司法裁判中的事实是通过证据所揭示的案件事实，就真实性而言，只可能是"法律真实"，而不可能是"客观真实"。因此，对于案件事实的认定，应该要求做到的是"法律真实"而非"客观真实"。法律真实优于客观真实的价值选择，一定程度上也说明了，进行审判程序已不仅仅是国家镇压犯罪行为的某种方式，而更在于解决控辩双方之间的冲突，这种冲突不能长期存在，不能长期处于未决状态。

我国 1996 年刑事诉讼法之所以没有对发回重审的次数予以限制，显然更多地是因为考虑了查明案情的实际需要，而忽略了发回重审适用上的正当性和合理性。当然，将案件发回重审也许的确有利于查明案件事实，毕竟原审法院离犯罪地较近，也便于当事人、证人出庭。不过，问题的关键在于不对发回重审的次数进行合理的限制，所带来的不仅是诉讼程序的"倒退"，也不仅是被告人羁押期限的相应延长，而是循环审判这样一个可怕的后果，这不仅有悖于诉讼价值和诉讼目标的实现，最终造成诉讼效率低下，也使被告人成了司法专横的客体。因此，必须对发回重审的次数进行限制。基于此，2012 年修改后的《刑事诉讼法》第 225 条增加了一款规定："原审人民法院对于依照前款第三项规定发回重新审判的案件作出判决后，被告人提出上诉或者人民检察院提出抗诉的，第二审人民法院应当依法作出判决或者裁定，不得再发回原审人民法院重新审判。"由此可见，我国仅针对"事实不清或证据不足"这一特定情形限定只能发回重审一次，对于法律规定的其他可以发回重审的情形则在发回重审的次数上没有限制。

我们认为，对发回重审的次数在立法上限制为一次即可，因为二审法院第一次发回重审时，原审法院就应当充分利用这一次重审机会，就原裁判中存在的问题加以纠正，新的判决作出后，当事人仍然不服提起上诉，就只能推定原审人民法院已经缺乏纠正错判的能力，或者根本无力纠正原裁判的错误。在这种情况下，即使给原审法院再多的重审机会可能也无济于事，反而不能迅速解决争议，导致诉讼成本的成倍增加，也不利于充分保护被告人的合法权益。而且，如给予两次以上的发回重审机会，则可能使二审法院的处理情况发生矛盾，即同一案件因同样的事实和证据，一个发回重审，而另一个改判。这不仅难为控辩双方所接受，也容易导致司法权威的丧失。因此，对于已经发回重审的案件，重新审判后又被上诉、抗诉的，二审法院应当直接改判，不应再将案件发回重审。

3. 对于发回重审后再次上诉的案件应当开庭审理

我国现行《刑事诉讼法》第 223 条实际上规定了二审案件的两种审理方式：一是开庭审理的方式。这种审理方式由于有公诉人、当事人和其他诉讼参与人出庭，经过法庭调查证据、法庭辩论，可以直接进行讯问、质证，当庭得到核实，也能充分听取诉讼双方的意见，有利于查清事实和准确地定罪量刑，也有利于保障当事人的合法权益。二是不开庭审理方式。这种方式主要就卷内材料进行审查，在审查过程中，可以提审被告人或询问证人等，对某些有疑问或未弄清的事实、证据要进行调查核对。但这种调查核对并不是在当事人和有关诉讼参与人参加下进行的，一般只在评议前听取上诉人、辩护人的辩护意见，即将案件提交合议庭评议，作出判决。这种审理方式不仅不利于查清案件事实，也限制了当事人和其他诉讼参与人在庭审中合法权利的行使。

刑事诉讼作为国家对个人进行的一种追诉活动，刑事被告人的生命和自由直接面临着被国家司法权剥夺的威胁，因此，刑事二审程序的目的主要不是追诉被告人，而在于为刑事被告人再次提供获得公正审判的机会。对于已经发回重审的案件，有关当事人仍然不服裁判，说明他们对重新审理后的裁判仍然不信任，如上诉后不举行开庭审理，控辩双方就无法充分参与二审合议庭的审理活动，这不仅是对当事人尤其是被告人的诉讼权利的剥夺，也难以使被告人接受判决结果，即使这个判决结果事实上对其是有利的，这不利于法律权威的形成。

4. 发回重审的羁押变更

第二审人民法院决定发回重审的案件，如果被告人在押，应对羁押的合法性和必要性进行审查，并区别情况作出相应处理，避免被告人仅仅因为诉讼阶段的逆向运转而受到更长时间的羁押。基于无罪推定原则，法治国家大都认为未决羁押只是一种例外，其价值目标应在于保障刑事诉讼价值的全面实现，既包括实体的正义也包括程序的公平，是对犯罪嫌疑人的未然危险的防范。"剥夺自由作为一种刑罚，不能被施行于判决之前，如果并没有那么大的必要的话。"[①] 但是，在我国，未决羁押成了一种原则，取保候审等替代性措施却成了一种难得的例外，而且由于刑事诉讼法没有对羁押期间与诉讼期间进行严格的分离，致使羁押期间严重地依附于诉讼期间或者办案期间，羁押期间的延长也完全服务于侦查破案、审查起诉甚至审判的需要。司法实践中，案件被发回重审，被告人也因此被长期关押，往往是，被告人罪行被宣判之日方是其获得自由之时，甚至出现宣判刑期不够折抵羁押期间的情形。这种状况损害了犯罪嫌疑人的合法权益及法治的权威，并影响了审判时的罪刑关系。

令人欣喜的是，2012 年修改后的刑事诉讼法确立了我国刑事诉讼中未决羁押的司法审查制度，即第 93 条规定，"犯罪嫌疑人、被告人被逮捕后，

①　[意] 贝卡里亚：《论犯罪与刑罚》，黄风译，中国大百科全书出版社 1993 年版，第 56 页。

人民检察院仍应当对羁押的必要性进行审查。对不需要继续羁押的，应当建议予以释放或者变更强制措施"；第 96 条规定，"犯罪嫌疑人、被告人被羁押的案件，不能在本法规定的侦查羁押、审查起诉、一审、二审期限内办结的，对犯罪嫌疑人、被告人应当予以释放"。作为对被告人人身自由的剥夺，未决羁押被视为诉讼保障手段中的一把双刃剑，用得好则能保障诉讼顺利进行，用得不好将导致无辜之人蒙受自由被错误剥夺的损失。

"严重的超期羁押给审判人员造成心理障碍，使其对本不应处（自由）刑或只应处轻刑的人，基于对长期羁押的既成现实的迁就而违背立法精神或超出案件事实予以处刑或处以重刑，以致无罪施罚或轻罪重罚。"① 因此，我们认为，第二审法院如决定将案件发回重审，必须对被告人应否继续羁押进行审查并作出处理，这种审查既可以由被告人的上诉或检察机关的抗诉引起，也可以依被羁押者申请进行。对于确无社会危害性的被告人，原则上应当变羁押为取保候审或监视居住，这既可以使被告人感受到国家和社会对他们的关怀，还可以减少国家用于在押人犯的生活、管理费用等项的开支，从而减轻羁押场所的工作压力。但是，对社会危险性较大的累犯以及涉嫌严重犯罪的被告人的羁押则不应予以变更。

---

① 邱兴隆：《罪与罚讲演录》，中国检察出版社 2000 年版，第 404 页。

第九章

死刑复核审理程序的完善

一、引　论

最高人民法院收回下放的死刑核准权已有多年，但死刑复核程序仍然停留在内部审查程序的层面而未发生大的变革。为了实现该程序的功能，最高人民法院也作出了某些努力。1996 年《刑事诉讼法》第 202 条仅规定了死刑复核审判组织的构成，即"应当由审判员三人组成合议庭进行"，而对死刑复核的审理程序没有作出规定。1998 年最高人民法院《解释》对死刑复核审理程序作了规定，不过较为粗疏，且采取内部书面审查方式，程序参与性不足。2007 年 1 月 1 日起施行的最高人民法院《关于复核死刑案件若干问题的规定》则规定了复核后的裁判方式。2007 年 3 月 9 日最高人民法院、最高人民检察院、公安部、司法部发布了《关于进一步严格依法办案确保办理死刑案件质量的意见》，对死刑复核的方式作了某些开放性规定，取得了实质性的突破。2012 年《刑事诉讼法》中"死刑复核程序"一章在原有四个条文的基础上增加了两个条文，规定了复核后的裁判方式以及听取控辩双方意见的审查方式，但无疑这还是不够完善的。因此，死刑复核程序仍然需要进一步改革和完善。

在研究死刑复核程序改革与完善问题之前，必须对死刑复核案件的现实状况与特点有清醒的认识和正确的判断。以下两个方面是必须考虑的：

一方面，由于死刑核准权的收回，死刑案件全部涌入最高人民法院，不言而喻，这给最高人民法院造成极大的压力，这种压力首先是工作量大大增加带来的。为了解决死刑案件复核法官不足的问题，最高人民法院增设了三个刑事审判庭，审判力量大大加强，但是如果复核程序适用一审或二审程序，仍然是无法做到的。

另一方面，死刑案件都已经过中级法院、高级法院两个审级，而且一审、二审程序都经过了开庭审理，相关事实和法律问题经过了两级法院的审理，为最高人民法院的复核工作奠定了良好的基础，这就为对报送复核的死刑案件进行合理分流提供了条件。为了确保正确适用死刑，最高人民法院"二五"改革纲要要求改革和完善死刑案件的审判程序。2005 年 12 月 7 日，最高人民法院发布了《关于进一步做好死刑第二审案件开庭审理工作的通知》，提出自 2006 年 1 月 1 日起，对案件重要事实和证据问题提出上诉的死刑第二审案件，一律开庭审理，并积极创造条件，在 2006 年下半年对所有死刑第二审案件实行开庭审理。其实，就二审程序而言，即便刑事诉讼法规定了全面审查原则，而根据各地法院的经验，二审开庭并不是对第一审程序的简单重复，而是围绕第二审程序的任务，采取适合二审特点的开庭审理方式，既全面审查，又突出重点。因此，《关于进一步做好死刑第二审案件开庭审理工作的通知》提出，各高级法院开庭审理死刑上诉、抗诉案件，应当重点审查上诉、抗诉理由以及法院认为需要查证的与定罪量刑有关的其他问题。在此基础上，严格依照刑事诉讼法的规定，对第一审判决认定的事实和适用法律进行全面审查。为确保案件质量，《关于进一步做好死刑第二审案件开庭审理工作的通知》要求进一步强化证人、鉴定人出庭制度，要求人民法院开庭审理死刑第二审案件，控辩双方对证人证言、鉴定结论有异议且该证言、鉴定结论对定罪量刑有重大影响的证人、鉴定人以及其他法院认为应当出庭作证的证人应当出庭，从而充分保障被告人的诉讼权利，最大限度发挥第二审法院的"把关"作用，纠正错误判决，防止冤错案件发生。死刑案件二审开庭审理，是全面落实人民法院"二五"改革纲要，改革和完善死刑案件审判程序的重要举措。随着二审全面开庭的推行，可以预见，死刑案件经过了两级法院的开庭审理，存在裁判不当的情形将大大减少，相当比例的死刑案件在认定事实以及适用法律方面是没有问题的。因此，所有死刑案件重复适用与一审、二审同样的审理程序是没有必要的。

总之，死刑复核程序是建立在一审、二审程序基础上的一种审判程序，基于特殊救济程序的特点，其审理程序应不同于第一、二审程序，理应有其自身的特点。基于死刑复核程序的独特价值，只有科学、合理地设计其审理程序，才能合理配置司法资源，并正确发挥其应有功能。因此，对死刑复核审理程序进行改革和完善是非常必要的。死刑复核审理程序包括报送程序、立案程序、审理程序、讨论决定程序几个环节。那么，对于以上这些程序该如何改革与完善呢？本章将对此进行初步探讨。

二、报送程序的改革

报送程序改革主要包括报送材料的范围和期限两个方面。对于高级人民法院报送最高人民法院复核死刑案件的材料要求，《刑事诉讼法》没有规定，最高人民法院司法解释则作出了规定。根据 2012 年最高人民法院《解释》第 346 条的规定，报请复核的死刑案件，应当一案一报。报送的材料应当包括报请复核的报告，第一、二审裁判文书，死刑案件综合报告各五份，以及全部案卷、证据。死刑案件综合报告，第一、二审裁判文书和审理报告应当附送电子文本。同案审理的案件应当报送全案案卷、证据。曾经发回重新审判的案件，原第一、二审案卷应当一并报送。2012 年最高人民法院《解释》第 347 条规定，报请复核的报告，应当写明案由、简要案情、审理过程和判决结果。死刑案件综合报告应当包括以下内容：（1）被告人、被害人的基本情况。被告人有前科或者曾受过行政处罚的，应当写明。（2）案件的由来和审理经过。案件曾经发回重新审判的，应当写明发回重新审判的原因、时间、案号等。（3）案件侦破情况。通过技术侦查措施抓获被告人、侦破案件，以及与自首、立功认定有关的情况，应当写明。（4）第一审审理情况。包括控辩双方意见，第一审认定的犯罪事实，合议庭和审判委员会意见。（5）第二审审理或者高级人民法院复核情况。包括上诉理由、检察机关意见，第二审审理或者高级人民法院复核认定的事实，证据采信情况及理由，控辩双方意见及采纳情况。（6）需要说明的问题。包括共同犯罪案件中另案处理的同案犯的定罪量刑情况，案件有无重大社会影响，以及当事人的反应等情况。（7）处理意见。写明合议庭和审判委员会的意见。

由此可见，高级人民法院报送最高人民法院复核死刑案件时，所报送的材料属于"全面报送"，内容非常广泛，除了报请复核的报告、第一、二审裁判文书、死刑案件综合报告外，还包括全部案卷和证据，可谓无所不包。也就是说，从侦查到起诉，再到一审程序、二审程序，涉及的程序性材料以及证据材料，都属于报送审查的范围。前述《解释》之所以规定"全面报送"是因为，一般认为，作为独具中国特色的刑事诉讼制度设计，死刑复核程序的设置目的在于，对原审裁判认定事实和适用法律问题进行全面审查，以纠正错误或者随意化的死刑裁判。由此，前述《解释》要求全面移送各种程序性、实体性材料，要求对死刑案件的复核并不以当事人提出异议的范围为限，而是需进行全面审查，即全面审查案件的所有事实问题与法律问题。

事实上，所有死刑案件均须"全面报送"的要求是不必要的，徒增司法成本和负担，造成司法资源的浪费。最高人民法院对死刑案件的复核，必须建立在对原审特别是二审法院信任的基础上，即只有检辩双方有异议的问题，才属于最高人民法院复查的范围，至少是复查的重点，否则，如果对原审法院的审理工作持完全怀疑的态度，坚持全面审查，那么不仅背离司法被动性的现代司法规律，也是根本做不到的。如果对死刑案件检辩双方有无异议不加区分，主次无别，全面审查，不仅造成诉讼效率低下，难以合理配置司法资源，而且难以收到理想的复核效果。试想，复核法官埋头于大量的案卷之中，眉毛胡子一把抓，看似很全面、很负责任，但重复劳动，大大加重了法院的工作量，浪费了司法资源，并且这种全面审查导致无法集中审查有争议的问题，针对性差，发现错误和纠正错误的功能必然受到限制。因此，建立在二审程序基础上的死刑复核程序，更应该有的放矢，有针对性地审查检辩双方仍存在异议之处。这就为区分不同情形，简化报送材料的内容，提供了前提。

为此，应进行报送程序的改革，即根据不同的情形，确定报送材料的范围。高级人民法院报请最高人民法院核准死刑案件，有以下几种情形：一是中级人民法院判处死刑的第一审案件，被告人未上诉、人民检察院未抗诉的，在上诉、抗诉期满后 10 日内报请高级人民法院复核，高级人民法院同意判处死刑的，应当在作出裁定后 10 日内报请最高人民法院核准；二是中级人民法院判处死刑的第一审案件，被告人上诉或者人民检察院抗诉，高级人民法院裁定维持，应当在作出裁定后 10 日内报请最高人民法院核准；三是高级人民法院判处死刑的第一审案件，被告人未上诉、人民检察院未抗诉的，应当在上诉、抗诉期满后 10 日内报请最高人民法院核准；四是判处死刑缓期执行的罪犯，在死刑缓期执行期间故意犯罪，认定构成故意犯罪的判决、裁定发生法律效力后，应当层报最高人民法院核准执行死刑；五是因人民检察院提出抗诉而由人民法院按照第二审程序改判死刑的案件，应当报请最高人民法院核准。

遵循诉讼效率和诉讼经济原则，报送材料的范围应因案而异。具体来说，对于第一种情形和第三种情形，应简化报送材料，报送的材料应包括报请复核的报告、第一、二审裁判文书、死刑案件综合报告，经过审查有疑问时可调卷审查，即再行要求报送全部诉讼案卷和证据。对于第二种情形，如果被告人和辩护人对二审裁定没有异议，则仅报送报请复核的报告、第一、二审裁判文书、死刑案件综合报告，如果被告人仍不服死刑判决、辩护人提出异议的，可增加报送二审上诉书、抗诉书、辩护人的书面辩护意见，待审查认为需要时，可要求调卷审查，即要求补报与提出异议相关的案卷、证据，或者报送全部案卷、证据。对于第四种情形和第五种情形，如果被告人、辩护人对案件事实没有异议的，报送报请复核的报告、第一、二审裁判文书、死刑案件综合报告，不再报送全部案卷、证据；如果被告人、辩护人对案件事实提出异议的，报送与异议有关的案卷、证据，或报送全部的案卷、证据。需要说明的是，最高人民法院已经要求高级人民法院对死刑案件二审开庭审理时进行录音录像，那么高级人民法院报送复核时，应随案报送二审庭审的录音录像资料。

就高级人民法院报送最高人民法院复核案件的期限而言，1998 年最高人民法院《解释》所作的 3 日的规定，显得过于紧张。为了保证高级人民法院能够进行充分的准备，应当作出合理的规定，如在二审判决后 10 日或略长的时间内移送。我们注意到，2012 年最高人民法院《解释》第 344 条已经将 3 日改为 10 日。

三、立案程序的改革

对死刑案件而言，在两审终审制的基础上增加一道复核程序，无疑能够进一步保证死刑案件的质量。由于死刑案件数量多，但又千差万别，所以未经筛选的全部复查，必将使得复核没有针对性，不仅增大了法院的压力和任务，徒增诉讼成本，而且使得可能真正有问题的裁决难以得到充分的审查。因此，最高人民法复核死刑案件，应当设置一个以分流案件为目的的立案程序。即由最高人民法院各刑事审判庭设置一个立案小组接受报送复核案件，在进行初步审查后，根据不同情形分别立案，然后交由各合议庭办理。

立案组可以将案件分为以下几种情形分别立案：（1）检辩双方对案件事实认定、适用法律以及量刑均没有异议的；（2）检辩双方对案件事实认定没有异议，双方或一方对法律适用或者量刑存在异议的；（3）检辩双方或一方对案件事实认定有异议，如认为事实不清、证据不足的；（4）检辩双方或一方认为原审程序不公的。

在分别不同情形予以立案的基础上，立案组还可以再做更进一步细致的准备工作，如整理案件的争议重点，或需要合议庭重点审查的问题；对于事实清楚、证据确实充分，罪行极其严重的，可以建议合议庭核准。当然，以后可以进行更进一步的改革，即由立案组对事实清楚、证据确实充分，被告人认罪，符合死刑适用标准的案件直接予以核准。

四、审理程序的改革

2012 年最高人民法院《解释》第 348 条规定，复核死刑案件，应当全面审查以下内容：（1）被告人的年龄，被告人有无刑事责任能力，是否系怀孕的妇女；（2）原判认定的事实是否清楚，证据是否确实、充分；（3）犯罪情节、后果及危害程度；（4）原判适用法律是否正确，是否必须判处死刑，是否必须立即执行；（5）有无法定、酌定从重、从轻或者减轻处罚情节；（6）诉讼程序是否合法；（7）应当审查的其他情况。以上规定要求合议庭复核时进行全面审查，似乎有其合理性。《关于进一步严格依法办案确保办理死刑案件质量的意见》第 39 条也规定，复核死刑案件，应当对原审裁判的事实认定、法律适用和诉讼程序进行全面审查。不过，复核法官埋头于大量的案卷之中，"眉毛胡子一把抓"的做法，很全面但无的放矢，由于没有集中审查有争议的问题，针对性差，审查工作的有效性不高。在实践中，复核法官并不是机械地按照以上审查内容的要求进行全面审查的。也就是说，审查的内容应有重点。2012 年《刑事诉讼法》第 222 条要求二审人民法院进行全面审理，因此，在二审全面审查的基础上，最高人民法院应着重审查检辩双方的意见尤其是辩护人的辩护意见。对于没有异议的部分，可以简略。

合议庭的审理程序应因案而异，可分为书面审理、开庭审理两种方式。复核一起案件时，合议庭成员应首先阅卷。《关于进一步严格依法办案确保办理死刑案件质量的意见》第 41 条也规定，复核死刑案件，合议庭成员应当阅卷，并提出书面意见存查。应着重审查检察机关的意见和辩护人的辩护意见，分为以下几种情形分别处理：

1. 检辩双方对案件事实认定、法律适用以及量刑均没有异议的，实行书面审理。发现疑点的，可调卷审查。

2. 检辩双方对案件事实认定没有异议，但对法律适用或者量刑存在异议的，合议庭着重审查法律适用和量刑是否适当。可在审查检辩双方意见的基础上进行表决，然后作出裁判。如果认为需要改判的，通知检辩双方到庭辩论。

3. 检辩双方对案件事实认定有异议，影响定罪和量刑的，可以书面审理后裁定发回重审，或者决定开庭审理并在检察官、辩护人辩论后裁定发回重审。合议庭经过书面审查，认为原审事实不清、证据不足的，拟作出无罪判决的，应开庭审理，通知检察官、辩护人到场辩论。

4. 检辩双方或一方认为一审、二审程序不公的，可以在书面审查后作出裁判，也可以开庭，通知检辩双方到庭辩论。

此外，还有四个问题值得探讨：一是关于是否讯问被告人的问题。学术界在研讨完善死刑复核程序时，众口一词地主张最高人民法院复核死刑案件应当讯问被告人。《关于进一步严格依法办案确保办理死刑案件质量的意见》第 42 条在肯定高级人民法院复核死刑案件应当讯问被告人的同时规定，最高人民法院复核死刑案件，原则上应当讯问被告人。2012 年修改后的《刑事诉讼法》第 240 条规定，"最高人民法院复核死刑案件，应当讯问被告人"。对于新法作出的上述关于言词审查方式的强制性规定，笔者表示欢迎，但对一律讯问被告人的规定持保留意见。讯问被告人真的有必要吗？且不说侦查、审查起诉阶段的讯问嫌疑人，在一审程序、二审程序中就有公诉人讯问被告人，被告人就指控事实陈述以及被告人最后陈述的程序。被告人陈述的内容应当都记录在法庭审理的笔录之中，而且二审庭均制作录像。复核程序中讯问被告人还有几分必要性？

二是关于听取辩护律师的意见的问题。《关于进一步严格依法办案确保办理死刑案件质量的意见》第 40 条规定："死刑案件复核期间，被告人委托的辩护人提出听取意见要求的，应当听取辩护人的意见，并制作笔录附卷。辩护人提出书面意见的，应当附卷。"这一规定顺应了法学界和律师界要求听取辩护人意见的呼声，使得复核程序获得了开放性。相比较而言，2012年修改后的《刑事诉讼法》第 240 条关于"最高人民法院复核死刑案件……辩护律师提出要求的，应当听取辩护律师的意见"的规定，不仅没有取得突破，相反显得趋于保守。我们认为应规定为，原则上由辩护律师提交书面辩护意见；辩护律师提出要求，法官当面听取辩护律师意见的，须明确规范程序：应采开庭形式，同时通知最高人民检察院派检察官到场，避免法官单方面听取辩护律师意见。

三是关于听取最高人民检察院意见的问题。2012 年修改后的《刑事诉讼法》第 240 条规定："在复核死刑案件过程中，最高人民检察院可以向最高人民法院提出意见。最高人民法院应当将死刑复核结果通报最高人民检察院。"该规定无疑还不够明确，需要完善。我们认为，最高人民检察院有权向最高人民法院提出意见，既可以是书面意见，也可以是口头意见。最高人民检察院提出书面意见的，最高人民法院应当将书面意见的副本送达被告人和辩护律师；如果最高人民法院听取最高人民检察院口头意见的，应当通知辩护律师到场，辩护律师可以和检察官进行辩论。关于"最高人民法院应当将死刑复核结果通报最高人民检察院"的规定，我们认为不符合裁判文书送达制度，最高人民法院应当将复核后的裁定书送达最高人民检察院，这才是规范的做法。

四是关于调查核实证据的问题。《关于进一步严格依法办案确保办理死刑案件质量的意见》第 41 条规定，对证据有疑问的，应当对证据进行调查核实，必要时到案发现场调查。这一规定赋予了复核方式以灵活性，是可行的。

五、裁判方式的改革

死刑复核程序的裁判方式，是指对死刑案件复核后，最高人民法院可以作出哪些种类的裁判。无疑，最高人民法院对报请复核的死刑案件进行复核后，可能出现多种情形，需要作出不同的裁判分别处理。不过，1996 年《刑事诉讼法》没有规定最高人民法院对死刑案件进行复核后可以作出哪些裁判。1998 年最高人民法院《解释》第 285 条则作出了具体规定，即对判处死刑的案件，复核后应当根据案件情形分别作出裁判：（1）原审判决认定事实和适用法律正确、量刑适当的，裁定予以核准；（2）原审判决认定事实错误或者证据不足的，裁定撤销原判，发回重新审判；（3）原审判决认定的事实正确，但适用法律有错误，或者量刑不当，不同意判处死刑的，应当改判；（4）发现第一审人民法院或者第二审人民法院违反法律规定的诉讼程序，可能影响正确判决的，应当裁定撤销原判，发回第一审人民法院或者第二审人民法院重新审判。

需要指出的是，最高人民法院《关于复核死刑案件若干问题的规定》第 1 条规定，最高人民法院复核死刑案件，应当作出核准的裁定、判决或者不予核准的裁定。我们认为，这样的规定有其合理性，不过放弃了直接改判这一方式，可以理解但恰是一个缺憾。《刑事诉讼法修正案（草案）》第 85 条规定："增加一条，作为第 238 条：最高人民法院复核死刑案件，应当作出核准或者不核准死刑的裁定。对于不核准死刑的，最高人民法院可以发回重新审判或者通过提审予以改判。"可见，立法起草部门认可了复核后"改判"的裁判方式，但是要求通过提审，而不能直接改判。我们认为提审的要求是不必要的。2012 年修改后的《刑事诉讼法》第 239 条规定："最高人民法院复核死刑案件，应当作出核准或者不核准死刑的裁定。对于不核准死刑的，最高人民法院可以发回重新审判或者予以改判。"上述规定无疑认可了最高人民法院复核后直接改判的做法，这是正确的。而 2012 年最高人民法院《解释》在吸收《关于复核死刑案件若干问题的规定》关于复核后裁判方式的规定的基础上，并没有规定可以改判。其第 350 条规定，最高人民法院复核死刑案件，应当按照下列情形分别处理：（1）原判认定事实和适用法律正确、量刑适当、诉讼程序合法的，应当裁定核准；（2）原判认定的某一具体事实或者引用的法律条款等存在瑕疵，但判处被告人死刑并无不当的，可以在纠正后作出核准的判决、裁定；（3）原判事实不清、证据不足的，应当裁定不予核准，并撤销原判，发回重新审判；（4）复核期间出现新的影响定罪量刑的事实、证据的，应当裁定不予核准，并撤销原判，发回重新审判；（5）原判认定事实正确，但依法不应当判处死刑的，应当裁定不予核准，并撤销原判，发回重新审判；（6）原审违反法定诉讼程序，可能影响公正审判的，应当裁定不予核准，并撤销原判，发回重新审判。

我们认为，2012 年最高人民法院《解释》第 350 条关于死刑案件复核后裁判方式的规定，其中第 1、2、4、6 项是适当的，第 3、5 项需要完善。其中，对于第三种情形，除了裁定撤销原判发回重新审判外，还应当增加直接改判无罪的裁判形式。因为，经过审理，如果认为原判证据不足的，即达不到法定的"证据确实充分"的证明标准，按照罪疑从无的精神，依据 2012 年《刑事诉讼法》第 195 条第 3 款的规定，应当直接作出无罪判决才是。因此，第三种情形建议改为"原判认定事实错误或者事实不清、证据不足的，应当改判无罪，或者裁定撤销原判，发回重新审判"。对于第五种情形的裁判，应当恢复 1998 年最高人民法院《解释》第 285 条第 3 项的规定，可规定为"原判认定事实正确，但适用法律有错误，或者量刑不当，不同意判处死刑的，应当改判"。

总之，最高人民法院对死刑案件进行复核后的裁判，可分为核准和不核准两种，而不同意核准又包括改判以及裁定撤销原判发回重审。

六、讨论决定程序的改革

（一）审判组织与表决规则的改革

1. 改革死刑复核合议庭与刑事审判专业委员会的组成

为了充实死刑案件的审判力量，应对死刑复核合议庭的组成方式进行改革。凡是决定开庭审理的死刑案件，合议庭的人数可增加至 5 人。在现代国家，审判重罪案件的法庭法官人数一般多于轻罪案件，而且相差悬殊，因为较多的合议庭组成人员也是确保死刑案件质量的一种有效的程序性保障措施。

死刑核准权收回后，最高人民法院建立了审判委员会刑事审判专业委员会，使刑事审判力量得到显著加强。刑事审判专业委员会作为最专业和最权威的复核机构，其讨论的应主要限于重大诉讼程序问题与法律适用问题，其意义在于解释法律，确立规则。为此，应由大法官充任委员，如有必要，可以进一步扩大范围，将刑事审判庭庭长亦列为委员。

2. 改革评议表决规则

为了严格适用死刑，可以提高表决时的同意比例，即只有在合议庭法官一致（或绝对多数）同意时才能对被告人判处死刑。关于合议庭的评议原则，刑事诉讼法规定的是"少数服从多数原则"，即合议庭成员在评议案件的时候，应当表明自己的意见。如果意见有分歧，应按多数人的意见作出决定。基于死刑判决的严重性，可实行合议庭所有法官一致同意的原则，至少是绝对多数而不能是简单多数。这是在程序上对死刑慎重性的一种保障。这在国际上是有先例可循的。如《俄罗斯联邦刑事诉讼法典》第 301 条第 2 款规定，合议庭在评议解决每个问题时，均按多数票决定，而第 4 款规定，"只有在所有法官一致同意时才能对犯罪人判处死刑"。

刑事审判专业委员会讨论决定案件，可以适用简单多数原则，也可以适用绝对多数的原则，关键取决于死刑的政策。

（二）复核决定程序的改革

1. 核准程序的改革

核准的情况，属 2012 年最高人民法院《解释》第 350 条规定的第一种情形，即原判认定事实和适用法律正确、量刑适当、诉讼程序合法的，应当裁定核准。

对于核准的程序，有两种方式可以选择。一是，合议庭经过审理、评议后，认为原判认定事实和适用法律正确、量刑适当、诉讼程序合法，同意判处死刑的，可以直接予以核准，不再报请刑事审判专业委员会讨论决定。因为 2012 年《刑事诉讼法》第 180 条规定，"合议庭开庭审理并且评议后，应当作出判决。对于疑难、复杂、重大的案件，合议庭认为难以作出决定的，由合议庭提请院长决定提交审判委员会讨论决定"，也就是说，是否将案件提请刑事审判专业委员会讨论决定，取决于合议庭的意见，如果合议庭能够作出决定的，就不必报请刑事审判专业委员会，只有合议庭"认为难以作出决定"的，才由合议庭自主提请院长决定提交刑事审判专业委员会讨论决定。二是，合议庭审理、评议后同意判处死刑的，还须报请刑事审判专业委员会讨论决定，再进行一次审查和把关。死刑复核程序的目的是坚持慎杀，防止错杀，基于这样的功能观，合议庭提请院长决定提交刑事审判专业委员会讨论审查，再进行一次过滤，有着不可否定的价值。需要说明的是，为了保障刑事审判专业委员会适当的工作量，让刑事审判专业委员会集中力量审理最需要审查的案件，可以对死刑案件予以区分，即凡合议庭成员一致同意判处死刑的，不必报请刑事审判专业委员会审查。多数持同意意见的，可以报请刑事审判专业委员会再次审查。

2. 不核准程序的改革

不核准死刑的情形，分为改判和裁定撤销原判发回重审两种。其中，改判属于实体性的变更，包括改判较轻刑罚和改判无罪；而裁定撤销原判发回重审，则属于程序性的否定。

合议庭不同意核准死刑的，不需要经过刑事审判专业委员会讨论决定，即只需由合议庭自行决定。合议庭对死刑案件进行审理并评议后，应当进行表决。如果多数意见认为事实清楚、证据充分，但适用法律有错误，或者量刑不当，不同意判处死刑的，由合议庭依法作出改判的判决；如果认为事实不清、证据不足或者原审违反程序的，可以改判无罪或者裁定撤销原判发回重审。以上情形，即合议庭决定改判或者发回重审的，不再报刑事审判专业委员会讨论决定，但涉及重大诉讼程序问题与法律适用问题的除外。发回重审，既可以发回原审法院审理，也可以根据需要发回其他下级人民法院进行审理，这样可以避免由原审法院重新审理存在的弊端。不可否认，实践中一些情况下发回原审法院重新审理的效果并不好。

七、关于死刑复核的期限

刑事诉讼法规定了一审程序和二审程序的审理期限，但没有规定死刑复核程序的期限。2012 年修改后的《刑事诉讼法》仍然没有规定死刑复核的期限，可见立法机构不为死刑复核程序设置期限的立场是一贯的。关于死刑复核的期限问题，有两种观点。一种观点主张设定一个明确的期限，或 3 个月或 6 个月，另一种观点主张不设定期限。《关于进一步严格依法办案确保办理死刑案件质量的意见》在某种意义上对这一问题做了回答。第 43 条规定，人民法院在保证办案质量的前提下，要进一步提高办理死刑复核案件的效率，公正、及时地审理死刑复核案件。这里没有直接规定期限，而要求"公正、及时"。这一表述是适宜的、可取的，符合死刑复核程序的特殊性。至于有论者担心可能导致过分迟延或者故意拖延的问题，我们认为，可以通过最高人民法院的内部程序加以控制。

第十章

刑事再审程序改革反思

对于刑事再审程序改革，专著、论文已多有论述，既有理论分析、比较法推导，亦有建言献策①，如果本章仍然着眼于理论的推演，难免拾人牙慧，流于话语重复；如果拘泥于具体改革措施的分析则容易导致视野局促，难免陷入细枝末节、就事论事的窠臼而缺乏体系性的宏观思考。基于此，本章力图从一个全新的视角切入分析既往的刑事再审程序改革。

观察中国的司法改革实践，不难发现，在一项全国性的改革措施推出时，改革的主政者往往会提出改革的指导思想，确定改革的指导方针，这在相当程度上决定了改革的基调、走势。就刑事再审程序改革来讲，最高人民法院及刑事再审工作主政者拟定的改革指导思想左右着刑事再审程序改革进程。并且，当前司法实践中再审指导理念已经发生了重大变迁，学术界长期以来批判的"实事求是，有错必纠"的指导思想已经发生动摇。基于上述考量，本章主要着眼于集中体现刑事再审程序改革指导思想的最高人民法院关

---

① 比较有代表性的专著有陈光中主编：《刑事再审程序与人权保障》，北京大学出版社 2005 年版；陈卫东：《刑事审判监督程序研究》，法律出版社 2001 年版；黄士元：《刑事再审制度的价值与构造》，中国政法大学出版社 2009 年版；谭淼：《刑事再审理论与制度》，中国政法大学 2003 届博士学位论文；范培根：《刑事再审程序之改进与完善》，中国政法大学 2003 届博士学位论文；张述元：《论刑事审判监督二重性及制度创新》，西南政法大学 2004 届博士学位论文。比较有代表性的论文有熊秋红：《错判中的纠正与再审》，《环球法律评论》2006 年第 5 期；刘计划、李大伟：《评最高人民法院关于刑事审判监督程序的两个司法解释》，《法商研究》2004 年第 3 期；韩阳：《刑事再审理由探析》，《法学研究》2005 年第 3 期。

于审判监督的一系列会议①以及刑事再审改革工作主政者的言论来梳理近些年的刑事再审程序改革。② 当然，之所以将刑事再审程序改革的指导思想作为考察的切入点，另外一个方面的原因在于，在改革主政者看来，"观念的转变涉及整个指导思想的调整。要放弃不符合司法规律性、特殊性的思想观念和指导思想，树立现代司法理念和指导思想"③。"改革能否顺利启动，能否健康推进，解放思想、更新观念起着决定性的作用"④。在再审程序改革中，正是在上述指导思想的指引下，人民法院制定具体改革措施，从而形成近十年来的持续改革。由此，我们选取能够充分代表其时最高人民法院刑事再审改革指导理念的言论作为主要阐述对象，探寻改革指导理念的变迁，找寻其中的规律。

一、"有错必纠"原则的重申

尽管最高人民法院自 2000 年年初才开始着手进行审判监督程序改革⑤，但实际上，在 1996 年刑事诉讼法实施不久，最高人民法院即着手研讨如何加强审判监督，1997 年 9 月 16 日至 19 日召开的"全国法院立案和刑事审判监督工作座谈会"，"总结近年来立案和审判监督工作的情况和经验，讨论研究进一步推行立审分开、审监分开，完善立案工作程序和制度，全面加强审判监督，促进审判工作更大发展"。在这次会议上，时任最高人民法院常务

---

①　一般而言，最高人民法院每年都会召开全国法院审判监督工作会议（座谈会、经验交流会），主管审判监督工作的副院长都会出席大会并作主旨报告，尽管这并非单独的刑事审判监督工作会议，但这一高规格的、全国性会议涵盖刑事再审工作，甚至会对刑事再审工作作出专门部署。并且，就审判监督程序改革的指导思想而言，从历次会议精神中看不出刑事、民事再审程序改革有多大差异。尤其是，当审判监督程序改革主政者并未言明改革指导思想有特殊指向时，我们认为对于所有再审程序是一体适用的。

②　尽管明确了梳理的对象，但仍然面临诸多困难，毕竟，作为局外人，作者难以将历次重要会议做全面、详尽且深入的考察，尤其是刑事再审程序改革主政者的讲话未必全文公开，甚至有些讲话发表于内部会议而不为公众所知。

③　沈德咏：《谈审判监督工作和审判监督改革》，见沈德咏主编《最新再审司法解释适用与再审改革研究》，人民法院出版社 2003 年版，第 121 页。

④　沈德咏：《加强审监工作 推进审监改革 建立和完善有中国特色的审判监督新机制》（2001 年在全国审判监督工作座谈会上的讲话）。

⑤　沈德咏大法官指出，"根据《人民法院五年改革纲要》的要求和最高人民法院的工作部署，2000年初我们开始着手进行审判监督改革"。沈德咏：《深化审判监督改革 加强审判监督工作》（2002 年 8 月 7 日在全国审判监督改革经验交流会上的讲话）。

副院长祝铭山大法官在讲话中指出："设置专门机构来办理立案和审判监督工作，是人民法院的一项改革。"并特别指出："为做好审判监督工作，应当强调：一是强化上级法院依法监督的有效性和权威性。二是高度重视当事人申诉、申请再审。三是坚持实事求是，有错必纠的原则。"① 通过上述分析可以看出，在 1996 年刑事诉讼法通过之初，尽管刑事再审程序改革并未被明确提出，但通过最高人民法院着眼于强化审判监督程序以及在全国范围内推行立审分开、审监分开改革可以看出，此时刑事再审程序改革的苗头已经初步显现。同时，我们可以清晰地看到，此时最高人民法院关于刑事再审程序的指导思想是"实事求是，有错必纠"，尽管这一点是祝铭山大法官"三点强调"中的最后一点，但不难看出，上级法院依法监督权和保障当事人申诉权的落脚点在于坚持"实事求是，有错必纠"的原则。

通过上文可以看出，彼时的刑事再审程序改革是在坚持"实事求是，有错必纠"原则下改革法院内设机构，实现审监分开，以保障当事人的申诉权。进而言之，在这一时期，刑事再审程序改革在理念上并无多少创新，依旧是沿袭传统刑事再审程序的指导理念。这一判断可以通过解读这一时期人民法院最重要的司法改革文件——《人民法院五年改革纲要》（最高人民法院 1999 年 10 月 20 日发布，以下简称"一五"改革纲要）得到验证。"一五"改革纲要在谈及刑事再审程序改革时只是提出要进行具体的改革，并未触及理念的革新。②

通过上文可以看出，这一时期重在落实 1996 年刑事诉讼法关于刑事再审程序的规定，从技术上完善刑事诉讼法的规定，使刑事诉讼法更具有可操作性。刑事再审程序的指导理念延续的是既往的"实事求是，有错必纠"，尽管刑事再审程序改革初现端倪，但在指导理念上并未发生变化。

二、"依法纠错"原则的艰难确立

"一五"改革纲要设定了多项改革的时间表，提出"进一步明确审判部

---

① 樊军：《努力开创立案和审判监督工作的新局面——全国法院立案和审判监督工作座谈会侧记》，《法律适用》1997 年第 2 期。

② "一五"改革纲要第 15 条提出："对于刑事再审案件，要在总结试点经验的基础上，制定刑事再审案件开庭审理的规定。"

门的职责范围和分工，改变目前职能交叉、分工不明的状况。2000 年年底前，最高人民法院对审判庭、室的职责范围作出明确规定"①。随着 2000 年年底最高人民法院审判监督庭的设立②，刑事再审程序改革真正进入快车道。在最高人民法院看来，"思想不突破，不解放思想，整个再审改革无从谈起"，"观念不转变，不可能达到制度创新的目的"③，基于对指导思想、观念更新重要性的认识，最高人民法院要求"抓统一认识，增强改革意识"，同时"积极开展调查研究和理论论证活动"④，并通过"标志着审监改革在全国法院正式全面启动"⑤ 的全国法院审判监督工作座谈会（以下简称重庆会议）提高认识、统一思想，促进再审改革理念的革新。

在作者看来，重庆会议作为最高人民法院审判监督庭成立以来的第一次全国性会议，其重要意义不仅仅在于将研究、部署审判监督程序改革作为会议的中心议题，亦不在于针对未来的刑事再审程序改革提出了诸多具体方针，而在于沈德咏大法官的主题报告中提出用"依法纠错"原则替代以往的"有错必纠"原则，毫无疑问，"依法纠错"原则的提出预示着再审工作中长期坚持的"实事求是，有错必纠"原则将作重大调整。

沈德咏大法官在重庆会议的讲话中指出，"当前重点是正确理解'实事求是，有错必纠'方针在审判监督工作中的贯彻问题"，主张"今后，在处理申诉、再审案件时，一般不再提有错必纠，以免产生歧义和误解，但再审工作必须坚持'依法纠错'原则"⑥。其实，沈德咏对于"实事求是，有错必纠"原则的反思由来已久，在 2000 年 11 月 30 日最高人民法院审判监督庭全体干部会上，沈德咏在讲话中指出，"'实事求是，有错必纠'作为一个思想原则、政治原则是一个好原则，但它不完全适合于司法工作尤其是审监工作。如果仍然停留在旧的认识水平上，将有错必纠作为再审立案的指导原则

---

①　"一五"改革纲要第 24 条。

②　参见《最高人民法院机关内设机构及新设事业单位职能》（最高人民法院 2000 年 12 月 4 日印发）。

③　沈德咏：《坚持五项原则 加强审监庭建设》，见沈德咏主编《最新再审司法解释适用与再审改革研究》，第 109 页。

④⑤　沈德咏：《深化审判监督改革 加强审判监督工作》，见沈德咏主编《最新再审司法解释适用与再审改革研究》，第 148 页。

⑥　沈德咏：《加强审监工作 推进审监改革 建立和完善有中国特色的审判监督新机制》（2001 年在全国审判监督工作座谈会上的讲话）。

乃至整个司法工作的指导原则就太落后了。这是非常关键的一个问题。这个思想不突破，不解放思想，整个再审改革无从谈起"。在 2001 年 2 月 20 日召开了全国部分法院审判监督工作研讨会（以下简称上海会议），上海会议可以视为最高人民法院再审程序改革的吹风会①，发挥了思想启蒙的作用，沈德咏大法官在此次会议上对再审程序改革做了全面论述，并对"有错必纠"作出反思性评价。可见，重庆会议确立的"依法纠错"原则与上述两次会议是一脉相承的，由于重庆会议的特殊重要性，此次会议的召开标志着"依法纠错"原则的正式确立。

尽管重庆会议正式在全国范围内提出"依法纠错"原则，但这并不意味着这一原则得到了普遍接受，在改什么、如何改的问题上仍然存在争议。②针对这种状况，沈德咏大法官在 2002 年召开的全国审判监督改革经验交流会（以下简称青岛会议）上要求，"在关于审监改革的方向问题上，各级法院及其审监庭应该把思想统一到最高人民法院党组的决策上来，应该统一到全国高级法院院长会议的要求上来，不应该再为任何是是非非的观点和议论所左右，不应该有任何的怀疑、动摇和徘徊"③。沈德咏大法官明确宣示了最高人民法院在再审程序改革上的坚定立场，并就当时必须有重点地进行研究并着手推进的几项改革措施作出部署，明确提出：

一是确立"依法纠错"原则。发起再审的根本理由是存在"司法错误"，但司法错误不等于一般意义上的错误，即使存在一般的司法错误也不构成发起再审的理由。因此，认真研究和把握现代司法错误的理念，依法科学确定作为再审理由的程序错误和实体错误标准，是科学构建现代再审机制的关键所在。④

在重庆会议的基础上，沈德咏大法官进一步明确了何谓"依法纠错"，并将确立"依法纠错"原则作为再审改革重点中的第一项要求。特别是通过青岛

---

① 按照沈德咏大法官的说法，其在此次会议上"提出了审监改革的初步设想，引发了大家的积极思考和热烈讨论"。

② 参见沈德咏：《深化审判监督改革 加强审判监督工作》，见沈德咏主编《最新再审司法解释适用与再审改革研究》，第 148 页。

③ 沈德咏：《深化审判监督改革 加强审判监督工作》，见沈德咏主编《最新再审司法解释适用与再审改革研究》，第 155 页。

④ 参见沈德咏：《深化审判监督改革 加强审判监督工作》，见沈德咏主编《最新再审司法解释适用与再审改革研究》，第 156 页。

会议的再次重申，"依法纠错"原则作为再审改革的指导原则得以逐步确立。当然，这一时期倡导"依法纠错"并不意味着抛弃了"有错必纠"，而是将"依法纠错"作为"'有错必纠'原则在司法程序中的具体体现"①，"依法纠错"在"实事求是，有错必纠"的话语系统中完成了意识形态的建构。

随着立审分立、审监分立工作机制的理顺，随着全国范围内审判监督庭的普遍设立，最高人民法院文件中明确指出："人民法院经过近几年的司法改革，已经为再审程序的改革做好了工作机制层面以及理论层面的准备，现在最为主要的是实质启动再审程序制度层面的改革。"② 从这一表述可以看出，最高人民法院认为再审改革的理论以及机制层面的准备已经完成，尽管如此，最高人民法院依然将指导思想的转变、树立作为一项重要任务。在其后两年召开的全国法院审判监督工作会议上，最高人民法院不再单独阐述"依法纠错"原则，而是将"依法纠错"与法院在各个阶段的工作主题以及党和国家的施政方针紧密结合起来。在 2003 年的全国法院审判监督工作座谈会上，沈德咏大法官要求"坚持司法为民思想，深化审判监督改革"③，在 2004 年全国法院审判监督工作座谈会上，沈德咏大法官要求从贯彻落实科学发展观的角度，"坚持依法纠错，努力实现审判监督法律效果和社会效果的统一"，并阐述了依法纠错、法律效果与社会效果三者之间的辩证统一关系。④ 通过对于"依法纠错"原则的进一步重述，"依法纠错"原则不仅与既往的"有错必纠"原则协调统一，更重要的是，"依法纠错"紧扣时代主题，紧密结合党和国家工作大局，使得"依法纠错"在执政党的话语体系中获得合法性、正统性。

三、复杂关系图景中的"依法纠错"原则

通过上述一系列会议，"依法纠错"原则已经基本确立，但"依法纠错"

---

① 沈德咏：《加强审监工作 推进审监改革 建立和完善有中国特色的审判监督新机制》（2001 年在全国审判监督工作座谈会上的讲话）。

② 最高人民法院《关于启动再审程序制度改革调研活动的通知》（2002 年 1 月 30 日）。

③ 沈德咏：《坚持司法为民思想　深化审判监督改革》（2003 年在全国法院审判监督工作座谈会上的讲话）。

④ 参见沈德咏：《树立和落实科学发展观　努力做好审判监督工作》（2004 年在全国法院审判监督工作座谈会上的讲话）。

原则面临着与其他相关问题的协调，最高人民法院对"依法纠错"原则不断作出调适，力图缓和"依法纠错"原则可能带来的冲击。最高人民法院在2005年以后的历次审判监督工作会议上都不再单独强调"依法纠错"原则，而是试图在"依法纠错"原则与相关理念之间寻找平衡。

在2005年的全国审判监督工作座谈会上，苏泽林指出："树立审监工作既要依法纠错，又要维护司法既判力的意识。从诉讼法中关于审判监督的设计本身就能看出，依法纠错和维护司法既判力同为审监工作的两项重要内容。"[①] 2008年4月7日苏泽林在关于刑事再审制度改革的讲话中指出："依法纠错与维护司法权威之间的关系是辩证统一的关系。强调依法纠错，并不意味着凡错必究。"[②] 刑事再审制度的改革必须注意：一方面，要积极维护正确生效判决的权威性；另一方面，又应当坚决依法纠正缺乏公正性的生效裁判，通过对于错案的纠正，让更多的裁判取信于民，赢得应有的司法权威。[③]在该次会议上，苏泽林明确提出："即将启动的刑事再审制度改革，其目标是建立一个'实事求是、依法纠错、加强监督、保障人权'的有中国特色的刑事再审制度。"[④] 如果说"依法纠错"与维护司法权威呈现出一种辩证关系，那么，此时最高人民法院再次在刑事再审程序改革中提出其一直努力废弃的"实事求是"的理念就颇堪玩味了。

2008年6月30日，江必新在关于刑事再审制度的讲话中指出："理念是制度的灵魂和核心。制度改革必须以理念更新为前提"；"要做到纠正司法错误与维护司法权威和节约诉讼成本的有机统一"；"首先，要确立依法纠错原则，即只有当生效裁判存在依照法律应当纠正的错误时，才可以启动再审程序……其次，要确立维护法的确定性原则……前者是从法律形式上加以限制，后者是从结果实质上加以限制，只有将两者统筹兼顾起来才可能实现纠

---

① 苏泽林：《认真履行职责 努力推进改革 建立、完善审判监督工作新机制》（2005年11月23日在全国法院审判监督工作座谈会暨先进集体和先进个人表彰会上的讲话）。

② 苏泽林：《坚持社会主义法治理念，完善我国刑事再审制度》，见江必新主编《审判监督指导》（总第24辑），人民法院出版社2008年版，第2页。

③ 参见苏泽林：《坚持社会主义法治理念，完善我国刑事再审制度》，见江必新主编《审判监督指导》（总第24辑），第3页。

④ 苏泽林：《坚持社会主义法治理念，完善我国刑事再审制度》，见江必新主编《审判监督指导》（总第24辑），第4页。

正司法错误与维护司法权威和节约诉讼成本的有机统一"①。

如果说上述表态仍然不够明确的话，2009 年的全国法院审判监督工作座谈会（以下简称武汉会议）则充分体现了最高人民法院对"依法纠错"原则的进一步调整。武汉会议又是一个标志性会议，其总结了广州会议以来再审工作的成绩与经验，并对当时和今后一段时期审判监督工作提出基本要求。②

尽管江必新在武汉会议上坦陈"依法纠错功能的发挥尚不充分，不愿改、不敢改、不依法改问题依然存在"③，并要求下一步的再审工作"认清形势，进一步端正审判监督工作理念"，但此时对于审判监督工作理念的表述已经不再是简单地树立和贯彻"依法纠错"原则了，而是将"依法纠错"原则置于与保障个人权利、维护社会关系稳定的复杂关系图景中。

坚持依法纠错，强化保障个人权利与维护社会关系稳定相统一的意识。王胜俊院长指出，人民群众希望有错必纠，我们的再审工作就要处理好依法纠错和维护生效裁判既判力的关系，不能固守西方奉行的所谓绝对的"既判力"和"一事不再理"的观念，及时依法依程序纠正错案。坚持依法纠错，就要依法把握启动再审的条件，只要是法定的主体，在法定的期限内，以法定的再审事由，向有法定管辖权的法院申请再审的，就应当受理，从程序上保障当事人申诉与申请再审的权利。坚持依法纠错，就要敢于纠错，依法进行改判，当生效裁判存在应当纠正的错误时，要在依法启动再审程序的基础上予以纠正，从实体上依法保障当事人合法权益；对于实体上没有问题，但程序上存在明显瑕疵的，也要依法予以确认和纠正。坚持依法纠错，更要依法及时纠错，坚决避免有错不改、有错不及时改的现象，以此避免法院工作陷入被动，引发更多的诉讼成本、公信成本、甚至道德成本。坚持依法纠错，也要依法维护生效裁判，注意生效裁判的稳定性。这不是简单地要维护法院的司法权威，而是为了维护法律关系

---

① 江必新：《坚持正确的政治方向 稳妥进行刑事再审和减刑假释制度改革》（2008 年 6 月 30 日在刑事再审及减刑假释研讨会上的讲话）。

② 参见江必新：《构建中国特色审判监督工作新机制 推动审判监督工作科学发展》（2009 年 4 月 27 日在全国法院审判监督工作座谈会上的讲话）。

③ 江必新：《构建中国特色审判监督工作新机制 推动审判监督工作科学发展》（2009 年 4 月 27 日在全国法院审判监督工作座谈会上的讲话）。

的稳定性、社会关系的稳定性，防止因随意启动再审程序而带来法律关系、社会关系乃至生活秩序的紊乱。在我们的审判监督工作中，对于不存在法定再审事由的生效裁判，对于化解了矛盾纠纷的正确生效裁判，要坚决抵制各种非正常因素的干扰，避免无限再审情况的发生，依法维护法律秩序、交易秩序和社会秩序的稳定。①

从上述论述中，我们不难看出，"依法纠错"原则已经不再如前几年一样明晰、清楚了，而是越来越难以捉摸，在 2009 年随后召开的全国法院审判监督工作经验交流视频会议上，江必新则对"依法纠错"原则做了进一步阐述：

依法纠错理念，是"实事求是、有错必纠"的党的基本原则在司法领域中的具体体现。"依法纠错"即是说只要依法应当纠正，纠正得越彻底、越及时越好。要坚持"当纠则纠"的思想，摒弃"能维则维"的观念。一些错误案件转来转去，对其中的错误遮遮掩掩，但最终还是改了，与其如此，不如早下决心予以纠正。②

通过对于上述一系列会议的考察，我们可以看出，从 2005 年开始，最高人民法院在不断调适"依法纠错"原则，其不仅仅是从"实事求是，有错必纠"的框架中寻求其合法性，而且是在对"依法纠错"原则进行切实的调整。在最高人民法院的不断调适下，其在再审程序改革之初强调的严格意义上的"依法纠错"被逐渐限制，普通民众朴素的"有错必纠"观念在影响着最高司法实务部门的观念，被最高司法实务部门废弃的"实事求是，有错必纠"的话语系统又重新登场，"依法纠错"在复杂的关系图景中被逐渐限缩。

四、从塑造理念到建构新机制

与"依法纠错"原则逐渐退缩相映成趣的是，在 2010 年全国法院审判监督工作经验交流视频会议上，江必新提出"积极探索审判监督纠错新机制

---

① 参见江必新：《构建中国特色审判监督工作新机制 推动审判监督工作科学发展》（2009 年 4 月 27 日在全国法院审判监督工作座谈会上的讲话）。

② 参见江必新：《树立正确的审监理念 切实加强审监职能 继续推动审判监督工作科学发展》（2009 年 12 月 3 日在全国法院审判监督工作经验交流视频会议上的讲话）。

推动审判监督工作科学发展"，详细阐述了创新审判监督纠错机制需要完善的八个方面。从这样一个主旨报告中我们不难看出，最高人民法院对于再审程序改革的重点已经从再审工作理念的塑造转向再审工作机构的探索与构建。

当然，在此次会议上，江必新仍然提出要坚持"依法纠错"原则，指出"要坚持'依法纠错'原则，决不能因为纠正原判错误可能影响原审法院、原审法官的绩效考核就'将错就错'……确保纠之适度、纠之得法、纠之有效，确保依法纠错与法的安定性、社会关系的稳定性的平衡"①。然而，此次会议的重点已经不再是宏大的理念问题，而是转向具体的机制构建问题。正如江必新所言，"制度机制问题是最根本的问题，牵一发而动全身，抓住制度机制问题，就抓住了解决问题的关键环节。创新审判监督纠错新机制是维护和促进司法公正的必要手段。各地法院要充分认识审判监督纠错机制的极端重要性"。

当最高人民法院认为"纠错机制"具有极端重要性时，我们似乎可以得出这样一个判断，在最高人民法院看来，思维的革新与再审理念的塑造已经完成，人民法院的再审程序改革将从宏大的理念塑造转向具体的制度构建。2011 年王胜俊院长的最高人民法院工作报告中明确提出"探索审判监督纠错新机制"即为这一判断的注脚。

五、刑事再审程序改革反思

本章试图通过分析刑事再审指导理念的演变来盘点既往的刑事再审程序改革历程。通过前文的分析，我们可以看出，在最高人民法院推动刑事再审程序改革之初，其主要着眼点在于革新刑事再审程序的指导思想，力图否定"实事求是，有错必纠"在刑事再审中的指导地位，试图从理念上革新传统的"实事求是，有错必纠"，并树立与之相对的"依法纠错"的指导理念。然而，"依法纠错"原则的确立则是一个漫长的过程，并且，我们今天亦很难说"依法纠错"原则是否真正、完全确立。

在我们看来，"依法纠错"原则更多地承载着最高人民法院对于刑事再

①　江必新：《积极探索审判监督纠错新机制　推动审判监督工作科学发展》（2010 年 12 月 14 日在全国法院审判监督工作经验交流视频会议上的讲话）。

审程序改革的希望，其希望改变刑事再审程序的现状，改变"主体无限、时间无限、次数无限、审级无限、理由或条件无限"①的现状，力图通过再审程序改革改变司法实践中的无限申诉、无限上访问题，维护裁判的稳定性，树立司法权威。而进行这样一种改革，首当其冲的是改革传统的再审指导观念。因为，在最高司法实务部门主政者看来，"实事求是，有错必纠"的指导理念堪称导致上述再审现状的"罪魁祸首"。基于此，最高人民法院试图通过一系列努力来革新旧的指导理念，奠定刑事再审程序改革的新理念，并以此来指导新时期的再审工作。

长期以来，我们的刑事再审程序奉行"实事求是，有错必纠"的原则，特别是在 20 世纪 80 年代纠正冤假错案过程中，该原则发挥了至关重要的作用，更加奠定了其在再审程序中的基础地位。确实，"实事求是，有错必纠"更多的带有政治色彩、带有意识形态的特征，而缺乏法律的专业性，当然，这与长期以来的诉讼法律文化是一脉相承的，是一直以来奉行的客观真实原则在再审程序中的贯彻。

然而，固然"实事求是，有错必纠"的指导思想存在诸多问题，但要想革新这一长期以来在实践中被广为接受的理念，则是一个漫长的过程。尽管最高人民法院通过一系列会议确立了"依法纠错"原则，要求各地法院在再审工作中贯彻"依法纠错"理念，然而，通过上文的考察我们很难说"依法纠错"原则取得了对传统指导思想的胜利。特别是近几年，"依法纠错"原则陷入被其他指导观念的包夹之中，我们甚至认为，当下刑事再审工作的指导理念与改革之前并没有发生实质变化。当然，我们并非彻底否定最高人民法院确立"依法纠错"原则的努力，只是想表明，刑事再审理念的革新面临诸多掣肘，理念的改革或许需要继续努力。

当理念改革难以推进或者处于走走停停甚至进退失据时，从宏观的理念改革转向具体的制度、机制改革不失为改革的有效路径。由此，新近最高人民法院提出的探索再审工作新机制，可能是破解当下刑事再审程序改革难以前进的最佳策略。当宏大的改革理念革新难以为继时，淡化"毕其功于一役"的指导思想、指导理念革新，转向具体制度、细微技术问题的构建，通

---

① 沈德咏主编：《最新再审司法解释适用与再审改革研究》，第 115 页。

过程序改良这样一种"具体法治"来实现理念革新无法达致的目标，或许是一个最佳选择。① 然而，具体制度的建构、细微程序的设计，亦需要科学的理念、理论的指引。由此，未来刑事再审程序改革奉行怎样一种理念是一个绕不开的问题。

---

① 当然，如何构建纠错新机制，应当从哪些方面着手建立完善的纠错新机制，就成为摆在我们面前的新问题。对于刑事再审程序改革方案，参见陈卫东主编：《模范刑事诉讼法典》，中国人民大学出版社 2005 年版，"再审程序"部分。

第十一章

刑事执行程序的完善

一、刑事执行概述

刑事执行，也称刑事诉讼法意义上的执行，是指人民法院、人民检察院、公安机关及其他刑罚执行机关等将已经发生法律效力的判决、裁定所确定的内容依法付诸实施，以及为处理刑罚实施过程中出现的变更执行等问题而进行的诉讼活动。

在我国的诉讼理论研究中，长期以来，对刑事执行没有给予应有的重视，这方面的专著、论文都极为少见。实际上，作为刑事诉讼的最后一个环节，执行在刑事法中有着重要的意义。首先，刑事执行和侦查、起诉、审判一起构成刑事诉讼的四个关键阶段，彼此之间相互联系、不可分割。一方面，侦查、起诉和审判是执行的前提和基础；另一方面，只有通过执行程序，判决和裁定的内容才能付诸实施。否则，判决、裁定将沦为一纸空文，之前在刑事诉讼中付出的种种制度努力将会化为乌有。其次，从刑事执行和特殊预防的关系来看，判决、裁定的有效执行，可以使罪犯受到应得的惩罚和教育，促使他们弃恶从善。最后，从刑事执行与特殊预防的关系看，判决、裁定的有效执行，可以通过惩罚犯罪分子，警戒社会上的不稳定分子，防止他们以身试法。因此，无论是在理论还是实践意义上，刑事执行都是刑事诉讼的一个重要组成部分，是实现刑事法功能的关键环节。

但是，并非判决、裁定执行的整个过程和全部活动都属刑事诉讼的范围。一般认为，裁判的执行包括执行程序与行刑内容两个方面。其中，在法律意义上，刑事执行活动与刑事诉讼密切相关，直接关系着刑事裁判能否及时付诸实践；在现实内容上，刑事执行则表现为与受刑人的处遇、监管、教育、组织劳动等事项密切相连的具体行刑活动。因此，在概念上，应注意区分刑事执行与行刑。其中，行刑所涉及的是具体行刑活动，属于司法行政活动，现已逐步发展成一种系统的理论：行刑理论或行刑学。在诉讼法学意义上，刑事执行则仅限于具有刑事诉讼意义的执行活动；具体包括交付执行、刑罚执行活动中的变更执行以及人民检察院对执行的监督等内容。

刑事执行通常具有以下特征：（1）执行是一种刑事司法活动。换言之，执行是国家刑事诉讼活动的有机组成部分，它与侦查、起诉、审判一起构成一个有机统一的整体。（2）刑事执行的目的是实现判决和裁定的内容，即对刑罚付诸实施。而侦查、起诉、审判的主要目的和任务是查清案件事实、查获犯罪人、确定被告人的刑事责任。这是执行不同于侦查、起诉、审判的主要特征。（3）刑事执行的内容是已经发生法律效力的判决、裁定所确定的内容。判决、裁定只有在发生法律效力后才能执行。根据《刑事诉讼法》第248条的规定，发生法律效力的判决和裁定有：1）已过法定期限没有上诉、抗诉的判决和裁定；2）终审的判决和裁定；3）最高人民法院核准的死刑的判决和高级人民法院核准的死刑缓期二年执行的判决。（4）刑事执行具有合法性。生效判决、裁定的执行活动关系到公民的人身权利和财产权利的保障以及刑事诉讼任务的实现，因此必须由合法的刑事执行主体根据法定的程序进行，具有严格的法律属性。（5）刑事执行具有强制性。发生法律效力的判决、裁定对被告人、对一切机关和个人都有约束力。特别是对被告人，不问其是否同意判决的内容，也不问其是否同意执行判决，都要予以执行。当事人拒绝执行裁判，构成犯罪的，依照《刑法》第313条的规定，处3年以下有期徒刑、拘役或者罚金。（6）刑事执行具有及时性。判决、裁定已经发生法律效力，应当立即执行，任何人不得以任何借口拖延判决、裁定的执行。只有将生效判决、裁定迅速交付执行，才能及时打击、惩罚犯罪分子，警戒社会不稳定分子，实现刑事诉讼的任务。

二、刑事执行体制的改革与完善

（一）现行的刑事裁判执行体制

我国现行的执行体制是由人民法院、公安机关和劳动改造机关分别行使刑罚执行权。按照各种刑罚的不同特点和各执行主体的不同职能，刑事执行机关可以分为三类，即：交付执行机关、执行机关和执行监督机关。

1. 交付执行机关。交付执行机关是将生效裁判及罪犯依照法定程序交给有关机关执行刑罚的机关。判决和裁定的执行，通常不是由某一个机关完成的，需要不同机关的配合，因此需要规定交付执行的机关。根据 2012 年最高人民法院《解释》的有关规定，被判处死刑缓期执行、无期徒刑、有期徒刑、拘役的罪犯，交付执行时在押的，第一审人民法院应当在判决、裁定生效后 10 日内，将判决书、裁定书、起诉书副本、自诉状复印件、执行通知书、结案登记表送达看守所，由公安机关将罪犯交付执行；对被判处管制、宣告缓刑的罪犯，人民法院应当核实其居住地。宣判时，应当书面告知罪犯到居住地县级司法行政机关报到的期限和不按期报到的后果。判决、裁定生效后 10 日内，应当将判决书、裁定书、执行通知书等法律文书送达罪犯居住地的县级司法行政机关，同时抄送罪犯居住地的县级人民检察院；对单处剥夺政治权利的罪犯，人民法院应当在判决、裁定生效后 10 日内，将判决书、裁定书、执行通知书等法律文书送达罪犯居住地的县级公安机关，并抄送罪犯居住地的县级人民检察院。

2. 执行机关。执行机关是指将生效裁判所确定的刑罚付诸实施的机关。在具体司法实践中，执行机关包括人民法院、公安机关、监狱等专门机关。

依照法律规定，不同的执行机关分别享有不同的刑罚执行权：

（1）人民法院。人民法院负责对无罪、免予刑事处罚、罚金、没收财产和死刑立即执行的执行。

（2）公安机关。公安机关负责剥夺政治权利、拘役的执行。其中，拘役应当由拘役所负责执行。

（3）监狱。监狱负责死缓、无期徒刑、有期徒刑的执行。

（4）未成年犯管教所。未成年犯管教所负责被判处无期徒刑、有期徒刑的未成年犯的执行工作。

（5）看守所。看守所不是刑罚执行机关，但是，为了减少押解负担、节省资源，《刑事诉讼法》第 253 条规定，对于剩余刑期在 3 个月以下的罪犯，由看守所代为执行。

（6）社区矫正机构。对判处管制、宣告缓刑、假释或者暂予监外执行的罪犯，依法实施社区矫正，由社区矫正机构负责执行。

3. 执行监督机关。人民检察院是国家法律监督机关，依法对刑事诉讼实行法律监督。对此，《刑事诉讼法》在第四编"执行"中，有多个条款作了明确规定，例如第 252 条规定，人民法院在交付执行死刑前，应当通知同级人民检察院派员临场监督；第 256 条、第 258 条、第 262 条规定了人民检察院对决定暂予监外执行、减刑、假释以及罪犯在服刑期间又犯罪的等情况实行监督；第 264 条规定，监狱和其他执行机关在执行中，如果认为有错误或者罪犯提出申诉的，应当转请人民检察院处理；第 265 条还规定，"人民检察院对执行机关执行刑罚的活动是否合法实行监督。如果发现有违法的情况，应当通知执行机关纠正"；等等。

（二）原有刑罚执行体制的问题与完善

根据我国《刑法》、《监狱法》和 1996 年《刑事诉讼法》的规定，我国的刑事执行任务由多个机关分担。我国刑法对犯罪人承担刑事责任的方式规定有刑罚方法和非刑罚方法两大类。本章讨论的刑事执行主要针对刑罚方法。刑罚方法包括生命刑、监禁刑、非监禁刑、财产刑、取消资格等形式。这种多样化的刑罚方式，导致执行的性质和方式各不相同，即使统一刑罚执行机关也难以形成业务分工的专业化，因此，建立统一的刑罚执行机构没有实际的意义。[①] 从实际效果来看，原有的刑罚执行方式在各机关之间基本能够衔接顺畅，所以对我国原有的刑罚执行体制没有根本改革的必要。但是，由于国家机构职能的调整和社会结构的发展变迁，我国的刑罚执行体制也逐渐暴露出一些问题。

第一，执行体制缺乏必要的制约机制。例如，在我国原有执行体制下，死刑统一由原审人民法院负责执行，在实践中，许多法院执行死刑仍由原审的刑事审判庭负责。这种既由自己侦查审理，又由自己执行的体制，容易导致先入为主，在执行阶段难以纠正可能出现的错案。

第二，原有执行体制下的执行机关设置及分工不尽合理，与其主要职能不完全相符。在原有的执行体制下，公安机关负责管制、拘役、拘役缓刑、徒刑缓刑、剥夺政治权利五种判决的执行，同时负责非监禁刑，包括管制、

---

① 参见樊崇义主编：《刑事诉讼法学研究综述与评价》，中国政法大学出版社 1991 年版，第 590 页。

剥夺政治权利、缓刑、假释、暂予监外执行的监督考察。按照 1989 年最高人民法院、最高人民检察院、公安部、司法部《关于依法加强对管制、剥夺政治权利、缓刑、假释和暂予监外执行罪犯监督考察工作的通知》，负责上述非监禁刑罚具体监督考察工作的是公安机关的基层派出所。基层的公安派出所担负着维护社会治安、安全保卫的繁重工作，而基层公安干警的力量相对比较薄弱，大多数公安机关对于执行工作没有派专人负责，派出所的监督管理流于形式。将管制、缓刑等交由公安机关执行，实际上等于无人执行。在实践中，在社会上执行刑罚的罪犯由于脱离管教而造成严重后果的问题比较突出。以"缓刑"为例，法律只是规定，被宣告缓刑的犯罪分子只要满足以下要求：遵守法律、行政法规，服从监督；按照考察机关的规定报告自己的活动情况；遵守考察机关关于会客的规定；离开所居住的市、县或者迁居，应当报经考察机关批准。被宣告缓刑的犯罪分子没有被要求采取任何实质性的改造措施，并且由于公安机关平时忙于其他事务，致使一些被宣告缓刑的犯罪分子被"放羊"。又如，看守所的主要职能是羁押未决犯。但是，在原有的体制下，看守所负责对余刑在 1 年以下的罪犯的监管工作，加上实践中留所服刑的审批存在超越刑期条件越权审批的问题，因而留所人数过多。在管理中，看守所代为执行的职能不清，缺乏严格管理和激励机制。看守所内留所服刑的已决犯与未决犯隔离不严，会导致"通风报信"现象，影响刑事诉讼活动的顺利进行。

第三，人民法院执行财产刑的力量薄弱、手段有限。人民法院对犯罪分子财产状况不了解，判决后罪犯服刑地、罪犯户籍地与审判机关所在地不一致，造成财产刑执行困难。另外，法院内部刑事审判庭和执行庭之间对财产刑的执行认识不统一，造成相互推诿或相互争夺。① 根据最高人民法院《关于人民法院执行工作若干问题的规定（试行）》，执行机构负责执行下列生效法律文书："（1）人民法院民事、行政判决、裁定、调解书，民事制裁决定、支付令，以及刑事附带民事判决、裁定、调解书；（2）依法应由人民法院执行的行政处罚决定、行政处理决定；（3）我国仲裁机构作出的仲裁裁决和调解书；人民法院依据《中华人民共和国仲裁法》有关规定作出的财产保全和

---

① 参见陈卫东主编：《模范刑事诉讼法典》，第 623 页。

证据保全裁定；（4）公证机关依法赋予强制执行效力的关于追偿债款、物品的债权文书；（5）经人民法院裁定承认其效力的外国法院作出的判决、裁定，以及国外仲裁机构作出的仲裁裁决；（6）法律规定由人民法院执行的其他法律文书。"有些地方的执行庭据此不接收刑事审判庭移送执行的财产刑。

鉴于我国刑事执行体制的问题，借鉴国外刑事执行体制的经验，我们认为，执行体制的改革和完善应当符合以下要求：

首先，新的执行体制要符合裁判的内在属性，执行机关的设置要符合裁判的特点。死刑判决、罚金、没收财产、无罪和免刑判决的执行，具有及时性的特点，不需要花费很长时间就能够完成。这些判决由人民法院执行是合理的，因为判决是由法院作出的，法院熟悉案情，同时也具备执行的条件。而管制、缓刑等由公安机关执行不当。因为管制、缓刑等刑罚是在社会上执行，监督考察的时间比较长，任务很繁重，应该由专门机关负责执行。

其次，新的执行体制要符合分工负责、互相配合、互相制约的原则。公安、司法机关分工负责、互相配合、互相制约是我国刑事诉讼中的重要原则。由公安机关行使部分刑罚执行权，既不符合公安机关自身的性质，又不符合分工负责、互相配合、互相制约的原则。死刑、罚金、没收财产、无罪和免刑判决的执行不应当由作出这些判决的刑事审判庭负责，而应当由专门的执行庭负责刑事判决、裁定的执行工作。

根据上述要求，我们提出的刑事执行体制改革的基本设想是，除劳动改造机关负责死缓、无期徒刑、有期徒刑、拘役的执行不变以外：第一，将目前由刑事审判庭承担的执行刑事裁判的职能转移给专门的执行机构——执行庭，由执行庭负责死刑、罚金刑、没收财产刑和无罪判决、免除刑罚判决的执行。刑事判决、裁定生效后，刑事审判庭的审判人员将生效的判决、裁定书副本、执行通知书一并交付该法院的执行庭执行。尤其是死刑案件，刑事审判庭应尽快转变职能，将死刑执行权划归执行庭。这样做的优点是：一方面，执行工作由专门的部门负责，可以使执行员在司法实践中不断总结经验教训，研究解决执行中的问题，把执行工作越做越好。此外，实行审执分立，可以大大减轻审判人员的负担，提高办案效率。另一方面，有利于审判和执行相互监督和制约，提高办案质量。

第二，在司法行政机关内设立专门的司法执行机构，负责管制、缓刑、假释、监外执行的执行。2011 年 2 月 25 日《刑法修正案（八）》规定："对判处管制的犯罪分子，依法实行社区矫正"，"对宣告缓刑的犯罪分子，在缓刑考验期限内，依法实行社区矫正"。2012 年《刑事诉讼法》第 258 条也规定："对被判处管制、宣告缓刑、假释或者暂予监外执行的罪犯，依法实行社区矫正，由社区矫正机构负责执行。"

社区矫正是与监禁矫正相对的行刑方式，是指将符合社区矫正条件的罪犯置于社区内，由专门的国家机关在相关社会团体和民间组织以及社会志愿者的协助下，在判决、裁定或决定确定的期限内，矫正其犯罪心理和行为恶习，并促进其顺利回归社会的非监禁刑罚执行活动。社区矫正最早起源于 19 世纪上半期的英美等国，在西方发达国家已经有一百多年的历史。社区矫正作为一种在社区内进行的罪犯处遇制度，旨在避免监禁刑的弊端，充分运用社会资源，努力促进罪犯的再社会化，以其矫正方式的轻缓化、人性化和矫正成本的经济性等特征受到各国的广泛重视，并通过有关国际组织的倡导和推动而得到拓展和完善。尽管"社区矫正"这一法律术语完全是西方舶来品，但是，把不需要监禁的罪犯放在社会上进行改造和管控的刑罚理念和制度，在我国却早已存在。例如，剥夺政治权利可以追溯到古代的"禁锢"、"褫夺公权"制度；缓刑和假释制度在 1910 年颁布的《大清新刑律》中有着详细的规定。但是，由于方方面面的原因，我国的社区矫正制度远不如西方发达国家，甚至一些发展中国家完备。与这些国家相比，我国的社区矫正制度存在以下问题：其一，法定的矫正手段有限。我国现行的刑罚体系仍是以监禁刑为主，非监禁的刑罚方法处于从属、辅助、次要的地位。属于社区矫正范畴的刑种和行刑方式只有管制、缓刑、假释和监外执行，其中作为主刑的非监禁刑只有管制一种，其他都属于附加刑或者刑罚变更执行制度。其二，社区矫正的适用数量太少。缓刑和假释是两种基本的社区矫正措施。许多国家的缓刑率超过了监禁率，假释在许多国家的适用量也很大。其三，缺乏专门的社区矫正执行机关和人员。1996 年刑事诉讼法对监外犯的管理仍然沿用过去"公安管劳改"的体制，而基层的公安派出所担负着维护社会治安、安全保卫的繁重工作，大多数公安机关对于执行工作没有专人负责，派出所的监督管理流于形式。在实践中，在社会上执行的罪犯由于脱离管教而造成严重后果的情况比较突出。

最高人民法院、最高人民检察院、公安部、司法部于 2003 年 7 月联合下发了《关于开展社区矫正试点工作的通知》（以下简称两高两部《通知》），确定在北京、上海、天津、江苏、浙江、山东六省（市）开展社区矫正试点工作。这标志着我国社区矫正试点工作正式启动。经过一年多的探索，社区矫正工作取得良好成效，受到社会各界的肯定。2005 年 1 月 20 日，最高人民法院、最高人民检察院、公安部、司法部联合下发《关于扩大社区矫正试点范围的通知》，确定河北、内蒙古等十二个省（区、市）为第二批试点地区。在这一阶段，基本构建了领导组织体系，组建了工作队伍，确立了工作程序，探索了一些有效的矫正办法，基本形成了党委、政府统一领导，司法行政部门组织实施，相关部门配合，司法所具体执行的工作机制。2009 年 10 月 21 日，最高人民法院、最高人民检察院、公安部、司法部联合召开全国社区矫正工作会议，制定了《关于在全国试行社区矫正工作的意见》。会议的主要任务是贯彻落实中央关于司法体制和工作机制改革的决策部署，总结社区矫正试点经验，部署全面试行社区矫正工作。全面试行社区矫正在广度和深度上与试点阶段不可同日而语，取得了显著的成就。经过八年试点，2011 年《刑法修正案（八）》明确规定"依法实行社区矫正"。这是社区矫正制度第一次出现在我国的基本法律中，也标志着社区矫正进入了全新的历史发展阶段。但是，《刑法修正案（八）》关于社区矫正的规定过于原则，社区矫正的执行主体、适用范围等关键性问题仍需进一步明确。

目前，刑法和刑事诉讼法明确规定了社区矫正，这是一个长足的进步，为已经开展的社会矫正工作提供了权威的法律依据。但是，有关法律规定的社区矫正的适用对象并不统一。另外，虽然社区矫正制度目前已经有法可依，但是在具体的实施方面，目前有 2003 年两高两部《通知》、2004 年 5 月《司法行政机关社区矫正工作暂行办法》、2009 年 10 月 21 日《关于在全国试行社区矫正工作的意见》作为依据，这些文件都是部门的工作要求，并非明确的法律规定，在社区矫正中还存在一些必须通过立法予以解决的具体问题，例如社区矫正权力的规范和权限的划分、被矫正人的权利和义务、移转手续、社区矫正适用前的社会调查与评估制度、社区矫正的具体方式、对被矫正人表现考察评价的后果、矫正经费的保障等等。因此，有必要制定一部专门的《社区矫正法》加以规定和落实。①

三、执行变更程序的改革与完善

执行的变更，是指人民法院、监狱及其他执行机关对生效裁判在交付执行或执行过程中出现法定需要改变刑罚种类或执行方法的情形后，依照法定程序予以改变的活动。刑事执行的变更，与按照审判监督程序对案件进行改判有着本质不同。执行的变更，是根据罪犯在服刑中出现的新的法定情形所进行的减刑、假释等，是以原裁判正确为基础而进行的变更；而依照审判监督程序所进行的改判，则以原裁判确有错误为前提条件。

（一）死刑缓期执行的变更

根据《刑事诉讼法》第 250 条第 2 款的规定，被判处死刑缓期二年执行的罪犯，在死刑缓期执行期间，如果没有故意犯罪，死刑缓期执行期满，应当予以减刑，由执行机关提出书面意见，报请高级人民法院裁定；如果故意犯罪，查证属实，应当执行死刑，由高级人民法院报请最高人民法院核准。因此，死刑缓期二年执行期间，被判刑人或者被执行死刑，或者在两年期满后被依法减刑，但无论出现哪一种情形，都涉及执行的变更。

1. 死刑缓期二年执行变更的条件

1997 年刑法对死缓变更执行的条件进行了修改。一方面，减刑的条件较修改前的标准更低，这是"宽"的一面；另一方面，对于变更为死刑立即执行的条件却规定得更加严格，这是"严"的一面。

（1）死缓减刑的条件

1979 年刑法规定的减刑的条件是罪犯"确有悔改"，1997 年《刑法》修改为，"判处死刑缓期执行的，在死刑缓期执行期间，如果没有故意犯罪，二年期满以后，减为无期徒刑；如果确有重大立功表现，二年期满以后，减为二十五年有期徒刑"。从逻辑上看，此处遗漏了两种情况：一是没有故意犯罪，却有一般立功表现的。我国《刑法》第 68 条将立功分为"立功表现"和"重大立功表现"，而在死缓减刑的规定中"一般立功表现"却没有体现，而是与"没有故意犯罪"的法律效果相等同。这对于调动死缓犯改造的积极

---

① 参见 http：//news. sina. com. cn/c/2011—03—01/034718449177s. shtml。

性是不利的。二是既有故意犯罪又有重大立功表现的。这种情况下应当如何处理，立法也没有规定。我们认为，这种情况下不宜一律判处死刑立即执行，应当根据具体情况，综合分析评定，报请有关机关裁定。

（2）死缓改为死刑的条件

1997年刑法修改以前规定的死缓变更为死刑立即执行的条件是"抗拒改造情节恶劣"，这一高度政策性的话语给实践中带来很大的难题。为了便于操作，刑法修改时将其改为"故意犯罪"。但是，"故意犯罪"无论是从犯罪形态上还是犯罪严重程度上讲跨度都很大。例如，"侮辱诽谤"罪也属于"故意"犯罪，但其犯罪危害性和主观恶性有限，如果在缓刑期内因侮辱、诽谤等轻微犯罪行为被定罪而最终将罪犯改判为死刑立即执行，显然有过于严苛之嫌。

2. 死缓变更中的程序问题

总体来看，我国立法关于死缓变更程序的规定比较粗放。无论是死缓减刑还是死缓变更为死刑立即执行，都只有原则性的规定。这不仅造就了权力滥用的空间，而且罪犯的合法权益也得不到有效保障。

（1）死缓减刑时的报送方式

根据《刑事诉讼法》第250条规定，被判处死刑缓期二年执行的罪犯，在死刑缓期执行期间，如果没有故意犯罪，死刑缓期执行期满，应当予以减刑，由执行机关提出书面意见，报请高级人民法院裁定。具体操作中，罪犯的减刑是由监狱提出减刑建议，报经省、自治区、直辖市监狱管理机关审核后，提请高级人民法院裁定。

这种单方面报送减刑的方式是有问题的。死缓按照法定的条件减为无期徒刑或者有期徒刑是罪犯的权利。然而，在死缓减刑程序中，当事人很难利用这一程序充分维护自己的合法权益。一方面，当事人对于决定自己命运的程序基本上没有发言权，无法以任何富有成效的参与方式积极影响裁定结果。对于报送资料是否属实，是否客观反映罪犯的改造情况，罪犯是否有立功表现等等，不仅罪犯本人无从知晓，检察机关也无法监督。另一方面，对于法院根据材料作出裁定的过程，检察机构也无法有效监督。这种减刑方式的最终结果是，监狱决定罪犯的命运，法院只起配合作用，检察机构的监督权很大程度上流于形式。

我们认为，单方报送的方式并不可取，但要求两造具备也不现实。因为监狱的减刑建议对于罪犯而言是纯粹的"受益"行为。可以考虑的是，一方面，加大检察机关对于死缓减刑的监督力度，特别是报送环节上，应当赋予检察机关对报送材料的审核权。另一方面，罪犯对整个减刑的过程应当有适度的参与权与知情权，可以允许其聘请律师为其提供相应的法律服务。

（2）死缓变更为死刑立即执行程序中的问题

死刑缓期执行期间的故意犯罪会直接导致死刑立即执行，具有严重的法律后果，所以对缓期执行期间的故意犯罪的审判应当与普通犯罪的审判程序有所区别，应该参照死刑案件的程序标准。例如，《刑事诉讼法》第 34 条规定：被告人可能被判处死刑而没有委托辩护人的，人民法院应当通知法律援助机构指派律师为其提供辩护。法律这样规定的目的是维护司法公正和被告人权益，慎用死刑。"可能被判处死刑"时就要指定辩护，而在死刑缓期执行期间故意犯罪必然会导致死刑，因此，无论故意犯罪的严重程度如何，都应属于指定辩护的范围。

（3）死刑减刑的时限问题

死缓变更为无期徒刑或者有期徒刑的，刑法规定只能在"二年期满以后进行"。"以后"规定得非常笼统和不确定，因此在"期满"以后的较长或者较短时间内减刑，都不违法，这就易于造成不及时减刑的问题。而我国刑事诉讼法规定的"期满"和监狱法规定的"期满时"则相对科学，因此建议统一沿用"期满"的规定。

此外，根据 2012 年最高人民法院《解释》第 449 条的规定，对于被判处死刑缓期二年执行的罪犯的减刑，由罪犯服刑地的高级人民法院根据同级监狱管理机关审核同意的减刑建议书裁定。该解释规定了死缓减刑的程序，但是对于高级人民法院应当在多长时间内作出相应的裁定，法律没有明确规定。这不仅不利于督促法院及时地对案件作出裁定，也增加了等待裁定结果的罪犯的心理负担。虽然裁定的大多数结果是无期徒刑（确有重大立功的，减为 25 年有期徒刑），不明确规定作出减刑裁定的期限，对于最终的执行并无实质影响。但是，从规范化和人权保障的角度来看，法律应当对这一期限作出明确规定。我们认为，立法可以参照"无期徒刑减刑、假释的裁定一般不超过一个月，案情复杂或者特殊的延长一个月"的规定，对死缓减刑裁定的期限作出规定。

（二）暂予监外执行的问题与完善

暂予监外执行是指被判处有期徒刑、拘役的罪犯因出现某种法定特殊情形不宜在监内执行时，暂时将其放在监外交由公安机关执行的一种变通方法。它不仅变更了执行场所，而且变更了执行方式。根据我国《刑事诉讼法》第254条的规定，"对被判处有期徒刑或者拘役的罪犯，有下列情形之一的，可以暂予监外执行：（一）有严重疾病需要保外就医的；（二）怀孕或者正在哺乳自己婴儿的妇女；（三）生活不能自理，适用暂予监外执行不致危害社会的。"

暂予监外执行制度自1954年《劳动改造条例》创设后，逐步发展和完善，1979年为第一部《刑事诉讼法》第157条所吸收，成为一种特殊的执行制度。长期以来，暂予监外执行制度不仅体现了人道主义精神和行刑方式的灵活性，而且对特定罪犯的感化和改造发挥了积极的作用，受到社会的广泛肯定。但是，暂予监外执行改变了法院的原判刑罚，改变了罪犯的服刑期限、服刑地点和服刑方式，也成为容易滋生司法腐败的环节。而且，由于立法和制度上的不完善性，出现了一些问题，亟待解决。

1. 暂予监外执行的决定机关

目前，暂予监外执行的批准和决定机关有：第一，对已在服刑的罪犯适用暂予监外执行，由监狱提出书面意见，报省、自治区、直辖市监狱管理机关批准。第二，在看守所进行监管的情况下，由县级以上公安机关行使暂予监外执行的批准权。第三，由人民法院在作出判决的同时决定暂予监外执行。在第一种和第二种情况下，暂予监外执行的决定基本上是在封闭的状态下作出的，加上法律适用和程序设计上确实存在着一些真空地带，于是为权力滥用提供了滋生的土壤。因此，为了避免发生混乱，我们认为适用暂予监外执行的最终决定权应当统一交给人民法院。一种情形是人民法院在判决确定时决定暂予监外执行；另一种情形是人民法院对在押犯决定暂予监外执行。有学者认为，因为在刑罚执行过程中适用于服刑罪犯的暂予监外执行，改变了由人民法院刑事判决和裁定确定的执行场所和执行方式，不属于以惩罚和改造为核心的监狱的职能范围，所以，不应当由监狱及其上级管理机关行使批准权，应当由人民法院以刑事裁定的方式决定。[1]

2. 改革暂予监外执行的决定程序

暂予监外执行关系到在押人员的切身利益。有的在押人员或者其家属，为了在不符合条件的情况下得到监外执行的机会，想方设法腐蚀部分握有权力的执法人员。而且，在目前的制度设计下，决定暂予监外执行的程序具有很强的封闭性，因此，监督权在监外执行决定程序中更有必要。但是，在原有的体制下，检察机关对暂予监外执行的监督仍旧停留在事后监督，很难有效预防可能发生的纰漏。2012 年修改后的刑事诉讼法在决定监外执行过程中确立了同步监督模式，也就是说，暂予监外执行的决定程序和监督程序是同步进行的。具体说来：

（1）人民检察院对暂予监外执行实行事先监督。在监管部门提出适用暂予监外执行的意见书时，应当连同执行案卷移送人民检察院。人民检察院收到意见书后应当组织审查，并作出相应的审查意见书，决定是否提交人民法院合议庭裁定。这一意见已经为 2012 年《刑事诉讼法》所吸收。修改后的《刑事诉讼法》第 262 条规定："……应当依法予以减刑、假释的时候，由执行机关提出建议书，报请人民法院审核裁定，并将建议书副本抄送人民检察院。人民检察院可以向人民法院提出书面意见。"

（2）改变监督机关单方决定，引入制约模式。首先，在程序启动上，采取"职权为主、当事人申请为辅"的原则。[2] 对在押人员而言，暂予监外执行是一种利益，同时也是一种权利。由监管部门依职权提出本身是对其权益的一种保障，但允许服刑罪犯委托律师向人民检察院提出申请，则更能体现程序性权利的参与性质。这样更有利于调动罪犯服刑改造的积极性，给情况特殊、人身危险性不严重的罪犯提供一个争取早日回归社会的机会。其次，如前文所述，设计由人民检察院事先审查的刑罚执行变更程序，更有利于引入暂予监外执行程序的制约机制，减少程序滥用的可能。最后，在审查决定监外执行的过程中，引入听证机制，监管人员、罪犯及其委托的律师、被害人及其委托的律师可以到场，决定暂予监外执行的机关在听取各方意见的基础上，对符合暂予监外执行条件的罪犯，作出裁定。

---

[1]　参见金干林：《暂予监外执行应统由人民法院裁定》，《人民检察》1999 年第 12 期。

[2]　参见陈卫东主编：《模范刑事诉讼法典》，第 623 页。

3. 暂予监外执行的监管

暂予监外执行由于涉及罪犯关押形式的变化，在服刑时间、地点上有很大的操作空间，因而对监外执行罪犯的管理就需要多个部门进行有效的合作和工作上的衔接。实践中由于监管不到位，一些适用监外执行的罪犯就如石沉大海了无踪迹了。例如震惊全国的广东电白县高考舞弊案，案犯之一电白县原教育局局长陈建明被判处"有期徒刑 8 年，暂予监外执行"。陈建明未踏入监狱一步，"暂予"监外执行变成"永久"监外执行，"监外犯人"实际上又变成了自由人。① 为了切实落实对监外执行罪犯的约束和监督、改造，我们认为，可以采取以下措施：

（1）全面实施交保制度。刑事诉讼法只规定了"保外就医"，而对其他适用暂予监外执行的对象未规定交保。从监外执行的性质来看，凡属监外执行的罪犯，都应由其亲属或其他有保证资格和能力的人出具书面保证，保证其遵守有关规定，并接受监督和改造。②

（2）设立统一的机构，专门负责对缓刑犯、假释犯、管制犯和监外执行犯的监督、改造和考察工作。目前对监外犯的管理仍然沿用过去"公安管劳改"的体制，监外罪犯由基层公安机关及其派出机构管理。实际上自从1983 年劳改工作转由司法行政机关领导以后，这种做法遗留下来一系列的问题：一是上下脱节，具体工作和领导机构脱节；二是基层公安机关本身承担着预防犯罪和维护社会治安的繁重工作，无暇也不习惯于从贯彻"惩罚与改造相结合、劳动与教育相结合"方针的角度管理监外罪犯，这项工作对于基层公安机关来说是一种难以承受的负担。为了系统贯彻改造罪犯的方针、政策，协调对监外罪犯、监内罪犯的管理，专管监外罪犯的机构应当划归司法行政机关管理，由当地公安机关配合。③

2011 年 2 月 25 日，第十一届全国人大常委会第十九次会议通过的《刑法修正案（八）》规定："对判处管制的犯罪分子，依法实行社区矫正"，"对宣告缓刑的犯罪分子，在缓刑考验期限内，依法实行社区矫正"。"对假释的犯罪分子，在假释考验期限内，依法实行社区矫正"。2012 年刑事诉讼法修

---

① 参见江文权、李国坤：《暂予监外执行的制度缺陷及其完善》，《法制与社会》2010 年第 1 期（中）。

②③ 参见周士敏：《监外执行的完善与改革刍议》，《政法论坛》1992 年第 2 期。

改，继承了这样的思路，于第 258 条明确规定："对被判处管制、宣告缓刑、假释或者暂予监外执行的罪犯，依法实行社区矫正，由社区矫正机构负责执行。"对此，前文已有探讨，这里不再赘述。

4. 暂予监外执行的变更

监外执行期间可能会出现三种变更情况及法律后果。《中华人民共和国监狱法》第 28 条对这三种情况作了列举式规定：第一，暂予监外执行的情形消失后，刑期未满的，负责执行的公安机关应当及时通知监狱收监；第二，罪犯在暂予监外执行期间刑期届满的，由原关押监狱办理释放手续；第三，罪犯在暂予监外执行期间死亡的，公安机关应当及时通知原关押监狱。

2012 年《刑事诉讼法》第 257 条规定了三种情形：第一，发现不符合暂予监外执行条件的；第二，严重违反有关暂予监外执行监督管理规定的；第三，暂予监外执行的情形消失后，罪犯刑期未满的。但该条仍没有涉及对暂予监外执行期间罪犯刑期届满的处理，这是一种明显的疏漏。针对上述情形，我们建议：

第一，改造收监程序。对于人民法院作出的暂予监外执行的决定，暂予监外执行的情形消失后，刑期未满的，执行机关应当提出书面意见提请法院裁定撤销监外执行，人民法院裁定撤销的，及时通知监狱或者看守所收监。这不仅是对原先决定主体的尊重，同时也是对执行过程中和执行后的信息反馈。这一意见，已经为 2012 年最高人民法院《解释》第 433 条所吸收："暂予监外执行的罪犯具有下列情形之一的，原作出暂予监外执行决定的人民法院，应当在收到执行机关的收监执行建议书后十五日内，作出收监执行的决定"。

第二，增加规定"刑期届满的，由原关押机关办理释放手续"。对于刑期届满的，无须人民法院再行裁定，直接由关押机关办理释放手续。因为监外执行仍然是一种执行方式，而且及时让罪犯获得自由，也是出于权利保障的考虑。

（三）减刑、假释程序的改革与完善

减刑和假释是我国刑罚执行中的重要制度，充分体现了惩罚与教育改造相结合和"给出路"的刑事政策。正确适用减刑和假释，对于鼓励犯罪分子积极改造、悔罪自新以及稳定监所秩序、实现刑罚目的都有重要意义。

减刑是指被判处管制、拘役、有期徒刑和无期徒刑的罪犯在执行期内确有悔改或立功表现的，可以依法减轻其刑罚的一种制度。《刑事诉讼法》第262条第2款规定："被判处管制、拘役、有期徒刑或者无期徒刑的罪犯，在执行期间确有悔改或者立功表现，应当依法予以减刑、假释的时候，由执行机关提出建议书，报请人民法院审核裁定，并将建议书副本抄送人民检察院。人民检察院可以向人民法院提出书面意见。"减刑既可以减少原判刑期，也可以将原判较重的刑种改为较轻的刑种。但是，减刑以后实际执行的刑期，判处管制、拘役及有期徒刑的，不得少于原判刑期的二分之一；判处无期徒刑的，不能少于13年。无期徒刑减为有期徒刑后的刑期，从裁定减刑之日起计算，已执行的刑期，不计入减刑后的刑期之内，而其他刑罚的刑期，原判刑期已执行部分，则应计入减刑后的刑期。假释是指被判处有期徒刑和无期徒刑的罪犯在执行一定刑罚以后，确有悔改表现且不致再危害社会的，将其附条件地予以提前释放的制度。根据《刑法》第81条的规定，假释的对象只能是被判处有期徒刑和无期徒刑的罪犯，不包括被判处拘役的罪犯。因为拘役的期限较短，不需要适用假释。但是，对累犯以及因故意杀人、爆炸、抢劫、强奸、绑架、放火、投放危险物质或者有组织的暴力性犯罪被判处10年以上有期徒刑、无期徒刑的犯罪分子，不得假释。

减刑、假释是极为重要的刑罚执行制度。从世界范围来看，尽管具体称谓和内容不尽一致，但不少国家和地区都存在根据服刑人在服刑期间的表现而减轻其刑罚的制度。假释更是世界各国和地区普遍采用的一项刑罚执行制度。我国1979年刑法和刑事诉讼法都规定了减刑、假释制度，1996年和1997年随着刑事诉讼法和刑法的修改而得以修订。但毋庸讳言，我国现行的减刑、假释制度仍有进一步改善的空间。以下仅就科学、合理的减刑、假释程序的建构问题略述己见。

1. 减刑、假释决定权的归属

要构建科学、合理的减刑、假释程序，首先需要解决长期以来争论不休的一个理论问题，即减刑、假释决定权应当由哪一个机关行使。目前世界各国的减刑、假释权的归属主要有法院决定和监狱行刑机关或行政机关决定两种模式，对于减刑、假释的性质，相应地形成"司法权说"和"行刑权说"两种观点。①"司法权说"认为，减刑、假释本质上是一种审判权，应当由法院行使。法院判决宣告的刑罚本质上是绝对确定的，非经法院不得改变。在世界范围内采用这种方式的主要有法国、意大利、苏联和东欧各国。我国也采此说。"行刑权说"认为减刑、假释是行刑权，应由刑罚执行机关行使；认为减刑、假释的实质是在承认法院终审判决的既判力的基础上对刑罚的变通执行方式，而不是对原刑事判决的更改，因此明显属于行刑的手段，只是根据犯罪人在服刑期间的改造表现决定缩短刑期或有条件地提前释放，不存在违背罪刑法定原则或罪刑相适应原则的问题。目前世界上大多数国家和地区由监狱行刑机关或行政机关决定减刑、假释，如英国、美国、加拿大、澳大利亚、巴基斯坦、缅甸以及我国的香港、台湾地区。

（1）减刑决定权的归属

我国现行法律将减刑决定权赋予中级以上人民法院。对于这一制度设计，理论上存在着激烈的争论。赞成这一设计方案的人认为，减刑是对符合法定条件的罪犯执行刑期的实质性变动，变更原判刑罚的刑期应归属司法权力范围，由法院审理确定。否定这一设计方案的人认为，减刑的实质是刑罚的变通执行方式，而不是对原判刑罚的改变，换句话说，是减轻执行刑而非宣告刑。对生效刑事判决的改变只能通过审判监督程序进行，而减刑只是根据罪犯在服刑期间的良好表现在法定限度内减少其尚需执行的刑罚，属于行刑调控手段，是刑罚执行制度。减刑不改变原生效判决，只是对改造表现好的罪犯的一种奖励，并不影响已经确定的判决事实和刑罚。对此，我们认为，所谓减刑是针对原判决所确定刑罚的减轻，因此，减刑不是刑罚执行方式的变更。罪犯在被减刑后，发生变更的不是刑罚执行的方式，而是原判刑期。因此，我们认为，将减刑决定权归属于法院的现行制度设计是合理、科学的。

（2）假释决定权的归属

我国现行法律将假释决定权也赋予中级以上人民法院。对这一制度设计的批评者认为，这种权力配置模糊了"量刑权"和"行刑权"的法律界线。

---

① 参见陈卫东主编：《模范刑事诉讼法典》，第655页。

假释的实质是法律规定的对某些刑罚的变通的执行方法，不涉及对原判决的更改，属于执行事务，因此其决定权应当由执行刑罚的机关来行使。而且从实际效果来看，由人民法院掌握假释决定权，影响了假释功能的正常发挥。行刑部门处于教育、改造罪犯的第一线，能够全面、准确地掌握罪犯的思想动态，最有资格就应否假释发表意见。而它们只有假释提请权，没有假释决定权，因而很难发挥假释应有的作用。在这种认识的基础上，有学者建议对司法权和行刑权进行重新配置。但是，也有学者认为，假释与减刑的不同之处在于，减刑是通过减轻原判刑罚无条件地将罪犯提前释放，而假释是附条件地将罪犯提前释放；假释与减刑的相同之处在于，即使是假释，也同样涉及对原判刑罚的变更问题。只不过这种变更与减刑情况下的变更在方式上有所不同。前者以提前释放的形式有条件地免除原判部分刑罚的执行，后者以减轻原判刑罚的形式无条件地免除原判部分刑罚的执行。结论是，假释决定同样具有司法权的属性。① 本书采此说，认为应维持我国现有减刑、假释决定权归属的现状。

2. 减刑、假释的建议权或者申请

在这一环节，我们赞同新刑事诉讼法引入的检察机关的事前监督模式。被判处管制、拘役、有期徒刑或者无期徒刑的罪犯，在执行期间确有悔改或者立功表现，应当由监狱、拘役所、看守所或者执行管制的专门机构依职权，或者由服刑人提出申请、上述执行机关审查后，向人民检察院提出减刑、假释建议书，同时提交终审法院的判决书、裁定书、历次减刑裁定书的复制件、有关罪犯服刑期间确有悔改或者立功表现的具体事实的书面证明材料、罪犯评审鉴定表、奖惩审批表。减刑或假释建议，可以由刑罚执行机关依职权提出，也可以依服刑人的申请由刑罚执行机关审查后提出。在这一环节，我们建议废除无期徒刑犯的减刑、假释意见须先报省、自治区、直辖市监狱管理机关审核同意，被判处有期徒刑的罪犯的减刑、假释，被判处管制、拘役以及在看守所服刑的罪犯的减刑，须经地、市级执行机关审核同意的规定。这是因为，监管机关处于监管第一线，直接担负对罪犯的改造工作，而且对于改造工作具有专业知识，掌握罪犯改造的规律，有条件根据罪

---

① 参见王志祥、敦宁：《论我国减刑、假释程序的完善》，《山东警察学院学报》2010年第3期。

犯的外在表现判断其是否真正具有悔改决心，并可以随时监控他的表现，及时根据其表现作出奖惩决定。同时，由于有检察机关事先介入，若再由上述机关审核同意，无异于程序上叠床架屋。

对于执行机关提出的减刑、假释建议，人民检察院享有审查权，必要时可以去监狱调查情况。只有符合减刑、假释条件的，人民检察院才提请人民法院作出减刑、假释裁定。服刑人员认为自己符合减刑或假释条件，而执行机关没有向人民检察院提出减刑或假释建议的，其可以向人民检察院递交减刑或假释申请及相关证明资料。人民检察院收到上述材料后应当立即到监狱审查核实情况，作出是否同意的决定。此意见已经为 2012 年《人民检察院刑事诉讼规则（试行）》所吸收。该规则（试行）第 649 条规定："人民检察院收到执行机关抄送的减刑、假释建议书副本后，应当逐案进行审查，发现减刑、假释建议不当或者提请减刑、假释违反法定程序的，应当在十日以内向审理减刑、假释案件的人民法院提出书面检察意见，同时也可以向执行机关提出书面纠正意见。"

3. 减刑、假释案件的审理程序

现行人民法院审核减刑、假释制度的主要问题是管者不裁、裁者不管，管理与裁定相脱节，法院只就监管机关提交的减刑、假释材料进行形式审核，不具体接触被申请减刑、假释的服刑人员，因此无法真正地查明其改造表现，其裁定只具有形式意义。监管机关提出减刑、假释建议后，法院主要是书面审核，一般是几十个甚至上百个罪犯一批，法院基本上不核实监管机关上报的减刑、假释材料的真伪，仅对罪犯明显存在违纪违规情形的，不予裁定减刑、假释。以郑州市中级人民法院为例，近 3 年来，该中级法院裁定不予减刑、假释的案件，仅占所审理案件的 0.2%。[①] 可以说，监管机关提出减刑、假释建议，对罪犯获得减刑、假释，事实上起着决定作用。这种局面的后果，一是使得法院审查形式化，法院难以全面、客观地作出判断，也容易引起社会对法院审理减刑、假释案件的猜疑。二是法院这种"批量"办案的方式，使得作为法律监督机关的人民检察院和作为减刑、假释裁定利害关系人的罪犯均没能参与，程序设置并不合理。

---

① 参见李保甫：《试论如何完善我国的减刑假释制度》，《河南社会科学》2010 年第 4 期。

（1）减刑、假释案件的管辖

现行法律将减刑、假释案件的管辖权赋予中级以上人民法院，这固然有利于减刑、假释的正确适用，但也造成诉讼效率的低下，导致许多中、高级人民法院承受了过重的压力，客观上也不利于减刑、假释审理程序的改革完善。为此，我们认为，有必要将减刑、假释案件的管辖权作出调整。具体设想是，可以将原判管制、拘役罪犯以及原判一定期限以下有期徒刑罪犯的减刑、假释案件交给基层人民法院管辖，其他罪犯的减刑、假释案件仍由中级以上人民法院负责审理。这样，通过对减刑、假释案件实行合理的审级分流，可以有效地保证诉讼效率。

（2）增加减刑、假释案件审理程序的参与性和公开性

减刑、假释案件应当一律由审判人员三人组成合议庭进行审理。人民法院确定开庭时间后，由执行机关负责安排具体地点。减刑、假释案件在监狱内审理较为适宜，对旁听的其他罪犯具有教育和鼓励效果。

过去在我国，罪犯没有申请减刑或假释的权利，而且服刑人和被害人不参与减刑、假释程序。我们认为这种安排不尽合理。罪犯是减刑、假释决定的利害关系人，让罪犯成为程序的参与者，赋予其知情权、参与权、申请权和申诉权是实现程序公正的关键。而且罪犯参与审理过程，更有利于合议庭作出全面、直观的判断。让被害人参与程序，可以让被害人了解对已决罪犯减短原判刑期或者提前释放的原因，不是因为先前认定的案件事实发生了变化，而是因为罪犯在服刑期间的良好表现，以消除其疑惑。此外，被害人参与程序，还可以为减刑、假释程序注入监督的力量，在一定程度上可以防止司法权力滥用。

为改变人民法院长期以来形成的对减刑、假释案件只进行书面审理的方式，最高人民法院于2011年出台了《关于办理减刑、假释案件具体应用法律若干问题的规定》，规定了裁前公示制度、听证制度和裁定公布制度，重心在于实现程序公开。最高人民法院副院长江必新表示："减刑、假释案件实行公示制度，所有职务犯罪减刑、假释实行公开听证制度，重大、有影响的减刑、假释案件接受监督制度，以及假释后的监管责任落实制度，有助于推动减刑、假释工作科学发展。"人民法院以公开方式听取多方意见不仅有利于避免偏听偏信，令罪犯信服，也有利于罪犯的教育改造。

这些意见已经为 2012 年刑事诉讼法修正后所颁布的最新的司法解释所吸收。2012 年最高人民法院《解释》第 452 条规定："审理减刑、假释案件，应当对以下内容予以公示：（一）罪犯的姓名、年龄等个人基本情况；（二）原判认定的罪名和刑期；（三）罪犯历次减刑情况；（四）执行机关的减刑、假释建议和依据。公示应当写明公示期限和提出意见的方式。公示地点为罪犯服刑场所的公共区域；有条件的地方，可以面向社会公示。"第 453 条规定："下列案件应当开庭审理：（一）因罪犯有重大立功表现提请减刑的；（二）提请减刑的起始时间、间隔时间或者减刑幅度不符合一般规定的；（三）社会影响重大或者社会关注度高的；（四）公示期间收到投诉意见的；（五）人民检察院有异议的；（六）有必要开庭审理的其他案件。"《人民检察院刑事诉讼规则（试行）》第 651 条也规定："人民法院开庭审理减刑、假释案件，人民检察院应当指派检察人员出席法庭，发表意见。"

4. 实行检察机关同步监督，保证监督效果

在原有体制下，检察机关监督减刑、假释案件方式单一，效果不理想。司法部制定的《监狱提请减刑假释工作程序》第 15 条规定：监狱在向人民法院提请减刑假释的同时，应当将提请减刑假释的建议，书面通报派出人民检察院或派驻检察室。从上述规定可以看出，执行机关对拟减刑、假释罪犯的考核、申报不属于检察监督的范围，检察机关对减刑、假释缺乏实质性的监督。另外，从我国《刑事诉讼法》第 263 条和第 265 条的规定来看，并没有赋予检察机关相应的手段保证监督效果的实现，监督只是软性的。

2012 年修改后的《刑事诉讼法》引入了检察机关同步监督模式。《人民检察院刑事诉讼规则（试行）》第 649 条规定："人民检察院收到执行机关抄送的减刑、假释建议书副本后，应当逐案进行审查，发现减刑、假释建议不当或者提请减刑、假释违反法定程序的，应当在十日以内向审理减刑、假释案件的人民法院提出书面检察意见，同时也可以向执行机关提出书面纠正意见。"这在一定程度上改变了检察监督效果不理想的局面。

索　引

国家哲学社会科学成果文库

**NATIONAL ACHIEVEMENTS LIBRARY
OF PHILOSOPHY AND SOCIAL SCIENCES**

建设公正高效权威的
社会主义司法制度研究 （第四卷）

中国民事司法现代化的制度建构

主编　　　　陈卫东
本卷主编　　肖建国

中国人民大学出版社

撰稿人（以撰写章节先后为序）
肖建国　黄忠顺　刘学在　傅郁林　熊跃敏
曹新华　曹志勋

陈卫东 中国人民大学法学院二级教授，博士生导师，"长江学者"讲座教授，国务院政府特殊津贴专家。中国人民大学诉讼制度与司法改革研究中心主任，兼任中国刑事诉讼法学研究会常务副会长、中国审判理论研究会副会长等；受聘最高人民检察院专家咨询委员会委员、公安部特邀监督员等。出版专著十余部，在《中国社会科学》、《中国法学》等学术刊物上发表论文四百余篇，主持二十余项国家级与国际合作项目。参加了律师法、国家赔偿法、居民身份证法等法律的立法、起草与修正工作，全程参与了1996年刑事诉讼法、2012年刑事诉讼法的修改以及相关司法解释的制定工作。代表性著作为《程序正义之路》（第一、二卷）、《模范刑事诉讼法典》等。

肖建国 法学博士，中国人民大学法学院教授，博士生导师，纠纷解决研究中心副主任，民商事法律科学研究中心研究员，兼任国务院学位委员会法学学科评议组秘书，中国民事诉讼法学研究会常务理事，中国审判理论研究会执行制度、审判监督专业委员会委员。著有《民事诉讼程序价值论》、《证明责任》等多部专著，在《中国法学》、《法学研究》等刊物发表学术论文百余篇。先后获中国法学会、教育部论文或著作一等奖、二等奖。主持国家社科基金、教育部、最高人民法院、中国法学会等多项课题。全程参与新民事诉讼法的修改，参与民事强制执行法、农村土地承包经营纠纷调解仲裁法、人民调解法等法律的起草、修改以及最高人民法院多项司法解释的论证工作。

撰稿人员及分工

（以撰写章节先后为序）

肖建国（中国人民大学法学院教授、博士生导师）：导论、第一、二、七、十七、十八、二十章；

黄忠顺（中国人民大学法学院博士生）：第二、七、十七、十八、二十章；

刘学在（武汉大学法学院教授、博士生导师）：第三、四、十四、十五、十六章；

傅郁林（北京大学法学院教授、博士生导师）：第五、六、十二、十三章；

熊跃敏（北京师范大学法学院教授、博士生导师）：第八、九、十、十一、十九章；

曹新华（河南大学法学院讲师、北京师范大学法学院博士生）：第八章；

曹志勋（北京大学法学院博士生）：第十二、十三章。

目　录

第二编　高效民事司法制度的建构

第三编　民事司法权威的制度保障

Contents

Part 2   Construction of Efficient Civil Procedure System

Part 3   Institutional Guarantee for Authoritative Civil Justice

导　论

中国民事司法改革与民事诉讼制度的建构

　　中国 20 世纪 80 年代末以来的民事司法改革，肇端于法院系统内部自上而下的民事、经济审判方式改革。改革通过落实当事人的举证责任，强化公开审判，强调当庭质证、认证，充分发挥合议庭的职能，贯彻辩论原则和检察监督原则，扩大简易程序的适用范围，设立小额速裁程序，强化申请再审，强调心证公开、能动司法、调解优先等实践或论争，深化了对中国民事诉讼制度的再认识，同时引发了对中国民事诉讼基本原理、原则的再思考。改革中引入了不少新的尝试和做法，并出现了各种理论、观点的交锋。随着改革的深入，矛盾和问题越来越尖锐、突出，司法改革在进退两难的困境中挣扎、突围。例如，司法改革过程中一直伴随着理论界的不断追问：缺乏立法权支持的改革措施是否具有世人尊仰的确当性？在寻求外来理解和支持时，如何确保法院审判的独立、权威和公正不受外来因素的影响？改革由法院主导，自上而下进行，固然可以消除司法的地方性，但是否会加大上级法院对下级法院的控制，牺牲下级法院审判的独立性，从而使司法行政化愈演愈烈？司法改革实践中的种种矛盾冲突的现象，也往往让法官无所适从。譬如，在强调法院独立审判时，不断地强化各种外在监督机制和内部控制机制；在提倡司法权威的同时，又以再审制度的强化和无所不在的申诉摧毁司法判决的既判力、公信力；在追求司法公正时，不是加强诉讼程序和诉权对审判权的制约，以及强化违反程序的诉讼后果，而是通过正当程序之外的行政性附设程序来监督判决结果。凡此种种的做法完全忽略了程序利用者——当事人的感受，在此情况下，诉讼程序不是对当事人负责，而是对有权力的机关负责。但民事司法改革成功与否，民事司法制度是否公正、高效和权威，其最终的判断者不是法院，也不是其他公权力机关，而是民事诉讼程序制度的利用者。

诚如北京大学傅郁林教授所言：中国所面临的程序问题如同疑难杂症，任何单一的价值取向或局部调整都难以解决如此复杂的问题，程序改革的成功依赖于司法制度的综合改革和配套制度之间、程序制度的各个部分之间的相互协调。民事司法改革牵一发而动全身，应当综合考虑、统筹安排，不能"头痛医头，脚痛医脚"。民事司法制度的公正、高效、权威虽然根本上是一致的，但相互之间仍然存在着一定的矛盾和冲突。民事司法制度就像一座法律大厦，一个带有许多大厅、房间、凹角、拐角的大厦，"在同一时间里想用一盏探照灯照亮每一个房间、凹角和拐角是极为困难的，尤其当技术知识和经验受到局限的情况下，照明系统不适当或至少不完备时，情形就更是如此了"①。因此，民事司法制度的建构必须根据当前我国的实际情况，抓住主要矛盾或矛盾的主要方面。

在笔者看来，中国民事司法改革面临的根本困境是：程序公正与实体公正的悖论、程序公正与诉讼效益的悖论、诉讼权与审判权的悖论。司法改革要在实现公正、高效、权威司法上有所作为，就必须在民事诉讼中确立程序公正对实体公正的优越地位、程序公正对诉讼效益的优越地位、诉讼权对审判权的优越地位。具体而言，民事诉讼制度的结构应当确立以当事人为中心的当事人主义诉讼构造，摒除司法改革中以法院为主体的审判中心论；强化民事诉讼程序对法官的硬性约束机制，将法庭由法官发现真理的手段变为当事人自由竞胜的场所；设置多元化的、便利当事人选择的诉讼程序，凸显程序的自治性和当事人的程序主体地位；建立小额诉讼程序，实现简易程序的再简化，以促进诉讼。

其一，确立程序公正对实体公正的优越地位。

司法作为连接法律与社会生活的中介，连接一般与个别的纽带，其正当性只能来源于诉讼程序，这就是所谓的正当程序原理。诉讼程序的公正性能够保证裁判结果的权威性、正当性，是裁判结果公正的前提。虽然公正的程

---

① ［美］E. 博登海默：《法理学——法哲学及其方法》，邓正来等译，华夏出版社1987年版，第199页。

序并不必然产生公正的结果，但"在一般情况下，公正的程序比不公正的程序能够产生更加公正的结果"①。程序公正及其观念即使不是赋予裁判结果正当性的唯一根据，也应当被认为是其重要根据之一。因为公正的程序能够确保裁判各方参与裁判制作过程以及对裁判结果施加影响，并保障当事人的人格尊严和意志自由得到尊重，使当事人从心理上接受和承认判决结果的正当性。只有当裁判结果在一定程度上反映当事人的意志、愿望和利益，得到主体各方的认同时，方有充分的实效和权威性可言。权威性问题涉及服从与正统性，真正的权威并不单纯仰赖外在的强制，而是来源于主体的内心确信与承认。当事人作为公正的直接感受者和评价者，只要法官公正无私，并给予其充分的机会表达其观点、提出证据，那么蒙受不利结果的当事人对判决的不满也就失去了客观的依据。因此，裁判的权威性必须转换为公正、合理的程序安排，经过正当化过程的裁判显然更容易权威化，更容易得到当事人各方的自觉遵行。

20 世纪 60 年代，美国法进行了一场以程序为焦点的空前改革——即"正当过程革命"，它引起了法律制度和法律原理的深刻变化。在德国，也存在着法律程序化的现象和主张，其中，著名法社会学家卢曼（N. Luhmann）提出了"通过程序获得正当性"这一命题。他指出，在"正当程序"得以实施的前提下，程序过程本身确实能够发挥给裁判结果以正当性的作用，这种作用不仅体现在审判程序中，而且在选举程序、立法程序和行政程序中都可以看到。②

程序是现代法治的醒目标志。没有法治，依然有实体问题；但没有程序，却没有法治可言。法治，在一定意义上说，就是"程序治"。人们常爱说中国的行政和司法重实体、轻程序，这与其说是对法治状况的描述，不如说是对非法治状况的描述。如果在"正确实体"遇到错误程序时总是让实体获胜，那么在中国走向法治的道路上，就仍然只留下一个一个的"实体"，却留不下作为现代法治醒目标志的程序尊严。

我国理论和实践中关注民事诉讼程序在实现实体公正上的工具价值，而

---

① G. M. Pops and T. J. Pavlak, *The Case for Justice*, p. 85, 1991 by Jossery-Bass Publishers.

② 参见［日］谷口安平：《程序的正义与诉讼》，王亚新、刘荣军译，中国政法大学出版社 1996 年版，第 10—11 页。

对程序内在价值重视不够，用一句时下流行的话说就是"重实体，轻程序"。有人将程序（法）简单地等同于实体（法）的形式和手段，认为程序（法）离开了实体（法）"就失去了存在的价值"。有的则更为明确地指出："程序没有独立存在的价值，不能以纯粹的程序而论程序。"[①] 民事诉讼程序的意义仅在于实现实体法的价值目标，达到客观真实。从民事诉讼立法来看，我国《民事诉讼法》开宗明义地规定了民事诉讼的目的为程序保障与保护私权、解决纠纷和维护私法秩序的统一（第 2 条），但在民事诉讼程序的价值取向上，更关注程序的外在价值。在我国《民事诉讼法》和最高人民法院《关于适用〈中华人民共和国民事诉讼法〉若干问题的意见》（以下简称《适用意见》）中，充斥着大量否定程序内在价值的法律规范。最突出的表现是：法官严重违反民事诉讼程序但不会影响案件正确处理的行为不能成为废止法官裁判结论的根据。虽然民事诉讼程序违法，只要不影响实体处理的正确性，即无须废止原裁判。像这种忽视甚至否定民事诉讼程序内在价值的法律规范在《民事诉讼法》中还有很多。在司法实践中，许多现象也反映出法官观念中的实体至上、查明客观真实为主的价值取向，这从实质上讲都是"重实体，轻程序"乃至程序虚无主义的典型表现。

法学理论、立法和司法实践中这种"程序附属于实体"观念的发生，从根本上讲反映了法学家、立法者和法官们对法律程序的共同价值判断，这就是：只要民诉程序的结果没有错误，诉讼活动就没有任何瑕疵，程序作为保证结果正确性的工具，它本身并没有独立于裁判结果的价值和意义。[②] 这是一种类似于绝对工具论的理论观点。然而，这种实体至上的一元程序价值观，是同民事诉讼的规律不相符合的，它客观上加剧了"轻程序"现象的发生，导致实践中将实体法适用正确与否作为评判裁判情况的唯一标准，使民诉程序的严肃性和权威性受到极大的损害。

那么"绝对工具论"的程序价值观和"重实体，轻程序"观念为何在中国具有这么大的影响力呢？根据季卫东教授的解释，中国"轻程序"现象既是一个文化传统问题，也是一个制度设置问题，中国传统法律程序结构上的

---

① 关保英：《行政法的价值定位——效率、程序及其和谐》，中国政法大学出版社 1997 年版，第 275 页。

② 参见陈瑞华：《刑事审判原理论》，北京大学出版社 1997 年版，第 48 页。

缺陷制约了中国的程序建设。这是因为，传统审判程序是按行政原理设计的，审判的程序性限制是以官僚机构内部纪律的形式出现的，程序的遵守不是由于当事人能够对违法的过程提出效力瑕疵的异议，而是通过上司对违法官僚的惩戒处分来保障，人民仅仅止于接受其反射性的利益。同时，中国的反程序化倾向十分有力，立法上忽视程序要件的规定，实务中试图松弛程序的现象屡见不鲜。这就造成中国有"程式"而无"程序"，有名不副实的法律形式化而没有正名求实的法律形式主义。[①] 陈瑞华教授则是从诉讼活动本身性质的角度来解释我国"轻程序"的原因。他认为，诉讼活动不仅仅是一种以恢复过去发生的事实真相为目标的认识活动，而且也包含着程序道德价值目标的选择和实现过程。而传统理论和实务一直将民事诉讼活动视为一种认识活动，这是程序绝对工具论产生的思想基础。[②] 其实，这两种解释都是成立的，不过季教授重传统，陈教授重现代；季教授重制度，陈教授重观念而已。

要摆正程序与实体、程序内在价值与外在价值之间的关系，就必须克服"轻程序"的观念和做法，树立程序与实体并重思想，目前尤为迫切的是弘扬程序公正、程序效益、程序自由等内在价值，树立民事诉讼程序的权威。"只有对程序达到具有独立人格的理解，对程序问题的讨论才能有堂堂男儿的自信"，那种将程序看作实体附庸的观点，没有看到程序是以实效性的权威决定着实体的现实状态；程序不是实体的影子，而是可以使实体美化或丑化的独立的力量。[③] 相对于实体规范，程序的确具有其工具性的一面。但是不能忘记，适当的实体规范是经由程序铺设的轨道通过公正、有效的程序形成的，"只要我们就实体法的主要学说溯及遥远的过去，我们都可能在其源头发现一些忘却了的程序环境"[④]。在整个诉讼过程中，实体法完全是根据诉讼程序的要求而起作用的，审判方式大大地影响了实体法规则起作用的方式，举证规则可能使实体法规则完全不起作用。民事诉讼程序对实体法中不适合社会发展需要的部分，还能起到修改、补充的作用。因此，程序公正不

---

① 参见季卫东：《程序比较论》，《比较法研究》1993 年第 1 期。

② 参见陈瑞华：《刑事审判理论》，第 50—52 页。

③ 参见袁红冰：《刑事程序的魅力》，《中外法学》1990 年第 6 期。

④ ［美］埃尔曼：《比较法律文化》，贺卫方、高鸿钧译，三联书店 1991 年版，第 165 页。

仅仅是实体公正的形式和手段，它还具有自己的独立价值。

其二，确立程序公正对诉讼效益的优越地位。

程序公正与诉讼效益都属于诉讼程序的内在价值，二者相互包含、相互制约。诉讼效益作为满足程序主体需求的一种价值，其中内含着公正的精神。从某种意义上说，诉讼效益所追求的是以最经济的方式来实现公正的目标。反过来，程序公正对诉讼效益也具有一定的涵摄力，这一点即便在推崇经济效益至上论的波斯纳那里也得到了承认。① 但程序公正主要指向纯精神性的道德领域，而诉讼效益则更加贴近于物质性的经济功利领域，这两种价值可以和谐共存，但又经常处于深沉的张力之中。一般情况下，民事诉讼程序公正性的增强会直接导致诉讼效益的降低，而对诉讼效益的注重在一定程度上限制了程序公正的实现。

程序公正与诉讼效益既然存在着矛盾，那么对公正和效益的评价和选择，就成为一个重大的法律实践问题。尽管程序公正和诉讼效益都是设计和评价民事诉讼程序的内在标准和尺度，但是，诉讼制度或程序真正永恒的生命基础则在于它的公正性。程序公正是整个程序法领域最基本也是最具普遍性的一种价值目标。"从程序本身着眼，公正是它的最低要求或标准。"② 任何一项民事诉讼程序必须遵循最低限度的程序公正标准，这是程序设计的最低要求。在此基础上，考虑提高民诉程序的经济效益，尽可能以较少的司法资源审理较多的民事案件。

在中国民事司法改革中，程序公正构成其与诉讼效益的矛盾的主要方面。实践中为解决案多人少、积案严重的窘况，各地法院纷纷试行繁简分流，扩大民事简易程序的适用范围，甚至将大量的非诉讼案件纳入简易程序

---

① 波斯纳在回答其他学者关于经济分析方法忽略了正义（公正）的批评时说，效益与公正概念经常是一致的，只有在效益提高的前提下才能实现更高层次的公正。因而，"正义的第二种涵义——也许是最普通的涵义——是效率"，但是，"正义并不仅仅具有效率的涵义"（［美］理查德·A·波斯纳：《法律的经济分析》，上册，第31—32页，中国大百科全书出版社1997年版）。波斯纳的回答正好契合了那句英国古老的谚语："迟来的正义为非正义"，程序公正应当在合理的期限内实现，否则就是非正义的。基于此，一些学者将程序及时原则作为程序公正的一个要素（［美］迈克尔·D·贝勒斯译：《法律的原则——一个规范的分析》，第36页，中国大百科全书出版社1996年版），这是有一定道理的。原因在于，程序的不适当延长会使当事人的程序利益不能得到应有的关注，他们往往会产生受忽视的感觉，难以从心理上接受裁判结果的正当性。

② 孙笑侠：《两种程序法类型的纵向比较——兼论程序公正的要义》，《法学》1992年第8期。

的调整之中，为此任意放松简易程序的程序约束的现象普遍发生。理论界也倾向认为民事诉讼程序应当摈弃其雍容华贵的传统色彩，而赋予实用性、简易的特征，并且夸大了西方国家为促进诉讼而实施的改革措施在民事诉讼法中的地位。在司法腐败较为严重之下，民事诉讼制度的建设在着力提高效率的同时，应优先处理好程序不公这一根本性问题，在保证程序公正的前提下兼顾诉讼效益。企图超越程序公正的要求，片面追求诉讼效益的做法是舍本逐末的。

其三，确立诉讼权对审判权的优越地位。

司法程序的存在与发展，永远是与程序主体的存在、程序主体权益的存在、程序主体社会关系的存在相联系的，是为程序主体的生存、发展所必需的，是实现程序主体权益的形式。在民事诉讼程序中，人民法院是公共服务的提供者，司法行为派生于当事人的权利行为，因而司法行为具有利他倾向。对当事人这一权利主体而言，他按照"为我"的价值取向认识、选择、利用和控制司法过程，诉讼程序究竟向何方向发展，在很大程度上取决于当事人的现实需要。这个过程充满了种种选择的可能，理性主体总是趋向于选择一种最公正、最有效的司法程序。

在司法改革中，应当大力弘扬当事人的程序主体性，由当事人决定法院的审理对象，按照自己的意愿实施诉讼行为，而法院的行为受程序规范和当事人行为的制约。程序制度的设计、改革措施的出台都应以当事人需要的满足为依归，把当事人由消极的受动者提升为积极的主动者、民事诉讼的中心，摈弃审判中心论，使民事诉讼机制转化成当事人为主宰的结构，摆正人民法院在民事诉讼中的地位。

总而言之，当代中国的民事司法改革面临着诉讼制度的形式合理性和程序公正两大任务，同时又面临着如何回应西方国家法治现代化之后的司法改革潮流和趋势，即在民事诉讼中淡化形式合理性和程序公正，而强调实质合理性和诉讼效益。"接轨论"者较为注重后现代法学的理论和改革实践，一再指明当代西方司法改革潮流对中国的启示；"本土化论"者呼吁应当从中国人的社会生活中创造中国的法制。"接轨论"和"本土化论"都主张，中国传统文化中的某些现象，如注重法院调解、强调社会和谐等，在未来的中国社会中仍然具有强大的生命力，在这个问题上他们可谓殊途同归。

但是，中国民事司法真的能够从传统一跃而进入所谓的后现代吗？中国传统文化真的能够为转型时期的中国民事司法制度建设提供正当化根据吗？我看恐怕未必如此。中国的市场经济正在发展之中，与市场经济息息相关的民事司法制度也处在由传统向现代的转型之中，如果说"中国人的社会生活创造中国的法制"这个命题成立的话，那么对民事司法而言，"中国人的社会生活"只能理解为中国人的市场经济生活，而绝对不是中国人的计划经济生活，也不是古代"中国人的社会生活"。中国民事司法制度不可能逾越现代化阶段而进入后现代，或者是退回到古代。中国应当借鉴的是西方民事诉讼制度赖以存在的一些根本性的东西，这就是反映市场经济基本要求的程序公正理念和制度，它们虽历经一个多世纪而依然根深蒂固，永不褪色。

第一编　民事司法公正的制度保证

第一章

民事司法公正的要素

一、民事司法公正的界定

（一）公正的一般含义

在现代汉语词典中，"公正"（impartiality）一语有公平、正义、平等之义，其内涵丰富而缺乏确定性。法学上的"公正"，通常指公平、平等。公正是法官和执法者所应具有的品质。它意味着平等地对待争议的双方当事人或各方当事人，不偏袒任何人，对所有的人平等和公正地适用法律。① 而在西方法律思想中，多使用"平等"、"正义"两个字来表达我们所说的"公正"。相对而言，西方经济学家更热衷于"平等"，法哲学家更喜欢谈论"正义"。美国哲学家和教育家，芝加哥大学教授 M. J. 艾德勒（M. J. Adler）在其名著《六大观念》中，将"平等"、"正义"列为影响西方思想的两大观念，是很有说服力的。②

"正义"（justice）历来被视为人类社会的美德和崇高理想，是人类生生不息的追求。正义一词在西方思想史上居于不可替代的地位。西方思想家对于正义的理解可谓五花八门，关于正义的著述可谓汗牛充栋，甚至出现了像约翰·罗尔斯（John Rawls，1921— ）所著《正义论》这样的不朽名著。

正义与法律的关系是法哲学上一个经久不衰的论题。人们通常将正义视

---

① 参见［美］戴维·M·沃克：《牛津法律大辞典》，光明日报出版社 1988 年版，第 433 页。

② 参见［美］M. J. 艾德勒：《六大观念：我们据以进行判断的真、善、美 我们据以指导行动的自由、平等、正义》，郗庆华、薛笙译，三联书店 1989 年版，第 165 页以下。

为法律制度应当具备的优良品质，法律只能在正义中发现其适当的和具体的内容，而理想的法律往往又成为正义的化身。但是，什么是法律正义？评价法律正义与否有哪些标准？这些问题在不同时代、不同国家、不同群体、不同学派，甚至不同的人中会有不同的理解。正像恩格斯谈到正义观念时指出的："关于永恒公平的观念不仅因时因地而变，甚至也因人而异，这种东西正如米尔柏格正确说过的那样，'一个人有一个人的理解'。"① 美国学者 E. 博登海默也说："正义具有着一张普洛透斯似的脸，变幻无常，随时可呈不同形状，并具有极不相同的面貌"②。

　　正义是一个历史的、相对的概念，自从这个最早的、分歧最广的理论思想被提出以后，西方的思想家或法学家一直不断地为正义理论之厦添砖加瓦，他们赋予了正义多种含义，如：正义是各人得其所应得（乌尔比安、西塞罗、格劳秀斯）；正义即"和谐"（柏拉图、罗斯科·庞德）；正义即"平等"（亚里士多德、德沃金）；正义即"自由"（洛克、卢梭、杰斐逊、康德、斯宾塞）；正义即"安全"（托马斯·霍布斯）；正义指"自由与平等"（约翰·罗尔斯）；正义指法治或合法性（凯尔森、阿尔夫·罗斯）；正义就是"共同幸福"（托马斯·阿奎那）。这些含义有的强调正义与人的理性的关系（如自然法学派），有的强调正义与法律规则的关系（如分析法学派）；有的强调正义的主观性（如乌尔比安、西塞罗、凯尔森、阿尔夫罗斯），有的强调正义的客观性（如洛克、卢梭、杰斐逊、霍布斯）；有的强调实体正义（如乌尔比安、西塞罗、霍布斯），有的则还包含了程序正义的因素（如约翰·罗尔斯）。可见，正义具有多方面、多层次的规定性或含义。因此，比利时法学家 C. 佩雷尔曼（C. Perelman）指出："正义是一个最为崇高但也最为混乱的概念"③。

　　尽管正义本身犹如"普洛透斯"的脸，变幻不定，但这并不意味着正义是主观的，不存在判断是否正义的客观标准。相反，无论在历史上或当代世界中，都存在着人类社会普遍接受的某些正义观念，这些正义观念"是人类

---

① 《马克思恩格斯选集》第 3 卷，人民出版社 1995 年版，第 212 页。
② ［美］E. 博登海默：《法理学——法哲学及其方法》，邓正来等译，第 238 页。
③ C. Perelman, *Justice, Law, and Argument*, D. Reidel Publishing Company, 1980, p. 1.

对自己生存发展的秩序、条件和规则的意识，是一种社会化的理性、理智"①，在一定程度上代表和体现着人的发展水平、人的自我意识和理性健全的程度，反映着法律的内在精神和实质。

在法律思想史中，普遍的正义观念一般是同自然法联系在一起的，特别是在启蒙时代，自然法往往被理解为一个符合正义要求的、完整的和现成的规则制度，而不管它们在一国的实定法中是否得到了正式表达。尽管自然法关于人性永恒的假设具有唯心色彩，但是从现代眼光来看，任何社会秩序中都存在着一些最低限度的、不以立法者意志为转移的正义需求（当然发达与不发达的社会之间并非完全相同），自然法（如果说有的话）"只是构成了一个正义制度的最为根本的基础，它是由那些最低限度的公正和合理的标准组成的，没有这些标准，就没有可行的法律制度"②。在这里，自然法不是"法"，而是法的精神、法的理念、法的实质；正义不仅是法律所要实现的崇高目标，也是人们评价法律制度的价值标准。

为了说明正义的规定性，西方思想家或法学家对正义作了各不相同的分类。柏拉图将正义分为个人正义和国家正义，个人正义就是做好与自己秉性相适应的工作，不非分越位；国家正义是统治者依据各种人的禀赋安排合适的工作。亚里士多德将正义分为普遍正义和特殊正义两类，普遍正义又叫原始正义、抽象正义，指的是正义的根本和全体；特殊正义包括政治正义和法律正义，它又可分为分配正义和纠正正义两种。③ 托马斯·阿奎那（Thomas Aquinas）把正义分为自然的正义（ius natural）和实在的正义（ius positivum），前者归结于自然之理，后者归结于契约或统治者的命令，后者从属于前者。④ 霍布斯（Thomas Hobbes）将正义分为交换的正义和分配的正义，"交换的正义是立约者的正义……分配的正义则是公断人的正义"⑤。卢梭把正义分为两种：一种是普遍的正义或自然的正义，它源于事物的理性或上帝

① 李德顺、戚渊：《关于法的价值的对话》，《中国法学》1996年第5期。

② ［美］E.博登海默：《法理学——法哲学及其方法》，邓正来等译，第271页。

③ 参见严存生：《论法与正义》，陕西人民出版社1987年版，第28—31页。

④ 参见［古罗马］托马斯·阿奎那：《阿奎那政治著作选》，马清槐译，商务印书馆1982年版，第138页。

⑤ ［英］霍布斯：《利维坦》，黎思复等译，商务印书馆1985年版，第114页。

意志；另一种是约定的或法律规定的正义，它与约定者的公共利益相一致。① 罗斯科·庞德（Roscoe Pound）把人们对正义的理解归为三种："在伦理上，我们可以把它看成是一种个人美德或是对人类的需要或者要求的一种合理、公平的满足。在经济和政治上，我们可以把社会正义说成是一种与社会理想相符合，是以保证人们的利益与愿望的制度。在法学上我们所讲的执行正义（执行法律）是指在政治上有组织的社会中，通过这一社会的法院来调整人与人之间的关系及安排人们的行为"②。罗斯科·庞德认为，在这三种正义中，只有第三种才是真实可行的。

（二）公正向司法的渗透：司法公正概念的产生

如果说正义是一个总括性的范畴，则公正概念更倾向适用于具体的、特定的案件处理之中。公正通常与纠纷的司法解决过程联系在一起。但在表述时，人们似乎并不着意区分司法正义与司法公正。③ 从语义上分析，英语中的司法（justice）与正义（justice）是同一个词。司法是实现法律正义的一种形式，在专门研究司法过程的现实主义法学以及传统上秉持司法中心主义、从程序渗透实体的英美法学中，司法公正是一个并不陌生的话题。

法律正义能够以各种各样的方式实施和实现，如立法、行政或司法。它可通过立法方式实现，下面的例子清楚地说明了这一点。希腊是民众大会式的审判，罗马是面对人民式的审判，德国则通过自由人集会实施正义，英格兰和联合王国通过英格兰与联合王国议会行使司法权，例如通过免责对抗胁迫和诈欺，通过提供对错误审判的上诉请求书，对议会谋反的控告、剥夺财产和法案、褫夺公权法案和离婚法案来行使司法权。美国在革命前通过殖民地立法机关行使司法权，在革命后通过国家立法机关行使司法权，如立法机关的上诉管辖权，衡平法上的救济，离婚或破产的裁判权以及检举，甚至弹劾总统。但是，实际上立法正义已表现出了代价昂贵、不平等和不确定性的

---

① 参见［法］卢梭：《社会契约论》，何兆武译，商务印书馆 1980 年版，第 48—52 页。

② ［美］罗斯科·庞德：《通过法律和社会控制、法律的任务》，沈宗灵、黄世忠译，商务印书馆 1984 年版，第 73 页。

③ 甚至在亚里士多德的著作《大伦理学》1191b、1192b 里，"公正"与"正义"两个词也在同一意义上使用，只是译法不同而已。"公正"与"正义"在不同场合交替使用的现象，在法理学上比较普遍。

特点，而且它受到了偏见、政治需要乃至腐化的影响。①

法律正义也可以通过行政人员或行政机关实现，而且现代国家大部分都是这样做的，在这些国家里许多问题的裁定是由行政官员、监察员、专员、委员会或部长作出的。这种方式应予肯定的优点是迅速、保密；具有有关规则的熟练的、具体的知识；尊重政策。但是，上诉到法院的案件显示出，行政正义有时不能遵守自然正义的要求，有将政策同公平混淆的倾向，有逾越司法权的倾向，或者为了行政机关的方便，趋向于行政专断。一些案件是从行政机关上诉到司法机关，一直上诉到法院；另一些案件的行政机关裁定过程已非常类似法院，因为它们也发布有判决理由的、经宣告的、必须服从的判决书。②

法律正义还可以司法方式实现，即通过经挑选的、有知识、有经验、公正无私并永久专门从事裁判争议问题的人来实现。这种方式的优点是法官根据经验、所受的训练和习惯，尽力公正地发现和适用一般规则，他们的裁判是公开的而且可以对此裁判上诉、进行公开评论和专门监督与批评。总的看来，司法正义将合理的确定性和法则的可预见性与适度的自由裁量相结合，这种形式优于实施正义的其他任何形式。但是，它也由于这样的原因而受到批评。例如，法官与普通人无联系，并不了解他们的态度、问题和困难；法律概念和法治规则的结构太刻板，没有给非法律因素提供足够的余地；法律推理的前提太空泛、陈旧和固定，几乎不注意社会的变化，对其发展无反应；而且产生了一种使一切拘泥于法则和将合理的案例转变为法则范畴的趋势。尽管这种正义实现方式可能存在着缺点，而且这种制度和规则会使人产生一些疑虑，但是，至少在发达的法治国家里，司法正义制度是严肃的、诚实的，而且对于提供一种确保公平对待个人的制度，基本上是一个合理的、成功的尝试。③

通过司法实现正义无疑是正义的各种实现方式中最为公正、最令人信服的一种，也是西方法学家着力追求和探索的一种公正，因为它同时包含着对正义实现的结果和过程的要求，因而是比较可靠的、有保障的公正。

① 参见［美］戴维·M·沃克：《牛津法律大辞典》，第498页。
② 参见［美］戴维·M·沃克：《牛津法律大辞典》，第498页。
③ 参见［美］戴维·M·沃克：《牛津法律大辞典》，第499页。

（三）民事司法公正的含义和分类

司法公正，或曰公正司法，其基本内涵就是要在司法活动的过程和结果中坚持和体现公平与正义的原则。在这里，司法主要指法院的审判活动；公正的含义则包括公平、平等、正当、正义等。司法公正既要求法院的审判过程遵循平等和正当的原则，也要求法院的审判结果体现公平和正义的精神。[①]

当代"正义理论集大成者"约翰·罗尔斯（John Rawls）对正义作了系统的分类。他认为，正义可分为实质正义、形式正义和程序正义三大类。实质正义（substantive justice）是关于社会的实体目标和个人的实体性权利与义务的正义，它包括政治正义（或宪法正义）、经济正义（或分配正义）和个人正义，其中政治正义和经济正义合称社会正义。形式正义（formal justice）又叫"作为规则的正义"（justice as regulative）或法治，其基本含义是严格地一视同仁地依法办事。实质正义与形式正义的差别在于前者对正义的要求是实质性的，后者只是形式上的。以平等为例，实质正义所要求的是人与人之间事实上的平等，而形式正义所要求的只是形式上的平等或法律上的平等，至于法律规则的内容本身是否正义和坚持它能否达到正义则在所不问。由于形式正义仅要求法律适用的公平性和一致性，因而形式正义可能包括某些实质的非正义。程序正义（procedural justice）是介于实质正义与形式正义之间的一种东西，它要求规则在制定和适用中程序具有正当性。程序正义又可分为纯粹的、完善的和不完善的程序正义三种。[②]

约翰·罗尔斯的正义论体系完整、结构宏伟、思想丰富，在西方思想界引起极大关注，被誉为"目前最佳的正义理论"。他对正义的分类比较系统，并具有实际意义，因而获得了人们普遍的接受，我国一些学者在正义问题上也采纳了约翰·罗尔斯的分类方法。[③] 本书对民事司法公正价值的论述，也是以这种分类为基础展开的。

具体说来，在法律制度中，实体公正（或实质正义）是指立法在确定人们实体权利义务时所要遵循的价值标准，如平等、公平、合理等。实体权利

[①]　参见何家弘：《司法公正论》，《中国法学》1999 年第 2 期。

[②]　参见［美］约翰·罗尔斯：《正义论》，何怀宏等译，中国社会科学出版社 1988 年版，第 80—81、221—225、532 页。

[③]　参见陈瑞华：《刑事审判原理论》，第 53 页。

义务的确定，本质上是对政治自由和平等、资源、社会合作的利益和负担进行权威性的、公正的分配。形式正义是指法律适用方面的正义，只要严格依法办事，或者说严格地执行和遵守体现实质正义的法律和制度，就符合形式公正。关于形式公正的经典表述是："同样情况同样对待"（treat like cases alike）或"类似情况类似处理"。形式公正以实体公正为前提，并为实体公正服务。程序公正是立法者在程序设计、司法者在程序操作过程中所要实现的价值目标。就程序利益的分配、程序权利义务的安排而言，程序公正与实体公正有内在联系；就程序规范的普遍效力和遵循的强制性要求而言，程序公正与形式公正又密不可分。然而，与程序公正相比，实体公正和形式公正主要是一种"结果价值"，是评价程序结果的价值准则。而"程序的本质特点既不是形式性也不是实质性，而是过程性和交涉性"①，因此程序公正本质上是一种"过程价值"，它主要体现于程序的运作过程中，是评价程序本身正义与否的价值标准。然而迄今为止的法律解释学都是从形式的角度来理解程序的，凯尔森试图把一切法律现象都还原为程序法，达到严格的法律形式主义的极致。但程序未必可以完全归入形式的范畴，程序公正也不能简单地归结为形式正义。② 程序公正价值可以广泛地适用于审判、调解、立法、行政等法律程序中。

二、程序公正及其要素

（一）程序公正观念的演变

程序公正观念肇端于英国，并为美国所继承和发展。在英美法中，程序公正观念经历了从自然公正观到正当程序观的演变过程。自然公正（natural justice）的概念起源于自然法，在 18 世纪以前，这个概念常与自然法、衡平、最高法等通用。近代以后，自然公正通常表示处理纷争的一般原则和最低限度的公正标准，又叫做"诉讼程序中的公正"③，其中具体内容包括：

---

① 季卫东：《法律程序的意义——对中国法制建设的另一种思考》，《中国社会科学》1993 年第 1 期。

② 有些西方学者将程序正义与形式正义等同起来，认为"法律适用方面的正义是程序正义或形式正义"。这种观点不够准确。转引自张文显：《当代西方法哲学》，吉林大学出版社 1987 年版，第 203 页。

③ 龚祥瑞：《西方国家司法制度》，北京大学出版社 1993 年版，第 126 页。

（1）"任何人不能自己审理自己或与自己有利害关系的案件（nemo judex in parte sua）；（2）任何一方的诉词都要被听取（oudi alteram partem）"①。自很早以来，这两个原则就一直被牢固地确立于英国司法制度中。自然公正观现在是英国法院采行的一条最基本的宪法原则，并仍然是英国司法程序与非司法程序中所要遵循的准则，它适合于审理所有一切案件。这一准则在欧洲和美国也得到了发展，并已深入欧美人的公正意识之中。1977 年欧洲议会部长委员会在调查了程序权利与救济之后，为行政法领域的自然公正提出了五项准则：（1）受审判的权利（辩论、证据）；（2）在行政行为之前，获得有关的信息；（3）在行政程序中的协助与代理；（4）在行政程序中或在合理时间内应请求书面陈述理由；（5）指明救济及所给的时间限制。②

在美国法中，自然公正观已被正当程序观所取代。正当程序（due process）一词首先由詹姆斯·麦迪逊在起草《权利法案》时提出，并被美国联邦宪法确立为一项基本原则。它具有一种技术上的精确含义，只适用于法院的诉讼过程和程序。③ 正当程序有以下三个特征：（1）有权向不偏听、偏信的裁判所和正式法院陈述案情；（2）有权知道被指控的事由（事实和理由）；（3）有权对控告进行辩解。④ 在美国内战前期，正当程序的概念扩大到对政府权力的限制，实质性正当程序（substantive due process）代替了自然法的基本规范，宪法的核心从自然法的理论迅速转向对正当程序条款进行扩大解释，由此在美国形成了一种新的观念：不论是从实体法还是程序法的观点看，个人的权利都是由正当程序保护的。正是由于正当程序包括了实体法方面的含义，它才具有了限制政府权力的重要意义。美国宪法第 5 条修正案规定："非经正当法律程序，不得剥夺任何人的生命、自由或财产"。该法第 14 条修正案对各州也提出了相同的要求。可见，美国宪法中的正当程序条款包含了实质性正当程序与程序性正当程序（procedural due process）两方面的内容。前者是正当程序概念扩大化的产物，它直截了当地把最重要的实

---

① ［美］戴维·M·沃克：《牛津法律大辞典》，第 628 页。

② 参见 ［英］威廉·韦德：《行政法》，中国大百科全书出版社 1997 年版，第 101—102 页。

③ 参见 ［美］伯纳德·施瓦茨：《美国法律史》，王军等译，中国政法大学出版社 1989 年版，第 49—51 页。

④ 参见龚祥瑞：《西方国家司法制度》，第 128 页。

质性限制加到了政府权力之上，后者则是"正当程序"一词的初始含义，它要求解决争端的程序必须公正合理。据美国权威的《布莱克法律辞典》的解释，"程序性正当程序的中心含义是指：任何权益受判决结果影响的当事人都享有被告知和陈述自己意见并获得听审的权利……合理的告知、获得庭审的机会以及提出主张和抗辩等都包含在'程序性正当程序'一语中"[①]。美国学者认为，程序性正当程序体现了正义对法律程序的基本要求，换言之，满足正当程序要件的程序才是合乎程序公正要求的，反之，合乎程序公正要求的程序就是正当程序。因此，"程序性正当程序实际所表达的价值就是程序公正"[②]。

程序公正的观念在英美法中的出现和发展绝不是偶然的现象。日本学者谷口安平将英美程序公正观念的演变归结为三个原因：陪审裁判以及作为其前提的当事人主义诉讼结构；先例拘束原则；衡平法的发展。首先，当事人双方在由一般市民组成的陪审团面前相互提出证据、进行辩论，陪审团对案件作出胜败的判决，陪审团的判决不提供理由，这样就无从检验判决结果是否符合客观真实，只能由程序的正当来间接地支持结果的正当性。其次，先例拘束原则（doctrine of precedent）要求法院在审理与先前的案件相同或相似的案件时，应按照以往判决所确立的先例，对于相似的法律问题作出同样的判决。其前提也在于当事人及其律师尽量找出有利于己方的先例，并通过辩论说服法院予以适用。最后，衡平法是在缺乏普通法的救济方法时，由衡平法官根据当事人的申请并运用其自由裁量权，对案件作出适当的决定。在这里，保证衡平法法官判决结果正确的仍然是程序。[③] 在上述几个因素的影响下，英美法形成了重程序的传统，即不是以某种外在的客观标准来衡量判决结果正当与否，而是通过充实和重视程序过程本身保证判决结果能够获得当事人的接受，这就是程序公正的精神实质。

---

① H. C. Black, *Black's Law Dictionary*，West Publishing Co.，1979，p. 1083.

② 陈瑞华：《刑事审判原理论》，第 57 页。美国哲学家约翰·罗尔斯在构筑他的正义理论体系时，是以程序倾向为特色的。在他看来，公正的法治秩序是正义的基本要求，而法治取决于一定形式的正当过程，正当过程又主要通过程序来体现。约翰·罗尔斯把程序正义作为一个独立的范畴加以类型分析，并根据程序正义与实体正义的关系将程序正义分为三种，即纯粹的、完善的、不完善的程序正义。参见〔美〕约翰·罗尔斯：《正义论》，何怀宏等译，第 81 页。

③ 参见〔日〕谷口安平：《程序的正义与诉讼》，王亚新、刘荣军译，第 4—5 页。

（二）程序公正的要素

程序公正的要素应当从两个方面入手：一是实现程序公正的诉讼构造，二是实现程序公正的动态过程，主要包括法官中立原则、程序参与原则、程序公开原则和程序维持原则等要素。

1. 法官中立原则

程序公正首先要求法官处于中立地位。中立性原则是现代程序的基本原则，是"程序的基础"①。法官的中立是相对于当事人和案件而言的，它表明在诉讼程序结构中，法官与双方当事人保持同等的司法距离，对案件保持超然和客观的态度。中立是对法官最基本的要求。不中立便是偏私，便是法官与当事人的角色混淆，其结果的不公正乃是必然的。

法官中立原则包括以下两项具体要求：（1）法官同争议的事实和利益没有关联性。按此，法官既不能裁判有关自己的争讼，也不得与案件结果或争议各方有任何利益上或其他方面的关系。强调法官与案件事实和利益上和非关联性，对于保持法官的中立性无疑是必要的。正如英国法谚所说："一个人不能在自己的案件中当法官，因为他不能既做法官又做当事人"，既做裁判员又做运动员。法官是正义的守护神，但法官同时也是人，也有情感需要和利益需求，如果法官或与之有利害关系的人成为当事人，那么法官在诉讼中的双重角色难以保证纠纷解决过程和裁判结果的公正性。在这种情况下，回避制度的设置就非常必要了。（2）法官不得对任何一方当事人存有歧视或偏爱。法官中立不仅要求他同争议事实和利益没有牵连，而且要求他个人的价值取向、情感等因素不产生"偏异倾向"②。法官对某一方当事人的偏见，既可能源于纠纷解决过程中所形成的义愤、同情等情感上的好恶，也可能源于法官对案件事实和法律上的价值判断。法官的偏见和预断会妨碍他公平地对待当事人各方，公平地处理纠纷。为此，有必要通过法官的资格认定、分权制衡等制度来保证法官中立的实现。

2. 程序参与原则

美国学者朗·富勒曾精辟地指出："使审判区别于其他秩序形成原理的

---

① 季卫东：《程序比较论》，《比较法研究》1993 年第 1 期。

② 顾培东：《诉讼制度的哲学思考》，见柴发邦主编《体制改革与完善诉讼制度》，中国人民公安大学出版社 1991 年版，第 68 页。

内在特征在于承认审判所作决定将对之产生直接影响的人能够通过一种特殊的形式参与审判，即承认他们为了得到对自己的有利的决定而提出证据并进行理性的说服和辩论。"① 富勒关于审判的定义与程序参与原则是一致的。在英美法中，程序参与原则又称为"获得法庭审判机会"的原则（opportunity to be heard）。其含义是，那些利益或权利可能会受到民事裁判或诉讼结局直接影响的人应当有充分的机会富有意义地参与诉讼的过程，并对裁判结果的形成发挥其有效的影响和作用。② 具体说来，在涉及当事人利益、地位、责任或权利义务的审判程序中，应从实际上保障其具有参与该程序以影响裁判形成的程序权利；而且在裁判作成之前，应保障当事人能够及时、正确地提出诉讼资料，陈述意见，或进行辩论的机会，在未被赋予这种机会的情况下所收集的事实及证据资料，不能直接作为法院裁判的基础。

程序参与原则在宪法上的依据是政治参与（political participation）。在民主社会中，政治参与是指普通公民通过对政治活动尤其是政治决策活动的参与来影响或试图影响某种结果的一种行为。参与原则的意义在于它能迫使当权者关心选民的现实利益，使每个人都有同样的途径进入宪法所建立的政治秩序中。"参与原则适用于各种制度"，诉讼制度当然也不例外。对于程序公正来说，最重要的就是作为争议主体的当事人能够有充分的机会参与诉讼程序，提出自己的主张和有利于自己的证据，并反驳对方的证据、进行交叉询问和辩论，以此来促使法院作出尽可能有利于自身的裁判。只有从制度上充分地保障当事人享有和行使程序参与权，诉讼程序的展开本身才能为审判的结果带来正当性。除了具有这种工具性意义外，程序参与原则还有独立的内在价值，"因为各方一旦能够参与到程序过程中来，就更易于接受裁判结果；尽管他们有可能不赞成判决的内容，但他们却更有可能服从它们"③。

程序参与原则有两项基本的要求：（1）当事人对诉讼程序的参与必须是自主、自愿的，而非受强制的、被迫的行为。自愿参与的要求是基于如下理论预设，即"人在其生活目的、满足方面是一个理性最大化者（rational

---

① Lon Fuller, "The Forms and Limits of Adjudication", in *Harvard Law Review* 92 (1978), p. 364.

② 参见陈瑞华：《刑事审判原理论》，第 61 页。

③ Michael D, Bayles, *Principles of Law*, p. 32, 1987 by Reidel Publishing Company.

maximizer)"①。一个有理性的人会运用逻辑推理和所有相关的可以获得的信息，去实现愿望和价值，决定如何行动。在诉讼中，当事人也是自我利益的最大化者，"不告不理"和禁止职权更换当事人的规定体现了当事人参与诉讼的自愿性。自愿参与原则要求立法者和法官尊重当事人的意志和人格，不能把当事人当做实现某种目的的工具，比如当事人仅仅被动地出席或陈述自己的意见等在许多情况下并不能成为真正意义上的程序参与。（2）当事人必须具有影响诉讼过程和裁判结果的充分的参与机会，这是程序参与原则的核心内容。美国哲学家贝勒斯（M. D. Bayles）从诉讼程序动态过程的角度把程序参与机会分解为以下 6 个要素，即在合理的时间内公开审理、充分的通知、获得律师帮助的权利、提出和反驳证据的机会、裁判以当事人在诉讼中提供的信息记录为基础、当事人对裁判上诉的机会。② 事实上，贝勒斯提出的这些要素触及了诉讼程序的全部过程，并且在《公民权利和政治权利国际公约》、《欧洲人权公约》和《美洲人权公约》中都有所反映。在笔者看来，当事人程序参与机会的实质含义是：在法院作出有关严重影响他们权益的裁判前，当事人应有充分的机会表达自己的意见、观点和主张，并对他方当事人的证据和主张进行质证、反驳和抗辩，以便将裁判建立在这些主张、证据、辩论等所进行的理性推论的基础上。为此，法院要在当事人之间适时沟通诉讼信息，把一方的主张和证据及时告知对方，确保每一方都有充分的时间进行攻击或防御准备，确保参与能力不足的当事人获得必要的法律帮助。

　　3. 程序公开原则

　　程序公开（an open hearing；a public trial）又称审判公开，它是指诉讼程序的每一阶段和步骤都应当以当事人和社会公众看得见的方式进行。其主要内容包括：第一，法院在开庭前公告当事人姓名、案由和开庭的时间、地点，以便公众旁听；第二，除法律规定不公开审理的案件外，应当允许公众旁听和新闻记者采访报道，公众可以旁听审判的全过程，包括法庭调查、法庭辩论、宣判等。在英美法系国家和瑞士，甚至允许公开合议庭成员的不同意见，当事人和旁听者能够目睹法官们的争论及其结果；而在大陆法系国家，传统观念是把法院作为一个权威机构面对外界，它的判

---

　　① ［美］理查德·A·波斯纳：《法律的经济分析》上册，蒋兆康译，第 3 页。
　　② See Michael D. Bayles, *Procedursl Justice*, pp. 39—60，1990 by Kluwer Publishing Company.

决是一致的判决，法官的文官心理也保证其不泄露合议庭的少数意见。但是近年来，大陆法系国家的态度有了缓慢的变化，至少日本法院和德国宪法法院是允许公布不同意见的。① 第三，不论案件是否公开审理，判决都必须公开宣告。

程序公开原则长期以来被视为程序公正的基本标准和要求。英国有句古老的法律格言云："正义不但要伸张，而且必须眼见着被伸张"（Justice must not only be done，but must be seen to be done）。这并不是说，眼不见则不能接受；而是说，"没有公开则无所谓正义"②。程序公开原则的主旨就在于让民众亲眼见到正义的实现过程。这一过程对当事人和社会公众具有提示、感染和教育作用，同时程序公开提供了对诉讼过程实施社会监督的可能，"如果公正的规则没有得到公正的适用，那么公众的压力常能够纠正这种非正义"③。

程序公开是司法民主程度的标尺。由古至今，受程序的技术性影响，各个时代各个国家诉讼程序的公开程度不相一致，总的规律是：司法审判的民主化程度越高，程序的公开性也越高，反之，司法审判越是具有专制特征，程序的秘密性越强。在罗马早期的法定诉讼和程式诉讼中，诉讼程序从审理到宣判完全公开。

4. 程序维持原则

程序维持原则是关于诉讼行为及其效力设置的一项程序公正标准，它是指诉讼行为一旦生效之后要尽量维持其效力，不能轻易否定其既定内容。"程序的公正性的实质是排除恣意因素，保证决定的客观正确"④，在这一方面，程序维持原则具有重要的功能。程序具有操作过去的可能性，程序启动之时，程序主体具有最大的意志自由和行为自由。然而，随着程序的展开，人们的操作越来越受到限制。具体的言行一旦成为程序上的过去，即使可以重新解释，也不能推翻撤回。经过程序认定的事实关系和法律关系，都一一被贴上封条，成为无可动摇的真正的过去，而起初预期的不确定性也逐步被

① 参见［美］埃尔曼：《比较法律文化》，贺卫方、高鸿钧译，第228—229页。
② ［美］伯尔曼：《法律与宗教》，梁治平译，三联书店1991年版，第48页。
③ Michael D. Bayles，*Procedural Justice*，p. 42.
④ 季卫东：《程序比较论》，《比较法研究》1993年第1期。

吸收消化。一切程序参与者都受自己的陈述与判断的约束，事后的抗辩和反悔一般都无济于事。上诉、申诉等程序虽可以创造新的不确定状态，但选择的余地已经大大缩小了。①

程序维持原则要求立法者赋予程序主体的诉讼行为以法定效力，并且禁止任意诉讼。诉讼行为是在诉讼法上引起某种效果的行为，诉讼行为是否成立，是否有效以及是否合法等，都应当取决于诉讼法的规定。诉讼法对诉讼行为的这种调整方法在法理学上称为法定主义调整方式，这与民事法律行为的调整方法恰成反照。这是因为，诉讼行为并不像民事法律行为那样表现为独立的意思表示，而是与其他行为紧密联系，构成一个前后相继的诉讼行为链条。在民事诉讼中，原则上应排斥意思主义，而采表示主义（或称客观主义），因而当事人的诉讼行为一般与行为的真意表示无涉。按照表示主义理论，诉讼行为的效力以行为当时的客观效果为准，而不深入探究行为人的内心真实意思，因此，即使行为人的真意与表示不符，在效力认定上也以其客观表示为准，"意思表示瑕疵等民法上的规定，原则上不能适用于诉讼行为"②。由此可见，诉讼行为效力上的表示主义与法定主义的调整方式在很大程度上具有一致性。

三、实体公正及其要素

（一）实体公正的定位

实体公正可以从两种意义上理解：一是指立法者对人们实体权利和义务的公正分配，反映了实体法的价值目标，这是实体一般公正，英国学者彼得·斯坦、约翰·香德称这种意义的公正为"公正的法律"；二是指司法者或执法者根据实体一般公正的要求，通过在诉讼程序中行使自由裁量权而达到公正的裁判结果，这是实体个别公正，彼得·斯坦、约翰·香德称这种意义的公正为"公正的判决"或"法律的公正实施"③。前一种意义的实体公正属于实体法研究的范围，诉讼法上的实体公正通常指称实体个别公正，即

---

① 参见季卫东：《程序比较论》，《比较研究》1993 年第 1 期。
② ［日］谷口安平：《程序的正义与诉讼》，王亚新、刘荣军译，第 136 页。
③ ［英］彼得·斯坦、约翰·香德：《西方社会的法律价值》，王献平译，中国人民公安大学出版社 1990 年版，第 104、92 页。

裁判结果对于实体一般公正的追求和趋近。实体个别公正必须是法官经由诉讼程序作出裁判而达成,因而表现为裁判结果的公正或"结果公正"。

裁判结果的公正往往依赖于许多因素,其中重要的是裁判的大前提,即公正的法律。有时法律会是有失公平的,但法律施行的程序却无可指责。反过来也是如此。不公平的法律也会得到公平的施行。然而,假设法律适用的程序是完美无缺的,而且法律又满足了形式正义的要求,即以相似的方法对待相似的案件,以不同方法对待不同的案件,那么此际,有两种情形可能会造成裁判结果的不公正:一是法律规则本身不公正,二是法律规则适用于具体情况致使判决结果不公正。第一种情形是由于法律遵循的原则不公平而造成法律自身不公平,第二种情形中,法律规则看起来无可挑剔,而不公正产生于判决阶段,导致不公正的原因在于法律规则的内容规定得过宽或过窄。[①]

实体公正在性质上属于结果主义价值论。在哲学价值论中,有结果主义价值论和非结果主义价值论之分。结果主义价值论是西方价值理论中一种以行为结果为价值的唯一基础或只关心结果的价值观,认为进行价值判断或区分价值的等级、程度等都只能根据人的行为的结果。实用主义价值论、功利主义价值论及实在主义价值论等都是把价值的基础与人的利益、需要的主观感受和心理反应联系在一起,因而都关心行为导致的结果。其中,实用主义价值论是从能否使人们在行动中达到满意的实际效果来确定价值,功利主义价值论则以行为是否有助于带来合乎需要的或良好的结果、能否满足人的功利要求为价值标准。[②] 价值结果主义的各种主张都有一个共同的特点,即重视结果而忽视原因、条件、手段和过程。而非结果主义价值论是不考虑价值效果、结果或不以结果为主要价值标志的价值观,认为判断或确定行为是否实现了价值以及价值的等级、程度等,都不能以行为的结果是否满足了人的需要、实现了利益为根据。

(二)实体公正的要素

公正的裁判结果是法院或法官通过整个诉讼过程所要达到的一种理想结果,即法院"给予每个人以应得的对待",它主要体现在事实认定真实和法

---

① 参见〔英〕彼得·斯坦、约翰·香德:《西方社会的法律价值》,王献平译,第104页。
② 参见李德顺主编:《价值学大词典》,中国人民大学出版社1995年版,第321页。

律适用正确两方面，二者构成了裁判结果公正的标准，任何一项裁判必须同时符合这两项公正标准，否则就违背了结果公正的要求。正如日本学者团藤重光教授所言："在实体面，把明确案件事实真相、准确……地适用刑罚法令作为目的。刑罚权的实现，首先在内容上必须正当和公平，这是以正确认定事实（实体真实主义）和正确、公平地适用法令及量定刑罚为条件的。"①

1. 案件事实的查明

争执事实的真实再现，是实体公正的首要标准。诉讼程序除了具有保护当事人诉讼权利和保障被告人人权的意义外，还要承担起查明案件事实、正确适用实体法的任务，后者是整个诉讼活动的核心内容和目的指向。并且由于事实认定是法律适用的基础，因而如果脱离开对争执事实状况的客观揭示，实体公正就失去了事实前提。因为在司法过程中，案件事实的查明相当于司法三段论的小前提，没有小前提或小前提错误，直接影响裁判结果的正确性、可靠性。在唯物主义者看来，要求诉讼活动真实地回复争议事实的过程与经历，是基于如下认识论前提，即案件的"事实过程在特定环境中所留下的痕迹，包括通过经历者感官所形成的印象，依然可以为再现这一过程的主要内容提供凭藉。科技发展所形成的视听和其他手段，更增加了人们再现既往事实过程的能力"。诉讼过程中对争执事实的再现，正是建立在人类这一认识能力之上的。②

在任何诉讼程序中，对争执事实的再现必须通过当事人和法官的证据活动来完成。因为诉讼中需要查明的是业已逝去的事实，要使它们"重现"于法庭，除了通过证明活动外，别无他途。一方面，当事人的举证、质证活动有利于发现案件的事实真相。当事人是民事争议的亲历者，是争执的法律关系的主体，他们不仅最了解纠纷产生的前因后果，而且往往掌握各种证据或者证据线索，可以说，当事人是诉讼中最重要、最丰富的证据来源。基于此，各国民事诉讼法均规定由当事人负担收集和提供证据的责任，刑事诉讼法出于保障被告人人权的目的，则要求控诉方承担举证责任。同时，当事人双方利益的对立性和获得胜诉判决的强烈动机，促使他们提出有利于自己和不利于对方的所有证据材料。从审判实践来看，当事人对其主张的事实提供

---

① ［日］团藤重光：《新刑事诉讼法纲要》，创文社 1984 年版，第 28—29 页。

② 参见顾培东：《诉讼制度的哲学思考》，见柴发邦主编《体制改革与完善诉讼制度》，第 65 页。

的证据越充分，获得胜诉的概率也就越大。反之，如果他根本没有提供证据或者提供的证据很不充分，就存在着承担不利诉讼结果的可能性。对负有举证责任的当事人来说，在所主张的事实被证明之前，始终存在着承担不利诉讼后果的可能性，为防止可能性转化为现实性，他就必须积极地提出证据来证明所主张的事实。不负举证责任的当事人，在对方已提出证据，初步证明所主张的事实后，同样也面临着承担不利诉讼结果的可能性，为免于此，也必须积极地提出反证。① 正是这种利益的不相容性和避免不利诉讼结果的动机，推动着当事人在诉讼中积极地举证。对于当事人提供的证据材料，还应当在法官主持下，由案件的当事人对在法庭上出示的证据进行对质核实，以确认其证明力。质证既是当事人支持自己的主张、维护其合法权益的有力手段，又是法院审查、判断证据的必经程序，因而它成为法院认定和真实再现案件事实的前提。

　　另一方面，法官对证据的审查、判断是发现客观真实的又一保障。经过质证程序后，哪些证据材料符合证据的条件，可以用作认定案件事实的根据，哪些证据材料不符合证据的条件，不能用作认定案件事实的根据，各种证据证明力的大小强弱，哪些案件事实证据充分已得到证明，哪些案件事实证据不足尚不能认定等，都要由法院或法官来确定。法官审查判断证据的一项基本任务就是鉴别证据的真伪，去伪存真，以便运用这些证据查明案情真相，作为定案的根据。证据的审查判断对法官的素质提出了更高的要求，即作为事实认定者的法官应当公正廉明、精通法律、经验丰富、洞察入微。为此，现代诉讼的结构主要是按照职业主义的原理形成的，法官在担任职务之前，必须经过严格的专业培训和考试，具有相当的司法经验并且熟悉律师的职业生活。只有如此，法官对于案件事实的分析、证据的判断取舍以及双方律师言词的鉴别才能得心应手，不至于发生被律师牵着鼻子走而歪曲客观真相的情况。

　　2. 实体法律的正确适用

　　在诉讼过程中，法院需要寻找适合于具体案件的实体法。无论任何法系、任何国家，司法审判都是按照三段论的逻辑形式来进行的，也就是说，

---

　　①　参见李浩：《民事举证责任研究》，中国政法大学出版社 1993 年版，第 71 页。

法官首先认定事实（小前提），然后适用法律（大前提），最后作出判决（结论）。当然，这里的法律规范可以指成文法，也可以指判例法或习惯法，甚至也指抽象的正义观念，等等。博登海默指出："法官有责任按照某一明显应适用于一个诉讼案件的法律规则来审判该案件。在这种性质的情形中，形式逻辑是作为平等、公正执法的重要工具而起作用的。它要求法官始终如一地、不具偏见地执行法律命令。"① 法律适用以了解法律的含义和真意为前提。在法律适用的过程中，逻辑推理起到了巨大的作用。逻辑规则对法律推理的确定性、一致性或一贯性具有制约作用。它要求法官确定、一贯地适用法律。虽然它不能保证结论的正确，但能够保证法律推理过程的正确性。

（1）法官在法律适用中的作用

法官是法律的守护神。法官对于法律的正确适用，通常意义上是指根据某一争执案件的事实情境而宣告法律上对这一事实情境的处理结果。换言之，法律适用就是将待决案件事实与法律规范规定的构成要件相联系，进行推理并获得特定结论的一种司法过程。法律适用的正确与否取决于两方面的因素：一为适用的法律依据，二为法官的态度、价值观等，前者为客观因素，后者为主观因素。罗斯科·庞德所说的"可以有法司法，也可以无法司法"指的就是这个道理。"有法司法"是"根据权威性律令、规范（模式）或指示而进行的司法"，"无法司法"则是根据法官个人的意志和直觉，通过行使司法裁量权而进行的法律适用活动。② 对于法律的适用问题，马克思曾作过精辟的论述。马克思认为，法律必须通过具体的人才能够得以正确实施，因此他非常重视法官的作用。他指出："要执行法律就需要法官。如果法律可以自行运用，那么法官也就是多余的了。"要正确适用法律，法官一方面必须服从法律，不能为自己的任意所左右，擅断专横，更不应屈从任何私益，徇私舞弊。"法官除了法律就没有别的上司"。另一方面，马克思又坚决反对把法官视为适用法律的机器，排斥法官的主观能动性。这是因为"法律是普遍的。应当根据法律来确定的案件是个别的。要把个别的现象归结为普遍的现象，就需要判断……法官有义务在把法律运用于个别事件时，根据

---

① ［美］E. 博登海默：《法理学——法哲学及其方法》，邓正来等译，第478页。
② 参见［美］E. 博登海默：《法理学——法哲学及其方法》，邓正来等译，第142页。

他在认真考察后的理解来解释法律"①。可见，要把抽象、普遍的法律规范运用到具体、特殊的案件中，既要求法官忠实遵守现行法律的规定，明确地表明裁判的法律依据，又要求法官恰当地运用其知识、经验、价值判断，对法律规范进行选择、分析、解释甚至创造。其核心的一点是实现个别案件的公正处理。为此，法院或法官在解决争讼时，应当享有依公平正义进行裁决的一定权力，这就是所谓的"衡平"权。英国法学家克里斯多夫·圣·杰曼（Christopher St. Germain）说："在某些情形中，有必要摈弃法律中的词语，有必要遵循理性与正义所要求的东西及为此目的而确定的衡平原则；亦即是说，有必要软化和缓解法律的严格性。"②"衡平"原则表明，当法律条文的一般性规定过严或不适合时，当某些具体问题过于复杂以致立法者不能对可能发生的各种事实的结果作出详细规定时，法院运用公平正义原则加以处理是必要的。正义之考虑会在一定的狭小范围内要求背离某条业已确定的规范或对该规范作扩大解释，以达到公正满意地裁判该案件的目的。

英美法系国家的法官具有固有的衡平权力，这种衡平权力与英美的衡平法同时产生。根据德国学者茨威格特和克茨的考证，衡平法起源于14世纪。此时王室法院的诉讼程序过于苛严保守和充满形式主义，并且在发展新诉讼程序和救济方法上的创造力日趋衰落。败诉往往只由于技术上的错误，或者因为证人受贿、诉讼程序的捉弄及对手的政治影响。希望获得公正判决的当事人可以向国王提出适用其他补救办法的申请。国王常常把这种请求交托给他的最高行政官员即大法官代为处理。因为大法官负责签发令状，他通晓普通法及其救济手段；并且作为"国王良心的守护人"和高级僧侣，大法官被认为最适合确定特殊案件的请愿者是否应获得所期望的"上帝之爱"和仁慈的恩典。最终，这类请愿书被直接交给大法官，大法官通过判决发展起来一套诉讼程序和实体规则，用于调整大法官受理申诉和审判程序的全过程，这就是自15世纪至今一直被称作"衡平法"的规则。③可见，衡平法是为了缓解普通法的严苛和僵化而出现的一种制度。在英美法系国家，由于有衡平法

---

① 《马克思恩格斯全集》第1卷，人民出版社1995年版，第180—181页。

② ［美］E. 博登海默：《法理学——法哲学及其方法》，邓正来等译，第442页。

③ 参见［德］K. 茨威格特、H. 克茨：《比较法总论》，潘汉典等译，贵州人民出版社1992年版，第343页。

体系的保障，司法公正就被置于十分重要的地位。

大陆法也不缺乏衡平的因素，但衡平权是由立法者授予司法者的，大陆法系法官并没有"固有的衡平"权力。法官"衡平"权的行使要受到立法上的明确允许和严谨的限制。大陆法系国家立法机关主要采以下两种方法赋予法官"衡平"权：其一，在严格限制的情况下将"衡平"权授予法官，如《意大利民法典》第 1226 条规定，由于被告违反义务而对原告造成损害的准确价值不能被证明时，法官可以依据"衡平"原则加以确定。其二，自己制定并颁布"衡平"法规，同其他法规一样供法官适用。如《意大利民法典》第 1337 条规定，契约当事人在订立契约时必须遵守诚实信用原则。在大陆系国家，衡平因素与法一直合为一体，没有独立的衡平法院来因人因案地给予救济，因而立法中有限的衡平规定是保证法官正确适用法律，实现裁判公正的重要途径。

（2）法律适用与司法自由裁量权

将衡平原则运用到具体的诉讼过程中，要求法官在严守法律规则的前提下，应当享有一定的司法能动性和创造性。法官的能动性主要表现在法官自由裁量权和法律解释权的行使上。

司法自由裁量是法官将法条适用于个别案件的过程。在司法程序中，法官对法律规范的普遍遵守，应当同在个别情况下根据公正原则解决争议结合起来，亦即在遵循法律规范一般要求的同时，允许为了个别利益的需要而背离某一特定法律规则。正如美国学者彼得·G·伦斯特洛姆所言："允许自由裁量权的程序在理论上说是用来产生出公正结果的。"① 从语源学角度看，司法自由裁量（judicial discretion）概念是从美国法学家德沃金（Ronald Dworkin）1963 年发表《司法自由裁量》一文后才流行起来的。德沃金认为，自由裁量包括两层含义：一是指法官在适用法律时运用判断力对具体案件作出终局裁判；二是指法官不受法律规则、原则或政策等的限制，而是根据自己的偏好或自认为合适的标准对具体案件作出裁判。前者是弱意义上的自由裁量或"弱式自由裁量"，后者是强意义上的自由裁量或"强式自由裁量"②。根据美国法学家梅利曼的解释，司法自由裁量是指法官"能够根据

① ［美］彼得·G·伦斯特洛姆：《美国法律辞典》，中国政法大学出版社 1998 年版，第 158 页。
② 张文显：《二十世纪西方法哲学思潮研究》，法律出版社 1996 年版，第 625—626 页。

案件事实决定其法律后果，为了实现真正的公平正义可以不拘泥于法律，还能够不断地解释法律使之更合于社会的变化"①。英国学者戴维·M·沃克认为，司法自由裁量权，指法官酌情作出决定的权力，并且这种决定在当时情况下应是正义、公正、正确和合理的。法律常常授权法官根据情势所需或在规定的限度内行使自由裁量权。② 彼得·G·伦斯特洛姆认为，自由裁量权是"官员所拥有的基于自己的判断而行事的权力"③。综合上述学者的见解，可以认为，司法自由裁量权是指法官不拘泥于既有的法律规范，而是根据公正、合理原则就案件事实的认定和法律的适用视具体情况酌情自由决定。在英美法中，司法自由裁量权是法官传统上所固有的权力，它给予官员某些决策方面的选择，但这种选择并非漫无边际，自由裁量权的出现是衡平法对普通法的一大特殊贡献；大陆法系因缺乏衡平法体系的保障，司法自由裁量权受到立法的严格限制。

法官拥有自由裁量权的原因是多方面的。首先，实定法具有普遍性、一般性的特点，难以确切无遗地预见现实生活中的各种具体情况，因而有必要决定在针对具体事实情形作出判断时适用怎样的法律。其次，实定法体系过于庞杂，以至于难以完全实施。有时法律条文相互冲突或发生法条竞合，法官对此必须行使自由裁量权以确定优先适用哪种规定。最后，法官拥有自由裁量权最根本的原因还是追求实质正义、个别公正的需要。④ 自由裁量权的行使，有助于法官在解决冲突过程中融入公平正义的价值观念，使抽象的法律规范更加贴近或符合个案的情况，使纠纷的解决更具有实体上的妥当性。

司法裁量的意义在于，它是缓和或消弭法律规范的僵硬性与现实生活的流动性之间矛盾的有效手段，是实现裁判公正的重要途径。"在世界史上没有任何一个法律制度无自由裁量权。为了实现个别公正（individualized justice），为了实现创设性正义（creative justice）……自由裁量都是不可缺少的，取消自由裁量会危害政治程序，会抑制个别公正。"⑤ 在诉讼过程中，

---

① ［美］约翰·亨利·梅利曼：《大陆法系》，顾培东等译，西南政法学院 1983 年版，第 57 页。

② 参见 ［英］戴维·M·沃克：《牛津法律大辞典》，第 261 页。

③ ［美］彼得·G·伦斯特洛姆：《美国法律辞典》，第 157 页。

④ 参见 ［美］彼得·G·伦斯特洛姆：《美国法律辞典》，第 157—158 页。

⑤ Mortimer and Kadish, *Discretion to Disobey*：*Study of Lawful Departure from Legal Rules*，Stanford University Press，1973，pp. 41 - 42。

不仅事实认定的每一环节如证据真伪之鉴别、证据充分性之认定、证据相关性之认可、证明力之判断等都可能需要发挥司法能动性，而且在判例的识别和选择以及存在法规冲突、法律漏洞等法律适用的场合，法官也有必要行使司法自由裁量权。只有通过司法裁量，才能实现裁判结果的公正。

（3）法律适用与司法解释

将抽象、概括的法律规范（包括程序规范）适用于具体案件时，离不开法院或法官的司法解释。所谓司法解释，是指法院或法官在法律适用中，对法律规范的含义及所使用的概念、术语、定义等所作的说明。司法解释有两种表现形式：一是规范性司法解释，也称最高司法解释，它是指最高法院或高一级法院在适用法律过程中，对具体应用法律问题所作的解释，这种解释对于各级法院审理民事案件具有指导作用。一般的法理教科书均从这个意义上来理解司法解释的含义。二是个案解释，即法官在将一般法律规范适用于个别具体案件时所作的解释，有的学者将其称为"适用解释"①。然而，理论和实践中通常认为司法解释权归属于最高法院，由最高法院就审判实践中遇到的法律适用问题作出指导性的解释。并且，这种解释通常产生于对基层法院或中级、高级法院的个别请示的批复。司法解释权的高度集中，无疑增加了法律解释的严肃性。② 实践中，最高法院或高一级法院对规范解释权的垄断并未排除下级法院的法官依据自身的环境而解释并适用法律的现象。只是当下级法官不规范的解释引起争议时，才进一步通过上诉、再审或法院内部的请示程序逐级请示至上级法院。因此，不管人们承认与否，任何审级的法院在适用法律时，法官都要进行司法解释。

司法解释的目的在于确定法律规范的具体构成，并适用于一定的案件事实，因此，司法解释是联系抽象法律规范与具体案件事实的桥梁与纽带，向后它受到法律规范的制约，向前它受到案件事实的引导。司法解释作为规范与事实之间的纽带，其意义在于能够平衡、克服法律概括性与案件具体性、法律稳定性与社会发展性，立法者认识能力的有限性与社会的无限多样性之

---

① 郭华成：《法律解释比较研究》，中国人民大学出版社 1993 年版，第 190—191 页。笔者认为，采用"适用解释"这种提法的不当之处在于无法把它与规范性司法解释作性质上的区分。

② 参见顾培东：《诉讼制度的哲学思考》，见柴发邦主编《体制改革与完善诉讼制度》，第 116 页。

间的矛盾。① 申言之，立法与司法之间时序上或逻辑顺序上的差异，可以通过司法解释这一环节来协调和弥合；立法确立的一般公正，通过司法解释的作用，可以转化为司法适用中的个别公正。事实上，司法解释始终是以实现个别公正为其价值取向的。

在法律史上，法官解释法律规范的权力经历了一个从否定到肯定、从严格解释到自由解释的过程。实行三权分立并以立法至上为特征的大陆法系国家，早期从理论上否认法官的司法解释权，认为法官只有认定事实的权力，而无解释法律的权力，法律解释权只能属于立法机关。为了在实际上剥夺法官的司法解释权，大陆法国家努力制定一部详备、冗长的法典，并且组建不具有司法性质的法律解释机关。1749 年的普鲁士邦法尽管多达一万六千多条，但仍然不能涵盖现实中正在和将会发生的一切，司法解释的需要仍然存在，于是当权者设立了"法规委员会"（Statutes Commission）来专门解释法官在适用法律时遇到的问题。但事实上，"法规委员会"从未起到腓特烈大帝所期望的作用，法官在日常工作中对法典的解释从未间断过。

对法官司法解释权的否定导致了司法实践对立法解释的倚重。大陆法系立法机关实际面临的困境是：希望避免那些来自各个法院如同潮水一般的法律解释要求，但严格的分权理论和原则又不能允许法官对法律自作解释。在这种状况下出现了一个折中的方式，即允许法官作解释，但通过上诉制或复审制对依据错误解释而作出的判决予以撤销。上诉制起源于法国，后又发展到意大利等国，它的内容是：由立法机关设立一个上诉法庭，负责废除法院所作的错误解释，然后将案件发回原审法院重新审理。上诉法庭是一个类似立法机构的组织，不属于司法系统的一部分。但是，经过一个逐步的、然而也是必然的发展过程之后，"上诉法庭"逐渐演变成了具有司法机关性质的机构，其名称也变为上诉法院或最高上诉法院。上诉法院不仅可以撤销根据错误解释所作出的判决，而且可以指出正确的解释。这样，立法者用以防止法律解释权落入法官之手的机构最终变成了司法机构的一部分。法国上诉制的缺陷在于，一方面将案件发回下级法院重新审理判决往往成为一种纯粹的

---

① 参见陈兴良主编：《刑事司法研究——情节·判例·解释·裁量》，北京，中国方正出版社 1996年版，第 309、361 页。

时间浪费，另一方面下级法院的法官既不能、也不愿理解和服从最高上诉法院作出的司法解释。到俾斯麦统一德国的时候，上诉制的这些缺陷已经明朗化，同时人们在观念上认识到了法官的司法解释权是必不可少的，于是，德国人创设了复审制。复审制的内容就是设立最高法院，它具有审查下级法院判决，撤销错误判决，作出正确解释以及对错判案件进行复审直接作出判决的权力。①

20世纪以来，大陆法系国家立法实践突破了三权分立的僵硬框架，尽管对法院司法解释权行使的程序、方法、范围有诸多限制，但毕竟从法律上肯定了法院的法律解释作用，法院能否解释法律的争论随之消失，司法解释的方法也从严格解释走向自由解释。大陆法系的现代解释理论认为，适用法律应以尊重立法机构及其法律字面含义为前提；如果法律表意不明确、有矛盾或者会导致不公正的后果，法官应依据法律的意图加以明确或弥补。法律的一般原则、占主导地位的法律价值观念、学说等可以作为确定法律意图的有用参考。今天，人们越来越倾向于司法解释过程的独立性，强调法官在法律适用中的积极性、创造性，不再认为解释就是单纯地去发现法律词句的语法上或逻辑上的意义。连法国最高法院长巴洛—博普雷也提出："当条文有些含糊时，当它的意义与范围存在疑点时，当同另一条文相比，在一定程度上内容或者有矛盾，或者受限制，或者相反有所扩张时，我认为这时法官可有最广泛的解释权。"②

英美法系以判例法为主，法官在法律调整机制中地位十分重要。英美法系国家对于法院的司法解释权，无论在理论上还是在实践中，都持赞同态度。在案件的事实、争执点固定下来以后，法官对于先例的选择和解释以及成文法的解释享有自由权力：法官既可以对成文法作出文义解释，也可以修改、补充或制定新的法律规则。究竟采取哪种解释方法取决于如何更有效地实现个别公正这一价值目标。正如丹宁勋爵所说："不管对法律进行严格的解释在什么时候造成了荒谬和不公正的情况，法官们可以也应该以他们的善意去弥补它，如果需要，就在法律的文句中加进公正的解释，去做国会本来

① 参见［美］约翰·亨利·梅利曼：《大陆法系》，顾培东等译，第42—45、57页；陈兴良主编：《刑事司法研究——情节·判例·解释·裁量》，第387—389页。
② ［法］勒内·达维德：《当代主要法律体系》，漆竹生译，上海译文出版社1984年版，第112页。

会做的事，想到他们本来要想到的情况"①。因此，在明显的不公正面前，英美法官不是无能为力的，而是能动的、有创造性的。为了实现个别公正，他们甚至能够像立法者那样创设新法，这就是所谓的"法官造法"。不同的是，"法官造法"的初衷是达到个别公正，而立法者的立法则以一般公正为目的。

① ［英］丹宁勋爵：《法律的训诫》，杨百揆等译，群众出版社 1985 年版，第 15 页。

第二章

民事审判组织的改革

　　民事审判组织是国家司法权的具体行使主体，其设置能否贯彻直接审理原则、能否平衡诉讼公正与诉讼效益、能否保障实体正义与程序正义、能否兼顾司法的法律效果与社会效果都将直接影响到司法公正的实现程度。因而，我国现阶段的民事审判组织改革方向主要是专业化、简易化、高效化、灵活化以及民主化。然而，基于司法公正的构成要素、直接审理原则的贯彻、简易程序的改革、小额诉讼程序的构建都已经在本书其他章节有所研究，本章的研究局限于严格意义上的民事审判组织的改革，即审判委员会、合议庭两方面。

一、审判委员会改革

（一）存废之争

　　审判委员会制度是我国历史的产物，早在土地革命时期就已经存在，经历抗日战争、解放战争，至今已有 80 年的历史。[①] 如此强大的生命力足以表明其存在的合理性，不过，正如不少研究成果所表明的，审判委员会制度产生、并且存在于特定的历史时空条件下。只有在法官的法律素质极其低、法律规范极其匮乏的情形下，才有通过发挥未直接审理案件但具备丰富审判经验的法官群体加以弥补的必要。然而，在我国当前法治语境下，审判委员会

---

　　① 1932 年的《中华苏维埃共和国裁判部暂行组织及裁判条例》所规定的裁判委员会就是审判委员会的前身。

制度是否存在正当性则存在不同观点：有的学者认为当前审判委员会的存在仍然具有保障实体公正、减少司法腐败、有利于司法的局部统一、有利于法官抵制人情与保护自己。[①] 有的学者基于以下理由而主张取消审判委员会制度：审判委员会的存在导致法官独立无从实现，因与审判公开原则、直接审判原则以及回避制度相矛盾而导致审判委员会制度与司法公正相违背，因增加了法院审理案件的环节而减损了诉讼效益[②]，并且审判委员会制度不能防止腐败，反而损害司法过程的完整性，增大司法决策的随意性，违反了司法过程的亲历性要求[③]，其享有的对案件的实体审判权违反诉讼基本原则和制度，是造成目前审判效率低、案件质量不高、执法不公甚至司法腐败的重要因素之一[④]，因而有学者甚至直接将审判委员会制度戏称为"鸡肋"[⑤]。还有另外一些学者主张对审判委员会制度加以改造，然而，在具体改造方式上又有数种不同的主张，有主张将审判委员会改革为仅仅为合议庭提供指导性咨询意见的机构的[⑥]，有主张将审判委员会对具体案件的讨论范围限制为法律适用问题的[⑦]，还有人主张审判委员会的案件讨论决定权应当只限于已经发生法律效力、但判决确有错误而需要提起再审的案件[⑧]。

笔者认为，审判委员会作为审判组织属于功能定位错误，但是基于审判组织仍然有存在的现实意义，当前研究重点应在于如何完善审判委员会制度。首先，现行学界通说将审判委员会定位为审判组织有所失误，换言之，审判委员会不应当直接对案件作出具体事实认定或者具体法律适用。这是因为审判委员会未经直接审理，而对特定案件事实作出认定或者对法律适用作出决定有违直接审理原则。其次，虽然我国法官队伍已经有相当的发展，但是，法官的整体专业素质仍然不能满足司法的实践需要；与此同时，虽然我

---

①　参见朱苏力：《基层法院审判委员会制度的考察及思考》，《北大法律评论》1998 年第 2 期。

②　参见肖建国、肖建光：《审判委员会制度考》，《北京科技大学学报（社会科学版）》2002 年第 3 期。

③　参见贺卫方：《关于审判委员会的几点评论》，《北大法律评论》1998 年第 2 期。

④　参见赵红星、国灵华：《废除审判委员会制度》，《河北法学》2004 年第 4 期。

⑤　侯勇：《审判委员会制度与公正程序之价值冲突初探》，《贵州大学学报（社会科学版）》2005 年第 5 期。

⑥　参见陈迎新：《我国审判委员会制度反思》，《西南交通大学学报（社会科学版）》2003 年第 3 期。

⑦　参见刘传刚：《论审判委员会的职能》，《行政与法》2003 年第 4 期。

⑧　参见王祺国：《审判委员会讨论决定第一审案件之举不妥》，《现代法学》1988 年第 6 期。

国中国特色社会主义法律体系已经基本形成，但是，仍然存在着诸多有待进一步弥补的漏洞或者亟须进一步明确的模糊之处，因而，我国当前仍然具备审判委员会制度的适用空间。最后，尽管审判委员会制度仍然存在适用空间，但是，随着法治背景的变化，其适用条件也应当有所变化，因而，有必要对审判委员会制度加以革新。

（二）审判组织抑或咨询机构

我国《人民法院组织法》第 11 条规定，各级人民法院设立审判委员会，实行民主集中制。审判委员会的任务是总结审判经验，讨论重大的或者疑难的案件和其他有关审判工作的问题。各级人民法院审判委员会会议由院长主持，本级人民检察院检察长可以列席。由此可见，审判委员会并没有直接参加庭审，虽然最高人民法院《审判委员会工作规则》要求庭室负责人和承办人参加审判委员会会议，事先作出审查报告，参加会议时根据会议主持人的要求汇报案情，审判委员会在通过间接方式了解案情的基础上作出审判庭必须执行的决定；并且有学者据此得出"审判委员会虽然不直接参与庭审，但拥有对案件进行讨论并作出决定的权力，实际上具有审判的职能，是一种特殊的审判组织"① 的结论；最高人民法院也在《关于改革和完善人民法院审判委员会制度的实施意见》中重申"审判委员会是人民法院的最高审判组织"。笔者认为，尽管最高人民法院的规定确实在一定程度上减轻了审判委员会制度对直接言词原则的破坏程度，但是在将审判委员会定位为审判组织的前提下，直接言词原则无论如何都无法得到真正的实现。② 从直接审判原则出发，审判组织必须是代表国家直接对案件进行审判的组织。然而，审判委员会制度的存在使得"审"、"判"分离，直接审理民事案件的审判庭不具有对案件处理的最终决定权，而直接对案件进行处理的审判委员会反而具有作出审判庭必须执行的决定的权力。与此同时，这也使得我国的司法独立局

---

① 杨宽、庞华玲：《论改革我国的审判委员会制度》，《北京理工大学学报（社会科学版）》2009 年第 2 期。

② 所谓的直接言词原则，是指凡参与案件裁决的法官必须亲自投身于该案的庭审之中，直接听取当事人、证人及其他诉讼参与人的陈述、言词辩论，耳闻目睹当事人双方的举证、质证活动，掌握第一手材料。没有直接参与庭审的法官不得对案件的判决发表意见。参见江平、陈桂明：《民事审判方式改革与发展》，中国法制出版社 1998 年版，第 69 页。

限于整体独立，而未能落实到法官独立。①

也有著述指出审判委员会讨论疑难、复杂、重大案件时，主要集中在法律适用方面，而直接言词原则仅适用于事实认定方面。但笔者认为，一方面，在现行法律框架内，法律及相关司法解释并未将审判委员会讨论的范围局限于法律适用问题；另一方面，尽管法律适用属于法官的职权，但是，当事人的辩论权既可以针对事实问题，也可以针对法律问题，因而，即使审判委员会仅就特定案件的法律适用问题作出决定，由于当事人有关法律适用的辩论没有在审判委员会面前作出，其也违背了直接言词原则，尤其是言词原则。有鉴于此，有学者提出将审判委员会重新定性为业务咨询机关，由资深法官和大学教授、资深律师组成，合议庭对审理中的重大、疑难案件在适用法律上产生较大分歧时，可以提交该委员会讨论提出处理意见供合议庭参考，但是否采纳则由合议庭决定。② 然而，此种方案与其说是改革，不如说是废除现行审判委员会制度：首先，论者所谓的"审判委员会"并非完全由法院内部人员构成，将法学家、律师等纳入委员行列与司法的专属性略有冲突。其次，论者所谓的"审判委员会"仅针对重大、疑难案件在法律适用方面提出处理意见，不涉及案件事实认定问题，这与现行法律框架下的审判委员会制度相去甚远。最后，论者所谓的"审判委员会"所作出的决定仅仅具有参考价值，审判庭可以不执行，这就在根本上废除了现行审判委员会制度。

笔者认为，基于我国现阶段法官素质普遍低下，有限度地保留审判委员会的审判组织属性具有特定时空范围内的合理性。但是，与此同时，考虑到司法行政化、地方化的严重倾向，确有必要对审判委员会制度作出合乎比例原则的革新。

（三）审判委员会制度的改革

在维持其审判组织属性的前提下，审判委员会制度的改革主要围绕审判

---

① 当然，审、判分离制度也减损了当事人在程序公开、程序参与、申请回避等方面的利益。但就整体而言，这些程序性利益的减损均源于审判委员会制度对直接言词原则的违反，因而，笔者对此略而不谈。

② 参见杜海萍、张天武：《直接言词原则与审判委员会制度改革若干问题探析》，《长江论坛》2002年第6期。

委员会人员组成、讨论范围、议事规则等几个方面展开：

首先，在审判委员会人员组成方面，现行法律框架下的审判委员会是由本院院长、副院长、庭室负责人以及资深法官组成，这些委员往往仅仅擅长于特定的审判方向，但却必须对所有类型的案件进行讨论并作出审判庭必须执行的决定，因而，对于某些委员而言未免过于苛刻，对于审判庭成员而言则可能略有以外行领导内行之嫌。① 有鉴于此，尽管不赞同将审判委员会人员来源扩张到法学教授或者资深律师，但是，笔者赞成应当在对案件进行类型化处理的基础上②，分别成立若干个审判委员小组，其成员由该特定领域内的资深法官组成。换言之，通过设定审判委员小组的形式具体实施审判委员会讨论、决定具体案件的权力。

其次，在审判委员会对具体案件的讨论范围方面，审判委员会是人民法院内部集体领导审判工作的组织，其主要任务应当在于总结审判经验、促进法官经验交流、组织法官研习法律，而对重大的或者疑难的案件的讨论应当仅发挥辅助性功能：一方面，审判委员会所讨论的案件在数量上应当很少；另一方面，审判委员会对特定案件的讨论范围应当有所局限，以免不恰当地妨碍审判法官的独立性。具体而言，其一，现行法律所规定的"重大、复杂、疑难案件"过于抽象，导致审判委员会讨论的案件数量过多，严重影响其他职能的发挥。③ 其二，现行法律所规定的讨论范围太宽泛，未直接审理案件的委员可以通过书面间接审理径直认定案件事实，从而导致审判庭的事

① 基于我国的特殊国情，地方法院中的不少领导并非法科出身，甚至某些分管后勤的副院长仍然享有对事实认定、法律适用的表决权。因而，单纯以行政级别的高低来遴选审判委员会委员确实存在不合理之处。因而，学者指出，凡是从事行政领导工作、不具有相应专业能力的院长、副院长不得参加案件的讨论，审判委员会应当吸收一些"专家型"的法官参加案件讨论，以提高案件讨论的质量，以避免行政指导审判。参见张松美：《关于审判委员会制度的利弊思考》，《当代法学》2001年第2期。

② 最高人民法院《关于进一步加强合议庭职责的若干规定》第7条第1款已经作出了这方面的努力，将法律规定的"重大、疑难、复杂案件"类型化为："（一）重大、疑难、复杂或者新类型的案件；（二）合议庭在事实认定或法律适用上有重大分歧的案件；（三）合议庭意见与本院或上级法院以往同类型案件的裁判有可能不一致的案件；（四）当事人反映强烈的群体性纠纷案件；（五）经审判长提请且院长或者庭长认为确有必要讨论的其他案件"。

③ 据某省高级人民法院司法统计表明：该院1998年共召开审判委员会会议138次（天），审批案件1 011件（次），占当年全院审结案件总数的1/3以上，导致在每周的五个法定工作日中，该院审判委员会委员有40％左右的时间在审批案件。参见罗书平：《审判委员会"审批案件"制度应予取消》，《司法改革评论》2002年第1期。

实认定责任得以移转给审判委员会，在客观上也诱导了司法腐败。笔者认为，在对"重大、复杂、疑难案件"进行类型化处理的基础上，如果出现法律规则缺位、不明确、相互冲突等法律适用疑难问题，审判委员会相应的专门审判委员小组可以召集本组成员共同研究法律适用问题，内部研究不透的，可以向本领域内的法律专家征询参考意见之后作出审判庭必须执行的决定；如果出现证据证明力、证明能力难以确定或者合议庭内部意见严重不一致等案件事实认定重大疑难问题，审判委员会相应的专门审判委员小组可以在组成"大合议庭"对案件进行庭审的基础上，对案件事实作出认定。[①] 所谓的"大合议庭"不同于审判委员会委员当庭听讼制度[②]：在前种模式下，审判委员小组成员直接积极参与案件的审理，对案件有疑问时，可以向当事人或者其他诉讼参与人发问；而在后种模式下，审判委员会委员是以旁听者的身份消极"亲历"司法，而不是履行"直接审理"职责。当然，针对事实认定疑难问题实行"大合议庭"在相当程度上浪费了司法资源，因而，应当相对于法律适用疑难问题更加严格地限制其适用。

再次，在审判委员会的议事规则方面，审判委员会实行"少数服从多数"的民主集中制基本符合我国民众的朴素情感需要[③]，但是审判委员会审议具体案件时充当的是审判组织的角色，因而，回避制度应当得以贯彻[④]；

[①] 参见程新生：《审判委员会制度研究》，《政治与法律》2000 年第 1 期。

[②] 审判委员会委员当庭听讼制度是地方司法机关推行改革审判委员会制度的新举措，即审判委员会委员采取旁听的方式"亲历"司法。参见刘根菊、刘蕾：《审判委员会改革与合议庭权限》，《法官学院学报》2006 年第 1 期。

[③] 我国设置审判委员会的初衷就是落实法院的集体领导，学者在解读 1954 年的《中华人民共和国人民法院组织法》时就认为："人民法院实行集体领导原则，还表现在各级人民法院内部设审判委员会上。我们过去在各项社会改革运动中，为了及时处理大批案件而又不出或少出偏差，曾有过审判委员会及评议小组的组织。审判委员会是人民法院行之已久并且很有成效的一种在审判方面集体领导的组织形式。今后人民法院的任务更加繁重，新的问题日益增多，而法律又一时不可能臻于完备，在这种情况下，更需要健全和依靠集体领导。所以，人民法院组织法把审判委员会这一组织形式肯定下来，并扩大了它的职权。"武延平、刘根菊等编：《刑事诉讼法学参考资料汇编》中册，北京大学出版社 2005 年版，第 818 页。

[④] 山东德州中级人民法院规定，凡重大的或疑难的案件，或经承办案件合议庭的申请，需要审判委员会研究讨论的案件，案件开庭时必须增设"审委会委员"席，安排审判委员会成员到庭旁听，宣布开庭后，主审法官不仅要宣布合议庭的组成成员，还要宣布到庭的审委会成员，并告知该案件由审判委员会讨论决定，当事人有权要求审判委员会成员回避。参见《德州中院审判委员会当庭听讼成制度》，《法制日报》2005 年 5 月 7 日。

审判委员会讨论案件时，合议庭成员应当参加[①]；此外，审判委员会成员之间具有行政隶属关系，因而，其发言顺序应当有所特定要求，越能够对别人施加影响的委员应当越后表明态度，以免导致"一言堂"，对此笔者基本同意学者有关"规范审判委员会成员发表意见的程序，发表意见应当由职务低的向职务高的顺序依次发言，以免高职务的发表意见后影响职务低的人发表意见"[②] 的观点。

最后，在审判委员会的决定效力方面，不少学者主张对其加以弱化处理，并且已经得到最高人民法院的认可[③]，因而，审判委员会的决定对合议庭仅仅起到参考的价值，合议庭可以不执行。但是，笔者认为，即使法律规定合议庭可以不执行审判委员会的决定，其实施效果肯定也不好。这是因为在我国当前的法治语境中，主要由本院领导组成的审判委员会对合议庭具有相当的威慑力[④]，因而，审判委员会决定的效力规定的强弱并没有太大的实质意义。既然合议庭都会执行审判委员会作出的决定，那么问题的关键就转化为审判委员会作出的决定是否具有妥当性。综上所述，笔者认为，在确保审判委员会的决定具有正当性的前提下，对审判委员会决定是否具有执行力的争议没有实际意义。

二、审判庭改革

审判庭包括合议庭和独任庭两种模式，前者是指由三个或者三个以上审判员（含助理审判员）组成的基于合议制是原则，而独任制则是例外，并且独任制的研究往往纳入简易程序部分（本书设有专章）进行，本节所讨论审判庭改革仅限于合议庭改革。

诚如学者指出的，合议庭的设置能够充分地发挥审判集体的智慧，弥补个人能力上的不足，有利于克服事实认定的片面性，提高法律适用的准确

---

① 参见最高人民法院《关于进一步加强合议庭职责的若干规定》第 7 条的规定。

② 褚红军、陈靖宇：《审判委员会制度若干问题研究——兼论审判委员会制度的改革与完善》，《法律适用》2005 年第 10 期。

③ 最高人民法院《关于进一步加强合议庭职责的若干规定》第 7 条第 2 款规定，审判委员会对具体案件的讨论意见仅供合议庭参考，不影响合议庭依法作出裁判。

④ 这与法院系统盛行的"请示、答复"制度具有异曲同工之妙，基于上级人民法院对下级法院的威慑力，上级法院给出的答复，下级法院基本上都会不折不扣地执行。

性，增强司法的民主性，并且有助于法院系统内部自我监督和制约。换言之，合议庭对外独立行使审判权，对内则实行民主评议、表决。然而，在我国当前法治背景下，审判委员会制度、请示批复制度的存在导致了合议庭并非直接地行使民事案件的审判权。或者基于推卸责任的需要，或者基于诉讼效率的过分追求，或者基于司法行政化的因素，合议庭习惯听命于审判委员会或者上级法院的批复或者决定，从而导致合议制虚设、庭审流于形式、审批环节过多、司法独立性不强等弊端，因而，合议制本身也存在着存废改之争。废除论者主张，合议制所谓的民主集中制所带来的集体负责在事实上是没人负责，而只有个人负责制才是名副其实的负责制；合议审判决策机制的参与者较多，层层审批，流转环节繁多，从而影响司法效率；合议制名为合议实为司法腐败大开方便之门，因而，应当废除合议制。保留论者主张，合议制度的实行是我国《民事诉讼法》也是《宪法》的规定，体现了集体决策、政治民主精神，在我国"一府两院"的政治格局下，合议制的推行有助于防止"暗箱操作"，保证司法公正；我国法官素质整体偏低，不能胜任法官个人独立的需要。改革论者认为，随着当前社会的发展，以自由、平等、权利、主体意识为核心的现代诉讼观念日益普及且深入人心，既存合议制度的正当性已开始渐渐消解，司法现状要求我国彻底改变过去"形合实独"、"审、判分离"的合议制度，重新构建一种适应社会发展要求的、响应社会对现代法治、程序正义期待的新型合议制度。笔者认为，合议庭制度的存在仍然具有特定时空条件下的正当性，与此同时，应当加强其改革，克服其固有或者我国司法实践中特有的弊端。从我国现行法律规定以及司法实际运作的角度来分析，合议庭运作机制主要由评议主体机制、审理机制、评议机制以及裁判机制四个方面内容构成，但是，鉴于篇幅限制，本节仅就其中的若干个方面进行研究。

（一）合议庭成员的组成机制

合议庭对外代表人民法院独立行使审判权，对内则实行民主集中制。然而，由于现行立法滞后性，我国司法实务中广泛存在的审判委员会制度、错案追究制度、案件承办人制度、案件请示制度、领导审批制度使得合议庭的独立审判功能被虚化。首先，审判委员会制度的存在使得合议庭审而不判，而审判委员会判而不审，并且严重减损合议庭的积极性。其次，错案追究制的存在，使得合议庭为了移转错案风险而将审判权积极地让渡给审判委员会、本院领导或者上级人民法院，换言之，错案追究制带来了合议庭放弃独立行使审判权的动机。再次，案件承办人制度严重减损了非承办法官的工作积极性，换言之，不仅人民陪审员存在所谓的"陪而不审"，而且非承办法官也广泛存在"作陪"的趋势。针对这些情形，笔者认为可以采取以下改革或者缓和措施：审判委员会在未经直接审理的前提下，只能针对法律适用重大疑难问题进行讨论，作出决定，如果要对事实认定重大疑难问题进行讨论，则以组成大合议庭对案件进行直接审理为前提。与此同时，改革错案追究制度，确立科学的衡量标准，在审判人员非因故意或者重大过失而错判案件的情况下，不应予以追究[①]；改革案件承办人制度，增加非承办人审判人员的工作积极性；在其废除时机尚不成熟的情况下，严格限制适用案件请示制度、领导审批制度，降低其对合议庭独立审判权的破坏程度。然而，司法改革的情势却不容乐观，尤其是最高人民法院 2000 年 7 月 11 日颁布的《人民法院审判长选任办法（试行）》对审判长的产生方式作了不同规定，即由各级人民法院在对本院审判员进行综合考核的基础上，把某些审判员任命为"审判长"，从而使审判长成为一个具有常设性质的职位。

笔者认为，我国民事司法本来就存在着地方化、行政化、实体化的倾向，将"审判长"常任化、职务化将进一步恶化司法行政化。一方面，在审判长常任制的模式下，审判长属于本合议庭的领导，进而能够在资源分配方面，对其他合议庭成员造成实质性影响，因而，审判长的行政化将导致合议庭的独立性再度遭受减损。另一方面，审判长虽然常任化，但是，本合议庭所有的案件都由其主审是不现实的，因而，在这种背景下，案件承办人制度的价值倍增。审判长与案件承办人的分离在一定程度上也制约了诉讼效率。综上所述，笔者反对审判长常任化，认为其在审判委员会、院长、主管副院长、庭室负责人的基础上给合议庭独立行使审判权增添了新的阴影。当然，

---

① 最高人民法院《关于进一步加强合议庭职责的若干规定》第 10 条体现了这种精神，明确规定合议庭组成人员无须承担责任的情形："（一）因对法律理解和认识上的偏差而导致案件被改判或者发回重审的；（二）因对案件事实和证据认识上的偏差而导致案件被改判或者发回重审的；（三）因新的证据而导致案件被改判或者发回重审的；（四）因法律修订或者政策调整而导致案件被改判或者发回重审的；（五）因裁判所依据的其他法律文书被撤销或变更而导致案件被改判或者发回重审的；（六）其他依法履行审判职责不应当承担责任的情形。"

最高人民法院也似乎已经意识到问题的存在，在 2010 年 1 号司法解释《关于进一步加强合议庭职责的若干规定》（第 2 条）即对此进行了纠正或者补救，明确规定："合议庭由审判员、助理审判员或者人民陪审员随机组成。合议庭成员相对固定的，应当定期交流。人民陪审员参加合议庭的，应当从人民陪审员名单中随机抽取确定。"并且基于该司法解释第 12 条有关"本院以前发布的司法解释与本规定不一致的，以本规定为准"的规定，我们可以清晰地看出最高人民法院的司法态度已经发生了转变，倾向于随机组成合议庭。

（二）合议庭的评议原则

合议庭评议案件必须贯彻司法民主原则、秘密评议原则、弃权禁止原则以及集中评议原则。其中，司法民主原则是合议庭对内关系的核心；秘密评议原则是为了确保合议庭成员能够放心地发表法律意见；弃权禁止原则是基于公民的裁判请求权而产生的法官不得拒绝裁判义务；集中评议原则是为了确保评议的效力，既要求评议及时进行，也要求评议连续进行。

1. 司法民主原则

司法民主原则，要求合议庭的具体评议规则设置应当贯彻促进合议庭成员积极评议，发挥集体智慧解决民事纠纷的宗旨。具体来说，笔者认为，我国应当借鉴国外先进立法经验，就合议庭成员的发言顺序，为了保证在评议时，合议庭成员能够自由、充分地展示心证，防止掌握资源的合议庭成员对其他成员造成影响，或者资历较浅的合议庭成员受到资历较深成员的影响，凡是行政职务越高、资历越深的成员，应当越往后发言，而人民陪审员往往存在法律知识的欠缺，容易为法官在法律方面的权威所屈服，因而应当首先发言。当然，最高人民法院 2002 年 8 月 12 日颁布的《关于人民法院合议庭工作的若干规定》部分地体现了这种立法精神，其第 10 条要求承办法官先于审判长发表意见，由审判长作为承办法官的，由审判长最后发表意见。但是，在特定情形下，审判长以外的其他合议庭成员可能是能够对包括审判长在内的成员施加影响的法官（如院长、副院长、庭长、审委会专职委员充当合议庭成员），那么审判长本身就是遭受影响的主体而非能够对他人施加影响的主体。因而，笔者认为，确有必要依行政隶属关系、资历深浅来决定合议庭成员的发言顺序问题。

2. 秘密评议原则

秘密评议原则并不是所有与评议有关的事项都不公开：一方面，评议主体应当与审理主体一致，因而，应当向当事人公开，并且当事人可以申请有关人员回避①；另一方面，评议结果应当向当事人公开，评议结果与判决之间存在着密切的联系，通常情况下通过判决公开来实现评议结果公开。据此，所谓的秘密评议仅限于评议过程的不公开，既包括评议过程的秘密性（评议是在一个相对封闭的空间环境进行的，不像公开审判那样，允许群众的旁听、新闻媒体的采访等）以及评议内容的秘密性（评议主体不得泄露评议时发表的具体意见，记载评议过程的评议笔录也应当保密）。

我国现行立法规定评议一律不公开进行，但是，学者仍有反对观点，他们的理由主要是评议公开有助于有效监督评议过程，敦促合议庭成员认真对待评议，发表自己的意见；有助于当事人的息诉工作开展，当事人亲历裁判的产生，打消内心的顾虑，避免无益的上诉与再审发生。笔者认为，尽管评议过程公开确实具有一定的积极作用，但是，评议过程公开也同时带来了消极作用（合议庭成员顾及社会评价或者为避免遭受当事人打击报复而不愿表达真实观点或者采取模糊化的表述方式），而且要对合议庭的评议行为进行监督并非只有评议过程监督一种途径，还可以通过评议结果公开等事后监督模式进行，因而，评议过程公开不符合比例原则。

尽管如此，笔者认为已经成为学术界研究热点的"少数意见公开制度"②的构建确有足够充分且正当的事由：首先，合议庭采取多数决原则是司法民主的体现，但是，与多数意见不同的少数意见在法律适用层面上未必就落后于多数意见，因而公开少数意见有助于彰显民主精神，减少司法专横。其次，公开少数意见，并与多数意见形成对峙，有助于当事人理解评议结果的形成过程，同样能够达成打消内心顾虑的目的。再次，公开少数意见有助于法律共同体，尤其是法官群体培养法律思维，提升司法质量。又次，

---

① 尽管审判委员会制度的存在使得审理主体与评议主体发生了分离，但是，根据学界通说，审判委员会委员也属于申请回避范围，因而，评议主体不存在不公开的情形。

② 根据《关于人民法院合议庭工作的若干规定》第11条的规定，少数意见应当写入评议笔录，而评议笔录并不向当事人或者社会公开，并且判决书仅按照多数人的意见来写，并不能写明少数意见。因而，我国现阶段法律并没有规定少数意见公开制度。

公开少数意见有助于引导当事人进行有益的上诉或者再审，当事人可以按照少数意见的思路提起上诉或者申请再审，从而避免盲目上诉或者再审的出现。最后，公开少数意见有助于司法的政策形成功能的发挥和案例指导制度的构建，少数意见往往具有能动司法的倾向，尽管少数意见并不能为本案判决所采纳，但是，并不排除其他案件的合议庭对其加以参考。当然，公开少数意见是否存在抑制合议庭成员发表独立见解的可能也需要进行研究，笔者认为，公开少数意见能够激发合议庭成员积极发表独创性法律见解，推进法律发展，抑制其发表显不成立或者与本案无关的观点，造就知名法官，从而提升法官在法律职业群体中的地位，因而，少数意见公开制度具有正当性。

3. 弃权禁止原则

弃权禁止原则是指合议庭全体成员都必须参加案件的评议和表决，不能以任何方式放弃行使权力。合议庭是具体行使审判权的组织，负有保障公民裁判请求权的义务，因而，不得以拒绝评议的方式拒绝裁判。具体来说，国家因为普遍禁止私力救济而负有提供有效公力救济的义务，所以，代表国家行使审判权的法院无权拒绝裁判；与此同时，法院的审判权具体是由合议庭来行使的，而合议庭审判职能的有效发挥依赖于合议庭成员对内集体、积极、民主行使评议职能。鉴于此，国外立法例普遍规定合议庭成员不得放弃行使评议权，如《日本法院法》第76条有关"裁判官在进行评议时必须陈述其意见"的规定以及《德国法院组织法》第195条有关"法官或者参审员，不得因于前一问题表决时为少数意见而拒绝对后一问题投票"的规定。我国《关于人民法院合议庭工作的若干规定》第10条通过有关"合议庭成员进行评议的时候，应当认真负责，充分陈述意见，独立行使表决权，不得拒绝陈述意见或者仅作同意与否的简单表态。同意他人意见的，也应当提出事实根据和法律依据，进行分析论证"的规定确立了弃权禁止原则。但是，我国所确立的弃权禁止原则仅仅针对评议权，但尚未涉及表决权，从而导致"在实践中，有的合议庭在评议案件时，只有两个人参加，另一人在外地出差。两人评议后，再电话告知在外地出差的另一人，问其是何意见，然后制作一个评议笔录"①的情形经常发生。然而，笔者认为，最高人民法院2010

① 徐瑞柏：《合议庭工作机制的改革》，《法律适用》2003年第7期。

年1号司法解释《关于进一步加强合议庭职责的若干规定》对此进行了补救：虽然本司法解释并没有明确要求合议庭全体成员参加表决，但是第6条明确要求合议庭全体成员均应当参加案件评议，评议的内容除了案件的证据采信、事实认定、法律适用以及诉讼程序等问题以外，还特别涵盖裁判结果，合议庭成员对裁判结果充分发表意见，并且不受法律追究在本质上就是间接地规定了合议庭成员不得放弃表决权。

4. 集中评议原则

集中评议原则是集中审理原则在评议阶段的体现，要求合议庭在庭审后及时、连续地进行评议，而不能拖延评议或者断断续续地进行评议。其原因在于：首先，合议庭成员对案件主要信息印象深刻，及时展开评议有利于案件的正确处理。其次，合议庭成员随着时间的推移，对案件主要信息的印象就越来越不清晰，加上对其他案件的审理，容易导致混淆。最后，集中评议有助于防止司法干预，庭审与评议之间的时间差往往是当事人运作司法腐败的机会。我国现行立法及相关司法解释并没有直接规定集中评议原则，间接相关的规定是《关于人民法院合议庭工作的若干规定》第9条的规定，即合议庭评议案件应当在庭审结束五个工作日内进行。因而，在司法实践中，合议庭为了省事，往往由同一合议庭连续审理好几个民事案件之后，再集中合议庭成员对案件进行形式的"评议"，判决书的内容往往不为承办法官以外的其他合议庭成员所关心和过问，从而，将出现所谓的"形合实独"的后果。笔者认为，法律需要明确规定集中评议原则，要求合议庭在庭审结束以后及时、连续地开展评议活动，以贯彻集中审理原则。

第三章

辩论原则的制度效应

一、辩论原则的含义与发展趋势

(一) 辩论原则的含义

根据日本学者兼子一教授的解释，辩论原则的概念有三种含义：第一种含义是指最广义的辩论原则，即指在诉讼中给予当事人主张其利益并进行辩论的对等地位和机会，并且在此基础上进行审理和作出判决；第二种含义是指广义上的辩论原则，即除了狭义的辩论原则之外，还包括承认当事人对审判对象具有处分权限的处分原则，这个意义上的辩论原则在基本内涵上近似于英美诉讼的当事人主义；第三种含义是指狭义的辩论原则，即法院只能从当事人的辩论中采纳作为判决基础的事实和证据的原则。这种狭义的辩论原则，是从事实和证据的角度，要求应当尊重当事人的陈述和意见的诉讼原则。① 根据笔者的理解，上述第一种含义实际上既强调在形式上对辩论权的保障，也强调在实质上当事人的辩论内容对法院裁判的约束作用；第二种含义则强调的是在实质上当事人的辩论内容对法院裁判的约束作用，也即包括了处分原则和狭义的辩论原则；第三种含义则仅仅是从事实和证据的实质层面强调当事人的辩论内容对法院裁判的约束作用。

在德日等大陆法系国家和地区，对辩论原则的理解，主要是从上述第三

---

① 参见［日］兼子一、竹下守夫：《民事诉讼法》，白绿铉译，法律出版社 1995 年版，"译者前言"部分及第 71 页。

种含义即狭义上的辩论原则进行界定。在这种意义上，辩论原则主要是从法院与当事人在诉讼资料（即事实和证据）的提出过程中的角色定位和权利义务之划分的角度来进行界定的，基本内容包括以下三个方面：（1）直接决定法律效果发生或消灭的主要事实（要件事实）必须在当事人的辩论中出现，法院不能以当事人没有主张过的事实作为判决的依据。（2）对双方当事人都没有争议的事实，法院应当作为判决的依据，也即法院应当受当事人自认的约束。（3）法院对证据的调查，原则上仅限于当事人提出的证据，而不允许法院依职权主动调查证据。从诉讼资料的收集和提供之角度来说，大陆法系民事诉讼中的辩论原则显然是当事人主义的重要体现，因此也可称为"当事人提出原则"或"提出原则"①；但从程序运行的角度来说，大陆法系国家的民事诉讼法则主要实行的是职权进行原则，即主要由法院（法官）负责程序的运行，例如关于期日的指定、诉讼文书的送达、法官对开庭审理的指挥和主动向当事人发问或提出建议等。

　　如果以上述三种含义为参照系，那么我国民事诉讼立法和传统观点对辩论原则的界定是与上述第一种含义的第一个层面较为接近的。在我国，辩论原则的含义一般是指："在人民法院主持下，当事人有权对案件事实和争议问题，各自陈述自己的主张和根据，互相进行反驳和答辩，以维护自己的合法权益。"与诉讼权利平等原则联系起来考察，这种辩论权应当具有平等性，并且人民法院应当保障和便利当事人平等地行使辩论权。显然，我国民事诉讼法学界的旧有观点对辩论原则的一般理解，与上述最广义的辩论原则的第一个层面，即应当"给予当事人进行辩论的对等的地位和机会"之意思基本相同，换句话说，辩论原则仅仅是一项强调确立和保障当事人的辩论权的诉讼原则，并未涉及辩论内容对于法院裁判有何制约作用的问题。然而，这种形式意义上的辩论原则存在诸多缺陷，故学界很多人主张应将当事人的辩论内容（事实与证据）对法院裁判的约束作用这一实质内容纳入其中②，笔者

---

　　①　一些学者往往是在相同的含义上使用"辩论原则（辩论主义）"与"提出原则"这两个概念的。参见［德］罗森贝克、施瓦布、哥特瓦尔德：《德国民事诉讼法》（上），李大雪译，中国法制出版社2007年版，第524页以下。

　　②　参见张卫平：《我国民事诉讼辩论原则重述》，《法学研究》1996年第6期；翁晓斌：《职权探知主义转向辩论主义的思考》，《法学研究》2005年第4期。

亦主张之。所以，根据我国民事诉讼立法和理论现状，辩论原则可分为形式上的辩论原则和实质上的辩论原则。形式上的辩论原则，是指应当充分保障当事人在诉讼中享有辩论的权利，也即应保障当事人在诉讼当中能够充分地陈述观点、发表意见，以便法官在充分了解当事人内心真意的情况下作出正确的裁判。实质上的辩论原则，是指当事人的辩论内容、辩论意见会对法官的裁判形成约束力的辩论原则，即作为裁判基础的案件事实，原则上应当由当事人主张和提出，法院应当在当事人的主张范围之内进行裁判。

（二）辩论原则的发展趋势

关于辩论原则的发展趋势，主要的争论在于其是否已经过时、是否已经发生根本的变化而被所谓协同原则或协同主义所取代的问题。在德国，鲁道夫·瓦瑟尔曼（Rudolf Wassermann）等学者从所谓福利国家和福利社会的角度出发，提出了"社会性民事诉讼"的观念，认为应当对自由主义的辩论原则予以否定，并以协同原则取而代之。[①]

国内也有一些学者认为，辩论原则已经岌岌可危和走向黄昏，应当对辩论原则予以否定而代之以协同原则。[②]

必须明确的是，在德国，虽然有学者认为辩论原则已经不适应现代性民事诉讼的需要而趋于衰落，并且将为所谓的协同原则所取代，但这只是少数学者的一种理想或构想，并没有成为理论和实践的主流。实际上更多的学者只是认为辩论原则有所修正或辩论原则在诉讼中的规制作用有所缓和而已，协同原则没有也不可能取代辩论原则的基础性地位。这一点在德国民事诉讼法学者的论著中表达得非常清楚。例如，尧厄尼希教授认为，双方当事人的自我负责在今天的民事诉讼中仍具有优先性；它通过辩论原则得到保障，因此其适用并不仅仅基于立法者的相宜衡量；由于其在德国的法律秩序的整个系统中的意义，更有理由将其视为现行法律的主要原则，不存在任何用所谓

---

① 参见张卫平：《诉讼架构与程式》，清华大学出版社 2000 年版，第 71 页；民事诉讼法研究基金会：《民事诉讼法之研讨（九）》，三民书局 2000 年版，第 350 页；［德］米夏埃尔·施蒂尔纳编：《德国民事诉讼法学文萃》，赵秀举译，中国政法大学出版社 2005 年版，第 76、361 页以下。

② 参见孟涛：《走向黄昏的辩论主义》，见陈刚主编《比较民事诉讼法》（2001～2002 年卷），中国人民大学出版社 2002 年版，第 131 页以下；田平安、刘春梅：《试论协同型民事诉讼模式的建立》，《现代法学》2003 年第 1 期；张珉：《试论辩论主义的新发展——协同主义》，《新疆社会科学》2004 年第 6 期。

的协同原则来代替辩论原则的理由。① 埃伯哈德·席尔肯指出："承认法官的合作权以及合作义务不应该说成是在现代民事诉讼中必须考虑'协同主义'。法官的合作不能超出当事人对事实陈述进行补充的范围，绝不能自行在诉讼中提出事实。这是法官的中立性所必需的，也是辩论主义的重要优点所在。在这个意义上，辩论主义或者处分权主义被认为是法治国家保持必要的法官中立的有效工具。"② 因此，在德国，虽然"民事诉讼法修正的历史过程确实可以归结为对辩论主义作了一定的限制，但绝没有被一般的协同模式所取代。当事人依然有权提出裁判上的重要事实，法院不能依职权而代替当事人把新的事实带入到诉讼中，这些基本点都没有改变"③。"法官与当事人协同作业的观念有时被错误地利用而歪曲了德国民事诉讼实际的构造。在优先适用辩论主义的前提下，法官尽量与当事人协同作业以推动正当的事实陈述，这是法官的任务，但与上面所说的作业协同体是不同的。"④ 贝特尔曼则指出："尽管人们今天一再地声称，通过有关法官对当事人的教导和责问的义务、法官与当事人讨论事实情况和法律情况的义务的规定，辩论主义同职权探知主义之间的对立已经被磨平了或者失去意义了，但是这是错误的。辩论主义的根本性要素依然被保留了下来：只有当事人主张的事实才需要阐明，才是对裁判重要的。"⑤ 罗森贝克等则指出："协同主义修正了提出原则，却没有取代它，因为当事人在法官提示之后仍是自由的，他可以提出某个主张或者不提出某个主张或者更加精确地表达某个主张。"⑥ 总之，《德国民事诉讼法》第 139 条等条款的规定，"并没有限制辩论原则，而是通过法官指示当事人事实陈述中的不明确之处、矛盾之处和漏洞而补充了该原

---

① 参见［德］奥特马·尧厄尼希：《民事诉讼法》，周翠译，法律出版社 2003 年版，第 137 页。

② ［德］Eberhard Schilken：《ドイツ民事诉讼における裁判官の役割》，［日］高田昌宏译，《比较法学》第 34 卷第 2 号，第 125 页。

③ ［德］Eberhard Schilken：《ドイツ民事诉讼における裁判官の役割》，［日］高田昌宏译，《比较法学》第 34 卷第 2 号（2001 年），第 121 页。

④ ［德］Eberhard Schilken：《ドイツ民事诉讼における裁判官の役割》，［日］高田昌宏译，《比较法学》第 34 卷第 2 号（2001 年），第 125 页。

⑤ ［德］卡尔·奥古斯特·贝特尔曼：《民事诉讼法百年——自由主义法典的命运》，见［德］米夏埃尔·施蒂尔纳编《德国民事诉讼法学文萃》，赵秀举译，第 69 页。

⑥ ［德］罗森贝克、施瓦布、哥特瓦尔德：《德国民事诉讼法》（上），李大雪译，第 526 页。

则"①。"即使在进一步扩大《德国民事诉讼法》第139条上的权限之情况下，这一规定实际上也没有限制辩论主义在民事诉讼中的统治地位。"②

上述考察表明，在德国，辩论原则尽管由于强调法院的释明权和当事人的真实义务而得到了部分的修正，但辩论原则并没有发生根本的变化，在民事诉讼中其仍然具有基础性的地位。如果说存在所谓的"协同原则"，那么这种"协同"也是在辩论原则范围之内的协同，是一种"释明权"意义上的协同，而不是超越辩论原则之基本界限的协同。所以，辩论原则的发展趋势是，通过强调法院的释明义务、法律观点指出义务以及当事人的真实陈述义务、完全陈述义务等内容，促使在适用辩论原则时能够达到更公正、有效、快速等解决争议，而不是被所谓协同原则所取代。③ 故此，必须消除国内某些学者对德国学者所说的"协同原则"的种种误解，特别是应当消除"协同原则已经取代辩论原则的基础性地位而成为构建民事诉讼基本结构的基本原则"之误解。我国未来在对《民事诉讼法》进行完善时，仍应参照大陆法系的一般做法，以修正后的辩论原则为基础来划分当事人和法院的权责和地位，并以此来构建民事诉讼的基本结构。④

作为调整和规范民事诉讼的一项基本原则，辩论原则对民事诉讼制度的规制主要体现为以下几个方面：事实材料的主张和提出应由谁负责，自认对法院认定事实有何影响，收集和提供证据的权责如何分配，释明制度的具体内容如何界定，以及如何保障当事人辩论权的充分行使。以下分别予以探讨。

二、事实的主张和提出

根据辩论原则，法院裁判所依据的事实，应当是当事人在辩论中所主张

---

① ［德］汉斯-约阿希姆·穆泽拉克：《德国民事诉讼法基础教程》，周翠译，中国政法大学出版社2005年版，第64页。

② ［德］汉斯·普吕汀：《改革压力下的民事诉讼建构和欧洲的趋同》，见［德］米夏埃尔·施蒂尔纳编《德国民事诉讼法学文萃》，赵秀举译，第636页。

③ 关于辩论原则之发展趋势的进一步讨论，参见刘学在：《民事诉讼辩论原则研究》，武汉大学出版社2007年版，第34页以下。

④ 我国一些学者所主张的应当以"对话与沟通"为内容建立一种"法院与当事人协同发现案件真实、协同促进诉讼进行"的诉讼构造，实际上仍然是主张在坚持辩论原则的基础性地位之条件下，加强法官对诉讼的引导和促进作用并强调当事人之间的合作。参见唐力：《对话与沟通——民事诉讼构造之法理分析》，《法学研究》2005年第1期。

的事实，当事人未主张的事实，法院原则上不能将其作为判决的基础。那么，在诉讼中是否所有的事实都要求当事人提出和主张？法院对当事人未主张的事实是否均不得予以认定？对于这一点，在日本民事诉讼理论中，传统观点认为应当由当事人予以主张的、作为法院判决基础的事实是指本案的主要事实，而对于间接事实和辅助事实，则不受当事人主张范围的约束。但将辩论原则的适用范围仅限定为主要事实，在理论和实践中亦存在一定的问题，很多人提出了不同的主张。

（一）主要事实、间接事实与辅助事实

1. 主要事实

主要事实又称为直接事实。关于其含义的界定，理论上有两种不同的理解。第一种理解将主要事实等同于要件事实。这种观点对主要事实与要件事实不加区分，认为主要事实就是关于法规构成要件的事实，是指对于权利发生、变更或消灭之法律效果有直接作用的，并且是必要的事实。换言之，是指构成适用法律规范内容的要件事实，或者说法律条文中规定的要件事实。[①]

第二种理解则对主要事实与要件事实予以区别。即认为，如果要适用一定的法律规范，则成为该规定组成部分的要件必须作为事实而存在，这样的事实称为"要件事实"，常以"过失"等抽象的法律概念来表达。而法官适用法律意味着必须判断现实生活中发生的某一具体的事实是否合乎这种要件，或者说是否相当于要件事实。这种现实生活中的具体事实因为能够被用来确定要件事实是否存在，所以被称为"主要事实"或"直接事实"[②]。

2. 间接事实与辅助事实

间接事实是指借助经验规则、理论原理能够推定主要事实存在与否的事实。在诉讼实践中，有时很难获得足够的证据来直接证明主要事实是否存在，在很多情况下，需要通过证据证实一定的间接事实，再通过间接事实来推断主要事实。

辅助事实，是指能够明确证据的证据能力和证据力的事实，或者说对证据能力和证据的可信性有影响的事实。例如，能证明该证人是否一贯撒谎或

---

① 参见张卫平：《诉讼架构与程式》，第 176 页；［日］三ケ月章：《日本民事诉讼法》，汪一凡译，五南图书出版公司 1997 年版，第 187 页。

② ［日］谷口安平：《程序的正义与诉讼》，王亚新、刘荣军译，第 119 页。

者证明证人是当事人的朋友、配偶等此类事实。

（二）辩论原则所适用的事实范围

1. 日本关于辩论原则所适用的事实范围之主要观点

（1）传统观点——主要事实（要件事实）适用说

在日本，传统理论认为，辩论原则只适用于主要事实，而不适用于间接事实和辅助事实。换言之，当事人不主张间接事实和辅助事实时，法院也可予以认定，而对于当事人没有主张的主要事实，法院则不能将其作为裁判的基础。之所以将辩论原则适用的事实范围界定为主要事实，而将间接事实和辅助事实排除在外，其主要理由源于对间接事实和辅助事实性质的分析与结论。因为，由间接事实推定主要事实，和由证据推定事实的机能是一样的，都应当受自由心证主义的支配，属于法官的内心确信即形成自由心证的问题，所以不应该适用辩论原则。而辅助事实与证据也具有等质性，因而也不适用辩论原则。①

由于传统理论认为辩论原则只适用于主要事实，而不适用于间接事实，因而对主要事实和间接事实合理地予以区分就显得特别重要。但主要事实与间接事实并不总是很容易区别的。特别是在传统理论之下，由于对要件事实和主要事实往往并不作明确的划分，而将"过失"、"正当事由"、"因果关系"等事实看作既是要件事实，也是主要事实。在此情况下，对主要事实和间接事实的划分和界定，在实践中就会存在很大的问题，其缺陷在于：其一，由于将辩论原则的适用严格限定于主要事实，而主要事实与间接事实之间的界限有时又较为模糊，因而对主要事实和间接事实的不同划分和不同理解，将会影响辩论原则的适用效果。其二，如果坚持间接事实一概不适用辩论原则，法院不受当事人之主张的约束，则会给当事人特别是因而受到不利影响的一方当事人造成诉讼突袭。

（2）辩论原则所适用的事实范围之新观点

由于传统理论关于辩论原则适用于何种事实的解释并不能很好地解决问题，因而围绕何为主要事实、何为间接事实以及辩论原则适用的事实范围究

---

① 参见［日］吉野正三郎：《集中讲义民事诉讼法》，成文堂1998年版，第60页；张卫平：《诉讼架构与程式》，第177页。

竟如何等问题，在学说上、见解上存在激烈的争论。① 从日本学者的讨论来看，关于辩论原则适用的事实范围之新观点，主要有如下几种②：

A. 影响诉讼胜败之重要事实适用说。该观点主张，不区分该事实是主要事实还是间接事实，只要该事实是影响诉讼胜败的重要事实，就适用辩论原则。只要这些重要事实没有被当事人提出的，法院不能加以认定。这种观点避开了主要事实和间接事实的划分问题。

B. 主要事实及间接事实适用说。该观点主张，不论是主要事实还是间接事实，所有的事实都必须经由当事人主张才能作为判决的基础，即所有的事实都应当适用辩论原则。因为，间接事实同样会对诉讼的胜败产生极大的影响，如果这些间接事实在当事人没有主张的情况下，就作为法院裁判的依据，势必会给当事人以意想不到的打击，从而剥夺相对方的防御权。其结果自然有悖于人们对裁判公正的信赖。

C. 个别判断说。该观点主张，仍以主要事实为适用辩论原则的必要，但在主要事实的认定上，主张应当在考量"该法律的立法目的"、"当事人的攻击防御方法是否明确"以及"从审理的整理及促进之视角来看应认定事实的范围是否明确"等因素的基础上，针对具体类型来归纳性地予以确定。

D. 主要事实及准主要事实适用说。该说认为，辩论原则只适用于主要事实，而不适用于间接事实。关于主要事实，在法规的构成要件是单纯并具体的情形（如消费借贷发生争议时的款项授受事实及清偿事实）时并不产生问题。但对于故意、过失或正当事由等抽象规范，如被视为主要事实，其他事实均被视为间接事实而排除在辩论原则适用范围之外，则会产生问题，因而是不合适的。为了解决这一问题，该说主张，对于支撑抽象性构成要件的具体事实，可以称为"准主要事实"，在辩论原则的适用上与主要事实同样

---

① 由于辅助事实乃是关于证据能力或证据价值的事实，属于对证据的审查判断问题，因而学说上和实践中对于该事实不适用辩论原则、法院可不待当事人主张而主动予以适用这一点并无大的争议，争论的焦点集中于主要事实和间接事实的划分及适用问题。故以下的介绍和讨论，主要就辩论原则之适用是否有必要区分主要事实和间接事实及其相关问题而展开。

② 参见张卫平：《诉讼架构与程式》，第179页；［日］高桥宏志：《民事诉讼法——制度与理论的深层分析》，林剑锋译，法律出版社2003年版，第345页；李木贵：《民事诉讼法》（上），元照出版有限公司2007年版，第1—80页。

对待，即该准主要事实应当由当事人予以主张，如果不出现在当事人的辩论之中，则不得作为判决的基础而加以采用。①

在日本，学界的评价普遍认为，在上述几种新学说中，第一种观点的思路比较正确，第二种观点过于宽泛，第三种观点不易掌握，而且也颇有些不好理解。但在德国，上述第二种观点则是通说。②

2. 我国《民事诉讼法》应采取之立场

从其本来意义上讲，辩论原则是关于当事人与法院在事实提出问题上的分担规律的原则，即："当事人双方应当提出判决的事实基础（包括证据手段）；他们对此负全部责任。因此法院的判决只允许以当事人在诉讼中提起的那些事实为基础。"③ 在德国，这一事实提出问题上的分担原则，并没有将"事实"仅仅限定于主要事实或要件事实而排除间接事实的适用。在诉讼中，"当事人有责任主张那些法院在裁判时需要考虑的事实。法院受当事人的事实描述之拘束，法院自己知道的争议材料（即所谓'法官的私人知识'）只能在告知当事人以后才能考虑。……当事人没有提出的或者重新撤回了的事实不能作为判决基础，即使在证据调查时已经暴露出来"④。

之所以实行上述由当事人提出事实的原则，是基于私权自治原则之贯彻、发现真实的最佳手段之选择、法院中立性和程序公正性的维护等方面的客观要求。也就是说，界定辩论原则适用的事实范围时，既应考虑私权自治原则和当事人实体利益的保护，也应注意当事人之程序选择权与程序利益的保障，还应确保法院的中立性和程序的公正性。这就要求，无论是主要事实还是间接事实，都应当实行由当事人负责的原则予以处理。基于此，笔者认为，辩论原则应当既适用于主要事实，也适用于间接事实。无论是主要事实还是间接事实，在采纳为判决的基础时都不应随意地超出当事人主张的范围；在当事人予以自认时，都应当产生相应的法律后果。同时，在不违背法官的中立性和程序的公正性的前提下，法官应尽量发挥其释明作用，以促使当事人充分地、适时地主张和提出事实。

---

① 参见［日］三ケ月章：《日本民事诉讼法》，汪一凡译，第188页。

② 参见张卫平：《诉讼架构与程式》，第180页。

③ ［德］奥特马·尧厄尼希：《民事诉讼法》，周翠译，第124页。

④ ［德］罗森贝克、施瓦布、哥特瓦尔德：《德国民事诉讼法》（上），李大雪译，第528页。

具体而言，对于事实的提出和主张问题，辩论原则要求，当事人和法院之间的相互关系和权责之界定应当是①：

第一，当事人已主张的事实，应当成为判决的基础，以尊重其处分自由，保障其程序参与权，并使其就主张该事实的结果自负其责。

第二，当事人未予主张，且法院于程序上也未对当事人释明以使其有机会决定是否主张的事实，不管该事实是主要事实还是间接事实，都不得直接成为判决的基础，以免发生突袭性裁判，并确保法院的中立性，同时，也使该当事人就其未主张的事实之法律后果负责。

第三，对于当事人所未主张的事实，虽然法院于诉讼程序上对当事人予以告知（即予以释明），但如果双方当事人均表示不予主张时，则无论是主要事实还是间接事实，法院不得将其作为判决的基础。

第四，根据当事人所提出的证据，法院如果能够认识当事人尚未主张但却与本案审理相关联的事实，为防止法院裁判对当事人造成突袭，确保法院的公正性及可信赖性，应当加以释明以使当事人有机会表示是否予以主张。当事人由此而予以主张该事实的，则也可以将其作为判决的基础。

上述观点与主张辩论原则仅适用于主要事实的传统观点以及主张其适用于主要事实和重要的间接事实等观点的区别在于：

（1）它并不对主要事实和间接事实作严格的区分，主张无论是主要事实还是间接事实，原则上都应当适用辩论原则，当事人未予主张时，法院不得采为裁判的基础；当事人予以自认时，该自认对当事人和法院应当产生相应的法律后果。

（2）它强调法官在诉讼中的释明作用，对于当事人未予主张的事实，法院可对当事人予以释明，以便当事人决定是否予以主张。通过法官适当地行使阐明权，可以有效地消解当事人的主张责任过重的问题，尽量避免当事人因欠缺法律知识而不能提出有利于己的事实主张和实体上遭受不利裁判的情形发生。

（3）上述观点虽然强调法官的释明作用，要求法官应"协同"当事人来发现事实，但这种"释明"或"协同"仍然处于辩论原则的框架之内，是对

---

① 这里参考了邱联恭：《处分权主义、辩论主义之新容貌及机能演变》一文中的论述。参见邱联恭：《程序选择权论》，三民书局 2000 年版，第 109 页。

传统辩论原则的发展，而并非一些学者所主张的乃是对传统辩论原则的否定。因为，即使存在法官的释明和协同，作为法院裁判基础的事实，也仍然应当由当事人予以主张并限于当事人主张的范围之内，只不过为了更好地保护当事人的实体利益和程序利益，它要求法院应当（或可以）在必要的时候行使释明权，以协助和促使当事人提出和主张事实。在法院进行释明之后，如果当事人对有关的事实仍然坚持不予主张的话，则法院不能将该事实作为判决的根据。可见，由当事人主张事实并且法院受该事实范围的约束在诉讼中具有根本性的意义，法院协同当事人发现事实的合理界限则在于，既要促使当事人充分地履行其主张责任、提出有利于己的事实主张，也应避免法官在事实主张和认定问题上出现"当事人化"而有违程序公正观念的现象发生。

（4）上述观点对主要事实和间接事实不作严格区分，认为间接事实也应当适用于辩论原则，这与法官自由心证主义并不矛盾。将间接事实纳入辩论原则的适用范围，强调的是间接事实也应当由当事人予以主张，法院不能认定当事人没有主张过的间接事实，而对间接事实的自由心证则强调的是对间接事实的审查判断过程，这二者是可以并存的。换句话说，当事人提出某间接事实后，如果没有其他可以否定该间接事实的事实，则法院即应受该间接事实的拘束；如果当事人还提出有其他间接事实，特别是各间接事实之间存在矛盾时，则法院需要对该各间接事实进行判断，认定其中的某些间接事实并据此推断主要事实。法院可以对间接事实进行审查判断和形成心证，这也是其职责之要求，但作为心证基础的该间接事实，却应当由当事人予以主张和提出，法院不应当代替当事人提出主张。

就我国的实际情况而言，在吸收大陆法系的辩论原则之合理内涵而对我国现行《民事诉讼法》中的非约束性的辩论原则予以改造时，将主要事实和间接事实皆适用于辩论原则，还有如下特别的理由和现实意义：

其一，对主要事实和间接事实明确予以区分并就前者适用辩论原则而后者不予适用，其重要的前提和基础在于，实体法方面的规范较为完善并且民事诉讼理论和实践中对实体法的理解相对定型化，主要事实（或者说要件事实）与间接事实的区分虽然在某些方面存在着模糊性，但在大多数情况下二者之间的界限已经做到了明确化和类型化，因而法官和当事人之间对其有着极大的认同感，操作起来不会出现特别的困难。而在我国，民事诉讼理论和实践中历来对哪些事实是主要事实、哪些事实是间接事实的问题并没有作严格区别，法官在这方面也缺乏相应的理论背景和实践经验，因而如果对主要事实和间接事实严格区分，并认为间接事实不适用于辩论原则，则难免出现适用上的混乱和操作上的困难。

其二，在事实提出和认定问题上，我国一直存在较强的职权主义问题，即无论是主要事实还是间接事实，法院均可以对当事人未予主张和提出的事实予以认定。正是由于这一问题的存在，理论上才主张引入实质性的辩论原则，以便确立当事人提出事实、法院居中裁判的民事诉讼结构。在此过程中，如果认为间接事实不适用于辩论原则，法院可以对当事人未主张的间接事实予以认定，则由于以往的职权主义所具有的强大惯性、法官的程序公正意识的严重欠缺、理论和实践中对间接事实与主要事实历来缺乏明确的界定等因素的影响，法院不受当事人事实主张的限制去认定事实的范围必定存在扩大化的倾向，其结果将会导致实质性的辩论原则和体现程序公正的诉讼结构难以真正确立。

（三）主张共通原则

在辩论原则之下，未被当事人主张的事实（特别是主要事实）就不能作为法院裁判的基础。换言之，为了使该事实能够作为判决的基础，当事人就必须对其进行主张，否则，如果当事人未主张该事实，那么该当事人因该事实不能成为判决的基础而可能遭受不利益。这就是主张责任问题。对于某一主要事实，由原告与被告中的哪一方当事人来承担主张责任就构成主张责任的分配问题。通常认为，主张责任的分配与证明责任的分配是一致的。

应当注意的是，虽然主张责任是从辩论原则中衍生出来的，但辩论原则中关于事实主张和提出的规则强调的是当事人与法院之间权限与责任的分配问题，而当事人中原告与被告之间的关系一般是不受重视的。[①] 也就是说，根据辩论原则，事实只要有一方当事人予以主张，法院即可将其作为判决的基础，而不管该事实是由负主张责任的一方当事人予以主张的还是由不负主张责任的一方当事人予以主张的，这就是所谓的主张共通原则。所以，主张

---

① 参见［日］高桥宏志：《民事诉讼法——制度与理论的深层分析》，林剑锋译，第332页。

责任的分配是就原告与被告之间关系而言的，而在辩论原则层面，关于事实的主张和认定，则贯彻的是主张共通原则。

三、自认对法院认定事实的影响

（一）自认的含义与要件

1. 自认的含义

辩论原则的第二个重要方面是自认对法院认定事实的拘束力问题，即当事人自认的事实，法院应当将其作为裁判的基础。所谓自认，又称为诉讼上的自认、审判上的自认、裁判上的自认，是指在诉讼过程中一方当事人对于另一方当事人主张的不利于己的案件事实，承认其为真实之陈述。在广义上，自认包括诉讼上的自认和诉讼外的自认，但通常所说的自认是指诉讼上的自认而言。

2. 自认的构成要件

一般认为，诉讼上的自认之构成要件有以下四个[①]：

（1）自认必须是当事人对事实的陈述。这一要件将自认与当事人对作为法律上的主张、法律适用所生的法律效果之陈述区别开来。

（2）自认必须是在口头辩论或准备程序中作为当事人辩论的陈述。这一要件强调的是：既然是诉讼上的自认，那么必须是在一定的诉讼程序（口头辩论或准备程序）中进行的，如果是在这些程序以外当事人就对方当事人的主张作出了自认，则属于诉讼外或裁判外的自认，不具有诉讼上自认的法律效力。

（3）必须与对方当事人的事实主张一致。所谓事实陈述的一致性，是指自认人所承认的事实与对方当事人所主张的事实没有矛盾。通常是自认人对对方主张的事实的简单认可或承认，因此，只要自认人认可即能保证一致性。关于"与对方主张的事实一致"的理解，通说认为，只要当事人进行援用即可，而在时间上不论两种主张的先后关系。也就是说，无论是在对方先进行主张之后再作出自认，还是自己先进行了某种不利于己的陈述，而后对方当事人予以援引，都是符合"一致性"之要件的，都能够成立诉讼上的

---

① 参见张卫平：《诉讼架构与程式》，第418页以下；［日］三ケ月章：《日本民事诉讼法》，汪一凡译，第425页。

自认。

（4）自认是一种于己不利的陈述。关于自认人所自认的事实是否属于"于己不利的事实"，其识别方法主要有举证责任说和败诉可能性说。将"于己不利"作为自认成立的要件，就意味着尽管一方当事人就对方当事人主张的某一事实予以承认，具有陈述的一致性，但因为该事实对作出承认行为的当事人不存在不利后果或影响，该承认也就不能成为自认行为。

（二）自认的法律效力

诉讼外的自认仅仅是一种证据，其证据力如何，应由法院结合本案其他证据，斟酌情形加以判断，且通常非经当事人援用，不得将其作为裁判的基础①，对此，一般没有什么争议。诉讼上自认的效力则与诉讼外自认的这种效力有着明显的不同，它具有拘束法院及当事人的效力。

1. 自认对法院的效力

诉讼上的自认具有拘束法院的效力，经当事人自认的事实，法院应认其为真实，并将其作为裁判的基础，而无须另行调查证据去认定自认的事实是否真实。

2. 对当事人的效力

一方面，诉讼上的自认具有免除对方当事人举证责任的效力。另一方面，作出自认的一方当事人也应受其自认的拘束，除有法律规定的情形外，不得任意地予以撤销，即使案件系属于二审或再审，亦不得随意地撤销其在一审中的自认。但是，对于拟制自认问题，大陆法系国家一般规定当事人可以追复，即允许当事人在言词辩论终结前，随时提出有争议的陈述，即使在第二审程序中亦然。经追复后，拟制自认即归于消灭，对于原来视同自认的事实，负有举证责任的一方当事人仍有举证的必要。

3. 自认效力的限制

诉讼上的自认具有拘束当事人和法院的效力，但这种拘束力并非是绝对的。大陆法系国家的立法例与诉讼理论一般认为，在下列几种情形下，不能发生自认的效力：（1）人事诉讼程序不适用自认的规定。人事诉讼程序因与国家公益有关，故大陆法系国家和地区对此不采取辩论主义而采取干涉主义

---

① 参见石志泉、杨建华：《民事诉讼法释义》，三民书局1987年版，第329页。

以限制当事人之处分权，一般均明文规定不适用自认的规定。（2）法院应依职权调查之事项，也不适用自认的规定。例如，就诉讼成立要件之事项、当事人适格之事项等为自认的，均不生自认的效力，法院仍应依职权进行调查，不受当事人自认的约束。（3）共同诉讼人中一人所为之自认，显然属于不利于共同诉讼人的行为时，亦不产生自认的效力。但如果事先得到特别授权或者在事后得到追认，则应该具有自认的效力。（4）自认的事实，如果与显著的事实或其他为法院应予司法认知的事实相反，或根本为不可能之事实，或自认之事实依现有之诉讼资料，显与真实情形不相符的，则应认定其为无效，因为法院的裁判，不应以明显虚构的事实为其基础。

（三）现行规定及其完善

我国 1991 年的《民事诉讼法》对自认制度没有规定，最高人民法院 2001 年发布的《关于民事诉讼证据的若干规定》（以下简称《证据规定》）第 8 条则有所规定，其中第 1 款为一般性规定，即："诉讼过程中，一方当事人对另一方当事人陈述的案件事实明确表示承认的，另一方当事人无需举证。但涉及身份关系的案件除外。"第 2 款是拟制的自认，即："对一方当事人陈述的事实，另一方当事人既未表示承认也未否认，经审判人员充分说明并询问后，其仍不明确表示肯定或者否定的，视为对该项事实的承认。"第 3 款为诉讼代理人的自认，即："当事人委托代理人参加诉讼的，代理人的承认视为当事人的承认。但未经特别授权的代理人对事实的承认直接导致承认对方诉讼请求的除外；当事人在场但对其代理人的承认不作否认表示的，视为当事人的承认。"第 4 款为自认的撤销之规定，即："当事人在法庭辩论终结前撤回承认并经对方当事人同意，或者有充分证据证明其承认行为是在受胁迫或者重大误解情况下作出且与事实不符的，不能免除对方当事人的举证责任。"

1. 关于拟制的自认

《证据规定》第 8 条第 2 款首次对拟制的自认作了规定，这一规定应当说符合民事诉讼活动的本质要求，对于整理争议焦点、促进审理集中化、提高诉讼的效率等具有积极意义。但在以下方面仍有完善的必要①：

---

① 参见刘学在：《论拟制的自认》，《法学评论》2005 年第 5 期。

（1）对于当事人为"不知"或"不记得"之陈述的法律效果，有必要予以规定。《证据规定》第8条第2款规定的拟制的自认，系指不争执对方主张的事实之情形，而并不包括一方当事人为"不知"或"不记得"之陈述的情形。那么，后者是否应视为自认？立法上有必要对此作出明确的规定。参考德、日和我国台湾地区三种不同的立法例，笔者认为以参照台湾地区的规定为宜，即规定此种情形应否视为自认，由法院根据该案的具体情况予以决定，但法院在认定构成拟制的自认时，同样必须对当事人进行充分的释明。

（2）拟制的自认之适用阶段及效力，有必要予以明确。《证据规定》第8条虽然对拟制的自认作了规定，但并没有明确指出在哪个诉讼阶段可以认定成立拟制的自认。这一点与德、日及我国台湾地区等的规定是存在区别的。按照后者，拟制的自认仅限于言词辩论时不为争执之情形，而在准备书状内，或在受命法官、受托法官前不为争执时，并不能发生视同自认的法律后果，因为当事人在言词辩论时仍可予以争执。而在我国，按照《证据规定》，似乎可理解为既可以在开庭审理前的准备程序阶段，也可以在法庭审理阶段适用拟制的自认制度，然而，在法庭审理阶段之前即可认定成立拟制的自认是不合理的，因为其不利于为当事人提供充分的程序保障、不利于其合法权益的保护，所以立法上应明确规定，在审前准备程序中，不适用拟制的自认，只有在法庭审理中一方对另一方主张的事实不为争执时，才能发生视同自认的法律后果。具体来说，应当是在法庭辩论终结前，可以认定拟制自认的成立。

与认定拟制自认之成立的阶段相联系，立法上应当规定，拟制自认的效力应当不同于明示自认的效力，即应当规定在言词辩论终结前（法庭辩论终结前）当事人随时可予以争执，此即当事人的追复。一旦当事人予以追复，则不能发生视同自认的效力。

（3）应当对言词辩论期日（开庭审理期日）当事人缺席时能否适用拟制自认作出具体规定。在言词辩论期日，当事人无正当理由而缺席时，是否可以适用拟制自认的规定？对于这一问题，现行法律亦未予以规定。笔者认为，可借鉴日本和我国台湾地区的相关规定，规定一方当事人对于他方当事人主张的事实，在经法院合法通知而于言词辩论期日不到庭陈述意见，并且亦未在准备书状中予以争执或未提出准备书状时，应视为对该事实的自认。但如果对该应当到庭而没有到庭的当事人系采用公告送达方式而进行通知的，为了保护其合法权益，则不能适用拟制的自认之规定，因为，在公告送达时，被传唤的当事人在通常情况下可能无法实际了解出席的对方当事人所主张的内容。

2. 关于自认的撤销

按照《证据规定》第 8 条第 4 款的规定，在我国，自认在下列情况下可以撤销：（1）经对方当事人同意。（2）有充分证据证明其承认行为是在受胁迫或者重大误解情况下作出且与真实情况不符。对于第一种情形，一般没有什么争议。但对于第二种情形，则存在探讨和完善的余地。

第一，《证据规定》将"受胁迫"与"重大误解"相并列，规定自认人撤销自认须有充分证据证明是在受到胁迫或者重大误解情况下作出，并且须证明其自认与事实不符，笔者认为，这种规定没有针对"受胁迫"和"重大误解"的不同性质而区别对待，并且有过分加重自认人的举证责任之嫌，因而是不合理的。也就是说，胁迫是在他人的作用下而导致当事人违背真实意思地予以自认，就该自认的作出来说，自认人并不存在过错，在此情形下，只要自认人能够证明胁迫的存在，就理应允许其撤销自认，而不应同时要求其必须证明自认与真实不符。与胁迫不同，重大误解则是由于自认者自身的因素而导致的，并非是他人作用的结果，于此情形下，在自认人欲撤销自认时，为保护对方当事人的信赖利益，则有必要规定其应当证明自认的事实违背真实。所以，基于受胁迫与重大误解的性质不同，对于这两种情形下的自认，不应当规定适用相同的撤销要件。

第二，因欺诈而为自认时是否允许撤销的问题。《证据规定》中只规定了因受胁迫和重大误解而为自认时，自认者可以撤销其自认，而没有规定因受欺诈而为自认时，是否能撤销自认的问题。从理论上讲，在受欺诈而为自认时，应当允许当事人予以撤销。而且，关于其撤销要件，应当与受胁迫时的撤销要件基本相同。

四、辩论原则与证据收集、提供制度

在辩论原则之下，收集和提供证据的权限和责任也在于当事人，法院认定争议事实所需的证据资料，原则上必须是从当事人提出的证据方法中获得，而不允许法院依职权调查收集证据。作为辩论原则的重要内容之一，将收集和提供证据的权限和责任赋予当事人，这是维持法院及其法官的中立性、当事人的平等性、法院工作负担的均衡性与合理性等诉讼目标的必然要求。

当事人对证据的收集提供之权责，在诉讼中主要表现为当事人的主张责任和证明责任。一方面，当事人要想获得有利于自己的裁判，首先必须对民法上所规定能够带来一定法律效果的要件事实作出主张，此即当事人的主张责任。因当事人未作主张，法院未认定一定事实而带来的不利，只能由对该事实负有主张责任的当事人来承受。另一方面，事实上的主张是否真实，通常均须以证据来予以证明，法院不能仅因有此主张即予以确信，此种对主张的事实予以证明的责任，通常是由当事人来予以负担的，在该事实的存在与否不能得到确切的证明时，一方当事人应承担因此带来的不利法律后果，此即所谓的当事人之证明责任。

不过，应当注意的是，辩论原则第三个方面的内容，即"禁止职权证据调查"原则，其之适用并不像第一和第二项内容那样绝对化。也就是说，在很多情况下，法院也可以依职权进行证据调查，但即便如此，原则上应当以当事人需要证明、事实陈述有争议为前提。例如，在德国，一般认为，提出证据是当事人的事情（《德国民事诉讼法》第282条、第359条第3项），即应当由当事人提出证据材料并促使其得以调查①，但是，除了对于书证和证人，只有在当事人予以引用时才能进行证据调查之外，其他情况下法院也可以依职权进行证据调查。② 在日本，其旧民事诉讼法第261条曾经规定法院可以依职权进行补充性的证据调查，尽管这一条文在昭和23年（1948年）被删除，不过，现行的《日本民事诉讼法》通过第186条、第218条以及第228条第3款等条款的规定，仍部分地承认"职权证据调查"③。

就我国情况而言，《民事诉讼法》第64条第1款规定："当事人对自己提出的主张，有责任提供证据。"第2款则规定："当事人及其代理人因客观原因不能自行收集的证据，或者人民法院认为审理案件需要的证据，人民法

---

① 参见《德国民事诉讼法》第282条，第359条第3项，第371、373、402、420、421、428、432、445、447条等。

② 参见［德］罗森贝克、施瓦布、哥特瓦尔德：《德国民事诉讼法》（上），李大雪译，第528、535页。

③ ［日］高桥宏志：《民事诉讼法——制度与理论的深层分析》，林剑锋译，第330页。

院应当调查收集。"因而基本上也实行的是当事人收集提供证据为主、法院职权调查证据为辅的原则，与辩论原则的第三个方面的要求是基本一致的。只不过在司法实践中，一些法院及其法官没能很好地处理这二者之间的关系，从而出现了一些混乱的状况。①

五、法官的释明与辩论原则

（一）释明权的含义与必要性

1. 释明权的含义

释明权，又称为阐明权，是指在言词辩论及准备程序中，为了明了诉讼关系，法官就事实上或法律上的有关事项向当事人发问或者促使其证明的权利。释明权的原本含义是指使不明确的事项变得明确。在现代民事诉讼理论上，释明权的含义较为广泛，一般是指在当事人的主张和陈述的意思不明确、不充分，或者有不当的诉讼主张或陈述，或者其所举的证据材料不足而误认为充足等此情形下，法院对当事人进行发问、提醒或启发，以促使当事人把不明了的事项予以澄清，或对不充足的事项予以补充，或把不当的主张和陈述予以排除，或提出原来所没有提出的新诉讼资料。② 但需注意的是，对于释明问题，从法院的职权角度来说，称为"释明权"，但从法院的义务（职责）的角度来说，又可称为"释明义务"③。在德国，大多是从法院的义务之角度来理解释明制度，故一般应称为释明义务。不过，对于德国法中的释明规定，有学者认为更准确的说法应当是"询问义务（发问义务）"、"提示义务"、"指出义务"、"指示义务"等表述。④

2. 释明制度的必要性

民事诉讼中之所以要确立法院的释明义务，其目的和功能就在于补救古

---

① 由于"禁止职权证据调查"和"职权证据调查"等问题主要是证据法学要探讨的问题，故限于篇幅，本章在此不做进一步的探讨。

② 参见骆永家等：《阐明权》，见民事诉讼法研究基金会：《民事诉讼法之研讨（四）》，三民书局1993年版，第168页；江伟、刘敏：《论民事诉讼模式的转换与法官的释明权》，见陈光中、江伟主编《诉讼法论丛》（第6卷），法律出版社2001年版，第321页。

③ 为叙述方便，下文一般称"释明权"。

④ 参见［德］E. Becker—Eberhard：《辩论主义の基础と限界》，［日］高田昌宏译，《比较法学》第35卷第1号（2001年），第156页；［德］奥特马·尧厄尼希：《民事诉讼法》，周翠译，第129页；［德］罗森贝克、施瓦布、哥特瓦尔德：《德国民事诉讼法》（上），李大雪译，第529页。

典辩论原则的不足。对于案件的事实和证据问题，如果绝对化地要求法院仅能就当事人所主张的事实加以斟酌，并仅能就当事人所提出的证据加以调查，则很多情况下可能并不利于当事人的权利保护。因为，当事人因缺乏诉讼经验、欠缺法律知识等原因，有时他没有将法律要件事实主张得很充分，或者他所主张的事实不太清楚，或者不知提供哪些证据，在此情况下，如果法院采取彻底的消极态度，判决该当事人败诉或驳回其请求，则很可能造成实体上的不公平。于此情形，法院就有必要进行适当的释明，以促使当事人适当地、充分地主张事实和提供证据。例如：当事人根据侵权行为请求损害赔偿时，其侵权行为损害赔偿请求权的实现需要具备相应的要件事实，如因果关系、被告要有加害行为、原告受到损害等要件事实，若原告没有将这些要件主张得很充分，这时法院应该予以释明，让他补充，或就所主张的事实提出证据，或在其所提的证据不够时，法院以发问或晓谕的方式，启发他再提供别的证据方法。正因为法院的阐明权对古典辩论原则的缺点具有补救的功用，所以有人称之为民事诉讼的大宪章，以保护当事人的合法权益。[①]

（二）我国关于释明权的规定与特点

1. 相关规定

释明制度与实质性的辩论原则具有紧密的关联，是为了弥补实质性的辩论原则的某些不足而采取的制度设计，故具有重要意义。但在我国过去实行职权探知主义的诉讼结构之下，其重要性并不十分突出。不过，从如何促使当事人更加充分地主张事实和提出证据的角度来看，现行立法和司法解释中的某些规定，可以说也是具有释明权性质的规定。例如，《民事诉讼法》第114 条、第 137 条，《关于民事经济审判方式改革问题的若干规定》（以下简称《审改规定》）第 1、2、5、8、17、19 条，《证据规定》第 3 条第 1 款、第 8 条第 2 款、第 33 条第 1 款、第 35 条，《关于适用简易程序审理民事案件的若干规定》（以下简称《简易程序规定》）第 20 条，《关于落实 23 项司法为民具体措施的指导意见》，等等。

2. 现行规定之特点

就总体而言，我国《民事诉讼法》中关于释明权的规定有以下几个

---

① 参见［日］三ケ月章：《日本民事诉讼法》，汪一凡译，第 192 页；骆永家等：《阐明权》，见民事诉讼法研究基金会：《民事诉讼法之研讨（四）》，第 170—171 页。

特点：

（1）我国《民事诉讼法》中关于释明权之规定，处于职权探知主义的诉讼体制之下，因此与本来意义上的大陆法系民事诉讼法中之释明权制度是存在区别的。本来意义上的释明权制度，是为了弥补当事人在主张和陈述上的缺陷而规定的，其制度基础乃是以辩论原则为核心的当事人主义之诉讼体制，在此体制之下，即使有法官的释明，但诉讼标的、请求、事实和证据之最终决定权仍在于当事人，接受不接受法院的释明意见，应当由当事人自己予以决定，法院不能强迫当事人接受其释明的意见。换句话说，在法院进行释明之后，如果双方当事人对法院释明的意见都不予主张的话，法院仍然应当基于当事人原来所主张的请求、事实和证据进行裁判，而不能基于其释明的意见进行裁判。

而职权探知主义的重要特点在于，法院为了追求案件的客观真实，可以主动对案件进行探知，可以超出当事人主张的事实范围而为裁判。就我国而言，对于案件事实和证据，立法上并没有规定法院裁判应受当事人主张范围的限制，也没有相关的判例确立法院必须受当事人主张范围的约束。在此体制之下，法院行使释明权的重要性就显得并非十分重要，因为，在当事人对有关的案件事实没有主张或主张不充分时，法院可以不经过释明程序而为裁判，而且，对于法院的释明意见，如果当事人不予主张，立法上也没有禁止法院将其作为裁判的基础。

（2）与职权探知主义的诉讼体制相联系，我国现有法律、司法解释中对于释明权问题缺乏一般性的规定条款，而且在内容上也不完善、不系统，欠缺明确性和具体化。例如，《民事诉讼法》在第114、137条中规定，人民法院在审理前的准备程序及开庭审理时应当告知当事人有关的诉讼权利义务，虽然这种规定在广义上也可以看做是法院对当事人的一种释明，但其内容却明显是抽象的、笼统的，缺乏针对性。《审改规定》和《证据规定》中虽然规定了法院的举证指导，但这仅仅是针对当事人的举证行为，难以包含释明权制度的丰富内容。

（3）释明权之规定的立法层次较低，对于规范法院的释明行为尚缺乏足够的权威性。从我国现行规定来看，主要是在有关的司法解释中对法院的释明权作出一些规定，例如《审改规定》、《证据规定》、《简易程序规定》等，而《关于落实23项司法为民具体措施的指导意见》实际上是最高人民法院发布的一个政策性的文件。由于目前司法解释本身所具有的诸如与现行立法相冲突等缺陷，因而司法解释中关于释明权之规定的科学性、合理性、合法性就会存在疑问，其对民事诉讼活动的规范作用因之也就缺乏足够的权威性。

（4）释明权之配套制度存在严重欠缺，使现行不完善的释明制度更难发挥其应有的作用。首先，正如前文所指出的，本来意义上的释明制度是与实质性的辩论原则相伴而存在的，是为了弥补当事人在事实主张、证据提出等方面存在的法律知识上的缺陷以便实现诉讼公正而规定的，因而其功能的有效发挥是以约束性的辩论原则为重要前提的，而我国《民事诉讼法》并未真正确立体现当事人主义的辩论原则。其次，当事人及其代理律师的调查取证的权利缺乏应有的保障，从而使其在法院释明之后难以进行卓有成效的收集、提供证据的工作。最后，法官违反有关释明权之规定时，在程序上缺乏必要的制约机制。《证据规定》颁布之后，针对其第3条所规定的法院的"举证指导"，虽然有学者认为，"当事人以法院（法官）未履行证据指导义务为由上诉时，上诉法院得以此理由撤销原判决、发回重审"①，但现行立法并未就此作出明确规定，也没有相关的判例确立这样的规则。因此，在法院违反释明权之规定时，从现行立法规定来看，并没有为当事人提供有效的救济手段和程序机制。

因此，我国如欲确立实质性的辩论原则，则完善释明制度的相关内容就显得极为重要，以便更好地实现诉讼公正和效率。这就要求，应当正确理解和处理辩论原则与释明制度的关系，合理界定释明权行使的范围和内容，科学规范释明权行使的方式，正确把握释明权行使的时机和阶段，明确规定当事人的异议权等救济手段以及法院违反释明权行使之规定时的法律后果，等等，从而为充分保护当事人的权益提供一种更为公正、快速的程序机制。

六、强化对当事人辩论权的保障

如前所述，辩论原则的含义包括实质上的辩论原则和形式上的辩论原则

---

① 李国光主编：《最高人民法院〈关于适用民事诉讼证据的若干规定〉的理解与适用》，中国法制出版社2002年版，第49页。

两个方面。德、日等大陆法系国家的民事诉讼理论中一般仅从实质意义的角度理解辩论原则，而我国《民事诉讼法》第 12 条的规定及传统教科书对该条所作的解释，则一般是从形式意义的角度予以理解和界定。在主张我国《民事诉讼法》应引入实质上的辩论原则之同时，原有的形式意义层面的辩论原则仍然具有重要的意义和功能，因而对于当事人辩论权的行使仍然应当予以充分地重视和保障。正因为如此，《民事诉讼法》在第 200 条明确地将"违反法律规定，剥夺当事人辩论权利"之情形作为当事人申请再审的法定事由之一。而最高人民法院 2008 年 11 月 25 日发布的《关于适用〈中华人民共和国民事诉讼法〉审判监督程序若干问题的解释》第 15 条则规定："原审开庭过程中审判人员不允许当事人行使辩论权利，或者以不送达起诉状副本或上诉状副本等其他方式，致使当事人无法行使辩论权利的，人民法院应当认定为民事诉讼法第一百七十九条（现第 200 条）第一款第（十）（现第（九）项）项规定的'剥夺当事人辩论权利'。但依法缺席审理，依法径行判决、裁定的除外。"这一规定大大强化了对当事人辩论权的程序保障。

另需注意的是，大陆法系国家和地区民事诉讼立法和理论中，虽然未明确将保障辩论权之行使这一形式意义上的内容作为其辩论原则之内容的组成部分，但对于当事人的辩论权，也即对案件的请求、事实、证据、法律适用等方面的问题充分地提出自己的主张、意见、看法，并对对方当事人的主张、意见和看法提出反驳和异议的权利，无疑也是充分予以重视和保障的。这种重视和保障不仅表现在对与辩论权紧密关联的一系列诉讼权利的确立与保障上，而且表现在言词原则、直接原则、公开原则、对审原则等涉及辩论权之行使的一系列诉讼原则之确立与贯彻之中。

第四章

直接言词原则的贯彻

　　直接言词原则是直接原则和言词原则的合并称谓。其中，直接原则乃直接审理原则的简称，又称为直接审理主义、直接主义；言词原则乃言词审理原则的简称，又称为言词审理主义、言词主义、口头（审理）原则、口头（审理）主义。直接原则与言词原则具有密切的联系，在现代民事诉讼程序中，对案件进行审理时往往要求既应遵循直接原则也应贯彻言词原则，且这两项原则均以发现真实、提高效率、保护当事人的权益为主要目的，故实践中有时将二者合称为直接言词原则。但这两项原则也存在着不同，即直接原则主要强调的是法官的亲历性，而言词原则主要强调陈述方式的口头性。

一、直接言词原则概述

（一）言词原则的含义及其优劣

　　言词原则，是指对于诉讼程序的进行，法院、当事人及其他诉讼参与人应当以言词方式进行的原则，也即在证据调查程序和辩论程序中，法院、当事人以及其他诉讼参与人的诉讼行为，应当以言词方式为之。与其相对应的原则是书面原则（书面审理原则、书面审理主义），即对于诉讼程序的进行，允许法院、当事人以及其他诉讼参与人以书面方式为之。

　　言词原则的主要内容包括：（1）在庭审过程中，包括法官、当事人、证人等所有出庭的主体的诉讼行为，应当以言词（口头）形式进行，否则不产生诉讼法上的法律效力。换句话说，不经过言词辩论，原则上不允许作出裁判。（2）只有经过言词辩论的资料，才能作为判决的基础。（3）违反言词原则构成重大的程序瑕疵。

言词原则的优点在于：（1）双方当事人及法院以言词对话，可以当场传达意见，使法院及对方当事人能够快速地获得信息并及时作出反应，掌握其真实意图，把握事实的真相。（2）由于法官与当事人直接接触，因而可以现场对模糊的陈述予以确认，澄清不清楚或矛盾的问题，制止当事人无关的陈述，并可以通过灵活应变的释明更好地发现及整理争点，进而可以实现紧贴双方辩论的活跃审理。（3）以言词当场陈述，更加符合诉讼公开原则和直接原则的要求，使其相互补充，共同发挥长处。[①]

言词原则的缺点在于：（1）以言词为陈述或听取言词，常有遗漏、遗忘的可能，甚至一些重要的内容可能被忽视或遗忘，所以对于一些有长期性保存必要的重要诉讼行为，就有必要以书面方式进行。例如，起诉、上诉、提起再审之诉等行为。（2）对于复杂的事实关系或艰深的法律理论，不容易利用言词说清楚，而且口头陈述可能令人难以迅速理解，对方当事人亦可能无法立即应答，故有必要采用书面予以说明。（3）言词方式难以记录和保存诉讼资料。例如，对于同一案件开庭多次、时间隔离、当事人及证人陈述繁多之情形，法官无法凭言词为记忆，为防止遗忘、保存记录，必须由法院制作准备程序笔录、调查证据笔录及言词辩论笔录，留供法官及当事人事后查考之用。[②]

相对于言词原则，书面原则的优势在于它准确地确定和记录诉讼资料（包括为上级法院）。其缺点是："案件事实难以完全阐明，当事人经常各说各的，他们容易主张不真实，并且剥夺了法院通过询问排除误解、补充陈述的可能性，书面原则尤其使程序变得形式化、迟钝和拖拉，使合议庭依赖于唯一熟悉卷宗的报告法官，排除了公众对程序的参与并且助长了他们对司法的不信任。"[③] 对于书面原则的缺点，有学者认为有以下几个方面：（1）明了事件的真相比较困难。因为根据书面审理，行为的内容虽然明确，但是，完全表示行为的内容比较困难，即使能够完全表示，法院或相对方也容易发生

[①]　参见陈荣宗、林庆苗：《民事诉讼法》，三民书局 1996 年版，第 48 页；［日］新堂幸司：《新民事诉讼法》，林剑锋译，法律出版社 2008 年版，第 340 页。

[②]　参见陈荣宗、林庆苗：《民事诉讼法》，第 49 页。

[③]　［德］罗森贝克、施瓦布、哥特瓦尔德：《德国民事诉讼法》（上），李大雪译，第 546 页。

误解。而且释明疑问也不容易，有不能够防止虚伪或不必要陈述的缺点。（2）拖延诉讼。当事人的攻击防御都用书面提出，需要很多时间，势必拖延诉讼。因此，采用此项原则的立法，为了防止拖延诉讼，采取同时提出和在一定时期内提出攻击防御方法的原则，否则丧失权利。但这种失权效果，使诉讼资料减少，对于发现事实的真相不适当。（3）书面原则不适用于合议制。在合议制审判时，各裁判官必须分别阅览书面材料，因此发生诉讼拖延，乃是当然之事。（4）不适宜诉讼的公开原则。因为书面审理往往也体现为不公开审理。①

可见，言词原则与书面原则，在功能上各有长短，因此现代各国民事诉讼法，都是兼采言词原则与书面原则，而不是只采用其中之一。针对不同情形，立法上规定某些诉讼行为应以言词方式进行，某些诉讼行为则以书面方式进行。但总体而言，言词原则的优点占主要部分，而其缺点则是可以克服的。故大陆法系国家和地区的民事诉讼法中，一般均明确规定了诉讼的言词原则，然后规定了一些例外情况。例如，《德国民事诉讼法》第 128 条第 1 款明确规定了言词原则："当事人应在为判决的法院就诉讼案件进行言词辩论。"然后在该条的第 2、3 款和其他有关条款中规定了言词原则的例外。《日本民事诉讼法》第 87 条第 1 款也明确规定了言词原则，即"当事人应当在法院对于诉讼进行口头辩论。但是，对于应以裁定完结的事项，是否应进行口头辩论，由法院决定。"该条的第 3 款以及其他相关条款则对例外情形作了规定。我国台湾地区"民事诉讼法"第 192 条规定："言词辩论，以当事人声明应受裁判之事项为始。"第 193 条第 2 款规定："当事人不得引用文件以代言词陈述。但以举文件之词句为必要时，得朗读其必要之部分。"从而也确立了言词原则的主导地位，但在其他条款中同样规定了言词原则的若干例外情形。

（二）直接原则的含义及其优劣

直接原则，是指司法裁判只能由直接参加审判活动、直接听取当事人辩论的法官等审判人员亲自作出的诉讼原则。直接原则强调法官的"亲历性"。与直接原则相对应的是间接原则（间接审理原则、间接审理主义），即允许

---

① 参见胡仕浩：《论民事诉讼的直接原则和言词原则在我国之适用》，《法律适用》2003 年第 4 期。

将他人审理所得结果作为裁判依据的诉讼原则。

直接原则主要包括以下三方面的内容：（1）法院审理案件时，法官、当事人以及其他诉讼参与人必须出席参加庭审活动。（2）审理案件的法官必须亲自听取当事人的辩论，亲自接触证据、调查证据，以便形成心证（内心确信）。（3）判决应当由亲自进行证据调查和听取当事人辩论的法官作出。

直接原则常常与言词原则相结合而存在，但是两者并非具有必然的关联，也即直接原则可以与言词原则相结合而存在，也可以与书面原则相结合而存在，反之，言词原则可以与直接原则相结合，也可以与间接原则相结合。换句话说，即使是进行了言词陈述，但如果是在审理本案的法官以外的人面前作出的，那么将该言词陈述的结果作为审判基础时即属于间接审理；反之，法官直接受理当事人提出的书面陈述，并亲自阅读该书面陈述的内容之情形，也不失为直接审理原则。可见，所谓直接或间接原则，主要区别在于其审理之结果是基于审判本案的法官亲自获得的审理资料而得出，还是凭借他人的审理资料而得出。[①]

直接原则的主要优点在于，法官能亲自听取当事人的辩论及证人之证言，并直接观察其态度表情或证据物件的实际情况，从而能够更好地了解和更准确地判断案件的事实真相。所以，为使裁判结果更符合实体真实，各国民事诉讼法一般要求在辩论和调查证据等程序中应当采取直接审理原则。例如，《德国民事诉讼法》第128条第1款规定："当事人应在为判决的法院就诉讼案件进行言词辩论。"这一条款实际上是将言词原则与直接原则结合在一起予以规定，一方面要求案件的审理应当遵循言词原则，另一方面要求应当在对本案进行裁判的法院（实际是指对本案进行裁判的法官）面前进行言词审理。而且，《德国民事诉讼法》第309条对直接原则又进一步规定："判决，只能由曾参与为判决基础的言词辩论的法官作出。"《日本民事诉讼法》第249条第1款亦规定："判决应当由参与过该案基本的口头辩论的法官作出。"我国台湾地区"民事诉讼法"第221条第2款也规定："法官非参与为判决基础之辩论者，不得参与判决。"不过，直接原则有时可能存在不利于降低诉讼成本和提高诉讼效率的缺点，因此，为了兼顾诉讼经济及考虑到诉

[①]　参见陈荣宗、林庆苗：《民事诉讼法》，第49—50页。

讼实践中的某些实际困难，各国民事诉讼法对于一些特殊情形，往往规定可以采取间接审理原则。

二、现行《民事诉讼法》对直接言词原则的贯彻

我国现行《民事诉讼法》和相关司法解释没有明确地将直接言词原则规定为审判原则或诉讼原则，但是有些条文直接或间接地体现了直接言词原则的具体内容。例如《民事诉讼法》第68条规定："证据应当在法庭上出示，并由当事人互相质证。"据此，证据在法庭上出示，由审理案件的法官进行审核认定，这体现了直接原则的要求，而各方当事人对证据相互进行质证的过程，则体现了对言词原则的贯彻。又如，第72条第1款中规定："凡是知道案件情况的单位和个人，都有义务出庭作证。"据此，证人出庭以口头方式作证，体现了言词原则的要求，而证人出席法庭，由审判本案的法官亲自对证人进行证据调查，则属于对直接原则的遵循。

特别需要注意的是，《民事诉讼法》第十二章第三节专门对"开庭审理"的程序和内容作了规定，尽管《民事诉讼法》在该节中没有明确宣示开庭审理应当贯彻言词原则和直接原则，但无论从立法的意图还是从理论阐释的角度看，法院在开庭审理案件的过程中，无疑应当贯彻言词原则和直接原则之基本要求。而且，该章节中的不少条款的内容明显地体现了直接言词原则的要求，例如第137条第2款规定：开庭审理时，由审判长核对当事人，宣布案由，宣布审判人员、书记员名单，告知当事人有关的诉讼权利义务，询问当事人是否提出回避申请。

直接言词原则在最高人民法院发布的有关司法解释中也有所体现。例如，最高人民法院于1999年3月8日发布的《关于严格执行公开审判制度的若干规定》第5条规定："依法公开审理案件，案件事实未经法庭调查不能认定。证明案件事实的证据未在法庭公开举证、质证，不能进行认证，但无需举证的事实除外。"这一规定虽然是从公开审判原则的角度对法官审理案件作出了要求，但实际上其也同时强调了审理案件时的直接言词原则。又例如，最高人民法院2010年1月11日发布的《关于进一步加强合议庭职责的若干规定》第5条中规定："开庭审理时，合议庭全体成员应当共同参加，不得缺席、中途退庭或者从事与该庭审无关的活动。"第6条规定："合议庭

全体成员均应当参加案件评议。评议案件时，合议庭成员应当针对案件的证据采信、事实认定、法律适用、裁判结果以及诉讼程序等问题充分发表意见。必要时，合议庭成员还可提交书面评议意见。"该规定要求合议庭全体成员都必须参加庭审并且均应参加案件评议，显然是贯彻直接言词原则的必然要求。

上述考察表明，直接言词原则在我国《民事诉讼法》和相关司法解释的很多条款中是有明确体现的，但我们也应认识到，立法中尚缺乏对直接言词原则的一般性规定，其在《民事诉讼法》中的重要地位并未得到充分凸显，对于直接言词原则的例外情形也缺乏系统的论证和界定，而且相关程序和制度中还存在着诸多直接或间接违背直接言词原则的规定，故有进一步予以完善的必要。

三、完善我国民事诉讼中直接言词原则的建议

（一）对直接言词原则作出一般性规定

如前所述，我国《民事诉讼法》中虽然不乏直接言词原则的相关规定，但立法上并未作出一般性规定，从而其作为诉讼原则或《民事诉讼法》基本原则之地位和作用并未得以充分强调和重视。鉴于直接言词原则在发现实体真实、实现程序公正、提高诉讼效率等方面的重要价值，未来《民事诉讼法》修订时对其作出一般性规定实属必要。具体来说，可以考虑在《民事诉讼法》的"审判程序"一编中的"第一审普通程序"部分明确规定"直接言词原则"，其内容是："法庭审理应当以直接言词的方式进行，法律另有规定的除外。"① 当然，未来的《民事诉讼法》也可以参照大陆法系的一般立法体例，在"总则"部分专设"诉讼程序"一章，规定通用于各诉讼程序的一般性问题②，而直接言词原则即可规定于此类章节之中。除此之外，还可以考虑在《民事诉讼法》审判程序编的其他部分，规定直接言词原则的具体内容或具体要求。例如，有学者主张可规定：当事人应当口头陈述事实、询问

---

① 邵明、周文：《民事诉讼直接言词原则研究》，《山东警察学院学报》2007 年第 4 期。

② 例如，《德国民事诉讼法》的第一编为"总则"，其第三章即为"诉讼程序"，以便规定各诉讼程序之通用内容；《日本民事诉讼法》的第一编"总则"的第五章也是"诉讼程序"之规定；我国台湾地区"民事诉讼法"的第一编"总则"的第四章同样是"诉讼程序"之规定。

证人、进行辩论；证人应当口头作证，并应当回答当事人、法官的询问；判决应当由参与本案法庭审理的法官作出；合法更换法官的，当事人应当陈述以前口头辩论的结果，审判长也可令书记员朗读以前笔录代之；法院违背直接言词原则的，为上诉或者再审的理由。[①]

（二）合理规定言词原则的例外情形

1. 某些诉讼行为须以书面方式为之

对于某些重要的诉讼行为，应当以更具有确实性和可保存性的书面方式进行。参照大陆法系国家和地区民事诉讼法的某些规定，这类行为主要有：

（1）对于起诉，应当采取书面方式。例如《德国民事诉讼法》第 253 条第 1 款规定"起诉，以书状（诉状）之送达为之。"《日本民事诉讼法》第 133 条第 1 款规定："提起诉讼，应当向法院提出诉状。"我国台湾地区"民事诉讼法"第 244 条亦明确规定，提起诉讼，应当向法院提交符合条件的诉状。我国《民事诉讼法》第 120 条对于起诉并未强制要求必须采取书面方式，而是规定以书面为主、口头为补充的原则处理。从起诉行为乃是一项应予严肃和慎重对待的具有重要程序意义和实体意义的诉讼行为之角度看，规定起诉应采取书面形式是非常必要的，但考虑到我国目前仍然有不少原告的文化水平偏低和法律知识欠缺且又没有委托诉讼代理人进行诉讼的现状，故仍有必要允许特定条件下原告可以口头起诉。不过，随着我国经济、文化的进一步发展以及律师制度和法律服务的健全，未来在适当的时候有必要将起诉限定为书面方式。

（2）提起上诉或申请再审。与起诉须采取书面形式相类似，各国对于提起上诉或者提起再审之诉，也要求必须采取书面形式。例如，《德国民事诉讼法》第 518 条和第 519 条规定提起控诉的，应提出控诉状或控诉理由书；第 522 条之 1 规定提起附带控诉的，应提出附带控诉状；第 553 条和第 554 条规定提起上告的，应提出上告状或上告理由书；第 569 条规定提起抗告的，应提出抗告状；第 587 条规定提起再审之诉的，应提出再审诉状。《日本民事诉讼法》和我国台湾地区"民事诉讼法"的相关条款也作了相类似的规定。我国《民事诉讼法》对于上诉审程序的规定较之德、日和我国台湾地

---

① 参见邵明、周文：《民事诉讼直接言词原则研究》，《山东警察学院学报》2007 年第 4 期。

区的规定较为简单，但是对于上诉的形式问题，第 165 条也明确规定"上诉应当递交上诉状"，即要求采取书面方式。对于当事人申请再审的问题，第 203 条规定"应当提交再审申请书等材料"，同样要求采取书面方式；检察院提起民事抗诉的，也应采取书面方式，即制作抗诉书（第 212 条）。将来《民事诉讼法》进行再次修订时，如果对上诉审程序进行完善，建立第三审制度以及附带上诉制度，则对于该诉的提起，同样有必要规定应采取书面方式。

（3）诉的变更、诉的追加、反诉、撤诉。对于诉的变更、诉的追加、反诉等行为，大陆法系国家和地区民事诉讼法一般也是规定须采取书面方式，例如，《日本民事诉讼法》第 143 条第 2 款、第 146 条第 3 款之规定。① 我国《民事诉讼法》和司法解释对诉的变更与追加、反诉等问题规定得极为简单，没有规定其要件，也没有明确是否须采取书面方式为之。笔者认为，这些诉讼行为之实施，也应贯彻书面原则。

对于撤诉问题，大陆法系中一般规定在言词辩论程序中可以以口头方式为之，但在言词辩论程序之外的其他程序阶段，则应当以书状为之。例如，《德国民事诉讼法》第 269 条第 2 款规定："未在言词辩论中表示的撤回诉讼，须提出书状而表示之。"第 515 条第 2 款规定："撤回控诉，应向法院说明。如不在言词辩论时说明，应提出书状为之。"我国台湾地区"民事诉讼法"第 262 条第 2 款、第 459 条第 4 款也作了类似规定。我国《民事诉讼法》第 145 条、第 173 条分别规定了申请撤诉和申请撤回上诉的问题，但均未对撤诉的形式作出要求，实践中法院大多要求当事人以书面方式提出，甚至在开庭审理过程中也要求当事人须提出书状。其实，在开庭审理过程中当事人口头撤诉的，法院只需记入笔录即可，而无须要求其另行提交书面申请。但对庭审程序之外的申请撤诉，则显有必要规定须采取书面方式为之，以示慎重。

（4）诉讼参加与诉讼告知。诉讼参加包括主参加与辅助参加。主参加诉讼（日本称为独立当事人参加）是指主张因他人间的诉讼之诉讼结果使其权利受到损害或者对该诉讼标的的全部或一部自己有所请求的人，可以以该诉

---

① 参见段文波翻译的《日本民事诉讼法》，见陈刚主编《比较民事诉讼法》（第 6 卷），中国法制出版社 2007 年版，第 316 页。

讼的当事人为对方当事人提起诉讼而主张自己的请求。对于主参加诉讼的提起，大陆法系中一般要求须采取书面方式。① 我国类似制度称为"有独立请求权的第三人"，即《民事诉讼法》第56条第1款所作规定，但该款未指出第三人提起参加之诉的行为应采何种方式。笔者认为，第三人提起参加之诉的，使诉讼关系更为复杂，故此为便于理清诉讼关系、准确地确定和记录诉讼资料，非常有必要规定应当采取书面方式。

对于辅助参加问题，为了保证与诉讼结果有法律上利害关系的第三人知悉已系属的诉讼情况从而有机会申请参加诉讼，大陆法系的民事诉讼法一般均规定了诉讼告知制度。对于诉讼告知的方式，均规定欲进行诉讼告知的当事人应向法院提交记载告知理由与诉讼进展情况的书状，由法院送达给第三人；第三人申请参加诉讼的，也应向法院提出参加书状。② 我国《民事诉讼法》第56条第2款规定的类似制度称为"无独立请求权的第三人"制度，但目前的规定很不完善，饱受学界诟病。就与本章主题相关的内容而言，现行立法并未明确规定"诉讼告知"制度，而诉讼告知制度对于第三人之程序保障以及本案诉讼结果的法律效力而言极为重要，故未来在完善立法时，很有必要对诉讼告知制度作出规定，且应当以书面方式提出告知书状；就当事人申请参加诉讼而言，第56条也没有规定以何种方式申请参加，似乎可理解为既可书面申请也可口头申请，考虑到当事人申请参加诉讼时当事人关系和案件事实的复杂性，显然也有必要规定第三人应当向法院提出书面申请。

2. 裁定处理的程序事项

通常而言，裁定处理的是程序性事项，无须遵循判决程序或争讼程序的某些要求。也就是说，对于实体性问题，为了保证案件的公正审判，保障当事人的实体利益和程序利益，应当经过言词辩论后才能够作出判决，除非有例外规定；但对于裁定程序处理的事项，通常无须经过法庭言词辩论，依书面审理即可，故言词原则的适用并不是必需的。当然，裁定程序虽不以言词

---

① 参见《德国民事诉讼法》第64条、《日本民事诉讼法》第47条、我国台湾地区"民事诉讼法第"54条等所作规定。

② 参见《德国民事诉讼法》第70条、第73条，《日本民事诉讼法》第53条，我国台湾地区"民事诉讼法"第59条、第66条。

审理为原则，但并不排斥适用言词审理方式。①

3. 准备程序中进行的书面准备

在言词辩论程序中或者说在言词辩论期日，原则上案件的审理必须贯彻言词原则，但是在此之前的准备程序中，言词原则的贯彻则不是必需的。实际上，从各国民事诉讼法的规定来看，在准备程序中，存在着很多有关书面准备的规定。例如，《德国民事诉讼法》第 276 条等规定的"书面的准备程序"，《日本民事诉讼法》第 161 条、第 175 条等规定的"准备书状"和"书面准备程序"，我国台湾地区"民事诉讼法"第 265 条等所规定的"准备书状"等。我国《民事诉讼法》对于审前准备程序的规定还存在诸多不完善之处，关于哪些情形下可以或者应当进行书面准备及如何进行书面准备等内容，有必要予以深入研讨并作出合理的界定。

4. 当事人合意不适用言词辩论之情形

言词原则的贯彻，其根本目的在于更好地查明案件事实和保护当事人的合法权益，因此如果双方当事人同意法院不经过言词辩论即可作出裁判，则没有必要经过言词辩论。对于这一点，《德国民事诉讼法》将其作为言词辩论原则的重要例外之一予以规定，即该法第 128 条第 2 款规定："法院在得到双方当事人同意后，可以不经言词辩论而为裁判；但如诉讼情况有重大变更时，当事人可以撤回其同意。不经言词辩论时，法院应即规定提出书状截止的时刻与宣示判决的期日。当事人同意后已逾三个月时，不得再为不经言词辩论的裁判。"

承认当事人可以合意不适用言词辩论之行为的效力，充分尊重了当事人的程序选择权，并有利于提高诉讼效率、节约诉讼成本，所以我国《民事诉讼法》在进行修改时，对于这一制度有必要予以借鉴。参照德国的规定，在对这一例外情形予以规定时，有必要对以下要件和内容作出合理界定②：(1) 必须是各方当事人一致同意不适用。如果仅原告或被告同意，则法院不能适用书面程序。在必要的共同诉讼中，所有的共同诉讼人都必须同意。

---

① 参见［德］罗森贝克、施瓦布、哥特瓦尔德：《德国民事诉讼法》(上)，李大雪译，第 550 页；邵明、周文：《民事诉讼直接言词原则研究》，《山东警察学院学报》2007 年第 4 期。

② 参见［德］罗森贝克、施瓦布、哥特瓦尔德：《德国民事诉讼法》(上)，李大雪译，第 558 页以下。

（2）必须清楚地向法院作出同意的表示。同意的意思可以在辩论中口头表示，也可以书面表示。（3）同意表示是诉讼行为，因此原则上不能撤回。但诉讼状况发生重大变更时，则应当允许撤回。（4）是否不经言词辩论进行裁判，由法院裁量决定。在有些情况下，即使当事人作出了同意书面程序的表示，如果法院认为恰当，也可以随时依职权指定言词辩论期日。（5）应要求法院须在指定的期间内作出判决。当事人之所以同意不经言词辩论而以书面方式审理，一个重要的目的往往在于希望法院尽快作出判决，提高诉讼效率，故当事人如选择此种审理方式，法院应合理地指定提交有关书状的日期和宣判的日期。

5. 法定情形下允许证人提交书面证言

根据言词原则的要求，证人应当出庭并口头作证，接受法官的询问和当事人的质证。但是在特定情形下，如证人无法出庭等，经法院许可，可以不出庭口头作证，而只提交书面证言。对此，《民事诉讼法》第 73 条规定：经人民法院通知，证人应当出庭作证。有下列情形之一的，经人民法院许可，可以通过书面证言、视听传输技术或者视听资料等方式作证：（1）因健康原因不能出庭的；（2）因路途遥远，交通不便不能出庭的；（3）因自然灾害等不可抗力不能出庭的；（4）其他有正当理由不能出庭的。

从法律规定和诉讼理论上讲，原则上证人应当出庭以口头陈述的方式作证，而以提交书面证言的方式作证只是例外情况，但在我国的民事诉讼实践中，证人仅提交书面证言的现象极为常见，而出庭作证的比率很低，一般不超过 10％或者不超过 15％[1]，这就严重违反了言词原则的要求，不利于审查证人证言的真实性和查明案件的真实情况。所以，提交书面证言作为言词原则的一种例外情形，应当控制在一个合理的范围之内，而不是像目前这样成为普遍现象。而要改变这些现状，需要在立法和实践两个层面努力对证人作证制度进行相应的改革，其中涉及是否应当确立强制证人出庭作证的规则，如何合理设定可拒绝作证的范围并充分保障与出庭作证相关的一系列权利，如何界定可以提交书面证言的情形，如何构建合理的证人证言的询问方式等

---

① 参见王亚新：《民事诉讼中的证人出庭作证》，《中外法学》2005 年第 2 期；徐昕：《法官为什么不相信证人？——证人在转型中国司法过程中的作用》，《中外法学》2006 年第 3 期；佟季：《证据制度的现实与完善——对证人、鉴定人出庭作证情况的调查》，《人民法院报》2008 年 7 月 15 日。

一系列问题亟待解决。新《民事诉讼法》第 74 条从必要费用与误工损失的补偿角度解决证人不愿出庭作证的经济性因素，但立法者尚未着手解决证人不愿出庭作证的人身安全因素，可以预见，新《民事诉讼法》实施后，证人不出庭作证的现象依然难以获得有效控制。

（三）合理规定直接原则的例外情形

1. 合议庭成员之一或者受委托的法院进行的证据调查

根据直接原则的要求，证据调查应当由受诉法院在法庭上完成，以便保障合议庭或独任法官能够根据自己的观点评价证据。然而，为了能够实现符合诉讼经济的程序构造，各国一般规定有受命法官和受托法官制度，允许在必要时可以由受命法官或受托法官进行证据调查，并将调查结果记载于笔录，作为判决的资料。[①] 就受命法官进行证据调查所得的资料而言，由于合议庭其他成员并未参与，因而构成直接原则的例外。而受托法官进行的证据调查，是指委托受诉法院之外的其他法院的法官进行证据调查，故显然属于直接原则的例外情形。

我国并未采用受命法官、受托法官之称谓，但类似的制度在《民事诉讼法》和最高人民法院下发的有关文件中也是存在的。例如，《民事诉讼法》第 131 条规定："人民法院在必要时可以委托外地人民法院调查。委托调查，必须提出明确的项目和要求。受委托人民法院可以主动补充调查。"这一规定即类似于受托法官之调查制度，当属直接原则的例外。另一方面，我国的诉讼实践中长期以来存在着"承办法官"制度，即由合议庭的成员之一作为案件的主要承办人，特别是由其负责开庭前的有关准备工作以及开庭后的有关工作，而最高人民法院的有关司法解释则明确对此制度予以认可，例如，2002 年 8 月 12 日下发的《关于人民法院合议庭工作的若干规定》（以下简称《合议庭工作规定》）第 7 条规定："合议庭接受案件后，应当根据有关规定确定案件承办法官，或者由审判长指定案件承办法官。"2010 年 1 月 11 日下发的《关于进一步加强合议庭职责的若干规定》（以下简称《合议庭职责规定》）第 3 条规定："承办法官履行下列职责：（一）主持或者指导审判辅助人员进行庭前调解、证据交换等庭前准备工作……"据此，承办法官即可在

---

① 参见《德国民事诉讼法》第 355 条、《日本民事诉讼法》第 185 条、我国台湾地区"民事诉讼法"第 269 条。

开庭前进行有关的证据调查并将其结果作为判决的资料，对于合议庭其他成员而言，此即属于直接原则之适用例外。但需注意的是，根据上述《合议庭职责规定》第3条，庭审前的证据调查活动不仅可以由承办法官自己完成，也可以由审判辅助人员来完成。笔者认为这种规定是不合适的，它过分突破了直接原则的要求，不利于法官自由心证制度的贯彻。所以，对于庭审前的证据调查，不应规定可以由审判辅助人员来完成。退一步讲，考虑到实践中不少法院的法官人数少、审判任务重的现状而认为有必要发挥审判辅助人员的作用时，也应当规定由承办法官和审判辅助人员共同完成证据调查活动，承办法官必须在场且必须亲自参与其中。

2. 需要在国外进行的证据调查

根据司法主权原则，一国的法院无权直接到他国进行证据调查等司法活动，所以，当需要在国外进行有关的证据调查时，则需要委托他国的有关主管部门或者少数情况下由受诉法院所在国驻他国的使领馆代为进行证据调查。此种情形下将证据调查所得结果作为判决的资料时，即属于直接原则的适用例外。

3. 法官发生变更

当审理本案的法官发生变更时，如果强调彻底的直接原则，那么有关辩论及证据调查则不得不重新开始，这样一来既有违诉讼经济，也会给当事人增添无谓的麻烦，因此，许多国家和地区的民事诉讼法规定在审理过程中有正当理由需要变更审理法官的，诉讼程序不必从头进行，只要当事人在变更后的法官面前报告以前的辩论结果即可。这种报告旨在满足最低限度的直接原则之形式，实际上是缓和了直接原则的适用。[1]

四、关于贯彻直接言词原则的几个特殊问题

(一) 网络庭审问题

随着科学技术的发展，民事审判中出现了"网络庭审"等新的审理方式。网络庭审，又称为远程审理、电视会议方式的审理，是指通过计算机网络技术、视频音频处理技术、多媒体存储与显示等技术，使诉讼参与人在当

---

[1] 参见［日］新堂幸司：《新民事诉讼法》，林剑锋译，第344页；邵明、周文：《民事诉讼直接言词原则研究》，《山东警察学院学报》2007年第4期。

地而非受诉法院之审判法庭地参加案件的开庭审理或接受法院的询问。对于网络庭审问题，一些国家的民事诉讼法已经作了明确规定，例如《德国民事诉讼法》第 128a 条第 1 款规定，法院今后可以在当事人的同意下在传统言词辩论的框架内依申请同意一个或者多个参与人，在审理期间处于（任意）一个其他地方并从那里实施诉讼行为。为此，审理必须同时以图像和声音传输至当事人、代理人和审理人员所在的地方以及传输至法庭。[①]《日本民事诉讼法》第 204 条和第 210 条规定，询问居住偏远的证人、当事人时，法院可以根据最高法院规则规定的方式，使远隔两地的人在收发影像相互看到的同时以通话的方式询问。第 215 条之 3 又规定，法院令鉴定人陈述意见时，于鉴定人居住偏远等其他适当情形下，可依最高法院规则令其在双方能够收发影像相互看到时以通话方式陈述意见。日本最高法院发布的《民事诉讼规则》第 123、127 条以及第 132 条之 5 等条款则对以收发影像的通话方式进行询问的规则作了规定。[②]

　　网络庭审作为一种新型的审理方式，是否违背直接言词原则？笔者认为，一方面，它不同于传统的庭审方式。在传统的庭审方式之下，当事人和其他诉讼参与人以及法官于言词辩论期日集中于受诉法院的审判法庭面对面地以言词方式展开庭审；而在网络庭审的情况下，当事人一方或双方，或者证人、鉴定人，并不在受诉法院，而是在异地参加庭审。另一方面，网络庭审并不违背直接言词原则的基本要求。在此方式下，身处不同地方的当事人、证人、鉴定人以及审判法官，仍然是以言词方式进行庭审或者进行审前证据调查，而且通过音频、视频和网络技术，法官可以亲自听到当事人等的陈述、看到其一举一动并可以亲自对其进行询问，所以网络庭审只是利用现代科学技术改变了直接言词原则的表现方式，但其并不违背直接言词原则。

　　对于网络庭审问题，我国《民事诉讼法》并没有明确作出规定。2001年的《证据规定》第 56 条第 2 款关于证人作证的方式则涉及这一问题。该款规定，证人确有困难不能出庭的，经人民法院许可，证人可以通过双向视听传输技术手段作证。而实践中，网络庭审方式已经被包括四级法院在内的

---

① 参见［德］罗森贝克、施瓦布、哥特瓦尔德：《德国民事诉讼法》（上），李大雪译，第 555 页。
② 参见段文波翻译的《日本民事诉讼法》、《日本民事诉讼规则》，见陈刚主编《比较民事诉讼法》（第 6 卷），第 330—332、420、424 页。

很多法院所利用，其情形不仅表现为《证据规定》所规定的异地证人通过双向视听传输技术手段作证，还表现为异地当事人通过该方式参加法庭审理等情形。① 据报道，近年来，经过全国法院的摸索和探讨，全国中级法院以上已经完成了自己的网络科技系统建设，超过三分之一的基层法院能够实现远程审判。② 一些法院还制定了网络庭审的专门规则，例如上海市第二中级人民法院分别针对民事案件和刑事案件制定了《民事案件远程审理操作规则》、《刑事二审案件远程审理操作规则》，下发全院试行。这两个规则抓住远程审理与一般审理方式不同的关键点，明确操作流程，统一操作细节。在当事人身份核对、法庭秩序的保障、新证据的提出、笔录的阅看签署、书面材料的递交等细节方面，根据远程审理的特点设计了合理的工作流程，要求审判人员严格遵守，以保障远程审理的合法、规范。③

对于某些案件采取网络庭审的方式处理，其优点在于：一是便利于当事人和其他诉讼参与人进行诉讼，体现了便民司法的思想；二是可以节省时间和费用，便于提高诉讼效率。但与传统的亲自出庭相比，网络庭审时被摄录人员的个人印象有限，所以为了给当事人提供更充分的程序保障，并非所有的案件都适合网络庭审方式。就我国的情况而言，由于网络庭审方式是在"立法未动、司法先行"的情况下采用的，所以当前亟待解决的一个问题是，应当在立法层面尽快对网络庭审方式及其相关程序规则作出合理的界定。在此过程中，应处理好传统审理方式与网络庭审的关系，即后者只是前者的有益补充，而不能替代前者；应充分尊重当事人自愿原则，法院不能违背当事人的自愿，强行地采取网络庭审方式；应合理界定其适用的案件范围，即主要适用于一些事实较为清楚、法律关系简单的案件，而对于争议较大的复杂、疑难案件，并不适合于此种方式处理。

（二）审判委员会讨论决定案件的制度

审判委员会讨论决定案件的制度是我国司法审判中一项极具特色的制

---

① 参见张召国：《网络庭审　审判方式的补充和延伸》，《人民法院报》2008 年 5 月 11 日；吴玲、吴晓锋：《上海二中院试水"远程审理"》，《法制日报》2008 年 11 月 9 日；舒沁、谢晓玲：《宁波北仑法院巧用视频越洋调解》，《人民法院报》2010 年 3 月 1 日。

② 参见张召国：《网络庭审　审判方式的补充和延伸》，《人民法院报》2008 年 5 月 11 日。

③ 参见卫建萍、吴玲：《上海远程审理　有技术更有规则》，《人民法院报》2008 年 11 月 16 日。

度。从现代司法审判的原理来看，这一制度无疑是不科学、不合理的，但从中国的实际情况来看，很多人认为其有存在的必要性，因此，关于审判委员会讨论决定案件的制度应当予以废止还是应当予以保留抑或予以改良，长期以来在我国诉讼理论界和司法实务部门均存在着激烈的争论，废止说、保留说、改良说均能够列举出其相应的理由。对于这一问题，本章不作进一步的讨论。就与本章相关联的问题而言，可以说审判委员会是一个影响直接原则贯彻的关键因素，严重地违背了直接审理原则要求的审理者与裁判者的同一性之原理。^① 因为，从实践看，审判委员会讨论决定案件的程序一般是：由审判长或承办法官，或者其所在庭的庭长或副庭长在审判委员会会议上进行汇报^②，审判委员会委员则根据其汇报以及会议前合议庭提交的案件审理报告进行讨论和表决，从而决定案件的最终处理结果，这显然是一种间接审理，其弊端是显而易见的，故这种审理制度应当逐渐予以弱化并最终予以废除。

从审委会讨论决定案件制度之改革方向来看，将目前贯彻间接审理原则的会议制逐步改为贯彻直接审理原则的审理制，不失为一种合理的选择，即一方面，对于一些所谓重大、疑难、复杂的案件，可直接将有关的审委会委员吸纳为合议庭成员，对案件进行审理后作出判决。改为审理制后，在对有关案件进行审理时，不需要所有的审委会委员都参加合议庭，而应根据案件的实际情况和审委会委员的业务素质情况具体确定哪些委员参加合议庭；另一方面，合议庭的组成人数可适当扩大，而不是像目前这样千篇一律地由 3 人组成，例如根据具体情况可以由 5 人、7 人组成，对于特别重大或复杂、疑难的案件，由 9 人、11 人乃至更多审判人员组成合议庭也未尝不可。

（三）请示汇报制度

在我国的审判实践中，下级法院审判案件时向上级法院请示、汇报的现象较为普遍，即下级法院在审判案件的过程中，就案件的有关实体处理问题（有时也有一些程序问题）向上级法院请示，上级法院研究后予以答复，下

---

① 参见王福华：《直接言词原则与民事案件审理样式》，《中国法学》2004 年第 1 期。

② 需注意的是，最高人民法院 2010 年 1 月 11 日下发的《关于改革和完善人民法院审判委员会制度的实施意见》第 13 条规定："审判委员会讨论案件时，合议庭全体成员及审判业务部门负责人应当列席会议。"从而较之以往扩大了列席会议的人员范围。

级法院据此答复对案件作出处理的"制度"。其具体形式有三种：一是口头方式，即下级法院的案件承办人、庭长、院长向上级法院庭长、院长口头汇报案情（包括电话请示），由后者告知其应如何对案件进行处理。二是书面方式，即下级法院以请示报告的方式向上级法院请示，上级法院指定专人审查后以书面方式告知下级法院对案件的处理意见。三是最高人民法院以司法解释的方式答复，一般是以"批复"的形式出现的。这三种形式当中，除了第三种有相应的法律依据外，前两种实际上并无法律依据，完全是实践中一些法院的不当乃至违法的习惯性做法，与直接言词原则相违背，是一种实质上的间接审理和书面审理。从诉讼制度的原理和诉讼程序的科学运行的角度来看，这种违背直接言词原则的做法显然应当予以遏止。但遗憾的是，最高人民法院对这种做法一直采取的是容忍和默许的态度，甚至在有关文件中明文加以认可。① 故此，要想废止违背直接言词原则的请示汇报制度，仍将是一个漫长的过程。

　　总之，在现代法治社会，直接言词原则与对审原则、公开原则、辩论原则等一并被视为使诉讼制度贴近国民的必要手段，是有关"诉讼构造"和"诉讼运行"的基本原理。② 不过，现代民事诉讼程序中，直接言词原则的贯彻并不是绝对的，允许在某些情形下实行间接审理和书面审理。正是从这个意义上讲，有学者指出："口头辩论与书面审理方式的交错适用是立法的一般趋势，凡是确立直接言词原则的国家，几乎无一例外地在民事诉讼中设置了若干例外情形，容许在法定情况下，采取间接和书面审理主义作为弥补直接言词原则适用缺陷的补充。"③ 所以，《民事诉讼法》在贯彻直接言词原则的过程中，应当留意此原则如何与其他原则以及其他程序法原理取得平衡，在某些必要的情形下，应缓和或放弃适用直接言词原则，以最大限度地保护当事人的实体利益和程序利益。

---

① 参见《关于改革和完善人民法院审判委员会制度的实施意见》第9条、第10条。
② 参见邵明、周文：《民事诉讼直接言词原则研究》，《山东警察学院学报》2007年第4期。
③ 王福华：《直接言词原则与民事案件审理样式》，《中国法学》2004年第1期。

第五章

民事审级制度的重构

一、审级制度建构的基本原理

(一) 审级制度的界定

关于审级制度的直接定义，在笔者视野所及的中外法学文献中尚未发现。无论是民事诉讼法学教科书和专著、论文，还是综合性的法律辞典，都没有直接对司法等级制的含义作出直接定义或解释。在英美国家，对司法权和司法制度特别是上诉权和上诉制度的研究之中，偶尔涉及我们用于指称"审级"的两个英文词汇，即 hierarchy 和 instance，却往往散见在学术著作的不同语境中，含义并不特定。《牛津法律大辞典》如是解释被我们译为"审级制度"的 hierarchy："统治集团，等级制度，圣秩制度。指神圣的法则。首先是指基督授予其信徒及其继承人统治和管理教会的权力；其次是用作一个专门术语，指圣职任命的教职人员被赋予的宗教权力的大小等级；再次是指任何具有不同等级的系统，例如在法院中，或法官、法律渊源系列中都存在着的高低等级或层次之分。"① 《牛津法律大辞典》中文译者则将 instance 译为"审级"②。但根据 Black's Law Dictionary 中的用法和解释，instance 更常用于 instance court，即第一审法院 (the first instance court)，是与上诉法院 (appellate court) 相对而言的。在英文文献中，关于大陆法系

---

① ［英］David M. Walker：《牛津法律大辞典》，李双元等译，法律出版社 2003 年版，第 515 页；薛波主编：《元照英美法词典》，法律出版社 2003 年版，第 637 页。

② ［英］David M. Walker：《牛津法律大辞典》，李双元等译，第 568 页。

诉讼程序的研究使用第一审（the first instance）、第二审（the second instance）这样的术语，要比讨论英美国家制度时使用频率高得多，大概是因为在大陆法系国家有著名的两级审理（two tiers）原则，这倒是与我国的两审终审制的内涵颇为接近。

毫不奇怪，"审级"这样的术语，如同其他法律术语一样，是相应法律制度的载体。如果各国制度差异较大，那么期冀这一术语本身具有特定性、确定性或一致性是不符合逻辑的。这种状况提供了三个启示：其一，审级制度的定义不能像教科书那样在文章的开端事先给出，而必须在介绍、分析和比较各国审级制度之后，归纳其共同的特质（如果有的话）；其二，对中国审级制度的定义，能否像"司法"、"诉讼"这类概念一样，直接借用或照搬当代西方国家的现成定义，也是值得存疑的。

尽管如此，审级制度的研究对象或范围无法借助于概念的内涵和外延来界定，而界定自己的研究对象和研究范围却是研究者不能回避的前提。因此，我们只能另辟蹊径，寻求另一种界定的方法或途径。笔者尝试依据功能主义比较法理论[①]的指引，按照研究者关注的核心或关键问题（core/key issue）作为制度建构的基本元素，去考察各国在解决同一问题时所适用或形成的制度和规则——虽然也许被贴上了完全不同的标签。然后将这些具体规则按照与"核心或关键问题"之间的逻辑联系进行重新编排，构成一个被贴上"审级制度"标签的制度体系。那么笔者所关注的核心和关键问题是：不同层级的法院是按照怎样的功能目标和相互关系来组成法院结构体系的？那么以此为核心，建造司法大厦的内在因素即为构成审级制度的基本元素，那些与制度设计相关的外在因素则构成审级制度的配套元素。观察各国司法制度和民事诉讼制度，民事司法的功能构成一国审级制度的地基，而构成审级制度主体结构的元素至少包括：法院组织系统、各级法院的职能和权限、上下级法院之间的关系、终审判决的界定与效力，以及错误判决的特别救济机制。于是，围绕这些基本元素，如果对不同社会形态、不同诉讼模式、不同技术安排的各国审级制度进行比较研究，则可能找到审级制度建构的一些共同技术原理。笔

---

① 参见［德］K. 茨威格特、H. 克茨：《比较法总论》，潘汉典等译。

者曾就这些基本原理进行过专门阐述。① 本章将直接使用已有研究的结论，针对我国民事审级制度的上述元素提出进一步改革方案，并将重点放在各级法院，特别是高层法院的职能和权限调整问题上。

（二）我国民事审级制度的基本状况及其悄然嬗变

我国现行司法结构是由1954年《中华人民共和国人民法院组织法》（以下简称1954年法院组织法）确立的四级两审终审制，即"基层法院审判除法律、法令另有规定以外的一般刑事和民事的第一审案件，中级法院审判对基层法院判决裁定的上诉案件和检察院的抗议案件，并都审判第一审案件。基层法院和中级法院受理的第一审案件，有因案情重大，应由上级法院审判的，可请求上级法院审判。高级法院和最高法院都审判对下级法院判决和裁定的上诉和抗议案件，并都审判法律、法令规定的第一审案件。最高法院另外还审判其认为应由自己审判的第一审案件。中级法院和高级法院审判的第二审案件的判决和裁定以及最高法院审判的第一审和第二审案件的判决和裁定都是终审的判决和裁定。"② 这一解释除个别用词有所改变外，一直沿袭至今。民事诉讼学者则将两审终审制概括为"民事案件经过两级法院审理就告终结的制度"③。另有学者则附加了如下解释和说明："根据两审终审制度，当事人对第一审地方各级人民法院作出的裁判不服的，可以在法律规定的有效期间内，向上一级人民法院提起上诉，经过上一级人民法院审理裁判后，对该案件的审理宣告终结，裁判发生法律效力，当事人再不服的也不能再提起上诉。已经生效的判决确有错误的，可通过审判监督程序加以纠正。"④ 考察新中国成立初期的立法资料，上述定义更准确和完整地表述了两审终审制的立法宗旨。换言之，我国现行司法结构应当准确地界定为"以

---

① 相关前期研究见傅郁林：《审级制度的建构原理——从民事程序视角的比较分析》，《中国社会科学》，2002（4）；傅郁林：《论最高法院的职能》，《中外法学》2003年第5期；傅郁林：《论民事上诉程序的功能与结构——比较法视野下的二审上诉模式》，《法学评论》2005年第4期；傅郁林：《繁简分流与程序保障》，《法学研究》2003年第1期；傅郁林：《分界·分层·分流·分类——我国民事诉讼制度转型的基本思路》，《江苏行政学院学报》2007年第1期；傅郁林：《司法职能分层目标下的高层法院职能转型——以民事再审级别管辖裁量权的行使为契机》，《清华法学》2009年第5期。

② 《关于贯彻执行中华人民共和国人民组织法的指示》，《中华人民共和国法院组织诉讼程序参考资料》（第四辑）（以下简称《参考资料》），中国人民大学出版1955年版，第93—97页。

③ 江伟主编：《民事诉讼法学原理》，中国人民大学出版社1999年版，第332页。

④ 张卫平主编：《民事诉讼法教程》，法律出版社1997年版，第90页。

两审终审为原则，以审判监督程序为补充"。然而，上述解释也只是符合了文本制度的实际。从运作中的制度现实看，审判监督程序在当代中国司法制度中的角色已远远超越了作为两审终审之"例外"、"补充"或"特别救济"程序的地位，新中国成立初期确立的"两审终审"的原始含义早已受到严重膨胀的审判监督程序的冲击、修正而被侵蚀、瓦解。

不过，笔者也惊喜地看到，新《民事诉讼法》在调整再审级别管辖①时预留的一个巨大裁量空间，在不经意之间扣动了整个司法金字塔的"机关"，该法规定，"最高人民法院、高级人民法院裁定再审的案件，由本院再审或者交其他人民法院再审，也可以交原审人民法院再审。"这一规定一方面将申诉大潮引向司法金字塔的上层，在短期内给整个民事司法体系造成了危机，另一方面也为转变和优化司法职能、形成新的审级结构创造了契机——两级高层法院行使再审申请立案的裁量权和再审审判级别的裁量权时，其政策倾向、案件甄别标准、权力运作程序等等，都将直接决定本院和下级法院的案件数量、职能侧重和实现职能的可能性，决定着高层法院与低层法院之间职能分层的成败，决定着终审判决的终局性和权威性的状况，也在很大程度上决定着最高人民法院乃至整个司法系统在法制统一和参与社会政策功能方面的建树。而能否把握这一契机，把法治理想、界分理念和统一司法的愿望铸入技术细节，取决于最高人民法院的政治智慧，也依赖于整个法律界的鼎力支持。笔者期冀，我国高层法院能够以再审级别管辖裁量权的合理行使为契机，渐进地推进和实现其职能转型，在不引起结构性动荡或重大人事变动、不产生高昂改革成本的前提下，通过对各上诉法院司法审查权和最高人民法院法律解释权及其行使方式的合理调整，通过对各级法院的审判职能、监督职能和指导职能的科学配置，并配套以一审级别管辖权和局部司法审查模式的相应调整，在内建构一个符合界分原理的良性循环体系，在外改善法院在政治结构中的地位（特别是相对于行政机构）和社会对于司法专业性的认同，从而渐进地为司法独立和司法权威奠定合乎历史逻辑的基础。

更令人欣慰的是，《民事诉讼法》修订"牵一发而动全身"的意义，在

---

① 我国民事诉讼理论将民事管辖权这一上位概念降级定义为法院受理"一审"案件的权限，造成了管辖权概念使用和制度研究的逻辑困难，比如讨论法院受理上诉案件和再审案件的权限时就没有适当概念可用。

最高人民法院有识之士的不懈努力和理论界的大力支持下，正在越过重重障碍，向着顺应社会需求和时代发展的方向悄然推进。2008 年 4 月，最高人民法院立案庭及时调整了一审案件的级别管辖标准，并且有关领导通过媒体传达的"功能分层"意向，清晰地表明职能分层已不再是八年前引入中国时那个不可容许的新概念①，而是已成为一种实践话语和正在践行的体制目标。② 最高人民法院司改办更以一种强烈的历史使命感，将司法独立、职能分层、司法专业化等现代司法理念和最高人民法院走向法律审的伏笔，无声地嵌入 2011 年 12 月《关于进一步加强合议庭职责的若干规定》、2010 年 12 月《关于规范上下级人民法院审判业务关系的若干意见》等规范性文件之中。③ 最高人民法院研究室和应用法学研究所经过多年研究已经开始实施的司法案例指导制度，也将构成审级制度研究的重要部分。

（三）民事审级制度比较研究的基本结论

当代世界典型的司法结构是由三个审级法院构成的司法金字塔结构，金字塔底部很宽，由大量一审法院构成；位于基层法院之上的是面积相对宽阔的塔腰，由多个中级上诉法院构成；位于金字塔顶部的是独一无二的最高法院。在审判功能分配上，一审法院行使初审管辖权，处理全部提交司法的案件，对事实问题进行全面审查和认定并在此基础上适用法律；上诉法院即二审法院行使上诉管辖权，处理一级上诉的全部案件，对法律问题和部分事实问题进行审查，以此监督一审审判并受三审法院监督；最高法院即三审法院行使裁量/许可上诉管辖权，处理二级上诉的部分案件，只处理法律问题，

———————————

① 2001 年 2 月，在中国人民大学江伟教授和北京市高级法院的共同主持下，召开了由最高人民法院和各高级法院的立案庭、审监庭和其他业务庭参加的专题研讨会，讨论笔者的主题报告《论最高法院的职能》。法官们对笔者提出的职能分层概念和设想提出了尖锐质疑："你的想法太不符合中国实际！"最高人民法院的个别法官私下交流时地说，"我们也觉得有道理，但最高法院首先就会反对——没有二审案件，我们吃什么？"

② 最高人民法院姜启波副庭长提出了调整一审案件级别管辖的应对方案；刘学文庭长则直接地使用了职能分层的概念——"刘学文告诉记者，此次一审民商事案件级别管辖调整将优化上下级法院功能分层，上级法院审判监督职能将强化，而中级法院和基层法院的初审职能也必将凸显。"分别参见姜启波：《民事再审制度改革及前景展望》，《人民法院报》2007 年 12 月 24 日；刘学文：《最高法院：新〈民事诉讼法〉将改变法院民商事审判格局》，《人民法院报》2008 年 4 月 9 日。

③ 另外，由该部门起草、最高人民法院于 2009 年 7 月颁布的《关于建立健全诉讼与非诉讼相衔接的矛盾纠纷解决机制的若干意见》作为配套制度，对于谋求上述理念的实现也不可或缺。该部门蒋惠岭等各位领导和何帆等诸多精英虽然不能在这些公共成果上署名，但历史会记住他们的默默贡献。

以此监督下级法院的审判并维护司法统一。从案件数量、案件类型、审理范围和法官数量等多个方面都呈现出从塔基向塔尖递减的特征，由此形成金字塔式的司法等级制（judicial hierarchy）。基于这一原理，2001年《德国民事诉讼法》修订的主要内容是对审级制度进行调整，取消了原有的三审上诉的金额标准，而统一实行三审许可上诉制。与美国相同的是，德国对终审法院维护司法统一这一特殊职能给予至高无上的重视，同时，德国尽管属于成文法国家，但最高法院的判决却具有很强的判例效力。不过，在审级职能的统筹安排上，德国二审程序部分分担了一审程序查明事实的职能，一审法院根据案情发展渐次查明事实，二审法院对事实认定错误或遗漏问题并不一概发回重审，避免了美国式的初审程序提前过分挖掘证据而造成的诉讼成本和诉讼效率劣势。

我国以两审终审制建构的司法大厦如同一个柱体，每一级法院都可以受理一审案件，自中级法院开始，每一级法院都可以作为终审法院；而且初审程序与终审程序从基本功能到运作方式几乎没有分别，每一级法院、每一级程序都对事实问题和法律问题全面负责，都可以直接重新调查事实并据此作出自己的裁判，即使居于塔顶的最高人民法院也不例外。上诉程序重复审查事实问题不仅直接增加了上诉法院的工作量，而且刺激当事人向上一级法院寻求复审的欲望从而间接增加了上诉案件；同时，在这种欲望的驱动下，当事人对一审程序的不合作使事实问题的重心上移，一直上移至司法大厦的顶端，使大厦的结构失去稳性。而由于事实问题自身千姿百态的特点，重复审查事实问题很容易产生司法冲突，使终审法院无法通过审判实现其统一法律的根本职能；加之案件量和工作量的剧增，最高人民法院一方面不得不扩大规模，而规模越大，产生司法意见冲突的可能性越多，另一方面，在审理期限、奖惩晋升等司法行政管理制度的督促下，法官疲于应付快速结案，无力顾及和细致探讨法律问题，进一步加剧了产生司法冲突可能性。审判庭之间、合议庭之间、合议庭的法官之间的意见冲突损害了司法的权威和法律的安定性，反过来又加剧对上诉的需求。当那些不满于二审判决的当事人寻求正常上诉的渠道被两审终审制堵塞的时候，当对二审判决的不满率甚至高于对一审判决的不满率时，寻求公正的强烈愿望就会强行打开另一个出口，大量寻求复审的案件纷纷涌向审判监督程序。于是，立法和司法实践都只能对再审程序的适用条件一再放宽。立法者作为司法大厦中"消防通道"的审判监督程序渐渐演变为正常补救途径，当适用这一"例外"或"补充"程序的条件宽松得与普通复审程序无异的时候，当司法权威在整个文化中受到质疑和烁毁的时候，设置在司法大厦中的"消防通道"——审判监督程序——就顺理成章地成为普通案件日常出入的"便捷通道"，为滥用权利和滥用权力的人们从程序外干预司法大开了方便之门，司法大厦在八面临风的状态下飘摇欲坠。

从立法宗旨来看，民事诉讼法学权威学者柴发邦早年是这样总结我国的民事审级制度的："第一，可以减少当事人的讼累，方便当事人进行诉讼……审级过多，会使民事关系长期处于不稳定状态……第二，可以使高级法院和最高法院摆脱审理具体案件的工作负担，集中精力搞好审判业务的指导监督；第三，我国的审判监督程序可弥补审级少的不足……第四，第三审仅作书面审和法律审，对案件事实部分不予过问，因而作用极为有限。"①这一总结基本上解释了我国上诉程序模式设计的思路，例如，第一点体现了以快捷的方式和低资源消耗解决纠纷的立法思路，第二点体现了设计者获得法律（和政策）统一的愿望，第三点体现了对例外程序的依赖和以审判监督程序取代三审程序的思路，第四点则体现了对最高审级以全面审查的方法维护个案正义的功能配置思路。然而，这种"既能保障公正，又能快速结案"的设计思路，由于其所体现的技术原理之间存在着严重的内在冲突，因而无法按照立法者的初衷实现所追求的价值目标，特别是在案件数量大幅上升、维权意识急剧发展、追求高级权威判决的欲望不断增强的时代，两审终审反而使司法制度呈现出高成本、低收益、恶性循环的特征。

第一，以一次上诉程序终局性地解决纠纷，以一审程序全面调查事实为前提，如果二审程序允许提交新的证据和新的事实，并在此基础上作出新的裁判，意味着案件仅仅经过一次审理即告终结。赋予终审法院对事实问题和法律问题全面干预的权力，实际上把它的权限置于无所制约的状态——二审法官的权力既不受来自一审程序记录或业已认定的事实的制约，也没有上一级程序的进一步审查，而且依据终审审判的内在需要，法律应当赋予终审法官较大的自由裁量权，而按照人性的一般规律，这种自由裁量权在不受制约

①　常怡主编：《民事诉讼法学》，中国政法大学出版社 1994 年版，第 84 页。

的状态下被滥用的概率最大。

第二，我国一审前程序没有充分的证据交换，又实行职权主义的庭审方式，一审法官对事实问题握有生杀予夺的权力，这种权力由于没有受到来自双方当事人权利的制约，因而由二审法院承担起对事实问题和法律问题全面审查的职能，实属必要，如果不赋予二审程序对事实问题进行审查的权力，对法律问题的审查就可能建立在一审对事实的错误认定基础之上，当事人权利和司法公正都无法保证。然而，由于没有三审程序最终对法律问题进行统一审查，立法为了防止对二审权力监督的失缺，同时基于保障当事人真实地享有两审终审权的需要，规定二审对事实错误的处理方式主要是发回重审。但我国发回重审判决不像美国上诉法院那样对事实问题作出基本结论并详细说明理由，二审法庭关于事实问题的结论和理由既不明确地记载于二审裁判文书，对重审法庭也没有正式拘束力①，因而重审后再次上诉的案件比率很高，这种重复审判成为增加当事人诉讼成本和浪费上诉程序的司法资源的重要原因。

第三，位于司法金字塔顶部的最高人民法院却处于日常案件二审法院的位置，这使得其发挥统一法律（"统一政令"）和指导全国司法工作的职能的初衷难以实现，因此维护法律统一的职能要求上诉程序把重心放在普遍重要性的案件上并把精力集中于解决重大"法律问题"，但因没有二审程序对事实问题的过滤，因而最高人民法院不得对事实问题和法律问题进行全面审理。立法既没有通过对"事实问题"和"法律问题"的划分来确定最高人民法院的审查范围，也没有赋予最高人民法院对案件的裁量筛选权，相反还要与普通法院一样执行具有中国特色的"审理期限"规定。② 在这种状况下，法官在疲于应付、人人自危的境况中草率结案，无力集中于考虑重大法律问

---

① 我国二审法院对发回重审的理由以"关于……案发回重审的意见"之类的形式出现，这一"意见"装入副卷，不向当事人公开，也没有法律上的拘束力，但基于我国行政化司法管理体制，上级法院的意见对重审法官产生潜意识上的拘束力。

② 让最高人民法院遵守"审理期限"的限制是一种违反基本审判规律的立法规范。按照最高人民法院基本职能的要求，提交最高人民法院解决的应当是大、难、要、新的案件，案件所关于的问题通常都是关于立法规范欠缺，或存在司法冲突，或突破司法先例，或存在重大理论争议的棘手问题，正如立法机构自己才能决定在什么情况下出台一项法律规范或一则法令一样，只有最高人民法院才真正明白何时得出成熟结论并作出司法判决，这种程序事项裁量权应当赋予最高人民法院。

题，更无力顾及判决是否与本院先例和相关合议庭之间保持一致；加之案件数量剧增引起的法院规模扩大进一步增加了审判庭之间、合议庭之间、合议庭审判小组之间发生判决冲突的可能性，同时在如此庞大的机构中，不仅无法想象通过美国最高法院那样的"满席审判"来消除司法冲突，也不可能像德国那样通过联合合议庭来协调和解决审判庭之间、合议庭之间、合议庭的法官之间的意见冲突。以审判监督程序取代三审程序的思路并不能解决我国司法结构的根本缺陷。相反，这一急功近利的设计反而成为引起"司法信任危机"和刺激复审率大幅上升的重要原因之一。由于终审和再审法院的审级低，无法像最高法院的三审程序那样容易获得权威性和增加服判率，因而，两审终审案件的复审率很高，大大增加了整个司法体系的积案压力，而这种压力又反过来促使法院在急功近利地清理积案的过程中制造更多错案。

我国两审终审制是有其浓厚的理念基础的，比如，以司法功能的政治化和司法管理的行政化为历史背景，以无限追求客观真实和个案公正为价值取向，以成本收益观念虚无和上诉程序功能认识缺陷为理论基础。申诉、再审案件的比率持高不下，除了滥用权利、制度缺陷、诉讼文化等等方面的因素外，显示了当事人对二审判决的不满程度，应当成为透视我国上诉制度缺陷的窗口，目前这种不满已经达到必须寻求新的出口的程度。但我国两审终审制从建立之初就把纠正审判错误的希望寄于审判监督程序的事后补救，上诉制度在维护法制统一和逐步完善司法体系方面的功能并没有引起充分注意。毋庸赘言，建立良性循环的根本出路无疑是提高一审审判质量，从根本上消除不满和上诉需求。然而，当司法程序无可逃避这种不满的现实和不能不满足这种需求的时候，我们只能建立救济渠道加以疏导，而这种渠道应当是真正符合司法结构技术原理的审级构造，包括以专业化为主体的法院组织系统，各级法院的职能和权限界分明确，上下级法院之间在法定职能范围内相互独立，高度权威的终审判决，以及严格限定和有序适用的特别救济途径。此外，民事司法制度"界分"原理的其他三个方面——权限分界、案件分流和程序分类——构成本章所讨论的职能分层原理的不可或缺的配套机制。①此外，需要说明的是，新《民事诉讼法》第 162 条规定诉讼标的额在省、自

---

① 详见傅郁林：《分界·分层·分流·分类——我国民事诉讼制度转型的基本思路》，《江苏行政学院学报》2007 年第 1 期。

治区、直辖市上年度就业人员年平均工资 30% 以下的简易程序案件实行一审终审制。由此，我国审级制度已经初步体现职能分层原理，但鉴于本书第十三章专门检讨小额诉讼制度，不再赘述。

二、我国高层法院职能的渐进转变——由解纷法院到监督法院

2007 年、2012 年两次《民事诉讼法》修改均涉及再审级别管辖权的调整，以解决申请再审难为主观动机，却也在有意或无意之间为职能分层提供了重要契机，为逐渐形成边界清晰的司法职能分层创造了契机。

（一）《民事诉讼法》修改与职能分层的契机

2007 年、2012 年两度《民事诉讼法》修改主要从以下两方面进行调整：第一个方面是关于再审立案即再审审查程序。一是将再审事由（条件）明确化和具体化。二是在再审申请的级别管辖上，2007 年《民事诉讼法》删除了 1991 年《民事诉讼法》第 178 条中当事人可以"向原审人民法院"申请再审的规定，改为"当事人对已经发生法律效力的判决、裁定，认为有错误的，可以向上一级人民法院申请再审"。虽然保留了"可以"这一选择性措辞，却以删除其中一个选项的方式明确了政策导向，就是强调法院不得妨碍当事人行使选择权。然而，2012 年《民事诉讼法》却有所反弹，在保留前述规定的基础上，进一步强调"当事人一方人数众多或者当事人双方为公民的案件，也可以向原审人民法院申请再审"，以此对当事人在再审管辖权的选择方面进行引导。第二个方面是关于再审审判程序，一是明确增加了强制性规定："因当事人申请裁定再审的案件由中级人民法院以上的人民法院审理"。二是作出裁量性规定："最高人民法院、高级人民法院裁定再审的案件，由本院再审或者交其他人民法院再审，也可以交原审人民法院再审。"

这些变化对于司法职能分层的形成可能产生的影响在于：（1）明确再审事由，不仅使这一裁量权的行使更加透明和规范，更具有可操作性和可预测性，而且对所有司法参与者在两审程序中的行为具有不可低估的导向效应，从而现实或潜在地督导两审裁判质量的改进。而审判监督程序的预期目标和运行效果，恰恰应当是促使一审和二审程序的强化和提高，而不是导致法院工作重心向再审程序转移。（2）在再审事由明确、具体的前提下许可和鼓励提高再审层级，有助于确保再审救济的实效性和终局性，避免反复投诉和返

修给司法秩序造成的冲击和给司法产品消费者造成的成本增加，同时减少正义迟延或避免使无辜的对方当事人饱受讼累，既能为司法错误提供有效的救济，又确保上级法院有效地行使监督职能。但从案件负担来看，高级法院和最高法院受理、复查、立案工作负担大幅增加。因此，无论是基于保持司法金字塔均衡的科学需要，还是基于我国行政化司法管理模式上级法院减轻自身负担的需要，都必须采取措施相应减少甚至取消高级法院的一审和最高法院的二审职能。（3）两级高层法院的职能都集中于审判监督（上诉和再审），为形成下层法院与上层法院分别侧重于审判和监督的职能分层模式提供了一个契机。（4）新《民事诉讼法》的实施将产生另外一个问题——中级法院压力过大，这又为调整级别管辖的标准而将争议事项的性质纳入司法分层体系创造了另一契机。

由此看来，整个再审程序的功能都依赖于自由裁量权的行使。再审申请的立案受理原本就是裁量性程序，《民事诉讼法》修正案并未改变这一权力的性质，但规定了明确条件；同时在再审审判的级别问题上最高法院和高级法院还享有完全的裁量权，甚至没有法定条件的约束。如果说在立案阶段选择什么样的案件立案再审受制于修正案，那么在决定选择什么案件进行实质审判的问题上高层法院却大有可为，既可以利用立法赐予的良机有所建树，也可能滥用立法留下的空间谋取私利。因此，如何保障裁量权的正确行使就成为关键问题。

（二）再审案件甄别裁量权行使的程序控制

总体说来，《民事诉讼法》的规范大致可归入条件（标准）控制和程序（过程）控制两大类。裁量权的正确行使，首先取决于法律条款本身是否有明确、清晰的适用条件，为裁量权的行使确立一个确定的标准，但条件和标准如果过于具体和僵硬，则对具体情形的包容力和适用性较差，而过于笼统和弹性又容易导致裁量权的滥用和甄别标准统一性的破坏。因此，裁量权的正确行使还取决于裁量权行使的程序控制，即对裁量权行使的过程进行监控和制约，但过程控制如果过于繁复或严苛，则导致程序成本的增加，过于简单又不足以实施控制。为此，不仅必须对再审案件甄别的条件和程序进行合理平衡，更重要的是，立法应当有明确的立法宗旨和价值目标，为裁量权的行使确定一个总体原则和政策倾向。我国立法兜底条款在赋予法官裁量权时普遍缺少这样的宗旨或倾向，这是导致裁量权无序和滥用的重要原因。就修正案提高再审审级的宗旨而言，再审案件甄别的自由裁量权行使的总体原则和政策倾向，应当是有助于实现审级职能分层这一总体目标。在此首先从司法行政管理技术层面来看自由裁量权的程序控制方式；条件控制将在最高法院和高级法院的职能定位和转型的意义上展开。

在再审受理和确定再审审判的级别管辖权中，案件甄别是最为重要的事项。因为要从大量再审申请中筛选符合法定事由（条件）的案件裁定立案再审，同时要从已裁定立案再审的案件中按照一定条件或政策倾向选择决定由本院或下级法院再审审判，都需要行使自由裁量权。这一权限行使的过程控制之一，就是再审立案审查权与再审案件审判权分离，即由立案庭负责再审申请的登记、审查、受理、立案再审，并决定具体承担再审审判的法院或本院审判庭；而由立案庭依法所指定的审判庭对提起再审的案件进行实体审理和裁判。具体理由，一是因为我国再审审查立案工作量巨大，无论审查权与审判权是否由同一个庭承担都不可能真正实现"立审合一"，即决定立案再审的法官（或合议庭）与作出实体裁判的法官不可能保持同一性；二是通过立案程序对再审申请的实质性审查将再审事由的审查工作重心前移，以减少终局判决的不确定性和申请不当的当事人的心理期待；三是再审立案程序与再审审判程序的性质、功能和裁判对象都不相同，再审审查立案程序的裁判对象是原审裁判，亦即对原审裁判进行评价和指认错误，评价标准就是法定的再审事由，再审审判程序的裁判对象是当事人之间的实体争议，虽然再审审判范围则受再审事由的限定，但立案裁定本身不能替代再审审判，不能就当事人的诉讼请求或争议的法律关系本身得出实体裁判结论。

再审案件甄别裁量权的程序控制之二是立案的理由和确定审级的理由公开。增加自由裁量权行使的透明度、公信力和自我约束力，并保障再审立案事由及再审级别管辖标准的统一性、示范性和对在系属案件（即潜在的再审案件）潜在影响力，这些恰恰都是高层法院的监督职能的重要组成部分，因此立案再审裁定应当载明的内容包括：（1）公开并统一立案再审的理由，因为与作为"诉权"的起诉相反，申请再审从性质上不是当事人的"权利"，而是基于特定事由而在案件两审终审之后启动的例外救济，申请人的申请并不当然引起案件再审，只有当能够证明具有法定再审事由，才能启动再审程序。（2）公开并统一程序性事由或确定再审审级管辖权的条件，即为什么该案应当由受理和立案的法院再审或者指令原审法院再审或指定原审同级法院再审，而且立案庭指定审判法院——无论是本院或下一级法院——的裁定对于被指定的法院或审判庭有拘束力。（3）公开并统一不同主体和途径启动的再审确立级别管辖的标准。比如检察院抗诉的案件在立案程序中不进行实质审查或裁定，而是经登记后直接进入再审审判程序，实践中的做法常常是直接交给受理抗诉的法院审判再审，但审判庭却原则上将抗诉引起的案件发回重审。然而，无论是当事人申请、检察院抗诉或政法委通过法院院长启动等哪一种途径启动再审立案程序，在确定再审审判的法院级别问题上，都应当与经申请裁定再审的案件采用相同标准。（4）公开再审审判程序中发回重审的理由并与指令再审事由统一。这将在程序控制之三中具体讨论。

程序控制之三是再审审判独立于原审程序。按照现行《民事诉讼法》的规定，再审程序依附于原审程序，原审为一审的，适用一审程序；原审为二审的，适用二审程序。这一规定，由于缺乏对再审程序功能和适用条件的充分认识和技术构造，在再审级别管辖权、职能分层、避免刺激再审需求等方面都产生了许多困境。于是，在立案庭决定案件由本院再审之后，本院审判庭在案件审理过程中仍然可能将案件发回下级法院重审，而且发回事由可能与立案再审时指令重审的理由存在某些交叉或冲突。因此，在根据再审事由确定再审案件的级别管辖的问题上，立案庭与审判庭分享着决定权，公开并统一标准是为了贯彻《民事诉讼法》调整再审审级的基本宗旨，保障职能分层标准的统一性和职能分层目标的实现。以高级法院的案件甄选为例，如果由高级法院立案庭裁定由本院再审，而再审审判庭则可以适用二审程序作出两种选择——由高级法院改判或发回中级法院重审；如果高级法院裁定指令中级法院再审的案件，一旦中级法院发回重审，则再审案件最终又回到了基层法院。在没有明确规定并统一再审案件指令再审和发回重审的具体情形/条件的情况下，同一案件可能由三级法院中的任何一级裁判，其中的裁量幅度、操作空间和腐败风险太大了！再审程序应当成为一个独立的程序，再审程序应当是一个独立于一审和二审的独立程序，其运作方式应按照其自身的功能和价值目标单独规定，按照统一标准在再审程序中设定条件控制和程序控制。比如再审案件的实体审判权或审级只能在立案裁定中统一确定，由上级法院受理申请并裁定由本院进行实体再审的案件不得上诉；由本院指令由下级法院再审作出实体裁判的，当事人享有上诉权，对该案的上诉一律由上级法院作出终审实体裁判。

（三）最高法院的职能转型：由三重职能并存逐步转向审判指导兼监督职能

目前我国最高法院以四种并行的运作方式承担着三重职能，即审判指导、审判监督和纠纷解决。[1] 其中审判指导及统一司法的职能实现方式是个案批复和司法解释；审判监督职能的实现方式是通过上诉程序和审判监督程序（包括复查和审判）进行司法审查和错误指认；纠纷解决职能是通过其上诉和再审程序对实体争议的直接裁判而实现的。最高法院在统一法律和社会政策形成方面所承担的特殊职能及其运作原理，已另文论述。[2] 在此重点讨论最高法院如何以司法的特质担负其政治使命，实现其在统一法律适用和参与社会政策形成方面的职能，在单一制国家以法制统一替代行政集权的中央控制力，从而保障宪法和法律赋予的公民权利的实现，特别是不受地方违法势力和地方保护主义的侵害。

1. 审判指导职能及其模式的逐步转型

首先，目前最高法院的审判指导职能主要是以个案批复和立法式司法解释这两种法定形式承担的——个案批复和立法式司法解释从过去不允许在裁判文书中引用的内部文件，转变为对审判具有拘束力的公开的法律文件。其次，各种形式的审判工作会议报告和最高法院领导的讲话，包括分管院长、庭长关于审判工作的专题讲话，也成为审判指导的非正式的却重要的方式，而上级法院领导的个人意见既可能像学理解释一样具有说服效力（比如对事不对案的讲话或著述），也可能干扰下级法院的独立审判（如对正在审理中的个案发表个人意见）。此外，正在缓慢生长的指导性案例，也逐步成为最高法院实现审判指导职能的一种方式，虽然目前其产生方式、效力层次、影响范围和程度等等，都因案而异，尚未形成制度和规范，但随着最高法院判

---

[1]　关于上诉程序的监督和指导职能之间的关系及其对审查模式的影响，参见傅郁林：《论民事上诉程序的功能与结构——比较法视野下的二审上诉模式》中的论述，《法学评论》2005 年第 4 期。简单地说，监督是事后的、受一定程序和规范制约的，指导是随时的、非程序性的。

[2]　参见傅郁林：《论最高法院的职能》，《中外法学》2003 年第 5 期。相关研究另见沈岿：《最高人民法院的政治使命》（北大法学院工作坊讨论稿），见侯猛《中国最高人民法院研究——以司法的影响力切入》，法律出版社 2007 年版。

例作为一项制度性审判指导方式的产生和成熟，将对其他几种监督、指导形式产生影响——或此消彼长，或相互制约，或互为补充。

首先讨论两种司法解释——本章称为立法式司法解释和批复式司法解释。有学者"以司法解释的内容是否反映具体个案情形为标准"，将这两种"中国式的司法解释"分别归纳为抽象的司法解释和具体的司法解释，指出"这种分类是相对的"，并对这种分类的相对性的理由进行了事实描述。[①] 笔者认为这一分类标准和事实描述都是很有价值的。但是，恰恰基于相同的标准和相似的事实，笔者得出了相反的结论——上述两种"中国式的司法解释"都属于抽象性司法解释；即使是"个案"批复，由于不附着于具体事实，并非以个案事实为基础，因而也几乎与具体司法解释没有什么共性。尽管如此，笔者赞成两种解释模式在一定时期并存，但二者基于不同的历史前提而存在，因而决定其寿命和此消彼长的因素，主要是它们各自所赖以存在的社会需求；至于二者能否构成"竞争"关系，则主要取决于个案解释模式的转变，及其在承担最高法院"统一法律适用和发展"这一整体功能方面的作为。

抽象司法解释应当由脱离法律条款的立法性模式，转向针对法律条款的解释性模式。目前最高法院以立法形式作出的司法解释大致有两类：第一类是旨在适用、细化、澄清和补充某一立法的综合性司法解释，比如《适用意见》；第二类是就某类事项所颁布的单行司法解释，比如《证据规定》等。在转型社会立法严重滞后而立法解释又形同虚设的背景下，这些司法解释针对司法实践遇到的问题，在澄清法律、发展法律，乃至在社会政策形成方面所发挥的重要作用是不可或缺的，因而，本章对于这种带有浓厚立法色彩的司法解释权的合宪性不予讨论。但是，这种司法解释的产生方式和表现形式已严重脱离甚至违背作为被解释对象的立法条款和立法本义，甚至由此造成司法解释与法律之间、司法解释与司法解释之间的冲突，从而与司法解释所承担的统一法律适用和发展的职能背道而驰，这种司法解释模式的正当性、适当性和有效性也就必然受到质疑。在遵循立法的前提下统一适用和发展法律、参与社会政策的形成，既是司法解释自身的目的，也是司法解释权获得正当性、司法体系获得社会尊重的基础。尤其在成文法国家，司法不尊重立

[①]　参见沈岿：《最高人民法院的政治使命》（北大法学院工作坊讨论稿），见侯猛《中国最高人民法院研究——以司法的影响力切入》。

法，必然导致社会不尊重司法，正如法院之间相互不尊重，也会导致社会对整个司法的不尊重。为此，抽象的司法解释，如果以统一法律适用、渐进发展法律和规范司法行为为目标，至少在以下三个方面需要改良：其一，法律适用类司法解释在结构上应当附着于立法条款，改变目前完全脱离立法条款的模式，以保持对立法的尊重，并维护司法解释与立法本身的统一性和一致性。其二，司法解释的形成过程应当具有程序公开性和广泛参与性，因为这种司法解释实际上带有立法性质，往往涉及和决定着法院自身和代表着各种社会群体的诉讼当事人的利益，因此，最高法院可以成为司法解释的组织者、起草者、协调者，而不能成为单一或主要的形成者。这种由司法解释所涉问题相关各方力量参与的博弈，实际上由个案双方当事人之间的对立扩大到了他们各自所属的利益群体之间的对立，法院通过中立地将这些代表不同利益的各方意见，依据法律的基本精神，以司法解释的形式予以确认从而获得正当性。其三，司法解释的形式、程序和内容应当统一。无论经哪个审判庭或研究室起草的司法解释性质的文件，均应当提交所有庭审传阅、审改，并经审判委员会讨论后，统一以最高法院的名义颁布，以避免法出多门、凌乱无序、相互冲突的状况。

其次，个案司法解释应当从行政性质的抽象批复转向司法性质的示范判决。目前最高法院的个案司法解释，即案件批复，是在行政色彩浓厚的案件请示制度基础上形成的。这种司法解释至少存在以下几个方面的缺陷：其一，在内容上，个案批复并非以个案事实为基础，对其法律适用之依据展开论理和解释，很难达到分辨案件以为同类案件审判指导的效果。法院之所以在个案中解释并以此方式渐进地发展法律具有正当性，是因为当司法面对利益对立的双方当事人提交其解决的法律争议时，必须将现行法律经过解释而适用于个案事实。我们知道，"判例"的内核是判决理由部分，通过对"为何这一（类）案情应当选择适用这一法律、引致这一法律结论"进行论证，给后来的同类案件选择和适用这一判决提供鉴别依据。当然，案例指导制度应当从改革判决书开始，目前我国判决书对于事实与法律之间的逻辑关联普遍缺乏论证，即使个案批复改变为个案判决，也难以为后来案件提供示范案例。① 其二，在案件提交

---

① 详见傅郁林：《建立判例制度的两个基础性问题——以民事司法的技术为视角》，《华东政法大学学报》2009年第1期。

程序上，目前的案件批复制度具有明显的行政色彩。下级法院在案件审理中报请最高法院"批复"，有违各级法院独立审判原则，也为下级法院不规范、不透明的案件请示汇报惯例提供了不良示范。由于缺乏案件选择标准和决定程序，下级法院请示和上级法院批复两方面都有很大的任意性。特别是在两审终审制的框架内，二审判决直接涉及当事人的实体权利，请示和批复往往程序复杂，讼程冗长，导致审判延迟和执行困难。因此，笔者主张将案件批复制度改为判决确认程序，即由下级法院作出终局裁判后报请最高法院确认，不仅在本土可以死刑复核制度为参照，而且在比较法上也有类似机制。[1] 最高人民法院 2010 年 12 月颁布的《关于规范上下级人民法院之间审判业务关系的若干意见》则在中国两审终审的结构限制下另辟蹊径，直接将请示汇报制度改为提请上级法院提审，就个案审判而言，这一方案可能更加简便、快捷，更少受下级法院本位利益的影响。

2. 审判监督职能及其模式的转型

总体看来，最高法院目前在监督职能和实现模式上，与高级法院和中级法院相比并无特别之处。在高级法院仍然承担着少量一审案件的前提下，最高法院通过上诉程序实施的监督职能受限于我国二审模式（兼具监督与救济双重功能），因而在改变这一前提之前，最高法院上诉监督的实现方式没有什么调整空间。本章仅以审判监督程序所规定的 13 项申请再审事由为例，分析最高法院行使监督职能的模式转型。

我国审判监督程序承担着三审程序所不能涵盖却为我国当下现实所需求的某些功能。比如，再审事由中只有一项是法律错误，即适用法律错误；有七项是事实问题，包括有新证据，基本事实缺乏证据，主要证据系伪造，主要证据未经质证，法院未调查收集符合法定条件的证据，遗漏或者超出诉讼请求[2]，作为依据的法律文书被撤销或变更；有五项是程序错误，包括审判组织不合法（包括未依法回避），无诉讼行为能力人未经法定代理人代为诉讼，应当参加诉讼的当事人未参加诉讼，未经传票传唤缺席判决，违法剥夺

---

[1]　详见傅郁林：《司法职能分层目标下的高层法院职能转型——以民事再审级别管辖裁量权的行使为契机》，《清华法学》2009 年第 5 期。

[2]　严格地说，这项不属于事实问题，而是需要根据事实和法律作出裁判的诉的问题，因而依赖于事实。

当事人辩论权利（这项"程序错误"含义之模糊与宽泛及其负面影响暂不评价）；有一项是司法不端行为，即审判人员在审理该案件时有贪污受贿，徇私舞弊，枉法裁判行为。然而，根据最高法院的职能定位，依据上述 13 类再审事由提起的再审案件，适宜最高法院自审的，主要限于以下类型：

（1）适用法律错误的再审案件。这为最高法院提供了保障在全国统一适用法律，并通过判例澄清和解释法律的机会。从趋势上，最高法院的法律监督职能，除了审查和纠正下级法院明显违反法律规定的"法律适用错误"之外，应将侧重点逐步转向审查、澄清和解决下级法院在适用法律中产生的歧义和冲突，这与如上所述的判决确认（即个案批复）制度殊途同归，并可能逐步融合成为法律监督与法律解释双重职能统一的三审程序的实践基础。二者的不同之处在于：判决确认/个案批复制度是由下级法院启动的，其目标单一，范围较窄，就是为了澄清和解释疑难、新型、模糊的法律问题，从而确定统一的司法政策倾向；其审查方式实行调卷审查；其审查结论和理由经最高法院审判委员会或庄重审判庭决定之后，应作为统一的司法解释适用于其他案件。通过再审审判程序是由当事人启动的，提交解决的法律问题除疑难、新型、模糊的法律问题之外，也包括法律有明确规定而下级法院违法裁判的，甚至在较长时间之内后者是这类案件的主要部分；其主要目标是为本案的判决错误提供救济，但这部分案件如果涉及疑难、新型、模糊的法律问题需要最高司法机构予以澄清，则通过提交最高法院审判委员会或庄重审判庭决定，并与判决确认/个案批复形成的法律结论效力一样，即作为统一的司法解释适用于其他案件。值得一提的是，成文法国家往往把许多被判例法国家划为事实问题的事项归入法律问题，并且一般说来判决的判例效力越低的国家所确定的法律事项范围越宽。① 因此，在我国事实问题特别是证据问题仍是判决错误的主要问题时，最高法院可以考虑将法律问题的外延划定得宽泛一些，比如将那些法律结论缺乏基本事实支持但具有高发性和典型意义的案件自行再审，以便对同类问题的法律要件（或说适用法律所具备的要件事实）作出统一的解释。因为这些问题通过抽象的、规则式的司法解释是无法确定的，一个事实细节上的差异就可能导致结果的差异；通过对一系列典

---

① 对于法、德与英美对于法律问题概念的比较，参见［英］J. A. 乔罗威茨：《民事诉讼程序研究》，吴泽勇译，中国政法大学出版社 2008 年版。

型案例的实体审判，将双方当事人的证据和证明过程以及法院的认定和理由陈列出来，下级法院才能识别自己手上的案件是否与判例的事实基础相似并可进行参照。

（2）由最高法院终审的再审案件。由最高法院自行审判作出的终审裁判，当然只能由最高法院再审。但最高法院自行启动再审程序应当更加严格和慎重，再审法庭的组成更加庄重和权威，再审裁判的形成程序更加规范和复杂。比如，再审审判的法庭组成人数应多于原审审判庭人数；涉及法律统一适用和解释的案件，应当有再审审判庭（如审监庭）庭长参加再审合议庭，并提请院长或主管院长指定原审合议庭所在的审判庭庭长或资深法官（如果庭长是原审合议庭的成员）共同组成扩大的合议庭。当然，维护司法等级和终极裁判权威的最佳途径，是最终取消高级法院的一审审判职能，从而相应取消最高法院的二审职能。

（3）高级法院维持原判或经其审判委员会讨论作出终审裁判的再审案件。由于审判委员会代表着一级法院的最高权威和集体权威，因而基于上级法院对下级法院的尊重①，也基于对当事人权利的切实保障，最高法院对于高级法院经审判委员会讨论决定的案件决定提起再审，也不宜指令下级法院再审或指定其他同级法院再审，而应当由本院自行再审。而高级法院维持原判的案件，意味着上诉法院已审慎地考虑过初审法院的决定并保持了一致看法，亦即两级法院的认识或/和司法政策倾向一致，故应受到最高法院的充分重视；或者，如果本案裁判受到法律和事实以外因素的影响，则意味着这种案外影响在该辖区内足够强大而难以抵制或消除，须借助于最高法院的力量才能纠正。

除列举的上述各类案件之外，再审事由中规定的其他案件原则上应指令原审法院再审或指定原审同级法院再审，特别是明显违反法定程序的案件和存在纯粹事实错误的案件，即使存在地方保护主义倾向或审判人员在审理该案件时有贪污受贿、徇私舞弊、枉法裁判行为，也可按照一定规则指定再审——指定再审的原则已在最高人民法院《关于适用〈中华人民共和国民事诉讼法〉审判监督程序若干问题的解释》第 28 条明确规定，即"应当考虑

---

① 　在强调审级独立的普通法国家，上级法院对下级法院的"尊重"或译为"遵从"（deference）是非常重要的理念。

便利当事人行使诉讼权利以及便利人民法院审理等因素。"这样，最高法院的主要精力将用来解决典型案例，并通过形成和发表裁判表明最高司法机构的立场和政策，形成对统一适用和解释法律有重要影响的判例。与此同时，纠纷解决职能应逐步淡出最高法院。纠纷解决职能也就是指对于个案的司法救济功能，它通过对案件的事实争议和法律争议作出裁判（或改判），特别是侧重于对事实和证据的认定，从而对当事人的诉讼请求作出回应，对纠纷所侵害的权利或所破坏的法律关系提供救济。

（四）高级法院的职能转型：由双重职能并重逐步转向以审判监督职能为核心

在单一制的大国，各省高级法院的职能定位是非常重要却是异常困难的。本章尝试从中国实际出发，在与其他大国略加比较之后，提出针对中国问题的方案。

1. 高级法院的职能定位——单一制大国司法结构中的两难困境

从我国 1954 年法院组织法建构审级制度的初衷来看，在原有的三级法院体系之中，基层法院与高级法院之间，增加中级法院，形成了现在的四级结构，目的是由中级法院分担高级法院的部分案件，使高级法院和最高法院有更多精力指导和监督审判工作。这种技术设置及其宗旨看上去都十分类似于美国 20 世纪六七十年代形成的司法结构——当时许多州先后在初审法院与州高级法院（通常称为州最高法院）之间插入中级上诉法院，以分担高级法院的职能，从而形成州内三级司法结构、全国四级司法结构的状况。

然而，基于至少两个重要差异，美国的实践不能对我国有借鉴意义，只是在基本原理上有启发性：其一，在联邦制美国，各州最高法院对于一般案件享有终审裁判权，其判决原则上不受联邦最高法院审查。在美国联邦法院与州法院这两个各自独立的司法系统中，事项管辖权的划分标准十分明确。联邦法院仅仅有权对提出联邦法律问题的案件行使"联邦事项管辖权"或者对当事人不同州籍的案件行使"异籍管辖权"，因此对于其他案件而言，各州最高法院为终审法院。① 虽然联邦最高法院按照裁量受理案件的标准，一方面作为联邦系统的最高法院对联邦中级上诉法院的判决行使监督权，另一

---

① See Alan Tarr，"State Supreme Courts and the U. S. Supreme Court：The Problem of Compliance"，in Mary Cornelia Porter & G. Alan Tarr（ed.），*State Supreme Courts，Policymakers in the Federal System*，Greenwood Press，Connecticut，1982，pp. 156 - 158.

方面作为整个国家的最高法院对州最高法院的终审判决行使监督权，但州最高法院的终审裁判往往只有违反联邦宪法时才可能提交联邦最高法院。其二，初审法院与上诉法院之间的分工是泾渭分明的，初审法院以解决纠纷为重心，对事实问题负责，上诉法院以适用和发展法律为重心，不决定事实问题。这种基本分工使两级上诉法院之间的进一步分工变得相对简单——中级上诉法院重心在于保障个案法律适用的正确性并兼顾与其他兄弟法院判例的协调一致，而终审上诉法院侧重于维护下级法院的司法统一性并持续、渐进地创制判例而发展法律。

相比之下，在我国的审级制度中，各级法院之间的职能没有明显差异，都是以解决个案纠纷为基本宗旨的，这一基本定位在较长一个时期不会有重大变化。其理由，除了我国法院自身在政治结构中的定位和法律文化方面的因素之外，还因为我国是成文法国家，发展法律的途径主要是立法，通过司法判例发展法律的职能不可能成为任何一个审级或任何一级法院的重心，因此上诉法院的基本职能仍然是对个案的监督，即保障个案适用法律及认定事实的正确性。另一方面，与其他成文法国家相比，我国的法律体系尚未完备，判例技术也不发达，统一法律适用和解释的主要途径是立法式的司法解释和文件、会议纪要等非正式方式，司法判例作为统一解释法律的有效途径需要一个培育和发展过程。因此，通过判例解释和发展法律的比较妥当和规范的路径，应先从最高法院开始，逐步向下级法院延伸。基于这些考虑，按照职能分层的目标，高级法院的基本职能应当是作为各省普通案件的终审法院，亦即通过二审程序和再审程序的监督功能，审查来自对中级法院一审裁判和二审裁判的挑战，使高级法院成为拦截普通案件涌向最高法院的"分洪闸"。唯其如此，最高法院才能在相对和缓的状态下，解决如前所述的那些大、难、要、新、具有判例价值、对维护单一制国家法制统一具有重要价值的案件。

进而言之，最高法院的职能定位于以法律的统一解释和适用为核心，兼顾审判监督职能，这意味着高级法院将在审判监督方面承担更多职能，同时纠纷解决职能相应减少，很大一部分将下移至中级法院；而中级法院经级别管辖的调整，通过一审程序和二审程序承担更多纠纷解决职能，其目前承担的一部分监督职能也应上移至高级法院。这样，高级法院将由目前纠纷解决与审判监督双重职能并重，转向以审判监督职能为重心。

2. 高级法院监督职能的实现方式转型

如上所述，按照分洪原理，高级法院应成为各省普通案件的终审法院，为最高法院分担大部分审判监督职能。因此，高级法院虽然与其最高法院适用相同的再审事由和甄别标准，但是在决定再审案件自审、提审或指令再审的标准上，应当明显不同于最高法院。具体而言，高级法院除了承担再审立案工作之外，由其承担审判的再审案件应包括两大类。

第一类是最高法院裁定再审的案件。具体包括：（1）高级法院终审、最高法院指令再审的案件，除最高法院提审或指定他院再审的案件之外，其他全部案件由高级法院承担再审审判，案件类型主要是事实错误和除管辖权瑕疵以外的程序错误；（2）同级法院终审、最高法院指定再审的少量案件；（3）最高法院在自行再审过程中发回重审的少量案件。

第二类是高级法院裁定再审的案件。具体包括：（1）由高级法院终审而由高级法院裁定再审的案件，由于《民事诉讼法》修正案对于向上一级法院申请再审的鼓励，故这类案件较少。（2）由中级法院终审而由高级法院裁定再审的案件，原则上由高级法院自行审理，亦即高级法院再审立案程序原则上不适用指令原审中级法院再审或指定其他中级法院再审；但在再审审理过程中，因提交新证据或主要事实须重新开庭调查证据的，或者存在诉讼主体不完备等重大程序错误的，应发回原审中级法院重审。

除以再审程序承担审判职能之外，高级法院将更主要通过上诉程序实现监督职能。随着级别管辖的进一步调整，中级法院的一审案件无论数量和类型将发生重要变化，成为更加重要、更加规范、更加专业的一审法院，特别是商事案件一审主要由中级法院承担，相应地，高级法院作为这些案件的二审法院，必须以上诉程序担当起审判监督的重任，在普通案件中真正实现"两审终审"，以减少案件的回炉率和向最高法院寻求启动再审程序的需求。这对于实现审判监督模式能否由再审救济向上诉审查转型，保障最高法院统一司法的职能实现，十分关键。

这样，高级法院的核心任务是，通过纠正法律适用错误而保障法律执行的正确性，通过将存在程序瑕疵和需要调查证据的事实错误的案件发回重审而实施监督，通过自审和更正裁判结果错误而提供救济。除此之外，高级法院在一定时期内还将继续承担少量一审案件。一审程序以纠纷解决为目标，以事实问题为重心，以调解、和解、审判为手段，从根本上来说，不具有监督、指导或规则功能，因此随着高级法院在审判监督方面的功能不断加强，由高级法院承担一审审判的职能在中国也将成为历史。

三、我国低层法院的解纷职能及其实现路径——由单一走向多元

（一）初审级别管辖界定标准已由单一、模糊转向多元、明确

我国现行的级别管辖制度没有体现职能分级或分层。[①] 首先，四级法院均享有一审案件管辖权，是我国审级制度非常独特的个性特色。其他国家，无论是国体为联邦制或单一制，也无论法院结构为三级或四级，高级法院和最高法院都不承担普通案件的初审（只有那些涉及州或国家外交事务的案件才可能抵达司法结构的顶端）。其次，各级法院在一审受案标准上也没有明确的差异。现行法规定，基层法院管辖除本法另有规定之外的所有第一审民事案件；所谓"法律的另外规定"，都是按照裁量性标准确定的案件管辖。比如，由中级法院以上管辖"在本辖区有重大影响的案件"，都是由本院自行裁量决定的；即使那些由最高法院确定由中级法院管辖的案件，相对于个案裁量而言还算有据可循，通常由最高法院以正式文件作出规定，但也没有表明具体标准或根据。

初审案件管辖权保留如此巨大的裁量空间，不符合权利—权力二元结构的权利保障理念，在此不赘。[②] 本章讨论的重点是，确定级别管辖权标准的模糊性导致了标准的单一性——在实务中，"在本辖区有重大影响的案件"演变为"本辖区重大的案件"，再进一步演变为"本辖区标的额较大的案件"。于是，案件的争议标的额成为划分级别管辖权的唯一标准。当然，特

---

① 应当指出，通说将"管辖权"定义为法院受理"第一审"案件的权限和分工显然是一种以讹传讹的错误。把上位概念定义为下位概念，使得上诉管辖权、再审管辖权、执行管辖权等等与一审管辖权同位的这些概念无论怎样定义都存在逻辑悖论。

② 各国只有在具有申诉性质的三审程序中，允许法院保留裁量受案权。英国基于诉讼令状的传统和普通法权利与制定法权利的划分，在理念上将起诉和上诉列入许可范畴，已为其本国实践和其他普通法国家所摒弃。根据大陆法系"两次审判权"的理念，一审起诉和二审上诉均属于当事人权利范畴，不属于法院裁量权范畴，其权利实现应当以明确的标准加以保障。我国实行两审终审制，一审起诉和二审上诉均属于权利范畴而非法院裁量范畴，立法规定如此模糊的管辖标准为法院受理案件预留了如此巨大的裁量空间，是立法者对当事人诉权的漠视。

殊的个案既可以放在"在本辖区有重大影响的案件"这个大筐里裁量处理，也可以通过指定管辖、管辖权转移等等同样没有明确标准的机制中调整。以争议金额的单一标准确定级别管辖权，突出的缺陷是，司法的公共价值完全局限于纠纷的金钱价值，无法体现下级法院与上级法院之间在实现私人目的和公共目的方面的职能侧重和分层，那些对社会秩序、公共政策、法律规则的维护、形成和发展有重要影响的案件，因为金额的限制而不能抵达司法金字塔的上层，从而丧失了受高层司法监督的机会，下级法院也因此丧失了接受指导而批量解决同类纠纷的机会。特别是在四级法院均承担一审审判，并且三级法院均同时承担二审审判的结构中，实行单一的级别管辖权标准，其突出技术缺陷是，在各级法院之间进行动态调整时，无法控制各级法院工作量的均衡。

这种因单一而僵硬的级别管辖和审级职能配置模式带来的技术难题，在2008年3月最高法院对全国一审级别管辖权进行调整之后有所缓解，为进一步完成职能分层创造了良好开端。为了应对2007年《民事诉讼法》修改后申请再审案件大量增加给高级法院和最高法院带来的沉重压力，特别是为了保障最高法院得以大幅度地从二审案件中脱身，这次级别管辖调整的总体目标是，各高级法院和中级法院的一审案件在现有基础上减少50％。鉴于目前基层法院已经承担了70％以上的一审案件，那么此次调整后意味着85％的一审案件将由基层法院审理；中级法院将审理另外约10％的一审案件。这样，纠纷解决功能就主要是由位于司法金字塔低层的两级法院来承担了。这种状况从总体上符合司法金字塔建构的基本原理。然而，能否保障整个诉讼机制以低成本早期解决纠纷，还有赖于科学的级别管辖权标准对这两级法院的权限进行合理分配，并保障基层法院的特别案件有机会通往金字塔顶端接受高层法院的审查、监督和指导。

按照上述目标，最高法院对各级法院的一审级别管辖权具体进行了如下调整：（1）根据各高级法院和中级法院对本院现有案件的诉讼标的额进行的分段统计，确定两级法院受理一般案件的诉讼标的额标准，从而将标的额标准明确作为解读现行法规定的在本辖区内"有重大影响"的主要依据；（2）一方当事人住所地不在本辖区的案件（以下简称异籍案件）和涉外案件的受案金额大致为一般案件标准的50％（各高级法院和中级法院的情况有别），从而将当事人异籍作为确定级别管辖的因素考量；（3）婚姻、继承、家庭、物业服务、人身损害赔偿、交通事故等案件，以及群体性纠纷案件，一般由基层法院管辖，从而将案件类型作为确定级别管辖的主要考量因素，因此原本按案件类型确立由中级法院专门管辖的海事海商案件、知识产权案件、证券纠纷案件、重大涉外案件管辖权均不必调整；（4）新类型、重大疑难和在适用法律上有普遍指导意义的案件，可以改变级别管辖标准由上一级法院审理，从而将具有普遍法律意义这一重要因素作为适用管辖权转移（上级提审）的重点/条件，而这一点在 2010 年《关于规范上下级人民法院之间审判业务关系的若干意见》中又从程序上得到了进一步明确和强化。上述调整虽然在匆匆之间出台，却闪现了当代诉讼制度的诸多亮点，标志着我国级别管辖权由单一标准和模糊、裁量模式向多元标准和明确、法定模式转型。

不过笔者认为，在上述规定基础上，还可进一步更加明确地划分基层法院与中级法院对某类案件的专属级别管辖权，从而形成以争议金额为标准划分的一般级别管辖权与以争议事项为标准划分的特殊级别管辖权并列的法定级别管辖制度；同时辅之以管辖权转移（仅限于管辖权向上转移即提审，取消现行的向下转移）的裁定级别管辖制度，从而形成我国级别管辖制度体系。以争议事项确定级别管辖权的基本原则是，基层法院的职能原则上定位于解决传统民事纠纷和非讼事件（非讼事件的具体范围需另行调整），因此在上述第（3）类案件中还应列入土地承包纠纷；中级法院的职能原则上定位商事纠纷，如公司（非讼事件除外）、证券、海事、知识产权纠纷，以及重大、复杂的民事纠纷，包括诉讼主体或诉讼客体方面重要或复杂的案件，比如争议标的额较大、诉讼主体众多（群体性纠纷现在列在基层法院受理的第（3）类之中）、诉讼主体来自不同行政区域、诉讼主体身份特殊等等。

（二）上诉级别管辖权应当但尚未进行配套调整

确定科学的级别管辖划分标准，在不同级别的法院之间重新调配二审案件的管辖权，无论是在合理分配案件和配置司法资源方面，抑或为了保障不同类型的重要冲突进入高层司法的控制范围都具有重要意义。这既是职能分层技术的重要组成部分，也是我国转变对再审程序的路径依赖、通过上诉途径实现审判与监督职能分层的必要保障。因此，上诉级别管辖权的调整应当与一审级别管辖权的调整配套进行。比如，在同样实行四级法院制的德国，基层法院裁判的某类案件（如婚姻身份案件）直接上诉至高等法院，从而通过上诉案件的级别管辖权在两级法院之间分配，在平衡不同级别法院工作量（目的 I）的同时，确保重要事项得以在两审终审的基本审级制度下[①]快速抵达高层法院（目的 II）。然而，2008 年最高人民法院对级别管辖的调整并未涉及上诉管辖权的法院级别的任何变动。就目的 I 而言，目前我国中级法院已不堪重负，而高级法院相对宽松。2007 年《民事诉讼法》颁布且最高人民法院 2008 年调整一审级别管辖之后，中级法院面临着三重不可排解的压力：一是高级法院原则上不承担一审案件的政策调整意味着重大"一审"案件将主要由中级法院审理；二是由基层法院受理的占总数 85％的一审案件一旦上诉则全部在中级法院"终审"；三是受理和复查针对基层法院判决的申请再审案件，并接受再审审判必须由中级以上法院承担的强制性规范与高层法院可以决定由自己再审或指令下级法院再审的裁量性规范的双重夹击，成为唯一无法从再审审判任务中逃逸的一级法院。在此情形之下，全国重大案件的一审质量，大部分案件的终审质量，以及中级法院唯一可以裁量行使的发回重审权，都将处于怎样的风险之中，便可想而知了！这些事项几乎全部构成一个国家司法能力和司法信用的核心内容。就目的 II 而言，由于我国审判监督程序普遍适用于各类案件和各级法院，特别是高层法院目前已将主要精力放在审判监督上，加之最新关于提审的规定和可以预见的高频率使用，重要案件最终抵达高层法院的渠道已基本打通，但审判监督程序相对于上诉程序而言具有严重的滞后性、无序性和破坏性。因此笔者认为，高级法院在原则上不再受理一审普通民商事案件之后，应当成为全省两级初审法院的上诉法院和监督法院。其核心职能是：一是作为正常上诉审法院兼审判监督法院，即原则上由中级法院终审的案件均由高级法院再审；二是分担一部分由基层法院裁判目前由中级法院承担的某些类型案件的上诉，特别是涉及社会公序良俗的案件，比如涉及身份关系的家事案件和涉及众多人利益的群体纠纷案件。

（三）司法救济模式多层次建构的理论和制度亟待建立

就社会解纷体系资源配置的宏观机制而言，司法管辖权的配置应当是以

---

① 德国的三审制仅适用于就重要法律问题提起三审上诉并经二审法院许可的那些少数案件，因而对于绝大多数案件而言实行的是两审终审制。

理性为基础、体现各类解纷途径优势的多层次的制度体系。一方面，法院作为行使社会管理职能的政府机构，有义务在纠纷当事人求助时为其提供救济，为此许多国家的宪法和《国际人权公约》都将诉诸司法的权利（亦称司法裁判请求权）作为基本人权加以保障；另一方面，民事纠纷的暴涨与司法资源的多方面局限性，使得诉外纠纷解决途径近年来在包括我国在内的世界范围内迅速发展。因此，探索司法权介入民事纠纷模式的多层次建构，应成为当代民事司法权研究的重要新课题。最高人民法院2009年出台的《关于建立健全诉讼与非诉讼相衔接的矛盾纠纷解决机制的若干意见》在建立诉外解纷途径的司法救济（包括确认、审查和保障等）、推动诉外解纷机制的健康发育方面迈出了历史性的一步。

1. 民事司法权的边界与司法最终救济原则的重新解读

总体说来，我国在解决民事司法权的外部边界问题上，无论是在理论、立法或实践中都还存在着多方面的缺陷。

首先，在界定中国民事司法权范围（即法院主管）方面，现行《宪法》、《法院组织法》以及《民事诉讼法》均没有正面提供一个抽象原则或考量标准，而是采用列举式的排除；被明确排除之外的案件均适用《民事诉讼法》第2条语焉不详的"主管"规定，适用似是而非的"司法最终救济原则"，全部由法院受理。这一缺陷是司法实践在受理民事纠纷时饱受困扰并滥用实体审查权任意拒绝受理司法权范围内案件的重要因素。笔者认为，由司法权介入的社会事务至少应当具备三个要件：当事人之间存在"争议"，争议系在"平等"主体之间产生，争议具有"法律性"等。据此，那些转型时期逐步脱离原有行政体制和政治框架的争议事项（往往也是法院拒绝立案的正当理由）可暂时列入司法与其他机关"共管区域"，从而与典型的民事诉讼案件区分开来，以避免因这种辖区交叉而致日常司法事务要么遭受外界干扰，要么推卸本职责任；更重要的是，上述标准将为司法解释或/和司法判例随着社会改革的进程而把这类共管案件逐步转入司法辖区提供一个法定的、动态的、与时俱进的抽象标准。

其次，宪法关于"审判权由人民法院统一行使"的规定和理论上的"司法最终救济原则"被广泛地僵化理解，审判权被误读为初审权，最终救济被误读为最初救济。这种解读一方面导致大量初审案件涌入法院，诉外分流机制得不到应有的理论支撑和制度重视，另一方面也导致了目前行使准司法权的国家机关和社会机构所作的裁决得不到司法机关以适当途径提供的支持、保障、审查和救济，造成多种解纷途径之间的交叉、重复、错位或缺位，从而导致纠纷解决的成本增加、效率降低和社会资源的巨大浪费。笔者认为，司法最终救济原则应当解读为：其一，除非法律另有规定或当事人另有合法约定，司法均得成为谋求纠纷解决的途径。换言之，法律或约定对于纠纷解决途径选择没有规定或规定不清的，均属于司法救济范畴。其二，即使根据法律另行规定或当事人的另行约定通过诉外途径获得纠纷解决的，司法也保留最终救济权，否则不能成为强制执行的合法根据。换言之，按照"司法最终救济原则"，当民事纠纷没有可供选择的其他救济途径时，或者当事人没有选择其他替代性解纷途径时，则由司法最终提供救济；而且，无论纠纷经过怎样的诉外途径处理，除当事人自愿履行外，都不会丧失以某种适用方式提交司法"最终"救济的机会。但司法"最终"救济原则并不意味着司法可以无条件地接纳任何没有其他救济途径的民事纠纷，也不意味着司法提供救济的方式只有行使"初始"管辖权一种；相反，通过行使各种形式的司法审查权，乃至对准司法裁判行使上诉审查权，司法也可以为最初诉诸司法外途径解决的民事纠纷提供"最终"救济。以下分述之。

2. 司法权介入民事纠纷模式的多层次构造

（1）初始管辖权——以个性优势为基础的平行管辖

就初始管辖权的微观机制而言，保持每一种解纷途径的个性和比较优势，才能真正实现多元和多样性。诉讼作为纠纷解决途径之一，与调解、仲裁等诉外解纷途径一样，以各自的个性和比较优势为当事人提供可供比较和自愿选择的途径，如果司法或者其他解纷机制丧失了自身的个性和特质，那么整个体系也就丧失了多样性，当事人实际上也丧失了比较和选择的机会。比如，调解更注重的是情感，是利益，是未来；裁判更注重的是权利，是事实，是过去。与裁判相比，调解可以减少对抗性而实现纠纷解决的和谐性和修复性，可以超越诉讼请求范围而实现纠纷解决的全面性和彻底性，可以降低对于证据和法律的依赖而实现纠纷解决的便捷性和低廉性，可以在权益模糊的区间避免非白即黑的结果，实现纠纷解决的合理性和公允性。然而，调解上述优势的实现依赖于一个基本前提，即当事人双方的自愿、合意，其本身也正是调解的局限性之一。但由于纠纷本身就是当事人双方就事实、权利或利益发生分歧或冲突的产物,因而,当澄清事实、明断是非、确定权利义务和责任成为当事人将纠纷诉诸第三者的真正意愿和目的时,当事实、是非、权利义务的明确性对于双方之间乃至在与双方相关的范围内的未来关系具有分界性影响时,当情感、利益或未来等因素不能作为化解纠纷的资源,反而成为谅解、调和、妥协的障碍时,调解就无用武之地了。此时就必须有一个中立的第三者通过仲裁或审判,根据通过当事人的对抗而呈现的事实真相,通过非白即黑的裁断而明了是非,通过程序的规范性和结果的确定性而维护被纠纷破坏的规则和秩序,而不管纠纷解决的结果是否为一方或双方当事人自愿接受。如果调解受到裁判权强制性的潜在胁迫而丧失自愿性,或者如果裁判像调解一样是非模糊,那么无论调解或裁判都会丧失其各自的正当性和自身优势。再比如,与司法相比,商事仲裁更具自治性、灵活性和便捷性,更尊重行业惯例和裁判者的裁量权,如果仲裁司法化而成为另一类司法,仲裁就会丧失其优势和生命力。

(2)非讼审查模式

这一审查模式适用于对程序启动(途径选择)与程序结果均受当事人意志控制的合意性解纷机制,比如人民调解协议等诉外调解协议的司法确认。诉外调解协议的司法确认程序以无争议为前提条件,因此适用非讼程序,从而由基层法院行使管辖权。

由于诉外调解协议之所以能获得司法确认和强制执行,其效力基础和正当性就是当事人自治权和处分权,包括诉权处分和实体权利处分。因此司法确认时审查的核心就是调解的自愿性。从程序的正当性而言,应包括程序启动、调解过程和协议达成三个方面的自愿性,但由于诉外调解在解纷途径选择或程序的启动以及调解员的选择等方面是否自愿,既不像商事仲裁那样由事先达成的书面协议作为其合意证据,也没有那种类似的程序保障,因而,相应的司法审查如欲避免因增加程序保障所带来的对诉外调解的低廉、便捷、非正式性等优势的损害,最佳选择就是像《人民调解法》规定的那样,由双方当事人共同申请确认。一旦出现一方申请确认而另一方不同意确认的情形,或者出现要求撤销、变更或确认无效等情形,则意味着双方对于"合意"的启动、过程或/和结果存在争议,因此应转入争议解决程序——诉讼,其中道理类似于督促程序一旦受到被申请人异议则告终结并转入诉讼。不过，笔者对于《人民调解法》允许当事人可以就协议的撤销、无效或内容提起诉讼且不附加任何限制，甚至其举证责任低于一般合同，很不以为然，可以预见这一规定将形成一种"旋转门"现象——纠纷从诉外调解这道门分流出去，又从请求撤销和变更调解协议这道门转回来了。笔者已将这一意见书面提交立法部门但未获得应有重视。在无纠纷的前提下进行司法审查，应当以确认为原则，以不确认为例外。因此，确认调解协议无须实质审查，当事人无须证明，确认者也无须说明理由；主张存在例外因素而打破原则而不予确认者，当事人应当证明，不予确认者也应当说明理由。这种审查程序也可从公证债权文书的司法确认与执行获得启发——实际上调解协议经过司法确认后就是一种可执行的债权文书。

（3）撤销救济模式——商事仲裁裁决的司法审查

这一审查模式适用于程序启动（途径选择）受当事人意志控制，但程序结果具有强制性的选择性解纷机制，比如商事仲裁裁决。

商事仲裁以当事人自治为基础，以双方当事人书面合意为前提，以当事人在程序启动和程序规则等方面的全面自治为保障，以放弃诉权（司法初审管辖权）并接受裁决和强制执行为后果。因此，司法审查的核心是当事人在上述各个程序环节的自治权是否受到侵害，而不是实体争议本身，包括实体争议是否受到了符合司法标准的公正或合法处理。审查标准应以确认裁决有效为原则，以撤销或不予执行为例外。也就是说，主张存在撤销事由的一方应当负担证明责任。在审理程序上，法院经初步审查认为应作出撤销或不予执行仲裁裁决的裁定之前应举行听证程序和辩论，因为仲裁裁决一旦被撤销或不予执行，则意味着当事人在解纷途径选择方面的自主意志受到司法干预而无法实现（比如可另行起诉），实体裁判结果将发生改变。对于撤销或不予执行仲裁裁决的裁定，应当设置上诉救济程序。就级别管辖而言，由于商事仲裁采用一裁终局，故司法审查应由民事审判的最低级别的终审法院即中级法院承担，这与前面主张将中级法院主要定位于商事审判法院逻辑一致。

就仲裁裁决司法审查的标准而言，通说认为目前我国实行的是国内仲裁与国际仲裁审查标准双轨制，即前者采用实体审查制，后者实行程序审查制。但这只是归纳了1991年《民事诉讼法》关于不予执行仲裁裁决的规定。

实际上，1995年《仲裁法》已将仲裁体制并轨，同时规定了既适用于国内仲裁又适用于国际仲裁，既不同于国内裁决不予执行又不同于国际裁决不予执行的撤销仲裁裁决的标准，这给司法实务和仲裁实务带来了更大困扰。在司法审查的管辖上，撤销与不予执行仲裁裁决也有诸多交叉不清。然而，本次《民事诉讼法》修改虽统一国内仲裁裁决的撤销标准与不予执行标准，但在国内仲裁与国际仲裁审查标准的统一方面尚未付诸立法。从另一个角度来分析，仲裁裁决的监督，与其依赖于司法审查，不如依赖于市场规则，因为仲裁是一种完全取决于当事人双方的自愿选择的纠纷解决途径，而且这种选择余地是不受级别、地域乃至国界限制的。是否选择仲裁途径、选择哪个仲裁机构、如何选择仲裁员，都是由当事人决定的。这在仲裁机构之间形成了一种市场化的自由竞争，质量次、信用差、声誉恶劣的仲裁机构会在市场竞争中被淘汰出局。这种制约机制将仲裁机构的命运置于当事人掌控之中，而仲裁的实质审查制则将命运交给了当事人并未选择甚至有意回避其管辖的法院。因此，市场取向的仲裁监督更符合仲裁的本义和原理，而这种生存压力也促使仲裁机构和仲裁员从合乎情理和行业惯例方面为公正裁决和市场信誉谋求路径。

（4）上诉救济模式——行政仲裁裁决的司法审查

这一审查模式适用于程序启动（途径选择）和程序结果均不受当事人意志控制的强制性/准司法性解纷机制，比如行政性裁决。

在多元解纷途径和类型化程序配置的制度体系内，有些纠纷虽为民事纠纷，但要么政策性很强，要么涉及社会公益，或者涉及很强的专业性或行业自治性，因而既不同于平等主体之间的普通民事纠纷，又不同于政府与公民之间的行政纠纷。比如，我国目前符合这一特征的民事纠纷包括劳动纠纷、土地承包纠纷、医疗纠纷、知识产权纠纷，以及体育等行业纠纷。目前这类案件的救济模式虽各不相同，但都有别于一般民事案件，比如，除医疗纠纷之外，初审管辖权大都有行政仲裁/裁决前置性介入，而医疗纠纷的司法解决实际上也实行医疗机构鉴定前置。然而，这类纠纷的救济途径和司法审查机制都存在着严重缺陷，违背了纠纷的特质所需求的以及特别救济途径所预设的功能。比如，劳动纠纷经强制性/前置性劳动仲裁和复议之后又在法院经历两审程序，严重违背了以前置性仲裁程序保障劳动者特别是在小额纠纷中低廉、快速地实现权益的立法初衷。医疗纠纷中胜诉甚至起诉立案的关键证据实际上是非中立的医疗机构出具的，特别是在当代世界普遍面临的专业案件中鉴定专家常常替代法官而成为实际裁判者的现实中，医疗纠纷司法救济的中立性受到严峻考验。专利纠纷的解决更是面临着裁决权分割带来的多重困难，涉及同一项专利效力的纠纷当事人可能在三个途径夹缝中错失商机——专利授权由行政机构决定，对专利授权决定不满者须提起行政诉讼，对以有效专利授权为前提的专利侵权纠纷须提起民事诉讼，除了程序繁复、相互牵扯、冗长等待之外，更重要的是三个途径之间没有共同的最高或最终裁决机构，裁判标准不统一，错误救济更不容易。更关键的是，与商事仲裁管辖权由当事人合意决定不同，这类案件的初始管辖权实际上都带有某种前置性或强制性，因此程序的内在缺陷无法通过当事人的自由选择而得到理性过滤，对于制度设计的要求更高。

笔者建议，设置中立的专门机构作为准司法机构，行使初审管辖权，统一解决这类政策性、专业性、国家干预性较强的民事纠纷。这些中立的准司法机构的仲裁裁决可直接通过上诉途径提交中级法院进行司法审查。司法审查着重于程序问题和法律问题，事实问题主要由这些拥有技术能力（如专利纠纷或医疗纠纷）或政策水平（如劳动纠纷或农村承包经营纠纷）的专家负责。准司法机构行使权力的方式必须符合司法的基本程序保障规范；上诉法院对于事实问题的审查主要是得出法律结论的事实是否充分以及得出事实结论的证据运用是否合乎证据规范。这种设想并非笔者闭门造车获得的灵感，实际上美国联邦上诉法院的管辖权一直就是来自联邦地区法院的司法判决和来自联邦行政机构的准司法裁决，甚至还包括对商事仲裁裁决的司法审查。法国的医疗纠纷就是由中立的医疗裁判/鉴定机构承担初审，对初审裁判不服则直接上诉至上诉法院。笔者曾经在最高人民法院知识产权庭召开的一次会议上提出过这一设想，但法工委的代表的主要顾虑是我国宪法关于"审判权由人民法院统一行使"这一障碍。然而，即使在我国，对于追索劳动报酬等几类劳动纠纷的裁决，用工一方不服者只能上诉（劳动者可起诉），这一规定已突破了传统意义上的两审终审制，实际上已经赋予了劳动仲裁机构与基层法院同样的初审裁判者地位，而这种立法安排恰恰是顺应社会需求的正确选择。然而，由于某些立法者没有智识或胆量全面突破上述所谓的宪法障碍，干脆统一规定劳动仲裁裁决采用上诉救济途径，却在同一案件中规定双方当事人适用两种不同救济途径，这种犹抱琵琶半遮面的双轨制明显违背基本法理和"民事诉讼当事人诉讼权利平等"的基本原则，反而受到普遍的强烈质疑。

第六章

民事审判程序改革

一、诉讼模式转型和程序局部变革所致的结构与功能之间逻辑断裂

程序的结构与功能之间应当保持逻辑一致性，而在比较民事诉讼法视野中，成功运行的诉讼模式也支持这一结论。我国民事司法改革是从审判方式改革入手的，由此展开的诉讼模式讨论始终与改革进程并踵而行。

（一）民事诉讼模式的界定及其内含的一般逻辑关系

众所周知，"诉讼模式"是我国诉讼法学界以比较法视角使用的独创概念，虽然其定义标准至今尚未统一，但是对于一国的诉讼模式取决于诉权与审判权的配置关系已有共识。具体而言，当事人诉权与法官审判权之间的关系体现在三个层面或环节上：其一，在实体问题上，处分权主义理念意味着法官对诉讼标的裁判权受当事人处分权制约，故未经当事人主张的权利（诉讼请求）不能成为裁判对象；其二，在事实问题上，对抗主义或辩论主义意味着，法官对事实的裁判权受当事人的事实辩论权制约，故未经当事人主张的事实不能成为证明对象（待证事实）和裁判依据；其三，在证据的收集方式上，对抗制意味着，法官获取事实信息（即证据）的权力受当事人的事实证明手段制约，未经当事人在法庭上自行提交的证据，法官不得自行获取以作为获得心证的途径。我国学者定义诉讼模式的不同标准导致了关于比较法

视野下民事诉讼模式的结论的分歧。① 广义的诉讼模式包括上述三个层次，是指以一定的社会理念为基础，以一审庭审为核心的技术结构所体现的诉讼主体之间诉讼法律关系的特征；狭义的诉讼模式，亦即职权主义与当事人主义/对抗制对立意义上的诉讼模式，仅包括第三个层次的内容，即指庭审方式的特征以及与此密切关联的审前程序的特征。

参考西方比较法学者划分诉讼模式的标准，考察美、英，德、奥，法、意等不同国家的庭审结构和审前程序的特征，同时观照以一审程序模式为基础的三大上诉程序模式，对当代西方国家的一审诉讼模式可归纳如下：

在理念和功能层面上，三大诉讼模式基于市场经济体制的共同背景而具有相似性，在理念上共享处分权主义，在功能上归于纠纷解决功能模式，与计划体制下的国家干预主义理念和政策实现功能模式和形成分野。② 上述三大诉讼模式不仅基于共享的市场体制及私权自治理念而共享处分权主义，在第一个层次上体现为诉讼请求对裁判对象的制约；而且在第二个层次上，也共享着对抗主义或辩论主义的特征，即事实主张对于裁判的事实依据的制约。美国学者万·梅仑指出："法国、德国和美国的民事诉讼制度曾经是——而且依然是——对抗式的。非对抗制这个词只有当它用来描述大陆法民事诉讼中收集证据的司法行为时，才是正确的。"日本学者谷口安平也是在认同三种模式"在民事诉讼程序中采取的都是对抗式辩论原则，当事者之间的对抗式辩论是其共通的特征"的前提下，进一步将民事诉讼模式区分为德国的当事人主导辩论模式（Verhandlungsmaxime）和美国的对抗式辩论模式（adversary）。③ 美国学者朗本（John H. Langbein）指出，"我得强调，我们的对抗制程序与大陆法传统被假定的非对抗制程序之间为我们所熟知的

① 在诉讼模式研究中，张卫平教授在总结市场体制与计划体制的理念共享及其对诉讼模式的根本影响方面有突破性进展，汤维建教授则在澄清诉讼模式划分标准、强调理念与结构的差异方面有特别贡献，而王亚新教授在归纳调解型诉讼与对抗型诉讼的差异对于诉讼模式的影响方面有独到贡献。参见张卫平：《民事诉讼基本模式：转换与选择之根据》，《现代法学》1996年第6期；汤维建：《两大法系民事诉讼制度比较研究——以美、德为中心》，见陈光中主编《诉讼法论丛》（第1卷），法律出版社1999年版；王亚新：《对抗与判定——日本民事诉讼的基本结构》，清华大学出版社2002年版。

② 参见达维将社会主义法系独立出来的根据，［法］勒内·达维：《当代主要法律体系》，漆竹生译，第28页；《国际诉讼法学会第五届世界大会总结报告》，见田平安主编《民事诉讼法学译丛》，法律出版社2000年版，第135页。

③ 参见［日］谷口安平：《程序的正义与诉讼》，王亚新、刘荣军译，第23页。

差异被夸大了……二者都是民事程序的对抗制。德国跟美国一样，从第一次诉讼活动开始到最后的辩论结束，律师都在前面冲锋陷阵。"①

在庭审结构和由此决定的审前程序结构层面上，三大诉讼模式之间的确存在着当事人主义（对抗制）与职权主义的分野。比如，德国与美国民事程序之间存在两大基本差异并由此导致了其他许多差异。首先，法庭而非当事人的律师对收集事实和证据交换负主要责任，尽管律师行使对法庭工作的监督权。其次，庭审前与庭审之间、证据开示与提出证据之间没有分别，庭审不是单独的连续的事件，法庭收集和评价证据是根据具体情况需要通过一系列听审而进行的。法国模式则在庭审阶段与德国相似，采取职业法官调查事实的模式；但在审前阶段则更接近于美国模式，主要由当事人推动诉讼进程，并与庭审阶段相对独立。值得特别关注的是，各国在结构安排上不仅在总体上保持了与诉讼理念和基本功能的逻辑一致，而且在技术结构的各个环节之间也保持了相互协调和衔接。

美国初审程序模式以对抗制著称。"对抗制的典型模式就是，由当事人（原告和被告）承担调查、显示证据和提出辩论的责任，当事人的纠纷通常是由一名法官——中立、无偏私的被动裁判者——倾听当事人双方的陈述，并基于当事人所呈现的内容而作出裁判，法官的作用相当于一个公断人，力图确保律师遵守程序规则。从这个意义讲，整个诉讼程序是由当事人——或者更确切地讲——由律师控制的。"② 基于陪审团审判传统而形成的对抗制庭审（trial）程序以交叉询问制的集中审理为突出特色，为此，当事人在进入成本昂贵的集中庭审之前必须提出和固定所有的主张和证据，由此形成高度处分权主义的诉答程序（pleadings）和多功能的审前程序（pretrial）。在请求（claim）→事实（fact）→证据（evidence）这三个逻辑环节上，诉答阶段的功能主要是固定请求（和抗辩）主张；审前程序的功能，一是分流案件，分流是在请求和事实两个层次上进行的——促成当事人和解（在请求层次上），并以各种简易裁判方式解决那些不构成事实争议因而不必提交陪审

---

① ［美］约翰·朗本：《德国民事诉讼程序的优越性》，见［德］米夏埃尔·施蒂尔纳主编《德国民事诉讼法学文萃》，赵秀举译，第665页以下。

② ［美］史帝文·苏本、玛格瑞特·伍：《美国民事诉讼法真谛》，蔡彦敏、徐卉译，法律出版社2002年版。

团审判的案件（在事实层次上）；二是准备庭审，即对于在审前无法分流的争议进行审前准备（主要在证据层次上），挖掘或排除庭审中将使用的证据，由此形成发达的证据开示/披露规则和严格的证据排除规则。20 世纪 70 年代以后美国进行的民事司法改革主要集中于冗长、昂贵的审前程序，但未改变其基本结构和功能，主要是在分流功能方面增加了各种形式的法院附设 ADR（如调解和仲裁），同时在庭审准备功能方面增加了法院的介入。① 而那些看似新颖合理却可能打破传统结构而导致逻辑紊乱的改革建议，比如朗本教授关于美国进一步向高效低耗的德国职权主义询问制庭审模式靠拢的提议，却遭到理论和实践的阻击而没有成为制度变革的一部分。②

德国的诉讼程序可归纳为处分权制约下的职权主义和阶段式的审理模式。以职业法官审判为基础并辅之以律师强制代理制，因此德国诉讼程序不必像美国那样采取集中审理模式和地毯式轰炸的审前证据准备。当律师把当事人的请求"翻译"为法律语言提交法庭并准备好证据之后，整个诉讼程序便在职业法律人之间的互动中展开，按照"法律出发型"的思维模式，完成"证据（证明手段）◀─▶要件事实/法律要件（权利依据）◀─▶裁判（诉讼请求）"这个逻辑过程。因此，德国的审前程序与审判程序之间并不像美国那样泾渭分明，而是采取阶段式审理模式，即根据双方律师提供的书面材料进行基本准备和证据交换，确定开庭日的具体目的和争点；开庭日如果一方当事人有重要的新证据，或者法官未能获得形成裁判结论所需要的全部信息，可能再次举证和开庭，形成准备—开庭—再准备—再开庭的分阶段审理模

---

①　进入庭审程序的案件已减少至仅占全部初审案件的 2%～5%。随着民商事案件专业化程度日益增加和陪审团使用率的严重下降，美国诉讼模式也在悄然发生局部变化，比如法官在庭审过程中补充询问事实已不再是奇怪的现象。值得注意的是，美国上诉法院的庭审模式都是法官询问制，因为上诉法庭由职业法官组成，也不决定事实问题（注意不是不审查事实问题）。

②　详见留德美国学者朗本教授 20 世纪 80—90 年代在美国引起的那次关于引进德国诉讼模式的大讨论。John H. Langbein, "The German Advantage in Civil Procedure", 52 *University of Chicago Law Review*, 823（1985）；Ronald J. Allen, "Legal Institutions: Idealization and Caricature in Comparative Scholarship", 82 *Northwestern University Law Review*, 785（1988）；John H. Langbein, "Legal Institutions: Trashing the German Advantage", 82 *Northwestern University Law Review*, 763（1988）；Michael Bohlander, "The German Advantage Revisited: An Inside View of German Civil Procedure in the Nineties", 13 *Tulane European & Civil law Forum*, 26（1998）。部分译文收入了德国学者米夏埃尔·施蒂尔纳主编的《德国民事诉讼法学文萃》一书，参见［德］米夏埃尔·施蒂尔纳主编：《德国民事诉讼法学文萃》，赵秀举译，中国政法大学出版社 2005 年版。

式。但由于德国（以及类似于德国模式的日本）在程序的早期确定裁判对象方面运行有效，同时奉行辩论主义的攻击防御模式和程序不可逆转原则，并以相应的中间裁判制度和即时抗告制度制约权利滥用，因而克服了这种模式可能造成的庭审突袭和"证据随时提出主义"等弊端。德国模式的程序结构为民事司法最大容量地解纷功能的实现提供了可能，同时辅之以普遍适用的支付令和功能强大的非讼程序，加之诉讼保险制度的胜诉评估等诉前分流机制，因而被誉为当今世界最好的民事司法制度。①

法国模式以当事人支配下的审前程序与法官控制下的庭审程序共同构成，虽然有些逻辑失调，但改革趋向也支持结构与功能应保持逻辑一致的结论。法国的审前程序和集中审理模式更接近于美国，即由双方律师进行和商议决定的，包括文书送达、程序的进展、证据准备和交换，而不是像德国那样由法官主导。证据未经审前交换不得提交法庭审理的规定强化了审前程序在收集证据方面的功能和苛刻的证据时效制度，使法国审前程序与庭审程序相对独立。为改变当事人控制审前程序造成的拖延，20 世纪 70 年代以后法国民事诉讼制度改革加强了法官支配审前程序的职能，但是受严格的三权分立传统下消极法官角色定位的惯性影响，因法官极少真正行使这些权力而收效甚微。但法国由职业法官进行职权调查的庭审模式却更接近于德国，而不像美国那样依赖于律师对抗式的表演呈现事实。在当事人控制下的审前信息交换，书证中心主义传统的影响，与法官控制下的庭审证据收集相结合，职业法律人对于事实加法律所致的结果的心知肚明，使得法国庭审的功能既不像德国也不像美国那样具有实质意义。于是，法国的司法改革试图在加强法官对审前控制以加快进程的同时，增加律师对庭审程序的参与或控制力，以缓解走过场式的庭审程序给法国司法制度带来的正当性危机——尽管实证研究并未表明判决的公正受到实质性影响。

可见，由于在市场体制下形成的不同的西方诉讼模式都以处分权主义为共同基础，当事人诉权从根本上构成对审判权的有效制约，因而无论在证据层面采取怎样的具体结构，都会在进入主庭审日之前形成诉讼请求、诉讼标的和裁判对象。请求层面的主张早期固定，使得诉讼程序虽然不同，但都得以在程序早期解决诉讼主体等先决问题，并相对确定支持各自实体主张的法律规范和要

---

① 参见［英］朱克曼主编：《危机中的民事司法》，傅郁林等译，中国政法大学出版社 2005 年版，第一章。

件事实。在此前提下，阶段性审理模式在每一阶段的程序功能和目标相对清晰，即使在第三层次问题（证据）乃至第二层次问题（事实）采取开放性结构，也是相对的和有限的开放，而不会导致程序功能的交叉、混同和反复无常。

（二）我国模式转型与局部变革引致的逻辑紊乱

我国诉讼模式的转型是由局部启动、渐次展开的，至今尚未全局性完成，因此具体程序之间、各个阶段或环节之间出现逻辑断裂、紊乱和功能错位、缺位，是十分自然的。传统民事诉讼制度是在公有制和计划经济体制下，在简单的经济社会关系和群众路线集权治理模式背景下形成的，与其他以苏联为样板的诉讼模式同样具有以下特征：当事人没有提出的权利主张，也可以作为法院的裁判对象；法院调查核实事实的范围不受当事人事实主张的限制，凡对案件的解决有意义的任何事实，即使当事人并没有提出，法院也可以主动审理，甚至可以独立地收集调查证据，作为其裁判的依据。在诉讼模式上，国家干预主义抑制着处分权主义，超职权主义抑制着辩论主义，程序虚无主义抑制着程序规范化。在机构体制上，长期实行立审合一、审监合一和审执合一模式，立案机构在经历人民接待室、信访室、告诉申诉庭等若干阶段之后，20世纪90年代民事司法改革之后正式设立案庭，但功能上却沿袭着自接待室时期开始即形成的立审合一的实质审查制。

自1991年《民事诉讼法》颁布以来，特别是随后逐步展开民事审判方式改革之后，我国民事诉讼模式开始局部转型，导致了一些环节的结构错层和功能断裂。

首先，在诉权与审判权关系的第一个层面上，以处分权主义为目标的改革，率先是从上诉程序开始的。1991年《民事诉讼法》第151条明确规定了上诉请求对上诉审理范围的制约，却未在原则上或一审中规定法院不得超出诉讼请求的范围进行裁判，同时正在扩大的审判监督程序也奉行全面干预原则，因此这一规定经当年司法解释的瓦解性诠释之后才恢复了立法的逻辑一致；随着20世纪90年代民事诉讼模式改革的全面展开，1998年最高人民法院《关于民事经济审判方式改革问题的若干规定》作为改革成果的阶段性总结在总体上体现处分权主义理念，才重新规定上诉审理范围有条件地受限于上诉请求；直到2007年《民事诉讼法》修正案将超越诉讼请求作为再审事由，我国大体上确立了裁判权受制于处分权的原则，亦即在实体层面上采取了处分权主义。然而，在结构和技术层面上，作为拘束裁判对象之依据的诉讼标的在什么阶段确定、依据什么标准确定，现行程序尤其是一审程序的原有框架都无法提供应有的答案。这不仅意味着，依据这一事由提起的再审因缺乏指认和判断原裁判"错误"的基本标准，因而要么被滥用要么被废弃。

其次，在诉权与审判权关系的第二个层面上，以辩论主义为目标的改革，率先是从庭审（结构上）和证据（功能上）切入的。[①] 比如，1991 年《民事诉讼法》未规定事实主张对法官的事实认定或裁判根据构成制约，而是规定法院"应当全面、客观地审查核实证据"，不以该证据与当事人事实主张之间的关系为前提，并且法院"认为审理案件需要的证据，应当调查收集"。但随后的诉讼模式改革以强化当事人举证责任为开端，阶段性成果反映在《审判方式改革规定》和《证据规定》之中，实行明确的证明责任分配制度和举证时效制度。也就是说，在"裁判对象（权利主张）←→裁判理由（权利依据）←→证明对象（要件事实）←→证明手段（证据）"这个完整的逻辑链条上，我国选取了最后一环——证据——率先建立"关门"制度；但作为裁判对象的诉讼请求（和相应抗辩），以及支持请求和裁判的相应事实即证明对象，却直到庭审结束之前始终处于开放状态。于是，在庭前准备阶段已经关闭的证据大门，要么坚持紧闭，对裁判对象和证明对象的变动无动于衷，从而导致大量案件在事实不清、证据不足的状况下滥用证明责任分配规则草率裁判；要么不得不随着裁判对象和证明对象的变动而重新打开，从而为滥用诉权拖延诉讼预留制度空间，并最终导致证据交换制度近乎废弃。

再次，在机构体制层面上，以"立审分离"为目标设立的立案庭，在现行法确定的起诉实质审查制与改革中不断强化的辩论主义和程序保障要求的双重夹击之下，进行了立案程序审判化改造，而恰恰形成了"立审合一"的模式。按照真正意义的立审分离模式，立案庭和立案程序的功能是将起诉进行形式审查之后登记在册即转入审判程序，从而将针对形式要件的"挂号"式登记事项与针对程序问题和实体问题（以下统称实质性问题）的裁判事项分离开来。然而，我国立案庭和立案程序所承担的事项远非对起诉进行形式审查和登记，其主要功能是就原告是否主体适格（与本案有利害关系）和本院是否对本案享有司法

---

① 诉讼模式第三层面上的改革，即庭审采证方式上由法官主导的职权讯问模式转向律师主导的对抗制（交叉询问）模式，我国从未真正进行过，至今仍然是职权主义模式。

权限（主管和管辖）等实质性问题进行判断并作出裁决。这些功能不仅在结构上与审判庭在同类事项上发生如前所述的直接交叉，形成立审混同的状况；而且自从 1991 年《民事诉讼法》规定不予受理应当作出裁定并赋予当事人管辖权异议权及针对三类裁定的上诉权之后，这些立案事项已明显具有了辩论（对抗）色彩和审判性质。也就是说，1991 年《民事诉讼法》之后，立案程序的功能已不再是法院单方以口头或书面通知予以处理的一般事务，而是必须以裁判方式予以回应的争议事项。然而，实现这些功能的程序结构却并不符合审判程序的设计，比如法院裁决是在没有答辩、没有听证、没有辩论的情况下，对如此重要的实质性问题单方作出裁定的。如果说，传统立审合一模式在法院职权干预当事人诉权和辩论权方面保持了功能与结构的逻辑一致，那么这种干预模式正在被处分权主义和程序保障的新理念瓦解，但与新理念、新功能相适应的诉答程序结构却尚未建立。因此，我国现行诉讼程序在总体框架上呈现结构分立而功能交汇的特征；这种特征可进而归因于从国家干预主义和程序虚无状态转向处分权主义和程序保障的改革进程中，结构局部变革和片面"接轨"，导致我国民事立案程序不仅在比较法语境中与普遍实行的形式审查制之间无法对话，而且在我国本土，理论界与实务界在立案程序阶段在调整步调的方向和思路上的差异，也导致了理论、制度、实践三者之间的严重脱节乃至对立。

　　程序模式与其说是一种技术设置，不如说是一种文化积淀。正如约翰·梅利曼所说，"法律根源于文化之中，它在一定的文化范围内对特定社会在特定的时间和地点提出的特定要求产生反映"。就程序结构的优劣而言，"哪个更好些？一般说来，这是一个愚蠢的问题，正如问法语是否比英语优越一样"[①]。何况，面对中国独特的结构模式和由此聚结的利益群体，移植西方的"立审分离"模式即使可能（其实几乎不可能），也会产生巨大的制度变迁成本，甚至因为水土不服而产生南橘北枳的效应。然而，以处分权主义和辩论主义为价值目标的改革不能也不可能回头，因为这是由市场经济体制下私权自治作出的选择。因此，我们只能就料裁衣，因势利导，另辟一条以旧葫芦（结构）装新药（功能）的蹊径[②]，将改革继续向前推进，使我国程序

[①]　［美］约翰·梅利曼：《大陆法系》，顾培东、禄正平译，法律出版社 2004 年版，第 155 页。

[②]　详细讨论可以参见笔者在《民事司法制度的功能与结构》一书中"关于引进对抗制论说的质疑"部分的论述。另见傅郁林：《民事司法制度的功能与结构》，北京大学出版社 2005 年版。

结构的分立与程序功能的分离在新的目标下重新整合，实现逻辑一致。

二、立案程序与审前程序的相对分离

随着最高人民法院的第二立案庭诞生以及各高级法院和中级法院也将陆续如法炮制，立案审查与案件审判分庭抗礼的程序构造至少在较长时期内已成定局。不必说，再审受理扩大化和一审立案审判化这两个因素，直接催生了同一法院拥有两个立案庭这一令人叹为观止的事实。2007 年《民事诉讼法》标志着民事诉讼制度在神经末梢的多方博弈中，抑制再审的政策取向最终败给了再审刺激政策，在随后启动的《民事诉讼法》全面修改的进程中，在启动诉讼程序这一门槛问题上，理论界主张的形式审查制与实务界所坚持的实质审查制之间仍将对抗。然而，2012 年《民事诉讼法》并未对此有所调整。因而，可以说，中国立案程序从功能到结构都堪称古怪，但其生命力却异常顽强。这恰恰意味着，在研究对象上，理论评价不能不理会中国立案程序的独立性这一既成事实；在研究方法上，比较研究不足以解释或解决中国民事立案程序的独特问题；在研究结论上，任何模式的现代西方制度都无法直接移植作为这一制度建构的根据。尽管如此，即使是针对如此独特的中国问题，比较研究也并非无所补益，但必须考虑制度的功能与结构之间相互塑造的关系，将技术结构不同的各国制度进行解构，探究其意欲实现的制度功能，以及相应结构在实现预设功能方面的基本元素和构造原理，包括对其成败和机理的考察和评估；然后根据我国制度的预设和/或预期①功能，对比现有元素和结构在实现预设和/或预期功能方面的成败及其原因，在比较

---

① 本文所称的预设功能，是指依据现行法的立法宗旨所意欲实现的制度功能；所称的预期功能，是指意欲替代现行法所欲实现的制度功能，而按照理论设计作为新的功能目标的制度功能。这样区分是因为现行法的结构与功能之间的关系是复杂多样的：有时立法宗旨和预设功能是清晰的，并且在现行法得到了很好地体现，亦即制度的原有功能与结构保持了逻辑一致，但社会发展导致制度的宗旨和功能已经或将要发生变革，亦即出现制度的预期功能与预设功能的差异，从而促使制度结构必须进行相应变革；有时却出现现行法结构与制度功能之间逻辑紊乱的状况，比如立法宗旨和预设功能并不清晰，或者由于立法技术的原因导致制度结构未能体现立法宗旨，或者立法宗旨或制度结构发生了局部变革……这些原因都可能形成现行法所体现的预设功能并不清晰的状况或者形成结构与功能、此功能与彼功能之间相互冲突的状况，那么此时重构制度结构，就必须首先厘清制度功能本身，即预设功能是否清晰，是否已经或需要变革，按照新的功能即预期功能进行结构重组。于是，预设功能与预期功能可能是同一或一致的，也可能是相互冲突的，还可能是相互交叉或局部重合的，因此，这里只好将并列性连词（和）与选择性连词（或）同时使用。

法研究中寻找适合我国制度预设功能的元素和结构。本章将尝试将我国民事诉讼程序自起诉至裁判的整个过程拆开、掰碎，据以观察现行立案程序结构及其承载的预设功能，在对其运行状况进行理论评估和原因分析的基础上，结合相应制度的比较研究成果，重新审视和调整我国立案程序的预期功能，"就料裁衣"、因势利导地进行相应的结构重组。

（一）现状剖析：程序结构分立与程序功能混同所致的逻辑紊乱

我国民事诉讼程序的结构，在总体上通过不断变革而由简单和粗糙逐渐走向复杂和细致。在程序立法层面，1991 年《民事诉讼法》（含 2007、2012 年修订本，下同）经对 1982 年《民事诉讼法》的修订，将一审普通程序与简易程序、二审程序与再审程序分解为各自独立的程序，同时将调解从一审程序中分离出来，成为适用于上述各独立程序的通用制度；在司法行政体制层面，立案庭、审监庭和执行庭的单独设立，完成了立审分立、审监分立、审执分立的改革。然而，就程序的功能而言，整个民事诉讼制度，无论一审、二审或再审程序，无论一审普通程序或简易程序，无论普通程序中的立案、庭前、庭审，或庭后阶段，也无论结案方式中的裁判、调解或撤诉，都只有一个共同目标，那就是通过解决纠纷（直接目的）维护社会秩序（终极目的）[①]，只不过终极目的因不同时期的政治目标而变为不同的话语，比如由解决人民内部矛盾，到为改革开放保驾护航，再到维护社会稳定、实现社会综合治理。

就一审普通程序而言，结构上分为起诉和受理、审理前的准备、开庭审理诉讼终结。如果将"开庭审理"作为分界线，那么开庭审理之前的程序（以下统称为"庭前阶段"[②]）在结构上包括两大阶段，即"起诉和受理"和"审理前的准备"，在预设功能上是为开庭审理做准备；开庭审理之后的程序（以下简称"庭后阶段"）在结构上只有诉讼终结，在功能上似乎是根据开庭审理获得的信息以作出裁判的方式终结诉讼。[③] 但实际上，所有这些阶段之间共享功能或曰功能混同，从而使庭前程序与庭后程序之间的结构性阶段划分的理论意义远远多于制度意义。

---

① 如果从制度的功能来看，我国民事诉讼制度的目的似乎应当定位于纠纷解决。

② 从名称上将庭前程序区别于"审前程序"等舶来概念，用于强调作为制度载体的法律概念各自具有特定的内涵、外延及其差异。

③ 以其他方式终结诉讼并不需要等到庭后，而可以在诉讼的任何阶段发生。

首先，如果以纠纷解决功能作为程序阶段的划分标准，那么法院调解在制度上贯穿于从提起诉讼直到诉讼终结之间的每一阶段，在性质上是司法行为，在效力同等于实体判决，在结果上是终局性解决纠纷，在规模上占一审结案数 70％以上，在趋势上仍在扩大。[①] 因此可以说，在解决纠纷、终结诉讼这一目标和功能上，我国庭前程序与庭后程序并无明显差异——差异仅仅在于，"以判决方式"解决纠纷不能在庭前阶段中完成，而只能在庭后阶段实现。其次，即使将"以判决方式"解决纠纷的功能作为划分程序的标准，那么我国在制度上允许最后一次法庭辩论结束之前仍可变更诉讼请求或提起反诉并可因此提交新证据，在实践中普遍采取"庭前准备—开庭审理—补充准备—再次开庭庭审"的模式（以下称之为准备与庭审交织模式），也足以表明，即使在判决案件过程中，庭前程序与庭后程序也同样承担着"准备"性质的功能——差异仅在于，庭后阶段通常不必（而非不可）进行程序性准备，而主要是进行实体性准备，比如确定作为裁判对象之依据的诉讼请求，（补充）提出作为事实认定之前提的事实主张，以及（补充）提交作为事实证明手段的证据材料。再次，在以裁定方式程序性终结诉讼的案件中，基于当事人和解而准予撤诉的裁定以及适用《民事诉讼法》第 119 条作出的裁定（以下简称"119 条裁定"，所涉及的事项简称为"119 条事项"或"119 条问题"），可能在诉讼的任何阶段作出，而不受庭前程序或庭后程序划分的影响——差异仅在于，涉及管辖权的 119 条裁定只能在庭前程序内作出并在答辩期届满之前提出异议，但即使这一点差异也因管辖错误无条件地成为再审事由而大大消解。

具体就庭前阶段的结构与功能而言，虽然立法上将庭前程序分为起诉和受理（通常称为"立案程序"）与审理前的准备两个阶段，机构体制上也设立了立案庭与审判庭，但功能上两个阶段之间的分界（如果有分界的话）并非简单地对应于上述职能划分。实际上，立案庭一方面只承担了绝大部分立案工作（起诉与受理），而将一小部分遗留给了审判庭；另一方面立案庭也承担了相当一部分庭审前的准备工作，另一部分则移交给了审判庭。根据立法和通说解释，起诉与受理阶段的功能是审查起诉是否符合法定条件，并作

[①]　强化法院调解与加强诉调对接并行。

出是否受理的决定或裁定。[1] 审查的内容包括两个方面：一是实质审查，即依据《民事诉讼法》第119条规定审查是否符合起诉的积极要件和依据第124条规定审查是否存在妨诉的消极要件。二是形式审查，即根据第120条和第121条审查起诉是否具备形式要件（以书面为原则）以及起诉状是否"具备"上述实质要件的内容（不论内容本身是否"符合"法定实质要件）。审理前的准备阶段的功能，是为开庭审理进行准备。根据第125～132条的规定，准备的内容包括：送达诉讼文书（起诉状副本、受理案件通知书、应诉通知书等），组成合议庭，追加当事人，审核证据材料和收集必要证据。然而，审理前的准备从起诉时即已开始，亦即立案审查与审理准备存在制度性交叉。依据立法和相关规定，是否受理／立案的决定或裁定应在7日内作出；但立案后发现不符合受理条件的，仍可裁定驳回起诉。立法并未规定立案"之后"、什么阶段"之前"作出这一裁定；实践中则视驳回起诉的事由而不同。比如，因司法权（主管或管辖权）瑕疵而驳回起诉（或移送管辖）的裁定在答辩期届满"之后"作出，虽然在何时"之前"作出仍语焉不详，但在机构职能分工上肯定属于立案庭的工作职责范畴，也就是立案阶段结束、移交审判庭之前；但在程序阶段上，这一受119条调整因而属于立案审查性质的"驳回起诉"裁定，却是在立案后经由"审理前的准备"阶段而将起诉状副本和应诉通知书送达被告之后，并且通常是根据被告的答辩或管辖权异议作出的。相比基于司法权事由作出的119条裁定而言，因当事人主体瑕疵作出的119条裁定跨度更大，不仅在程序阶段上超越"起诉与受理"阶段而进入审理前的准备乃至开庭审理阶段，而且在机构职能上也可能横跨立案庭与审判庭。至于起诉审查一项内容的诉讼标的，不仅在立案程序中无法确定，而且在审理前的准备阶段也无法确定，直到最后一次庭审结束之前，随着诉讼请求和相应事实、证据的变更，整个"庭前"准备也仅具有聊胜于无的相对意义，而"庭后"的陆续"准备"却变得同等重要[2]，以至于有学者不无道理地指出，我国审理前的准备活动在时间维度上应当定位于最后一次开庭之前。[3]

---

[1]　对经审查不符合法定受理条件，原告坚持起诉的，应当裁定不予受理。

[2]　王亚新教授曾将从起诉到第一次开庭之间的时间与最后一次开庭到诉讼终结之间的时间做过对比。

[3]　参见刘哲玮：《审前程序研究》，北京大学2010年博士论文。

（二）就料裁衣：我国程序结构分立与功能分离的相对整合

我国现行立案程序与庭审准备程序在功能上相互融合，在结构上相互交织，因此改革的总体思路是：（1）在民事司法作为解纷主力的中国社会背景下，解决纠纷仍将作为整个诉讼框架的核心功能；（2）和解、调解贯穿程序始终，成为承担纠纷解决功能的主体，并通过立案阶段、庭审准备、多次庭审层层分流，从案件规模上为高品质裁判做准备；（3）裁判作为终极保障，在承担纠纷解决功能的同时，承担维护和形成解纷规则的功能，即通过专业、规范、高品质的裁判，维护社会公正和法律秩序，并为潜在纠纷的解决提供规则预期；（4）裁判之前的所有程序，除纠纷解决和层层分流的功能之外，核心功能是为裁判进行准备，包括主体资格事项、程序推进事项和实体事项的准备，其中实体事项具体包括诉讼标的（裁判对象）、事实争点（裁判根据）和证据（裁判手段）；（5）为裁判进行的上述准备在不同程序阶段，根据裁判规律的要求有具体分工，并采行相应的标准（条件）和程序模式（职权主义抑或辩论主义）；（6）转型时期各程序阶段之间必然存在功能交错，故应采取以阶段性功能配置作为原则和基本分界、以交叉性功能配置作为例外和必须补充的模式，一个程序阶段（如诉答）的结束原则上意味着相应程序功能（如诉讼标的确定）的基本结束，但一方主张、证明例外情形的存在并补偿对方程序性损失时可再度开放，进行功能补充。

按照沿着以上程序功能配置的思路，现行立案程序承担的功能经剥离和重组之后可大致归入四类：（Ⅰ）起诉的形式审查，（Ⅱ）起诉的实质审查，（Ⅲ）审理进程的推进，以及（Ⅳ）合法或不合法的案件分流。[①] 如果从裁判准备的角度将这些功能进行重新归类，则大致可分为：（A）案件规模准备（案件分流），（B）主体资格准备（a 原告适格、b 被告适格和 c 法院适格），（C）程序事项准备（通知、送达、组庭、排期、公告等），和（D）实体事项准备（诉讼标的、事实争点和证据）。不过，这两类功能划分只是角度不同，并非构成直接对应关系。经解构和重组之后的对应关系大致为：起诉的形式审查对应于被告资格准备和实体事项准备，即 Ⅰ＝b/B＋D；起诉条件的

---

① 合法的案件分流指法院建议当事人自愿将案件先提交 ADR，或者对不符合起诉条件的案件以合法形式不予受理；不合法的案件分流指法院对于符合起诉条件的案件不予受理，包括不合法地（法律规定了前置性解纷途径的案件不在此列）要求当事人先提交 ADR。

实质审查对应于原告适格准备和法院适格准备（主管与管辖），即Ⅱ＝a/B＋C/B；审理进程的推进对应于程序事项准备，即Ⅲ＝C；案件分流对应于案件规模准备，即Ⅳ＝A。以下将具体探讨，以功能为主线，以处分权主义和辩论主义为价值取向，在不根本改变现行立案程序的结构和立案庭体制的前提下，在立案程序每一阶段应当为最终裁判准备什么（功能）、按什么标准准备（要件）、如何准备（程序）。

1. 以"坚持起诉"为界，剪断中国立案程序功能的乱麻

一直以来，我国立案程序饱受诟病，但理论界关于形式审查制的提议受到实务界的普遍阻击，而笔者的观点经不断反思和调整后也最终向中国现实有限地妥协。2001 年笔者曾强烈主张，真正的立审分离应当是起诉经形式审查之后立案登记，而将完整的审判权交给审判庭。这一观点引起的震动——理论界的认同和实务界的反对——无论在范围或程度上都远远超过了自己的预期和其他作品的影响。此后在参加江伟教授主持的《民事诉讼法》修正案的多次座谈会上，笔者又屡次感受到理论界和实务界各自内部的空前统一和相互之间的空前对立。到 2005 年参加关于中国答辩失权问题专题讨论时，笔者实际上已经修正了自己 2001 年的观点，提出可将立案/审判的程序与立案/审判的机构两个问题区分开来，并强调理论界关于法院主管标准的界定对于实务界解决立案实质审查制问题的重要性。不过，现行立案实质审查制遭人诟病，问题主要不在于法院按照《民事诉讼法》第 119 条进行实质审查之后口头告知当事人不予受理，并依据《民事诉讼法》第 124 条对不属于法院主管的案件"告知"当事人另行诉求的正确途径（情形之一），而在于法院对于那些法律明确规定当事人"坚持起诉"、法院必须作出不予受理裁定的案件，仍然"坚持"口头告知当事人不予受理（本章特指这种情况时称为"不予立案"）（情形之二），或者法院在被告答辩前，未经听证或辩论，单方依职权作出不予受理的裁定（情形之三）。以下就立案实践中的上述三种情形分别进行剖析和评价。

（1）诉前案件分流——咨询性质的起诉与便民意义的简易处理

法院在审查起诉的过程中直接分流案件或解决简易纠纷，可以追溯到新中国成立初期，一直持续到现在，并且有扩大而非收敛的趋势。具体做法大概包括以下两类、四种简易处理：（Ⅰ）没有被告参与而依职权作出不予受

理的口头决定。在原告起诉之后、被告答辩之前，法院依职权对原告的起诉进行实质审查后，认为不符合法定受理条件的，口头作出不予受理的决定；认为不属于法院主管的案件而不予受理的，在口头决定不予受理的同时，口头"告知"当事人另行诉求的正确途径。（Ⅱ）经双方当事人参与并同意的解纷尝试。法院对起诉进行实质审查时，认为虽然符合受理条件但无须进入审判程序的，经原告同意后暂不立案，经法院即时口头通知被告并经双方当事人同意，转入法院内、法院外或法院内外协同的和解或调解程序；或者未经实质审查或判断是否符合受理条件，即经原告或双方同意而先行进入法院外解纷程序。在上述两种情形下，达成实体协议的案件均可能了结纠纷，因而不必再予立案；未达成协议，原告请求重新启动起诉审查程序的，则进入正常的实质审查程序。那些经简单审查后予以立案并进入法院调解程序或速裁程序的简易处理，属于诉后分流，不在此刻讨论之列。

　　理论上，第（Ⅰ）类情形的两种处理都不符合诉权保障和正当程序原理。对于涉及当事人诉权的重大事项，法院在未经被告辩论、未经开庭审理之前，就单方而且以口头形式决定不予受理，为滥用职权任意拒绝符合条件的诉求提供了有利的、不受监督的机会。法院在决定自己是否对某一事项有主管权的同时，是否有权决定和告知当事人该事项属于其他国家机关的权限范围？这一司法决定和告知的性质与效力如何，对相应的其他国家机关是否有拘束力？如果被告知的其他国家机关再次推诿或确有理由不予受理，在法院内部受移送的法院不得再行移送，管辖权存在争议时可报请共同上级法院决定，然而，在国家机关的权限划分由宪法确定，却又不存在宪法法院的情况下，谁来决定主管权争议？同样，第（Ⅱ）类情形也面临许多理论困境，比如，在法院受理起诉和正式立案之前审判权尚未启动，依据什么权力参与调解，主持调解的主体和协议的效力依据什么性质确定，等等。①

　　然而，实务界坚持实质审查制的一些理由并非全无道理：（1）起诉只经过形式审查即予受理并进入审判程序，在中国老百姓法律素质普遍低下的情况下，会造成被告无端卷入诉讼程序；（2）会导致起诉时不明就里的原告在支付不必要的金钱和机会成本之后，却在进入审理程序之后被驳回起诉，这

---

　　① 参见傅郁林：《"诉前调解"与法院的角色》，《法律适用》2009 年第 4 期。

两个方面都会导致当事人对司法制度的不满；（3）从法院角度来看，除了无谓浪费司法资源的考虑之外，在与其他国家机关同受国务院《信访条例》所规定的首次接访负责制的约束下，在主管界限并无清晰、明确的"尚方宝剑"的情况下，立案后再以不属于法院主管为由予以驳回，法院将处于更加不利地位，也会耽误当事人求助于正确途径解决的时间和时机；（4）先登记立案再审查退费的设想，将给法院和当事人双方增加无谓的负担，而且实行诉讼费收支两条线之后在技术操作上也有困难。因此，《民事诉讼法》以当事人是否"坚持起诉"作为以口头或书面方式决定不予受理的分界线，基本上是符合中国实际的，无论是从便民司法、减少讼累、降低解纷成本角度，还是在分流司法压力的意义上，笔者都不主张改变这一现状而将立案程序整体上规范化和复杂化。为解决理论上的困境，可将最初的起诉视为当事人的诉讼咨询，那么，法院的口头驳回以及告知当事人诉诸其他途径，就相当于为当事人提供口头咨询意见，因而也与司法决定的效力问题无涉。这样就以"坚持起诉"为界，剪断了中国立案程序制度及其研究范围的这团乱麻：法院对于表明起诉意向却尚未"坚持起诉"的案件，进行口头告知、解释、驳回、促成和解或主持调解等简易处理，均可留给诉外解纷（ADR）和诉讼与非诉讼对接机制解决①；民事诉讼立案程序的真正重点，则应当放在法院对于"坚持起诉"的案件如何处理。

（2）起诉意向的确定与立案审查的开始

在法院进行如上所述的告知、解释、调解或作出口头驳回决定之后，当事人仍然"坚持起诉"，意味着当事人明知并重申了自己的起诉意向。在此种情形下，尽管 2012 年《民事诉讼法》第 123 条规定法院应当在 7 日内作出裁定书，但是司法实践中的做法并非完全遵循。

目前实践中有两种不同的处理方法：第一种是，对于当事人坚持起诉的案件，法院仍坚持以口头形式驳回，本章称之为"不予立案"（决定），以区别于以书面形式作出的"不予受理"（裁定）。这种情形一般发生在"主管"

---

① ADR 不属于司法职能范围，但在整个政府由全能型向服务型转变的过程中，在民众习惯于有事找政府的依赖心理和社会自治能力严重不足的背景下，司法基于政府内法律专家的角色，应当担负起培植社会自治解纷能力、引导当事人理性解纷的社会责任，但这种社会责任有别于政府职能责任，其义务、规范、程序、问责都有所不同。

事由上，特别是对于并非明确属于法院主管，或者虽然明确属法院主管，但因政治、社会、自身因素等使法院感觉棘手的案件，多采用不作书面裁定而予以口头驳回的方式处理；也有少数情形是基于第 119 条规定的事由坚持不予立案的；还有一些违法妨碍诉权行使但未完全剥夺诉权的情形，比如年底为抓结案率而暂时不予立案（推迟立案）。这些做法不仅违背诉权原理，而且公然违反法律，也是引起民怨的根源，因而受到学界的猛烈抨击，并连带使上述诉前分流性质的不予受理口头决定一并受到否定。对这两种情形不加区分，很大程度上导致了理论界与实务界各执一词且各有道理的对立状态。然而，这种对立状态也不能通过简单的区分来得到解决。减少因主管事由引起的推诿性不予立案，除了要求法院将基于主管事由的不予受理置于书面裁定的制约之下外，理论界在法院"主管"范围的确定标准或考量因素问题上有所贡献，以及整个政治框架和社会期待对于司法功能、司法权限、司法运作方式的理解和接受，使得法院在经形式审查受理案件后仍有机会像对其他不合裁判要件的情形一样可依法驳回，而不受主管界限不明或过分宽泛之困扰或者受外部的不当干预或质疑，才是解决问题的根本出路。本章将对主管要件略加讨论，更深入、细致的探讨将在"民事司法权的边界"一文中展开。

　　第二种是，对于当事人坚持起诉的案件，书面裁定不予受理。除针对管辖权异议可能随机（即非制度性地）进行听证程序以外，主管权争议都被排除适用听证程序。当然，仲裁协议争议被错误地作为管辖权争议而存在听证程序的适用。这种做法符合对现行法规定的一般解释。但 2007 年《民事诉讼法》在要求作出裁定时，并未明确规定依何种程序作出裁定，2012 年《民事诉讼法》通过"裁定书"的表述强调法院应当以书面形式作出不予受理裁定，受到学界普遍好评。理论上，诉权、裁判请求权或司法救济权的原理①，以及权利与裁量（权力）区分的原理，都支持这样一个结论：当事人行使诉权不应受到法院未经正当程序审查的干预，相反，政府在公民权利事项上应当提供无障碍的保障，只有在裁量事项上才能自由决定是否准许

---

　　① 请求司法救济的权利（或称裁判请求权）虽然没有被明确写入中国宪法，但根据中国签署的《公民权利和政治权利国际公约》第 14 条第 1 项，这项权利作为一项公民基本权利已进入了中国的法律渊源。

（grant）；除非经听证和辩论并据此说明不行使实体裁判权的理由，否则，法院无权进行实质审查并作出不予受理或不予裁判的决定。换言之，对于当事人明确并坚持起诉意向的案件，均应经形式审查后予以立案；法院在答辩、听证、辩论的基础上进行实质审查和判断，对于认为存在不符合第119条所规定的诉讼要件（即裁判要件，稍后详解）的起诉，作出不予受理的裁定。因此，在切断诉前分流与立审审查之间的模糊区间之后，进一步对超职权主义模式惯性影响下形成的中国式"诉讼要件"审查模式进行辩论主义改造，才能将起诉要件的形式审查与裁判要件的实质审查区分开来。在此之前，诉讼要件的概念和制度在比较法上与在本国法上差异很大，因此，诉讼要件常常成为起诉要件与裁判要件的混合体，并且与我国的诉前分流机制糅合在一起，使整个立案程序纠结成为一团解不开、切不断的乱麻。

（3）立案的形式审查——起诉要件审查和登记

起诉要件审查，就是审查起诉是否具备形式要件（以书面为原则），以及起诉状是否"具备"法律规定的实质内容，而不论这些内容本身是否"符合"法定实质要件。目前实践中是依据《民事诉讼法》第119条来审查起诉要件的，而该条混合了形式审查和实质审查。比如，主体要件，对被告采用了形式审查标准——有明确的被告，理论上是"当事人"或"程序当事人"标准；但对原告采取了实质审查标准——与本案有利害关系，理论上是"适格当事人"标准；诉讼客体，采用的是形式审查标准——有明确的诉讼请求和事实理由；对于主管和管辖权限则采取了实质审查标准。改革的方向，应当是在当事人以"坚持起诉"表明确定的起诉意向之后，对所有上述要件均应根据第120条和第121条进行形式审查，称为"起诉要件"。起诉要件合格者即予立案登记，并由此启动诉讼程序。至于实质审查，则根据如下第二项所讨论的关于诉讼要件/裁判要件的新规定，以辩论为基础进行实质审查。

2. 立案的实质审查——裁判要件审查和裁定[①]

诉讼要件是指能够启动司法权对实体纠纷进行审理和裁判所必须具备的条件，大陆法系国家一般称为诉讼要件。为了避免大陆法系的诉讼要件混同于我国《民事诉讼法》第119条规定的起诉受理要件，同时又区别于我国学

---

① 参见傅郁林：《先决问题与中间裁判》，《中国法学》2008年第6期。

界所主张的形式审查要件或登记立案要件，我们将大陆法系这种作为行使司法裁判权之前提的"诉讼要件"称为"裁判要件"。

德国法将诉讼要件/裁判要件分为：（1）涉及当事人的诉讼要件，如当事人能力、诉讼能力（或者在缺乏该能力的时候的法定代理）和诉讼实施权限；（2）涉及法院的诉讼要件，包括德国法院裁判权、民事诉讼途径的管辖权、国际管辖权、地域管辖权、事务管辖权和职能管辖权；（3）涉及诉讼标的诉讼要件，包括被主张的权利具有可诉性、起诉合乎法律规定、未被诉讼系属、未经发生既判力地裁判过以及存在权利保护需要。[①]　在美国，裁判要件是以"可诉性或可司法性"（Justiciability）来定义的，即指行使司法权/管辖权/裁判权（jurisdiction）[②] 的前提条件。如果将美国的可司法性要件以大陆法系的视角进行重组，也可大致归于三大类：（1）涉及当事人的要件：原告必须有诉讼资格（standing），即当事人在案件的最终结果中享有利益。（2）涉及法院的要件：受诉法院享有管辖权，即依据联邦—州之间的管辖权规则、州际私法意义上的管辖权规则或者普通管辖权与特别管辖权（包括有限管辖权）的划分规则等确定的管辖权。（3）涉及诉讼标的的要件：必须存在宪法第三条意义上的案件或争议。该争议必须涉及真正相争或对抗的当事人，必须存在一项起源于法定事实情形的可被承认的合法利益，必须是可以通过运用司法权解决的争议[③]；而且争议已经成熟（ripeness）或曰司法审查的时机已经成熟；争议仍具有实际意义（survive），即诉讼事由尚未消失（moot）；案件不能构成政治问题。[④] 值得一提的是，无论德国、美国或法国，对诉讼要件/裁判要件的审查程序，均实行辩论主义，须依据当事人的

---

① 参见［德］汉斯·约阿希姆·穆泽拉克：《德国民事诉讼法基础教程》，周翠译，第71页。

② 美国法上被译为司法权、管辖权、审判权的概念与我国的相应概念不同，三者均译自同一术语jurisdiction，故在美国法上内涵和外延相同；美国上也不存在我国法意义上的"级别管辖权"，因为一审管辖权均由初审法院行使。

③ 参见［美］彼得·G·伦斯特洛姆：《美国法律辞典》，贺卫方等译，第7页。

④ 需要特别强调的是，美国法上的可诉性或可司法性的概念比德国法上的可诉性概念要宽泛得多，大致相当于德国法上的诉讼要件；德国法上的可诉性仅指权利的可诉性，仅为三大诉讼要件中第三类要件中的一项。在法国，纠纷的可诉性/可司法性的内涵与德国接近，作为诉讼要件之一，是被告提出"不予受理"抗辩的一项理由。参见［美］爱德华兹：《美国联邦法院的权力和法院命令的执行》，见宋冰编：《程序、正义与现代化》，中国政法大学出版社1998年版，第213页；［法］洛伊克·卡迪耶：《法国民事司法法》，杨艺宁译，中国政法大学出版社2010年版，第361页。

主张和辩论作出裁判，而不是由法院依职权审查后直接裁定。

中国关于裁判要件的规定，除《民事诉讼法》第119条关于积极要件的4项规定之外，还有最高人民法院的司法解释中关于积极要件的补充规定和关于消极要件的诸多零碎规定。如果把这些规定归入上述三类要件，就会看见在我国的理论和制度中，每一类要件都存在要么界定不清晰、要么缺位或错位的现象，给审查标准和审查程序乃至教学都带来严重困扰。比如，依据立法和相关规定，是否受理/立案的决定或裁定应在7日内作出，但立案后发现不符合受理条件的，仍可裁定驳回起诉。立法并未规定立案"之后"、什么阶段"之前"作出这一裁定，实践中则视驳回起诉的事由而不同。比如，因司法权（主管权或管辖权）瑕疵而驳回起诉（或移送管辖）的裁定，在答辩期届满"之后"作出，虽然在何时"之前"作出仍语焉不详，但在机构职能分工上肯定属于立案庭的工作职责范畴，也就是立案阶段结束、移交审判庭之前；但在程序阶段上，这一受第119条调整，因而属于立案审查性质的"驳回起诉"裁定，却是在立案后经由"审理前的准备"阶段而将起诉状副本和应诉通知书送达被告之后，并且通常是根据被告的答辩或管辖权异议作出的。相比基于司法权事由作出的第119条裁定而言，因当事人主体瑕疵作出的第119条裁定跨度更大，不仅在程序阶段上超越"起诉与受理"阶段而进入审理前的准备乃至开庭审理阶段，而且在机构职能上可能横跨立案庭与审判庭。以下分述之。

（1）涉及当事人的要件。原告资格审查采用当事人适格的标准（须与本案有利害关系），被告资格审查适用程序当事人的标准（明确即可）。起诉审查时对于原告和被告的主体资格采取差异的审查标准，导致同一案件的当事人主体资格问题须分别由立案审查程序和实体审理程序审理，并根据同一法律规范（第119条）作出不予受理或驳回起诉两种不同裁定。上述分裂情形，迫使我们在教学中不厌其烦地向疑惑不解的学生解释：不予受理与驳回起诉的裁定条件相同，都适用第119条的规定，但不予受理是在"起诉与受理"阶段对起诉进行初次筛查后作出的裁定，如果有不符合第119条的规定却被受理的"漏网之鱼"进入了审判程序，则适用驳回起诉的裁定。当然，这类状况在适用第119条的三类裁判要件中都会涉及，但鉴于以下第二项所述的理由，即主管问题无从异议，管辖权异议须在答辩期内提出并已通过中间裁判和中间上诉先行解决，这类状况主要出现在当事人适格要件中。在二审程序中也出现两类裁定分别采取程序性裁判和实质性裁判两种不同方式的紊乱现象，比如一审程序不仅受理了当事人不适格的案件，而且在审理程序中未能正确认定当事人不适格，因而作出实体裁判，因此，这一裁判不能提起中间上诉，直到二审实体审理结束才发现当事人不适格，二审不得不裁定驳回起诉。这是成本多么昂贵的救济方式！

（2）涉及法院的诉讼要件，包括法院享有主管权和管辖权要件。这是理论、制度和实践最混乱的部分，并且在概念上出现了两个明显错误。[①] 其一，划定受诉法院对具体案件行使审判权之界限时使用主管和管辖两个不同概念，而概念的割裂直接导致了审查程序的割裂。比如，管辖权问题相对规范，采取法院依职权审查与依当事人动议审查并行的模式，当事人动议审查管辖权的异议须在答辩期内提出，全部管辖权问题由立案庭审理并作出中间裁判，且允许中间上诉。但主管问题非常混乱，通常无须当事人动议，更没有听证，即可由法院依职权决定不予受理，当事人无从提出异议，法院也不说明裁定的具体理由，于是出现了怪现象——因商事仲裁协议导致排斥法院主管的"主管权异议"却作为"管辖权异议"适用管辖权审查程序。其二，主管作为法院划定权限的概念，致使涉及诉讼标的的诉讼要件被涉及法院的诉讼要件覆盖，无法获得具有整合性的界定，这将在以下第三项中展开。

（3）涉及诉讼标的的诉讼要件，包括权利/争议具有可诉性或可司法性（纠纷属于法院主管）。一般认为我国关于法院主管或民事诉讼主管的规定是《民事诉讼法》第2条，同时包括妨诉要件或消极要件，即起诉合规，比如不存在排斥诉讼途径的事由（如商事仲裁协议）或已穷尽法定前置程序（如劳动仲裁）、未重复起诉、不存在其他妨诉要件（比如在一定期限内没有新理由不得再行起诉）。进而言之，《民事诉讼法》第2条实际上已经界定了我国争议的可诉性，即提交司法解决的争议必须满足三个要件：其一，须有争议存在；其二，争议具有民事性（平等主体之间）；其三，争议须为法律争

---

① 管辖权概念还存在一个重要的定义错误。管辖权被通说定义为"法院受理一审案件的分工和权限"，错将上位概念定义成下位概念，致使上诉管辖权、再审管辖权、执行管辖权这类概念出现逻辑困境。即使不把主管归入管辖权的概念之中，管辖权的定义也不应当如此狭窄，比如，法国管辖权的定义为"某一裁判机构优先于另一裁判机构对案件行使审判权的权能"。

议。以争议的存在为要件，可以为消极确定之诉找到保障无辜者既不受诉外骚扰也不受诉讼骚扰的平衡点提供理论基础[①]；以争议的民事性为要件，可以为将那些既非行政亦非民事的争议暂时列入司法与非司法"共管区域"并寻求与案件的现实性质相吻合的解决途径提供理论基础，并且为这类案件随着体制转型的完成而逐步归于（或排除于）民事诉讼管辖范围预留一个前瞻性理论空间；以争议的法律性为要件，可以为以成文法为审判依据却又必须在转型社会中奉行能动司法理念的中国民事司法权划定范围或边界提供理论依据。

《民事诉讼法》第119条规定起诉须有具体的诉讼请求和事实理由，是对诉的利益和诉讼标的要件的要求。但实践中诉讼请求和事实理由并未在立案程序中予以固定，相反，直到法庭审理完结，当举证质证、事实证明和法律辩论全部结束，当法庭调查和法庭辩论终结，进入当事人最后陈述阶段——而这一程序的目的居然是固定诉讼请求和抗辩主张，也就是说，诉讼标的直到庭审辩论结束才算确定；在此之前的任何阶段，当事人都可以追加或变更诉讼请求，包括提起反诉或参加之诉。诉讼请求和诉讼标的不能早期确定，不仅影响审前准备程序中的证据准备和举证时效制度的运行，而且影响当事人的确定（例如，追加当事人和第三人参加诉讼）及当事人适格问题的早期解决，这也是导致如前所述的程序紊乱状况的主要原因。导致这种状况的原因，除处分权主义和辩论主义理念在中国尚未演进为制度或实践之外，最重要的原因可能是我国惯行的"调解型诉讼模式"（如王亚新教授所称），这可从上诉程序的相关规定中获得旁证，比如二审如能达成调解，则既不受上诉请求范围制约，也可追加一审未提出的诉讼请求。

然而，如果以裁判为目标来定位将我国立案程序的功能，诉讼标的的确定是否应当在以诉答（请求与抗辩）为基础的立案程序中解决？考虑到我国民事诉讼缺乏律师强制代理的现实和当事人诉讼能力的基本状况，在社会转型时期程序功能交错的状况存在是十分正常的，但是，以"原则＋例外、主

[①] 实践中（特别是知识产权领域）出现大量案件，一方不断向对方提出请求或异议，却又不主动提起诉讼，导致权利、义务处于争议状态，对方不胜其扰，却又无法通过侵权之诉解决权利义务关系的不确定状态，因而谋求提起消极的确定之诉，即确认自己未构成对方所主张的侵权或不承担其所主张的义务。但理论界和实务界都担心消极确认之诉的大量适用会导致诉权滥用。

体＋补充"的功能配置模式，采取"以主体功能的分界为原则、以交叉功能的补充为例外"的结构，至少可以改变目前立案程序、审前程序、庭审程序的功能完全混同的状况。比如，就实体问题而言，在诉讼请求/抗辩←→法律规范←→要件事实←→证据这个逻辑环节上，诉讼请求原则上由立案程序确定，在法定条件满足的前提下可适用例外，即在立案程序结束后增加或变更诉讼请求可以作为例外接受，但应满足一定条件：在程序上须经对方当事人同意或补偿对方当事人因此增加的程序成本。与此同理，提起反诉和参加之诉原则上应在立案程序解决，请求适用例外条款者应当满足一定条件。当然，究竟诉讼标的和诉讼当事人的确定，原则上应在立案程序中解决还是在第一次开庭前解决，取决于司法机构的内部分工，但以"原则＋例外"的模式配置程序各阶段功能的思路是同样适用的。而无论放在哪个阶段，在诉讼标的和诉讼主体确定之前原则上都不可能"证据关门"、证明完结或辩论结束，不必说，这种功能倒挂的程序结构既不经济也不实用。

总体说来，在裁判要件的审查模式上，关键不在于实质审查制，在立案程序审判化改革之后也不无关乎由法院的哪个庭来审查，而在于这种审查是否符合正当程序的要求，比如，审查标准是否明确、审查过程是否有当事人参与、审查结果是否受适当的救济途径，等等。至于审查程序具体由立案庭来操作还是由审判庭操作，主要取决于司法行政管理安排上的便利和对法庭功能的设定，只要不改变实质审查权的裁判权性质。当下，考虑到我国的司法习惯和法律的连续性以及受此影响的司法效率，特别是考虑到久已形成的"受理"概念和如前所述的中国法律文化背景，由立案庭全面负责诉讼要件的形式审查和实质审查亦无不可。由此：立案庭应在形式审查后即予登记立案，而对实质性诉讼要件/裁判要件经听证程序和当事人辩论后统一作出是否驳回起诉的裁定；同时保留审判庭将驳回起诉方式作为受理不当之例外补救的权限。不过，鉴于几个原理性因素，比如，有些问题本身难以区分实体问题和程序问题，在某些情况下对诉讼要件的审查结论须经实体审理之后才能作出决定，分解审判权有悖于司法独立和司法效率原则，本章提出的结构方案仍为权宜之计。从长远看，建立形式审查的立案登记制，由审判庭统一决定实质问题（包括程序问题和实体问题），走向真正意义上的"立审分离"，才符合审判的规律和司法的内在需求。

三、我国庭审结构的调整

我国现行的庭审结构集中了民事诉讼理论和审判实务中存在的三个严重脱节：一是程序法与实体法脱节，二是理论与实践脱节，三是庭审程序与裁判内容脱节。审判方法远不只是实务技巧，更是一种法律思维和智识。一审普通程序特别是开庭审理阶段应当成为将诉讼标的理论、请求权理论、证明责任理论、证据理论及诉讼模式理论串联起来的平台，这一阶段的教学也应将诉讼理论、裁判方法和法律思维训练融为一体。但实际情况是，一方面，在程序法与实体法之间最重要的几个结合点上，比如，诉讼标的、要件事实以及证明责任法律要件分类说，都是诉讼法理论中的核心和热点问题，在实务界几乎没人理会，甚至十分陌生，更没有成为一种审判逻辑思维的一部分；另一方面，诉讼模式转型和局部程序改革成果在立法、理论和教学中未能及时总结和更新。

（一）现行庭审结构的缺陷

简要地说，当事人诉讼与法官裁判应当是按照如下逻辑进行的：1 实体请求/裁判对象←→2 权利基础/实体法适用←→3 要件事实证明/认定事实←→4 证据提出/证据审查。在裁判中，后面的每一环节的完成都构成进入前一环节的前提。当事人提出的证据经法庭审查符合证据能力（证据准入资格）的，方可进入事实证明环节而用于证明事实；要件事实得以证明的，才能满足适用相应法律规范的前提条件，从而进入法律适用环节，如果某一要件事实不能证明则不能适用该规范；能够适用相应的法律规范，才能据此规范判决支持权利主张，从而支持其诉讼请求——这个逻辑也正是长期居于统治地位的罗森贝克法律要件分类说所确立的证明责任分配规则的内核，即主张适用某一规范支持其权利主张（权利成立主张、权利消灭主张、权利妨碍主张或权利排除主张）的一方对于适用该规范的前提条件（即要件事实）已经满足承担证明责任，否则即不能适用该规范，因而该权利主张也就无法得到支持（即承担败诉风险）。在审理过程中，上述逻辑顺序恰恰相反，前一环节存在争议才有必要对后一环节进行审理，因为庭审的功能是为适用法律作出裁判提供事实依据。然而，现行庭审结构存在着两大明显缺陷，使得庭审无法有效地实现上述功能。

第一个缺陷，庭审结构的两阶段划分导致法庭调查与法庭辩论两阶段功能不清和交叉。这种两阶段结构是在传统的超职权主义模式下形成的，即，事实调查阶段由法官询问当事人或出示法官在庭审前阶段自行收集的一些证据或询问笔录，当事人相互之间基本没有机会相互询问或质证，因此，专门设置了法庭辩论阶段为当事人相互询问提供机会。这也是为什么许多诉讼法教材至今仍然将法庭辩论的功能解释为补充调查事实，完成法庭调查阶段未竟功能。庭审方式改革之后，法庭调查渐渐变革为在法官主持下由当事人之间相互质证或质询，于是沿袭法庭辩论的补充事实调查的传统功能，加之法庭调查的重心又放在质证阶段的零碎辩论，因此导致无论在法庭调查阶段还是在法庭辩论阶段都难以找到针对事实问题展开的综合性论证/证明的恰当机会，要么重复，要么被法官打断而落空。

第二个缺陷，质证过程是证据审查与事实证明的混合体，以质证（证据审查）替代了证明（事实证明）。按照这种庭审模式，一方提出每一组证据时，对方均须就其证据能力和证明力发表意见。但证明力问题是必须针对具体的证明对象（要件事实），综合运用证据进行本证和反证，才能确认的，而证明过程在全部证据质证完结并进入证明程序之前根本无法展开，于是质证过程流于形式，无法形成交锋、帮助法官形成明确的心证。等到全部证据质证完毕，本应围绕事实来运用证据展开证明，但此时质证过程已耗费了大部分时间，于是双方的辩论往往是针对事实主张甚至法律发表的空洞争辩，并不引用证据，导致事实证明与证据之间缺乏关联性和针对性。这样，法官从法庭调查过程中获得的是围绕证据进行对抗的零碎信息，而不是围绕事实提出证据而展开的完整证明。

庭审结构的上述两大缺陷，切断了证据与事实、要件事实证明与法律选择适用及其与诉讼请求与抗辩主张之间的逻辑关系，使庭审和裁判都严重依赖于法官的经验和直觉。庭审之前法官需要详细阅读案卷材料，否则无法驾驭庭审，也不知当事人所云；庭审之后法官制作裁判时，又必须回到一堆证据之中，凭借当事人发表的零碎、空洞、重复、交叉或挂一漏万的质证意见，重新建构事实，并据此适用法律。而且直到此时才发现，支持或驳回诉讼请求所依赖的一些事实必须查明或澄清，但当事人双方都没提，法官也没问，直接按照主张责任或证明责任作出裁判显然不当，也不符合能动司法和对社会负责的要求。

（二）辩论式法庭调查与庭审结构的整合

针对上述问题，笔者在自己多年的仲裁实践、法律职业培训以及诉讼法教学中，尝试对法庭调查的模式进行了如下改造，收到了普遍的积极反馈：效率高，错误少，当事人也满意。

第一，双方分别陈述权利主张（claim）及其事实主张（argument）和理由（theory），现行结构中综合性陈述阶段保持不变，但庭前交换过的书面意见经双方同意不再照本宣科。

第二，基于对机械理解《民事诉讼法》所规定的所有证据均需要质证的普遍实践的尊重，笔者也主持质证，但仅仅针对证据能力和真实性而不就证明目的或证明力发表意见。对照证据目录，对证据的合法性（通常略）和真实性均无异议者打钩往下走；有异议的，由出示证据的一方对证据来源等进行说明，出示原件；如果说明且核对原件后仍有异议，则待双方提交的证据全部质证完毕再进行证明。这样，质证过程一般只需十几分钟。实际上，《民事诉讼法》只是要求作为定案根据的证据必须质证，因此，如果能够熟悉并按照以下"第三"所述的方式进行证明，专门的质证过程都可以省略。

第三，围绕诉讼请求展开要件事实证明。当事人依次就诉讼请求、权利依据、事实、证据四个层次的问题，一项一项地提出主张、反驳和辩论意见，如果在前一层次没有争议，则不必进入下一层次。比如，在第 1 层次上，原告提出的三项请求中第一项没有争议，则为权利认诺，亦即双方就该项请求已达成和解，故围绕这项请求进行的事实调查或证据审核均不必进行。如果被告对第二项请求有异议，则进入第 2 层次，原告需提出支持该项请求权的合同或法律依据，以确定法定或约定的权利和义务。被告对此依据本身若有异议，则需提出反驳或相反依据（如抗辩权依据）；若对此依据本身没有异议，则进入第 3 层次即事实调查，以查明当事人所主张依据的权利规范中规定的要件已实际满足。对于一方所主张的要件事实对方没有争议的，则为事实自认，即该事实无须证明（免证事实），故不必使用证据进行证明；如果就某一事实主张存在争议，则须运用证据进行辩论式证明。当全部辩论过程结束，全部证明过程终止，法官根据自己关于事实的心证是否确定，来判断适用具体权利规范的全部要件是否均已满足，并据此判决依赖于该规范的权利主张（请求与抗辩）是否成立。

第四，尊重现行两阶段法定结构模式，进入法庭辩论，不过明确地将法庭辩论定位于法律辩论或综合性陈述，因为当事人在辩论式的法庭调查阶段已有充分的事实陈述与证明的机会，法律辩论须运用法庭调查阶段已主张和证明的事实来论证本案的法律选择，并综合运用事实和法律针对诉讼请求进行主张和辩论。

这种庭审模式在整个事实调查过程中都贯穿着辩论主义，其本身就是紧紧围绕诉讼请求展开的事实证明过程，问题集中，交锋突出，环环紧扣，层层剥开，没有争议的问题则直接确认。既不会遗漏任何请求或有效事实，也不会将时间浪费在空口无凭的陈述或纠缠于与法律适用无关的事实和证据中。不仅庭审效率很高，而且庭审后制作裁判文书时也比较简单，将庭审笔录顺序倒一倒，就是一篇说理清晰的裁判文书。

因此，按照这种法庭调查模式，法庭辩论阶段基本可以省略，最多仅就法律选择和适用问题（如果有的话）进行主张和辩论。实际上，如果法庭调查阶段本身就是按照实体请求/裁判对象←→权利基础/实体法适用←→要件事实证明/认定事实←→证据提出/证据审查这样一个逻辑链条展开辩论，那么法庭调查与法庭辩论也就无法分开，现行的两阶段庭审结构即可整合为"贯穿着辩论的法庭调查"这一个阶段。专设一个法庭辩论阶段，既无必要也无裨益，反而对那些缺乏实践经验的新法官们形成困扰。

第七章

司法公正与民事检察

一、民事检察的基本范畴

（一）民事检察的界定

1. 民事检察抑或民事检察监督

我国《宪法》第129条规定，人民检察院是国家的法律监督机关。尽管《民事诉讼法》将前述宪法性规定落实为"人民检察院有权对民事诉讼实行法律监督"（第14条），以及"人民检察院有权对民事执行活动实行法律监督"（第235条），但在我国现行法律框架内，检察机关在民事诉讼中依法仅具有抗诉职能，没有起诉和参加诉讼的职能。[①] 因此，检察机关的抗诉职能是民事诉讼检察监督职能的主要内容[②]，民事检察权也被称为民事检察监督权。当然，也有学者对此提出异议，主张民事检察权应当由法律监督权以及民事公诉权两部分构成。[③]

笔者认为，前述问题属于纯粹民事诉讼法学问题，无论学者讨论的结果如何，都不会影响到民事诉讼规则的具体设计。这是因为：主张民事检察权即法律监督权的学者是在广义层面理解法律监督，将民事公诉权作为民事检

---

① 尽管2012年《民事诉讼法》第55条规定"法律规定的机关"可以向人民法院提起诉讼，但迫于现有法律尚未明确规定检察机关得提起刑事附带民事诉讼以外的民事诉讼，因而，检察机关提起与参加民事诉讼的职权尚未确立。

② 参见徐悦、王昭雯：《略论民事检察监督的职能配置与程序设计》，《华东政法大学学报》2010年第1期。

③ 参见田平安、李浩等：《中国民事检察监督制度的改革与完善》，《现代法学》2004年第1期。

察权的下位概念，而主张民事检察权由法律监督权和民事公诉权构成的学者则是在狭义层面理解法律监督，即将民事公诉权与法律监督权相提并论。对于纯粹民事诉讼法学问题的讨论，只存在优劣之分，并不存在对错之别。相对而言，笔者倾向于在狭义上理解法律监督权，理由在于：如果将民事公诉权理解为法律监督权，那么检察院提起或者参加民事诉讼本身就是在行使法律监督权，其不服法院一审判决提起上诉也是在行使法律监督权，其不服法院确定判决还可以通过行使法律监督权的方式获得再审救济，而且不受次数限制，这就必然导致"多重监督"，从而严重减损司法效率与司法权威。这也是理论界在采纳广义法律监督概念的情况下不得不重申"禁止二重监督"的原因所在。如果将民事公诉权与法律监督权并列作为民事检察权的内涵，那么，检察院行使民事公诉权时，其参加民事诉讼的角色是当事人，不服一审判决而寻求上级法院的救济属于行使上诉权，不服确定判决而再次寻求司法救济属于行使再审申请权，因而，更加有利于贯彻当事人诉讼地位平等原则。与此同时，法谚云："任何人都不得充当自己的法官"，因而，检察院一经行使民事公诉权就不得再行使法律监督权，否则，当事人的诉讼权利和法律监督权将发生叠加效应，从而导致双方当事人诉讼地位的严重失衡。应当说明的是，对于民事公益案件，法院采取职权主义，在没有公权力主体履行维护公益职责的情形才具有正当性。如果检察院已经介入，充当公益维护人角色，那么法院应当维持中立，否则，民事诉讼的构造将发生严重扭曲。

据此，民事检察并不等于民事检察监督，民事检察所强调的是检察院对民事诉讼的介入，既能以当事人身份介入，也能以法律监督者身份介入，但是，对于相同的诉讼环节而言，一旦检察院以当事人的身份介入，就不得再以法律监督者的身份介入，以免监督权与诉讼权利发生叠加，从而损害对方当事人的程序基本权。

然而，学界在民事检察是否应当涵盖民事公诉权方面同样存在着激烈的争议。有的学者在论及检察机关的民事检察权时，将检察机关参与民事诉讼也作为民事检察权的一项权能[①]；有的学者则认为民事诉讼是一种当事人之间的自律性诉讼，当事人享有充分的处分权，他的诉讼权利不受外界干扰，

---

① 参见邵世星：《民事诉讼检察监督的法理基础再论》，《国家检察官学院学报》2001年第2期。

如果当事人已经提起诉讼，哪怕是公益性诉讼，检察机关就没必要介入，这种情况下，检察机关发挥专门法律监督作用。[①] 笔者认为，尽管通过法律监督权涵盖民事公诉权存在障碍，但是这并不意味着民事检察权不应当包容民事公诉权：首先，从历史解释的角度出发，我国《民事诉讼法》出台以前，除了"文化大革命"这一非常时期以外，我国民事检察的外延均为对法院的审判行为进行监督（诉讼监督），以及对涉及国家利益和人民利益的重要民事案件提起或者参加诉讼（民事公诉），但基于检察院的意愿而在 1982 年《民事诉讼法》中删除了有关民事公诉的具体规定，采用了"法律监督"的原则性规定。可见，立法者赋予检察院以民事公诉权的意愿是客观存在的。其次，在国家利益、社会公共利益遭受损失并缺乏具体维权主体的情况下，诉讼根本无法进行，更谈不上在裁判确定后才提起抗诉。最后，检察院的刑事职能属于其工作重心，在民事检察方面的精力有限，加之某些特定的损害国家利益、社会公共利益的案件具有高度专业性，导致其他主体更加适合充当公益代表人，因而，检察院的民事公诉权具有补充性，只有在法律没有规定特定公益代表人或者该特定公益代表人拒不履行职责的前提下，检察院才可以充当公益代表人提起或者参加诉讼。

综上所述，民事检察主要包括法律监督权和补充性的民事公诉权。本章所研究的民事检察并不等于民事检察监督，在外延上还包括检察院为了国家利益、社会公共利益参与民事诉讼的检察方式。

2. 无限检察抑或有限检察

学界普遍认为，从我国检察机关参与民事诉讼的历史沿革及现行法律规定可以看出，我国民事检察制度是基于列宁的"干预说"（否认公、私法划分，对私法领域进行全面干预）理论而设定，深受原苏联检察制度的影响。在此基础上，有学者进一步认为，我国《宪法》、《人民检察院组织法》将检察机关定位为法律监督机关是一场历史的误会，是原苏联检察理论负面影响的结果，因此必须溯本清源，重新认识检察权的本质，并以此为基础对检察机关的地位和职能另行定位。[②] 当然，也有学者反驳认为，这既不是历史的

---

① 参见荣晓红：《论我国民事检察权的合理配置》，《湘潭大学学报（哲学社会科学版）》2007 年第 1 期。

② 参见田平安、李浩等：《中国民事检察监督制度的改革与完善》，《现代法学》2004 年第 1 期。

偶然，也不是对原苏联"经验"的简单照搬①，而是在借鉴了列宁法律监督思想的合理内核和中华法系中御史监察制度的文明成果的基础上设置的。②

　　笔者认为，我国的民事检察制度确定借鉴了原苏联的设置，但是，我国并没有采取其全面干预原则，而是采取了有限干预原则。具体来说，《苏俄民事诉讼法典》第41条有关"如果检察长认为对保护国家或社会利益，或保护公民权利及合法利益有必要，他有权提起诉讼或在诉讼的任何阶段上参加案件"的规定充分显示出民事检察可以触及社会的各个角落，可以为了保护公民权益而主动提起或者参加诉讼。但是，我国1949年《中央人民政府最高人民检察署试行组织条例》第3条、1951年《中央人民政府最高人民检察署暂行组织条例》第3条以及1954年《中华人民共和国人民检察院组织法》第4条均规定，人民检察署（院）的职权包括对于人民法院的审判活动是否合法实行监督，对于有关国家和人民利益的重要民事案件有权提起诉讼或者参加诉讼，这些规定体现了我国的民事检察触角是有限的，只能对法院的审判行为进行监督以及对涉及国家利益和公共利益（人民利益）的重要民事案件提起或者参加诉讼。因而，简单地认为我国的民事检察制度照搬了苏联模式是不符合历史的。民事检察制度在经历"文化大革命"时期的搁置以后，在起草《民事诉讼法》的过程中，前6稿都规定了检察院提起、参加民事诉讼的规定，但是检察机关不同意由其对民事诉讼实行检察监督。这样就最终地导致了正式通过《民事诉讼法》的时候，删除了一切具体的内容，只保留了第12条有关"人民检察院有权对人民法院的民事审判活动实行法律监督"的原则性规定。③ 由此可见，从历史解释的角度出发，我国现行立法框架内的民事检察仅限于对法院的审判行为进行监督，而不涉及公益诉讼。据此，我国现阶段的民事监督相对于新中国成立之初而言，应当更为有限。

　　3. 张扬检察抑或谦抑检察

　　尽管我国现阶段立法框架内的民事检察权主要体现为法律监督权，而且其监督的方式主要体现为检察抗诉，但是，在立法论上，围绕着民事检察监

① 参见张智辉、杨诚：《检察官作用与准则比较研究》，中国检察出版社2002年版，第15—18页。
② 参见江伟、邵明、陈刚：《民事诉权研究》，法律出版社2002年版，第2—5页。
③ 参见柯汉民主编：《民事行政检察概论》，中国检察出版社1993年版，第35—36页。

督的正当性基础，理论界与实务界均展开了激烈的讨论，形成肯定说和否定说两种观点。肯定民事检察监督制度的存在、发展的学人所持的理由主要包括：民事检察监督具有宪法性基础，为当事人提供了有效的救济途径，克服司法腐败导致的司法不公，纠正错误裁判，促进诚信司法，维护司法权威，构建司法诚信，促进法院公正审判，并且有助于再审案件的筛选和息诉功能的发挥。否认民事检察监督制度合理性的学人则指责：民事检察监督有损审判权的独立行使，破坏了法院裁判的终局性和权威性，违背了裁判的非唯一性，违背了当事人诉讼地位平等原则，冲击了民事诉讼审级制度（当事人利用检察抗诉监督而规避上诉或者实现民事案件事实上的三审制），而且存在着不能保证检察官的法律素养在法官之上、不能保证监督权不被滥用（谁来监督监督者）等悖论。

笔者认为，民事检察制度是否具备正当性与如何确保民事检察制度有效进行分属于两个不同层面的问题。在对民事检察的具体运行方式加以合理性改革、确保不害及当事人诉讼权利的前提下，民事检察的正当性问题也就不解自破。因而，在探索民事检察的正当性之前，有必要对民事检察的方式进行重新定位，只要其具体运行方式不违背诉讼的基本规律，并且对社会公益有所增益，那么民事检察就具备正当性。

尽管关于民事检察权的性质存在着司法权、行政权、法律监督权、双重属性等多种学说，但是，任何一种学说都不否定民事检察权属于国家干预的具体表现：如果没有民事检察权的介入，那么法院的审判行为就不会受到检察院的监督，害及公益的行为也不会受到法律的追究；一旦民事检察权介入，法院的司法行为将受到另外一种国家权力的制约和监督，而害及公益的行为也将得到国家强有力的干预。然而，民事诉讼法律关系涉及法院的审判权与当事人的诉权之间的协调关系，强调对当事人实体性权益、程序性权益的处分权进行保护，就必然要求排除公权力过多的不必要干预：一方面，虽然审判法律关系调整的是法院与当事人或者其他诉讼参与人之间的特定社会关系，但是，法院与当事人或者其他诉讼参与人之间并不存在行政隶属关系，法院的审判权要受到当事人或者其他诉讼参与人的诉讼权利的制约，因此，即使审判法律关系仍然存在着当事人处分权的行使空间。另一方面，争讼法律关系调整的是当事人之间以及当事人与其他诉讼参与人之间的特定社会关系，意思自治原则在当事人处分其实体权利或程序权利的过程中更应当得到肯定。综合前面两方面的因素，民事诉讼不同于刑事诉讼、行政诉讼，基于典型民事案件的私益属性，民事诉讼当事人对其诉讼标的享有处分权，而刑事诉讼、行政诉讼涉及国家利益或者公共利益，检察院或者行政机关对其诉讼标的不享有（完全的）处分权，因此，民事检察介入民事诉讼的侧重点应当在于对法院审判行为的监督，但是对法院审判行为的监督方式多种多样，在不涉及公共利益的情况下，检察院应当采取不影响当事人权益的监督方式，除非以当事人的诉权或者诉讼权利作为依托，否则，检察院不宜采取直接影响到当事人权益的监督手段。具体而言，即使检察院发现法院的审判行为存在违法之处，只要系争案件属于典型的私益案件，当事人并没有向检察院申诉，并且经告知其可以申诉后仍不申诉，那么检察院对法院的法律监督方式应当采取维持诉讼行为效力的方式（如发出要求相关部门给予纪律处分的检察建议、对其提起刑事公诉等）进行，而不得采取破坏既往民事诉讼行为效力的方式（如依职权启动审判监督程序）进行。当然，如果案件涉及公共利益，那么，检察院可以公益代表人、法律守护人的身份积极启动并参加相关的民事诉讼程序（如提起、参加诉讼，发动再审程序，申请强制执行等）。由此可见，检察院在民事程序法中的职责是在充分尊重当事人处分权的基础上对法院审判行为的监督以及对公共利益的维护。从这个角度来分析，民事检察权的本质属于国家权力之间的相互制衡（对审判行为进行监督）以及对涉及公共利益案件的补充性公诉权（只有在法律没有规定特定公共利益的维护主体或者该维护主体放弃维护公益的情形下，检察院才充当公益维护人）。当然，对于程序当事人（诉讼当事人、调解当事人等）来说，在其无法通过法院的途径进行救济（如法院无正当理由拒绝受理起诉、上诉、再审申请或者执行申请等）的情况下，可以通过检察院的法律监督权来加以救济，因而，在客观上，民事检察权具有相当的救济功能，但是，这种功能的发挥是以当事人行使诉权、诉讼权利作为前置性条件，而且民事检察权的救济功能局限于程序性救济：基于审判权独立行使原则，即使检察院启动相关救济程序，也无权在实体问题上对民事案件进行权威性的处理，而只能启动相关程序促使案件进入法院审判权的作用范围内。

在前述分析过程中，暗含着民事检察的正当性以其谦抑性为前置性条件的结论。如果民事检察采取不害及当事人诉权、诉讼权利的方式对法院的审判行为进行监督，或者在国家利益、社会公共利益遭受损害却又缺乏维权主体时行使民事公诉权，那么，否定民事检察制度存在合理性的各种理由均无法成立。此时的民事检察既能够对司法权进行有效的监督，对受损国家利益和社会公共利益寻求有效救济。

（二）民事检察与司法公正

民事检察包括检察监督和民事公诉两种模式，于前者，检察院直接对法院的审判行为、调解行为、执行行为等司法行为进行监督，于后者，检察院为了维护国家利益、社会公共利益而提起或者参加民事诉讼。对于民事检察监督而言，检察院事中或者事后地、程序内或者程序外地、依职权或者依申请地对法院的司法行为进行监督，由于司法行为不具有可诉性，如果司法权的行使得不到有效的监督，那么权力固有的腐蚀性将害及公民司法行为请求权的保障，而检察院通过诉中监督、事后抗诉、执行监督等方式对法院的司法行为进行程序内或者程序外的监督，促进司法公正。对于民事公诉而言，一方面，检察院以公益代表人的身份通过提起或者参加诉讼的方式参与民事私益案件，有助于在法院查明案件事实、解决私益纠纷的同时兼顾国家利益、社会公共利益，从而有助于司法公正；另一方面，检察院以公益代表人的身份提起或者参加民事公诉案件，并与对方当事人平等进行诉讼时，法院应当居中裁判而不得向检察院倾斜以避免两大权力机关形成"统一战线"，共同对抗对方当事人，从这个角度来分析，检察院充当公益代表人提起、推进民事公益诉讼，有助于免除法官职权干预主义之必要，从而维持司法中立和促进司法公正。

1. 民事检察监督与司法公正

根据公益色彩程度的不同，民事诉讼可以类型化为纯粹私益诉讼、上升为公共利益的私益诉讼以及纯粹公益诉讼。首先，对于纯粹私益诉讼来说，虽然纯粹私益诉讼所保护的民事权益与公益无关，但是，司法权能否得到妥当的行使关系着司法公正能否得到实现，因而检察院作为专门的法律监督机关对法院的司法行为加以监督有助于维护司法公正。其次，对于上升为公共利益的私益诉讼来说，对扩散性利益、集合性利益以及个人同类型利益的司法保护能够直接实现公益目的，法院基于对公共利益保护的需要而恰当向一方当事人倾斜，检察院的监督能够在司法中立与司法能动之间寻求制衡点，从而有助于司法公正的实现。最后，对于纯粹公益诉讼来说，公民诉讼以及团体诉讼所保护的利益带有浓烈的公益色彩，原告提起民事诉讼的目的不在于维护私益（原告本身与案件不具有或者不完全具有直接利害关系），而在于通过诉讼的方式维护公益，这与检察院的公益代表人的身份存在共通之处，在公民或者社会团体充当公益代表人时，检察院只有在其参加诉讼时才能充当公益代表人，但其仍然可以在尊重双方当事人平等诉讼地位的基础上对民事审判活动实行诉中监督、事后抗诉和执行监督，以促进司法公正。

2. 民事公诉与司法公正

根据检察院参与民事诉讼的方式不同，民事公诉包括检察院提起民事诉讼和参加民事诉讼两种类型。对于检察院提起民事诉讼而言，法律规定特定公益的维护主体或者该主体拒不履行维护公益的职责，检察院有权提起民事诉讼，这将有助于避免受损公益因缺乏起诉主体而无法获得司法救济。对于检察院参加民事诉讼而言，检察院以公益代表人的身份参加民事诉讼增强了维护民事公益一方当事人与对方当事人对抗的诉讼实力，减少了法院职权干预的必要性，有助于法院贯彻司法中立原则，从而增加司法公正。

综上所述，民事检察权对民事司法的介入有助于从法律监督者的角度督促法院廉洁、公正司法并防治司法腐败，有助于从公益代表人的角度减缓或者免除法院职权干预之必要，增强司法中立性，确保司法公正。

（三）民事检察的基本原则

民事检察包括民事检察监督和民事公诉两种模式。首先，对于民事检察监督来说，无论监督对象是审判法律关系还是争讼法律关系，民事检察都应当在充分尊重当事人处分权的基础上进行，因而，民事检察监督应当遵循法定原则、比例原则以及正当程序保障原则。其次，对于民事公诉来说，无论是检察院提起或者参加民事诉讼都应当以国家利益、社会公共利益受有损失却又缺乏有效维护主体为前提，因而民事公诉在遵循法定原则、比例原则、正当程序保障原则的基础上还必须强调公益原则。最后，检察院基于法律监督者的身份实施法律监督与基于公益代表人的身份提起或者参加民事诉讼之间存在着内在的紧张关系，法律监督者和公益代表人这两种身份应当坚持分离原则，不能在同一案件中先以公益代表人的身份提起或者参加诉讼，再以法律监督者的身份实施专门法律监督。综合前面三方面的论述，民事监督和民事公诉需要遵循法定原则、比例原则、正当程序保障原则等共通性原则，民事公诉还需遵循特有原则——公益原则，并且在协调检察院两种身份的过程中必须坚持分离原则。

1. 法定原则

民事检察属于国家公权力对民事诉讼的干预：对于法院而言，民事检察属于国家权力相互之间的制约；对于当事人或者其他诉讼参与人而言，民事检察属于国家权力对私人生活关系的干预。然而，不管检察院是以法律监督者的身份实施法律监督还是以公益代表人的身份提起或者参加民事诉讼，其实施职权的行为均属于国家公法行为，而国家公法行为必须遵循"法无明文规定即禁止"的法治原则，因而，不管是民事检察监督还是民事公诉都需要在法律有明确规定的情形下以法律明确规定的方式进行。

2. 比例原则

民事检察权的公法属性决定了民事检察必须遵循比例原则，即民事检察的手段必须在客观上能够实现维护司法秩序/公共利益（恰当性原则）的目的；在特定的检察监督中，检察院是否采取了对当事人损失最小的有效手段来实现维护公益的目的（必要性原则）；以及在具体的监督案件中，检察院的监督所带来的实益是否大于监督给当事人带来的损害（衡量性原则）。

（1）比例原则在民事检察监督中的贯彻

首先，检察院采取民事检察监督措施必须在客观上有助于司法公正的维护。换言之，民事检察监督应当避免无益监督，如果某种违法行为基于客观的原因无法得到法律有效的纠正/制裁而检察院仍然启动监督程序，显然具有浪费司法资源的嫌疑。其次，在存在着多种民事检察监督方式时，应当采取对司法权威减损最小、对当事人权益影响最小的方式进行监督。详言之，在采取检察建议等柔性监督手段便可实现监督目的的情形下，检察院应顾及抗诉等刚性监督手段可能减损司法权威而慎用之；在采取不影响当事人权益的监督手段即可实现监督目的的情形下，检察院应顾及抗诉等波及当事人权益的监督手段可能害及当事人的处分权而慎用之。最后，实施民事检察监督对司法公正、权威的维护价值应高于其负面影响。笔者认为，基于衡量性原则的考量，我们有必要强调以下两点：其一，民事检察监督应当及时、有效，如果民事监督不及时或者在事实上并不能发挥太大的纠错或者制裁功能，那么检察院启动监督程序对诉讼安定性原则所造成的破坏将无法得到抑制违法功效的弥补，从而不具备正当性。其二，检察院抗诉应当遵循特定的具体原则。检察院抗诉可以类型化为依职权抗诉和依申诉抗诉两种模式，依职权抗诉以民事公诉权为依托，而依申诉抗诉以当事人的诉权为依托。因而，依职权抗诉应当遵循公益原则，即只有案件本身涉及公益时，检察院才可以不顾当事人的诉权而依职权抗诉；而依申诉抗诉应当遵循穷尽常规救济原则，即只有在当事人穷尽了一切常规救济（上诉、向法院申请再审等）的前提下，检察院才可以基于当事人的申诉而抗诉。唯有如此，民事检察监督才能符合衡量性原则。

（2）比例原则在民事公诉中的落实

首先，检察院提起或者参加民事诉讼在客观上有助于公益维护。换言之，应当严厉禁止检察院滥用民事公诉权、妨碍正常司法秩序、破坏双方当事人平等诉讼地位。在当前检察实务中，就连部分在检察院工作的人士都不得不承认检察抗诉案件中同样存在人情案、关系案。[①] 尽管我国目前民事公诉权极为不完善，但是，伴随着民事公诉制度的健全，公诉腐败的情形将同样存在，因而，有必要强调民事公诉的恰当性原则。其次，当检察院以参加诉讼的方式即能维护公益时，应当慎用以提起民事诉讼的方式维护公益。虽然参加诉讼和提起诉讼都属于民事公诉权的行使方式，但是，对民事诉讼的典型构造所造成的冲击程度并不相同。检察院参加民事诉讼属于考虑到维护公益的必要而由检察院支持一方当事人进行民事诉讼；而检察院提起民事诉讼则是检察院径直充当一方当事人与对方当事人进行对抗，尽管在表面上，检察院与对方当事人的诉讼地位是平等的，但是，检察院的公权力机关性质决定了其在事实上以及法律上享有对方当事人所不享有的诉讼优势（如调查取证权）。因而，如果存在着潜在的原告，那么，检察院不应当径直提起民事诉讼，而应当运用督促起诉方式督促特定公益维护主体提起诉讼以维护公益（检察院以法律监督者的身份监督该特定主体积极维护公益），并在必要

---

① 参见李喜春：《民事行政检察之审判监督：现状与完善》，见蔡定剑主编《监督与司法公正——研究与案例报告》，法律出版社 2005 年版，第 289 页。

的情形下参加诉讼，而只有在潜在原告拒不履行维护公益职责或者不存在特定潜在原告的情形下，检察院提起民事公诉才具有正当性。换言之，民事公诉应当遵循补充性原则，只有在不存在潜在原告或者潜在原告无正当事由拒不履行维护公益职责或者潜在原告不适合履行维护公益职责的前提下，检察院才可以提起民事诉讼。最后，相对于民事公诉所产生的负面影响而言，检察院参加或者提起民事诉讼所维护的公益应当具备更高的价值。民事公诉产生消耗了国家检察资源、冲击传统民事诉讼构造等成本，需要与民事公诉所谋求司法保护的公益进行价值衡量，只有当收益（公益得以被保护）大于成本时，检察院启动行使民事公诉权才具备正当性。

3. 正当程序保障原则

民事检察监督的对象是民事诉讼法律关系，其监督重点是法院的司法行为。不管是对法院司法行为的监督还是对当事人诉讼行为的监督，不管是内在监督（如诉中监督）还是外化的监督（如事后抗诉），检察院的监督都应当向被监督主体提供正当程序保障。一方面，检察院对司法行为的监督往往是程序性监督。换言之，检察院的监督只是强制性启动法院的纠正程序，而并非直接对违法行为进行实体性制裁，以最大限度地缓冲检察监督对司法权威带来的冲击力。即使在相关违法行为构成犯罪而由检察院启动刑事责任追究程序的情形下，检察院也没有通过定罪量刑对责任主体进行实质性制裁的权力。另一方面，检察院对当事人或者其他诉讼参与人的诉讼行为的监督不仅局限于程序性监督，而且必须建立在充分尊重当事人处分权、辩论权的基础上。换言之，检察院的监督只有在征求程序违法行为受害一方当事人同意的基础上才可以启动波及当事人实体性权益或者程序性权益的监督程序；即使受害一方当事人同意检察院采取波及当事人实体性权益或者程序性权益的监督程序，检察院在启动相应监督程序时，仍然需要听取对方当事人的意见，保障其程序基本权。

民事公诉主要是指检察院基于维护公益的需要而提起或者参加诉讼，而系争案件是否涉及公益不能完全取决于检察院的自由裁量，而应当向当事人提供反驳的机会，否则，滥用民事公诉权干预私人生活的情形将无法避免。详言之，检察院以公益代表人的身份提起或者参加民事诉讼，对方当事人有权就系争案件是否涉及公益以及检察院介入是否符合法定原则、公益原则和比例原则与检察院在法官面前进行辩论，由法官居中裁判检察院介入是否具备正当性与适度性。诚然，居中裁判检察院介入民事诉讼是否正当与适度的法官应当与案件审理法官相分离，以避免司法偏见。

4. 公益原则

检察院行使民事公诉权是以其公益代表人身份为法理基础的，因而，民事公诉应当符合公益原则。只有民事案件本身而不是案件的司法处理过程，涉及国家利益、社会公共利益，检察院才具备行使公益代表人职责的必要性。如果案件并没有涉及国家利益或者社会公共利益，主动介入而提起或者参加诉讼，那么，检察院就有滥用民事公诉权之嫌。当然，案件本身涉及公益仅仅使得民事公诉具备潜在的正当性，民事公诉要具备显在的正当性还需符合比例原则、法定原则，并保障当事人的基本正当程序权。

5. 分离原则

在民事检察监督方面，理论界和实务界存在着两种截然相反的观点：反对者认为，民事检察监督打破了原来稳定的等腰三角形主体结构，而代之以不等边的四角形结构，检察机关在四角关系中将处于一极地位，打破当事人之间平等的诉讼地位，检察机关自觉不自觉地成为一方当事人的"公请律师"，从而形成"原告（或被告）——被告（或原告）＋检察机关"的结构①；赞成者则从应然层面认为，检察机关在民事诉讼中负有客观义务，因而检察机关在民事诉讼中具有诉讼地位上的超脱性和独立性，可见，民事检察监督的介入并没有破坏民事诉讼构造。②

笔者并不反对学者从应然层面对检察机关的中立性、客观性加以论述。然而，无论如何，在实然层面，基于检察监督是自上而下的③，从专门法律监督机关的定位出发，检察院似乎应高于居中裁判的法官，成为法官之上的法官。④ 然而，在检察监督实务中，检察院与法院应当是平等的，并且检察

---

① 参见王琪国：《检察监督对诉讼程序的影响——以民事抗诉为例》，见蔡定剑主编《监督与司法公正——研究与案例报告》，第295—296页。

② 参见汤维建：《论民事诉讼中检察官的客观义务》（上、下），《国家检察官学院学报》2009年第1、2期。

③ 参见［美］柏恩敬：《对检察院监督司法的看法》，见蔡定剑主编《监督与司法公正——研究与案例报告》，第308页。

④ 参见王琪国：《检察监督对诉讼程序的影响——以民事抗诉为例》，见蔡定剑主编《监督与司法公正——研究与案例报告》，第295页。

监督仅仅是一种程序性监督，最终的实体决定权仍然保留在法院手里，因而，检察监督又似乎不是一种自上而下的监督。[①] 即使从应然层面强调检察院有客观义务的学者也不得不承认"检察机关对民事审判活动，重在对其行为方式及内容的合法性进行监督，而不是以一种参与者的身份介入其中、以平等者的姿态参与民事审判活动，这种居高临下式的监督，一定意义上来说，是对审判者主体人格的贬损，或至少是一种不信赖或不尊重"[②]。

尽管如此，检察监督对法院的程序性监督具有强制性，因而，如果检察院先以公益代表人的身份提起或者参加民事案件，后以法律监督人的身份对民事公诉案件进行监督，那么将使得一方当事人（检察院）在事实上获得了相对于对方当事人更多的救济机会，并且检察院充当一方当事人也难以保证其在后续法律监督中的中立性，反而有助于报复性监督发生的概率。据此，笔者倾向于借鉴江伟教授和谢俊博士所重申的"禁止二重监督"原理，将检察院的公益代表人身份和法律监督者身份分离开来，凡是检察院充当了当事人，那么其就不应当再事检察监督，否则，将严重破坏双方当事人的诉讼平等地位。

（四）民事检察的基本制度类型

检察院具体行使民事检察权的方式多种多样，在现行立法与检察实务中，民事检察基本上可以类型化为督促起诉、支持起诉、诉中监督、民事抗诉、检察建议、民事公诉、执行监督、检察和解以及检察长列席审委会等。

1. 督促起诉

督促起诉与立案监督相类似的是督促相关权利主体行使（公）诉权，但与立案监督不同的是立案监督有直接的法律依据、督促起诉并没有直接的法律依据。伴随着现实生活中国有资产遭受重大损失而负担国有资产管理、使用、保护等职能的国家机关、国有企业和事业单位不敢、不愿或不能起诉，使受损的利益难以获得救济，检察院创设了督促起诉制度，以督促对国家利益或社会公共利益负有监管职责的监管部门及时提起民事诉讼，追回国有资产。此后，督促起诉的适用范围扩张至"由于监管不力或者滥用职权，损害国家、集体或者社会公共利益"等所有需要督促起诉的情形。

---

① 参见［美］柏恩敬：《对检察院监督司法的看法》，见蔡定剑主编《监督与司法公正——研究与案例报告》，第308页。

② 汤维建：《论民事检察监督制度的现代化改造》，《法学家》2006年第4期。

2. 支持起诉

支持起诉制度可以从《民事诉讼法》第 15 条有关"机关、社会团体、企业事业单位对损害国家、集体或者个人民事权益的行为，可以支持受损害的单位或者个人向人民法院起诉"的规定中寻求法律依据。需要注意的是，首先，支持起诉制度并非将支持弱势群体谋求司法救济的手段局限于起诉阶段，而是应当扩张解释至《民事诉讼法》所涉及的一切领域：争讼程序、非讼程序以及执行程序。其次，支持起诉并非民事检察的专利，其他国家机关、社会团体、企业事业单位均可以对社会弱势群体进行诉讼上的支持，但是检察院对社会弱势群体的支持起诉在本质上属于检察院行使民事公诉权的一种具体方式：社会弱势群体的利益属于社会公共利益，支持起诉制度增强了社会弱势群体的诉讼实力，在客观上发挥了保护社会弱势群体利益的功能，实现了检察院维护社会公益的目的。

3. 诉中监督

诉中监督是民事检察事中监督制度，是指检察院派员以法律监督者的身份参与民事诉讼，对法院的司法行为、当事人或者其他诉讼参与人的诉讼行为加以过程性的监督。目前我国的检察监督是以外部者的视角为切入点的，这在决定民事检察监督使命单一性的同时，规定了其对被监督者的非信赖性。[①] 但是，在检察实务中，检察机关通过诉中监督的形式对民事诉讼进行过程性和中间性介入，对民事诉讼的程序结构以及潜存于该结构底部的诉讼法律状态及其关系势必产生一定的影响。学者将检察机关诉中监督情形下的诉讼构造定位为菱形结构，即行使裁判权的法院或法官和争议双方当事人之间形成的等腰三角形的诉讼结构并不因检察机关的介入而被打破，检察监督权通过诉中监督的形式介入民事诉讼仅仅在维持原来等腰三角形诉讼结构的基础上，以双方当事人与检察院为顶点构成一个新的等腰三角形。因而，法院、双方当事人以及检察院的诉讼构造就形成两个等腰三角形组成的菱形。[②] 尽管菱形构造论在维持和贯彻等腰三角形结构的基本原理、充分体现检察机关对审判活动的法律监督属性、满足协同主义诉讼机制的需要、灵活转换诉讼中的程序聚焦点等方面具备学说优势，但是广泛地适用诉中监督制

---

① 参见汤维建：《论民事检察监督制度的现代化改造》，《法学家》2006 年第 4 期。

② 参见汤维建：《论诉中监督的菱形结构》，《政治与法律》2009 年第 6 期。

度需要消耗大量的检察资源，并且检察机关的工作中心在于刑事案件的处理，因而，诉中监督存在可行性差的客观困难。因而，笔者倾向于认为，诉中监督的适用范围应当有所限制，在理论层面，宜考虑将其局限在上升为公共利益的私益诉讼案件，即谋求扩散性利益、集合性利益以及个人同类型利益获得司法保护的民事案件。换言之，如果案件属于纯粹私益诉讼，那么检察机关原则上不宜进行诉中监督，以贯彻比例原则；如果案件直接涉及国家利益或者社会公共利益，那么检察机关应当以提起或者参加民事诉讼的方式履行公益代表人的职责；当案件涉及扩散性利益、集合性利益以及个人同类型利益时，检察机关一方面不宜充当诉讼当事人，另一方面又应当亲历诉讼，以确保诉讼能够直接实现公益目的。

4. 检察抗诉

检察抗诉是民事检察事后监督的形式，是指最高人民检察院对各级人民法院已经发生法律效力的判决、裁定，上级人民检察院对下级人民法院已经发生法律效力的判决、裁定，发现存在《民事诉讼法》第200条规定的法定再审事由，最高人民检察院向最高人民法院提出抗诉，地方人民检察院提请上级人民检察院向同级人民法院提出抗诉的制度。检察抗诉可以类型化为根据当事人或者案件人申诉而启动的"诉权型检察抗诉"，以及检察院以公益代表人身份为基础依职权启动的"职权型检察抗诉"。然而，在现行法律框架下，不管是以当事人或者案外人的诉权为依托的"诉权型检察抗诉"还是以国家利益、社会公共利益为支撑的"职权型检察抗诉"，检察院抗诉仅仅启动再审程序，在双方当事人均不愿意出庭的情况下，检察院又不得充当当事人，因而，存在公益维护不力的嫌疑。笔者认为，对于"诉权型检察抗诉"而言，检察抗诉程序的启动必须符合补充性原则，即案件确实存在法定再审事由，并且当事人已经穷尽上诉、向法院申请再审等常规救济途径仍无法保护其民事权益，检察院启动检察监督程序才具有正当性；对于"职权型检察抗诉"而言，检察抗诉程序的启动必须符合公益原则、比例原则和辩论原则，检察院应当严格限制依职权启动检察抗诉程序，并给当事人提供就案件本身是否涉及公益与检察院在法官面前展开攻击防御的机会。

5. 检察建议

检察建议是检察院在检察实务中利用《民事诉讼法》第14条的原则性

规定创设的柔性检察监督手段。具体来说,检察建议是指检察院为促进法律正确实施、促进社会和谐稳定,在履行法律监督职能过程中,结合执法办案,建议有关单位完善制度,加强内部制约、监督,正确实施法律、法规,完善社会管理、服务,预防和减少违法犯罪的一种重要方式。① 根据检察建议针对的主体以及法律效果的不同,检察建议可以类型化为引起再审的民事检察建议、民事诉讼中对法院的其他检察建议以及因民事诉讼而对其他单位的检察建议三种。② 首先,引起再审的民事检察建议的主要制度功能在于避免检察抗诉对法院权威造成负面影响,而依托法院的再审决定权启动再审程序,即再审检察建议。在检察实务中,再审检察建议还有效回避了"上级抗"的限制,解决了检察机关民行检察部门上下级之间案件量上"倒三角"结构的缺陷,因而再审检察建议自 2001 年以来已经发展为较为成熟的监督方式,全国年均办理再审检察建议的案件在 5 000 件以上。③ 不仅如此,还有的研究者基于民事检察建议更能维系检、法两家的和谐关系而主张"在符合抗诉条件的案件办理过程中,将民事检察建议作为抗诉的前置"④。其次,因民事诉讼而对其他单位的检察建议的主要制度功能在于督促国家机关或者企业事业单位及时提起诉讼维护公益、整治管理制度隐患、防治恶性案件或者群体性事件发生、实施行政奖惩措施。最后,民事诉讼中对法院的其他检察建议的主要制度功能在于对法院判决以外的其他违法司法行为以及不具备抗诉要件或者不宜抗诉的违法裁判行为实施法律监督。总而言之,检察建议制度与督促起诉、诉中监督、执行监督等存在着交叉关系:一方面,检察建议可以成为这些不同监督模式的具体实施方式;另一方面,这些监督模式并非只能采取检察建议的方式进行,如检察实务中督促起诉有采取督促起诉意见书的⑤,诉中监督、执行监督有采取纠正违法通知书的。⑥ 尽管如此,检

---

① 参见最高人民检察院《人民检察院检察建议工作规定(试行)》第 1 条。

② 参见《人民检察院民事行政抗诉案件办案规则》第 47、48 条。

③ 参见王鸿翼:《民行检察:由规范到探索,从感性到理性》,见孙谦主编《检察论丛》(第 14 卷),法律出版社 2009 年版,第 245 页。

④ 常丽:《民事检察建议——从试点到制度构建》,中国政法大学 2010 年硕士论文。

⑤ 参见芮东生、卢金增、于娜、黄东林、孙少翠、黄东林、孙少翠、黄喆、冯德柱:《督促起诉书发出后……》,见《检察日报》2009 年 12 月 30 日。

⑥ 参见郑州市人民检察院检察长李自民、河南省登封市人民法院副院长董振松在"2008 中原民事行政检察论坛:民事执行监督"上的发言。

察建议的温和性既是其优势，也是其劣势：在缓和与法院紧张关系方面有所增益，但在法律监督力度上则显得过于苍白无力。

6. 民事公诉

2012年《民事诉讼法》第55条规定，对污染环境、侵害众多消费者合法权益等损害社会公共利益的行为，法律规定的机关和有关组织可以向人民法院提起诉讼。此外，《刑事诉讼法》第77条规定了检察院补充性的民事公诉权，即国家财产、集体财产因被告人的犯罪行为而遭受损失的，检察院在提起公诉的时候，可以提起附带民事诉讼。传统学说认为民事公诉局限于民事公益诉讼，我国通说认为民事公诉涵盖检察院提起或者参加民事诉讼，但是，笔者认为，强制执行申请权也属于民事公诉权的涵摄范围，并拟在下文对此专门研讨。

7. 执行监督

尽管学界已经基本达成共识，认为民事执行检察监督存在必要性，但是，检察机关实施民事执行监督尚欠缺法律基础。最高人民法院以检察机关开展执行监督欠缺法律依据为由先后在《关于对执行程序中的裁定的抗诉不予受理的批复》（法复［1995］5号）、《如何处理人民检察院提出的暂缓执行的批复》（法释［2000］16号）中将执行裁定排除在检察院抗诉范围以外，并认定暂缓执行建议欠缺法律依据。但是，随着"执行难"、"执行乱"问题的日益突出，法院系统开始倾向于接受检察院以暂缓执行建议为主要形式的执行监督。中央政法委于2005年出台的《关于切实解决人民法院执行难问题的通知》中有关"各级检察机关要加大对人民法院执行工作的监督制度"的规定为检察院的执行监督工作提供了政治性基础。尽管2007年《民事诉讼法》修改时并没有明确规定检察机关实施民事执行监督，但是，包括诸多法院工作人员在内的理论界和实务界人士已经就检察院执行监督的必要性达成共识，但就执行监督的具体方式仍然存在争议。

8. 检察和解

检察和解，也有论者将其称为检察调解，是在党和政府作出一系列关于社会治安综合治理的决策，提出构建人民调解、行政调解和司法调解有机结合的"大调解"工作体系的法治背景下①，检察机关于新近创设的新型纠纷

---

① 参见2006年10月11日中国共产党第十六届中央委员第六次全体会议通过的《中共中央关于构建社会主义和谐社会若干重大问题的决定》。

解决机制。与执行监督相类似，检察和解制度缺乏相应的法律根据，并且学界就检察和解是否具备正当性、是否对既判力造成不应有的冲击以及检察和解的适用要件均广泛地存在争议。

9. 检察长列席审委会

早在 1954 年，《人民法院组织法》第 15 条就明确规定"本级人民检察院检察长有权列席审判委员会"。1979 年 7 月 1 日第五届全国人民代表大会第二次会议通过的《人民法院组织法》第 11 条也规定，各级人民法院设审判委员会，各级人民法院审判委员会会议由院长主持，本级人民检察院检察长可以列席。该法虽经 1983 年、1986 年、2006 年 3 次修改，但该规定一直沿用至今。然而，《人民检察院组织法》始终没有对检察长列席审委会会议作出规定。因而，一直以来，检察长列席审委会制度处于被搁置的状态。直至 2010 年 1 月 12 日最高人民法院、最高人民检察院印发《关于人民检察院检察长列席人民法院审判委员会会议的实施意见》，该制度才进入理论界和实务界的研究视野。此外，检察实务界有人主张检察院可以采取向法院发出纠正违法通知书的监督形式，但是与检察建议一样，纠正违法通知书并不是独立的检察方式。在立案监督、诉中监督以及执行监督等环节均有纠正违法通知书的适用余地。

二、民事公诉

（一）典型的民事公诉

基于公益代表人的身份，检察院的民事公诉权已经被学界广泛肯定。尽管如此，在民事公诉的外延界定上，学界仍广泛地存在争议：有的学者认为"民事公诉是指检察机关对于特定范围内的某些涉及重大国家利益、社会公共利益及有关公民重要权利的民事案件，在无人起诉或当事人不愿诉、不敢诉、怠于起诉的情况下，向法院提起民事诉讼，主动追究违法者的民事责任，以保护国家、社会和公民的合法权益"[1]；有的学者认为"民事公诉制度是指检察机关在法定情形下，为维护国家利益和社会公共利益及公共秩序，以国家的名义将一定种类的民事案件提交人民法院审判的制度"[2]；还

---

[1] 李浩：《关于民事公诉的若干思考》，《法学家》2006 年第 4 期。
[2] 冯仁强：《民事公诉制度的诉讼法基础》，《人民检察》2007 年第 22 期。

有的学者认为"民事公诉权是检察机关基于国家授权或法定情形，代表国家利益或社会公共利益对某些民事公益案件向法院提起诉讼或参与诉讼的权力"[1]。概括起来说，学界的争议主要体现在以下三点：其一，检察院行使民事公诉权是否需要遵循补充性原则。其二，检察院介入民事诉讼的正当性基础是局限于国家利益、社会公共利益，还是涵盖公民合法权益。其三，民事公诉的方式是否局限于提起诉讼，还是既包括提起诉讼又包括参加诉讼。关于民事公诉的补充性原则，笔者已经在检讨比例原则的过程中有所详述，因而本部分主要集中研究后两个问题。

1. 公益的界定

如前所述，检察院是以公益代表人的身份行使民事公诉权的，因而，只有当民事案件本身涉及公益时，检察院的强行介入才具有正当性基础。然而，公益本身是一个框架性概念，尽管国家利益属于公益不存在太大的争议，但是，社会公共利益的界定存在很大的争议。有的学者认为，社会公共利益是一个抽象的范畴，包括我国社会生活的基础、条件、环境、秩序、目标、道德准则及良好风俗习惯等，既包括物质文明建设方面的利益，也包括精神文明建设方面的利益；既包括国家、集体的利益，也包括公民个人的合法利益。[2] 有的学者认为，所谓公共利益，是指社会一般人的生命、健康、财产、安乐、自由、利益、便利等。[3] 然而，学者如此界定社会公共利益，实于明晰社会公共利益的外延无所裨益。

笔者认为，在对公共利益具备的特征进行探索的基础上检讨公共利益的具体界定方式，并在此基础上对现行法律框架下的公共利益进行一定的类型化研究有助于明晰社会公共利益的外延。首先，公共利益必须具备直接相关性（特定的利益关系的安排，必须直接涉及公共利益，不能把与公共利益间接相关的事项也归为公共利益）、可还原性（公共利益必须最终能够还原为特定类型、特定民事主体的私人利益）、内容可变性（公共利益的内容不是固定不变的）以及不可穷尽性（即使通过立法机关的立法行为、司法机关的司法行为两个途径对公共利益进行具体的确定，公共利益的类型仍然是无法

---

① 何文燕：《检察机关民事公诉权的法理分析》，《人民检察》2005 年第 9 期（下）。
② 参见梁慧星：《民法》，四川人民出版社 1988 年版，第 129 页。
③ 参见陈泉生：《环境法原理》，法律出版社 1997 年版，第 82 页。

穷尽的）。其次，确定公共利益的途径包括两种：其一，由立法机关遵循法律所认可的表决程序和表决规则，通过相应的立法行为加以确定；其二，由司法机关按照法律所认可的表决程序和表决规则加以认定。换言之，在一个法治社会，只有立法机关和司法机关才拥有最终认定什么是公共利益的权力，而不是行政机关。行政机关是要通过行政行为来实现立法机关和司法机关所认定的公共利益。可以行使国家公权力对公共利益在具体情形中进行类型化的立法机关或司法机关，应当慎重对待自身的该项权力，应该在"逻辑的力量"用尽之后，方去动用"力量的逻辑"，不得动辄以维护公共利益为由，去否定或者限制民事主体的自由，去剥夺私人的财产权利。① 最后，我们可以对社会公共利益作出不完全的类型化分析：A. 不特定第三人的利益；B. 与法律的基本价值密切联系在一起的私人利益，如生命权、健康权等；C. 社会弱势群体的利益，如消费者权益、劳动者权益等；D. 被他人以违背公序良俗方式侵害的私人权益。由此可见，学者所谓的"有关公民重要权利的民事案件"在实质上属于与法律的基本价值密切联系在一起的私人利益，其本身已经上升为公共利益。因而，将民事公诉的正当性基础局限于国家利益和社会公共利益比较妥当。

当然，主张在特定情形下存在有公共利益的讨论者，应承担相应的论证责任，而否认不存在公共利益的主体实际上是主张强式意义上的平等对待，不负担论证责任，但享有辩驳对方的权利。从这个角度来分析，检察院提起或者参加民事诉讼是否具备正当性、系争案件是否直接与社会公共利益相关，需要由检察院负担论证责任；对方当事人否认公共利益的存在实际上是坚持强式意义上的平等对待，因而不需承担论证责任，但是仍然享有反驳公共利益存在的辩论权。据此，检察院提起或者参加民事诉讼的，对方当事人有权通过证明本案不与公益直接相关的方式排斥民事公诉权的介入。

2. 民事公诉权的具体行使方式

比照刑事公诉权来理解民事公诉权的话，我们会得出民事公诉权的行使方式局限于检察机关向法院提起诉讼的结论。也正基于这个原因，有学者将主题置换成"检察机关介入公益诉讼"，从而回避民事公诉的外延界定问

---

① 参见王轶：《正确理解公共利益　切实维护私人权利》，《理论参考》2007 年第 6 期。

题。① 实际上，检察院落实公益代表人身份的制度包括提起诉讼和参加诉讼是学界的共识，即使将民事公诉仅局限于提起诉讼的学者也不排除检察院参加诉讼，区别之处在于：将民事公诉的外延扩张至参加诉讼，还是将民事公诉局限于提起诉讼，并与参加诉讼并列。

如前所述，笔者将检察院在民事诉讼中的角色类型化为法律监督者和公益代表人，并相应地将民事检察权类型化为法律监督权和民事公诉权。在这种理论假设前提下，民事公诉权的行使方式涵盖提起诉讼、参加诉讼、检察抗诉以及申请强制执行等。当然，检察院参加民事诉讼既可能是为了履行法律监督职责，也可能是为了维护公益；既可能以法律监督者身份居中介入诉讼，也可能以公益代表人身份、以类似于法国的从当事人身份参加民事诉讼。检察院抗诉既可能是基于当事人的诉权而以法律监督者的身份启动但不参加再审程序，也可能是基于公诉权而以公益代表人的身份启动并参加再审程序。而至于提起诉讼和申请强制执行，只能是检察院履行公益代表人职责所特有的形式，尽管检察院可以对法院的立案（包含执行立案）行为进行监督，对法院应当立案而不立案的消极不作为进行监督，但是，如果案件本身并没有涉及社会公共利益，那么检察院不应当径直代替当事人提起诉讼或者申请强制执行。

（二）类似的民事公诉

在我国现行的立法框架下，检察院的公诉权行使方式局限于为了保护因犯罪行为而遭受损失的国家财产、集体财产而提起附带民事诉讼。然而，实然层面的民事公诉实践展现出丰富多彩的样态，既有以检察院为原告法人单位的，也有以检察院为诉讼代理人的，还有以督促起诉和支持起诉作为制度支撑的。这些不同的民事公诉权行使方式一方面拓展了民事检察权的作用范围，另一方面也对完善民事检察权行使规范进行了有益探索。

1. 私益诉讼式

民事公诉权在本质上属于国家公权力对私人生活的必要干预，其在根本上与刑事公诉权、行政公诉权具有同源性。但是，由于法律规定不清晰，检察院提起民事诉讼的方式缺乏法律的明细规定，实务中往往采取与私益案件

---

① 参见陈桂明：《检察机关应当介入公益诉讼案件》，《人民检察》2005 年第 13 期。

相同的诉讼方式，即将检察院作为原告，将检察长作为单位法定代表人，将特定检察官列为委托代理人，而将损害国家利益、社会公共利益的一方（双方/多方）当事人列为（共同）被告。尽管民事公诉案件在基本法理上应当采取与私益案件相类似的诉讼构造，并强调作为当事人的国家机关与公民个人在诉讼地位上是平等的，但是相对于对方当事人而言，检察院应当享有诸如证据调查权的优势，以有效履行其维护公益的职责。① 然而，在法律未作出明文规定，完全适用私益诉讼模式的情况下，检察院在民事公诉中的特权就显得无法顺理成章。笔者认为，一方面，应当从立法上明确检察院以公益代表人身份参与民事案件所享有的特权；另一方面，应当强调法官审判权对检察权的制约，防止检察院滥用权力而导致双方当事人诉讼地位明显悬殊。比如，检察官的证据调查权能够对抗其他公权力机关，因而无须享有调查取证申请权，而对方当事人尽管可以借助律师的调查取证权展开证据调查，但是，并非所有的当事人都委托律师进行诉讼，律师的调查取证权也并非足以对抗公权力机关，因而，即使在民事公诉案件中，对方当事人的调查取证申请权应当得到有效保障，以确保等腰三角形的诉讼构造得以维持。

2. 诉讼代理式

尽管诉讼实施权的归属主体与诉讼实施权的行使主体之间存在着本质的区别，然而，对于全权性诉讼代理人来说，其既属于民事诉讼法律关系主体，也属于民事诉讼主体，可以直接对民事诉讼关系的发生、变更、消灭产生积极的影响，其诉讼权限与当事人的极为接近。鉴于检察院以自己的名义向法院提起民事诉讼往往被法院以缺乏法律规定为由驳回的现实，部分检察院采取了迂回战术，通过以检察院或者特定检察官为诉讼代理人的方式行使民事公诉权。在检察实务中，检察院系统还积极探索更为高效的诉讼委托代理机制，如江苏省常熟市人民检察院于 2007 年 8 月与有关单位达成共识：由有关单位出具委托函，一旦出现国有资产被破坏或者危害公共利益的情况，该院自动接受委托，代为提起诉讼。换言之，检察院在发生公益受损之前就与潜在的当事人签订概括性诉讼代理协议，以提高诉讼代理机制的适用率。然而，检察院以诉讼代理人的身份参与民事诉讼实际上存在着一定的法

---

① 参见汤维建：《检察机关提起民事公益诉讼势在必行》，《团结》2009 年第 3 期；邓思清：《论检察机关的民事公诉权》，《法商研究》2004 年第 5 期。

律适用问题：一方面，根据我国《民事诉讼法》第 58 条第 2 款的规定，诉讼代理人应当为自然人，检察院作为单位应当不能充当诉讼代理人；另一方面，检察实务为规避前述问题而由特定检察官充当受害人（单位）的诉讼代理人，但是，检察官以自己名义受托于受害人（单位）应当理解为检察官的个人行为而非职务行为（其权限并非来自检察院的授权，而是直接来自当事人的授权），因而，检察官充当诉讼代理人在法律层面既无法发挥检察院在证据调查方面的优势，也无法行使律师调查取证权，因而不利于对公益的维护。

3. 支持起诉式

检察院以自己的名义向法院提起民事诉讼在 2004 年被暂时停止以后，尽管检察院可以通过诉讼代理人的身份启动、参加民事诉讼，但是，其官方色彩难以得到彰显，因而，检察实务探索通过督促起诉和支持起诉相结合的方式实现维护公益的目的。然而，实务界人士也存在较大的争议，有的认为支持起诉应当局限于起诉阶段，检察院不应当派员出庭[①]；有的则认为检察院支持起诉是维护公益、保障民生的有力监督方式。[②] 检察院借助《民事诉讼法》第 15 条规定的支持起诉制度参与民事案件较为接近检察院参加民事公诉案件。一方面，支持起诉具有支持社会弱势群体、维护公益的明显倾向，不同于法律监督者的中立价值取向；另一方面，检察院以支持起诉人的名义参加民事诉讼活动在实际功能上类似于法国的从当事人的诉讼法律地位。因而，尽管其适用受制于原告是否行使诉权，支持起诉在客观上发挥了弥补检察院参加民事诉讼制度缺位的功能，并且在司法实务中已经取得显著成效。尽管如此，笔者认为，检察院通过支持起诉制度参与民事诉讼在本质上完全可以为诉中监督和参加诉讼这两种分属于法律监督权和民事公诉权的民事检察权行使形式所分解：如果检察院认为法院对特定私益案件的审理可能存在违法之虞或者社会公众特别关注特定私益案件的审理，那么检察院可以启动诉中监督程序，从而亲历法院审判，并对法院的审判行为和当事人的诉讼行为进行监督；如果检察院认为案件本身虽然涉及国家利益、社会公共

---

① 参见段绪朝：《检察机关出庭支持起诉探析》，见 http：//www.chinacourt.org/public/detail.php? id=210386，2009 年 7 月 15 日访问。

② 参见刘卉：《支持起诉、督促起诉：实践呼唤完善立法》，《检察日报》2009 年 3 月 13 日。

利益，法律已经明确特定的公益维护主体，虽然该主体不存在不愿、不敢或者不能起诉的情形，但存在维护公益不力的嫌疑，检察院在督促相应公益保护主体提起民事诉讼的同时，以从当事人的身份参与诉讼，从而补强特定公益维护主体的诉讼能力。从这个角度来分析，检察院适用支持起诉制度参与民事诉讼是迫于现有民事公诉制度规定不完善的现实而灵活变通的检察策略。

综上所述，鉴于我国对民事公诉权行使方式的规定不到位，检察院通过其他诉讼制度的适用而灵活行使民事公诉权。这充分反映了从立法上全面规定民事公诉权行使方式的现实必要性。作为检察院提起或者参加（既可以站在原告一边，也可以站在被告一边）民事诉讼、对裁判害及公益的民事案件启动再审程序（并以当事人的身份参加再审活动）以及对涉及公益的民事案件申请强制执行的法理基础，民事公诉权的具体行使方式应当涵盖提起诉讼、参加诉讼、检察抗诉以及申请强制执行等。

三、执行监督

执行监督包括国家权力机关的监督、社会监督、法院系统内部的监督，以及检察院的监督。鉴于本章的主题，如无特别说明，下文所探讨的执行监督仅限于检察院的执行监督。执行监督是检察院履行法律监督者职责的方式之一。然而，学界对检察院执行监督是否具备法律依据存在着较大的争议：有论者认为，2007年《民事诉讼法》第14条所谓的"民事审判活动"局限于"争讼程序"，而不涵盖"执行程序"，因而，执行裁定不属于检察院的抗诉范围，暂缓执行建议也欠缺法律依据；有的论者则认为，全国人大常委会前副委员长王汉斌同志在1991年4月2日作《关于民事诉讼法〈试行〉修改草案的说明》中提到"执行是审判工作的一个十分重要的环节"，这说明"民事审判活动"应当涵盖执行活动，而且如果对审判作狭义理解，《民事诉讼法》第6条规定的人民法院独立行使审判权就意味着人民法院行使执行权也就于法无据了。① 伴随着"执行乱"、"执行难"日益严重，中央政法委于2005年出台《关于切实解决人民法院执行难问题的通知》，明确要求各级检

---

① 参见王德玲：《民事检察监督制度研究》，中国法制出版社2006年版，第293—294页。

察机关加大对法院执行工作的监督力度，法院系统对执行检察监督也趋向于接受，尽管相应的规范性文件尚未出台。在当下，执行监督的必要性已经无须多费笔墨①，但是，有关检察院执行监督的具体方式仍然存在研究的必要。

执行监督主要针对执行法院的消极不作为或者积极违法行为以及执行申请人、被执行人滥用权利的行为进行监督，具体来说，执行监督主要包括以下几种情形：（1）如果执行法院依法应当采取而拒不采取、怠于采取或者不恰当采取特定执行行为（如应当立案而拒不立案或者迟延立案），并且案件本身并不涉及公益，那么检察院应以法律监督者的身份介入执行程序，督促执行法院及时、妥当履行执行职责；（2）如果执行法院违法采取执行行为（如超额查封、故意执行无关的案外人财产），并且案件本身不涉及公益，那么检察院也应当以法律监督者的身份介入执行程序，督促执行法院纠正违法或者明显不当的执行行为；（3）如果双方当事人之间或者当事人与案外人之间串通，损害国家利益、社会公共利益（如国有资产经营者和他人串通，虚构债权债务关系，并借助执行程序实现国有财产的流失），那么检察院此时介入执行程序的角色是公益代表人，而非法律监督者，因而不属于执行监督，而属于类似参加诉讼的参加执行制度设置；（4）如果双方当事人之间或者当事人与案件人之间串通，或者一方当事人滥用权利，损害特定第三人或者对方当事人合法权益（如双方当事人虚构债权债务关系，并通过执行程序侵害案外人财产权益，或者被执行人滥用执行和解权，多次拖延执行申请人债权的实现），此时检察院介入执行程序的角色是法律监督者，而非公益代表人，因而属于执行监督，可以告知该特定第三人有关救济途径，并在必要情况下，指导其行使权利。对于执行程序中的前述行为，检察院可以采取哪些具体监督措施，尚缺乏法律的明文规定，理论探讨的执行监督措施主要包括以下类型：

1. 执行抗诉

首先，在执行抗诉的对象方面，执行抗诉的对象应当局限于生效裁判。抗诉是指检察院对法院发生法律效力的民事裁判，认为确有错误，依法提请

---

① 参见李自民：《开展民事执行监督工作的实践探索》，《人民检察》2009 年第 2 期；黎蜀宁：《论检察机关对民事执行活动的法律监督》，《现代法学》2003 年第 5 期；李常竹：《浅议检察机关的执行监督》，《前沿》2007 年第 8 期。

法院进行再审的行为。相应地，执行抗诉，是指检察院对执行法院发生法律效力的执行裁判（执行裁定以及执行异议之诉裁判），认为确有错误，依法提请法院进行再审的行为。然而，理论界和实务界人士将执行抗诉所针对的对象由确定判决文书置换成违法执行行为，从而扩大其抗诉范围①，甚至有人直接将执行抗诉类型化为针对确有错误执行行为的执行抗诉和针对与执行相关且确有错误的判决、裁定、决定、命令的执行抗诉两种类型。② 笔者认为，执行程序中的检察抗诉与审判程序中的检察抗诉之间既存在共通之处，又存在不同之处：一方面，在我国现行法律框架下，民事检察抗诉对象局限于确定裁判和特定情形下的调解协议。抗诉的后果是引起法院再审，如果法院并不存在确定的裁判，那么，再审程序根本无法启动，因为再审程序的诉讼标的涵盖原确定判决的合法性问题。当然，法院裁判行为以外的其他违法执行行为并非不存在监督的必要性，只不过说，检察院可以采取其他形式加以监督。另一方面，民事强制执行程序具有明确的及时、有效实现执行债权，保护民事权益的价值取向，因而，尽管执行监督确实具有存在的必要性，但是，执行抗诉行为不应当直接发生阻止执行行为（中止执行）的程序法效力。具体来说，执行债权已经确定判决确认或者双方当事人之间存在实质性争议的可能性微乎其微，强制债务人履行义务的正当性已经很充分，因而，强制执行程序实行当事人不平等主义，以免对债权人的债权实现带来不必要的延迟。据此，为了确保执行效率原则，检察院的执行抗诉行为并不能发生学者所谓的"检察机关提出抗诉（抗执）的，由本法院院长决定中止执行"的程序法效力。③ 换言之，执行抗诉本身并不能发生中止执行的法律效力，也不能直接构成本法院院长作出中止执行决定的充分要件，检察院在提起执行抗诉的同时，如认为法院应当中止执行或者暂缓执行的，应当另行提起相应的检察建议，由法院裁量是否裁定中止执行或者暂缓执行。

其次，在启动模式方面，执行抗诉既可以基于当事人的申请而启动，也可以基于检察院的职权行为而启动。但是，基于当事人申请而启动的执行抗

---

① 参见应永宏：《建立司法执行监督制度刍议》，《中山大学学报论丛》1999 年第 6 期。
② 参见彭长林：《论民事执行监督制度之改革》，湘潭大学 2006 年硕士论文。
③ 参见应永宏：《建立司法执行监督制度刍议》，《中山大学学报论丛》1999 年第 6 期。

诉适用于案件本身不涉及公益的情形，基于检察院的职权行为而启动的执行抗诉则适用于公益案件，于前者，检察院以法律监督者的身份介入执行程序；于后者，检察院以公益代表人的身份介入。

再次，在执行抗诉的级别方面，现行法律框架内的抗诉只能是"上级抗"而不能是"同级抗"，但理论界普遍认为，执行抗诉应当采取"同级抗"，并且在"同级抗"达不到抗诉目的的情况下，同级检察院可以提请上一级检察院向其同级法院抗诉。如前所述，执行程序尤为强调执行效率原则，因而，采取"同级抗"相对于"上级抗"更有利于执行案件的迅速开展；但是，与此同时，对抗诉的次数如不作限制，执行程序将有可能因为检察院无穷无尽的抗诉而受有妨碍。因而，笔者认为，其一，执行抗诉应当采取"同级抗"；其二，执行抗诉次数应当有所限制；其三，执行抗诉本身不能直接产生执行程序受阻的程序法效力。

最后，在执行抗诉的事由方面，实务界曾有人主张将执行抗诉事由类型化为：A. 原裁定、决定、命令认定事实的主要证据不足；B. 原裁定、决定、命令适用法律确有错误；C. 人民法院违反法定程序，可能影响案件正确裁定、决定、命令；D. 执行工作人员在办理该案件时有贪污受贿、徇私舞弊、枉法裁判行为。[①] 笔者认为，简单套用审判程序中的再审事由作为执行抗诉事由不够妥当，理由如下：其一，执行程序和审判程序的功能各不相同，执行程序是民事权益的实现程序，而审判程序是民事权益的确认程序，因而，在执行程序中，基本不存在认定事实的需要，即使需要执行法院对财产归属进行判断，其判断标准采取外观主义，因而，不存在严格意义上的证明问题。其二，执行法院在执行程序中作出的裁定、决定、命令基于执行程序的非诉性色彩以及执行程序对效率的追求，其在正当程序保障方面显然没有审判程序到位，也正因为如此，执行法官原则上是不能进行实体性权益判断的，执行裁定、决定、命令均不具有既判力，因而，裁定、决定、命令适用法律的空间较为有限，即使其存在一定的违法性，启动执行监督程序也不一定符合比例原则。其三，执行程序法定原则固然应当得到重申，但是，对于执行法院违反法定程序的行为并且影响案件的处理以及基于贪污受贿、徇

---

① 参见范彦雯：《民事执行监督理论研究——以检察监督为考察对象》，复旦大学 2009 年硕士论文。

私舞弊、枉法裁判行为而作出的影响案件的处理来说，固然有执行监督的必要，但是执行监督的方式并非只有执行抗诉，除非案件本身涉及公益，否则，即使执行程序中的裁定、决定、命令确实存在瑕疵，只要受害人没有申请检察院抗诉，那么检察院就不能提起执行抗诉。当然，这并不排除检察院采取诸如检察建议、追究刑事责任等其他形式进行执行监督。综上所述，对执行抗诉事由应当严格加以限制，只有执行法院作出违反法律效力性禁止性规范或者明显滥用自由裁量权的裁定、决定、命令，并且受害人请求检察院提起执行抗诉，检察院实行执行抗诉才具有正当性。诚然，如果案件本身涉及公益，那么检察院可以依职权以公益代表人的身份介入民事执行程序，并以当事人的身份参与后续执行程序。

2. 检察建议

学者认为，对于不适宜以抗诉方式启动再审纠正的裁定、执行决定、具体执行实施行为，以及虽可再审但检、法协商一致的，可以检察建议的方式要求执行法院和执行法官及时纠正。这主要是考虑到参与监督的方式，将监督延伸到具体的执行过程中来。① 换言之，检察建议所针对的是法院执行过程中存在轻微违法行为。② 然而，笔者认为，执行程序中的检察建议并非只能针对执行法院，还可以针对当事人、案外人、执行协助人。首先，在以执行法院为受领人的检察建议方面，检察建议是一种温和的监督方式，面向执行法院的违法执行行为，只要其违法性尚未达到构成犯罪的程度，即使检察院可以采取执行抗诉的刚性监督手段，但是，基于检、法关系的维系需要，对本应适用执行抗诉的违法执行行为也可以通过检察建议的方式加以监督，在采取柔性监督手段不能实现预期监督目标的情况下，检察院可以进一步适用刚性监督措施。也正是基于这个原因，有学者主张检察建议前置主义。尽管笔者认为检察建议前置主义可能导致检察监督不及时，但是，检察院基于对具体情形的考量具备足够充分且正当的事由认为通过检察建议可以取得监督效果的，检察院可以选择适用检察建议的方式进行监督。当然，检察建议的内容具有开放性，既可以建议暂缓执行，也可以建议立即执行；既可以建议采取强制措施，也可以建议解除强制措施；既可以建议追加被执行人，也

---

① 参见陶卫东：《检察机关民事行政案件执行监督正当化分析》，《政法论坛》2009 年第 6 期。
② 参见甄贞、温军：《检察机关在民事诉讼中的职权配置研究》，《法学家》2010 年第 3 期。

可以建议不追加被执行人，等等。其次，在以当事人、案外人为受领人的检察建议方面，检察院既可以建议被执行人履行执行债务（如建议被执行人向执行法院交出其已经隐匿的财产，并告诫其继续隐匿财产将构成拒不执行判决、裁定罪），也可以建议执行申请人妥当地实现其执行债权（如建议执行申请人返还超额受领的金额，并告诫其拒不返还可能构成侵占罪），还可以建议案外人恰当行使权利或者履行义务（如建议因当事人之间串通而受有损失的案外人及时提出执行异议或者案外人异议之诉加以救济）。当然，在执行程序中，检察院也可以向有关单位发出要求对相关责任人员追究法律责任或者纪律责任的检察建议。最后，执行协助人拒不履行协助执行义务的，检察院可以向其发出要求其积极履行协助义务的建议。相对于当事人和法官而言，检察院具有追究刑事责任的职权，执行协助人拒不履行协助执行义务的，检察院可以告知其拒不履行协助义务将导致其承担不利法律后果，从而促使其履行协助义务。

3. 纠正违法通知书

纠正违法通知书，是指对执行中较为严重的实体或程序违法行为，应向法院发出纠正违法通知书。[①] 详言之，纠正违法通知书是指检察机关对民事、行政执行中较严重的违法行为提出书面纠正意见，并通知法院予以纠正的一种监督方式。纠正违法通知书的法律效力与检察建议相比较高，但其适用对象相对较为狭窄，主要适用于违法程度较为严重的情形，一般情况下执行部门均应当依法接受并按法定程序处理，或者采取相应措施自行纠正违法行为，以确保其严肃性。[②] 在当前法律框架内的民事执行程序中，检察院针对执行法院的违法执行行为向法院发出纠正违法通知书缺乏法律根据。尽管如此，不少实务界人士提倡将《刑事诉讼法》里的纠正违法通知书制度引入民事执行程序中来。笔者认为，在执行程序中，检察院采取纠正违法通知书的形式对法院的执行行为进行合法性监督固然在相当程度上能够增进司法权威，但是，基于纠正违法通知书的强制性效力，纠正违法通知书本身将直接导致法院既往执行行为归于无效，从而严重影响执行程序的安定性。此外，当事人对自身不存在主观可归责性的既往执行行为享有信赖其有效的利益保

---

① 参见潘度文：《民事检察在民事诉讼中的空间及路径探讨》，《法学家》2010 年第 3 期。

② 参见陶卫东：《检察机关民事行政案件执行监督正当化分析》，《政法论坛》2009 年第 6 期。

护之必要，并且基于当事人处分权的考量，检察院通过纠正违法通知书的形式行使执行监督权似乎不符合比例原则，尽管在表面上有助于增进司法公正，但在实质上严重地减损了司法权威和司法效率。

4. 要求说明不执行理由通知书

要求说明不执行理由通知书，是指对有明显消极不作为情形的，检察院应发出要求说明不执行、怠于执行理由通知书。[①] 换言之，要求说明不执行理由通知书是针对执行法院的消极不作为而进行的执行监督，具体包括对应当执行立案而拒不立案的监督、对应当采取执行措施而拒不采取执行措施的监督、对应当处理执行异议而拒不处理执行异议的监督、对应当受理执行异议之诉而拒不受理执行异议之诉的监督共 4 种类型。实务界人士是在借鉴《刑事诉讼法》第 111 条有关要求"说明不立案的理由"通知书的规定而提出"要求说明不执行理由通知书"监督方式的。然而，笔者认为，"要求说明不立案理由通知书"和"要求说明不执行理由通知书"是两种截然不同的监督方式。在前种情形中，检察院监督的是公安机关，刑事诉讼法学界普遍接受的警检一体化要求检察院领导或者引导公安机关，因而，其立案监督的性质具有正当性基础，并且检察院认为公安机关不立案理由不能成立的，应当通知公安机关立案，公安机关接到通知后应当立案。在后种情形中，检察院监督的是执行法院，而执行行为属于司法行为的一种，检察院的监督只能保留在程序启动的层面，而不能对执行法院直接发出指令，因而，要求说明不执行理由通知书固然可以，但是，如果检察院认为执行法院不执行理由不能成立的，不能直接通知执行法院实施相应的执行行为，而只能通过发出检察建议等其他方式进行执行监督。如果允许检察院向执行法院发布号令，那么，执行法院的独立性将得不到保障。

5. 提起异议之诉

在法院对生效的判决强制执行过程中，案外人可针对执行标的向法院提出异议。从法律上讲，异议之诉的主体应当是公民、法人或其他组织，检察机关通常并不具有异议之诉的资格，但当涉及国家和社会公共财产被错误执行而无人提起异议之诉时，检察机关作为国家和社会公共利益的代表，应该

---

① 参见潘度文：《民事检察在民事诉讼中的空间及路径探讨》，《法学家》2010 年第 3 期。

成为异议之诉的主体，对国家利益和公共利益进行保护。[①] 简言之，被不当执行的执行标的涉及国家利益或社会公共利益的，应由检察机关提起民事诉讼予以保护。[②] 检察院提起异议之诉属于检察院履行公益代表人职责的具体方式，属于案外人异议之诉。当然，检察院履行公益代表人职责时，除了享有债权人/债务人异议之诉以外，还可以通过提出执行异议的方式寻求救济。然而，不管检察院提起案外人异议之诉、债权人/债务人异议之诉还是执行异议，其并非履行法律监督者的职责，并且根据分离原则，在执行案件本身涉及公益的情况下，检察院不能充当法律监督者，而应当以公益代表人的身份积极参与执行程序。从这个角度来分析，提起异议之诉并非执行监督的具体方式。

6. 暂缓执行通知书

在当前的法治背景下，暂缓执行通知书仅适用于法院内部监督，但对于检察监督而言，尚不论暂缓执行通知书是否具有强制力，就是作为柔性监督方式的暂缓执行建议也被最高人民法院认定为缺乏法律依据，因而，学者探讨暂缓执行通知书是在立法论层面展开的。实务界人士指出，检察机关对本院或上级院已经立案审查并决定提请抗诉的民事申诉案件，发现执行后可能存在损害国家、集体、公共利益，或执行标的可能存在执行回转困难或不能执行回转等情况的，应及时发出暂缓执行通知书。[③] 换言之，该论者认为检察院既可以基于公益代表人的身份，也可以基于法律监督者的身份，发出暂缓执行通知书。笔者认为，暂缓执行通知书不应成为检察院执行监督的一种具体方式：一方面，如果检察院以公益代表人的身份介入执行程序，那么其在本质上要么属于当事人，要么属于与执行案件有密切联系的案外第三人，因而，其功能类似于审判程序中的提起或者参加诉讼，根据分离原则，既然检察院已经属于当事人或者与执行案件有密切联系的案外人，那么检察院就不应当充当该执行案件的法律监督者；另一方面，与检察院提起异议之诉相类似，暂缓执行通知书不应当具备强制力，否则，检察院将可能成为执行权的隐名行使主体。当然，如果取缔暂缓执行通知书的强制力，则其在本质上

① 参见陶卫东：《检察机关民事行政案件执行监督正当化分析》，《政法论坛》2009 年第 6 期。
② 参见潘度文：《民事检察在民事诉讼中的空间及路径探讨》，《法学家》2010 年第 3 期。
③ 参见潘度文：《民事检察在民事诉讼中的空间及路径探讨》，《法学家》2010 年第 3 期。

转化为暂缓执行建议。

　　7. 现场监督

　　早在 1990 年，最高人民法院和最高人民检察院之间会签的《关于开展民事经济行政诉讼法律监督试点工作的通知》（高检会［1990］15 号）有关"应人民法院邀请或当事人请求，派员参加对判决、裁定的强制执行，发现问题，向人民法院提出"的规定就确定了现场监督的基础。然而，随着 1991 年《民事诉讼法》的颁布实施，现场监督一直没有得到推广，2004 年~2008 年 5 年间才在天津等有些地方得到重视，全国共开展 2 393 件（其中天津 928 件）。自最高人民检察院从 2007 年开始倡导民事执行监督改革试点（2008 年正式要求推广）起，天津、四川、河南、山西等地较多地开展了民事执行的现场监督，然而，有关现场监督的程序、方式、效力等均尚未上升到司法解释的高度。① 尽管规范层面缺位，还是有学者从立法论角度对现场监督进行界定，即对于涉及重大国家利益、公共利益的案件，设置检察机关全程参与执行监督制度；对于公民个人认为执行可能明显不公的执行案件，实行申请检察机关参与执行制度；对于重大群体性执行案件，以及涉及法律关系复杂、人数众多，执行不当有可能造成严重后果的执行案件，实行检察机关现场监督执行制度。② 笔者认为，现场监督，是指特定案件和重大案件的执行由检察院派员参加现场监督制度③，与审判程序中的诉中监督相类似，其正当性依据在于其法律监督者角色。如果执行案件本身涉及公益，那么检察院应当以公益代表人的身份参与执行程序，而不能适用法律监督性质的现场监督制度。此外，检察院现场监督的制度宗旨在于履行法律监督者职责，然而，在司法实践中，检察院开展现场监督的目的往往在于消除法院的抵触情绪，缓解当事人对法院民事执行不理解、不信任的心态，从而形成了法院从不愿接受监督到主动邀请监督的局面。虽然现场监督有利于及时纠正法院执行工作中的偏差，缓解被执行人的对立情绪，增强执行的公信力，

　　① 参见范彦雯：《民事执行监督理论研究——以检察监督为考察对象》，复旦大学 2009 年硕士论文。

　　② 参见崔伟、廖中洪：《民事执行检察监督权：价值、根据与立法完善》，《现代法学》2008 年第 3 期。

　　③ 参见王德玲：《民事检察监督制度研究》，第 299 页。

但由于执行过程中可能存在一些不可预见的因素，一旦事后发现法院执行过程中的不当行为未能及时纠正，会直接影响检察机关的形象，因而，实践中，检察机关主要选择社会影响大、群众反映强烈或者新闻媒体关注的案件进行现场监督；在内部程序上，要求事先阅卷，了解案情；在具体执行活动开始前，要与法院积极沟通，准确把握法院执行中所要采取的措施和方法，根据情况决定是否进行现场监督。①

8. 追究刑事责任

有的学者认为，加大对执行法官在执行阶段的贪污受贿、徇私舞弊、枉法裁判的立案查处力度，既是检察机关查办职务犯罪、惩治腐败的神圣职责，也是对执行活动实施监督的重要手段。② 有的学者则认为，应当成为执行监督方式的是追究刑事责任的上级概念"依法查处"，即对于民事执行中执行人员的贪污受贿、徇私舞弊、枉法裁判等严重损害当事人合法权益的故意违法行为进行查处，对构成犯罪的，依法追究刑事责任；不构成犯罪但违纪的，移交法院纪检部门，建议给予纪律处分。③ 笔者认为，一方面，所谓的不构成犯罪但违纪的，移交法院纪检部门，建议给予纪律处分应能为检察建议制度所涵盖，因而，以追究刑事责任作为执行监督的具体形式更为妥当；另一方面，追究刑事责任属于不害及当事人处分权的执行监督方式，在执行案件不涉及公益的情形下，除非依托直接利害关系人的处分权，检察院对相关责任人员启动刑事诉讼程序并不会影响到既往执行行为的效力。

---

① 参见李自民：《开展民事执行监督工作的实践探索》，《人民检察》2009 年第 2 期。

② 参见陶卫东：《检察机关民事行政案件执行监督正当化分析》，《政法论坛》2009 年第 6 期。

③ 参见刘孟海、赵刚：《浅谈民事执行监督的范围、形式与程序》，《天津市政法管理干部学院学报》2009 年增刊。

第二编　高效民事司法
制度的建构

第八章

高效民事司法的要素

一、高效民事司法的基本内涵

在市场经济条件下，与之相应的社会制度应能满足保障市场资源优化配置的需要。公共选择学派的创始人詹姆斯·M·布坎南认为，"没有合适的法律和制度，市场就不会产生任何价值最大化意义上的'效率'……因为法律和制度包括明确受尊重和/或强制执行的私有财产权和保证实行契约的程序"①。市场主体在交易过程中难免会产生纠纷，倘若纠纷不能获得及时有效的解决，那么与纠纷有关的社会关系就会处于不稳定状态，市场资源也会因此遭到浪费。为保障市场经济的高效运转，作为纠纷解决机制的司法也必须高效运作，故而高效司法也是市场经济的要求。在现代文明社会，司法承担着为人们提供权利保护机会的使命。在此理念之下，所有权利受到威胁或侵害的公民都有权获得法院的保护和帮助，因此，接近司法也就是接近正义。在司法中，公民的权利倘若不能得到及时的保护，司法自身的目的便会落空。从这一点来看，高效更是司法自身的内在要求。在我国当前，人民法院所掌握的司法资源还相对有限，而人民群众的司法需求却随着社会的发展而不断增长。在这一现实背景下，高效成为我国司法改革的一个基本目标。②

---

① ［美］詹姆斯·M·布坎南：《自由市场和国家》，吴良健译，北京经济学院出版社1985年版，第88页。

② 党的十七大报告指出，要建设公正高效权威的社会主义司法制度。前最高人民法院院长肖扬也曾撰文就建设高效的民事审判制度作出指示，参见肖扬：《建设公正高效权威的民事审判制度，为构建社会主义和谐社会提供有力司法保障》，《中国审判》2007年第2期。

　　高效司法中的高效既包括高效率，也包括高效益。具体来说，高效司法有两方面的基本要求：一方面，司法应是高效率的，即在司法的过程中，各种司法资源得到了很好的节约或者有效的利用；另一方面，司法还应是高效益的，即相对于司法投入，司法在结果上获得了更大的收益。这里的司法投入和司法产出并不限于法律自身，它还涉及更广阔的空间。"总的来说，'司法产出'或'司法收益'，包括了司法的社会伦理效果、经济效果和政治效果，是一个综合的指标体系。"① 因此，司法高效也是一个需要从法律、政治、经济、社会、文化等多个领域进行综合审视和思考的问题。单纯追求司法的过程效率的司法并不是真正的高效司法。因为高效司法不仅要求节约司法资源，它还要求利用有限的司法资源去解决更多的纠纷，实现更高的社会效益。

　　司法的目标是多元的，在高效之外，增进司法裁判的正确性、维护司法公正、确保司法权威等也是司法的基本目标。真正的高效司法其实是在多种目标的相互竞争和妥协中实现的。以司法高效和司法公正为例，司法高效的实现并不能以牺牲司法公正为代价。相反，在追求司法高效的同时，还必须维护司法公正。司法高效和司法公正有时是矛盾的，但从更根本的意义上看，两者又是一致的。司法公正离不开司法高效，正如法谚所言"对正义的迟延就是对正义的拒绝"（justice delayed is justice denied）。司法高效同样也离不开司法公正，因为只有公正的司法才能获得当事人和社会的真正认同，也才有真正的生命力。司法高效应是在确保司法公正的同时，以尽可能少的司法投入来获得尽可能多的司法收益。

二、高效民事司法的主要构成要素

　　在民事司法领域，高效同样也是一个基本目标。在现代西方社会，一切诉讼、审判制度其实都是以民事诉讼为蓝本的。② 因此，以民事诉讼为样本来探讨高效司法的促进要素也就具有典型意义。民事司法的高效运行离不开多种要素的支撑。比如，整个司法系统在民众心中有良好的公信力和权威；参与民事司法的法官、律师经过严格的职业培训，当事人也具备现代法治意

---

　　① 陈贵民：《论司法效率》，《法律科学》1999 年第 1 期。

　　② 参见王亚新：《社会变革中的民事诉讼》，中国法制出版社 2001 年版，第 4 页。

识；民事司法有持续、充足的资源投入，并且这些司法资源能够得到科学、合理的配置；法院的数量、规模、审级、职能安排适合当时当地的具体情况；司法机构能够不受外界的非法干扰而独立运行；司法程序自身的设置能够满足纠纷多样性的需求，能够妥善处理当事人和法院之间的作用分担；司法机构的工作人员分工合理，权责明确；有良好的案件管理；民事裁判能够得到人们的尊重和严格执行；现代科技在民事司法中得到广泛应用；人民调解、仲裁、行政处理与诉讼等诸种纠纷解决机制之间能够妥善衔接；等等。这些要素并不是彼此孤立的，它们紧密地相互联结在一起并深深地相互施加着影响。民事司法的效率和效益不仅受到前述单个要素的影响，而且受到众多要素的聚合性影响。限于篇幅，我们主要对司法资源、程序设置、审判管理等一些较为基础和关键的要素作一些简要的分析。

三、民事司法资源的充足投入与合理配置

司法资源是民事司法获得高效的基础和保障，它是司法活动赖以存在和发展的一切物质及精神要素的总称，包括司法主体在实施诉讼行为时所耗费的人力、财力、物力、时间等。司法资源涉及的范围非常广泛，它"不仅包括当事人的投入，而且包括国家、社会的投入；不仅包括物质方面的投入，也包括精神方面的投入；不仅包括经济方面的成本，而且包括政治、伦理等大量经济方面的代价；不仅包括财产方面的投入，而且包括精力、时间方面的投入；不仅包括直接投入，而且包括间接投入"[1]。从国家的视角来看，司法资源的投入与分配是决定司法效率的一个基础性条件。[2] 为实现高效的民事司法，首先应有持续和充足的资源投入，同时还要科学、合理地配置司法资源。

（一）司法资源的充足、均衡投入

高效民事司法需要投入充足的司法资源，资源匮乏条件下的司法往往难以为当事人提供足够的程序保障。往司法中投入的资源越多，司法的质量就可能越高。在司法产出不变的情况下，增加司法资源投入可能会降低司法效益。但如果没有司法资源的持续充足投入，那么司法的效率和效益就不能得

---

[1] 阿江：《司法改革应当关注司法效益》，《法律适用》2000 年第 6 期。

[2] 参见蒋惠岭：《论司法效率中的八个关系》，《人民司法》2008 年第 17 期。

到充分的保障。英国学者阿德里安 Ａ·Ｓ·朱克曼认为，"程序的质量在一定程度上取决于我们准备向程序中投入的资源。一个资源投入不足的制度可能拥有的是劣质的程序，可能生产正确性价值较低的判决。比如，假设一个国家拒绝给程序配置重要资源，任命法官却不肯支付报酬，也不提供法院办公设备，那么在这种制度下的法官就缺少投入时间和精力以形成正确判决的激励机制，这种制度可能生产出正确性价值较低的判决"①。

　　近些年来，国家在职业法官的培养、法院办公设施的完善、司法经费的投入等方面有了一定的改善。但从总体来看，我国的司法资源还不够充足，不少法院（尤其是基层法院）案多人少的矛盾还很突出。在过去很长一段时间里，有不少地方法院以案源决定司法经费的多少，实行"以收定支"的经费预算制度，这在相当程度上限制了这些法院的司法资源投入。② 2007 年 4 月新的《诉讼费用交纳办法》实施以来，整个法院系统的财政状况依赖于诉讼收费这一经济来源的程度大大降低。除地方财政之外，中央财政的专项转移支付、省内诉讼收费统筹、国债资金的利用等新的经费来源渠道在一定程度上缓解了地方法院的资源紧张。不过，"在许多地方，需要由同级财政为法院提供的经费保障是否能够真正落实，既要看该地区一般的经济发展程度及财政收支状况，也取决于法院向地方政府争取或者进行交涉的具体过程和实际结果"③。另外，经济发达地区和边远贫穷地区的司法资源投入还很不均衡，这也意味着不同地区的人们所享用的司法服务也是不均衡的。如果司法资源不能随着诉讼的规模增大而增加，那么诉讼迟延将会越来越多，这显然不符合司法高效的目标。正因为如此，在新一轮的司法体制改革中，加强政法队伍建设、加强政法经费保障等已被列入重点改革任务。④

　　在讨论司法资源的投入时，如何妥善处理国家的投入与当事人的投入之

---

① ［英］阿德里安 Ａ·Ｓ·朱克曼主编：《危机中的民事司法——民事诉讼程序的比较视角》，傅郁林等译，中国政法大学出版社 2005 年版，第 7 页。

② 参见景汉朝主编：《司法成本与司法效率实证研究》，中国政法大学出版社 2010 年版，第 131—138 页。

③ 王亚新：《司法成本与司法效率——中国法院的财政保障与法官激励》，《法学家》2010 年第 4 期。

④ 参见《为建设公正高效权威司法制度砥砺奋进（回眸十一五，展望十二五）——我国司法体制机制改革在攻坚克难中不断深化》，《人民日报》2011 年 2 月 16 日。

间的关系是一个中心问题。调节这种关系最主要的杠杆是当事人所承担的诉讼费用。诉讼费用过高，贫困的当事人就会被法院拒之门外；诉讼费用过低，又可能鼓励诉讼增加，这将意味着国家所投入的诉讼成本提高。诉讼费用的高低与国家所投入司法资源的多少都与国家的司法政策倾向有着密切的关系。司法中的某些程序安排，比如强化当事人的举证责任、行政处理程序前置等也能发挥调节国家和当事人的司法资源投入的功能。国家在制定其司法政策时，应考虑使那些真正需要司法的人都有进入法院的机会。不过，仅仅考虑为当事人提供进入法院的机会还是不够的，因为有些当事人可能还只是外行，其还不能在司法程序中为维护自己的权利进行充分有效的陈述，这使得律师制度的确立成为必要。为保护穷人的利益，避免对其形成歧视，国家和社会还应提供一定的法律援助。

（二）司法资源的科学、合理配置

仅仅强调司法资源的投入显然是不够的，因为这并不意味着司法资源已经得到了充分利用，也并不意味着民事司法效益就一定能够得到提高。从总体上看，司法资源还是一种稀缺性资源，其与日益增长的司法需求有着内在的紧张关系。在目前司法资源的供给还普遍受地方经济社会发展情况制约的现实背景下，通过科学、合理地配置司法资源来提高司法效率已经成为不少法院在改革中的现实选择。不过，仅仅局限于某个或者某区域内法院的资源配置显然还是不够的。我国台湾地区学者林俊益认为，"司法资源如何分配于所有依赖此司法资源者，乃是司法政策之重大问题"[1]。司法资源的科学、合理配置需要在更为宏观的范围内进行，而国家则应扮演积极的角色。较为理想的司法资源配置应实现帕累托均衡，"即一项法律制度的安排（资源再配置）普遍使人们的境况变好而没有人因此而境况更糟的状态"[2]。

我国民事司法中的资源配置还有一些不尽合理之处，其中比较典型的问题表现在：（1）人力资源和物力资源的配置不符合司法规律。例如一些法院中有相当数量的工作人员并不从事与审判直接相关的工作，处于司法第一线的司法人员的比例还不够高。在物力资源的配置上，也有不少法院把大量物质资源用于非审判工作。（2）不同审级、法院内部不同部门之间的资源配置

---

① 林俊益：《程序正义与诉讼经济》，月旦出版公司1997年版，第90—91页。
② 周世中：《论司法资源配置与司法公正》，《法治研究》2007年第1期。

不均衡。例如相对于高级法院和中级法院而言，基层法院所掌握的司法资源往往比较有限，但其面临的司法任务却往往是最重的。（3）仲裁程序、简易程序、督促程序等制度资源的利用率不高。例如，在有的基层法院，基本上没有适用督促程序的案件。[①]（4）司法资源的浪费和滥用现象还比较严重。例如，有的法院在处理案件时未经充分审理就匆忙下判，结果引发了二审或者再审，最终增加了当事人的诉讼负担，浪费了司法资源。司法实践中，有一些当事人为拖垮诉讼对手而不讲诚信，滥用其诉权、诉讼权利和特殊诉讼程序，这也导致司法资源的浪费。[②] 涉诉信访方面的非制度化实践也占用了大量的司法资源，实是一种巨大的资源浪费。

笔者认为，民事司法资源的科学、合理配置关键是在尊重司法规律的基础上，妥善处理好以下几种关系：（1）调解、和解、仲裁、诉讼等诸种纠纷解决机制在资源配置方面的相互关系。我国正处在社会转型期，利益群体多元，利益形态多样，而成文立法还相对滞后和不完整，这为当前选择调解优先的民事司法政策提供了一定的正当性基础。但应该看到，诉讼毕竟因其更高水平的程序保障、纠纷解决中的最终途径地位、更有力的国家强制性等特点而在诸种纠纷解决机制中具有标本意义。诉讼的严格特点为其他纠纷解决方式提供了压力和动力，而其他纠纷解决方式又往往是以司法为标准而进行的各种各样的简化。我们应建立相应的筛选机制来配置民事司法资源，以决定哪些纠纷更适合通过诉讼来解决，而哪些纠纷更适合通过其他途径来解决，从而使"好钢用到刀刃上"。（2）不同审级法院在资源配置上的相互关系。不同审级法院在功能设置上有一定的区别，一般来说，基层法院和中级法院的主要职能是通过依法审判来解决纠纷，而高级法院和最高法院则在此职能之外还要承担规则创制以及秩序形成等功能。不同审级法院之间的资源配置应以其功能定位为基础，结合具体法院的任务量而进行。（3）法院内部不同业务部门以及不同工作人员在资源配置上的关系。法院内部既有审判业务部门，也有司法行政管理部门，妥善处理不同部门在民事司法中的相互分工和配合关系，建立科学的法官考评机制和激励机制对于优化法院内部的资源配置都是非常必要的。（4）不同司法环节上的资源配置关系。在民事诉讼

---

① 参见沈明磊、蒋飞：《资源配置视野下的司法效率》，《人民司法》2008 年第 17 期。
② 参见万鄂湘主编：《司法解决纠纷的对策与机制》，人民法院出版社 2007 年版，第 32—33 页。

中，立案、审前准备、证据调查、质证和辩论、制作裁判文书、执行以及采取强制措施等司法环节上的资源配置也不是随意的，既要有一般性安排，也要能根据具体案情而适当调整。(5)司法资源的系统安排与个案利用之间的关系。不考虑整个系统而将司法资源集中于某些案件的做法其实剥夺了其他案件所应分配的资源。在这方面，英国民事司法在确立其基本目的时所主张的比例要求很值得我们借鉴。依据该要求，个案中的司法资源分配应与争议金额、案件的重要性、系争事项的复杂程度、各方当事人的财力水平等因素成比例。①

四、民事司法程序的妥当安排

民事司法的程序设计对于民事司法程序的高效运行显然是非常重要的。良好的民事司法程序往往是在现代民主制度下，经过周密论证而产生的，其往往要对所涉及的种种价值和利益作综合考虑。倘若民事司法程序本身是妥当的，那么严格遵守该程序便能够起到提高司法效率以及司法效益的作用。随意地违反法定程序，忽视当事人的程序权利的做法表面上似乎能提高司法效率，但实质上是以牺牲司法正义为代价的。随着社会的发展，民事司法程序也应及时调整以适应社会需求。在高效民事司法的诸种要素中，民事司法程序的妥当安排和不断优化更是居于核心地位。

(一)民事诉讼程序与多元化纠纷解决机制

自20世纪下半叶以来，为了应对诉讼爆炸、诉讼迟延、弱势群体利益无法保护等司法危机，世界各国纷纷改革其民事司法，建立了形式多样的纠纷解决机制。在我国，近些年来民事纠纷大量增加的现实也给法院提出了更高的要求。社会现实生活中的纠纷是多样而复杂的，这在客观上要求我们根据案件性质、类型等的不同去设置不同的纠纷解决机制。对于面临案件大量增加而审判资源还相对有限的人民法院来说，多元化纠纷解决机制可以借助外部资源来化解纠纷，减轻法院工作压力。正因为如此，构建多元化纠纷解决机制已经成为提高民事司法效率的基本策略。我国已有不少法院将建立健全多元化纠纷解决机制作为其司法改革的基本任务并去积极探索。在和解、

---

① 参见徐昕：《英国民事诉讼与民事司法改革》，中国政法大学出版社2002年版，第470页。

调解、仲裁、行政处理等非诉讼纠纷解决机制日益受到重视的同时，法院也在其内部开展了委托调解、邀请协助调解等形式多样的改革实践。

法院在构建多元化纠纷解决机制方面的努力是值得肯定的，但也有一些基本性问题是值得注意的。（1）多元化纠纷解决机制的根本目的还是要解决纠纷，而不是简单地为减轻法院工作压力而实行案件分流。（2）调解、仲裁、行政协调等非诉讼纠纷解决机制在兼顾各方需求的同时，还应体现最低限度的公共性和伦理正当性。（3）建立多元化纠纷解决机制不能否定诉讼程序的基础地位，片面追求调解率、撤诉率的行为都是不值得提倡的。（4）应妥善处理好不同纠纷解决机制相互之间的配套和衔接，避免重复性劳动。此外，多元化的纠纷解决也应注意降低成本和提高收益，那种为了实质性解决纠纷而不计成本的做法并不足取。

在多元化纠纷解决机制之中，民事诉讼程序的多元化是高效民事司法的一个关键要素。范愉教授认为，"一个合理的司法制度和诉讼程序可以通过多元化合理分配审判资源，提高司法效益，更好地发挥司法的纠纷解决功能和社会功能"[①]。司法程序的多元化，源于社会冲突的多样化。[②] 多元化可以提高民事诉讼程序的灵活性，增强其适用性。我国民事诉讼程序已经有了一定的分化，例如诉讼程序和非讼程序、普通程序和简易程序、特别程序等。不过这种程序分化还只是基础性的，还缺乏更为细致的分化，也不能满足现实需要。我们可以考虑在此基础上，根据民事案件的特点再进一步实行多元化的诉讼程序。以审前准备程序为例，德国民事诉讼中的审前准备就包括早期第一次口头辩论和书面准备程序两种程序样式。而日本民事诉讼中的审前准备程序则有书面准备程序、准备性口头辩论和辩论准备程序三种程序样式。德、日两国不同的审前准备程序样式都分别对应不同的案件类型，以供法官和当事人根据具体案情来选择适用。相比之下，我国民事诉讼中的审前准备还缺乏类似前述德、日两国那样的程序分化，当事人在这方面的程序选择权更是无从谈起。我们完全可以借鉴德日模式，也设置多元化的审前准备程序。对于路途较远或当事人行动不便的情形，可以采取书面形式的审前准备。对于案情比较复杂，涉及争点和证据较多的案件，则可以采取会议型的

---

①　范愉：《纠纷解决的理论与实践》，清华大学出版社 2007 年版，第 229 页。

②　参见曾宪义：《司法公正与司法效率的保障机制研究》，《法律适用》2002 年第 1 期。

审前准备。审前准备程序也可以分化为秘密型和公开型两种不同的程序。一般来说，案件越复杂、越重大，审前准备的程序保障程度就应越高。

（二）民事诉讼程序的简化

简化民事诉讼程序也是提高民事司法效率的一条重要途径。民事诉讼越是公正，其具体制度设计就越是复杂和精细，这会在一定程度上阻挡当事人进入诉讼，也会在一定程度上提高诉讼成本。为保障当事人的审判请求权，降低诉讼成本，在一些当事人争议不大、涉案标的比较小的案件中适当简化民事诉讼程序既是必要的，也是可行的。但民事诉讼程序的简化不能突破必要的限度。司法实践中，有些简化民事诉讼程序的做法其实是以牺牲当事人的基本权利为代价去进行的。例如在审理时限问题上，有的法院为缩短诉讼周期而人为地减少当事人的举证时间和答辩时间，简化法庭调查、辩论、陈述等诉讼环节。这种"缩水"的程序难免既会损害当事人的实体权利，也会降低当事人对裁判结果的认同，最终影响司法正义的产出。[1] 民事诉讼程序的过分简化容易损害当事人的程序利益，刺激上诉、再审以及涉诉信访的增加，这反而会造成司法资源的浪费。因此，民事诉讼程序的简化不能突破最低限度的程序保障，比如尊重当事人的程序主体地位、让当事人而不是法官来决定诉讼标的、保证当事人的辩论机会、法官严守中立等。

（三）民事诉讼程序的优化

"改革的历史与民事诉讼法的历史一样长。"[2] 随着社会条件的发展变化，世界各国的民事诉讼程序都在不断改革。民事诉讼程序在民事司法中的核心地位决定了其自身的不断优化是保证高效民事司法的核心要素。毫无疑问，民事诉讼程序的优化是一项非常专业和复杂的作业。这种程序优化深深地嵌在国家的政治体制改革之中，并且受到经济、文化、传统、人口、地域等多种因素的深刻影响。

由于种种历史原因，我们的民事诉讼法制并没有深厚的历史积淀。现行《民事诉讼法》是 1991 年制定的，当时我国正在发生着剧烈的经济体制转型，这种社会现实决定了 1991 年《民事诉讼法》并不是一部非常完善的法

---

① 参见沈明磊、蒋飞：《资源配置视野下的司法效率》，《人民司法》2008 年第 17 期。

② ［英］阿德里安 A·S·朱克曼主编：《危机中的民事司法——民事诉讼程序的比较视角》，傅郁林等译，第 13 页。

典。这部法典自颁行至今，仅仅在 2007、2012 年经过两次修正，而这两次修正还仅仅是局部调整。多年来，最高人民法院的司法解释和全国各地法院所推行的司法改革早已在事实上与《民事诉讼法》的规定相去甚远。伴随着新的社会发展，我国民事诉讼法学者们普遍认为，"补丁"式的立法并不能满足社会对《民事诉讼法》的客观要求。

未来《民事诉讼法》的进一步修订既涉及民事诉讼基本理念的更新，又包含细枝末节的制度构建，这显然是一项无比宏大的工程。《民事诉讼法》的修改是否能够促进民事诉讼程序的优化，高效理应成为一个基本的评判标准。在民事诉讼程序中，简易程序、执行程序等具体程序自然是以高效为优先价值选择的，其他民事诉讼程序的改革也不能舍弃高效这一基本目标。以初审、上诉审以及再审之间的程序安排为例，我们一方面要考虑每一种审理程序中的效率问题，另一方面也要依据高效理念去合理安排不同审理程序相互之间的关系。初审作为当事人最早进入的正式诉讼程序，理应为当事人提供完善的程序保障。上诉审相对于初审，再审相对于上诉审，都是一种补充性的救济方式。在初审存有裁判错误时，当事人如果能够通过提出异议或申请上诉等程序解决，就不应等到判决生效后再提起再审之诉。① 这样的程序安排就很好地体现了高效原则。

五、科学的审判管理

在我国，审判管理是一个已被广泛使用但又不太容易精确界定的概念。从较为宽泛的角度理解，法院内部所进行的与案件审理工作直接或间接相关的领导、组织、协调、控制等活动与制度均可称为审判管理。在当前的司法改革语境中，审判管理是与司法人事管理、司法政务管理并列的一种管理机制，其主要包括案件分配、审判流程控制、审判质量评查、审判责任追究等具体制度。管理在人民法院的工作中占有相当大的比重，全国法院有 1/3 以上的工作人员专职或非专职地从事政务管理、事务管理、人事管理、业务管理等各项管理工作。② 审判管理与案件审理密切相关，审判管理效率的高低能够直接影响到案件审理的顺利进行。因此，科学的审判管理是高效民事司

---

① 参见李浩：《再审的补充性原则与民事再审事由》，《法学家》2007 年第 6 期。
② 蒋惠岭：《论司法效率中的八个关系》，《人民司法》2008 年第 17 期。

法中一个不可忽视的关键要素。

很长一段时间以来，审判管理并未引起人们的注意。案件急剧增多所带来的压力迫使我国法院系统逐渐由被动转为主动去思考并践行审判管理机制改革。最高人民法院自 1999 年以来所制定的 3 个《五年改革纲要》都将"建立符合审判工作特点和规律的审判管理机制"列为司法改革的重要目标。2010 年 11 月，最高人民法院还专门设立了审判管理办公室。全国各地也有不少法院为应对案多人少的难题，正在积极探索审判管理的规律和经验。①

种种审判管理改革正在进行当中，其中的利弊得失只有经过较为长期的观察和较为全面的实证调研方能进行科学总结。就当前情况来看，我们认为在审判管理机制改革中有些方面是值得认真考虑的。(1) 域外案件管理制度的积极借鉴。现代法治发达国家经过数百年的发展，其在审判管理方面早已积累了不少有益的经验。积极借鉴其成功经验可以避免多走弯路，充分发挥我们的后发优势。例如，美国民事司法中的案件管理制度经过一个多世纪的发展已经形成了较为完善的制度，其法官在民事诉讼中早已摆脱了传统对抗制诉讼中的消极角色而变得更加积极能动。借助于案件管理制度，美国法官可以在诉讼中（尤其是审前阶段）指导当事人界定诉讼主题、控制证据开示、促进和解、召开情况讨论会以保证案件在审前得到很好的准备。② 这种制度大大提高了美国民事司法的效率，其中就有不少值得我们借鉴的地方。当前我国的审判管理举措中，有不少都是对法官的管理，而不是法官对案件的管理。审判管理与案件管理的脱节很容易降低而不是提高民事司法的效率。(2) 审判管理机制的统筹安排与个体平衡。每个法院都会面临一些与众不同的问题，在审判管理机制改革中赋予其一定的自主权是必要的。但审判管理机制改革还应注意统筹安排，否则将会给当事人和社会形成"一个法院一个规矩"的认识，而这也并不利于司法整体管理效能的提高。(3) 诉讼类

---

① 关于地方法院的审判管理改革实践，可参见公丕祥：《充分认识审判管理的重要价值，积极构建科学的审判管理模式》，《人民法院报》2010 年 8 月 13 日；董治良：《论审判管理体系的构建和完善》，《法律适用》2010 年第 11 期；吕雪峰：《人民法院审判管理机制创新的有益探索——以安徽省宁国市人民法院"3+1"管理模式为视角》，《中国审判》2010 年第 51 期；等等。

② 参见［美］斯蒂文·N·苏本、马莎·L·米卢、马克·N·布诺丁、托马斯·O·梅茵：《民事诉讼法——原理、实务与运作环境》，傅郁林等译，中国政法大学出版社 2004 年版，第 536—548 页。

型与审判管理。刑事诉讼、民事诉讼、行政诉讼等不同诉讼类型既有共同的诉讼原理，也有各自不同的诉讼规律。审判管理机制改革倘若不能照顾到各种诉讼类型的特殊性，便很容易违背司法规律，从而降低司法的效率。（4）审判管理机制的科学化、系统化、规范化与实效性。当前的很多举措都把科学化、系统化、规范化列为审判管理机制改革的目标，这对于制度建设来说无疑是正确的。但审判管理机制改革如果不能和司法的实效性联系在一起，就容易失去真正的改革方向。（5）审判管理自身的效益。审判管理机制改革必然会引起法院内部组织的调整和科层制的加强，处理不慎就可能产生相反的结果。叠床架屋式的审判管理组织可能会给法官增加更多的枷锁，也可能会产生更高的管理成本。在这个问题上，苏力教授也曾敏锐地指出，"不仅要考虑审判管理的收益，也甚至更要考虑其'成本'（缺点和弊端），注意权衡利弊。只有利大于弊才算'加强'或'创新'，利弊相抵或入不敷出则是'折腾'"①。

---

① 苏力：《审判管理与社会管理——法院如何有效回应"案多人少"》，《中国法学》2010 年第 6 期。

第九章

审前准备程序的完善

　　自 20 世纪 90 年代以来，针对民事司法领域长期存在的诉讼延迟、诉讼成本过高以及司法远离民众等一系列妨碍当事人诉诸司法权力而导致的司法危机，不同国家和地区均相继对民事司法制度进行了改造。两大法系程序改造所遵循的民事司法理念表现在从实质正义到分配正义；从当事人控制诉讼到法官控制诉讼；从解决争议方式的单一化到多元化。[①] 在新的司法理念影响下，各国诉讼制度呈现出新的动向，其中较为突出的是对审前准备程序的重视。审理集中化乃美、德、日等国在建构诉讼审理方式或运作机制时所共同追求达成的目标。[②] 上述国家应因司法理念的转变纷纷对审前准备程序进行了结构上的调整和改革。在我国，随着审判方式改革的不断深入，审前准备程序与一次性开庭即审结案件的两阶段诉讼结构，无论在学术界还是实务界都已成为得到广泛支持的程序改革方向。[③] 司法实务对审前准备改革进行了各种尝试，其中一些成果也被相应的司法解释所确认。1999 年颁布的《人民法院五年改革纲要》明确规定要建立举证时限制度和重大、复杂、疑难案件庭前交换证据制度。据此，最高人民法院《证据规定》更进一步细化了举证时限制度与证据交换制度，使实务中的操作趋

---

　　① 参见江伟主编：《比较民事诉讼法国际研讨会论文集》，中国政法大学出版社 2004 年版，第 280 页。

　　② 参见邱联恭：《程序制度机能论》，三民书局 1999 年版，第 211 页。

　　③ 参见王亚新：《关于中级法院民事一审程序运作状况的调查报告》，2002 年 8 月比较民事诉讼法研讨会论文。

于统一与明确。可以说，以证据交换与庭前会议为核心的具有实质意义的民事审前准备程序已初显轮廓。然而，审前准备程序改革并不能止步于此，一方面，司法实务的相关做法还不尽合理，有关审前准备程序的基本理论问题尚待明晰；另一方面，立法上距建构完善的审前准备程序还有着不小的距离。审前准备程序改革的深入既需要司法实务的不断探索，更需要法理的有力支撑。

一、审前准备程序的正当性：公正与效率的双重诉求

民事审判的正当性是指审判的过程和结果为当事人和公众所接受和信任的性质，包括审判过程的正当性与审判结果的正当性两个方面。民事审判的正当性是民事诉讼体制和审判方式合理性的基础和赖以维持的前提。[①] 在当代，与真实发现功能和权利保障功能等民事诉讼的手段性功能相比，通过程序保障自身以求得审判正当性的所谓"正当性确保功能"更获重视。审判正当性的根据亦非仅仅是判决内容的正当性，而渐趋移向公正程序的参加保障。[②]

在制度上以获得判决为目标的民事审判中，为了使通过审判程序而达到的判决本身获得正当性，原则上要求将形成裁判基础的诉讼资料在"公开、对席、直接、口头"等程序保障充分的开庭审理中获得。然而对于简单案件，法官完全通过开庭审理来了解案情，获得诉讼资料并不困难，但对于复杂的案件这种做法往往会造成审理时间的拖延，而且有限的开庭时间以及每次开庭之间难以避免的间隔都有可能妨碍充实的审理。于是，将围绕案件真正争点所进行的证据调查与辩论放置于正式的开庭审理中进行，而把争点及证明争点的证据的整理在通过提供最低限度的程序保障的相对简化的程序中完成，使法官与当事人就案件的争点形成共通的认识而提高审判的效率便具有了正当性。不过，虽然应因审判正当性的要求成为审前准备程序的正当化基础，但各国关注审前准备程序的动因并不相同。

在我国，虽然按照我国现行《民事诉讼法》的规定，在一审的开庭审理前也存在"审理前的准备"，但这并不构成上述意义上的审前准备程序。因

---

① 参见翁晓斌：《论民事审判的正当性》，《现代法学》1999 年第 2 期。
② 参见［日］田中成明：《现代社会与裁判》，弘文堂 1996 年版，第 184 页。

为在传统的"调解型"审判方式中，尽管存在着以判决方式解决纠纷的可能性，但程序的第一目的是获得当事人的和解或合意，这个目标规定了程序的展开动机和进行过程，使法官积极主动的调解活动成为诉讼的中心内容，而严格划分程序阶段与顺序则显得没有太多实际意义。由于开庭审理没有得到充分的重视，法官办案的主要精力放在了开庭之外询问当事人、调查取证以及背对背或面对面的反复调解等活动上，一般情况下，大部分案件的处理都结束在这一阶段。开庭审理往往只是在调解无效，需要下判决时，在通过请示领导等方式得到了最终结论的前提下才予以举行，结果是导致了"先定后审"等庭审形式化或走过场的现象发生。既然开庭审理本身因实际上发挥的作用十分有限，从而被置于无足轻重的位置，以开庭作为前提，只是为这种正式的审理作准备的程序自然也失去了重要性。尽管有关的诉讼活动依然存在，但作为准备的程序以至"开庭前准备"的概念本身事实上已经被消解掉了。[1]

在我国传统的审判方式下，无论是调解结案的案件，还是经过层层审批集体决策而以判决结案的案件，纠纷处理结果的正当性并不是来自于审理过程本身。前一种结案方式的正当性来自于当事人的合意，而后一种结案方式的正当性则来自于法院内部的层层监督。无论哪一种正当化机制，均是以对审判者的高度信任和对纠纷处理的全面责任为前提的。随着这种信任的不复存在，原有的正当化策略难以为继，于是人们对庭审过程投来了越来越多的关注，期冀通过当事人的当庭对抗使法官获得作为判决基础的诉讼资料，而不是通过法官与当事人的单方接触来了解案情。程序过程的公开与透明成为保证判决正当性的重要条件，开庭审理获得了前所未有的重视程度，重新放到了审判的中心位置。审判方式改革的诸多尝试，如公开审判的强调、审理过程的规范化等即是从程序方面改善其正当性条件的努力。在判决的正当化机制已悄然发生转变的情况下，必然要求法官的审理活动从庭外转向开庭审理，从与当事人单方接触的调查访谈获得判案的信息，到通过当事人的当庭对抗查明案情。回应这种审判正当化机制的转变，为避免法官在庭外接触单方当事人等"暗箱操作"，20 世纪 90 年代中期，许多法院试行"直接开

---

[1]　参见王亚新：《民事诉讼准备程序研究》，《中外法学》2000 年第 2 期。

庭"，把审理的重点放到正式的开庭上，通过开庭审理来逐渐了解把握案情。但是，这种尝试在实践中遇到了不少问题。由于缺少开庭前的准备，在复杂案件中，法官与当事人对案件缺乏总体的把握，难以掌握真正的争点，开庭审理常常不得要领而达不到预期的效果，不得不多次重复开庭，由此又带来诉讼效率的问题。但如果为了提高庭审效率，还是靠首先进行庭外的询问、调查等方式了解案情，等有了把握再来开庭，则又回到了开庭审理走过场或"先定后审"的传统审判方式之中。而尤应注意的是，在直接开庭不足以或直接开庭的方式限制了法官充分与富有成效地获得案件的相关信息时，实务中在直接开庭之后，法官分别找当事人询问调查，以了解案情的做法并不少见。[①] 为了使正式的公开开庭不走过场，真正成为时间集中、内容充实的审理过程，需要在此之前进行充分的准备。当审判的正当化从关注结果而转向更多地关注过程本身时，准备过程本身的正当性越来越受到人们的重视，而在传统审判方式下，法官独自调查访谈式的准备显然因程序保障的欠缺而为人们所抛弃。于是构建既富有效率又能为当事人提供相应程序保障的审前准备程序成为我国新一轮审判方式改革的核心。

综上所述，在我国，审前准备程序的正当性是源于公正与效率的双重诉求：一方面，审前准备活动应满足对双方当事人公开等最低限度的程序保障，以追求程序公正；另一方面，审前准备样式还要讲求效率，以保障庭审的充实，避免诉讼的拖延。因而审前准备程序的建构需要在公正与效率之间寻求适度的平衡。

二、审前准备程序的性质：程序性准备抑或实体审理

对审前准备程序性质的界定决定着我国审前准备程序的建构。尽管审前准备程序的建构始终离不开实务的尝试，但对国外相关制度的借鉴成为必不可少的前提，甚至可以说，我国审前准备程序改革的实践很大程度上来源于国外相关制度的启发。

从两大法系代表性国家有关审前准备程序的立法与实践来看并不难得出这样的结论，即民事审前准备程序本身是相当多义的，一方面，审前准备程

---

① 参见王亚新：《关于中级法院民事一审程序运作状况的调查报告》，2002 年 8 月比较民事诉讼法研讨会论文。

序是特定国家民事诉讼立法上的一项具体制度，各国审前准备程序所涵盖的内容与方式既有相同之处，又有各自的特点，从前述国家有关审前准备程序的用语便可略见一斑。在美国，作为审前准备程序核心的"Pretrial Conference"一词直译为"审前会议"，日本学者译为"准备手续"，而我国台湾地区学者则译为"预审制度"[1]，除审前会议外，诉答程序与证据开示程序也是美国民事诉讼中审前准备程序的组成部分。英国审前准备由诉答程序、证据开示程序、案件管理会议以及审前再议会议等构成。《德国民事诉讼法》中有关"主期日之准备"包括早期第一次期日（又称初步审理）与书面审前准备程序及相关的准备措施。《日本民事诉讼法》规定了包括"准备书状"与"争点及证据的整理程序"在内的"言词辩论的准备"制度。另一方面，尽管各国有关审前准备程序的用语及规定存在差别，但审前准备程序的核心内容和目标大致是相通的，正是以此为基点，旨在为正式的开庭审理作准备的审前准备程序才超越了制度的差异而具有了共通性。所谓审前准备程序，是指在原告起诉后，至正式开庭审理之前，法院与当事人及其诉讼代理人为使案件达到集中审理的程度而对争点与证据进行整理所适用的程序。

那么，如何为审前准备程序定位？进一步而言，作为审前准备程序核心内容的证据交换或实务中出现的庭前会议到底是审理行为还是为审理作准备的程序性行为？我国审前准备程序改革过程中所出现的问题及争论，均在一定程度上与该问题相关。主流观点认为，审前准备程序是为开庭审理作准备的准备行为，其所进行的是程序性事项，不是审判行为，是程序性的操作，而不是实体性的质证、认证。[2] 该观点成为支撑准备法官与庭审法官分离制的重要论据。如果从英美法的角度而言，事实审理前的程序，主要是证据开示程序，虽然也是诉讼程序，但不是审理程序，法官不能就案件重大的实质性问题进行考量并裁决。[3] 但是如果考察德国与日本的审前准备程序，则会得出不同的结论。就德国的早期第一次期日的准备方式而言，虽然将其定位

---

① 我国台湾地区民事诉讼法研究会编：《民事诉讼法之研讨》（四），三民书局1996年版，第665页。

② 代表性的论述，参见蔡虹：《审前程序的构建与审判管理模式的更新》，2002年9月民事审前程序与庭审模式改革研讨会论文；类似的观点另参见张晋红：《审前准备程序及其权利配置》，见江伟、杨荣新主编《民事诉讼机制的变革》，人民法院出版社1998年版，第419页。

③ 参见常怡主编：《比较民事诉讼法》，中国政法大学出版社2002年版，第554页。

为主辩论期日的准备，但按其性质属于完整的辩论期日，而非无关紧要的附加期日，视诉讼情况可作为准备性期日及预审期日或者作为唯一的主期日使用①，实质已经是审理行为。再看日本，为口头辩论作准备的核心程序——争点与证据整理程序也是审理的重要组成部分，但区别于是否公开进行，法官所实施的诉讼行为有所差异。由此可见，尽管功能相似，都是为集中的证据调查即正式的开庭审理整理争点和证据，但英美与德日关于程序的性质定位并不相同。那么，前述将以争点与证据整理为目的的证据交换或庭前会议定位为非审理行为是否合适呢？如果我们仅仅将开庭审理作为审理的唯一空间，似乎就能够得出凡是在开庭审理之前所从事的活动都应定位为开庭审理的准备行为，而不是审理行为的结论，但是，这样一种形式上的定位并不符合实情。就实务中法官与当事人会聚一堂旨在整理和固定争点与证据的证据交换或者庭前会议而言，尽管其处于开庭审理之前，但从其所从事的活动的内容来看，实质应属于审理活动的组成部分。因为如果我们不是仅限于对当事人提交的证据进行简单的互换，还需要对证据进行进一步整理以厘清争点和固定证据，就离不开对事实的陈述，对有关证据的合法性的初步质辩，对相关事实的自认等，庭前证据交换或庭前会议起到了庭审中举证、质证的部分作用；从效果上看，在交换程序中已自认的证据、事实，对庭审具有约束力，庭审的调查阶段不予重复。由此，对于当事人来说，帮助双方当事人了解和熟悉案情，明确和固定争议焦点；对于审判人员来说，通过证据交换明确了当事人争议焦点，便于迅速、快捷地抓住需要开庭审理查明的事实，准确地把握案情。② 因此，有实务工作者认为，庭前证据交换程序实际是庭审程序调查阶段的前置，是处于庭前准备阶段的一种准庭审程序。③ 实际上，《证据规定》的制定者也将证据交换定位为审判活动，这种定位是相当准确的。④

　　如前所述，虽然正式开庭审理是一种旨在给予当事人最充分的程序保障

---

① 参见〔德〕狄特·克罗林庚：《德国民事诉讼法律与实务》，刘汉富译，法律出版社2000年版，第382页。

② 参见黄松有主编：《民事诉讼证据司法解释的理解与适用》，中国法制出版社2002年版，第218页。

③ 参见高洪宾、何海彬：《庭前证据交换实务问题研究》，《政治与法律》2001年第1期。

④ 参见黄松有主编：《民事诉讼证据司法解释的理解与适用》，第218页。

的"重装备"程序，各国民事诉讼亦将其作为展现程序正义的重要空间而赋予其最为重要的地位。但是，仅仅有一两次这样的场面有时并不足以使当事人和法官获得妥善处理纠纷所需的充分信息；与此同时，多次反复使用这种程序无疑既影响诉讼效率又带来沉重的成本负担。这种情况下，在给予当事人提供最低限度的程序保障的同时，通过大幅度地简化程序来设定双方当事人与法官围绕纠纷的解决进行信息交流和对话的场面，就超越不同的诉讼制度而成为一种普遍的必要。德国、日本等国的"早期第一次期日"与"辩论准备期日"、美国的"庭前会议"及"听审"等场面，就是因应这种需要而产生的程序，我国民事诉讼审前准备程序改革过程中出现的证据交换与庭前会议也可以归为这一类程序。这类程序主要用于争点与证据整理并帮助法官与当事人尽早对案情形成共通的认识。不过，由于这类程序通常采用非公开的方式，因而与正式的开庭审理相比，法官的职权受到相当的限制，如不能对证人进行询问，不能对最终的实体问题作出判断等。当然，对争点与证据进行整理也可以在正式的开庭中进行，而且在某些案件中也确有必要。但从效果上而言，与正式的开庭审理所呈现的威严与对抗氛围相比，在非公开的场所，通过法官与双方当事人的讨论更有利于信息的交流，促使当事人尽早提出主张与证据，使争点与证据整理更为彻底，同时，也有助于提高争点与证据整理的效率。当然，在审前准备程序中还存在着诸如送达、法官调查证据、财产保全等程序性事项，这些程序性事项可由非庭审法官来主持，但这些程序性事项并不能改变审前准备的审理性质。

三、审前准备程序的核心——争点整理程序的建构

在正式的开庭审理前，双方当事人在法官的主持下，对案件的争点及相关证据进行整理，以明确争点及法庭调查的证据，为正式的开庭审理做准备，这是审前准备程序最具实质性的内容。无论是诉答程序，抑或是证据的收集与交换，均在一定程度上为整理争点服务，但前述程序并不能完全彻底地实现争点整理的功能，而有必要设立独立的争点整理程序。美国的审前会议、德国的早期第一次期日等主要任务就在于争点整理，而《日本民事诉讼法》更是专设争点整理程序。我国现行审前准备程序恰恰欠缺这一实质性内

容。虽然最高人民法院《证据规定》中的证据交换程序承载了争点整理的部分功能，而且新《民事诉讼法》第133条通过"需要开庭审理的，通过要求当事人交换证据等方式，明确争议焦点"的原则性规定确认了争点整理制度。然而，现行立法的原则性规定不足以胜任实现争点与证据整理的充实化之需，重构我国审前准备程序的关键一环在于健全专门的争点整理程序。

就争点整理程序所处的位置而言，它属于准备程序的子程序，也是准备程序的核心程序。争点整理程序不仅居于实体性准备程序之首，而且贯穿于准备程序的全过程。证据交换是争点整理程序的一个组成部分；证据的收集、审查与争点的形成具有密切的联系；争点整理程序也是当事人和解的前提与基础，没有争点整理程序的"过滤"，就难以实现公平合理、自愿合法的和解，也难以做到繁简分流。更为重要的是，争点整理规划了开庭审理的范围和进程。[①]

（一）争点整理程序的类型

在被告提交答辩状之后，如果法官认为案件复杂，依当事人的诉状与答辩状不能确定争点的案件，经法院裁定，案件即可进入争点整理程序。民事案件纷繁复杂，立法应提供多种争点整理程序供法官和当事人选择，以平衡当事人程序利益与实体利益的需要。根据案件与当事人的具体情况，在与当事人充分协商的基础上可以选择适用下列争点整理程序。

1. 准备会议型

准备会议型争点整理程序是指在正式开庭审理之前，法官与双方当事人以非公开的方式进行争点与证据整理的程序。准备会议型争点整理程序既可以在法庭，也可以在法官的办公室等场所进行。程序主持者既可以是合议庭全体成员，也可以是合议庭的组成成员或独任法官。由于并非正式开庭，在主持该程序时，法官可以身着便装，通过与当事人就案件事实与证据进行充分的讨论、交换意见来进行争点整理。

与在公开法庭上进行争点整理相比，非公开的方式具有很大的优势，体现在非公开的方式更容易营造宽松的氛围，便于法官与当事人之间进行活跃的意见交流，从而有利于争点与证据的早期整理。这种非公开的方式可能更

---

① 参见冯文生：《争点整理程序研究》，《法学论坛》2005年第2期。

易于为我国司法实务所接纳，因为我国庭前准备改革的实践中有关"审前会议"、"准备庭"等做法与该程序接近。此外，有人认为，从各地法院实务中的普遍做法来看，对那些需经多次开庭才能审结的案件，不可能每次都严格依照法律规定的形式开庭审理，实际上，有很大一部分案件的审理程序极不规范，在法官办公室"开庭"的现象极其普遍。与其放任这种现象，倒不如从立法上认可通过非正式的形式进行准备，并在此基础上大力规范和强化正式的开庭审理。[①]

如前所述，如果仅仅是通过事实主张与证据的交换来进行争点整理，即使是以非公开的方式进行也并不存在疑问，但争点与证据的整理常常很难与对证据的评价相分离。我国司法实务中有关审前准备程序，尤其是承担争点整理功能的证据交换程序利用率低，争点整理不彻底，很大程度上与限制对证据的评价相关。因为不能对证据进行评价，法官与双方当事人难以就真正的争点之所在形成共识，所以，为整理、限缩争点，对相关的证据进行评价也就变得必不可少。但是，以非公开的方式实际从事依法只能在正式开庭审理中所进行的质证活动在程序保障方面并非没有问题，这是一个两难的选择，对此，需要适度的制度安排：首先，赋予当事人程序选择权，在法官拟采用该程序进行争点与证据的整理时，必须取得双方当事人的同意，如果一方当事人拒绝适用，则应尊重当事人的选择，以保障当事人的公正程序请求权。其次，准备会议型的过程尽管没有对社会公开，但它保障了对当事人的公开，法官通过听取当事人双方的陈述，对证据的初步质辩，了解案情，并适度公开暂定的心证，表明自己的观点，倾听当事人的意见，在此基础上，由法官与双方当事人共同就争点进行整理、归纳与确认。因此，准备会议型争点整理程序必须保障当事人的对席辩论权。再次，合议庭在准备会议型争点整理程序中对证据的评价应当仅限于书证，而对证人证言则只能在正式的开庭审理中进行审查，以体现审理的"公开、口头、直接"原则；而在由合议庭成员主持该程序时，对证据的评价应当受到限制，即只能在双方当事人的共同授权下才允许对证据的审查核实，否则，本应由合议庭进行的审理有变成独任审理的可能。最后，准备会议型争点整理程序虽然以非公开为原

---

① 参见赵晋山：《论审前准备程序》，见陈光中、江伟主编《诉讼法论丛》（第6卷），第518页。

则，但并不排斥适度的公开。在当事人提出申请的情况下，法院应允许当事人所邀请的人旁听。

2. 准备性庭审型

与会议型准备不同，此种方式是将争点与证据的整理放在正式的开庭审理中进行，也就是将开庭审理分为准备与集中的证据审查两大阶段。前一个阶段专门用于争点与证据的整理，待争点确定，用于证明争点的证据业已整理完毕之后，再进入围绕争点的证据审查与证明阶段。作为将开庭审理进行阶段性划分的效果，体现在争点确认之后，当事人提出新的主张与证据原则上属于被禁止之列。这种准备性庭审为大陆法系的许多国家所采纳。在我国，实务中第一、二次庭审主要用于争点与证据的整理，在最后一次庭审之前的开庭审理实际上均具有准备的性质。① 因此，这种准备方式在我国的采用有一定的现实基础。

与会议型准备相比，由于是在公开的法庭上进行争点整理，不存在会议型准备中非公开的方式可能带来的程序保障方面的欠缺。而且，对证据的审查也不受限制，法官随时可以根据情况对证据进行审查核实，以便简缩争点，对真正的争点加以确认。同时，准备性庭审最大的优势在于在争点整理过程中法官在可能的情况下也可以对案件作出实体判断，从而将准备性开庭上升为正式的开庭审理。但准备性庭审也存在很多不足：其一，以公开开庭的方式进行准备需要耗费大量的诉讼资源，在案情复杂时仅通过连续多次的开庭进行争点整理并非提高诉讼效率的良策。其二，富有效率的争点与证据整理需要创造出一定的宽松氛围，从而有利于当事人与法官进行充分的交流，使三方尽快就案件的争点形成共通的认识。然而，开庭的庄重氛围不利于法官与双方当事人之间的充分交流，进而影响争点整理的进程。其三，即便对开庭审理依据功能进行了阶段性的划分，但以多次重复的开庭方式进行准备会导致诉讼效率的缺失，容易回到多次重复开庭的审理方式中来。

3. 书面准备型

书面准备型争点整理程序是指通过书面方式进行争点与证据整理的程

---

① 参见章武生等：《司法现代化与民事诉讼制度的建构》，法律出版社 2000 年版，第 492 页。

序。该程序适用于当事人距离法院较远或因其他原因不便出庭等特殊情况，通过诉状、答辩状、再答辩状等书状的交换来展开攻击防御，直至最终对需要证明的对象及向法庭提交的证据在双方当事人之间达成协议。在书面准备型程序中，除诉状等书状的交换外，当事人还应交换书证，并根据法院的具体要求提出特定的书面材料。为了使当事人之间能够尽早对相对方的主张提出攻击与防御方法，前述书状等书面材料在向法院提交的同时原则上由提交书面材料的一方当事人直接传送给对方当事人。书面准备型程序与其他两种准备方式相比，由于无须到庭进行争点整理，减少了当事人的诉讼成本。另外，对于当事人之间无争执的案件，通过书面程序加以排除，有助于避免拖延诉讼，提高诉讼效率。但同时，该程序也存在着不足，主要体现在：其一，我国并未实行律师强制代理制度，在当事人亲自诉讼的情况下，以书面形式进行准备存在一定的困难。其二，由于以书面形式进行争点与证据整理，法官难以与当事人就可能涉及争点的全部问题进行充分的交流，不利于有针对性地对当事人进行诸如举证指导、要求当事人对相关问题作出解释与说明等释明活动，当事人也难以预料法官对案件的看法，争点整理往往存在不充分等问题。有鉴于此，是否以书面方式进行准备，尽管可以由法官作出决定，但是在当事人不同意交付书面程序时，应尊重当事人的选择。

　　为发挥上述三类程序的优势，同时尽量避免各自的不足，以上三种争点整理程序既可以单独适用，也可以根据案件的需要交叉适用。例如在经过诉状与答辩状的交换等书面准备后，可将案件首先交付准备性庭审，在一次公开开庭准备中，如果案件并不复杂，当事人双方都当庭提供了充分的证据，法官可直接作出裁判；如果案情较复杂，以公开开庭的方式进行争点与证据整理尚未终结的，可通过准备会议方式继续准备，直至争点与证据整理终结，再将案件交付正式的开庭审理。

　　（二）争点整理程序的内容

　　虽然为使争点整理充实而富有效率地进行，争点整理应当以宽松与灵活的方式进行，但争点整理的结果将为正式的开庭审理划定范围，在该程序中没有提出的主张与证据有可能产生失权的效果，对当事人影响重大。因此，为保障当事人的程序权利，必须使争点整理程序规范化，尤其应规范争点整理程序的进行及法官在争点整理程序的权限范围等。

1. 争点整理程序的进行

选择准备会议方式或准备性庭审方式进行争点整理时，借鉴相关国家和地区的规定，结合我国审前准备程序改革的实务，在争点整理期日，可按下列程序进行。

首先，由当事人对诉状与答辩状等书状中所记载的事项进行说明与补充。为了使当事人与法官能够就案件的争点尽早形成共通的认识，当事人在争点整理程序中应将纠纷发生的经过详细、完整地进行陈述与说明。法官可就有关事项对当事人发问，要求当事人说明；对方当事人经法官许可，也可向当事人发问。通过当事人的陈述，使法官能够全面、完整地了解案情，包括纠纷发生的背景事实，明确双方的主张及各自的理由、证据，凸显双方当事人争议的焦点。

其次，由当事人提出书证、物证、视听资料等实物证据并做相应的说明。双方当事人在法官的主持下可对证据进行整理，包括对证据合法性的初步确认；复印件与原件的核对；确认证人；对证据进行初步质辩。[①] 在以公开开庭的方式或由合议庭主持的准备会议方式进行争点整理时，为了保证争点与证据整理的实效性，应允许双方当事人对书证进行评价。而在由合议庭成员主持的准备会议上，对书证的审查应于当事人形成合意时进行，以保障当事人的程序选择权。

再次，整理并协议简化争点。这是该程序最具实质意义的部分。这里的争点包括事实上的争点与法律上的争点以及各种证据的争点。在争点整理的过程中，法官应与当事人共同讨论、协商，确定有争议的事实与无争议的事实；排除重复与无异议的争点；对有争议的事实明确双方各自提出哪些证据予以证明；确认无异议的证据；对有异议的证据说明异议的理由等。在前述争点整理的基础上，由法官与双方当事人共同就将要在正式开庭审理中应证明的事实（即争点）及用于证明争点的证据进行协议并加以确认，以划定最终开庭审理的范围。

2. 争点整理程序中法官的权限

在我国民事审前准备程序的改革实践中，审前准备程序中法官到底拥有

---

① 参见张卫平：《论民事诉讼中失权的正义性》，《法学研究》1999 年第 6 期。

哪些职权一直是困扰司法实务的一道难题。① 如果在审前准备程序中法官的职权范围过宽，则存在使正式的开庭审理形式化的危险；而如果法官的职权过于狭窄，则审前准备程序的功能又难以发挥。由于法官主持下的争点整理程序在重构后的审前准备程序中占有核心的地位，因而对争点整理程序中法官职权的界定便具有重要意义。前已述及，以确定审理对象为目的的争点整理程序在性质上属审判活动，但在此阶段只是进行争点与证据的整理，原则上不能对有争议的事实进行证据审查及作出实体裁判。与正式的开庭审理相比，法官在此阶段的职权范围应当受到限定。具体而言，在争点整理程序中，法官应享有下列职权：

其一，诉讼指挥权。诉讼指挥权是法院为了保证程序的进行而依职权运行诉讼程序的权能。② 在争点整理程序中，法官的诉讼指挥权主要体现在选择争点整理程序的种类、指定争点整理进行期日以及指令当事人进行准备活动，如要求当事人提出所持有的证据；为当事人提出证据指定期间等。

其二，对证据申请的裁定权。在争点整理程序中，当事人不能自行收集的证据可申请法院调查收集（包括证据保全），法院对当事人的申请应当进行审查并作出是否准许的裁定。鉴于当事人向法院申请调查取证是当事人的重要诉讼权利之一，直接关涉当事人实体权利的实现，因此，在法院驳回当事人的申请时应为当事人提供救济程序，以确保当事人证据申请权的实现。应当提及的是，最高人民法院的《证据规定》对此作出了规定③，从而完善了对当事人申请法院调查取证的程序保障，值得肯定。

其三，依职权调查取证的决定权。依职权调查取证的范围应主要限于鉴定、勘验以及要求书证的制作机关对书证进行说明等。法官决定依职权调查取证的前提应当是经向当事人释明，当事人仍未提出证据申请时。而且，当法官决定依职权调查取证时，应负有向当事人说明的义务，以便使当事人做好攻击防御的准备。为避免审理案件的法官自行收集证据可能形成对案件的

①　参见江苏省高级人民法院研究室：《对当前审判方式改革的调查与思考》，《法律适用》2001 年第 2 期；上海市第一中级人民法院：《审判流程管理的现实做法与发展方向》，见毕玉谦主编《司法审判动态与研究》（第 1 卷第 1 辑），法律出版社 2001 年版，第 78 页。

②　参见刘荣军：《程序保障的理论视角》，法律出版社 2000 年版，第 183 页。

③　参见最高人民法院《证据规定》第 19 条。

预断，我们赞成实务中有关"查审分离"的实践做法，即调查取证的决定权与实施权的分离。具体就争点整理程序而言，主持争点整理程序的法官对当事人申请法院调查取证或法院依职权调查取证拥有决定权，但调查取证的实施权则应由该法官或合议庭以外的人员来完成。

其四，释明权。在争点与证据整理程序中，法官应通过发问、指出或与当事人讨论的方式就事实与法律问题要求当事人说明，协助当事人明确诉讼标的、阐明要件事实、固定主张与证据、告知举证责任规范以及进行举证指导等，使当事人及时、恰当地提出主张与证据。对于当事人应当提出而未提出的主张，法官应指出并征求当事人的意见。不仅事实问题需要法官通过释明对当事人予以协助，对于案件的法律问题，法官也应当在争点整理过程中与当事人进行讨论，尤其是在当事人忽略某一法律观点时，应向当事人指出，给予当事人辩论的机会。经由释明权的行使，协助当事人尽快提出与案件相关的主张与证据，并使当事人能够了解法官对案件的观点与看法，从而既有利于法官与当事人就案件的争点在诉讼的早期形成共通的认识，又能够避免来自法院的突袭裁判。最高人民法院《证据规定》有关准备阶段"举证告知"的规定即是法院行使释明权的表现形式之一。

其五，有限的实体裁判权。在争点整理程序中，原则上不能作出实体裁判，但是，如果当事人之间经争点整理后并不存在实质的争点，在当事人提出口头或书面申请时，法院也可以作出实体裁判。包括当事人作出放弃或承认诉讼请求的意思表示的；当事人自行达成和解协议或经法院调解达成协议等。

需要说明的是，以正式开庭的方式进行争点整理的，法官的职权应当不受限制，在此阶段，法院可以直接作出实体裁判。

（三）争点整理程序的终结

争点整理程序结束时，可能会面临两种情况，一种是通过争点与证据整理，发现双方当事人之间并不存在实质争议而直接作出实体裁判，或在此阶段达成和解，则案件无须进入最终的开庭审理即告终结；另一种是通过争点与证据整理程序，在法官的主持下，双方当事人就争点以及提交到正式开庭审理的证据达成协议，则结束审前准备程序，案件将进入正式的集中开庭审理阶段。就第一审程序而言，在我国，多数民事案件在经过正式的开庭审理后因作出判决或因调解而终结。不过，在将诉讼过程区分为审前准备程序与一次性开庭审理即告终结的两阶段诉讼结构后，相当一部分案件在审前准备程序中就能够加以解决而无须进入最终的开庭审理阶段。值得注意的是，案件不是通过程序保障最为充分的正式开庭审理，而是在相对简化的审前准备程序中得到解决，一定程度上存在侵犯当事人公正审理请求权的危险。因此，在作出裁决前，应当适时告知裁决的后果，甚至在一定情况下应取得当事人的认可。在争点整理程序中诉讼终结主要有以下几种情形：

一是因原告撤回诉讼而终结。撤诉是指原告在诉讼过程中撤回已向法院提出的就有关诉讼请求予以审判的要求。[①] 该制度因充分体现了当事人的处分权而为各国民事诉讼制度所承认。在诉讼的初期，原告往往对诉讼的结果难以预料，随着诉讼程序的进行，原告意识到自己的诉讼请求没有可能被法院认可，而主动撤回已提出之诉，使由自己引发的诉讼程序归于消灭。与正式开庭审理中的撤诉相比，在审前准备程序中，原告通过与法院及被告的讨论，尤其在明确争点之后，对裁判的结果已经能作出大致的判断，为了避免败诉的后果并减少诉讼成本，原告在此阶段撤诉无疑是较为明智的选择。

二是因请求的放弃与认诺而终结。请求的放弃是指原告在诉讼过程中向法院作出的承认自己的诉讼请求没有理由进而放弃诉讼请求的陈述；与此相反，请求的认诺则是指被告在诉讼过程中向法院作出的承认原告诉讼请求的陈述。请求的放弃与认诺虽然是当事人在诉讼中作出的意思表示，但并不直接引发诉讼法上的法律效果，需经法院实施一定的行为才会产生。

在我国，对于当事人放弃或认诺诉讼请求作何处理，赋予其怎样的效力，《民事诉讼法》并无明确规定。最高人民法院《证据规定》第8条只规定了对事实的承认，但对诉讼请求的承认与放弃赋予何种效力仍缺乏法律规定。实务中的做法通常是无论当事人在诉讼的哪一个阶段作出放弃或认诺诉讼请求的意思表示，案件一律要经过正式开庭审理。对于原告放弃诉讼请求的，法院作出驳回诉讼请求的判决；被告承认原告诉讼请求的，作出支持原告的诉讼请求，被告败诉的判决。很显然，这是一种既缺乏效率又不够严谨的做法。借鉴大陆法系国家的相关做法，在对审前准备程序进行重构之后，

---

① 参见［日］伊藤真：《民事诉讼法》，有斐阁2000年版，第388页。

对于当事人在准备阶段作出的承认或放弃诉讼请求的行为，在给予当事人充分的程序保障的基础上赋予其诉讼法上的效果无论从提高诉讼效率的角度，还是从保护当事人的程序利益出发，都具有相当的重要性。具体构想是，在书面型审前准备程序中，如果被告在答辩状中明确表示承认原告诉讼请求的，法院无须正式的开庭审理可直接作出认诺判决；在公开开庭型争点整理程序或准备会议型争点整理程序中，当事人以口头方式作出承认或放弃诉讼请求的意思表示的，法院应将当事人的陈述记载于笔录中并依此作出判决；如果当事人在前述审前准备程序中虽未到庭但以书面方式明确作出承认或放弃诉讼请求的意思表示的，法院也可基于当事人书面的认诺或放弃而作出判决。由于认诺或放弃请求的判决将可能导致当事人实体权利的丧失，法院在作出判决前，应将该判决的效果明示当事人。如果当事人提出撤回放弃或认诺的陈述，法院原则上应予允许，但由此可能给对方当事人的利益带来重大影响的，需经对方当事人的同意。

三是因诉讼上和解或法院调解而终结。应当说，争点整理程序的主要目的在于整理并确认正式开庭审理时的争点与证据，追求调解或和解结案并非该程序的初始目标。但由于通过当事人与法院之间就案情的对话与沟通，当事人在此阶段已经对诉讼结果有了大致的判断，从而为当事人和解或法院调解创造了条件。如今，在审前准备程序中追求和解已经成为一些国家审前准备程序的目标之一。美国1999年在联邦法院系统中起诉的案件只有2.3％进入审判，其余案件都在审前阶段通过和解等方式得以解决。① 2002年修改后的《德国民事诉讼法》也鼓励以和解方式解决纠纷，在一审程序中增加了"为和解的辩论"，即于正式的口头辩论之前，在双方当事人出席下，法官通过询问当事人，明确大致的事实关系，以此作为提示具有说服力的和解方案的基础。只是在一方当事人不出席或和解辩论未成功时，案件才转入正式的口头辩论。② 日本的辩论准备程序更是以实务中广泛盛行的"辩论兼和解"模式为蓝本改造而来的。

我国历来都非常注重审前准备程序中以和解或调解方式解决纠纷。如果

---

① 参见［美］史蒂文·苏本等：《美国民事诉讼的真谛》，蔡彦敏、徐卉译，法律出版社2002年版，第123页。

② 参见［日］敕使川原：《2001—2002德国民事诉讼法改正》，《早稻田法学》2002年第3期。

当事人在审前准备程序中自行达成和解协议，则可以选择撤诉的方式或申请法院将和解协议变成调解书从而赋予其生效判决的效力以终结诉讼。如果在法院主持下双方当事人以调解解决纠纷对当事人与法院而言更获得了双赢的结果。不过，审前准备程序中的调解应与正式开庭审理时的调解有所不同，最主要的区别在于法官所发挥的作用应不同。在正式开庭审理中，法官主持下的调解通常是在法庭辩论结束后开始，此时法官对事实认定与法律适用已经形成大致的判定，法官可据此提出调解方案并对当事人进行劝导，法官在调解活动中发挥了重要的作用。但审前准备程序中的调解，法官的作用应有所限制。因为准备阶段的调解劝告尽管有利于调解协议的尽早达成，但对调解的过早介入也易使法官产生事实上的心证。为防止法官因过早介入调解而可能形成事实心证的危险，各国均设置了程序上的规制措施。如德国与日本为避免因劝告和解可能产生的事实心证，均规定不得将和解中的陈述作为判决中认定事实的根据。美国联邦民事诉讼规则也规定和解过程中的行为及陈述不具有证据能力。我国最高法院有关调解的司法解释也有类似的规定。

在当事人存在实体争议而又未能达成和解协议的情况下，则终结审前准备程序，案件将进入正式的集中开庭审理阶段。前述情况下审前准备程序的终结既包括达到了争点整理的目的，争点已在法院与当事人之间得到确认，也包括当事人拒绝按照法官的命令进行准备或怠于实施准备活动而难以达到争点整理的目的。无论哪一种情况，法官均应作出裁定，终结审前准备程序，并将争点整理的结果以一定的形式加以体现，以便在正式的开庭审理中向法庭陈述，明确证据调查应证明的事实。

关于争点整理结果的确认方式，各国和地区间的做法不尽相同，概括起来，主要有如下几种方式：一是法院与当事人双方就哪些争点属于需要通过证据来加以证明的事实进行协议并确认后，由书记官将确认的结果记载于诉讼记录中。日本的辩论准备程序与准备性口头辩论主要采用此种方式。二是在审前准备程序终结时，法院要求当事人就争点与证据整理的结果提出书面材料。如《日本民事诉讼法》第 165 条第 2 款规定，法院认为适当时，可以要求当事人提出概括争点整理结果的准备书状 。三是法院在最后一次审前会议上，以发布审前命令的方式对当事人之间有关争点整理协议的结果加以确认。美国是采用这种方式的代表。四是由当事人双方就争点与证据整理达成协议，于正式的开庭审理中向法院进行陈述并记载于审理笔录。此方式为台湾地区新修改的"民事诉讼法"所采用。五是由法官在最终的开庭审理之初，对争点进行概要的说明并与当事人讨论，征求当事人意见以便使争点在当事人与法院之间得到确认。这种形式以德国为典型，审前准备程序以书面为主的特点是德国采用此方式的重要原因。就我国而言，作为审前准备程序的重要成果，争点整理的结果在法院与当事人之间得到确认后必须以明示的方式加以体现。结合我国的情况，可以根据争点整理的不同方法来决定争点整理结果的确认方式。如果主要以书面方式进行准备，在法官认为通过书状的交换已经基本明确争点时，法官可裁定终结书面程序，并将所确认的争点形成书面材料送达双方当事人，在正式的开庭审理时再由法官与双方当事人最终加以确认。以公开开庭或准备会议的方式进行争点整理时，法官如果认为争点整理可以结束的，应当与当事人就争点整理的结果进行协议并加以确认，将三方所共同确认的结果包括有争议的事实、无争议的事实以及就有争议的事实需要由哪些证据加以证明等由书记员记载于笔录中。在其后的法庭调查阶段，争点整理的结果应当由法官当庭陈述，当事人与法官原则上应受争点整理结果的拘束。

四、审前准备程序中当事人与法院的作用分担

诉讼的过程，就是在一套高度规范化的程序制度的运作下，主体之间通过合理的权限分配，彼此围绕案件的相关信息进行对话与沟通，并在此基础上作出正确判断的过程。而主体之间权限配置的差异便形成了不同的诉讼构造。

对话作为信息传递和意思沟通的一种形式，在诉讼过程中具有重要的价值。程序不但是一种决定过程，还包含着决定成立的前提，存在着左右当事人在程序完成之后的行为态度的契机，并且保留着客观评价决定过程的可能性。[①] 程序正义本身就要求自过程获取内容，该过程决定当事人在法律上的权利和义务。通过合理的对话与沟通，人们可以从中获取真实、乃至正当的内容。在民事诉讼中，以当事人行使诉权为基础，在法律规定的范围内相互

---

① 参见季卫东：《程序比较论》，《比较法研究》1993 年第 1 期。

进行交流，通过双方的主张、辩驳、论证等具有论辩色彩的对话，表达和传递与案件有关的各种信息；而法官居中裁判，并以妥当的行为对当事人双方的对话实施引导，实现主体之间的沟通，从而达到解决纠纷的目的。同时，在诉讼过程中，以传递案件信息为内容的主体之间的相互对话，需要一定的程序机制为保障。这种程序机制不但保证各主体之间对话、信息交流的自主性与充分性，同时，还形成对法院审判权的制约，将法院审判权的行使限定在以程序机制保障的，并通过对话、交流而形成的裁判信息内，从而确保对话的实效性。

在诉讼过程中，以展示案件内容的对话与交流，需要从两个方面展开：一是当事人双方之间的相互作用。当事人之间的相互对话与沟通对于审判具有决定意义。正是通过当事人之间的对话，揭示了案件真相，并构成了法院审理及判断的基础。二是法院与当事人之间的对话关系。其基本内容是围绕案件在事实审理及法律适用方面的理解与沟通而展开，表现为法院公平地听取各方的意见，并根据案件的具体情况对当事人之间围绕案件的解决所进行的对话实施具体的引导，从而使法院对案件的判断是在当事人能够理解的情况下作出的。[①] 法院与当事人之间的对话具体表现为：一方面，当事人为获得法院的支持，会通过充分的主张与举证来说明、解释自己的观点；另一方面，则是法院为使其最后作出的决定为当事人所理解而对案件事实的认定及法律问题所作的阐释。通过主体间对话机制的创设，使各种观点和方案得到充分考虑，为各主体提供了理性选择的可能。也正是由于具有利益冲突和追求胜诉欲望的双方当事人之间的对话，才有可能在最大程度上从正反两方面揭示法官裁判赖以成立的案件信息，而这些信息又通过法院与当事人之间的对话、沟通而形成对当事人之间对话的修复与补充，最后使通过对话而形成的信息达到作出裁判的程度。[②]

在当事人与法院三方以揭示案件信息为内容的具有法律意义的对话中，为了使当事人富有意义地真正参与到对话中来，保障对话的时效性，需要法官发挥辅助作用。由于诉讼制度的专业化程度相当高，不具法律常识的当事人自己诉讼时难以恰当和及时地提出形成判决所必要的事实，此时，法官需

---

① 参见季卫东：《法治秩序的建构》，中国政法大学出版社1999年版，第18页。

② 参见唐力：《对话与沟通：民事诉讼构造之法理分析》，《法学研究》2005年第1期。

要采取主动，通过行使释明权使三方主体获得共通的认识。这种由法院通过行使释明权来进行沟通以达到各方理解的对话，表达了主体间的相互协同、相互合作。其具体表现为：当事人之间以说服法院为目的所进行的对话展示的案件信息，经法官以专业性的思维转化为法律意义上的含义，并运用释明权及时地反馈给当事人双方；而当事人则根据与法院具有法律意义上的对话、沟通，再次调整对话的内容，以此往复，从而形成了对法院最终作出判断具有意义的裁判资料。没有法官参与当事人之间围绕解决纠纷而展开的揭示案件信息的对话与沟通，当事人之间的对话则无法有效地进行，当事人之间也就无法就案件的事实及法律问题在其理解的情况下展开有效的攻击与防御。法官介入当事人之间的讨论，一方面为当事人双方的对话指明了方向，另一方面，法官通过与当事人双方的交流，也是将其基于当事人的对话所形成的信息进而形成的对案件事实和法律上的认识向当事人传达的一种方式，如此，使诉讼在当事人更容易理解的情况下进行，使审判更具正当性。

通过当事人与法院三方之间的对话与交流传递案件信息、协同发现案件事实的民事诉讼构造在准备程序中更具重要性，其原因表现为三个方面：其一，通过和解等方式促进纠纷的合意解决是准备程序的重要功能之一，而充分的对话与沟通正是促成和解的重要方式，也是对话机制发挥作用的体现。其二，整理与确认争点是准备程序的主要任务，以实现正式开庭审理的集中与充实。为此，必然要对争议进行梳理和过滤，最大限度地消除或缩小争议，而最为主要的方式自然是通过当事人与法院之间的三方交流与沟通。其三，与正式的开庭审理相比，准备程序所具有的程序多样性，非公开等特点更易于当事人与法院三方的对话与沟通。

对话机制是发挥准备程序功能的重要保障，而对话的关键在于对话应是自主的、富有实效的，并对裁判结果产生影响。因此，对话的方式与对话的内容便具有决定意义。在民事诉讼中，就形成裁判资料等实体内容方面，法官与当事人之间的对话框架应受制于当事人主导原则，在这一框架下，当事人决定诉讼的审理对象、范围等，而法官则通过与当事人的交流与沟通，辅助当事人进行有效的对话。以当事人主导为原则所建立的对话机制，确定了法院对裁判资料的形成起到的仅仅是辅助作用，法官只能就当事人对话的内容通过释明的方式进行解说与补充，并由当事人作进一步的选择。而在程序运行方面，由于程序运行会影响案件事实的发现及当事人实体利益的保护，如果未赋予当事人在程序运行方面的权能，则可能会阻碍当事人适时、有效地提出相关资料，对当事人造成诉讼上的突袭。所以，为避免当事人主体地位受到损害，当事人获得程序运行方面的一定的选择权是必然的选择。具体就准备程序而言，强调法院与当事人三方对话与交流的协同诉讼构造应围绕以下内容展开：

（一）当事人主导与法官的辅助：准备程序实体内容形成中当事人与法院的作用分担

在准备程序的实体内容形成层面，即审理对象的确定与诉讼资料的提供中如何分配当事人与法院的权能与责任，是决定准备程序形态的核心因素。民事诉讼以私权纠纷为解决对象，这一特性决定了当事人自治仍是民事诉讼的本质要求。综观两大法系的代表性国家，在审理对象的确定和诉讼资料的提供中均尊重当事人意思，处分原则与辩论原则得到坚守；而法官通过履行释明义务，为当事人提供协助，从而使准备程序中的争点确定与证据的收集、整理更加充分、完整，使当事人与法院在诉讼的早期就案件的争议问题形成共通的认识，以实现充实审理与促进诉讼的目标。

1. 证据的收集与提出：当事人主导与法官的辅助

诉讼是围绕当事人争议的事实主张展开证明的过程。在民事诉讼中，由当事人收集、提出证据是辩论原则的要求，也是尊重当事人的自我选择、当事人主导诉讼，使审判获得正当性的保障。同时，要求当事人履行诚信义务，在诉讼中为真实的陈述，并负有按照诉讼进程适时提出主张与证据的义务。

在强调当事人收集证据责任的同时，亦不能忽略法院的辅助作用，它是实现当事人实质性平等的有力保障，同时也有助于发现真实，使裁判结果达成程序正义与实体正义的统一。法官在证据收集与提出中的辅助作用主要表现为以下三方面：一是实施举证指导。为避免来自法院的突袭审判，法官在准备程序中应就证明责任的分配以及当事人收集证据的范围等向当事人进行说明，使当事人明确证明负担，促进当事人妥当地履行提供证据的责任。二是协助收集证据，即在当事人难以自行收集证据的情况下，经当事人申请，法院向证据持有人发出强制性的提交证据命令，以弥补当事人收集证据能力的不足，体现公力解决纠纷的优势。三是职权收集证据。涉及当事人能力、管辖权等程序要件事项属法院职权证据调查的事项。即便是实体内容的确定，在当事人提出的证据相互矛盾无法判断之际，也并不排斥一定程度的法院职权调查、收集证据。

2. 争点的整理与确认：当事人主导与法官的辅助

在以辩论原则与处分原则为主导的民事诉讼中，当事人具有决定审判对象的权能。作为裁判上的重要事实原则上由当事人提出，在争点整理终结时，当事人所达成的确定争点的协议决定最终法庭调查的范围，法院不能超出当事人的争点作出裁判；同时通过要求当事人履行诚信义务对当事人的诉讼资料支配权作出限定。而法院负有释明义务，在准备程序的全过程，在给予当事人最低限度的程序保障的前提下，通过与当事人双方的讨论、交流等方式协助当事人整理争点。争点范围的整理及确定，应当是当事人与法院三方共同作用的结果。法官的辅助能够畅通法院与当事人就案件事实及法律问题进行沟通的渠道，从而有助于审前准备在当事人易于理解、充分参与的环境下展开。

3. 法律观点的开示：法官的义务与当事人的适度参与

近代的审判制度，把法与事实的区别作为当事人与法院间作用分担的基准。当事人援用事实，而法官则具有适用法律规范的权限，法的解释适用传统上被认为属法官的专权，当事人的法律见解对法官没有约束力。然而事实问题与法律问题难以分离，如果法官明知当事人忽略某一法律观点而不进行适时开示，当事人就不能进行充分的举证活动，容易造成法律适用方面的突袭裁判。因此，通过法律观点的开示，使当事人不仅就事实问题，而且对法律问题也能充分地表明自己的意见，进行辩论，有利于防止突袭裁判。同时，法律观点开示义务也向人们昭示了一种新的司法理念，即法判断权并非法官独占，应当为当事人提供对法官的法律判断权施加影响的机会，从而保障当事人在法领域中的程序参与权，协同发现法之所在。[1] 因而，法律观点开示义务"是在法形成诉讼中保障当事人参加法的适用过程的手段"[2]。

---

[1] 参见［日］高桥宏志：《重点讲义民事诉讼法》，有斐阁 1997 年版，第 385 页。

[2] ［日］山本和彦：《民事诉讼中关于法律问题的审理构造》，《法学论丛》1997 年第 1 期。

（二）准备程序运行中当事人与法院的作用分担

正如纯粹的当事人主义不能保障实质正义的实现一样，法院职权进行主义也并非改革的终极目标。所谓以职权进行主义为原则，尽管赋予法官在推进程序运行方面的主导地位，但并不意味着当事人在此方面就消极无为，诉讼程序的运行同样是在双方当事人和法官三方之间展开的相互作用的过程，当事人的对抗以及法官和当事人之间互相配合协作对于这一过程的顺利完成具有重要的意义。对于当事人而言，期待从作为司法服务的享有者的受动的立场转换为与法院协同实施诉讼活动的能动的程序主体角色。而在程序运行层面确认当事人的主体地位，保障当事人程序运行的参与权，也是程序保障的应有内容之一。过度的职权主义的运行，容易成为当事人不满的温床，难以得到当事人在程序进行方面的协助。为此，在强调法官推进诉讼程序的主导作用的同时，给予当事人推动程序进行的一定手段或机会，在程序运行层面强调法院与当事人之间的协议、讨论，从而确保当事人的主体参与的"协动进行主义"为各国所重视。

对当事人参与程序运行的适度承认，有助于增强当事人对民事裁判的接纳度和信服度；同时，对当事人程序权利的尊重，也可以降低诉讼成本，提高诉讼效率，增强民事诉讼机制的社会适应性。虽然法官拥有推动诉讼进程的程序裁量权，但基于职权进行主义的程序裁量也应与对当事人的程序保障的要求相整合。在充分考虑当事人的程序保障的要求之后，采取与诉讼状况最相适应、合目的且合理的措施，以实现公正而富有效率的审理。这种强调程序运行层面当事人与法院的协作成为一种普遍的趋势，如英国新民事诉讼规则要求对案件的分配要以当事人双方在分配问卷表中提供的资料为基础；美国法院日程安排命令的作出可以通过召开会议的形式，也可以通过电话、邮件等适当的方式与双方律师或当事人协商。在法国，法官与双方当事人订立审理契约，基于三方合意，共同制定审理计划并进行争点的整理；《日本民事诉讼法》在程序进行层面，不仅课以当事人、法官及其他诉讼参与人各种诉讼义务，而且强调诉讼参与人之间的协作，尤其是在程序进行层面确认了当事人的程序主体地位。[①] 如在具体的程序进行方式和审理方式的选择上

---

① 参见〔日〕吉田直弘：《民事诉讼程序进行中法的规制与当事人合意》，《法与政治》1999年第12期。

要求听取当事人的意见，尊重当事人的意向；对于涉及当事人重大利益的程序，赋予当事人程序选择权，以确保当事人的程序利益不受侵犯；增加了当事人对法院诉讼指挥的监督权利。法院在选择程序时负有与当事人的协议义务，理由开示及说明义务等，在尊重当事人意思的基础上，谋求与双方当事人在加速诉讼进程上的相互合作的方针。总之，新《日本民事诉讼法》已将当事人对诉讼程序运行的主体参与从立法上加以肯定，对于法院而言，要尊重当事人的意思；对于当事人而言，也要对诉讼的进行分担责任。在此意义上，有学者称新《日本民事诉讼法》的这种调整导致职权进行主义原则发生了实质性的变化，程序运行已经从职权进行主义转变为"协动进行主义"①。与前述国家相比，在德国，程序改革的重点侧重于强调法官的释明义务以协助当事人收集诉讼资料，而在围绕程序进行层面如何保障当事人的程序主体地位似乎显得过于寂静。不过已有学者从权利保护请求权与法的审问请求权的观点出发，主张应保障当事人的最低诉讼期间的请求权。②

在我国原有的超职权主义诉讼模式中，法官在审前准备阶段既包揽证据的收集与调查，同时也是程序运行的主导者，当事人的主体地位难以彰显。在民事审判制度改革的议论中，主张弱化法院的职权，强调当事人在诉讼资料收集中的主导作用的呼声很高。与此相伴，也要求当事人在程序运行中发挥主体作用，体现当事人的程序主体地位。从两大法系国家当事人与法院在准备程序运行中的作用分担的发展趋势来看，既重视法官的职权强化，同时也保障当事人在程序形成中的主体地位，这一趋势为我国的改革提供了借鉴作用。我国准备程序运作无疑也不能单纯强调当事人的作用或法官的作用，而应通过当事人与法院的"协动"，共同推进准备程序的运行。现行《民事诉讼法》缺乏对法院诉讼指挥的具体规定，法官的自由裁量权过于强大，很容易使法院的职权运行走向极端，要么过于积极、要么过于消极。而且除有限的条款外也未赋予当事人对法官程序裁量的异议权，当事人对程序运行的主体参与缺乏法律上的保障。为此，总的改革趋势似乎应该是细化法院在准

---

① ［日］竹下守夫：《新民事诉讼法制定的意义与将来的课题》，见竹下守夫等编《讲座新民事诉讼法（1）》，弘文堂1998年版，第29页。

② 参见［日］吉田直弘：《民事诉讼程序进行中法的规制与当事人合意》，《法与政治》1999年第12期。

备程序中的诉讼指挥权，明确这种诉讼指挥权既是法院的权能，同时也是法院的责任。法官的程序裁量应考量对当事人的程序保障，根据案件的性质、当事人的意向、诉讼便利等因素综合判断，采取合目的且合理的措施。同时，通过当事人申请异议及达成合意等方式赋予当事人在程序运行方面的发言权，使法院和当事人成为推动程序运行的共同主体。

第十章

举证时限制度的设置

2001 年 12 月 21 日，最高人民法院颁布了《证据规定》，自 2002 年 4 月 1 日起实施。《证据规定》是自 1991 年《民事诉讼法》颁布实施以来最高人民法院就民事诉讼程序所作出的司法解释中最重要的一个。该司法解释至今已经运行了 12 年，从总体上看取得了积极的效果，对于完善证据制度、指导和规范人民法院的审判活动，促进民事审判活动公正有序地开展发挥了积极作用，尤其是为今后全面修改民事证据立法提供了实践经验。但同时，《证据规定》在实施中也出现了一些问题，这其中，以举证时限制度最为突出，引起了理论界与实务界的高度关注，尤其是对严格的证据失权提出了担忧。① 为此，2012 年《民事诉讼法》对此进行了修正，将证据失权与训诫、罚款作为法院处理逾期提交证据的任选措施，从而为法官不适用证据失权制度提供了法律依据。

一、举证时限的含义界说及设立目的

所谓举证时限，如果仅从字面上理解，是指根据法律规定，当事人向人民法院提供证据的期间，也称举证期限。但《证据规定》所设立的举证时限

---

① 实际上，早在举证时限设立之初，有学者就对严格的失权提出质疑。参见江伟、孙邦清：《对我国举证时限制度的反思》，见何家弘主编《证据学论坛》（第 6 卷），中国检察出版社 2003 年版。实践中对举证时限的适用亦形态各异，做法不一。参见李浩：《民事判决中的证据失权：案例与分析》，《现代法学》2008 年第 5 期。为此，最高人民法院针对审判实践存在的问题提出了解决方案，即 2008 年 12 月 11 日颁发了《关于适用〈最高人民法院关于民事诉讼证据的若干规定〉中有关举证时限规定的通知》（以下简称《举证时限通知》），从该通知的内容上看，一定程度上缓和了证据失权的适用。

制度实际上包含了两个方面的内容：一是举证期限，即法律规定和法院指定的当事人提交证据的期间，当事人应当在此期间提供证明其主张的证据；二是逾期举证的后果，即当事人若在此期间内不提供相关证据，视为放弃举证权利，逾期提交的证据材料，除对方当事人同意质证外，人民法院审理时不组织质证。当事人在举证期限届满后提供的证据不是新证据的，人民法院不予采纳。逾期举证的后果表明，超过举证时限，当事人可能丧失向法院提交证据的权利，也即所谓的证据失权。因此，证据失权是《证据规定》中确立的举证时限制度的核心。

我国《民事诉讼法》并未规定举证时限制度，长期以来，在证据的提供上基本没有严格的时间限制，实行的是证据随时提出主义。证据的提出由当事人根据审理进展的具体状况，围绕当时的争议焦点而应时进行，既可以在审理前准备中提出，也可以在开庭的过程中提出；不仅在第一审程序中可以随时提供证据，而且在第二审程序、乃至再审程序中也可以提供新证据。证据随时提出主义虽然为当事人举证提供了充分的时间，可能有利于最大限度地发现真实；但没有任何限制地随时举证，使争议的焦点无法固定，进而产生了审理散漫、诉讼拖延的弊端。为此，《证据规定》设立举证时限制度，要求当事人在法律规定或法院指定的期间内提供证据，否则将产生证据失权的效果，这一规定使得证据的提出时间实现了由"随时提出主义"向"适时提出主义"的转变。

关于设立举证时限制度的目的，来自立法者的解说认为，规定举证期限的理由一方面在于保障当事人平等行使诉讼权利，促使当事人及时举证，防止来自对方当事人的证据突袭，另一方面在于提高诉讼效率，节约诉讼成本。[①] 学术界尽管对设立举证时限的目的有多种阐释，但核心内容也可以归结为前述两点，即防止证据突袭、提高诉讼效率。

从我国《民事诉讼法》的实际运行看，通过举证时限的设立防止证据突袭的效果并不明显。因为证据突袭的产生往往是以"审前＋开庭审理"的两阶段诉讼结构为前提，在这样的集中审理的诉讼结构中，审前程序与开庭审理具有严格的阶段划分，一旦进入开庭审理阶段，就不允许再回到审前程序

---

① 参见黄松有主编：《民事诉讼证据司法解释的理解与适用》，第 117 页。

中来，且开庭审理是持续的。在这样的前提下，如果一方突然提出证据，而对方事先并不了解，无从应对，就有可能因此而败诉。但如果没有实行严格的集中审理，开庭审理并非仅有一次，则当事人即便突然提出新证据，法院也可以通过延期审理的方式择日开庭审理，这样就不存在所谓证据突袭的问题了。当然，重复开庭就导致了前述的审理散漫、诉讼拖延的弊端。所以，设立举证时限的目的也在于促进审理的集中化，避免拖延诉讼，从而提高诉讼效率。因此，正如有学者指出的那样，实行举证时限制度的真正理由在于效率。[①]

二、发现真实与证据失权

公正与效率被称为中国法院 21 世纪的主题。既然举证时限制度的设立有利于提高诉讼效率，则其存在就具有正当性。然而，在新《民事诉讼法》实施之前，我国的举证时限是与严格的证据失权的适用紧密相连的。除依法被认定为新证据以外，对于当事人逾期提交的证据，人民法院不再组织质证，当事人丧失了提交新证据的权利，该证据也被排除在诉讼之外。如果这一证据对认定案件的基本事实具有重要意义，则排除该证据的后果是法院认定的事实并非客观真实，最终的裁判就背离了实体公正，当事人的合法权益不能得到司法裁判的保障。虽然举证时限有利于提高诉讼效率，但如果规定过于严格的证据失权后果，则该制度就与实体公正产生了冲突。

诉讼制度的设立与运作，尽管应当注重效率，但毕竟民事诉讼的首要目的是发现真实，"'发现真实'作为民事审判或诉讼努力实现的价值之一，可以说具有超越法体系或法文化的普遍意义"[②]。为了确保实体公正，从而依法保护当事人的合法权益，民事诉讼需要努力发现真实，而发现真实有赖于当事人的充分举证。如果法律赋予了当事人充分举证的机会，但由于种种客观原因仍无法查明案件的真实情况，法院依据证明责任分配作出一个符合程序公正的裁判，尽管与案件真实存在距离，但也能获得当事人的理解与认同。但是，如果依据严格的证据失权规定，当事人明明提交了重要证据，却由于逾期提交不予采信，而要求法官在明知事实真相的情况下强迫自己对事

---

① 参见李浩：《论举证时限与诉讼效率》，《法学家》2005 年第 3 期。
② 王亚新：《社会变革中的民事诉讼》，第 51 页。

实作出截然相反的认定，并进而使案件的裁判结果发生逆转。这种以证据失权为由作出的有悖实体公正的判决，不仅不符合普通人的正义感，即便是作为法律专业人士的法官也会因此而感到良心上的不安。由于裁判难以为当事人理解和认同，最终可能会导致上诉与再审的案件不断增加。所以，原本是为提高诉讼效率而设置的举证时限制度，由于严格的证据失权的后果，不仅违背了实体公正，可能也难以实现提高诉讼效率的制度安排的本来目标。

考虑到证据失权所可能带来的对实体公正的影响，最高人民法院在《证据规定》中也试图缓解证据失权与发现真实的冲突，主要表现就是规定了视为"新证据"的情形。《证据规定》第43条第2款规定，"当事人经人民法院准许延期举证，但因客观原因未能在准许的期限内提供，且不审理该证据可能导致裁判明显不公的，其提供的证据可视为新的证据"，这在一定程度上扩大了"新证据"的范围，减少了证据失权对发现真实的损害，但它适用的条件仍十分严格。鉴于审判实践中因严格的证据失权的适用所导致的种种问题，2008年12月11日最高人民法院发布的《举证时限通知》又进一步限制了证据失权的适用范围，即当事人逾期举证必须是存在故意或重大过失的情形。2012年《民事诉讼法》第65条进一步限制证据失权制度的适用，"当事人逾期提供证据的，人民法院应当责令其说明理由；拒不说明理由或者理由不成立的，人民法院根据不同情形可以不予采纳该证据，或者采纳该证据但予以训诫、罚款"，允许法院通过实体性制裁替代程序性制裁，以最大限度避免证据失权制度给实体公正带来的冲击。

三、程序公正与证据失权

一般认为，举证时限制度的设立，是程序公正的要求，体现了程序参与、程序公开、程序维持等程序公正价值。[①] 如果举证时限制度的设立是建立在为当事人提供了充分的程序保障基础上，尤其是法律为当事人收集和提供证据权利提供了充分的程序保障，则举证时限以及由此所产生的证据失权从程序的视角观察，就具有了正当性的基础，符合程序正义的要求。例如美国的证据失权是最严厉的，但同时，其通过证据开示制度的设立，为当事人

---

① 参见宋朝武：《论举证时效制度的建立》，《人民司法》2001年第6期。

收集证据提供了最充分的程序保障；德国和日本也要求证据适时提出，在证据收集的手段上虽然与美国有不小的差距，但通过当事人申请法院发出"证据提交命令"，基本能够满足当事人收集证据的要求。此外，在审前准备阶段，法院普遍适用释明制度，也缓和了当事人收集证据手段的不足。

但反观我国的举证时限制度，实质上是建立在程序保障不充分的前提下的，不仅立法没有为当事人收集证据提供充分的程序保障，也没有在提供证据层面为当事人提供充分的程序保障，由此证据失权的适用也许并不符合程序正义的要求。

首先，立法没有为当事人收集证据提供充分的程序保障。程序正义的基本要求是程序应当为当事人接受法院裁判权提供充分的程序保障，尤其是保障当事人收集证据的权利。根据我国现行《民事诉讼法》的规定，当事人获取证据的途径有三种：一是自行收集；二是向法院申请；三是法院依职权调查收集。由于法院依职权调查收集证据被认为是以往"超职权主义"模式的典型表征，其适用范围非常有限，实际上当事人收集证据的途径主要是自行取证和申请法院调查取证。从《民事诉讼法》的规定来看，当事人向对方当事人或案外人自行收集证据并没有程序保障，证据持有人如拒绝提供，当事人就很难获取证据。如果自行收集证据未果，当事人可以向法院申请调查取证。《民事诉讼法》原本对申请法院调查取证的范围规定得较为宽泛，但由于民事审判方式改革以来强调当事人的举证责任，申请调查取证的范围通过司法解释不断地被限缩，至《证据规定》，已将申请调查取证的范围限定在档案材料、涉及国家秘密、商业秘密、个人隐私的材料以及确因客观原因不能自行收集的其他材料的狭窄范围内。虽然仍保留了弹性条款，但在强调当事人举证的大背景下以及考虑到法院审判的压力，可以预见这个弹性条款的适用也是相当有限的。鉴于当事人收集证据艰难，很多学者主张为当事人收集证据提供程序保障应当成为完善证据制度的核心。在当事人收集证据缺乏充分的程序保障的前提下，如果为当事人规定严格的举证时限，并以严厉的证据失权加以制裁很难说具有程序上的正当性。

其次，举证时限的适用缺乏完备的审前准备程序的保障。设立举证时限及证据失权的制裁，主要目的在于促进审理的集中化。而通过完善审前准备程序，确保当事人在审前准备程序中完成争点与证据的固定，就成为实现集中审理的首要任务。换言之，如果实行举证时限制度，就应当建立较为完备的审前准备程序，这样举证时限以及证据失权的适用才具有了程序上的正当性。从比较法的角度来看，尽管两大法系对集中审理的要求并不相同，但都大体上设置了较为完备的审前准备程序，以达到固定争点和证据的效果。如美国的审前程序、德国的书面准备程序与早期第一次期日、日本的争点和证据整理程序等。这些国家不仅有专门的法官与当事人双方就案件的争议焦点及需要提供的证据进行面对面交流的准备程序，同时也非常注重通过主张与证据的书面交换，为当事人尽早明确争议的焦点、确定收集证据的方向提供指导。通过书面与口头交互运用的审前准备程序，为当事人收集和提供证据创造了充裕的条件，使得举证时限制度的适用具有了程序上的保障。

最后，举证时限的适用缺乏法院释明的充分保障。从最一般的意义上而言，释明是指在诉讼过程中，法院为了明确争议的事实关系，就事实上及法律上的有关事项向当事人发问或促使当事人提出主张与证据的活动。设立释明制度的初衷，是为了平衡当事人在辩论能力上的差异，补充当事人在诉讼资料收集中的不足，由此在大陆法系各国，释明制度被视为维护当事人权利的"大宪章"[1]，作为协助当事人查明事实的重要措施，释明被定位于法院诉讼指挥的方式之一，当属"实质的诉讼指挥"[2]。释明的内容包括诉讼请求的释明、事实主张的释明、提供证据的释明以及法律适用的释明等。[3]在德、日等大陆法系国家，鉴于失权的适用存在实体正义与促进诉讼相冲突的紧张关系，可能对当事人的实体利益产生重大影响，因而非常注重强调法院在审前准备阶段履行释明义务，包括应与当事人进行充分的讨论，促使当事人适时提出攻击防御方法；合理设定举证期间并告知迟延提出的效果；采取必要的释明处分以防止诉讼延滞等。如果法院未尽释明义务，则不应对当事人课以失权的制裁。

在我国新《民事诉讼法》实施之前，举证时效制度是由《证据规定》创设的。然而，一方面，《证据规定》在创设举证时效制度的同时建立了证据交换制度，在纯理论上，证据交换制度可以为举证时限制度提供正当程序保

---

① ［日］齐藤秀夫：《注解民事诉讼法》，《第一法规》1982年，第252页。

② ［德］Eberhard Schilken：《德国民事诉讼中法官的作用》，《比较法学》1999年第2期。

③ 参见熊跃敏：《民事诉讼中法院的释明：法理、规则与判例》，《比较法研究》2004年第6期。

障，但实证调研表明，我国证据交换制度的运行现状不容乐观。证据交换适用率偏低、交换流于形式、缺乏可操作性，证据交换制度的立法初衷并未实现。① 另一方面，我国《证据规定》虽然也有举证指导等类似法院释明的规定，但很难真正发挥作用。因为这种举证指导通常是在受理案件之初，此时法院所获得的案件信息非常有限，对当事人的举证指导只能是一般性的、概括的指导，并不能针对具体案件进行有针对性的指导。这种宽泛的释明对当事人收集证据的指导意义是非常有限的。而且，按照《证据规定》的要求，举证期限也是在法院送达受理案件通知书和应诉通知书的同时进行指定。这种指定亦因缺乏对案件的了解而具有极大的盲目性，可能会因流于形式而使当事人很难按照举证时限的要求提供证据，假如因此而导致证据失权，就严重违背了程序公正的要求。有鉴于此，最高人民法院在《举证时限通知》中对法院指定举证期限进行了区分，在保留了诉讼伊始法院指定举证期限的同时，又增加了法院酌情就某一特定事实或者特定证据要求当事人进一步提供证据的期限，这样规定增强了举证时限的针对性。新《民事诉讼法》更是授权法院在实体性制裁与程序性制裁之间选择适用，以最大限度契合学界呼吁与实务需求。

四、证据失权的域外考察

为了促进审理的集中化，要求当事人适时提出主张与证据的制度在两大法系民事诉讼法中均有规定。美国实行集中审理，主张与证据要求在审前程序中全部提出。通常认为美国的失权制裁应该是最严格的，当事人可能常常面临失权的危险，但实际情况并非如此。由于审前程序时间跨度大，法律又赋予了当事人充分的收集证据的程序保障，当事人几乎不会发生失权的危险，即便一方当事人在审理过程中突然提出新的证据，法庭也可以通过使诉讼延期的方法进行弥补。②

在大陆法系，类似我国举证时限的制度被称为攻击防御方法的适时提出。延迟提出攻击防御方法有可能遭致驳回的后果，类似于我国的失权

---

① 参见郭佳：《证据交换的实证研究》，见赵秉志主编《京师法律评论》（第3卷），北京师范大学出版社2009年版。

② 参见高忠智：《美国证据法新解：相关性证据及其排除》，法律出版社2004年版，第47—49页。

效。在德、日等大陆法国家，为实现审理的集中化而调整了原来的审理结构，攻击防御方法从随时提出转向适时提出。1976 年修改后的《德国民事诉讼法》第 282 条第 1 款规定，当事人各方在言词辩论中，应当按照诉讼的程度和程序上的要求，在为进行诉讼所必要与适当的时候，提出攻击和防御方法。1996 年修改后的《日本民事诉讼法》也继德国之后，采用适时提出主义。该法第 156 条规定，攻击防御方法，应当按照诉讼进行状况的适当时期提出。在德、日，适时的要求包括两个方面，一是法院依据法律的规定为当事人指定攻击防御方法的提出时期，包括答辩状、再答辩状的提出时期；对某一争点进行说明及提出证据的时期等，在法院规定的时期内提出即为适时。二是法院没有特定攻击防御方法的提出时期，当事人根据诉讼进行的状况，诚实而不拖延地提出亦为适时。当事人如违反适时提出主义，导致程序的延迟，就要产生一定的诉讼法的效果。这一效果在德国体现为严格的失权的制裁，在日本则伴随说明义务与缓和的失权的规制。

德国 1976 年旨在全面修改民事诉讼法的所谓"简略化法"为了实现审理的集中化而采取的各种改革措施中，重点是审前准备程序的完善与失权的强化。[①] 为此，对当事人课以一般促进诉讼义务与特定促进诉讼义务，促进诉讼义务的性质不同，对违反义务的制裁有别。所谓一般促进诉讼义务，要求当事人应当按照诉讼的程度和程序上的需要提出攻击和防御方法。当事人没有适时提出或没有将攻击防御方法适时通知对方当事人，并不必然导致失权的后果，只是在当事人逾期提出有重大过失而且法院认为将导致延迟诉讼的结果时才予驳回，通称"裁量性失权"。而特定促进诉讼义务，是指法院依法为当事人指定提出攻击防御方法的期间，经过指定的期间后当事人才提出的攻击防御方法，只在法官认为准许提出不至于延迟诉讼的终结或当事人逾期提出无过失时，才可以提出。与违反一般促进诉讼义务只在特殊情况下才予以失权的制裁相反，违反特定促进诉讼义务，在法院指定的期间后提出的诉讼资料原则上应予驳回，而无须法院的自由裁量，也称"强制性失权"。立法所规定的严格的失权效在简略化法施行的初期曾经被频繁地适用，但是失权

---

① 参见［德］贝塔戈莱斯：《西德诉讼制度的课题》，［日］小岛武司编译，中央大学出版社 1988 年版，第 343 页。

的运用与实体真实的发现存在一定的紧张关系，加之德国并没有为当事人收集证据提供强有力的程序保障，过于严格的失权制裁在促进诉讼的同时，也有侵犯当事人程序保障权的危险。失权效的立法规定一直是学理与实务争议最大的问题，围绕失权的要件，如对逾时提出的基准、延迟诉讼的认定、有无过失的判断等见解各异，并无统一的标准。而且还出现了宪法法院对适用失权规定的民事案件以侵犯宪法规定的审判请求权为由予以驳回的判例，失权效的频繁运用受到限制。在现今的司法实务中，适用失权效的情形极其少见，而且实务对失权效的运用已经逐步脱离立法的抽象规定，主要以判例为依据。①

正是鉴于德国立法中的失权制度并没有得到司法的广泛认同，加之日本旧法中规定了严格失权效的审前准备程序几乎不被利用，《日本民事诉讼法》对当事人违反适时提出主义，在审前准备程序终结后提出的攻击防御方法，并没有直接课以失权的效果，而是要求当事人尽说明的义务。说明义务的规定可以说是重视促进诉讼与重视实体正义相妥协的产物。② 具体而言，新法承袭了旧法中一般失权的规定，即对于当事人因故意或重大过失延误时机提出的攻击防御方法，法院认为由此将延迟诉讼的终结时，可以依申请或依职权裁定驳回。在审前准备程序终结后提出新的攻击防御方法的当事人，在相对方提出要求时，应当说明在审前准备程序中没能提出的理由。如果当事人没有回应对方的说明要求，或说明不充分、不合理，对方当事人可以此作为证明其存在故意或重大过失的资料，申请驳回。在对方当事人没有提出说明的要求，而又符合失权要件的情况下，法院能否依职权驳回存在争议。③ 不过，比较一致的观点认为即使没有驳回，也应令当事人承担相应的诉讼费用。总之，与德国简略化法较为严格的失权效相比，日本对于当事人违反适时提出主义，在审前准备程序终结后提出的攻击防御方法采取了缓和的规制措施。立法者认为，民事诉讼的顺利进行离不开法官、当事人及律师之间的积极协作，即使法律作出了严格的禁止性规定，若当事人及其代理律师不积

---

① 参见［日］平山正刚：《德国失权效规定的运用状况》，见日本律师协会德国民事诉讼视察团编《德国民事诉讼的实态》，成文堂1995年版，第160页。

② 参见［日］勒使川原和彦、荒木新五：《口头辩论》，《早稻田法学》1998年第1期。

③ 参见［日］竹下守夫：《新民事诉讼法制定的意义和将来的课题》，见竹下守夫等编《讲座新民事诉讼法（1）》，第33页。

极协助遵守，法律规定只能是一纸空文。所以，与其采取严厉的制裁（失权效），不如期待律师以专业人士为荣，自愿协助。[①] 总之，从实务的角度看，德国与日本的失权效均属缓和的失权效，对逾时提出攻击防御方法起到预防的作用。

五、我国举证时限制度的完善

既然举证时限制度对于促进审理的集中化、提高诉讼效率具有积极的作用，设置举证时限制度便具有相当的合理性，接下来的任务是如何改进举证时限制度。

如前所述，举证时限的设立以为当事人提供充分的收集证据的程序保障和审前准备程序的完备为依托。就前者而言，在当下的立法现状下，充分保障当事人申请法院调查取证权应当是一个具有可操作性的较为现实的方案。[②] 而对于后者，当前的证据交换制度难以承载审前准备的功能，必须建构专门的争点和证据整理程序，通过法院与当事人的积极沟通与交流，使当事人与法院能够就案件的争点尽早形成共通的认识，为当事人提供证据指明方向。在此过程中，当事人也负有促进诉讼的义务，举证时限的设定便具有了充分的正当性。

除了完备审前准备程序外，改进举证时限制度的另一项重要举措就是限缩证据失权的适用范围，严格证据失权的适用条件。借鉴德、日等国家有关失权要件的规定，我国的失权要件应包括如下内容：第一，失权的客体仅限于攻击防御方法，包括各种事实主张与证据等，而对法官应依职权调查的事项、反诉、诉之变更与追加等不属失权的客体。[③] 第二，当事人延迟提出攻击防御方法。就攻击防御方法的提出，当事人应根据诉讼进行的状态适时提出，而延迟提出，即意味着当事人违反诉讼促进义务，超过法定或指定期间逾时提出。由此可见，法定或指定期间的设定对当事人攻击防御方法的提出意义重大。因此，无论是法定期间还是指定期间的设定，均应充分考量当事

[①]　参见赵晋山：《论审前准备程序》，见陈光中、江伟主编：《诉讼法论丛》（第6卷），第530页。

[②]　建议应进一步扩大当事人申请法院调查收集证据的范围，只要当事人自行收集未果的对认定案件事实具有重要影响的证据均可纳入申请的范围。

[③]　参见姜世明：《论民事诉讼法失权要件之缓和与逃避》，《万国法律》2000年第10期。

人提供证据的难易程度，以为当事人提供充分的程序保障为宗旨，而不应仅仅为了加快诉讼进程或减轻法院负担而未能为当事人攻击防御方法的提出提供充分的时间。第三，准许当事人迟延提出攻击防御方法将导致诉讼严重延滞的后果。如果因迟延提出导致需再次开庭，而适时提出并不需要再次开庭的，一般即认为诉讼延滞。相反，虽然当事人在开庭时延迟提出攻击防御方法，但对方当事人能够当庭质证而无须再次开庭的，法院应当允许。第四，当事人迟延提出攻击防御方法是导致诉讼延滞的单独原因。亦即诉讼延滞的原因仅是当事人违反诉讼促进义务，延迟提出攻击防御方法所造成的，才可能产生失权的效果。如果诉讼延滞另因法院的失误行为或其他第三者的行为（例如证人未到庭）所导致，则当事人迟延提出的攻击防御方法不应发生失权的效果。第五，当事人延迟提出攻击防御方法具有可归责性。关于当事人的可归责程度，《德国民事诉讼法》与我国台湾地区"民事诉讼法"认定为过失；而《日本民事诉讼法》包括故意或重大过失。归责程度的不同，反映了立法者对待失权的宽严态度的差异。考虑到我国律师代理率相对较低，对当事人的归责程度不应过于严格。借鉴日本的规定，应以故意或重大过失为宜。① 当然，对故意或重大过失的认定应结合个案与当事人的具体情况综合考虑。上述五个要件必须同时具备，方产生失权效果。

鉴于失权的适用存在实体正义与促进诉讼相冲突的紧张关系，可能对当事人的实体利益产生重大影响，实务中对失权的适用应采慎重的态度，并为当事人提供充分的程序保障。首先，应强调法院诉讼促进义务的履行。通过失权的制裁课以当事人诉讼促进义务固然必不可少，但法院诉讼促进义务的履行更为重要，如果法院违反该义务，则形成适用失权的阻碍。为此，法院在审前准备程序中应当充分履行释明义务以保证当事人能够适时提出各种主张与证据。如果法院未尽促进诉讼的义务而导致诉讼延滞，则对当事人的逾时提出不应课以失权的制裁。其次，对失权要件应作限缩性解释。失权要件的规定为法院作出失权的裁定提供了法律上的依据。但失权要件仅仅属原则性的规定，实务中的状况千差万别，如何操作并不能完全排除法官的裁量，而法官对失权要件的解释将直接影响失权适用的范围。在德国，简略化法实

---

① 《举证时限通知》对此进行了补充，规定新证据的认定应结合逾期举证是否存在故意或重大过失。

施初期，联邦地方法院系统对失权要件作宽泛的解释，频繁适用失权的规定。而现在，在失权要件的法律规定并未改变的情况下，无论是学理还是实务为避免对当事人作过苛的解释，对失权要件均作较限缩的解释。[①] 我国在实务中的适用也应以对失权要件作限缩性解释为原则。同时，为使失权的运用趋于一致，应通过判例加以统一。最后，在符合失权要件的前提下，也可以考虑为缓和失权的制裁而设定若干不适用失权的特殊情形，比如对方当事人对迟延提出无异议；如果不允许迟延提出将导致明显不公等。前者基于对当事人处分权的尊重；而后者则是对实体利益与程序利益进行衡量之后对实体利益的保障。

当然，即便当事人逾期举证，且符合失权的要件，也不一定要采用失权的制裁方式，尤其是在当下立法没有为当事人收集证据提供充分的程序保障，且具有实质意义的审前准备程序尚待完善的前提下，应当慎用失权的制裁。有学者主张对于符合失权要件的当事人，通常情况下可以通过诉讼费用的制裁以使其承担逾期举证的后果，只有在特殊情况下，对以逾期举证为手段，恶意拖延诉讼的当事人，方可以实行证据失权的制裁。[②] 立法者在一定程度上采纳了学者的观点，我国 2012 年新《民事诉讼法》已经将证据失权从强行性规范修正为选择性规范，逾期提交的证据并不当然失权，法官可以对具有主观可归责性的逾期提交证据者进行训诫、罚款后采纳该证据。在涉诉信访的现实压力下，相信未来法院适用证据失权的比例将大为降低。

---

① 参见姜世明：《论民事诉讼法失权要件之缓和与逃避》，《万国法律》2000 年第 10 期。

② 参见李浩：《举证时限制度的困境与出路》，见张卫平主编《民事程序法研究》（第 3 辑）。

第十一章

诉答程序的建构

近年来，基于程序公正与充实开庭审理的需要，民事审前准备程序的完善成为我国民事诉讼法学界研究的热点问题之一，司法解释有关证据交换与举证时限制度的确立更表明具有实质意义的审前准备程序已初步形成。民事审前准备程序专为争点与证据整理而设。综观两大法系各国，为使当事人与法院尽早了解案情并整理争点，在充分重视通过法院与双方当事人之间以口头方式的讨论与交流进行争点整理的同时，也对书面方式给予足够的关注。[①] 我国关于审前准备程序的改革实践多集中于通过法官与双方当事人之间共同进行的证据交换以实现整理争点与证据的功能。实际上，在缺乏英美法证据开示制度的背景下，如果不对诉讼初期当事人之间诉状、答辩状等书状的交换予以完善，导致当事人尚不能对案情作大致判断之时，将会直接影响证据交换的效果。

一、诉答程序的功能解析

诉答程序是当事人通过起诉状、答辩状等书状的交换而明确主张的程序。诉答程序的称谓源于英国古老的普通法传统，曾经在英美法中发挥了相当重要的作用。尽管大陆法系国家立法上没有诉答程序的称谓，但就该程序的核心内容——诉状与答辩状等书状的交换则跨越法系的不同而为各国民事

---

① 无论是英国新民事诉讼规则对案情声明的强调，还是日本新民事诉讼法对准备书状制度的改革，都体现了在诉讼的初期通过书状的交换尽早整理争点，以加快诉讼进程的宗旨，德国更是以书状的交换作为争点整理的主要方法。

诉讼程序所共有。当然，如果我们仅仅借用诉答程序的称谓来表达审前准备程序中的书状交换，各国书状交换的范围则存在很大的不同。例如，美国诉答程序中的书状交换仅限于诉状与答辩状的交换；而在德国和日本，书状的范围还包括涉及双方当事人攻击防御方法的书面文件的交换，即所谓的准备书状制度。如果将美国的诉答程序定位于狭义的诉答程序，那么，德国与日本则可以划归广义的诉答程序，而英国的案情声明制度则恰好处在中间的位置。就诉答程序的功能而言，主要表现为如下几个方面：

一是确定争点。法谚云："无诉即无审判"。在民事诉讼中，通过诉状与答辩状的交换，除具有告知诉讼的最基本的功能外，最为重要的就是促进案件争点的确定。例如，在英国，案情声明最重要的功能在于促进法院和当事人识别并固定案件争点。[①] 在美国，尽管1938年联邦民事诉讼规则将诉答程序原有的确定争点的功能让位于证据开示，但实务中，律师所提交的诉答书状往往能够做到尽量明确、详细地提示事实关系以便使法官因此得以尽早、详细地了解事实，以尽早确定争点。大陆法系国家传统上注重口头审理原则，诉答程序的作用并不突出。不过，在促进审理集中化的一系列改革中，德、日等国加强了对准备书状制度的改革，通过明确规定书状的记载内容使法院与当事人能尽早了解案情并整理争点。

二是防止诉讼突袭。诉讼突袭表现为一方当事人在开庭审理的过程中，提出新的主张与证据，使另一方当事人无法进行充分有效的攻击防御，而处于不利的诉讼境地。"真实最可能发现在诉讼一方合理地了解另一方时，而不是在突袭中。"[②] 诉讼突袭显然是违背民事诉讼平等对抗理念的，因而，在原告提交起诉状后，要求被告提交答辩状，使双方当事人同时初步表明各自的观点、态度及所掌握的证据资料，从而构筑起防止诉讼突袭的第一道防线，为后续的审理奠定公正、高效的基础。在美国，双方当事人通过诉答程序一经确定了争点，以后的诉讼程序则始终受此制约，当事人在法庭上提出的事实主张及证据，都必须与此一致。[③] 在德国，起诉状确定了争议的问

---

① 参见徐昕：《英国民事诉讼与民事司法改革》，第133页。
② 龙宗智：《刑事诉讼中的证据开示制度研究》，《政法论坛》1998年第1期。
③ 参见章武生等：《司法现代化与民事诉讼制度的建构》，第421页。

题，此后只有经被告的同意，才能被修正或变更。[①]

三是事实与证据的自主开示。诉状与答辩状的交换一定程度上具有事实与证据的早期自主开示功能。尤其在大陆法系国家中，由于不存在英美法意义上的证据开示程序，为了使当事人与法院在诉讼的早期能够在更大范围内了解有关案件的信息，为当事人申请证据提供方向并尽早确定争点，往往要求在诉状与答辩状中详细记载案情，并尽可能添附相关的证据。这种详细记载案情与证据的书状交换使事实与证据为对方当事人与法院所了解，实质上类似于英美法中的自主开示。[②] 如日本民事诉讼规则规定，当事人应在书状中具体记载支持请求的事实与抗辩事实、重要的间接事实，明示证明相关事实的证据，同时提出重要书证的复印件，以谋求主张与证据的早期提出。[③] 在德国，原告通常在其起诉状中对案件事实加以全面叙述，指出其诉讼请求所依据的法律规则，并为自己的法律主张引经据典。[④] 正是通过书状的交换，使当事人与法院在诉讼的初期能够对案件形成大致的认识，为进一步整理争点与证据提供了基础。

二、提交答辩状的性质透视

在我国的审判实务中，被告不按期提交答辩状的行为比较普遍，据来自实务部门的统计，被告按期提交答辩状不到全部案件的 10%。[⑤] 在传统的审判方式下，由于法院主导诉讼，答辩状仅仅是法院发现案情的手段，在开庭审理前法院可以主动调查收集证据，查明案件事实，而不受当事人主张的限制，其是否按期提出也就无关紧要了，因此，我国现行《民事诉讼法》第125 条规定，被告不提出答辩状的，不影响人民法院的审理。然而，随着法院职权的弱化与对当事人举证责任的强调，加之诉讼效率的需要，被告在答辩期间内不提出答辩状使原告不能了解被告对原告提出的主张与证据的态

---

① 参见宋冰：《读本：美国与德国的司法制度及司法程序》，第 293 页。

② 参见［日］笠井正俊：《民事诉讼中的争点和证据的早期整理与自主开示》，《比较法杂志》1995年第 1 期。

③ 参见［日］秋山干男：《诉状、答辩状、准备书面的记载事项与攻击防御方法的提出时期》，见［日］松本博之、宫崎公男《讲座新民事诉讼法（2）》，弘文堂 1998 年版，第 249 页。

④ 参见宋冰：《读本：美国与德国的司法制度及司法程序》，第 310 页。

⑤ 参见李斌：《诉讼指挥权与民事诉讼》，《法律适用》2000 年第 12 期。

度，从而难以对被告的反驳与抗辩做进一步的论辩，诉讼的准备难以进行，以至于法院的第一次开庭常常因原告需要对被告的抗辩收集新的证据而不得不重新开庭，影响庭审的效率。为此，近年来，诸多学者将研究视角投向分析提交答辩状的性质与国外的相关制度的运作，希望通过寻找理论上的根据与比较法的资源为我国诉答程序的改造寻找突破口。

尽管两大法系国家均有诉答程序的规定，但对于当事人未在法定期间内提交答辩状的效果却作出了不同的选择。在英美法系，被告不提交答辩状或逾期提交的直接后果是原告申请法院作出被告败诉的判决，即所谓"不应诉判决"。而在大陆法系国家，情况相对复杂一些。通常，法院不能因被告未按时提交答辩状直接判令被告败诉，如果在第一次开庭时被告没有到庭或到庭后也不进行答辩的，则依原告的请求进行判决。奥地利、日本以及德国的早期第一次期日主要采取此种方法，实际上，这种做法侧重于缺席判决的效果。[①] 而在德国，如果采用书面准备程序，法院首先确定催告被告提出抗辩的期间。如果被告在诉状送达后两周的不变期间内未做抗辩的意思表示，法院可依原告申请直接作出缺席判决。

不提交答辩状的效果的不同，深植于诉讼传统与诉讼结构的差异。在英美法系民事诉讼中，答辩失权是一项不可或缺的制度安排。这一制度既内在于其特有的对抗制原理及诉讼文化，又与庭审样式及其相关的程序结构有着密切的联系。当事人双方首先必须自己设法形成攻击防御的态势，才能获得法院的实质性审理。由于事实审仅有一次，将案件交付审判的前提是存在事实上的争点。被告不提交答辩状，视为不存在争点，也就无须提交审判，在审前准备程序中即能够加以解决。因此，原告原则上自行送达诉状，而被告则必须在规定的时间内给予回应。如果被告不做答辩，无论是从无须进行实质审理的诉讼应尽早终结的效率角度，还是出于必须迫使双方展开对抗才能使诉讼进入下一阶段的必要，都应该以"不应诉"为由判决其败诉。在那里，开庭审理在制度上既不是作出败诉判决的必要前提，事实上绝大多数案件也都未经过此阶段，而在审前程序中已告终结。这些特点均与英美民事诉讼的陪审制传统紧密相关。

---

① 参见章武生等：《司法现代化与民事诉讼制度的建构》，第 503—504 页。

与此相对，大陆法系国家长期以来重视口头主义，包含败诉等实质内容的判决原理上都必须经过开庭审理才能够作出，对于未经口头审理就作出实体判决持相当谨慎的态度。尽管德国、日本、法国等主要大陆法系国家的民事诉讼现在都设置了较为完备的审前准备程序，但上述特点却没有改变。换言之，无论被告是否答辩，他只是在开庭时缺席才可能未经实质性审理而遭致败诉判决（只有德国民事诉讼的"书面准备程序"这种特殊情况下才出现了例外）。可以说，与英美法系民事诉讼中几乎不可能存在相对于"开庭审理"而言的"缺席判决"一样，大陆法系民事诉讼的原理也很难允许有"不应诉判决"的位置。这一点与大陆法系的诉讼文化有别于英美的"对抗制"、法院从送达到审前准备程序都更深地介入当事人之间的攻击防御过程紧密相关。① 因此，直接以被告不提交答辩状为由作出裁判缺乏正当性。经 1976 年修改的《德国民事诉讼法》，书面准备日益得到强调，前述书面准备程序中的缺席判决即是这一改革的结果，但与英美法相比，仍显得小心翼翼。

为了强化答辩状的提出，针对过去将答辩状的提出视为一种诉讼权利的观点，一些学者对提交答辩状行为的性质进行界定，认为答辩状的提出是被告的诉讼义务，并建议应将我国立法规定的任意答辩制修改为强制答辩制，即被告未在答辩期内提交答辩状的，视为自认了原告的主张，并直接判决被告败诉。② 前述的做法更多地来源于英美法的启发并通过将提交答辩状行为定位为当事人的诉讼义务而期待获得理论上的支撑。③ 这种做法虽然能为强化答辩状的提出提供理论上的根据，但却难以自圆其说甚至有失偏颇。因为以对原告的请求进行抗辩为宗旨的答辩行为是被告行使辩论权的基本方式，对被告来说，答辩权是辩论权中最基本的权利。④ 在德国，被告没有答辩的义务，既不是必须出庭，也不需要对送达作出反应。⑤ 即便在英美法中，被告也可以选择不提交答辩状。就答辩状的提出而言，被告不提交答辩状，实

---

① 参见王亚新：《我国民事诉讼不宜引进答辩失权》，《人民法院报》2005 年 4 月 6 日。
② 参见李祖军：《民事诉讼答辩状规则研究》，《法学评论》2002 年第 4 期。
③ 参见占善刚：《完善民事诉讼准备程序之构想》，《现代法学》2000 年第 1 期。
④ 参见张卫平：《论民事诉讼中失权的正义性》，《法学研究》1999 年第 6 期。
⑤ 参见宋冰：《读本：美国与德国的司法制度及司法程序》，第 243 页。

质是放弃答辩的权利，视为对原告诉讼请求的认诺。这种认诺的结果并不是对被告违反答辩义务的制裁，而是被告通过放弃答辩权而自我选择的结果，就如同当事人放弃上诉权而选择接受不利于己的裁判结果一样。当然，实际上，有很多被告不提交答辩状本意并非放弃答辩权，虽然不提交书面的答辩状，但在以后的诉讼中仍有进行答辩的可能。至于是否允许其答辩，属于立法政策的问题，而不能理解为是对被告未履行答辩义务的制裁。

　　笔者认为，应将被告提交答辩状的行为定位于被告的权利。当然，虽然提交答辩状属被告的权利，但并不意味着权利的行使不受任何制约。被告不按时提交答辩状，是否允许其在以后的诉讼程序中再为答辩恐怕不能仅仅将提高诉讼效率作为制度选择的唯一考虑，而应当综合考量。就两大法系的相关规定而言，英美法"不应诉判决"的做法过于严格，在我国现实的司法语境下并不具有可行性。原因如下：其一，我国并未实施律师强制代理制度，很大一部分当事人都没有律师代理，包括书写、表达等在内的辩论能力常常不足；加之实务中送达在方式上也往往不够规范。在这样的情况下，假如规定被告在答辩期内不提交内容上有着种种技术性要求的答辩状，原则上就必须承担败诉后果的话，给法院（尤其是地处农村或经济不发达地域的基层法院）诉讼实务带来相当的冲击乃至混乱是可想而知的。面对我国社会转型期民事诉讼的复杂状况，引进任何意味着程序正义观念可能强烈冲击实体正义的制度都应当十分地慎重。其二，以"不应诉判决"来强制被告答辩，在我国民事诉讼的框架内存在着结构性的障碍。在我国民事诉讼制度上，公开审判是一项宪法规定的基本原则。在此原则的指导下，民事司法实践中早已形成了作出实体判决必须经过开庭审理这一得到普遍遵循的惯例。特别是自20世纪90年代的民事经济审判方式改革以来，司法实践中的开庭审理接纳了"公开、口头、对席、直接"等各项程序保障原理，逐渐走向实质化。我国民事诉讼也由此真正开始形成了以庭审为中心的程序结构。开庭审理作为作出实体裁判的必要程序前提，构成了审判方式改革以来推进程序保障的一项重要成果。而在这样的制度框架内引进"不应诉判决"，如果仍意味着不经开庭审理、仅以被告在规定期限内未提交答辩为由就作出败诉的实体裁判，则其很难获得正当性。其三，审判实务的惯常做法降低了答辩失权的必要性。我国民事诉讼的传统与英美法不同，法官在审前准备程序阶段一般都不会放任不问，相反，经常倾向于召集双方当事人来尝试调解或就程序事项进行协商等。这类庭前的调解等程序场景也得到了相关司法解释的支持和强调。而审判实践中通行的这些做法，实际上都附带地起到促使被告以口头方式答辩的作用，从而更进一步降低了引进答辩失权的必要性。①

　　综上，在我国，被告不按时提交答辩状就采用英美法系"不应诉判决"的制度与我国民事诉讼的结构、原理以及实务做法难以契合。当然，虽然不宜直接采用"不应诉判决"等方式，但考虑到被告提交答辩状，对于充实审前准备程序、避免诉讼拖延具有重要意义，仍不能缺少鼓励被告按时提交答辩状的制度设计：一是应大力提倡引导和通过增加律师的诉讼代理等间接的方法来促进被告答辩。二是对于被告已明确表示不提交答辩状的案件，法院可在当事人同意的前提下尽早进入争点与证据整理程序或指定开庭审理日期。三是对于被告不提交答辩状又不放弃抗辩的，基于当事人的诉讼促进义务，经原告申请，法院可酌情课以被告承担因延迟提出答辩而使原告增加的诉讼费用的制裁。

三、完善起诉状与答辩状的构想

　　审前准备程序功能的发挥，有赖于当事人的协助，如果当事人不能善尽诉讼促进义务，则争点与证据的早期整理很难完成。就诉答程序而言，如前所述，诉状与答辩状的交换实质上发挥着在当事人之间自主开示与案件相关的信息与证据的功能。当事人双方在诉讼的初期通过详细记载主张与证据的书状的交换，能够使法院与当事人尽早了解案情并整理争点，进而加快诉讼进程。《日本民事诉讼法》在修改过程中，准备书状的改革是其中的一项重要内容。旧法中准备书状记载的内容过于简单，当事人难以通过书状取得重要的信息，影响了攻击防御方法的进一步提出，导致审理难以集中进行。作为口头辩论的准备措施的改革，新法要求当事人在准备书状中，尽量在更大范围内就案件事实乃至纠纷的背景情况等提供更多的信息，同时，还应在书状上按证明的事项记载自己所持有的基本证据。② 日本新民事诉讼规则还对

---

① 参见王亚新：《我国民事诉讼不宜引进答辩失权》，《人民法院报》2005年4月6日。
② 参见王亚新：《对抗与判定——日本民事诉讼的基本结构》，第31页。

一些特殊案件所应提供的书证作出了明确的规定，并对除答辩状外的准备书状实行当事人之间直接交换的方式。我国台湾地区在 21 世纪初的"民事诉讼法"修改中，为充分准备言词辩论，实现审理集中化的目标，对书状的记载事项及交换的方式进行了修订，有关书状的交换也采行当事人之间直接交换的方式。①

我国《民事诉讼法》仅对起诉状的内容作出了规范，要求原告在起诉时应当提出载明以下事项的起诉状：（1）原告的姓名、性别、年龄、民族、职业、工作单位、住所、联系方式，法人或者其他组织的名称、住所和法定代表人或者主要负责人的姓名、职务、联系方式；（2）被告的姓名、性别、工作单位、住所等信息，法人或者其他组织的名称、住所等信息；（3）诉讼请求和所根据的事实与理由；（4）证据和证据来源，证人姓名和住所。与此同时，新《民事诉讼法》第 125 条规定，答辩状应当记明被告的姓名、性别、年龄、民族、职业、工作单位、住所、联系方式；法人或者其他组织的名称、住所和法定代表人或者主要负责人的姓名、职务、联系方式。人民法院应当在收到答辩状之日起 5 日内将答辩状副本发送原告。为了促进诉讼的进行，使当事人在诉讼的初期尽可能提出全部的攻击防御方法，并有助于简化和限缩争点，规范书状的内容便具有一定的重要性。首先，在诉状中，当事人应尽力提出全部的主张，并就主张所依据的事实与理由作出具体陈述。其次，被告应在答辩状中记载答辩的事实与理由，对原告的主张表明态度，包括对原告的主张承认与否，否认原告的主张应表明否认的事实与理由。再次，当事人应在书状中提出证明主张与抗辩的全部证据资料，而对于重要的书证，应在提交书状的同时随附书证的复印件。最后，可以考虑借鉴日本的做法，对于一些类型化的案件，通过司法解释的方式，明确当事人应当提交的证据资料范围，甚至可以要求在前述案件中，即使某些证据资料不利于当事人，但只要该证据资料属于应当提交的范围，当事人就应在诉讼的初期自主开示。实务中，一些法院尝试按不同案件类型中必要的常见证据种类及范围，事先做成解决某种案件一般所需要的证据名单，在诉讼开始时以"举证告知"等书面形式发给双方当事人的做法值得提倡。② 最高人民法院的《证

---

① 参见邱联恭：《程序选择权论附录（二）》，五南图书出版公司 2000 年版。

② 参见王亚新：《民事诉讼准备程序研究》，《中外法学》2000 年第 2 期 。

据规定》对"举证告知"的内容进行了统一的要求，但主要侧重于对逾期举证的后果的告知，缺乏前述对证据种类与证据范围的告知，不能不说是一个遗憾。当然，前述实务中的做法作用也主要在于举证指导，证据自主开示并不是制度设计的本来目的。

值得注意的是，在大陆法系国家，除诉状与答辩状的交换外，还包括记载主张与证据的书状的交换，从而为当事人在各种期日中的辩论作准备。我国在有关证据交换的尝试中，强调当事人之间的对席交换，对书面交换重视不够。实际上，至少对于书证的交换而言，书面交换更有利于为准备会议等争点整理期日做充分的准备。而对于不适合书面交换的证据则可以在争点整理期日中进行对席交换，但应当在该期日前相互告知证据目录。

第十二章

中国简易审判程序新探索

无论是以分流案件为动因，还是以满足民众接近司法的社会需求为目标，抑或按照利益衡量的程序正当性原理将争议金额作为程序简化的标准，简易案件应当适用与之相适应的简单、快捷、便利的程序来处理，都是不必多加论证的命题。然而，我国在现行简易程序之外另设一个小额程序既无必要也不可能，对此我们将在第十三章小额诉讼程序研究中详细论证。但这绝不是说，我国现行简易程序的设计和运行良好，已足以满足上述多重目标；恰恰相反，现行简易程序试图承载多重功能而导致技术缺陷和制度滥用，本章将在程序分类的框架下加以剖析，并总结各地基层法院各显神通的改革实践，努力探索适宜我国简易案件处理的新路径——中国式速裁程序，准确地说，是以争议金额为主要（但非唯一）标准形成的中国特色的"调解＋速裁"的简易审判程序。

一、程序分类的理念——在多元程序体系中建构简易审判程序

我国民事审判程序的重大缺陷是程序类型单一。总体上，虽然区分为诉讼程序与特别程序，但两大系列中都存在明显缺陷。其一，就诉讼程序而言，虽然区分为普通程序与简易程序，但简易程序基本上是普通程序的简化形态，除审判组织和审理期限有明显差别之外，其他方面并无明显界限区分。在当事人方面，权利配置（如答辩期间、反诉或变更诉讼请求的程序限制、上诉权等）在简易程序与普通程序中几乎无所差别；在法官方面，自由裁量权（如送达方式等程序推进事项、攻击防御手段的支配、调解文书的形

式，甚至程序的选择与转换）在简易程序中却几乎不受限制。由此形成的状况不仅是"繁者不繁，简者不简"的问题，更重要的是简易程序成为法官偏好而非当事人受益的选择，应当简易处置的案件却无法保障审判效率和降低当事人的解纷成本，应当获得严格正当程序证成的案件却时常遭遇程序违法侵扰，以致即使最终裁判完全符合实体法的规定当事人仍拒绝承认裁判结果的正确性。其二，特别程序定性不清、功能不明、内容不全，无法形成既有确定内涵又富有张力的抽象定义。因而，我国特别程序一方面成为一个程序大杂烩——既包括部分非讼事件（以无争议为特征），也包括个别宪法性诉讼（以存在争议为要件）；另一方面又挂一漏万——现行列举式立法方式无法为大量诉诸法院的新型非讼事件预留空间。于是，应当适用非讼程序解决的大量案件，比如部分商事诉讼，公司法中请求查询公司账目、请求召开股东大会等请求、知识产权中的部分宣告性诉讼，目前都只能适用简易程序来解决，既不合法，也不适当，更无效率，大量增加了司法成本和当事人讼累双重负担。其三，人事诉讼程序目前既未获得独立的诉讼程序地位，也因非讼事件法尚未独成体系而成为其中的一部分，因而当它从传统民事案件为基础的诉讼模式（职权主义）的主流地位沦为以商事案件为基础的新型诉讼模式（辩论主义）的边缘地位时，简易程序也就顺理成章地成为人事诉讼案件的主要选择。

在程序类型单一的背景下，现行简易程序承载的目标和功能太多、太杂、太模糊，远远超越了同一个程序在设计技术上所能达到的极限，因而影响了这一程序的正常运行，并导致其严重滥用。目前我国日益严重的积案问题主要依赖于简易程序来解决，现行简易程序就更加捉襟见肘。那么，如何在民事司法纠纷解决图景的整体框架下提升简易案件审理程序的品质，更好地配合司法改革整体构想的实现，如何整合、析别、利用既有制度资源，回应蓬勃发展的市民社会对于司法系统社会效果的殷殷期待，缓解法院面临的信任危机。我国建立简易案件处理程序的可选方案是：将现行的简易程序所承载的多重功能进行卸载，形成大容量的非讼程序、便捷的劳动诉讼程序、独立的人事诉讼程序，其余部分案件保留在简易程序这个大框里，参考小额诉讼程序的价值目标，以争议金额作为主要（但非唯一）标准，形成中国特色的"调解＋速裁"的程序。为区别于现行法所规定的具有特定内涵和外延的"简易程序",可称为简便程序或便捷程序,或尊重中国普遍实践的名称谓之"速裁程序"。不过,按照中国将司法调解与司法裁判统归于"审判"约定俗成的定义,更名为"简易审判程序"甚至保持原有"简易程序"的名称均无不可,因为这一程序经改造之后并未在权限配置等根本问题上改变其性质,只是功能定位和宗旨更加明确,适用范围和条件更加清晰,程序结构和逻辑更加合理。

二、比较研究的启示——简易审判程序的多样性

正如一位比较法学者所说:"没有任何一位观察家和评论家会对他或她最熟悉的制度感到满意。"[1] 在世界范围内,积案成为困扰当今各国民事司法实践的普遍问题,即使那些被我国作为标杆的现代西方各国,也在追求公正和效率平衡的困境中探索司法改革路径。作为一个自洽的体系,不同的司法程序分别对应不同的诉求;按照宏观正义分配的原理和程序正当性的利益衡量准则[2],相对简易的民事案件对应着相对简易的、但满足程序保障底线的诉讼程序。与西方国家将民事司法哲学调整到"相对正义"的水准[3]相伴而行,一审程序中的繁简分流机制因其在解决积案问题上的突出贡献而得到了普遍关注。然而,各国的改革都是以契合本国现实为基本前提的,由此形成的分流机制也各具特色,各有千秋。

(一)英美式的简易裁判程序

在英美司法体系中,小额诉讼程序是最为典型的速裁程序或简易裁判程序,但美国的简易程序是各国间最另类的。美国的简易程序采取的是阶段式的思路,通过诉讼的早期终结机制排除后期的正式听审,以便完成程序的简易化处理。简易裁判的主要代表是即决判决,其他方式还有根据诉答状的裁

---

[1] Andreas F. Lowenfeld, "Introduction: The Elements of Procedure: Are They Separately Portable?", *American Journal of Comparative Law*, 1997, Vol. 45, p. 651.

[2] 这一原理即指,如果当事人所享有的程序保障与其从程序中所获得的利益相适应,这一程序即为"正当程序"。参见傅郁林:《繁简分流与程序保障》,《法学研究》2003 年第 1 期。这与邱联恭教授所指的费用相当性原理有所相似,参见邱联恭:《司法之现代化与程序法》,三民书局 1992 年版,第 272—274 页。

[3] 参见 [英] 阿德里安 A·S·朱克曼主编:《危机中的民事司法——民事诉讼程序的比较视角》,傅郁林等译,第一章。

判和就法律问题的裁判。案件一旦被法院受理，就必须得到法院的裁判，除非当事人撤诉或者和解。但并非每个案件都值得通过正式的法庭审判（trial）实质解决。即决判决能够在诉讼进程的早期针对那些不存在实质性事实争议因而不需要提交陪审团听审的案件，作出实质性裁判（judgment on the merits），终结诉讼程序，在减少当事人的私人成本和社会的公共成本的同时，使有限的诉讼资源集中到真正形成交锋的案件。根据诉答状作出的裁判主要解决无须听证即可判别的程序问题，比如在我国《民事诉讼法》第119条和第120条规定的某些问题。而就法律问题作出的裁判主要是根据美国司法制度对于法官与陪审团的权限分界，如果没有事实上的争议则法官可直接作出裁决，这种裁判的适用范围与即决判决的区分界限在实践中一直是不那么明显的。

这种简易裁判制度安排实际上与美国的审判样式紧密相关。在美国的两分式法庭模式下，由于诉答程序主要是通知式（notice pleading），并不会过多审查原告所能提出的证据，而是将这些案件推进到证据开示阶段，以便原告有足够的证据搜集能力准备庭审。这样总会出现一些轻率诉讼（frivolous litigation），原告提起在法律上明显没有胜诉可能的诉讼，试图迫使被告畏于诉讼而妥协来获得不当利益。为了规制这种不当行为，美国法院对于当事人没有形成真正的案件事实争点（issue）的案件，通过法官参与本属于陪审团的事实问题认定的方式作出即决判决①，以便为案件负载减压、"阻止不必要陪审团审判的保护者"② 以及督促当事人尽早、积极地准备案件。③ 即决判决一般应依一方当事人的申请，不过即使双方都申请即决判决，也不能认为案件并没有实质事实争议。但例外情况下，只要能保证受判决不利影响的一方当事人获得了充分的提前通知并且有足够机会表达不应作出即决判决

① See Richard L. Marcus, Martin H. Redish & Edward F. Sherman, *Civil Procedure：A Modern Approach*, St. Paul：Thomson/West, 2008, p. 425.

② Martin H. Redish, "Summary Judgment and the Vanishing Trial：Implications of the Litigation Matrix", *Stan. L. Rev.*, 2005, Vol. 57, p. 1339. 当然，这种制度设计现在也面临着违宪的质疑，*Suja A. Thomas*, "Why Summary Judgment Is Unconstitutional", *Va. L. Rev.*, 2007, Vol. 93, p. 139。

③ 即决判决的判断标准也与美国的证据提出责任（burden to provide evidence）有关，是指在法庭审理过程中当事人均有提出证据的义务，如果未能提供足够证据使得理性人认定有利于他的事实就要自动承担败诉的风险。这是法官作出是否交给陪审团判断的标准，也称为未提出证据的风险（risk of non-production）。

的理由，那么法院也可以依职权作出即决判决。申请的提出也有一定时间限制，一般至少要等到每一方都有机会借助正式的证据开示收集支持自己的证据之后。而且，为了保证双方的武器平等，申请方应当在法庭就即决判决问题听审的若干天前向对方送达该申请。在判断过程中，法官可以吸取各种信息，虽然口头证言未被禁止，但是法官为了节省时间可以依裁量拒绝听审，而是要求通过宣示陈述（affidavit）表格提交。① 支持动议的即决判决能起到吸收或阻止诉因和争点排除/既判力的作用，而驳回动议的即决判决并不排除任何当事人在正式庭审中提出在动议中处理过的问题的权利。对于许可或拒绝即决判决的判决，都可以像普通判决一样上诉。

英国采取的是在司法程序内直接分流案件的思路。根据法院裁量，可使用作为传统非正式程序的小额程序（small claims track）②、简化程序并结合时间表的快速程序（fast track）和量体裁衣并结合多种管理方法的多轨程序（multi-track）三种机制。其中快速程序在补充小额程序的基础上承担了处置较为简易案件的功能，其管辖权金额覆盖了5 000英镑到25 000英镑，并且法官在分配时可考虑审判日程表及所需证据，比如相对受限的证据开示，不超过30周的审前准备期间，在审理需要时也只能提供书面的专家证据，开庭期不超过一天（5小时制）。典型的日程表如下表所示。

项目	距分配期日的时间
证据开示（随后可申请阅览对方书证）	4周
证言交换	10周
专家报告交换	14周
法院送达审前核对表（pre-trial check lists）	20周
提交审前核对表最后期限	22周

（二）德日式的便捷程序

在德国，所谓的简易程序的设计特点并不鲜明。初级法院的审理程序虽然限于5 000欧元以下且不符合州法院专属管辖的案件，但是其简易性仅仅在不存在律师强制代理、对当事人个人诉讼的特别照顾、传唤期间更短等少

---

① See Jack H. Friedenthal, Mary Kay Kane & Arthur R. Miller, *Civil Procedure*, St. Paul, MN: Thomson/West, 2005, pp. 468-473.

② 参见小额诉讼程序研究一章（第十三章）。

数事项上适用例外规则，而且从整体上看，一审程序中并没有明显简易和普通程序的区分。[①] 当然，各州议会也可以规定在初级法院程序中设置诉前强制和解制度，适用于 750 欧元以下的财产纠纷、私人相邻权和名誉损害赔偿案件，此时以调解失败作为提起诉讼的必备条件。

这种较为另类的做法与德国司法系统的实际构成有关。在德国，绝大多数纠纷都能经由督促程序解决，进入正式诉讼程序的只是少部分，采取简易程序的需求相对并不高。同时，德国的诉讼制度在效率、廉价、公信力等方面在国际上都处于领先地位[②]，这也部分导致了社会和法律人简化一审程序的激励不足。特别重要的是，德国对于法治国原则推导出的司法请求权和《基本法》第 103 条发展的法定听审权的特别重视，决定了任何对于程序保障程度的减损都必须慎重。他们更倾向于通过加强法官的案件管理职权并引入原有框架内的诉讼促进义务（Prozessförderungspflicht）和失权制度适度推动诉讼进程的加速。[③]

但德国并非完全没有作为"简易程序"对应物的制度设计。类似于一般意义上简易程序的诉讼程序是证书诉讼，即经双方当事人同意，可依赖于书证、经特殊交易单证或票据进行快速诉讼。这种简易程序只有在请求一定数额的金钱或一定数量的货物或者原告可以完全依赖于书面证据作为其请求的实体支持时才可以适用。原告在其起诉书中必须申明希望提起仅仅以书面证据为依据的特别程序诉讼，而且应当附上书面文件，例外也可以放宽到稍后甚至听审阶段提交。为了使快速审判得以进行，证书诉讼不允许反诉，证据调查的手段只限于书面证书。法院经当事人双方同意，可以依据向法院提交的书证、交易单证或支票发出可执行判决并申请假执行，但如果被告提出这些证据不足以证明的异议，则转入完整诉讼程序。从程序的简化看，普通的证书诉讼不能缩短应诉和传唤期间，不过在票据和支票诉讼中，传唤期间被大幅缩短，证据调查程序也有所简化。在司法实践中，由于假执行可能导致

---

① 参见［德］罗森贝克、施瓦布、戈特瓦尔德：《德国民事诉讼法》，李大雪译，第 803—807 页。

② 参见［英］阿德里安 A·S·朱克曼主编：《危机中的民事司法——民事诉讼程序的比较视角》，傅郁林等译，第 28 页。

③ 参见［德］迪特尔·莱波尔德：《当事人的诉讼促进义务与法官的责任》，见［德］米夏埃尔·施蒂尔纳主编《德国民事诉讼法学文萃》，赵秀举译，第 386—411 页。

损害赔偿责任，这种程序的利用率很低，据 2000 年统计初级法院的证书诉讼、票据诉讼和支票诉讼案件仅占全部案件的 0.3%，州法院的比例仅为 1.4%。[①]

作为日本基层法院的简易裁判所，是日本第二次世界大战后美国经验主导的司法改革的成果，旨在通过亲近当事人的地理设置、不完全专业的法官组成和简易程序，迅速解决简易案件。在程序上，简易裁判所处理诉讼标的价额不超过 140 万日元的案件，在素来重视高度技术化的民事司法中加入了若干简化的尝试，比如认可口头起诉，可以不提出准备书面，一并采用书面审理和人证内容的书面提交，简略口头辩论笔录及判决记载、诉前和解、替代和解的决定以及作为日本特色的司法委员的参与。[②] 但是，由于所管辖的诉讼标的额逐步提高，日本学者质疑简易裁判所失去特色而逐渐成为地方裁判所的翻版或缩小版，最终引入了我们将另章专门讨论的、试图重塑普通民众达致司法路线图的小额诉讼程序。[③]

（三）比较研究的启示

比较法研究的魅力在于借以观察完成同一制度目标的方法的多样性。同样是为了更早地结束简易案件的审理从而提高司法效率，各国所采取的进路大相径庭。美国在替代性纠纷解决机制完成第一次过滤之后，继续对程序完成阶段式划分，通过减少最正式程序的适用机会而实现从整体上降低司法成本并加快速度的第二次过滤；英国则在受理之后、实质审理之前就将案件归入带有不同特征的轨道，在牺牲有限的程序保障的同时完成类似目标；德国形式上的程序的简易要么并不明显，要么仅针对个别类型的案件，而由于督促程序在案件分流方面的成效和其司法整体上的满意答卷，进入审判程序的简易案件也很少，因而单独的简易程序概念在德国的意义并不大；在日本，存在着最系统化的普通程序的简易设计，除去其本土化的理念之争基本上就是我国简易程序的范例，但是在日本国人眼中却十分失败。尽管存在差异性，但是除了美国的即决判决在制度背景、法官素质和理论水平等方面的重

---

① 参见［德］罗森贝克、施瓦布、戈特瓦尔德：《德国民事诉讼法》，李大雪译，第 1232—1241 页。

② 参见［日］新堂幸司：《新民事诉讼法》，林剑锋译，第 608—611 页。

③ 参见［日］小岛武司：《诉讼制度改革的法理与实证》，陈刚、郭美松等译，法律出版社 2001 年版，第 140 页；王亚新：《对抗与判定——日本民事诉讼的基本结构》，383—384 页。

大差异而几乎无法借鉴之外，其他三个国家的做法都或多或少地能够为我国所用，包括其经验教训也可以作为重要参考。更为重要的是，这些简易裁判机制中所蕴涵的例外机制和案件类型化处理的思路，都构成探索因地制宜的多样化简易裁判机制的理念基础，也为下文讨论在中国独特的语境下重构现行简易程序提供了启示。

三、调解＋速裁：我国简易裁判程序的基本模式

按照程序分类、繁简分流的总体框架和简易裁判程序的方便、快捷、低廉的价值目标，在我国民事审判制度的总体基调或底色之下，简易裁判程序将以非正式性为目标，以调解为原则，融合小额诉讼程序和简易裁判程序的基本特征。为实现这一构想，现行审判制度和程序需进行以下几个方面的改造。

（一）审判程序与审判组织相分离

一审法院承担司法功能的多元性，其审判组织和审理程序的多元化也几乎成为必然选择。① 但我国法律将诉讼程序与审判组织捆绑在一起，规定独任制（审判组织）仅适用于简易程序，从而直接导致了繁简分流与程序保障之间的冲突剪不断、理还乱地纠结在一起。这种捆绑式的安排是在以普通程序为主体、以简易程序为补充的理想背景下形成的——简易程序是对普通程序从审判组织到审判程序的全面简化。

这种捆绑式制度安排反映了我国对于合议制功能的误解和简易程序价值取向的单一性、片面性和粗糙性认识②，也从一个侧面体现了对于普通程序中程序保障必要因素的理解偏差，亦即将法庭组成人员的多寡与程序保障的程度简单地对应起来。理论上说，审判组织的组成主要与审级制度所规定的程序功能有关，比如在解决法律问题时，不同法官在合议过程中的意见交锋能发挥最大作用，特别是在形成具有先例效力的上诉判决时，合议制的价值可以在决定法律问题时综合不同意见，甚至代表不同利益群体，以准确解释和适用法律，并通过集体主义决策机制避免或减少终审判决之间的冲突，从客观上和感觉上增强高级别判决的可信度和权威性。相对而言，一审法官的

---

① 参见［日］小岛武司：《诉讼制度改革的法理与实证》，陈刚、郭美松等译，第 101 页。
② 参见 傅郁林：《繁简分流与程序保障》，《法学研究》2003 年第 1 期。

主要任务是解决事实问题，能否发现个案事实主要依赖于证据搜集的能力上，而按照现代诉讼程序制度的基本分工，当事人和律师对事实和证据负责，在正式审判程序中尤其如此，法庭组成人数的多寡对于事实认定并无决定性意义。

从比较法上看，审判组织与程序保障都是两个问题，审判组织组成主要与案件类型、审级程序和客观可能性相关。在德国，初级法院都是独任制审理的，在州法院虽然并存有独任法官（Einzelrichter）和合议庭（Zivilkammer）两种组织形式，但是合议制仅适用于一些特殊法律领域（比如银行金融业、建筑合同、信息技术等）、事实或法律问题疑难、法律问题具有原则性意义以及双方合意申请的情形①；在日本，独任制是简易裁判所的唯一形式也是地方裁判所的主要形式，只有特别作出合议审判决定的案件和上诉案件才组成三人合议庭，而且在实践中由于与我们类似的人员不足的原因，独任制的优势也很明显②；英美国家的初审程序更是始终适用独任制。既然我们无法否认这些国家虽多在一审中采取独任制也能保障程序上的差强人意，那么认为审判组织与程序保障程度正相关的观点也就不攻自破了。

即使在合议庭的监督功能方面，审判组织与诉讼程序的捆绑式安排也是有害无益的。由于诉讼案件的暴涨和司法人员的缺乏，普遍适用独任制成为基层法院解决"案多人少"矛盾的主要出路，于是，在捆绑式安排下，简易程序也随着独任制的普遍适用而顺理成章地成为基层法院的主要审判程序。但由于简易程序本来应该是针对简单、小额案件而设定的非正式程序，因而在程序的许多环节都预留了巨大弹性和裁量空间，随意性很强。于是，当并不简单、并非小额的一审案件因普遍适用独任制而不得不适用简易程序时，这种捆绑式制度安排导致简易程序与普通程序在适用范围和程序规范的设计标准上都面临技术难题，从而出现双重困境：要么审判权同时丧失了来自合议制的监督和来自规范程序的制约，权力制约处于真空状态；要么出现大量所谓"普通程序简易审"或"简易程序普通审"的现象，导致"繁者不繁，简者不简"。在整体司法政策上，无论限制或扩大独任制或简易程序的适用

① 参见《德国民事诉讼法》第348条第1款第2句第2项和第3款第1句。
② 参见［日］新堂幸司：《新民事诉讼法》，林剑锋译，第53页。

范围，都无法实现司法资源的最优化配置，如果适用范围太小、金额标准太低、或者程序太复杂，则无法实现案件分流和程序便民的目标，但如果范围太大、标准太高、或程序太简便灵活，则意味着一些重要的一审案件将在审判组织和审判程序双重简约的状态下获得裁判，风险太大。甚至在依法不能适用独任制的中级法院也普遍出现"合而不议"的合议制空洞化现象，也可归因于这种捆绑式安排。

因此，对现行简易程序进行改造，以确定"简者更简"的价值目标之前，必须首先将独任制与简易程序区分开来，基层法院均适用独任制，而一审程序则区分为简易程序和普通程序，也就是说，将审判组织与审判程序拆分—重构之后最终形成的是三类程序：独任制简易程序、独任制普通程序、合议制普通程序。

（二）速裁程序的适用范围

无论从司法实务部门对案多人少的诉苦，社会大众对于司法纠纷解决的热情期待，还是司法职业化、专门化的内在呼唤，简易程序的完善、中国式的速裁程序的建构都是十分迫切的。基于前述程序正当性原理，能够获得正当性的速裁程序，应当足以保护当事人以理性选择程序，获得成本低廉的司法服务，享受简易、方便的司法救济，获得有独立审判权的法官快捷审理、即时判决和获得最低限度程序保障的程序权利。[①] 但简易程序适用标准的确定，产生于以下制度需求的合力。

首先，由于独立的小额诉讼程序并不适用于我国，对此笔者将专章论证，因而改良后的简易程序涵盖西方小额诉讼程序的审判对象，这使得制度设计应当满足亲民性的要求。其次，虽然案件的简易程度与原告可能获得的金钱赔偿多少并没有直接联系，但是为了不在程序选择上给当事人和法官增加更多诉累和纷争，诉讼程序的分类应当遵循直截了当、形式化的标准，诉讼标的额成为一般标准的最好选择。再次，基于比较法经验，简易程序标准的具体数额应当较小。从英德日三国的经验看，换算成人民币适用简易程序的标的额标准分别是 25 万元、4.5 万元和 11 万元左右，如果再考虑到各国经济发展和生活消费水平的差异，各自数额在社会生活中的实际影响力兑换

[①] 参见傅郁林：《繁简分流与程序保障》，《法学研究》2003 年第 1 期。

成人民币应当会更低一些。显而易见，这些标准与我国从50万元到几千万元不等的级别管辖标准、同时也就是当前意义下的简易程序的适用标准相比，区别十分明显。[①] 在现有的基层法院管辖的案件中应当进一步区分适用普通程序和简易程序类型的思路下，简易程序的标准应当显著降低。最后，简易程序的标准应当相对较小，在不确定是否应当简易审判时倾向于更严格的程序保障，以维护当事人最大限度利用司法的程序权利。基于以上考虑，我们可以参考西方几国的数值，由相关职能部门考量各方面的经济数据、案件标的额的分布区间、审判平均标的额等指标，确定适用简易程序的数额标准。关于具体金额，笔者认为，在地区差异如此巨大、经济变化如此迅速的单一制大国，统一确定某个数额作为小额诉讼或简易程序的争议金额既不合理也不可能，可考虑以辖区GDP及其他经济指标作为一个基数、参数或系数形成一个计算公式（其实这种方法也可以作为确定各地级别管辖金额的参考）。立法者在新《民事诉讼法》第162条将各省、自治区、直辖市上年度就业人员年平均工资30%以下作为小额案件的数额标准，体现了对前述立法思路的采纳。

此外，在程序选择或准用原则上，2007年《民事诉讼法》规定的简易程序由法官单方依职权决定适用。笔者认为，我国应当在国外强制性小额诉讼与选择性小额诉讼两种模式中进行符合当前国情的权衡和选择。为了保证简易程序加速、节约、亲民目标的实现，对于满足诉讼金额标准的案件应当采取简易程序为原则、以普通程序为例外的做法，即符合条件的案件直接进入简易裁判程序，只有在当事人对适用普通程序的原因充分说理后，才能由立案庭决定指派审判庭适用普通程序，这种由立案庭决定的方式有助于防止审判法官出于自己便利而滥用指挥权。与此不同，对于那些超出数额标准的大额金钱纠纷，则应当以满足当事人对于程序事项的自主选择权为前提，只有在双方就适用简易程序达成合意的基础上，才能适用简易审判程序。目前我国司法实践中试行的速裁程序普遍以当事人一致同意为前提，虽然部分适应了当下速裁程序较简易程序更简化、有可能侵犯当事人基本程序利益的现

[①] 类似观点，参见李浩：《宁可慢些，但要好些——中国民事司法改革的宏观思考》，《中外法学》2010年第6期；章武生：《民事简易程序改革的若干认识误区之剖析——兼论我国多元化民事简易程序体系的建构》，《中国法学》2004年第6期。

实，但是也使得速裁程序的适用受到限制。我们需要的是在总结既有速裁程序的成果使简易程序的效率进一步提升的同时，明确司法程序所能提供的程序正义的底线，以避免社会底层弱势群体无法获得较为正式的公力救济，而不是畏于粗糙正义（rough justice）的指摘裹足不前。立法者在2012年修改《民事诉讼法》时部分采纳了前述思路，其第157条第2款规定，基层人民法院和它派出的法庭审理前款规定以外的民事案件，当事人双方也可以约定适用简易程序。然而，令人遗憾的是，新《民事诉讼法》并没有规定当事人可以选择退出简易程序，而且对小额诉讼更是完全由法官单方依职权决定适用，而无视当事人对案件所适用程序所可能达成的合意。

当然，简易程序的适用范围是有限度的，目前适用简易程序的有些案件应当在相应程序健全后逐步分流出去，因为简易程序毕竟还是受制于司法程序基本保障要求的诉讼程序，并不是解决所有纠纷的最佳或最适当选择。比如，一方面，某些涉及公司事件的纠纷更适宜用修订后的非讼程序；现行督促程序经改造后可能在实现数额大、争议小的债权方面更加高效便捷；另一方面，家事案件特别是涉及孩子抚养权归属、分家析产以及需要追加第三人的案件，简易程序的正式性又显不足，因为案件很可能较为复杂或者涉及利益广泛重大，即使涉诉标的额较低也不宜采取简易程序。这些涉及程序分类和体系化建构的诸多问题，应该在未来对《民事诉讼法》进一步修订时一并解决，也只有这样，简易程序的适用范围及其功能和目标定位才可能更加清晰、明确、易于操作和监督。

（三）简易审判程序的具体设计

在进行如上所述的目标定位和结构改造之后，特别是在严格限定其适用范围和金额之后，简易审判程序可在以下环节中进行更加简便、更加快捷、更加灵活、更加非正式化的建构。

第一，独任审判。正如前文所述，普通程序和简易程序都可以适用独任审判，但是简易程序由于面向简易案件，只能适用独任制。而且，简易案件不必配法官助理，由法官和书记员配合足以完成审判任务，否则也难以达到节省司法资源、缓解法院压力的目的。

第二，简易答辩。我国学者一般认为，答辩是被告诉讼权利和义务的统一[1]，但是根据《民事诉讼法》第 125 条和《证据规定》第 32 条的规定，被告不答辩的行为"不影响人民法院审理"，即没有法律后果，而且只要被告提交了答辩状或书面意见，无论何时法院都应接受并抄送原告。[2] 在相对复杂的案件这可能使以当事人双方程序参与为要义的诉答程序无法实现，无法有效保护双方当事人的诉权，表征着较低的司法专业化程度；但是对于简易案件而言，答辩与否以及答辩的形式并不重要。而且如果被告同意，法官可以不指定答辩期。

第三，送达灵活。简易案件的送达可以采取多种形式，无论是直接送达、留置送达、委托送达、邮寄送达还是转交送达都可以。唯一的例外是公告送达，因为对于作为推定送达的公告送达的案件而言，作为受送达人的被告一般无法知道送达内容，进而也无法享有程序参与权和主张自己利益的机会。那么，出于慎重的考虑，应当选取更为正式的程序规范，以寻求司法程序对于双方当事人程序利益的平衡，这也正是现行司法解释规定"起诉时被告下落不明"不适用简易程序的主要理由。至于通知的方式，现有规定可以通过捎口信、电话、传真、电子邮件、司法专邮等简便方式随时通知、传唤双方当事人和证人，依旧适用。

第四，侧重口头。简易案件中并不需要太多的文案工作，最理想的状态是双方当事人在法庭上面对面地讲述案件的前因后果，其间，法官不时引导争论的焦点并确保辩论集中在法律问题上，在发现事实真相的同时尽可能地实现案结事了的司法目标。简易程序原则上应当通过开庭审理的方式进行，例外情况下如果双方同意以书面方式举证、质证并由法官自行认证，也可以采取书面审理的方式。当然，由于案件相对简单，庭审记录能够替代发挥书面攻防材料的功能，既真实记录庭审的过程，又为上诉审查提供了足够的事实/证据材料。反过来说，正因为上诉审及发回重审机制的存在，一审的简易程序可以更有突破性，加大对于诉讼效率的侧重。正如美国小额诉讼程序

---

[1]　参见李国光主编：《最高人民法院〈关于适用民事诉讼证据的若干规定〉的理解与适用》，第 261 页。

[2]　参见吴庆宝主编：《最高人民法院专家法官阐释民商裁判疑难问题》，人民法院出版社 2007 年版，第 219 页。

中的重新审判正是为了纠正小额程序的可能错误一样，如果能将因为加速造成的极少数错误案件重新审判，对于绝大多数很容易查清真相、又期待快速解决的案件完全可以尽可能地提升效率。此外，在简易程序中进行证据交换并不必要，事实上，如果双方当事人需要交换证据，就部分说明了案件本身的复杂性，因而不应适用于简易审判。

第五，简易判决。裁判文书的规范化是司法专门化、专业化的必然要求，但是由于案情相对简单，简易案件审理程序中的司法裁判只要清楚地记载诉讼请求及裁判结果、案件的基本事实和裁判理由即可。这在美国各州的小额诉讼程序也较为常见。在双方同意的情况下，可以采取双方在笔录上签字的方式确认最终的裁判结果，而不必事后制作规范的判决书。当事人如果事后需要提起上诉和执行程序，可以申请原法院另行出具判决书。由于双方当事人的自愿使得简便程序得以正当化，这只是对现行法的突破而非对基本法理的破坏，特别是在我国速裁程序替代了西方小额诉讼程序的背景下，速裁程序制度及其运行也应当容纳和承载小额诉讼程序的优势特点。

第六，审理提速。这也是笔者心目中中国式速裁程序最突出的特点。以目前实践中的速裁程序为参数，新的速裁程序应当在1个月内就能作出裁判、解决纠纷。虽然现行法规定简易程序3个月的审限是普通程序的一半而且不得延长，但是很多地方的司法经验表明，真正简易的案件无须如此长时间，或者说"满打满算"需要3个月审结的案件本身已经不应被归入"简易"。与前面的分析秉承同样的脉络，所谓中国式的速裁程序就是要在速度上作出自己的特色。与其他一些强调特色的制度探讨不同，速裁程序面临的问题是世界性的，而我国既有改革已经在程序提速上作出了有益的尝试，这并非对所谓中国国情的过分迁就，也并没有创造以违背基本原理和逻辑自洽性的怪异的而非"特色"的制度。

第十三章

小额诉讼程序研究

一、司法正式性与非正式性的交困

司法的正式性与非正式性的紧张关系在各国司法实践中均时有体现，也是西方国家持续进行的司法改革所欲改善的主要目标之一。对于西方国家而言，小额诉讼程序是过于正式的民事诉讼制度的补充。当代西方国家所进行的程序改革，在检讨其过度专业化的司法难以满足公民获得正义的需求时，试图通过引入小额诉讼程序寻求司法平民化之路。对于涉案金额不足以动用普通程序审判的案件，如果制度为平头百姓谋求司法救济提供可能，那么提高速度并简化程序就成为一种正当的选择。[①]在实践中，小额法院是从程序的利用者立场出发，考虑到作为个体存在的市民不同于商事企业的个性需求，遵循"小额性—普通人—通人情的构造"这一制度逻辑。[②] 这就是西方国家在现代的、标准的、规范的、精密设计的、专业化程度较高的司法程序和司法人员基础上所进行的程序简化和非正式性分流。

与之相反，我国司法在正式性与非正式性之间的平衡关系仍是以"迈向现代化"为主要目标和基本前提的，对于司法过于正式化的后现代式的解构

[①] Bruce Zucker and Monica Herr，"The People's Court Examined：A Legal and Empirical Analysis of the Small Claims Court System"，37 *U. S. F. L. Rev.* 315，317（2003）．

[②] 参见［日］小岛武司：《诉讼制度改革的法理与实证》，陈刚、郭美松等译，第 102 页；［日］新堂幸司：《新民事诉讼法》，林剑锋译，第 42 页。

与反思则显然有些无的放矢。过去二三十年来，中国与西方国家的民事司法制度的发展犹如相向行驶的列车，但今日在非专业化与过度专业化之间的平衡点上相遇，因而我们还没有向去正式化、去专业化方向倒退的资本。我国普通程序虽然在理论上被视为普遍适用、体系完整、相对基础且作为审判程序通则①的审判范本，但在实践中是否能发挥如是作用却大可质疑。因为我们的程序"简易"是原始或粗糙意义上的简单和单一，不仅早已无法适应正在日益扩大的社会差异和多元的价值需求，而且在当事人本位、程序正当性理念和规则尚未形成的背景下强调民事程序的简易化和非专业化，与"规则之治"（rule of law）的目标南辕北辙。在实践中，群众路线长期以来成为司法政策中不可或缺的一部分，在不同时期以不同的强度和形式在民事司法实践中发挥影响。"司法为民"的口号在为当事人谋求一些实际便利的同时，往往也成为拒绝提高普通民事司法程序质量的挡箭牌。在此背景下，小额诉讼程序作为迅速、高效、廉价地解决纠纷的符号，对于我国制度建构的意义更多地体现在程序价值多元和案件分流的理念上。如果将视线转向制度建构层面，我们就必须回应这样一个主题：小额诉讼制度本身能否在当前中国找到生存土壤，并发挥现有制度无法替代的功能？

就概念本身而言，"小额诉讼程序"一词在世界范围内的使用比较复杂。在实践中，不仅各国由于制度设计不同可能将有所差异的制度统称为小额诉讼程序，甚至在一国之内概念都不一定统一，比如在美国，用于指称使用小额诉讼（small claims）的法庭或类似机构的名称可能有近十种之多，其制度内容也差异很大。② 在学理上，由于实然层面和理想层面的概念并存，并且其广义和狭义概念的存在根据其与简易程序的关系而确定③，因而"小额诉讼程序"的使用也具有多义性。本章也是在这几种意义上交替使用这一概念的。

---

① 参见潘剑锋：《民事诉讼原理》，北京大学出版社 2001 年版，第 271—272 页。

② 美国的小额诉讼程序由于主要受州法规制，其名称在各州也并不相同，比如包括市立法庭（municipal court）、地区法庭（district court）、城市法庭（city court）、太平绅士（Justice of the peace）、县法庭（county court）、治安法庭（magistrates court）和调停法庭（concilliation court）等。本文关于美国小额诉讼程序的一般性介绍，主要参考了 Ralph Warner, Everybody's Guide to Small Claims Court (10th), Nolo, 2004，部分最新进展可参考 www.nolo.com，以下不一一注明。

③ 参见范愉：《小额诉讼程序研究》，《中国社会科学》2001 年第 3 期。

二、小额诉讼的基本要素

虽然各国的小额诉讼程序的模式不同，但是其共同特征仍有迹可寻。比如，小额诉讼程序作为金钱案件的简易机制，其适用最为普遍、价值取向较为明晰、特征较具共性。以治安法院或治安法官或其变体为典型，英国法治法官、法国小审法院、美国许多州的限权法院、日本简易裁判所中的小额诉讼程序均属于这种模式。其共同特征大致包括：适用范围是小额财产案件，诉讼费采用专门标准收取，当事人对于是否适用一般有选择权；程序运行强调当事人亲自诉讼、口头化和非专业性；在权限配置方面体现了"限权"的特征，法官的司法权和当事人程序保障权两方面都受到一定限制，对抗色彩相对微弱，职权主义介入较多，当事人一般不允许反诉，原则上实行一审终审制。简言之，小额诉讼独立于普通诉讼程序，甚至被列入替代性纠纷解决机制（ADR），因此，美国一些州的小额诉讼一旦"上诉"至普通法庭，则实行全面审查制，就像没有经过审判一样。[①] 这些特征都是正式/普通诉讼程序中不能包含而仅在小额诉讼中所独有的一些要素。在此需要解剖，并与我国现行诉讼程序中已经包含的要素进行对照。

首先，调解及其强制性。日本学者棚濑孝雄指出，"对于理想的调解而言，程序的开始以及最终结果的确定，都以当事者的合意为前提"[②]。在实行对抗制的普通法系国家中，由法官主持调解在正式程序中是难以想象的，但在以非正式性为特征的小额诉讼程序中，调解不仅具有许容性，而且常常具有强制性。不过需要特别指出的，这种强制仅指程序启动的强制性，也就是指以调解作为起诉前、审判中或裁判前的必经程序，而不是指在强制达成或接受调解结果，后者与西方诉讼模式中共通的处分权理念是明显违背的，即使在非正式、非对抗的小额诉讼程序中也不可能奉行。在美国，多数小额法庭都会建议调解，但是否调解仍属当事人自愿决定的范畴，这种情形有似于有些大陆法系国家（如德国）将法官在审理过程倡行当事人和解作为一项义务的做法。德国在各州的层面，针对低于 750 欧元的案件采取强制调解制

---

① 参见傅郁林：《繁简分流与程序保障》，《法学研究》2003 年第 1 期。

② ［日］棚濑孝雄：《纠纷的解决与审判制度》，王亚新译，中国政法大学出版社 2004 年版，第 79—80 页。

度。而对美国小额诉讼实践的大量研究表明，双方当事人如果自愿同意调解，70％的小额请求就可以达成协议；即使在强制调解的小额法庭，调解成功率也能达到50％。因此，越来越多的州将诉前调解作为案件听审的前置条件，包括佛罗里达、夏威夷、爱达荷、缅因、新罕布什尔和华盛顿特区。即使在双方无法达成调解的合意、当地法庭又没有强制调解制度，实务中法院也会持尽可能促成调解的态度。期待调解的一方可以主动与调解人员接触，此时调解员会主动联系对方，由于他们比较有经验且说服力强，仍有可能促成调解。①

其次，普遍奉行的口头化，以及以增进审判效率为目标、以当事人同意为前提的书面审理。在美国的小额诉讼程序中，法庭一般并不保留诉讼过程的书面记录，只有在少数地区才会使用录音记录或录像带，以备案件上诉时审查。在日本则略有不同，虽然部分情形下可以省略口头辩论笔录，但也要保存录音带。在意大利，新治安法官审理的程序几乎全是口头的。② 不过，出于效率和节省听审/口头辩论所占用的司法资源的考虑，一些国家的小额诉讼程序中也经常出现书面审理偏好。在英国，当法官认为不开庭就能解决纠纷时，将会发送不开庭的案件分配通知书（Notice of Allocation（no hearing）），如果当事人不明示反对，审理就将以书面方式进行。在德国，虽然法院可以自由裁量其审理方式，但是在当事人申请时则必须举行口头辩论。③ 易言之，书面审理的方式可能被法院认为更有效率，但是由于涉及当事人的法定听审权，在当事人主张权利时不得不转为口头进行。因此，正如王亚新教授所指出的那样，究竟何种方式更为有利，也许只有一国的法官和当事人根据自己的实际情况才能决定。④

再次，以便民设置为基础的本人诉讼。在西方，律师在诉讼中的介入主要是法律和诉讼的专门化和技术化导致的。虽然考虑当事人的自身意愿，小额诉讼中聘请律师代理并不为大多数国家禁止，但由于如下所述的各种便民举措的广泛应用，保障了聘请律师并非当事人提起诉讼的必备选项，当事人基

---

① 此外，英国的最新改革要求当事人起诉前须经调解，这一方案也为我国香港特区所采纳。

② Organisation of justice - Italy，European Judicial Network in Civil and Commercial Matters：见 http：//ec. europa. eu/civiljustice/org _ justice/org _ justice _ ita _ en. htm，2010 年 12 月 13 日访问。

③ 参见《德国民事诉讼法》第 495 条之一。

④ 参见王亚新：《对抗与判定——日本民事诉讼的基本结构》，第 398 页。

于诉讼收益和律师费支出的理性比较，事实上没有聘请律师罢了。即使在美国，完全禁止律师代理的州法也属少数，很多州的侧重点落在了以保障双方平等的律师代理权为代表的武器平等原则（equality of arms）上。英国也与美国多数地方相似，虽然没有禁止律师代理，但是由于在小额程序中败诉方不必像在英国普通程序那样承担胜诉方的律师费用（cost shifting），因而当事人一般也不会聘请律师。① 德国的初级法院虽然不实行律师强制代理制，但基于上述理由和法定收费制，实践中也鲜有律师代理。日本学者也认为，即使没有禁止律师代理，本人诉讼仍应当是小额诉讼程序主要针对的情形。②

又次，司法贴近民众的根本目标及其保障措施。如前所述，西方国家设计小额诉讼程序的目标，并非从分流司法压力的目的出发，而是为了解决正式司法在满足民众接近司法的需求方面存在的缺陷，因此，这一目标除了体现在小额诉讼程序上述制度设计细节之中外，还借助于一系列配套设施来保障其具体实现。在美国，许多小额法庭都提供免费法律咨询项目，在加利福尼亚州这一点尤其突出。双方当事人都有机会与律师或受过培训的律师助理交流，以便更好地理解和准备案件。此外，许多光盘或网站资源也能提供免费或廉价的专业服务。在英国，除了大量为了让没有律师帮助的当事人理解诉讼程序的小册子之外，当事人可以在案件分配调查表（allocation questionnaires）中申请法院提供的免费小额争议调解服务（The Small Claims Mediation Service），在各项法律业务中，法院专门提供了机构或人员为残障人士服务，在上诉中当事人可向法律中心（Law Centre）和社区法律建议组织（Community Legal Advice）寻求免费帮助。在日本，类似便民措施也在日常司法运作中得以实现。③ 当然，一般小额诉讼

---

① 在没有律师代理时，当事人可以采取公民代理的方式（lay representative），但是只有在法院许可时才能参加听审。其中部分机构提供的服务也是收费的，且不会承担专家责任。Her Majesty's Court Service，The small claims track in civil courts，Leaflet EX306，July 2010（http：//www. hmcourts-service. gov. uk/courtfinder/forms/ex306_e. pdf，2010 年 12 月 10 日访问）。例外情形是，如果案件超过5 000英镑但是仍被分配到小额程序，则当事人可以主张不超过快速程序中可回复的费用。

② 参见［日］新堂幸司：《新民事诉讼法》，林剑锋译，第 685 页。

③ 从小岛武司教授与英国鲍德温（John Boldwin）教授在 1997 年的一次对话可见，两位各自国家小额诉讼程序研究的专家都认为，律师在法院内的咨询较法庭内的代理而言，已经足以满足小额程序的需要。See Takeshi Kojima，*Civil Procedure and ADR in Japan*，Tokyo：Chuo University Press，2004，p. 191.

程序都排除了陪审团审判，部分原因在于陪审制在缩短了与民众的距离的同时，也大幅降低了审判的效率并增加花费，反而可能导致人民无法接近司法/正义。①

最后，一审终局原则与特别救济途径。一般认为，在许多国家，小额案件是没有上诉权的。但这些国家赋予了当事人提起撤销之诉的权利，或者只是限缩了上诉理由，实际上还是提供了复审的机会，不过与普通案件的复审进路在程度或方式上有所区别。在美国，关于小额法庭判决的上诉规则千差万别，难以确定何者是原则，何者为例外。少数州不允许上诉，而且允许上诉的州也分为就法律问题上诉和重新审判（new trial）两种，并存在针对第二次上诉的特别令状（extraordinary writ）制度，当事人可以向上诉法庭主张小额法院或第一次上诉法院犯了严重的法律错误，比如无权考虑本案所涉及的问题。② 在英国，当事人可以针对小额诉讼上诉，但需要得到法官的许可，而且限于法律错误或者严重的程序违法。德国小额诉讼程序规定，只有那些法律问题具有原则性意义或者需要控诉审法院为了维护法律发展和司法统一作出裁判的案件，才能提起上诉。③ 日本也规定了当事人对于小额案件的一审判决不能提起控诉，而只能提出异议，法院将针对当事人之间的实体争议进行类似普通程序的"续审"，诉讼被视为恢复到口头辩论终结前的状态。④

三、两大法系的视角和各有千秋的分流机制

如果小额诉讼程序研究的目标是引入我国，那么这一程序所体现的大部分制度特征已经为我国现行的简易程序乃至普通程序所包含；小额程序所针

---

① 也有质疑从其他角度认为，这种增强法庭中的大众因素（popular element）的尝试并不能增加司法的可接近性。See Simon Roberts & Michael Palmer, *Dispute Processes：ADR and the Primary Forms of Decision Making*，New York：Cambridge University Press，2005，p. 260.

② 美国普通诉讼的上诉审主要是以初审卷宗为基础的法律审，上诉审原则上不决定（而非不审查）事实问题。如果上诉审认为一审裁判存在事实错误，则发回原审法庭重审。

③ 参见《德国民事诉讼法》第511条第4款第1句。

④ 参见王亚新：《对抗与判定——日本民事诉讼的基本结构》，第408页。

对的问题——弥补程序的过分正式性所导致的民众接近司法的困境——在我国缺乏相应基础和背景；小额程序在贴近民众方面所体现的根本价值恰恰不是当下改革主张者关注的重点。这些结论将在下一部分展开分析。与此同时，就我国改革者所追求小额诉讼程序在分流案件、减少司法压力方面的价值而言，各国面对这一相似的问题所做的选择，基于"技术设计、使用状况和法院采用的意愿"并不相同。[①] 不妨沿用惯用的简单分类，从英美法系和大陆法系两大视角来分别观察。

（一）英美法系

美国往往是其他法域建构小额诉讼程序的渊源和范本。然而，美国的小额诉讼程序是由州法设立的[②]，因此其具体内容因各州规则不同而存在高度差异，比如在可诉数额、诉讼主体（和代理制度）、必备文件、在何时何地诉讼等都不相同。不过，案件准备和适当提交案件的基本方法却大致相似。所有小额法院的目的都是听审金额较小的金钱案件，管辖权金额（jurisdictional amount）较典型的是5 000美元或7 500美元以下，但有些州也可高达15 000美元或低至1 500美元以下。[③] 在小额法院起诉后，当事人超出限额部分的请求将视为放弃。除公司必须聘请律师外，公民聘请律师有种种限制或抑制性政策。讼程不会长时间拖延，开庭一般也只用十几分钟，同时也不适用正式的证据规则，法官甚至也可以作出衡平判决。上诉权与普通诉讼也有诸多差异，比如规定不得上诉或允许合意放弃上诉，或规定一旦上诉则实行重新审理而仅就法律问题进行书面审。

作为英美法系另一代表的英国，于世纪之交启动的民事诉讼改革如今依

[①] Oscar G. Chase，Helen Hershkoff，Linda Silberman，Yasuhei Taniguchi，Vincenzo Varano and Adrian Zuckerman，*Civil Litigation in Comparative Context*，St. Paul，MN：Thomas/West，2007，p. 276.

[②] 在联邦法院系统中，只有税务法院才设有小额诉讼程序。如果税务当局主张某一计税年度内的欠税额和罚金不超过5万美元，就可以满足小额诉讼程序的管辖要求。但是，考虑到这种程序与一般意义上讨论的小额程序之间的差异，本文暂不予专门讨论。

[③] 近年来，管辖权金额普遍处于提高的趋势，比如2010年8月马萨诸塞州将其由2 000美元提升到7 000美元，内布拉斯加州2010年7月从2 700美元提升到3 500美元，新罕布什尔州2010年1月由5 000美元提升到7 500美元。

旧如火如荼地进行着。① 传统的小额诉讼程序已不能完全满足促进有效案件管理的职责。于是在近年的司法改革中，英国法院根据当事人填写的调查表②，在法院裁量之下分别适用三种机制：（1）具有非正式性的小额程序（small claims track）；（2）简化程序并结合时间表的快速程序（fast track）和（3）量体裁衣并结合多种管理方法的多轨程序（multi-track）。其中多轨程序是这三种机制中针对普通程序进行最正式的改革，强调即使对那些非常复杂且涉及金额巨大的案件，法院仍然可以根据案件需要采取最适宜的手段处理案件，通过案件管理会议、审前复核程序等程序机制加快审理的效率。而小额程序和快速程序则在接近正义的理念下针对较小数额案件进行专门处理，在实践中也取得了良好效果。在 2009年所有争议案件 31.6 万件中，接近 50% 的案件在进入分配程序之前就达成了和解或撤诉，有 9.3 万件被分配至小额程序，6.1 万件被分配到快速程序，只有 2.5 万件适用了最严格的多轨程序。③ 其中，小额程序针对的是 5 000 英镑以下的普通案件和 1 000 英镑以下的人身伤害案件，在诉讼进程中坚持非正式性，诉答文书采取表格填写或者口头的方式，审理中一般不进行证据开示，放弃严格的证据规则且可以限制交叉询问，不设陪审团。而且小额程序中被告一般不能反诉，使用专家证人必须在调查表中申请，上诉也采取许可制。小额案件的审理过程分为两阶段，初步听审和最后听审，只有在前者无法解决的案件才可能进入最后听审，而且两者的进行都不必非常正式。相比之下，快速程序提供的程序保障更多并相对正式，但仍是对普通程序的简化。管辖权金额覆盖了 5 000 英镑到 25 000 英镑，并且法官在分配时会考虑审判日程表及所需的证据，比如相对受限的证据开示，不超过 30 周的审前准备期间，在审

---

① 关于英国的介绍，主要参考了以下文献：齐树洁主编：《英国民事司法改革》，北京大学出版社 2004 年版，第 344—361 页；Her Majesty's Court Service, The small claims track in civil courts, Leaflet EX306，July 2010；Her Majesty's Court Service, The fast track and the multi-track, Leaflet EX305, April 2009. (http://www.hmcourts-service.gov.uk/courtfinder/forms/ex306 _ e.pdf; http://www.hmcourts-service.gov.uk/courtfinder/forms/ex305 _ web _ 0409.pdf, 2010 年 12 月 10 日访问)。

② 当事人应当在填写调查表相互讨论以下事项，以供法官决定程序进行相关事项时参考：能否达成和解、哪种程序最为合适、听审会持续多久以及必要时审前准备和交换证据所需要花费的时间。

③ See *Judicial and Court Statistics*, 2009, revised Oct. 2010, Table 1.10.

理需要时也只能提供书面的专家证据，开庭期不超过 1 天（5 小时制）。典型的日程表如下表所示：

项目	距分配期日的时间
证据开示（随后可申请阅览对方书证）	4 周
证言交换	10 周
专家报告交换	14 周
法院送达审前核对表（pre-trial check lists）	20 周
提交审前核对表最后期限	22 周
最后听审	约 30 周

（二）大陆法系

在欧洲大陆，英美法系中小额程序所发挥的功能是由一些特别程序实现的，本章仅以德国的相关制度为例加以说明。[①] 在德国，由于律师强制代理制和统一司法定价制的存在，小额案件如果进入普通的审理程序，将非常可能是低效率的。因而，证书诉讼程序、支票诉讼程序和督促程序的广泛采用也就不足为奇了。在前两者中，要求实现请求权的要件事实都能够通过书证证明，证据调查的方法被限定在书证和当事人询问，而且不能提起反诉。如果被告提出异议，也会在被判败诉之后转入普通法院审理。[②] 而第三种督促程序更是《德国民事诉讼法》中一项有代表性的成功制度，相继被日本、奥地利、法国、意大利和西班牙等国家甚至欧盟采纳。通过督促程序，债权人对于无争议的债权可直接获得执行名义，并就此解决了绝大多数的纠纷；如果债务人提出异议可以直接转入争讼程序审理，能够给双方足够的程序保障。目前，德国每年审结的一审民事案件的数量不足 300 万件，但每年受理的督促案件数量却达 700 多万件以上，其中 90% 左右的督促案件不需进入争

---

① 除德国外，比较著名的机制还包括法国的紧急审理程序（*référé*）和荷兰的紧急短程序（*kort geding*）。关于紧急审理程序，参见［法］洛伊克·卡迪耶：《法国民事司法法》，杨艺宁译，第 456—465 页。特别是在 2007 年 7 月 11 日欧盟又颁布了第 861 号指令（Regulation (EC) No 861/2007），自 2009 年起在除丹麦以外的欧盟成员国施行"欧洲小额诉讼程序"（European small claims procedure），适用于争议金额不超过 2 000 欧元的民商事跨国诉讼。See "Regulation (EC) No 861/2007 of the European Parliament and of the Council of 11 July 2007 establishing a European Small Claims Procedure", *OJ L* 199, 31.7.2007, pp. 1-22.

② 参见［德］汉斯·约阿希姆·穆泽拉克：《德国民事诉讼法基础教程》，周翠译，第 340—341 页。

讼程序就已终结。① 当然，在德国也存在类似小额诉讼程序的设计。德国的小额案件包括三类：第一类是作为最低审级的初级法院，所负责的金钱债权案件也针对那些未被州法院的专属管辖排除的5 000欧元以下的纠纷，但是其程序一般并无太大特殊性；第二类是对争议在 750 欧元以下的财产案件，州议会有权引入强制调解程序；第三类是对争议在 600 欧元以下的财产案件，法院有权在确保基本的程序保障下，以自由裁量的方式决定诉讼程序，并且此类案件由于并未达到控诉审的门槛，只有在一审判决书许可上诉时才能提起控诉。②

由于日本学者质疑其简易裁判所失去特色而逐渐成为地方裁判所的翻版或缩小版③，故 1996 年司法改革之后，日本在原有的简易裁判所规则的基础上，建立了独立的小额诉讼程序，期待能够真正地实践以美国制度为代表的、市民自行利用的小额诉讼程序理念。对于不超过 60 万日元的金钱请求之诉，只有在原告申请并陈述理由且被告不反对时，法院才能采取小额诉讼程序审理案件，并有权依决定将案件转入普通程序。小额案件不允许反诉，原则上一次开庭结案，限制证据调查的种类并允许灵活审查证据，甚至允许进行衡平裁判。④ 此外，非讼程序在日本也同样发达，甚至部分出现了争讼案件非讼化的现象⑤，也能够解决大量纠纷。

意大利的诉讼拖沓是众所周知的。⑥ 在改革中，新治安法官（giudici di pace）是取代过去调解官的一种新机构。这一改革的两个突出缺陷受到猛烈

---

① 参见周翠：《电子督促程序：价值取向与制度设计》，未刊稿。就 2000 年—2009 年的数据，作者结合了《德国统计年鉴》（Das Statistische Jahrbuch，http：//www.destatis.de）、联邦司法部主页上的统计和权威著作（MünchKomm/Schüler, ZPO, Vor § 688ff., Rn. 6）以及德国巴登—符登堡州司法部提供的资料，较为可信。

② 参见［德］罗森贝克、施瓦布、戈特瓦尔德：《德国民事诉讼法》，李大雪译，第 803—806 页。

③ 参见［日］小岛武司：《诉讼制度改革的法理与实证》，陈刚、郭美松等译，第 140 页；王亚新：《对抗与判定——日本民事诉讼的基本结构》，第 383—384 页。

④ 参见王亚新：《对抗与判定——日本民事诉讼的基本结构》，第 404 页。

⑤ 参见［日］新堂幸司：《新民事诉讼法》，林剑锋译，第 17 页。

⑥ 本部分内容介绍主要参考［英］塞吉奥·卡罗尼（Segio Chiarloni）：《民事审判及其悖论——意大利的视角》，见［英］阿德里安 A·S·朱克曼主编《危机中的民事司法——民事诉讼程序的比较视角》，傅郁林等译，第 256—280 页；Vincenzo Varano, "Civil Procedure Reform in Italy," *American Journal of Comparative Law*, 1997, Vol. 45, pp. 657 - 673；［意］尼科罗·特罗卡（Nicolo Trocker）：《意大利司法制度的过去、现在和未来》及小岛武司的评论，见［日］小岛武司等《司法制度的历史与未来》，法律出版社 1999 年版，第 80—161 页。

批评：法令没有提到借助新治安法官的经验进行调解的职能；在程序上也没有像期望的那样实现非正式化和简易化。治安官所适用的审判程序沿袭了民事诉讼的基本程序结构，证据调查仍在上级法院审查范围之内，因而收集证据也仍受以前那种非集中化的、形式化的和低效率的规程的制约，并且因此超过一定数额限制的案件仍要求律师的帮助。学者认为，这种貌似"小额诉讼程序"的新治安法官制度在司法管理上并没有引入什么新的价值观和新的准则，相反加重治安法官的角色地位，可能在损害司法职业化、扩大普通案件简易程序的同时，限制当事人在上诉审中的权利，因而可能严重损害程序正义。也许，意大利在繁简分流方面的改革探索能够从正负两方面给我们一些启示。

由此可以大致看出，虽然两大法系多个法域都建立了独立的小额诉讼程序，但各自的实际表现却良莠不齐。就一国司法制度的整体运行状况而言，普通程序本身的迅捷、高效是基础和关键，多层次分流机制并行只是辅助和配套，比如被认为运行最佳的德、日民事诉讼制度都有这一特点；就小额诉讼程序在整个司法制度中的地位和效用而言，它直接与一国普通程序的正式化和集中化程度有正相关性，但作为一种辅助设施，小额诉讼程序在普通程序运行良好的司法体系只是锦上添花，在普通程序运行不良的司法体系中却无力回天；就小额诉讼程序在案件分流机制中的地位而言，它仅仅是多种分流机制之一而非唯一，甚至并非最重要的机制之一，与之并存、并重、甚至在具体国家更为重要的其他分流机制，如德国（含督促程序）、日本（含调停）繁荣的非讼程序，法国日益强化的紧急裁判程序，荷兰著称于世的商事仲裁，美国与时俱进的法院附设 ADR 和多门（multi-door）分流，以及英国方兴未艾的"多轨"机制，等等，而每一种具体的分流机制在不同国家的地位和作用，不仅取决于其本国的实际需求，也取决于各国不同的程序基础和发展目标、司法制度的整体安排和协调模式、社会背景和法律文化的容许度和支持力等多种因素。因此，在热情满怀地倡导引入独立的小额诉讼程序之前，仔细研究这些因素在我国与相关国家之间的差异性，是必须完成的一项课前作业。

四、中国的问题与可能的出路

关于我国建立独立的小额诉讼程序的建议，主要是在案件急剧膨胀的社会现实中提出的应对方案。当案件压力激增遭遇审判资源的局限和现行简易程序的粗疏，司法实践中逐渐出现了简易程序普遍化、常规化的问题，也导致繁简分流方式单一、司法资源和司法需求的冲突无法调和、司法正当性和效率难以保证。① 于是，侧重于案件分流的整理和创新在司法实践精彩纷呈，除了简易程序的扩大化适用和诉讼内、外的调解得以拓展和强化之外，普通法庭的速裁程序和小额法庭、女子法庭、家事法庭、劳动法庭等按照各种不同标准和价值取向单独成立的一些特色法庭，以正面或负面的经验不断向理论界和立法界发出强烈的信号：类型单一的现行程序在价值多元的需求下捉襟见肘，正在面临现实的猛烈挑战；在学术界，引入小额诉讼程序的主张或者借小额程序改造既有简易程序的呼声从未停歇，甚至连宪法学者蔡定剑先生在反思近年来司法改革中排斥司法专业化和职业化的做法时，也强烈主张引入小额程序以寻求解决社会矛盾的路子。② 在这两种现实动力的反复催促下，小额诉讼程序在长时间内成为一个热点问题也就十分自然了。

　　中国的诉讼程序总体框架是在简单的社会关系背景下，依附于刑事诉讼程序模式建构起来的。③ 程序体系呈现出结构简单、标准单一的问题，这一问题在审级制度、管辖制度、程序分类等方面都有体现。中国在改革开放之前，民事案件从类型到内容都比较简单，主要是婚姻家庭纠纷、邻里纠纷、侵权纠纷等传统民事案件，因而从程序构造上看，纠纷解决主要依赖于调解而非"对抗—判定"式结构，加上计划体制和国家干预理念之下的权限配置模式，诉讼进程和事实查明都主要由法院职权控制。然而，随着大量的商事合同纠纷、公司纠纷、保险纠纷、金融证券纠纷等普遍性的商事纠纷的大量涌现，商事纠纷不可能再作为例外或特别问题，通过单独划分出一个一个的专业法庭/法院的方式来解决审判专业化问题，特别是由于商事纠纷在数量上与传统民事纠纷分庭抗礼，在金额上则显示出明显优势，其重要性加之其问题之新颖、之困难、之复杂性，都足以吸引改革者的注意力而使之成为改

---

① 参见傅郁林：《繁简分流与程序保障》，《法学研究》2003 年第 1 期。
② 参见蔡定剑：《单靠送法下乡不能解决社会矛盾》，《南方周末》2010 年 2 月 24 日。
③ 参见傅郁林：《我国民事审级制度的历史考察与反思》，见《华中法律评论》（第 1 辑第 2 卷），华中科技大学出版社 2008 年版，第 43—68 页。

革的重点和方向。于是启动了始于 20 世纪 90 年代、回应市场经济体制、体现商事审判特点的民事程序改革——以体现处分权主义和辩论主义的各种改革方案推陈出新。相对的，原来占民事纠纷主要部分的传统案件，大多简单基于诉讼标的额标准而被作为简易程序处理。

从制度设计的技术来看，社会的进步程度是以社会分工的专业化程度为标志的，现代化民事诉讼程序通过精密的分流装置来满足多元的、差异性的价值需求。诚然，我们必须意识到中国"前现代"时期的民众对于简易的、低廉的、非专业性的司法救济的需求。正如比较法经验所展示的那样，小额诉讼程序的非正式性特征应对的正是这样的需求，其作为在西方法律传统上建构多元化司法服务体系的重要一环，也值得从理论上深入研究。然而，就程序技术而言，在西方用于弥补其司法的过分正式性和专业性的小额诉讼程序，其程序特征却成为贯穿我国整个民事诉讼程序的基本特征，比如，弱处分主义的理念、着重调解的政策、非强制代理的原则、全面复审的模式，等等，不仅已经体现在基层法院及其派出法庭所适用的简便、快捷和以调解为重心的简易程序之中，而且是我国普通程序的普遍特征。在我国的简易程序中，简易便民的诉答程序、一笔带过的审前准备程序、以口头进行为主的法庭辩论、注重和解和调解，以及整体上加速推进、侧重人民可接受性的审判管理正是日常状况，律师代理率在事实上并不高，证据调查程序本身就具有较高的灵活性并且与民事证明相关的事项多委诸法官的自由裁量，这些都使得我们与大多数小额诉讼程序的运行并没有实质性的差别。因此，如果以追求非正式特征为目标在我国引入一个独立的小额诉讼程序，则缺少相应的对立物和程序基础，除了增加一种理论上的程序类型之外，其现实意义难以评估。

相反，如果研究和设立小额诉讼程序的目的，是在司法类型多元的维度上，将小额诉讼程序的非正式特质作为建构具有正式、规范、专业等特质的普通诉讼程序或标准司法的对应物，从而将各自规定在符合某些条件的案件范围内，以不同的程序规范体现各自的价值目标，那么其必要性是完全可以成立的，因为无论小额诉讼程序是否是一国最主要的解纷力量，这些国家在处理与小额案件相关的问题上都考虑了一些共同的基本要素，秉承相似的理念，并且尽可能减少伴随高度发达的民事诉讼程序而衍生的技术性障碍。但是，建构体现这些要素和理念的单独的（特别是呼声最高的英美式）小额诉讼程序在我国的可行性恐怕又成了问题，比如小额诉讼程序中部分权利限制问题将陷于多重困境。

不妨以小额诉讼裁判的可上诉性为例来分析。美国小额诉讼的快捷性主要在于其非正式性，特别是口头性，整个开庭过程甚至不必记录，因此一旦不服谋求复审，则复审法庭审查庭审过程无据可查。因而一些州不许上诉；一些州允许"上诉"（appeal），但这种所谓"上诉"实际上也就是向本院普通法官寻求重新审理。而阻碍或抑制当事人提起上诉的机制，除了裁判质量和司法信用的基本保证以及小额诉讼程序制度本身的若干限制之外，主要是作为其对应物或另一选择的普通程序本身的正式性，进入上诉/复审程序则意味着进入普通程序，而普通程序的高成本、低效率足以令当事人打消程序投机的念头。那么，换成我国将如何选择呢？方案一，不许上诉。这一方面的失败例子是德国。德国基层法院的小额诉讼虽然在分流案件方面的意义几乎可以忽略不计，但其不允许上诉的规定却因违宪性而引起了轩然大波。在我国，问题可能更糟。经两审终审的裁判尚且可以不受争议金额的限制没完没了地申诉、上访和申请再审，那么想想基层法院的一审案件70%已达成调解，调解不成的少数案件大都是争议剧烈的。不允许上诉的后果，无论从裁判的质量、当事人的心理感受还是社会有理由或没有理由的司法信任危机来看，导致的涉诉信访增量都是因限制上诉而减少的上诉案件数量的许多倍。方案二：允许上诉。那么，一审能调则调，裁判者为了在上诉/复审程序中过关，必认真记录、全面质证、规范文书，故与现行简易程序无异。可见，美国一些州小额诉讼程序虽然采取了禁止上诉或者重新审判，但按其程序正当性原理[①]虽有相当充分的学理说服力，但是在实践中很难为中国的立法者、司法界和"人民"所接受，缺乏生长的政治文化土壤，小额诉讼普遍适用的一审终审制在中国的妥当性和可行性就成为疑问。在西方法治传统下，小额诉讼程序在很多情况下经过一审或者甚至没有进入司法程序就能够

[①] 按照美国司法判例确立的"利益衡量"原理，如果当事人所享有的程序保障与其从程序中所获得的利益相适应，这一程序即为"正当程序"。参见傅郁林：《繁简分流与程序保障》，《法学研究》2003年第1期。这与邱联恭教授所指的费用相当性原理有某些共通之处，参见邱联恭：《司法之现代化与程序法》，第272—274页。

运行良好，方便快捷低廉地解决了大量纠纷；但我国司法公信力的缺失离散和国民公正感的摇摆不定，一审终审的制度设想即使不是不可能，也将面临极大挑战，特别是司法终局、程序正义、成本收益等观念和理性标准远未建立，无论怎样小的争议金额对于当事人的意义都未必与大额商事案件有多大差异。考虑到我国诉讼程序将调解贯穿始终的特色，当事人不能达成调解表明争议较大，因此势必竭尽全力，以各种体制内和体制外的方式挑战在程序上终局的案件。涉诉信访、错案追究和计件考核"三座大山"，足以使得立法者和司法者都难以鼓起一审终审的勇气。与此同时，当前基层法官在事实认定和法律适用两方面的能力实难普遍令人放心，倡导对部分小额案件一审终局，不但可能大量提高错案发生的概率，有碍司法正确性的实现，进而产生违背形式正义、诉权保护和程序保障的巨大质疑，甚至如果从制度运行的整体上将纠错成本纳入视野的话，能否达到效率最大化的愿景也并不让论者如见曙光。[①] 即使是考虑到前述程序正当性原理，小额案件中当事人获得程序保障的权利也是毋庸置疑的，只是其程度较之普通案件有所区别。寻求上诉救济的权利作为其必要的组成部分，并非可以完全否定而只能是减弱，比如在上诉事由范围的宽窄和构成权利性上诉还是裁量性上诉的制度选择上可以采取双重标准。[②]

可见，独立的小额诉讼程序并不孤立，而是深深内嵌于各国的法治传统和制度建构之中，并由此呈现出不同的色彩。作为后发法治国的我国，对于相关制度的引入也不得不考虑与其相关、配套制度的勾连，否则，"拔剑四顾心茫然"的制度设计只可能为反对改革者提供批评的靶子，无助于司法改革目标的实现。[③]"牵一发而动全身"，输入端的细微差别都可能迅速在输出端放大，以至发生类似蝴蝶效应的结果。我国的可选方案是，一方面，以现行的简易程序作为基础，将其承载的多重功能按照不同价值取向进行卸载，形成扩大之后的非讼程序、改造之后的劳动诉讼程序、独立之后的人事诉讼程序，然后将其余部分案件保留在简易程序这个大框里，将争议金额作为主

---

① 参见范愉：《小额诉讼程序研究》，《中国社会科学》2001 年第 3 期。

② 相反观点及论证，参见邱联恭：《司法之现代化与程序法》，第 292 页。

③ 这也是学界的一般看法，参见潘剑锋、齐华英：《试论小额诉讼制度》，《法学论坛》2001 年第 1 期。

要但非唯一标准，按照"调解＋速裁"的程序设计进行改造。具体方面将在简易程序一章中展开讨论。另一方面，现行的普通程序，也将卸载上述相关各部分并与前者整合，然后主要按照商事社会当事人自治理念和司法专业化和程序规范化的目标进行建构，建构一个符合工业化社会和商事社会基本特质的标准程序，也就是20世纪90年代以来诉讼模式改革所推崇的程序，并随着其正式性和专业性的增加而导致成本增加，此外，标准程序还应承担规则功能。然而，令人遗憾的是，立法者2012年最终通过的《民事诉讼法》修正案并没有体现前述思路，而仅在简易程序中增加规定，"基层人民法院和它派出的法庭审理符合本法第一百五十七条第一款规定的简单的民事案件，标的额为各省、自治区、直辖市上年度就业人员年平均工资百分之三十以下的，实行一审终审"。立法者既没有限定其所适用案件的类型，也没有将其与调解衔接，而且强制适用一审终审制，其实施效果恐不容乐观。

第十四章

群体纠纷的司法解决

一、群体纠纷的司法解决机制概述

（一）群体纠纷的含义、特点

人类社会的发展过程中，利益的冲突和纠纷的发生是难以避免的。事实上，人类社会就是一个充满了各种各样纠纷的社会。从其类型上看，社会中的纠纷包括法律纠纷（即可用法律予以调整的纠纷）、道德纠纷、政治纠纷、宗教纠纷等。法律纠纷又包括民事纠纷、刑事纠纷、行政纠纷等。从其涉及的主体来看，纠纷又可分为个体纠纷和群体纠纷。本章所称的"纠纷"和"群体纠纷"，一般是指民事纠纷。[①]

所谓群体纠纷，是指纠纷主体一方或双方的人数众多，其相互之间因相同或相似的行为和事件而引发的纠纷。群体纠纷与个体纠纷相比，最大的特点乃是该纠纷中的主体因素比较复杂，并因此形成纠纷的规模化和连带化。具体而言，群体纠纷具有以下主要特点[②]：

1. 人数的众多性

这是群体纠纷最显著的特点。人数的众多性既可以表现为纠纷主体的单方面，也可以表现为纠纷主体的双方面。在理解这一特点时需注意的是：其

---

① 在一些国家，没有对民事纠纷和行政纠纷予以严格区分，都归入民事纠纷的范畴，就此所提起的诉讼都属于民事诉讼。

② 参见汤维建等：《群体性纠纷诉讼解决机制论》，北京大学出版社 2008 年版，第 7 页以下；薛永慧：《群体纠纷与群体诉讼研究》，知识产权出版社 2009 年版，第 4 页以下。

一，对于涉案人数具体达到多少才可以构成群体纠纷或进行群体诉讼，各国通常不作具体数额的限制，而是将此问题交由法官视具体情况进行裁量。其二，人数的众多性，其主体范围可能是明确的、确定的，也可能是比较明确、相对确定，还可能是比较模糊、不太确定。

2. 关联性或集合性

在群体纠纷中，诸多主体与对方之间的纠纷之所以能够构成群体纠纷而有必要或有可能为此谋求全新的解决途径，其中一个基础性条件即在于诸多主体与对方之间的纠纷具有某种联系，这使得纠纷寻求一体的解决或在诉讼程序上将多个纠纷一并考虑具有必要性和可行性。至于具有何种关联性才能使此类纠纷具备群体性特征而被一并考虑，各国民事诉讼法的规定可能存在一定差别，有的要求多个成员之间"具有共同的法律问题或事实问题"，有的要求"具有共同的利害关系"，有的要求"具有共同利益"，等等。

3. 法律关系的复杂性

相对于个体纠纷而言，群体纠纷所形成的社会关系和法律关系比较复杂。它不仅具有一致对外的外部关系，还有群体成员之间的内部关系。内部关系往往具有协调性、一致性，但有时也具有紧张性、非一致性。

4. 具有一定的政治性

群体纠纷往往带有一定的政治性，或者更准确地说，群体纠纷较之个体纠纷往往更容易引发政治性，从而滋生所谓的政治性纠纷，引起政治当局的重视并作为政治问题来处理和对待。

5. 与公共利益的相关性

由于群体纠纷的本质特征在于涉及多数人的利益，因而人们很容易将群体纠纷和公共利益联系起来。很多情况下，群体纠纷与公共利益有着或多或少、或隐或显的联系。可以这样说，由于公共利益属于不确定的多数人，所以同一主体基于相同或相似行为或事件侵害公益而产生的纠纷一定是群体纠纷。当然，群体纠纷和涉及公共利益的纠纷毕竟是两个不同的概念，有些群体纠纷并不涉及公共利益。

（二）群体纠纷的司法解决机制的意义和功能

所谓群体纠纷的司法解决机制，简而言之，是指通过诉讼方式，由法院依照法定程序对群体纠纷予以审理和裁判，一般可称为"群体诉讼"。与一对一的单独诉讼和传统意义上的共同诉讼相比，群体诉讼具有以下重要意义和功能：

1. 提高诉讼效率与实现诉讼经济

对于群体纠纷，如果采取传统的一对一的诉讼形式处理，那么每一个群体成员都需要亲自进行诉讼，这就必然会加大诉讼成本，造成司法资源的浪费，并且就整个纠纷的解决来说也是低效率的。而采取群体诉讼这种司法解决机制处理，则可以有效地避免或减少诉讼的重复和司法资源的浪费，使群体纠纷得到高效、经济的解决。[①]

2. 实现群体成员的平等保护并促进群体与对方的公平对抗

群体诉讼具有重要的权利保障功能。一方面，群体诉讼将尽可能多的相同或类似纠纷纳入同一个诉讼程序处理，使群体成员的权益能够得到充分的、平等的保护。另一方面，群体诉讼提升了整个群体特别是弱势群体与对方进行交涉和公平对抗的能力，因为单个的群体成员往往处于弱势地位，出于自身能力和诉讼成本等方面的考虑，常常违心地放弃主张权利，群体诉讼则使群体得以聚合从而增强己方力量，群策群力，保证弱势方与对方进行公平、理性、有序的对抗，促进纠纷的公平、合理解决。[②]

3. 防止裁判矛盾与提升司法的权威性和公信力

群体诉讼将众多成员的纠纷纳入同一个诉讼程序予以解决，受诉法院可以就此统一作出相一致的裁判，从而可以防止相同或类似纠纷因在不同的法院审理而作出相互矛盾的裁判之情形的出现，并进而提升司法裁判的权威性和公信力。

4. 维护稳定与促进和谐社会的建设

群体诉讼在疏导社会冲突、维护社会稳定方面具有重要价值。特别是在经济交往领域日益拓宽的现代商品社会，鉴于社会纠纷涉面之广、规模之大、对抗之强，如不以合理、正当的渠道加以疏导和解决，可能酿成更加剧烈的社会冲突。司法的功能恰恰在于，为纠纷各方提供一个通过用事实和证

[①] 传统的共同诉讼制度对于解决涉及的主体不太多的纠纷也具有提高诉讼效率、节约诉讼成本的功能，但如果纠纷涉及的主体众多，则难以实现这一功能。

[②] 参见薛永慧：《群体纠纷与群体诉讼研究》，第60页。

据说服对方从而理性地倾泻不满、平息冲突的"战场"①。利用群体诉讼机制，通过公平、理性、有序、正当的司法程序，使群体纠纷得到妥善解决，可以避免矛盾激化，促进和谐社会的建设。

5. 惩治违法行为并进行行为矫正

在很多情况下，群体纠纷所涉及的权利，尽管标的额较小，但却影响到多数人的利益，对此类纠纷提供群体诉讼的救济，其立足点和功能不仅仅在于补偿损害和权利保障，更在于惩治和矫正违法行为，为违法的市场主体确立相应的行为准则，并促使其在以后的市场活动中遵照执行。②

6. 强化公益的保护与促进政策形成

群体诉讼案件所涉及的利益往往超出了个人利益的范围，而影响到整个群体成员的集体利益乃至社会公共利益，因此群体纠纷的司法解决往往可以有效地强化公共利益的保护。与此同时，在群体纠纷的司法解决过程中，有时需有把处于利益形态的公共问题转化为具有可司法性的权利形态的法律问题，在此过程中，法院可能对公共政策作出新的合理解释，从而促进新的公共政策的形成。③

二、群体纠纷的司法解决机制的域外考察

从世界范围看，群体纠纷的司法解决机制呈现出多样化的特点。各国往往根据自己的实际情况，在研究、借鉴他国的立法与实践经验的基础上探索和建立自己的群体诉讼制度。这些不同类型的群体诉讼，尽管都具有解决群体纠纷的功能，但在所要解决的纠纷类型和范围、诉讼的目的、诉讼的适格主体、具体程序、裁判的效力等诸多方面又存在或大或小的区别，其各自的优势与不足之处往往亦相互并存。因此，针对不同类型、不同领域的群体纠纷，如何合理地选择成本低、效果好的群体诉讼机制并充分发挥其解纷止争、保障权利实现的司法功能，是各国立法和实务部门应予面对和解决的重要课题。

---

① 傅郁林：《民事司法制度的功能与结构》，第179页。

② 参见汤维建等：《群体性纠纷诉讼解决机制论》，第95页。

③ 参见汤维建等：《群体性纠纷诉讼解决机制论》，第96页；杨严炎：《群体诉讼研究》，法律出版社2010年版，第34页。

（一）以美国为代表的集团诉讼

关于美国集团诉讼制度（Class Action）的内容，在我国已经有了极为丰富的介绍和研究成果，除了有关期刊上有大量论文直接或间接论及这一主题之外，近年来，有不少专著对集团诉讼作了更为深入的探讨[①]，本章据此予以简单介绍。

一般认为，集团诉讼是指一人或者数人代表有着共同利益的构成较大群体或者集团的人提起诉讼，法院所作裁判对所有集团成员（除声明退出者外）有约束力的制度。"在世界各国的群体诉讼制度中，美国的集团诉讼因其独特的法律构造、异常丰富而充满争议的司法实践及其对美国的司法制度和经济体制所产生的深远影响，而广为世人关注。"[②]

1. 集团诉讼的基本条件

美国联邦民事诉讼规则第23条第1款明文规定了适用集团诉讼必须具备的四个基本条件（前提条件）：（1）人数的众多性，即集团成员的人数众多，以致全体成员的合并是不切实际的，或者说全体成员均参加诉讼是不现实的。但对于集团成员人数究竟达到多大规模才算满足这一要件，立法上并没有加以规定，而由法官结合个案的具体情况予以认定。（2）利益的共同性，即集团的所有成员存在着共同的法律问题或事实问题。（3）请求或抗辩的典型性，即集团诉讼代表人的请求或抗辩对于全体集团成员来说具有典型性。这种典型性并不要求每位集团成员的请求或抗辩完全相同，只要代表人提出的请求或抗辩能代表绝大多数成员的意见或者说当多数集团成员分别独立诉讼的话，也会提出同样的请求或抗辩即可。（4）代表的充分性，即代表人能公正和充分地维护集团全体成员的利益。这是在前一个条件的基础上对代表人的人品和素质提出的更高要求。代表的充分性一般应满足以下两个条件：其一，代表人自己与其他具名的成员具有共同的利益；其二，代表人将通过合适的律师来有力地维护集团的利益。

---

① 参见范愉：《集团诉讼问题研究》，北京大学出版社2005年版；李响、陆文婷：《集团诉讼制度与文化》，武汉大学出版社2005年版；汤维建等：《群体性纠纷诉讼解决机制论》；王开定：《美国集体诉讼制度》，法律出版社2008年版；薛永慧：《群体纠纷与群体诉讼研究》；章武生等：《外国群体诉讼理论与案例评析》，法律出版社2009年版；杨严炎：《群体诉讼研究》。

② 范愉：《集团诉讼问题研究》，第153页。

2. 不同集团诉讼的特殊条件

以上四项条件是任何集团诉讼得以成立的必备条件、先决条件，除此之外，根据联邦民事诉讼规则第 23 条第 2 款的规定，集团诉讼的成立还需符合以下三项维持条件中的一项。这三项条件实际上是针对不同类型的集团诉讼所规定的特殊条件，有学者将这三种符合不同要件的集团诉讼分别称为必要的集团诉讼、寻求禁令的集团诉讼和普通的集团诉讼。[①]（1）必要的集团诉讼之特殊条件。必要的集团诉讼指的是法院必须将它作为集团诉讼对待，而不得分开进行审理的集团诉讼。凡集团诉讼在满足前述四项基本条件的前提下，再符合以下两项条件之一，便构成必要的集团诉讼：其一，由集团的各个成员分别起诉或者针对集团成员分别提起诉讼可能会产生如下风险，即由于对集团的各个成员作出互相矛盾或不一致的判决，将会给集团的对方当事人确定相互矛盾的行为标准。其二，由集团的各个成员分别起诉或者针对集团成员分别提起诉讼可能会产生如下风险，即对集团个别成员的判决，会在实际上处分非判决当事人的其他集团成员的利益，或者实质上损害或妨害他们保护自己利益的能力。（2）寻求禁令的集团诉讼之特殊条件。如果集团诉讼所寻求的救济为发出禁令，或者寻求的救济为宣告性救济，此集团诉讼便单独构成一个类型。其条件是：集团的对方当事人基于一般适用于整个集团的理由而作为或不作为，因此需要向集团整体作出适当的终局性的禁令救济或宣告性救济。（3）普通的集团诉讼之特殊条件。这种集团诉讼是同第一类集团诉讼相对而言的，也是最富争议性的一类集团诉讼。其条件是：法院认为集团成员的共同的法律问题和事实问题，相对于仅影响个别成员的问题占优势地位，而且，为了公正而有效率地裁判纠纷，集团诉讼更优于其他方法。这种类型的集团诉讼，常常被称为"损害赔偿集团诉讼"，而且，由于其经常被消费者用来请求司法救济，所以往往也被称为"消费者集团诉讼"，其设立的目的在于，"在不损害程序公平性或不会带来一些意料不到的结果的前提下，考虑案件时间、精力和花费上的经济性，对情况相同或近似的人采取集团诉讼的方式可能会更加合理高效"[②]。

这三种类型的集团诉讼除了构成不同外，关于当事人的权利义务的规定

[①] 参见汤维建：《美国民事司法制度与民事诉讼程序》中国法制出版社 2001 年版，第 399 页。

[②] 章武生等：《外国群体诉讼理论与案例评析》，第 41 页。

也存在差异。例如在诉讼结果对于集团成员的约束力方面，在前两类集团诉讼中，集团成员不得退出集团，诉讼结果对所有成员具有约束力；而在第三类集团诉讼中，集团成员可以选择退出集团，不受集团诉讼结果的约束，可以另行起诉或者应诉。在对集团成员进行相关事宜通知方面，法律规定对前两类集团诉讼，法院可以但不是必须要求集团律师向集团成员发出适宜的通知；而对于第三类集团诉讼，则要求其必须对集团成员尽可能妥善通知，包括对通过合理努力可以确认其身份的所有集团成员进行个别通知，而且对于通知的内容与形式也作出了明确的要求。[①]

3. 集团诉讼的特征与功能

集团诉讼的重要特点在于，具有共同利益的人中的一人或数人，也即集团中的一人或数人，无须经过被代表人的同意而提起诉讼，起诉时无须明确集团的具体成员，法院对集团诉讼进行确认后，是通过集团成员"选择退出"的方式而非"选择加入"的方式来确认集团成员的范围[②]，案件审理后所作判决的效力直接扩张于所有未选择退出的集团成员，而不管其是否实际参加了诉讼。

集团诉讼的重要功能在于，通过无须集团成员授权的代表制，使多数诉讼主体特别是原告得以高度合并，各个主体的诉讼请求得以集中行使，扩大了同一诉讼空间的主体容量，有效地解决了现代型纠纷中争议主体众多与诉讼空间容量有限之间的矛盾，从而扩大了司法解决纠纷的功能。而且，由于集团诉讼具有很多其他群体诉讼所不具有的强大的聚合群体成员和其请求额的能力，因而一方面它可以将分散的消费者集合起来，营造一个与处于优势地位的超大型组织（如企业等）平等地进行对抗的环境，使受害人的权利能够得到合经济性的实现，另一方面它可将小额多数的请求集合为巨额请求，使违法主体占不到便宜，从而实现惩治违法、行为导向和政策创制等重要功能。[③] 当然，集团诉讼在确立和发展的过程中也存在一定弊端，在实践中亦

---

① 参见范愉：《集团诉讼问题研究》，第 160 页。

② 在美国，退出制集团诉讼是集团诉讼的典型，通常所说的集团诉讼即是指此种类型，但除此之外，还有少数法律规定集团诉讼须适用加入制的情形。参见杨严炎：《群体诉讼研究》，第 38、103 页。

③ 参见薛永慧：《群体纠纷与群体诉讼研究》，第 82—83 页。

面临着一些难题，故关于集团诉讼的争论一直未停息过①，但从发展前景看，一方面，美国一直在努力改变集团诉讼被滥用的状况；另一方面，集团诉讼仍将具有强大的生命力，因为它具有其他方法难以代替的诸如有效防止集团性侵害的发生、对小额多数受害者给予救济、对违法者进行制裁等独特的价值和功能。所以，围绕集团诉讼的争论和实践还将继续下去，美国集团诉讼制度也将在这一过程中不断得以完善。②

（二）以日本和我国台湾地区为代表的选定当事人制度

选定当事人制度是日本和我国台湾地区"民事诉讼法"中规定的一项当事人制度，也是为解决人数众多的群体共同进行诉讼而进行的一项制度设计。根据《日本民事诉讼法》第 30 条和我国台湾地区"民事诉讼法"第 41 条的规定，所谓选定当事人制度，是指多数有共同利益之人，在不符合非法人团体的规定时，可选定其中一人或数人为全体起诉或被诉，而其他人脱离诉讼，但法院判决对被选定人和选定人均发生效力的制度。

1. 选定当事人的构成要件

（1）必须是原告或被告的人数众多。"人数众多"是一个相对的概念，关于达到多大的数量算是符合这一要件，日本和我国台湾地区"民事诉讼法"并没有作出特别的限制。

（2）须全体多数人就该诉讼有共同利益。所谓共同利益，是指由于多数人各自的请求或针对其的各个请求在主要的攻击防御方法上共通，因而在社会观念上多数人作为一个整体与对方当事人形成对立之情形。如果具有这种共同利益，那么诉讼资料在重要的部分上都是共通的，进而可以期待诉讼的简单化。③

（3）须多数人的共同利益关系并非是设有代表人或管理人的非法人团体。《日本民事诉讼法》第 29 条和我国台湾地区"民事诉讼法"第 40 条第 3 款规定，非法人团体设有代表人或管理人的，有当事人能力，所以一般认为，如果该多数人属于此类非法人团体的成员，而就该团体的共同利益有诉讼的必要时，利用非法人团体为当事人进行诉讼，反较利用选定当事人制度

①　参见范愉：《集团诉讼问题研究》，第 164 页以下。
②　参见杨严炎：《群体诉讼研究》，第 39 页。
③　参见〔日〕新堂幸司：《新民事诉讼法》，林剑锋译，第 558 页。

更为简便，无利用选定当事人制度的必要。

（4）须在具有共同利益的全体多数人中选定一人或数人作为选定当事人。这一要件表明，被选定人应当是全体多数人中的成员。"选定"是一种诉讼上的授权行为，选定人和选定当事人（即被选定人）分别为授权人和受托人，故选定当事人制度在性质上属于任意的诉讼担当。另者，选定当事人是由各人按照自己的意思予以决定，而不是按照"多数决定制"来予以决定，因而在进行选定之际，并不要求共同选定同一个人，不赞成多数人选定之人，既可以由自己来实施诉讼，也可以选定别人。关于选定的时机，无论是在诉讼系属前还是诉讼系属后，均可以进行选定。在诉讼系属后进行选定时，只有选定当事人留下作为当事人，而其他人则自动退出诉讼。

2. 我国台湾地区关于选定当事人制度的新发展

我国台湾地区"民事诉讼法"在 2003 年修订前，其选定当事人制度与日本的规定基本一样（这部分内容可称为选定当事人的一般规定），但 2003 年修订后，增订的第 44—1 条和第 44—2 条对选定当事人作出了不同于日本的特别规定。

（1）可以选定公益社团法人作为当事人。我国台湾地区"民事诉讼法"第 44—1 条第 1 款规定："多数有共同利益之人为同一公益社团法人之社员者，于章程所定目的范围内，得选定该法人为选定人起诉。"这一规定被认为是选定当事人制度的扩张性规定，在性质上仍然属于选定当事人诉讼，其主要目的在于扩大选定当事人制度解决纠纷的功能，并便利于各社员行使权利。公益社团法人依上述规定起诉的，虽以法人的名义，但却是基于社员的选定为之，故法院判决时仍须逐一审核各社员请求权存在与否及其范围。需注意的是，该条第 2 款又规定："法人依前项规定为社员提起金钱赔偿损害之诉时，如选定人全体以书状表明愿由法院判定被告应给付选定人全体之总额，并就给付总额之分配方法达成协议者，法院得不分别认定被告应给付各选定人之数额，而仅就被告应给付选定人全体之总额为裁判。"这一规定主要是考虑到如果受损害的社员人数众多或各社员受损害的数额难以一一证明，法院逐一审核各社员请求权的审理方式，可能难以符合诉讼经济的原则，故允许法院在一定条件下仅就被告应给付选定人全体的赔偿总额作出裁判，而无须一一认定被告应给付各选定人的数额。

（2）关于选定当事人诉讼中的公告制度与并案处理程序。由于科技进步和工商业发达，因同一公害、交通事故、商品瑕疵或其他本于同一原因事实而发生的纠纷，往往牵涉人数众多，若逐一起诉，法院受案数量会大量增加，不符合诉讼经济原则，故为充分发挥选定当事人制度的功能，我国台湾地区"民事诉讼法"新增的第44—2条规定了选定当事人诉讼的公告制度与并案处理程序。其第1款规定："因公害、交通事故、商品瑕疵或其它本于同一原因事实而有共同利益之多数人，依第41条之规定选定一人或数人为同种类之法律关系起诉者，法院得征求原被选定人之同意，或由被选定人声请经法院认为适当时，公告晓示其它共同利益人，得于一定期间内以书状表明其原因事实、证据及应受判决事项之声明，并案请求。其请求之人，视为已依第41条为选定。"该条第2～5款则规定："其它有共同利益之人，亦得声请法院依前项规定为公告晓示。并案请求之书状，应以缮本或影本送达于两造。第一项之期间至少应有20日，公告应黏贴于法院公告处，并登载公报、新闻纸或其它相类之传播工具，其费用由国库垫付。第一项原被选定人不同意者，法院得依职权公告晓示其它共同利益人起诉，由法院并案审理。"

（三）以德国为代表的团体诉讼

德国是团体诉讼制度较为发达的国家，其立法和实践对于其他国家的团体诉讼制度的构建具有重要的参考价值。德国的团体诉讼，是一种赋予某些团体诉讼主体资格和团体诉权（当事人适格），使其可以代表团体成员提起、参加诉讼，独立享有和承担诉讼上的权利义务，并可以独立作出实体处分的制度。[①] 在德国，1896年《反不正当竞争法》最先规定了团体诉讼制度，规定促进商业利益的团体对于欺诈广告可以提起不作为之诉，在1965年，能够提起不作为之诉的主体又扩展至一些消费者团体。1976年的《一般交易条款规制法》亦规定消费者团体等有关团体对于不公平的合同条款可提起不作为之诉，2001年，该法的实体内容纳入了《德国民法典》，而有关不作为诉讼的程序内容则以《不作为之诉法》取代之。此外，在《反限制竞争法》、《商标法》、《电信法》、《医院收费法》等法律中，也有关于团体诉讼的规定。

---

① 参见范愉：《集团诉讼问题研究》，第231页。

不过，这些规定多数是对《反不正当竞争法》和《不作为之诉法》的援引，就适用范围和理论意义而言，这两部法律上的团体诉讼无疑构成了德国团体诉讼的主体。[①]

总体而言，德国的团体诉讼主要是不作为之诉，而不是金钱赔偿之诉，这一点从关于团体诉讼的最重要的法律的标题——2002 年开始实施的《不作为之诉法》可见一斑。不作为之诉是团体基于实体法上所规定的不作为请求权而提起，主要目的和功能在于制止被告的违法行为和预防保护，而不是重在对受害者进行赔偿救济。[②] 不过，金钱赔偿救济的缺乏也受到了学界的一些批评，因为它影响了团体诉讼有效作用的发挥，故而近年来，德国立法者作了一些小的调整，在一定范围内确立了赔偿之诉等其他类型的团体诉讼[③]，主要有以下两种类型：

（1）德国 2002 年修改后的《法律咨询法》允许消费者团体提起损害赔偿之诉。在德国，过去因受《法律咨询法》第 1 条的限制，原则上仅限于符合一定条件而经主管机关许可的特定职业者（如律师），可以提供法律资讯及收取他人之债权，或以收取债权为目的而受让债权。而消费者团体充其量仅能在法院之外提供咨询服务，不能为权利人进行诉讼，也不能为收取债权而受让权利人的债权。这种限制受到很多学者的批评，认为是对小额权利人行使权利的障碍。但这种状况目前已经有所改观。2002 年修改后的《法律咨询法》第 3 条第 8 款规定，消费者中心或其他受政府资助的消费者团体，于其业务范围内，在有保护消费者利益的必要时，除可提供消费者于法院外的法律咨询服务外，还可以就消费者的债权，以收取为目的而受让该债权，以自己名义提起诉讼，以便在扩散性或小额损害之情形下能够促进权利的实现。[④] 这个新的法律规定被认为无疑是在正确方向

---

①　关于德国团体诉讼发展的详细情况，参见吴泽勇：《德国团体诉讼的历史考察》，《中外法学》2009 年第 4 期。

②　关于德国法上的不作为团体诉讼之特点和主要内容，目前国内学界已经有相当程度的了解，对其进行介绍的相关文献资料也较多，故此处不赘述。

③　Dietmar Baetge, Class Actions, Group Litigation & Other Forms of Collective Litigation：Germany，见 http：//www. law. stanford. edu/display/images/dynamic/events _ media/Germany _ National _ Report. pdf，2011 年 2 月 1 日访问。

④　参见沈冠伶：《诉讼权保障与裁判外纠纷处理》，元照出版有限公司 2006 年版，第 185 页。

上前进了一步，但其适用范围仍显狭窄。消费者团体只有在"保护消费者利益是必要的"之范围内，才能提起此类诉讼，而且对于此项限制条件，德国法院倾向于采用严格的解释。① 不过，联邦最高法院在最近的一个判决中认为："如果提起这样的诉讼是为了保护消费者的集体利益并且采取这种诉讼方式比由单个的消费者提起诉讼更有效率，那么就可以认为这样的诉讼是有必要的。"②

（2）2004 年修改的德国《反不正当竞争法》允许团体提起收缴不法收益之诉（Skimming-off Actions）。实践中，不正当商业行为往往会使大量的消费者遭受损失，但他们各自的损害往往很小，而违法的企业却从中获得了大笔的利润。尽管受损害的消费者有提起损害赔偿诉讼的权利，但其常常却不愿意这么做，因为这一诉讼带来的收益和付出的成本不成比例，而传统的由消费者组织等团体提起不作为诉讼的制度，也不具有剥夺违法企业的不正当收入的效果。在此背景下，德国 2004 年修改的《反不正当竞争法》新增的第 10 条规定了团体提起"收缴不法收益之诉"的制度，在解决小额分散赔偿案件方面迈出了重要的一步。③ 所谓"收缴不法收益之诉"，是指由特定团体所提起的要求剥夺被告因实施不公平商业行为所获得的所有收益的诉讼。根据德国《反不正当竞争法》第 10 条的规定，该法第 8 条第 3 款第2～4 项所规定的团体可以请求收缴因故意实施不公平商业行为而使广大消费者受到损害所获取的收益。因此，德国《反不正当竞争法》第 10 条的立法意图在于通过提供一种对抗"分散性损害"的机制以便保护消费者不受不公平商业行为的侵害。这里所谓"分散性损害"，是指从那些有计划实施的对单个消费者的影响很小但由于受侵害的消费者人数众多而使累计获得的利润非常巨大的不公平商业行为中所产生的损害的总称。但需注意的是，尽管"收缴不法收益之诉"的主要目的在于保护消费者，但消费者既不享有该种

---

① 参见［德］阿斯特丽德·施塔德勒：《德国公益诉讼》，王洪亮、黄华莹译，见汤欣主编《公共利益与私人诉讼》，北京大学出版社 2009 年版，第 193 页。

② Dietmar Baetge, Class Actions, Group Litigation & Other Forms of Collective Litigation: Germany，见 http://www.law.stanford.edu/display/images/dynamic/events_media/Germany_National_Report.pdf，2011 年 2 月 1 日访问。

③ 参见［德］阿斯特丽德·施塔德勒：《德国公益诉讼》，王洪亮、黄华莹译，见汤欣主编《公共利益与私人诉讼》，第 189 页。

诉讼的诉权，也不从中获益。① 而且，收缴不法收益诉讼获得成功的情况下，所得到的赔偿金并不是支付给提起诉讼的团体，而是上缴联邦财政。② 从这个意义上讲，立法者实际上在侵权法和不当得利法之间确立了新的请求权。此请求权的目的不在于补偿个人的金钱损失（因而不属于侵权法的传统类型），而是为了预防之目的而剥夺自然人或法人的不合法收入。就此而言，这种新型的诉讼是一种授权组织代表公共利益提起诉讼的权利。③ 也正因为如此，收缴不法收益之诉尽管是一种民事救济，但其中却包含了惩罚性因素，所以构成了德国民法中一种独特的救济方式。④ 德国《反不正当竞争法》所规定的收缴不法收益之诉为小额分散性纠纷的解决提供了另一种思路，但其自身仍存在一些困境需要解决。⑤

（四）以巴西为代表的集合诉讼

近些年来，在拉丁美洲，很多国家也相继制定了自己的群体性诉讼程序，如巴西、阿根廷、秘鲁、哥伦比亚、乌拉圭、墨西哥等国纷纷规定了审理民众诉讼或公共民事诉讼的程序，其中巴西是进行制度创新的最具有代表性的国家，其所创立的集合诉讼制度（Collective Action）被认为是拉美国家的立法典范，对于其他拉美国家的群体诉讼制度的构建具有直接或间接的影响。⑥

巴西的集合诉讼，是指由具有集合性之诉讼主体资格的人作为原告，为保护属于某个群体的整体性权利而提起诉讼，其判决对该群体均具有约束力

---

① See Sebastion Heim, "Protection of competitors, consumers and the general public—The new German Act against Unfair Competition", *Journal of Intellectual Property Law & Practice*, 2006, Vol. 1, p. 534.

② See Dietmar Baetge, Class Actions, Group Litigation & Other Forms of Collective Litigation: Germany，见 http://www.law.stanford.edu/display/images/dynamic/events_media/Germany_National_Report.pdf, 2011 年 2 月 1 日访问。

③ 参见［德］阿斯特丽德·施塔德勒：《德国公益诉讼》，王洪亮、黄华莹译，见汤欣主编《公共利益与私人诉讼》，第 190 页。

④ See Sebastian Heim, "Protection of competitors, consumers and the general public—The new German Act against Unfair Competition", *Journal of Intellectual Property Law & Practice*, 2006, Vol. 1, p. 534.

⑤ 关于收缴不法收益之诉的详细内容，参见吴泽勇：《论德国〈反不正当竞争法〉上的撤去不法收益之诉》，《当代法学》2010 年第 3 期。

⑥ See Angel R. Oquendo, "Upping the Ante: Collective Litigation in Latin America", 47 *Colum. J. Transnat'l L.* 248 (2009).

的诉讼制度。在巴西，集合诉讼主要有民众诉讼和公共民事诉讼两种类型，相关的法律主要有 1965 年制定的《民众诉讼法》（the Popular Action Act）、1981 年制定的《国家环境政策法》、1985 制定的《公共民事诉讼法》（the Public Civil Action Act），1988 年制定的《宪法》，1990 年制定的《消费者保护法》等。

1. 民众诉讼

民众诉讼是指为了保护公共财产，允许公民对任何损害或侵吞公共财产的人以及任何给行政行为准则、环境或者历史和文化遗产造成损害的公务人员（public official）提起诉讼的制度。[①] 根据巴西《宪法》和《民众诉讼法》的规定，民众诉讼适用的案件有一定限制，即仅限于请求法院宣告损害公共财产、公共行政准则、环境、历史与文化遗产的行政管理行为无效的案件。[②] 任何巴西公民均有权提起民众诉讼，但有关机构和组织不具备此类诉讼的原告适格。在这类诉讼中，原告请求保护的是整个民众的权益，而非其个人权益，因此，原告不需要证明其个人受到的损害或者个人与该诉讼之间的利害关系，也无须证实其对该诉讼具有充足的代表性。[③] 而且，除非被证明是恶意诉讼，则免除该诉讼的原告需交纳的裁判费和败诉费用。[④]

2. 公共民事诉讼

公共民事诉讼是指检察院以及有关政府机构或者民间社会团体对于损害社会公共利益的人，可以依法提起民事诉讼以追究其民事责任的诉讼制度。

（1）适用的领域

在巴西，适用公共民事诉讼的纠纷领域相当广泛。《公共民事诉讼法》第 1 条规定，公共民事诉讼适合于对以下行为追究责任，即违反经济秩序、

---

① See Angel R. Oquendo, "Upping the Ante: Collective Litigation in Latin America", 47 *Colum. J. Transnat'l L.* 271 - 272 (2009).

② See Antonio Gidi, "Class Actions in Brazil-A Model for Civil Law Countries", 51 *Am. J. Comp. L.* 326 (2003).

③ See Angel R. Oquendo, "Upping the Ante: Collective Litigation in Latin America", 47 *Colum. J. Transnat'l L.* 273 (2009).

④ 参见《巴西宪法》第 5 条第 73 项，见 http://pdba. georgetown. edu/Constitutions/Brazil/english96. html。

国民经济或城市规划秩序而给环境、消费者和具有艺术、美学、历史、旅游和自然价值的财产和权利以及其他任何扩散性或集合性的权益造成实质性毁坏、伤害和损害的行为。①

（2）保护的权益类型

根据《公共民事诉讼法》和《消费者保护法》的规定，公共民事诉讼所保护的权益包括扩散性权益、集合性权益和同类的个人权益三种类型。扩散性权益（diffuse interests or rights），是指由事先没有任何的关系而只是基于特定的事实原因才产生联系的、成员具有不确定性的群体所共同拥有的超个人的、不可分割的权益，例如针对环境污染行为而享有的环境权。集合性权益（collective interests or rights），是指由基于某种法律上的关系而相互产生联系或与对方当事人产生联系的一群、一类或一个集团的人所拥有的超个人的、不可分割的权益。例如针对银行对其客户索要过高或不合法费用的行为所产生的请求法院发布禁令的权利。同类的个人权益（homogeneous individual interests or rights），是指因共同的事由而产生的具有相同性质的个人权益。② 同类的个人权益实际上是群体成员所个别拥有的具有相互分离性质的单个人的权利的集合体，共同的事由则是指"共同的法律或事实问题"。

（3）原告资格

根据《公共民事诉讼法》第 5 条和《消费者保护法》第 82 条的规定，有权提起公共民事诉讼的原告包括检察院、联邦政府、州政府、市政府、联邦特区政府③、行政管理机构、私人团体（非政府组织）。这些机构可以单独或共同提起集合诉讼。④ 但是，个人不具备提起公共民事诉讼的正当原告资格。

---

① See Humberto Dalla Bernardina de Pinho, "Class Actions in Brazilian Law: General Aspects, Evolution and Some Controversies", 20 *Conn. J. Int'l L.* 189 (2005).

② See Antonio Gidi, "Class Actions in Brazil-A Model for Civil Law Countries", 51 *Am. J. Comp. L.* 350 (2003); Angel R. Oquendo, "Upping the Ante: Collective Litigation in Latin America", 47 *Colum. J. Transnat'l L.* 280 (2009).

③ 巴西有 26 个州和一个联邦特区（或称为联邦区），联邦特区是巴西首都巴西利亚所在地，与之同域。

④ See Antonio Gidi, "Class Actions in Brazil-A Model for Civil Law Countries", 51 *Am. J. Comp. L.* 366 (2003).

三、我国群体纠纷的司法解决机制的现状及其完善

（一）立法规定与评价

我国《民事诉讼法》第 53、54 条规定了代表人诉讼制度，其中第 53 条一般称为"人数确定的代表人诉讼"，第 54 条一般称为"人数不确定的代表人诉讼"，这两条规定也被认为是我国《民事诉讼法》所明文规定的群体纠纷的司法解决方法，而且，第 53 条一般被认为主要是借鉴了日本和我国台湾地区的选定当事人制度，而第 54 条则主要是借鉴了美国集团诉讼的法理。

关于代表人诉讼制度的评价问题，学界的看法并不一致，有的认为该制度是我国民事诉讼立法在结合我国国情并融合两大法系法律制度的诸多尝试中最难得的成功范例，是一种制度创新，具有相应的优点。① 有的认为我国代表人诉讼制度的规定过于原则，立法粗疏，缺乏可操作性，不能适应或不能完全适应审判的需要。② 有的则认为对第 53 条和第 54 条应作不同的评价：第 53 条设计的人数确定的代表人诉讼制度具有一定的适应性和灵活性，在实践中得到了不同程度的应用，并能够在今后一个发展时期适应此类案件审理的需要，在这一点上，可以说是这一制度设计基本上是成功的。而对于第 54 条之规定，则认为立法者在当时对现代集团诉讼的理念和时代背景、价值取向以及在我国的适用可能性等缺乏更深入的研究和论证，因此其设计理念具有较大的超前性，与司法实践和我国社会转型期纠纷解决的实际需求及社会条件存在着较大的距离；并且在法律体系和法律技术方面亦存在一些没有解决的问题，导致这一制度由于缺乏对应的社会条件而在实践中不得不暂时被搁置；同时，立法者在制度设计时力图吸取美国集团诉讼的积极理念，又试图克服其中最大的缺陷，最终不能不陷入悖论之中。③

笔者认为，在评价我国《民事诉讼法》所规定代表人诉讼时，以下两点特别应当注意：第一，关于第 54 条规定的人数不确定的代表人诉讼制度之

---

① 参见傅郁林：《民事司法制度的功能与结构》，第 177—178 页。

② 参见高静、杨会新：《代表人诉讼制度的反思与重构》，见 http：//www. civillaw. com. cn/article/default. asp？id＝33018＃2，2011 年 2 月 1 日访问；吴俐、吴玲：《我国代表人诉讼制度诉讼障碍考察》，见 http：//www. civillaw. com. cn/article/default. asp？id＝41530，2011 年 2 月 1 日访问。

③ 参见范愉：《集团诉讼问题研究》，第 424 页。

性质的论断，很多人认为其系借鉴了美国集团诉讼的法理和制度而确立的，这其实是一种误解。第 54 条的规定同第 53 条一样，是与日本和我国台湾地区的选定当事人制度比较接近的一项制度，而与美国的集团诉讼制度相去甚远。之所以存在上述理解，主要是因为 1991 年《民事诉讼法》制定时理论界对美国集团诉讼可能不是很了解，误认为该条规定就是借鉴了集团诉讼的法理。实际上，从第 54 条规定的内容之客观表现看，其与第 53 条的规定在本质上是一样的，即从众多的当事人中推选几个特定的代表人参加诉讼，从而实现审判的高效率，其区别仅仅在于第 54 条规定了可选择适用的公告程序和登记程序以便扩大当事人的范围，而公告和登记程序的结束即是实现群体成员人数从不确定状态到确定状态的转变，故第 54 条在性质上仍然是类似于选定当事人诉讼的制度范畴。[①] 第二，在当时的立法环境来中，第 53、54 条规定的代表人诉讼制度确实是一种制度创新并具有诸多值得称道之处，即使到现在，这两个条文所规定的代表人诉讼制度仍然是不过时的[②]，至于说理论界和实务部门所指出或提出批评的问题，其实更多的是出在实践中，而非条文本身的缺陷。

（二）司法政策与司法实践

从我国近些年来的司法政策和司法实践来看，群体纠纷涉讼时，代表人诉讼并非解决此类纠纷的首选方式和主要方式。这种司法政策，在最高人民法院发布的涉及解决群体纠纷的相关司法解释中有明确的体现。例如，从最高人民法院分别于 2002 年 1 月 15 日、2003 年 1 月 9 日以及 2005 年 12 月 30 日发布的《关于受理证券市场因虚假陈述引发的民事侵权纠纷案件有关问题的通知》、《关于审理证券市场因虚假陈述引发的民事赔偿案件的若干规定》、《关于人民法院受理共同诉讼案件问题的通知》等司法解释中，可以看出最高人民法院关于处理群体性纠纷的主要思路在于：（1）基本不适用《民事诉讼法》第 54 条；（2）在局部范围内适用《民事诉讼法》第 53 条，但主要运用共同诉讼和合并审理的技术来处理，而不使用"代表人诉讼"的概念；（3）在处理当事人人数众多的案件时，由法院决定是共同受理还是分别受

---

① 类似主张参见汤维建等：《群体性纠纷诉讼解决机制论》，第 207 页；杨严炎：《群体诉讼研究》，第 173 页。

② 当然，在某些具体程序的设计上是有必要予以完善的。

理；（4）由基层法院受理此类案件；（5）强调此类案件的和解或者调解解决。在具体工作中，不少地方法院制定了针对群体性纠纷的地方性文件。通过这些规范性文件、各地法院领导的讲话以及来自法院系统的调研文章，可以发现"协调"、"联动"是我国法院群体性纠纷司法政策的重要关键词。"协调"，不只是法院内部力量的协调，还包括法院与有关政府部门以及党委、人大的协作、配合。所谓"联动"，就是通过整合各方力量联合行动，以期平息纠纷，将事件的消极影响降到最小。基于这种纠纷解决思路，案件能否受理，以何种方式审理，是调解还是判决，并非从民事诉讼法学理论的应然命题出发，甚至经常不是从有关现行法规范出发，而是从"案件处理效果"出发。而官方认可的"案件处理效果"，主要表现为事态平息、冲突消解，群体性上访或者其他有可能引起社会稳定的行动得到遏止。① 也正是基于这种政策和思路，所以近些年来对于群体纠纷的司法解决，《民事诉讼法》第 53 条确立的人数确定的代表人诉讼在一些法院虽然仍有不同程度的适用，但在适用的数量上明显呈下降趋势；而第 54 条规定的人数不确定的代表人诉讼则几乎处于"休眠状态"，基本上不予适用。故总体而言，在对待群体纠纷案件时，大部分法院并没有积极地适用法律规定的代表人诉讼，而是根据自己的情况和理解，采取比较灵活的方式处理。②

对于上述司法政策和司法实践，民事诉讼法学界多数学者持批评态度，并从不同角度分析了代表人诉讼制度在实践中受到冷落的原因。③亦有学者对这种司法政策的相对合理性进行了论证。④ 还有学者认为，应当对我国的群体纠纷的类型进行分类，不同类型的群体纠纷对于纠纷处理机制的要求和对法院的压力、挑战是不同的，也即法院处理群体纠纷时遇到的困难或者压力可大致分为三类：一是源自司法权层面的压力，二是源自司法能力层面的压力，三是源自司法技术层面的压力。在对我国法院处理群体纠纷的司法政策作出评价时，也需要针对群体纠纷

① 参见吴泽勇：《群体性纠纷的构成与法院司法政策的选择》，《法律科学》2008 年第 5 期。

② 参见章武生等：《中国群体诉讼理论与案例评析》，法律出版社 2009 年版，第 86 页。

③ 参见傅郁林：《民事司法制度的功能与结构》，第 180 页以下；王福华：《代表人诉讼中的利益诉求》，《法学》2006 年第 6 期；章武生等：《中国群体诉讼理论与案例评析》，第 87 页以下。

④ 参见范愉：《集团诉讼问题研究》，第 430—432 页。

类型的不同予以更加具体的分析，亦即对于导致上述第一类和第二类压力的群体纠纷，法院的现行司法政策是可以接受的；而对于导致上述第三类压力的群体纠纷，法院现行司法政策的正当性则难免遭受质疑，换句话说，如果法院面对的难题仅仅是技术层面的，那么公众有理由期待它通过改革自身的运作方式来回应这些难题。①

（三）我国群体纠纷之多元化司法解决机制的构建

群体纠纷由于数量大、类型多、关系复杂、处理难度大，因而应当根据各个群体纠纷的类型和特点的不同，寻求不同的解决途径。一方面，应尽量完善各种诉讼外的群体纠纷解决机制并合理引导纠纷当事人理性地选择合适的诉外解决机制。另一方面，应完善现有的解决群体纠纷的诉讼制度并在条件成熟时构建新的司法解决机制。

1. 完善现有的代表人诉讼制度

代表人诉讼制度是现行《民事诉讼法》所规定的群体诉讼形式，它以选定当事人制度为基本参照系，在解决涉及众多当事人的群体纠纷方面具有其特色和优势。但现有规定仍然存在一些不足和缺陷，影响了这一制度之功能的充分发挥，因而有予以完善的必要。

关于现行代表人诉讼制度的不足及其完善措施，近年来学界进行了较为深入的讨论。概而言之，其不足主要表现为以下三个大的方面：第一，代表人与被代表人的当事人之间的权利义务配置不合理而引发的困境。例如，被代表的当事人不退出诉讼，这样一来不仅可能会无谓增加因协商而产生诉讼成本，而且当两者意见分歧时可能会延误诉讼、提高成本，甚至使得代表人诉讼无法进行下去。第二，代表人的激励机制不足而引发的困境。如果代表人没有动力去尽心尽力为大家服务，那么代表人诉讼的运行就会困难重重。第三，因"搭便车"导致的诉讼成本分担不公平，放任投机心理。针对这些不足之处，可以分别采取相应的完善措施。②

2. 构建团体诉讼制度

为应对和解决现代社会中环境污染、生态失衡、公平市场秩序遭受破坏、消费者权益频遭侵害等涉及社会公共利益或集团性权益之保护的现代型

---

① 参见吴泽勇：《群体性纠纷的构成与法院司法政策的选择》，《法律科学》2008 年第 5 期。

② 详细内容可参见汤维建等：《群体性纠纷诉讼解决机制论》，第 219—230 页。

纠纷，赋予具备一定资格的团体组织以诉权，允许其为保护公益或有关的集团性权益而提起民事诉讼的所谓"团体诉讼"制度，在各国诉讼理论中受到了特别关注并得到诸多国家和地区的立法与实践的确立和认可。在我国，近年来主张借鉴和引进域外团体诉讼制度的学者越来越多，在大量的有关公益诉讼和诉讼当事人的论著中，几乎均或多或少地论及团体诉讼及其引进问题。从世界范围看，团体提起不作为之诉的程序制度已经比较成熟和完善，而团体提起损害赔偿之诉的制度则存在较多争论，在很多国家其尚处在立法和实践的探索之中，因此，我国未来引进和构建团体诉讼制度时，可以首先考虑对团体提起不作为之诉问题作出规定，待条件成熟时再考虑团体提起损害赔偿诉讼制度的构建。就团体提起不作为之诉而言，立法上需要明确予以规范的方面主要有团体之请求权和诉权的基础、团体诉讼适用的领域、具有起诉资格之团体的一般要件、诉讼费用的特别规定、团体诉讼判决的效力等。

3. 健全民事公益诉讼制度

民事公益诉讼一般是指为了维护公共利益而提起和进行的民事诉讼。公共利益纠纷与群体纠纷既有联系也有区别。群体纠纷是基于多数人的共同利益受损而产生的纠纷，而共同利益存在范围和层次上的差别，如果共同利益的范围非常广，以致无数的社会民众都受其影响，则构成了关于公共利益的纠纷。所以，群体纠纷不一定是公共利益纠纷，而公共利益由于属于不特定的多数人，因而侵害公共利益而引起的纠纷一定属于群体纠纷。[①] 基于此，公益诉讼与群体诉讼、团体诉讼、集团诉讼等概念和制度之间既有关联、交叉，也有区别。群体诉讼可以分为私益型群体诉讼、公益型群体诉讼以及公、私益混合型群体诉讼。团体诉讼中的不作为之诉一般可界定为公益诉讼，但团体为保护其成员利益而提起的损害赔偿之诉则不一定是公益诉讼。而集团诉讼既可以主要是为了保护私益而提起，也可以主要是为了保护公益而提起（如寻求一般性的禁令救济）。

基于以上区别以及我国实践中国家利益和公共利益受到损害的情况时有发生且有愈演愈烈之势，新《民事诉讼法》第55条增设公益诉讼制度，规

---

① 参见汤维建等：《群体性纠纷诉讼解决机制论》，第258页。

定对污染环境、侵害众多消费者合法权益等损害社会公共利益的行为，法律规定的机关和有关组织可以向人民法院提起诉讼。然而，立法者尚未对相关程序问题作出科学、合理的规定，包括如何合理界定公益诉讼的案件范围、原告资格可授予哪些主体、诉讼程序的进行有哪些特别之处、公益诉讼与个人诉讼之间的关系如何处理、诉讼费用和判决效力是否需作特别规定等。

4. 条件成熟时进行集团诉讼制度的试点

关于是否引进集团诉讼的问题，目前在诉讼理论界和司法实务部门均存在较大的争论，所以在此情形下不应急于下结论。理论上应当对集团诉讼在美国的历史与现状、优点与不足、各种具体案例、相关司法制度及其理论等问题作更为深入、全面的介绍、分析和论证，并对我国的制度环境、法律文化环境和其他方面的国情与条件，特别是集团诉讼之引进有哪些优点、面临哪些理论与制度上的障碍以及如何予以克服等问题予以深入、细致的剖析和研究，在此基础上，通过立法或司法解释的形式，在特定领域可进行集团诉讼的试点，待积累了一定实践经验并在条件成熟时再将集团诉讼的适用扩展于其他领域。

第三编　民事司法权威的制度保障

第十五章

民事司法权威的要素

一、民事司法权威的界定

（一）权威的一般含义

权威系指"人类社会实践过程中形成的具有威望、要求信从和起支配作用的力量与决定性影响"[1]。关于权威的理论，韦伯是以他对权力的分析为出发点，并从权威的类型出发来阐述他对权威的理论和认识。韦伯认为，虽然基于强制的权力可能维系一个社会的秩序，但仅仅依靠强制是不能维持社会秩序的长久稳定和发展的。只有依托于"合法性"的权力统治才可能维系长久。而稳定的具有合法性的社会秩序中，存在着控制者与受控者共同接受的控制形式，这就是一种反映了权威的控制形式。在以上分析的基础上，韦伯认为权威关系的合法性来源于：（1）传统；（2）领导人物的感召力；（3）合理性基础。与此相联系，权威也分为传统型权威、感召力型权威、法理型权威这三种类型。[2] 帕森斯则是从一种制度化的视角来揭示权威的概念性，认为制度化不仅是权威的表现形式，而且是社会一般价值合法化的渠道，在帕森斯看来，权威的内涵主要包括：第一，与合同一样，权威是一种用来界定组织利用某一资源的方式和范围的制度化模式；第二，权威在总体社会层次上

---

[1]　乔克裕、高其才：《法的权威性论纲》，《法商研究》1997 年第 2 期。

[2]　关于韦伯的权威理论的介绍，参见孙发：《司法权威研究》，吉林大学 2003 年博士学位论文，第13—15 页。

被看做是制度化的权力与政治制度；第三，权威是社会价值制度化的表征；第四，权威是一种以制度规范为核心的整合机制。① 科尔曼则注重个体方法论的研究视角，并试图在社会行动层面阐释权威的概念。科尔曼认为，第一，权威源于社会交换的需要，建立在行动者的权利结构之上，也即权威产生于权利的转让；第二，权威表现为权威关系和权威结构；第三，权威是一种合法的权力。②

基于对以上观点的考察，有学者将权威的内涵总结为：权威指的是支配力（权力）和自愿服从的统一，是由内在与外在两方面的内容构成的，内在的是一种信服的力量，外在的是一种强制力，这里的强制力指的是一种支配力（权力）。外在内容必须以内在内容为依托，否则这种权威不长久。③ 另者，权威概念中的强制力或权力，应当是合法的，或者说符合正统性要求的强制力或权力，从此意义上讲，权威应当是正统性与自愿服从的统一。一方面，权威具有使人服从的正统性强制权力，另一方面，它具有的公信力又使人们自愿服从。

（二）民事司法权威的含义

如上所述，在一般意义上讲，权威是一种合法的权力和令人信服的力量，它代表着一种价值认同和制度化的模式。从历史选择的角度看，在人类的历史上先后经历过神的权威、专制君主的权威和法律的权威，司法权威是伴随着法律的普遍性权威的确立而确立的，是人类社会历史发展到近现代文明的必然选择。司法权威是法律权威的最主要的构成因素之一，是法律权威最重要的表现方式和实现途径。④ 民事司法权威是司法权威的重要组成部分。要理解民事司法权威的含义，重要的是首先须明确司法权威的含义。从一些学者的讨论来看，司法权威主要有以下几种界定：

（1）司法权威是指司法机关和司法裁判应当享有的威信和公信力，它建立在法院和法官的理性的裁判基础上，是司法能够有效运作并发挥其应有作

---

① 关于帕森斯的权威理论的介绍，参见季金华：《司法权威论》，山东人民出版社 2004 年版，第12—19 页。

② 关于科尔曼的权威理论的介绍，参见季金华：《司法权威论》，第19—25 页。

③ 参见孙发：《司法权威研究》，第22 页。

④ 参见季金华：《司法权威论》，第42—48 页，济南，山东人民出版社，2004。

用的前提和基础，它以国家强制力为后盾，但更重要的支撑是理性的程序框架与规范保障的裁决机制。[①]

（2）司法权威，是指在社会系统内以司法权为依托，以解纷机制为核心的保障和监督国家法律实施的有关价值、制度、机构、角色等构成的一个系统在动态活动和静态昭示方面所具有的对当事人、社会公众的支配力、令人信服的威望和公信力。[②]

（3）司法权威具有状态、结构和要素三个层面的含义。作为一种状态，司法权威是指在人们心目中享有崇高威望的法院及法官的裁判活动和裁判结果，能够得到人们的信任、尊重和自愿服从。达到权威状态的司法，即使人们对司法裁判结果并不满意，也往往会自觉履行司法裁判而不是去挑战司法的尊严。作为结构意义上的司法权威，主要是指司法机关拥有的司法权中，包含一种不同于一般的国家权力、其他国家权力必须尊重的优位的权威力量——司法审查权。包含有司法审查权（尤其是对立法行为的违宪审查权）的现代司法权结构与仅仅拥有刑事、民事案件裁判权的传统司法权结构，二者在性质、功能、制度环境和运行状态等方面均存在着显著的差异。前者可以称为权威型司法结构，后者则是权力型司法结构。司法权威还有第三层意思，即指法官在智识和人格方面所具有的令人尊重、信任与敬仰的素质与品格。[③]

（4）司法权威的含义至少包括：第一，法院和法官地位独立，在专属其裁判纠纷的领域内，有最后决定权，享有崇高的和普遍性的威望；第二，法院作出的裁判符合公平、正义、效率原则，裁判具有使人信服和威慑性的力量。[④]

（5）司法权威包括两方面的含义：一方面，司法机关在实现其解决纠纷、化解冲突等职能的过程中将国家的意志施加于诉讼参与人及其他社会公众；另一方面，诉讼参与人及其他社会公众服从于司法机关所代表的国家的

① 参见季金华：《司法权威论》，第 37 页。
② 参见孙发：《司法权威初步解读——概念、分类和特征》，《当代法学》2003 年第 9 期。
③ 参见贺日开：《司法权威：司法体制改革的目标、重点及起点》，《江海学刊》2006 年第 6 期。
④ 参见孙长春：《司法权威的制度建构——以我国法院审判为视角》，吉林大学 2008 年博士学位论文，第 16 页。

意志，即司法权威是代表国家意志的司法机关行使权力与诉讼参与人及其他社会公众服从的统一，是司法的外在强制力以及人们内在服从的统一。①

以上几种界定虽然在表述和侧重点上有所不同，但总体而言，都强调司法制度和司法活动在社会中应当具有高度的威望和公信力，因此，简而言之，司法权威的含义可理解为司法机关、司法活动和司法裁判所具有的能够得到人们的信任、尊重和自愿服从的威望和公信力。民事司法权威则主要是指民事司法制度、司法活动和司法裁判所具有的能够得到人们的信任、尊重和自愿服从的威望和公信力。

由于民事司法是由特定的主体（司法机构和司法人员）就特定的事项（民事纠纷）所进行的特殊的处理过程（审理和裁判活动），因而判断民事司法是否具有权威性的基本依据就应包括三方面的因素：其一，司法人员；其二，司法程序；其三，司法结论。相应的，民事司法权威的要素可分为三个大的方面，即司法主体的权威性、司法程序的权威性和司法裁判的权威性。

二、司法主体的权威性

司法主体的权威性主要取决于两方面的要素，一是司法主体的独立性即司法独立，二是具体行使司法权的主体即法官的高素质。

（一）司法独立

从现代国家的法治发展和法治实践来看，各国普遍实行分权制衡的权力结构，立法、司法、行政这三种最基本的国家权力被分配给不同的国家机构行使，以便在制度设置上做到权力之间的相互监督、相互制约，以有效地避免和防止权力的滥用。但是，在国家的权力体系中，相对于其他国家权力而言，司法权处于明显的弱势地位②，这就使得司法权在运行过程中，很容易

---

① 参见卞建林：《我国司法权威的缺失与树立》，《法学论坛》2010年第1期。
② 关于司法权的弱势地位，汉密尔顿指出："大凡认真考虑权力分配方案者必可察觉在分权的政府中，司法部门的任务性质决定该部门对宪法授予的政治权力危害最寡，因其具备的干扰与为害能力最小。行政部门不仅具有荣誉、地位的分配权，而且执掌社会的武力。立法机关不仅掌握财权，且制定公民权利义务的准则。与此相反，司法部门既无军权、又无财权，不能支配社会的力量与财富，不能采取任何主动的行动。故可正确断言：司法部门既无强制、又无意志，而只有判断；而且为实施其判断亦需借助于行政部门的力量。"参见［美］汉密尔顿、杰伊、麦迪逊：《联邦党人文集》，程逢如译，商务印书馆1980年版，第391页。

受到其他权力尤其是行政权的侵犯。为避免司法权遭受侵犯，保证司法的权威性，就必须在制度设计上确立司法权的高度独立性。换言之，如果没有独立的司法权，没有独立的司法机构和独立的法官，司法活动不可避免地会受到各种因素的影响乃至干涉，从而使司法审判偏离依法、公正的立场而导致裁判不公，法律的权威和司法的权威均将无法实现。所以，司法独立乃司法权威的制度保证，司法权威只有在司法独立的法治环境中才能够真正实现。

司法权威的实现对司法独立制度的要求是多层次、多方面的。一般而言，司法独立应当包括以下相互联系的几个方面的内容，即：

（1）司法的外部独立，即司法机构有其独立的组织系统和职权范围，其他机关的组织系统和职权应当与其相分立（分离），其他机关没有司法权，亦无权干涉司法机关的活动。因此，司法的外部独立又可称为"司法权的独立"。

（2）司法的内部独立，即法官在审判案件时，不仅不受其他机关、组织和个人的干涉，而且不受法院组织系统内部的干涉，即不受其他法官、本法院的院长、庭长以及上级法院的干涉。为了保证这一点的实现，各国法律在确立"司法权独立"的基础上，一般又规定了法官独立审判的原则。

（3）司法经费上的独立。从严格意义上说，司法经费上的独立可以被看做是下文所探讨的"司法独立的保障措施"之一，但这里之所以将其单独提出并作为司法独立内容的一个方面，是因为经费上的独立是制度上的司法独立和行为上的司法独立的经济基础，没有经费上的独立，制度上的独立将是一种空想，行为上的独立将难以实现。经费上的独立不仅包括司法工作人员的薪俸应当具有独立的经费予以保障，而且包括司法机关的办公设施、设备、司法机关的司法活动费用都应当具有独立的财政保障。

（4）司法独立的保障措施。作为一项法治原则，司法独立的实现必须有一系列的制度措施来予以保障。从外国的法治实践来看，司法独立的保障措施主要有以下几种[1]：一是严格的法官选任制度，包括法律素质、道德素质、选任程序等方面的严格要求。二是法官不可更换制，即法官一经任用，无论是采取终身制还是任期制，都不得随意地予以更换，只有按照法定的条

---

① 参见谭世贵：《论司法独立》，《政法论坛》1997年第1期。

件和严格的程序，才能够弹劾、撤销或调离法官。实行不可更换制，法官便无须担心因秉公办案而在职务上受到不利变动，从而能够促使其依法独立、公正地行使司法权。三是法官专职及中立制，即法官不得兼职，包括不得兼任行政官员、议员和担任法律所不允许的其他有报酬的职务。有些国家甚至还规定法官不得有政党身份或从事政治活动。四是法官高薪制，即规定给予法官较高的薪俸待遇。优厚的报酬和其他待遇可以促使法官不为物欲所动，不为金钱所惑，并进而促使其在职务上保持独立性和公正性。五是退休保障制度，即规定法官在退休之后，可以领取优厚的退休金，这样可以解决法官的后顾之忧，为其在职时保证公正廉洁提供可靠的保障。六是自由心证制度，是指在审理案件中，对于证据的证明力及其运用和取舍，法律预先不作规定，而完全由法官根据自己的良知、经验和案件的具体情况独立地作出判断。

（二）法官素质

司法制度和司法过程必须借助于具体的司法人员即法官的司法活动来落实，因此司法权威的实现在很大程度上体现为法官之权威地位的树立。而法官权威的确立，一方面建立在由国家法律所保障的法官独立原则以及维护法官的尊严和荣誉的一系列制度之上，另一方面则依赖于法官个人的高素质，即法官应当具有超出常人的专业素养和良好的职业道德素养。如果法官的素质偏低乃至于素质恶劣，那么法官就难以恰当地、准确地解释法律和公正地、合理地裁判案件，其所进行的司法活动及得出的裁判结论就不能为公众所信服和接受，司法权威因之必将难以实现。

1. 精深的业务素质和业务能力

法律是一个专业性和技术性很强的复杂科学，法官必须具备精湛的业务素质，才能够正确地运用法律去处理各种诉讼案件。这就要求法官不仅应当具有丰富的法学知识，而且应当具有良好的逻辑思维能力和法律论证技巧。否则，法官及其所进行的司法活动就难以取得人们的信赖和尊重，就会妨碍司法权威的实现。

法官业务素质的高低与法官选任制度及培训制度密切相关，为此，绝大多数国家都规定了严格的司法人员遴选制度。例如在英国，担任地方法院、高等法院和上诉法院的法官，必须相应地具备 7 年、10 年、15 年以上的出庭律师资格才能够被任命。在美国，法官大都也是从执业律师中选拔的。[①]
在日本，地方法院、家庭法院、高等法院的法官要从担任简易法院法官、候补法官、检察官、律师、大学法律系教授、副教授等职务 10 年以上的人中选任；最高法院的法官则要从担任高等法院院长、法官、简易法院的法官、检察官、律师、大学法律系教授、副教授等职务共计 20 年以上的人中选任。[②] 在基础条件上，绝大多数国家要求被任命或选举为法官的人必须具有大学法律系毕业的学历。

由于实行严格的法官选任制度，因而在大多数国家特别是在法治较为发达的国家中，司法人员能够形成一个业务素质极高的法律职业群体。这一群体在知识背景、教育经历、训练方法、职业利益、论证自身行为合理性的独特方式、成员之间的认同程度、职业荣誉感等方面具有一致性，从而会自然地凝聚为一个所谓的"解释的共同体"[③]，这个共同体能够恰当地、准确地、一致地解释法律和适用法律，从而会极大地促进民众对司法权威性的认同。

2. 良好的职业道德素质

法官具备良好的职业道德素质是法官受到尊重和实现司法权威的必要条件。因为，法官职业道德素质的高低往往决定了司法是否廉洁，也直接影响着诉讼公正和社会正义能否实现。对此，有学者指出："立法机关或许制定不公正的法律，行政机关可能会滥用权力，然而，一个社会，如果拥有廉洁的和高素质的司法阶层，立法不公以及行政权力滥用所带来的危害性都会得到相当的抑制和矫正。但是，假如司法制度与腐败结缘，情形便不堪设想。在国家正式的司法体系里无从求助的当事人势必会寻求自救，法律与社会秩序的维系便成为一句空话。"[④] 弗·培根则指出："一次不公的（司法）判断比多次不平的举动为祸尤烈，因为这些不平的举动不过弄脏了水流，而不公的判断则把水源败坏了。"[⑤] 因此，加强法官的职业道德教育，最大限度地消除司法不公和司法腐败行为，对于提升法官的威信、树立司法的权威具有

---

① 参见任允正等：《司法制度比较研究》，中国社会科学出版社 1996 年版，第 119 页。
② 参见董璠舆：《日本司法制度》，中国检察出版社 1992 年版，第 3、4 章。
③ 贺卫方：《司法的理念与制度》，中国政法大学出版社 1998 年版，第 7 页。
④ 贺卫方：《司法：走向清廉之路》，《法学家》1998 年第 1 期。
⑤ ［英］培根：《培根论说文集》，水天同等译，商务印书馆 1983 年版，第 193 页。

十分重要的意义。

三、司法程序的权威性

司法程序的权威，是指司法程序的结构和司法程序的运行具有权威性。司法程序的权威性体现在，以控、辩、审三方之间的角色分化和相互制约与配合为基础，形成一种可以阻隔法律外因素的影响、具有高度正当性的制度化的解决纷争的程序装置，且该装置及其运行的结果会受到整个社会的高度尊重。包括民事司法程序在内的司法程序之所以具有权威性，是因为司法作为维持政治及社会体系的一个基本支点，发挥着正统性的再生产功能。[①] 所谓正统性，用卢曼的话来说，就是意味着在一定的许可范围之内，人们对于内容未定的决定也准备接受这一心理状态的一般化。现代西方法学界所热烈讨论着的正统性的含义，主要是指对于法律的妥当性、约束力及其基础价值的普遍确信。[②] 司法对正统性的维护具有不可替代的重要作用。事实上，当人们设计诸种机制以证明号称是有权威的法令、规则或制度的正统性时，以法院为中心的专门法律机构就产生了。[③] 司法对正统性所发挥的再生产功能集中表现于作为司法系统中心的法院及其进行的诉讼、审判活动。因为，社会中发生的几乎任何一种矛盾、争议，在经过各种各样的决定仍不能得到解决并蕴涵着给政治、社会体系的正统性带来重大冲击的危险性时，最终都可以被诉讼、审判所吸收或"中和"。通过诉讼、审判，尽管争议或者矛盾本身未必在任何情况下都能真正地得到解决，但司法所具有的诸如把一般问题转化为个别问题，把价值问题转化为技术问题等特殊的性质和手法，使得因发生争议或矛盾从而可能给政治及社会体系正统性带来的重大冲击能够得以分散或缓解。[④] 所以，司法权威不仅要依靠正当的司法程序来保障，而且也必须从程序权威中体现出来。通过正当的、具有权威性的司法程序，司法裁判的结果更容易获得人们的支持和接受，即使他们对裁决的内容不满意，也

---

① 参见王亚新：《社会变革中的民事诉讼》，第 38 页。

② 参见季卫东：《程序比较论》，《比较法研究》1993 年第 1 期。

③ 参见［美］诺内特、塞尔兹尼克：《转变中的法律与社会》，张志铭译，中国政法大学出版社 1994 年版，第 62 页。

④ 参见王亚新：《社会变革中的民事诉讼》，第 38—39 页。

不得不接受程序化了的结果。

影响司法程序权威性的因素有很多，就司法程序本身而言，笔者认为，如下程序要素对于司法程序的权威具有极为重要的影响。

（一）程序运行的场景和仪式

司法程序运行的场景和仪式虽然表面上看似乎是一个纯粹的形式化问题，但实际上它也是司法权威的重要内容。正如伯尔曼所指出的，法官袍服、法庭布置、尊敬的辞令，以及严格的出场顺序、誓言、致词的形式等场景和仪式，不仅使法官本人，而且使得所有参加审判过程的人，使全社会的人都在灵魂深处体会到法律的庄严和神圣。[①] 在司法活动和人们日常生活中，"关于司法或者法律神圣的理解和体验无疑是从能够看得到的司法场景开始的。庄严的法庭布置和严格的程序仪式会给人们带来灵魂上的震撼，使人对司法的敬意、景仰和信心油然而生"[②]。离开庄严的司法礼仪，就不足以体现法律信仰的内容，不足以确保公众对于司法尊严、司法严肃、司法程序公正的认同以及对法官权威和司法权威的认同。[③]

（二）司法程序的被动性

司法权是一种裁判权，而裁判的前提是必须有纠纷存在，并且当事人必须将该纠纷提交给法院，请求其予以裁判，因此法院对于纠纷的处理不应采取主动的方式，这就是所谓的司法的被动性或消极性。这种被动性特征的更深层且更重要的理由则在于，它是诉讼公正之价值准则的必然要求，同时，它也是司法程序保持其权威性的必然要求。也就是说，法院对纠纷的解决只有采取消极主义的态度，才能保持其公正和中立的面目，才能获得争议各方对法院乃至诉讼过程的公正性的信赖。[④] 否则，如果法院主动行使司法权去"解决"当事人尚未请求其予以解决的纠纷，例如民事诉讼实践中某些法院主动"开发案源"、"提前介入"或者为当地企业"主动服务"等做法，显然有损司法权的公正性、中立性、权威性，势必使一方当事人认为法院有偏向

---

① 参见［美］伯尔曼：《法律与宗教》，梁治平译，第47页。

② 孙发：《司法权威研究》，第22页。

③ 参见熊毅军：《通过法律的仪式——司法礼仪的宗教社会学解读》，见中国民商法律网，http://www.civillaw.com.cn/article/default.asp? id=21795，2011年2月1日访问。

④ 具体论述参见贺卫方：《中国司法管理制度的两个问题》，《中国社会科学》1997年第6期；陈瑞华：《司法权的性质——以刑事司法为范例的分析》，《法学研究》2000年第5期。

于另一方当事人之嫌，从而很可能对该程序的运行及其所得结论不满，影响司法程序之权威性的树立。

（三）程序主体的平等性

程序主体的平等性是指程序设计和运行中诉讼当事人应当具有平等性，在民事诉讼中主要体现为当事人平等原则。一方面，当事人各方处于平等的诉讼地位，享有平等的诉讼权利。另一方面，法院应当对当事人予以平等保护和平等对待，在诉讼进行中，法院应当给予双方当事人平等的机会、便利和手段，对各方的主张、意见、证据等攻击防御方法予以平等的关注，并在作出裁判结论时对各方的观点平等地、充分地予以考虑。程序主体的平等性是程序公正之价值准则的重要体现和必然要求，因而也是确保程序权威的必要条件。在程序的进行中，主体的平等性有利于双方当事人能够富有影响地参与诉讼活动，并有充分的机会向审判者陈述自己的主张和理由，使审判者获得全面的信息，从而有利于促使审判权的健康、合理运行，产生公正的裁判结论。而且，通过保障双方当事人之平等诉讼地位的充分实现，可以使诉讼参与者实际地感受到被平等对待，从而从心理上更容易接受司法裁判结果。可见，只有充分地贯彻和保障程序主体平等原则，当事人和社会公众对司法机关和司法程序才会自觉尊重和信任，司法的权威才能够得以更好地树立。

（四）裁判者的中立性

裁判者的中立性是司法程序的基本原则，是程序公正和司法公正性的基础，因而也是司法之权威性的基础和必然要求。关于程序公正的标准问题，中外学者提出了种种极富建设性的设计，各国在立法上也无不致力于建立公正的程序制度，但不论是哪一种有关程序公正的理论或制度设计，无不将"裁判者的中立性"作为其核心内容之一。关于裁判者的中立性，戈尔丁认为包括如下三个原则：一是与（案件）自身有关的人不应该是法官；二是结果中不应含有纠纷解决者的个人利益；三是纠纷解决者不应有支持或反对某一方的偏见。[①] 这就要求，在司法活动中，作为裁判者的法官应同案件的事实和利益没有关联性，应当在那些利益处于冲突状态的各方之间保持一种超

---

① 参见［美］戈尔丁：《法律哲学》，齐海滨译，三联书店 1987 年版，第 240 页。

然和不偏不倚的态度和地位，而不得对任何一方存有偏见和歧视，应在认真听取双方的主张和意见的基础上，客观、公正地认定事实和适用法律。唯有如此，司法程序及其所得出的裁判结论才能够得到当事人和社会公众的信赖，才能够真正地获得权威性。

（五）程序的公开性

程序公开原则长期以来被视为程序公正的基本标准和要求。"正义不仅应得到实现，而且要以人们看得见的方式加以实现"[①] 这一古老的法律格言，特别予以强调的就是程序的公开性，即要求案件不仅要判得正确、公平，符合实体法的规定和精神，而且还应当使人感受到判决过程的公开、公正与合理。事实上，就西方司法制度自中世纪以来的发展而言，其基本的演进过程可以说是一个公开化程度愈来愈高的历史过程。[②] 就民事诉讼而言，程序公开原则要求，除了极少数特殊情况之外，司法裁判的全过程应当向当事人和社会公众公开，包括审理过程的公开、裁判结论的公开、裁判结论之论证过程的公开等几个方面。而公开性问题之所以备受重视，原因就在于它是保证诉讼公正和司法权威所不可缺少的一项技术性措施。一方面，程序公开原则的贯彻，可以将案件的审判活动置于社会公众的监督之下，增加司法活动的透明度，减少"暗箱操作"行为的发生，从而有助于司法人员增强责任感、正确地行使司法权和提高办案质量，更好地实现司法裁判的公正性。另一方面，程序公开有利于增强当事人和社会公众对司法程序及裁判结果的信赖度、信服度、接纳度，获得令当事人心悦诚服的效果。换言之，在公开原则的要求之下，争议双方应当把话说在明处，将证据摆在对方和作为第三方的裁判者的面前，裁判者则根据这些双方亲眼目睹、亲耳聆听的证据对案件作出裁判，从而消除神秘、怀疑和猜忌，有助于获得一个使双方更容易接受的诉讼结果。

四、司法裁判的权威性

在法治社会中，当纠纷主体将其纠纷诉诸法律途径予以解决时，应当有一个终局性的结论，而不应永无休止地争论下去，否则，法律的权威性就难

---

① Justice must not only be done, but must be seen to be done.

② 参见贺卫方：《中国司法管理制度的两个问题》，《中国社会科学》1997 年第 6 期。

以维护。这就要求，社会矛盾和纠纷在通过诉讼途径由法院予以裁判后，就应当被认定为得到了最终的解决，不仅不应再受到其他部门和机关的审查，而且不应再次受到法院的审判（依照审级制度进行上诉审和极少数情况下的再审除外）。美国联邦上诉法官爱德华兹在谈及司法终局性与司法权威的关系时亦指出："首先也是最重要的一点是，司法制度的最重要宗旨之一是解决矛盾。如果一个'解决方案'可以没有时间限制并可以不同理由反复上诉和修改，那就阻碍了矛盾的解决。如果败诉方相信他们可以在另一个地方或另一级法院再次提起诉讼，他们就永远不会尊重法院的判决，并顽固地拒绝执行对其不利的判决。无休止的诉讼反映了，同时更刺激了对法院决定的不尊重，从而严重削弱了法院体系的效率。"① 可以说，司法裁判的权威性最主要的体现就是司法裁判的终局性。如果法院的确定判决可以被不断地修正和改动，则其权威性就会丧失，社会也就会失去信仰司法的理由和根据。司法裁判的终局性鲜明地表现了司法权是一种国家对社会冲突所作出的一种最终的、最权威的裁判权。②

司法裁判的终局性和权威性主要表现在以下三个方面：

（一）司法在纠纷解决体系中的终局性地位

与社会冲突的性质及其危害程度的多样性相适应，人类解决社会冲突的手段也始终是多元的，并且，随着人类文明的不断发展，这些手段逐步趋于完善，形成了自决、和解、仲裁、调解、行政裁决、诉讼（司法审判）等既相互区别又相互联系的冲突解决机制。在这些纠纷解决机制当中，司法居于中心和终极的地位。首先，除了极少数的社会纠纷（例如政治性纠纷）之外，司法机关（法院）对各种性质的社会纠纷享有管辖权，并有权作出具有高度权威性的最终判定。其次，当社会上的各种纠纷不能通过其他途径解决，或者当事人对其他途径的解决结果产生怀疑和不满时，最终他们可能会求助于法院以寻求司法救济，所以，司法程序被认为是"正义的最后一道防线"。最后，社会纠纷在经司法机关裁判之后，即被认为得到了最终的解决，而不再接受其他机关和组织的审查和裁断。无论是司法机关本身，还是其他机关和组织，都应当尊重司法的这种权威性判断。这一点可以说是司法终局

---

① 转引自宋冰：《程序、正义与现代化——外国法学家在华演讲录》，"前言"部分第3页。

② 参见孙长春：《司法权威的制度建构——以我国法院审判为视角》，第22页。

性原则的最突出表现，也是司法不同于其他纠纷解决机制的重要特征。因为，无论是当事人之间的自行和解程序，还是由第三者出面主持的非诉讼调解程序或者行政裁决程序，往往都不具备终局性的特征，可基于当事人的请求而使纠纷受到司法的最终审查和裁判。即使是按照当事人的意愿而选择仲裁方式解决纠纷并贯彻"一裁终局"的制度，其裁决结果在法定情况下仍然会受到司法的监督和审查。

（二）司法裁判的既判力

司法裁判的终局性不仅表现在司法与其他纠纷解决机制的关系上，而且表现于司法裁判本身的不可轻易更改的终局性。也就是说，判决一经成立，即不容许再轻易地加以改变，其所裁判的纠纷也就视为得到了最终解决，一般情况下已不能再次成为司法审查的对象，无论是当事人还是法院都应当尊重该生效判决。这种意义上的终局性，主要体现为判决的既判力。所谓既判力，是指判决在实体上对于当事人和法院所具有的强制性通用力，表现为判决确定后，当事人不得就判决确定的法律关系另行起诉，也不得在其他诉讼中就同一法律关系提出与本案诉讼相矛盾的主张，同时，法院亦不得作出与该判决所确定的内容相矛盾的判断。从既判力的作用或效果上讲，一方面，当事人不能在后诉中提出与前诉判决中所判断的事项相反或相冲突的主张和请求，法院也应当排除违反既判力的当事人之主张及其证据，也就是说，禁止当事人和法院对已经产生既判力的事项再行起诉和重复审判。另一方面，当事人之间争议的事项经法院的确定判决裁判后，后诉法院应当尊重前诉法院的判断，后诉法院的审理和判断应当以产生既判力的前诉判断为前提。因此，对于已经产生既判力的判决而言，除了在极少数情况可以依据审判监督程序予以再审外，当事人和法院都必须完全尊重该确定判决所作的判断，从而有效地维护司法裁判的权威性。

（三）司法裁判的执行力

具有给付内容的生效裁判即具有执行力，即产生由国家强制力来保证该判决所确定的权利获得实现的效力。强制执行程序则是保证生效裁判的执行力强制性地得以实现的程序，是维护和实现司法权威的重要活动，也是实现司法权威的终结性环节。实践中，虽然多数当事人能够按照生效法律文书确定的内容自觉地履行义务，但在不少案件中，负有义务的一方当事人基于其个人利益的考量，拒绝履行或不完全履行生效裁判确定的义务，或者企图逃避履行该义务，在此情况下，司法权威就会受到公开的蔑视和挑战。这就需要设立和运用强制执行程序强制义务人履行义务，否则，司法裁判的权威性就难以得到保障，诉讼程序就不能获得人们的认同和尊重。从我国目前的执行实践来看，在一定范围内确实存在着"执行难"和"执行乱"等失范现象，致使债权人本应可以实现的权利因被执行人的故意逃避行为、有关机关和个人的干涉以及执行机制本身的一些不完善等复杂因素而得不到实现。这种状况已影响到了司法制度效能的发挥，削弱了法院裁判的公信力。所以，必须从树立司法权威的高度出发，充分认识"执行难"与"执行乱"的危害性，并在此基础上提出切实可行的改革和完善措施，从根本上维护司法权威。

第十六章

司法权威与心证公开

前文指出，程序的公开性是影响司法权威的重要因素之一。而程序公开原则本身具有十分丰富的内涵。从公开的对象来说，既包括向当事人公开，也包括向群众和社会公开。其中，对当事人公开是指一切审判活动和环节（除合议庭评议案件外）应当向当事人公开，不能有隐瞒双方或者一方当事人的环节和行为。从具体内容上来说，公开性包括案件审理过程的公开、裁判结论的公开以及裁判结论之形成和论证过程的公开，其中，裁判结论之形成和论证过程的公开主要表现为法官如何采信证据、认定事实和适用法律的心证公开。因此，司法权威的树立与法官的心证公开亦具有重要的关联。

一、心证公开的界定

所谓"心证"，按照我国台湾地区学者邱联恭先生的观点，有狭义与广义之分。狭义言之，系指法官在事实认定时所得确信之程度、状况。广义言之，系指法官就系争事件所得或所形成之印象、认识、判断或评价。此种意义的心证，依民事审判所具有的特征观之，系可能包含法官的法律上见解在内，而非仅指将其法律上认识、判断或评价予以完全除外之事实认定问题。①

在民事诉讼法学和证据法学中，"心证"较多的是在狭义上使用，往往与"自由心证"或"自由心证原则"或"自由心证主义"相关联或结合起来

---

① 参见邱联恭等：《心证公开论——着重于阐述心证公开之目的与方法》，见民事诉讼法研究基金会《民事诉讼法之研讨（七）》，三民书局1998年版，第207页。

使用，是指法官认定事实的方法和原则。在此意义上，所谓法官的心证，就其内容和范围而言就是通过逻辑推理来评价证据的价值和对要证事实是否成立进行判断认定。证据价值有两个方面的内容。第一个方面关系到证据方法本身是否具备真实可靠的信用度，就书证和物证等证据方法而言，指的是客观实存性、未受加工等性质，对于以证人为代表的人证方面之证据方法来讲，是指证人的真挚性和诚实度等可以信赖的性质和他在知觉、记忆、表达事实时的可靠性及程度。证据价值的第二个方面的内容是从证据资料推导出要证事实的证明力或证据力。对证据价值的评价也就是对证据在上述两个方面的性质和程度作出的判断。对作为证明对象的要证事实是与否的认定，则建立在关于一个个具体证据价值的判断及其整体或综合评价的基础上。① 法官的心证，狭义上即是指此种对证据价值的评价以及据此对待证事实是否成立所进行的判断、认定。

　　但是，从民事审判的过程和特征来看，对证据的评价和对事实的审查认定往往是与对法律的解释密切相关的，所以从广义上讲，所谓"心证"，也可能包含法官法律上的见解在内。这是因为，在民事诉讼中，法院就诉讼标的所为权利存否（或法律关系存否）之判断过程，乃三段论法的涵摄过程，系以实体法规为大前提，以符合于该实体法所规定的要件事实之纷争事实（具体事实）为小前提，而认定其存否，并套用于实体法规。也就是说，从民事审判的特征来看，法官一方面是在解释实体法，另一方面也是在认定事实而同时适用法律，在此过程中，法官可能是根据间接事实去认定法律要件事实，或基于前提事实去推定法律要件事实，或根据直接证据去认定法律要件事实，并就该要件事实是否符合实体法上之权利规定，作"法"的评价判断。同时，当事人之事实主张也只有与权利主张有相当关联时，始能在诉讼上具有意义；并且，此项权利主张，系依实体法规就特定事实关系为定性而得，其间具有密切的关联。据此可知，在三段论式之法的涵摄过程中，常存在着法律问题与事实问题相牵连、交错的现实。其间，在某些情况下，法官的心证即可能包含或关涉法律上的见解（法律上的认识、判断、评价）。②

---

　　① 参见王亚新：《对抗与判定——日本民事诉讼的基本结构》，第 201—202 页。
　　② 参见邱联恭等：《心证公开论——着重于阐述心证公开之目的与方法》，见民事诉讼法研究基金会《民事诉讼法之研讨（七）》，第 207—209 页。

基于上述对"心证"的广义理解，所谓心证公开，系指"法官将其在诉讼审理中（自其研阅起诉状之时起）所形成上述意义的心证，于法庭上或程序进行中，向当事人或利害关系人开示、披沥，使其有所知悉、认识或理解一事，而可能包含法律上见解之表明在内"[①]。在此意义上讲，心证公开就是要求法官公开自己对事实的判断并表明自己的法律见解。也就是说，心证公开实质上是从程序规范的角度，责成法官在司法审判中将其对于案件事实、证据以及有关法律见解的认识，向当事人和利害关系人予以公开、披露、阐释的制度。[②]

二、心证公开对于司法权威的意义

心证公开有利于当事人知悉法官如何采信证据、认定事实，并有助于其了解法官如何适用法律和得出裁判结论，因此，心证公开程序之践行，有助于提升当事人对程序内容及裁判结论的信赖度、信服度和接纳度，从而亦有助于司法权威的维护和提升。具体而言，从程序设计和审判实务运作等角度讲，诉讼当事人对于其曾亲自参与的裁判过程越能信服、满足，则其自动自发地顺从裁判内容所示纷争解决方案的概率就愈高，此乃当事人愈能接纳裁判结果之表征。因此，在构思如何修正诉讼法以充实程序制度之际，自不应仅以本案判决可能具有执行力或既判力为由，遽认为诉讼制度已充分发挥了其解决纷争的机能，而应当同时致力于经由程序制度的设计及运作，促使当事人更加信赖、信服、接纳裁判或其他纷争处理之结论，进而自动履行裁判所确定的内容。[③] 心证公开程序的贯彻，即是扩充当事人等利害关系人参与裁判形成过程的重要管道，有助于当事人在诉讼过程中及时调整和充分提出其攻击防御方法，防止突袭性裁判的发生，亦可使当事人能够充分理解、认识裁判结论的理由，从而提升司法程序和裁判结论的公信力、权威性。

心证公开对司法权威的促进和维护，主要是通过下述几个方面的程序和要素得以体现：

---

① 邱联恭等：《心证公开论——着重于阐述心证公开之目的与方法》，见民事诉讼法研究基金会《民事诉讼法之研讨（七）》，第 209 页。

② 参见廖中洪：《"心证公开"若干问题研究》，《法学论坛》2006 年第 3 期。

③ 参见邱联恭：《程序制度机能论》，第 206 页。

（一）心证公开使自由心证客观化

在证据法学中，"自由心证"这一概念可以从不同角度理解，它可以是指法官判断证据的一种行为，也可以是指审查判断证据的一项制度，还可以是指判断证据和认定事实的原则。国内学者较多地将自由心证理解成一项证据法制度，也即是指证据的取舍、各种证据证明力的大小以及对案件事实的认定规则等，法律不预先明文加以规定，而是由法官依据自己的"良心"和"理性"自由判断，形成内心确信，对案件的事实自由评断的一种制度。就诉讼原则层面而言，自由心证则是指法官在对诉讼中的事实予以认定之际，基于审理过程中显现出来的资料（辩论的全部意旨及证据调查的结果），并通过自由判断来形成心证的原则。因此，"自由心证无论是作为证据法上的一项制度，还是作为一项诉讼法原则，其基本的含义都是指裁判者在进行事实认定时，能够不受法律规则的拘束而对证据的证明力进行自由的评判，并对事实作出自由的判断"[①]。

相对于法定证据原则来说，在自由心证原则之下，法官的认识被认为能够在更大程度上和更有效地接近真实。但与此同时，如何确保由于是在法官的内心进行的认识作用因而被称为"心证"的证明过程不致流于法官个人的恣意也构成了一个重大问题。自由心证原则虽然承认法官的自由判断，但法官对证据价值和要证事实的自由判断并不意味着随心所欲或恣意认识。内在于法官这种认识过程中的一种具有客观性的制约就是经验法则。而所谓经验法则，是指从经验中归纳出来的有关事务的知识或法则，包括从一般的生活常识到关于一定职业、技术或科学专业上的法则，而且经验法则并非具体的事实，而是在对事物进行判断的场合用来作为前提的知识及法则。也就是说，法官在评价证据的价值或对事实进行认定时，经验法则是这种认识或推理不可或缺的前提或根据。由于经验法则具有无限性、一般性和盖然性等特征，因而经验法则也就具有某种客观性。[②] 而由于经验法则具有此种客观性质，法官在经验法则的选择以及对其具体内容和盖然性程度的认识和运用上，都受到内在的制约，从而法官自由心证的

---

① 李祖军：《自由心证与法官依法独立判断》，《现代法学》2004 年第 5 期。

② 关于作为证据评价之根据的经验法则的无限性、一般性和盖然性等特征以及其客观性的问题，参见王亚新：《社会变革中的民事诉讼》，第 321—324 页。

内容就会受到这种具有客观性的经验法则的制约；与人们共通的一般认识这一意义上的经验法则相抵触的证据评价或事实认定将被认为是对自由心证原则的滥用。①

法官的自由心证过程中尽管内在地包含着经验法则及其盖然性程度等客观因素，但这种客观因素也只是在其他人对法官的心证以某种外在或可见的方式进行检验，且有可能影响或改变法官认识的情况下才能真正发挥制约或控制作用。这种检验或控制可以由当事人来实施，而其重要前提则在于法官在作出判决之前的适当时机向当事人表明或开示自己对于证据价值及要证事实的认识，也即法官应当公开其"心证"。当事人则可以据此了解法官评价证据和认定事实的推理过程，以及都使用了什么样的经验法则等信息，并在这个基础上围绕经验法则的选择及其盖然性程度等表达自己的见解，或展开进一步的举证和辩论来影响或改变法官既有的认识。②

（二）心证公开有利于为当事人提供充分的程序保障，防止突袭性裁判

在现代社会中，人权保障已成为人类社会发展的基本价值取向，司法审判程序中更应强调对当事人的人权保障，而赋予并充分保障当事人的程序主体地位和各种程序上的基本权利，即是人权保障论在司法程序中的当然要求，同时，当事人的程序保障权实际上也是人权保障观念在诉讼程序领域内的具体体现。按照程序保障论的要求，"司法裁判程序的构成及运作，须以保障受裁判者之程序主体权即程序上基本人权为必要内容；不论立法者或法院均应致力于充实诸程序制度（含民、刑事及行政等诉讼制度），巩固审判程序上当事人及利害关系人之程序主体地位；在各该司法裁判上，其裁判所涉及之当事人及利害关系人应受尊重为程序之主体，而不应仅被当成程序之客体来处理与支配。因此，在各该审理过程，应对于其程序主体赋予充分参与程序，为攻击防御、陈述意见或辩论等机会，以防止来自法院的突袭，而避免发生突袭性裁判。"③ 责由法官适时践行心证公开程序，其重要的法理基础即在于程序主体权以及源于程序主体权的听审请求权、证据提出权、证明权、辩论权、公正程序请求权等程序法上的基本权。亦即，为充分保障此

① 参见王亚新：《对抗与判定——日本民事诉讼的基本结构》，第 205 页。
② 参见王亚新：《对抗与判定——日本民事诉讼的基本结构》，第 206—207 页。
③ 邱联恭：《司法之现代化与程序法》，第 111—112 页。

等程序权，平衡兼顾实体利益及程序利益，以确立当事人之程序主体地位，防止发生突袭性裁判，应要求法官于本案审理中适时开示心证。准此，在贯彻此等权利保障要求所必要而无害于法官之中立性、公正性的范围内，法官即应开示心证，而当事人则有心证公开请求权。①

上述理论表明，在承认法官（法院）独立审判原则和自由心证制度之同时，也应赋予程序当事人或利害关系人在法官认定事实、适用法律的过程中，有参与程序陈述意见并提出资料之权利地位，这样做才能有助于司法民主化。从实践的角度而言，为了充分保障当事人有陈述意见并提出资料的机会，以彻底防止发生突袭性裁判，原则上受诉法院应在言词辩论终结以前，就影响诉讼胜败之事实上及法律上的观点或判断，于法庭上向当事人公开心证及表明法律见解，使两造互相辩论或与法官进行讨论。如此才真能凸显当事人之程序主体地位，使其能参与法官形成心证及适用法律之过程，协同法官寻求所应遵循的"法"之所在，而不致流于成为受支配之客体。值得留意的是，在法官公开心证及表明法律见解的程序上，较之在未践行此项程序的情形，律师也将更可运用其专业知识，充分发挥促使审判趋于公正的功能，而有益于提升当事人及一般人民对法官及律师的信赖，并进而提升其对司法制度的信赖。②

（三）心证公开有利于当事人平衡实体利益和程序利益的追求

基于程序主体性原理，作为程序主体的诉讼当事人，既可以请求法院实现其实体利益，也可以请求法院维护其程序利益（因程序利用得当而节省的劳力、时间和费用等）。为此，立法者在设立程序制度、受诉法院在运作诉讼程序时，必须兼顾当事人的实体利益和程序利益，一方面应赋予其发现实体真实（追求实体利益）的机会，另一方面则应同时赋予其追求程序利益的机会，使其享有平衡追求此二种利益的选择权。这就要求，作为程序主体的当事人，不仅应具有实体法上处分权，而且应被肯定享有相当的程序法上处分权，借以一方面基于其实体法上处分权，决定如何处分各系争的实体利益（实体权利），另一方面则本于其程序处分权，在一定范围内决定如何取舍程

---

① 参见邱联恭等：《心证公开论——着重于阐述心证公开之目的与方法》，见民事诉讼法研究基金会《民事诉讼法之研讨（七）》，第225页。

② 参见邱联恭：《司法之现代化与程序法》，第113—114页。

序利益，以避免因程序的使用、进行而招致减损、消耗、限制系争实体利益或系争标的外财产权、自由权的结果。[①]

以上述原理为指导，民事诉讼程序的设计应当赋予当事人选择优先追求实体利益还是程序利益的权利和机会。当事人可据此比较、衡量实体上利益与程序上利益的大小，并进而决定是否或如何提出特定事实、证据，协同法院寻求"法"之所在，以平衡追求该二种利益。于此种程序上，当事人应当是在受保障对于法院审理活动（含心证及法律见解）有预测可能性的状态下，于一定范围内可自行决定是否或如何提出事实或证据，并决定其究竟要偏重于追求实体上利益（例如，因当事人针对法院所公开的心证或法律见解，进一步提出事证使法院就某待证事实形成较正确的心证所可能取得的利益），抑或优先追求程序上利益（例如，当事人在预测法官的心证或法律见解以后，乃提出可资迅速裁判的资料或未再提出事证时所获致的劳费节省）。因此，法院系在当事人受充分的听审请求权保障之程序上即在值得当事人信赖的程序上，认定事实，并寻求、发现、适用法律。[②]

由此可见，"经由心证开示程序之践行，当事人实被赋予选择优先追求实体利益与优先追求程序利益之机会，此即保障其有平衡追求该二种利益之机会。此项机会之赋予，实即保障当事人得有相当机会参与形成本案判决之内容，而协同寻求、发现'法'之所在。经由此过程所寻得的'法'，虽非必恒完全一致于以客观真实为基础的实体法，却属较具有可期待、要求当事人予以信守、信服、接纳之法理基础。因为，践行此种'法'的协同寻求、发现程序，较诸一味以追求发现客观真实（片面偏向实现实体利益）为目的之审理程序，更能充分赋予辩论之机会，而不随伴发生突袭。要之，心证公开应该且可能成为法官与当事人协同探寻'法'所在之手段，有助于贯彻程序选择权之法理。"[③]

（四）心证公开有利于弥补辩论主义的不足

基于民事诉讼的本质特征和程序公正之价值准则等方面的要求，现代各

---

① 参见邱联恭：《程序制度机能论》，第 207 页以下。

② 参见邱联恭：《司法之现代化与程序法》，第 221—222 页。

③ 邱联恭等：《心证公开论——着重于阐述心证公开之目的与方法》，见民事诉讼法研究基金会《民事诉讼法之研讨（七）》，第 222 页。

国一般都把辩论主义（当事人提出主义）作为民事诉讼制度的基本原则。按照辩论主义的要求，法院仅就当事人所主张的事实加以斟酌，并就当事人所提出的证据加以调查；当事人没有主张的事实，法院不能将其采为判决的基础，当事人未提出的证据，法院原则上不予调查，一般也没有义务与责任去替当事人搜集证据。但是，当事人缺乏诉讼经验、欠缺法律知识等原因，有时他没有将法律要件事实主张得很充分，或者他所主张的事实不太清楚，或者他不知提供哪些证据，在此情况下，如果法院采取彻底的消极态度，判决该当事人败诉或驳回其请求，则很可能造成实体上的不公平。于此情形，法院亦有必要进行适当的阐明，以促使当事人适当地、充分地主张事实和提供证据，故各国一般规定了法院的阐明权制度，以弥补辩论主义的不足和缺陷。

所谓阐明权，是指在言词辩论及准备程序中，为了明了诉讼关系，法官就事实上或法律上的有关事项向当事人发问或者促使其证明的权利。[①] 具体是指在当事人的主张和陈述的意思不明确、不充分，或者有不当的诉讼主张或陈述，或者其所举的证据材料不足而误认为充足等情形下，法院对当事人进行发问、提醒或启发，以促使当事人把不明了的事项予以澄清，或对不充足的事项予以补充，或把不当的主张和陈述予以排除，或提出原来所没有提出的新诉讼资料。[②]

从阐明权制度的实践运行来看，实际上往往也是法官将其对案件事实、证据、法律观点等问题的认识、理解等看法，以发问、指出等方式向当事人开示，以促使当事人更加充分地提出攻击防御方法。也就是说，阐明的过程往往也是法官就其司法认识诸环节的心证向当事人所作的公开，具体包括本案应当适用的法律、当事人应主张的案件事实、应提供的证据、裁判者当下就争议事实的心证程度、哪些证据可以影响裁判者的心证度等。[③]从这个意义上讲，在很多情况下，阐明权制度与心证公开制度可以说是一个问题的两个方面。就此而言，心证公开制度实际上也是弥补辩论主义之不足

---

①　从法院的职责和义务的角度来说，也可称为"阐明义务"。

②　参见骆永家等：《阐明权》，见民事诉讼法研究基金会《民事诉讼法之研讨（四）》，三民书局1993年版，第168页；江伟、刘敏：《论民事诉讼模式的转换与法官的释明权》，见陈光中、江伟主编《诉讼法论丛》（第6卷），第321页。

③　参见赵信会：《论民事诉讼中的心证公开》，《河南省政法管理干部学院学报》2005年第5期。

的重要制度。

三、心证公开涉及的主要问题

（一）心证公开的范围和内容

心证公开的范围和内容是指法官在哪些条件下以及对于哪些问题应当公开心证。对于这一问题，学者们从不同角度进行了分类和阐述，概而言之，主要有以下几种观点：

一种观点认为，心证公开在范围和内容上包括四个方面：一是心证条件的公开。心证的条件包括人的条件和制度的条件。人的条件是指优秀的法官。这样的法官只有通过公开的法官资格考试才能获得。从广义上说，还包括良好的律师队伍以及有一定法律修养的公民。制度条件包括国家所颁布的法律和法规，其中包括实体法和程序法，还包括关于法院管理体制的法律和法规。二是心证过程的公开，法官是如何办案的，是如何对待当事人所提供的证据的，诸如此类事项，应该可以为世人知道。三是心证结果的公开，即法官是如何作出判决的，判决的理由是什么，必须详细说明，不允许支支吾吾，含糊不清。四是心证结果的监督机制及其监督结果的公开。[①]

另一种观点认为，心证公开在范围和内容上应当包括三个方面：一是心证过程的公开。主要是指司法过程中法官审查评判证据、认定事实的所有程序应予公开，从而使人们通过对程序正当性的认可建立起对于结果真实性的信赖。二是心证结果的公开，即认为应当对判决结果予以公开，或者认为法院应将自己对于证据的采信、事实的认定和法律的适用之认识、评价和判断予以公开。三是心证理由的公开，即法官对于裁判结论所依据的事实、理由和法律规定的公开。[②]

还有观点认为，心证公开在范围和内容上应当包括两个方面：一是心证过程的公开；二是心证结果的公开。前者包括"明确争议焦点"、"发表对某

---

①　参见叶自强：《民事证据研究》，法律出版社 2000 年版，第 457—458 页；陈怀峰、刘玉环：《试论法官心证公开在审判公开制度中的适用》，《山东审判》2003 年第 5 期；祝发东：《司法公正视野下的法官心证公开》，《黑龙江政法管理干部学院学报》2006 年第 2 期。

②　参见郁云：《论心证公开的几个基本问题》，《云南大学学报（法学版）》2004 年第 2 期；廖中洪：《"心证公开"若干问题研究》，《法学论坛》2006 年第 3 期。

一事实的看法"、"解释相关的法律规定";后者包括"庭审结束前的心证结果公开"和"裁判文书中的心证结果公开"①。

上述关于"心证公开"之范围和内容的学理观点,有助于我们从不同角度去认识心证公开制度,但其中亦存在一些问题需要作进一步思考和澄清。

一是一些学者将"心证公开"的范围和内容作过分扩大化、宽泛化的解释问题。从心证公开的本意上讲,其是指要求法官对证据的采信、事实的认定和法律上的意见等方面的认识、理解、评价、判断,适时地向当事人和利害关系人予以说明、阐释、披露和开示。所以,对于"心证公开"的范围和内容不应作过分扩大化、宽泛化的解释,以至于把"心证公开"等同于民事诉讼中的诉讼公开或者审判公开,甚至扩展于司法审判的公开监督。就此而言,上述第一种观点将法官的准入制度、选拔,律师的修养、素质,以及心证结果的监督等一律纳入"心证公开"的范围,显然是不合适的。②

二是心证公开问题之探讨的语境问题。国内学者对心证公开问题的关注和探讨,无疑是以域外(主要是大陆法系国家和地区)对这一问题的讨论为主要参考和借鉴的,特别是参考、引证了我国台湾地区邱联恭先生的一系列论述。而大陆法系国家和地区民事诉讼理论中作为一个重要议题加以讨论的"心证公开",一般是指审理过程中的心证公开问题,至于审理终结后的裁判结论及其理由的公开,是一个不言自明的共识性问题,一般并未在"心证公开"议题下进行讨论。相比较而言,国内学者在探讨这一问题时,一般均将裁判结论及其理由的公开包括在内,甚至将裁判文书的说理,也即关于裁判结论的心证形成过程,作为心证公开的主要内容进行阐述。所以,国内学者关于心证公开问题的讨论与域外对这一问题的探讨,其语境和范围是存在区别的。从法律上的规制和实务运作来看,对于审理终结后的裁判结论及其理由的公开,并非是一个难以处理的问题,真正难以操作的是案件审理过程中法官是否应当公开其心证以及在何种程度上公开心证等问题。在探讨心证公开的范围和内容时,这一点不能不察。

基于上述分析,笔者认为可以根据心证公开的程序阶段不同,将其分为

---

① 焦统继、王松:《论心证公开》,《法律适用》2001 年第 12 期;常淑静:《民事诉讼心证公开制度探秘》,《中国审判》2009 年第 3 期。

② 类似观点,参见廖中洪:《"心证公开"若干问题研究》,《法学论坛》2006 年第 3 期。

审理过程中的心证公开与审理终结后的心证公开（主要表现为裁判结论及其理由的公开）。

审理过程中的心证公开是指在案件的审理过程中，也即在裁判作出之前（实践中一般表现为最后一次庭审结束之前），法官对证据的采信、事实的认定和法律上的意见等方面的印象、认识、理解、评价、判断，适时地向当事人和利害关系人予以说明、阐释、披露和开示。我国台湾地区学者邱联恭先生对心证公开所作的"争点之指明、确认"与"法律见解之表明"的分类和阐述，即属于审理过程中的心证公开。按照邱联恭先生的观点，指明、确认争点方面的心证公开包括"审判对象之明确化"和"待证事实之具体化"两个方面，前者指就处分权主义之适用层面而言，原告所表明、特定之诉讼标的及诉之声明乃本案的审判对象和双方的攻击防御目标，所以，在确定诉讼标的及诉之声明所必要的范围内，法官应向当事人指明或确认诉讼标的或诉之声明为何，以凸显双方在审判对象及攻击防御目标上的争点，防止发生两造相互间的突袭及来自法院的突袭；后者指就辩论主义之适用层面而言，在事实方面的争点问题上，"法官宜指明有关争点所在之心证上疑问；或暗示其所设想之争点，使当事人为确认；并由法官提示其初步所认两造间争点或开示有关证明难易之心证，使当事人确认或协议限缩争点后，集中于此（经形成共识的争点）为攻击防御"①。而"表明法律见解"方面的心证公开，则是指在"法律问题为两造所争执之场合"以及"法律问题为两造所忽略之场合"，法官应适时地表明其法律见解，也即在此类场合，"在法院所持法律见解系两造所未顾及，或与两造当事人间一致之法律上陈述有所不同；或法院认为两造所陈述者系基于错误之法律上推论或存有矛盾等类情形，为防止发生法律适用的突袭及促进诉讼的突袭（为避免该诉讼事件经上诉后始获救济错误之法律上判断发生，以致造成难以补救之浪费即程序上不利益），法院应在言词辩论终结前适时表明法律见解。"②

审理终结后的心证公开，主要是指裁判结论及其理由的心证公开，也即

---

① 邱联恭等《心证公开论——着重于阐述心证公开之目的与方法》，见民事诉讼法研究基金会《民事诉讼法之研讨（七）》，第212页。

② 邱联恭：《心证公开论——着重于阐述心证公开之目的与方法》，见民事诉讼法研究基金会《民事诉讼法之研讨（七）》，第210—217页。

法官对于裁判结论及其所依据的事实、理由和法律规定以及论证过程的公开。其主要体现在以下三个方面：一是应准确归纳、概括当事人的诉辩主张，对其观点是否采纳、对其主张是否支持均应作出详尽说明；二是对于诉讼中所提出的各个证据的采信与否、证据与待证事实之间关联性及其对待证事实的证明力作出相应的阐释，并应结合现有证据，有层次地分析、说明法官内心确信的心证事实，完整反映举证、质证、认证和事实之认定的过程，尤其要注意说清楚双方争议的焦点问题；三是应准确、全面地引用法律法规，充分论证法律适用的理由，对法条进行详尽的法理阐释，加强判决的说服力。[①]

需要说明的是，无论是审理过程中的心证公开还是审理终结后的心证公开，均包括心证过程的公开和心证结果的公开这两个方面。但是，在心证公开的方式、方法以及所公开的心证结果之确定性程度方面，二者往往是存在区别的。

另需说明的是，尽管域外所探讨的"心证公开"一般是指审理过程中的心证公开，而不涉及裁判及其论证问题，但在我国，对心证公开作上述分类并强调审理终结后的裁判结论及其理由的心证公开，却具有非常重要的意义。这是因为，长期以来，我国民事判决的理由之论证部分严重不足，往往看不出法官就事实之认定和法律之适用是如何形成心证的。对于这一缺陷，前最高人民法院院长肖扬多年前即指出，裁判文书往往"缺乏认证断理，看不出判决结果的形成过程，缺乏说服力，严重影响了公正司法形象"[②]。有人则将实践中裁判文书的说理不足之缺陷归纳为如下几点：一是未能充分尊重当事人的诉辩意见，对当事人的意见尤其是庭审中的意见未予充分采纳，对当事人的主张未能一一予以回应；二是未能对诉讼当事人的争点进行归纳、整理，诉讼争点无法充分暴露，裁判理由也就不具有针对性或不明确，判决难以令人信服；三是对案件事实认识有误，机械地将认定事实与判决说理分开（即机械地分为"原告诉称"与"被告辩称"、"经审理查明"与"本院认为"两部

---

① 参见焦统继、王松：《论心证公开》，《法律适用》2001 年第 12 期。

② 肖扬于 1998 年 12 月 2 日在全国高级法院院长会议上的讲话《全面推进人民法院的各项工作为改革、发展、稳定提供有力的司法保障》。

分）；四是判决说理不充分，一般不阐明或未充分阐明法律适用的理由，未能充分回应当事人的诉求。① 这种状况往往严重影响了当事人对法院裁判的信赖和接受，损害了司法的公信度。所以，强调审理终结后的裁判结论及其理由的心证公开，在我国具有非常重要的现实意义。

（二）心证公开的制约条件、方式及限度

1. 心证公开的制约条件

心证公开制度能否恰当地适用并充分地发挥其功能，会受到法官的素质、当事人及其代理人的能力等一系列条件的制约。

（1）法官的素质和能力。要发挥心证公开所具有的诸如整理和限定争点以促进审理的集中化、保障当事人的程序主体权、防止突袭性裁判、为当事人追求实体利益或程序利益提供选择机会等功能，法官就应当具备相当之知识及判断能力，这样才能在法庭上就当事人及诉讼关系人所提出的事实资料形成合理的心证并适时、恰当地予以公开。也就是说，由于"心证公开"是法官将自己对于案件所涉有关证据的采信、事实的认定以及如何适用法律的认识、评价、判断，向当事人及利害关系人进行的阐释和说明，这就需要法官不仅要具有良好的认定事实的能力，而且在法的解释上也要有相当高的水平；不仅要具有扎实的法学理论功底，而且还要有丰富的司法实践经验。只有如此，法官在审理案件时，"才能对当事人提交的证据恰当地进行法律分析并与当事人进行讨论，进而对案件事实作出认定，对其心证形成的过程，从法律原则、精神、法律的具体规定和逻辑法则、经验法则等方面作出令人信服的说明"②。

（2）当事人及其诉讼代理人的能力。在处分权主义和辩论主义原则之下，法官适时地对当事人予以心证公开时，需要当事人自己根据法官的心证结果而决定进一步的攻击防御方法，并决定如何平衡其对实体利益和程序利益的追求，而当事人及其诉讼代理人（特别是其代理律师）只有具备相应的能力（即相当的法律知识和诉讼实践经验）时，才能够针对法官的心证，及时、恰当地作出自己的抉择，并有效减少法官心证的错误或不当，防止法官的恣意、独断，从而充分维护自己的权益。故此，在当事人的文化水平较

---

① 参见张锡敏：《裁判文书改革的若干法理思考》，《法律适用》2005 年第 12 期。

② 郁云：《论心证公开的几个基本问题》，《云南大学学报（法学版）》2004 年第 2 期。

低、诉讼能力较弱之情况下，建立比较发达的诉讼法律援助制度就显得很有必要。正如有学者所指出的，诉讼法律援助制度作为一项援助弱者的制度，不仅在维护弱者的诉讼权利上具有重要意义，而且对于"心证公开"的实现也具有十分重要的意义。因为，司法审判中如果没有健全的法律援助制度的保障，对于既不熟悉诉讼程序，又没有诉讼经验，还缺乏相关法律知识的当事人而言，即便是法官向其公开了"心证"，没有律师的帮助，无论是对于他们实体权利的维护还是程序权利的维护都将较为困难。申言之，因为他们缺乏必要的诉讼经验和相应的法律知识，通常情况下大都不知道也无法发现法官心证形成过程中的偏差，很难从证据规则、逻辑法则以及经验法则等角度，采用相应的措施或者诉讼行为去纠正法官"心证"上的偏差及其主观随意性，或者进一步补充相应的证据和证明自己的主张，如此一来，法官的"心证公开"可能就会失去其原有的意义。由此可见，"心证公开"作为一种既保障当事人的诉讼权利，又体现司法审判民主的制度，不仅在裁判主体上、审判制度上需要具备一定的条件，而且从当事人的角度看，还需要较为完备的诉讼法律援助制度予以保障。①

（3）较为充分的审前准备。庭审过程中，如欲适时地进行心证公开，充分发挥心证公开的功能，则较为充分的审前准备工作是非常必要的。为此，法官应事先详细研读卷宗资料，并查阅相关法律、判决先例及文献，进行某种程度之分析，然后将所认识、掌握的案情争点（即初步所得心证），作成摘要以备期日审理之用。同时，当事人及其诉讼代理人也需进行周全的审前准备。

2. 心证公开的方式和限度

关于心证公开的方式和限度问题，因心证公开的时间不同而应有所不同。对于审理终结后的裁判结论及其理由的心证公开问题，应当通过判决书的撰写，尽可能详尽地作出解释、说明，即判决书中应当就证据的采信、事实的认定、事实与法律之间的关联等问题充分地公开法官心证形成的过程，而且应当准确地、清晰地予以阐述。

而对于审理过程中即裁判之前的心证公开，因其有可能并非最终的心

---

① 参见廖中洪：《"心证公开"及其在中国的适用》，《贵州社会科学》2007年第8期。

证，且涉及是否违背法官的中立地位问题，所以在方式和限度上则应当采取较为审慎的态度，在进行心证公开时，有必要预留讨论、再斟酌的空间。相对于裁判文书中的心证公开而言，审理过程中的心证公开之方式及其限度问题则要复杂得多，在技术操作上具有较大的难度。正因为如此，域外关于心证公开的方式、限度问题的讨论，也主要集中于审理过程中的心证公开方面。总体而言，以下几个方面应特别予以注意：

（1）心证公开在语言表述上应避免采用断言的方式。在审理过程中，法官开示的心证，往往是各该审理阶段所形成的暂时的心证而已。因为，在实际诉讼中，心证度的高低本来就受到审理过程中所呈现的心证形成资料之质、量等因素所左右，具有相当的变动可能性，而在当事人对法官所示心证有所回应而提出资料以后，法官即可能再修正其认识、判断。故此，法院应避免采用断言的方式（如断言一方当事人必然败诉之方式）开示心证，并宜说明形成心证的理由，使当事人预知如何针对其心证而有所回应，并知其所陈意见或补提之资料将再受审酌并为裁判之基础。如果法官采取断言的方式轻率地予以心证开示，则很可能招致误会并损害司法的威信。①

（2）心证公开时应秉承客观、公正的立场。诉讼过程中，原、被告双方处于矛盾对立的地位，作为居中裁判的法官，如果心证公开的方式不当，不仅达不到心证公开的目的，而且法官的中立性以及裁判的公正性可能直接受到一方甚至双方的质疑。所以，法官公开心证时应当保持客观、公正的立场，不能心存偏见，掺杂自己的情感因素，例如，关于某个证据是否具备证据资格、证据与待证事实之间是否具备关联性等，应仅就事实和证据本身而言开示心证。②

（3）一般应当在充分听取当事人的意见后再进行心证公开。法官公开其心证的时间可以是在开庭审理前的准备程序中，也可以是在开庭审理过程中，具体在何时应视案情而定，但是无论是在什么阶段和过程中，法官都应当在听取当事人的陈述之后，在充分考虑、分析各方主张、意见、看法的基础上开示其心证，而不宜在当事人尚未充分发表意见以及表明观点之前公开

---

① 参见邱联恭等：《心证公开论——着重于阐述心证公开之目的与方法》，见民事诉讼法研究基金会《民事诉讼法之研讨（七）》，第228页。

② 参见廖中洪：《"心证公开"若干问题研究》，《法学论坛》2006年第3期。

心证，应当尽量避免因心证公开而让当事人感到法官是未审先判、先入为主。

（4）可能存在几种不同的心证结果时，宜一并向当事人开示。诉讼过程中，根据当事人所提供的现有诉讼资料，可能有几种不同的心证结果时，法官宜一并将这几种可能的不同结果告诉当事人，当事人可据此进一步地提出攻击防御方法。这样一来，既可以使法官的心证公开保留一定的弹性，以免当事人指责法官的心证错误，也可减少"未审先判"的嫌疑，保障心证公开程序的公平与公正。

（5）心证有误差而予以修正时应赋予当事人再为讨论的机会。法官在公开其心证后，发觉其认识、判断存有差误，或者事后形成与其已经开示的心证不同之心证时，应当就此以适当方法（如暗示、婉转、间接等类方法），赋予两造当事人再为讨论的机会，以充分保障当事人的程序主体权，防止突袭性裁判。

（三）合议制条件下的心证公开

在合议制之下，由于存在几名审判人员（法官及陪审员），因而不同的审判人员，其所形成的心证即可能存在不一致的现象。此时如何具体地进行心证公开，主要存在着两种不同的观点：一种观点认为，在合议制的条件下，公开的应当是合议庭中多数人的心证，少数人的不同的心证不宜公开；另一种观点认为，在合议制条件下，应当公开的是所有参与审判人员的心证，不论这些心证是少数还是多数，也不论这些心证之间是否针锋相对。①

笔者认为，对于合议制条件下的心证公开问题，同样有必要区分审理过程中的心证与审理终结后之裁判结论及其理由的心证两种不同情形进行处理，而且在这两种情形下都应充分考虑如何才能更好地树立和维护司法权威。

一方面，对于裁判结论及其理由的心证形成过程，应当公开的是合议庭中多数人的相一致的心证，少数人的不同心证不宜公开。这是因为，如果同时公开合议庭中少数法官不同的心证，这些心证与多数法官在有关证据的采信、定案事实的认定以及适用法律法规认识上的差异，即心证结果上的不

① 参见廖中洪：《"心证公开"若干问题研究》，《法学论坛》2006年第3期。

同，不仅将导致裁判依据上的混乱和分歧，从而影响司法判决的公信力，而且在当事人利益对立且相互矛盾的民事诉讼中，还将导致上诉案件的大量增加。因为作为与判决依据不同的少数法官的心证，不论是否真正客观、公正、可靠，无疑都为败诉一方当事人的上诉以及说明和证明自己的主张，提供了来自于审判组织内部的支持和根据。而这些来自于审判组织内部的不同意见，通常都被当事人视为证明自己主张，以及提出上诉的绝妙的依据。特别是在中国目前之司法环境下，司法权威性在总体上偏低，如果判决书中公开合议庭中少数人的心证意见，当事人往往会如获至宝，将其作为支持自己不服已生效判决的根据和理由，不断地进行申诉、上访，使本已不尽如人意的司法权威现状面临更大的挑战。

另一方面，对于审理过程中合议庭不同成员所形成的心证，在一定条件下，可考虑公开几种不同的心证结果，但最好以"合议庭"整体的形式出现，即合议庭认为可能有哪几种心证结果；而不宜表述为甲法官的心证可能是 A，乙法官的心证可能是 B，丙法官的心证可能是 C，或者甲法官和乙法官的心证可能是 A，丙法官的心证可能是 B。以这种方式公开心证，只是向当事人表明，根据双方当事人所提供的现有诉讼资料，"合议庭"有可能形成哪几种心证，但无论是哪一种心证，其只是一种可能性，是暂时的心证而非最终的心证。这样一来，既不影响终局判决中心证的权威性，也遵循了心证公开原则的要求，为当事人提供了相应的程序保障。当事人可进一步提出其他有力的事实、证据或者与合议庭作进一步讨论，促使合议庭对案件事实、证据和法律问题再行斟酌，以便形成最终的心证。

第十七章

司法权威与司法强制

一、民事司法强制概述

(一) 民事司法的强制性

民事司法制度有广义和狭义之分,广义的民事司法制度涵盖诉讼、仲裁、公证等制度,而狭义的民事司法制度仅指以法院为司法权行使主体的民商事诉讼制度。本章所研究的民事司法强制主要涉及狭义意义上的民事司法制度,其不同于刑事司法与行政司法:作为公力救济的司法属于国家公权力对纠纷的强制性解决,因而侧重对司法权威的维护,但是,民事司法制度针对的案件具有民事性,因而注重对私法自治原则的贯彻,与此相对应的是,刑事司法、行政司法制度针对的案件具有公共性质,因而注重对国家权力行使的规范。尽管民事司法关注当事人的主观意志,但是司法固有的强制性仍需得到落实,否则司法权威将无从维护。

在上世纪六七十年代"接近正义"运动到来之前,民事司法仅涵盖民事争讼程序、民事非讼程序以及民事执行程序等正式的民事权益确认、实现程序(正式司法,形式司法)。第三次"接近正义"激活司法 ADR(非正式司法,实质司法)的基因,进一步拓展了民事司法的外延,使得法院司法职能的行使方式和技术变得灵活而丰富多彩。在这种背景下,司法 ADR 与法院的刚性诉讼程序存在着制度上的联系,在某些法定条件下,可作为诉讼程序的前置阶段,也可作为案件进入法院后的非讼解决手段,对于解决结果法院还可对其进行司法审查。从这个意义上说,司法 ADR 实质为披着司法外衣的 ADR,在程序的开始与程序结果上介入了法院司法的力量，而程序过程则与法院没有直接的关联。形式司法侧重于运用国家强制力为民事权益的实现、民事纠纷的解决提供权威性的现实保障，而实质意义上的司法则侧重于借助社会力量解决民事纠纷，国家强制力仅在司法 ADR 运行无果的情况下发挥救济功能。对于正式司法而言，由于民事案件的处理完全掌控在司法权行使主体手中，因而，司法的强制性色彩更为明显；对于非正式司法而言，由于民事纠纷的解决不完全由司法权行使主体负责，因而，司法的强制性色彩并没有正式司法的强。尽管如此，非正式司法在程序启动、转换，解决结果审查方面仍然需要介入司法的强制性因素，即使在非正式司法的过程中，有时需要司法强制的积极配合，如采取保全证据、先予执行、不利诉讼费用承担等。总而言之，不管是正式司法还是非正式司法，民事司法的强制性必不可少，否则司法活动将不被信仰，裁判结果将不被尊重，从而严重减损司法权威。

（二）民事司法强制的类型

民事司法强制涉及的是对当事人采取不以其主观意志为转移的措施，强制程度的不同，其适用规则与程序也应当有所区别。民事司法强制可以根据不同的标准进行不同的类型化，并在此基础上对其适用规则做出具体性规定。

首先，根据启动模式不同，民事司法强制可以类型化为职权性司法强制和自治性司法强制。职权性司法强制是指国家司法机关依职权主动限制或者剥夺当事人或者其他诉讼参与人的人身、财产、程序利益，包括妨害民事诉讼的强制措施等；自治性司法强制是指国家司法机关根据当事人或者其他诉讼参与人的请求限制或者剥夺当事人或者其他诉讼参与人的人身、财产、程序利益，包括诉讼时效抗辩制度等。这种类型化的意义在于：凡是关涉国家利益、公共利益的司法强制事项，宜设置成职权性司法强制，以职权主义、职权进行主义、职权探知主义的模式来维护公益；凡是关涉私人利益的司法强制事项，宜设置成自治性司法强制，以当事人主义、当事人进行主义、辩论主义的模式来贯彻意思自治原则。

其次，根据强制对象的不同，可以将司法强制类型化为司法实体性强制和司法程序性强制，其中司法实体性强制又可以进一步类型化为司法人身强制、司法财产强制。司法人身强制是指国家司法机关对当事人采取限制或者剥夺其人身自由的强制措施，包括对妨害民事诉讼的强制措施中的拘传、训诫，责令退出法庭、拘留等；司法财产强制是指国家司法机关对当事人所有的财产或者其他财产性利益采取限制或者剥夺的措施，包括财产保全、罚款、诉讼成本承担等；司法程序性强制是指国家司法机关为排除诉讼障碍、确保诉讼程序的顺利进行而针对程序性事项采取的限制或者剥夺一方或者双方当事人诉讼权利的措施，包括诉讼程序的单方启动、证据保全、证据失权、诉讼时效、强制反诉、强制抗诉等。这种类型化的意义在于：一方面，对于司法人身强制来说，限制甚至剥夺当事人的人身自由需要有足够充分且正当的事由，即使理由成立，也必须履行相应的告知义务，并提供行之有效的救济途径；对于司法财产强制来说，限制或者剥夺当事人的积极财产需要具备相对于消极财产更为充分的正当性事由，因而对于本案诉讼标的物的强制与当事人不直接涉外财产的强制需要更为谨慎；对于司法程序性强制来说，不同的司法程序强制种类对当事人的裁判请求权、诉讼权利的限制程度不同，凡是对当事人的基本程序权利造成损害或者威胁的可能性越大或者程度越深的，法院采取司法强制措施就越应当注重为程序性权利受到影响的当事人提供最低限度的正当程序保障，并提供必要的救济途径。另一方面，对于司法人身强制来说，虽然法院限制或者剥夺了一方当事人的人身自由，但对方当事人并没有直接获得额外利益；对于司法财产强制来说，由于财产具有可处分性，法院采取司法财产强制措施尽管限制或者剥夺了一方当事人的财产性权利，但是获益者既可以是对方当事人，也可以是国家；但是对于司法程序性强制来说，一方当事人诉讼权利的减损意味着对方当事人诉讼权利的扩张，因而，限制或者剥夺对方当事人的程序性权利，意味着对方当事人额外地获得了程序性利益。

再次，根据强制目的不同，可以将司法强制类型化为保障性司法强制和制裁性司法强制。保障性司法强制是指国家司法机关采取旨在保障民事诉讼程序（民事争讼程序、民事非讼程序以及民事执行程序）得以顺利进行的强制措施，包括拘传、训诫，责令退出法庭、执行通知、被执行人财产申报、限制被执行人高消费等；制裁性司法强制是指国家司法机关采取旨在制裁妨害民事诉讼对妨害民事诉讼的强制措施，包括拘留、罚款、追究刑事责任等。这种区分的意义在于：保障性司法强制以保障诉讼程序的正常进行为必要和限度，其所涉及的强制内容与本案有密切的联系，对当事人的人身利益、财产利益或者程序利益所造成的影响并没有制裁性司法强制的大，因而其实体性论证难度要小于后者，并不以被强制主体具有可谴责性为前提；制裁性司法强制以制裁程序违法者、要求其承担不利法律后果为目的，其实体性论证以制裁对象具有法律层面的可谴责性为前提，而保障性司法强制则无须司法者对司法强制的采取进行实体性论证，仅需要证明被强制主体违背了法律预设的程序性规则，即可采取相应的强制措施。当然，保障性司法强制和制裁性司法强制之间存在着密切的关系，一方面，保障性司法强制的目的在于事先/中制裁，意味着不予考虑当事人的主观意志而强行为或者不为一定的行为，因而带有制裁其不遵守实体法或程序法规定行为的色彩；另一方面，制裁性司法强制的目的则在于事后保障，通过司法强制给违法者施加实体上或者程序上的不利益，迫使其事后补救其不法行为或者警戒人们遵循法律规定。从这个角度来分析，区分司法保障性强制和司法制裁性强制的关键就在于司法强制的时间是在相应司法行为续行中抑或终结之后。

最后，结合前述第二、三种分类标准，我们可以将民事司法强制划分为保障性实体强制、制裁性实体强制、保障性程序强制、制裁性程序强制四种子类型。然而，需要说明的是，并非只有实体性违法才对应着实体性强制，也并非只有程序性违法才对应着程序性强制。换言之，实体性违法既可能导致实体性司法强制也可能导致程序性司法强制，程序性违法既可能导致程序性司法强制也可能导致实体性司法强制。此外，保障性强制并不要求被强制主体有程序性违法行为，而制裁性强制则必然以被强制主体行为的违法性为前提。基于实体性违法行为不属于本课题的研究重点，而保障性司法强制属于常规的诉讼保障制度且已有诸多学者对此进行研究，民事司法强制的研究重点在于制裁性程序强制。

（三）司法强制的基本原理

司法强制是国家司法机关依职权或者依申请对当事人的权益采取限制、剥夺措施，因而，属于国家公共权力的行使。国家公共权力在民事司法中的运用意味着国家对私人生活关系的介入，在"私法自治"理念日益得到青睐的语境下，公共权力对私人生活的干预需要具备特殊的条件：首先，介入事由必须足够充分且正当。公共权力介入私人生活关系的足够充分且正当的事由的来源有两个方面：其一，双方当事人合意。如果案件属于纯粹私益案件，双方当事人合意适用司法强制，那么国家权力介入私人生活关系就不违背意思自治原则。① 其二，国家利益和公共利益。国家公共权力违背当事人的意志强行介入私人生活关系，需要以案件涉及国家整体上的利益以及公共利益为前提。② 其次，介入方式必须由法律明确规定。基于绝对的权力导致绝对的腐败，公共权力的行使主体必须遵循"法无明文规定即禁止"的法治原则，只能以立法者事先通过缜密的实体性论证而设置干预方式来行使公共权力。再次，介入必须符合比例原则。介入的手段必须足以实现介入目的，并且以对当事人损害或者损失最小的方式实现介入目的，与此同时，应当将因介入而获得的利益应当大于因介入而遭受的损失。又次，介入程序必须保障公民的程序基本权。法院在具有足够充分且正当事由情形下依照法律的明文规定而适用符合比例原则的司法强制时，如果不能从程序上给当事人提供正当性保障，那么当事人对司法将丧失信心，从而不尊重司法，进而导致司法权威的减损。最后，介入结果必须有利于私法秩序的恢复。公共权力介入私人生活关系以当事人无法或者不愿通过平等协商方式解决民事纠纷或者保护民事权益而致使私法秩序受到破坏或者威胁为前提，如果公权力介入不能达到恢复私法秩序的目的，那么这种介入就不具备正当性。

具体到民事司法强制来说，法院应当严格遵循法定原则、比例原则以及正当程序原则。法定原则要求法院能否适用司法强制的范围、种类、要件、效力均由法律明文规定。由于司法强制的本质是对当事人的人身利益、财产利益或者程序利益的限制或者剥夺，而当事人对其人身利益、财产利益、程序利益所享有的权利属于类型化的自由，国家对公民自由的限制或者剥夺显然需要法律的明文规定。比例原则要求法院适用司法强制必须能够实现既定的目的（恰当性原则）、以最小损失的方式实现既定的目标（必要性原则）、既定目标的价值大于适用司法强制所产生的弊端（相称原则）。民事司法的

---

① 督促程序中，一方当事人申请支付令，而另一方当事人可以轻而易举地通过异议的方式终结督促程序，因而，支付令的生效属于双方当事人合意适用司法权力实现民事权益的结果。

② 基于原告的起诉行为，法院强行将被告卷入诉讼程序的正当性基础则往往需要从公力救济的公益属性来加以理解。原告有起诉的权利，国家有审判的职责，而被告相应地就有应诉的义务。换言之，基于原告的起诉行为，法院有采取司法强制措施迫使被告参加诉讼活动的权力，倘若案件属于纯粹意义上的私益案件，那么，司法强制的足够充分且正当的事由就在于国家禁止私力救济，如果不强制被告进入诉讼状态，原告的私益将得不到实现，从而减损社会公共利益。

目的在于解决民事纠纷、保护民事权益以及维护私法秩序，但是，在具体民事案件中能够实现这些目的的手段往往并不是唯一的，那么在面临既可以适用司法强制实现目的也可以通过非强制性手段实现目的时，在面临既可以适用彼司法强制实现目的也可以适用此种司法强制实现目的时，在面临司法强制所获得的利益少于或者等于司法强制所丧失的利益时，法院就面临着选择最优手段实现既定目标的任务，而在法院在抉择时就必然需要考虑公法上通用的比例原则。正当程序原则要求法院在适用司法强制时，应当从程序上给被强制主体提供足够事先告知、事中抗辩、事后上诉或者复议的正当性保障。比例原则主要是从结果的角度对司法强制的正当性提供保障，但是实体正义、结果妥当并不意味着司法强制的正当性就足以成立。司法强制的正当性应当建立在实体正当与程序正当、结果妥当与过程妥当的双重基础之上，否则，实体的正义、结果的正义将无法为程序当事人所理解，相应的司法强制也就得不到当事人的尊重，其最终结果将是司法权威遭受严重减损。有鉴于此，并兼之篇幅限制，我们仅以基于民事程序性违法所引起的制裁性司法强制（以下简称为"民事程序性制裁"）为分析对象来研究司法权威与司法强制之间的关系。

二、民事程序性制裁理论的构建

（一）民事程序性制裁的基本范畴

民事程序性制裁，是指国家立法机关基于特定的价值取向而明文规定当事人负担特定的程序性义务或者法律委任法官确定当事人的程序性义务或者法律授权当事人双方当事人约定程序性义务，在当事人不履行或者不完全履行该义务时，法院裁决由该方当事人承担不利程序性后果（不利程序性后果在特定情况下可以直接影响到案件的实体性裁判结果）的制度。[①] 由此可

---

① 当然，法律对程序违法行为进行制裁的方式并不局限于程序性制裁，还包括实体性制裁。《证据规定》第 23 条第 4 款明确规定，违反程序性义务既可能适用实体性制裁，又可以适用程序性制裁。比如，如果由于一方当事人的过错导致无益诉讼行为发生，那么该方当事人就应当承担由此产生的额外诉讼成本，《诉讼费用交纳办法》第 34 条第 1 款规定，民事案件的原告或者上诉人申请撤诉，人民法院裁定准许的，案件受理费由原告或者上诉人负担。再如，新《民事诉讼法》第 65 条第 2 款规定，当事人逾期提供证据的，人民法院应当责令其说明理由；拒不说明理由或者理由不成立的，人民法院根据不同情形可以不予采纳该证据，或者采纳该证据但予以训诫、罚款。

见，民事程序性制裁理论基础在于以自由意志选择为其理论基础的责任自负原则：基于法律的明确规定、法官的裁量确定或者当事人自由约定，一方或者双方当事人具有为或者不为一定程序性行为的义务，义务主体明知义务的存在及不履行义务的法律责任而选择不履行该义务，就意味着其选择承担不利的程序后果。

1. 民事程序性制裁的种类

程序性义务主体选择承担的不利程序后果主要体现为失权制度和不利推定制度。权利减损制度，是指义务主体得于法定期限内以法定方式行使特定诉讼权利，否则权利就丧失或者不能有效行使，如《证据规定》第19条第1款规定，当事人及其诉讼代理人申请人民法院调查收集证据，不得迟于举证期限届满前7日。不利推定制度，是指义务主体得于法定期限内以法定方式为或者不为一定诉讼行为，否则法院就做出不利于该方当事人的推定，如《侵权责任法》第58条规定，医疗机构隐匿或者拒绝提供与纠纷有关的病历资料，且患者有损害的，就推定医疗机构存在过错。

2. 民事程序性制裁与刑事程序性制裁的区别

与民事程序性制裁不同，我国刑事诉讼法学者所研究的程序性制裁是指通过对那些违反法律程序的侦查、公诉和审判行为宣告为无效，使其不再产生所预期的法律后果的方式来惩罚和遏制程序性违法行为。[①] 换言之，刑事程序性制裁所针对是负责案件侦查、公诉和审判的官员违反了法定的诉讼程序的行为[②]，而且这种行为侵犯了其他程序参与人的诉讼权利[③]，其制裁方式主要有终止诉讼、撤销原判、排除非法证据、诉讼行为绝对无效、诉讼行为相对无效、从轻量刑等。[④] 据此，民事程序性制裁与刑事程序性制裁具有以下不同之处：其一，民事程序性制裁所针对的主体为诉讼参与人，而刑事程序性制裁所针对的主体仅限于公权力行使主体；其二，民事程序性制裁所针对的程序性义务既可以为法律明确规定（如被告的答辩义务），也可以为

---

① 参见陈瑞华：《程序性制裁理论》，中国法制出版社2005年版，第535页。

② 参见陈瑞华：《程序性制裁制度的法理分析》，《中国法学》2005年第6期。

③ 参见李麒：《刑事程序违法的危害性及原因剖析》，《山西大学学报（哲学社会科学版）》1999年第3期。

④ 参见陈永生：《刑事诉讼的程序性制裁》，《现代法学》2004年第1期。

法律委托法官确定（如法官指定举证期限），还可以为双方当事人约定（如当事人约定举证期限），但是刑事程序性制裁所针对的程序性义务仅限于法定义务；其三，民事程序性制裁所针对的是程序性义务违反者自身的切身利害关系，而刑事程序性制裁所针对的是程序性义务违反者所在机关的整体上的利害关系，刑事程序违法性行为的具体实施者并非必然遭受消极的法律后果，即"几乎所有程序性制裁制度都无法使作为程序性违法者的警察、检察官、法官个人受到实际的惩罚"[①]；其四，民事程序性制裁遵循的是责任自负原则，程序性违法行为与不利程序性后果之间有因果关系，而刑事程序性制裁并不遵循责任自负原则，程序性违法行为与不利程序性后果之间不存在逻辑上的因果关系[②]；其五，民事程序性制裁的后果是程序违法者承担消极程序性后果的同时，对方当事人获得积极程序性利益，刑事程序性制裁的后果则在此基础上还涉及受害人利益无故受损，甚至导致犯罪嫌疑人、被告人逃避刑事处罚的后果[③]；其六，民事程序性制裁方式主要体现为权利减损和不利推定，刑事程序性制裁性方式则主要体现为诉讼行为无效宣告制度（如宣告违法诉讼行为无效）。

（二）民事程序性制裁的适用要件

制裁"是法律秩序对不法行为的反应，或者说就是法律秩序所构成的共同体对作恶者、对不法行为人的反应"[④]，即"由特定国家机关对违法行为者依其所应负的法律责任而实施的强制性惩罚措施"[⑤]。法学界所研究的法律制裁往往局限于刑事制裁、民事制裁、行政制裁、违宪制裁等实体性制裁，而忽视程序性制裁。从概念法学的角度来分析，实体性制裁与程序性制

---

① 陈瑞华：《程序性制裁制度的法理分析》，《中国法学》2005 年第 6 期。

② 刑事程序性制裁的核心目的在于规范刑事诉讼领域里的公权力行使，基于公权力行使主体的程序性违法行为而放弃追究犯罪嫌疑人、被告人的刑事责任之间不存在着逻辑上的因果关系。从逻辑上来讲，警察、检察官、法官的程序性违法行为并不会影响到犯罪行为的成立与否，但是，基于防范公权力侵犯公民基本人权的实用主义目的而采取宣告相应的诉讼行为无效的制裁措施。

③ 一般而言，被告人被追究刑事责任符合被害人的心理需求，而当被告人因为国家公权力机关的程序性违法行为而被免于刑事责任追究时，从被害人的角度来说，就是国家拒绝履行提供公力救济的义务，即被害人为国家的不法行为买账。从社会不特定第三人的角度来理解也可以得出与刑事被害人相类似的结论。

④ ［奥］凯尔森：《法与国家的一般理论》，沈宗灵译，中国大百科全书出版社 1996 年版，第 21 页。

⑤ 沈宗灵：《法理学》，北京大学出版社 2000 年版，第 527 页。

裁的区别在于通过限制或者剥夺被制裁主体的利益是实体性利益（人身利益、财产利益）还是程序性利益来实现制裁目的。然而，实体性制裁与程序性制裁之间更重要的区别在于相互之间的适用要件不同。

典型的实体性制裁要求存在违法行为、违法后果、违法行为与违法后果之间存在因果关系以及违法主体存在主观上的可归责性（过错）①。然而，程序性制裁的适用要件则不强调违法后果及因果关系的存在，其相对于实体性制裁而言更加强调程序性义务的知悉。换言之，国家司法机关在适用程序性制裁之前应当告知当事人或者其他诉讼参与人有关的程序性义务，并保留其履行该义务的必要时间，否则，程序性制裁就不具备正当性。

综上所述，程序性制裁的本质就是国家司法机关通过限制或者剥夺当事人或者其他诉讼参与人的某种或者某些特定的诉讼权利以达到惩罚其拒不履行（包括不完全履行）程序性义务的目的。据此，程序性制裁的适用必须同时具备以下条件：

1. 程序性义务的存在

基于程序法定的诉讼法原理，程序性义务的确定均须有法律的明文规定作为基础。然而，法律的明文规定并不意味着法律详尽地规定各种具体的程序性义务，立法者既可以对一些普适性的程序性义务直接在法律中进行规定，也可以规定程序性义务的某些要素并授权法官对某些变量的确定行使自由裁量权以适应司法实践的需要，还可以授权当事人在法律允许的范围内对其程序性权利义务关系作出自主安排以兼顾程序选择权的实现。因而，程序性义务的来源有三支：首先，法律明文规定，即立法者基于特定的价值取向而明确要求程序参与人履行特定的程序性义务。例如，根据《民事诉讼法》第 144 条的规定，被告负担到庭参加诉讼的义务，否则，法院将推定其放弃行使答辩、举证、辩论等诉讼权利，而进行缺席判决。其次，法律委任法官确定，即立法者授权法官在特定情形下对法律概括的程序性加以明细化。例如，根据《证据规定》第 33 条第 1 款的规定，法院可以在当事人没有协商

---

① 当然，我们这里所谓典型的实体性制裁构成要件是以一般侵权作为分析对象的，实体性制裁的构成要件因制裁种类的不同而有所区别，例如，违约责任贯彻的是严格责任，特殊侵权责任既可能是无过错责任也可能是过错推定责任，刑事制裁的构成要件则因危险犯、结果犯、举动犯、行为犯而有所区别。尽管如此，实体性制裁构成要件的典范仍然是"四要件说"。

一致的情形下，根据案件情况指定不少于 30 天的举证期限，如果当事人不在该期限内举证，那么将遭受权利减损的不利后果，即证据失权。最后，法律授权当事人约定，即立法者准许当事人通过协商一致的方式确定相互之间的程序性义务。例如，根据《证据规定》第 33 条第 2 款的规定，举证期限可以由当事人协商一致，并经人民法院认可。

2. 程序性义务的知悉

实体性制裁均不以当事人知悉实体性义务存在为前提，因为实体性义务要么依据法律的明文规定而产生，要么根据双方当事人的合意产生，前者基于法律具有公示效力并且普通公民易于借助自然正义观加以理解；后者基于当事人系亲历实体性义务的产生，又因为实体性义务的产生并没有介入国家司法权因素，据此，推定当事人知悉实体性义务。

相对于实体性义务而言，程序性义务的告知则存在必要性与可行性：首先，程序法过于专业化和技艺化，普通公民难以借助其朴素的公平正义观加以理解；其次，民事诉讼程序介入了国家的司法权因素，而法官的释明为程序性义务的告知提供了现实可行性；最后，程序性制裁涉及对公民宪法性权利的裁判请求权进行限制或者剥夺，其不仅需要足够充分且正当的事由，而且要求在适用程序上更为谨慎，因而，通过法官的释明义务告知当事人或者其他诉讼参与人的程序性义务，既是法官诉讼指挥权的有机构成部分，也是程序性制裁适度性的必然要求。

值得注意的是，我们将当事人或者其他诉讼参与人知悉程序性义务作为程序性制裁的适用要件，并不要求法官释明所有程序性义务：首先，依据双方约定产生的程序性义务，当事人或者其他诉讼参与人亲历程序性契约缔结的过程，因而法官无须告知；其次，依据法官指定而确定的程序性义务，程序性义务的具体内容有赖于法官的确定，因而需要法官明确以书面或者口头方式告知当事人或者其他诉讼参与人；最后，依据法律明文规定而产生的程序性义务，尽管说基于法律的颁布其具有公示效力，公民不能以不知法为由拒绝履行法律义务或者承担法律责任，然而，考虑到我国普法水平较低的现状以及诉讼权利充分保护的必要，我国《民事诉讼法》第 126、137、138、148、179 条仍然多次明确规定法官有告知当事人或者其他诉讼参与人程序性义务的释明义务。

3. 程序性义务的违反

违反程序性义务是程序性制裁的客观基础。程序性义务的违反既可以表现为积极违反，也可以表现为消极违反。前者是指当事人或者其他诉讼参与人以明确的意思表示拒绝履行程序性义务，后者是指当事人或者其他诉讼参与人以行为表明其拒绝履行程序性义务。其中，消极违反既可以表现为以作为的方式表明拒绝履行程序性义务，也可以表现为以不作为的方式表明拒绝履行程序性义务。

积极违反程序性义务的情形认定较为简单，但是，尽管如此，当事人或者其他诉讼参与人积极违反程序性义务并不等于存在主观上的过错，其可能具有不能履行程序性义务的正当事由，从而免受程序性制裁，因而，仍然有研究行为人可归责性的必要。消极违反程序性义务带有推定的色彩，对于以作为方式消极违反程序性义务来说，推定当事人具有不履行程序性义务的正当性比较充足，只要当事人或者其他诉讼参与人知悉该程序性义务的存在，又以作为的形式逃避、规避程序性义务的履行，那么推定其具有违反程序性义务的意思表示并非不正当。然而，与积极违反程序性义务相同，尽管推定当事人或者其他诉讼参与人具有违反程序性义务的意思表示，并不等于其就具有可归责性。对于以不作为方式消极违反程序性义务来说，推定当事人或者其他诉讼参与人具有不履行程序性义务需要确保其知悉该程序性义务的存在，并且给予必要的宽限期限。

4. 行为人的可归责性

行为人的可归责性是程序性制裁的主观基础。当事人或者其他诉讼参与人明确表示、以作为或者不作为的方式表明不履行其已经知悉的程序性义务是否需要适用程序性制裁取决于其在违反程序性义务时的主观心理状态。换言之，如果当事人或者其他诉讼参与人不履行程序性义务具有正当理由的话，那么法院不应当适用程序性制裁，而应当给其提供履行程序性义务的机会。这是因为适用程序性制裁的目的在于促使当事人或者其他诉讼参与人妥当地推行诉讼进行，而如果当事人或者其他诉讼参与人基于客观原因而不能及时履行程序性义务，那么法院适用程序性制裁就达不到目的，并且有制裁不幸者之嫌。因而，我国《民事诉讼法》第 83、109、143、144、145、146、223 条涉及程序性制裁的适用时，均以"正当理由"作为排除程序性制裁适用的事由。据此，行为人的可归责性采取过错推定原则，法律推定程序违法者主观上具有过错，除非其能证明存在"正当理由"，否则一律适用程序性制裁。

需要说明的是，程序性制裁的适用并不以当事人或者其他诉讼参与人违反程序性义务的行为产生后果为条件。换言之，实体性制裁往往要求违法行为导致违法后果，即除了要求存在违法行为以外，还要求存在违法后果，并且要求违法行为与违法后果之间存在因果关系。借用刑事制裁领域的术语，程序性制裁类似于行为犯，只要实施了违反其所知悉的程序性义务的行为，并且具有主观上的可谴责性，那么当事人或者其他诉讼参与人就应当受到程序性制裁。这是因为程序性制裁的制度宗旨在于敦促当事人或者其他诉讼参与人积极履行程序性义务，如果法律规定只有程序性违法行为导致严重诉讼延误方才适用程序性制裁，那么当事人或者其他诉讼参与人极有可能抱着侥幸的心理规避程序性义务的履行，从而不利于诉讼程序的顺利推进。当然，需要补充的是，程序性制裁的适用不要求违法后果的存在并不等于任何轻微的程序性违法都需要适用程序性制裁，基于民事司法强制的法定原则，只有法律明确规定适用程序性制裁的违法行为才能够成为法院惩罚的对象，而且程序性制裁的适用必须符合比例原则和正当程序原则。

（三）民事程序性制裁的功能分析

民事程序性制裁是运用权利减损、不利推定等方式惩罚程序违法者，因而其惩罚性的功能显而易见。然而，惩罚不是程序性制裁的终极性目的，惩罚是为了预防程序性违法行为的发生，因而，程序性制裁具有预防程序性违法的功能也不难理解。与此同时，程序性制裁能够避免无益的诉讼行为以及有效避免程序延误，因而具有保障诉讼程序的功能。然而，程序性制裁保障诉讼程序进行的代价是限制或者剥夺程序违法者的程序性权利，对方当事人往往因而获得程序性利益，这种程序性利益可以作为其因程序违法行为所遭受损失的补偿，因而程序性制裁具有补偿程序守法者利益的功能。

1. 惩罚功能

程序性制裁带有浓重的惩罚色彩。权利减损直接剥夺或者限制程序违法者的权利行使，而权利的本质是类型化的自由，从这种角度来分析，程序性制裁就是限制或者剥夺程序违法者的自由，因而具有惩罚功能。不利推定在表面上是推定不利于程序违法者放弃程序性权利的行使，尽管这种推定未必总是违背程序违法者的意愿，但是，基于不利推定的适用，程序违法者的程序性权利在事实上就受到了限制甚至剥夺，因而也带有明显的惩罚性色彩。

2. 预防功能

一方面，程序性制裁的适用要求法官实现履行释明义务，敦促当事人或者其他诉讼参与人履行程序性义务，并告知不履行义务所需承担的程序性制裁，从而在事中预防特定当事人或者其他诉讼参与人违反程序性义务，这就是程序性制裁的特殊预防功能。另一方面，程序性制裁是由法律所明确规定的，如果在司法实践中得到切实落实的话，那么潜在的当事人或者其他诉讼参与人就能感受到程序性制裁的威慑力，从而积极履行其程序性义务，这就是程序性制裁的一般预防功能。综合前述两方面的分析，程序性制裁既可以防止特定案件中的当事人或者其他诉讼参与人违反程序性义务，又可以防止潜在的当事人或者其他诉讼参与人违反程序性义务，因而同时具备特殊预防和一般预防的双重预防功能。

3. 保障功能

一方面，程序性制裁能够避免无益诉讼行为的发生。无益诉讼行为浪费国家有限的司法资源，消耗对方的诉讼成本，破坏正常的私法秩序，为各国民事诉讼法所禁止和制裁。例如，原告没有向被告请求给付而径行起诉，法院因被告即时认诺而作出认诺判决的，属于原告毋庸起诉，诉讼费用应当由原告承担，类似的立法例有《德国民事诉讼法》第 93 条，《日本民事诉讼法》第 62 条，我国台湾地区"民事诉讼法"第 80 条，我国澳门地区《民事诉讼法》第 377 条（一）等。[①]另一方面，程序性制裁能够有效推进诉讼程序。延误诉讼行为同样存在浪费诉讼资源、增加对方当事人诉累的情形，程序性制裁的适用逾越了当事人或者其他诉讼参与人拖延诉讼的障碍，直接限制、剥夺其程序性权利的行使，因而具有推进诉讼程序的功能。综合前述两方面的分析，程序性制裁既可以防范无益诉讼行为的发生，也可以有效推行诉讼程序的进行，因而具备保障民事诉讼制度正当运行的功能。

[①] 参见邵明：《民事诉讼法学》，中国人民大学出版社 2007 年版，第 234 页。

4. 补偿功能

程序性制裁在制裁程序违法者的同时，在客观上给程序守法者带来了程序法上的利益，这种利益在特定情况下可以转化为体现在判决书中的实体利益。因而，民事程序性制裁制度的难题并不在于解释程序违法者为何应当承担不利法律后果，而在于对方为何得因他人的违法行为而获利，从表面上来看，这种获利类似民法理论的不当得利。然而，笔者认为，从抽象层面来分析，基于程序参与原则的考量，一方当事人实施了程序性违法行为，必然损害对方当事人的程序利益，而程序性制裁所带来的程序利益正是这种程序性损失的预防或者填充，因而具备正当性；从具体层面来分析，权利减损、不利推定的制度性设计目的均在于促进诉讼程序的有效进行，倘若法律对一方当事人的证据突袭、拒绝参与诉讼抑或滥用诉权等无所应对，那么，对方当事人将由此遭受严重的程序不利益——陷入诉讼的漩涡而不得脱身，从而危害交易安全与私法秩序。据此，程序性制裁具有补偿程序守法者因程序违法行为所导致的损失的功能。

（四）民事程序性制裁的适用限制

民事程序性制裁固然具有前述四个强有力的功能，但是，民事程序性制裁发挥作用的"场"是有限的：一方面，程序性制裁所惩罚的是程序性违法行为，而程序性行为只能发生在诉讼程序（含执行程序）之中，因而，民事程序性制裁并不能适用于原告起诉前的违法行为；另一方面，程序性制裁所制裁的是当事人或者其他诉讼参与人的程序性违法行为，但不能调整审判人员的程序性违法行为，这也正是民事程序性制裁与刑事程序性制裁的根本区别所在。

1. 调整时间限制

民事程序性制裁的适用要求当事人或者其他诉讼参与人知悉程序性义务的存在，并且通过法官的释明义务的履行来确保其程序知悉权得以保障，而法官的释明义务只涵盖诉讼程序的续行阶段，没有覆盖诉讼程序启动之前以及诉讼程序结束之后。因而，民事程序性制裁的适用时间局限于诉讼程序阶段。

（1）诉讼提起前

原告向法院提起民事诉讼之前，案件尚未系属于法院，法官的释明义务无从谈起，潜在的当事人或者其他诉讼参与人的程序性义务知悉权无法得到保障，因而，不能适用程序性制裁。然而，从表面上来看，在案件系属于法院之前，当事人之间仍然存在着程序性制裁适用空间：原告应当在诉讼时效届满前向法院提起诉讼，否则，权利人的权利将遭受减损，沦为不受国家强制力保障的自然债权。实际上，这个问题可以转化为诉讼时效制度是否属于程序性制裁理论的应用的问题，而这个问题的解决依赖于诉讼时效制度的定性研究。在法学理论上，诉讼时效的性质存在着以下三种学说：1）实体权消灭主义，即诉讼时效届满将导致实体权利本身消灭，以日本民法典为典型。2）诉权消灭主义，即诉讼时效完成后实体权利本身仍然存在，仅诉权归于消灭，当事人不能请求法院予以强制力保护，其中又分为起诉权消灭主义和胜诉权消灭主义两种学说。3）抗辩权形成主义，即诉讼时效完成后，权利本身不消灭，诉权亦不消灭，义务人取得拒绝履行的抗辩权。我国民法学界普遍采取胜诉权消灭主义，而我国民事诉讼法学界采取抗辩权形成主义，以德国民法典和我国台湾地区"民法典"为典型。[①] 笔者赞成抗辩权形成主义，认为民事诉讼法学者将诉讼时效的完成解释为民法上为义务人提供的一种抗辩权，应当由义务人就诉讼时效期间的开始和届满负举证责任；诉讼时效中断、中止或延长之主张，是对诉讼时效期间届满之抗辩主张的再抗辩，应当由主张诉讼时效中断、中止或延长的权利人就中断的事由负举证责任；诉讼时效中断、中止或延长事由的结束之主张，是对时效中断、中止或延长之再抗辩的再再抗辩，应当由主张诉讼时效中断、中止或延长事由已结束的义务人负举证责任。[②] 综上所述，从抗辩权形成主义的角度来分析，诉讼时效制度并不属于程序性制裁，而是立法者基于特定的价值取向，规定义务人在特定的情形下享有对抗对方请求权的抗辩权，因而不属于程序性制裁的适用领域。

此外，适用于形成权的除斥期间制度（不变期间），是指法律规定的某种权利的存续期间。除斥期间届满后，权利归于消灭。[③] 然而，笔者认为，

---

①　参见肖建国、谢俊：《诉讼时效证明责任分配问题研究》，《北京科技大学学报（社会科学版）》2007 年第 1 期。

②　参见肖建国、谢俊：《主张和抗辩在举证责任分配中的适用》，《人民法院报》2007 年 1 月 1 日。

③　参见王利明主编：《民法》，中国人民大学出版社 2008 年版，第 173 页。

诉讼时效期间和除斥期间的制度功能是一致的，核心区别仅在于诉讼时效期间适用的是请求权，而除斥期间适用的是形成权。如果说诉讼时效完成的法律后果是义务人取得请求抗辩权，那么除斥期间的完成则应该是义务人取得形成抗辩权。但是，鉴于形成权的存在严重威胁到社会关系稳定性，相对于请求权而言，一方面，除斥期间一般较诉讼时效期间要短得多，并且不得变更；另一方面，法律明确规定除斥期间届满，相应的形成权消灭，比如《合同法》第55、75、95条均明确规定权利人没有在除斥期限内行使形成权的，形成权归于消灭。然而，即便如此，除斥期间是否届满仍然需要义务人举证证明，从这个角度来分析，除斥期间届满本身也属于抗辩权的形成过程，因为抗辩权对抗的对象并不局限于请求权，还可以对抗其他权利；对抗的方式并不局限于使对方的权利行使受到妨碍，还可以使对方的权利归于消灭，因而，除斥期间完成与诉讼时效届满相同，均表现为抗辩权形成，而不属于民事程序性制裁理论的适用。

（2）诉讼续行中

从原告向法院提起民事诉讼始至判决确定时止，以及民事执行案件立案之日始至执行终结之日止，属于诉讼程序续行阶段。民事诉讼续行过程是程序性制裁适用的时间要素，当事人或者其他诉讼参与人在本阶段基于自身主观上的原因而违背其知悉的程序性义务的，国家司法机关在事先进行必要的释明的前提下适用程序性制裁。然而，案件系属于法院并不等于当事人都知悉诉讼事件，倘若其基于客观原因而不知悉诉讼事件，并且法院没有穷尽法定的送达措施，那么此时法院采取程序性制裁就缺乏正当性。因而，在诉讼续行阶段研究程序性制裁的重点在于如何确保当事人的程序知悉权得以保障，即送达制度的完善与释明义务的落实。

（3）诉讼结束后

法官在未经程序性义务告知的情形下径直对当事人或者其他诉讼参与人适用程序性制裁的行为若是在诉讼程序续行中，被制裁主体可以向法院提出异议或者申请复议或者提起上诉，以资救济。但是，问题是法院错误适用的程序性制裁在诉讼程序结束之后，当事人能否以此作为调整相应诉讼行为的法律效力的理由？笔者认为，应当根据程序性制裁的严厉性程度来区别处理：对于对诉讼结果具有重大影响的程序性制裁来说，欠缺程序性义务告知的诉讼行为应当被宣告为无效，通过发回重审或者再审程序加以救济；对于对诉讼结果不具有重大影响的程序性制裁，欠缺程序性义务告知的诉讼行为应当根据利益衡量原则不被宣告为无效。换言之，我们将程序性义务的知悉作为程序性制裁的构成要素主要是从正面加以认识的。从反面来分析，在程序性制裁适用的过程中，不管程序性制裁的适用是否对诉讼结果造成实质性影响，法官都应当履行释明义务，当事人或者其他诉讼参与人均得以告知的欠缺对抗法院的程序性制裁；与此同时，基于诉讼安定性的考量，在诉讼结束以后，程序性义务告知欠缺只有在相应的程序性制裁直接影响到诉讼结果的情形下才构成宣告诉讼行为无效的理由。

2. 调整对象限制

民事程序性制裁适用于当事人或者其他诉讼参与人的程序性违法行为，但不适用于审判人员的程序性违法行为。民事程序性制裁属于典型的自己责任，即因为自己的程序性违法行为导致程序性制裁，被制裁主体是当事人或者其他诉讼参与人，制裁的结果是程序违法者自己承受法律上的不利益，而对方当事人基于程序性制裁的补偿功能而获有利益。这与刑事程序性制裁具有本质的区别，刑事程序性制裁不属于典型的自己责任，即实际的程序违法者本人并没有承受法律上的不利益，被制裁主体是警察、检察员或者法官，而犯罪嫌疑人、被告人因为公权力机关工作人员的程序违法行为而获得免受刑事追究或者从轻处罚的利益。换言之，民事程序性制裁针对的是公权力机关以外的民事诉讼法律关系主体，而刑事程序性制裁针对的则是公权力机关。之所以民事程序性制裁不能适用于审判人员的程序性违法行为，就是因为民事程序性制裁的逻辑起点在于自己责任。民事程序性制裁的结果是限制程序违法者的诉讼权利或者课加以诉讼义务。如果审判人员的程序违法行为也需要适用程序性制裁，那么，法院审理民事案件的权限就受到限制，甚至可能受到剥夺。其结果极有可能就是法院对案件丧失实质、有效审理的权力，这在本质上属于国家拒绝裁判。而传统民事诉讼法学认为国家既然普遍禁止自力救济就负有提供公力救济的义务，因而，从这种角度来分析，对审判人员适用程序性制裁就等同于侵犯公民的裁判请求权。当然，审判人员的程序违法行为并非不值得制裁，但是制裁的形式有多种多样，就法官的程序违法行为而言，应当通过法院系统内部的规章制度加以处置。

3. 适用程序限制

适用程序性制裁不仅需要在必要情况下事先告知被制裁主体有关程序性义务，而且需要提供必要的救济途径。这里所谓"必要的救济途径"，是指与程序性制裁严厉程度相适用的救济途径。某些类型的程序性制裁（如缺席判决或者关键证据推定存在或者不存在）对诉讼结果具有重大的影响，法院在采取相应的程序性制裁时，应当提供事中异议、事后复议/上诉/再审的救济途径，当然，除了法院依职权或者依申请审查并作出相反裁决（如中止诉讼、中止执行、暂缓执行）以外，事后救济不能阻止诉讼程序的进行，以确保诉讼通畅。某些类型的程序性制裁（如推定次要证据的存在或者不存在）对诉讼结果不具有重大影响，法院采取相应的程序性制裁时，只需提供必要的事中异议制度加以救济即可。

三、民事程序性制裁的类型化检讨

如前所述，民事程序性制裁手段可以类型化为权利减损和不利推定两大种类。其中，权利减损与不利推定之间的区别有必要作一区分：权利减损所指向的是权利本身或者其行使方式受限，而不利推定所指向的则是推定证据的存在/不存在，主张/抗辩的成立/不成立。在解释论上，权利减损和不利推定具有共通之处：一方面，权利减损可以解释为推定程序违法者放弃行使特定的权利；另一方面，不利推定也可以解释为程序违法者的举证权等程序性权利减损。然而，尽管如此，为了方便研究，结合我国立法用语，笔者认为，还是将权利减损与不利推定区分开来，将前者界定为权利受限，后者界定为事实推定较为妥当。

（一）权利减损

权利减损就是通过限制或者剥夺程序性权利的方式制裁程序违法者。根据限制的方式不同，我国的现行立法中，引起权利减损的原因是诉讼延误：当事人在享有诉讼权利的同时负担有及时行使的义务（当事人负有促进诉讼的义务），如果当事人无正当理由不在法律规定、法院指定或者当事人约定的期限内行使权利，那么该当事人将丧失行使该权利的机会，即发生失权的法律后果。

1. 强制答辩

根据我国《民事诉讼法》第 125、167 条的规定，被告应当在收到法院向其发送的起诉状副本或者上诉状副本之日起 15 日内提出答辩状，被告不提出答辩状的，不影响法院审理。换言之，我国有关被告或者被上诉人的答辩规定，属于倡导性规范：一方面，采取"应当"的表述强烈规劝被告或者被上诉人在法定期限内进行答辩；另一方面，被告或者被上诉人不在法定期限内答辩的后果是"不影响法院审理"，而没有规定任何带有强制性色彩的程序性制裁。结合《证据规定》第 34 条有关证据失权的规定，被告或者被上诉人即使不提供答辩状，仍然可以在举证期限内（法院指定的不少于 30 天，长于答辩期限）提出权利主张和事实主张，从而使得我国有关答辩制度的规定沦为倡导性规定，即使被告或者被上诉人不在法定期限内进行答辩，其也并不必然承担不利的法律后果。然而，起诉状（上诉状）是原告（上诉人）向法院提起民事诉讼（上诉）所必须具备的准备文书。遵循不告不理的原则，起诉状（上诉状）限定了法院对原告（上诉人）权利主张和事实主张的审理范围，答辩状则是被告（被上诉人）向法院任意提供的准备文书。基于倡导性规范的特点，被告没有向原告提供准备文书的义务，因而，其可以实行突袭举证，从而"出其不意，攻其不备"地制胜，这显然是违背诚实信用原则和当事人诉讼权利平等原则的。

也正是基于这个原因，世界各国普遍规定双方当事人都负有提供准备文书的义务，如果被告不在法定期限内提供答辩状，将承担相应的不利程序性后果：英美法系往往将被告不进行答辩的行为视为法院作出缺席判决的正当性基础，如根据英国《民事诉讼规则》第 15.2 条的规定，被告希望对原告诉讼请求的全部或部分予以抗辩的，须提出答辩。否则，原告方可基于原告方未提出答辩状而取得缺席判决。[①] 在大陆法系，即使是最擅长为权利奋斗的德国也规定，被告在书面准备程序中不表示防御诉讼的，法院可以对其作出缺席判决[②]；并且在《民事诉讼法》第 296 条规定，逾期提出的攻击防御将不被准许，除非法院依自由心证认为准许提出不至于迟延诉讼的终结或者当事人就逾期无过失时；法国在其《民事诉讼法典》第 135 条中明确，未在

---

① 参见徐昕：《英国民事诉讼与民事司法改革》，第 83—84 页。
② 参见［德］罗森贝克、施瓦布、戈特瓦德：《德国民事诉讼法》，李大雪译，第 741 页。

有效期间内传达的书证，法官得将其排除在辩论之外；日本则在其《民事诉讼法》第157条第1款以及第161条第3款中规定，当事人因故意或重大过失而没有在准备书状中记载的事项不得在口头辩论中主张，法院对此类主张应予以驳回；我国台湾地区"民事诉讼法"第265、385、386条要求当事人准备言词辩论应以书状记载其所用的攻击或防御方法，并且该书状在向法院提交的同时，应以缮本或影本直接通知他造，如果到场之当事人所提出之声明、事实或证据，未于相当时期通知他造者，法院不应该方当事人申请作出缺席判决，而应当裁定驳回其声请，并延展辩论期日（即丧失申请法院缺席判决的权利）。由此可见，域外主流立法例均规定被告不在法定或者法院指定期限内进行答辩，其程序性权利将受到减损，换言之，拒不答辩或者不及时答辩，并且不存在不可抗力或者其他正当性事由的，法院将适用程序性制裁。

　　综上所述，不管是从贯彻当事人诉讼地位平等原则、保证诉讼效率的层面来看，还是从比较法的角度来分析，建立强制答辩制度确有必要。与此同时，考虑到我国现有法律制度框架的整体协调性问题，应当对未来的强制答辩制度作出中国特色化的微调：首先，被告不在法定期限（15天）内向法院提交答辩状的，原告可以申请法院缺席审判，但是被告基于不可抗力或者其他正当性事由不能在法定期限内提交答辩状的，法院应当在妨碍事由消失后指定宽限期。其次，被告在法定期限内向法院提交答辩状，但是在举证期限（法官指定不少于30天或者当事人约定）内向法院提供证明答辩状所主张事实以外的其他事实的证据，法院不应当审查这些证据，但是证明在答辩状提交以后发生或者发现的事实的证据除外。之所以如此设置，就是为了防止被告为争取举证期限内发掘新的防御手段而随意主张大量的抗辩事实。再次，在答辩状中提出抗辩事实，在举证期限内没有向法院提供证据的，当事人不得在口头辩论中主张或者证明这些事实，但当事人基于不可抗力或者其他正当性事由经申请延长举证期限仍无法在举证期限内提供的除外。所以如此设置，就是为了防止被告为争取口头辩论阶段内发掘新的防御手段而随意主张大量的抗辩事实。又次，被告没有依法提交有效的答辩状，但出庭进行辩论的，法院应审查其未提交答辩状是否具有足够充分且正当的理由，如果具有正当性事由，应当允许其辩论，但在必要的情况下，应当决定恢复到口头辩论准备阶段，以保护原告的攻击防御具有时间上的保证；如果不具有正当性事由，法院不应允许被告辩论，其即丧失辩论的权利。诚然，如此严格的程序性制裁需要建立在法官及时、详尽履行释明义务的基础之上，换言之，法院向被告送达诉状副本和应诉通知书时，应当在应诉通知书中详尽地告知被告不在 15 天内答辩将被采取程序性制裁措施，导致剥夺或者限制其辩论权的严重法律后果。最后，尽管不属于程序性制裁措施，但却是重要的配套性措施的是，原告有权请求法院判决被告承担其为对抗被告在答辩状中列举但未能提供任意表面证据的防御手段而付出的诉讼成本。之所以这样规定和设置，就是为了防止被告恶意在答辩状中提供大量抗辩主张，从而给原告造成繁重的诉累，使法院进行不必要的审查活动。

2. "证据失权"

我国《民事诉讼法》第 139 条明确规定当事人在法庭上可以提出新的证据，即采取证据随时提出主义。但是，随着司法改革的不断深入，为了提高法院审理案件的效率，并避免当事人证据突袭，最高人民法院在 2001 年出台的《证据规定》创设了学者所谓的"证据失权"制度，即逾期举证的法律后果，是指当事人在法院指定的举证期限内未向法院提交证据，且不存在举证期限的延长或举证期限重新指定之情形的，丧失提出证据的权利，丧失证明权。[①]

笔者认为，使用术语"证据失权"来描述这种制度不够妥当。首先，《证据规定》第 34 条第 1 款有关"当事人应当在举证期限内向人民法院提交证据材料，当事人在举证期限内不提交的，视为放弃举证权利"的规定，当事人不在举证期限内举证并非丧失了举证的权利，而是被推定放弃行使举证的权利。权利的丧失与权利的放弃不同：前者强调权利本身的存在与否，而后者则是权利的行使与否，因而，两者显属不同制度。其次，《证据规定》第 34 条第 2 款有关"对于当事人逾期提交的证据材料，人民法院审理时不组织质证。但对方当事人同意质证的除外"的规定表明当事人逾期举证并非在真正意义上丧失证明权，而只是对方当事人取得程序抗辩权，以对方当事人不及时行使权利为理由对抗程序违法者的证明权。因而，从这个角度来分

---

① 参见李国光：《最高人民法院〈关于适用民事诉讼证据的若干规定〉的理解与适用》，第 275 页。

析，逾期举证者并不是丧失了证明权，而是其权利行使遇到了障碍，属于权利减损，并非权利丧失。最后，《证据规定》第 41 条将《民事诉讼法》第139 条的"新证据"加以限缩解释，将当事人能够在一审口头辩论阶段提出的"新证据"限定为"当事人在一审举证期限届满后新发现的证据"以及"当事人确因客观原因无法在举证期限内提供，经人民法院准许，在延长的期限内仍无法提供的证据"两种，由此，当事人没有在举证期限内举证是否导致"失权"可以取决于是否新发生证据，而以新发生证据与否这一法律事实来决定当事人是否应当丧失证明权在逻辑上是讲不通的。

综合前述三方面的原因，笔者不提倡使用"证据失权"来指代《证据规定》所建立的基于当事人违反程序性义务而减损其证明权的法律制度。在笔者看来，"证据失权"的本质是程序性制裁的一种类型，即法院对程序违法（逾期举证）者所采取的减损其证明权的程序性惩罚措施：如果当事人不在举证期限内举证，那么其证明权就受到减损，只有在存在正当性事由（举证期限届满后新发现以及因客观原因虽经延长仍无法如期举证）的情况下，当事人才可以行使证明权。此外，以失权作为举证期限的法律效力容易造成实体正义与程序正义之间产生紧张关系，因而"当逾期举证的当事人并无故意或重大过失时；或会造成一方当事人实体权益的重大损失时；或会使裁判结果与实体公正严重冲突时，即使按照《证据规定》应当失权，法院也会作出不失权的选择"[1]。与此相反，如果以程序性制裁作为举证期限的法律效力根据，有关程序性制裁的构成要件、适用限制以及适用司法强制必须遵循的基本原则都就将起到必要限制的作用，从而协调实体正义和程序正义之间的冲突。此外，作为程序性制裁的配套，即使一方当事人因故意或重大过失逾期举证，尽管法院应当给予补救的机会，但是对方当事人由此发生的诉讼成本也应当由程序性违法者承担。

3. 强制反诉

反诉，是指在本诉的诉讼程序中，本诉的被告以本诉的原告为被告，提起的与本诉相关的诉。反诉属于诉讼中之诉，是当事人在其他既已开始的诉讼程序中提出的，并要求与该诉讼合并审理的诉[2]，并且被告主张独立的诉

---

[1]　李浩：《民事判决中的证据失权：案例与分析》，《现代法学》2008 年第 5 期。

[2]　参见［日］高桥宏志：《民事诉讼法——制度与理论的深层分析》，林剑锋译，第 58 页。

讼请求是为了攻击原告而提出的，其可以成为独立之诉，而不属于纯粹的防御手段，因而，在国外反诉的提起一般不受举证期限的限制。与此同时，本诉与反诉之间的牵连关系在大陆法系出现弱化的趋势，在英美法系则仅将其作为强制反诉的适用前提，而任意反诉则不要求本诉与反诉之间存在法律上的牵连关系。然而，相对于国外立法例而言，我国立法者、司法者以及法学研究者对反诉制度的适用普遍采取限制的态度：首先，适用时间仅限于一审举证期限届满前。其次，适用案件仅限于与本诉存在牵连关系的请求。再次，适用主体仅限于本诉当事人而不涵盖第三人反诉。又次，反诉仅限于适用一次而不涉及反诉之反诉。最后，适用方式仅限于任意反诉而不涉及强制反诉。[1] 限于篇幅与主题限制，本书仅研究强制反诉制度。

所谓强制反诉，是指被告对其特定的诉讼请求只能在本诉程序中以反诉形态提出，如果被告不提出该反诉，则产生失权的效果，不得另案起诉。[2] 在实行强制反诉的美国，本诉被告向本诉原告提起的诉讼请求与本诉原告提出的诉讼请求，若基于同一交易、行为或事件而发生，则必须按强制反诉的规定进行；对于任意反诉，则不要求本、反诉的诉讼请求之间存在牵连关系。[3] 换言之，如果本诉与反诉之间存在牵连关系，那么被告只能通过反诉的形式来实现其请求；如果本诉与反诉之间不存在牵连关系，那么被告既可以通过反诉的形式实现其请求，也可以通过另行起诉的方式实现其请求。强制反诉制度之所以首先诞生于英美法系，而大陆法系基本持保留态度，就是因为英美法系的民事诉讼属于事实出发型（纠纷解决型），而大陆法系则属于规范出发型（权利保护型）。基于这种区别，英美法系国家将诉讼对象界定为"原告请求解决的纠纷本身"，而大陆法系国家则将其界定为"原告主张的，请求法院保护的实体法上权利、法律关系"[4]。因而，在英美法系看来，出自同一法律关系或同一事件的反请求都应当在同一诉讼程序中解决；在大陆法系看来，只要出自同一法律关系或同一事件的反诉与本诉之间的具体诉讼标的不同，法律就不宜强制要求在同一请求中解决纠纷。但是，随着

---

① 根据《民事诉讼法》第51条的规定，被告是有权提起反诉，而不是有义务提起反诉。
② 参见张晋红、冯湘妮：《论强制反诉》，《法学》1996年第7期。
③ 参见乔欣、王克楠：《强制反诉与我国反诉制度之完善》，《法律科学》2003年第4期。
④ ［日］中村宗雄、中村英郎：《诉讼法学方法论》，中国法制出版社2009年版，第228页。

两大法系之间法学交流的拓展，大陆法系开始关注纠纷解决的实际效果，新堂幸司教授明确指出即使被告提起的反诉与本诉之间不存在牵连关系，只要对方当事人同意或者应诉，法院也就可以无视这种牵连性要件。[①]

尽管我国的民事诉讼属于规范出发型，但是基于强制反诉具有彻底解决纠纷、诉讼经济、避免矛盾判决、维护司法的功能[②]，学术界在理论层面主张构建我国的强制反诉制度，并纷纷提出立法建议。[③] 笔者认为，强制反诉在本质上属于程序性制裁，即如果被告不在法定期限内以法定形式主张权利，其权利的权能将受到减损，丧失寻求司法救济的机会。程序性制裁注重程序性义务的知悉，强制反诉制度构建的合理性取决于法官释明义务的履行状况。考虑到我国现阶段法官释明权行使规范的缺位，以及我国《民事诉讼法》普法水平的低下，贸然孤立地构建强制反诉而不对其配套制度加以完善，那么，强制反诉制度将极有可能遭受类似"证据失权"所遭遇到的不被司法者遵循的后果：一方面，在司法实践中，法官行使释明权指导被告向原告提反诉极有可能被原告以及社会一般公众误解为法官不中立，怀疑司法公正，从而减损司法权威；另一方面，我国要求被告提起反诉的，应当在举证期限届满前提出，而在法官对案件进行实质审理以前，法院往往难以判断被告是否存在可以对抗本诉的反诉，因而，要求法官在举证期限届满前释明被告提起反诉不现实，而如果未经法官释明确保被告知道其程序性义务则不具备程序性制裁的构成要件，从而不能适用程序性制裁。综上所述，笔者认为，强制反诉制度是否应当现在构建，尚需进一步研究。

4. 撤诉权减损

基于公民享有裁判请求权及民事诉讼的当事人主义，民事权益遭受损害或者发生民事纠纷的当事人既有权提起民事诉讼，又有权撤回民事诉讼。与此同时，民事诉讼属于强制性的纠纷解决方式，如果允许原告随意撤诉、重新起诉，那么极有可能使得被告先前进行的防御活动变得毫无意义。而由于撤诉视为案件未曾系属而使原告可以重新起诉，这就迫使反复参加诉讼，消耗不必要的诉讼成本，陷入无穷无尽的诉累。此外，单纯的撤诉并不能从程

---

① 参见［日］新堂幸司：《新民事诉讼法》，林剑锋译，第 535 页。
② 参见马艳红：《论我国强制反诉制度的构建》，《中共成都市委党校学报》2005 年第 5 期。
③ 参见张晋红：《民事之诉研究》，法律出版社 1996 年版，第 226—230 页。

序上保证纠纷获得有效解决，因而，原告的撤诉权应当受到限制。有鉴于此，世界各国基本上都规定，在被告为诉讼作出实质性准备之前，原告可以任意撤回诉讼，而当被告进入实质性诉讼准备状态以后，原告的撤诉需要经过被告的同意或者法院的裁量准许方才能生效：在大陆法系，《德国民事诉讼法》第 269 条规定在被告就本案开始言词辩论后，《法国民事诉讼法》第 395 条规定在整个诉讼程序中，《日本民事诉讼法》第 261 条规定对方当事人对于本案已经提出准备书状或在辩论准备程序中已经陈述或者已经开始口头辩论后，我国台湾地区"民事诉讼法"第 262 条规定在被告已为本案之言词辩论后，原告的撤诉权行使受到被告主观意志的牵制。在英美法系，美国法律规定，在被告答辩后原告自愿撤诉的必须经过被告的同意或者法院的批准。法官可以为原告设定必要的制约，设定一些撤诉的条件以便减少否则可能出现的损害。如可以责令原告向法院交付一定数额的金钱，作为预先赔付被告进行诉讼的损失；或者有权要求原告在撤诉时向被告出示特定的证据，以防止再次诉讼时原告仍然处于有利地位而对被告造成不便。英国法律规定，被告实际答辩后的撤诉须经法院的许可，在给予许可时，主事法官一般作为条件要求原告允诺就同一请求不再起诉。[①] 由此可见，在被告已经对原告的诉讼展开了实质性的攻击防御准备的情形下，一方面，原告的撤诉倘若被准许将导致本次诉讼终结，使得被告的防御准备失去意义，从而使得被告获得驳回起诉裁定或者驳回原告诉讼请求的期待利益遭受严重损失；另一方面，原告的撤诉并非诉讼实施权或者实体权益的舍弃，原告在撤诉后仍可另行起诉，从而给被告带来"二次伤害"，也给司法资源带来明显的浪费。

有鉴于前述的分析，法官在审查原告的撤诉申请时，应当运用比例原则，根据被告是否开展了表面可信的实质性防御准备活动而区别对待：其一，在被告开展表面可信的实质性防御准备活动之前，在法律将承担诉讼费用的责任分配给原告的前提下，原告的撤诉行为并不会对被告带来现实的合理期待性，因而，应当侧重保护原告的程序选择权。在这种情形下，除非案件涉及国家利益、社会公共利益或者第三人合法权利，原告的撤诉申请应当被无条件准许。其二，一旦开展表面可信的实质性防御准备活动，被告就产

---

① 参见杨凤、李金燕：《当事人申请撤诉的适用与立法完善》，《法商论丛》2008 年第 3 期。

生了通过本次诉讼一次性解决纠纷的信赖利益保护的必要性。在这种情形下，被告取得了形成抗辩权，用以对抗原告的撤诉形成权。诚然，抗辩权行使与否属于权利人的自由，只有在被告明确反对原告的撤诉行为的情况下，法院才对抗辩权的行使要件是否具备进行司法审查，而司法审查隐含着自由裁量权的机理。因而，即使被告已经开展实质性防御准备工作，并且原告的撤诉违背被告的意志，法院也有依职权裁决准许撤诉的空间。尽管如此，笔者认为，即使被告已经开展表面可信的防御准备活动，原告的撤诉行为也应当得到法院的准许，但与此同时，应当对原告采取程序性制裁措施：法官应当行使释明权，告知原告在此种情况下的撤诉，将导致被告程序抗辩权的形成，日后原告再行起诉，被告可以行使抗辩权，以此对抗原告的诉权，从而导致后诉不合法。

5. 其他权利减损

我国《民事诉讼法》及相关司法解释还规定了调查取证申请权、管辖权异议权、回避申请权、上诉权、再审申请权、执行申请权等的减损，有些属于程序性制裁，而有些则属于倡导性规定，其对当事人诉讼权利的减损不具有彻底性，因而有必要分别进行检讨。

《民事诉讼法》第64条第2款规定了因客观原因不能自行收集的证据，有权申请人民法院调查收集，但是并没有对其行使期限作出规定，《证据规定》第19条对此作出补充，要求当事人及其诉讼代理人申请人民法院调查收集证据，不得迟于举证期限届满前7日。据此，如果当事人存在自行收集证据的困难，必须适时地向法院行使调查取证申请权，否则将产生失权的法律后果，即丧失调查取证申请权。笔者之所以将调查取证申请权的减损理解为失权，就是因为，调查取证申请权是当事人向法院行使的诉讼权利，法院对于超越法定期限的证据调查申请，无须对方当事人行使抗辩权即应予以驳回，因而，调查取证申请权在事实上归于消灭，并且不因对方当事人的同意而恢复。实际上，调查取证申请权减损的制度宗旨在于保障法官推进诉讼职责的实现。此外，法院在送达案件受理通知书和应诉通知书的同时向当事人送达举证通知书，举证通知书应当载明可以向人民法院申请调查取证的情形，这就为当事人的程序性义务知悉提供了保障。

民事诉讼是由原告所发动的，原告在管辖权竞合的情形下选择向特定的法院起诉一般存在着违背其主观意志的可能，因而管辖异议权减损通常仅适用于被告。据此，《民事诉讼法》第 127 条规定当事人对管辖权有异议的，应当在提交答辩状期限内提出，否则，将导致管辖权异议权的丧失，该规则主要是对被告所适用的。尽管如此，原告的管辖异议权也并非不能予以减损：一方面，原告在错误判断管辖连接点的情况下，其对管辖法院的确定可能违反其利益，因而，也应当准许其在答辩期内提出管辖权异议。另一方面，结合《适用意见》第 141 条的规定，原告向没有管辖权的法院提起诉讼，若是法院在案件受理阶段发生本院无管辖权，那么法院可以裁定不予受理；若是在立案后法院才发现本院无管辖权，法院则应当裁定将案件移送有管辖权的法院审理，如果此时有管辖权的法院不止一个，那么此时原告就丧失了选择的机会，从而减损管辖利益，并且基于被移送的法院不能二次移送，因而，原告的管辖异议权在事实上就受到了减损。综上所述，管辖异议权不仅属于原告的权利，也属于被告的权利，当原、被告不在答辩期内提出异议，这种权利本就应当归于消灭。然而，从我国司法行政化、地方化的现实性考虑，管辖利益能够给有利方当事人带来法律上的利益，而且能带来事实上的灰色利益。

《民事诉讼法》第 45 条规定，当事人提出回避申请，应当说明理由，在案件开始审理时提出；回避事由在案件开始审理后知道的，也可以在法庭辩论终结前提出。但是，第 200 条第 7 项规定，依法应当回避的审判人员没有回避构成法定再审事由。从这个角度来分析，回避申请权减损与管辖异议权减损一样，属于倡导性规范。这是因为回避制度的宗旨在于通过禁止与案件或者案件当事人有利害关系的审判人员审理案件来实现确保司法公正的公益性目的，这种公益性追求不受当事人是否及时行使权利的限制。

《民事诉讼法》第 164、205 条以及第 239 条分别规定上诉权、再审申请权、执行申请权的减损，但是，仅有上诉权减损存在程序性义务告知的强制性规定，因而，再审申请权、执行申请权的减损显然难以通过程序性制裁理论来加以解释，而应当采取类似于诉讼时效制度的解释方案来寻求其正当性。即使对于上诉权减损来说，双方当事人在判决书明确告知上诉期限及逾期不上诉的法律后果的前提下，仍然不上诉，通过下文的不利推定理论来解释更为妥当，基于当事人的程序选择权行使而不上诉并不意味着其上诉权的减损，而是意味着其接受一审判决，因而推定其不行使上诉权，而不是限制其上诉权的行使。

（二）不利推定

推定，是指以经验法则为基础从某事实推认其他事实的行为，其可以类型化为事实上的推定和法律上的推定。前者作为法官自由心证的一种作用，是法官通过适用经验法则进行的推认；后者是指法官按照适用被法规化的经验法则进行的推认。法律上的推认又可以进一步类型化为事实推定和权利推定。如果法律上有"当存在甲事实（前提事实）时，推定存在着乙事实（推定事实）"这样的规定，而且乙事实又成为其他法律条文的要件事实，那么上述法规所规定的内容就属于法律上的事实推定。如果法律上有"当存在甲事实时，推定存在着 A 权利"这样的规定，而且甲事实是作为不同于 A 权利发生原因的其他事实，那么该法条所规定的内容就是权利推定。由于事实推定的规定占多数，因而一般而言的法律上的推定，通常是指法律上的事实推定。① 有鉴于此，诚如前文所述，尽管相同的法律现象既可以通过权利减损加以解释也可以通过不利推定来作出解读。但是，为了方便研究，我们将有关权利舍弃的推定纳入权利减损加以研究，将有关事实默认的推定纳入不利推定加以讨论。简而言之，我们这里所谓的不利推定局限于事实推定，不包括权利推定。程序性制裁理论框架内的不利推定，是指基于当事人或者其他诉讼参与人拒不履行程序性义务的事实推认不利于程序违法者的事实存在或者有利于程序违法者的事实不存在。

1. 证明妨碍

证明妨碍的不利推定，是指不负证明责任的一方当事人通过隐匿或者拒绝提供与纠纷有关的证据资料，隐瞒证人的住所地或者联系方式，策划或者帮助证人逃匿，教唆、利诱、胁迫证人作伪证等旨在毁损利他证据的方法来妨碍对方当事人的攻击防御，从而造成对方当事人陷入证明不能的境地，案件处于真伪不明状态，法院通过推定有利于对方当事人的事实构成完备的程序性制裁措施。在不负证明责任的一方当事人妨碍对方当事人举证的情形下，如果法院通过适用证明责任原则作出负有证明责任一方当事人因举证不

---

① 参见［日］新堂幸司：《新民事诉讼法》，林剑锋译，第 401 页。

能而败诉的判决就有失公平，因而，学界有必要寻求避免依据证明责任分配作出判决的法律技术，可资考虑的方案主要包括证明责任移转、减轻举证方的证明程度（如表见证明、大致推定）、推定不利于妨碍方的事实存在等。笔者认为，证明责任移转方案虽然具有彻底性，但是在双方当事人证据的证明力势均力敌的情况下，一方当事人通过证明妨碍减损对方当事人的攻击防御能力，而自己的证据足以形成优势证据的情况下，即使证明责任移转，也难以起到制裁的作用；减轻举证方的证明程度具有灵活性，可以结合案件的具体情形，由法官通过诚实信用原则的适用来行使自由裁量权，但是该方案的制裁力度不足以防范程序违法行为发生；推定不利于妨碍方事实的存在方案，在本质上是课以妨碍方事实解明义务，如果对方当事人不履行这种义务，法院就可以将被妨碍方的主张拟制为真实①，因而，这种方案一方面并不必然导致妨碍方败诉，另一方面又能够最大限度地对其妨碍诉讼的行为进行制裁，实为可采之计。需要说明的是，尽管该方案最后采取的是"拟制"（视为，不可反推）的法律技术，但是由于妨碍方当事人可以通过履行事实解明义务而免于拟制，因而从整体上将其解读为不利推定较为合适。证明妨碍的不利推定作为一种程序性制裁，在构成要件上当然必须具备前文所论述的程序性制裁的一般适用要件。此外，基于这种制裁建立在课加妨碍方以事实解明义务的基础上，有必要检讨事实解明义务的构成要件。传统大陆法系国家认为，事实解明义务的产生必须具备以下四个要件：（1）负有证明责任的当事人能够表明自己对权利主张具有合理基础的线索；（2）该（负有证明责任）当事人在客观上处于无法解明事实的状况（与事实隔绝）；对于要求对方当事人解明事实不存在责难可能；不负有证明责任的对方当事人具有易于解明事实的可期待性。只有同时具备前述四个要件，不负证明责任的对方当事人才产生事实解明义务。

我国《民事诉讼法》并没有就证明妨碍作出规定，最高人民法院在《证据规定》第 75 条中对此进行了补充，规定有证据证明一方当事人持有证据无正当理由拒不提供，如果对方当事人主张该证据的内容不利于证据持有人，可以推定该主张成立。本条部分地规定了证明妨碍制度，仅仅调整因证

---

① 参见［日］高桥宏志：《民事诉讼法——制度与理论的深层分析》，林剑锋译，第 467 页。

据片面分布而引起的证明妨碍，而未调整诸如妨害证人作证等其他原因所引起的证明妨碍。此外，我国 2010 年 7 月 1 日起施行的《侵权责任法》第 58 条规定："患者有损害，因下列情形之一的，推定医疗机构有过错：（一）违反法律、行政法规、规章以及其他有关诊疗规范的规定；（二）隐匿或者拒绝提供与纠纷有关的病历资料；（三）伪造、篡改或者销毁病历资料。"本条在充分肯定《证据规定》有关规定的基础上，进一步拓展了证明妨碍的适用范围，将诊疗违规，隐匿、拒绝提供、伪造、篡改或者销毁相关病历资料作为推定医疗机构有过错的前提事实，从而有利于患者权益的维护。

笔者认为，尽管民事实体法及司法解释规定了适用于具体情形的证明妨碍制度，但是并没有建立一般意义上的证明妨碍制度，而程序性制裁的适用要求法律明文规定，据此，我国的证明妨碍制度不健全。构建科学的证明妨碍制度不仅是遵循《民事诉讼法》第 13 条第 1 款所规定的诚实信用原则的需要，而且能够有效防范程序违法行为，促进诉讼程序的顺利进行。有鉴于此，笔者建议由最高人民法院出台司法解释构建一般意义上的证明妨碍制度，对隐匿或者拒绝提供与纠纷有关的证据资料，隐瞒证人的住所地或者联系方式，策划或者帮助证人逃匿，教唆、利诱、胁迫证人作伪证等旨在毁损利他证据的方法来妨碍对方当事人进行有效攻击防御的程序性违法行为采取程序性制裁措施，要求其承担事实解明义务，如其不能解明事实（尤其是解明不利己事实），则拟制对方当事人有表面证据支持的证据为真实。可资参考的立法例有我国台湾地区"民事诉讼法"第 282 条之一的规定，即：当事人因妨碍他造使用，故意将证据灭失、隐匿或致碍难使用者，法院得审酌情形认他造关于该证据之主张或依该证据应证之事实为真实。前项情形，于裁判前应令当事人有辩论之机会。

2. "拟制自认"

《证据规定》第 8 条第 1 款有关"诉讼过程中，一方当事人对另一方当事人陈述的案件事实明确表示承认的，另一方当事人无需举证。但涉及身份关系的案件除外"的规定构建了我国的自认制度，即一方当事人对另一方当事人的事实主张表示承认的，对方当事人无须举证证明。与此同时，自认制度应当仅适用于纯粹私益民事案件，对于带有公益性质的身份案件以及典型的公益案件，由于法官实行职权干预主义、职权探知主义，因而不容许当事人自认。然而，有些民事诉讼案件涉及双方当事人之间的情感问题，一方当事人即使认可对方当事人的事实主张，但是基于面子问题而不予表示承认与否，在这种情形下，审判人员应当行使阐明权，充分解释并询问是否承认，当事人仍然不明确表示肯定或者否定的，"视为"其对该项事实的承认。然而，笔者认为，相对于积极减损对方当事人攻击防御能力而言，单纯地保持沉默，不对对方当事人的事实主张表示承认与否的行为，固然有违诚实信用原则派生的真实义务，也有违当事人促进诉讼的义务，但是，其主观上的可归责性显然要小得多，既然证明妨碍都仅适用不利推定，而没有适用严格意义上的法律拟制，那么，根据民事诉讼法的比例原则，笔者主张对《证据规定》第8条第2款进行修订，将"视为"改为"推定"，以保护沉默者反推的权利。在司法实践中，即使一方当事人对另一方当事人的事实主张不置可否，但只要其有足够的证据证明对方当事人的事实主张不足以成立，审判人员也不会适用前款规定。此外，本条第4款有关"当事人在法庭辩论终结前撤回承认并经对方当事人同意，或者有充分证据证明其承认行为是在受胁迫或者重大误解情况下作出且与事实不符的，不能免除对方当事人的举证责任"的规定也与"法律拟制"的法律效果有所出入。

3. 逾期行使诉讼权利引发不利推定

逾期行使诉讼权利导致权利减损与逾期行使诉讼权利引发不利推定的核心区别在于前者针对的是权利本身的受限，而后者针对的是权利的不及时行使导致法官作出不利于该方当事人的事实推定。在我国现行立法及司法解释框架内，逾期行使诉讼权利引发不利推定主要有以下几种情形：

(1) 推定举证不能。推定举证不能，是指在案件事实真伪不明时法官根据特定的前提事实推定负有证明责任一方当事人举证不能。比如，《证据规定》第25条第2款规定，对需要鉴定的事项负有举证责任的当事人，在人民法院指定的期限内无正当理由不提出鉴定申请或者不预交鉴定费用或者拒不提供相关材料，致使对案件争议的事实无法通过鉴定结论予以认定的，应当对该事实承担举证不能的法律后果。

(2) 推定认诺。推定认诺，是指在督促程序中，当事人既不提出异议，也不向签发支付令的法院提起相关诉讼，还不履行支付令的，推定该方当事人对申请人所主张的债权不存在争议，进而，将普通债权转化为执行债权。

比如,《民事诉讼法》第 216 条第 3 款规定,债务人在前款规定的期间不提出异议又不履行支付令的,债权人可以向人民法院申请执行。

（3）推定送达。推定送达是相对于直接送达而言的,直接送达是指人民法院自行或者委托其他人民法院（《民事诉讼法》第 88 条及《适用意见》第 86 条）直接向受送达人送达,或者通过邮寄送达（《民事诉讼法》第 88 条、第 267 条第 6 项及最高人民法院《关于以法院专递方式邮寄送达民事诉讼文书的若干规定》以下简称《法院专递规定》第 9 条）、转交送达（《民事诉讼法》第 89—91 条）方式送达,并且受送达人确认受送达的模式；推定送达是指人民法院并非将司法文书直接送达当事人或者其他诉讼参与人,而是通过留置送达（《民事诉讼法》第 86 条及《适用意见》第 81—84 条）、邮寄送达（《法院专递规定》第 11 条）以及公告送达（《民事诉讼法》第 92 条、第 267 条第 8 项及《适用意见》第 88—89 条）等其他形式进行送达,并由法院推定送达人受送达的送达模式。我国现行法律及司法解释所规定的"推定送达"属于程序性制裁的理论瓶颈在于：一方面,诉状副本送达时法院无法事先履行保障其程序性义务知悉的释明义务；另一方面,程序性制裁对象必须具有主观上的可归责性,但是受送达人实际上未受送达未必存在过错。结合近年来学者主张的构建我国以法院送达为主、当事人送达为辅的双轨送达体制①,笔者在赞成起诉状副本由原告向被告送达的基础上认为,只有受送达人在主观上存在过错的前提下,才可以适用送达推定,这也符合最高人民法院的司法观点,重点体现在《法院专递规定》第 9 条的规定,即："因受送达人自己提供或者确认的送达地址不准确、拒不提供送达地址、送达地址变更未及时告知人民法院、受送达人本人或者受送达人指定的代收人拒绝签收,导致诉讼文书未能被受送达人实际接收的,文书退回之日视为送达之日。受送达人能够证明自己在诉讼文书送达的过程中没有过错的,不适用前款规定。"当然,受送达人不存在过错不适用推定送达的程序性制裁往往体现在事后补救,因为其既然不知悉诉讼事件或者相关诉讼行为的存在,往往只能在事后发现后才寻求补救。这也正是《民事诉讼法》第 200 条第 8 项将"应当参加诉讼的当事人,因不能归责于本人或者其诉讼代理人的事由,未

---

① 参见王福华：《民事诉讼专题研究》,中国法制出版社 2007 年版,第 192 页。

参加诉讼"作为法定再审事由的原因。

（4）缺席判决。缺席判决，是指一方或者双方当事人经传票传唤无正当理由拒不到庭的情形下，法官作出的判决，其中，一方当事人缺席属于常态，而双方当事人均缺席则属于例外。若当事人缺席口头辩论期日，或者出庭了期日但未进行辩论就退庭，为了不使程序进行发生迟延，就应当对这种懈怠辩论的当事人采取某种制裁措施。[①] 这种制裁既可以直接判决缺席一方当事人败诉并终结诉讼程序（缺席判决主义），也可以根据双方当事人现有的诉讼资料进行审理（对席判决主义），还可以仅审理出庭一方当事人的诉讼资料而对缺席一方当事人的诉讼资料置之不理。笔者认为，较为稳妥的方案是根据双方当事人现有的诉讼资料进行审理，其原因如下：首先，一方当事人缺席并不意味着对方当事人的诉讼资料就足以支持其主张，当事人选择不出庭参加诉讼活动的动机并不局限于"自认理亏"，还有可能基于其他方面（如情感方面、经济方面）的考量，倘若直接判决出席一方当事人胜诉并终结诉讼，对于实体正义的牺牲过于严重，不符合比例原则。其次，一方当事人缺席并不意味着其先前就不行使答辩权、证明权，随着诉讼重心的前移，事实的认定工作往往已经在审前程序完成，倘若仅因为当事人不出庭而推翻其前期的诉讼权利行使成果，那么，这种制裁显然过于苛刻，也过于牺牲实体正义。最后，一方当事人无故缺席违背了当事人的促进诉讼义务（违反程序性义务），并且法院已经合法传唤（知悉程序性义务），只要其不具有正当事由，就应当推定其存在过错（主观上可谴责性），因而，对其适用程序性制裁具有正当性。然而，程序性制裁的适用必须符合比例原则。一方当事人不出庭，法院推定其放弃继续陈述、辩论的权利，但是其先前的诉讼行为效力不应当遭受减损，并且应当将其先前的书面陈述（如答辩状）拟制为口头陈述，由法官对其进行审核。当然，如果被告既没有向法院提交任何书面陈述，又因缺席而没有提供任何口头陈述，那么，法官仍然应当对原告的证据资料加以审查，而非一概判决被告败诉，这是因为对被告实施的程序性制裁并不能直接导致原告诉讼请求的成立，而只是权利遭受减损或者法官对其作出不利推定。对于我国而言，缺席判决主要制裁被告的缺席行为，即传

---

① 参见［日］新堂幸司：《新民事诉讼法》，林剑锋译，第329页。

票一经依法送达，受传唤的被告即有按时到庭的义务；如果是必须到庭的被告，经两次传票传唤，无正当理由拒不到庭的，人民法院即可对其适用拘传措施，强制其到庭；如果是非必须到庭的被告，经传票传唤，无正当理由拒不到庭的，或者未经法庭许可中途退庭的，则可缺席判决。[①] 当然，缺席判决在特殊情况下也适用于制裁原告的缺席行为，即本诉因原告缺席而按撤诉处理时，反诉可以缺席判决，以及原告申请撤诉被法院裁定驳回而又无正当理由拒不到庭时，法院可以缺席判决。笔者认为，我国法律及相关司法解释虽然规定了缺席判决的适用情形，但是，并没有明确缺席判决的裁判方法，因而，有必要在立法层面或者司法解释层面对此加以明确。

（5）推定撤诉。推定撤诉，是指原告拒不履行特定程序性义务（预交案件受理费、出庭参加诉讼活动等）而应当承担的其起诉行为效力归于消灭的程序性制裁措施。推定撤诉的功能在于防范原告滥权诉权，给对方当事人带来不必要的诉累，给法院带来无益诉讼资源浪费。我国《适用意见》第143条规定了原告未预交案件受理费所引起的推定撤诉，第158条规定原告的法定诉讼代理人拒不履行到庭义务引起的推定撤诉，第159条规定有独立请求权的第三人拒不履行到庭义务引起的推定撤诉，第144条规定撤诉的法律后果是案件恢复到诉前的可诉状态，当事人再次起诉并不违反一事不再理原则，法院应当予以受理。笔者认为，基于防范滥用诉权的重要性，对于恶意（故意）通过诉讼折磨对方当事人或者浪费司法资源的当事人，法院不仅可以推定其放弃本次诉讼，而且可以作出其放弃诉讼实施权的推定，进而导致其另诉构成诉不合法，以保护对方当事人的合法权益和维持私法秩序。

---

① 参见江伟主编：《民事诉讼法》，中国人民大学出版社2008年版，第254页。

第十八章

法院调解制度的构建

一、法院调解与司法权威

调解本属于典型的社会救济，是社会力量对民事纠纷解决的非强制性介入。然而，我国学者普遍认为，法院调解属于国家审判机关行使审判权的一种具体方式。此外，调解强调的基本原则是自愿和最低限度的合法原则，其对案件事实的重视程度远不如审判程序高，其对当事人的正当程序保障力度远不如审判程序到位，但是法院调解书在我国现行法律规定和主流学说框架内具有与确定判决相同的效力。因而，倘若法院调解存在瑕疵，那么司法权威将遭受到减损。

首先，司法权威以法院的调解结果普遍得到人们的认可为前提。法院调解本应建立在双方当事人合意的基础之上，然而，鉴于案多人少，法官往往热衷于"力促"当事人达成协议，甚至使用一些暗示性威胁言辞迫使当事人接受其所提出的建议，从而使得调解结果在事实上不为当事人所接受，其执行难问题同样普遍存在。由于法院调解属于法院行使审判权处理民事案件的具体方式，作为审判权运行结果的调解协议不为人们所普遍接受时，司法权威就遭到了严重的减损。

其次，司法权威以当事人对调解过程普遍感到受到公平待遇为核心。调解结果固然直接关涉当事人的切身利益，然而只要切身感受到其在调解过程中得到了公平待遇，调解结果不利方仍然能够接受，并不再纠缠原纠纷。恰恰相反，如果调解过程致使当事人感到遭遇不公平待遇，那么即使调解结果本身是公正的，当事人也往往抱着怀疑和挑战的态度对待调解结果，从而减损司法权威。

再次，司法权威以当事人的裁判请求权得到确凿保障为根基。在启动方面，法院调解存在着强制性启动和自治性启动两种模式：A. 对于特定类型的纠纷，除非根据案件的性质和当事人的实际情况不能调解或者显然没有调解必要，法院在开庭审理前必须先行调解，此为强制性启动模式；B. 对于除此以外的其他类型民事纠纷，法院调解必须以当事人的申请或者不明确表示反对为适用前提，此即自治性启动模式。其中，强制性启动模式还可以根据强制适用调解程序的时间不同而进一步类型化为诉前强制调解、审前强制调解以及审中强制调解。对于自治性启动模式以及强制性启动模式中的审前强制调解、审中强制调解而言，于前者调解程序的启动符合，至少不明显违背当事人的意志，于后者在案件系属之后才启动调解，不直接侵犯纠纷当事人诉诸法院的权利。然而，诉前强制调解似乎"临时冻结"纠纷当事人的裁判请求权，有法官拒绝裁判之嫌疑，从而严重减损司法权威。

又次，司法权威以当事人即使不服调解结果却遵循其既定效力为特征。在现阶段，我国不同主体组织的调解所达成的调解结果具有不同的法律效力，不管法院调解结果是表现为调解书、调解笔录（不需要制作调解书时）还是调解协议（撤诉时），法院调解行为本身都是法院行使审判权处理民事案件的一种具体方式，倘若法院调解结果的效力不具有稳定性，那么，司法权威亦将遭受减损。

最后，司法权威以程序运行的正当性程度与程序运行结果的效力合比例为必要。法院调解与审判为法院运用审判权处理民事案件的两种方式，并且两者都强调实体与程序的合法性，但是，调解侧重于当事人的合意而审判侧重于法律规定的实现，因而，调解在事实查明方面没有审判缜密，在程序法定性方面没有审判严谨，相应地，调解的效力应当在审判的效力之下。然而，我国调解书所具有的法律效力等同于，甚至高于判决书的法律效力。调解程序运行的正当性在审判程序之下，但其效果等同于或者超越裁判结果，这就违背了比例原则，从而减损司法权威。

由此可见，只有将调解程序设置成足以为裁判请求权提供保障的正当性程序，使得调解当事人在调解过程中亲历公平待遇而接受为人们所普遍认可、具备与其程序正当性成比例的稳定效力的调解结果，法院调解才能在确保司法权威不受减损的前提下顺利进行。限于篇幅，有关法院调解的研究，本书主要集中在诉前强制调解的正当性、法院调解新模式探索中所存在的问题以及法院调解的法律效力这三个方面。

二、诉前强制调解的正当性

诉前强制调解，是指当事人将特定类型纠纷诉诸法院之后，法院在正式受理案件之前，将案件交由人民调解委员会或者其他组织进行调解。换言之，调解构成特殊起诉要件，未经调解而提起诉讼的，法院不予正式受理。学者主流观点认为诉前强制调解并没有剥夺当事人的裁判请求权，而只是为当事人提供额外的解决纠纷机会，给不了解调解的纠纷当事人一个体验调解好处的机会，为双方当事人留下一个平静思考的空间。[①] 但是，诉前强制调解延迟了纠纷当事人的裁判请求权是毫无争议的事实，并且民事案件的受理范围、小额诉讼程序、简易程序、限制上诉制度等无不对裁判请求权进行了必要的限制，因而，问题不在于能否对裁判请求权的行使进行必要的限制，而在于限制范围是否妥当、限制理由是否足够充分且正当。

（一）诉前强制调解的足够充分且正当的理由

笔者认为，基于对特定法律价值的追求，对于特定类型民事纠纷实行诉前强制调解具有正当性：

首先，正义并非只能通过诉讼加以实现。随着第三次"接近正义"浪潮的到来，正义的实现路径开始向司法 ADR 移转。学者开始动摇法院在纠纷解决中的功能，认为法院在纠纷解决中的主要贡献不再在于现实地解决具体纠纷，而"要从理论上将法院视为纠纷解决者转变为将它作为一种能够间接控制纠纷（及非纠纷）的全部线索的复杂体。与此相适应，争取正义的问题就即将从将纠纷诉诸法院的问题，转变为另一个问题，即在纠纷当事人所处的场合中如何给予正义。这是法院的功能在间接而小范围内的发挥"[②]。

其次，诉讼并非实现正义的最佳选择。一方面，诉讼并不能有效解决所有的民事纠纷。《德国基本法》第 19 条第 4 项明文规定人民享有"权利有效

---

① 参见肖建华、杨兵：《对抗制与调解制度的冲突与融合》，《比较法研究》2006 年第 4 期。

② ［意］莫诺·卡配莱迪：《福利国家与接近正义》，刘俊祥等译，法律出版社 2000 年版，第 143 页。

保护请求权",学者将其纳入程序基本权的范畴,纠纷的解决、民事权益的保护需要的是有效的保护。[①] 尽管我国《宪法》没有对诉权加以明确规定,但是学界普遍接受裁判请求权属于公民基本权利的观点,而裁判请求权内在地要求国家所提供的裁判行为必须能够有效地为当事人提供必要的救济。然而,对于某些民事权益争议或者民事纠纷而言,基于系争标的额与诉讼成本之间严重不合比例原则,诉讼机制并不能有效对其进行救济。因而,就这些案件类型设置诉前强制调解非但不侵犯裁判请求权,反而有利于对其进行有益补充,从而形成有机的权利保护体系。另一方面,对于诉讼能够有效解决的纠纷而言,诉讼也并非总是纠纷解决的最佳机制。诉讼机制解决民事纠纷通常具有彻底性、强制性,但是对于特定的纠纷来说,基于当事人之间存在着需要维持的特定关系,强制性地解决纠纷不但不利于这些特定关系的维系,反而可能导致在今后的生活中带来更多的纠纷。可见,诉前强制调解的适用具有生存空间。

最后,诉前强制调解的设置具有独特的功能。其一,得到基本正当的救济总比得不到及时救济好。各国增设诉前强制调解固然有多重目的,然而,其最为直接的动机在于提高调解的适用率,以应对导致法院处于危机之中的洪流般的大量小额纠纷。[②] 在抽象层面上讲,不管系争标的额的大小,国家都有对当事人的裁判请求权进行保障的义务,但是,在现实层面,如此众多的小额纠纷一旦涌进法院,法院将处于崩溃状态,即使这些纠纷经过长久的等待,最终得以救济,然而,"迟来的正义并非正义"。其二,各国诉前强制调解的经验表明,即使在一方或者双方当事人拒绝试图以调解的方式解决争议的情形下,在强制调解的过程中,仍然存在着当事人达成其事先没有意识到能够达成的调解协议的可能性,这被学者认为是设置诉前强制调解的各国尽管备受压力,却仍然没有放弃该制度的原因。[③] 其三,诉前强制调解有助于纯化法院的审判功能。相对于诉讼系属于法院以后的调解而言,诉前强制调解具有将纠纷暂时排除在法院管辖之外的功能。基于法律将诉前调解作为受理案件的起诉要件,当事人本可以轻易逾越障碍而诉诸法院但却没有及时

[①] 参见沈冠伶:《诉讼权保障与裁判外纷争处理》,第8—10页。

[②] [德] 米夏埃尔·施蒂尔纳:《德国民事诉讼法学文萃》,赵秀举译,第155页。

[③] See Erich Suter, "As One Door Opens... Another Closes", *New Law Journal*, 5 March 2010.

逾越该障碍时，当事人行使裁判请求权的态度尚不够明确，因而，此时的调解侧重点在于纠纷的妥当性解决。但是，一旦当事人逾越障碍而将案件系属于法院，此时当事人行使裁判请求权的态度已经非常明朗，法院应该考虑的是民事权益的及时保护，因而，即使法院仍然可以试图适用调解，也应该仅限于任意调解并附加调解期限的严格限制，否则，就对裁判请求权造成不应有的延误保护。因而，诉前强制调解具有纯化法院审判功能，维护司法权威之功效。其四，诉前强制调解涉及司法资源的合理分配问题，而司法资源分配的合理与否属于公共利益问题。资源的有限性与纠纷解决需要的无限性构成了紧张关系，对于大量小额纠纷而言，由于其关涉的私人利益并非显著重要，如果将有限的司法资源过度地浪费在这些小额纠纷的解决上，那么将给整个司法体系带来危机，因而，对小额权益救济提供与其价值相当的救济程序并保留其寻求普通司法救济途径的余地具有正当性，符合公共利益。这与小额诉讼程序、简易诉讼程序、限制上诉的标的额、许可上诉等限制裁判请求权充分行使的制度存在着共通之处。

由此可见，裁判请求权并非不可限制，只是对其限制必须具有足够充分且正当的理由。一方面，诉前强制调解确实给裁判请求权的及时行使设置了障碍，但是，逾越该障碍显得如此地易如反掌，因而，其限制程度并没有超过必要限制。另一方面，尽管诉前强制调解对裁判请求权的及时行使造成了轻微的妨碍，但是具有及时保护民事权益、促进当事人和谐解决纠纷、纯化法院审判功能、合理分配司法资源等方面的优势，因而，诉前强制调解对裁判请求权所进行的轻微限制具有足够充分且正当的理由。

如前所述，诉前强制调解是否对大陆法系国家所谓的"裁判请求权"（"司法行为请求权"）或者英美法系国家所谓的"接受公平审判的权利"构成不妥当限制是我们民事诉讼法学者所担心的问题。尽管我们在前文探讨了诉前强制调解具有正当性，但是其正当性是以限度性为条件的。在对诉前强制调解的正当性进行论证的过程中，也已经潜在地包含了对诉前强制调解的适用进行必要限制的合理性论证。在国外，一些学者认为如果强制调解程序没有拘束力并且不对审判或者纠纷解决的正当程序构成不必要妨碍，那么，正当程序权并没有被侵犯。不必要妨碍包括诉讼程序的增加，诉讼迟延的加重，调解者的结论向法院或者公众公开，或者对拒绝接受调解协议者课处罚金。另外一些评论者则认为，以下的保护措施足以确保正当程序的要求得到满足：确保纠纷当事人的知情权，全面告知当事人有关调解程序及其他替代性纠纷解决途径，并且确保当事人拥有任意反悔调解协议并在必要情况下诉诸法院的机会。[①] 笔者认为，尽管这些限制都具有一定的合理性，但是局限于调解程序本身，而未曾从诉前强制调解程序的性质、适用诉前强制调解程序的案件类型、组织诉前强制调解者身份以及诉前强制调解协议的法律效力等方面进行限制，而这几个方面的限制，对于将诉前强制调解界定在合理的范围内具有重要意义。

（二）法院调解实现类似诉讼所能实现的正义

伴随着正义内涵的扩展、法院功能被重新认识、诉权的新诠释，ADR出现了类型化趋势。一方面，包括法院系统在内的国家机关通过立法、执行、司法导向鼓励民间 ADR 的发展；另一方面，法院系统积极探索对 ADR 的合理成分进行吸收、整合，使之成为法院解决纠纷的组成部分，许多替代性纠纷解决方式逐渐渗入司法领域，以法院附设仲裁、法院附设调解、早期中立评价、简易陪审团审理等形式出现，这种司法范围内的 ADR 被学术界称为"司法 ADR"[②]。司法 ADR 既不同于严格意义上的司法，也不同于民间ADR，其法律属性应当定位为"准司法"。对于"准司法"的合理性，尽管从严格意义上的"三权分立"以及"司法独立"等理念来看，似乎有些脱离法治社会的轨道。然而，司法所追求的价值不仅仅局限于"形式正义"，还包括"效率"、"实质正义"，等等，因此，在多元化思潮的影响下，按照价值衡量的原则，对司法进行一定的类型化，使之分别适应不同类型的纠纷，在类型化的基础上追求司法价值的最大化实现，相对于限制、剥夺公民的裁判请求权而言，可以较为容易被接受。

笔者认为，唯有严格意义司法 ADR 下的诉前强制调解才能承担起实现类似诉讼所能实现的正义。首先，从比较法的角度来分析，在大陆法系，《日本民事调停法》规定的民事调停程序要么在法官主导下进行，要么由法院将案件移送调停委员会调停，而且不管是法官主持调解还是法院委托调解，其法律定性均为司法严格监督下的司法 ADR；在英美法系，英国行政

---

① See Roselle L. Wissler, "Effects of Mandatory Mediation", 33 *Willamette Law. Review.* pp. 372 – 373.

② 张华、赵可：《人民法院诉前调解制度的初步建构》，《法律适用》2007 年第 11 期。

裁判所享有解决民事纠纷的诸多权限，然而，2007 年，英国制定的《裁判所、法院与执行法》对裁判所体系进行了有史以来最大幅度的调整。在宪政改革的大背景下，本次改革重在简化裁判所体制，建立体系统一、完全司法化的裁判所①，从而使得行政裁判所裁决民事纠纷的行为司法化或者准司法化。其次，从法理上分析，诉前强制调解本来就有设置障碍延迟当事人裁判请求权行使的嫌疑，倘若该调解程序的基本程序正义都得不到保障，那么强制适用该调解程序给当事人造成的迟延就不在必要范围之内，因而，不具有正当性。即使是主张诉前强制调解者也不得不承认，诉前强制调解不侵犯裁判请求权或者公平审判权是附条件的，要求最低限度的程序正义得以在调解程序中实现，否则，就可能给当事人的程序性基本人权造成不正当、不必要的妨碍。再次，从调解的实效性来分析，诉前强制调解的基本理念就是尽可能利用调解程序解决民事纠纷，如果调解程序不足以保障基本程序正义，那么诉前强制调解将嬗变为强势当事人施展"食弱肉"的伎俩，进而，调解将难以实现其分流民事案件的根本目的，调解的实效性将大幅度降低。② 最后，从调解所处的纠纷解决阶段来分析，诉前强制调解是在法院正式受理案件之前强制性启动调解程序，相对于案件系属于法院之后的强制调解的程序设置而言，其必须更为谨慎，否则，法院就有拒绝裁判的嫌疑。此外，根据正当程序保障"就高不就低"的原则，诉前强制调解应当定位为司法性调解（即法院调解）或者准司法性调解，因而，诉前强制调解在法律属性上应当定性为司法行为或者准司法行为。

　　综上所述，诉前强制调解的正当性存在于其程序设置的司法性或者准司法性。具体来说，如果与诉前强制调解所对应的程序并非司法性的或者准司法性的，那么该诉前强制调解程序的存在是不正当的，它侵犯了作为基本人权的裁判请求权；如果与诉前强制调解所对应的程序具备司法属性或者准司法属性，那么该诉前强制调解只不过额外增加了一种非正式的司法救济途径，因而，其存在是正当的，不至于侵犯裁判请求权。在我国现行法律框架内，司法 ADR 的种类仅限于法院调解，而不存在国外所规定的法院附设仲裁、早期中立评价、小型审判、简易陪审团审理等其他形式的司法 ADR。

---

① 参见郑磊、沈开举：《英国行政裁判所的最新改革及其启示》，《行政法学研究》2009 年第 3 期。
② 类似观点可参见［英］阿德里安 A·S·朱克曼：《危机中的民事诉讼法》，傅郁林等译，第 263 页。

因而，我国诉前强制调解的适格程序仅限于具有基本程序正义保障的法院调解。换言之，非讼调解不宜前置于诉讼，原因就在于：一方面，现行非讼调解程序的正当性保障无法保证实现类似诉讼所能实现的正义；另一方面，倘若将非讼调解程序改革到足以保障基本程序正义的实现，则将以丧失调解标准的多元性为代价，最终妨碍民间调解的发展。因而，能够适用于诉前强制调解的程序仅限于严格意义上的司法 ADR，只有保证在当事人不愿、无望或者不能通过 ADR 解决纠纷的情形下，以及在能够及时获得司法救济的前提下，诉前强制调解方才具备正当性。

三、法院调解的模式创新

（一）法院调解的基本模式

尽管我国的司法 ADR 只有法院调解一种形式，但是法院调解模式具有多种。根据具体代表法院实施调解的主体不同，可以将法院调解类型化为自行调解、协助调解以及委托调解三种：（1）自行调解是指由法院内部工作人员具体负责主持的调解。由于具体负责调解的法院内部工作人员涵盖立案庭或者审判庭的法官、法官助理、书记员，因而，本书不采取法官调解的称谓。（2）协助调解是指法院邀请与当事人有特定关系或者与案件有一定联系的企业事业单位、社会团体或者其他组织，具有专门知识、特定社会经验、与当事人有特定关系并有利于促成调解的个人等法院内部工作人员以外的其他主体协助法院对案件进行调解。（3）委托调解是指收到起诉状的法院在对案件正式行使审判权之前，委托法院内部工作人员以外的其他主体（单位或者个人）尝试调解。另外，实践中还存在着所谓的特邀调解。即法院预先聘请特邀调解员，由特邀调解员在法院的安排下对个案实施调解。这与委托调解无本质差异[1]，笔者将其纳入委托调解的范围进行研究。

1. 自行调解

自行调解是法院依靠自身力量解决民事纠纷的传统法院调解模式，其属于狭义上的法院调解、典型意义上的法院调解。我国学术界和实务界历来将法院自行调解视为法院行使审判权的具体工作方式，并强调调解的合法性。

---

① 参见汤维建：《中国调解制度的现代化转型》，《检察日报》2009 年 7 月 20 日。

自行调解模式下，调解的标准完全由作为行使司法权适格主体的法官掌握，因而，自行调解是最为正式的法院调解模式。

2. 协助调解

协助调解是法院联合社会力量解决民事纠纷的新型调解模式。在协助调解模式下，法官与协助调解人的配合可以有多种方式，但是法官在调解中起到主导作用，而协助调解人在法官的指导下进行调解。协助调解在更大程度上把判断标准留给了法官，因而呈现出鲜明的法院司法的特征。调解标准主要由法官掌握，其正式性虽然略低于自行调解，但却在委托调解之上。

3. 委托调解

委托调解是法院借助社会力量解决民事纠纷的新型调解模式。与协助调解相比，委托调解是一种更加复杂、更加彻底、更加正规的借助社会力量解决民事纠纷的制度。接受法院委托的调解人（单位或个人）独立行使调解职责，具有更大的自主权：既可以接受法官的指导进行调解，也可以根据案件情况从当事人的利益出发，自主了解案情，自行决定调解工作方法，选择调解的内容、方案，独立作出判断。基于此，委托调解的 ADR 色彩最为浓烈，有的学者称委托调解中的受托人为"独立调解人"①，是有一定道理的。尽管如此，委托调解的启动需要法官的授权，调解过程中需要法官采取必要的强制措施来配合调解的进行，调解结果需要经过法官的合法性审查才能转化为执行名义，因而，调解标准经由法官最后评判，因而带有司法色彩，属于最不正式的法院调解模式。根据委托调解的时间阶段不同，委托调解可以进一步类型化为在法院立案前进行的诉前委托调解，在法院立案后、开庭审理前进行的审前委托调解以及在法院开庭审理过程中的审中委托调解三种亚模式。

综上所述，在自行调解、协助调解中司法的色彩浓于 ADR 的色彩，因而其替代诉讼实现司法正义的正当性依据均为充分。然而，在委托调解中，ADR 的色彩浓于司法的色彩，法官的主要作用在于授权委托、事后合法性审查以及提供必要的协助，因而，委托调解能否被视为法院行使审判权的具

---

① 蒋惠岭：《法院附设 ADR 对我国司法制度的新发展》，《审判研究》2005 年第 1 期。

体工作方式还存在着进行实体性论证的必要性。鉴于此，对法院调解的模式创新进行的研究主要集中在委托调解。

（二）委托调解与司法权威

根据委托调解程序的启动与当事人的意愿的关系，可以将委托调解类型化为自治性委托调解与强制性委托调解，前者是指依据当事人的主观意志启动委托调解程序，而后者是指法院依职权启动委托调解程序。对于前者而言，基于当事人主义、程序选择权理论，无须另行论证其妥当性，尽管立法者或者司法者因为主观上希望当事人选择适用委托调解制度而规定当事人不明确表示反对即视为同时适用，但是由于当事人排除自治性委托调解的适用显得如此易如反掌并且不致诉讼延误，因而具有正当性。对于后者来说，基于公民裁判请求权、正当程序保障理论，确有必要论证其妥当性，如果强制性委托调解侵犯公民的裁判请求权，那么就意味着国家提供的司法救济存在欠缺，从而减损司法权威。笔者认为，对强制性委托调解的正当性论证应当建立在对其进行类型化的基础上，根据委托调解的时间阶段不同，强制性委托调解可以进一步类型化为在法院立案前进行的诉前强制委托调解，在法院立案后、开庭审理前进行的审前强制委托调解以及在法院开庭审理过程中的审中强制委托调解三种子模式。

1. 诉前强制委托调解

现行法律并没有对诉前委托调解作出相应的规定，法院基于"案多人少"的现实需要，在立案前规劝或者强制当事人先行到法院指定的独立调解人那里进行调解，在调解不成时才对案件是否符合立案标准加以审查。规劝模式下启动的诉前委托调解属于诉前自愿委托调解，而强制模式下启动的诉前委托调解属于诉前强制委托调解。前者基于当事人的合意而启动调解程序，而后者基于法律的规定或者法官的命令而启动调解程序，因而前者基本不涉及裁判请求权受到侵犯的问题，后者则涉及法官是否构成拒绝裁判、侵犯公民裁判请求权的问题。笔者认为，诉前强制委托调解本身存在着内在的矛盾：诉前强制调解意味着案件尚未系属于法院，根据"不告不理"的原则，法院在受理案件之前，没有对该案件进行实质处理的任何权限，那么，授权者尚未有对纠纷进行实质处理的强制性权限，何以"委托"其他组织或者人员对纠纷进行强制性调解呢？有学者为了规避该问题，将委托调解中的

"委托"区别于民事委托和行政委托，认为法院并不是将自身的职权进行委托，而是在法院引导下，当事人对纠纷解决途径的选择。^①但是，笔者认为，如此理解委托调解显然将委托调解限制于自治性委托调解，而无法容纳强制性委托调解。实际上，委托调解意味着事实上主导纠纷解决的主体并非适格的司法权行使主体，其程序运行也不足以保障基本程序正义的实现，因而，诉前强制委托调解不具备正当性。换言之，诉前委托调解只能建立在双方当事人自愿，至少是不明确表示反对适用的基础上。也正是因为这个原因，上海市长宁区人民法院在 2007 年将该院推行的以诉前强制委托调解为主改革成以审前强制委托调解为主。

2. 审前强制委托调解、审中强制委托调解

审前强制委托调解以及审中强制委托调解都是在案件系属于法院的前提下进行的委托调解，因而法院委托调解前需要裁定中止民事诉讼程序，委托调解期间不应计入审限；调解不成功的，法院依据调解不成的证明材料，由当事人申请或依职权恢复诉讼程序。此外，强制调解的重心在于调解程序启动的强制性，即使调解结果具有半强制性，但具有半强制性的调解结果是否最终发生法律效力取决于当事人的意志。因而，尽管调解程序启动具有强制性，但是当事人可以通过明确表明没有达成调解协议的可能性，来促使调解程序瞬间结束，回到常规的司法救济路径中来，因而，基于审前强制委托调解与审中强制委托调解都具有当事人迅速寻求法院司法救济的可能性，其对公民裁判请求权造成的冲击微乎其微，因而其具有正当性。

3. 诉前强制委托调解制度的改革

在现行的法律框架内，诉前强制委托调解涉嫌侵犯公民的裁判请求权，至少不恰当地推迟了公民寻求司法救济的时间，因而其正当性远没有审前强制委托调解或者审中强制委托调解高。当然，诉前强制委托调解侵犯公民裁判请求权或者不恰当推迟公力救济的弊端并非不能克服。在理论上，笔者认为，就《简易程序规定》第 14 条第 1 款所规定的 6 种类型的案件设置诉前强制委托调解具有必要性，但是，与此同时，需要明确的是，诉前强制委托调解达不成协议的，法院"委托"独立调解人进行调解的行为应当被视为法

---

① 参见赵明霞、吴孝卿：《浅议民事纠纷委托人民调解》，《中国司法》2007 年第 6 期。

院对案件的受理行为，使得诉前强制委托调解的当事人能够在不愿、无望或者不能达成调解协议的情形下迅速地寻求司法救济，从而减缓强制委托调解对裁判请求权所造成的限制。

四、法院调解的效力局限

一方面，所有类型的法院调解都具有相同的特点，即不管在何阶段以何种方式启动的法院调解都建立在双方当事人平等协商并接受调解结果的基础上，因而，法院调解的效力具备相通之处。另一方面，法院调解模式不同意味着法院调解程序的正式性程度不同，调解程序的正式性程度不同意味着调解结果的效力必然有所不同。笔者认为，经由法院调解所达成的调解协议以及经由非讼程序转化而来的任何形式的执行名义均不具备既判力，与此同时，基于自行调解、协助调解的标准均由法官掌握，可以由法官径直作出执行名义；但是委托调解程序的推进以及调解标准的采取均由独立调解人自行把握，因而，赋予这种模式下达成的调解协议以执行力需要经过法官的司法审查。

（一）共通性原理：调解确定效

基于双方当事人的合意或者基于法律的拟制而使调解成立的，在国际通例上均对当事人具有法律效力。然而，在具体效力内容方面，英美法系国家和大陆法系国家有着不同的表述，前者将调解协议的法律效力表述为"与法院判决一样具有拘束力（binding）和执行力（enforceable）"[①]，后者则通过将调解成立的法律效力与诉讼上和解等同起来的方式，使得其与确定判决具有同一之效力。

大陆法系国家确定判决所具有的效力尽管存在争议，但是学界一般认为确定判决具有拘束法院擅自改变判决内容的羁束力、禁止当事人通过上诉变更或者撤销判决的形式确定力、禁止当事人对既判案件再行争执的实质确定力（消极既判力），以及禁止后诉法院作出与前诉判决相矛盾的判决的实质确定力（积极既判力）。通说认为既判力的正当性基础在于正当程序保障下的自我归责，即判决以当事人在诉讼中竭尽全力攻击防御为前提，具有约束

---

① Roselle L. Wissler, "Effects of Mandatory Mediation", *Willamette Law Review*, 1997, Vol (33).

当事人的能力。① 然而，调解的本质在于双方当事人之间通过对案件事实的模糊化处理来谋求纠纷的解决，对于法院调解来说，即使是自行调解或者协助调解，仍然不具有产生确定判决效力的正当性基础。也正是因为调解程序不足以保障产生确定判决效力的正当性基础，英美法系才会强调在不能达成调解协议的情况下，调解人既不得将当事人在调解中所讨论的内容反馈给法官，也不能向法官提交解决该纠纷的建议②；大陆法系也才会重申调解程序中调解人所为的劝导及当事人所为之陈述或让步，于调解不成立后之本案诉讼，不得采为裁判之基础。③ 然而，我国台湾地区"立法"将调解的法律效力等同于诉讼上和解，而诉讼上和解与确定判决有同一效力。这令笔者深为不解。为了探求"立法者"对"与确定判决有同一效力"内涵的界定，笔者查阅了我国台湾地区"民事诉讼法"第 380 条的立法理由，即"查民诉条例第四百五十条理由谓关于诉讼标的之和解，有无既判力相类之效力，即就同一诉讼标的，是否更行起诉，在未设明文规定之立法例，学者颇多争论，本条例特为定名不得更行起诉，若更行起诉，法院应依职权驳斥之，盖必如是，始举保证私权之实，且可减少司法衙门之事物也"④。由此可见，我国台湾地区"立法者"所谓的"与确定判决有同一效力"的立法原意在于禁止更行起诉，而并没有涉及确定判决的其他效力。对此，笔者赞同我国台湾地区陈计男教授的以下精辟论述⑤：

在成立之调解方面，条文虽谓与诉讼上和解有同一效力，吾人认为仅指执行力而已。盖调解诉讼上属非讼性质，而当事人与法院应受调解（契约）之拘束，不得将其撤销或者变更，或对之不服提起上诉，当系源自调解契约（私法上之和解契约）效力之本质及调解之非讼性使然，而非因程序法上与调解相同之拘束力或行使上确定力之故。又应以诉主张之形成权，在通常情况下，不得以当事人之合意形成法律上效果，自不生形成力之调解。至成立

---

① 参见［日］新堂幸司：《新民事诉讼法》，林剑锋译，第 474—475 页；［日］高桥宏志：《民事诉讼法制度与理论的深层分析》，林剑锋译，第 480—483 页；［日］中村英郎：《新民事诉讼法讲义》，陈刚、林剑锋、郭美松译，法律出版社 2001 年版，第 203 页。

② See Roselle L. Wissler, "Effects of Mandatory Mediation", *Willamette Law Review*, 1997, Vol (33).

③ 参见我国台湾地区"民事诉讼法"第 422 条的规定。

④ 许仕宦：《民事诉讼法》，新学林出版有限公司 2005 年版，第 397 页。

⑤ 陈计男：《民事诉讼法论（下）》，三民书局 1994 年版，第 177—178 页。

之调解有无实质上确定力，从调解成立后，当事人应受调解内容之拘束而不得再事争执一点言，可谓为"调解之确定效"，但终究与既判力之确定效未尽相同。

由此可见，尽管法院调解建立在当事人意思自治的基础之上，但是，调解程序并不可能提供诸如诉讼程序所能提供的正当性保障。诚然，调解程序也可以设置成争讼程序，但是，争讼程序的设置一方面需要耗费的司法成本过高，另一方面不尊重当事人对私人法律关系作出的既定安排，因此，争讼程序的设置有违调解的本质，并减损其相对优势。从这个角度来分析，法院调解程序属于非讼程序，其"产物"不能被赋予既判力。然而，不能被赋予既判力并不等于不能被赋予事实上的禁止对原纠纷再行争议的效力，调解尽管不具有判决确定效，但是仍然具有学理上的调解确定效。

在理解调解确定效时，还需要妥当处理以下两个方面的问题：一方面，调解确定效产生于当事人的合意。如果当事人明确约定调解具有终结纠纷/争议的效力，那么，此时产生调解确定效；如果当事人明确约定调解不具有终结纠纷/争议的效力，那么，此时不产生调解确定效；如果当事人没有对调解是否具有终结纠纷/争议的效力作出约定，那么，基于诚实信用原则以及纠纷的一次性解决原理，应当推定当事人约定调解具有终结纠纷/争议的效力。当事人可以明确约定排除调解确定效构成调解确定效不同于既判力的重要特征。另一方面，调解确定效产生于当事人之间的明示或者默示合意，在形式上是对诉权的放弃，但是，从另一个角度来分析，可以看成是对原实体权利的放弃，因而可以具有法律效力。这种对实体权利的放弃仅因双方当事人的合意而发生，不具有公示公信效力，不能对抗善意第三人，也不能对抗法院的审判行为，但是当事人可以将其作为诉不正当的抗辩事由，由法院判决驳回诉讼请求。

（二）诉调对接：向执行名义转化机制

1. 法院调解协议向执行名义转化的正当性基础

陈计男教授的论述与英美法系对成立调解之法律效力论述具有共通之处，仅强调成立调解具有形式上的确定力和执行力，而不具有确定判决所具有的其他效力。然而，陈计男教授的分析遗漏了对调解协议产生执行力的正当性论证。法院调解的执行力显然不能借助正当程序保障理论加以解释，而只能另行寻求其正当性。笔者查阅了英美法系以及大陆法系有关调解成立的规定，发现几乎所有的国家都要求将调解协议递交给法院或者由书记官记入笔录，德国还要求法院负责监督调解人员以及为当事人之间达成的调解协议发布执行条款。① 据此，笔者认为，执行力的根源在于：如果当事人对给付义务没有争议或者即使当事人之间存在着显著不成立争议，那么法院只需进行形式上的审查即可将私文书转换为公文书；如果当事人对给付义务存在着实质性争议，那么法院只有经过争讼程序才能对当事人之间的给付义务作出判定。对于法院调解来说，一方面，当事人达成协议后，可以依据法律的规定，将协议提交法院或者由法院依职权将协议记入笔录，从而赋予其强制执行力，此时法院所起的作用与公证员无异，而当事人所取得的执行名义与公证债权文书的执行力类同；另一方面，当事人达成协议后，也可以选择适用债的更新制度，不直接产生执行力，而只是将原来的债权债务关系用一个新成立的债权债务关系加以替代。因而，笔者认为，法院调解协议的执行力取决于当事人之间对新成立的债权债务关系不存在实质争议，法院对此进行简单的形式审查（主要是审查是否违背法律效力性禁止性规定，是否损害国家利益、公共利益或者第三人合法权益）而赋予调解协议以类似公证债权文书的执行力。

需要补充说明的是，调解确定效构成调解协议向执行名义转化的前提条件，但是调解确定效的产生不以调解协议向执行名义转化为前提条件。一方面，如果当事人明确约定排斥调解确定效，又试图将调解协议转化为许可执行裁定，事后又对原纠纷再事争议，那么，强制执行的结果并非有利于纠纷的及时解决，反而极有可能带来新的纠纷。因此，只有具备调解确定效的调解协议才可以作出调解书或者许可执行裁定。当然，不管是否具备调解确定效，只要符合其他转化条件，也应当允许纠纷当事人借助其他制度（公证、仲裁、督促程序等）将调解协议转化为执行名义，以尊重其他制度的存在价值。另一方面，调解确定效的根源在于当事人的合意而不在于转化程序的运转，因而具备调解确定效的调解协议即使没有转化为执行名义，当事人也不得对原纠纷再事争议，以贯彻调解的纠纷解决效力和维护实体法的帝王条

---

① 参见［英］阿德里安 A·S·朱克曼：《危机中的民事诉讼法》，傅郁林等译，第 225 页。

款——诚实信用原则。

2. 法院调解协议向执行名义转化的类型化分析

法院调解模式的不同意味着程序的正式性程度不同，程序的正式性程度不同意味着当事人诉讼权利受保护的程度不同，当事人诉讼权利受保护程度不同意味着调解结果具备向执行名义转化的基础不同。结合前文分析，笔者认为三种不同模式的法院调解应当分别实行以下不同的向执行名义转化机制：

（1）自行调解

自行调解被理解为法官审理民事案件的具体工作方式，其所贯彻的调解标准最为严格，其所适用的程序最为严谨，因而，在当事人达成调解协议的情况下，法官可以依职权制作调解书以结束案件的审理程序。与此同时，调解书属于法定的执行名义种类，倘若债务人不主动履行调解债务，那么债权人可以持调解书（调解笔录）向法院申请强制执行。换言之，法院自行调解模式下当事人达成调解协议的，拟制当事人具有赋予调解以调解确定效的意思表示，并且不允许当事人约定排除调解确定效的产生。之所以如此规定，就是因为自行调解的司法色彩最为浓烈，倘若允许当事人事后对原纠纷再事争议，显然减损了司法权威。当然，在达成调解协议的情况下，当事人可以通过原告撤诉的方式使诉讼程序归于终结，但是尽管如此，双方当事人仍然不能对原纠纷另行争议，除非具备法定的再审事由。在当事人选择以撤诉的方式结束诉讼程序的情形下，只要符合其他转化条件，当事人仍然可以借助其他制度（公证、仲裁、督促程序等）将调解协议转化为执行名义（公证债权文书、仲裁裁决书/调解书、支付令）。

总而言之，当事人要么将调解协议转化为调解书，要么将调解协议转化为公证债权文书、仲裁裁决书/调解书、支付令等执行名义，但是不允许适用许可执行裁定制度。之所以如此主张，就是因为自行调解的模式下，法官亲历调解，对调解的自愿性、合法性审查完全可以在调解程序中进行，而没有必要启动具有独立性质的许可执行裁定制度，否则，构成司法资源浪费。当然，如此规定需要以出具调解书为原则，并以法官妥当地履行阐明义务为前提：在双方当事人达成调解协议的情况下，如果双方当事人没有明确的相反意思表示，法院应当依职权将调解协议所确立的给付义务载入调解书；如果双方当事人明确反对法院出具调解书，法官应当履行阐明义务，向当事人说明不予转化为调解书的法律后果。

（2）协助调解

协助调解的司法色彩浓于 ADR 色彩，其所贯彻的调解标准更加倾向于法律标准，其所适用的程序更加倾向于保护当事人的诉讼权利，因而，在当事人达成调解协议的情况下，调解协议向执行名义转化的机理基本上与自行调解相同，不允许双方当事人约定排除调解确定效的适用，以维护司法权威。

（3）委托调解

委托调解的 ADR 色彩浓于司法色彩，属于我国最不正式的司法形式，其所贯彻的调解标准更加倾向于社会标准，其所适用的程序更加倾向于民间纠纷的有效解决，一般而言，委托调解程序并不会涉及法官的职权行为，其 ADR 属性较为明显，因而应当允许当事人约定排除调解确定效的适用。尽管如此，委托调解结果最终还是要经过法官的司法审查，因而，独立调解人在某种程序上依然会自觉地向法律标准靠拢，以最大限度避免其所促成的调解协议最终被法院推翻，因而应当允许当事人申请法院在审查调解协议最低限度合法性的基础上作出调解书。

在委托调解模式下双方当事人达成调解协议后，既可以申请法院对其进行审查而转化为调解书，也可以先由原告申请撤诉再由债权人将调解协议转化为公证债权文书、仲裁裁决书/调解书、支付令，还可以先由原告申请撤诉再由债权人向法院申请作出许可执行裁定。之所以如此主张，就是因为委托调解更加侧重于社会标准，当事人启动许可执行裁定制度并不会对司法权威造成明确的冲击。

综上所述，法院调解并不具有既判力，其"禁止重复"的机理在于调解确定效，法院调解协议向执行名义的转化路径与法院调解程序的正式性程度密切联系在一起：自行调解与协助调解程序完全或者主要由法院内部工作人员把握，因而法官对调解协议的最低限度合法性审查完全可以在调解程序中完成，为了避免司法资源浪费，应当尽可能引导当事人将调解协议转化为调解书；与此相对，委托调解程序完全由独立调解人把握，因而法官对调解协议的最低限度合法性审查无法在调解程序中完成，而只能在当事人达成调解协议后由法官对其进行审查的基础上制作调解书。既然调解协议的审查工作无法在调解过程中自动完成，那么由法官在对调解协议进行合法性审查的基础上制作调解书与法院依债权人申请在审查调解协议的基础上出具许可执行裁定并没有本质的区别：一方面，基于前面的分析，调解书仅具有执行力而不具备既判力；另一方面，两者所消耗的司法资源基本等值。有鉴于此，委托调解模式下的调解协议向执行名义的转化既可以借助其司法属性而转化为调解书，也可以借助其 ADR 属性而转化为许可执行裁定，还可以借助其他既有的制度而转化为其他形式的执行名义。然而，无论如何，经由法院调解程序及其后续转化程序所取得的任何形式的执行名义（调解书/调解笔录、仲裁裁决书/调解书、支付令、许可执行裁定等）均不具有既判力。

第十九章

民事再审制度的完善

民事再审程序作为通常程序之外的非常救济方法，在实现诉讼公正、维护法律秩序的稳定性等方面具有至关重要的作用。它的建构与一国的法律传统、正义观念以及包含审级制度在内的诉讼体制等密切相关。我国1991年民事诉讼立法中规定的审判监督程序由于受强调国家本位主义的诉讼理念与"有错必纠"指导思想的双重影响，其制度架构与基本诉讼原理存在着冲突与紧张，并直接导致了运行中的重重困难，最显著的体现就是当事人申请再审难，社会要求修改再审程序的呼声日渐强烈，并成为广泛关注的热点之一。基于此，2007年10月28日，第十届全国人民代表大会常务委员会第三十次会议审议通过了《关于修改〈中华人民共和国民事诉讼法〉的决定》（以下简称《修改决定》），对《民事诉讼法》进行了部分修正，再审程序的修改是其主要内容。由于立法对再审程序的修改在审判实践的运行中亟须明确和细化，2008年11月25日最高人民法院又下发了《关于适用〈中华人民共和国民事诉讼法〉审判监督程序若干问题的解释》（以下简称《适用解释》）。随后，最高人民法院专门针对再审案件的受理与受理后的审查程序又出台了新的司法解释。[①] 此次对再审程序的修改部分最重要的特征是对当事人申请再审制度进行了"诉讼化改造"[②]，对再审事由、再审申请的管辖法院、再审的提起与受理、再审审查程序、再审

---

① 2009年4月27日最高人民法院发布了《关于受理审查民事申请再审案件的若干意见》（以下简称《受理审查意见》）。

② 汤维建、毕海毅、王鸿雁：《评民事再审制度的修正案》，《法学家》2007年第6期。

期限以及再审审理法院的级别等都作出了明确的规定。虽然现行再审制度在形式上仍然沿用了"再审申请"的称谓，但就其实质内容而言，已经具备了"再审之诉"的基本特征，初步构建了具有中国特色的"再审之诉"制度。[①] 但毋庸讳言，修改后的申请再审程序仍与典型意义上的"再审之诉"有着不小的距离，以保障当事人再审诉权为核心的民事再审制度的完善仍将是今后努力的方向。

一、再审之诉的一般性考察

所谓再审之诉，通常在两种意义上使用，一种是指判决生效后，当存在再审事由时，当事人向法院提出的取消原生效判决，并作出新判决的诉讼请求，即当事人提出再审申请的行为；另一种是指包括当事人提起再审、法院对案件进行再审，并作出裁判的一整套再审诉讼制度。本章中的再审之诉在不同的语境下交叉适用前述两种意义。

诉是当事人向法院提出的要求法院对民事争议进行裁判的请求。诉具有使诉讼开始，使法院行使裁判权的功能。根据诉权的一般理论，当事人之所以能够提出要求法院进行裁判的请求，是因为当事人享有诉权。广义上的诉权包括起诉权、上诉权与再审诉权。再审诉权是指在提起再审之诉的当事人具有再审利益时，启动再审程序的权利。一旦法律规定当事人有再审诉权，该当事人就可以对已经发生法律效力的裁判提起再审之诉；在符合再审之诉的要求时，法院就应当根据提起再审之诉的当事人的要求开始再审程序。不管是一审诉讼程序、二审诉讼程序，还是再审诉讼程序，其共同特点之一，就是这些程序的启动是基于当事人的一种广义诉权和诉讼请求，不同的只是这种广义诉权根据不同的阶段、对象、目的具体化为各种具体的程序上的请求权，即起诉权、上诉权和再审诉权，并根据程序的特性和要求设定这些程序上请求权的条件。不同阶段的诉讼程序如果均以诉的制度为基础，就使具有共同特性的诉讼程序有了共同的基础。

在我国长期的民事再审程序的审判实践中，常常存在这样一种困扰：一方面，当事人对已经发生法律效力的裁判不满时，常常会不断申诉或声明不

[①]　参见最高人民法院审判监督庭：《民事诉讼法审判监督程序修改的意图及其实现》，《人民司法》2007 年第 23 期。

服，在申诉期间届满后仍会寻求各种途径促使法院提起再审，导致法院的裁判始终处于不稳定的状态；另一方面，当事人申请再审的权利又难以得到保障。面对如此矛盾的局面，理论界与实务界有关再审程序改革的方案也常常不自觉地陷入两难的境地：一方面，期望通过程序改造，拓宽再审途径，保障当事人的申请再审权利；另一方面，面对如潮的再审案件，又不断地限缩再审的范围。而基于不同的视角所得出的对立的改造构想，显然难具说服力。探究产生前述问题的根源，就在于立法以审判监督权作为再审程序的启动基础。而审判监督权的设计与运作又遵循了行政权的模式，程序约束力稀薄，自由裁量权过大。裁判过程缺乏正当性，当事人对裁判结果难以理解与接纳也就不足为奇了。

如果将再审制度的基础置换为再审之诉，则可以有效避免前述问题。因为作为诉的行使，意味着必须受程序的制约，必须符合诉行使的基本原理和条件。在原理上，诉作为一种请求的基本功能是要求法院行使司法裁判权，在满足诉的条件时，法院不能拒绝行使裁判权，从这个意义上讲，司法机关对争议进行司法裁判是司法机关的义务，这种义务正是基于当事人的诉权。但诉权的行使是有条件的，具体表现为诉的条件。再审程序的启动，需要当事人的再审之诉符合条件，不符合再审之诉的条件，法院就不能启动再审程序。同时，再审之诉也要遵循"一事不再理"等基本诉讼原理。再审之诉提起后，再审法院一旦以再审之诉不符合条件或再审请求不能成立为由而驳回时，当事人便不能以同一理由再次提起再审之诉。如此，以诉的原理重构再审程序，一方面，通过程序的完善维护当事人的再审诉权；另一方面，通过程序对再审之诉当事人的限制才能从法理上找到依据。《修改决定》的突出特点是对原有的类似行政化的再审申请审查进行了程序化改造，使当事人的再审诉权得到了程序保障。

二、再审之诉的诉讼标的

（一）再审之诉诉讼标的概说

作为诉的重要表现形式之一，再审之诉也具备诉的构成要素，即当事人与诉讼标的。而对再审之诉诉讼标的的研究，对于确定法院的审理范围、判断是否重复提起再审之诉意义重大。

再审之诉在性质上属于形成之诉。日本学者认为，形成之诉有实体法上的形成之诉与诉讼法上的形成之诉之分。诉讼法上的形成之诉系指主张撤销裁判或者主张撤销裁判效力的行为之诉，再审之诉以及撤销仲裁裁决之诉即属于这种诉讼形式。^① 但再审之诉又有其特殊之处，它针对的是已确定（即已生效）的终局判决，以声明不服的方式达到废弃或变更原判决，并就原诉讼争议的法律关系再为裁判的目的。因此，再审之诉从内容上说是对原诉讼程序的继续；从形式上说，即是以另一个诉讼程序请求法院除去原判决之效力。由此观之，再审之诉与那些单纯以形成某种法律效果的形成之诉相比，其程序之目的、功能、审理对象等更显现出多重性与复杂性。关于再审之诉的诉讼标的，需要明确的是再审之诉的诉讼标的的确定、再审之诉诉讼标的的识别标准以及与此相关的重复起诉、既判力范围的认定等。

（二）再审之诉诉讼标的的确定

关于再审之诉诉讼标的的确定，在德、日等国存在二元说与一元说的论争。二元说认为再审诉讼的诉讼标的是取消确定判决的请求与对案件的再审请求。而一元说则仅将原诉讼的诉讼标的作为唯一的诉讼标的。在德国与日本，二元说曾长期占据通说的地位，不过，晚近一元说对二元说形成了有力的挑战，并得到相当一部分学者的支持。一元说与二元说之争的理论意义在于再审之诉诉讼标的的确定将影响再审程序的结构以及当事人在再审程序中的程序利益与实体利益。

1. 一元说的观点

一元说的核心观点认为，不应将再审诉讼视为撤销原判决诉讼与对原判决重新审理的诉讼的复合。作为救济程序之一，再审程序与上诉审程序相类似，再审之诉是对于原确定判决声明不服而请求将原判决撤销或变更的方法，再审诉讼的诉状必须记载再审事由就如同上诉状必须记载上诉理由一样。再审事由并非取消原判决的事由，而是再审理的事由。^② 应将再审程序视为一个整体来考察，法院审查再审之诉有无理由阶段是再审程序的有机组成部分，而不能将此阶段视为有独立的诉讼标的存在。再审之诉的诉讼标的就是原确定判决的诉讼标的。

---

① 参见［日］兼子一、竹下守夫：《民事诉讼法》，白绿铉译，第48页。

② 参见［日］伊藤真、德田和幸编：《新民事诉讼法（3）》，弘文堂1998年版，第100页。

2. 二元说的观点

就再审程序而言，法院的审理通常包括审查再审事由有无阶段与对案件的再审理阶段。在第一阶段，再审之诉的目的在于请求撤销原判决，因此，附有再审事由的废弃原确定判决之声明为此一阶段的诉讼标的；在第二阶段，再审之诉的目的在于请求以新判决代替原判决，此阶段的诉讼标的为原诉讼的诉讼标的。如果否认前一阶段存在诉讼标的，将难以解释再审之诉以无理由被驳回的情形。

3. 对我国修改前的立法的评价

二元说承认对附有法定再审事由的废弃原确定判决的声明是否成立的判断构成独立的形成之诉，这个形成之诉的诉讼标的由法定再审事由和请求废弃原确定判决的声明共同构成，但一元说否定这样一种独立的形成之诉的存在。不过，一元说也不否认再审程序存在两个审理阶段，即审查再审事由有无阶段与对本案的再审理阶段。就 1991 年《民事诉讼法》的规定而言，我国立法中的再审程序主要体现为对原案件的再审理阶段，因此，仅从形式上看，修改前的立法似乎更接近于一元论的观点。但是，与前两种观点不同的是，我国将有无再审事由作为能否受理决定再审的条件，并未将对再审事由的审查作为再审程序的组成部分，更未将当事人废弃原确定判决的声明成立与否作为独立的诉来看待。① 如此规定的问题是：其一，可能侵害再审被告的合法权益。如果将对有无再审事由的审查作为审理的构成部分，则再审被告有机会提出抗辩，避免生效判决被否定。而将再审事由存在与否作为受理的条件，就剥夺了再审被告的抗辩机会，侵害了当事人的诉权。其二，以一元论的观点进行程序设计，当事人依法定再审事由提起再审之诉被驳回，维持原判，受新判决既判力所及，当事人将不能再依其他法定再审事由对原判决提起再审之诉，我国最高人民法院的《适用意见》第 207 条也恰恰是这样规定的，但这种规定实际上构成了对当事人诉权的不当限制。

4. 对《修改决定》的评价

《修改决定》明确了再审案件由当事人申请再审与法院审查是否受理阶段、对再审事由进行审查裁定是否再审阶段以及对裁定再审案件的再次审理

---

① 参见修改前的《民事诉讼法》第 179 条与最高人民法院《适用意见》第 206 条的规定。

阶段等构成。2009 年 4 月 27 日最高人民法院更是发布了《关于受理审查民事申请再审案件的若干意见》，进一步明确了受理条件，细化了再审事由审查程序。由此可见，修改后的再审程序已将对再审事由的审查作为再审程序的核心内容，从诉讼标的的角度看，似乎与二元说的立场更为接近了。

（三）再审之诉诉讼标的的识别

诉讼标的是法院确定审理对象、判定诉之合并、变更、分离、禁止重复起诉以及划定既判力范围的依据，因而如何确定诉讼标的对于当事人与法院意义重大。如前所述，以二元说的观点审视再审之诉，则废弃原判决之声明与原判决的诉讼标的共同构成再审之诉的诉讼标的。对再审之诉诉讼标的的识别标准的确定主要指前一个诉讼标的而言。

关于诉讼标的的识别标准，在德、日等大陆法系国家存在着新、旧诉讼标的理论之争，新诉讼标的理论又有一分肢说与二分肢说的差异，不同的标准也影响着再审之诉诉讼标的的识别。

1. 旧诉讼标的理论

旧诉讼标的理论认为形成之诉的诉讼标的为形成权，就再审之诉而言，为须依法行使的形成权，而每一个法定的再审事由，均构成一个形成权，存在一个再审之诉。依旧诉讼标的理论确定再审之诉，识别标准简单明了，便于操作。但如当事人以数再审事由提起再审之诉时，意味着有数个诉讼标的，此种情况下如何防止产生相互矛盾的判决，处理诉之合并，避免重复起诉等问题，旧诉讼标的理论无法圆满解答。

2. 新诉讼标的理论

新诉讼标的理论有一分肢说与二分肢说之分。与二分肢说相对，一分肢说只以诉之声明作为判断诉讼标的的唯一标准，各种事实理由仅为攻击防御的方法。因此，诉之声明不变而事实理由变更时，不发生诉之变更；诉之声明同一，而诉之事实理由为多数或增加时，不发生诉之合并或追加；前后两诉之声明同一，虽事实理由不同，亦为重复起诉。一分肢说能够解决旧诉讼标的理论难以解决的诉之合并、重复起诉等问题，但却扩大了既判力的范围。依一分肢说，再审原告以某一再审事由提起再审之诉被驳回后，其未主张的再审事由亦被该判决的既判力遮断，再审原告不得再以不同的再审事由提起再审之诉。这种由于既判力范围扩大导致的失权效果减少了当事人针对重大瑕疵判决的救济之途，有悖于再审之诉制度的目的。

二分肢说认为事实理由及诉之声明为构成诉讼标的的重要因素，只要上述二要素之任一发生变化或为复数，即发生诉的变更或合并。而对诉讼标的同一的判断，则要求二要素完全相同，任一项不同，即构成其他诉讼标的。就再审之诉而言，再审原告依不同的再审事由，请求废除同一判决，分别构成两个诉讼标的，此时只发生诉之合并而不存在重复起诉问题。二分肢说的优势是避免了一分肢说不当扩大既判力范围的缺陷，但其也存在旧诉讼标的理论的诉的合并问题。对此，日本学者以更灵活的态度加以修正，即当两个再审事由在同一诉讼程序中提出时，不再视为诉之合并，此时再审事由不具备特定诉讼标的的功能，仅作为攻击防御方法而已。

3. 本书观点

旧诉讼标的理论因其在诉之合并、重复起诉等方面难以自圆其说，所以不能作为再审之诉诉讼标的的识别标准。而对于新诉讼标的理论而言，采一分肢说还是二分肢说确定再审之诉的诉讼标的对当事人而言影响巨大，尤其是在当事人的再审请求被驳回后，可否再以另一再审事由再次提起再审之诉，两种学说的做法完全不同。一分肢说注重纠纷的一次性解决和裁判的安定性，禁止再次提起再审；而二分肢说更关注裁判的公正性，保障当事人的再审诉权。

对于再审申请被裁定驳回后，申请再审人以相同理由再次申请再审的，因其显系一事两诉，不应作为申请再审案件受理，对此学界与实务界不存疑义。但关于当事人先以一项事由申请被驳回后，又以新的事由再次申请是否应当受理的问题则存在不同的主张。一种观点认为当事人只能申请一次，以不同理由再次申请的应当不予受理。另一种观点认为法律没有对申请再审次数作出约束，当事人可以不同事由再次申请，应当受理。如果按照一分肢说，第一种观点能够成立；而第二种观点则是二分肢说的体现。我国立法当作如何选择呢？

应当说，在再审程序中，与纠纷解决一次性原则相比，确保裁判的公正更为重要，因为在由于法院的过错而致当事人遭受不利判决时，当事人不应承受法院过错行为的结果，而应赋予当事人充分的权利与机会声明不服。一分肢说扩大既判力范围的做法"与法律上允许再审之诉这一救济的意图相左"，而"尽可能扩展因法院的过错而对原告造成不利时的救济之路，这就是二分肢说强有力的原因所在"[1]。最高人民法院的相关司法解释也支持二分肢说的主张。[2]

如前所述，以二分肢说作为识别再审之诉诉讼标的的标准，存在着当事人以多个再审事由提起再审之诉，是否构成诉的合并问题。对此，可以借鉴日本学者的观点，即当事人以多个再审事由提起再审之诉时，数再审事由特定诉讼标的的功能视为已放弃，只作为攻击防御的手段，而不构成诉的合并。如此既可以解决二分肢说所面临的理论困境，又能够充分保障当事人的再审诉权。在我国当下的司法语境下，采纳二分肢说所凸显的意义更具现实性与紧迫性。

三、再审之诉的要件

如同起诉必须符合起诉条件一样，当事人提起再审之诉也要符合相应的条件，对再审之诉条件设置的宽严程度，实质上是在生效裁判的稳定性与公正性两种价值选择之间的衡平。从德、日等大陆法系国家的相关规定来看，对提起再审之诉的条件规定得较为严格，因为如果条件过于宽松，当事人频繁对生效的裁判提起再审，就会动摇裁判的稳定性，而确保裁判的稳定性是司法权的内在要求。再审之诉的条件通常包括再审的客体、提起再审之诉的主体、提起再审之诉的期间以及再审之诉的管辖法院等。

（一）再审之诉的客体

再审之诉的客体是指再审当事人声明不服的，并要求再审法院进行审查的对象。再审当事人之所以提起再审，是因为对已经发生效力的裁判不服，并要求法院对此进行审查，原生效裁判（含生效的调解书或调解协议）就成为再审之诉的客体。再审之诉的客体是再审的合法要件之一。在当事人提起再审诉讼请求时，法院将对再审之诉的客体进行审查，如果提起再审的客体不属于再审之诉要求的客体，则法院将驳回当事人提起的再审之诉。关于再审之诉的客体，需要研究的有以下几个问题：

---

[1]　［日］三月ケ章：《日本民事诉讼法》，汪一凡译，第130页。

[2]　参见《最高法院颁布意见再解当事人申诉难　两种情形不作为申请再审案受理》，《法制日报》2009年9月19日。

一是关于裁定能否申请再审。裁定是指人民法院在诉讼过程中对有关诉讼程序上的事项以及个别实体问题所作的权威性判定。在我国，再审之诉的客体是已经生效的裁判，因此，裁定理当在再审的范围之内，但并非所有的裁定都能够申请再审。根据最高人民法院相关司法解释，对不予受理与驳回起诉的裁定当事人可以申请再审。之所以对这两类裁定可以申请再审，源于这两类裁定均涉及当事人的诉权，即是否给予当事人司法保护的重大问题。一旦法院终局裁定不予受理或驳回起诉时，当事人将可能无法再次获得司法保护。尽管《民事诉讼法》规定这些裁定可以被提起上诉，但考虑到司法保护对当事人的重要性，允许提起再审应在法理之中。至于对管辖权异议的裁定是否可以提起再审，理论界存在争议。有学者认为，管辖权问题虽然也是一个重要的诉讼问题，但毕竟不像驳回起诉那样重要，不涉及实体保护的重大问题，而且不管由哪个法院管辖，从司法的统一性讲，法院都将依法进行裁判，因此认为没有必要进行再审。不过，2001 年 11 月 1 日颁布的最高人民法院《关于印发〈全国审判监督工作座谈会关于当前审判工作若干问题的纪要〉的通知》中规定，原管辖权异议裁定错误，且案件尚未作出生效判决的，应予撤销并将案件移送给有管辖权的法院。可见，对管辖权异议的裁定允许有条件再审。2007 年《民事诉讼法》中虽将"违反法律规定，管辖错误的"作为再审事由之一，但并没有明确对管辖权异议的裁定能否再审。就此，学界较为一致的观点主张应将管辖权异议排除在再审客体之外①，并且已经得到 2012 年《民事诉讼法》认可。

二是关于法律规定的禁止提起再审之诉的案件范围。哪些案件不允许当事人提起再审之诉，对此，《适用意见》第 207、209 条作了以下限制性规定：（1）判决解除婚姻关系的案件，但当事人就财产分割问题申请再审的除外；（2）按照特别程序、督促程序、公示催告程序、企业法人破产还债程序审理的案件；（3）依照审判监督程序审理后维持原判的案件。对于前述限制，学理上的认识并不统一，例如就解除婚姻关系的生效裁判不允许提起再审，有学者指出，如果当事人伪造证据导致法院作出离婚判决，或者应该回避的法官没有回避，将不符合法定离婚条件的当事人判决离婚，又不允许当

---

① 参见潘剑锋：《论"管辖错误"不宜作为再审事由》，《法律适用》2009 年第 2 期。

事人申请再审并不合理。① 笔者认为，前述司法解释有一定的合理性。因为就解除婚姻关系的生效判决而言，当事人要求再审的，主要针对财产分割部分，而财产分割部分的判决是允许再审的。即便认为离婚判决错误，当事人欲恢复婚姻关系，也可以在诉讼程序外加以解决而不必以再审的方式改判。又如依照审判监督程序审理后维持原判的案件不允许再审的规定也有缺陷，因为如果当事人提出新的再审事由，不允许当事人提起再审就与法理相悖。对此，2002 年 9 月 10 日颁布的最高人民法院《关于规范人民法院再审立案的若干意见（试行）》针对前述司法解释有所纠正，该意见第 15 条规定，上级人民法院对经终审法院的上一级人民法院依照审判监督程序审理后维持原判或者经两级人民法院依照审判监督程序复查均驳回的申请再审或申诉案件，一般不予受理，但当事人提出新的理由且符合相关法律规定的条件的除外。也即依照审判监督程序审理后维持原判的案件，如果当事人提出新的再审事由且符合申请再审的条件的，可以提起再审。这一规定也应当适用修改后的再审程序。

三是学理上有关再审客体的争议。在民事审判制度改革的议论中，鉴于再审案件的比例不断攀升、生效裁判的稳定性难以保障的现实，实务界的一些人士提出限制再审客体以减少再审案件数量的建议。如景汉朝提出最高法院终审的案件不能再审；已经再审过的案件不能再审；当事人没有上诉的案件不能再审；生效裁判没有重大瑕疵的案件不能再审；无纠正可能的案件不能再审；终审后又提供新证据的不能再审等②；还有人提出当事人不得对生效调解书申请再审等等。③ 上述提议虽然可能在客观上达到减少再审案件的数量的效果，但却是以侵害当事人的再审诉权为代价的，在法理上难以立足。比如最高人民法院终审的案件不能再审就缺乏依据，因为生效判决的正确性并非取决于法院的级别，不能因为最高人民法院处于司法机构的最高级而免于来自体制内的监督；又如生效裁判没有重大瑕疵的不能再审也存在问题，因为何谓"重大瑕疵"本身即难以界定，如果将是否"重大瑕疵"的裁

①　参见江伟主编：《民事诉讼法学》，复旦大学出版社 2002 年版，第 409 页。

②　参见景汉朝、卢子娟：《论民事审判监督程序之重构》，《法学研究》1999 年第 1 期。

③　参见虞政平：《完善我国审判监督程序的法律建议》，见樊崇义主编《诉讼法学研究》第 6 卷，中国检察出版社 2003 年版，第 30 页。

量权赋予法院，不难想象当事人的再审诉权很难得到保障。前述限制再审客体的观点从某种程度上似乎留下一些以行政命令的方式处理司法问题的印记，其结果即便是限制了再审案件的数量，生效裁判也难以获得正当性。如果以再审诉权作为建构再审制度的基础，则从审判权的角度对再审客体的诸多限制是不足取的。借鉴德、日等大陆法系国家的立法，笔者认为，除了前述司法解释中对申请再审案件的限制性规定外，可以添加"虽有再审事由，但法院认为原判决正当的，判决驳回再审的诉讼请求"的规定。不过，此一裁判应在对再审之诉立案后作出。

（二）再审之诉的主体

再审之诉是不服原生效判决而提起的请求再审理之诉，在原诉讼中承受不利益判决的主体拥有再审诉权。我国 1991 年《民事诉讼法》规定，对认为有错误的生效裁判依法有权提起再审之诉的主体为原审中的当事人，即只有原生效判决中的当事人为再审程序的适格当事人。立法者在 2007 年修订《民事诉讼法》时，增加了在执行程序中案外人对驳回执行异议的裁定不服，认为原判决、裁定错误的，依照审判监督程序办理的规定。这就意味着，案外人在一定条件下可以申请再审，从而扩大了申请再审的适格当事人的范围。

关于原审当事人为再审之诉的适格主体。通常来说，再审之诉的适格当事人为接受原生效裁判效力的原审当事人，包括原告、被告以及第三人。如果原审案件当事人死亡或者终止，则承受其判决效力的承继人亦有权提起再审。[①]

关于案外人为再审之诉的适格主体。除原审案件的当事人外，一些国家和地区还对与生效裁判有法律上利害关系的第三人赋予再审诉权，即所谓"第三人撤销之诉"[②]。当案外第三人与生效判决有法律上的利害关系，损害了第三人的合法权益，而第三人未参加诉讼，非因可归责于己的事由时，第三人可以原审的当事人为共同被告提起再审，请求撤销原生效判决，作出新

---

① 参见最高人民法院《适用解释》第 41 条："民事再审案件的当事人应为原审案件的当事人。原审案件当事人死亡或者终止的，其权利义务承受人可以申请再审并参加再审诉讼。"

② 《法国民事诉讼法》第 582 条规定，第三人为其本人利益，有权请求撤销判决或请为改判之。我国台湾地区"民事诉讼法"第 507 条规定，有法律上利害关系之第三人，非因可归责于己之事由而未参加诉讼，致不能提出足以影响判决结果之攻击或防御方法者，得以两造为共同被告对于确定终局判决提起撤销之诉讼，请求撤销对其不利部分之判决。

的裁判。法院经审查如果认为第三人的申请有理由的，应撤销原生效裁判对第三人不利的部分，并在第三人的请求范围内变更原判决，而原判决对于原当事人仍然有效。但原当事人与第三人争议的诉讼标的为同一者，不受此限。

在我国现行法律框架下，第三人提起再审之诉只能在原审案件执行程序中发生，且第三人申请执行异议被驳回的，才有资格提起再审之诉。这也意味着，如果原审案件不能进入执行程序，则第三人的合法权益很难通过诉讼程序加以保护。实际上，目前存在着为数不少的当事人双方恶意诉讼案件，目的是转移财产，侵害真正权利人的合法权益。此种情形下，案件不可能进入执行程序，第三人就没有申请再审的机会。笔者认为，目前立法的这种规定适用范围有限，不能有效保护因错误的生效判决使合法权益受到侵害的第三人，为此，应建立第三人撤销之诉。对于与生效判决有法律上的利害关系，合法权益受到损害的第三人，如果非因可归责于己的事由未参加诉讼，该第三人享有再审诉权，可以以原审当事人为被告提起撤销原裁判的再审申请。值得一提的是，《适用解释》对案外人申请再审似乎作了扩大解释[①]，案外人申请再审并不仅限于执行程序。但《适用解释》仅限于给付之诉，实践中也有不少形成之诉或确认之诉存在侵害案外人合法权益的情况，也应同样赋予其再审诉权。

（三）再审之诉的管辖

对于再审之诉的管辖法院，按照 1991 年《民事诉讼法》的规定，当事人申请再审，应当向作出生效裁判的原审法院或者它的上一级法院提出。2007 年、2012 年立法者均对此进行了较大的变动，2007 年《民事诉讼法》第 178 条规定："当事人对已经发生法律效力的判决、裁定，认为有错误的，可以向上一级人民法院申请再审，但不停止判决、裁定的执行。"由此，申请再审的管辖法院由原来的原审法院与上一级法院共同管辖，当事人选择适用变为由上一级法院管辖，原审法院对申请再审没有管辖权。尽管再审申请

---

① 《适用解释》第 5 条规定："案外人对原判决、裁定、调解书确定的执行标的物主张权利，且无法提起新的诉讼解决争议的，可以在判决、裁定、调解书发生法律效力后二年内，或者自知道或应当知道利益被损害之日起三个月内，向作出原判决、裁定、调解书的人民法院的上一级人民法院申请再审。在执行过程中，案外人对执行标的提出书面异议的，按照民事诉讼法第二百零四条的规定处理。"

提级管辖的修改有助于消除当事人对原审法院的不信任心理，使再审结果易于为当事人接受，但它的缺陷也是相当明显：其一，不符合民事诉讼的便利当事人诉讼、便利人民法院审判的原则，不仅增加了当事人的诉讼成本，也给法院调查取证等审判活动带来不便。其二，最高法院、高级法院受理再审的案件成倍增加，目前的审判资源难以承担，同时也对二审案件的审判和上级法院对下级法院的审判指导等功能造成影响，实务部门对此怨声载道，共同呼吁改变现状。① 为此，2012 年《民事诉讼法》再一次对再审之诉的管辖进行调整，第 199 条规定："当事人对已经发生法律效力的判决、裁定，认为有错误的，可以向上一级人民法院申请再审；当事人一方人数众多或者当事人双方为公民的案件，也可以向原审人民法院申请再审。当事人申请再审的，不停止判决、裁定的执行。"

从比较法的角度考察，大陆法系国家中凡有再审制度的，原则上再审之诉的管辖法院均为作出原判决的法院。例如，《日本民事诉讼法》第 340 条第 2 款规定："再审之诉专属于作出被声明不服的判决的法院管辖。"《德国民事诉讼法》的规定则显得更复杂一些：一般情况下，再审之诉专属于作出第一审判决的法院管辖。如果被声明不服的判决或数个被声明不服的判决中的一个，是州法院所作的判决，或者对于上告审所作的判决在某些情况下专属于控诉法院管辖。对于上告审所作的判决声明不服的专属于上告审法院管辖。再审之诉中原审法院对再审案件享有管辖权，主要因为再审诉讼与原诉讼有着密切的联系，再审法院可以充分利用原诉讼中当事人提出的资料，有助于再审法院迅速、适当地作出再审裁判。同时，也符合再审之诉这样一种特别救济程序的性质定位。

当然，相对于我国而言，如果再审申请完全由原审法院专属管辖也不符合我国的情况。笔者认为，对再审案件管辖法院的原立法规定应予保留，即再审申请的管辖法院应为原审法院或上一级法院，而且多数再审案件的管辖权应归原审法院。② 除另行组成合议庭或设专门的再审机构如再审庭专门审

---

① 在 2011 年 2 月 21 日最高人民法院主办的民事诉讼法修改座谈会上，来自实务部门的人士均表达了这一观点。

② 2002 年 9 月 10 日颁布的最高人民法院《关于规范人民法院再审立案的若干意见（试行）》中的相关规定亦体现了这一观点。参见该《意见》第 6 条。

理再审案件以保障公正外，为了避免当事人同时向两级法院申请再审所可能导致的无序状态，可以就原审法院与上一级法院各自受理再审申请的范围作出明确的界定。

（四）再审之诉的期间

为保障生效裁判的稳定性，需要对提起再审之诉设定期限。我国《民事诉讼法》第 205 条规定，当事人申请再审，应当在裁判生效后的 6 个月内提出。6 个月后据以作出原判决、裁定的法律文书被撤销或者变更，以及发现审判人员在审理该案件时有贪污受贿、徇私舞弊、枉法裁判行为的，自知道或者应当知道之日起 6 个月内提出。这一规定采取了一般期间与特殊期间相结合的方式。对于通常再审案件，申请再审的期间为 6 个月，且为不变期间，不得中止、中断和延长；而对于两类特殊案件，则不受该不变期间的约束，当事人可以从知道或者应当知道之日起 6 个月内提出。对通常再审案件规定 6 个月的不变期间，学界与实务界也有不同的声音。主张限制再审者认为期间过长，应予缩短；而主张保障再审诉权的学者又认为期间过短，应该延长。

如果从不同的视角出发，可以认为前述的观点均有一定的道理。但是，就再审程序的特性而言，似乎两种观点均有问题。因为再审期间过长不利于生效裁判的稳定性；而期间过短又难以体现再审程序纠正错误裁判、维护司法公正的功能。在再审期间的设置上，德国、日本与我国台湾地区的相关规定值得我们参考。这些国家与地区对再审期间规定了不变期间和最长期间两种，即判决被确定后，当事人应在知悉再审事由的 30 日内提起再审，但自判决确定后已逾 5 年者，不得提起。这样规定的优势在于，30 日的较短的不变期间的规定一方面能够促使当事人得知再审事由后，尽快决定是否提起再审；另一方面，也有利于法院对再审事由的及时审查与核实，并确保裁判的早日作出。而 5 年的最长期间对于保障实体结果的公正更为有利。

四、再审事由

民事再审事由的设定，是一国再审制度的核心内容，再审事由的范围体现了法律在维护生效裁判的既判力与纠正可能存在的错误裁判之间的平衡。再审事由的立法模式以及具体规定反映了再审程序的功能定位，决定了再审程序的运作方式，并能从中体现再审程序乃至民事诉讼程序整体的价值取向。

从德、日等大陆法系国家再审之诉制度的规定来看，尽管再审事由范围不尽相同，但在再审事由设定的标准上，以下两个方面成为共通的原则：一是再审事由的内容设定标准。围绕诉讼程序存在重大瑕疵的程序性事由和作为判决基础的诉讼资料存在异常缺陷的实体性事由作为设定再审事由的标准，且具有很强的可操作性。二是坚持再审的补充性原则。再审相对于上诉等通常救济途径而言，是一种补充性的救济方式。造成裁判错误的事由，如果在第一审程序中就已经存在，当事人完全可以通过上诉等常规的方式寻求救济，而不应当等到判决生效后再来提起再审之诉。如果当事人能够用上诉等方式提出却没有提出，则会产生失权的效果，即不允许提起再审之诉。①如《日本民事诉讼法》第 338 条规定："有下列情形时，对确定的终局判决可以以再审之诉声明不服。但当事人已经作为控诉或上告理由主张时，或明知其事由而不主张时，不在此限。"同时，由于这些国家均采用三审终审，对法律适用的审查也不在再审事由之列。此外，上述国家特别注意通过判例对再审事由的适用予以明晰化。②

与上述国家相比，我国由于实行二审终审制，加之司法传统更加注重裁判结果的公正，在再审事由的设定标准上，既与这些国家有相同之处，又要立足本国情况。总体上看，对再审事由设定的标准可能需要更加宽泛，同时，再审的补充性原则的适用也要受到限制。在我国，1991 年《民事诉讼法》规定了 5 项再审事由，这些再审事由尽管也可以划分为程序性与实体性事由两大类，但由于过于抽象，缺乏可操作性，导致在具体的审判实践中当事人与法院对再审事由的认识存在分歧，不同的法院、甚至不同的法官在再审事由的认定上亦不统一，如此，一方面，加剧了"再审申请难"；另一方面，又导致"再审申请乱"。对再审事由的修改是《民事诉讼法》修改的重点，立法者希望通过对再审事由的细化和合理化，使得再审程序更加公开并具有可操作性和可预见性。经 2007 年、2012 年修改后的再审事由将原来的 5 项扩展、细化为 13 项。此外，第 201 条还规定了对生效调解书申请再审的

---

① 参见李浩：《再审的补充性原则与民事再审事由》，《法学家》2007 年第 6 期。
② 参见［日］新堂幸司：《新民事诉讼法》，林剑锋译，第 665、667 页。

事由。由于立法对再审事由的规定仍显简单，随后出台的《适用解释》又进一步予以明确。较之修改前的规定，修改后的再审事由在一定程度上实现了从主观标准向客观标准的转变，从实体性标准向程序性标准的转变，从概括性标准向具体性标准的转变。[①] 关于再审事由，以下几个问题值得探讨：

（一）实体性事由

实体性的再审事由的明晰是再审事由修改的一大亮点。实体性再审事由包括了有关事实认定和有关法律适用共 6 项事由。在事实认定方面，将原来的 2 项事由进一步细化为 5 项，即：有新的证据，足以推翻原判决、裁定的；原判决、裁定认定的基本事实缺乏证据证明的；原判决、裁定认定事实的主要证据是伪造的；原判决、裁定认定事实的主要证据未经质证的；对审理案件需要的证据，当事人因客观原因不能自行收集，书面申请人民法院调查收集，人民法院未调查收集的。在法律适用方面，保留修改前的原判决、裁定适用法律确有错误的规定。关于实体性事由，有以下几个问题需要明晰：

一是关于新证据的认定。关于新证据，《适用解释》作出了如下限定：原审庭审结束前已客观存在庭审结束后新发现的证据；原审庭审结束前已经发现，但因客观原因无法取得或在规定的期限内不能提供的证据；原审庭审结束后原作出鉴定结论、勘验笔录者重新鉴定、勘验，推翻原结论的证据；当事人在原审中提供的主要证据，原审未予质证、认证，但足以推翻原判决、裁定的证据。这一限定体现了再审的补充性原则。但是，应当注意的是，考虑到新证据所具有的足以推翻原裁判的效力，对其限定应以当事人在原审中因故意和重大过失未提出的为限，一般的过失，如因对证据的关联性产生了误解而未提供，则不宜禁止其在再审中提出，否则会过分侵蚀实体公正。[②]

二是关于法院未依申请调查取证。此次修改将法院为未依当事人申请调查取证导致裁判错误作为实体性再审事由之一。应当说，在当事人自主收集证据尚缺乏程序保障的情况下，这一规定对当事人申请法院调查取证权的落实具有重大意义。但是，目前的规定似乎过于宽泛，没有考虑到法院未依申

---

①　参见汤维建、毕海毅、王鸿雁：《评民事再审制度的修正案》，《法学家》2007 年第 6 期。

②　参见李浩：《再审的补充性原则与民事再审事由》，《法学家》2007 年第 6 期。

请调查取证的不同情形。根据《证据规定》，当事人申请法院调查取证被法院驳回后，当事人有权申请复议。如果在一审中，当事人申请法院调查取证被驳回，则至少可以通过申请复议、上诉在二审中申请法院调查取证、驳回再申请复议等多个途径寻求救济。假如当事人穷尽了上述途径后仍允许其以此为由申请再审，或当事人可以用尽这些救济途径而主观上怠于使用，等到申请再审时才提出，则完全背离了再审的补充性原则。因此，对于该再审事由的适用应予以限制。

（二）程序性事由

对有关程序性再审事由的强化成为再审事由修改的又一特色。修改后的再审事由有 7 项涉及程序性事由。关于程序性再审事由，我们在这里仅讨论"违反法律规定，剥夺当事人辩论权利"作为再审事由的相关问题。《民事诉讼法》新增该项再审事由具有重大理论意义与现实意义。因为确保当事人的辩论权是保障当事人程序主体地位，防止诉讼突袭，确保诉讼正当性，提升当事人对裁判信赖度的核心要求。对当事人辩论权的保障贯穿在诉讼程序的始终，重点包括保障当事人知悉程序进行情况、保障当事人答辩的权利、保障当事人出庭参加诉讼进行辩论的权利、保障当事人知悉案件审理过程中的法官心证的权利等。① 如果在上述活动中违反法律规定，未能给当事人提供相应的程序保障，就可以构成限制或剥夺当事人的辩论权利。但如果把它作为再审事由，则要考虑剥夺的程度，即一般性的限制乃至剥夺当事人辩论权利，通常不作为再审事由，而应把违反法律规定、严重剥夺当事人辩论权利的行为上升为再审事由并使之具体化。如此既有利于维护裁判的稳定性，也便于实务操作。《适用解释》第 15 条对此作了说明，即构成再审事由的剥夺辩论权仅限于原审开庭过程中审判人员不允许当事人行使辩论权利，或者以不送达起诉状副本或上诉状副本等其他方式，致使当事人无法行使辩论权利的情形。这是对剥夺辩论权所作的最为狭窄的解释。当然，考虑到现行《民事诉讼法》并没有确立"约束性辩论原则"，为了在适用过程中避免发生歧义，做这样的限缩性解释也是可行的。不过，将来对《民事诉讼法》作进一步修订时，有必要确立"约束性辩论原则"，剥夺辩论权的范围可以进一步

---

① 参见刘敏：《民事诉讼中当事人辩论权之保障——兼析〈民事诉讼法〉第 179 条第 1 款第 10 项再审事由》，《法学》2008 年第 2 期。

扩大，如至少应把"法院裁判所认定的事实未经当事人辩论"作为情形之一，这是确保当事人辩论权的核心之所在。

五、再审之诉的审理

当事人向法院提出再审请求后，从诉讼主体所实施的诉讼行为的阶段上看包括两个部分，一是再审立案审查程序；二是再审案件的审理程序。前者是指当事人提出再审请求后，由法院审查，决定是否立案和立案后对再审事由存否的审查程序；后者是指在已经决定再审的情况下，对案件重新审理、并作出新的裁判的程序。对于申请再审的当事人而言，与再审审理程序相比，再审立案审查程序更为重要，因为只有经过立案审查程序，决定再审后，申请再审的案件才有得到改判的可能。因此，再审立案审查程序设置得公正与否，对于当事人能否理解与接纳法院的裁判意义重大。

（一）再审立案审查程序

1991 年《民事诉讼法》对再审申请的审查的程序性规定几乎处于空白，亦无相关的具有可操作性的司法解释。审判实践中，对当事人申请再审后的立案审查程序，仍沿用了对申诉的处理方式。[①] 随着再审制度改革的深入，民事再审立案审查程序中存在的问题逐渐暴露出来，主要表现在再审立案标准不明确、审查组织与审查方式不确定，缺乏公开与透明、审查期限过长，效率低下，法律文书样式不统一，格式不规范等。上述民事再审立案审查程序中存在的问题，一方面缘于立法的缺失，再审立案审查无法定程序可遵循，各地法院做法不一也就在所难免；另一方面，更为重要的是，长期以来，无论是理论界，还是司法实务部门，没有将再审申请看做是当事人的一项诉讼权利，而仅将其视为传统意义上的一般群众来信来访，作为民主权利的申诉处理，采取行政手段的办法解决，具有明显的非程序化、不规范的特征，再审申请人缺乏有效的程序保障，也无来自程序的约束，结果也就出现了申请再审难与当事人缠讼等问题，影响了司法的公正与权威。

修改后的《民事诉讼法》及其相关司法解释对再审申请的受理及再审案件的审查作出了明确的程序性规定，尤其是两个司法解释更是详尽地规范了

---

① 审判实践中，再审立案审查程序习惯称申诉复查程序。

立案审查程序，这是此次再审程序修改的最大亮点。再审立案审查的程序化、规范化是我国初步构建起再审之诉的最主要特征。从立法和两个司法解释的规定来看，再审申请的受理应把握以下几个方面：

1. 明确了对再审之诉的立案条件与程序

与起诉权和上诉权一样，既然再审诉权是当事人诉权的重要组成部分，当事人行使再审诉权，提出再审之诉后，就应当引发法院的立案审查行为，即法院应对再审之诉进行审查，决定是否予以立案受理。对此，修改后的立法及司法解释明确了再审之诉的立案条件与程序。

《受理审查意见》细化了当事人提起再审之诉的实质要件与形式要件。前者包括属于允许再审的裁判的范围、再审之诉的当事人适格、具有法定的再审事由、在法定的期间提出以及属于受诉法院管辖等。当事人提起再审之诉的要件即是法院立案受理的条件。除实质要件外，该司法解释还规定了提起再审的形式要件，即提交书面的诉状，诉状应记载当事人的情况、请求再审的原生效裁判、再审的具体诉讼请求、再审事由及关于证明再审事由与遵守诉讼期间的证据等。此外，还规定了立案审查决定是否受理的期间。

对于当事人的再审之诉，法院进行审查后，符合前述法定条件的，应予受理。在此阶段，需要提及的是立案阶段的审查范围。当事人提起再审之诉，法院决定是否立案受理的审查应为形式审查，只要形式上符合前述要件，法院就应受理，而不能进行实质审查，尤其是不能要求当事人提交的证据能够证明再审事由的成立等。

2. 规范了再审立案后的审查程序

与通常诉讼程序不同，法院对当事人的再审之诉决定立案后，并不直接进入开庭审理阶段，而是要对再审之诉的要件继续进行审查，尤其要对再审事由进行初步的实质性审查，即判断再审事由是否成立，如果再审事由不成立，就裁定驳回再审请求；如果再审事由成立，就决定再审，对再审案件重新进行审判。对于再审立案后的审查程序，修改后的《民事诉讼法》及其相关司法解释也作出了明确的规定，重点应把握如下几方面：

（1）审查组织。如前所述，再审案件的审理程序应由对有无再审事由等的审查阶段与对案件的再次审理阶段组成。人民法院受理当事人的再审之诉，对再审事由等的审查应当作为再审案件审理的一个重要阶段，这一阶段属于实体审理的内容，故不应由立案庭负责，而应由审判庭负责。目前，这一职能由专门的审判监督庭承担。至于应由何种审判组织进行审查，以往实践中的做法不一，最高人民法院关于再审程序的两个司法解释明确规定应组成合议庭进行审查。笔者认为这一规定非常必要：首先，符合法律的规定。我国《民事诉讼法》明确规定，再审案件的审理必须组成合议庭，而立案后对再审案件是否存在再审事由的审查已是实体审理的组成部分，理当由合议庭进行。其次，符合再审案件的特点。由于再审案件立案后的审查是一个发现案件错误的程序，它既审查程序，还一定程度地审查实体，同时还审查原审判决的法律适用，审查起来较为复杂，显然不宜适用独任制。再次，有利于当事人对再审裁判的理解与接纳。再审程序以追求诉讼公正为首要价值目标，程序的设置也应体现诉讼公正的要求，而由合议庭这一审判组织形式进行审查，对于实现公正，求得当事人对裁判的理解与接纳颇有意义。

（2）审查方式。关于对再审事由的审查方式，以往审判实践的形式各异，极不统一。对此，《受理审查意见》对审查方式进行了规范，包括审查材料、审阅原审卷宗、询问当事人以及组织听证等。具体审查方式可以根据案件的情况由合议庭酌情采取。不过，《受理审查意见》对可以组织听证的情形进行了列举，主要涉及可能存在事实认定错误或法律适用错误的，可以组织听证。审判实践中，采取书面审查的较多，尤其是面临较大审判压力的高级法院，往往以书面审查为主要方式，而采取询问当事人、组织听证的比例并不高。笔者认为，单纯的阅卷和审查申请材料即作出判断，尤其是驳回再审的裁判，易形成一些弊端：一是剥夺了当事人申请审查人员回避和自行辩解的权利；二是易给当事人形成"暗箱操作"的感觉，让当事人难以信服，不利于当事人服判息讼；三是案件错误不易被发现，审查失误率高。因此，单纯的阅卷和审查申请材料的方式不可取。而询问当事人，听取其意见，有利于进一步澄清事实，可以有效克服单纯阅卷带来的上述弊端。而对于认定事实与适用法律可能存在错误的案件，采取听证方式进行审查，有利于保障双方当事人权益，也有利于当事人对裁判结果的理解与接纳。

（3）审查结果。对于立案后的再审案件，经审查后可能存在三种情形：一是不符合再审之诉的法定要件，如申请再审之诉的当事人并非适格的当事人；二是再审事由明显不成立；三是再审事由成立。对于第一种情形，实际上是立案审查的延续，即继续审查是否符合再审之诉的法定要件。不符合再审之诉的法定要件的，以裁定驳回再审。再审事由不成立的，以裁定驳回再审申请。再审申请被裁定驳回后，再审申请人以相同理由再次申请再审的，不作为申请再审案件审查处理。如果再审事由成立，法院决定再审，案件将进入再审的重新审理阶段。

（4）中止原裁判的执行。按照《民事诉讼法》的规定，在再审立案审查阶段，原生效裁判仍可继续执行。当法院经审查，决定再审时，同时裁定中止原裁判的执行。这一规定是"先定后审"的典型表现，具有强烈的职权主义色彩。以诉权理论构筑再审程序，就要求尊重当事人的处分权，即在此阶段，当事人可以申请法院裁定中止原判决的执行，没有当事人的申请，法院不能主动中止原裁判的执行。为了保障另一方当事人的合法权益，法律应同时规定，申请方应在提交申请的同时，提供相当于执行标的额的担保。如果被申请人提供相应的担保，法院亦可解除中止执行的裁定。

（二）再审案件的审理程序

当事人向法院提起再审之诉，法院裁定立案受理，经审查再审事由成立后，案件即进入本案审理阶段。按照《民事诉讼法》的规定，再审案件的审理，法院应另行组成合议庭，原生效裁判是一审程序作出的，再审应当适用第一审程序审理，所作出的裁判，当事人不服的，仍可上诉。原生效裁判是二审程序作出的，再审应当适用第二审程序审理，所作出的裁判是终审裁判，当事人不得上诉。关于当事人申请再审的案件的本案审理，下列问题值得探讨：

1. 再审审理的管辖法院

对于当事人申请再审的案件，受诉法院决定再审后，应由哪级法院进行审理和裁判，也就是再审审理的管辖法院问题，最高人民法院《适用解释》第27条规定，"上一级人民法院经审查认为申请再审事由成立的，一般由本院提审。最高人民法院、高级人民法院也可以指定与原审人民法院同级的其他人民法院再审，或者指令原审人民法院再审"。这一规定表明：其一，对申请再审进行审查的法院与对决定再审后进行再审审理的法院并不一定相同。其二，通常情况下再审的审理应由审查再审的法院管辖。其三，最高人民法院、高级人民法院对于所承担的再审审查的案件可以指定其他法院或原审法院再审。与修改前的《民事诉讼法》相比，最大的变化在于最高人民法院、高级人民法院可以指定其他法院再审。根据立法者的解读，这样安排的主要原因在于，由于再审申请管辖制度上的变化，最高人民法院和高级人民法院承担了很大的案件压力，如不做适当调整，势必产生新的"再审难"、"申诉难"现象，立法部门最终决定采取从上级法院分流一部分再审案件给下级法院的方式，以减轻最高人民法院和高级人民法院承担再审工作所面临的困难。[①] 但是，这样的规定存在着法理上的障碍，即被指定的审理再审案件的法院与作为同级的原审法院并不具有"审判监督"或"审级监督"的功能，在原审法院的裁判未被决定再审的上一级法院依法撤销时，显然无法得出进行再审的同级法院的审查与判断将会比原审法院的判断更权威的结论。有学者认为，如果确有必要保留指定再审的规定，则上级法院在指定其他法院再审时，应当同时裁定撤销原裁判。[②]

2. 关于再审案件的审理范围

在再审案件的审理中，存在着法院的审理范围是否受当事人再审请求范围的限制的问题。对此，修改前的《民事诉讼法》并未明确规定。学理上存在两种观点：一种观点认为，民事再审程序也应遵循"不告不理"的诉讼法理，再审程序的实际审理范围必须以当事人声明不服的事项为准，不能超出当事人声明不服的事项、以纠正错误为名扩大审理范围。否则，就是对当事人处分权的侵犯，且不利于维护裁判的安定性和司法的权威性。另一种观点认为，再审程序的最终目的是纠正裁判存在的错误，包括事实认定的错误与适用法律方面的错误，而不只是对当事人声明的不服是否正确作出裁判。因此，再审案件的实质审理范围不能局限于当事人声明不服的事项，而必须以当事人声明的不服为基础，对案件重新进行全面审理。[③]《适用解释》第33条对此问题作出了明确规定，即人民法院应当在具体的再审请求范围内或在抗诉支持当事人请求的范围内审理再审案件。当事人超出原审范围增加、变更诉讼请求的，不属于再审审理范围。但涉及国家利益、社会公共利益，或

---

① 参见最高人民法院审判监督庭编著：《最高人民法院关于适用民事诉讼法审判监督程序司法解释理解与适用》，人民法院出版社 2008 年版，第 234、237 页。

② 参见赵钢、刘学在：《民事审监程序中若干争议问题之思考》，《中国法学》2009 年第 4 期。

③ 参见杨荣馨主编：《民事诉讼原理》，法律出版社 2003 年版，第 495 页。

者当事人在原审诉讼中已经依法要求增加、变更诉讼请求，原审未予审理且客观上不能形成其他诉讼的除外。此规定既尊重了当事人的处分权，又兼顾了特殊情况的处理，不失为较为均衡的规定。

3. 关于再审的审理方式

对再审案件的审理是采用书面形式还是开庭审理，修改后的《民事诉讼法》并未明确规定，但《适用解释》对此进行了补充。《适用解释》第 31 条第 2 款规定，人民法院审理再审案件应当开庭审理。但按照第二审程序审理的，双方当事人已经其他方式充分表达意见，且书面同意不开庭审理的除外。据此，对再审案件的审理以开庭审理为原则，以书面审理为例外。

此外，在再审审理过程中，再审庭审方式有一些应与一、二审庭审不同，以体现再审案件的特点，这也是正当法律程序的要求，它有利于体现对抗式审判的特性，有利于查清案件事实，有利于当事人对裁判的理解与接纳。比如，在宣布开庭阶段，合议庭审判长应当宣布本案的历次审理经过和裁定进入再审的理由。法庭调查中应当注意发言的顺序，首先由提起再审之诉的申请人宣读再审之诉的诉状，概括陈述具体的请求和理由，然后由对方当事人针对再审事由和请求，陈述答辩意见；询问双方当事人对原审裁判认定事实部分是否有异议，对原审无异议的事实和证据，审判长宣布不再进行调查，直接予以确认；对影响案件主要事实的证据可以重新质证，以便合议庭成员明了案件事实；因"新证据"再审的，由再审申请人先行举证，对方当事人质证；未经质证的证据不能作为认定事实的根据；法庭辩论在当事人之间进行，主要针对再审事由。法庭发言依再审之诉申请人与对方当事人的顺序进行。

4. 关于再审案件的裁判

按照《民事诉讼法》的规定，再审的案件，适用第一审普通程序审理的，所作的判决、裁定，仍是第一审的判决、裁定，当事人不服可以上诉。适用第二审程序审理的，所作的裁判是终审的裁判，当事人不得上诉。值得注意的是，这里的裁判不包括再审立案审查阶段所作的裁判，如驳回再审申请的裁定等。对再审后所作的生效裁判，当事人不得以同一事由再次提起再审之诉。

第二十章

民事执行程序的强化

一、民事执行与司法权威

从理论上来讲，民事纠纷的解决方式并非局限于民事诉讼，民事诉讼的类型并不局限于给付之诉，给付之诉并非必然获得给付判决，给付判决并非必然存在启动强制执行程序的必要性，因而，从表面上来讲，民事强制执行程序似乎并没有民事审判程序重要。然而，不管当事人通过诉讼还是 ADR 对双方当事人之间的民事权益进行强制性或者任意性明确，如果离开民事执行程序的配合，那么确定给付判决将成为废纸一张，于民事权益保护毫无强制力可言，从而存在国家拒不提供有效公力救济、侵犯公民的司法行为请求权之嫌疑，进而严重减损司法权威。

（一）民事执行培育司法权威

对于法院制作的法律文书的执行而言，民事纠纷已经诉讼程序对争议权益事项加以权威性明确，但是，确定判决对民事权益的确定并不能当然保证其实现：如果确定判决得不到有效执行，那么当事人就可能不注重利用民事诉讼解决纠纷，不尊重确定判决的法律效力，从而减损司法权威；与此相反，如果确定判决得到强有力的实现保障，那么当事人就将重视审判程序，从而增加司法权威。一方面，民事执行所具有的培育司法权威功能并不局限于民事执行程序本身，还能事后、间接地起到维护审判权威的作用。在当前的审判语境下，执行力度的不到位、法律意识淡薄，致使司法实务中广泛存在着漠视法院审判行为、拒不出庭参加庭审或者逃避法院审判等严重减损司法权威的情形。笔者认为，对于法院确定的判决，不管是对席判决抑或缺席判决，不管实体判决上是否妥当，即使确定判决存在法定再审事由甚至已经进入再审程序，除非再审法院另有裁定，执行法院应当不折不扣地执行确定判决，以督促当事人尊重法院的审判权，从而培育司法权威。另一方面，民事执行本身亦具有司法行为的属性，因而，执行权威本身也是司法权威的有机组成部分。在当前的执行语境下，被执行人规避、逃避执行的手段不计其数，既有隐匿财产的，也有隐匿人身的；既有虚假诉讼的，也有虚假仲裁的；既有虚构、夸大债务的，也有伪造、篡改证据的；既有滥用执行程序侵害第三人合法权益的，也有利用执行程序规避义务履行的，等等。笔者认为，现行《民事诉讼法》在规范执行制度方面远远不足以保证执行效力，而最高人民法院出台的司法解释在法律位阶上不足以确保强制执行的权威性，强制执行运用公权力剥夺或者限制被执行人财产利益或者人身利益的属性也要求应在法律层面对其加以全面规范。

对于法律规定由法院执行的其他法律文书的执行状况而言，尽管此类民事强制执行并不以司法机关对民事权益争议的明确为前提，然而，公证债权文书、仲裁裁决书/调解书经过国家公证机关或者双方当事人授权的仲裁机关的权威判断，其存在错误的可能性微乎其微，因而在设置不予执行公证债权文书、仲裁裁决书/调解书或者撤销仲裁裁决书/调解书的前提下，将这些文书直接作为执行名义在分流案件、减轻法院审判负担的同时，一方面有助于法院集中精力和资源审理少量案件，提高审判质量，进而增强司法权威；另一方面法院执行其他法律文书本身也有助于增强执行权威，而执行权威属于司法权威的有机构成部分。总而言之，民事执行程序的强化有助于培育司法权威，如果民事确定判决得不到有效的实现，那么诉讼将成为一种不具备强制性解纷功能的制度设置；如果民事确定判决能够得以有效实现，并对不积极履行义务的民事主体采取必要惩戒措施，那么司法权威将能够得以最大化提升。

（二）司法权威保障民事执行

司法权威在保障民事执行制度的顺利开展方面主要体现在以下几点：首先，司法权威的高低直接影响着当事人对法院审判权的尊重程度，当事人对法院审判权的尊重程度决定着当事人自觉履行判决的积极性，进而影响到进入强制执行程序的案件数量。如果司法权威高，当事人尊重并自觉履行法院确定判决，那么诸多民事案件无须启动强制执行程序即可实现民事权益保护的目的，与此同时，基于司法资源紧缺，民事执行案件数量的多寡与法院的执行效率往往成反比。其次，司法权威的高低直接影响着当事人在收到法院执行通知书后对判决书履行的态度，不管是对法院制作的法律文书的执行还是对法律规定由法院执行的其他法律文书的执行。一旦法院启动强制执行程序，如果司法权威程度越高，那么债务人积极履行债务或者配合法院强制执行的可能性就越大，当事人滥用执行程序损害对方当事人或者案外第三人的可能性就越小，从而保障民事执行程序的顺利进行。再次，司法权威的高低直接影响到当事人在执行程序中的诚实信用程度。在强制执行程序中，当事人均负有真实义务（如债权人不得在债务人业已自行履行债务的情况下启动强制执行程序，债务人应当如实报告财产状况，等等），如果司法权威本身不足以防范当事人违背诚实信用原则，那么，执行程序将难以有效、有序进行。在当前执行实务中，债务人违背真实义务的典型表现就是利用拒不履行执行和解协议无须承担任何不利法律后果的立法漏洞，通过与债权人达成执行和解协议的方式恶意拖延义务履行，以取得移转财产的时间。又次，司法权威的高低直接关系到协助执行制度是否能够取得实效。协助执行的有效开展取决于协助执行义务主体是否意识到司法权威的存在，我国现阶段司法权威的严重欠缺导致了诸多协助义务主体拒不履行协助执行义务。正是因为司法权威本身不足以保障协助执行人依法履行协助执行义务，当前执行实务中才反反复复强调构建执行联动机制，强调党委、政府从政治责任、行政责任层面来保障协助执行人履行协助执行义务。最后，司法权威的高低直接影响到执行救济制度的构建。基于强制执行强调执行及时原则，司法权威应当确保执行救济原则上不影响执行程序进行。当事人往往经历漫长的确权程序，倘若执行救济轻而易举地阻断执行程序，那么，已经权威确定的受害权益将再一次被拖延实现，从而导致"迟来的正义并非正义"的结果。但是，在我国司法权威较为薄弱的情形下，当事人普遍不认可法院确定判决的终局性和权威性，频频（带着侥幸的心理）启动旨在阻止执行程序进行的各种方案，而法院司法自信心的欠缺也加剧了执行救济制度的滥用。

　　由此可见，民事强制执行能否有效进行将直接关系到业已经过权威确认的民事权益能否得以兑现，进而与司法权威挂钩。从我国现阶段执行实务来分析，在地方法院层面，广东省高级人民法院副院长陈华杰在"2008年中国法学会审判理论研究会执行专业委员会年会"上透露，广东省实际执行到位率仅为26%，已有57万件的积案①；在全国法院系统层面，2007年以前积累并被纳入2009年集中清理执行积案活动清理范围的案件就多达347.9万件，约为2009年全年执行立案数量的1.36倍强。② 可见，我国执行不力是一个客观存在的事实，研究民事强制执行制度的首要任务就是如何提高民事执行效力。围绕着如何提高执行效力的主题，迫于本书篇幅限制，笔者将从执行机构改革、执行措施完善、执行管辖规范以及协助执行强化四个角度对我国民事执行程序进行研究，寻求在民事强制执行中强化司法权威之路径。

二、执行机构的改革

执行权的法律属性在学界存在司法权说、行政权说以及折中说三种理论，其中折中说包括复合权说、司法行政说以及吸收说三种子学说。对执行权法律性质的不同认识决定了学界对执行权配置、执行机构改革存在不同的主张：司法权说论者主张将执行权保留在法院系统内；行政说论者主张将执行权配置给行政机关（公安机关、司法行政机关或者单设执行机关）行使；折中说论者则存在吸收式和分权式两种执行权配置模式，其中，吸收式配置模式主张执行权的司法权属性吸收行政权属性而由法院概括行使执行权，或者主张执行权的行政属性吸收司法权属性而由行政机关概括行使执行权，而分权式配置模式主张执行权应当类型化为司法权属性的执行审查权和行政权属性的执行实施权，分别配置给司法机关和行政机关行使。

在对我国学界现有不同主张进行梳理的基础上，我们可以看出，在全国建立起对执行机构统一领导、监督，配合得力，运转高效的执行工作体制学界已经基本达成一致的看法，具体的改革方案研究也取得了诸多可贵的成果。学者们真正争论的不在于这个统一的执行机构是不是应该建立、如何运

---

① 参见齐树洁：《关于民事执行的几点思考》，见齐奇主编《执行体制和机制的创新与完善》，人民法院出版社2008年版，第61页。

② 统计数据分别来自《人民法院工作年度报告（2009年）》及《2010年最高人民法院工作报告》。

行，而在于究竟该将这一机构设置于哪一机关之下。围绕着这一点，学者们的主张大致可以分成以下几种：第一，直接隶属于国务院，如梁展欣、邢曼、彭建华等人。第二，直接隶属于司法部，如李明霞、万学忠和谭世贵等人。第三，直接隶属于公安部，如贺卫方、刘叶静、吴玲等人。第四，直接隶属于最高人民法院，则有张卫平、王利明、张志铭、秦秀敏、景汉朝等人。

然而，只要"执行难"的问题不能得到很好的解决，不管将执行"嫁给"谁，都会影响裁判的权威性，不能实现的裁判就是没有意义的裁判这一点始终是不能否认的。[①] 因而，在笔者看来，同样的体制结构，同样的人员配置，同样的办公设备，同样的管理模式并不会因为其最终隶属于最高人民法院或是公安部还是司法部而产生不同的执行效果。既然效果没有差别，那么就没有必要改变现状。换言之，由于将执行权从法院系统剥离出来转由其他机关行使一方面需要付出大量的成本，另一方面并不能取得明显的执行效果，因而，维持法院的执行权并对法院系统的执行机构进行改革符合比例原则。具体而言，执行审查权、执行实施权分别由执行裁决处、执行实施处分别行使，其中，执行审查权的具体行使主体必须具备审判员或者助理审判员身份，而执行实施权的具体行使主体则并未强调其审判员或者助理审判员身份，而应强调其具备强制执行程序中所必需的审计、金融等专业知识背景。此外，在执行程序中，当事人或者案外人可能提起异议之诉，而异议之诉适用争讼程序，应当由执行法院的普通民商事审判庭负责审理，并原则上不阻止执行程序的进行，以协调执行的效率价值取向和审判的公正价值取向。

尽管执行审查权具备司法权的属性，但是其与诉讼裁决权之间仍然存在着区别：前者针对当事人或者案外人的执行异议，后者针对当事人或者案外人的执行异议之诉；前者的实体判断标准是形式物权、权利表象，后者则为实质物权、真实权利。[②] 换言之，即使执行审查权属于实体判断权，但是基

---

① 参见张卫平：《再谈民事执行》，《人民法院报》2003 年 3 月 21 日。

② 参见肖建国：《执行标的实体权属的判断标准——以案外人异议的审查为中心的研究》，《政法论坛》2010 年第 3 期。

于执行程序与争讼程序之间的区别①，执行法官行使执行审查权的标准与诉讼裁判权的并不相同，具体而言，在有体物作为执行标的之案外人异议的审查中，执行法官的权属判断标准是物权公示原则；在有体物以外的其他权利和利益（如股权、知识产权等）作为执行标的之案外人异议的审查中，执行法官的权属判断标准则为权利外观主义。②

三、执行措施的完善

（一）责任财产查明

绝大多数民事执行案件属于财产执行，执行法院在立案后必须迅速掌握被执行人的责任财产。只有在调查被执行人有无财产可供执行以及可供执行财产的种类、数量、所在地等基本情况的前提下，执行法院才可以有针对性地采取直接强制措施或者间接强制措施，以期取得良好执行效果。然而，在司法实践中，诚如中央 11 号文件将"被执行财产难寻"列为执行四大难，法院调研表明，由于"被执行财产难寻"导致难以及时执结的案件占全部未结案件的 30%。③ 责任财产之所以难以查明，一方面是因为被执行人缺乏诚信、债权人风险意识不强、财产保全适用率低；另一方面是因为我国现有责任财产查明手段极为匮乏和效率极其低下。

我国责任财产查明措施主要包括申请执行人提供被执行人财产状况或线索制度、被执行人财产申报制度、法院调查被执行人责任财产制度。此外，执行实务中还广泛地存在着悬赏举报制度。然而，这些责任财产查明制度均存在适用难题。

1. 申请执行人提供被执行人财产状况或线索制度

申请执行人提供被执行人财产状况或线索制度的法律根据是最高人民法院《关于人民法院执行工作若干问题的规定（试行）》（以下简称《执行规定》）第 28 条有关"申请执行人应当向人民法院提供其所了解的被执行人的

---

① 有关执行程序与审判程序之间的区别，请参见肖建国：《审执关系的基本原理研究》，《现代法学》2004 年第 5 期。

② 参见肖建国：《执行标的实体权属的判断标准——以案外人异议的审查为中心的研究》，《政法论坛》2010 年第 3 期。

③ 参见梁红照：《论我国强制执行财产调查制度的建立和完善》，《强制执行指导与参考》（第 10卷），法律出版社 2004 年版，第 181 页。

财产状况或线索"的规定。然而，申请执行人提供被执行人财产状况或线索是否构成申请执行人申请强制执行的前置性条件在学界存在争议，有的学者认为，申请人提供被执行人的财产状况或线索性质上属于申请人的"举证责任"，有的学者则认为，将"申请人提供"等同于申请人的"举证责任"直接侵害了申请人的合法权益，极可能使其债权落空。笔者认为，从字面解释的角度出发，司法解释虽然采取了"应当"的表述方式，但是仅要求申请执行人提供其业已了解到的被执行人财产状况或线索，并没有明确规定申请执行人负有被执行人责任财产查明职责，更未明确规定拒不或者无法提供被执行人财产状况或线索的，法院可以拒绝立案，因此，该规定应当解释为倡导性规范，而不宜解读为强行性规范；从实体性论证规则的角度出发，凡是主张限制、剥夺民事主体权利的，应当提供足够充分且正当的事由，否则，不得对民事主体进行类型区分、区别对待，而将提供被执行人财产状况或线索作为执行申请权特别行使要件的做法在本质上就是对执行申请权的限制，而论者并未提供限制执行申请权的正当性事由，因而，申请执行人提供被执行人财产状况或线索并非其行使执行申请权的前置性条件。易言之，我国并没有真正确立申请执行人提供被执行人财产状况或线索的责任财产查明制度。此外，我国尚未建立完善的财产登记制度和登记的财产对利害关系人的公示制度，加之法律未曾赋予申请执行人有权向有关单位或者个人调查被执行人财产的权利，致使实践中申请执行人提供被执行人财产线索的能力极为低下，因而赋予执行申请人以提供被执行人财产状况或者线索的义务实为勉为其难。

2. 被执行人财产申报制度

被执行人财产申报制度的法律依据是《民事诉讼法》第 241 条有关"被执行人未按执行通知履行法律文书确定的义务，应当报告当前以及收到执行通知之日前一年的财产情况。被执行人拒绝报告或者虚假报告的，人民法院可以根据情节轻重对被执行人或者其法定代理人、有关单位的主要负责人或者直接责任人员予以罚款、拘留"的规定。然而，我国现行法律框架下的被执行人财产申报制度存在明显的弊端：

首先，被执行人财产申报制度在适用条件方面，以执行法院向其送达执行通知并给予履行宽限期为前置性条件，这使得被执行人在申报财产之前取得隐匿责任财产，甚至伪造虚假财产状况的时间。学者普遍认为，只要给付义务履行期限届满，现在给付之诉就具备诉的利益，而可以不问"起诉前原告是否向被告催告"，"被告是否拒绝履行债务"以及"被告是否没有自觉履行的意思"等理由。换言之，只要履行期限届满，原告即可行使裁判请求权。然而，经过国家司法机关或者其他权威机构明确的民事权益则不能直接付诸执行，而必须给予被执行人履行义务的宽限期，这就导致执行通知书被戏称为"逃债通知书"。有鉴于此，立法者在 2007 年对《民事诉讼法》进行修改时，在第 216 条第 2 款通过"被执行人不履行法律文书确定的义务，并有可能隐匿、转移财产的，执行员可以立即采取强制执行措施"的规定来设置允许逾越执行通知制度的例外情形，2012 年《民事诉讼法》第 240 条则直接规定"并可以立即采取强制执行措施"，即可以无条件立即执行。

其次，被执行人财产报告的时间范围是当前以及收到执行通知之日前一年，报告的财产情况则没有限制范围，这就导致了被执行人财产申报制度在责任财产查明力度、可操作性方面有所欠缺。一方面，法律明确将被执行人报告财产情况的时间刚性规定为当前以及收到执行通知之日前一年，并且没有授权执行法院根据具体案情裁量被执行人报告财产情况的时间幅度，这就导致被执行人财产报告制度的责任财产查明功能极为有限；另一方面，法律并没有对被执行人应当报告的"财产情况"的范围作出限制性规定，这就存在执行法院滥用财产申报制度的可能。笔者认为，被执行人财产报告的时间范围不应当由法院作出"一刀切"的规定，而应当授权执行法官根据具体执行案情加以裁量确定。"财产情况"应当包括静态财产情况与动态财产情况，被执行人不仅应当报告其现有或者曾有的财产情况，而且必须报告其财产性收入与支出的情况，从而有助于执行法院及时发现被执行人转移、隐匿财产的违法行为。此外，还需要注意以下两点：（1）被执行人没有必要也不可能完全报告其一年来所从事的所有财产性民事活动，因而，被执行人仅就大宗财产性交易行为负担报告义务，对于日常生活所需的小宗交易行为无须负担报告义务。（2）在被执行人有足额的可供执行财产在案或者已经提供了足以清偿债务的财产的情况下责令其申报财产有侵犯被执行人权益之嫌，只有当在案的财产或者被执行人提供的财产不足以清偿债务或者不便于执行而被执行人拒绝提供其他财产时，执行法院才可以责令其申报财产。[1]

再次，我国法律并没有明确被执行人申报财产的范围。在比较法上，有些国家要求被执行人报告全部财产（如德国），而有些国家则仅要求被执行人开示足以偿还债权人的执行债权的财产即可（如葡萄牙、西班牙、法国），前者被学界称为全部开示主义，而后者则为有限开示主义。笔者认为，我国应当采取全部开示主义，具体理由如下：其一，虽然有限开示主义在表面上符合比例原则，但是在实质上违背执行效率原则，因为法院最终执行债务人哪些财产取决于债务人申报财产时的主观偏好，而法院和债权人没有机会选择执行较为容易执行的财产进行执行。其二，在有限开示主义的模式下，债务人申报足以偿还执行债权的财产可能发生变价不能的情形，执行法院还会继续要求债务人申报其他财产，因而采用有限开示主义容易造成债务人短时期内反复、不断地报告财产状况的后果，给债务人带来巨大的压力和不便。其三，在我国责任财产理论的适用背景下，被执行人所有财产均系偿债担保，因而，既然被执行人所有的资产都是其债务的责任财产，执行法院就应当有权了解被执行人的整体资产状况，并据此确定可供执行的财产范围[2]，换言之，鉴于民法上债务人的所有财产均为责任财产、适于执行的原理，从法政策的角度看，采用全部开示主义较为可取。[3]　其四，在我国被执行人普遍缺乏诚信的当代语境下，执行通知尚演化为"逃债通知书"，如果采取有限开示主义，那么被执行人极有可能避重就轻，通过申报甚至虚报法院难以执行的财产以再次取得移转财产的时间。

最后，根据《民事诉讼法》第 241 条的规定，被执行人违反财产申报义务以妨害执行行为论处，法院只能对其采取罚款和拘留措施。在执行实务中，对于特定的当事人来说，罚款和拘留本身往往不足以对被执行人造成威慑，因而，刑事责任的威慑作用确有必要。一般而言，在民事强制执行程序中，被执行人或者担保人、协助执行人承当刑事责任的罪名就是拒不执行判决、裁定罪。然而，《民事诉讼法》第 241 条并没有说明执行法院责令被执

---

[1]　有鉴于此，最高人民法院《关于适用〈中华人民共和国民事诉讼法〉执行程序若干问题的解释》第 32 条第 3 款规定，被执行人在报告财产期间履行全部债务的，人民法院应当裁定终结报告程序。

[2]　参见朱森蛟、唐学兵：《查明被执行财产路径之改良》，《法律适用》2003 年第 12 期。

[3]　参见［德］博克哈特·海斯：《在欧盟国家内提高司法判决的执行效率》，研究报告，2004 年 2 月。

行人申报财产的文书形式，最高人民法院《关于适用〈中华人民共和国民事诉讼法〉执行程序若干问题的解释》（以下简称《执行解释》）第 31 条将其明确为报告财产令，并要求执行法院在报告财产令中写明报告财产的范围、报告财产的期间、拒绝报告或者虚假报告的法律后果等内容。由于刑法必须恪守罪刑法定原则，法律并没有将被执行人拒不执行法院命令的行为本身视为犯罪行为，那么，法院不得以被执行人拒不申报或者虚假申报本身为由追究其刑事责任。然而，从法律解释学角度来分析，即使在执行法院责令被执行人申报财产情况的前提下，被执行人还可以通过履行执行债务或者为执行债务的履行提供有效担保的方式来豁免报告义务，据此，被执行人违反财产申报义务并不必然就意味着拒不履行执行债务。尽管如此，被执行人违反财产申报义务就推定其拒不履行执行债务，如果被执行人不以积极履行执行债务的形式进行反推，那么，我们可以认定其构成最高人民法院《关于审理拒不执行判决、裁定案件具体应用法律若干问题的解释》规定的"其他有能力执行而拒不执行，情节严重的情形"，从而将其行为认定为拒不执行判决、裁定罪的实施行为。然而，不得不注意到的是，拒不执行判决、裁定罪仅适用于被执行人有履行能力的情形下，如果被执行人没有履行能力而拒不履行财产申报义务，那么其藐视法庭命令的行为将得不到法律的制裁。换言之，被执行人违反财产申报义务的行为能否构成犯罪取决于其是否享有清偿能力，如果其有清偿能力而违反该义务可以构成犯罪，而如果其没有清偿能力而违反该义务则不构成犯罪，这是违背法理的。笔者认为，拒不执行判决、裁定罪的正当性基础在于被执行人拒不履行确定判决、裁定的行为害及司法的公信力，而不在于债权人的实体债权无法得以实现。在此基础上，藐视法庭命令的行为同样具有减损司法公信力的消极后果，因而，需要将拒不执行法庭命令的行为纳入刑法的调整范围。当然，罪刑法定原则禁止最高人民法院对"判决、裁定"作出目的性扩张解释，尽管如此，最高人民法院仍然可以将现行司法解释规定的"报告财产令"置换成"报告财产裁定"，从而有助于构建执行威慑机制。

3. 法院调查被执行人责任财产制度

尽管民事强制执行行为的属性存在争议，但是，不管将其界定为司法行为还是行政行为，其公法行为的属性不容置疑。换言之，尽管执行程序往往基于当事人的申请而启动并且可以基于当事人对民事实体权益的处分而临时性或永久性停止，但是，在债权人处分实体权益并通知执行法院之前，民事强制执行程序属于执行机构的职务行为，因而，执行机构调查被执行人财产可以依职权进行。在我国执行实务中，法院调查被执行人责任财产的途径除了执行申请人提供、被执行人申报以外主要包括：调卷、传唤、搜查、查询、审计、公告悬赏、委托律师调查等途径。

（1）调卷是指执行法院通过调阅诉讼或者非诉讼卷宗以全面了解案件与发现财产线索的财产查明途径。对于诉讼卷宗来说，调卷可以使执行法院全面了解案情，并有可能通过卷宗发现可供执行的财产线索。尤其在财产性案件的执行过程中，在公安机关侦查以及检察机关审查起诉的过程中，有意无意地对犯罪嫌疑人的财产状况进行调查，基于法院系统强调审执兼顾原则，审理法官也可能对被执行人的财产已经有所了解和记录，因而，调取卷宗有助于发现被执行人的财产线索。对于非诉讼卷宗来说，调解、仲裁、公证卷宗的调阅，不仅有助于执行法院全面了解案件以采取针对性强的执行措施，而且这些卷宗往往在对系争纠纷进行陈述的同时对当事人的财产状况或者财产线索有所涉及，因而，《执行规定》第 27 条规定人民法院在必要时可向制作生效法律文书的机构调取卷宗材料。

（2）传唤是指传唤被执行人或者被执行人的法定代理人、法定代表人/负责人到法院接受询问，以便了解被执行人财产状况或者发现财产线索的财产查明途径。《执行规定》第 29 条有关"为查明被执行人的财产状况和履行义务的能力，可以传唤被执行人或被执行人的法定代表人或负责人到人民法院接受询问"的粗放性规定不足以适应司法实践的需要。详言之，该规定存在以下弊端：首先，传唤对象仅限于被执行人或者其法定代表人、负责人，而没有涵盖被执行人的法定代理人、雇主等其他知情人员。一方面，如果被执行人是不完全民事行为能力人，法院是否传唤被执行人取决于被执行人本身是否具备相应的理解力，如果被执行人缺乏相应的理解力，由于法定代理人具有管理被监护人财产的职责，因而，执行法院传唤被执行人的法定代理人具有正当性与必要性；另一方面，被执行人的雇主、交易相对人等了解被执行人财产状况的知情人员在不违背法定保密义务的前提下负有向执行法院披露被执行人财产状况的义务，这与目击证人负有向法院披露案情的义务在原理上是共通的。其次，没有厘清传唤制度与被执行人财产申报制度之间的区别。传唤制度的功能在于传唤被执行人或者其他知情人员到指定的地点接受法院的询问或者接受当事人的质问以查明被执行人的财产状况，而被执行人财产申报制度则在于通过命令被执行人填写格式化的表格以低成本地查明被执行人的财产状况。因而，从某种角度来分析，传唤是采取口头问答形式，适用于被执行人及其他知情人员，且注重法官、债权人与被传唤人之间进行交流的动态财产查明途径；而被执行人财产申报则是采取书面报告形式，仅适用于被执行人，且依赖于被执行人如实申报的静态财产查明途径。在传唤与申报之间的适用先后关系方面，一般而言，在被执行人拒不履行财产申报义务、虚假申报或者执行法院对被执行人的申报存在疑问或者执行申请人对被执行人的申报存在争议的前提下，执行法院才适用传唤制度。再次，没有明确规定传唤制度的适用条件。传唤制度与被执行人财产申报制度在功能上均可以体现为要求被执行人报告其财产状况，《民事诉讼法》规定被执行人财产申报制度必须以被执行人未按执行通知履行法律文书确定的义务为前提，那么传唤制度也一般应以被执行人拒不在法院指定的履行期限内履行执行债务为适用前提。但是，与被执行人财产申报制度相类似，即使在法院没有适用执行通知制度的前提下，仍然可以采取传唤措施。被执行人有隐匿责任财产嫌疑的，执行法院还应当依职权或者依申请及时传唤。又次，将传唤后调查被执行人财产的方式仅限于法官询问，而没有涵盖债权人质问。被执行人财产查明虽然属于法院的职权行为，但是，被执行人的财产能否查明关系到债权人的切身利益，并且债权人往往与被执行人之间存在着交易行为，对被执行人的情况有所了解，因而，债权人质问被传唤人有助于法院查明被执行人的财产。据此，笔者倾向于在传唤制度中增加债权人质问程序。最后，没有规定相关人员拒不配合传唤的法律责任。传唤只是手段，其目的在于强制被执行人或者其他知情人员到指定地点接受询问和质问，以便法院查明被执行人财产状况或者财产线索，因而，如果被执行人经合法传唤无正当理由不到指定地点接受询问、质问，那么就应当推定其拒不履行财产申报义务，从而可以适用被执行人拒不履行财产申报义务时所应当承担的法律责任。当然，即使被传唤人接受传唤出庭但拒不履行财产报告义务或者虚假报告财产状态，那么其仍然应当承担相应法律责任，即执行法院可以对拒不配合传唤的被传唤主体采取拘传、拘留、罚款措施，直至由检察院提起公诉追究其刑事责任。

（3）搜查是指被执行人不履行法律文书确定的义务，并隐匿财产或者拒绝按人民法院的要求提供其有关财产状况的证据材料的，人民法院有权发出搜查令，对被执行人及其住所或者财产隐匿地进行搜查，对被执行人拒绝自行打开其可能存放隐匿的财物及有关证据材料的处所、箱柜等强制开启，以全面了解案件与发现财产线索的财产查明途径。首先，搜查的适用条件包括：被执行人不履行执行债务；隐匿财产或者有关财产状况的证据材料（如记账本）；需符合院长签发搜查令，出具搜查令，由女性工作人员搜查女性身体等形式性条件。笔者认为，搜查必须讲究时效性，并且被执行人没有按照执行名义的要求履行义务本身就足以推定其具有不履行执行债务的故意，因而，被执行人有隐匿财产或者有关财产证据的重大嫌疑时，执行法院可以未经执行通知而径直采取搜查措施，以确保执行的效率原则。其次，搜查对象包括：被执行人人身；被执行人住所；被执行财产或者有关财产状况证据潜在的隐匿地；可能存放隐匿的财物及有关证据材料的处所、箱柜等。简而言而，一切有可能隐匿被执行人财产或者有关财产证据的空间皆属于搜查的对象。最后，搜查手段包括：执行法院自行搜查；执行法院通知其他主体协助搜查。

（4）查询是指人民法院在执行中有权向被执行人、有关机关、社会团体、企业事业单位或公民个人，调查了解被执行人的财产状况，对调查所需的材料可以进行复制、抄录或拍照，但应当依法保密，以全面了解案件与发现财产线索的财产查明途径。详言之，执行法院查询被执行人财产状况或者财产线索的途径主要包括以下几种：向金融机构查询被执行人的资金情况，或者在人民银行、信用卡发卡中心、银联公司、企业信用发布查询中心等单位查询被执行人的开户以及资金等情况；向被执行人的工作单位或者社会保险机构查询被执行人的收入或者离休金、退休金情况；向国土资源、房屋管理等部门查询被执行人所有的土地使用权、房屋所有权等情况；向工商、税务等部门查询被执行人的开办单位（股东）、注册资金、纳税、对外投资及经营等情况；向交通运输及机动车船等管理部门查询被执行人所有的交通工具情况；向证券登记结算机构、证券公司、基金公司、期货交易所、期货经纪公司等单位查询被执行人的证券、基金、期货持有及交易情况；向注册商标、专利、著作权等登记管理机构查询被执行人所有的知识产权情况；向保险机构查询被执行人的投保情况；向可能掌握被执行人财产线索的其他单位和个人了解被执行人的财产状况。[①] 但是，执行法院查询被执行人财产状况或者财产线索的现有途径均需要通过协助执行制度得以实现，如果协助执行制度运行不畅顺，那么通过查询手段查找被执行人财产之路就走不通。

（5）作为财产查明途径的审计尚未被我国法律所明确规定，但司法实践中则广泛存在，北京高院对审计调查的界定是被执行人不履行义务，申请执行人认为被执行人有隐匿、转移财产、抽逃资金以及其他逃废债务行为的，可以向人民法院申请对被执行人的财产、负债、所有者权益等进行审计调查，是否审计由人民法院决定。[②] 笔者认为，审计调查能够起到专业地对被执行人的责任财产进行审计，从而有助于查明被执行人的清偿能力及其财产状况，因而，未来的《民事强制执行法》应当对司法实践运行中的审计调查制度加以确认和完善。

（6）公告悬赏同样源自司法实践的需要，被执行人往往"玩失踪"、以隐匿、转移财产等方式逃避执行，从而导致执行程序陷入困境，地方法院逐步借鉴公安机关的悬赏通缉制度而构建通过公告悬赏方式扩大被执行人财产信息来源。在执行实务中，公告悬赏既可以由债权人以自己名义发出，也可以由债权人申请执行法院以法院名义发出，但不管采取哪种形式，悬赏金均由债权人承担。[③] 笔者认为，公告悬赏制度的适用应当区别情形而设置不同的费用承担规则：对于执行申请人擅自以自己名义发布悬赏公告而言，发布悬赏公告的费用及悬赏金由执行申请人自行承担并无不当。对于执行申请人申请执行法院以法院名义发布悬赏公告而言，如果执行法院尚未穷尽其他财产调查措施，应当释明发布悬赏公告的费用及悬赏金将由执行申请人自行承担，执行申请人坚持发布的，执行法院可以发布；如果执行法院已经穷尽其他财产调查手段而仍然不能（完全）实现执行债权，执行法院可以根据执行

---

① 参见《北京市法院执行工作规范》（2010 年 7 月印发）第 187 条第 1 款。
② 参见《北京市法院执行工作规范》（2010 年 7 月印发）第 192 条。
③ 参见《北京市法院执行工作规范》（2010 年 7 月印发）第 193—196 条。

申请人的申请或者经其同意而发布悬赏公告，并且由法院对悬赏金数额或其确定方式进行裁量，在此种情形下，发布悬赏公告的费用及悬赏金将由被执行人承担，由执行申请人垫付；如果执行申请人拒绝承担悬赏公告的费用与悬赏金，并且法院认定发布悬赏公告查获被执行人财产或者有关财产信息的可能较大而依职权适用公告悬赏制度的，发布悬赏公告的费用及悬赏金由被执行人承担，但执行申请人无须垫付。但是，不管被执行人自行发布还是执行法院发布，如果被执行人严重违背诚实信用原则，隐匿财产或者有关财产证据的，发布悬赏公告的费用及悬赏金最终由被执行人承担，但执行法院需对执行申请人申请的悬赏金数额或者其确定方式加以审核，以兼顾被执行人的潜在利益。这是因为公告悬赏制度的适用具有加大执行成本的特点，在执行法院穷尽其他常规财产查明途径之前采取公告悬赏制度似有违背比例原则之嫌，因而，应当本着公平原则确定悬赏公告的费用及悬赏金的承担方式。但是，如果被执行人严重违背诚实信用原则而隐匿财产，执行申请人被迫采取或者申请法院采取公告悬赏方式查找执行财产时还要承担相关成本的话，显然不利于遏制被执行人的逃避债务履行的倾向，且违背程序性制裁原理。与此同时，为了防范执行申请人有意通过公告悬赏制度加重被执行人负担，凡是由被执行人承担悬赏公告的费用及悬赏金的公告悬赏需由法院对悬赏金的数额或者其确定方式进行审核。

（7）委托律师调查也属于实践先行的被执行人财产查明制度，具体是指法院依据执行申请人的申请而向其代理律师发出调查令，由律师对被执行人可供执行的财产进行调查的制度。然而，笔者认为，根据《律师法》第35条第2款有关"律师自行调查取证的，凭律师执业证书和律师事务所证明，可以向有关单位或者个人调查与承办法律事务有关的情况"的规定，律师代理执行申请人参与执行活动本身属于"承办法律事务"的范畴，据此，律师在执行程序中本来就享有调查取证权，而无须法院授权。当然，从另一个角度来分析，律师基于自身的调查取证权进行调查的行为并不能视为执行人员的调查，受执行法院委托而展开的调查则在法律效力上等同于执行人员的调查。此外，法院的调查令在形式上是向代理律师授权而实质上则是在向有关单位或者个人传达命令——必须配合持令人的调查行为，否则必须承担与拒不配合执行人员调查行为相同的法律后果。因而，鉴于我国律师调查取证权行使存在着诸多现实障碍，委托律师调查制度有助于构建执行威慑机制，提高律师调查财产的成功指数，从而提高执行效率。然而，执行法院直接向协助执行人发出通知要求其协助执行人员调查尚且屡遭抵制，以委托调查令的形式概括性地向有关单位和个人提出协助律师调查的效果可想而知。因而，委托律师调查制度适用的效益如何取决于协助执行制度是否运行通畅。

（二）直接执行措施

以执行方法为准，执行措施可以类型化为直接执行措施、间接执行措施以及代替执行措施。其中，直接执行措施是指依执行机关之执行行为而直接实现私权内容的执行措施；间接执行是指执行机关不直接以强制力实现债权人之权利，而予债务人一定之不利益，以迫使债务人自行履行债务的执行措施；而代替执行则是指执行机关命第三人（包含债权人）代债务人履行债务，而其费用由债务人负担的执行措施。[①] 但是，代替执行措施在本质上属于将可代替性的行为给付义务转化为金钱给付义务，进而采取直接执行措施或者间接执行措施来实现代替履行费用。因而，民事强制执行措施的研究主要针对直接执行和间接执行。在我国现行立法和司法解释框架内，直接执行措施既包括查封、扣押、冻结等控制性执行措施，也包括拍卖、变卖、以物抵债等针对金钱给付请求权、强制迁出房屋/退出土地、判决债务人交付子女的执行处分性执行措施；间接执行措施则包括拘留、罚款、限制出境、限制高消费、公开被执行人名单、拘传、加倍支付迟延履行利息等。然而，一方面，我国现有强制执行措施的具体规则设置的科学性有待提高，另一方面，我国尚未对国外立法中规定、我国司法实践中广泛存在的新型执行措施加以规范。

1. 控制性执行措施

控制性执行措施是指法院采取旨在保全被执行人责任财产、以确保终局执行得以实现的执行措施。我国的控制性执行措施可以类型化为查封、扣押、冻结、扣留等。但是，从本质上来看，不管是对不动产或者动产进行查封，对动产进行扣押，对银行存款、股息或红利等财产性收益进行冻结，还是对工资收入进行扣留都属于限制被执行人对执行标的物的处分权，为处分

---

① 参见杨与龄：《强制执行法论》，中国政法大学出版社 2002 年版，第 10 页。

权执行措施的行使奠定基础的临时性措施，因而，其他国家和地区多采取相同之称谓"attachment"，我国台湾地区将控制性执行措施统称为查封，我国最高人民法院 2010 年出台的《民事强制执行法草案（第四稿）》也采取了我国台湾地区的模式。笔者认为，尽管不同类型的控制性执行措施具有功能的共通性，但是，立法者根据执行标的物、执行方法的不同将其进行一定的类型化，有助于规则设置的精致化。此外，控制性执行措施统称为查封还是类型化为查封、扣押、冻结、扣留并不会对执行法的具体设置造成实质性影响，因而属于立法技术问题，并且查封、扣押、冻结、扣留早已为人们所接受，依据实体性论证规则，凡是主张改变习惯性表述者必须提供足够充分且正当的事由说明改变表述所带来的实益大于人们改变表述所花费的成本。采取"查封"统称控制性执行措施的确具有表述简洁的功能，但是，其所表达的外延不够明晰，当表达者试图进一步陈明何种情形下之查封时，需要花费更多的时间；而采取"查封、扣押、冻结、扣留"的表述则可以直接表述之，如果当事人想要表达其上位概念时，则可以径直采取控制性执行措施或者保全执行的表述以求简洁。故此，笔者倾向于维持现有法律用语体系。

鉴于控制性执行措施在我国学界已有较为深入探讨，笔者在这里仅就控制性执行措施与判决优先权之间的关系进行分析。我国确定判决本身并不能直接产生控制被执行人财产状态的效力，债权人如欲取得优先受偿权则需要在提起诉讼之前、一审程序续行期间、上诉期限进行期间、二审程序续行期间、裁判确定后执行程序启动前或者执行程序续行期间向法院申请采取或者由法院依职权采取保全措施。在比较法上，美国、法国、日本等国均有所谓判决优先权（judgment lien）制度，即因判决而产生的，对债务人的财产享有的相对于一般债权人的优先受偿权。但是，只有在成为强制执行优先权（execution lien）时，它才能确定产生与其他优先权在清偿中的顺位。该顺位发生的点，对不动产而言，原则上在对判决作为判决摘要登记（docket）之时；对于动产而言，则是在执行官对债务人的动产予以扣押时。换言之，判决债权人对不动产享有的优先权无须借助法院的直接执行行为，只需摘要登记即可，但是对动产享有的优先权则需要借助法院的扣押行为（attachment）。我国采取德国的立法例，判决债权人对被执行人的财产享有优先受偿权需以法院的查封、扣押、冻结、扣留为前提。然而，根据我国《物权法》第 28 条，我国法院确定判决能够直接引起物权变动，而物权变动相对于优先权而言更为彻底地保护了债权人的利益。笔者认为，我国立法者之所以在《物权法》中确定该规则与我国判决优先权制度的缺位存在着内在的密切关系，正是因为我国法院确定判决本身不能赋予债权人以优先权，因而债务人往往与第三人恶意串通移转财产导致执行不能，为了提高司法权威和确保司法效率，《物权法》直接规定法院确定判决具有引起物权变动的法律效力。然而，确定判决概括性地引起物权变动容易导致法律适用的混乱：首先，法院确定判决未必针对特定物的给付义务，还有可能针对种类物的给付义务，对于种类物的给付义务在履行前需要按照法定或者约定的规则由当事人将种类物特定化后才可以履行，而当事人在法院确定判决时往往尚未将种类物特定化，故此，严格适用本条规定将会出现确定判决引起不特定物的物权变动的逻辑悖论。其次，即使法院确定判决针对特定物之给付义务作出，判决确定之日物权即发生变动，但是，基于物权变动往往并没有伴随着公示方式的发生，此时真实权利与权利表象容易发生分离，被执行人可能以动产的占有人或者不动产的登记权利人的身份而将标的物转让给第三人，一方面，被执行人此时的处分行为属于无权处分，另一方面，在权利外观上被执行人仍然为权利人，因而仍有善意取得制度的适用空间，如果允许善意取得制度适用将减损司法权威，而如果不允许善意取得制度适用则有碍交易安全。再次，判决债权人对民事实体权益享有的处分权意味着只要不涉及第三人合法利益就可以放弃执行文书中载明的权利，而在《物权法》第 28 条的适用背景下，权利人的权利不再是类型化的自由，因为这些文书一经生效就自然转移了物权，权利人没有选择的余地。又次，既然在强制执行申请之前，物权变动已经完成，执行名义载明的物权变动已经完成了，那么现在执行的只剩下执行"交付"了，因此，此时针对的是物的占有权而非所有权所采取的执行强制措施有违执行比例原则之嫌。最后，在《物权法》第 28 条的适用背景下，债权人同时享有执行申请权和物上请求权，对于超过 2 年申请执行期限、又不存在法定中止、中断事由的，债权人还可以提起不受时间限制的"原物返还之诉"，这与设置申请执行期间制度的初衷构成冲突。有鉴于此，王利明教授主张对能够直接引起物权变动的法律文书加以目的性限缩解释，以减缓对民事执行制度造成的冲击。笔者认为，无论对直接引起物权变动的法律文书进行多大程度的限缩解释都无法彻底避免前述弊端的出现。实际上，判决优先权与法院确定判决引起物权变动在制度功能上具有共通之处——限制判决债务人对标的物的处分权，只不过前者通过在财产上设定负担的途径实现而后者则通过剥夺判决债务人对标的物的控制实现；与此同时，判决优先权对现代执行理论并没有直接构成冲突，因而，笔者倾向于主张在我国构建判决优先权制度的基础上，通过立法修改或者拒绝适用《物权法》第 28 条的规定。

2. 处分性执行措施

处分性执行措施是指法院采取的旨在使债权人的债权获得实现或满足的执行措施。处分性执行措施往往是在法院控制被执行人财产之后以其交换价值来实现金钱债权，因而，处分性执行措施往往以控制性执行措施为前置性条件。我国现行立法和司法解释所规定的处分性执行措施可以类型化为拍卖、变卖、划拨、提取、履行通知、以物抵债、参与分配、强制管理等，司法实践中还存在着劳务抵债、债转股。其中，拍卖、变卖属于将被执行人的不动产、动产、无形财产加以变价，用其价款来偿还金钱债权。划拨、提取属于直接将被执行人的存款、收入、收益等交由债权人以偿还金钱债权。履行通知、以物抵债、劳务抵债则属于代物清偿理论在强制执行法中的适用：履行通知属于执行法院通知将债务人对第三人之金钱债权移转于债权人，以清偿其债权；以物抵债则是指在执行程序中双方当事人达成合意将被执行人的特定财产抵偿给债权人；劳务抵债则是指双方当事人达成合意由被执行人向债权人提供劳务，并以劳务报酬冲抵执行债权。参与分配是贯彻平等主义的体现，即因债务人的财产不足以清偿各债权人的全部债权，申请执行人以外的其他债权人凭有效的执行依据也申请加入已开始的执行程序，各债权人从执行标的物的变价中获得公平清偿的制度。强制管理又称为收益的执行，即执行法院选任管理人对已查封、扣押的被执行人财产实施管理，以管理所得收益清偿申请执行人债权的执行措施。债转股是指将执行债权折价转化为被执行人的股权或者股份，从而终结执行程序。鉴于篇幅限制，笔者不对处分性执行措施进行全面的检讨，而挑选拍卖、强制管理以及劳务抵债三种措施进行点状研究。

（1）拍卖

民事执行法上的拍卖是指执行机构根据《民事诉讼法》的规定，以公开竞价的形式，将特定物品或财产权转让给最高应价者的拍卖方式。拍卖是一种最为公平合理的变现方式，有助于最大限度地保护债权人和使债务人最大限度地实现财产价值。尽管如此，在执行实务中，"执行乱"的首要体现就是"拍卖乱"，鉴于此，学术界和实务界均试图通过各自的努力规范拍卖程序。

在理论层面，笔者认为，法院强制拍卖必须遵循以下四项基本原则：首先，拍卖优先原则。由于拍卖具有公开性、公平竞争性、国际性等特点，各种竞买人通过举牌方式进行公开竞价、不仅有利于卖出高价，实现拍卖物价格的最大化，从而最大限度地保护债务人的合法权益，实现申请执行人的债权，而且有利于杜绝暗箱操作，防范执行人员滥用执行处分权侵害被执行人的利益，因而，执行法院在对查封、扣押、冻结的被执行财产进行变价处分时，除法律、司法解释另有规定外，原则上应采用拍卖这种方式。[①] 其次，及时拍卖原则。法院在查封、扣押、冻结被执行财产后应尽快确定拍卖期日，不能间隔时间过长，务求查封期日与拍卖期日之间保持合理的、适当的时间距离，以贯彻执行不间断原则。[②] 再次，拍卖前先评估原则。在拍卖前对不动产和高价动产进行评估是各国通行做法[③]，这是因为只有在对拟拍卖的财产事先进行估价，才能避免超额执行、无益执行情形的出现，才能公平确定拍卖保留价以确保执行双方当事人的合法权益得以维护，也才能增强执

---

① 我国台湾地区"强制执行法"第 60 条规定查封物原则上必须公开拍卖，即"查封物应公开拍卖之。但有左列情形之一者，执行法院得不经拍卖程序，将查封物变卖之：一、债权人及债务人声请或对于查封物之价格为协议者。二、有易于腐坏之性质者。三、有减少价值之虞者。四、为金银物品或有市价之物品者。五、保管困难或需费过巨者。"

② 我国台湾地区"强制执行法"第 27、57 条、《芬兰强制执行法典》第 5 章第 17 条、《瑞典强制执行法典》第 9 章第 2 条以及《日本民事执行规则》第 120 条的规定均体现了该原则。

③ 《日本民事执行法》第 58 条第 1 款规定，执行法院应选定评估人，令其评估不动产。《日本民事执行规则》第 121 条第 1 款规定，执行官在查封高价动产时，必须选任评估人，对动产作出评估。《芬兰强制执行法典》第 5 章第 15 条第 1 款规定，拍卖物是不动产或者价值高的动产的，执行官应当在拍卖之前检查该财产的状况。此外，在可能的情况下，应当确定该财产的现值。若有必要，可以聘用专家。实际占有财产的人有义务忍受检查和价值评估。我国台湾地区"强制执行法"第 62 条规定，查封物为贵重物品而其价格不易确定者，执行法院应命鉴定人鉴定之；第 80 条规定，拍卖不动产，执行法院应命鉴定人就该不动产估定价格，经核定后，为拍卖最低价额。

行机构的公正性和权威性。因而，我国《执行规定》第47条有关"人民法院对拍卖、变卖被执行人的财产，应当委托依法成立的资产评估机构进行价格评估"的规定确立了该项原则，而最高人民法院《关于人民法院民事执行中拍卖、变卖财产的规定》（以下简称《拍卖规定》）第3条有关"人民法院拍卖被执行人财产，应当委托具有相应资质的拍卖机构进行，并对拍卖机构的拍卖进行监督"的规定则再次强调了委托拍卖原则。最后，拍卖穷尽原则。强制拍卖有利于实现债权人和债务人利益的最大化，但在拍卖出现流拍并且拍卖已明显无望的情况下，如果不对法院拍卖的次数加以限制，就会严重影响债权人权利的实现，也会损害债务人的利益，法院执行的效果将大大降低。因而，我国司法解释规定，动产两次拍卖即视为拍卖穷尽，不动产或者其他财产权三次拍卖即视为拍卖穷尽。拍卖穷尽原则有助于执行法院从已明显无变价可能的执行程序中解脱出来，因此可以认为是对执行法官和执行人员的一种制度上的保护措施。

在实务层面，为了打破司法拍卖中的潜规则、切断"法槌"与"拍卖槌"之间的黑色利益链，地方立法机关和司法机关纷纷出台一些规范性文件①，对强制拍卖制度的改革进行有益探索。其中，改革力度最大、效果最明显、社会反响最大的当属重庆市高级人民法院分别于2009年4月1日、2010年11月1日起施行的《重庆市高级人民法院关于司法拍卖工作的规定（试行）》和《重庆市高级人民法院关于司法拍卖工作的补充规定（一）》。重庆高院通过这两个规范性文件达到了如下的改革目的：首先，将拍卖机构名册制定权以及具体执行案件中司法拍卖机构的确定权先后通过《重庆市高级人民法院关于司法拍卖工作的规定（试行）》第21条和《重庆市高级人民法院关于司法拍卖工作的补充规定（一）》第7条的规定交由重庆高院行使。其次，先后通过《重庆市高级人民法院关于司法拍卖工作的规定（试行）》第30条第2款和《重庆市高级人民法院关于司法拍卖工作的补充规定（一）》第12条将《拍卖规定》第11条第2款规定的先期拍卖公告时间由动产的7天延长至15天，将不动产或者其他财产权的15天延长到30天。最后，重庆高院出台的这两个规范性文件将重庆法院系统的所有司法拍卖纳入

---

① 如安徽省合肥市人大出台的《关于建立协助人民法院执行工作机制的决定》以及浙江高院出台的《关于进一步完善委托评估拍卖管理工作的意见》。

重庆联合产权交易所平台，并进行公开的电子竞价。《重庆市高级人民法院关于司法拍卖工作的规定（试行）》第 5 条要求法院委托司法拍卖必须要求拍卖机构进入第三方交易平台重庆联合产权交易所进行拍卖，并采取电子竞价为主、传统拍卖方式为辅的拍卖方式，但保留在 10 万元以上的标的物则强制性要求采取电子竞价方式进行拍卖。在《重庆市高级人民法院关于司法拍卖工作的补充规定（一）》第 3 条重申"司法拍卖试行在互联网上进行电子竞价的方式"的基础上，2010 年 12 月 1 日正式启动司法拍卖互联网竞价系统，使真正意义上的"网上司法拍卖"成为现实。当然，这两个规范性文件还推出"竞买承诺"制度、引入金融机构按揭等融资服务等其他创举。① 据统计，截至 2010 年 11 月 30 日，由重交所实施的司法拍卖共计成交 711 宗，成交额 24.24 亿元，拍卖总成交率 80.98％，已成交项目平均增值率 13.63％，与改革前成交率不到 20％、成交价平均缩水 30％形成鲜明对比，并且在司法拍卖改革后，全市法院未出现一起利用司法拍卖权违法违纪的案件。② 由此可见，重庆高院的司法拍卖改革取得了显著的成效③，也获得了专家学者的高度肯定。④ 笔者认为，重庆高院的司法拍卖改革确有助于规范执行程序的公开透明，尤其是司法拍卖互联网竞价系统减低了拍卖成本、提高了成交率、减少了人为操作、加深了竞价程度、延伸了竞价空间，对全国司法拍卖改革产生了深远影响。

（2）强制管理

强制管理，是指执行法院选任管理人对已查封、扣押的被执行人财产实施管理，以管理所得收益清偿申请执行人债权的执行措施。强制管理制度在各个立法例基本都存在，只不过是称谓有所区别：在大陆法系一般称为"强制管理"，而在英美法系一般称为"司法托管"⑤，而在我国则既有使用强制

---

① 请分别参见《重庆市高级人民法院关于司法拍卖工作的补充规定（一）》第 17、20 条。

② 参见崔佳：《重庆司法拍卖 网上公开竞价》，《人民日报》2010 年 12 月 3 日。

③ 参见徐伟：《重庆司法拍卖一周年 革暗箱操作者更革自己的"命"绞碎暴利链扭涉讼资产流标惯性》，《法制日报》2010 年 3 月 29 日。

④ 参见崔佳：《重庆司法拍卖 网上公开竞价》，《人民日报》2010 年 12 月 3 日；徐伟：《法院免受不当指责确保司法公正》，《法制日报》2010 年 3 月 29 日。

⑤ 徐昕教授在翻译《英国民事诉讼规则》时，也将其翻译为"接管"。参见徐昕：《英国民事诉讼规则》，中国法制出版社 2001 年版。

管理之称谓者，也有使用司法托管者，本书为方便表述，采取传统大陆法系表述方法"强制管理"。

相对于拍卖、变价、以物抵债等变价措施而言，强制管理具有如下特征：首先，强制管理以财产的使用价值为着眼点，是对财产使用权和收益权的执行；而变价措施则以财产的交换价值为对象，是对财产所有权的执行。其次，强制管理期间，被执行人仍然享有所有权，只不过其使用、收益权能受到限制，并且在强制管理结束后其所有权将恢复圆满状态；而变价措施结束后，被执行人将丧失财产所有权。再次，强制管理使被执行人立即丧失对财产的使用、收益权；拍卖、变卖终结前，并不妨碍被执行人对不动产的使用、收益。最后，强制管理过程受财产收益量的影响，一般持续时间较长；拍卖、变卖是一次性处理财产，成交后可立即换得价金，执行程序一般迅速终结。

从上述对强制管理特征的分析可以看出，强制管理并没有剥夺被执行人的财产所有权，而只是在其财产上设置类似于他物权的负担。也正是基于这个原因，强制管理具有变价措施所不能实现的制度功能：首先，并非所有的被执行财产都能有效地进行变现，如果被执行财产无法拍卖、变卖，并且债务人不愿以物抵债，在此种情况下，强制管理制度将提供实现执行债权的新途径。其次，对于被执行财产价值远远大于执行债权但被执行人又无其他财产可供执行时，如果对财产采取变价措施显然构成超额执行而不具有正当性，如果采取强制管理则符合比例原则。再次，相对于变价措施往往将相互配合的财产整体分开变现而言，强制管理制度往往将相互配合的不同财产作为整体加以经营，因而，强制管理有助于贯彻《物权法》物尽其用的立法宗旨。又次，相对于变价措施将企业的财产进行处分而言，对企业整体进行强制管理具有解决原职工劳动力出路的功能。最后，强制管理与破产管理相类似，在特定情形下具有重整濒临破产企业的制度性功能。

由此可见，相对于拍卖、变卖等常规变价措施而言，强制管理具有自身独特的制度性价值，而我国《民事诉讼法》并没有确立强制管理制度。最高人民法院在《适用意见》第 302 条规定被执行人的财产无法拍卖或变卖的，经申请执行人同意，人民法院可以将该项财产交由申请执行人管理。据此，我国的强制管理制度不同于域外立法例的强制管理制度：首先，我国没有限

定强制管理的财产类型。域外立法例一般将强制管理制度的适用范围限定在
不动产的范围内，这是因为于动产，价值一般不高，实施强制管理往往难以
达到预期的效果，费时费力，易拖延执行程序，不如直接将其变价更有利于
双方当事人的利益。但是，对于价值高的动产（船舶、航空器、机械设备
等）来说，适用强制管理制度的正当性并不亚于不动产，并且将不动产、动
产，甚至股权、知识产权等不同类别的财产整体进行强制管理往往更加有助
于提高执行效益，且强制管理具有相对于变价措施的额外社会功能，因而，
笔者倾向于主张保留我国对强制管理适用范围的开放性规定。其次，我国强
制管理制度以被执行人的财产无法变现为适用要件。笔者认为，强制管理对
被执行人的自由限制程度轻于变价制度，但对于债权人的限制程度要重于变
价制度，因而，在既可以适用强制管理制度，也可以适用变价制度实现执行
债权时，鉴于执行债权已届履行期限且屡遭履行迟延之苦，除非债权人同意
或者变价于被执行人构成显著不公平，执行法院应当采取变价措施。换言
之，强制管理构成强制拍卖、任意变卖的有益补充，只有在变现不能或者不
宜变现或者变现违背当事人合意的情形下，适用强制管理才具备正当性。再
次，我国强制管理制度只能建立在申请执行人同意适用的基础上，而不能由
法院依职权适用。在域外立法例中，当被执行人财产变现不能或者变现违背
比例原则时，执行机构可以依职权采取强制管理措施。当然，双方当事人都
同意实施强制管理时，剥夺债务人对不动产的所有权对债务人显然不利，在
这种情况下适用强制管理既能清偿申请执行人的债权，又不使被执行人丧失
对不动产的所有权，对双方当事人均有益处。因而，笔者倾向于主张授权执
行法院在穷尽拍卖、变卖、以物抵债等变价措施而仍变现不能或者采取变价
措施将严重违背比例原则的情形下依职权决定采取强制管理措施的权利。最
后，我国强制管理制度设置的管理人只能是申请执行人，而不能是第三人。
在域外立法例中，法院选任的管理人往往是具备特定经营管理能力的第三
人，而不限于申请执行人。笔者认为，如果申请执行人同意并且被执行人不
反对，法院得不指定申请执行人为管理人，理由如下：其一，申请执行人未
必具备经营管理被执行人财产所必须具备的专业知识；其二，申请执行人只
能通过经营管理被执行人财产的方式实现自己的债权在事实上给申请执行人
设定了法律上的义务；其三，申请执行人充当管理人往往不利于保持其中立

性，尤其在参与分配制度适用的情形下，未经其他债权人同意，法院指定其中的某人充当管理人，其他债权人有理由怀疑被指定为管理人的债权人以权谋私。因而，笔者倾向于认为，管理人原则上应由具备特定经营管理能力（资质）的第三人充当，除非双方当事人一致同意由（某个）债权人充当或者穷尽法定途径而找不到愿意充当管理人的合适人选。

强制管理将被执行人财产的管理权移转给管理人，管理人受法院委托而经营管理他人财产，其主要职责是对财产进行管理及收益。管理是在不改变财产性质的前提下，对财产实施的保存、利用或改良等行为；收益是收取财产的孳息（含天然孳息与法定孳息）。此外，管理人还可为取得收益而出租或以其他方法使用财产，并享有就管理行为进行诉讼等权利及获得管理报酬的权利。当管理人为数人时，一般应共同行使职权，但各管理人的职权已由执行法院确定其范围的，应在各人职权范围内行使职权。管理人占有财产后，可根据财产的性质自主地进行管理和收益，无须征得被执行人或申请执行人同意。但是，管理人在强制管理时应当以善良管理人的注意，谨慎地行使其管理职责，尽可能地依财产的性质和用途采取使收益增加的办法。如因违反职责或未尽善良管理注意义务给申请执行人、被执行人造成损失的，管理人应负赔偿责任。对于财产的收益，管理人应当在扣除管理费用及其他必要支出后，及时将剩余金钱交申请执行人或交执行法院。当可分配金钱足以清偿全部债权及执行费用时，管理人可将款项交付申请执行人，所余金钱交被执行人；若申请执行人为两人以上而管理收益不足清偿全部债权时，应将款项交执行法院分配。管理人还应定期将管理情况向执行法院报告，管理中如需对财产性质和用途作重大修改的，须征得执行法院同意。在我国的司法实务中，执行法院决定强制管理的，往往保留经营管理重大事项的决定权或者审核权，以确保对管理人的经营管理行为进行有效实时监督。另外，被执行人作为被管理财产的权利主体、执行申请人作为经营管理收益的受益人，都可以对管理人的经营管理行为进行监督，一旦发现管理人经营不善或者损害、侵吞被管理财产或者其收益的，有权请求执行法院进行查处。如果发现管理人管理方法不适当或不能胜任管理事务的，执行法院可以撤换管理人。

强制管理程序启动后，如果被执行人履行执行债权或者强制管理收益已经足以支付管理费用、执行费用以及执行债权（本金及利息），则既然执行债权已经得以实现，继续强制管理就丧失了正当性；如果财产管理的收益扣除管理费用和其他必要支出后，无剩余可能的，构成无益管理；如果出现申请执行人撤回执行申请，继续强制管理将违背申请执行人的处分权；如果被管理的财产灭失，则无从继续强制管理；如果执行依据被依法撤销，继续强制管理将构成不当执行行为。在这些情形下，执行法院应当裁定终结强制管理程序，而管理人应当立即就管理所得收益，扣除管理费用及其他必需的开支、交付申请执行人的金额等事项，出具收支结算报告书，并附相关的单据或凭证，交给执行法院，且附送当事人，以备审核。

（3）劳务抵债

执行中的劳务抵债是指在民事案件执行中因被执行人无力偿还所欠债务，而运用其一技之长向申请执行人提供劳务，以所得劳动报酬抵消所欠债务的一种方式。[①] 其法律依据是最高人民法院《关于人民法院审理借贷案件的若干意见》第 20 条有关"执行程序中，双方当事人协商以债务人劳务或其他方式清偿债务，不违反法律规定，不损害社会利益和他人利益的，应予准许"的规定。然而，有关该司法解释所规定的劳务抵债是否属于强制执行措施在学术界存在争议。肯定说认为，劳务抵债是在被执行人确无财产可供执行，仅有一定的劳动能力，而申请人又需要这种劳动，双方都愿意以劳务抵债，这在法律上虽然没有明确的规定，但并没有违反法律法规的强制性规定[②]，属于以劳务为执行标的的变通性执行措施[③]，并且有必要专门为了解决执行难问题而制定以"保障人民法院的判决、调解、裁定、支付令等有给付内容的法律文书以及法律规定由人民法院执行的其他法律文书生效后，债务人或侵权人不按法律文书履行自己的义务，经债权人或受害人申请或人民法院决定依法对债务人或侵权人强制劳动，用其劳动收入（扣除债务人或侵权人的基本生活费用）偿还债权人或受害人，使债权人或受害人的合法权益得到实现"[④] 为任务的"劳役法"。反对说认为，劳务抵债建立在双方当事人自愿的基础上，缺乏强制措施所必须具备的强制性，因而，劳务抵债不属

① 参见童兆洪：《民事强制执行新论》，人民法院出版社 2001 年版，第 294 页。
② 参见党正平：《对无财产可供执行案件的再思考》，《人民司法》2009 年第 8 期。
③ 参见齐树洁、马昌明：《完善我国强制执行法若干问题的探讨》，《法学评论》1997 年第 3 期。
④ 董林华：《执行难的原因及对策》，《燕山大学学报（哲学社会科学版）》2005 年第 1 期。

于执行措施①，而属于执行和解方法。折中说则认为劳务抵债既是执行措施，又是和解方式，即"劳务抵债是因申请执行人申请启动，当事人自愿达成协议或由人民法院裁判，在一定的期限内，由债务人为一定的行为，以劳动的价值抵偿其部分或全部债务的执行措施。实质上它是在法院主持下的一种较为特殊的和解履行形式"②。

笔者认为，强制执行措施具有限制甚至剥夺被执行人民事权益的特点，在本质上是国家公共权力对民事主体的自由的限制，根据公法领域里的"法无授权即禁止"的原则，法律并没有明文规定执行法院可以依职权强制被执行人通过向申请执行人提供劳务的形式履行执行债务。因而，对那些没有法律规定的执行创新措施，要充分征求当事人的意见，履行相应的程序，确保手续齐全、程序到位，以免引发执行争议，造成新的"执行难"③。诚然，执行法院可以在征得当事人同意的基础上适用劳务抵债，但是，此时的劳务抵债因建立在被执行人同意的基础上而丧失其作为强制执行措施的本质属性。综上所述，在我国法律尚未赋予执行法院强制性适用劳务抵债的背景下，劳务抵债的适用只能依附于执行和解制度，即任意的劳务抵债。任意的劳务抵债的法律性质在解释论上可以界定为：双方当事人达成协议，由被执行人向申请执行人提供劳务，并将基于提供劳务产生之报酬请求权与执行债权请求权实行抵销，从而消灭执行债权。

然而，劳务抵债的研究重点并不在于此，而在于劳务是否能够成为执行标的。倘若我国认可劳务可以作为执行标的，那么执行法院强制被执行人向申请执行人提供劳务以抵偿债务就具有正当性；倘若我国将劳务排除在执行标的之外，那么执行法院至少不能将劳务抵债作为直接执行措施。理论界存在着不同的见解：肯定说的理由主要有：首先，劳务抵债具有相对于变价措施所不具备的相对优势④；其次，劳务本身具备交换价值，具有鲜明的财产属性，而非人身属性；再次，债务人是民事违法的主体，在无其他能力履行债务的情况下，以其所擅长的劳务抵偿全部或部分债务是对债务人的惩戒，

---

① 参见谭秋桂：《民事执行原理研究》，中国政法大学 2000 年博士学位论文，第 18 页。
② 王利红、马鸽昌：《我国民事执行措施的创新与完善》，《中国校外教育（下旬刊）》2009 年第 6 期。
③ 江必新：《强化内部治理 有效解决"执行难"》，《法律适用》2010 年第 7 期。
④ 参见鲍总枝、梁洪林：《试谈劳务抵债》，《人民司法》1991 年第 1 期。

也是对法治秩序的维护[①]；最后，实然层面的劳务抵债不具有强制力而非执行措施，但这并不排斥我们在应然层面建议赋予劳务抵债以必要限度的强制性，使之成为名副其实的执行措施。[②] 因而，肯定论者普遍认为，劳务抵债是一种变通的执行措施，其执行标的为劳务。[③] 否定说的理由主要有：首先，劳务涉及公民基本权利属性的劳动权问题，将劳务作为执行标的将侵犯公民的劳动自由，因而不能认为，出现一种新的履行债务的方式就一定能成为强制执行关系的客体[④]；其次，劳务抵债的本质是以劳动所得来抵债，是对被执行人收入执行的一种特殊方式，执行标的应为财产[⑤]，而非劳务本身。再次，劳务抵债违背国际公约，根据《公民权利和政治权利国际公约》第8条第3款有关"任何人不应被要求从事强迫或强制劳动"的规定，强迫劳动将使被执行人在一定程度上丧失其人格权，失去作为人的人格尊严。[⑥] 又次，社会主义生产方式的确立，从根本上否定了生产资料的私有制，劳动者已被社会确立为主人。实行劳务抵债，有悖于社会主义生产关系。[⑦] 最后，没有域外立法例可资参考，西方法治国家未见有关将劳务作为民事强制执行标的的立法例。尽管部分国家或地区在刑事罚金的执行中允许适用类似于劳务抵债的 fines payment work 措施，但其适用对象仅限于不能支付罚金的罪犯[⑧]，而显然，刑事罚金和民事债务是有本质区别的，不可相提并论。[⑨] 因而，否定论者主张"是否最终达成协议还是由双方当事人自愿、共同决定，且协议不具有可替代性与法律强制力"[⑩]。

笔者认为，首先，在解释论层面，劳务不属于执行标的。早在 1984 年

---

① 参见赵泽君：《转折与展望———从人权保障的角度看民事执行措施的立法趋势》，《前沿》2010年第 7 期。

② 参见朱全民：《民事执行措施论》，山东大学 2008 年硕士学位论文，第 29 页。

③ 参见齐树洁、马昌明：《完善我国强制执行法若干问题的探讨》，《法学评论》1997 年第 3 期；董林华：《执行难的原因及对策》，《燕山大学学报（哲学社会科学版）》2005 年第 1 期。

④ 参见邹川宁：《我国强制执行制度的完善》，中国政法大学 2005 年博士论文，第 72—73 页。

⑤ 参见于喜富主编：《民事强制执行制度创新与争鸣》，人民法院出版社 2003 年版，第 137 页。

⑥ 参见刘佳佳：《民事强制执行标的研究》，西南政法大学 2006 年硕士论文，第 11 页。

⑦ 参见高文：《民事执行措施的理论和实践》，湘潭大学 2002 年硕士论文，第 38 页。

⑧ Regulatory Impacts Assessment，*Court Report*：*Proposals to Improve Fine Enforcement*，July 2003.

⑨ 参见严仁群：《民事执行权论》，南京师范大学 2005 年博士学位论文，第 85—86 页。

⑩ 童兆洪主编：《民事强制执行新论》，第 294—296 页。

最高人民法院《关于贯彻执行〈民事诉讼法（试行）〉若干问题的意见》就曾强调，强制执行标的只能是物和行为，严禁把人身作为执行标的，把人身排除在强制执行标的范围之外。1992 年最高人民法院《适用意见》第 254 条重申强制执行的标的应当是财物或行为。其次，在立法论层面，劳务也不应纳入执行标的。第一，现代法律，以尊重个人人格为基本原则。人为权利之主体，不能同时成为权利之客体，债权人为实现其债权，原则上仅得对债务人所有之财产实施强制执行，不可以其身体、劳力或自由等，作为执行之标的物。第二，强制被执行人提供劳务涉及公民的人身自由保护问题，世界立法通例至多将人身强制作为间接强制执行措施，而罕见将之作为直接强制执行措施的。① 第三，劳务虽然确实具有财产属性，具有相当交换价值，但是，在劳务提供者提供劳务之前，该财产具有人身专属性，因而，不得作为执行标的。当然，权利主体为实现带有人身专属色彩的财产性权利而向法院提起民事诉讼或者对方当事人向其给付财产时，该财产（权）丧失其人身属性，因而，可以构成执行标的。具体而言，如果被执行人自愿与申请执行人达成劳务抵债合意，这属于当事人意思自治的范畴，因为人身专属性的制度性目的在于保护权利主体的权益，因而权利主体可以对其进行处分。换言之，建立在双方合意基础上的劳务抵债合同具有正当性，但由于其缺乏强制适用的效力，因而够不上执行措施。第四，将劳务作为执行标的违背比例原则。在被执行人无财产可供执行的情形下，强制被执行人向申请执行人提供劳务，以劳务收入冲抵执行债务在表面上能够起到缓解"执行难"问题，但是，强制性的劳务抵债与劳动教养、劳动改造具有共通之处，但是，私法之债与公法之债存在着本质的区别，行政责任、刑事责任的承担往往涉及公共安全利益，而民事责任的承担往往仅涉及私人财产利益，公共安全利益和私人财产利益相对而言，前者的价值位阶高于后者。前者适用强制劳动措施相对于后者更符合比例原则。此外，基于财产权的位阶低于人身权，为了实现私人财产性权益而强行限制甚至剥夺被执行人的劳动自由显然违背比例原则中的衡量性要求。

综上所述，笔者支持否定说，认为劳务本身不能成为执行标的，劳务收

---

① 参见杨与龄：《强制执行法论》，第 41 页。

入在劳务现实提供前具有人身属性,也不宜充当执行标的。因而,不管是劳务还是尚未提供的劳务报酬均不得作为执行标的。然而,笔者不否认,劳务抵债具有独特的制度性功能,有利于债权人的合法权益得以早日实现,理顺债权债务关系,同时又能维持债务人的基本生活水平;有利于缩短执行期限,提高办案效率,缓解执行难;有利于提高人民法院在社会公众中的威信,保障社会主义法制的权威,维护社会稳定。[①] 因而,即使强制的劳务抵债制度不具有正当性,我们仍然需要进一步研究任意的劳务抵债制度是否具备正当性,并且在具备正当性的基础上进一步研究任意的劳务抵债的适用要件。首先,劳务抵债建立在当事人的合意基础上,执行法院尽管可以诱导当事人就此达成协议,但协议仍必须建立在双方合意的基础之上,因而,任意的劳务抵债必须以当事人同意适用或者至少不明确反对适用为首要特征与必备条件。其次,在被执行人有其他可供执行(变价)财产的情况下,执行法院应当优先执行被执行人其他可供执行财产,除非当事人主动选择劳务抵债方式达成和解协议。这主要是考虑到劳务抵债的执行方式往往存在周期长而不能及时实现执行债权,劳务提供过程中易生新纠纷而有违一次性纠纷解决原理,劳务抵债协议具有人身属性,因而有不适宜强制执行、减损执行效率原则等嫌疑。再次,任意的劳务抵债的适用必然要求被执行人具备提供特定劳务的能力与技术,而申请执行人具有接受该种劳务的需要,并且该种劳务的提供不违背法律禁止性规定与社会公共利益。但是,就被执行人提供特定劳务的能力与申请执行人的接受劳务需要而言,当事人达成劳务抵债协议一般意味着前述两方面条件已经得以满足,因而,执行机构无须进行实质性审查,除非被执行人显然不具有提供特种劳务的能力。就双方当事人所约定劳务的合法性而言,即使当事人自愿达成劳务抵债协议,执行机构仍然有义务对该协议的合法性进行审查,在当事人约定被执行人提供的劳务违背法律效力性禁止性规定或者损害国家利益、社会利益(含违背公序良俗原则)时,执行法院有权限制直至取消该劳务抵债协议的效力。最后,任意的劳务抵债的适用还必须具备消极条件,即双方当事人不能将劳务抵债的执行和解协议设置为特殊执行和解协议,不得约定通过嫁接型或者独立型转化机制将该执

[①] 参见朱全民:《民事执行措施论》,山东大学 2008 年硕士学位论文,第 29 页。

行和解协议转化为执行名义。一方面，劳务抵债协议本身不具有执行力，在我国现行《民事诉讼法》的框架内，作为执行和解协议特定模式的劳务抵债协议不具有执行力，也不具有请求力，在被执行人拒不履行协议时，申请执行人只能通过申请恢复原执行名义的执行程序的方式加以救济。另一方面，劳务抵债协议不得向执行名义转化，由于劳务不属于执行标的，执行法院不得直接迫使被执行人向申请执行人提供双方约定的劳务，因而，劳务抵债协议本身不能像普通调解/和解协议一样通过嫁接型或者独立型转化机制转化为执行名义。

综上所述，尽管劳务具有交换价值，但是，在具体向申请执行人提供之前，劳务带有浓重的人身权属性，与劳动自由密不可分，因而，劳务不属于执行标的。据此，强制性的劳务抵债不具有正当性，劳务抵债不属于也不应当纳入执行措施的研究范畴；建立在双方当事人合意基础上的任意的劳务抵债则基于当事人的处分权而具有适法性，但其适用必须符合特别要件。

（三）间接执行措施

在大陆法系强制执行理论中，间接执行是与直接执行和替代执行相对的范畴，是指执行机关不直接以强制力实现给付内容，而是以拘留、罚款、限制出境、搜查、拘传、加倍支付迟延履行利息等不利于债务人的方法，给债务人施加一定的心理压力，迫使其自动履行债务，以实现给付内容的执行措施。由此可见，间接执行通过给被执行人施加一定的财产上或者人身上的不利益，迫使其履行执行债务，间接强制在执行债务之外课加被执行人以新的给付义务在本质上属于司法强制，且该给付义务未经争讼程序的正当性保障，因而间接执行更应当强调遵循比例原则：立法者设置、司法者适用间接执行措施必须具有迫使被执行人履行执行债务的合理期待性（恰当性原则的要求）；在间接执行具体措施的设置与适用时，在同样能够实现迫使被执行人履行执行债务的前提下，应当选择对被执行人财产利益、人身利益限制程度最轻微的间接执行措施（必要性原则的要求）；实现执行债权的价值应当大于间接执行措施给被执行人造成的损害程度（衡量性原则的要求）。

1. 妨害执行的强制措施与间接执行措施之间的关系

我国现行立法并没有直接规定间接执行措施，但规定了对妨害民事诉讼的强制措施，其中在执行程序中适用的妨害民事诉讼的强制措施也被称为妨害执行的强制措施。在妨害执行的强制措施与间接执行措施之间的关系方面，学界存在不同观点：有的学者认为，拘留、罚款、限制出境等妨害执行的强制措施同时符合间接执行措施要件的，也构成间接执行措施；而有的学者则认为，二者是两个不同概念、不同制度，没有任何关系，如果被执行人因拒不履行债务而被法院决定罚款、拘留，则构成强制措施，而非间接执行措施，因为强制措施和执行措施设置的目的是不同的。

笔者认为，从形式上来分析，被执行人因拒不履行生效法律文书确定的债务而被法院决定罚款、拘留，在外观上具有间接执行措施的所有特点和要求，把这种情形归类为间接执行措施似乎并不为过。但是，从实质上来分析，妨害执行的强制措施与间接执行措施的目的各不相同，前者在于"排除诉讼中的妨害，保证人民法院审判工作顺利进行"[①]，后者则在于通过施加不利益的方式迫使被执行人履行执行债务。学界通说认可强制措施"不是民事诉讼程序，而是对民事诉讼程序的保障"，如果将强制措施定位为"保障性措施"的话，那么它和间接执行措施之间并非不能兼容，而是可以和谐共生，因为间接执行措施本质上就是一种辅助性、保障性、督促性的执行措施。从这个意义上说，我们可以打破民事诉讼强制措施的封闭性，从理论上打通强制措施与间接执行措施之间的壁垒，理论价值极为重大。比如，过去我们总是一再重申在强制执行中禁止"以拘促执"、"以罚促执"，认为通过对被执行人拘留、罚款的方式督促被执行人履行债务是不正确的。如果搞清了强制措施一定条件下具有间接执行的功能，那么，虽然在司法政策上不提倡多用，但只要是严格依法实施的"以拘促执"、"以罚促执"，就不应当横加指责。

需要特别说明的是，强制措施与间接执行措施的互通性仅存在于有限的范围内：一方面，间接执行措施只能适用于被执行人，而妨害执行的强制措施则可以适用于包括被执行人在内的任何妨害行为的主体，因此，只有执行法院对被执行人采取的强制措施才有可能成为间接执行措施。另一方面，强制措施的侧重点在于保障执行程序顺利进行，而间接执行措施的核心在于迫使当事人履行执行债务，因而，强制措施首要适用条件是妨害行为的可谴责

[①] 柴发邦主编：《民事诉讼法学新编》，法律出版社 1992 年版，第 267 页。

性，而间接执行措施首要适用条件是迫使被执行人履行义务的有效性与可行性，强制措施中的罚款金额不受执行金额的限制，而间接执行措施中的罚款则受到执行金额的限制（衡量性原则的要求），因此，只有执行法院对被执行人采取的罚款金额低于执行标的额的情况下才有可能成为间接执行措施。

2. 间接执行措施的类型设置与适用范围及适用原则之间的关系

如前所述，间接执行措施的本质在于施加执行名义确定被执行人所应当承担义务以外的负担，迫使被执行人履行执行债务。据此，根据比例原则，如果间接强制的具体措施涉及被执行人的私人利益越重要、越密切，则该执行措施的适用范围应当越狭窄，适用原则越保守。换言之，不同类型的间接执行措施对被执行人的财产或者人身利益造成的限制或者剥夺程序不同，其适用范围及适用原则也随之不同。

德国的间接执行措施包括"强制罚款"、"强制拘留"、"违警罚款"、"违警拘留"四种类型，其中，前两者主要适用于被执行人违反不可替代的作为义务，而后两者主要适用于被执行人违背不作为或容忍某种作为的义务。[①]由此可见，一方面，德国的间接执行措施既以财产性利益为标的，也以人身性利益为标的；另一方面，德国的间接执行措施仅适用于不可替代的作为、不作为给付请求权之强制执行。笔者认为，由于德国的间接执行措施涉及限制、剥夺被执行人的人身自由，人身性利益的价值位阶在财产性之上，而德国现行立法又未分别就限制、剥夺被执行人财产性利益和人身性利益分别设置不同的适用要件，根据正当性保障就高不就低的原则，德国的间接执行措施的适用就应当受到严格的限制。首先，在适用范围上，一方面，德国的间接执行措施仅适用于不可替代的作为、不作为给付请求权之强制执行，而不能适用于金钱给付、可替代的作为请求权之强制执行；另一方面，即使是不可替代的作为、不作为给付请求权之强制执行也存在一些不宜适用间接执行措施的例外情形，如不适用于判令结婚、判令同居以及根据雇佣契约判令给付劳动的情形，不适用于命令被告履行某种行为的同时依原告的申请而判令被告如不于一定的期限内履行时应支付损害赔偿的判决执行情形，此亦即间

---

① 参见《德国民事诉讼法》第 888、890 条的规定。

接强制执行有限原则。其次，在间接执行程序启动方面，间接执行措施的采取以申请执行人向法院申请为适用前提，此亦即间接执行措施申请原则。由于间接执行的结果并非直接实现执行债务，而是通过施加财产上或者人身上的不利益迫使其履行执行债务，需要申请执行人向执行机构提出申请，并由执行机构对其必要性和妥当性进行裁量。再次，在间接执行措施适用形式要件方面，执行机构必须事先告诫被执行人，而不得直接采取间接执行措施，此亦即间接强制执行特定原则。一方面，间接执行措施并非直接针对执行标的，往往不具有保全的紧迫性；另一方面，间接执行措施的内核在于通过对被执行人课加执行债权以外的义务迫使其履行执行债务，在告诫被执行人不在指定期限内履行债务即将采取间接执行措施亦能够达到迫使其履行执行债务的目的的情形下，采取间接执行措施就不符合比例原则，因而，在间接执行措施适用之前，应当告诫被执行人自行履行执行债务。最后，在直接执行措施与间接执行措施之间的关系方面，执行机构应当优先采取直接执行措施，此亦即间接强制执行的补充性原则。在德国，直接执行措施与间接执行措施并非处于并列待选状态，在既能够采取直接执行措施又能够间接执行措施的情形下，执行机构应当采取直接执行措施，即直接执行措施的适用顺位在间接执行措施之前；直接执行措施是典型的执行措施，其适用范围广于间接执行措施；而且间接执行措施的适用必须具备独特的实体性和程序性要件，据此，间接执行措施是具有补充性的执行措施。

法国的间接执行措施则仅限于"逾期罚款"，即仅对被执行人施加财产上的不利益，以迫使其履行执行债权。[①] 基于法律价值位阶的考量，相对于人身权的限制或者剥夺而言，财产权的限制或者剥夺对被执行人的不利益程度稍显轻微，因而，其实体性论证责任也相应要轻些。有鉴于此，法国的间接执行措施的适用范围及适用原则与德国迥然不同：首先，在适用范围方面，执行机构可以为了执行任何执行名义而采用间接执行措施；其次，在间接执行程序的启动方面，执行法官可以依职权命令逾期罚款；最后，在直接执行措施与间接执行措施之间的关系方面，执行机构有权在直接执行措施与间接执行措施之间进行选择，找到最佳执行方案，也即是学者所谓的"直接

---

① 参见《法国民事执行程序法》第 2 章第 6 节的规定。

执行与间接执行并行原则"。诚然，法国的立法例与德国的立法例也具有共同之处，即都要求在程序上给予被执行人自行履行执行债务，免受间接执行之苦的制度性设置。① 此外，法国1991年新民事执行程序法还废除了旧法有关"逾期罚款应当充作损害赔偿"的规定，确立逾期罚款为独立于损害赔偿的制度。②

日本的间接执行措施同样局限于"命令债务人向债权人支付认为适当的一定数额的金钱"，因为《日本民事执行法》中完全无拘提及管收之规定，即完全不得以人之身体及自由为执行之标的。③ 基于间接执行标的的财产权属性，日本的间接执行立法例与直接执行立法例具有高度的相似性：首先，在间接执行程序的启动方面，执行机构可以依职权命令债务人向债权人给付一定数额的金钱。其次，在直接执行措施与间接执行措施之间的关系方面也遵循直接执行与间接执行并行原则。再次，根据《日本民事执行法》第172条第3款有关"执行法院作出应审问申请人的对方当事人"的规定，执行机构在作出间接执行决定前也需要告诫被执行人自行履行执行债务。最后，日本也采取了类似于法国的逾期罚款独立于损害赔偿的制度，规定命令支付金钱时，如债务人不履行其债务所产生的损失额超过支付额时，不妨害债权人请求赔偿其超过额。尽管如此，在间接执行的适用范围方面，日本法不同于法国法：法国法的间接执行适用于一切执行案件类型，而日本法的间接执行的适用范围则限定为物的交付请求权、作为请求权、不作为请求权以及关于扶养义务的金钱请求权。

我国台湾地区的间接执行措施包括拘提、管收债务人，限制住居，以及处以怠金，其中拘提、管收债务人以及限制住居以债务人的人身利益为减损的对象，而处以怠金则以债务人的财产利益为减损对象。但是，我国台湾地区的立法例不同于前述任何一种立法例。首先，在适用范围方面，虽然我国台湾地区与德国相类似，既以人身利益为间接执行的标的，也以财产利益为间接执行的标的，并且也没有分别就限制、剥夺被执行人财产性利益和人身

---

① 《法国民事执行程序法》第34条第3款规定，只有先就法官确定的期间宣告临时逾期罚款之后，始能命令最终确定的逾期罚款。

② 参见《法国民事执行程序法》第34条的规定。

③ 参见赖来焜：《强制执行法总论》，元照出版公司2007年版，第408页。

性利益分别设置不同的适用要件，但是，我国台湾地区的间接执行适用范围并不局限于不可替代的作为、不作为给付请求权之强制执行，而是涵盖一切请求权之强制执行。其次，在适用条件方面，我国台湾地区的规定将间接执行措施的适用情形类型化为两种：其一，执行债权为物之交付请求权、不可替代作为请求权、不作为请求权时，只有被执行人不履行义务即可采取间接执行措施；其二，执行债权为金钱请求权和可替代作为请求权时，对被执行人适用间接执行措施以被执行人具有主观可谴责性为前提。[①] 再次，在间接执行程序启动方面，我国台湾地区规定既可以由执行法院依职权适用，也可以由当事人申请适用。又次，在间接执行措施解除条件方面，我国台湾地区给予了明确的规定，即管收原因消灭、已就债务提出相当担保、管收期限届满者或者执行完结者。最后，在直接执行和间接执行方面，我国台湾地区采取了间接强制执行特定原则，间接执行并非立法者和司法者的首选。此外，我国台湾地区"民事执行法"还采取了间接执行有限原则，夫妻同居之判决不适用间接执行措施；事先告诫原则，即依执行名义，债务人应为一定之行为，而其行为非他人所能代为履行者，债务人不为履行时，执行法院得定债务人履行之期间；等等。

从前述的比较法分析可以看出，德国、法国、日本及我国台湾地区对间接执行制度的设置各不相同，德国和法国是两极，而日本与我国台湾地区则处于两极之间，究其原因，主要在于各国的间接执行措施的种类、强度各不相同。因而，笔者认为，在间接执行措施的适用范围和适用原则上均应做类型化分析：首先，基于人身利益的价值位阶在于财产利益之上，有必要将间接执行类型化为减损人身利益的间接执行和减损财产利益的间接执行。对于减损人身利益的间接执行而言，应当采取过错责任归责原则，即被执行人不履行执行债务具有主观的可谴责性，如被执行人显有履行义务之可能而故意不履行者、显有逃匿之虞者、就应供强制执行之财产有隐匿或处分之情事者、拒不申报责任财产或者虚假申报者等；对于减损财产利益的间接执行而言，应当采取严格责任原则，即只要有被执行人不履行执行债务，就推定被执行人具有主观上的可谴责性，采取财产性间接执行措施具有促使被执行人

[①] 参见我国台湾地区"民事执行法"第22、22-3、128、129条的规定。

履行执行债务的功能，并且符合比例原则，即具有采用之正当性。其次，基于各种不同请求权在直接执行、替代执行方面存在的空间不同，有必要将间接执行类型化为物之交付请求权的间接执行、可替代作为请求权的间接执行、不可替代作为请求权的间接执行、不作为请求权的间接执行以及金钱请求权的间接执行。一方面，对于金钱请求权、可替代作为请求权、物之交付请求权的执行而言，直接执行和替代执行能够迅速控制被执行人财产、实现执行债权，且不涉及向被执行人课加额外的不利益，原则上应当适用直接执行、替代执行措施实现执行债权。但是，在被执行人逃匿，隐匿、转移责任财产等行为导致法院无法控制被执行人财产的，则有必要采取间接执行措施，以迫使被执行人交出责任财产或者自行履行执行债务。换言之，对于金钱请求权、可替代作为请求权的执行应采取间接强制执行特定原则。另一方面，对于不可替代作为请求权、不作为请求权的执行而言，由于执行对象并非被执行人的责任财产，而是必须由被执行人亲自实施的特定行为给付义务，强迫被执行人为特定的行为给付义务往往涉及被执行人的人身自由，鉴于现代人权保障观念及尊重债务人人格尊严的基本要求，其直接执行措施极为有限，而替代执行措施则基本不存在，因而，间接执行措施在此类型的执行案件中具有不可替代的重要意义，直接执行措施和间接执行措施之间应当处于同等备选状态，由执行机构根据具体案情采取相应最为有效的执行措施。换言之，对于不可替代作为请求权、不作为请求权的执行应采取直接执行与间接执行并行原则。

四、执行管辖的规范

1991 年《民事诉讼法》第 207 条第 1 款将生效判决、裁定的执行法院确定为第一审人民法院。对此，立法者认为，该规定存在以下三方面的问题：其一，有些案件的被执行人的财产不在第一审人民法院所在地，被执行人住所也不在第一审人民法院所在地，由第一审人民法院执行较为困难。其二，由于有些案件的被执行人或者被执行人的财产不在第一审人民法院辖区，执行法院要到异地执行，造成人力、财力的浪费；法院的异地执行，容易引发暴力抗拒执行事件。其三，为了减少异地执行，《民事诉讼法》规定了委托执行制度，但由于委托的案件被视为原一审法院的案件，受托法院往往不认真办理,致使委托执行案件积压严重。① 因而 2007 年修改后的《民事诉讼法》第 201 条(2012 年《民事诉讼法》第 224 条)增加被执行的财产所在地人民法院作为执行法院,与第一审人民法院/被执行人住所地人民法院构成管辖竞合关系,由申请执行人选择向其中一家法院申请执行,向有管辖权的数家法院申请执行的,由最先立案的人民法院执行。

一方面,《民事诉讼法》这一修改在一定程度上确实可以使得执行法院更加接近被执行人或者被执行财产,从而有利于执行工作的开展。另一方面,"被执行的财产所在地"尽管有"与第一审人民法院同级"作为限制,在面对被执行人的无形财产或者特定有形财产时,该规定显得过于笼统,不具有可操作性。首先,被执行人的财产往往分散在多个执行法院辖区,从法律文义上来分析,只要被执行人有财产在某所法院的辖区范围内,而不管该财产在被执行人所有财产中所占的分量如何,该法院都可取得执行管辖权。被执行人的财产所在地人民法院是限于对在其辖区内的财产采取执行措施,还是可以针对被执行人所有的财产采取执行措施在法律规定上不够明确,从体系解释来分析,《执行解释》第 2 条有关"对两个以上人民法院都有管辖权的执行案件,人民法院在立案前发现其他有管辖权的人民法院已经立案的,不得重复立案。立案后发现其他有管辖权的人民法院已经立案的,应当撤销案件;已经采取执行措施的,应当将控制的财产交先立案的执行法院处理"的规定可以看出,执行法院对全案取得管辖权,而不仅仅对该部分财产取得执行管辖权。在这种情况下,执行法院接近被执行人或者被执行人财产的立法追求则难以实现。其次,在传统的财产执行案件中,执行标的通常是有形物,其所在地相对比较明确,但在当今社会,财产的种类日益丰富,在有形财产的基础上产生了无形财产,并且无形财产往往成为特定类型人群的主要财产。无形财产所在地如何加以确定自然成为一个较为棘手的问题,绝大多数无形财产有相应的登记制度(当然,也有所例外,比如著作财产权),但是,登记地和权利主体住所地并非总是相互重叠,在登记地和权利主体住所地不一致时,究竟是以哪个作为财产所在地值得思考。此外,由于特定动产登记制度的设置,也产生了动产的登记地和实际物理地点分离的情形,这

---

① 参见全国人大常委会法制工作委员会民法室:《中华人民共和国民事诉讼法条文说明、立法理由及相关规定》,北京大学出版社 2007 年版,第 400—401 页。

也增加了执行管辖的不明确性。最后，从比较法上来分析，尽管大部分国家和地区将被执行财产所在地作为执行法院，但是往往仅限于不动产的执行，或者以执行之标的物所在地明确作为以被执行人的财产所在地法院管辖执行案件的前提条件，从而避免了被执行人财产地不明确的情况出现。《日本民事执行法》第44条第1款规定，关于不动产，由管辖其所在地的地方法院，作为执行法院进行管辖。《韩国民事执行法》第79条规定，不动产的强制执行，由不动产所在地的地方法院管辖。不动产在几个地方法院的管辖区域时，各地方法院均有管辖权。在此种情况下，法院认为必要的，可以向其他法院移送该案件。我国台湾地区"强制执行法"第7条规定，强制执行由应执行之标的物所在地或应为执行行为地之法院管辖。应执行之标的物所在地或应为执行行为地不明者，由债务人之住、居所，公务所，事务所，营业所所在地之法院管辖。同一强制执行，数法院有管辖权者，债权人得向其中一法院申请。受理强制执行事件之法院，须在他法院管辖区内为执行行为时，应嘱托该他法院为之。

（一）执行管辖竞合机制

由于被执行人的财产往往分散在不同的法院辖区，如果将"财产所在地"作为法院取得执行管辖权的依据，那么将导致以下几方面的难题：首先，由于无形财产通常采取登记地，从外观主义上来分析，该无形财产应当在登记地，而无形财产，尤其是专利权、商标权以及上市公司的股票都采取集中登记制，在现代商业社会里，绝大多数商法人都不同程度地拥有一定的无形财产，这样一来，就有可能出现大量执行案件集中于北京、上海、深圳等地，从而出现执行案件分布过于悬殊的问题。其次，即使将"财产所在地"强行解释为拥有这些无形财产的权利主体住所地，但是，这样一来，在绝大多数情况下，无形财产的登记地和无形财产的权利主体住所地并非重合，如果由无形财产的权利主体住所地，而非无形财产登记地的人民法院取得执行管辖权，那么，尽量避免委托执行、提高执行效率的立法追求就落空。最后，尽管"财产所在地"人民法院作为执行法院，在一定程度上引进了不同地方的执行局之间的竞争机制，但是，在执行难、执行乱尚未得到根治的情况下，法院很容易以此为由抢先执行"肥"案件或者推诿不执行"瘦"案件。此外，笔者认为，向申请执行人提供程序选择权的途径并不是唯一的，申请执行人除了在执行法院受理这一环节上享有选择权，还可以根据《民事诉讼法》第226条以及《执行解释》第13条的规定向上一级人民法院申请执行，以补救原执行法院执行不力的问题。因此，从这个角度来分析，对于"交付特定物的执行"以外的其他执行，排除财产所在地作为确定执行管辖法院的因素具有一定合理性，也不至于过分地妨碍申请执行人的救济权。在民事诉讼管辖中的"原告就被告"的原则在一定程度上确保了原一审法院对被执行人或者被执行财产较为接近。

从某种意义上来分析，《民事诉讼法》之所以增加执行管辖法院，就是因为对于同一案件，由不同的执行法院执行，将很有可能导致完全不同的执行结果，因而，立法者试图通过"被执行人财产所在地"的引入，赋予申请执行人选择执行法院的权利，以避免一些非法律因素过多地干扰执行行为。因而，增加执行管辖法院以供申请执行人选择具有积极意义。但是，问题在于新增加的确定管辖因素不具有可操作性，仍有进一步完善的必要。首先，从字面上来理解，只要被执行人在某地有一丁点财产，债权人都可以申请该财产所在地人民法院对全案取得执行管辖权，并排除其他法院对执行案件的受理。这容易导致债权人努力寻求连接点（被执行人财产所在地）以将执行案件"转移"到对自己较为有利的法院进行执行。其次，申请执行人已经不再需要预交执行费用，那么，由于申请执行人故意寻找被执行人主要财产所在地以外的其他地方的法院执行而增加的执行费用却最终要被执行人承担。再次，由于在现有执行法律框架内，申请执行人一旦选定执行法院就不得寻求其他享有管辖权的法院执行，而申请执行人在选择执行法院之前往往不能准确把握在何地执行更为有利，因而，其选择权的行使一旦具有盲目性，也得不到补救。最后，如果被执行人的财产过分地分散，并且不允许执行案件在有管辖权的法院之间移送执行，那么执行效率依然难以得到保证。

但是，考虑到《民事诉讼法》第224条的修改意图在于给申请执行人提供必要的程序选择权以应对"执行难"问题，在解释论层面上对本条的规定作出有利于申请执行人的解读，并非不妥。在被执行人财产分布在不同辖区时，被执行人在某地有任何微不足道的财产就授予该地人民法院以全案执行管辖权虽然有浪费司法资源的嫌疑，但是作为经济理性人的申请执行人选择该法院作为全案执行法院必然有其考虑。在执行实务中，基于"人缘"、"地缘"的原因，被执行人往往能够透过种种手段非法影响法院的执行行为，赋予申请执行人更多的备选执行法院，有利于突破关系型执行难的怪圈。因此，笔者认为，不但应当在执行程序启动方面，赋予申请执行人以选择权，而且在执行程序续行中也应该赋予申请执行人以更换执行法院的选择权。

申请执行人在执行程序续行中更换执行法院的实现方式主要有以下两种：其一，在执行法院执行无力或者被执行人在执行法院所在地财产执行完毕仍不能实现全部债权的情况下，允许申请执行人撤回执行申请，由执行法院裁定准许撤回执行申请，并在裁定书中载明执行标的总额、已经执行的债权数额和剩余的债权数额，申请执行人可以凭该裁定书和原执行名义向其他享有执行管辖权的法院申请执行。尽管撤回执行申请缺乏法律、司法解释规定，但是，考虑到执行程序的启动、续行、终结都是基于申请执行人的意志而进行的，执行申请人撤回执行申请在理论上站得住脚，在执行实务中也客观存在。当然，申请执行人可能是基于违法性目的而撤回执行申请，执行法院对撤回执行申请的事由有必要进行一定的审查。尽管如此，申请执行人以向其他有管辖权的法院申请执行为由申请撤回执行申请，并非属于违法性事由，所以，通过撤回执行申请而向其他法院申请执行的方式来落实申请执行人的程序选择权具有正当性和可行性。

其二，扩大终结本次执行程序的事由，通过终结本次执行程序来达到终结在某个执行法院的执行程序，并赋予申请执行人向其他有管辖权的法院申请执行的目的。终结本次执行程序，是指在执行程序开始后，人民法院按照执行程序要求，履行了法定执行手续，采取了相应强制措施，穷尽了执行手段和方法，仍然无法使案件得以执结，在查明被执行人确无可供执行的财产、暂时无履行能力的情况下，执行工作暂时没有必要继续进行，由法院裁定本案执行程序阶段性终结，本执行案件即告结案，因而暂时结束执行程序的一种制度。[①] 根据中央政法委、最高人民法院《关于规范集中清理执行积案结案标准的通知》（法发［2009］15 号）的规定，终结本次执行程序的前提之一就是被执行人无财产可供执行，在被执行人有财产可供执行的情况下，不能终结本次执行程序。因而，在被执行人在执行法院所在地财产执行

---

① 参见申国锋：《终结本次执行程序制度初探》，见 http：//www.chinacourt. org/html/article/200601/18/192800.shtml，2010 年 10 月 10 日访问。

完毕仍不能实现全部债权的情况下，法院仍然不得终结本次执行程序，即使申请执行人主动提出该申请。但是，裁定终结本次执行程序后，如发现被执行人有财产可供执行的，申请执行人可以再次提出执行申请，人民法院依职权恢复执行，并且申请执行人再次提出执行申请不受申请执行期间的限制。然而，《民事诉讼法》第257条，《执行规定》第105、112条，《执行解释》第32条第3款以及中央政法委、最高人民法院《关于规范集中清理执行积案结案标准的通知》第3部分第8条规定的终结事由均是执行法院依职权裁定免责的终结或者不免责的终结执行，而没有涉及申请执行人申请终结执行的情形。笔者认为，不管是免责的终结执行还是不免责的终结执行，即使不具备前述规定的终结执行条件，只要申请执行人自愿申请终结执行，在没有发现申请执行人怀有违法性目的的前提下，执行法院应当准许申请执行人申请终结执行。对于免责的终结执行来说，申请执行人的申请等于永久性放弃执行请求权，其后不得再次向法院申请执行；对于不免责的终结执行来说，申请执行人的申请等于放弃本次执行，但并不排斥另行申请执行。之所以允许依申请的终结执行，就是因为在执行程序中，双方当事人的权利义务关系已经明确，执行程序的主要功能不在于定纷止争，而在于保护、实现民事权利。民事权利是否请求国家强制力保护、实现应当取决于权利主体的意志，强制实现权利主体不愿意实现的权利等同于限制，甚至剥夺权利主体的处分权。如果申请执行人已经放弃执行程序续行利益，那么执行法院应当尊重其处分权限。当然，在终结本次执行程序制度诞生之前，申请执行人申请终结执行的利益并不明显，但是，在终结本次执行程序制度诞生之后，终结本次执行给申请执行人带来了重新选择执行法院、再次提出执行申请不受申请执行期间的限制等优势，因而，申请执行人申请终结本次执行程序符合"以退为进"的执行策略，具有现实必要性。

此外，尽管从文义解释上来分析，《执行解释》是反对执行案件的重复受理的，但是，由于重复立案的后果并没有否定已经采取的执行措施的效力，因而，在执行实务中，重复立案对申请执行人具有相当吸引力，只要重复立案的执行法院迅速采取执行措施，尤其是控制性执行措施，那么，相对于由先受理的一家法院而言，往往更能够有效地控制住被执行人的财产。借鉴《内地与澳门特别行政区关于相互认可和执行民商事判决的安排》（法释

[2006] 2号) 第5条规定，笔者认为，在有数家法院享有执行管辖权的情况下，在具备正当理由、并且提供充分担保的前提下，应当允许申请执行人向执行法院以外的其他有管辖权的法院申请保全性执行措施，在执行法院执行完毕之后，执行申请人根据执行法院的执行情况证明，就不足部分向另一地法院申请采取处分财产的执行措施。

经过上述的分析，如果将"与第一审人民法院同级的被执行的财产所在地人民法院"和"第一审人民法院"或者"被执行人住所地"构成执行管辖竞合关系动态化，并且构建多家法院采取保全性措施的制度，那么，被执行人规避、逃避执行的难度将大大提升，从而在一定程度上缓解执行压力。

（二）财产所在地的确定

尽管前文分析了"与第一审人民法院同级的被执行的财产所在地人民法院"和"第一审人民法院"或者"被执行人住所地"法院之间的执行管辖竞合机制问题。然而，如本章第一部分所论述的，在现行法律、司法解释的框架内，"财产所在地"具有不确切性，尤其对于无形财产来说更是如此。财产所在地的不确切性将导致执行管辖的不明确，从而使得当事人对执行管辖权更容易产生争议，法院也因而陷入困境。笔者认为，尽管财产所在地确定难度较大，但是，我们还是有必要对执行财产进行类型化分析和价值衡量，从而得出较为妥当的确定方式，以保证强制执行得以迅速、有效、节约成本的进行。

首先，对于不动产所有权、不动产用益权、租赁权、采矿权、海域使用权等，其财产所在地无论采取审批、登记地还是实际所在地，只会存在纵向的级别差异，而不会存在横向的地域区别。结合《民事诉讼法》第224条的规定，审批、登记地可能为省级单位，但是，由于高级人民法院原则上是不具体审理或者执行案件的，那么，究竟由省级单位下属的哪一个具体的"与第一审人民法院同级的被执行的财产所在地人民法院"来执行则存在一定的疑问。绝大多数人会认为，由该权利载体所在地的"与第一审人民法院同级的被执行的财产所在地人民法院"来执行案件较为合理。但是，其根据何在？如果审批、登记的单位级别和原一审法院的级别不相同，那么，此时确定财产所在地的因素是审批、登记地还是权利载体所在地？如果是前者，侧重的是外观主义，如果是后者，侧重的是客观真实。笔者认为，在强制执行中应该更加侧重于外观主义，因而应当说，确定不动产所有权、不动产用益权、租赁权、采矿权、海域使用权等的财产所在地，主要是从审批、登记机关来加以认定，这样也有利于对执行财产的及时控制，当然，在申请执行法院方面，应当考虑到强制执行并非局限于控制性执行措施，还有更为重要的处分性执行措施，因此，应由权利载体所在地的"与第一审人民法院同级的被执行的财产所在地人民法院"来执行。简而言之，以审批、登记地为确定财产所在地的基准，并辅之以权利载体所在地加以必要微调。

其次，对于不需要进行登记的动产来说，据以确定其所在地的因素只有实际所在地，而没有观念意义上的所在地，因而不存在太大的疑问；但是，对于船舶、航空器和机动车等特殊动产来说，登记是法定的公示方法，而这些财产属于动产，极有可能偏离其登记地，那么，究竟是以登记地抑或实际所在地为财产所在地，还是同时以登记地和实际所在地为财产所在地呢？根据我国《物权法》第 24 条的规定，我国对船舶、航空器和机动车采取登记对抗制，换言之，未经登记的物权变动在双方当事人之间具有法律效力，但是对善意第三人不能产生对抗力。善意第三人只能根据公示出来的权利状态来判断财产的归属及其所在位置，对于不动产来说，登记是法定公示方式，对于一般动产来说，交付是法定公示方式，但是，对于特殊的动产，其公示方式有登记和交付两种，对于物权变动主体来说，其公示方式是交付，对于善意第三人来说，其公示方式是登记。鉴于此，笔者认为，从理论上来分析，对于船舶、航空器和机动车的所在地来说，应当区别两种情况：第一，以物权变动主体为当事人的案件中，以实际所在地为财产所在地较为合适；第二，以物权变动主体与善意第三人为当事人的案件中，以登记地为财产所在地较为合理。当然，在第二种情况下，如果申请执行人选择以财产所在地（登记地）人民法院为执行法院，有可能很难控制被执行人对财产的实质性处分（比如销毁），因而，如果一律以登记地法院为执行法院未免不能实现执行效率的目的，但是，这种后果并非不可避免：A. 当事人可以在诉前申请财产保全，财产保全地法院因此取得案件的管辖权，进而也就自然成为供申请执行人选择的执行法院之一。B. 即使当事人没有申请诉前财产保全，仍然可以在诉讼中申请财产保全，从而使得受诉法院控制住执行财产，并将被采取保全措施的财产交由执行法院处理。C. 在绝大多数情况下，第一审人民法院对争讼标的具有接近被执行人或者被执行财产的特点，申请执行人并非只能向财产所在地法院申请执行，在其认为更为合适的情况下，完全可以向原第一审法院申请执行。基于以上三方面的考虑，结合执行外观主义的价值取向，笔者主张作出如上的区分情况、区别对待。

再次，专利权、注册商标权、域名、股权等登记型无形财产的所在地问题也值得思考。专利权、注册商标权、域名的财产所在地的认定，无非从权利主体住所地以及权力登记地中进行选择。笔者认为，强制执行侧重执行效率，应当从外观的公示效力加以认定财产所在地。换言之，如果执行行为是针对这些无形财产本身，而并非针对被执行人的所有财产（即交付特定物的执行），那么应当认定登记地为财产所在地，因为，这不但符合执行外观主义，而且符合执行效率原则。应当说明的是，即使交付特定无形财产的案件过于集中在某些城市，但是，这些案件数量并非特别多，而且执行程序较为简单，还有利于哺育出专业性强的执行队伍，此外，在民事审理程序中，知识产权案件多采取集中管辖原则，那么在执行程序中基于当事人的程序选择权而出现一定程度的执行集中管辖也未尝不妥。当然，如果执行行为是针对被执行人的所有责任财产（即金钱执行或者种类物执行），那么该问题则转化为前文所探讨的问题，不再赘述。

最后，由于我国在著作权的取得方式上采取"自动取得"原则，著作权在取得方面，唯一的要件就是作品创作完成，并不需要履行登记手续。因而，在作品发表之前，外人根本无从获悉著作权的存在，而强制执行法强调的外观主义，既然从表面上被执行人没有著作财产权存在，那么就不得以未发表的作品为执行标的物。其深层次的原因在于，我国采取传统大陆法系模式，认为著作权不仅是财产权，而且涵盖了多项人身权，而发表权恰恰就是著作人身权，如果要对尚未发表的作品采取执行措施，无异于限制甚至是剥夺其具有人身属性的发表权，因而，尽管根据《执行规定》第50条，被执行人不履行生效法律文书确定的义务，人民法院有权裁定禁止被执行人转让其著作财产权，并且可以采取拍卖、变卖等执行措施，但是根据最高人民法院《关于人民法院民事执行中查封、扣押、冻结财产的规定》（以下简称《查封规定》）第5条第4项，人民法院对被执行人未公开的发明或者未发表的著作不得查封、扣押、冻结。因而，只有已经公开的发明或者已经发表的著作财产权才能成为执行财产。此外，未发表的作品不得作为执行标的物还考虑到鼓励创作的社会政策原因。尽管只有已经发表作品的著作财产权才可以成为执行标的物，但是，对于交付已经发表作品的著作财产权执行来说，确定著作财产权所在地还是具有一定理论价值的。笔者认为，虽然著作权没有法定公示方式，但是，在绝大多数情况下，在作品发表时，作者和出版商往往会达成出版合意，以合同形式约定著作权的行使方式，在对作品进行执行的时候，离不开出版商的执行协助，换言之，在合同期限内，作者等于将自己的著作财产权转让给出版商，而出版商则以稿酬、版税的形式支付对价，那么，此时的著作财产权已经转化为债权——获得相应报酬的请求权。如果此时不是针对该著作权本身采取执行措施，而是针对被执行人的责任财产采取执行措施（即金钱执行），那么对该著作财产权的执行和普通债权的执行没有太大的区别。但是，如果此时是针对该著作财产权本身采取执行措施（即特定物执行），笔者认为，以著作权人住所地为财产所在地较为妥当。其一，作品的发表不等同于财产权属的公示，发表该作品的出版商并没有法定的登记公示职能。其二，出版商即使根据出版合同取得独占性或者排他性使用权，并不等同于著作财产权本身已经发生归属上的变动。其三，著作财产权和著作人身权并不能绝对分开，其中著作财产权属于无形财产，缺乏相应的公示方式，而著作人身权则必然依附于著作权人，因而，以著作权人住所地为财产所在地较为合理。

五、协助执行的强化

协助执行是指受理执行案件的人民法院通知有关单位、个人或者请求有关人民法院协助执行生效法律文书所确定的内容的一种法律制度。国外立法例虽然也零星规定协助执行制度，但我国的协助执行带有明显的中国特色：首先，我国在执行程序中，按照法院的协助执行通知书配合执行机构进行执行工作的单位和个人，称为协助执行人，并作为独立的执行法律关系主体（执行参与人）；其次，我国协助执行人范围呈现开放性，既有公权力机关的协助，也有企事业单位、社会团体和个人的协助，而域外立法例往往仅肯定公共机构相互之间的官方协助义务，以及雇主和银行的协助义务，而没有规定有关企事业单位、社会团体和个人的普遍性的协助义务；最后，我国协助执行人拒不履行协助义务需要承担的法律责任的承担方式呈现多样化，既有损害赔偿责任（裁定执行协助执行人财产），也有诉讼责任（采取强制措施），还有通过司法建议追究协助执行人的纪律责任、行政责任及刑事责任等。

（一）协助执行的类型化

根据协助执行人不同，可以将协助执行类型化为人民法院之间的协助执行和其他单位和个人的协助执行两种类型：前者是指被执行人或被执行财产在执行法院的辖区外，受理执行申请的法院直接到辖区外异地执行，由当地法院辅助执行；后者则指人民法院以外的其他有关单位的协助执行和公民个人的协助执行。基于人民法院之间协助执行属于人民法院内部的司法协助，其复杂性远不如其他单位和个人的协助执行，因而，本节的研究仅围绕后者展开。依然以协助执行人不同为标准，其他单位和个人的协助执行可以进一步类型化为：（1）登记机关的协助查询、办理查封或者预查封登记、办理轮候查封登记、协助不予办理登记财产的转移手续以及办理财产权证照转移过户登记的义务；（2）登记机构协助执行上市公司国有股和社会法人股的义务；（3）金融机构协助查询、冻结、划拨存款的义务；（4）用人单位协助扣留、提取被执行人应当履行义务部分收入的义务；（5）标的物持有人协助交出的义务；（6）接受投资企业协助执行被执行人在有限责任公司、其他法人企业中的投资权益或股权的义务；（7）行政主管机关协助执行路桥收费站的分成的义务；（8）执行名义制作机构的交阅卷宗义务；（9）公安机关协助执行见证、维持执行秩序的义务；（10）被执行人为未成年人时其成年家属、被执行人工作单位或财产所在地基层组织指派参加执行的人员以及被执行人的法定代表人或主要负责人协助执行见证的义务。

（二）协助执行人的范围界定

在我国现行立法和司法解释框架下，协助执行人的范围不受实质性限制，最高人民法院起草的《强制执行法草案（第三稿）》第 22 条创设了协助执行的一般条款，被德国慕尼黑大学法学院教授彼得·施罗塞尔称为"符合强制执行法的现代思想"的"基本创新"①。然而，仍然不乏研究者对开放

---

① ［德］彼得·施罗塞尔：《关于中国民事强制执行法草案中几个问题的思考》，见黄松有主编《强制执行法起草与论证（第二册）》，中国人民公安大学出版社 2004 年版，第 93—100 页。

性的协助执行人范围提出质疑，并主张协助执行人应为对执行标的不享有法律上利益关系的案外人。[①] 笔者认为，首先，将当事人排除在协助执行人范围之外是妥当的，这是因为执行债权已经为执行名义所明确，债务人配合法院的执行本质上属于履行执行债务，而债权人配合法院的执行可以解释为债权人配合债务履行的法定义务，两者都无须执行法院另行课加协助执行义务。其次，将对执行标的享有法律上的利益关系的案外人排除在协助执行人范围以外则值得商榷。协助执行人对执行标的享有法律上的利益关系并不能当然构成协助执行义务的豁免事由，其原因在于：（1）在某些特定情形下，协助执行人具有不可替代性，如果仅仅因为其与执行标的具有法律上的利害关系即豁免其协助执行义务，将可能导致因无人协助执行而执行不能的后果发生；（2）即使协助执行人对执行标的享有法律上的利害关系，其仍然不能豁免协助执行义务，只不过其取得了寻求执行救济的机会，以资贯彻执行效率原则；（3）尽管研究者将所谓的与执行标的有法律上利害关系的人限定为对被执行人负有到期债务的第三人、对执行标的主张权利的案外人、执行担保人以及由于被执行主体的变更和追加所涉及的人，但是，次债务人、执行担保人是否属于协助执行人，理论界存在广泛争议，案外人对执行标的是否享有法律上的利害关系并不取决于其是否在客观上主张权利，而被变更或者追加为被执行人的案外人则丧失其案外人的角色。据此，笔者倾向于认为，协助执行人范围的界定原则上不应以是否对执行标的享有法律上的利害关系为标准。从理论上讲，凡是在客观上能够为执行法院提供执行协助，已为法律所明确规定在特定情形下应当负有协助执行义务，且已受送达法院的协助执行文书的公法主体或者私法主体均可称为协助执行人。

（三）法院确定协助执行义务的文书形式

在协助执行人拒不协助执行、怠于协助执行或者限制协助执行而有违协助执行义务时，我国现行法律规定可以对协助执行人或者其主要负责人/直接责任人员采取拘留、罚款等强制措施，甚或承担申请执行人因此而遭受的损失，且执行法院可以径直裁定执行协助执行人的财产，直至追究其刑事责任。由此可见，协助执行义务具有强制性而非倡导性，而我国现行立法采取

[①]　参见吴凡：《民事协助执行人浅论》，《武汉科技大学学报（社会科学版）》2005年第4期。

协助执行通知书的形式确立协助执行义务显得略有不合比例原则之嫌。从表面上来分析，采取非正式诉讼文书的"通知"形式确立协助执行义务有助于维系协助执行人，尤其是其他行政机关的形象，而不至于造成司法机关向行政机关发号施令，而行政机关置之不理从而减损司法权威的尴尬场景出现。然而，从本质上来分析，协助执行义务并非简单来自执行法院的指定，而在于法律的明确规定（法定义务）①，只不过人们必须要求个体从法律的特别规定或者法院的特定命令中得出协助义务②，作为法律适用机关的法院采取更为严谨的文书形式（裁定书）对该协助执行义务加以特定化非但不会减损行政机关的权威，反而有助于其树立依法行政的良好形象，也有利于被执行人理解协助执行人处分其财产性权益的行为，从而维系彼此之间的合作伙伴关系。此外，违反协助执行义务的法律责任之重也要求执行法院采取能够在实体上确立权利、义务关系的文书形式，而协助执行义务的确立未经争讼程序之明确，不宜采用判决书的形式，而决定书只适用于特定的程序性事项，因而，裁定书为最佳选择。最后，将确立协助执行义务的法律文书调整为裁定书，有助于强化协助执行，如果协助执行人不履行协助执行义务，将可能直接构成拒不执行判决、裁定罪。

（四）协助执行人对被执行人的责任③

协助执行人对法院负有法定的协助义务，应协助法院实施查询、冻结、登记、见证等行为，否则，将承担司法制裁或民事赔偿责任。除了国家机关和执行见证人外，其他单位和个人之所以承担协助执行义务，盖因协助执行人与被执行人之间存在合同或其他债权债务关系之故。例如，金融机构与被执行人有储蓄合同关系，用人单位与被执行人有劳动合同关系，证券交易市场和证券登记结算公司与被执行人有证券交易合同和证券登记结算合同关系，标的物持有人与被执行人有保管合同或其他合同关系，次债务人与被执行人有债权债务关系，等等。如此一来，协助执行义务往往与协助执行人在合同或其他债权债务关系中所负的债务是相互矛盾、势不两立的。一旦履行

---

①　参见孙建星：《对查询、冻结与扣划银行存款时协助执行问题的认识》，《金融会计》2001 年第 3 期。

②　参见〔德〕彼得·施罗塞尔：《关于中国民事强制执行法草案中几个问题的思考》，见黄松有主编《强制执行法起草与论证（第二册）》，第 100 页。

③　参见江伟主编：《民事诉讼法》，第 420—421 页。

协助执行义务,其后果必然是违反合同义务,将承担债务不履行的责任。在协助法院执行查封、扣押、冻结等保全或执行措施的义务与合同约定的义务发生冲突的情况下,债务人是应该先协助法院执行,还是应该先履行合同?如何看待这两种义务的法律效力?如果履行了协助义务导致自己承担的合同义务无法履行,还要不要向被执行人承担违约责任?

1. 协助义务优先于合同或其他债务

协助法院执行是我国《民事诉讼法》明确规定的一种法定义务,法院采取保全措施的权力是一种公权力;合同义务则是民事主体之间的一种约定义务,合同一方要求相对方履行合同义务的权利是一种私权利。一般而言,在协助执行义务和合同债务或其他债务共同指向同一个财产时,合同义务或其他债务不能对抗法定义务。根据《民事诉讼法》和司法解释的规定,金融机构、用人单位、标的物持有人等接到法院协助执行通知书后,拒不协助的,法院除责令其履行协助义务外,还可以罚款或拘留。这些规定为协助执行人设立了一个必须协助法院执行的法定义务。在这一法定义务与合同约定的义务指向同一个财产而发生冲突时,当事人该先履行哪种义务,实际上就是法院的司法执行权与合同债权和其他债权孰重孰轻的问题。显然,司法执行权优先于民事权利,协助义务优先于合同或其他债务。

2. 协助执行构成法定免责事由

协助执行人因协助法院执行而未能履行自己所承担的合同义务或其他债务时,债务人的行为是否构成违约,取决于对违约的界定标准的认识。关于违约的界定,有两种标准:一是从客观结果上衡量,凡没有按照约定履行合同义务的,都是违约;二是从是否要承担违约责任上衡量,只有那些没有按照约定履行合同并因此要承担违约责任的情况,才能称为违约。如果说因协助法院执行而不能履行合同义务是违约的话,那么这种违约也该免责,不应承担违约责任。尽管《合同法》只规定因不可抗力不能履行合同的可以免责,但这并不妨碍我们从其他法律中寻找免责的理由。由于《民事诉讼法》规定了任何人都有义务协助法院执行,这种协助行为当然应该成为一种法定的免责事由。①

---

① 参见曾献文:《协助法院执行,能免除违约责任吗》,《检察日报》2005 年 4 月 12 日。

有人认为，"协助法院执行只是影响了债务人履行合同义务的时间，而非免除他的履行义务"[①]。理由是，法院采取的查封、扣押和冻结等措施，并不转移被保全财产的所有权；而且财产保全都是有时间限制的，不是无限期的。换言之，作为协助执行人的债务人，在查封、扣押和冻结等措施期限届满后，仍然要履行其合同债务或其他债务。笔者认为，这种观点回避了主要矛盾，要具体分析。首先必须明确肯定协助执行构成《民事诉讼法》规定的免除民事责任的法定事由，这是讨论的前提。当查封、扣押和冻结的期限届满而法院没有办理续封、续冻手续，或者法院依法解除了查封、扣押和冻结时，协助执行确实仅仅延缓了协助执行人履行债务的时间，但这种延缓履行并不构成违约责任意义上的迟延履行行为。当协助法院查封、扣押和冻结等控制性措施之后，法院又进而采取了拍卖、变卖等处分性执行措施，导致协助执行人履行债务所指向的财产被执行法院强制转让给第三人时，协助执行人根本无从向债权人履行债务了。此际，协助执行人也不应承担债务不履行的责任。《合同法》第121条关于"当事人一方因第三人的原因造成违约的，应当向对方承担违约责任"的规定，其中的"第三人"从字面理解，可以指合同当事人之外的任何其他人，但笔者认为对此应作狭义理解，将其限定为民事法律关系上的"第三人"即民事主体，不包括法院、检察院等司法机关。所以在当事人因协助法院执行而不能履行合同义务时，并不适用这条规定，也就是说，债权人不能依据这条规定要求债务人承担违约责任。毕竟，法院的执行是受到法律尊重和保护的。

当然，如果被执行人因法院强制执行其财产，而使其不能履行对其他债权人的义务的，则不能以法院强制执行为由，要求免除其民事责任。

3. 协助执行行为优先于行政行为

当登记机关作为协助执行人时，其与被执行人之间存在着行政法律关系，被执行人有权请求登记机关依法行政，办理有关财产的过户登记手续。如被执行人已经向登记机关申请过户登记，执行法院随后将协助执行通知书送达登记机关，要求协助办理查封、扣押、冻结登记手续时，过户登记请求和协助执行之间就产生了冲突。为协调二者的关系，《查封规定》第25条规

---

①　参见曾献文：《协助法院执行，能免除违约责任吗》，《检察日报》2005年4月12日。

定:"查封、扣押、冻结协助执行通知书在送达登记机关时,登记机关已经受理被执行人转让不动产、特定动产及其他财产的过户登记申请,尚未核准登记的,应当协助人民法院执行。"该条明确确立了协助执行优先原则。当然,执行法院不得对登记机关已经核准登记的被执行人已转让的财产实施查封、扣押、冻结措施。

(五)协助执行人的审查标准及其责任

协助执行人的审查标准以及基于协助执行而损害民事权益而应当承当的法律责任取决于协助执行的法律定性。协助执行的法律定性在学界存在着不同的认识,有的学者认为协助执行本身属于协助执行人自身的行为,应由其自担责任;有的学者则认为协助执行属于法院司法权的延伸,因而具有不可诉性,只要协助执行人所采取的措施属于协助执行通知的内容,那么就无须承担被诉的风险,因错误执行行为而遭受损失的当事人或者案外人不能请求协助执行人承担赔偿责任。笔者认为,协助执行人是否需要承担因违法或者不当执行行为给当事人或者案外人造成的损失取决于协助执行人是否尽到形式审查义务和遵循相应的法定程序。详言之,协助执行行为在法律性质上可能构成"一行为两性质":一方面,从法院的角度来看,协助人民法院执行属于司法权的延伸,因而,协助执行行为不具有可诉性;[①] 另一方面,从协助执行人的角度来看,协助执行本身可能构成自身的职权行为(如国土资源、房地产管理部门协助执行变更登记),因而,协助执行人应当按照通常的审查标准进行实质性审查,并遵循法定的行政程序。然而,鉴于协助执行的内容已经司法机关的实体性判断,基于司法最终原则与执行效率原则,协助执行人不再对生效法律文书和协助执行通知书进行实体审查,如果据以协助执行的法律文书和协助执行通知书存在实体上的错误或者不当而构成违法执行或者不当执行,协助执行人无须承担赔偿责任。尽管如此,在协助执行行为同时构成协助执行人自身职务行为的情况下,协助执行人应当尽到形式审查义务,并严格遵循法定程序办理相关协助执行手续,如果在协助执行时扩大了范围或违法采取措施造成被执行人损害,则应当承担赔偿责任。综上所述,协助执行人在其协助执行形为构成自身职务行为的情形下,应当尽到

---

① 参见王达:《司法权在协助执行中的限制及其责任承担——房地产登记机关协助人民法院执行中的问题探析》,《中国房地产》2007年第4期。

形式审查义务，并遵循法定的程序。当然，协助执行人不负实体审查义务并不排斥发现生效法律文书和协助执行通知书存在显著的实体性错误或者不当，协助执行人应当及时向执行法院提出建议，但未经执行法院同意，不得擅自停止协助执行。

索　引

策划编辑：杜宇峰　陈松涛　高　媛

责任编辑：方　明　杜宇峰　邓碧君　施　洋　郭燕红　黄丽娟

　　　　　班晓琼　易玲波　黄　强　郭　虹　宁丹丽

装帧设计：肖　辉　彭莉莉

图书在版编目（CIP）数据

建设公正高效权威的社会主义司法制度研究/陈卫东主编.

　-北京：中国人民大学出版社，2013.3

（国家哲学社会科学成果文库）

ISBN 978-7-300-17171-5

Ⅰ.①建… Ⅱ.①陈… Ⅲ.①司法制度-研究-中国 Ⅳ.①D926

中国版本图书馆 CIP 数据核字（2013）第 050082 号

建设公正高效权威的社会主义司法制度研究

JIANSHE GONGZHENG GAOXIAO QUANWEI

DE SHEHUIZHUYI SIFA ZHIDU YANJIU

（全四卷）

主编　陈卫东

中国人民大学出版社　出版发行

（100080　北京中关村大街 31 号）

涿州市星河印刷有限公司印刷　新华书店经销

2013 年 3 月第 1 版　2013 年 3 月第 1 次印刷

开本：710 毫米×1000 毫米 1/16　印张：87.25

字数：1318 千字　印数：0,001－2,000 册

ISBN 978-7-300-17171-5　定价：350.00 元

邮购地址 100080　北京中关村大街 31 号

中国人民大学出版社读者服务部　电话（010）62515195　82501766